Kulturbewußtes Personalmanagement

D1825849

# Europäische Hochschulschriften

Publications Universitaires Européennes
European University Studies

## Reihe V
## Volks- und Betriebswirtschaft

Série V   Series V
Sciences économiques, gestion d'entreprise
Economics and Management

**Bd./Vol. 2561**

## PETER LANG

Frankfurt am Main · Berlin · Bern · Bruxelles · New York · Wien

Frank Weinand

# Kulturbewußtes Personalmanagement

## PETER LANG
Europäischer Verlag der Wissenschaften

Die Deutsche Bibliothek - CIP-Einheitsaufnahme

Weinand, Frank:

Kulturbewußtes Personalmanagement / Frank Weinand. -
Frankfurt am Main ; Berlin ; Bern ; Bruxelles ; New York ; Wien :
Lang, 2000
(Europäische Hochschulschriften : Reihe 5, Volks- und
Betriebswirtschaft ; Bd. 2561)
Zugl.: München, Univ. der Bundeswehr, Diss., 1999
ISBN 3-631-35772-9

Gedruckt auf alterungsbeständigem,
säurefreiem Papier.

ISSN 0531-7339
ISBN 3-631-35772-9
© Peter Lang GmbH
Europäischer Verlag der Wissenschaften
Frankfurt am Main 2000
Alle Rechte vorbehalten.

Printed in Germany 1 2 3 4　6 7

Für meine Familie

# Inhaltsverzeichnis

# Abbildungsverzeichnis

# Tabellenverzeichnis

# Abkürzungsverzeichnis

AMJ: Academy of Management Journal

AMR: Academy of Management Review

ASQ: Administrative Science Quarterly

ASR: American Sociological Review

BetrVG: Betriebsverfassungsgesetz

FAZ: Frankfurter Allgemeine Zeitung

GG: Grundgesetz

HRM: Human Resource Management

HWB: Handwörterbuch der Betriebswirtschaft

HWFü: Handwörterbuch der Führung

HWO: Handwörterbuch der Organisation

HWP: Handwörterbuch des Personalwesens

RuStAG: Reichs- und Staatsangehörigkeitsgesetz

RVO: Reichsversicherungsordnung

SZ: Süddeutsche Zeitung

ZfB: Zeitschrift für Betriebswirtschaft

ZfbF: Schmalenbachs Zeitschrift für betriebswirtschaftliche Forschung

ZFO: Zeitschrift Führung und Organisation

ZfP: Zeitschrift für Personalforschung

# Vorwort

Die Idee für die Dissertation entstand im Rahmen meiner Mitarbeit an einem Buchprojekt unseres Lehrstuhls. Die Aufgabenstellung bestand darin, ein personalwirtschaftliches Lehrbuch für den spanischen Markt anzufertigen. Unter dem Arbeitstitel "Spanische Personalwirtschaftslehre" fragten wir uns bereits nach kurzer Zeit, welche kulturellen Spezifika zu beachten und im Gegensatz zu einem hierzulande gebräuchlichen Lehrbuch zu modifizieren wären, um dem Attribut "spanisch" gerecht zu werden. Das Problem verschärfte sich umso mehr, als wir bei genauerer Betrachtung der einschlägigen personalwirtschaftlichen Lehrbücher feststellten, daß diese sich nicht unbedingt als spezifisch "deutsche" Lehrbücher bezeichnen lassen, obwohl sie implizit als solche behandelt werden. Denn es steht außer Frage, daß insbesondere die theoretischen Fundamente der heutigen Personalwirtschaftslehre, wie vor allem Motivations- und Führungstheorien, zum großen Teil auf angloamerikanischen Forschungsergebnissen beruhen, welche überwiegend in nicht ausreichendem Maße den kulturellen Unterschieden angepaßt, vielfach gänzlich unreflektiert übernommen wurden. Diese Tendenz setzte sich auch in der Organisationstheorie in den 90er Jahren fort, als, vorangetrieben durch die führenden Unternehmensberater, diverse Management-Konzeptionen amerikanischer oder japanischer Bauart, die in Not geratenen deutschen Unternehmen in eine mit zahlreichen Hoffnungen behaftete Restrukturierung führten. Die Ernüchterung ließ nicht lange auf sich warten.[1] Man erkannte, daß die gewachsenen (deutschen) Unternehmenskulturen nicht einem schlichten Machbarkeitsdeterminismus unterlagen und suchte nach geeigneten Verfahren und Instrumenten zur Überwindung der kulturellen Barrieren. Dies ist aber gleichbedeutend mit dem Versuch, die oberflächlichen Symptome und nicht beabsichtigten Nebenwirkungen einer falschen Arznei zu behandeln. Die wirkliche Ursachenforschung setzt auf einer tieferliegenden Ebene an und beschäftigt sich mit der Frage einer konzeptionellen Einbeziehung des kulturellen Kontextes in die Personal- und Organisationsforschung.

Mein Dank gilt zu allererst Herrn Prof. Dr. Rainer Marr, der mir in meiner Zeit als wissenschaftlicher Mitarbeiter an seinem Institut in jeglicher Beziehung ein Vorbild war. Mit seinen Empfehlungen führte er meine Überlegungen an den entscheidenden Stellen in die richtige Richtung. Auch Frau Prof. Dr. Sackmann danke ich vielmals für hilfreiche Ratschläge sowie für die Übernahme des Korreferates. Für die zahlreichen Diskussionen und Anregungen möchte ich mich auch bei meinen Kollegen und den Studenten bedanken, die vor allem durch ihre kritischen Äußerungen ein Hinterfragen diverser Aspekte der Kulturproblematik ermöglichten. Nicht zuletzt danke ich meiner lieben Frau für die moralische und seelische Unterstützung über die Jahre der Entstehung dieser Arbeit. Meinen Eltern gebührt ebenso großer Dank, da mir nur durch ihre lange Unterstützung eine derartige Ausbildung möglich wurde. Meiner Mutter wie auch meiner Schwiegermutter verdanke ich zudem einige orthographische und grammatikalische Hinweise.

Ich hoffe daher, mit dieser Arbeit als vorläufiges Endprodukt meiner Ausbildung die Erwartungen der mir verbundenen Menschen nicht enttäuscht und einen kleinen Forschungsbeitrag in der Personal- und Organisationsforschung erbracht zu haben.

---

[1] Vgl. Sackmann 1996, S. 55, Wollert 1985, S. 103f., Blattmann 1991, S. 80, Getschmann 1992, S. 299ff.

# 1. Einführung

## 1.1 Motivation zur Beschäftigung mit der Kultur

„Die Betriebswirtschaftslehre versucht auf systematische Weise und mit objektiven wissenschaftlichen Methoden, Wissen über das tatsächliche menschliche Handeln zu erarbeiten und zu vermitteln. Sie verwendet als theoretische Bezugsrahmen Grundmodelle des Individuums, der Gruppe, der Organisation und der Gesellschaft, die im Zuge der Wissenserweiterung modifiziert werden. Die Ergebnisse einer betriebswirtschaftlichen Kulturforschung wären bereits dann von großer Bedeutung, wenn sie zu einer Weiterentwicklung dieser Grundmodelle beitragen würden. So könnte die Ergründung des Phänomens der Unternehmenskultur sowohl ein Weg zu einem umfassenderen Menschenbild sein, das auch das Streben nach Sinn umfaßt, als auch zu einem realistischen Verständnis von betriebswirtschaftlichen Organisationen beitragen, das der Bedeutung von Symbolen entsprechend Rechnung trägt."[2]

Gesellschaft und Unternehmen sind Systeme, die in ihrem Grundmodell gleichartige Wesenszüge aufweisen. Beiden geht es im Kern zunächst um die Sicherung des Überlebens des Systems und darüber hinaus um die Zufriedenheit und das Glück ihrer Mitglieder. Beide Systeme entwickeln hierfür bestimmte Regeln bzw. Selbstverständlichkeiten oder Routinen der sie konstituierenden Interaktionen. Durch den Unternehmenskulturansatz, der sich seit Anfang der 80er Jahre in der Betriebswirtschaftslehre etabliert hat,[3] wurde nicht zuletzt diesen Grundgemeinsamkeiten Rechnung getragen, indem das Unternehmen metaphorisch als kleine Gesellschaft aufgefaßt wird. Welche Implikationen ergeben sich nun aus dieser Analogie im Hinblick auf betriebliche Entscheidungen?

Das Grundmodell der Gesellschaft zeigt in zweifacher Weise Relevanz für den betrieblichen Kontext: Zum einen sind, wie seit langem erkannt und praktiziert, die von der Gesellschaft ausgehenden Rahmenbedingungen, insbesondere ihre überformenden kulturellen Kräfte, zu berücksichtigen. Zum anderen sind infolge der Analogie Überlegungen anzustellen, inwiefern die Systeme Unternehmen und Gesellschaft ähnliche Funktionsprinzipien aufweisen. Welche Zusammenhänge bestehen zwischen dem Grundmodell der Gesellschaft und dem des Unternehmens? Das Konstrukt der Kultur kann in diesem Zusammenhang als Transmissionsriemen bzw. als Brückenelement zwischen nationalem und unternehmensbezogenem Kontext gesehen werden.

Nach Darlegung der theoretischen Grundlagen eines kulturbewußten Personalmanagements (Kap. 2) greift die vorliegende Arbeit in Kap. 3 das Grundmodell der bundesrepublikanischen Gesellschaft in seiner Kulturfacette auf und geht anschließend der Frage nach, welche Wirkungen von diesem Grundmodell der Gesellschaft, hier konkretisiert in Form der nationalen Kultur, auf ein Unternehmen, das in diesen Kontext eingebettet ist, ausgehen könnten.

---

[2] Heinen/Dill 1986, S. 213.

[3] Vgl. als frühe Arbeiten z.B. Pascale/Athos 1981, Deal/Kennedy 1982, Peters/Waterman 1983.

Der kulturelle Einfluß auf das menschliche Verhalten ist überall fühl- und beobachtbar, jedoch nur schwer beschreib- und erklärbar. Die Ergründung der Zusammenhänge von Kultur und menschlicher Existenz bzw. menschlichem Verhalten ist seit langem Gegenstand diverser sozialwissenschaftlicher Teildisziplinen, wie insbesondere der Kulturanthropologie, der Kulturpsychologie oder der Kultursoziologie. Die Kultur, deren Kern nach Meinung vieler Kulturforscher in den tiefliegenden Grundannahmen der Menschen verankert ist,[4] beinhaltet Selbstverständlichkeiten, die zum großen Teil im Unbewußten verborgen liegen. Diese Selbstverständlichkeiten sind zu Orientierungsmustern gereift, die das menschliche Verhalten insbesondere auch im betrieblichen Alltag mitbestimmen und sich somit als für die Betriebswirtschaftslehre relevant erweisen.[5]

Obwohl bereits frühzeitig der Einfluß von kulturimmanenten Eigenschaften auf das betriebliche Geschehen erkannt wurde[6], hat man dieser Erkenntnis erst in den 1980er Jahren in der Unternehmenspraxis, aber auch in theoretisch-wissenschaftlicher Hinsicht im Rahmen der Organisationskulturforschung[7] besondere Bedeutung beigemessen.

Versteht man die Betriebswirtschaftslehre als angewandte Sozialwissenschaft,[8] so ist es Aufgabe der Betriebswirtschaftslehre, menschliches Verhalten zu ergründen, um vor dem Hintergrund des betriebswirtschaftlichen Zielsystems zu effizienten Lösungsmöglichkeiten für betriebliche Problemstellungen zu gelangen. Da die Kultur zweifellos menschliches Verhalten beeinflußt, können durch eine konsequente Einbeziehung kultureller Überlegungen in betriebswirtschaftliche Fragestellungen Handlungen besser verstanden, erklärt und vorhergesagt werden, so daß zielgenauere und daher effizientere Entscheidungen getroffen werden können.[9] In methodologischer Hinsicht ist ein kulturbewußtes Personalmanagement als eine verhaltenswissenschaftliche Personalwirtschaftskonzeption zu verstehen, die anstrebt, eine "humanorientierte" Gegenposition zu den ökonomistischen Ansätzen, wie vor allem der Institutionenökonomik, zu begründen.[10]

---

[4] Vgl. Schein 1995, S. 18ff., 1984a, S. 3ff., 1984b, S. 31ff.

[5] Vgl. Salber 1990, S. 40ff.

[6] Vgl. z.B. das gemeinschaftliche Element der Kultur, welches sich im Konstrukt der "Betriebsgemeinschaft" von Heinrich Nicklisch (1928, 1932, 1933) wiederfindet, oder auch die grundsätzliche Idee einer stärkeren Mitarbeiterorientierung, wie sie z.B. im "partnerschaftlichen" Ansatz von Guido Fischer (1940, 1955) skizziert ist; vgl. Chester Barnard (1938, S. 306): „To understand the society you live in, you must feel organizations - which is exactly what you do with your nonlogical minds about your university, church, community and family... The feeling is in our marrow, not yet emerged into articulate form."; Phillip Selznick (1957, S. 151): „To create an institution, we rely on many techniques of infusing day-to-day behavior with meaning and purpose. One of the most important of these is the elaboration of socially integrating myths."; Ansatzpunkte finden sich auch bei Katz/Kahn (1966, S. 65f.). Vgl. dazu Krell 1991, S. 147ff., Heinen 1987, S. 3ff., Zürn 1986, Deal/Kennedy 1983, S. 498ff.

[7] Vgl. zur Unterscheidung von Unternehmenskultur, Unternehmungskultur und Organisationskultur Dülfer (1991, S. 2ff.) sowie die dort angegebene Literatur. Für den weiteren Verlauf der Arbeit ist eine detaillierte Unterscheidung nicht unbedingt erforderlich.

[8] Vgl. Schanz 1979, S. 7ff., Heinen 1982, 1985, S. 980ff.

[9] Vgl. Heinen (1985, S. 980ff.) zeigt auf, daß die Einbeziehung der Unternehmenskultur in die Betriebswirtschaftslehre eine folgerichtige Weiterentwicklung des entscheidungsorientierten Ansatzes ist. Zur Kritik am Organisationskulturansatz vgl. Perrow 1986, S. 95, 114, Ebers 1991, S. 53ff., Sandner 1987, S. 242ff.

[10] Vgl. zur Kontroverse Weibler 1996, S. 649ff., Weber 1996, S. 279ff., Drumm 1996, S. 1ff.

Nun könnte daran anknüpfend gefolgert werden, daß sich die Betriebswirtschaftslehre zu einer anthropologischen oder ethnologischen Wissenschaft entwickeln müsse.[11] Eine solche Annahme scheint verfehlt, will die Betriebswirtschaftslehre ihre Eigenständigkeit behalten; andererseits darf sie sich aber gegenüber den anderen Sozialwissenschaften nicht verschließen und sollte stets die Hilfe der Nachbardisziplinen suchen.[12] Dieser Aufforderung kommt sie auch seit den frühen 70er Jahren mit der Entwicklung des entscheidungsorientierten Ansatzes insbesondere durch Heinen und Kirsch nach, da verstärkt sogenannte "weiche" Faktoren – seit den frühen 80er Jahren auch die Unternehmenskultur - in betriebswirtschaftliche Überlegungen einbezogen werden[13] und hierbei eine interdisziplinäre Unterstützung z.B. durch Psychologie, Soziologie, (Kultur-)Anthropologie oder Ethnologie unerläßlich ist. Wenn Smircich 1983 feststellt: „Culture may be an idea whose time has come."[14], dann stellt sich heute die Frage, was erreicht wurde.

Die Popularität von Unternehmenskultur in der Praxis ist inzwischen einer gewissen Ernüchterung gewichen. Die Ursache hierfür liegt zum einen in der Erkenntnis, daß der Wunsch nach einer "Machbarkeit" der Kultur im Sinne eines mechanistisch verstandenen Kulturmanagements in der betrieblichen Praxis auf unüberwindbare Grenzen stößt[15] und zum anderen in einer gewissen Verwässerung des Kulturkonzeptes durch einen inflationären Sprachgebrauch im Zusammenhang mit aktuellen Management-Konzepten.[16] Insofern könnte man heute auch zu dem Schluß kommen: Culture may be an idea, whose time has *gone*!

Als gesichert kann die Erkenntnis gelten, daß die Kultur eine zentrale Bedeutung für den Erfolg und das Überleben des Unternehmens besitzt.[17] Kultur kann nicht ausgeschlossen oder vermieden werden. Daher besteht nach wie vor ein zwingender Forschungsbedarf, wobei sich aus heutiger Sicht der Vorteil ergibt, die schwerpunktmäßig in den 80er Jahren veröffentlichten Erfahrungen und Forschungskonzeptionen mit zeitlichem Abstand überblicken und fragen zu können: Was hat die Diskussion gebracht, und wo sind die entscheidenden Anknüpfungspunkte für die weitere Forschung?

---

[11] Vgl. dazu etwa die Entwürfe einer kulturalistischen Betriebswirtschaftslehre von Antoni (1983) und Steinmann (1978). Vgl. auch König/Neidhart/Lepsius 1984; vgl. dazu das Verständnis von Ethnologie nach Rudolph (1973, S. 23ff.): Demnach ist Ethnologie eine Wissenschaft, die ihren Gegenstand in der untrennbaren Verbindung der Kultur mit ihren Trägern erkennt. "Ethnos" bezeichnet eine Menschengruppe mit einer spezifischen, ihr eigenen Lebensart, ihrer Kultur. Ethnologie im weitesten Sinne beschäftigt sich mit "dem" Menschen als einem durch Kultur charakterisierten Wesen bzw. mit Kultur als dem Charakteristikum des Menschen.

[12] Vgl. Raffée 1974, S. 48ff., insb. S. 56-58, Heinen 1976, 1982, Kirsch 1988.

[13] Vgl. z.B. Bleicher 1986a, S. 97ff.

[14] Smircich 1983a, S. 339.

[15] Vgl. z.B. Heinen 1987, Sackmann 1989a, S. 157ff., 1990a, S. 114ff., 1990b, S. 151ff., 1996, S. 55ff., Ebers 1991, S. 54ff., Lorsch 1986, S. 95ff., Fitzgerald 1988, S. 5ff., Fombrun 1983, S. 139ff.

[16] Vgl. Schreyögg 1996, S. 427f.

[17] Vgl. z.B. Sackmann 1996, S. 55ff., Scott/Morgan 1994, Heinen 1987, Baker 1980, S. 8ff., Barney 1986, S. 656ff., Deal/Kennedy 1982, Kobi/Wüthrich 1985, S. 9ff., 1986, Peters/Waterman 1983, Scheuplein 1987, Tichy 1982, Denison 1984; zum Einfluß der Organisationskultur auf die heute so zentrale Größe der Innovationskraft eines Unternehmens vgl. Feldman 1988, S. 57ff. und Schreyögg 1989a, S. 370ff.; speziell zur Kritik am Ansatz von Peters/Waterman vgl. Frese 1985, S. 604ff., Wächter 1985, S. 608f.

Die bisherigen Forschungsergebnisse machen deutlich, daß die Unternehmenskulturforschung als Gegenströmung zu den "harten" Struktur- und Strategieansätzen der 60er und 70er Jahre einzuordnen ist. Die Einbeziehung von Erkenntnissen der Nachbardisziplinen Soziologie und Anthropologie brachte zweifelsohne neue Impulse für die Managementforschung.

Wenngleich die Unternehmenskulturforschung ein zentrales Thema der wirtschaftswissenschaftlichen Diskussion der 80er Jahre war, so erfolgte bislang doch keine konsequente Einbeziehung des Kulturansatzes in betriebswirtschaftliche Teildisziplinen, wie insbesondere die Personalwirtschaftslehre. In der Praxis werden häufig die Gestaltung und Entwicklung der Unternehmenskultur dem Personalbereich übertragen, wobei jedoch von wissenschaftlicher Seite - abgesehen von wenigen Ansatzpunkten[18] - geschlossene Konzeptionen für eine kulturorientierte Personalarbeit fehlen.

Mit ihrer veränderten Rolle als Service- bzw. Dienstleistungsfunktion kommt der Personalarbeit im Unternehmen, insbesondere in Großunternehmen, verbunden mit erhöter gestalterischer Kompetenz auch eine höhere sozio*kulturelle* Verantwortung bei ihren Gestaltungsmaßnahmen zu. Denn personalwirtschaftliche Maßnahmen nehmen mehr oder weniger stark Einfluß auf den kulturellen Kontext der Unternehmensmitglieder, sei es auf der Ebene der Gruppe, des Unternehmens oder gar des Landes. Das Personalmanagement muß lernen, mit dieser Beeinflussung kultureller Phänomene verantwortlich und bewußt im Hinblick auf die personalwirtschaftlichen Ziele umzugehen.

Die Personalwirtschaftslehre sieht sich bis heute dem Vorwurf der Theorieschwäche ausgesetzt. Die in der Personalwirtschaftslehre angewandten sozialwissenschaftlichen Theorien besitzen zum einen nur den Charakter von Teiltheorien[19], die lediglich Einzelaspekte fokussieren, und stellen zum anderen lediglich Quasi-Theorien dar, die in ihrer Gültigkeit einer zeitlichen und räumlichen Begrenztheit unterliegen.[20] Die Notwendigkeit einer Relativierung des Gültigkeitsanspruches von vorwiegend *angloamerikanischen* Verhaltens-, insbesondere Motivations- und Führungstheorien, wird durch die Verschiedenartigkeit kultureller Kontexte deutlich. Landes-, unternehmens- und sogar gruppenspezifische Werte und Normen, wie auch individuell spezifische sozio-*kulturelle* Hintergründe erfordern eine Theorie-Modifikation bzw. eine Theorie-Differenzierung, wenn nicht gar ein Verwerfen der einschlägigen Theorien durch entsprechende Einschränkungen bzw. Falsifizierungen der Gesetzeshypothesen.[21] Vor diesem Hintergrund kommt denn Drumm zu dem Schluß, daß supranational gültige Theorien

---

[18] Vgl. z.B. Scholz, C. 1994, S. 488ff.: "Kulturorientiertes Personalmanagement", Berthel 1995, S. 455ff., Marr 1989: "Mitarbeiterorientierte Unternehmenskultur"; gleiche Einschätzung auch bei Drumm (1991a, S. 64f.).

[19] Vgl. Drumm 1996, S. 1ff., Weber 1996, S. 279ff. Drumm geht sogar noch einen Schritt weiter und erklärt, „daß wir als Fachvertreter bis heute bereits das für Theorien gehalten haben, was bestenfalls plausible, aber letztlich nur ungetestete Hypothesen sind" (1996, S. 10).

[20] Vgl. zum Begriff der "Quasitheorie" Albert 1964, 1967, 1972; Wild 1976, Sp. 3890ff.; insofern lehnt sich die Konzeption des kulturbewußten Personalmanagements an die Position des "methodologischen Historizismus" an und verneint grundsätzlich die Möglichkeit, strikt allgemeine Theorien in den Sozialwissenschaften gewinnen zu können. Möglich erscheinen lediglich Theorien mit einer raumzeitlichen Gültigkeitsbeschränkung (vgl. Popper 1965). Neben einer räumlichen ist auch die zeitliche Beschränktheit von Theorien zu beachten. Die Notwendigkeit des (permanenten) Überdenkens der Theorien resultiert aus Veränderungen sozialer Systeme sowie deren Umwelt im Zeitablauf und steht daher auch mit der kulturellen Weiterentwicklung in enger Verbindung.

[21] Untersuchungen haben gezeigt, daß die vorwiegend im angelsächsischen Raum entwickelten Motivations- und Führungstheorien nur sehr bedingt in einem anderen kulturellen Kontext anwendbar sind. Vgl. dazu vor allem Adler (1997).

zum Personalmanagement nicht zu erwarten sind und stattdessen das Augenmerk auf die Entwicklung nationaler "Theorien" des Personalmanagements bzw. strenggenommen nur auf die Generierung empirisch zu püfender Hypothesen mit heuristischer Funktion zu richten sei.[22]

In diesem Zusammenhang stellt sich die Frage, inwieweit die gegenwärtig gelehrte Betriebswirtschaftslehre in Deutschland auch im strengen Sinne als "deutsche" Betriebswirtschaftslehre zu bezeichnen ist. Das Attribut "deutsch" erscheint nach Drumm sicherlich dann gerechtfertigt, "wenn sie (die Betriebswirtschaftslehre, A.d.V.) in Forschung und Lehre von deutschen Fachvertretern formuliert wird und in ihren Forschungsbefunden und Lehraussagen den sozial-marktwirtschaftlichen Bedingungsrahmen unseres Wirtschaftssystems berücksichtigt. Sie dürfte aber sicherlich auch dann noch deutsch genannt werden, wenn deutsche Fachvertreter allgemeine theoretische Aussagen ohne Bindung an unser Wirtschaftssystem formulieren und diese Aussagen originär deutsch sowie gleichzeitig originell sind; als Grenzfall könnte noch die Weiterentwicklung von ursprünglich ausländischen Theorien oder Konzepten gelten."[23] Speziell im Bereich der Personal- und Organisationsforschung ist jedoch eine integrative Mischung von Ideen und Konzepten festzustellen, die verschiedenen Kulturbereichen entstammen, so daß bei genauerer Betrachtung eine deutsche Personalwirtschafts- und Organisationslehre bislang nicht existiert![24] Eine konzeptionelle Einbeziehung der Kultur in die Personalforschung bedeutet somit die Implementierung eines Prüfsteins für die einschlägigen, personalwirtschaftlich relevanten Theorien, Methoden und Instrumente, die in anderen nationalen Kontexten entwickelt wurden.[25]

Ebenso kann aus der Sicht der *Organisationstheorie* für eine Einbeziehung kultureller Überlegungen in die Forschungsansätze plädiert werden. Gegen Ende der 1970er Jahre ist in der Literatur vielerorts eine Fundamentalkritik an den herrschenden organisationstheoretischen Forschungsansätzen, den situativen bzw. kontingenztheoretischen Ansätzen, anzutreffen.[26] Als eine der ersten neueren Arbeiten haben Pondy/Mitroff (1979) gefordert, daß die Organisationstheorie sich mit den Phänomenen auseinandersetzen müsse, die "Beyond Open Systems" liegen. Es sollten zukünftig Modelle entwickelt werden, die aufgrund ihrer höheren Komplexität der Realität besser gerecht werden, als es unter der Perspektive des "Offenen Systems" der Fall ist. Die Kulturforschung bietet Ansatzpunkte, um zu den weniger bewußten, weniger rationalen Aspekten organisationalen Verhaltens vorzustoßen und neue Erklärungsmuster auch für organisationstheoretische Fragestellungen zu entdecken.[27]

Ähnlich den Theorien bedürfen auch die vor dem Hintergrund der amerikanischen und/oder japanischen Kultur entwickelten *praxisorientierten Management-Konzepte* einer kulturellen

---

[22] Vgl. Drumm 1996, S. 5f.

[23] Drumm 1993, S. 64.

[24] Vgl. Drumm 1993, S. 64ff.

[25] Vgl. zur Prüfung und Bewährung von Theorien Albert (1976a).

[26] Kritisiert wird vor allem, daß die berücksichtigten situativen Bedingungen einen zu geringen Teil der Varianz in den Strukturvariablen erklären, was letztlich auf die mechanistische Sichtweise der Systemorientierung zurückzuführen ist. Die daraus resultierende objektivistische Sicht läßt lediglich Oberflächenerscheinungen erkennen, wodurch der Blick auf das Wesentliche der sozialen Organisation - das individuelle Handeln der Organisationsmitglieder - versperrt wird. (Vgl. Ochsenbauer/Klofat 1987, S. 82f., Treichler 1995, S. 7ff., Kasper 1990, S. 94ff., Ebers 1991, S. 46f.).

[27] Vgl. Pondy/Mitroff 1979, S. 27f.; vgl. als neueren Ansatz Weick 1996.

Relativierung. In Krisenzeiten sucht man häufig Halt und Orientierung an stabilen und erfolgreichen Vorbildern bzw. Vorbildkulturen; deutsche Unternehmen richten spätestens seit Beginn der 80er Jahre vorzugsweise ihren Blick auf japanische und US-amerikanische Unternehmen. Gesellschaftliche, technologische und wirtschaftliche Veränderungen führten weiter dazu, daß das traditionelle Instrumentarium der Personal-/Unternehmensführung nicht länger den bekannten Ursache-Wirkungszusammenhängen folgte und erhebliche Steuerungsprobleme in den deutschen, aber auch amerikanischen Organisationen auftraten, denen durch die anhaltenden Erfolgsmeldungen der japanischen Unternehmen zunehmend Bedeutung beigemessen wurde. Die erfolgversprechenden Maßnahmen von Lean Management[28], Business Reengineering[29], Kaizen[30] oder auch Total Quality Management[31] treffen aber in deutschen Unternehmen zum Teil auf erheblichen Widerstand der Mitarbeiter, der nicht zuletzt durch kulturbedingte Akzeptanzprobleme[32] hervorgerufen wird. Die angestrebten Veränderungen sind so gravierend, daß einschneidende Kulturrevolutionen[33] gefordert werden. Trotz des Einsatzes von "Change Agents",[34] "Dynamik-Promotoren"[35] u.ä. stoßen Veränderungsbemühungen häufig auf aktive und/oder passive Ablehnung von Seiten der Mitarbeiter aufgrund verfestigter Denk- und Verhaltensmuster,[36] die in ihrer Entwicklung eigenen Gesetzmäßigkeiten folgen und sich einer technokratischen Machbarkeit, insbesondere bei Anwendung einer "Bombenwurf"-Strategie, oftmals entziehen.

Derartige Akzeptanzbarrieren und Steuerungsprobleme der Organisationsgestaltung sind vielfach in der Tiefenstruktur des Unternehmens, die sich aus den kulturellen Merkmalen in Form verfestigter Denk- und Verhaltensmuster zusammensetzt, begründet.[37] Die Vermeidung bzw. Beseitigung solcher kulturbedingter Akzeptanzprobleme fällt typischerweise in das Aufgabenfeld der "Reparaturwerkstatt" des Personalmanagements, dem bislang aber eine kulturorientierte Systematik fehlt![38]

Das Personalmanagement übernimmt traditionell die Aufgabe, den organisatorischen Rahmen mit Personal auszufüllen. Im Zuge eines ganzheitlichen Managementdenkens[39] erscheint es je-

---

[28] Vgl. Bösenberg/Metzen 1992.

[29] Vgl. Hammer/Champy 1994.

[30] Vgl. Imai 1992, Volk 1993, S. 116ff.

[31] Vgl. z.B. Oess 1991, Töpfer 1995, Wonigeit 1996, Hartfelder 1985, S. 459ff.

[32] Vgl. zur Kulturverträglichkeit des japanischen Wirtschaftsmodells z.B. Womack/Jones/Roos 1992, Imai 1992, Becker, D. 1994, S. 52ff., Groth/Kammel/Tsumura 1994, S. 317ff., Piepel 1993, S. 59ff., Bittner/Reisch 1993, S. 65ff., Bleicher 1982, S. 444ff., 1992, Sp. 2246ff., Dierkes 1988, S. 554ff., Saha 1990, S. 3ff., Koyama 1991, S. 275ff., Krogh 1993, S. 127ff., Whitehill 1991.

[33] Vgl. z.B. Bergen 1995, Bittner/Reisch 1993, S. 68, Schibalski 1991, S. 50ff., Bleicher 1984, S. 497f., 1986a, S. 104.

[34] Vgl. z.B. Gould 1996, S. 278ff.

[35] Pümpin 1989, vgl. auch Burkhardt/Sager 1994, S. 42ff.

[36] Vgl. Bleicher 1991a, Lorsch 1986, S. 95ff.

[37] Vgl. z.B. Ouchi 1981, Peters/Waterman 1983, Kilmann 1985, S. 351ff.

[38] Vgl. ähnlich auch Lukas 1995, S. 74. Forderungen nach einem ganzheitlichen kulturorientierten System personalwirtschaftlicher Instrumente finden sich z.B. bei Böhm 1988, S. 979f., Sackmann 1989a, S. 173f., Bleicher 1992, Sp. 2250.

[39] Bleicher betont, daß die Forderung nach einem ganzheitlichen Denken und Handeln (1990, S. 157ff.) abhängig ist von der Problematik der Sinnfindung in Organisationen, die eng mit der Kulturfrage verbunden ist (1990, S. 161).

doch notwendig, Personalmanagement und Organisation als betriebswirtschaftliche Entscheidungsbereiche integrativ zu gestalten. Es ist zu prüfen, ob durch kulturbewußte Entscheidungen im Personalbereich der traditionell derivative Charakter des Personalmanagements, der eng mit einer funktionalistischen Auffassung verknüpft ist, überwunden und ein stärker strategieorientiertes, originäres Personalmanagement in den Betrieben umgesetzt werden kann. Denn Kultur schafft in Form einer gemeinsamen Sinn- und Wertebasis die Grundlage für einen "strategischen Konsens" der Unternehmensmitglieder und bietet damit eine Grundlage für Einflußmöglichkeiten personalwirtschaftlicher Überlegungen bei der Entwicklung der Unternehmensstrategie.[40]

Die verstärkte Arbeitsteilung der Industrialisierung führte zur Isolierung des einzelnen Mitarbeiters und zur Entfremdung von der Arbeit. Die Loyalität gegenüber dem Betrieb und auch die Solidarität zwischen den Mitarbeitern ist in den letzten Jahren in auffälliger Weise geschwunden; in vielen Betrieben herrscht kein wirklicher Zusammenhalt mehr.[41] Wirtschaftlichen Krisen, die vielleicht sogar darauf zurückzuführen sind, begegnete man in der jüngeren Vergangenheit zunehmend mit nicht kulturadäquaten, individualistischen Managementkonzepten. Freilich kann ein Wandel des Arbeitsverhaltens beim einzelnen Mitarbeiter ansetzen; die Frage ist jedoch, ob nicht ein ganzheitliches systemisches Denken, wie es häufig gefordert wird, auch impliziert, daß statt dem Einzelnen wieder die Gesamtbelegschaft in den Mittelpunkt gestellt wird. Der gesellschaftliche Wertewandel führt vom Kollektivismus zu vermehrtem Individualismus[42], jedoch stellt sich die Frage, wieviel Egoismus eine Gesellschaft, aber auch ein Unternehmen ertragen kann, bevor sie bzw. es zerbricht.[43] Vor diesem Hintergrund erscheint ein Kultur-Konzept, welches die Basis für eine betriebliche Partnerschaft darstellen kann, durch die Hervorhebung der Bedeutung von gemeinsamen Sinn- und Orientierungsmustern notwendig. Die Unternehmensführung und insbesondere die Personalwirtschaft tragen erhebliche soziale Verantwortung, die in den letzten Jahren nur allzu häufig zugunsten rational ökonomischer Kalküle vernachlässigt wurde, indem Personalabbau als Kahlschlag betrieben und dadurch die Glaubwürdigkeit des Managements erheblich erschüttert wurde.[44] Durch geeignete kulturbewußte Maßnahmen können und müssen die Entscheidungsträger, insbesondere die Personalverantwortlichen, letztlich um ihrer selbst willen einen Beitrag leisten, aus vielen Solisten wieder ein Orchester zu formen: Wir können die Zukunft nicht vorhersagen, aber wir können sie mitgestalten.[45]

Die besondere Schwierigkeit eines kulturbewußten Personalmanagements liegt darin, eine Balance zwischen Kulturstabilität und Kulturwandel, zwischen einheitlichen und differenzierten Denk- und Verhaltensmustern sowie zwischen Individualität und Kollektivität zu finden.

---

[40] Remer (1978, S. 16ff.) hat frühzeitig Kritik an der Unterordnung der Personalpolitik unter die Unternehmenspolitik geübt. Er fordert die Loslösung des Personalwesens aus einer reinen Anpasserrolle, eine Gleichstellung von Personal- und Unternehmenspolitik sowie eine vorrangige Stellung der Personalpolitik gegenüber der Organisationsgestaltung.

[41] Vgl. z.B. Sattelberger 1998a, S. 30ff., 1998b, S. 30ff., Wever 1996, S. 214ff.

[42] Vgl. Inglehart 1977, 1989, 1990, Beck 1986.

[43] Vgl. Etzioni 1996, 1997, S. 210ff., Dahrendorf 1987, S. 210ff., 1992a, S. 67ff., Dönhoff u.a. 1992, S. 23ff., Luck 1994, S. 46ff.

[44] Vgl. speziell zum Glaubwürdigkeitsproblem der Führung z.B. Bennis 1998, S. 12f., Drosdek 1996.

[45] Vgl. auch Dönhoff u.a. 1992, S. 114ff.

Als Alternative zur Anpassung der eigenen Kultur durch Aufnahme fremder Kulturelemente erscheint in diesem Zusammenhang auch die Rückbesinnung auf die eigenen kulturellen Stärken diskussionswürdig.[46] Dem Personalmanagement kommt die Aufgabe zu, vorhandene Tugenden zu erkennen und zu bewahren, zu nutzen und zu fördern sowie kulturelle Schwächen zu beheben oder sie auch bewußt zu akzeptieren und zu überbrücken.[47] So wird bisweilen gefordert, daß sich die Europäer auf ihre verschütteten kulturellen Werte der abendländischen Philosophie besinnen müssen, um im Leistungswettbewerb mit den Japanern mithalten zu können.[48] Dagegen fordern speziell die Vertreter eines sozialtechnologischen Kulturmanagements die Hinwendung zu einer effizienteren neuen Kultur.[49]

Ein *kulturbewußtes* Personalmanagement stellt eine Synthese beider Extrempositionen dar, indem durch eine differenzierte Analyse kulturelle Schwächen und Stärken hinsichtlich der organisationalen Effizienz identifiziert werden und personalwirtschaftliche Maßnahmen entwickelt werden, die zum einen auf die Bewahrung bestehender Kulturmerkmale abzielen, zum anderen notwendige und mögliche Veränderungen der Unternehmenskultur initiieren können. Somit verbirgt sich hinter dem kulturbewußten Personalmanagement auch eine erneute Beleuchtung des Spannungsfeldes "Stabilität versus Wandel".[50] Die enge Verbundenheit beider Positionen drückt sich darin aus, daß - wie noch zu zeigen sein wird - sowohl die starre Kulturerhaltung wie auch der permanente Kulturwandel jeweils an ökonomisch und/oder sozial nicht tragbare Grenzen gelangen. Die Fragestellung "Kulturerhaltung oder Kulturveränderung" ist demnach nicht mit einem "entweder - oder", sondern vielmehr mit einem "sowohl - als auch" zu beantworten.[51] Die Perspektive des kulturbewußten Personalmanagements deckt sich in diesem Punkt weitgehend mit dem Grundgedanken der Kommunitarismus-Bewegung, die maßgeblich mit dem Soziologen Amitai Etzioni in Verbindung gebracht wird:

> „Wir wollen die Uhr nicht einfach zurückdrehen, sondern die guten Elemente des Alten mit guten des Neuen verbinden."[52]

Der sich in allen Lebensbereichen vollziehende Wandel bewirkt eine tiefe Verunsicherung der Menschen, die einerseits in immer stärkerem Maße mit Höchstbeanspruchungen ihrer Leistungsfähigkeit konfrontiert werden und andererseits zunehmende Sinn- und Wertverluste

---

[46] Vgl. aus kulturwissenschaftlicher Sicht in diesem Zusammenhang die Diskussionen um das Schlagwort "Kulturkampf". Vgl. hierzu z.B. Klönne 1984.

[47] So wird neben der Möglichkeit einer problematischen Implementierung kulturinadäquater Strategien von Teilen der Praxis die Meinung vertreten, daß wir im internationalen Wettbewerb keine Chance haben, „wenn wir versuchen, die Japaner bei der Gestaltung von Einzelmaßnahmen zu imitieren. Sie haben andere Voraussetzungen. *Wir müssen deshalb unseren Weg gehen und, bezogen auf unsere Voraussetzungen, d.h. die Leitbilder und Werte unserer Kultur und Gesellschaftsordnung,* eine insgesamt stimmige Personalpolitik anstreben." (Wollert 1985, S. 104); ähnlich auch das Fazit von Wilkins/ Bristow (1987, S. 227) unter kritischem Bezug auf Peters/Waterman (1983): „You can't 'ape' your way to excellence! Distinctive competence and competitive advantage come from other shaping the inherent genius in your own organization not from 'aping' other organizations."

[48] Vgl. z.B. Lietz 1990, Zimmerli 1994, S. 37, Becker, D. 1994, S. 54f.

[49] Vgl. z.B. Peters/Waterman 1983, Kobi/Wüthrich 1985, 1986, Frey 1994, S. 147 ff.

[50] Vgl. auch Lorsch 1986, S. 109.

[51] Vgl. dazu auch Sackmann 1996, S. 55ff., insbes. S. 64.

[52] Etzioni 1997, S. 210; vgl. auch Etzioni 1996, 1995, Dahrendorf 1987, S. 210ff., 1992a, S. 67ff., Dönhoff u.a. 1992, S. 23ff., Luck 1994, S. 46ff.

verspüren, die zu sozialer Orientierungslosigkeit und Isolierung des Einzelnen führen[53]. Die Kultur kann dabei als hilfreicher Ruhepunkt für die individuelle Orientierung und Sinnvermittlung gesehen werden.[54] Aus der Sicht des Mitarbeiters leitet sich aus der Kultur die Beantwortung der Fragen nach dem Stellenwert des Einzelnen im Unternehmen und nach dem Sinn der zu leistenden Arbeit ab. Durch die konsequente Berücksichtigung von Sinnfragen, die die Arbeit betreffen, trägt das kulturbewußte Personalmanagement dem Aspekt des Wertewandels Rechnung, daß der Sinn in der Arbeit einen immer größeren Stellenwert in Bezug auf Motivation und Identifikation der Mitarbeiter erhält. Damit wird auch deutlich, daß der Werteforschung[55] als Element im Rahmen einer Kulturanalyse ein hoher Stellenwert zuteil wird.[56]

In der gegenwärtigen Situation eines vielschichtigen Wandels häufen sich die Fragen nach einer neuen Wertebasis in unseren sozialen Systemen. Geleitet von der Überzeugung, daß individualistische Tendenzen zu einer Entsolidarisierung geführt haben, die in eine permissive Gesellschaft mündend letztlich auch die Freiheit des Einzelnen gefährden kann, könnte ein sozial- und unternehmenspolitisches Integrationsmodell einer "kritischen Solidargemeinschaft" Fuß fassen. „Kultur lebt vom Dialog."[57] Kultur stirbt durch soziale Isolierung.

## 1.2 Ziel und Ablauf der Arbeit

Die vorliegende Arbeit hat zum Ziel, wegweisende Fragen für ein kulturbewußtes Personalmanagement aufzuwerfen und - soweit möglich - *fundierte, kritische* und zum Teil auch *utopische* Antworten darauf zu geben.[58] Das kulturbewußte Personalmanagement versteht sich als erweiterungsfähiger und -bedürftiger Baustein im Rahmen der betriebswirtschaftlichen Kulturdiskussion und bietet Ansatzpunkte eines neuen Denkrasters für personalwirtschaftliche Entscheidungen; die vorliegende Arbeit zeigt den grundlegenden Weg einer systematischen Einbeziehung der Kultur in personalwirtschaftliche Fragestellungen auf und bietet im Sinne eines Deutungsvorschlags hinsichtlich des Verstehens der Kultur auf der nationalen Ebene[59] eine Grundlage für weitere Diskussionen.

---

[53] Vgl. Langguth 1995, Heinen 1987, S. 3; Ehlert 1990, 1993, Bleicher (1990, S. 154) sieht vor allem in der zunehmenden Arbeitsteilung und Spezialisierung eine "Sinnbremse", indem den Mitarbeitern die Sinnhaftigkeit ihres Tuns sowie Möglichkeiten zur Selbstentfaltung verloren gehen.

[54] Vgl. Geertz 1973, 1983, Marr 1989a, S. 14 f.; Bleicher spricht in Anlehnung an Wilkins (1983, S. 27) in diesem Zusammenhang auch von der Funktion eines "Autopiloten", der die implizite Verhaltenssteuerung übernimmt (1986a, S. 100, 1986b, S. 260, 1990, S. 156, 1991b, S. 126, 1992, Sp. 2244).

[55] Vgl. zur Wertforschung insbesondere Klages/Kmieciak 1984, Klages 1984, 1985, S. 24ff., 1987, S. 1ff., 1988, 1993, S. 1ff., Klages/Hippler/Herbert 1992, Inglehart 1977, 1989, 1990. Kroeber verdeutlicht den Stellenwert der Werteforschung im Rahmen der Kulturanthropologie wie folgt (1956, S. 300): „The concept of values is one that has been consciously faced in anthropology in the last ten years, and increasingly so... Gradually it dawned anthropologists that we were actually describing, defining and analyzing out characteristic values in every broader or integrative picture of culture - in every ethnographic account that was more than an atomistic enumeration."

[56] Vgl. Treichler 1995, S. 6ff.

[57] Herzog 1996a.

[58] Vgl. zu den Funktionen einer Wissenschaft: Raffée 1974, S. 16f., Albert 1969, S. 174ff.; die Formulierung von Utopien kann insbesondere in sozialkritischer Hinsicht Bedeutung erlangen, denn in ihnen können sich Bestrebungen ausdrücken, „die unter den gegebenen sozialen Verhältnissen nicht erfüllt werden und möglicherweise auch nicht erfüllt werden können. In dieser Hinsicht sind sie weniger wegen der in ihnen angedeuteten positiven Lösungen, als wegen der ihnen innewohnenden Hinweise auf vorhandene konkrete Übelstände von Bedeutung" (Albert 1969, S. 174).

[59] Vgl. Osterloh 1993, S. 129, Schauenberg/Föhr 1995, Sp. 2207.

Während sich die jüngere Kulturdiskussion in der Betriebswirtschaftslehre fast ausschließlich auf die Unternehmenskultur bezieht, ist es Anliegen dieser Arbeit, zusätzlich die Nationalkultur in personalwirtschaftliche Überlegungen einzubeziehen. Im Grunde genommen ist es Ziel, ein *real*typisches Modell des (national-)kulturellen Kontextes zu generieren, welches begründete Annahmen über menschliches Verhalten in einem spezifischen Kulturkontext trifft und als Grundlage für personalwirtschaftliche und organisationsbezogene Theorien dienen kann.[60] In einer Grobstruktur soll ein personalwirtschaftliches Erklärungs- und Gestaltungskonzept umrissen werden, welches ökonomisch relevant erscheinende Bereiche der Nationalkultur fokussiert, so daß sich im Ergebnis eine Personalwirtschaftslehre für "typisch deutsche" Mitarbeiter eines "typisch deutschen" Unternehmens ergibt.[61]

Ein kulturbewußtes Personalmanagement als Konzeption kann auf verschiedenen Ebenen ausgearbeitet werden. So könnten auf nationaler Ebene neben dem Baustein einer "deutschen" Personalwirtschaftslehre, die ihr Augenmerk auf die Spezifika der deutschen Nationalkultur richtet, zahlreiche weitere Bausteine, wie z.B. "spanische", "russische" oder "US-amerikanische" Personalwirtschaftslehren konzipiert werden. Darüber hinaus können durch eine Betrachtung anderer kultureller Ebenen etwa branchen- oder unternehmens-, vielleicht sogar bereichskulturspezifische Personalwirtschaftslehren entwickelt werden, wie z.B. eine Personalwirtschaftslehre für die Kultur in der Montan-Industrie, für die Kultur in der Siemens AG oder eben für die Kultur eines bestimmten Geschäftsbereiches eines Unternehmens. Die Problematik der Berücksichtigung bestehender Interdependenzen zwischen diesen einzelnen Hierarchieebenen der Kultur, insbesondere auftretenden Widersprüchen und erwachsenden Konflikten[62], ist eine wichtige Fragestellung eines kulturbewußten Personalmanagements unter einer "Multiple-Culture-Perspective".[63]

Kap. 2 der Arbeit steckt zunächst einen Rahmen für die Ziele, Inhalte und grundlegende Methodik eines kulturbewußten Personalmanagements ab. Neben den zu leistenden Begriffsabgrenzungen wird die Einbeziehung der kulturellen Dimension in die grundlegenden Modelle des Menschen- und Betriebsbildes diskutiert. Darauf aufbauend werden die Zusammenhänge

---

[60] Vgl. zur grundlegenden Unterscheidung von Modellannahmen und Theorien in diesem Zusammenhang Albert (1976b, S. 151ff.). Die Vorgehensweise einer Annäherung der Modelle an die Realität nennt Albert "Methode der abnehmenden Abstraktion", die er wie folgt beschreibt: "Die genaue Analyse konkreter institutioneller Regelungen in komplexen sozialen Systemen unter theoretischen Gesichtspunkten gibt nämlich die Möglichkeit, die besonderen Annahmen bestimmter Modelltypen so weit an die Beschaffenheit konkreter historischer Situationen anzunähern, daß man zu echten Erklärungen kommt. Aus der idealtypischen Erklärungsskizze mit dem für sie charakteristischen hohen Grad von Idealisierung auch bei den besonderen Annahmen würde damit eine historische Erklärung mit weitgehend "realistischen" Annahmen." (Albert 1976b, S. 155).

[61] Zur Frage der Existenz einer "deutschen" Betriebswirtschaftslehre vgl. insbesondere Drumm (1993, S. 64ff.), der dies entschieden verneint. Ein ähnliches Forschungsziel verfolgt Miller (1984), indem er nach gemeinsamen Charakteristika von allen US-amerikanischen Unternehmen sucht, d.h. individuelle Unternehmenskulturen in einer landesspezifischen "Standard-Unternehmenskultur" zu verdichten versucht. Vorläufer hierzu sind Pascale/Athos (1981) und auch Ouchi (1981), die primär die Spezifika japanischer Unternehmenskulturen in den Mittelpunkt stellten. Vgl. auch Rüttinger 1986a.

[62] Vgl. Scholz, C. 1992b, S. 30ff., Schreyögg 1991a, S. 17ff.

[63] Demnach wird die Organisation nicht als einheitliche, abgeschlossene Gesellschaft gesehen, sondern als heterogenes, pluralistisches und vor allem offenes System (Thompson 1967), dessen Mitglieder eine eigene Kultur und mehrere Subkulturen entwickeln können, aber auch diverse Denk- und Verhaltensmuster ihrer externen kulturellen Kontexte in die Organisation einbringen (vgl. Boyacigiller u.a. 1996, S. 181ff., Heene 1994, Rose 1988, S. 139ff., Fombrun 1983, S. 139ff.; ähnlich auch Bleicher 1986a, S. 100ff., Scheuss 1985, S. 86f., Bergmann 1991, S. 39, Hentze 1987, S. 172ff., Krulis-Randa 1984, S. 361, Moran/Harris 1982, S. 109).

zwischen Struktur, Strategie und Kultur sowie Personalwirtschaft und Kultur verdeutlicht. Nach einer Darlegung der inhaltlichen Aufgaben und des Zielsystems des kulturbewußten Personalmanagements werden relevante Bezüge des kulturbewußten Personalmanagements zu den Ansätzen der Organisationskulturforschung und personalwirtschaftlichen Konzeptionen hergestellt und eine methodologische Positionierung vorgenommen. In diesem Zusammenhang werden das der Arbeit zugrundegelegte Wissenschaftsverständnis und die damit verbundene Forschungsmethodik dargelegt.

Kap. 3 beschäftigt sich mit der Analyse der Kultur als Grundlage für ein zu konzipierendes Personalmanagement. Dazu wird zunächst ein Analyserahmen erarbeitet, der eine inhaltliche Differenzierung der Kultur in personalwirtschaftlich relevante Bestandteile beinhaltet. Die Analyse beschränkt sich auf die Ebene der Nationalkultur und greift auf Erkenntnisse unterschiedlicher Disziplinen zurück. Dabei wird auf die spezifischen Probleme und möglichen Blickwinkel einer Analyse der *deutschen* Nationalkultur eingegangen. Die im Anschluß daran gebildeten Hypothesen spiegeln wichtige Wesensmerkmale der Deutschen wider und liefern Argumente zur Funktionalität der Nationalkultur.

Kap. 4 beinhaltet Überlegungen zur Möglichkeit und Notwendigkeit von Kulturveränderungen, d.h. einer möglichen Zielbestimmung im Sinne einer "Soll-Kultur". Hierzu werden Verbindungen zu ausgewählten Theorien des Kulturwandels hergestellt. Die Möglichkeiten und Grenzen der Formulierung und Realisierung einer kulturellen Soll-Vorstellung, die Bezug nimmt auf die Ergebnisse der Kulturanalyse, bilden den Ausgangspunkt für einen personalwirtschaftlichen Gestaltungsansatz.

Hierzu sollen in Kap. 5 Implikationen für ein personalwirtschaftliches Handeln aus den Analyseergebnissen im Hinblick auf die betrieblich relevanten Kulturmerkmale abgeleitet werden. Das sich konstituierende Leitbild kann als kritische Solidargemeinschaft bezeichnet werden, dessen Profil über die inhaltliche Differenzierung des Kulturkonstrukts in die zentralen Felder der Informations- und Kommunikationskultur, Vertrauenskultur, Unternehmer- und Innovationskultur, Partizipations- und Teamkultur, Konfliktkultur sowie Fehler- und Lernkultur erkennbar wird.

Durch die aufgezeigte Begrenztheit der Analyse ist auch der sich darauf stützende Gestaltungsansatz, der genaugenommen nur für ein "typisch deutsches" Unternehmen mit "typisch deutschen" Mitarbeitern konzipiert ist, aufgrund der speziellen Unternehmenssituation im Vorfeld einer praktischen Umsetzung zu relativieren. Dies erscheint aufgrund der gravierenden *soziokulturellen* Veränderungen umso notwendiger, die mit der zunehmenden Internationalisierung verbunden sind, zumal es ohnehin problematisch erscheint, die kulturelle Grenzen an nationalen festzumachen. Auch aus diesem Grund stößt ein lediglich an der Nationalkultur orientierter Gestaltungsansatz an entscheidende Grenzen, die aber eingehend im Schlußteil (Kap. 6) erörtert werden.

Abbildung 1 verdeutlicht den Argumentationsaufbau und dient als Leitfaden:

> Einführung:
> ✤ Motivation und Legitimation des Themas
> ✤ Ziel und Ablauf der Arbeit

> Grundlagen:
> ✤ Ziele, Inhalte und Methodik des
>    kulturbewußten Personalmanagements
> ✤ Metatheoretische Diskussion: Verortung des
>    kulturbewußten Personalmanagements

> Kulturanalyse:
> ✤ Disziplinäre Ansatzpunkte
> ✤ Generierung eines Analyserahmens
> ✤ Analyse der Nationalkultur:
>    Probleme, Mögliche Blickwinkel, Hypothesen

> Kulturwandel:
> ✤ Theorien und Ansätze zum (Kultur-)wandel
> ✤ Möglichkeiten und Grenzen für eine
>    "Soll-Kultur"

> Kulturbewußte Personalarbeit:
> ✤ Das Integrationsmodell einer kritischen
>    Solidargemeinschaft
> ✤ Personalwirtschaftliche Maßnahmen in den
>    einzelnen Kulturfeldern

> Kritische Würdigung:
> ✤ Resümee
> ✤ Grenzen des kulturbewußten
>    Personalmanagements

Abb. 1: Überblick über den Aufbau der Arbeit

Quelle: eigene Darstellung

## 2. Grundlagen: Das kulturbewußte Personalmanagement in der Personal- und Organisationsforschung

### Zur Existenz von Kultur

Bevor eine begriffliche Bestimmung von "Kultur" vorgenommen wird, soll zunächst auf die Frage der realen Existenz des Kulturphänomens eingegangen werden. In diesem Zusammenhang ist der Ausspruch der französischen Philosophin Simone Weil (1909-1943) zu sehen:

> „Culture is an instrument wielded by professors to manufacture professors, who when their turn comes will manufacture professors."[64]

Allerdings ist das Kulturkonzept primär als ein *wissenschaftliches Konstrukt der Anthropologie* anzusehen, welches im betriebswirtschaftlichen Kontext zur Beschreibung, Erklärung und Vorhersage von Verhalten in und von Organisationen angewendet und zu Forschungs- und Gestaltungszwecken genutzt werden kann.[65] Die Konstruktentwicklung unterliegt dabei empirischen Überprüfungen aufgestellter Hypothesen unter Verwendung quantitativer wie qualitativer Methoden.[66]

Als eine erste Grundannahme dieser Arbeit wird somit von einer realen Existenz der Kultur ausgegangen. Für die Existenz von Kultur sprechen sich nicht nur die Vertreter einer "kulturalistischen"[67] Position aus. Daneben läßt sich auch der Strukturfunktionalismus von Talcott Parsons als Element einer Strukturtheorie von Kultur als Untermauerung heranziehen. Auch die philosophisch-anthropologische Position (Arnold Gehlen[68]), die den Menschen von Natur aus als Kulturwesen bestimmt oder die Soziologie Max Webers, welche die Kulturbedeutsamkeit und die Sinnorientierung allen sozialen Daseins unterstreicht, bauen auf dieser Grundannahme auf. Gleiches läßt sich ebenso für die einschlägigen Teildisziplinen wie insbesondere Kulturanthropologie, Kulturpsychologie oder Kultursoziologie sagen. Das Anliegen der Kultursoziologie, die Kultur in ihrer Vielschichtigkeit, d.h. in ihrer sozialen, zeitlichen und sachlichen Komplexität zu erfassen, führt zu dem Programm der modernen soziologischen Systemtheorie, insbesondere zu Niklas Luhmann. Auch die Systemtheorie berücksichtigt in zunehmendem Maße kulturelle Zusammenhänge "und erkennt, daß die Fähigkeit, Aussagen gerade auf dieser Ebene vorzulegen, am Ende zum entscheidenden Prüfstein wird."[69]

---

[64] Weil (1971), zit. nach Daintith, J. u.a. (Hg.), Bloomsbury thematic dictionary of quotations, London 1988, S. 78.

[65] Vgl. Wagner, R. 1975, S. 1ff., Sheldon 1967, S. 39: "Culture is a theoretical model, and the abstractions and principles from which it is made up are free creations of the mind."; vgl. Sackmann 1983, S. 394f., Staehle 1994, S. 471f., hierzu und im Folgenden auch Conrad/Sydow 1991, S. 93ff.

[66] Beispiele für bestehende alternative Konstrukte verhaltenswissenschaftlicher Forschung wären auf der Ebene des Individualverhaltens etwa Leistungsmotivation, Arbeitszufriedenheit oder Wertorientierung, auf der Ebene der Gruppe z.B. Rollenverhalten, Gruppennormen, soziale Interaktion und interpersonale Konflikte (vgl. Conrad/Sydow 1991, S. 94ff.).

[67] Kulturalismus bedeutet, daß Mensch und Gesellschaft von vorgegebenen kulturellen Parametern voll und nahtlos gesteuert werden (Vgl. Lipp 1987, S. 11). Verhaltensäußerungen aller Art werden als kulturbedingt gesehen, Erklärungsmuster menschlichen Verhaltens basieren gänzlich auf kulturtheoretischen Überlegungen. Als Vertreter dieser Position lassen sich etwa Boas, A.L. Kroeber, C. Kluckhohn oder auch M. Mead anführen; vgl. dazu auch Lipp 1979, Kaschuba 1995, S. 27ff.; .vgl. zur Idee einer "kulturalistischen" Betriebswirtschaftslehre insbesondere Steinmann (1978), Antoni (1983).

[68] Vgl. Gehlen 1966, insbesondere S. 38f.

[69] Lipp 1987, S. 16f.; vgl. dazu auch Hartfelder 1984, 1985, Ulrich, P. 1984, S. 303ff.

„Die Bedeutung der Unternehmenskultur für die Betriebswirtschaftslehre ist keine akademische These, sondern eine Beobachtung der Wirklichkeit."[70]

## 2.1   Klärung zentraler Begriffe

### 2.1.1   Begriff und Funktionen der Kultur

„Als ein Anthropologe, mit dem ich befreundet bin, sich einmal über die Nützlichkeit des Begriffs der Kultur ausließ, sagte er: 'Wenn mich beispielsweise jemand fragt, warum die Chinesen keine Milch mögen, kann ich nur sagen: wegen der Kultur.' Alles, was ich erwidern konnte, war: Wenn das alles gewesen sei, was er sagen konnte, dann habe er nicht viel gesagt. Das einzige, was die Verwendung des Wortes „Kultur" impliziert habe, sei die Tatsache, daß die Aversion gegen Milch für das Verhalten einiger Chinesen seit Generationen typisch ist. Aber das wußten wir bereits; „Kultur" hat dem nichts hinzugefügt. Was wir gern gewußt hätten, ist, warum Milch, speziell Milch, mehr als - sagen wir - Tee abgelehnt wird. Von Kultur zu sprechen, das beantwortet die Frage gar nicht, wirklich ganz und gar nicht. Allgemein gesagt: 'Erklärungen durch einen Begriff' ist keine Erklärung."[71]

Soweit ist dem nichts entgegenzuhalten, denn warum das beschriebene Phänomen auftritt, kann nicht allein durch den Kulturbegriff, sondern nur über die damit verbundenen Prozesse der Entstehung und Vermittlung von Kultur erklärt werden. Vorstellbar wäre z.B., daß ein Kaiser, der selbst eine angeborene Abneigung gegen Milch besaß, diese Einstellung auf seine Untertanen per Erlaß oder via Religion übertrug und somit die Abneigung gegen Milch als allgemeines Verhaltensmuster diffundierte und sich verfestigte.

Begriffe allein besitzen freilich noch keine Erklärungskraft, dienen lediglich der Deskription. Die Beschreibung von Phänomenen unter kulturellen Gesichtspunkten kann jedoch als Ausgangspunkt für die Erklärung eines bislang unerklärten Teils der Varianz menschlichen Verhaltens dienen. Die Beschreibung und damit auch die Erklärung werden erst dann aussagekräftig, wenn der Kulturbegriff mit geeigneten Bedeutungsinhalten versehen wird.

*Kulturbegriff*
Der Begriff der Kultur ist nahezu von jedem Wissenschaftler mit eigenen Inhalten versehen und in sehr spezifischer, subjektiver Weise abgegrenzt worden, so daß heute eine unüberschaubare Vielfalt von Kulturdefinitionen in den einzelnen Teildisziplinen anzutreffen ist.[72]

Die Breite läßt sich vor allem anhand unterschiedlicher Konkretisierungsgrade nachzeichnen:

Einerseits wird Kultur - zumeist alltagssprachlich - auf das Schöngeistige reduziert und im Kern mit Musik, Theater, Kunst und Literatur gleichgesetzt.[73] Auch eine Erweiterung der

---

[70] Krulis-Randa 1984, S. 363f.; vgl. zur praktischen Bedeutung der Kultur auf Gesellschaftsebene Tenbruck 1979, S. 415ff.

[71] Homans 1972b, S. 25.

[72] So identifizierten bereits 1952 Kroeber und Kluckhohn 164 verschiedene Kulturdefinitionen. „Culture is one of those terms that defy a single all-purpose definition and there are almost as many meanings of 'culture' as people using the term" (Ajiferuke & Boddewyn, 1970, S. 154).

[73] Hofstede etwa bezeichnet ein derartiges Alltagsverständnis als "Kultur 1" (Vgl. Hofstede 1993, S. 18ff.); auch Lipp wendet sich gegen eine wissenschaftliche Verwendung dieses verkürzten Kulturbegriffs (1987, S. 10).

Kultur um zusätzliche Elemente aus allen Lebensbereichen endet in einer Aufzählung, wie z.b. Sprache, Religion, Legenden, Mythen, Kunstformen etc., die dem umfassenden Charakter des wissenschaftlichen Konstrukts der Kultur nicht gerecht wird.[74] Das weiteste Kulturverständnis sieht die Kultur einer Gruppe nicht auf bestimmte Bereiche wie Bildung, Wissenschaft, Kunst und Religion beschränkt, sondern erkennt die Kultur als Totalphänomen aller geistigen Bemühungen, die sich innerhalb des sozialen Systems der Gruppe entfalten.[75] Mit einer Definition von einem derartig hohen Abstraktionsgrad setzt man sich jedoch der Gefahr aus, Kultur als allumfassende, dadurch aber inhaltsleere Blase anzusehen.[76]

Folgende, häufiger zu findende Definitionen geben einen Überblick über die Begriffsvielfalt und vermitteln ein Gefühl für die wesentlichen Aspekte des Kulturkonstrukts:[77]

| | |
|---|---|
| **Adelung**<br>**(1793)** | „die Veredlung oder Verfeinerung der gesamten Geistes- und Leibeskräfte eines Menschen oder eines Volkes, so dass dieses Wort sowohl die Aufklärung, die Veredlung des Verstandes durch Befreyung von Vorurtheilen, aber auch die Politur, die Veredlung und Verfeinerung der Sitten unter sich begreift."[78] |
| **Tylor, E. B.**<br>**(1873)** | „Kultur ... ist jener Inbegriff von Wissen, Glauben, Kunst, Moral, Gesetz, Sitte und allen übrigen Fähigkeiten und Gewohnheiten, welche der Mensch als Glied der Gesellschaft sich angeeignet hat."[79] |
| **Malinowski, B.**<br>**(1941)** | „jenes umfassende Ganze, das sich zusammensetzt aus Gebrauchs- und Verbrauchsgütern, den konstitutionellen Rechten und Pflichten der verschiedenen Bevölkerungsgruppen, aus menschlichen Ideen und Fertigkeiten, aus Glaubenssätzen und Bräuchen."[80] |
| **Kroeber, A.L.**<br>**Kluckhohn, C.**<br>**(1952)** | „Culture consists in patterned ways of thinking, feeling and reacting, acquired and transmitted mainly by symbols, constituting the distinctive achievements of human groups, including their embodiments in artifacts; the essential core of culture consists of traditional (i.e. historically derived and selected) ideas and especially their attached values."[81] |
| **Bühl, W.**<br>**(1987)** | lose gekoppeltes, dynamisches und (unter betimmten Umständen) fluktuierendes Mehrebenensystem, dessen Grenzen nur vage zu bestimmen sind;[82] |

---

[74] Vgl. hierzu z.B. das Verständnis auf der UNESCO-Konferenz (1982), wonach Kultur gleichbedeutend ist mit der Gesamtheit der einzigartigen geistigen, materiellen, intellektuellen und emotionalen Aspekte, die eine Gesellschaft oder eine soziale Gruppe kennzeichnen.

[75] Dazu zählen dann auch Ideen, Initiativen, Hoffnungen und Wünsche hinsichtlich einer künftigen Realisierung.

[76] So beschreibt Kasper (1990, S. 95) das definitorische Problem der Organisationskultur wie folgt: "Der Begriff Organisationskultur wird häufig so verwendet, daß 'alles' Leben in Organisationen umfaßt, gerade dadurch aber 'nichts' erklärt wird." Vgl. dazu Sigmund Freud (1930/1994, S. 55): „Kultur als das dem Menschen Eigentümliche" oder auch das Kulturverständnis von Max Weber: Als "Kultur" gilt bei ihm "ein vom Standpunkt des Menschen aus mit Sinn und Bedeutung bedachter endlicher Ausschnitt aus der sinnlosen Unendlichkeit des Weltgeschehens" (vgl. Thurn 1979, S. 439). Vgl. zur Begriffsdiskussion Allaire/Firsirotu (1984, S. 194).

[77] Diese Begriffsfassungen sind freilich in enger Verknüpfung mit den zugrundegelegten, heterogenen Forschungsansätzen zu sehen. Einen Überblick vermitteln z.B. Dill 1986, S. 23ff., Dormayer/Kettern 1987, S. 53ff.

[78] Adelung 1793, zit. nach Kroeber/Kluckhohn 1952, S. 38.

[79] Tylor 1972, S. 51.

[80] Malinowski 1975, S. 74f.

[81] Kroeber/Kluckhohn 1952, S. 181.

[82] Vgl. Bühl 1987, S. 59ff.

Kulturdefinitionen in betriebswirtschaftlicher Forschung:

| | |
|---|---|
| **Hofstede, G.** (1980) | „the collective programming of the mind that distinguishes the members of one category of people from those of another";[83] |
| **Keller, E. v.** (1982) | „sämtliche kollektiv geteilten, impliziten oder expliziten Verhaltensnormen, Verhaltensmuster, Verhaltensäußerungen und Verhaltensresultate, die von den Mitgliedern einer sozialen Gruppe erlernt und mittels Symbolen von Generation zu Generation weitervererbt werden";[84] |
| **Deal, T.E./ Kennedy, A.** (1982) | „a core set of assumptions, understandings, and implicit rules that govern day-to-day behavior in the work place. Participants often describe these patterns as 'the way things are done around here'...";[85] |
| **Schein, E. H.** (1985) | „ein Muster gemeinsamer Grundprämissen, das die Gruppe bei der Bewältigung ihrer Probleme externer Anpassung und interner Integration erlernt hatund somit als bindend gilt; und das daher an neue Mitglieder als rational und emotional korrekter Ansatz für den Umgang mit diesen Problemen weitergegeben wird.";[86] |
| **Neuberger, O./ Kompa, A.** (1986) | Unternehmenskultur als „die Summe der Überzeugungen, Regeln und Werte, die das Typische und Einmalige eines Unternehmens ausmachen";[87] |
| **Bleicher, K.** (1991) | System von Wertvorstellungen, Verhaltensnormen und Denk- und Handlungsweisen, welches von einem Kollektiv von Menschen erlernt und akzeptiert worden ist und welches bewirkt, daß sich diese soziale Gruppe deutlich von anderen unterscheidet;[88] |
| **Sackmann, S.** (1991) | "the collective mind"; Kultur als „die von einer Gruppe gemeinsam gehaltenen grundlegenden Überzeugungen, die für die Gruppe insgesamt typisch sind. Sie beeinflussen Wahrnehmung, Denken, Handeln und Fühlen der Gruppenmitglieder und können sich auch in deren Handlungen und Artefakten manifestieren. Die Überzeugungen werden nicht mehr bewußt gehalten, sie sind aus der Erfahrung der Gruppe entstanden und haben sich durch die Erfahrung der Gruppe weiterentwickelt, d.h. sie sind gelernt und werden an neue Gruppenmitglieder weitergegeben";[89] |

Tab. 1:   Unterschiedliche Kulturbegriffe

Quelle: eigene Zusammenstellung

Das der Arbeit zugrundeliegende Verständnis von Kultur stellt maßgeblich auf die organisationspsychologisch geprägten Auffassungen insbesondere von Schein und Sackmann ab. Die folgende Abbildung verdeutlicht das Kulturverständnis von Schein, der den Kern der Kultur maßgeblich in den nicht offenkundigen, zum großen Teil auch unbewußten Werten und

---

[83] Hofstede/Bond 1988, S .6.

[84] Keller 1982, S. 118.

[85] Deal/Kennedy 1983, S. 501.

[86] Schein 1995, S. 25.

[87] Neuberger/Kompa 1986a, S. 63.

[88] Vgl. Bleicher 1986a, S. 99f.

[89] Sackmann 1996, S. 56, vgl. Sackmann 1991a, 1993a, S. 7, 1992, S. 140ff., Boyacigiller u.a. 1996, S. 172; ähnlich auch Kleinberg 1989, S. 1ff., Louis 1983, S. 39ff., Philipps 1984, Schein 1985.

Grundannahmen sieht;[90] das Modell dient dabei einer ersten inhaltlichen Differenzierung des Kulturkonstruktes:

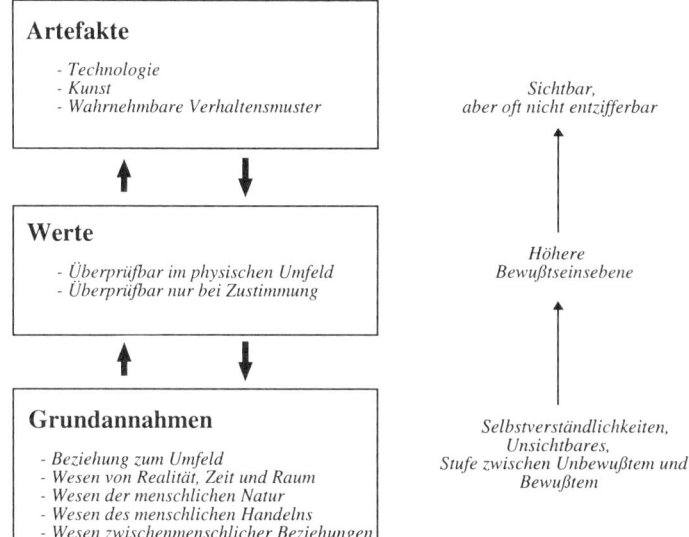

**Artefakte**

- *Technologie*
- *Kunst*
- *Wahrnehmbare Verhaltensmuster*

*Sichtbar,*
*aber oft nicht entzifferbar*

**Werte**

- *Überprüfbar im physischen Umfeld*
- *Überprüfbar nur bei Zustimmung*

*Höhere*
*Bewußtseinsebene*

**Grundannahmen**

- *Beziehung zum Umfeld*
- *Wesen von Realität, Zeit und Raum*
- *Wesen der menschlichen Natur*
- *Wesen des menschlichen Handelns*
- *Wesen zwischenmenschlicher Beziehungen*

*Selbstverständlichkeiten,*
*Unsichtbares,*
*Stufe zwischen Unbewußtem und*
*Bewußtem*

Abb. 2:  Bestandteile der Kultur und ihr Zusammenwirken nach Schein

Quelle: Schein 1980, S. 4

Der Begriff der kulturellen Artefakte ist der Kulturanthropologie entliehen und bezeichnet im weitesten Sinne alle menschlichen Handlungen und deren Produkte. Sie sind somit direkt erfahrbar[91] und auch weitgehend einer Machbarkeit zugänglich, ihre tiefere Bedeutung erschließt sich jedoch erst in einem Verstehensprozeß, der auf die zugrundeliegenden Werte und Grundannahmen rekurriert.[92] Je tiefer das Verständnis von Kultur umrissen wird, desto weniger Möglichkeiten bieten sich für eine Gestaltung der Kultur durch das Management (Vgl. Abb. 3).

---

[90] Vgl. Schein 1985, S. 1ff., 1995, S. 18ff.

[91] Vgl. auch Heinen 1987, S. 25f.

[92] Mit den verschiedenen materiellen Gebilden können ein bestimmter Sinn bzw. vernünftige Funktionen verbunden sein, die aus den Artefakten Bedeutungsträger bzw. Symbole werden lassen. Vgl. z.B. Schein 1985, S. 1ff., 1995, S. 18ff.. Im Laufe der Zeit entwickeln diese Symbole mitunter eine Eigendynamik, die von ihrem Entstehungsprozeß völlig losgelöst ist (vgl. Eco 1977).

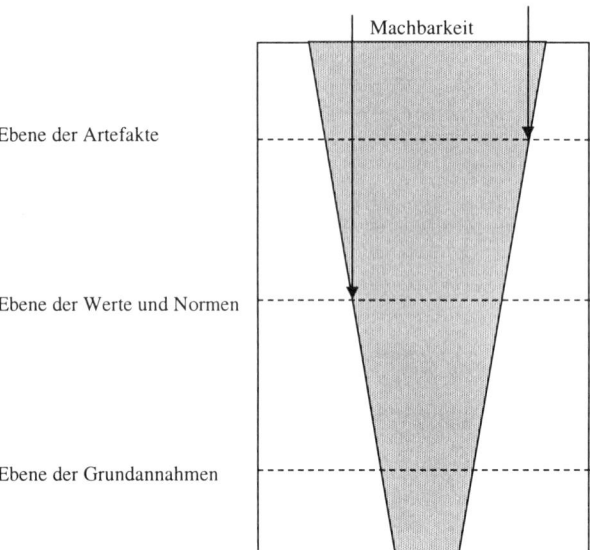

Abb. 3:  Differenzierendes Filtermodell der Kultur

Quelle: Marr/Göhre/Wickel 1992, S. 18; in Anlehnung an Schein 1985

## Dimensionen der Kultur

Schein erkennt den Kern der Kultur, in Anlehnung an die mehrheitliche Auffassung der Kulturwissenschaften, in den tiefliegenden Grundannahmen. In Anlehnung an die kulturanthropologische Unterteilung von Kluckhohn/Strodtbeck unterscheidet Schein weiterhin die folgenden Dimensionen der Grundannahmen:

*(1)  Beziehung des Menschen zur Natur*

Übersetzt auf die organisationale Ebene bedeutet dies, daß wir Antworten finden müssen auf die Fragen: Wie sehen die Mitglieder die Stellung der Organisation in ihrer Umgebung (beherrschend, harmonisch, untergeordnet, nischensuchend,...)?

Westliche Kulturen haben tendenziell die Annahme, daß die gesamte wahrgenommene Umwelt kontrolliert und unterworfen werden kann. Östliche Kulturen gehen demgegenüber von einem harmonischen Verhältnis (Orient) bzw. von der Unterordnung unter die Natur (Südostasien) aus.

Ähnliche Perspektiven hat auch ein Unternehmen gegenüber seiner Umwelt. Die eingenommene Haltung ist eine der tiefliegendsten Annahmen und Bestandteil seiner strategischen Orientierung (Nische, Marktführer,...). Die Gesundheit einer Organisation wird dadurch bestimmt, ob die anfänglichen Grundannahmen über ihre Beziehung zur Umwelt kontinuierlich das Überleben der sich wandelnden Organisation in der sich wandelnden Umwelt sicherstellen.

*(2)  Das Wesen von Wirklichkeit und Wahrheit*

Festgestellt werden muß weiter, was durch Sprach- und Verhaltensregeln als wirklich und wahrheitsgetreu bestimmt wird. Hierunter fallen auch wesentliche Vorstellungen von Zeit und Raum.

Die Wirklichkeit läßt sich auf drei Ebenen beschreiben:[93]

-1- Externe physische Realität (=universelle, objektive Realität; von Externem wissenschaftlich überprüfbar; an Naturgesetzen ausgerichtet);

-2- Soziale Realität (=intersubjektive Realität; nicht extern nachprüfbar, z.B. politische Einstellung => Konflikte zwischen physischer und sozialer Realität);

-3- Individuelle Realität (=individuelle, subjektive Realität; persönliche Erfahrung als absolute Wirklichkeit des Individuums, die von niemandem geteilt wird; in individualistischen Gesellschaften Konflikte mit der Auflage: „Beweis es mir!").

Jede Gruppe muß einen Konsens über die Erreichung von Wirklichkeit und Wahrheit finden.

Die Beurteilung der Gültigkeit von Handlungen kann aus pragmatischer (Grundlage: eigene Erfahrung) oder moralischer Sicht (Grundlage: generelle Philosophie) erfolgen. So sind Europäer eher Moralisten, Amerikaner eher Pragmatiker. Besteht in der Gruppe über diese Grundhaltung keine Übereinstimmung, so wird die Entwicklung einer eigenen Kultur behindert, da dadurch auch die Kommunikation und der Konsens anderer Dimensionen beeinflußt wird.

Weiter fällt die Komponente „Zeit" in diese Dimension. Es muß weitgehend Übereinstimmung herrschen über den Umgang mit der Zeit, über Pünktlichkeit, Planungshorizonte, Dauer von Aufgaben, über Gegenwarts-, Vergangenheits- oder Zukunftsorientierung,...

Auch muß Übereinstimmung gefunden werden über Grundannahmen den Raum betreffend und zwar bezogen auf einen Intimabstand, den Abstand zu einer angesprochenen Person, einen an eine Gruppe gerichteten Abstand und einen an die Öffentlichkeit gerichteten Abstand. Hierunter fallen auch Entscheidungen über benutzte Räumlichkeiten, über die Anordnung von Gegenständen (Arbeitsmittel, Maschinen,...), über Architektur, Dekoration, kurzum alles was sichtbare Umgebung ist.

### (3) Die Natur des Menschen

Zu erforschen ist die grundlegende Einstellung zum Menschen (gut, böse, neutral) (Kluckhohn/ Strodtbeck 1961). Weiter ist zu klären, was den Menschen auszeichnet, ihn zum Menschen macht und welche Handlungen als menschlich sowie als unmenschlich betrachtet werden. Ist der Mensch ein Individualist oder ein Gruppenwesen? Asiatische Kulturen zeichnen sich durch starkes Gruppendenken aus, während westliche Kulturen eher den Aspekt der Selbstentfaltung als Kern der Persönlichkeitsentwicklung betonen (Redding/Martyn-Johns 1979). Die Unterschiede zeigt auch Hofstede's Dimension des "Individualismus" (1980). Diese landeskulturellen Aspekte wirken sich auch auf die organisationale Ebene aus, jedoch kann die Organisation auch eigene Ausprägungen entwickeln. Mögliche Menschenbilder werden etwa durch McGregor (1960) in Theorie X und Y beschrieben, wodurch sich beispielsweise erhebliche Konsequenzen für das Anreizsystem aufgrund der unterschiedlichen Motivationsgrundlagen ergeben. Ebenso bedeutend für Motivationsüberlegungen scheinen die Hawthorne-Experimente (Roethlisberger/Dickson 1939) mit der Entdeckung der sozialen Komponente zu sein, welche Schein im Rahmen "Sozialer Grundannahmen" einbezieht. In Folgeuntersuchungen konstatierte Argyris (1964) dagegen, daß die Mitarbeiter nach Selbstentfaltung streben, sie die Arbeit als Herausforderung brauchen, um sich selbst zu bestätigen. Als verbindende Theorie könnte etwa die "Bedürfnispyramide" von Maslow (1954) herangezogen werden.

---

[93] Vgl. dazu auch Louis 1981, S. 246ff.

## (4) Das Wesen menschlicher Handlungen

Welche Einstellungen zu "richtigen" Handlungsweisen sind vorhanden, aufbauend auf Annahmen über Wirklichkeit, Umwelt und die menschliche Natur? Soll aktiv, passiv, selbststeuernd,... gehandelt werden? Was ist Arbeit, und was ist Spiel?

Ein Extrem wäre z.b. die US-amerikanische "doing orientation", wobei diese in engem Zusammenhang mit den Annahmen steht, daß (1) die Natur kontrolliert und manipuliert werden kann, (2) eine pragmatische Einstellung gegenüber der Wirklichkeit eingenommen wird und (3) ein Glauben an menschliche Perfektion vorliegt. Diese Einstellung ist fokussiert auf Aufgabe, Effizienz und Entdeckung, was in engem Zusammenhang mit Prometheus (Titan der gr. Mythologie, Kulturbringer) gebracht werden kann (Morris 1956). Ein anderes Extrem läßt sich beschreiben als "being orientation", welche in Zusammenhang zu bringen ist mit Dionysos (Handy 1978). Man kann die Natur nicht kontrollieren und muß sich in seinen Handlungen ihr unterordnen und sich mit dem begnügen, was man hat. Das dritte Extrem könnte umschrieben werden als "being-in-becoming" und liegt zwischen den beiden anderen Extremen, wobei diese Orientierung mit Apollo (Recht, Ordnung, Frieden) identifiziert wird (Handy 1978). Sie bevorzugt solche Handlungen, die die Entwicklung aller Selbstbestimmungsaspekte als Ganzes zum Ziel hat (Kluckhohn/Strodtbeck 1961).

Sehr wichtig in dieser Dimension erscheint auch die Annahme über Arbeitseinstellung und Beziehung zwischen Arbeit und Familie/persönlichen Belangen (Schein 1978).

## (5) Die Natur menschlicher Beziehungen

Wie verhalten sich Menschen in der Gruppe "richtigerweise" zueinander, wie wird Macht oder Liebe "richtig" eingesetzt? Zählt Kooperation oder Wettbewerb, Individualismus oder Kollektivismus? Diese Dimension beinhaltet Annahmen zum einen über Macht, Einfluß und Hierarchie sowie zum anderen über Freundschaft, Liebe und Intimität, die wesentlich mit Annahmen über die Natur des Menschen korrelieren. Unterschiede in der ersten Kategorie werden deutlich in Hofstede's "power distance index" (1980), der letztlich auch den Grad der Partizipation widerspiegelt. Etzioni (1975) unterscheidet diesbezüglich Zwangssysteme (Sklaven), Gebrauchssysteme (Arbeit gegen Geld) und Konsenssysteme (Gleichstellung von Führern und Arbeitern, Identifizierung und moralische Einbeziehung).

Parsons (1951) analysiert die menschlichen Beziehungen etwa in folgenden Kategorien:
- emotionsgeladene oder emotionsneutrale Arbeitsatmosphäre,
- verbreitete oder spezifische Auffassung (z.B. Verkäufer-Käufer-Beziehung),
- genereller/nicht situationsbezogener oder teilweiser/spezifischer Umgang miteinander,
- bestimmt sich Ansehen/Status nach Geburt oder bisherigen Leistungen und
- werden Leistungen dem Individuum oder der Gruppe zugeschrieben?

Hierunter fällt auch beispielsweise die Entscheidung zu verstäktem Individualismus, z.B. aufgrund schlechter Vergangenheitserfahrungen mit Gruppenlösungen nach dem Prinzip des "kleinsten gemeinsamen Nenners".

Dieses gesamte Gefüge von Grundannahmen muß im Sinne eines kulturellen Paradigmas ein kohärentes Muster ergeben. Annahmen dürfen sich nicht widersprechen, es muß Konsistenz erreicht werden, um zu einer wirklichen Gruppenkultur zu kommen.[94]

---

[94] Vgl. Schein 1985, 1995, Meyerson/Martin 1987, S. 624f.

Ausgehend von dieser Begriffsbestimmung kann der amorphe Charakter der Kultur weiterführend konkretisiert werden, indem die von der Kultur ausgehenden Funktionen beleuchtet werden.[95]

### Funktionen der Kultur

Kultur bezieht sich stets auf ein organisiertes Sozialsystem.[96] Dieses System erhält seinen sozialen Charakter durch die Mitgliedschaft mehrerer Akteure, deren Handlungen sinnhaft aufeinander bezogen sind (Interaktionen). Für das Sozialsystem ist dabei existenznotwendig, daß es in Form kognitiver Schemata[97] von den Akteuren, die dabei als Rolleninhaber fungieren, in den Interaktionen repräsentiert wird, wobei Symbole als verstärkende kulturelle Manifestationen wirken.[98] Der durch die Kultur geschaffene *Sinnzusammenhang* erzeugt unter den Akteuren bestimmte Verhaltenserwartungen in bestimmten Situationen und wirkt somit verhaltenssteuernd.[99] Diese Erwartungshaltung der Akteure untereinander begründet sich auf der Einbindung in das System. Um dieser Erwartungshaltung gerecht werden zu können, müssen den Handlungen der Akteure bestimmte Interpretationsmuster zugrundeliegen, die allen Akteuren auf der Basis der Sinngemeinschaft zueigen sind. Die Kultur des Systems liefert die für dieses Sozialsystem spezifischen Interaktions- und Interpretationsmuster, so daß sie durch ihre innewohnende sinnstiftende, integrative Kraft das *Verbindende* der einzelnen Systemelemente verkörpert und gleichzeitig dieses Sozialsystem gegenüber anderen *unterscheidbar* macht.

Die Kultur übt somit eine Ordnungsfunktion im Sinne eines *"Selektions- und Interpretationsfilters"*[100] aus und dient daher der *Bewältigung von Komplexität*[101]. Alle Stimuli (Anreize) der Umwelt, die auf den Akteur einwirken, fließen im Rahmen affektiver und kognitiver Wahrnehmungsprozesse durch kulturelle Filter und werden gemäß der kulturspezifischen Sinnhaftigkeit selektiert und interpretiert.[102] Kultur wirkt durch den zugrundeliegenden normativen Kern handlungskoordinierend und entlastet das Kulturmitglied von der Über-

---

[95] Vgl. zu den Funktionen der Kultur im Überblick z.B. Staehle 1994, S. 486f., Bleicher 1992, Ulrich, P. 1984, S. 312f., Heinen 1987, S. 146ff., Kasper 1987, S. 28ff., Duch 1985, S. 427ff., Matenaar 1983a, 1983b, S. 19ff., Föhr/Lenz 1992, S. 138ff.; anzumerken ist, daß die folgende Auflistung der Funktionen der Kultur keineswegs eine funktionalistische Sicht von Kultur impliziert (Vgl. zu einer derartigen Schlußfolgerung z.B. Kasper 1990, S. 115). Die Betrachtung der Funktionen soll lediglich als Grundlage für ein tieferes Begriffsverständnis der Kultur dienen.

[96] Vgl. im Folgenden Wollnik 1991, S. 65ff.; zum Zusammenhang von Kultur und Gesellschaft vgl. auch Kroeber 1963, S. 60ff., insbes. S. 60: „There can obviously be no culture without a society...no cultureless human society is known".

[97] Vgl. zum Schemakonzept als kognitionspsychologische Grundlage des Organisationskulturkonzeptes Schuh (1988, S. 166ff.) und die dort angegebene Literatur.

[98] Vgl. dazu den Ansatz des Symbolischen Interaktionismus (Mead 1968); der Begriff "Symbolische Interaktion" geht auf die Analyse signifikanter Symbole in Interaktionsprozessen zurück. Symbolische Interaktion bezeichnet den reflexiven Gebrauch insbesondere von sprachlichen, über die Interaktionspartner bedeutsamen Gesten, die den sozial Handelnden Aufschluß über sich selbst und ihre Umwelt geben.

[99] Vgl. dazu z.B. Louis 1981, Meyer, A. 1981, Pfeffer 1981, S. 1ff., Smircich 1983a, S. 339ff., 1983b, S. 160ff., 1983c, S. 55ff., Smircich/Morgan 1982, S. 257ff., Adler 1997.

[100] Sackmann 1990b, S. 162, Marr 1996c, S. 276, Kasper 1987, S. 28f.

[101] Vgl. Luhmann 1984, 1989.

[102] So auch Keesing 1976, S. 157: „What we see is what we, through cultural experience, have learned to see". Vgl. auch Bargatzky 1985, S. 15ff.

prüfung aller Handlungsalternativen und der zeit- wie kostenintensiven Informationsverarbeitung.[103]

Die Kultur beeinflußt somit zum großen Teil auf der unbewußten Ebene die Wahrnehmung, das Denken, das Fühlen und das Handeln der Akteure, letztlich also die empfundene Wirklichkeit des Einzelnen. Zu beachten sind dabei die der Kultur anhaftenden Eigenschaften der temporären Latenz[104] und der Rekurrenz. Kulturmuster bzw. zentrale Sinngehalte sind nicht immer ubiquitär beobachtbar. Häufig sind sie nur zu bestimmten Anlässen präsent (z.B. Feierlichkeiten, Grundsteinlegung etc.) und sind daher zeitlich selektiv stillgelegt.[105] Latent sind auch solche Sinngehalte, die unbewußt bleiben und vielleicht erst zu späterer Zeit zutage treten. Die Rekurrenz von kulturellen Elementen bezieht sich nicht bloß auf Überbleibsel aus alten Zeiten, die bis in die heutige Zeit überdauert haben[106]. Wertkomplexe oder Handlungsfiguren, die der Vergangenheit anzugehören schienen, können wieder "aufsteigen", sich geschichtlich regenerieren und das Alltagsdasein beeinflussen.[107] Dies verdeutlicht, daß der Kultur zum einen eine *Orientierungsfunktion*[108] und zum anderen eine *Stabilisierungsfunktion*[109] eines sozialen Systems in Zeiten des Wandels zukommen kann.[110]

Auch Schein stellt die stabilisierende Wirkung der Kultur in den Vordergrund und betont, daß es genaugenommen nur eine einzige zentrale Funktion der (Organisations-)Kultur gibt: nämlich die *Ängste von Führungskräften und Mitarbeitern zu verringern*.[111] Vor diesem Hintergrund wird auch das verstärkte Interesse am Kulturkonzept hierzulande verständlich. Zweifellos sind die Deutschen in bislang ungekanntem Ausmaß mit einem mehrdimensionalen Wandel ihres Umfeldes konfrontiert. Die damit verbundenen Unsicherheiten werden oftmals im

---

[103] Vgl. Maas/Schüller 1990, S. 169f.

[104] Vgl. auch Wollnik 1991, S. 71f., 1984, S. 49.

[105] Dieses trifft auch auf Unternehmenskulturen zu (vgl. dazu etwa Bleicher 1986b; S. 259ff.).

[106] E.B. Tylor (1972) spricht in diesem Zusammenhang etwa von "Survivals".

[107] Vgl. Lipp 1987, S. 15, Riegel 1987, S. 221ff.; als Beispiel dafür kann die wirtschaftliche, politische und militärische Krise Rußlands im Jahre 1917 angeführt werden, als während der Entwicklung zur Industriegesellschaft plötzlich Heilsideologien und archaistisch religiöse Sinnbilder beschworen werden. Wesentlich näher ist uns sicher das Beispiel der aufgekommenen DDR-Nostalgie in den neuen Bundesländern aufgrund der enttäuschten Erwartungen nach der deutschen Wiedervereinigung (vgl. die Umfrage in: Der Spiegel, Nr. 27, 3.7.1995, S. 40 ff.). Aufgebaute Spannungen entladen sich, und es kommt zur „Gleichzeitigkeit des Ungleichzeitigen" (Mannheim, Karl, zit. nach Lipp 1987, S. 15).

[108] Vgl. Geertz 1973, 1983, Schreyögg 1992, Sp. 1526.

[109] Vgl. z.B. Louis 1981; Smircich 1983a, S. 339f.; in der Orientierungsfunktion der Kultur liegt die normativ-ethische Basis begründet, welche Handlungsregeln für das *gute und vernünftige Leben* beinhaltet. Das gute Leben ist nach Aristoteles ein "Leben, in dem die wesentlichen Bedürfnisse und Bestimmungen des Menschen Befriedigung finden" (Kambartel 1984a, S. 552). Das vernünftige Leben stellt auf die freie Gemeinsamkeit der Menschen ab, die durch ein kollektives Orientierungsbemühen erreicht wird (Vgl. Kambartel 1984b, S. 552f.).

[110] Durch ihre Orientierungsfunktion unterstützt die Kultur die Erreichung der von Parsons (1951) genannten vier zentralen Funktionen eines sozialen Systems:
- das Sicherstellen ausreichend notwendiger Ressourcen (Adaption),
- das Setzen und Verwirklichen von Organisationszielen (Zielerreichung),
- Koordination innerhalb der Organisation (Integration) sowie
- Schaffen, Bewahren und Übertragen der Kultur (Latenz).
Vgl. auch Sackmann 1983, S. 396, Kasper 1987, S. 28, 1990, S. 127ff.

[111] Vgl. Schein 1984, S. 36f.; ebenso Löhner 1995, S. 80f., Neuberger 1985b, S. 23f., Allabauer 1986, zit. nach Kasper 1987, S. 29ff.

betrieblichen Alltag verstärkt durch die Forderungen neuerer Management-Konzeptionen, alles bisher Bekannte in Frage zu stellen. Die vielfältigen Unsicherheiten, insbesondere die Angst vor Arbeitsplatzverlust, führen zu Sinn- und Identitätskrisen[112], deren dysfunktionale Wirkungen in den Arbeitsprozessen spürbar werden.[113]

Die Kultur kann als eine Quelle für *Motivation* und *Identifikation*[114] empfunden werden. Der Akteur nimmt über Sozialisierungsprozesse verschiedene Kulturelemente des Sozialsystems auf und verändert dabei seine Bedürfnisstruktur, indem er möglicherweise neue Bedürfnisse erlernt und/oder zu einer veränderten Hierarchisierung seiner Motive gelangt. Kultur als Grundlage für Identität bzw. kulturelle Identität vermag ein "Wir-Gefühl" zu erzeugen, welches dem Akteur durch die sinnstiftende Kraft Ziele und Perspektiven vermittelt, ihm zu seiner Selbstfindung verhilft und gleichzeitig eine integrierende Wirkung in Bezug auf das Sozialsystem entfaltet.[115]

Wengleich auch der Terminus "kulturelle Identität" den Bezugspunkt der Identität in der Kultur sieht, darf dies nicht darüber hinwegtäuschen, daß der Mensch seine Identität nicht ausschließlich durch die Kultur gewinnt. Goffman (1975) unterscheidet die soziale und die persönliche Identität, die beide dem Individuum von seinen Interaktionspartnern zugeschrieben werden, von der sog. "Ich-Identität", welche nur durch das Subjekt selbst erfahren werden kann.[116]

In der Psychologie versteht man unter Identität die in sich und in der Zeit als beständig erlebte Einheit der Person, das Selbst. Die Ich-Identität ist Kennzeichen der reifen und normalen Persönlichkeit, Identitätsverlust hingegen tritt durch Störungen in der Persönlichkeit ein.[117] Nach Parsons als einem Vertreter traditioneller soziologischer Identitätskonzepte bestimmt sich die individuelle Identität durch die Rollenauswahl jedes Einzelnen, die aufgrund der unzählbaren Kombinationsmöglichkeiten stets unterschiedlich ausfällt und den Einzelnen zu einer unverwechselbaren Persönlichkeit macht.[118]

---

[112] Vgl. auch aktuelle Dokumentationen über die Werteforschung wie z.B. Gerbert (1997, S. 202ff.): "Sehnsucht nach Werten", Langguth 1995.

[113] Vgl. o.V., Das Survivor-Syndrom 1994, S. 9ff., Aebi 1994, S. 19ff.; Löhner 1995, S. 80f.; bereits 1982 (S. 444) stellt Bleicher fest: „Das diesen Freisetzungen folgende *Sicherheitsstreben* potentiell Betroffener führt regelmäßig zu einer stärkeren *Stabilisierungsneigung*. Die Folge ist eine geringe Bereitschaft zur Innovation und eine Strukturverfestigung, die als beschränkt "politisch Machbares" einer an sich überlebensnotwendigen *Strukturflexibilität* entgegensteht."

[114] Vgl. z.B. Sackmann 1990b, S. 162, Marr 1996c, S. 276, Höhler 1990, S. 7ff.

[115] Vgl. Ulrich, P. 1984, S. 312f., Krekeler 1965, S. 67.

[116] Persönliche Identität bezieht sich auf die Einzigartigkeit eines Individuums, das bestimmte besondere Kennzeichen hat, wie z.B. eine unverwechselbare Biographie, so daß das Individuum eindeutig von anderen unterschieden werden kann. Unter sozialer Identität ist die Zuschreibung bestimmter vorgegebener Eigenschaften zu verstehen, die den Charakter normativer Erwartungen haben. Vom Einzelnen wird verlangt, sich allgemeinen Erwartungen unterzuordnen, so zu sein wie jeder andere. Die Ich-Identität entwickelt sich durch die entstehenden Auseinandersetzungen zwischen diesen beiden Identitätsformen. „Identität ist nicht mit einem starren Selbstbild, das das Individuum für sich entworfen hat, zu verwechseln; vielmehr stellt sie eine immer wieder neue Verknüpfung früherer und anderer Interaktionsbeteiligungen des Individuums mit den Erwartungen und Bedürfnissen, die in der aktuellen Situation auftreten, dar." (Krappmann 1978, S. 9).

[117] Vgl. Erikson 1963, Krappmann 1973, S. 18.

[118] Vgl. Parsons 1951.

Der symbolische Interaktionismus[119] weist auf den sich stetig neu entwickelnden situationsgebundenen Identitätsprozeß hin. Die kulturelle Identität eines sozialen Systems und seiner Mitglieder erschließt sich demnach aus den gemeinsam geteilten Symbol- und Bedeutungssystemen, die verantwortlich sind für eine (Neu-)Bestimmung sozialer Situationen und ein wechselseitig orientiertes Handeln (=Interaktion).

Wie für den Begriff der Kultur liegt konsequenterweise auch für den der kulturellen Identität keine einheitliche Definition vor, jedoch finden sich geeignete Umschreibungen für die nationale Identität bei den jungen Staaten der Dritten Welt. Eine prägnante Umschreibung liefert die Deklaration der 2. Weltkonferenz über Kulturpolitik in Mexico City im August 1982. Kulturelle Identität wird hier verstanden als

> „ein Schatz, der die Entfaltungsmöglichkeiten der Menschheit mit Leben erfüllt, indem alle Völker und alle Gruppen dazu bewogen werden, aus ihrer Vergangenheit Kraft zu schöpfen, Beiträge von außen bereitwillig aufzunehmen, die mit ihren eigenen Merkmalen in Einklang zu bringen sind, um damit den Prozeß der Selbstschöpfung fortzusetzen."[120]

Kultur als Bezugspunkt menschlicher Identität meint dabei unverwechselbare Denk- und Verhaltensmuster in einem Sozialsystem oder auch einen historisch gewachsenen bestimmten Lebensstil seiner Mitglieder, die für eine gewisse Zeitspanne einem Sozialsystem zugeordnet werden können. Langfristig gesehen sind jedoch Kultur und die durch sie bestimmte Identität wandelbar, ihre Entwicklung wird durch innere wie äußere Einflüsse beeinflußt.[121]

Es ist unumstritten, daß Kulturen selten von anderen isoliert entstanden sind. Sie gewinnen ihre Identität zumeist durch Interaktionen mit anderen Kulturen und können sich dadurch fortentwickeln und bewähren. Die eigentliche Gestalt bekommt die kulturelle Identität eines Sozialsystems durch sein kulturelles Erbe, welches die Geschichte der Kulturgemeinschaft widerspiegelt und diese von anderen unterscheidbar macht. Die Erinnerung an Erfahrungen in der Vergangenheit wirkt identitätsstiftend und ist notwendig für die Bewältigung gegenwärti-

---

[119] Vgl. Mead 1968, insbesondere S. 180: „Der Einzelne erfährt sich - nicht direkt, sondern nur indirekt - aus der besonderen Sicht anderer Mitglieder der gleichen gesellschaftlichen Gruppe oder aus der verallgemeinerten Sicht der gesellschaftlichen Gruppe als ganzer, zu der er gehört. Er wird für sich selbst nur zum Objekt, indem er die Haltungen anderer Individuen gegenüber sich selbst innerhalb einer gesellschaftlichen Umwelt oder eines Erfahrungs- und Verhaltenskontextes einnimmt, in den er ebenso wie die anderen eingeschaltet ist." Den Begriff des symbolischen Interaktionismus prägte Blumer (1973) in seinem sozialpsychologischen Ansatz, der maßgeblich auf den Arbeiten von Mead aufbaut, dessen Komplexität aber stark vereinfacht (Vgl. als bedeutenden Vertreter auch Geertz 1973, 1983; zum Überblick vgl. Osterloh 1993, S. 89f.; vgl. Fußnote 99). Als Zweig dieser Richtung bildete sich das Konzept des organisationalen Symbolismus (vgl. dazu Dandridge u.a. 1980, Morgan/Smircich 1982, Smircich 1983a, S. 339ff., 1983b, S. 160ff., Jelinek/Smircich/Hirsch 1983, S. 331ff., Frost u.a. 1985, Pondy u.a. 1983; vgl. auch Neuberger 1985b, 1987, Lasser 1987, Schuh 1988).

[120] Auszug aus der Deklaration, die von der 2. Weltkonferenz über Kulturpolitik in Mexiko City im August verabschiedet wurde, zit. nach Kulturpolitische Gesellschaft (Hg.), Dokumentation Nr. 21, 1983, S. 107; vgl. Puppe 1990, S. 6ff.; vgl. dazu auch Popper (1976b, S. 25): „Die Teilnahme eines Volkes und auch des einzelnen Mitglieds am kulturellen Leben trägt zur Behauptung der Identität bei und macht damit auch ein Stück der Glaubwürdigkeit und Würde eines Volkes aus (Nationalstolz). Der einzelne Mensch wie die Gesamtheit eines (Kultur-)Volkes bedarf identitätsbestimmender wie - sichernder Richtpunkte und Werte."

[121] Vgl. z.B. Bühl 1987, S. 1ff., Krewer 1992, S. 268ff.

ger wie zukünftiger Anforderungen, denen sich das Sozialsystem gegenübergestellt sieht. Somit verknüpft die kulturelle Identität Vergangenheit, Gegenwart und Zukunft.[122]

Zusammenfassend sei die Systematik von Keller (1990) angeführt, welche die Kulturfunktionen hinsichtlich Primär- und Sekundärfunktionen unterscheidet:

| Primäre Funktionen | | | |
|---|---|---|---|
| Ordnungsfunktion | Stabilisierungsfunktion | Sinnvermittlungsfunktion | Rationalisierungsfunktion |

| Sekundäre Funktionen | | | |
|---|---|---|---|
| Orientierungsfunktion | Speicherfunktion | Motivationsfunktion | Entlastungsfunktion |
| Referenzfunktion | Harmonisierungsfunktion | Identifikationsfunktion | Komplexitätsreduktionsfunktion |
| Selektionsfunktion | | Integrationsfunktion | |

Tab. 2: Primäre und sekundäre Funktionen der Kultur

Quelle: Keller 1990, S. 216

## 2.1.2 Kulturbewußtes Personalmanagement

Wenn auch im Zuge der Unternehmenskulturdiskussion die Fruchtbarkeit des Kulturansatzes für betriebswirtschaftliche Fragestellungen erkannt wurde, so beschäftigte man sich mit der Kulturproblematik zumeist als isoliertes Forschungsfeld bzw. in Verbindung mit allgemeinen Fragen des Managements oder der Unternehmungsführung. Versäumt wurde bislang, die Kulturforschung in einzelne betriebswirtschaftliche Bereiche, wie insbesondere die Personal- und Organisationsforschung konzeptionell zu integrieren.

Das kulturbewußte Personalmanagement schlägt eine Brücke zwischen Kulturforschung und Personalwirtschaftslehre, indem die Kultur zum Prüfstein personalwirtschaftlicher Entscheidungen gemacht wird. Der Terminus 'kulturbewußtes Personalmanagement' impliziert die Forderung nach einer bewußten Orientierung personalwirtschaftlicher Entscheidungen an der bestehenden Kultur sowie an einer wünschenswerten und realistischen Kulturentwicklung. Kultur bezieht sich dabei nicht nur auf die Ebene des Unternehmens, letztlich sind alle kulturellen Hintergründe der Mitarbeiter von Interesse, die das Denken und Verhalten am Ar-

---

[122] Vgl. Elias 1994, S. 458ff., Puppe 1990, S. 6 ff., Matenaar 1983a, 1983b, S. 19ff.; die Vergangenheit bzw. die "Vorwelt" wirkt auf die Gegenwart über die Organisationskultur ein, die als Bindeglied zwischen Tradition und Innovation steht und trotz ihrer Vielschichtigkeit den gemeinsamen Nenner abbildet, der von den Mitgliedern abzeptiert ist. Vgl. auch Bleicher 1982, S. 444ff., 1984, S. 494f.

beitsplatz beeinflussen.[123] Denn „eine Unternehmung stellt keinen isolierten Lebensraum gleich einer "Insel" dar, sondern ist gebender und nehmender Teil ihres Umfeldes."[124]

Primäres Anliegen der vorliegenden (Teil-)Konzeption ist es, im Rahmen einer strategischen Ausrichtung eine Abstimmung des betrieblichen Personalmanagements auf relevante nationalkulturelle Merkmale zu erreichen oder anders formuliert, die Diskrepanz zwischen betrieblicher und gesellschaftlicher bzw. privater Lebenswelt zu verringern.[125]

Kulturbewußtes Personalmanagement darf nicht als Kulturmanagement mißverstanden werden, welches die Kultur als strategisches Instrument im Sinne einer mechanistischen Denkweise begreift. Vielmehr muß der wechselseitige Einfluß von Kultur und Personalmanagement erkannt und in einem strategischen Gesamtkonzept berücksichtigt werden, wodurch der betrieblichen Personalarbeit hinsichtlich kultureller Merkmale und Entwicklungen ein teils agierender, teils reagierender Charakter zukommt.

Kulturbewußtes Handeln bedeutet:

1.  „sich der eigenen Werte, Orientierungs- und Verhaltensmuster bewußt zu sein und diese kritisch zu reflektieren",[126] denn die kulturellen Merkmale beeinflussen die Wahrnehmungsprozesse und Interpretationen sowie Beurteilungen des Wahrgenommenen und wirken daher verhaltensbeeinflussend;

2.  den Eigensinn einer gewachsenen Kultur zu verstehen und auch zu respektieren.[127] Dies verlangt eine Abkehr vom naiven Machbarkeitsdenken des in der Praxis häufig vorherrschenden Kulturmanagements.[128] Die schwierige Frage einer Beeinflussung der Kultur wird dabei nicht strikt verneint, erfordert jedoch eine umfassende Reflektion der bestehenden Kultur.

Die Fähigkeit eines so verstandenen reflektierten, kulturbewußten Handelns kann als *kulturelle Kompetenz* bezeichnet und als Teil der Kategorie der sozialen Kompetenz gesehen werden.

Zu betonen ist der konzeptionelle Grundgedanke einer deutlichen Abgrenzung vom strategischen Kulturmanagement, welches eine "Machbarkeit" der Kultur im Sinne einer Sozialtechnologie unterstellt,[129] durch ein strategisch ausgerichtetes, *kulturbewußtes Personalmanage-*

---

[123]  Vgl. dazu die „Multiple Culture Perspective" von Boyacigiller u.a. 1996, S. 181ff., Heene 1994, Rose 1988, S. 139ff.; ähnlich auch Bleicher 1986a, S. 100ff., Scheuss 1985, Bergmann, A. 1991, S. 39, Scholz, C. 1992b, S. 30ff.

[124]  Wollert 1995, S. 6; dieser Einstellung liegen die Grundannahmen der open system theory zugrunde: „an open system model of organization points the researcher in directions a closed system would not...the open system model directs one to discover the linkages between the organization and its environment: one searches for those factors external to the organization that affect its behavior, those factors that describe its interdependence." (Chisholm 1991, S. 42); vgl. auch Thompson 1967, S. 10-13, Pfeffer/Salancik 1978, S. 43.

[125]  Vgl. dazu auch die Ausführungen zum Konzept der Werteorientierten Personalpolitik (Kap. 2.3.4.2); vgl. Wollert/Bihl 1983, S. 154ff., Bihl 1987a, S. 53ff., 1987b, 768ff., 1995, Wollert 1985, S. 95ff., 1995, S. 6ff., Bihl/Hehl/Wollert 1985, S. 193ff., Rosenstiel 1989, S. 45ff.

[126]  Ebers 1995, Sp. 1678.

[127]  Vgl. Ebers 1995, Sp. 1679.

[128]  Vgl. die gleiche Einschätzung von Hartfelder (1985, S. 459).

[129]  zur Kritik eines als Werte- und Normen-Drill verstandenen Kulturmanagements vgl. z.B. Türk 1989, insbes. S. 110, Heinen 1985, S. 984ff., 1987, S. 40ff., Neuberger/Kompa 1987, Heinen/Dill 1986, S. 205, Ulrich, H. 1984, S. 317f., Sathe

*ment*, das versucht, die der Kultur anhaftende "social energy"[130] zu nutzen und dessen Grundhaltung bereits von einer Vielzahl von Forschern geteilt wird.[131]

Für ein erstes Vorverständnis mag dieser begriffliche Überblick genügen. Die tiefere Bedeutung des "kulturbewußten Personalmanagements" erschließt sich freilich erst in einer weitergehenden Konkretisierung im Rahmen einer umfassenden inhaltlichen und methodologischen Beleuchtung des Konzeptes.

## 2.2 Inhaltliche Grundlagen des kulturbewußten Personalmanagements

### 2.2.1 Einbeziehung der kulturellen Dimension in das Menschenbild

Die Annahmen, die Menschen über sich und ihr Handeln treffen, wandeln sich seit Anbeginn der Zeit. Vor Kopernikus glaubte man, der Mensch sei der Mittelpunkt des Universums (Weltbild des Ptolomäus),[132] vor Charles Darwin glaubte man, der Mensch sei völlig getrennt vom Tier erschaffen worden, oder vor Sigmund Freud glaubte man, daß menschliches Handeln allein Ausdruck des bewußten Willens sei. Die Entdeckung des Unbewußten ist eng verknüpft mit der Erschließung des Kerns der Kultur, der sich in tiefliegenden Grundannahmen der Menschen über das Sein bzw. das Wesen der Dinge widerspiegelt.[133] Als unbestritten gilt die Tatsache, daß der Mensch in seinem Denken und Handeln von seinem kulturellen Umfeld beeinflußt wird, aber auch durch sein Handeln die Kulturentwicklung selbst beeinflußt.

Die Grundlage aller personalwirtschaftlichen Analyse-, Erklärungs- und Gestaltungsbemühungen bilden allgemeine Annahmen über menschliches Verhalten, die sich in einem Modell[134] des Menschen zusammenfassen lassen. Als vereinfachtes Abbild der Wirklichkeit gibt

---

1983, S. 17, Breisig 1990, S. 93ff.; vgl. auch Krell (1991, S. 154), die davor warnt, daß durch den Versuch, das Leben in den Organisationen über ein gezieltes Kulturmanagement zu erfassen und zu steuern, dieses Leben tendenziell beschädigt oder gar zerstört werden kann.

[130] Kilmann 1985, S. 352.

[131] Vgl. als Ansatzpunkte bzw. Forderungen eines kulturbewußten Managements Sackmann 1989a, S. 157ff., 1990a, S. 114ff., 1990b, S. 151ff., 1993b, Ulrich, P. 1983a, S. 70ff., 1983b, S. 237ff., 1983c, S. 33ff., 1984, S. 317ff., Greipel 1988, Voigt 1996, Treichler 1995, Hartfelder 1985, S. 459ff., Dill 1986, Heinen/Dill 1987, Dill/Hügler 1987, Pacanowsky 1987, Kurmann 1986, Whitehill 1991, Härle 1991, Keller, A. 1991, S. 51ff., Staehle 1994, S. 473, Ebers 1995, Sp. 1678ff., Büchel/Prange/Probst/Rüling 1997, S. 113ff., Scholz/Hofbauer 1989, S. 13ff., Pfohl/Bock/Dubbert 1991, S. 87ff.; eine ähnliche Haltung nehmen auch Deal/Kennedy (1982, S. 141ff.) ein, allerdings mit besonderer Betonung der Kulturveränderung, indem sie einen "kulturbewußten Symbolmanager" fordern, der bei Bedarf eine vorsichtige Anpassung der Kultur an Umweltveränderungen betreibt.

Wenngleich sich auch eine beachtliche Anzahl von Wissenschaftlern dieser Grundhaltung anschließt, so wäre es aufgrund der unterschiedlichen Hintergründe und der zu beobachtenden feinen, aber bedeutsamen Unterschiede dieser Forscher doch überzogen, von einer 'Scientific Community' im Sinne Kuhns (1962/1976) zu sprechen und das kulturbewußte Management gar als ein neues Paradigma zu betrachten. Bestenfalls kann von einem vorparadigmatischen Zustand ausgegangen werden. Vgl. dazu v.a. auch Ebers 1985a, Kasper 1987, 1990, Chalmers 1994, S. 91ff.

[132] Vgl. eine anschauliche Darstellung der kopernikanischen Wende mit ihren wissenschaftstheoretischen Implikationen in Chalmers 1994, S. 70ff.

[133] Vgl. das in Kap. 2.1.1.1 zugrundegelegte Kulturverständnis nach Schein (1985, 1995) und Sackmann (1996, S. 57, 1993b, S. 7, 1992, S. 140ff., 1985); vgl. auch Boyacigiller u.a. 1996, S. 172, Schircks 1994, S. 85ff.

[134] Vgl. zum Modellbegriff Albert 1976a, Sp. 4682f.; das Menschenbild kann daneben auch als "implizite Persönlichkeitstheorie" gesehen werden. „Es sind Typologien von Menschen, die implizit entwickelt, aufgestellt und später verfestigt wurden, und die dazu dienen, durch Typisierung, Abstraktion und Verallgemeinerung die Vielfalt von real existierenden Wesensmerkmalen, Wesensinhalten und Verhaltensmustern für die jeweilige Person überschaubar zu machen, zu vereinfachen, zu ordnen." (Weinert 1984a, S. 117).

es Aufschluß über die zugrundegelegten Vorstellungen von einem "typischen" Mitarbeiter.[135] Dabei lassen sich realtypische Modelle, die tatsächlich in der Realität vorgefundene Ist-Vorstellungen über den Menschen widerspiegeln,[136] und idealtypische Modelle, welche auch den Charakter von Soll-Vorstellungen im Sinne einer normativen Idealtheorie annehmen können, unterscheiden.[137]

Die Art und Weise, wie mit dem Personal in Organisationen umgegangen wird, beeinflußt die Effizienz der Organisation in entscheidendem Maße und hängt maßgeblich von den Annahmen und Vorstellungen ab, die sich Vorgesetzte und Mitarbeiter bewußt oder auch unbewußt bzw. implizit voneinander bilden (realtypisch) oder bilden sollen (idealtypisch).[138] Die Qualität einer Theorie der Personalwirtschaft, d.h. v.a. ihr Informationsgehalt und ihr Erklärungswert, bestimmt sich durch die Annahmen, die sie über den Menschen trifft.[139] Das Dilemma der Modellbildung als Grundlage personalwirtschaftlicher Theorien liegt in der Unvereinbarkeit ihrer Aufgaben: einerseits der Reduktion der Komplexität[140] sowie andererseits der Nähe zur Realität.[141]

Der Grad der Repräsentativität des Menschenbildes und die sich daraus ableitende Standardisierbarkeit der Handlungsempfehlungen bilden die ursächliche Problemstellung für eine Weiterentwicklung personalwirtschaftlicher Grundkonzeptionen. Die Frage, auf wieviele Mitarbeiter die - auf mehr oder weniger differenzierten Modellannahmen über menschliches Verhalten fußenden - wissenschaftlichen Aussagensysteme zutreffen sollen, trennt im Wesentlichen die Ansätze einer individualisierten (auf den einzelnen Mitarbeiter bezogenen), einer differentiellen (auf verschiedene Gruppierungen bezogenen) und einer generalisierten (auf alle Mitarbeiter bezogenen) Personalwirtschaftslehre.

Verschiedene Forschungsbestrebungen deuten in die Richtung der Entwicklung realistischerer Menschenbilder, die auf einer breiteren verhaltenswissenschaftlichen Grundlage basieren.[142]

---

[135] Vgl. Staehle 1980, Sp. 1301ff., Werhahn 1980.

[136] Vgl. Weinert 1984b, S. 30ff.

[137] Vgl. Albert 1976a, Sp. 4682f., Drumm 1992b, S. 357ff.. Die vor allem in der US-amerikanischen Literatur vorgefundenen Typisierungsansätze erlauben jedoch nur bedingt eine strikte Trennung in real- und idealtypische Menschenbilder. So bezeichnen Weinert (1984b, S. 30ff.) und Wunderer/Grunwald (1980, S. 75) alle im Folgenden angesprochenen Menschenbilder (rational man, social man, self-actualizing man und complex man) als idealtypisch.

[138] Vgl. Schein 1980, S. 77ff., Weinert 1984a, S. 118ff., Schanz 1993, S. 56ff., Drumm 1992b, S. 357ff., Bögel/Rosenstiel 1993, S. 243ff.

[139] Vgl. Knowles/Saxberg 1967, S. 22ff., Lichtman/Hunt 1971, S. 271ff., Dirks 1988, S. 79ff.

[140] Die Funktionen eines Menschenbildes bestehen in der Reduktion der Vielfalt der vorkommenden Menschentypen auf wenige Grundformen (Klassifikationsfunktion) sowie in der Zuordnungsmöglichkeit einer bestimmten Person auf eine Grundform (Lokalisationsfunktion), um darauf aufbauend Handlungen entsprechend zu standardisieren. Vgl. z.B. Scholz, C. 1994, S. 402ff., Schanz, 1993, S. 53ff.

[141] So fordert auch Schanz (1979, S. 71f.): „Wir müssen uns - als Betriebswirtschaftler im engen, als Sozialwissenschaftler im weiten Sinn - darum bemühen, die fachspezifischen Aussagen auf ein adäquates Menschenbild zu gründen; eines, das der 'menschlichen Natur' möglichst nahe kommt."

[142] Vgl. Heinen/Dill 1986, S. 202ff., insbes. S. 213, Heinen 1985, S. 981; vgl. die Ausführungen zur Differentiellen Personalwirtschaft in Kap. 2.3.4.1; ausgenommen sind dabei die Bestrebungen, die Personalwirtschaftslehre mit Hilfe "ökonomistischer" Ansätze, insbes. der Institutionenökonomik, zu fundieren (vgl. dazu z.B. Eigler 1997, S. 5ff., 1996, Festing 1996, Sundermeier 1992, Wiegran 1993, S. 264ff., Gaugler/Schlaffke 1989, Michaelis/Picot 1987, S. 83ff., Picot/Wenger 1988, S. 29ff., ähnlich auch Wunderer 1993, Wunderer/Schlagenhaufer 1992, S. 515ff., Sadowski 1991, S. 127ff., Backes-Gellner 1993, S. 513ff., Staffelbach 1995, S. 179ff.). Diese zeichnen ein stark verkürztes, eben ökonomistisches und

Realistischere Modelle können durch das Verfahren der "abnehmenden Abstraktion"[143], d.h. einer schrittweisen Annäherung der bestehenden, zu realitätsfernen Annahmen an die reale Situation, gewonnen werden. Die dabei verwendete Theorie muß jedoch die Forderung nach einem "gewissen Wahrheitsgehalt" erfüllen.[144] Zu prüfen ist demnach, ob die Einbeziehung der Kultur in die grundlegenden Modellannahmen des Menschen- und Betriebsbildes eine höhere Realitätsnähe bewirkt und so ein Erkenntnisgewinn für die Personalwirtschaftslehre erreicht werden kann.

### 2.2.1.1 Traditionelle Menschenbilder in der Personalwirtschaft

Die Annahmen und Vorstellungen über das menschliche Verhalten unterliegen einem stetigen Wandel, denn sie sind stets in Abhängigkeit von Rahmenbedingungen und Erkenntnissen zu sehen, die den jeweiligen Zeitgeist bestimmen (Wirtschaft, Politik, Erfindungen,...). Bezogen auf das 20. Jahrhundert korrespondieren die Entwicklungen in der Arbeitswelt deutlich mit den veränderten Ansichten über den arbeitenden Menschen, so daß die Arbeitswelt ohne Übertreibung als "Spiegel von Menschenbildern"[145] interpretiert werden kann. Die Veränderungen des Menschenbildes im 20. Jahrhundert gingen maßgeblich aus der Erforschung menschlicher Bedürfnisse hervor. In der Literatur findet sich häufig eine Unterscheidung in drei Entwicklungsphasen[146]:

Phase 1 ist gekennzeichnet durch die Grundphilosophie des Hedonismus und das daraus entstehende Modell des "homo oeconomicus", einem völlig rationalen, ökonomischen Menschen.[147] Betriebswirtschaftliche Relevanz erfährt dieses Bild insbesondere im Scientific-Management-Ansatz von F. W. Taylor[148], dessen Annahmen über den Menschen und sein Verhalten mechanistischer Natur sind und den Menschen als eine "komplizierte Maschine" kennzeichnen, die von der Organisation manipuliert, motiviert und kontrolliert werden muß;[149] menschliche Gefühle sind von der Organisation fernzuhalten, da sie durch ihren *irrationalen* Charakter das *rationale* Verhalten beeinträchtigen.[150] Dem Erkenntnisobjekt in Gestalt des einfachen Arbeiters, der die breite Masse verkörpert, wird ein streng rationales, kalkulierendes, (eigen-)nutzenmaximierendes Verhalten unterstellt, so daß in motivationalen Fragestellungen den materiellen Anreizen vor dem Hintergrund eines nur an ökonomischem Nutzen orientierten Mitarbeiters überragende Bedeutung zukommt.[151] Dieser so gekennzeichneten

---

tayloristisches Menschenbild, dessen Realitätsnähe als überaus fragwürdig (vgl. insbes. Eigler 1996, S. 26, Fischer, J. 1989, S. 64) bezeichnet werden muß.

[143] Albert 1976a, Sp. 4682.

[144] Vgl. Albert 1976a, Sp. 4682.

[145] Schanz 1993, S. 57, 1979, S. 72ff.

[146] Vgl. z.B. Schein 1965, Rosenstiel 1987b, Sp. 1319ff., Ulich 1989, S. 19ff., 1991, Bögel/Rosenstiel 1993, S. 250ff.

[147] Dieses klassische, in der Nationalökonomie wurzelnde Bild des "homo oeconomicus" findet sich auch heute noch als Grundlage zahlreicher volkswirtschaftlicher Theorien in den Lehrbüchern wieder. Insbesondere sind auch die Arbeiten von Adam Smith von diesem Bild geprägt. Vgl. Schein 1965, S. 48.

[148] Vgl. Taylor 1911, 1971, S. 124ff.

[149] Ähnlich pessimistische Menschenbilder finden sich in den Schriften von Hobbes, Machiavelli, La Rochefoucauld, De Maistre oder auch Freud (Vgl. Saha 1990, S. 3ff., Staehle 1980, Sp. 1306f.).

[150] Vgl. Schein 1965, S. 47ff.

[151] Vgl. Rosenstiel/Molt/Rüttinger 1995, S. 41ff.; Schanz 1993, S. 59f.

Mehrheit der arbeitenden Bevölkerung wird ein Bild einer vertrauenswürdigen, vielschichtig motivierten Elite gegenübergestellt, welche die Führungsaufgaben („plan", „organize", „motivate", „control")[152] zu übernehmen hat. Diese vereinfachende und recht idealtypische Zweiteilung brachte diesem Modell zu Recht die Kritik der Überzeichnung und "Schwarz-Weiß-Malerei" ein, prägte jedoch lange und nachhaltig das Menschenbild in den Wirtschaftswissenschaften.[153]

Phase 2 wird eingeläutet durch die Human-Relations-Bewegung, die ihre Ursprünge in den berühmten Hawthorne-Experimenten (1927-1932) hat[154]. Der Mitarbeiter wird als soziales Wesen ("social man")[155] erkannt, d.h. die Interaktionen mit anderen Personen sowie die Neigung zu sozial erwünschtem Handeln erlangen zentrale Bedeutung, wodurch das Modell realtypische Züge erhält. In motivationalen Fragestellungen rücken die sozialen Bedürfnisse nach Akzeptanz und Anerkennung in der Gruppe in den Mittelpunkt. Die Intensivierung der sozialen Beziehungen sieht man als Chance, der zunehmenden Entfremdung von der Arbeit, verbunden mit Sinn- und Identitätsfragen, entgegenzuwirken.[156] In der betrieblichen Praxis bedeutet dieser Umschwung ein zunehmendes Interesse an formellen und informellen Arbeitsgruppen und am Betriebsklima, wobei durch die Überbetonung der zwischenmenschlichen Beziehungen als Kernaufgaben der Führung auch diesem Modell die Kritik der Einseitigkeit und unzulässigen Verallgemeinerung anhaftet.[157]

Phase 3 beinhaltet ein Bild des Menschen, das vor allem durch Erkenntnisse der US-amerikanischen Motivationsforschung beeinflußt ist.[158] Die menschlichen Bedürfnisse nach Selbstentfaltung und Selbstverwirklichung erscheinen so bedeutsam, daß das Modell des "self-actualizing man" gebildet wird. Etwas überspitzt und daher mit idealtypischen Zügen behaftet bildet McGregor zwei unterschiedliche Grundtypen des Menschen: zum einen beschreibt er den Menschen gemäß der Theorie X als ein Wesen mit natürlicher, angeborener Abneigung gegenüber der Arbeit, der Verantwortung meidet und nach Sicherheit strebend sein Handeln überwiegend reaktiv ausrichtet; zum anderen skizziert er im Einklang mit den motivationstheoretischen Erkenntnissen von v.a. Maslow (1954) und Herzberg (1959) den Menschen vom Typ Y als ein nach Verantwortung strebendes und aktiv handelndes Wesen.[159] Das Ermöglichen von großen Handlungsspielräumen und Entwicklungschancen wird zum

---

[152] Vgl. Schein 1965, S. 49.

[153] Vgl. Schmölders 1972, Schein 1965, S. 47ff.

[154] Vgl. Mayo 1933/1945, Roethlisberger/Dickson 1939; einen Überblick gibt Neuberger 1977. Zu den Gemeinsamkeiten der Human-Relations-Bewegung und dem Organisationskulturansatz vgl. Ebers 1991, S. 52ff., Fischer, J. 1989, S. 61ff.

[155] Ähnlich auch der "homo sociologicus" nach Dahrendorf (1959).

[156] Unschwer lassen sich (auch heute!) zahlreiche Beispiele für den Verlust von Identität aus der modernen Arbeitswelt anführen bzw. dafür, daß der Mitarbeiter den Zweck seiner Arbeitsleistung bezüglich des Endprodukts oder bezüglich des Unternehmenserfolges nicht kennt. Treffend beschreibt dieses Phänomen bereits Karl Marx als "Entfremdung" bzw. als "Verlust des Gegenstandes" (Marx 1844); vgl. Schein 1965, S. 50ff., Schanz 1979, S. 99f.

[157] Vgl. Rosenstiel/Molt/Rüttinger 1995, S. 41ff., Schein 1965, S. 50ff., Wunderer/Grunwald 1980, S. 75; zur Kritik am Human-Relations-Ansatz vgl. Etzioni 1967, S. 72ff., Perrow 1986, S. 114, Ebers 1991, S. 53f.

[158] Vgl. insbesondere "Bedürnispyramide" von Maslow (1954), "Zwei-Faktorentheorie" von Herzberg (1959), "Theorien X und Y" von McGregor (1960), aber auch Argyris (1957, 1985).

[159] Vgl. McGregor 1960, S. 33f., 47f.

entscheidenden Motivationsfaktor eines so gezeichneten Menschen.[160] Folglich sollten Organisationen so strukturiert sein, daß der Einzelne Einfluß auf die Arbeitsgestaltung nehmen kann und die Organisation als Quelle der Identifikation und Selbstfindung fungiert[161].

Untersuchungen bewiesen in der Folge jedoch, daß *bestimmte Personengruppen* mit dem Angebot von großen Handlungsspielräumen in der Arbeit wenig anzufangen wußten, sich daher unzufrieden zeigten und dies mit gesunkener Leistungsbereitschaft zum Ausdruck brachten.[162] Desgleichen erkannte man auch die *Notwendigkeit einer kulturellen Relativierung* der nordamerikanischen Forschungsergebnisse.[163]

Die Vielschichtigkeit und Heterogenität menschlicher Bedürfnisse sowie die bestehenden interindividuellen Unterschiede erfordern ein *differenziertes* Menschenbild, welches aufbauend auf einzelnen Elementen vorangegangener Modelle der Komplexität der Realität besser Rechnung zu tragen versucht. In diesem Sinne folgt der Großteil der Literatur bis heute - wenn auch oftmals implizit - dem von Schein entworfenen Bild des "complex man"[164], der sich wie folgt kennzeichnen läßt:

- Der Mensch ist komplex und wandlungsfähig. Er ist vielschichtig motiviert, wobei seine Bedürfnisse in einer hierarchischen Form miteinander verbunden sind, die individuell verschieden sein kann und im Zeitablauf Veränderungen unterworfen ist.

- Der Mensch ist lernfähig und kann neue Motive durch Erfahrungen erwerben.

- Der Mensch verhält sich situativ differenzierend, wird in unterschiedlichen organisationalen Kontexten durch unterschiedliche Motive geleitet.

- Es gibt verschiedene Kombinationsmöglichkeiten, um aus Fähigkeiten, Motiven, sozialen Beziehungen und Führungsformen ein effektives Verhalten hervorzurufen.

- Der Mensch ist flexibel und kann sich an die unterschiedlichsten Führungsstrategien und Arbeitsbedingungen gewöhnen.

Der complex man verdeutlicht die Abkehr von traditionellen verallgemeinernden Schemata zugunsten einer stärkeren Berücksichtigung der menschlichen Individualität[165]. Die Notwendigkeit einer komplexeren Betrachtung des Menschen ergibt sich auch aus den komplexer werdenden Kontexten von hochdifferenzierten Organisationsstrukturen und Gesellschaftssystemen, in denen menschliches Verhalten abläuft.[166]

---

[160] Vgl. Rosenstiel/Molt/Rüttinger 1995, S. 42f., Maslow 1954, Herzberg/Mausner/Snyderman 1959.

[161] Vgl. Likert 1961, 1967/1975, McGregor 1960, Schein 1965, S. 56ff., Rosenstiel/Molt/Rüttinger 1995, S. 42f.

[162] Vgl. Blood/Hulin 1967, S. 284ff., Rosenstiel/Molt/Rüttinger 1995, S. 41ff.; diese Erkenntnis spricht freilich auch für ein Konzept personalwirtschaftlicher Differenzierung, welches in Kap. 2.3.4.1 näher diskutiert wird.

[163] Vgl. Adler 1997, Wunderer/Grunwald 1980, S. 77, Hofstede/Sami Kassem 1976, Crozier 1973, Barrett/Bass 1976, S. 179ff., Boesch/Eckensberger 1969, S. 515ff.

[164] Vgl. Schein 1980, S. 52ff., 1965, S. 47ff., 60ff., Schanz 1993, S. 61ff., Ulich 1991, S. 47ff., Drumm 1992b, S. 358f.

[165] Vgl. Drumm 1992b, S. 358f.

[166] Vgl. Schein 1965, S. 60ff. Vgl. auch die Untersuchungsergebnisse von Weinert (1984a, S. 36-44); zur empirischen Validierung des Modells vgl. bereits Whyte 1955; Zalesnik u.a. 1958; Vroom/Mann 1960, S. 125ff. Anzumerken ist jedoch, daß die zweifellos festzustellende Realitätsnähe des "complex man", zu Schwierigkeiten bezüglich der auf diesem

## 2.2.1.2  Das Menschenbild des "homo cultus"

„Es liegt ... im Wesen des Menschen selbst begründet, daß es eine bindende und verwah-
rende Antwort auf die Frage: Was ist der Mensch? nicht gibt. Wäre das Wesen des Men-
schen nichts als Vernunft, die Antwort würde alle Vernünftigen in alle Ewigkeit binden.
So aber bleibt die Frage offen in eine Entscheidung gestellt, die wir geschichtlich nennen.
Was der Mensch ist, wird niemals offenbar sein, ohne sich wieder neu zu verhüllen.
Dennoch aber liegt in solchem Aufleuchten des Wahren der Sinn allen Kampfes und die
Würde der philosophischen und geschichtlichen Bestimmung des Menschen."[167]

Obwohl es als unbestritten angenommen werden kann, daß die Unternehmung als System
wirtschaftlicher Beziehungen in einen sozialen und kulturellen Kontext eingebettet ist, der für
ihr Funktionieren von hoher Relevanz ist[168], bewirkte erst die Unternehmenskulturdiskussion
ab Anfang der 80er Jahre ein kritisches Hinterfragen des in den traditionellen Management-
Ansätzen zugrundegelegten Menschenbildes.[169] So forderten Peters/Waterman (1982) als Ge-
genstück zum rational economic man die Hinwendung zu einem "irrational, meaning-looking
man".[170] Demnach wird menschliches Verhalten nicht allein durch rationale Überlegungen,
sondern auch und vor allem – aus der Sicht der Neoklassik - durch irrationale, zum Teil emotionale Einflüsse geleitet.[171] Grundlage menschlichen Verhaltens ist demnach nicht eine streng
utilitaristische Ethik, die den Menschen als ein ausschließlich in Kosten-Nutzen-Kalkülen
denkendes und handelndes Wesen begreift. Der Mensch zeigt sich vor allem auch als ein mit
moralischen Werten ausgestattetes und nach Sinn suchendes Wesen.[172] Dabei verschiebt sich
der Blick von einer reinen Ergebnisorientierung zunehmend auf eine Prozeßorientierung mit
dem zentralen Kriterium der Sinnhaftigkeit.[173]

Konsequenterweise kommt der Kultur als sinntragendes Element dabei eine Schlüsselrolle
zu.[174] Dieses Verständnis des Menschen als Kulturwesen läßt sich auch in den Schriften Max

---

Menschenbild basierenden Theoriebildung führt, da eine unüberschaubare Vielzahl von (Teil-)Theorien über individuelles
Handeln zu konzipieren ist, und ebenso Probleme der Theorieverwendung auftreten, da die bestehenden Theorien auf
anderen Menschenbildern basieren und daher strenggenommen für den complex man keine Anwendung finden können
(Vgl. Drumm 1992b, S. 359; weitere Kritik am "complex man" äußert auch Neuberger (1984, S. 35f.).

[167] Gadamer 1943, S. 34

[168] Die Frage, welche Ausprägungen der Kontextfaktoren für die wirtschaftlichen Beziehungen bedeutsam sind und welche
Bedeutung sie erlangen, scheint allerdings schwer beantwortbar. Vgl. dazu Albert 1976b, insbesondere S. 64 und die dort
angegebene Literatur. Vgl. ferner Dirks 1988, S. 75ff.

[169] Vgl. Albert 1976b, S. 64; der Grund dafür liegt in der Diskussion um das Erkenntnisobjekt der Betriebswirtschaftslehre,
welches traditionell auf die ökonomische Seite der Produktionswirtschaften begrenzt war (Vgl. Kap. 2.3.1.2).

[170] Vgl. zur Kritik am rationalistischen Modell Peters/Waterman 1983, S. 53ff.

[171] Vgl. ebenda, S. 81ff.

[172] Die Sinnvermittlung könnte somit als zentrale Aufgabe des Vorgesetzten angesehen werden (Vgl. etwa Hartfelder 1984,
Staehle 1994, S. 181). Zur Kritik am neoklassischen Modell und seiner zugrundeliegenden utilitaristischen Ethik vgl.
insbesondere Etzioni 1996, S. 13ff., 55ff.

[173] Vgl. hierzu auch die von Kim/Mauborgne (1997, S. 65ff.) vorgestellte "Theory of Fair Process".

[174] Vgl. dazu Heinen/Dill 1986, S. 202ff., insbesondere S. 213, Heinen 1985, S. 989: „Die Ergründung des Phänomens Unternehmenskultur kann ein Schlüssel sein zu einem umfasseneren Menschenbild, welches auch die Bedeutung von Symbolen und das Streben des Menschen nach Sinn beinhaltet."; Drumm (1991b, S. 170) erklärt, daß die Wirkungszusammenhänge von Unternehmungskultur und Verhalten der Organisationsmitglieder einen wichtigen Baustein für die Motivationstheorien darstellen. Freilich stehen einer notwendigen empirischen Überprüfung erhebliche Meß- und Zurechnungsproble-
me im Weg (vgl. Drumm 1991b, S. 163ff., Osterloh 1991, S. 173ff.).

Webers erkennen, in denen er eine anthropologische Fundierung der Kultur anstrebt.[175] Als Kultur gilt Max Weber demnach „ein vom Standpunkt des Menschen aus mit Sinn und Bedeutung bedachter endlicher Ausschnitt aus der sinnlosen Unendlichkeit des Weltgeschehens".[176] Aus der unendlichen und unüberschaubaren Daseinsvielfalt heben sich jene Dimensionen heraus, die der Mensch als "Kulturwelt" gestaltet und in ihrer Qualität bestimmt.[177]

Alle Kulturerscheinungen sind vom Menschen gestaltete Phänomene. Daher kann von einer anthropogenen Kulturwirklichkeit gesprochen werden, die in ihrer spezifischen Ausprägung das Resultat der menschlichen Intentionalität ist. Denn die Kulturmenschen sind „begabt mit der Fähigkeit und dem Willen, bewußt zur Welt Stellung zu nehmen und ihr einen Sinn zu verleihen."[178] Dadurch, daß der Mensch der Wirklichkeit einen Sinn verleiht, ist er in der Lage der Realität als Kulturwelt auch Sinn zu entnehmen. Kultur ist somit die zentrale Dimension menschlicher Lebensverwirklichung und Quelle der Sinngebung. „Die empirische Wirklichkeit *ist* für uns Kultur, weil und sofern wir sie mit Wertideen in Beziehung setzen; sie umfaßt diejenigen Bestandteile der Wirklichkeit, welche durch jene Beziehung für uns *bedeutsam* werden, und *nur* diese."[179]

Speziell die personalwirtschaftliche Relevanz der Kultur läßt sich anhand ihrer Wirkung auf menschliches (Leistungs-)Verhalten motivationstheoretisch nachweisen:[180] Das Leistungsverhalten wird maßgeblich von den Einflußgrößen der Leistungsfähigkeit und der Leistungsbereitschaft bestimmt.[181] Die Leistungsbereitschaft ist Ausdruck der Motivation und läßt sich als aktivierte Verhaltensbereitschaft umschreiben. Die Aktivierung der Motive (latente Verhaltensbereitschaft) erfolgt über bestimmte Stimuli, die das Individuum wahrnimmt. Im Rahmen dieses Wahrnehmungsprozesses sind verschiedene Filter wirksam, die in Abhängigkeit von Situation und Person Reaktionen hervorrufen bzw. Motive aktivieren. Speziell *kulturelle Filter* spielen dabei eine zentrale Rolle.[182] Wenn diese Filter in ihrer Wirkungsweise transparent gemacht werden können, dann lassen sich auch menschliche Reaktionen, insbesondere Leistungsverhalten, im Zusammenhang mit spezifischen Anreizen (personalwirtschaftliche Maßnahmen) zutreffender erklären und prognostizieren.

---

[175] Vgl. dazu Thurn 1979, S. 437ff., Sánchez 1997.

[176] Weber, M. 1973, S. 180.

[177] Zum Begriff der Kulturwelt vgl. Weber, M. 1973, S. 174.

[178] Weber, M. 1973, S. 180. "Kulturintelligenz" als Ausdruck des Verständnisses des Menschen als Kulturwesen von M. Weber (Vgl. Mommsen/Osterhammel 1987).

[179] Weber, M. 1973, S. 175.

[180] Eine Beschäftigung mit der Kultur ist dann als personalwirtschaftlich relevant zu bezeichnen, wenn diese in das Aufgabenspektrum der Personalwirtschaftslehre fällt. Dadurch, daß die Kultur als bedeutende Bestimmungsgröße des menschlichen Leistungsverhaltens identifiziert wird, ist eine vertiefende Analyse und Erklärung des Zusammenwirkens von Kultur und Personalwirtschaft legitimiert. Vgl. dazu Marr/Stitzel 1979, S. 26.

[181] Daneben könnte auch noch die Leistungsmöglichkeit als Determinante gesehen werden (Vgl. z.B. Wollert/Bihl 1983, S. 154ff., Bihl 1995, 1996). Die Leistungsmöglichkeit ist gleichzusetzen mit situativen Einflußfaktoren, wobei es einigermaßen offensichtlich ist, „wie sie sich beseitigen lassen, womit nicht übersehen wird, daß gelegentlich die Mittel dazu fehlen können." (Schanz 1977, S. 186).

[182] Vgl. Bargatzky 1985, S. 15ff.

Die Fragen nach der Entstehung von Bedürfnissen sowie ihrer Hierarchisierung[183] dienen als Ausgangspunkt für weitere Überlegungen. Zweifellos existieren zahlreiche Grundbedürfnisse, die aus biologischen Gründen allen Menschen gemeinsam sind und als angeboren angenommen werden können.[184] Ebenso unbestreitbar ist heute, daß der lern- und wandlungsfähige Mensch (complex man) seine Bedürfnisstruktur erst im Rahmen seiner Entwicklung weiter ausbildet.[185] In der modernen Gesellschaft der westlichen Welt treten die angeborenen, sog. primären Bedürfnisse in ihrer Bedeutung für das Verhalten immer stärker in den Hintergrund zugunsten *erlernter* Bedürfnisse, wie Macht, Leistung, Geselligkeit oder Status.[186] Die dafür verantwortlichen Lern- und Entwicklungsprozesse bestimmt das Individuum nicht unabhängig von seiner Umwelt. Das soziale bzw. kulturelle Umfeld des Menschen prägt seine Entwicklung, formt seine Identität und macht ihn somit selbst zum Träger von Kultur (Prozeß der Enkulturation).[187] Die Bedürfnisstruktur des Einzelnen wird somit maßgeblich von den in der Sozialisation erworbenen Werten und Einstellungen beeinflußt, die ihrerseits zum Großteil von den Werten, Normen und Einstellungen der Sozialisierenden abhängig sind.[188] Dieser kulturelle Hintergrund des Sozialisationsprozesses liegt in seinen wesentlichen Elementen im Verborgenen bzw. Unbewußten, gerade auch weil er als selbstverständlich empfunden wird.[189]

Man könnte noch einen Schritt weiter gehen und die Hypothese aufstellen, daß der Mensch ein ureigenes *Bedürfnis nach Kultur* in sich trägt,[190] dessen er sich - gemäß dem Wesen der Kultur - mehr oder weniger bewußt ist. Der Mensch läßt sich aus kulturanthropologischer Sicht als dasjenige Wesen kennzeichnen, das im Verhältnis zu allen anderen Lebewesen am notwendigsten symbolische, als Kultur bezeichnete, verhaltenssteuernde Pläne, Regeln und Kontrollen zu seinem Überleben braucht, da seine Verhaltensmuster nicht ausreichend durch spezifische genetische Informationen bestimmt sind.[191] Die Existenz eines solchen "übergeordneten" Kulturbedürfnisses erscheint hinsichtlich der vielfältigen Funktionen der Kultur (Vgl. Kap. 2.1.1) plausibel. Das Bedürfnis nach Kultur verkörpert insbesondere die sozialen menschlichen Bedürfnisse nach Zugehörigkeit bzw. Identität,[192] Anerkennung und Wertschätzung, wodurch auch die Nähe des Unternehmenskulturkonzeptes zur Human-Relations-

---

[183] Vgl. Maslow 1954.

[184] Vgl. z.B. Staehle 1994, S. 149ff.

[185] Vgl. dazu vor allem die "Theorie der gelernten Bedürfnisse" von McClelland (1966, 1985), die die Abhängigkeit der Bedürfnisstruktur von den Erziehungspraktiken insbesondere früher Sozialisationsphasen beleuchtet; vgl. auch Atkinson 1975, Winterbottom 1958, S. 453ff.

[186] Vgl. Staehle 1994, S. 151, McClelland 1966, 1984, 1985.

[187] Vgl. Ramaswamy 1985, S. 33ff.

[188] Die Kultur übernimmt in diesem Zusammenhang auch eine Speicherfunktion, d.h. die Kultur trägt grundlegende Bedürfnisse in sich; vgl. Wunderer/Grunwald 1980, S. 77, Holzkamp-Osterkamp 1981, Dirks 1988, S. 89ff.

[189] Vgl. Schein 1980, 1984a, S. 3ff., 1985, 1995, Bargatzky 1985, S. 15ff.

[190] Vgl. Tenbruck 1979, S. 401ff., 1996, S. 53.

[191] Vgl. dazu vor allem die Kulturtheorie A. Gehlens, die ihre Wurzeln im Mensch-Tier-Vergleich findet. Gehlen bezeichnet den Menschen demnach als ein „von Natur aus auf Kultur angewiesenes Lebewesen". „Weltoffenheit" bedeutet für den Belastung, Reizüberflutung, d.h. ein permanentes Konfrontiertsein mit nicht artspezifisch gefilterten Reizen und Herausforderungen. Diese Unspezialisiertheit des Menschen verlangt Entlastung durch „produktive Akte der Bewältigung der Mängelbelastung... An genau der Stelle, wo beim Tier die Umwelt steht, steht daher beim Menschen die Kulturwelt." (Gehlen 1966, S. 37f.). Vgl. dazu Rodi 1997, S. 176ff., Bargatzky 1985, S. 38f., Ramaswamy 1985, S. 31ff.

[192] Vgl. Elias 1994, S. 453.

Bewegung deutlich wird.[193] Jedoch scheint diese Annahme eines Kulturbedürfnisses mit allumfassendem Charakter in die Position des Kulturalismus[194] zu münden, so daß die Erklärungskraft eines so verstandenen Konzeptes durch die zunehmende Abstraktion der Kultur eher geschwächt wird.[195]

Bezieht man die Kultur konsequent in die Überlegungen zur Bedürfnisausbildung ein, werden individuelle Bedürfnisstrukturen verständlicher, indem sie sich von Bedürfnisstrukturen von Individuen mit anderen kulturellen Hintergründen abgrenzen. Zur Unterscheidung von Bedürfnisstrukturen erscheint eine kulturelle Relativierung nach der räumlichen[196] wie der zeitlichen[197] Dimension der Kultur fruchtbar.

Ebenso wie die Bedürfnisentstehung muß die *Bedeutung*, die das Individuum den einzelnen Bedürfnissen beimißt, kulturell differenziert betrachtet werden.[198] Durch im Zeitablauf gewonnene kulturelle Erfahrungen können sich die den Motiven beigemessenen Bedeutungen, d.h. die Hierarchiestruktur der Bedürfnisse verändern. Eine Bedürfnispyramide, wie sie etwa Spranger oder später auch Maslow vorgeschlagen haben,[199] kann nur unter Berücksichtigung der spezifischen Lebenswelt des Einzelnen aufgestellt werden, die sich aus verschiedenen persönlichen, institutionellen und kulturellen Faktoren konstituiert (Vgl. Abb. 4).[200]

| Lebensweltkomponenten | | |
|---|---|---|
| **Kultur** | **Persönlichkeit** | **Institutionelle Ordnungen** |
| Wissensvorrat, aus dem sich die Kommunikationsteilnehmer, indem sie sich über etwas in einer Welt verständigen, mit Interpretationen versorgen | Kompetenzen, die ein Subjekt sprach- und handlungsfähig machen, also instandsetzen, an Verständigungsprozessen teilzunehmen und dabei die eigene Identität zu behaupten | Gesellschaft als legitime Ordnungen, über die die Kommunikationsteilnehmer ihre Zugehörigkeit zu sozialen Gruppen regeln und damit Solidarität sichern |

Abb. 4: Bestandteile der Lebenswelt des Einzelnen

Quelle: in Anlehnung an Habermas 1981b, S. 209

---

[193] Vgl. Fischer, J. 1989, S. 61ff., Knowles/Saxberg 1967, S. 22ff.

[194] Vgl. Fußnote 67.

[195] Vgl. Kasper 1990, S. 95.

[196] Unbestritten ist von jeher die Heterogenität der Bedürfnisstrukturen unterschiedlicher Völker, insbes. wenn die geographischen Merkmale zu grundsätzlich unterschiedlichen Lebensweisen zwingen. Vgl. hierzu insbesondere Malinowski 1975.

[197] Die Notwendigkeit einer dynamischen Betrachtung von Bedürfnisstrukturen findet v.a. in kulturgeschichtlichen Arbeiten ihren Ausdruck. Der deutlich zu beobachtende Wertewandel (vgl. Klages 1984, 1985, S. 24ff., 1987, S. 1ff., 1989, 1993, S. 1ff., Klages/Kmieciak 1984, Inglehart 1977, 1989, 1990, Schanz 1985a, S. 559ff., 1985b, S. 609ff.) kann als spürbarer Beweis für die Notwendigkeit einer kulturdynamischen Betrachtung angesehen werden. Vgl. Bleicher 1986b, S. 259ff., Schanz 1993, S. 76f.

[198] Vgl. Cuendet 1989, S. 58ff.

[199] Vgl. Spranger 1914/1966; Maslow 1943/1954.

[200] Vgl. Habermas 1981a, 1981b; Grundlage ist dabei der "methodologische Historizismus" (Popper 1965). Vgl. auch Wild 1976, Sp. 3900.

Institutionelle Ordnungen beeinflussen das Individuum, indem die institutionellen Ordnungen auf die Motivationsstruktur einwirken und das Individuum sich bei seinem Handeln nach den Normen der institutionellen Ordnungen richtet. Ebenso wird das Individuum durch spezifische kulturelle Phänomene geprägt. Institutionen und Kultur sind dabei nicht unabhängig voneinander, denn in Institutionen sind immer auch Kulturphänomene implementiert. Dieser Zusammenhang verdeutlicht, daß (neue) kulturelle Werte sich erst dann etabliert haben, wenn sie sich in den Institutionen und in den Individuen festgesetzt haben. Zuvor verkörpern neue Werte lediglich einen kulturellen Vorlauf, üben eine vorauseilende Funktion aus. Die Handlungsleitung und -umsetzung erfolgt aber erst, wenn diese neuen Werte von der Lebenswelt absorbiert sind, d.h. wenn eine hinreichende Verankerung des Neuen in den Individuen und den institutionellen Ordnungen erfolgt ist.[201]

Die Kultur stellt sich dar als komplexes Zusammenspiel von Werten, Einstellungen und Verhaltensweisen ihrer Mitglieder. Der kulturelle Hintergrund und sein normativer Charakter drücken sich in den Werthaltungen[202] des Individuums aus. Die Werthaltungen wiederum führen zu Einstellungen gegenüber bestimmten Verhaltensäußerungen in spezifischen situativen Kontexten. Wertorientierungen entfalten ihren Handlungsbezug, wenn sich in der konkreten Auseinandersetzung mit einer Entscheidungssituation die Werthaltung zur gegenstandsbezogenen Einstellung oder zu inhaltlichen Motiven konkretisiert.[203] Diese konkreten Motive lassen sich in eine Rangordnung bringen, die die Gestalt einer Bedürfnispyramide besitzt. Verhaltensänderungen aufgrund von Werteveränderungen, die sich in Verhaltensmustern verfestigen, sorgen letztlich für eine Veränderung der Kultur, und der Kreislauf beginnt von vorne.[204] Diesen Zusammenhang von Kultur und menschlichem Verhalten verdeutlicht auch die folgende Abbildung:

---

[201] Vgl. Habermas 1981b, S. 109ff., Kasper 1990, S. 121f.; eine ähnliche Aufteilung verhaltensbestimmender Einflußgrößen findet sich in den Grundgedanken der "General Theory of Action" (Parsons u.a. 1967, S. 4f.). Der Akteur orientiert sich in seinem Handeln entweder an physischen Objekten bzw. kulturellen Ressourcen ("nonsocial objects") oder an der eigenen Persönlichkeit sowie an anderen Akteuren und Gruppen ("social objects"). Parsons u.a. unterscheiden im Folgenden drei "systems of action", die Persönlichkeit, das Sozialsystem und die Kultur. Die *Persönlichkeit* begreifen sie als "organized system of the orientation and motivation of action of one individual actor" (1967, S. 7). Einen weiteren Untersuchungsgegenstand ihrer Handlungstheorie sehen sie in Gruppenhandlungen, die sie als Interaktionsprozesse kennzeichnen und die zu einem bestimmten Grad von der Kultur unabhängig sind. Die Differenzierung und Integration dieser Interaktionen konstituieren ein *soziales System*. Als dritter Untersuchungsgegenstand ist die *Kultur* von Interesse, die durch die ihr eigenen Formen und Probleme von der Persönlichkeit wie von dem sozialen System zu unterscheiden ist. Kluckhohn distanziert sich jedoch von dieser Sichtweise, da sie seiner Meinung nach dem überragenden Einfluß der Kultur nicht gerecht wird: "Nevertheless, one whose training, experiences, and prejudices are anthropological tends to feel that the present statement does not give full weight to the extent to which roles are culturally defined, social structure is part of the cultural map, the social system is built upon girders supplied by explicit and implicit culture." (Kluckhohn 1967, S. 427).

[202] Unter Werthaltung versteht man die (subjektive) Haltung einer Person in Beziehung zu einem bestimmten, dieser Person im- oder explizit bekannten Wert, während ein Wert als Schnittstelle zwischen Individuum und Gesellschaft liegt und sich im Vergleich zur Werthaltung im Zeitablauf stabiler erweist. (Vgl. Scholl-Schaaf 1975, S. 65f., Klein 1991, S. 24ff.). Werte selbst sind soziale Phänomene, die nicht-soziale Realität sie für sich gesehen wertneutral; sie sind handlungsleitende Größen, die der kognitiven Organisation und Verarbeitung persönlicher Erfahrungen sowie der Beurteilung von Handlungsalternativen dienen (Vgl. Heinen 1987, S. 22f.).

[203] Vgl. dazu auch das Wert-Einstellungs-Verhaltens-Schema nach Stengel (1984, S. 24f.); vgl. Rosenstiel 1995a, S. 8f.

[204] Vgl. Adler 1997, S. 14ff., Klein 1991, S. 24f.

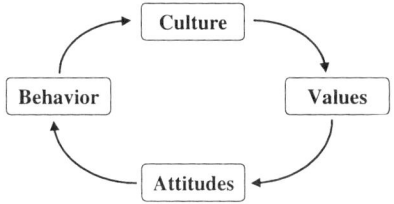

Abb. 5: Der Einfluß der Kultur auf menschliches Verhalten

Quelle: Adler 1997, S. 16

Die größere Realitätsnähe der Annahmen über menschliches Verhalten und Handeln, die einer Kulturtheorie zugrundeliegen, ist ausschlaggebend dafür, daß die Einführung der Kulturtheorie als neues Paradigma der Philosophie mit einer "realistischen Wendung" umschrieben wird.[205] Im Mittelpunkt der Untersuchung stehen demnach nicht mehr hypostasierte Geistentitäten bzw. Systeme als Handlungsträger, sondern vielmehr die wirklichen Individuen, die konkreten Menschen in ihrer Interessen- und Lebenslage.[206]

Im Sinne der Methode der abnehmenden Abstraktion kann, ausgehend vom Modell des "complex man", die kulturelle Dimension explizit in das Menschenbild einbezogen werden und der Mensch - etwas pointiert - als "homo cultus" gekennzeichnet werden:[207]

- Der Mensch wird über Werte und Einstellungen, die über die Kultur vermittelt werden in seinem Verhalten geleitet und ist daher ein *kulturgeprägtes* Wesen.[208]

- Der Mensch ist in der Lage, die Kultur in Grenzen zu beeinflussen und ist daher auch ein *kulturprägendes* Wesen.[209]

- Der Mensch ist komplex und wandlungsfähig, d.h. er ist vielfältigen *kulturellen* Einflüssen ausgesetzt und in der Lage, sich flexibel an ein neues *kulturelles* Umfeld zu gewöhnen.

- Er ist vielschichtig motiviert, wobei seine Bedürfnisse in einer hierarchischen Form miteinander verbunden sind, die insbesondere aufgrund unterschiedlicher *kultureller* Hintergründe individuell verschieden sein kann und im Zeitablauf Veränderungen unterworfen ist.

---

[205] Vgl. Gil 1990, S. 29ff.

[206] Vgl. Gil 1990, S. 47.

[207] Vgl. Tenbruck 1979, S. 401ff.; vgl. in weitestgehender Übereinstimmung zum Bild des 'homo cultus' auch die von Keller (1982, S. 114ff.) herausgearbeiteten Eigenschaften des Kulturkonstruktes in Bezug auf den Menschen:
Kultur ist menschgeschaffen, Kultur ist ein überindividuelles, soziales Phänomen, Kultur wird erlernt, Kultur wird übermittelt und schlägt sich in Symbolen nieder, Kultur ist verhaltenssteuernd, Kulturen streben nach innerer Konsistenz, durch Kultur bewerkstelligen soziale Systeme die Anpassung an ihre Umwelt, Kulturen sind anpassungsfähig.

[208] Vgl. dazu die verhaltenssteuernde Wirkung der Kultur; z.B. Weber, M. 1972, Weber, M. 1973, S. 170, Thurn 1979, S. 440, Kasper 1987, S. 18f.

[209] „Die Kultur ist damit einerseits eine von den Mitgliedern der Organisation beeinflußte Größe. Andererseits wirkt sie auch wieder auf das Verhalten der Organisationsmitglieder zurück." (Kasper 1990, S. 122). Empirische Untersuchungen, wie auch theoretische Diskussionen lassen darauf schließen, daß speziell im betrieblichen Kontext Mitarbeiter wesentlich zur Entwicklung der Unternehmenskultur beitragen (vgl. z.B. Gregory 1983, S. 359ff., Martin/Sitkin/Boehm 1983, Phillips 1984); vgl. auch Sackmann 1989a, S. 157ff., 1990a, S. 114ff., 1990b, S. 151ff., Fischer, J. 1989, S. 68.

- Der Mensch ist lernfähig und kann neue Motive durch (*kulturelle*) Erfahrungen erwerben.

- Der Mensch verhält sich situativ differenzierend, wird in unterschiedlichen *kulturellen* Kontexten durch unterschiedliche Motive geleitet.

- Der *kulturelle Hintergrund*, der sich in der Fähigkeits- und Motivstruktur, in den sozialen Beziehungen wie den Führungsformen niederschlägt, kann auf verschiedene Art und Weise genutzt werden, um ein effektives Verhalten hervorzurufen.

Im betrieblichen Kontext kann jedes Organisationsmitglied zusammenfassend begriffen werden als Träger, Vermittler und Gestalter von Kultur in der Organisation, welche dabei von Kultureinflüssen äußerer Kultursysteme durchzogen wird.[210]

### 2.2.2 Einbeziehung der Kultur in das Betriebsbild: "Von der Unternehmenskultur zum Kulturunternehmen"

### 2.2.2.1 Traditionelle Betriebsbilder

Analog zu den unterschiedlichen Menschenbildern wandeln sich auch immer wieder die Annahmen über die Organisation als Ganzes. Um die Komplexität der Unternehmensrealität zu reduzieren und Erklärungen hinsichtlich bestimmter Ursache-Wirkungszusammenhänge abgeben zu können, verwendeten Organisationstheoretiker in der Geschichte der Betriebswirtschaftslehre eine Vielzahl von unterschiedlichen Metaphern bzw. Modellen.[211]

Sehr häufig finden sich in der Literatur die Metaphern der Organisation als "Maschine"[212] und als "Organismus".[213] Daneben existieren zahlreiche Metaphern, die die Organisation unter Heraushebung ihrer sozialen Aspekte modellieren, um einzelne Facetten des organisationalen Geschehens zu beleuchten. So kann beispielsweise die Organisation auch als „Theater" gesehen werden, in dem „Akteure" gemäß bestimmten "Skripts" ihre "Rollen" spielen.[214] Ein wieder anderer Blickwinkel ergibt sich, wenn die Organisation als "politische Arena" gesehen wird, in der Ziel- und Mittelentscheidungen Ergebnis vielfältiger politischer Prozesse sind, die insbesondere durch Machtstrukturen beeinflußt werden.[215]

---

[210] Vgl. Sackmann 1989a, S. 168, Lipp 1987, ähnlich auch Blattmann 1991, S. 81f.; zweifellos ist ein solches Menschenbild eher als optimistisch einzuschätzen; jedoch ist eine grundsätzlich positive Einstellung zum Menschen nach Einschätzung des Verfassers eine unabdingbare Voraussetzung einer erfolgreichen Personalarbeit in der Praxis.

[211] Vgl. dazu Sackmann 1989b, S. 465ff., Pondy/Mitroff 1979, S. 3ff., Morgan 1980, S. 605ff., Smircich 1983a, S. 340ff.

[212] Die Maschinenmetapher beinhaltet ein instrumentalistisches Bild der Organisation, wonach die Organisation in mechanistischer Weise funktioniert und die Aufgabenbewältigung als Zweck der Organisation von der Effizienz der einzelnen Elemente abhängt, welche in ihrer Gesamtheit eine gut geölte Maschine ergeben sollen. Dieses Verständnis ist erkennbar ingenieurwissenschaftlich geprägt und korreliert mit einem sehr rationalistischen Menschenbild. „A comparison of organizations with machines stresses efficiency, planning, control, and "smooth running"." (Sackmann 1989b, S. 467).

[213] Die Organismusmetapher wird vor allem von der Systemtheorie aufgegriffen. Die Organisation wird demnach als ein lebender Organismus gesehen, dessen Ziel bzw. Aufgabe darin besteht, sein Überleben in einer sich wandelnden, komplexen Umwelt zu sichern (Vgl. Burns/Stalker 1961, Lawrence/Lorsch 1969).

[214] Vgl. Goffman 1959, Mangham/Overington 1983, S. 219ff.

[215] Vgl. Crozier 1964, Crozier/Friedberg 1979, Pfeffer 1981; diese Metapher der politischen Arena liegt im Wesentlichen auch der Koalitionstheorie (Cyert/March 1963) zugrunde, die gerade für personalwirtschaftliche Fragestellungen einen hohen Erklärungswert besitzt (Marr/Stitzel 1979, S. 58ff.).

Zu warnen ist sicherlich vor Organisationsmetaphern, die allzu vereinfacht anderen Diszipli- nen entliehen werden und deren Anwendung in der Organisationsforschung daher oftmals im Dilettantismus endet.[216] Andererseits ist die wissenschaftliche Entwicklung der Personal- und Organisationsforschung aber von den zugrundegelegten Modellannahmen des Menschen- und Betriebsbildes abhängig. Das metaphorische Denken kann neue Perspektiven eröffnen und damit Grundlage wissenschaftlicher Erkenntnisgewinnung sein.[217]

Aufgrund der engen Verknüpfung von Organisationstheorie und Personalwirtschaftslehre müssen die zugrundegelegten Annahmen im Menschen- und im Betriebsbild aufeinander ab- gestimmt sein, damit sich ein konsistentes Gesamtbild vom arbeitenden Menschen in der Organisation ergibt. Daher ist im Folgenden die kulturelle Dimension über das Menschenbild hinaus in das Betriebsbild einzubeziehen und im Sinne einer Organisationsmetapher zu nutzen. Während die Mehrzahl der Publikationen auf eine Einbeziehung der kulturellen Kom- ponente als Metapher verzichten, existieren bereits einige Ansätze der Organisationskulturfor- schung, die die Organisation als "kleine Gesellschaft" begreifen und im Anschluß daran die Kultur als Metapher verwenden.[218]

Auch um nicht der Gefahr einer unsystematischen und daher dilletantischen Übertragung der Kulturmetapher auf die Organisation zu erliegen, wird im Folgenden das Kulturstaatskonzept von Ernst Rudolf Huber[219] als der wohl bedeutendste Ansatz zur Kulturstaatlichkeit aufgegrif- fen. Da der Ansatz Hubers sehr eng mit den Grundgedanken eines kulturbewußten Manage- ments verknüpft ist, wird er anschließend rekursiv als Grundlage für eine metaphorische Behandlung der Kultur in der Personal- und Organisationsforschung angewendet.

### 2.2.2.2 Das Kulturstaatskonzept von Ernst Rudolf Huber

Der zentrale Grundgedanke des Kulturstaats besteht nach Huber in der Vision eines Staates, der die Ideen einer humanistischen Kulturbewahrung und eines freiheitlichen Kulturfort- schritts aufgreift und sich als Gegensatz zu einem absolutistischen Machtstaat darstellt.[220] Um dem gesetzlich ungeklärten Begriff des Kulturstaates einen Rahmen zu geben, entwirft Huber eine Systematik von fünf "Elementen", welche im Sinne eines dialektischen Prozesses miteinander verbunden sind, d.h. einen gemeinsamen Bedeutungszusammenhang besitzen.

Als wesentliche Voraussetzung für die Verwirklichung eines Kulturstaates sieht Huber die ge- meinsame Auffassung von Kultur als Inbegriff autonomer Bildungsgüter, die aus sich selbst nach einem ihr innewohnenden Wesensgesetz entstehe, wachse und blühe und weder vom Staat einerseits, noch von "Kulturunternehmern" und "-funktionären" gemacht werde. Ein

---

[216] Vgl. Pinder/Bourgeois 1982, S. 641ff.

[217] Vgl. Sackmann 1989b, S. 463ff., Smircich 1983a, S. 341, Lakoff/Johnson 1980.

[218] Vgl. z.B. Calas/Smircich 1987, Meyerson/Martin 1987, S. 623ff., Pondy/Frost/Morgan/Dandridge 1983, Smircich 1985, S. 55ff., 1983a, S. 339ff., 1983b, S. 160ff., Putnam 1983, S. 31ff., Dandridge/Mitroff/Joyce 1980, Pondy/Mitroff 1979, S. 3ff., Silverman 1970, Eldridge/Crombie 1974; eine nähere Betrachtung dieser Ansätze erfolgt in Kap. 2.3.3.3.

[219] Huber, der nach dem Zweiten Weltkrieg seine staatstheoretischen Untersuchungen durch Arbeiten zum "Wirtschaftsstaat" und zum "Sozialstaat" einleitete, gilt heute durch seine Schriften zum "Kulturstaat" (vgl. Huber 1935, S. 1ff., 1958, 1965, 1975) als Wegbereiter für die nahezu gesamte kulturrechtliche Literatur (Vgl. Geis 1990, S. 19ff.).

[220] Vgl. Huber 1958, S. 3ff.

Staat kann demnach nur dann ein Kulturstaat sein, wenn er sich gegen die "Machbarkeit" der Kultur entschieden habe.[221] Somit stellen die apriorische Autonomie der Kultur wie das Eins-sein von Kultur und Staat zwei Grundannahmen des Huberschen Konzeptes dar.

(1) Als erstes Element des Kulturstaats nennt Huber den *Grundsatz der vollkommenen Staatsfreiheit der Kultur*, womit das freie Hineinwachsen der frei entfalteten Kulturkräfte und -güter in das staatliche Ganze gemeint ist.[222] Diese freiheitlichen Züge, die prinzipiell der Humboldtschen Idealvorstellung eines liberalen Staates entsprechen[223], schränkt Huber jedoch ein, indem er die natürliche Grenze einer absoluten Staatsfreiheit der Kultur in einer Kulturlosigkeit des Staates sieht.[224] Huber erkennt die Gefahren einer sich gänzlich selbst überlassenen Kultur und plädiert daher für die Notwendigkeit eines Verfassungsstaates als Schutzeinrichtung.[225]

(2) Aus diesem Grund umfaßt die Kulturstaatlichkeit nach Huber als zweites Element den *Staatsdienst an der Kultur*. Der Staat müsse im Bewußtsein seiner Verantwortlichkeit für die Freiheit der Kultur durch "dienende Intervention" die Kultur in seine Obhut nehmen. Daraus ergeben sich für den Staat die Aufgabenbereiche des *Schutzes, der Pflege, der Vermittlung sowie der Förderung der Kultur*.

(3) Das dritte Element des Kulturstaats ist nach Huber die Kennzeichnung eines Staates, der sich in Anerkennung der freien Wesensgesetzlichkeit der Kultur doch zu ihrer aktiven Gestaltung ermächtigt weiß (=*Staatshoheit über die Kultur*). Dabei kann die gleichzeitige Forderung nach Kulturautonomie und Kulturgestaltung als Paradoxon gesehen werden. Dem ist entgegenzuhalten, daß der Staat über die Politik als Gestaltungsmacht im Zwang steht, mit immanenten Gesetzlichkeiten auf die Wesenheiten der Kultur einwirken zu müssen. Darüber hinaus ist die Kulturgestaltungsmacht des Staates in der modernen Welt ebenso unentbehrlich wie die Wirtschaftsgestaltungsmacht des Staates im System der sozialen Marktwirtschaft. „Die gärtnerisch pflegende Hand des Staates muß gegenüber solchen Wucherungs- und Kümmerungserscheinungen eingreifen, da Kulturdisharmonie nichts anderes als ein extremer Fall von Unkultur ist."[226]

(4) Als viertes Kennzeichen des Kulturstaates beschreibt Huber eine Art *ausgeglichenen Schwebezustand* zwischen Kulturgestaltungsmacht des Staates und Staatsgestaltungsmacht der Kultur.

---

[221] Vgl. Huber 1958, S. 8ff., Geis 1990, S. 21ff.

[222] Vgl. Huber 1958, S. 8ff., Geis 1990, S. 22ff.

[223] Vgl. Humboldt, W.v. 1796/1982.

[224] Vgl. Huber 1958, S. 8ff., Geis 1990, S. 22ff.

[225] „Die Kultur sich selbst zu überlassen, hieße, sie die Gesellschaft mit ihren internen sozialen und kollektiven Machtballungen, ihren "kulturellen Monopol- und Oligopolgebilden", ihrer Diktatur wissenschaftlicher und künstlerischer Schulen aber auch ihrer sozialen Ächtung der Non-Konformisten auszuliefern; hierin liege eine Kulturgefährdung äußersten Grades. Die einzig denkbare Schutzeinrichtung gegen die freie Wucherung der sich selbst überlassenen Kultur sei der zur kulturellen Gewährleistung entschlossene und durch Kontrolleinrichtungen gegen die Versuchung des Machtmißbrauchs abgeschirmte Verfassungsstaat." (Geis 1990, S. 22).

[226] Huber 1958, S. 17.

„Wer ganz im Dienst einer Sache aufgeht, wird durch diese absolute Hingabe an den Dienst, in der er sich mit der Sache identifiziert, zum Herrn der Sache: Der Kulturstaat als Diener der Kultur wird identisch mit der Kultur und dadurch zum Herrn der Kultur. Aber wie jeder dialektische Satz ist diese These nur wahr, indem auch ihre Umkehrung gilt.... Der Kulturstaat als Herr der Kultur wird identisch mit der Kultur; die Kultur gewinnt Herrschaft über den Staat."[227]

(5) Die fünfte Stufe bedeutet schließlich die Entstehung des Kulturstaats als verwirklichtes Kulturgebilde, welches die Staatsgestaltungsmacht der Kultur und die Kulturgestaltungsmacht des Staates in sich vereint und sich als Form des politischen Daseins darstellt, in welchem sich Herrschaft als Kultur wie auch Kultur als Herrschaft äußert. Die Wirkungskraft dieses dialektischen Kreismodells beschreibt Huber wie folgt:

„Der Kulturstaat ist die Selbstdarstellung der Kultur als Staat. Diese Bedeutung von Kulturstaat drückt sich ethisch in der Hegel'schen Formel aus, der Staat sei die Wirklichkeit der sittlichen Idee. ... Nur weil die frei nach ihrem Wesensgesetz allseitig entfaltete Kultur den Staat als Kulturgebilde hervorbringen muß, ist Freiheit der Kultur im Staat nicht gleichbedeutend mit Trennung der Kultur vom Staat. Nur weil der Staat, wenn er ganz zu sich selbst gekommen ist, zugleich als Selbstdarstellung der Kultur besteht, kann er die Freiheit der Kultur gewährleisten, ohne die Hoheit über die Kultur preiszugeben... Nur kraft dieser auf die Bahn des Kreises sich bewegenden Zusammenhänge führt... Hoheit des Staates über die Kultur nicht zur staatlichen Überwältigung der Kultur und führt die Staatsgestaltungsmacht der Kultur nicht zur kulturellen Überfremdung der Staatlichkeit."[228]

### 2.2.2.3 Das Betriebsbild des "Kulturunternehmens"

Ebenso wie der engen, wechselseitigen Beziehung von Staat und Kultur durch den Ausdruck "Kulturstaat" als unauflösbarer Verknüpfung Rechnung getragen wird[229], kann auch von unvermeidbaren Interdependenzen zwischen Unternehmen und Kultur ausgegangen werden. Rückt man diese Wechselbeziehung in den Vordergrund, ließe sich dies in analoger Weise dementsprechend mit dem Terminus *"Kulturunternehmen"* umschreiben.[230] Die Kernidee des Unternehmenskulturansatzes im Sinne einer metaphorischen Betrachtung ("Die Organisation *ist* eine Kultur") besteht darin, das Unternehmen als eine "kleine Gesellschaft" zu betrachten, die ihrerseits eine spezifische Kultur entwickeln kann. Verwendet man die Kultur als Metapher für die Organisation, muß sich dies konsequenterweise in den methodologischen Grundpfeilern des Menschen- und Betriebsbildes niederschlagen. Das impliziert eine Änderung des grundlegenden Forschungsparadigmas, welches sich von dem Ansatz eines Kulturmanagements, das auf eine einseitige *Beeinflussung der Kultur* abzielt, abwendet zugunsten

---

[227] ebenda, S. 21; dieser wechselseitige Sinnbezug von Herrschaft und Dienst stammt in seiner ursprünglichen Form von Hegel (1932, S. 153ff.).

[228] Huber 1958, S. 27-29.

[229] Vgl. Burckhardt 1868/1978, Geis 1990, S. 15ff.

[230] Dabei sollen keineswegs die Wesensunterschiede von Staat und Unternehmen vernachlässigt werden. Es geht lediglich um die Prägung eines Begriffes für das Betriebsbild, das dem zugrundegelegten Forschungsansatz gerecht wird. Vgl. auch Erpenbeck 1996, S. 41ff.; anzumerken ist, daß dabei im Unterschied zur umgangssprachlichen Verwendung des Begriffs "Kulturunternehmen" im Zusammenhang mit Museen, Stiftungen oder Opernhäusern ein weiter Kulturbegriff zugrundegelegt wird. Vgl. dazu Kap. 2.1.1.1.

eines kulturbewußten Managements, das auch eine *Beeinflussung durch die Kultur sowie die Grenzen einer gezielten Steuerung der Kulturentwicklung* berücksichtigt, d.h. die Kultur als originäre Größe (an)erkennt.[231] Darüber hinaus berücksichtigt der Begriff "Kulturunternehmen", daß das Unternehmen vielfältigen kulturellen Einflüssen auf unterschiedlichen Ebenen ausgesetzt ist und sich ein kulturbewußtes Managementhandeln nicht nur auf die Ebene der Unternehmenskultur beschränkt.[232]

In Analogie zu den Gedanken Hubers wäre das *Kulturunternehmen* eine unternehmerische Vision, die gekennzeichnet ist von einem kulturbewußten Handeln im Unternehmen, d.h. einerseits von Kulturbewahrung, andererseits von Kulturfortschritt, wobei die Mitarbeiter als Träger und Gestalter der Kultur im Mittelpunkt der Überlegungen stehen. Insofern ist das Kulturunternehmen einer *mitarbeiterorientierten* Organisationsidee verpflichtet, die sich gegen *die deterministische, hierarchische Machtorganisation* richtet.

Die apriorische Autonomie der Kultur und das Einssein von Kultur und Staat als die zwei entscheidenden Grundannahmen des Huberschen Konzeptes können in analoger Weise auch für ein Konzept des "Kulturunternehmens" herangezogen werden. Dies bedeutet, daß von den Machbarkeitsansprüchen eines Kulturmanagements in Unternehmen Abstand genommen werden muß. Das Entstehen und Entwickeln der Kultur verläuft nach einem ihr innewohnenden Wesensgesetz und läßt sich somit *grundsätzlich nicht* von Führungskräften oder externen Beratern *determinieren*. Jedoch besteht gleichzeitig die Notwendigkeit für ein regulatives Element im Sinne einer Schutzeinrichtung, die Maßnahmen des Schutzes, der Pflege, der Vermittlung und der Förderung der Kultur ergreifen muß. Auf gesellschaftlicher Ebene erkennt Huber im Staat die wesentliche Instanz zur „Definition, Berücksichtigung und Beeinflussung von Kultur". Geht man nun davon aus, daß das Unternehmen als offenes System über kulturelle Einflüsse von außen beeinflußt sowie auf betrieblicher Ebene auch selbst Kultur entwickelt wird, so stellt sich auch hier die Frage nach der organisatorischen Verortung.

In Analogie zu den fünf Stufen der Kulturstaatlichkeit läßt sich detailliert für das Kulturunternehmen folgendes konstatieren:

(1)    Die Kulturentwicklung folgt ihren eigenen Gesetzen und ist grundsätzlich nicht machbar. Auf klare Ursache-Wirkungszusammenhänge wird demnach verzichtet. Das freie Hineinwachsen der entfalteten Kulturkräfte und -güter in das Unternehmen ist grundsätzlich nicht zu unterbinden *(=Grundsatz der vollkommenen Organisationsfreiheit der Kultur).*[233] Dies entspricht auch den Erkenntnissen im Zusammenhang mit ge-

---

[231] Diese Haltung findet sich auch bei den Vertretern des kulturbewußten Managements (vgl. Fußnote 132); so fordert Sackmann (1989a, S. 172) „eine bewußte Gestaltung von Organisationen als Kultursysteme".

[232] Vgl. dazu die zugrundeliegende „multiple culture perspective" (vgl. die Fußnoten 63 und 124).

[233] Auch Bleicher (1982, S. 445ff., 1986b, S.259ff.) erkennt unter Bezug auf die Lehre von Friedrich August von Hayek (1980) im Konzept der Organisationskultur eine „gewachsene, spontane Ordnung", die neben der bürokratischen, gemachten Ordnung besteht und einen nachhaltigeren Einfluß auf das Mitarbeiterverhalten ausübt. Er fordert (1990, S. 156) eine Abkehr vom "manageriellen Machen" und eine Hinwendung zum "Pflegen einer sich selbst organisierenden spontanen Ordnung". Ebenso finden sich diesbezügliche Ähnlichkeiten in den Arbeiten von Kirsch zu fortschrittsfähigen Organisation (Vgl. Kirsch 1989, S. 110ff., 1993, S. 319ff., Kirsch/Trux 1981, S. 369ff.). Hierbei wird die Nähe des Grundsatzes der Organisationsfreiheit der Kultur zu modernen Ansätzen der Selbstorganisation sichtbar (Vgl. Hejl 1983, v. Foerster 1981, S. 39ff., 1985, Probst 1987, Baitsch 1993, Then/Fiedler-Winter 1995, S. VI/1, zum Überblick Bolbrügge 1997).

planten Kulturrevolutionen, die sich langfristig als nicht erfolgreich erwiesen haben und daher zu einer erheblichen Ernüchterung hinsichtlich eines Kulturmanagements geführt haben. Dies bedeutet aber auch gleichzeitig, daß sich hieraus keine Ansatzpunkte für die Organisationsgestaltung und das Managementhandeln für eine effiziente Kulturgestaltung im Unternehmen ableiten lassen. Hinsichtlich der Kulturentwicklung spielt somit die Akzeptanz gewollter Veränderungen von Seiten der Mitarbeiter eine dominierende Rolle. Vor diesem Hintergrund gewinnt auch das originär deutsche Konzept der Mitbestimmung seine Bedeutung.

(2) Da jedoch eine absolute Freiheit der Kultur auch zur Selbstzerstörung des Kultursystems führen kann, bedarf es einer Schutzeinrichtung. Diese Funktion einer Schutzeinrichtung in der Organisation kann über die kulturbewußte Orientierung personalwirtschaftlicher Funktionen erreicht werden, welche zunehmend von der Personalabteilung in die Linie verlagert werden.[234] Daneben werden auch von Mitarbeiterseite wesentliche Personalentscheidungen und damit Kulturentwicklungen mitbeeinflußt. Dabei ist nicht nur an die Interessenvertreter Betriebsrat und Gewerkschaft zu denken, sondern auch an die zukünftig in höherem Maße erforderliche Eigenverantwortlichkeit der Mitarbeiter, die als Unternehmer ihrer eigenen Arbeitskraft gefordert sind. Dies bedeutet, daß unter Beachtung der Verantwortlichkeit für die Freiheit der Kultur durch "dienende Intervention" in die Kulturentwicklung eingegriffen werden kann und muß,[235] das Personalmanagement, verstanden als Träger personalwirtschaftlicher Entscheidungen, also die Kultur in seinen Entscheidungsprozessen berücksichtigt. Auch Habermas erkennt ein wachsendes Problem in einem „rücksichtslosen Umgang mit unwägbaren, schonungsbedürftigen moralischen und geistigen Ressourcen, die sich nur spontan und nicht auf dem Verordnungswege regenerieren können... Denn die intellektuellen Kapazitäten lassen sich, wenn man die Produktion für zwei, drei oder fünf Jahre unterbricht, nicht mehr regenerieren. Wenn sie ruiniert sind, sind sie es ein für allemal."[236] Dieser *gestalterischen* Verantwortung wird das Personalmanagement durch folgende Aufgaben gerecht:

- dem *Schutz der Kultur* (Abwehrmaßnahmen gegen kulturgefährdende Aktionen),

- der *Pflege der Kultur* (Erhaltung des überlieferten Bildungsguts),

- der *Vermittlung der Kultur* (Weitergabe des Bildungsguts) und

- der *Förderung der Kultur* (Unterstützung der allseitigen Entfaltung kultureller, vor allem auch neuer und unerprobter Kräfte).

(3) Die Organisation weiß sich in Anerkennung der freien Wesensgesetzlichkeit der Kultur doch zu ihrer aktiven Gestaltung ermächtigt *(=Organisationshoheit über die Kultur)*. Im

---

[234] Ähnlich sieht auch Dierkes die Bildung, Erhaltung und Fortentwicklung von Personal als Aufgaben sowohl des Linienmanagements aller Ebenen als auch bestimmter Stabsstellen (Vgl. Dierkes 1988, S. 561ff.).

[235] Dies entspricht auch den Erfahrungen, die Tunstall aus dem Kulturwandel von AT&T gewonnen hat (1983, S. 17): „Unquestionably, culture within the corporation is difficult to pin down, nearly impossible to quantify or measure, and remarkably resistant to change. However, the culture can be positively influenced by consistent, thoughtful managerial action."

[236] Habermas 1991, S. 63.

Bewußtsein des Paradoxons der gleichzeitigen Forderung nach Kulturautonomie und Kulturgestaltung steht das Management, insbesondere das *Personal*management,[237] im Zwang, durch Maßnahmen mit immanenten Gesetzlichkeiten auf die Kultur einwirken zu müssen, d.h.

> *das (Personal-)Management kann die Kultur nicht nicht beeinflussen.*[238]

Das Personalmanagement, verkörpert durch alle betrieblichen Organe, die personalwirtschaftliche Funktionen ausüben, übernimmt die Aufgabe eines "Gärtners" und muß gegenüber "Wucherungs- und Kümmerungserscheinungen" eingreifen.[239] Diese bislang zuwenig berücksichtigte,[240] aktive Kulturgestaltungsmacht des Personalmanagements setzt sich wie folgt zusammen:[241]

- Definitionskompetenz (Entscheidung über die Abgrenzung der Kulturinhalte; was ist Kultur, und was ist nicht Kultur?),

- Kompetenz zur Bestimmung einer Rangordnung innerhalb des Kulturgefüges (Auswahl und Hervorhebung des kulturell vordringlich Wichtigen, des vorrangig Schutz-, Vermittlungs- und Förderungswürdigen) und

- Kompetenz über die Bestimmung der Bildungsziele bzw. Bildungsideale und Bildungsinhalte als wesentliche Einflußgrößen der zukünftigen Kulturentwicklung.[242]

(4) Als vierte Stufe des Kulturunternehmens ist eine Art *ausgeglichener Schwebezustand* zwischen Kulturgestaltungsmacht der Organisation (insbesondere des Personalmanagements) und Organisationsgestaltungsmacht der Kultur anzustreben. Das Personalmanagement folgt dem Freiheitsgrundsatz der Kultur und ist sich gleichzeitig seiner Verantwortung und Kompetenzen hinsichtlich der Kulturgestaltungsmacht stets *bewußt*. Konkret könnte das bedeuten, daß das Personalmanagement in der Funktion eines Gärtners der Entwicklung der Denk- und Verhaltensweisen der Mitarbeiter auf der Basis gegenseitigen Vertrauens grundsätzlich freien Lauf läßt, bei diagnostizierten Fehlentwicklungen im

---

[237] Die Literatur verweist recht einhellig auf die dominierende Rolle des Personalmanagements im Rahmen der Kulturgestaltung (vgl. z.B. Sackmann 1989a, S. 173, Hinterhuber/Holleis 1988, S. 12ff., Pascale/Athos 1981, Peters/Waterman 1983).

[238] Vgl. dazu auch Schein 1985, S. 315: „There is no such a thing as a culture-free concept of management."

[239] Vgl. Huber 1958, S. 17; eine ähnliche Formulierung findet sich bei Sackmann (1989a, S. 173), wonach das kulturbewußte Management seine Kulturkompetenzen wie ein Gärtner pflegt, fördert, weiterentwickelt und Wildwuchs vermeidet. Vgl. auch Sackmann 1989b, S. 478ff., Neuberger/Kompa 1986c, S. 64ff., Wilkins/Patterson 1985, S. 262ff.

[240] Vgl. Bilitza 1993, S. 572.

[241] Vgl. im Folgenden Huber 1958, S. 14ff., Geis 1990, S. 23f.

[242] Ebenso sieht Tichy (1983a, S. 47) als bedeutendste Aufgaben des Top-Managements: „...to determine what values should be shared, what objectives are worth striving for, what beliefs the employees should be committed to, and what interpretations of past events and current pronouncements would be most beneficial to the firm. The transformational leader needs to articulate new values and norms and then to use multiple change levers ranging from role modeling, symbolic acts, creation of rituals, revamping of human resources systems and management processes to support new cultural messages."

Rahmen einer regelmäßigen Kulturbeurteilung[243] schützend eingreift und Maßnahmen einleitet, die das Überleben der Kulturgemeinschaft sichern.

(5) Die fünfte Stufe ist gleichbedeutend mit der Verwirklichung des Kulturunternehmens als manifestes Kulturgebilde, welches die Organisationsgestaltungsmacht der Kultur und die Kulturgestaltungsmacht der Organisation in sich vereint. Dieser Endzustand könnte erreicht sein, wenn alle Organisationsmitglieder sich als Kulturmitglieder bezeichnen lassen und die notwendigen Schutzfunktionen des Kulturunternehmens vom Personalmanagement verinnerlicht wurden sowie kompetent, zielgerichtet und bewußt angewendet werden bzw. die Umsetzung der angeführten Grundsätze zur gelebten Wirklichkeit im Unternehmen geworden ist.

### 2.2.2.4 Das Kulturunternehmen als evolutionsfähiges System

Hinter dem Betriebsbild des Kulturunternehmens verbirgt sich die Grundannahme, daß Unternehmen als evolutionsfähige Systeme zu begreifen sind, die zu einer Höherentwicklung durch einen bewußten Umgang mit der Kultur (Schutz, Pflege, Vermittlung und Förderung) fähig sind. Unverkennbar ist damit auch eine Ähnlichkeit des Betriebsbildes des Kulturunternehmens mit den Betriebsbildern der fortschrittsfähigen Organisation von Kirsch[244] oder des evolutorischen Unternehmens von Bleicher[245] gegeben. Dabei wird von der evolutionstheoretischen Grundprämisse ausgegangen, daß den Unternehmen eine interne Dynamik innewohnt und sie als „evolutionierende Systeme in eine offene Zukunft treiben, die nicht prognostizierbar ist".[246] Dies beinhaltet die Grundannahme einer Fähigkeit zu „aktiver Selbsttransformation"[247] eines Sozialsystems und entspricht im Kern dem Huber'schen Grundsatz der freiheitlichen Entwicklung der Kultur.

Kirsch verbindet im Rahmen seines Betriebsbildes einer "fortschrittsfähigen Organisation" dieses freiheitliche, unplanbare Element mit der regulativen Idee einer geplanten Evolution (Vgl. zum Überblick Abb. 6).

---

[243] Damit ist freilich vielleicht das schwierigste Problemfeld im Rahmen der Unternehmenskulturdiskussion angesprochen. Viele Bemühungen zur Erfassung und Bewertung von Unternehmenskultur wurden unter dem Schlagwort "culture audit" diskutiert (Vgl. dazu z.B. Wilkins 1983, S. 24ff., Lorsch 1986, S. 95ff., Dierkes 1988, S. 564ff.).

[244] Vgl. Kirsch 1989, S. 110ff., 1990, S. 471ff., 1993, S. 319ff., Kirsch/Trux 1981, S. 369ff.

[245] Vgl. Bleicher 1984, S. 494ff., 1986a, S. 97ff., 1992, Sp. 2242ff.

[246] Kirsch 1989, S. 113.

[247] Vgl. Etzioni 1968, 1969, insbes. S. 166f. Dieser Grundlage folgen die Ansätze des evolutionären Managements, die davon ausgehen, daß Unternehmungen „weitgehend selbständerde, selbstevolvierende und selbstorganisierende Systeme sind, die in wesentlich geringerem Ausmass als gemeinhin angenommen wird, beherrschbar (...) sind." (Malik/Probst 1981, S. 122). Vgl. auch S. Ghoshal (1997, S. 625ff.) mit seinem Ansatz einer "Individualized Organization", der als Kernmerkmal eine Abkehr von den harten Managementfaktoren "strategy", "structure" und "systems" verlangt, zugunsten einer Fokussierung von "purpose", "process" and "people", um die Organisation auf eine "self-renewal stage" zu bringen.

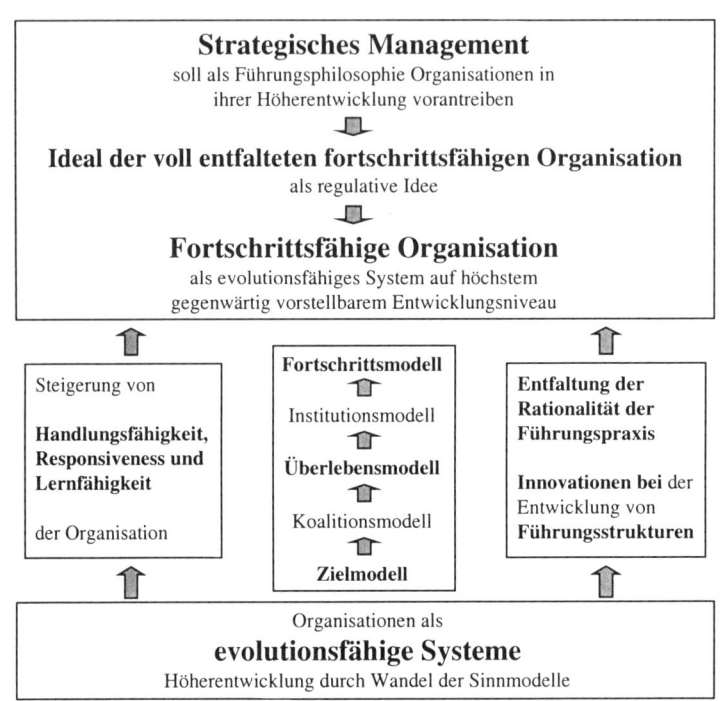

Abb. 6:  Das Betriebsbild der fortschrittsfähigen Organisation

Quelle: Kirsch 1989, S. 114

Kirsch geht neben dem Element einer ungeplanten, freien Evolution des Unternehmens von der Annahme einer möglichen Beeinflussung der Entwicklungsfähigkeiten aus. Dabei kommt dem Strategischen Management die Aufgabe zu, das Unternehmen auf das Entwicklungsniveau einer fortschrittsfähigen Organisation zu bringen. Es gilt, drei zentrale Systemfähigkeiten zu entwickeln: die Handlungsfähigkeit, die Responsiveness sowie die Lernfähigkeit.[248]

Auch Bleicher bezieht in ähnlicher Weise eine derart vermittelnde Position hinsichtlich des Managementeinflusses auf die weitere Entwicklung des Unternehmens. Er spricht in diesem Zusammenhang von einer Unternehmensphilosophie der „gelenkten und gestalteten Evolution" (Vgl. Abb. 7).[249]

---

[248] Vgl. hierzu Kirsch 1989, S. 115ff., 1990, S. 257ff., 471ff., 1993, S. 320ff., Kirsch/Trux 1981, S. 369ff.

[249] Vgl. Bleicher 1984, S. 494ff., 1986a, S. 97ff., 1992, Sp. 2242ff., eine ähnliche Perspektive liegt der Lokalen Theorie zugrunde, die als theoretisches Pendant zum Kulturansatz begriffen werden kann (Vgl. hierzu Baitsch 1996, S. 257ff., Elden 1983, S. 21ff.). Vgl. die ähnliche Grundhaltung bei Berth (1989); der Evolutionstheoretiker Erwin Laszlo beschreibt die bedeutsame Rolle der Manager wie folgt (1992a, S. 261f.): „Entweder machen sich die Manager die Sache der Gesellschaft zu eigen, oder es wird bald keine lebensfähige Gesellschaft und Umwelt mehr geben - und damit auch keine lebensfähigen Unternehmen." (Vgl. auch Laszlo 1987, 1991, 1992b).

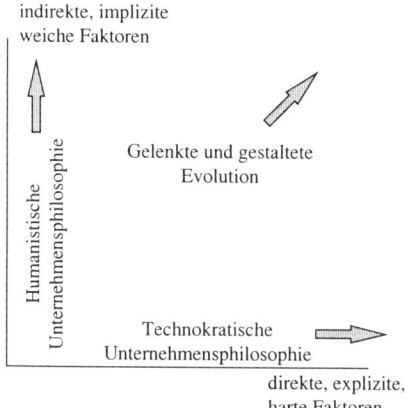

indirekte, implizite
weiche Faktoren

Humanistische
Unternehmensphilosophie

Gelenkte und gestaltete
Evolution

Technokratische
Unternehmensphilosophie

direkte, explizite,
harte Faktoren

Abb. 7:  Die Unternehmensphilosophie der gelenkten und gestalteten Evolution

Quelle: Bleicher 1986a, S. 99, 1992, Sp. 2243

Dies ist analog verankert in den Grundsätzen des Kulturunternehmens, wonach es einer regu-
lierenden Schutzeinrichtung für die Kultur bedarf, um Fehlentwicklungen zu verhindern bzw.
diesen entgegenzuwirken. Unter Einsatz der kulturellen Kompetenzen (Definitionskompetenz,
Kompetenz zur Bestimmung einer Rangordnung innerhalb des Kulturgefüges, Kompetenz
über die Bestimmung der Bildungsziele bzw. Bildungsideale und Bildungsinhalte für die zukünftige Kulturentwicklung) besteht die gestalterische, strategische Aufgabe im Schutz, der
Pflege, der Vermittlung und der Förderung der Kultur; diese kann zweckmäßigerweise – wie
in Kap. 2.1.2.3 dargelegt - als personalwirtschaftliche Funktion begriffen und institutionell
verankert werden.

Nach Kirsch wird das Betriebsbild der fortschrittsfähigen Organisation von einem neuen
Sinnmodell der Organisation getragen ("Fortschrittsmodell"). Organisatorischer Wandel erfolgt demnach nicht mehr nur als Reaktion auf Umweltveränderungen, sondern auch von innen heraus, womit der „Fortschritt in der Befriedigung von Bedürfnissen und Interessen der
direkt und indirekt Betroffenen"[250] verwirklicht werden kann. Insofern erscheint die fortschrittsfähige Organisation als eine „machbare Utopie"[251], d.h. als ein Ideal, das zwar nicht in
letzter Konsequenz zu realisieren ist, möglicherweise aber als zweckmäßiges Leitbild mit
seiner regulativen Idee wirksam werden kann.[252] Auch dies kann in gleicher Weise für das
Kulturunternehmen gelten (fünfter Grundsatz). Kultur in einem normativen Sinne kann als
Fortschrittsideal im Sinne eines Strebens nach einer höheren Existenzform verstanden werden.[253] Ebenso wie dem "Kulturstaat" kann denn auch dem "Kulturunternehmen" ein idealisie-
render Charakter zugeschrieben werden.

---

[250] Kirsch 1989, S. 117.

[251] Kirsch 1989, S. 118.

[252] Vgl. Kirsch 1989, S. 117f., 1993, S. 319ff., Kirsch/Trux 1981, S. 369ff.

[253] Vgl. Rodi 1997, S. 179f.

Die Kulturentwicklung steht in enger Verbindung mit dem Wissen bzw. der Bildung der Kulturmitglieder. Als Ziel bzw. normativer Kern eines Kulturunternehmens stellt sich somit eine Erweiterung der Bildung bzw. des Wissens möglicherweise in Anlehnung an ein humanistisches Bildungsideal dar, wodurch das Betriebsbild eines Kulturunternehmens zur Utopie im Sinne einer menschlichen Vervollkommnung der Mitarbeiter wird.[254]

Spätestens an dieser Stelle mag an der Tragfähigkeit einer so verstandenen Kulturmetapher in der Betriebswirtschaftslehre gezweifelt werden, hält man sich die Diskrepanz zwischen dem humanistischen Bildungsideal und dem vorherrschenden technokratischen Ökonomiedenken der Praxis vor Augen. Jedoch kann als sicher gelten, daß gerade in langfristiger Hinsicht bzw. mit Ausdehnung des Zeithorizonts auch für die Unternehmenspraxis die strikte Fokussierung auf rein ökonomische Aspekte wenig erfolgversprechend ist und sich die konsequente Berücksichtigung der Mitarbeiter als entscheidende Wettbewerbsgröße zu erkennen gibt. Unter strategischen Gesichtspunkten gelten die engen Komplementaritäts- und Konkurrenzbeziehungen der ökonomischen und sozialen Effizienz[255] heute mehr denn je.[256] „Die Mitarbeiterorientierung der Personalpolitik sichert die Wirtschaftlichkeit des Unternehmens, denn auf Dauer wird eine Personalpolitik, die nicht mitarbeiterorientiert ist, immer zu negativen Kostenauswirkungen führen und damit unwirtschaftlich sein."[257]

Eine derartige Unternehmensphilosophie darf denn auch nicht als "idealistische Sozialromantik" mißverstanden werden.[258] Kulturorientierung bedeutet nicht zwangsläufig Harmonisierung oder Konfliktvermeidung durch Verdrängung bestehender Interessengegensätze, was unter den gegebenen Bedingungen der Praxis einer Selbsttäuschung gleichkäme.[259] Unabhängig davon, daß eine Kultur durchaus das Attribut "konfliktfreudig" tragen kann oder daß es zwischen einzelnen Subkulturen zu Konflikten kommen kann,[260] soll durch eine konzeptionell verstärkte Kultur-, d.h. Mitarbeiterorientierung gegenüber zu eingeengten, ökonomistischen Position institutionenökonomischer Ansätze, auch den Gedanken humanistischer Ansätze, wie z.B. in Form der "Sozialpartnerschaft"[261], Rechnung getragen werden. Es scheint erfolgversprechend, in diesem Spannungsfeld eine vermittelnde Position einzunehmen, da diese sich für eine theoretische Fundierung der Personalwirtschafts- und Organisationslehre im

---

[254] In Analogie zu Huber (1958, S. 27f.); vgl. auch Rodi 1997, S. 179ff., Schein 1995, S. 116.

[255] Vgl. Marr/Stitzel 1979, S. 57ff.

[256] Dies verdeutlicht die gegenwärtige Tendenz, das Personal nicht als Produktionsfaktor, sondern vielmehr als strategisches Erfolgspotential zu sehen. Vgl. hierzu auch die in Kap. 2.3.4.3 erfolgende Darstellung des "Strategischen Personalmanagements". Die Ansätze des "Wissensmanagements" oder des "Organisationalen Lernens" (vgl. z.B. Sackmann 1993a, S. 227ff., Sattelberger 1991, 1992, S. 286ff., Argyris/Schön 1978, Duncan/Weiss 1979, S. 75ff., Schein 1994, 1996a, 1996b, 1996c, Hedberg 1981, S. 3ff.) verdeutlichen die enge Verbindung und Verknüpfungsmöglichkeit von humanistischer Bildung und betriebswirtschaftlichem Erfolg (Vgl. auch Dirks 1988, S. 75ff., Schüppel 1995).

[257] Wollert/Bihl 1983, S. 156, Wollert 1985, S. 101f.

[258] Vgl. in ähnlicher Weise die Kritik von Katterle (1964, S. 35) an Nicklischs Konzept der Betriebsgemeinschaft. Vgl. auch die Kritik von Ebers 1985a, S. 11, 1985b, S. 51ff. Einen Forscher, der eine solch idealistische Haltung einnimmt, bezeichnet Feyerabend als 'Crank' („rabiater Weltverbesserer, unbeeinflußbarer Verteidiger seltsamer Ideen, fast schon religiös angehauchter Prediger von barem Unsinn..." Feyerabend 1978, S. 102).

[259] Vgl. Dülfer (1991, S. 14), der im Organisationskulturansatz maßgeblich ein Instrument zur Harmonisierung sieht.

[260] Vgl. Schein 1991, S. 26, 1986a, S. 85f.

[261] Vgl. den partnerschaftlichen Ansatz von G. Fischer (1955).

Hinblick auf das individuelle wie auch das organisationale Verhalten als realistischer und tragfähiger erweist.[262]

Auch wenn das aufgezeigte Modell des "Kulturunternehmens" idealtypischen Charakter hat und ein Stück soziale Utopie[263] verkörpert, ist es unter anderem ein erklärtes Ziel der Personal- und Organisationsforschung als anwendungsorientierte Wissenschaften, Utopien für eine zukünftige mögliche Realität zu entwerfen und zur Diskussion zu stellen. Das "Kulturunternehmen" kann als ein solches Leitbild angesehen werden.

### 2.2.3 Die Beziehung der Kultur zu Strategie und Struktur

Struktur und Strategie stehen in einer engen Wechselbeziehung zueinander, die in den 1960er und 1970er Jahren kontrovers diskutiert wurde. So wurde zum einen die Meinung vertreten, daß die Strukturentwicklung als Produkt einer vorausgegangenen Unternehmensstrategie angesehen werden kann ("structure follows strategy").[264] Im Gegenzug kamen jedoch einige Untersuchungen zu dem Ergebnis, daß Strategien erst im Anschluß an strukturelle Änderungen bzw. Reorganisationsmaßnahmen explizit formuliert wurden ("strategy follows structure").[265] Der Streit der Grundanschauungen gestaltete sich zunehmend als "Henne-Ei"-Problem [266] und endete mit der Ablehnung eines eindeutigen Kausalverhältnisses:

„Structure and strategy thus exist in a reciprocal relationship to each other. Depending on which part of the strategic process is observed, both "structure follows strategy" and "strategy follows structure" can be correct positions."[267]

Die für das heutige Management gegebene Handlungsempfehlung ist die Realisierung eines effizienten "Fit" zwischen Struktur und Strategie. Zumeist soll dieser "Fit" über eine simultane Anpassung von Strukturen und Strategien erreicht werden, für die in einer weiteren Konkretisierung unterschiedliche Wege vorgeschlagen werden.[268]

---

[262] So verfolgt beispielsweise der VEBA Konzern das Leitbild eines "gleichberechtigten Dialogs", der von einer Haltung der Wertschätzung der Führungskräfte gegenüber den Mitarbeitern getragen wird (Vgl. Breger 1995, S. 251, 254f., Krüper/Harbig 1997, S. 105ff.). Vgl. zum Gedanken eines dialogischen Managements z.B. Ulrich, P. 1983a, S. 70ff., 1983c, S. 33ff., Wallraff 1986, S. 282ff., Then 1994, S. 52ff., Lutz 1993, S. 36ff., Solari 1993, S. 34f., Fechtner/Taubert 1995, S. 224ff., Hartfelder 1985, S. 461, Kobi 1992, S. 448ff.). Zu einer ähnlichen Schlußfolgerung gelangt auch Baitsch (1996, S. 267f.) als Vertreter der Aktivierungstheorie, der als zukünftige Voraussetzung organisationaler Veränderung bzw. Kulturentwicklung eine "konstruktive Kooperation" vorschlägt, die im Wesentlichen als ein Prozeß der "kollektiven und reflektierten Selbstveränderung von Unternehmen" verstanden werden kann (Vgl. Vogel 1988, S. 23ff., Baitsch 1993).

[263] Vgl. ähnlich auch Krell (1991, S. 155) in Bezug auf das Konzept der "Betriebsgemeinschaft" von Nicklisch (1928, 1932, 1933). Als Beispiele sozialer Utopien und Gegenbewegungen zu einem reinen Kapitalismus sind in Deutschland vor allem die Ideologien der sozialistischen Arbeiterbewegung und des populistischen Sozialkatholizismus (Vgl. Quink 1987, S. 309ff.) bekanntgeworden (Vgl. Brand 1987, S. 331ff., Klönne 1984, S. 118f.).

[264] Vgl. Chandler 1962, 1988, S. 157ff.

[265] Vgl. z.B. Rumelt 1974, Gaitanides 1985, S. 115ff.

[266] Vgl. auch Heene 1994, S. 142f.

[267] Burgelmann 1983, S. 67.

[268] Bleicher (1990, S. 157) verweist auf die Tendenz zu heute erfolgversprechenden Strategien der Flexibilität und Mobilität und der damit eng verbundenen Abkehr von der traditionellen Struktur der "Palastorganisation" hin zur "Zeltorganisation" (Vgl. auch Hedberg/Nyström/Starbuck 1976, S. 41ff., Hedberg 1984, S. 13ff.). Auf eine weitere Diskussion der Beziehung von Struktur und Strategie (vgl. dazu Egelhoff 1988, S. 1ff., Gaitanides 1985, S. 115ff., Witt 1986, S. 389ff., Scholz, C. 1988a, S. 81ff., Bleicher 1990, S. 152ff., Macharzina 1992, S. 4ff.) soll hier verzichtet werden.

### 2.2.3.1 Kultur und Struktur

Auch bezüglich des Verhältnisses von Kultur und Struktur kann von einer engen Wechselbeziehung ausgegangen werden.[269] Jedes organisierte Sozialsystem entwickelt ein System von Wertvorstellungen, Überzeugungen und Verhaltensnormen in Abhängigkeit vom System der Strukturen ("culture follows structure").[270] Diese gewachsenen Kulturmerkmale können sich auf Strukturveränderungen, z.B. in Form von Reorganisationsmaßnahmen (Fusionen, Diversifikationen oder Integration neuer Technologien), hinderlich auswirken.[271] Dabei kann in der Struktur die *formale Organisation*, in der Kultur die *informale Organisation* gesehen werden. Beide können in konfliktärer oder komplementärer Beziehung zueinander stehen.[272]

Die Kulturforschung geht davon aus, „daß soziokulturelle Prozesse auf vermeintliche, als feststehend unterstellte strukturelle Muster (Hierarchien, soziale Schichten und Klassen) ohne Verkürzungsgefahr nicht reduziert werden können."[273] Strukturen können ihrerseits als Artefakte begriffen werden, deren Entstehung und Entwicklung sich neben persönlichen auf bestimmte kulturelle Einflüsse zurückführen lassen.[274] Gerade in Reaktion auf den gesellschaftlichen Wertewandel könnte eine kulturorientierte betriebswirtschaftliche Konzeption auch das Ziel verfolgen, die Strukturen den gewandelten Werteorientierungen der Mitarbeiter anzupassen, also nach dem Grundsatz "structure follows culture" zu verfahren.[275]

In funktionalistischer Betrachtung geht es in der Beziehung der Variablen Kultur und Struktur um die Erreichung eines geeigneten "Fit", d.h. einer effizienten Kombination aus formaler Strukturierung und "informaler" Kultur.[276] Aus interpretativer Sicht kann die Struktur - wie angedeutet - als Teil bzw. als Manifestation der Kultur begriffen werden.

### 2.2.3.2 Kultur und Strategie

Das Verhältnis von strategischer Unternehmensführung und (Unternehmens-)Kultur ist seit Anfang der 1980er Jahre in den Mittelpunkt des betriebswirtschaftlichen Interesses gerückt. Zwischen den beiden, die Unternehmensentwicklung beeinflussenden Größen, Kultur und Strategie besteht zweifellos eine starke Interdependenz, der wiederum durch einen geeigneten "Fit" Rechnung zu tragen ist.[277]

---

[269] Vgl. Dülfer 1992, Sp. 1201ff., Wollnik 1991, S. 65ff. Staerkle (1985, S. 546) verweist auf den substitutionalen Charakter: „Organisationskulturelle Werte und Normen reduzieren den Bedarf an formaler Strukturierung".

[270] Vgl. Staerkle 1985, S. 529ff., Heene 1994, S. 146f.

[271] Vgl. Schein 1991, S. 25f., 1986a, S. 84f.

[272] Vgl. Wollnik 1991, S. 65ff.

[273] Lipp 1987, S. 16.

[274] Vgl. Lipp 1987, S. 16, Tenbruck 1979, S. 399ff., 1996, S. 48ff., Wollnik 1991, S. 70ff.; zum Verhältnis der Strukturen als institutionelle Ordnungen und Kultur vgl. Kap. 2.2.3.1.

[275] Dieser Grundgedanke liegt auch der Werteorientierten Personalpolitik zugrunde (Vgl. Bihl 1987a, S. 53ff., 1987b, S. 768ff., 1995; Wollert 1985, s. 95ff., 1991a, S. 77ff., Bihl/Hehl/Wollert 1985, S. 193ff., Wollert/Bihl 1983, S. 154ff., vgl. Kap. 2.3.4.2). Vgl. auch Rosenstiel 1995a, S. 35f., Schanz 1985a, S. 559ff., 1985b, S. 609ff., Scholz, J. 1987.

[276] Vgl. Heinen 1981, S. 125ff., Bleicher 1986a, S. 97ff., Reinhard 1983, S. 44ff., Kieser 1985, S. 367ff., Matenaar 1983b, S. 19ff., Heene 1994, S. 146f.

[277] Vgl. z.B. Voigt 1996, Bleicher 1986c, S. 757ff., 1991a, 1991b, S. 111ff., Hinterhuber/Holleis 1988, S. 2ff., Hinterhuber 1992, Green 1988, S. 6ff.

Zunächst kann in der Kultur eine kritische Erfolgsgröße hinsichtlich der Umsetzung von Strategien gesehen werden. Die Ursache zahlreicher Implementierungsprobleme US-amerikanischer oder japanischer Management-Strategien, aber auch von technologischen Innovationen wird von Seiten der Praxis häufig auf die Kultur zurückgeführt.[278] Eine Kollision der Strategie mit der bestehenden Kultur gefährdet zweifellos die Durchsetzung und den intendierten Erfolg.[279] Häufig werden im Anschluß daran - ausgehend von einem funktionalistischen Kulturverständnis - im Rahmen eines Veränderungsmanagements Möglichkeiten zur Beseitigung von Kulturbarrieren zur Durchsetzung der Strategien generiert ("culture follows strategy").[280] Diese Sichtweise steht oftmals in engem Zusammenhang mit einer Top-Down-Philosophie im Rahmen von Restrukturierungsprozessen.

Erfolg wie auch Mißerfolg einer gewählten und realisierten Strategie formen als historisches Ereignis die Kultur und bilden gleichzeitig die Grundlage für zukünftige Strategieformulierung, -auswahl und -implementierung. Grundsätzlich beeinflußt die Kultur die für die Strategien verantwortlichen Entscheidungsträger, indem deren Verhalten durch zum Teil kulturbedingte Perzeptionen und Präferenzen kanalisiert wird ("strategy follows culture").[281] Shrivastava untersuchte hierzu dezidiert die Einflüsse der kulturellen Elemente "Mythen/Sagen", "Sprache/Metaphern", "Symbole/Rituale/Zeremonien" und "Wertsysteme" auf die einzelnen Phasen des strategischen Entscheidungsprozesses (Vgl. Abb. 8):

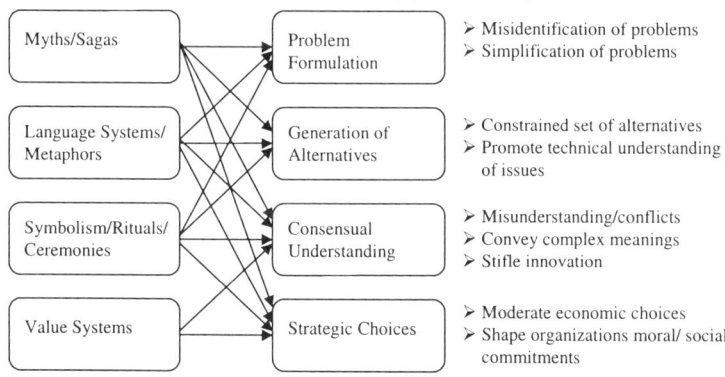

Abb. 8: Einfluß der Kultur auf den strategischen Entscheidungsprozeß

Quelle: Shrivastava 1985, S. 106

---

[278] Vgl. z.B. Schein 1991, S. 24f, 1986a, S. 84f., Ebers 1991, S. 44f., Linke 1993, S. 33ff., Blattmann 1991, S. 80ff., Dierkes 1988, S. 555f., Bleicher 1986c, 1991b, S. 112f., 1992, Sp. 2246f., Petersen 1984, Pümpin 1984, Schuster/Widmer 1984, Pümpin/Kobi/Wüthrich 1985, hierzu den Titel der Ausgabe vom 27. Oktober 1980 der Zeitschrift "Business Week": „Corporate Culture: The hard-to-change values that spell success or failure." und den entsprechenden Beitrag (S. 148-160). Scholz, C. (1994, S. 53) meint dazu: „Die unternehmenskulturelle Basis liefert allen Mitarbeitern die relevanten Richtungsinformationen, um in konkreten Situationen strategiekonform zu handeln. Sind kulturelle Grundnormen "in den Köpfen der Mitarbeiter" entsprechend verankert, so läßt sich unternehmerisches Denken breit im Unternehmen verteilen."

[279] Vgl. Bleicher 1991b, S. 111ff., Klein 1991, S. 13f.

[280] Vgl. z.B. Pümpin 1984, Lorsch 1986, S. 95ff.

[281] Vgl. Bleicher 1986b, S. 270, 1991a, S. 783f., 1991b, S. 114ff., Perlitz 1994, S. 55ff., Linke 1993, S. 33ff., Fombrun 1983, S. 139f.; zu betonen ist jedoch, daß Strategien neben kulturellen Einflußfaktoren auch maßgeblich durch individuelle Persönlichkeitsfaktoren geformt und durchgesetzt werden können (vgl. Golden 1992, S. 1ff.).

Geht man jedoch einen Schritt weiter, so stellt sich die Frage, inwieweit die Formulierung von Strategien auf einer Analyse der kulturellen Hintergründe der betroffenen Organisationsmitglieder fußen könnte, was im Grunde genommen einer Bottom-Up-Gestaltung gleichkommen würde. Auf den ersten Blick scheint die Extremposition einer rein kulturgeführten Strategie kaum umsetzbar, da die der Kultur innewohnende Trägheit und Vergangenheitsorientierung und die ökonomischen Anforderungen eines höchst dynamischen Wettbewerbsumfeldes eine Unvereinbarkeit implizieren.[282] Zu prüfen ist jedoch, ob die Veränderungs- oder auch Innovationsfreudigkeit nicht selbst eine kulturelle *Eigenschaft* darstellt, d.h. ob Kultur nicht per se, sondern in ihrer tatsächlichen Ausformung als veränderungshemmend oder veränderungsfördernd angesehen werden muß, was dem umfassenden Wesen der Kultur eher gerecht zu werden scheint.[283] Das zentrale Problem der praktischen Umsetzung einer Haltung "Strategy follows Culture" besteht aber wohl darin, daß die Rolle der Führungskräfte als Vordenker und Visionäre[284] nicht ausreichend zum Tragen kommen kann.

Ähnlich wie das Gegenstromverfahren der Planung eine Synthese der Top-Down- und Bottom-Up-Verfahren beinhaltet, kann daher eine vermittelnde Position der interaktiven Strategieentwicklung in Form einer Synthese dieser beiden Extrempositionen angestrebt werden.[285] Schuster/Widmer beschreiben diese Sicht wie folgt:

> "Unternehmungskultur und Unternehmensstrategie sind nur Mittel zum Zweck. Es bedarf deshalb zur optimalen Zielerreichung einer möglichst harmonischen Ausrichtung dieser beiden Mittel... Wesentlich ... scheint die generelle Mischung von instrumentaler (Strategien) und kultureller (Kultur) Unternehmensführung. Langfristig erfolgreiche Unternehmen verfügen sowohl über gute Instrumente als auch über eine effektive Kultur."[286]

### 2.2.3.3 Zusammenfassung

Die Kultur kann als mitarbeiterbezogene Größe angesehen werden, die in engem Wechselspiel mit der Struktur und der Strategie steht.[287] Die beschriebenen engen Verbindungen zwischen Kultur, Strategie und Struktur werden in der Literatur anhand des sog. "magischen Dreiecks" diskutiert:[288]

---

[282] Vgl. Linke 1993, S. 36, Löhner 1995, S. 77ff., Wever 1989a, S. 1019ff., Kilmann 1985, S. 351ff.

[283] Vgl. hierzu Wilkins/Dyer 1988, S. 522ff., Marr/Göhre/Wickel 1992, S. 11.

[284] Vgl. z.B. Schein 1986b, S. 23ff., 1995, S. 172ff.

[285] Vgl. Bühner 1987, S. 249ff.; die Investitionsanalyse bei der Firma AUDI von Posth (1983) und auch die Analysen und das Konzept der werteorientierten Personalpolitik bei der Firma BMW (Wollert/Bihl 1983, S. 154ff., Bihl 1987a, S. 53ff., 1987b, S. 768ff., 1995, Wollert 1985, S. 95ff., 1991a, S. 77ff., Bihl/Hehl/Wollert 1985, S. 193ff.) können als Praxisbeispiele für ein solches Vorgehen dienen. Vgl. den struktur-funktionalistisch geprägten Ansatz von Green (1988, S. 25f.).

[286] Schuster/Widmer 1984, S. 489ff.

[287] Vgl. Fombrun 1983, S. 143ff.

[288] Das Dreieck ist zentraler Gegenstand des St. Galler Management-Ansatzes, dem es dabei - freilich unter strategielastiger Perspektive - um die Erreichung eines gesamthaften "Fit" der drei Größen geht (Vgl. dazu Bleicher 1991a, 1991c, 1992, Sp. 2247ff., Kobi 1990, Kobi/Wüthrich 1986, Pümpin/Kobi/Wüthrich 1985, Pümpin 1984, Rühli/Keller 1991, Benölken/Greipel 1989, S. 15ff., Hinterhuber 1992).

## Struktur

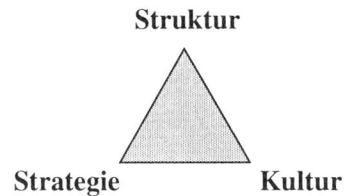

## Strategie      Kultur

Abb. 9:  Das "magische Dreieck": Kultur, Strategie, Struktur

Quelle: Bleicher 1992, Sp. 2247

Die gegenseitige Abhängigkeit dieser drei zentralen Faktoren, die insbesondere in Ansätzen eines Veränderungsmanagements kontrovers diskutiert wird,[289] zeigt sich heute - in Abhängigkeit vom zugrundegelegten Kulturverständnis - als Gegenstand ideologischer Positionierung, so daß es bezüglich der Dominanz eines Faktors über die anderen keine eindeutige Lösung gibt. Mit der Erkenntnis, daß struktur- und strategielastige Planungsansätze an die Grenzen wissenschaftlicher Erklärung und praktischer Tragfähigkeit stießen, bildete sich jedoch zunehmend die Tendenz, daß „the pendulum is swinging away from the strategists and toward the social architects".[290]

Strukturen wie auch Strategien lassen sich im Sinne Scheins als Artefakte begreifen[291], die ihre Ausformung freilich nicht allein über kulturelle Einflußfaktoren, sondern auch durch die lebensweltlich relevanten Faktoren der Persönlichkeit und der institutionellen Ordnungen erhalten.[292] Geht man davon aus, daß institutionelle Ordnungen eine Form von Strukturen und damit als von der Kultur abhängig zu begreifen sind, stehen den kulturellen Faktoren persönlichkeitsbezogene Faktoren als struktur- und strategiebestimmende Elemente gegenüber (vgl. Abb. 10).[293]

---

[289] Vgl. zur Rolle der Kultur in Veränderungsprozessen z.B. Scott/Morgan (1994).

[290] Uttal 1983, S. 66.

[291] Dieses Verständnis entspringt der Auffassung, daß die Kultur nicht schlichtweg als weitere Variable der Organisationsstruktur, sondern vielmehr im Sinne einer root metaphor zu verstehen ist. Vgl. hierzu Kap. 2.2.2; vgl. auch Türk 1989, Green 1988, S. 22ff., Kasper 1987, 1990, Schein 1986a, S. 83ff.; auch Rosenstiel (1995a, S. 9) sieht die Möglichkeit, verschiedene Objektivationen, insbesondere auch Organisationsstrukturen, als Sichtbarwerdung der Kultur zu interpretieren; vgl. in diesem Zusammenhang auch den Begriff der "geronnenen Werte" von Rosenstiel (1984, S. 203ff., 1987a, S. 37); ausgehend von einem stärkeren Gewicht weicher Faktoren und insbesondere der Organisationskultur bildete sich ein bedeutender Strang der neueren Organisationstheorie, welcher die Abkehr von traditionellen Vorstellungen über eine eindeutige, klar strukturierte und formalisierte Organisationsgestaltung fordert zugunsten einer anpassungsfähigen, flexibleren, durchaus mehrdeutigen Struktur (Starbuck 1976, S. 1069ff., Hedberg/Nyström/Starbuck 1976, S. 41ff., Weick 1979b/1985b, 1996, March 1981, S. 563ff., Hedberg 1981, S. 3ff., 1984, S. 13ff.). Jedoch soll die Interpretation der Struktur als kulturelles Artefakt nicht in der Position des Kulturalismus münden. Kulturalisten (vgl. Fußnote 67) schreiben der Kultur die Eigenschaft des Transzendentalen zu und führen daher letztlich die gesamte Lebenswelt auf die Kultur zurück (vgl. daher zur Kritik an Parsons Sichtweise einer dominierenden Bedeutung der Kultur: Habermas 1981a, S. 208ff.).

[292] Vgl. Rosenstiel 1995a, S. 9ff., Habermas 1981b.

[293] Vgl. ähnliche Auffassungen z.B. bei Kets de Vries/Miller 1986a, S. 266ff., 1986b, S. 13ff., Kets de Vries 1980, 1984, Zaleznik/Kets de Vries 1980, Payne/Pugh 1976, S. 1125ff., LeVine 1973, 1974. Die hier vorgenommene Trennung der Persönlichkeit und der Kultur hat rein analytischen Charakter. Denn faktisch besteht zwischen der Persönlichkeit und der Kultur eine enge Verbindung. Die in der Anthropologie wurzelnde Kultur- und Persönlichkeitsforschung sieht den kulturellen Anteil an der Persönlichkeit nur in ihren erlernten Elementen in Abgrenzung zu den angeborenen Konstituenten (Vgl. dazu z.B. Hallowell 1953, S. 597ff., Kluckhohn/Kelly 1945, S. 78ff., Linton 1952, Kroeber/Kluckhohn 1952).

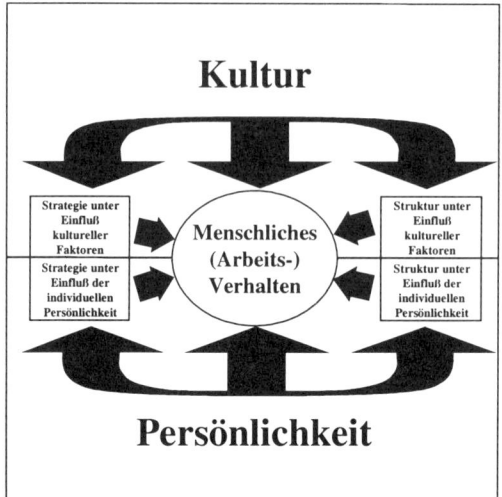

Abb. 10: Einflußfaktoren menschlichen Arbeitsverhaltens

Quelle: eigene Darstellung

In Analogie zur Chandler-These "structure follows strategy" war es bislang im Hinblick auf personalwirtschaftliche Planungen und Entscheidungen üblich, daß personalwirtschaftliche Entscheidungen der Strategie zu folgen haben und somit als Mittel zur Erreichung der Unternehmensziele gesehen wurden.[294] Implizit wird dabei unterstellt, daß das zur erfolgreichen Strategieimplementation notwendige Personal verfügbar oder (kurzfristig) beschaffbar sei. Diese Annahme erweist sich jedoch in der Praxis als kurzsichtig. Die Ressource Personal erfordert eine langfristige Betrachtung, da sie speziell in qualitativer Hinsicht in Form des von den Mitarbeitern getragenen Wissens einen betrieblichen Erfolgsfaktor darstellt, der zudem zum entscheidenen Engpaßfaktor werden kann. Die jüngsten Erfahrungen im Zuge der Restrukturierungswelle haben gezeigt, daß strategisch angestrebte organisatorische Veränderungen nur über Akzeptanz bzw. Lernbereitschaft und Lernfähigkeit der Mitarbeiter effizient umgesetzt werden können und im Personal die zentrale Ursache für ein potentielles Scheitern anspruchsvoller Strategien zu sehen ist.[295]

Es erscheint unter langfristiger Betrachtung wenig erfolgversprechend, die Kultur (zwanghaft) stets den marktorientierten Strategien und den damit verbundenen Strukturen anpassen zu

---

Aufgrund des weitgehenden Fehlens von Instinkten ist das Lernen für den Menschen lebensnotwendig, so daß kulturbedingte Elemente in der Persönlichkeitsstruktur quantitativ und qualitativ eine dominierende Rolle spielen.

[294] Diese Auffassung liegt vor allem dem strategielastigen Ansatz des St. Galler Managements zugrunde (Vgl. hierzu z.B. Bleicher (1984, 1986a, S. 97ff.), Kobi (1992), Kobi/Wüthrich (1985, S. 9ff., 1986, 1988, S. 74ff.), Pümpin (1984), Pümpin/Kobi/Wüthrich (1985); vgl. auch Staehle 1994, S. 749ff.

[295] Vgl. Bilitza 1993, S. 572: „Der Faktor Personal darf nicht erst in der Umsetzungsphase einer Unternehmensstrategie eine Rolle spielen, sondern muß bei der Entwicklung der Unternehmensstrategie selbst von vornherein mitwirken."; dies ist auch der Ausgangspunkt der Konzeptionen eines "Strategischen Personalmanagements", die aus argumentationslogischen Gründen erst in Kap. 2.3.4.3 eingehend besprochen werden.

wollen und somit die Stärken der eigenen Kultur zu übersehen, zu vergessen und vielleicht sogar zu zerstören. Die Folgen einer solchen Vorgehensweise sind nicht nur durch aktiven Widerstand der Mitarbeiter gekennzeichnet; oftmals zeigen sich auch Auswirkungen wie Orientierungslosigkeit, Entfremdung und Identitätsverlust der Mitarbeiter, wodurch es in der Folge zu Leistungsrestriktion, Absentismus, innerer Kündigung oder Fluktuation kommen kann. Vor diesem Hintergrund ist es Aufgabe eines kulturbewußten Personalmanagements zu prüfen, inwieweit einer Vorgehensweise nach den Grundsätzen "structure follows culture" und "strategy follows culture" Rechnung getragen werden kann, d.h. inwieweit sich die Generierung, Auswahl und Implementierung der Unternehmensstrategien, und speziell auch personalwirtschaftlicher Strategien, sowie eine Gestaltung der Organisationsstruktur von den kulturellen Hintergründen des eigenen Landes, Unternehmens oder Teams leiten lassen können.[296]

Ein Fortschritt gegenüber den einseitig fokussierenden Strukturansätzen der 60er Jahre, Strategieansätzen der 70er Jahre und Kulturansätzen der 80er Jahre kann vor allem darin bestehen, in den 90er Jahren die Kultur auf all ihren Hierarchieebenen zu erforschen und im Wechselspiel mit anderen zentralen Größen, wie vor allem der Struktur und der Strategie zu betrachten. Ergebnis der Diskussion und gleichzeitig Ziel des kulturbewußten Personalmanagements ist eine gegenseitige harmonische Abstimmung von Struktur, Strategie und Kultur auf die marktlichen und übrigen gesellschaftlichen Anforderungen.[297]

### 2.2.4 Inhaltliche Zusammenhänge von Personalarbeit und Kultur

Unternehmens- (wie auch Gesellschafts-)Kultur und personalwirtschaftliche Entscheidungen verbindet eine enge (zirkuläre) Wechselbeziehung, die gleichzeitig auch die Kausalitätsproblematik zum Ausdruck bringt[298] (Vgl. Abb. 11):

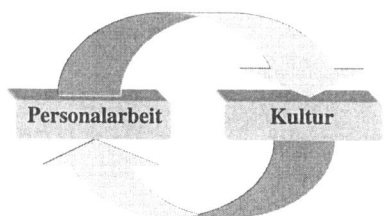

Abb. 11: Wechselbeziehung von Personalarbeit und Kultur

Quelle: eigene Darstellung

---

[296] Vgl. Hayes 1985, S. 111ff., Mintzberg/Waters 1985, S. 257ff., Staehle 1994, S. 749ff., diesen Gedanken greift vor allem das Strategic Human Resource Management der US-amerikanischen Michigan-Schule auf (Vgl. Devanna u.a. 1981, Tichy u.a. 1982, Fombrun u.a. 1984); eine Einbeziehung der Humanressourcen in die Strategische Unternehmensführung führt nach Schreyögg (1987, S. 155) zwar zu weniger anspruchsvollen (inkrementalistisch und stückwerkhaft entwickelten), aber bedeutend realistischeren Strategien. Vgl. dazu auch Bleicher 1991b, S. 113ff., Bühner 1987, S. 253, Staffelbach 1986, Scholz, C. 1994, S. 51ff.

[297] Vgl. Rühli 1991, S. 45, Keller, A. 1991, S. 64f.

[298] Vgl. z.B. Ebers 1987, Sp. 1619ff., 1995, Sp. 1664ff., Böhm 1988, S. 981.

Kultur ist gleichzeitig Bedingung als auch Folge von personalwirtschaftlichem Handeln. Einerseits beeinflußt sie das Verhalten von Vorgesetzten und Mitarbeitern, andererseits formt und festigt insbesondere die Personalarbeit die Kultur im Unternehmen durch die Einflußnahme auf die betrieblichen Interaktionsprozesse.

Daran anknüpfend lassen sich zwei erkenntnisleitende Fragenkomplexe formulieren:

1. Wie beeinflußt das Personalmanagement die Kultur? Welche Ursache-Wirkungszusammenhänge bestehen zwischen den verwendeten personalwirtschaftlichen Methoden und Instrumenten und der Kultur? Welche Wirkungen auf die Kultur erweisen sich als funktional, welche als dysfunktional im Hinblick auf ökonomische und soziale Effizienz?

2. Wie beeinflußt die bestehende Kultur personalwirtschaftlich relevante Entscheidungen? Welche Kulturmerkmale haben welche Wirkungen auf personalwirtschaftliche Entscheidungen?

Dahinter steht die angesprochene Fragestellung, inwieweit aufgrund "ökonomischer Zwänge" eine Kulturentwicklung in Richtung einer Soll-Vorstellung durch das Personalmanagement vorangetrieben werden kann und inwieweit personalwirtschaftliche Entscheidungen auf dem kulturellen Hintergrund aufbauen können (Besinnung auf eigene Stärken; "structure and strategy follows culture"). Im Rahmen der Entwicklung einer Zielvorstellung (Kap. 4 der Arbeit) ist freilich zu überlegen, inwieweit dabei japanische und amerikanische (Unternehmens-)Kulturen als Vorbilder dienen können oder eher die eigenen kulturellen Stärken genutzt und gefördert sowie Schwächen vermindert und überbrückt werden können.

### 2.2.4.1  Der Einfluß der Personalarbeit auf die Kultur

*Kulturgestaltungsmacht des Personalmanagements*

Anknüpfend an die Metapher des "Kulturunternehmens" äußert sich die Kulturgestaltungsmacht des Personalmanagements im Schutz, der Pflege, der Vermittlung sowie der Förderung der Kultur. Dabei läßt sich die Rolle der Führungskraft als maßgeblicher Träger des Personalmanagements mit der eines "Gärtners" vergleichen.[299] Das Personalmanagement kann eine ungewollte Kulturentwicklung verhindern, indem durch entsprechende Konformitätsbestrebungen der Erhalt bzw. die Verfestigung der bestehenden Kultur gesichert und gegen störende Einflüsse geschützt wird. Ziel des Personalmanagements kann es weiterhin sein, kulturelle Stärken in der Organisation noch tiefer zu verankern, d.h. vor allem durch Kontinuität und Transparenz in seinen Entscheidungen die Kultur zu pflegen.[300] Weiterhin gehört es zu den originären Aufgaben des Personalmanagements, im Rahmen der Einführung und Einarbeitung kulturelle Elemente an neue Organisationsmitglieder zu vermitteln. Neben einer Bewahrung der bestehenden Kultur können personalwirtschaftliche Maßnahmen aber auch zum Abbau dysfunktionaler Kulturelemente sowie zur Aufnahme neuer funktionaler Kulturelemente beitragen, so daß eine Einflußnahme auf die weitere Kulturentwicklung möglich, ja sogar unausweichlich erscheint.

---

[299] Vgl. Wilkins/Patterson 1985, S. 262ff., Sackmann 1989b, S. 478ff.

[300] Vgl. auch Wollert 1991a, S. 87f.

Somit wird deutlich, daß sich in den Alternativen des personalwirtschaftlichen Umgangs mit der Kultur die grundlegende Diskussion der 60er Jahre zwischen Ordnung und Wandel bzw. das Spannungsfeld Stabilität versus Flexibilität verbirgt.[301]

Die folgenden Aspekte sollen exemplarisch verdeutlichen, welche Wirkungen von personalwirtschaftlichen Entscheidungen auf die Kultur ausgehen:

### *Personalbeschaffung*

Die Auswahl der Kulturmitglieder entscheidet über die personelle Zusammensetzung der Kulturgemeinschaft.[302] Durch die Zielgruppenbestimmung im Rahmen der Personalwerbung legt man bereits fest, welche Individuen anvisiert und zur Bewerbung stimuliert werden sollen und trifft somit eine Vorauswahl potentieller Kulturmitglieder. Die Art und Weise der Auswahl bestimmt maßgeblich, welche Bewerber aufgenommen werden und damit auch, wie sich die Kultur im Unternehmen durch die Mitwirkung der neuen Mitglieder entwickelt. Nicht selten tritt das Phänomen zutage, daß die Verantwortlichen im Rahmen der Auswahl diejenigen Bewerber bewußt oder auch unbewußt bevorzugen, die ihnen gegenüber Ähnlichkeiten in den Grundannahmen und Werthaltungen aufweisen, wodurch die Erhaltung der Unternehmenskultur angestrebt wird.[303]

### *Personalintegration*

Die Art und Weise der Eingliederung von Neulingen bestimmt maßgeblich, inwiefern die bestehende Kultur weitergegeben und aufgenommen wird.[304] Betriebliche Sozialisation kann als Prozeß der Kulturvermittlung, aber auch der Kulturförderung begriffen werden[305]. Zum einen werden die von den Unternehmensmitgliedern geteilten Grundannahmen, Wertvorstellungen sowie Bedeutungen unternehmensrelevanter Symbole an neue Mitglieder vornehmlich über Prozesse des Modellernens (Heldenfiguren) und/oder über Rituale weitergegeben, um so den Erhalt der Kultur zu sichern. Zum anderen können im Rahmen dieses Prozesses auch bestehende Kulturmerkmale hinterfragt und überprüft werden. Die als Selbstverständlichkeiten ins Unterbewußtsein gelangten Kulturmerkmale können zum Vorschein kommen und bewußt reflektiert werden. Im Falle festgestellter Inkonsistenzen oder Dysfunktionalitäten kann über eine Veränderung nachgedacht werden. Auch die Aufnahme von Grundannahmen und Wertvorstellungen neuer Mitglieder in das Kulturgefüge ist möglich.[306] Die Entscheidungen über die Zusammensetzung, Bildung und Führung von Teams ist maßgeblich für die sich daraus entwickelnden Subkulturen im Unternehmen, die komplementär, konfliktär oder indifferent zur Unternehmenskultur ausgeprägt sein können.[307]

---

[301] Vgl. Brauchlin 1986, S. 60ff.

[302] Vgl. z.B. Wiener 1988, S. 541f.

[303] Vgl. Hinterhuber/Holleis 1988, S. 12f., Scholz/Hofbauer 1989, S. 16, Schwarz, G. 1989, S. 45.

[304] Vgl. Hinterhuber/Holleis 1988, S. 13, Schwarz, G. 1989, S. 45f.

[305] Vgl. z.B. Schein 1995, S. 25f., Hofstede 1992, S. 139ff., Schneider, S.C. 1992, S. 166ff., Wiener 1988, S. 543, Neuberger/Kompa 1987, S. 239f., Van Maanen/Schein 1979, S. 209ff., Etzioni 1961.

[306] Vgl. Wiener 1988, S. 543; Schwarz, G. (1989, S. 46) verweist jedoch darauf, daß im Rahmen der Sozialisation die Erhaltungsbestrebungen gegenüber den Veränderungsbemühungen hinsichtlich der Unternehmenskultur überwiegen und die Personaleinführung sich daher zumeist als kulturelles "Einbahn-System" erweist.

[307] Vgl. Ebers 1987, Sp. 1620f.

## Anreizpolitik

Die Ausgestaltung des Anreizsystems zeigt erhebliche Wirkungen auf die kulturelle Stabilität und Entwicklung im Unternehmen.[308] Die Entscheidungen über Anreize beeinflussen durch die von ihnen ausgehenden Sanktionswirkungen die Leistungsbereitschaft der Mitarbeiter und damit auch ihr Leistungsverhalten, welches sich in den Beiträgen für die Organisation niederschlägt.[309] Das Anreizsystem kann somit als Verstärker kultureller Werte und Normen wirken.[310] Ein ausgewogenes Verhältnis zwischen Anreizen und Beiträgen (organisationales Gleichgewicht) ist dabei eine Voraussetzung der kulturellen Stabilität. Werden die gebotenen Anreize von den Kulturmitgliedern als nicht zufriedenstellend empfunden, so ist zu erwarten, daß sie ihre Teilnahmeentscheidung bzw. ihre Entscheidung über rollenkonformes, d.h. kulturkonformes Verhalten[311] revidieren, wodurch es zu Beitragseinbußen und Kulturinstabilitäten kommt. Eine Veränderung des Anreizsystems durch die Führung[312] wirkt gravierend im Hinblick auf eingefahrene Denk- und Verhaltensmuster. Wird beispielsweise eine Umstellung von Zeit- auf Leistungsentlohnung vorgenommen, kann dies - in Abhängigkeit der konkreten Ausgestaltung einer leistungsorientierten Vergütung - zu höherem Leistungsbewußtsein des Einzelnen aber auch zu einer negativen Entwicklung der sozio-emotionalen Beziehungen (egoistisches Leistungsdenken, taktische Kalküle, Mißgunst, Intrigen und Mißtrauen) führen, so daß sich über veränderte soziale Interaktionen andere Denk- und Verhaltensmuster verfestigen könnten, die der Kultur als Gesamtheit auch in ökonomischer Hinsicht schaden können.

## Personal- und Organisationsentwicklung

Die Entwicklung von Kultur kann als dynamischer Lernprozeß, Kultur selbst als Ergebnis eines Lernprozesses gesehen werden (Vgl. Abb. 12).[313] Dieser bezieht sich zunächst auf den Prozeß der Entstehung und Entwicklung einer geteilten Wissensbasis durch Lernen bei den Mitgliedern der Organisation.[314] Die geteilte Wissensbasis kann als Grundlage des organisationalen Lernens begriffen werden. Wenn man davon ausgeht, daß Wissen Handlungen steuert und dieses Wissen kulturell bestimmt ist, dann ist durch das organisationale Lernen auch die kulturelle Ebene betroffen.[315]

---

[308] Vgl. Bleicher 1990, S. 160.

[309] Vgl. March/Simon 1958/1976, Kupsch/Marr 1991, S. 729ff., Hartfelder 1985, S. 460; Entscheidungen über Anreize umfassen i.w.S. neben den materiellen auch die immaterielle Anreizgestaltung, d.h. insbes. Lob, Anerkennung und Wertschätzung, welche der Führungskraft als nicht zu unterschätzende Instrumente der Kulturbeeinflussung zur Verfügung stehen (vgl. Hinterhuber/ Holleis 1988, S. 15f.).

[310] Vgl. Schein 1995, S. 85ff., Hinterhuber/Holleis 1988, S. 13f.

[311] Vgl. dazu Lipp (1987, S. 18): „Soziokulturelles Leben ist Theater, ist "Rollenspiel" in Wirklichkeit, und im Maße, in dem die "Protagonisten", der "Chor", das "Publikum" die eigenen Rollen spielen - freilich: frei, ohne letzten "Regie"herren spielen -, entwickeln sie das "Szenario" auch im Situationen mit, in denen sie auftritt haben, und legen den Sinn des "Stückes" in actu fest."

[312] Vgl. Ebers 1987, Sp. 1621f., 1995, Sp. 1678f., Schein 1986b, S. 23ff., Scholz/Hofbauer 1989, S. 13ff.

[313] Vgl. zu den engen Verbindungen der Lerntheorie und der Kulturanthropologie z.B. Dollard 1945, S. 442ff., Mead, G.H. 1934/1968, Kroeber/Kluckhohn 1952, Rudolph 1959, S. 46ff., Heilfurth 1977, S. 217. Vgl. aus organisationspsychologischer Sicht Schein 1984b, S. 34, Gagliardi 1986, Pawlowsky/Bäumer 1996; vgl. auch Kasper 1987, S. 143ff., 1990, S. 122f., Sievers 1977, S. 21; der enge Zusammenhang von Lernen und Kultur ist Zentrum kognitiver Kulturansätze (vgl. z.B. Goodenough 1981). Organisationen können als kulturelle Artefakte gesehen werden, die aus geteilten kognitiven Mustern bestehen (⇨Ansätze des organisationalen Lernens; vgl. Sackmann 1993a, S. 227ff., Sattelberger 1991, Argyris/Schön 1978, Duncan/Weiss 1979, S. 75ff., Bandura 1977, Schein 1994, 1996a, 1996b, 1996c, Hedberg 1981, S. 3ff.).

[314] Vgl. dazu auch den Ansatz von Sackmann, die Kultur aus kognitiver Sicht als Konstrukt aus lexikalischem Wissen, Prozeßwissen, Rezeptwissen und axiomatischem Wissen begreift. (Vgl. Sackmann 1991c, S. 295ff., 1996, S. 55ff.).

[315] Vgl. Kirsch 1987, S. 464ff., Kasper 1990, S. 122f., Sackmann 1993a, S. 227ff., Duncan/Weiss 1979, S. 75ff.

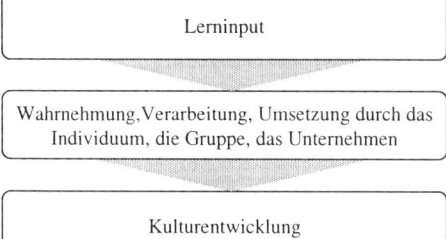

Abb. 12: Der Lernprozeß als Grundlage der Kulturentwicklung

Quelle: eigene Darstellung

Personalentwicklungsmaßnahmen können somit zum einen auf die Pflege der Kultur abzielen, indem durch "Auffrischung" bzw. Bewußtmachung verschütteter, vergessener Werte und Normen eine breitere und tiefere Verankerung, aber auch eine erneute Vermittlung ermöglicht wird. Zum anderen vermag die Personalentwicklung - wie obige Abbildung verdeutlicht - durch die Förderung bestimmter Kulturmerkmale einen Beitrag im Hinblick auf die Kulturentwicklung im Unternehmen zu leisten und kann insofern als "Transporteur" der Unternehmenskultur bezeichnet werden.[316]

## Personalfreistellung

Die Entscheidung, ein oder mehrere Kulturmitglieder von der Gemeinschaft durch Entlassung auszuschließen oder auch durch deren eigene Kündigung zu verlieren, hat entscheidenden Einfluß auf die Stabilität der Kultur und die weitere Kulturentwicklung. Die Organisation verliert mit dem Ausscheidenden einen Träger von Kultur, wobei neben dysfunktionalen Werten und Einstellungen des Ausscheidenden, die evtl. in Verbindung mit dem Entlassungsgrund zu sehen sind, auch funktionale Denk- und Verhaltensmuster des Ausscheidenden verloren gehen. Darüber hinaus verliert die Organisation auch einen Gestalter von Kultur und mit ihm einen Teil der kulturellen Kompetenz des Unternehmens. In Abhängigkeit von der Situation muß mit zum Teil erheblichen Konsequenzen auf Seiten der verbliebenen Kulturmitglieder gerechnet werden. Das gemeinschaftliche, verbindende Element als tragende Säule einer Kultur kann durch die Trennung gefährdet werden, weil sich die personelle Zusammensetzung, häufig auch die Aufgabenstrukturierung sowie die sozialen Interaktionen der Kulturmitglieder und damit auch Einstellungen und Verhaltensweisen der Mitglieder verändern. Ebenso kann sich das Ausscheiden eines kulturellen "Störfaktors" positiv auswirken, wenn die Freistellung in Form einer Schutzmaßnahme für die Kultur funktional wirkt. In jedem Fall bestimmt die Personalfreistellung ebenso wie die Personalbeschaffung die personelle Zusammensetzung, damit die Grundlage sozialer Interaktion und kultureller Weiterentwicklung.

---

[316] Vgl. Scholz/Hofbauer 1989, S. 16, Sattelberger 1995, S. 239ff. Vgl. zu möglichen Personalentwicklungsmaßnahmen der Kulturgestaltung Baker 1980, S. 12, Bleicher 1984, S. 497, 1986a, S. 105, Scholz/Hofbauer 1987, S. 468, 1989, S. 16, Neuberger/Kompa 1987, S. 241, Kobi/Wüthrich 1986, S. 195f., Schwarz, G. 1989, S. 46ff.

## 2.2.4.2  Der Einfluß der Kultur auf die Personalarbeit

*Die personalwirtschaftliche Gestaltungsmacht der Kultur*

Die Kultur beeinflußt personalwirtschaftliche Entscheidungen maßgeblich über die ihr eigenen primären und sekundären Funktionen.[317] Die Kulturmitglieder teilen bestimmte Interpretations- bzw. Deutungsmuster, die den personalwirtschaftlichen Entscheidungen einen für diese Kultur spezifischen Sinn verleihen. Durch diesen kulturellen Filter, der ein Hilfsinstrument zur Bewältigung der Komplexität darstellt, werden die Suche, das Auffinden, die Auswahl und die Durchsetzung personalwirtschaftlicher Entscheidungsalternativen von *Personalverantwortlichen* bestimmt.[318] Darüber hinaus scheint es unerläßlich, speziell in den zentralen Fragen der Motivation und Identifikation die kulturellen Wurzeln der von personalwirtschaftlichen Entscheidungen *Betroffenen* zu ergründen, da durch die Kultur die Möglichkeiten zur Sinnstiftung und Bedürfnisbefriedigung mitbestimmt werden. Die folgenden Beispiele sollen verdeutlichen, daß die von der Kultur ausgehenden Wirkungen für die Personalarbeit erhebliche Bedeutung erlangen können:

*Kulturbedingte Probleme der Personalbeschaffung*

| | |
|---|---|
| *Phänomen:* Ein (potentieller) Bewerber bewirbt sich nicht bei der Organisation (Bewerbungsentscheidung) oder kommt einem Vertragsangebot nicht nach (Beitrittsentscheidung).[319] | *Mögliche Ursache:* Die Werthaltungen/Einstellungen des Bewerbers (z.T. erworben bzw. übernommen aus früheren Sozialisationsprozessen in anderen Kulturen) stimmen nicht mit den unternehmens-/gruppenbezogenen Werten und Normen überein, führen zu einer ablehnenden Einstellung/Haltung gegenüber dem Unternehmen, und der Bewerber ist nicht zu entsprechenden Zugeständnissen bereit (Kulturkonflikt). |
| *Phänomen:* Ein Vorgesetzter lehnt einen Bewerber zu Unrecht ab (sog. „False-Negative"-Entscheidung) | *Mögliche Ursache:* Kulturbedingte, zum großen Teil unbewußte Wahrnehmungsverzerrungen[320] des Beurteilers (z.B. Sprache, Umgangsformen,...) wirken im Sinne eines kulturellen Filters und führen zu einer negativen Einstellung gegenüber einem Bewerber mit anderem kulturellen Hintergrund.[321] Derartige Kulturmuster können sich in tradierten Auswahlrichtlinien manifestieren und als automatischer Schutzmechanismus der eigenen Kultur gegenüber äußeren Einflüssen wirken. |

---

[317] Vgl. Kap. 2.1.1.

[318] Dabei erweist sich v.a. die Einstellung zum Menschen als kulturelles Merkmal von zentraler Bedeutung (vgl. Drumm 1991a, S. 65f.). Gerade unterschiedliche landeskulturelle Hintergründe haben beachtlichen Einfluß auf die Führungs- und Arbeitsbeziehungen in der Organisation (vgl. Dülfer 1992, Sp. 1210ff., v. Keller 1982, Sweeney/Hardaker 1994, S. 7).

[319] Vgl. Dietel 1987, S. 220f.

[320] Vgl. z.B. Staehle 1994, S. 187ff., Berthel 1995, S. 150ff., Luthans 1985, Hellriegel/Slocum/Woodman 1986, Duncan 1981, Greiffenhagen/Greiffenhagen 1993a, S. 302.

[321] Man könnte hier freilich auch von einer "Inkommensurabilität der Kontexte" von Beurteiler und dem zu Beurteilenden sprechen. Eine Kulturgemeinschaft ist als eine Kontextgemeinschaft interpretierbar, d.h. als ein soziales System, dessen Mitglieder eine spezifische Lebens- und Sprachform teilen. Zwischen den Mitgliedern einer Kultur- oder Kontextgemeinschaft kommt es demnach zu weniger Verständigungsschwierigkeiten als mit "Externen". Vgl. Kirsch 1990, S. 120ff., 1992, S. 9f., Habermas 1977, S. 252; vgl. zum Begriff der "Inkommensurabilität" in seiner ursprünglich wissenschaftstheoretischen Verwendung als Unvergleichbarkeit zweier rivalisierender Theorien: Feyerabend 1976.

## Kulturbedingte Probleme der Personalintegration:

| | |
|---|---|
| *Phänomen*: Ein Mitarbeiter wird nicht erfolgreich im Betrieb (Abteilung) eingegliedert. | *Mögliche Ursache:* Es existiert eine stark ausgeprägte Gruppenkultur, die sich gegenüber der Umwelt abgrenzt (Profilierungsfunktion der Kultur) und "Eindringlinge" evtl. auch aufgrund ausgeprägten Mißtrauens nicht integriert; der Neuling bleibt Außenseiter. Der Schutz der Kultur wird derart überbewertet, daß sich die Kultur nach außen abschottet. |
| *Phänomen*: Die Zusammensetzung der Arbeitsgruppe erweist sich als ineffizient. | *Mögliche Ursachen:* Die in der Arbeitsgruppe bestehende Kultur hat sich kontraproduktiv entwickelt. Das Team ist von Antipathien unter den Mitgliedern gekennzeichnet ("Mobbing") und wird nur durch rechtliche bzw. vertragliche Bindungen zusammengehalten. Im Extremfall gibt es in so geringem Maße *gemeinsame* Denk- und Verhaltensmuster, daß von einer Teamkultur nicht gesprochen werden kann.[322] Eine andere Ursache könnte freilich in der Kulturabhängigkeit der Führung gesehen werden.[323] So hat evtl. der Vorgesetzte im Rahmen seiner Primär- und Sekundärsozialisation nicht die kulturelle Kompetenz erworben, um als Koordinator, Moderator und Promotor zu intervenieren. Beeinflussungs-/Führungsversuche des Vorgesetzten werden vom Team abgeblockt. |

## Kulturbedingte Probleme der Anreizpolitik:

| | |
|---|---|
| *Phänomen*: Die Mitarbeiter sind unzufrieden und demotiviert. Die vom Unternehmen praktizierten materiellen Anreize erzielen nicht (mehr) die gewünschte Wirkung, Mitarbeiter zeigen Leistungsrestriktion, Absentismus und Fluktuation.[324] | *Mögliche Ursache:* Veränderte Werthaltungen (Wertewandel) bewirken eine geschwächte Wirkung rein monetärer Anreize (Postmaterialismus).[325] Der veränderte kulturelle Hintergrund der Mitarbeiter bleibt unentdeckt und unberücksichtigt. Nicht kulturadäquate Anreize führen dazu, daß die Organisationsmitglieder auf die Stimuli in unerwarteter und unerwünschter Weise mit reduzierten oder gar kontraproduktiven Beiträgen antworten. |
| | Die Ausprägung der Unternehmens- oder auch einer Subkultur kann per se motivierend oder auch demotivierend für die Mitglieder wirken (Motivationsfunktion), je nachdem, wie stark die Kultur in ihnen verankert ist und sie sich mit ihr identifizieren (Identifikationsfunktion). |

---

[322] In diesem Zusammenhang erscheinen auch multikulturelle Arbeitsgruppen als ein besonderes Erkenntnisobjekt der Personalwirtschaftslehre mit eigenständiger Problematik. Vgl. z.B. Myers u.a. 1995, S. 17ff., Hartwich 1993, S. 464ff.

[323] Vgl. zur Kulturabhängigkeit der Führung Ebers 1987, Sp. 1623ff., 1995, Sp. 1676f., Keller 1987, Sp. 1285ff., Maas/Schüller 1990, S. 166ff.

[324] Vgl. Dietel 1987, S. 221f.

[325] Vgl. Klages 1984, 1985, S. 24ff., 1988, 1993, S. 1ff., Klages/Kmieciak 1984, Inglehart 1977, 1989, 1990, Schanz 1985a, S. 559ff., 1985b, S. 609ff.

## Kulturbedingte Probleme der Personalentwicklung:

| *Phänomen*: Die Mitarbeiter wollen, können, sollen oder dürfen nicht lernen. | *Mögliche Ursachen:* Die Denk- und Verhaltensmuster der Unternehmens-/Subkultur sind einseitig auf die Bewahrung und den Schutz des Bestehenden ausgerichtet. Lernprozesse, die auf eine Weiterentwicklung abzielen, werden nicht unterstützt, da alles "Neue" als Bedrohung der Selbstverständlichkeiten empfunden und verhindert wird. Auf "Ausreißer", die sich weiterentwickeln wollen, wird mit Sanktionen reagiert. Die Kultur toleriert keine Fehler bzw. sanktioniert Fehler zu scharf, so daß die allgemeinen Denk- und Verhaltensweisen auf absolute Fehlervermeidung ausgerichtet sind und sich ein angstbetontes, risikoaverses Klima ausbreitet, welches einer aufgeschlossenen Lernatmosphäre abträglich ist. Die vom Vorgesetzten eingesetzten Methoden und Instrumente zur Entwicklung sind nicht kulturadäquat. So kommt es zum Beispiel zu schwerwiegenden Problemen, wenn ein Mitarbeiter aus einem hochkohäsiven Team mit einer auf intensive Zusammenarbeit ausgerichteten Kultur herausgegriffen wird, um in individuellen Weiterbildungen zur Führung seines Teams befähigt zu werden.[326] |
|---|---|

## Kulturbedingte Probleme der Personalfreistellung:

| *Phänomen*: Ein Mitarbeiter entscheidet sich für die Trennung vom Unternehmen. | *Mögliche Ursache:* Die Denk- und Verhaltensmuster der Unternehmens-/Gruppenkultur sind nicht mit den individuellen Wertvorstellungen/Grundannahmen des Mitarbeiters vereinbar, was zu kulturell bedingten Konflikten führt. Ist aus der Sicht des Mitarbeiters keine Anpassung bzw. ein Interessenausgleich möglich, so wird er seine Teilnahmeentscheidung widerrufen. Ebenso ist auch der Einfluß der Kultur auf der nationalen Ebene für eine Erklärung heranzuziehen. So ist das US-amerikanische "hire-and-fire-Prinzip" als Ausdruck einer bestimmten Führungskultur in Verbindung mit dem amerikanischen Mobilitätsdenken[327] zu sehen, während in Japan das Prinzip der "lebenslangen Beschäftigung"[328] mit dem typisch japanischen Traditionsdenken, der ganzheitlichen Betrachtung des Menschen und dem Betriebsbild der "Schicksalsgemeinschaft"[329] verbunden ist. |
|---|---|

---

[326] Vgl. hierzu Kornbichler/Hartwig 1994. Lüdemann u.a. (1994, S. 58) sprechen sich für eine "kulturbewußte Ermittlung des Bildungsbedarfs" aus. Derr (1982, S. 72ff.) konnte die Nationalkultur als zentrale Einflußgröße der europäischen "career management systems" identifizieren.

[327] Vgl. z.B. Blume 1987, S. 145ff., 1988.

[328] Vgl. z.B. Koyama 1991, S. 275ff., Whitehill 1991, Saha 1990, S. 8f., Miyabayashi 1984, S. 137ff.

[329] Schneidewind 1984, S. 146.

Die Aufgabe eines kulturbewußten Personalmanagements besteht nun maßgeblich darin, diese kulturbedingten Ursachen personalwirtschaftlicher Problemstellungen zu erforschen und im Rahmen seiner Möglichkeiten von seiner Kulturgestaltungsmacht kompetent, d.h. *bewußt* Gebrauch zu machen.

### 2.2.5 Zusammenfassung und Bestimmung des Zielsystems

#### 2.2.5.1 Thesen zur inhaltlichen Bestimmung des kulturbewußten Personalmanagements

Aus inhaltlicher bzw. praxisorientierter Sicht lassen sich vor allem folgende Gründe für ein kulturbewußtes Personalmanagement anführen:

- Da die Kultur zweifellos einen zentralen Wettbewerbsfaktor betriebswirtschaftlicher Organisationen darstellt, erscheinen kulturbewußte Personalentscheidungen sinnvoll, weil sie dazu beitragen, die Identität des eigenen Unternehmens zu formen, ein unverwechselbares Profil aufzubauen und somit die Kulturgemeinschaft als imitationsgeschütztes Wettbewerbspotential zu nutzen.[330]

- Kulturbewußte Personalentscheidungen sind notwendig für die Erfüllung der soziokulturellen Verantwortung des Personalmanagements, welche diesem im Rahmen seiner Rolle als Kulturgestalter zukommt.

- Kulturbewußte Personalentscheidungen können dazu beitragen, kulturell bedingte Akzeptanzprobleme zu vermeiden oder abzubauen. Denn kulturbewußte Personalentscheidungen sind letztlich das Produkt der Organisation als Sinn- und Wertegemeinschaft und fußen somit auf einem "strategischen Konsens" als Legitimierungsgrundlage.

- Kulturbewußte Personalentscheidungen können dazu beitragen, den technologischen, ökonomischen und sozialen Wandel des Umfeldes durch eine gezielte Kulturförderung im Unternehmen mitzuleben, aber auch die Kultur als eine Quelle der Orientierung und Stabilität zu nutzen.

Vor dem Hintergrund des Menschenbildes eines "homo cultus", welches den Menschen als Träger und Gestalter von Kultur begreift, sowie dem Betriebsbild des "Kulturunternehmens", welches eine kultur- und daher mitarbeiterorientierte Organisationsidee verfolgt, leitet sich folgendes Aufgabenspektrum ab:

- Das kulturbewußte Personalmanagement will die eigenen Stärken und Schwächen der für die betriebliche Personalarbeit relevanten Kulturphänomene erkennen und darauf aufbauend geeignete personalwirtschaftliche Instrumente und Maßnahmen abstimmen. Als relevant erweisen sich dabei all diejenigen kulturellen Erfahrungen der Organisationsmitglieder, die einen nachhaltigen Einfluß auf ihr Arbeitsverhalten ausüben.

---

[330] Vgl. hierzu auch die Grundzüge des "resource-based view" (Wernerfelt 1982, S. 171ff.) bzw. der Arbeiten zu "competence-based competition", die in ähnlicher Weise auf den Wettbewerbsvorteil der einmaligen, unverwechselbaren und schwer zu imitierenden Erfolgsfaktoren der Fähigkeiten, des Wissens, der Ressourcen oder Kompetenzen der Mitarbeiter bzw. der gesamten Organisation verweisen (Vgl. Post 1997, S. 733ff., Sanchez/Heene/Thomas 1996).

• Das kulturbewußte Personalmanagement will die Entwicklung des unternehmenskulturellen Kontextes mitbeeinflussen und durch den zielgerichteten Einsatz von Instrumenten und Maßnahmen den kulturellen Nährboden für die Sicherung des langfristigen Bestandes und Gedeihens des Unternehmens schaffen.

Die aktive Kulturgestaltungsmacht des Personalmanagements besteht aus der Entscheidung über die Abgrenzung der Kulturinhalte (Definitionskompetenz), der Kompetenz zur Entscheidung über Funktionalitäten und Dysfunktionalitäten der Kulturmerkmale (Bestimmung des vorrangig Schutz-, Vermittlungs- und Förderungswürdigen) und der Kompetenz über die Bestimmung einer Zielvorstellung sowie das daraufhin abzustimmende personalwirtschaftliche Maßnahmenbündel.

### 2.2.5.2 Thesen zum Zielsystem des kulturbewußten Personalmanagements

Grundsätzlich lassen sich die ökonomische und soziale Effizienz als Kategorien maßgeblicher Oberziele für personalwirtschaftliche Entscheidungen heranziehen.[331] Insbesondere die bestehende konfliktäre Beziehung zwischen diesen Zielkategorien, über die in der heutigen Personalwirtschaftslehre weitgehend Einigkeit besteht, bildet eine geeignete Basis für eine realitätsnahe personalwirtschaftliche Konzeption.[332]

Personalwirtschaftliche Entscheidungen beeinflussen die Kultur, welche ihrerseits in bedeutendem Maße auf die Bedürfnisse und Interessen sowie auf das Leistungsverhalten der Mitarbeiter Einfluß nimmt. Die Aufdeckung dieser Ursache-Wirkungs-Zusammenhänge birgt die Chance personalwirtschaftlichen Erkenntnisfortschritts.[333] Das Kulturkonzept trägt durch seine moderierende Wirkung dazu bei, die personalwirtschaftlich relevanten Ursache-Wirkungszusammenhänge eingehender zu verstehen und alternative bzw. gänzlich neue Erklärungsmöglichkeiten zu generieren (Vgl. Abb. 13).

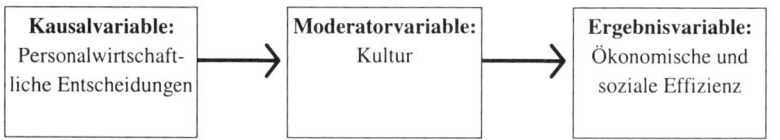

| **Kausalvariable:** | **Moderatorvariable:** | **Ergebnisvariable:** |
| Personalwirtschaft-liche Entscheidungen | Kultur | Ökonomische und soziale Effizienz |

Abb. 13: Kultur als moderierende Variable

Quelle: eigene Darstellung

Das Zielsystem, welches für das kulturbewußte Personalmanagement maßgeblich sein soll, stellt eine spezifische Erweiterung der traditionellen Betrachtung dar, indem die Zielkriterien der ökonomischen und sozialen Effizienz durch die kulturellen Zielgrößen weiter operationalisiert werden (Vgl. Abb. 14).

---

[331] Vgl. zu den Begrifflichkeiten Marr/Stitzel 1979, S. 57ff.

[332] Konflikte zwischen den Bedürfnissen, Interessen und Werthaltungen des Individuums und den Zielen der Organisation sind traditionell Gegenstand betriebswirtschaftlicher Diskussionen; vgl. Argyris (1957, 1985, S. 145ff.).

[333] Vgl. Marr/Stitzel 1979, S. 26ff.

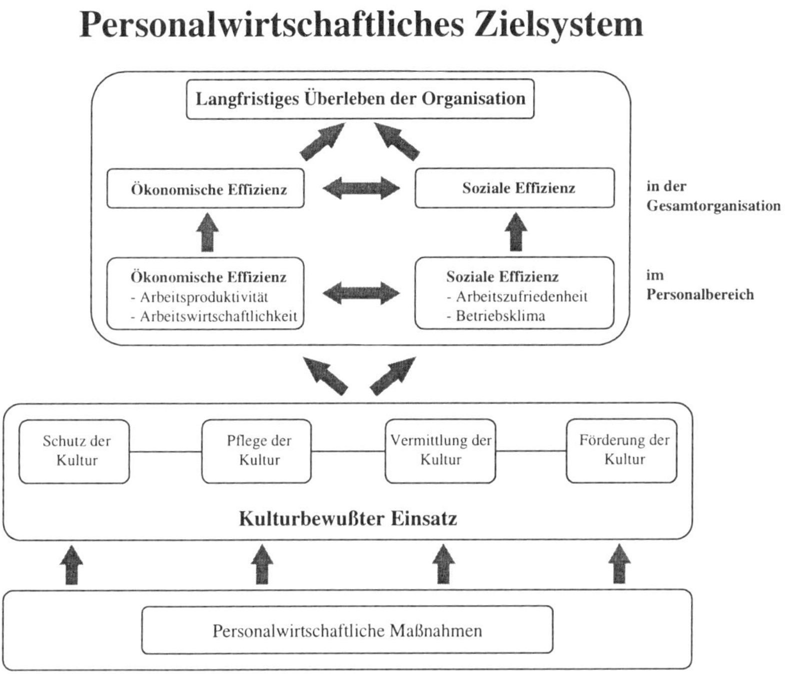

# Personalwirtschaftliches Zielsystem

Abb. 14: Das Zielsystem des kulturbewußten Personalmanagements

Quelle: eigene Darstellung

Aufbauend auf einer zu konzipierenden Landes-, Unternehmens- und Gruppenkulturanalyse, welche organisationsrelevante kulturelle Stärken und Schwächen offenlegt, kann die Qualität personalwirtschaftlicher Entscheidungen durch einen bewußten Umgang mit der Kultur hinsichtlich ökonomischer und sozialer Effizienz verbessert werden.[334] Der bewußte Umgang mit der Kultur bezieht sich dabei auf alle ihre Ebenen (Landeskultur, Unternehmenskultur, Subkulturen,...) und drückt sich im Schutz, in der Pflege, in der Vermittlung sowie in der Förderung der Kultur durch personalwirtschaftliche Maßnahmen aus.

Dabei sind folgende Fragen von Bedeutung, die gleichzeitig den Fortgang der Arbeit bestimmen:

---

[334] Ähnlich auch Böhm (1988, S. 979): „Je besser es in einem Unternehmen gelingt, die handlungsleitenden Unternehmensziele und -normen zu vermitteln, zweckentsprechende Qualifikationen bei den Mitarbeitern aufzubauen sowie unternehmensspezifische Verhaltensweisen zu verbreiten und zu pflegen, desto besser wird ein Unternehmen die gestiegene technische, wirtschaftliche und soziale Komplexität in seinen Aktionsfeldern bewältigen. Damit wird die Unternehmenskultur zu einem wettbewerbsrelevanten Faktor!"

1. Welche Kulturmerkmale sind hinsichtlich dieser Oberzielkategorien von Relevanz für das Unternehmen? Hierzu wird in Kap. 3 zunächst ein Analyseraster entwickelt, welches durch die Anlehnung an das Modell des Entscheidungsprozesses den Zielbezug bzw. die betriebswirtschaftliche Legitimation bestimmter Kulturmerkmale sicherstellen soll.

2. Welche Ausprägungen erfahren diese Merkmale bezogen auf die interessant erscheinenden Hierachieebenen der Kultur (Nationalkultur, Unternehmenskultur, Subkultur)? Bezogen auf die Ebene der Nationalkultur können Erkenntnisse der Nachbardisziplinen herangezogen werden, um zu begründeten Hypothesen der nationalkulturellen Ausformung zu gelangen.

3. Welche funktionalen und dysfunktionalen Wirkungen gehen von diesen Merkmalen aus? Demnach ist zu prüfen, inwieweit die kulturellen Ausprägungen dazu beitragen, den Anforderungen des Wettbewerbs bzw. den Erwartungen der Unternehmung (ökonomische Effizienz) und den Bedürfnissen der Mitarbeiter (soziale Effizienz) gerecht werden können. Durch die erheblichen Unterschiede, die zwischen den deutschen Unternehmen bestehen, ist vor einer betrieblichen Umsetzung notwendigerweise eine situative, betriebsspezifische Differenzierung erforderlich.

4. Welche kulturellen Ausformungen sind in Abhängigkeit von den Ergebnissen der Wirkungsanalyse schutz-, pflege-, vermittlungs- und förderungswürdig, d.h. welche kulturellen Erfahrungen können genutzt, welche kulturellen Veränderungen könnten gefördert werden? Kap. 4 beschäftigt sich daher mit der Frage einer Veränderbarkeit bzw. Beeinflußbarkeit der Kulturentwicklung.

5. Welchen Beitrag können personalwirtschaftliche Maßnahmen unter einer kulturbewußten Perspektive leisten? Kap. 5 behandelt Überlegungen zu einem kulturbewußten Einsatz des personalwirtschaftlichen Instrumentariums, der in differenzierter Weise auf Schutz, Pflege, Vermittlung und Förderung bestimmter Kulturbestandteile im Rahmen der Kulturfelder (Informations- und Kommunikationskultur, Vertrauenskultur, Unternehmer- und Innovationskultur, Partizipations- und Teamkultur, Konfliktkultur sowie Fehler- und Lernkultur) abzielt, um eine Verbesserung der organisationalen Effizienz zu erreichen.

## 2.3   Methodologische Grundlagen des kulturbewußten Personalmanagements

### 2.3.1   Ein kulturtheoretischer Forschungsansatz in der Personal- und Organisationsforschung

Als eigenständiges, modernes Paradigma der Philosophie ist eine "Kulturtheorie" durch folgende Merkmale charakterisiert:[335]

1) Eine Kulturtheorie wird dem doppelten Charakter der praktischen Philosophie gerecht: Zum einen werden empirische Aspekte durch Praxisanalysen und Handlungstheorien einbezogen, zum anderen können normativ-ethische Überlegungen Platz finden.[336] Die praxisnahe Anthropologie, die konkrete historische Bedingungen der Lebenswirklichkeit analysiert, läßt sich im Rahmen der Kulturtheorie daher mit der angewandten Moralphilosophie, d.h. den zugrundeliegenden normativen Prinzipien, verzahnen.

2) Das Paradigma Kulturtheorie entfaltet im Hinblick auf die Beziehung der einzelnen Human- und Sozialwissenschaften und der Philosophie eine brückenbildende Wirkung; denn eine Kulturtheorie lebt vor allem von der Zusammenarbeit und dem Austausch von gewonnenen Erkenntnissen zwischen diesen einzelnen Disziplinen. Ausgehend von einer sinnstiftenden, menschliche Handlungen beeinflussenden Wirkung der Kultur, kann die Gestalt einer Kulturtheorie als integrales handlungstheoretisches Konzept bzw. als spezifische Handlungstheorie im Sinne eines Forschungsprogramms beschrieben werden.[337] Dabei können im Rahmen dieses Paradigmas mehrere (Teil-) Theorien generiert werden, die freilich gemeinsame Grundeigenschaften aufweisen.

Gegenstand einer philosophischen Kulturtheorie ist die menschliche Wirklichkeit, „der große Zusammenhang menschlichen Handelns".[338] Die Aufgabe einer weitgefaßten Kulturtheorie besteht primär in der Abgabe von Erklärungen für Probleme, die sich im Zusammenhang mit Gebilden und Veränderungen der Wirklichkeit als Ausdruck menschlichen Handelns ergeben. Materielle Gegenstände werden demnach erst dann zum Untersuchungsobjekt der Kulturtheorie, wenn sie von Menschen geschaffen, benutzt oder bearbeitet und mit Bedeutungsinhalten versehen werden.[339]

Aufgrund eines derart weiten und vielschichtigen Gegenstands läuft aber eine kulturtheoretische Diskussion Gefahr, sich ins Uferlose zu verlieren. Durch unterschiedliche Denkansätze und die Vielfalt der Disziplinen, die sich mit der Erforschung der Kultur beschäftigen, stehen häufig weniger die inhaltlichen Aspekte als vielmehr die Perspektivik bzw. der eigene

---

[335] Vgl. Gil 1990, S. 15ff., Fahrenbach 1972, S. 15ff.; Drechsel (1984, S. 48ff.) bestreitet die Existenz einer einheitlichen und überzeugenden Kulturtheorie und plädiert für eine empirische Fundierung (=Objekttheorie).

[336] Der zentrale Handlungsbegriff der "Vernunft" bleibt im Rahmen einer Kulturtheorie somit nicht auf das enge, ökonomisch verkürzte Verständnis von Zweckrationalität beschränkt, sondern bezieht die moralisch-praktische und ästhetisch-expressive Dimension ein. Vgl. Gil 1990, S. 82ff., 111.

[337] Vgl. Schreyögg/Steinmann 1980, Sp. 2400ff.: "Organisationslehre als handlungstheoretische Kulturwissenschaft", vgl. auch Lipp 1987, S. 12ff., Parsons u.a. 1967, S. 3ff., Aebli 1980.

[338] Gil 1990, S. 32.

[339] Vgl. Gil 1990, S. 33f. Vgl. zu einer Typologisierung der vorliegenden Kulturtheorien bzw. kulturanthropologischen Schulen (Funktionalismus, Evolutionismus, Kulturgeschichte und Kulturökologie) Bargatzky 1985, S. 131ff., Ramaswamy 1985, S. 45ff.

Standpunkt im Mittelpunkt der Diskussion. Von daher scheint es auch unmöglich, den immer treffsicheren, interdisziplinär abgesicherten Weg zu finden.[340]

> „...(D)ie Luft, die sie (die Kultur; A.d.V.) atmen kann, wird nachhaltig freilich für sie dünner; sie benötigt so manches, die Dinge zusätzlich filternde Vorschaltgerät und mag am Ende erkennen, daß sie höher und höher über den Wolken schwebt."[341]

Auch in der Betriebswirtschaftslehre hat sich in der Unternehmenskulturdiskussion nach der anfänglichen großen Popularität des Themas zunehmend Skepsis verbreitet, daß es sich im Grunde doch nur um ein Modethema handelt und die Kultur nichts weiter ist als ein inhaltsleeres, allumfassendes Konstrukt, das Alles und Nichts erklärt.[342]

In dieser Situation empfiehlt sich daher eine Konzentration auf die wesentlichen Inhalte, die als Kulturphänomene in Form von Beispielen im Rahmen einer verstehenden Kulturanalyse das "Totalphänomen" erfassen können. In einer unübersichtlichen Lage, wie sie sich nun einmal in der Kulturforschung darstellt, scheint ein solches induktives[343] Vorgehen deshalb nützlich, da hierdurch wirklich neue Inhalte und Anregungen gewonnen werden.[344]

### 2.3.1.1 Wert einer Kulturtheorie in der Personal- und Organisationsforschung

Das Erkenntnisobjekt der Betriebswirtschaftslehre unterliegt seit ihrem Bestehen einem Wandlungsprozeß, der an den Wechsel des vorherrschenden Paradigmas gebunden ist.[345] Ursprünglich als abgespaltener Zweig der Nationalökonomie[346] unterliegt die Betriebswirtschaftslehre aufgrund ihres Selbstverständnisses als angewandte Wissenschaft[347] seit jeher dem Einfluß eines sich verändernden Umfeldes.[348] Die Notwendigkeit einer Weiterentwicklung der Betriebswirtschaftslehre ergibt sich derzeit aus veränderten ökonomischen aber auch gesellschaftlichen Veränderungen der Rahmenbedingungen, insbesondere in Form der Globalisierung des Wettbewerbs, des Wertewandels und des technologischen Wandels. Wie könnte sich demnach das Programm der Betriebswirtschaftslehre verändern?

War bis Ende der 80er Jahre noch ein zunehmendes Interesse an theoretischen Fundierungen benachbarter verhaltenswissenschaftlicher Disziplinen festzustellen, gibt es derzeit Bestrebungen hinsichtlich einer Reökonomisierung des betriebswirtschaftlichen Theoriefundaments. Diese Tendenz wird vor allem durch die maßgeblich in den 90er Jahren verbreitete neue Institutionenökonomie verkörpert, deren Ansätze der Property-Rights-Theorie, der Principal-

---

[340] Vgl. Lipp 1987, S. 9ff.

[341] Lipp 1987, S. 9

[342] Vgl. Allaire/Firsirotu 1984, S. 194, Kasper 1990, S. 95.

[343] Vgl. zur Vorgehensweise des Induktivismus und den damit verbundenen Problemen Chalmers 1994, S. 7ff.

[344] Vgl. Lipp 1987, S. 10.

[345] Vgl. zur Theoriegeschichte der Betriebswirtschaftslehre Hundt 1977.

[346] Vgl. zur Abgrenzung der BWL von der Nationalökonomie Wild 1976, Sp. 3892f., Dlugos 1972, S. 24ff., Fischer-Winkelmann 1971, S. 142ff.

[347] Vgl. z.B. Heinen 1982, 1985, S. 980ff., Heinen/Dill 1986, S. 202ff., Schanz 1979.

[348] Vgl. zur betriebswirtschaftlichen Theoriebildung Wild 1976, Sp. 3907f.

Agent-Theorie und des Transaktionskostenansatzes insbesondere in der Organisationslehre[349], aber auch in der Personalwirtschaftslehre[350] Bedeutung erlangt haben.

Einen Ansatzpunkt zur Kritik an dieser Richtung bietet v.a. das zugrundegelegte Menschenbild des Nutzenmaximierers bzw. des rationalen Kalkulierers. Zum einen verkennen diese Ansätze zweifellos die vielfältigen Beweggründe menschlichen Verhaltens in wirtschaftlich relevanten Kontexten und damit auch die auf diesem Feld in der Vergangenheit geleistete Forschungsarbeit und deren Ergebnisse;[351] zum anderen ist zu beachten, daß Grundannahmen bekannterweise den Charakter einer Selbstbestätigung und –verstärkung infolge zirkulärer Prozesse besitzen.[352] So stellt sich die Frage, ob die Betriebswirtschaftslehre im Rahmen ihrer Aufgabe, das betriebswirtschaftliche Denken zu schulen, ihr Programm auf die Grundannahmen der Institutionenökonomie ausrichten und eine derartige Haltung vermitteln *sollte*, womit freilich eine wirtschaftsethische Diskussion zu verbinden ist.[353] Besteht nicht heute ohnehin (zu Recht) das Vorurteil, daß gerade Betriebswirte sich als ausgesprochene Kosten-Nutzen-Denker erweisen und ihr Verhalten nicht selten opportunistische Züge annimmt,[354] wodurch in sozialen Interaktionsprozessen Probleme hervorgerufen werden, die dysfunktionale Wirkungen im Systemganzen erzeugen?

Mag das institutionenökonomische Denken im Hinblick auf die beschreibende und erklärende Funktion der Betriebswirtschaftslehre durchaus seine Erfolge verbuchen, mit Blick auf die Gestaltung betrieblicher Strukturen und Prozesse erweisen sich die Grundannahmen durch ihr verkürztes Kosten-Nutzen-Denken jedoch als überaus fragwürdiger Ausgangspunkt für Handlungsempfehlungen, da sie letztlich opportunistischem Verhalten gerade dadurch Vorschub leisten. Denn es besteht grundsätzlich eine reziproke Interdependenz zwischen Theorie und Praxis in dem Sinne, daß einerseits die Unternehmenspraxis Vorbild für die Theorie als wissenschaftliche (Re-)Konstruktion der Unternehmenswirklichkeit und andererseits die Theorie durch ihre Konstruktionen wertbildend, d.h. normativ auf die Unternehmenspraxis einwirkt.[355] „Bloße Tatsachenwissenschaften machen bloße Tatsachenmenschen."[356]

Die vorliegende Arbeit kann insofern als eine Gegenströmung verstanden werden, als daß durch die kulturelle Orientierung ein alternatives und auch realistischeres Menschen- und Betriebsbild zugrundegelegt wird, welche die Einbeziehung von Sinnfragen in betriebliche Entscheidungsmodelle ermöglichen. Menschliches Arbeitsverhalten wird demnach unter einer

---

[349] Vgl. v.a. Picot 1982, S. 267ff., 1984, S. 95ff., 1987, S. 1583ff., 1993, Sp. 4194ff., Picot/Wenger 1988, S. 29ff., Ebers/Gotsch 1993, S. 193ff., Föhr/Lenz 1992, S. 111ff.

[350] Vgl. Eigler 1997, S. 5ff., 1996, Festing 1996, Staffelbach 1995, Sundermeier 1992, Wiegran 1993, S. 264ff., Gaugler/Schlaffke 1989, Michaelis/Picot 1987, S. 83ff., Picot/Wenger 1988, S. 29ff., Wunderer 1993, Sadowski 1991, S. 127ff., Backes-Gellner 1993, S. 513ff..

[351] Vgl. Schanz 1997, S. 558f.

[352] Vgl. Fitzgerald 1988, S. 5.

[353] Vgl. Steinmann 1978, 1989, 1993, Steinmann/Löhr 1988, Steinmann/Oppenrieder 1985, Koslowski 1989, Molitor 1989.

[354] Freilich besteht hierbei keine eindeutige Kausalitätsbeziehung, d.h. es stellt sich die Frage, ob Opportunimus durch die Ausbildung hervorgerufen wird oder ob sich gerade Kosten-Nutzen-Denker von der Betriebswirtschaftslehre angezogen fühlen.

[355] Vgl. Walger 1995, S. 129, Bea/Haas 1995, S. 19.

[356] Husserl 1936/1977, S. 4.

breiteren, problembezogenen Perspektive untersucht, die Erkenntnisse verhaltenswissenschaftlicher Disziplinen integriert.[357]

Die Leistungsfähigkeit einer Kulturtheorie in der Personalwirtschaft zu beurteilen, erfolgt zu dem Zweck, ihre Bewährung im Hinblick auf die Erklärung der zu untersuchenden Phänomene festzustellen. Neben anderen zentralen Kriterien, wie Allgemeingültigkeit, Genauigkeit bzw. Informationsgehalt oder Vereinbarkeit mit anderen Theorien, läßt sich eine Theorie anhand ihrer empirischen Prüfbarkeit beurteilen.[358]

Genaugenommen kann sich ein Urteil nur auf die Erfolge der Theorie in der Vergangenheit beziehen, jedoch nicht auf zukünftige, potentielle Erklärungserfolge.[359] Da der Stand des Kulturansatzes im Sinne Kuhns[360] als präparadigmatisch bezeichnet werden kann[361], scheint somit eine fundierte Beurteilung kaum möglich.

Darüber hinaus sind alle kulturellen Elemente interpretationsbedürftig, so daß eine Theorie der Kultur notwendig, jedoch erst *nach* einer Analyse der Kultur möglich erscheint. Darüber hinaus gilt es, die Funktionalität der Kulturmerkmale hinsichtlich der betriebswirtschaftlichen bzw. personalwirtschaftlichen Zielgrößen zu untersuchen, um *daran anschließend* eine betriebswirtschaftlich bzw. personalwirtschaftlich relevante Theorie der Kultur formulieren zu können.[362] Somit ist das *kulturbewußte* Personalmanagement auch lediglich als eine Vorstufe zu einem *kulturtheoretischen* Forschungsprogramm zu verstehen.[363]

Abgesehen von einer wissenschaftlich exakten Beurteilung einer Kulturtheorie, erscheinen für deren praktischen Wert folgende Kriterien bedeutsam:

(1)    Beschreibende Relevanz

Bezogen auf die intensiv geführte Unternehmenskulturdiskussion läßt sich dieses Kriterium zweifellos als erfüllt bezeichnen. In unzähligen Veröffentlichungen wird in der "Kultur" eine entscheidende Einflußgröße auf den unternehmerischen Erfolg bzw. eine entscheidende Problemursache für betriebliche Mißerfolge gesehen. Das zunehmende Interesse an nationalkulturellen Unterschieden und deren Einfluß auf das betriebliche Geschehen macht deutlich, daß

---

[357] Vgl. dazu auch Wild 1976, Sp. 3900, Weber 1996, S. 279ff.

[358] Vgl. Wild 1976, Sp. 3893ff., Albert 1976a, Sp. 4683f.

[359] Vgl. Albert 1976a, Sp. 4683ff.

[360] Vgl. Kuhn 1976, Ebers 1985a.

[361] Vgl. Kasper 1987, 1990.

[362] Wild (1976, Sp. 3893): „Denn welche Sachverhalte und Prozesse sich als ökonomisch relevant bzw. erklärungsbedürftig erweisen und mittels welcher Faktoren sie erklärbar sind, ist vielmehr eine Frage, die sich erst *im Nachhinein* beantworten läßt, d.h. wenn der Versuch der Theoriebildung zu befriedigenden Erklärungen geführt hat."; vgl. Staehle 1994, S. 491.

[363] Vgl. Gil 1990, S. 74ff.; ein kulturtheoretisches Forschungsprogramm erfordert zunächst eine Analyse von Kulturphänomenen im Hinblick auf ihre Entstehung, ihre Struktur und ihre Veränderungstendenzen. Dann sind kulturtheoretische Begriffe zu entwickeln, die die Strukturen, in denen menschliches Handeln erfolgt, adäquat erfassen, d.h. den kulturellen Kontext einerseits als gesetzmäßige räumlich und zeitlich bedingte Situationsfaktoren, andererseits als individuelles Bedeutungsrahmen umschreiben; ein kulturtheoretisches Forschungsprogramm bildet sowohl die Begriffe in Form eines kategorialen Netzwerkes (Dialektik) eigenständiger Begrifflichkeiten voraus; vgl. hierzu etwa z.B. die Kulturbegriffe Cassirers (1961) oder auch die Begrifflichkeiten von Gil (1990, S. 79f.): "Alltag", "Vernunft", "Öffentlichkeit", "Konflikt", "Gemeinschaft", "Gesellschaft", "Staat", "Wirtschaft", "Stände", "Klassen", "Schichten", "Symbolische Orientierungs- und Handlungskoordinationssysteme", "Gerechtigkeit".

ein kulturtheoretischer Forschungsansatz offensichtlich geeignet ist, bedeutende Problemfelder der Praxis treffend zu beschreiben.

(2)  Gestaltungsrelevanz

Um eine für die Praxis brauchbare Theorie zu liefern, müssen die Outputvariablen der Theorie mit den Gestaltungsparametern der Praxis übereinstimmen. Eine Kulturtheorie in der Personal- und Organisationsforschung ist nur dann sinnvoll, wenn die Inhalte und Wirkungen der Kultur im Hinblick auf die zentralen personalwirtschaftlichen und organisatorischen Stellschrauben beleuchtet werden. Im Umkehrschluß dazu macht eine Kulturtheorie in der Personal- und Organisationsforschung keinen Sinn, wenn die Theorie Aussagen über Variablen trifft, die keinen Bezug zu personalwirtschaftlichen und organisatorischen Instrumenten aufweisen. Um der Anforderung der Gestaltungsrelevanz gerecht zu werden, kann eine inhaltliche Differenzierung der Kultur vorgenommen werden, die durch die Orientierung an einem ökonomischen Grundmodell, wie z.B. dem betrieblichen Entscheidungsprozeß, die betriebswirtschaftlich relevanten Kulturmerkmale systematisiert und dabei den Bezug zu betriebswirtschaftlich relevanten Problemen sicherstellt.

(3)  Handlungsgültigkeit

Das Kriterium der Handlungsgültigkeit ist verknüpft mit der Frage, ob der Praktiker aus der Theorie Handlungsempfehlungen ableiten und implementieren kann. Auch dies kann grundsätzlich bejaht werden, wenngleich der Weg bis zu einer ausgearbeiteten, tragfähigen Kulturtheorie mit erheblichen Problemen behaftet ist. Der bewußte Umgang mit der Kultur als Grundgedanke des kulturbewußten Managements kann als allgemeines Handlungsprinzip für das Management verstanden werden. Ausgehend von einer ökonomisch orientierten, inhaltlichen Differenzierung der Kultur können über hypothetische Funktionalitätsbeziehungen von kulturellen Merkmalen und organisationalen Effizienzkriterien personalwirtschaftliche und organisatorische Gestaltungsalternativen diskutiert werden.

(4)  Nicht-Offensichtlichkeit

Freilich liegt die Vermutung nahe, daß das Management implizit ohnehin schon kulturtheoretische Überlegungen im Sinne "alltagstheoretischer" Erfahrungen in seine Entscheidungen miteinbezieht und eine Kulturtheorie lediglich triviale Aussagen über bekannte Zusammenhänge liefert.[364] Eine Kulturtheorie kann jedoch die Komplexität einer "Alltagstheorie" der Praxis übertreffen, da

-  die Wechselwirkungen von Kultur und betrieblichem Geschehen durch ihre Vielschichtigkeit von der Praxis (bislang) nicht *systematisch* erkannt werden (können) und

-  die Kultur weitgehend im Unterbewußtsein (Werte, Grundannahmen) der Handelnden verankert ist und sich dadurch dem direkten bzw. *bewußten* Zugang entzieht.

---

[364] Vgl. auch die Kritik von Albert (1976a, Sp. 4677ff.) an der Methode des Verstehens, insbesondere Sp. 4683: die Gefahr der historischen Darstellung oder auch Erzählung besteht darin, daß über die ihr zugrundeliegenden theoretischen Erkenntnisse hinweggetäuscht wird und im Grunde eigentlich nur relativ bekannte und triviale Alltagstheorien (vgl. auch Salber 1990, S. 40ff.) präsentiert werden.

Gleichzeitig verdeutlichen diese Aspekte das heuristische[365] Potential des kulturbewußten Personalmanagements, über das zum jetzigen Zeitpunkt nur spekuliert, jedoch nicht abschließend geurteilt werden kann. Jedoch gilt auch für die Personal- und Organisationsforschung: „Die Suche nach theoretischen Alternativen mit höherer Erklärungskraft ... ist von großer heuristischer Bedeutung für die Erkenntnis."[366]

(5)    Rechtzeitigkeit

Eine Theorie muß dem Praktiker rechtzeitig zur Anwendung zur Verfügung stehen, d.h. die Praxis kann nur dann einen Nutzen aus der Theorie ziehen, wenn das Problem, auf welches die Erklärungskraft der Theorie abzielt, auch ein aktuelles oder zukünftiges, nicht aber ein bereits vergangenes bzw. beseitigtes Problem der Praxis darstellt. Die nach wie vor bestehende Aktualität des Themas auch von Seiten der Praxis mag als Beweis für das anhaltende Problembewußtsein im Umgang mit der Kultur gelten, so daß darauf bezugnehmende theoriegestützte Aussagen lieber heute als morgen von der Praxis aufgenommen werden müßten.

Man kann angesichts des anhaltenden Interesses davon ausgehen, daß das Thema der Kultur von so hoher Bedeutung in Wissenschaft und Praxis ist, daß es nicht wie andere thematische Modeerscheinungen wieder verworfen wird und man sich anschließend einem neuartigen, interessanteren Thema zuwendet. [367] Auch aufgrund der Enttäuschung darüber, die Kultur nicht wie eine andere Variable handhaben und keinen sog. "Quick fix"[368] erzielen zu können, können Existenz und Einfluß der Kultur in der Organisation nicht geleugnet und ignoriert werden. "To ignore culture and move on to something else is to assume, once again, that formal documents, strategies, structures, and reward systems are enough to guide human behavior in an organization - that people believe and commit to what they read or are told to do. On the contrary, most of what goes on in an organization is guided by the cultural qualities of shared meaning, hidden assumptions, and unwritten rules."[369]

Auch wenn die eingetretene Ernüchterung und Skepsis der Unternehmenskulturforschung zu einer abnehmenden Anzahl an einschlägigen Veröffentlichungen geführt hat, wird die Diskussion in einem anderen Sprachgewand weitergeführt werden. Unabhängig davon, ob zukünftig von "Kultur", "Tiefenstruktur" oder "mind set" gesprochen wird, im Kern geht es um nichts anderes, als die Aufmerksamkeit auf die "human side of the organization"[370] zu lenken.

---

[365] Heuristik (griech.): Die Kunst, wahre Aussagen zu finden, im Unterschied zur Logik, die lehrt, wahre Aussagen zu begründen (Stichwort Heuristik, in: Der Brockhaus: in drei Bänden, S. 89).

[366] Albert 1976a, Sp. 4686.

[367] Eine kritische Haltung nimmt etwa Breisig (1990, S. 93ff.) ein, der den Unternehmenskulturansatz als Modeerscheinung ohne Zukunft sieht.

[368] Gemeint ist damit vor allem die in den USA anzutreffende Haltung, den komplexen Problemstellungen der Organisationsgestaltung mit schnellen, einfachen und wirkungsvollen Lösungen zu begegnen. Vgl. auch Killmann/Saxton/Serpa 1986, S. 93, Kilmann 1984.

[369] Killmann/Saxton/Serpa 1986, S. 92.

[370] ebenda.

Somit muß auch attestiert werden, daß die grundsätzliche Vorgehensweise des kulturbewußten Personalmanagements keineswegs neuartig ist.[371] Die Erkenntnis, daß wirtschaftliches Handeln wertebezogen erfolgt, daß sich diese Werte aus der Kultur ableiten und vom herrschenden Zeitgeist beeinflußt werden und sich dann in bestimmten Artefakten ausdrücken, ist der Praxis spätestens seit der industriellen Gründerzeit bekannt.[372] Auch die Grundphilosophie, dem "harten" ökonomischen Denken in Organisationen eine Humanorientierung entgegenzustellen, ist in verschiedenen Programmen der Vergangenheit wiederzufinden, wie beispielsweise in der Human-Relations-Bewegung der 40er und 50er Jahre[373], im Programm "Humanisierung der Arbeit"[374] der 70er Jahre oder in jüngster Zeit auch im Rahmen "mitarbeiterorientierter" Personalwirtschaft[375].

Jedoch scheint auch weniger die traditionell funktionalistische "Variablen"-Sichtweise einen wirklichen Erkenntnisfortschritt zu bringen, sondern vielmehr die Einbeziehung der Kultur in das Menschen- und Betriebsbild (Vgl. Kap. 2.2.1, 2.2.2), welche einen konzeptionell neuartigen Weg aufzuzeigen vermag, der dem Wesen des Kulturkonstrukts besser gerecht wird und zu tieferen Einblicken und einem besseren Verständnis personalwirtschaftlicher und organisatorischer Problemstellungen beiträgt.[376]

## 2.3.1.2 Erfahrungs- und Erkenntnisobjekt des kulturbewußten Personalmanagements

Das Erfahrungsobjekt bezeichnet die in der Realität vorkommenden Erscheinungen, die Gegenstand wissenschaftlicher Betätigung sein können.[377] Auch wenn die Sozialwissenschaften aus heutiger Sicht zersplittert erscheinen und ein integratives Konzept bislang nicht vorliegt, so verbindet die einzelnen sozialwissenschaftlichen (Teil-)Disziplinen, insbesondere auch Kulturforschung und Personalwirtschaftslehre, der homogene Kern ihrer Erfahrungsobjekte: das Verhalten des Menschen.[378]

Das Erkenntnisobjekt dient als weitere Eingrenzung des betrachteten Problembereichs und läßt sich als Teilmenge des Erfahrungsobjekts verstehen.[379] Die einzelnen sozialwissenschaftlichen Disziplinen grenzen sich daher traditionell dadurch voneinander ab, daß sie das menschliche Verhalten jeweils nicht ganzheitlich, sondern nur unter einem bestimmten Blick-

---

[371] Vgl. Ebers 1991, S. 42f., Fischer, J. 1989, S. 61ff., Deal/Kennedy 1983, S. 498ff., zur Kritik auch Breisig 1990, S. 96ff.

[372] Vgl. Dülfer 1991, S. 12f.

[373] Vgl. hierzu v.a. Fischer, J. (1989, S. 61ff.), Ebers (1991, S. 49ff.), die explizit auf den gedanklichen Zusammenhang bzw. die gemeinsamen Wurzeln und ähnlichen Bedingungskonstellationen des Human-Relations-Ansatzes und des Unternehmenskultur-Ansatzes verweisen. Vgl. auch Miles 1965.

[374] Vgl. z.B. Robens 1975, S. 251ff., Arbeitsgemeinschaft zur Förderung der Partnerschaft in der Wirtschaft, in Verbindung mit dem Bund katholischer Unternehmer 1975, Gaugler/Kolb/Ling 1976.

[375] Vgl. z.B. Marr 1989b, S. 37ff., Marr/Göhre/Wickel 1992, Wollert/Bihl 1983, S. 154ff., Thies 1987, S. 14ff., Schulte/Dycke 1988, S. 27ff., Hartwig 1991, S. 922ff., Knebel 1993, S. 368ff., Figge 1995, S. 338ff.

[376] Vgl. Schein 1991, S. 24, 1986a, S. 84.

[377] Vgl. z.B. Raffée 1974, S. 54f., Moxter 1957, Thommen 1986, S. 31, Heinen 1982, S. 16f.

[378] Vgl. Homans 1972b, S 18, Rex 1970, S. 85; Schanz 1979, S. 24ff., 70ff., Marr/Stitzel 1979, S. 26; darüber hinaus kann teils auch von gemeinsamen Zielsetzungen und anzuwendenden Methoden ausgegangen werden (Vgl. Schanz 1979, S. 25ff.).

[379] Vgl. z.B. Thommen 1986, S. 32, Wöhe 1984, S. 2f.

winkel bzw. einem bestimmten Aspekt betrachten.[380] Traditionelles Erkenntnisobjekt der Betriebswirtschaftslehre ist die wirtschaftliche Seite von Produktionsbetrieben, die den Blick auf die ökonomischen Problemstellungen richtet und technische, rechtliche, soziologische, psychologische, ethische etc. Probleme ausklammert.[381] Diese stark eingeengte Betrachtung ist eng verknüpft mit einem Funktionsdenken, welches sich sehr restriktiv auf die wissenschaftliche Weiterentwicklung der Betriebswirtschaftslehre auswirkte und die Forderung nach einer verbreiterten Objektorientierung aufkommen ließ.[382]

Die Organisationsforschung untersucht die strukturellen und prozessualen Phänomene dieser Produktionswirtschaften und bildet den Rahmen für die Personalforschung, welche die Probleme fokussiert, die in Verbindung mit menschlichem (Leistungs-)Verhalten in der Organisation entstehen. Aufgrund der zweifellos engen Verknüpfung zwischen den Forschungsobjekten der Organisationstheorie und der Personalwirtschaftslehre sollte die Forschung zukünftig bestrebt sein, eine wechselseitige Relevanzprüfung gewonnener Erkenntnisse vorzunehmen bzw. eine integrative Forschungskonzeption zu entwickeln.[383]

Das Dilemma der Wahl des Erkenntnisobjekts, welches die Betriebswirtschaftslehre im Grunde seit ihrer Entstehung beschäftigt, trennt im Wesentlichen die Richtungen einer ökonomischen und einer verhaltenswissenschaftlichen Fundierung.[384] Einerseits scheint eine disziplinäre Arbeitsteilung und damit eine Abgrenzung hinsichtlich eines auf die ökonomischen Aspekte fokussierten Erkenntnisobjektes[385] notwendig, womit allerdings die Gefahr einer verkürzten, eingeengten und nicht problemadäquaten Sicht verbunden ist. Daher ist andererseits eine interdisziplinäre, auf verhaltenswissenschaftlichen Erkenntnissen aufbauende Forschungskonzeption[386] angebracht, die allerdings aufgrund der Komplexität des Erfahrungsobjektes und der beschränkten menschlichen Kapazität die Gefahr des Dilettantismus in sich birgt.[387]

Nicht zu Unrecht verweist Schanz darauf, daß speziell in der Betriebswirtschaftslehre zunehmend komplexe Systeme mitsamt den ihnen zugesprochenen Bedürfnissen im Mittelpunkt der Untersuchung stehen: „Es geht mehr um das *Überleben* von Systemen als um das *Leben* von Individuen, die diesen Systemen doch erst *Sinn* (Hervorhebung d. Verf.) verleihen!"[388] Um diesen Sinn, der im heutigen Arbeitsalltag eine bedeutende Rolle spielt, erfassen und verstehen zu können, erscheint in zunehmendem Maße ein interdisziplinäres Vorgehen zweckmäßig. Die konsequente Orientierung an den Erkenntnissen der Nachbardisziplinen

---

[380] Vgl. z.B. Marr/Stitzel 1979, S. 26.

[381] Vgl. Treichler 1995, S. 42ff., Dülfer 1991, S. 2; diese ältere wissenschaftstheoretische Positionierung findet sich v.a. bei den Werken E. Gutenbergs, aber auch in neueren Arbeiten, wie z.B. bei Wöhe 1984, S. 24ff.

[382] Vgl. Thommen 1986, S. 34ff., Raffée 1974, S. 55ff.

[383] Vgl. z.B. Thom 1983, S. 185ff.

[384] Vgl. Krell 1991, S. 148ff.

[385] Vgl. als Vertreter hierzu insbesondere den faktortheoretischen Ansatz von E. Gutenberg, aber auch die Ansätze der Institutionenökonomik, die in neuerer Zeit zu einer Reökonomisierung beitragen (vgl. Fußnote 143).

[386] Vgl. hierzu die Ansätze der entscheidungsorientierten BWL (E. Heinen) und auch der systemorientierten BWL (H. Ulrich 1970); vgl. auch Staehle 1988, S. 19.

[387] Vgl. z.B. Hopfenbeck 1989, S. 4.

[388] Schanz 1979, S. 25.

(v.a. Soziologie, Psychologie, Anthropologie) führt zum weitverbreiteten wissenschaftlichen Selbstverständnis der Betriebswirtschaftslehre als eine insbesondere gegenüber den Verhaltenswissenschaften geöffnete Disziplin.[389] Dadurch macht das Erkenntnisobjekt dieser modernen Betriebswirtschaftslehre einen so großen Teil des Erfahrungsobjekts aus (=Erkenntnisobjekt als unechte Teilmenge des Erfahrungsobjektes), daß eine Unterscheidung nahezu unbedeutend wird.[390] Die verhaltenswissenschaftliche Öffnung bedeutet im Kern, daß nunmehr das zu erklärende Problem und nicht die Disziplin im Mittelpunkt der Betrachtung steht. Denn die Mehrdimensionalität einer interdisziplinären Problembetrachtung erweist sich als Vorteil, weil dadurch die Annahmen insbesondere über das Verhalten und das Zielsystem der Organisation an Realitätsnähe gewinnen und Erklärungen wie auch Gestaltungsempfehlungen wirklichkeitsadäquater erarbeitet werden können.[391]

### 2.3.1.3 Forschungsziele des kulturbewußten Personalmanagements

Eine Kulturtheorie in der Betriebswirtschaftslehre bzw. der Personal- und Organisationsforschung scheint auch nur dann angebracht, wenn sie den jeweiligen Forschungszielen dient. Die möglichen Forschungsziele gibt Abbildung 15 wieder.

Aufgrund des verbreiteten Wissenschaftsverständnisses der Betriebs- und auch der Personalwirtschaftslehre als angewandte Wissenschaft besteht das Ziel primär darin, dem Menschen aufbauend auf wissenschaftlichen Erkenntnissen Hilfestellungen im Rahmen der Bewältigung seiner Daseinsprobleme anzubieten.[392] Ziel des kulturbewußten Personalmanagements ist es, Erkenntnisse über die wechselseitigen Einflüsse von kulturellen Phänomenen und personalwirtschaftlichen und organisationalen Entscheidungen zu gewinnen, um somit Ansatzpunkte für ein mögliches Gestaltungskonzept aufzuzeigen, welches in der Unternehmenspraxis zur Diskussion gestellt und betriebsspezifisch weiterentwickelt werden kann.

---

[389] Hierzu zählen die beiden großen Stoßrichtungen des entscheidungsorientierten und des systemorientierten Ansatzes, die durch Integration verhaltenswissenschaftlicher Erkenntnisse und durch Einführung multivariater Zielsysteme die Entwicklung der Betriebswirtschaftslehre zu einer Sozioökonomie bewirken; vgl. z.B. Staehle 1988, S. 19, Schanz 1979, S. 11ff.; zur gegensätzlichen, traditionellen Auffassung vom Erkenntnisgegenstand der Betriebswirtschaftslehre, vgl. z.B. Bidlingmaier (1964, S. 13): „Das spezifische Erkenntnisobjekt der Wirtschaftswissenschaft, das wirtschaftliche Verhalten, wird vom Gesamtbereich menschlichen Handelns, der vollen Kulturwelt des Menschen, mit Hilfe des Prinzips der relativen Knappheit abstrahiert..."; auch die Organisationsforschung wurde nachhaltig durch die Öffnung zur Sozialwissenschaft beeinflußt und integrierte zunehmend die Methoden der Hermeneutik und Phänomenologie (Vgl. z.B. Ebers 1991, S. 46f., Zauner 1985, S. 247ff., Kasper 1987, S. 138ff., Pieper 1988, Gebhardt, W. 1989, S. 191ff.). Gaulhofer (1988, S. 141ff.) diskutiert die Einbeziehung verhaltenswissenschaftlicher Erkenntnisse sogar in den traditionell ökonomisch verkürzten Bereich des Controlling.

[390] Vgl. Osterloh 1992, S. 12f. zit. nach Treichler 1995, S. 43.

[391] Vgl. Heinen/Dill 1986, S. 202ff., Heinen 1985, S. 981, Raffée 1974, S. 57, Ulrich, H. 1970, insbes. S. 34, Thommen 1986, S. 105, Ebers 1991, S. 46f., Treichler 1995, S. 44.

[392] Vgl. Heinen 1982, S. 15 ff.; 1985, S. 981, ähnlich auch Schanz (1979, S. 92): „Betriebswirtschaftslehre als angewandte Wissenschaft heißt: *Anwendung von allgemeinen Theorien über menschliches Verhalten auf disziplinspezifische Erklärungsprobleme.*"

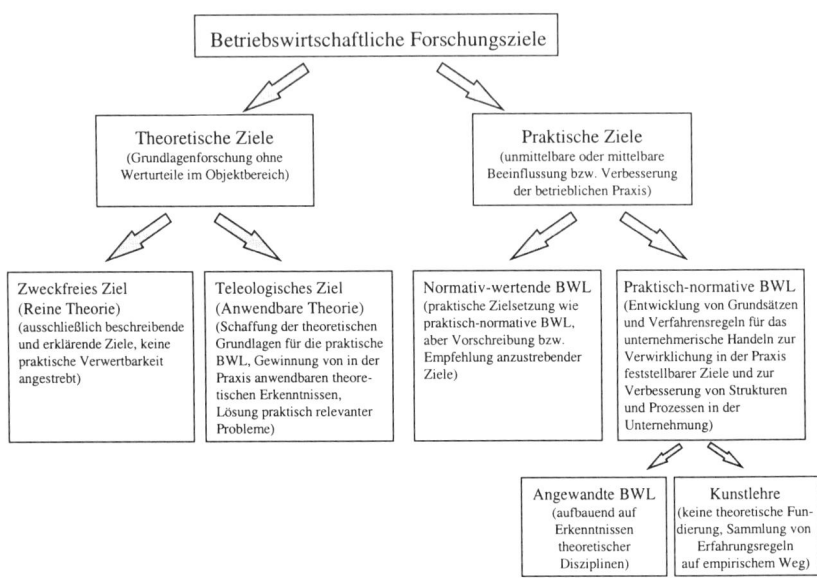

Abb. 15: Forschungsziele

Quelle: in Anlehnung an Beyer 1970, S. 110

Die Erkenntnisgewinnung soll im Rahmen dieser Arbeit nicht durch die *Prüfung* von Hypothesen an der Realität erfolgen, sondern primär durch eine kritische Reflektion und Fruchtbarmachung der Erkenntnisse einschlägiger verhaltenswissenschaftlicher Disziplinen als Basis für die *Bildung* prüfbarer Hypothesen.

Das wissenschaftliche Aufgabenspektrum des kulturbewußten Personalmanagements setzt sich wie folgt zusammen:

- *Beschreibung* von personalwirtschaftlichen Problemstellungen unter kulturorientierter Betrachtung, d.h. vor allem Identifizierung kultureller Merkmale als Einflußfaktoren menschlichen Leistungsverhaltens,

- *Erklärung* der Wechselwirkungen zwischen personalwirtschaftlichen Entscheidungen und kulturellen Merkmalen durch Aufzeigen von Ursache-Wirkungs-Beziehungen und

- kulturbewußte *Gestaltung* der Personalarbeit, d.h. der bewußte Umgang mit der Kulturgestaltungsmacht des Personalmanagements unter Beachtung des Grundsatzes der Freiheit und Autonomie der Kultur.

### 2.3.2  Kulturbewußtes Personalmanagement im Spannungsfeld von nomothetischem und idiographischem Wissenschaftsverständnis

Die Beschäftigung mit der Frage, welche wissenschaftliche Erkenntnis mit welchen wissenschaftlichen Methoden gewonnen werden soll, ist Kern der Wissenschaftstheorie. Unterschiedliche Meinungen über die Erkenntnisgewinnung münden in spezifische wissenschaftstheoretische Positionen. Die transparente Darlegung der eigenen Position dient der Möglichkeit einer intersubjektiven Nachvollziehbarkeit und Prüfbarkeit der gewonnenen Erkenntnisse und trägt der Forderung nach methodisch diszipliniertem Nachdenken Rechnung.[393] In der heutigen Personal- und Organisationsforschung finden sich - anknüpfend an die Diskussion um Erkenntnis- und Erfahrungsobjekt - zwei Richtungen unterschiedlicher Wissenschaftsauffassungen:

Speziell der Problemkreis der Kultur geriet vielerorts ins Zentrum der Kontroverse der unterschiedlichen Wissenschaftspositionen des Erklärens (Schule des Kritischen Rationalismus) und des Verstehens (Schule der Hermeneutik).[394] Die dabei auftretenden Unterschiede in der Forschungsmethodik sind derart gravierend, daß Sackmann in Anlehnung an Burrell/Morgan (1979) gar von einem Paradigma-Krieg spricht.[395]

### 2.3.2.1 Die Position des Kritischen Rationalismus

Der Kritische Rationalismus[396] versucht, wissenschaftliche Methoden der Naturwissenschaften auf Sozialwissenschaften zu übertragen und zur Erklärung der relevanten Phänomene das deduktiv-nomologische Modell anzuwenden.[397] Demnach gilt ein Tatbestand als erklärt, wenn er sich aus einer Hypothese unter bestimmten Anwendungsbedingungen ableiten läßt. Das Prinzip der Kritik drückt sich im Postulat der Vorläufigkeit von Theorien aus. Das Ziel wissenschaftlicher Betätigung ist es, Erkenntnisfortschritte zu erlangen, indem Theorien (Gesetzesaussagen, nomologische Hypothesen) entwickelt werden, die schrittweise zu verbessern sind, über deren Wahrheitsgehalt jedoch nie endgültig objektive Gewißheit herrschen kann. Rationale Methoden können dazu beitragen, Irrtümer systematisch zu verringern und durch eine so gewonnene Annäherung an die Realität zu Erkenntnis- und Problemlösungsfortschritten führen.[398]

Die Wirklichkeit wird als objektiv existierend und damit als grundsätzlich erkennbar angesehen. Bezogen auf den Erkenntnisgegenstand der Kultur geht man aus kritisch rationalistischer Sicht daher auch von einem "objektivistischen" Verständnis[399] der Kultur aus. Viele Vertreter des Kritischen Rationalismus bekennen sich zum methodologischen Individualismus[400] auf

---

[393] Vgl. Raffée 1974, S. 46, Albert 1976a, Sp. 4674ff., Wild 1976, Sp. 3889ff.

[394] Vgl. Osterloh 1993, S. 76ff., Ebers 1991, S. 55f., Kirsch 1990, 1992, Gil 1990, S. 60ff., Apel 1976, 1979, Apel/Manninen/Tuomela 1978.

[395] Vgl. Sackmann 1989a, S. 159.

[396] Unter "Kritischem Rationalismus" wird allgemein die Schule um Popper verstanden, dessen Leitlinie sich maßgeblich in "Logik der Forschung" (1934) findet und durch Diskussionen mit Spinner (1968, 1974), Lakatos (1970, 1974), Kuhn (1962) und Feyerabend (1976) modifiziert wurde. Als bekanntester Vertreter im deutschen Sprachraum dürfte Albert (1976b, 1987) gelten. Vgl. Kasper 1987, S. 166 und die dort angegebene Literatur.

[397] Im Rahmen eines deterministischen Verständnisses wird jegliches Handeln letztlich auf Verhalten reduziert und daher als Reaktion auf äußere und innere Zwänge verstanden. Dieses Reagieren läßt sich dann mit Hilfe von Gesetzmäßigkeiten erfassen und erklären, welche - in Analogie zu naturwissenschaftlichen Gesetzmäßigkeiten - Zusammenhänge zwischen Kontextvariablen und Handeln abbilden. Vgl. als Beispiel den Strukturfunktionalismus von Parsons (1951, 1964, S. 30ff.), der als "ganz und gar deterministisch" (Giddens 1984, S. 116) bezeichnet werden kann.

[398] Vgl. Popper 1976a, S. 14f., Albert 1976b, S. 15ff.

[399] Vgl. zum Begriff des Objektivismus und seinen erkenntnistheoretischen Implikationen Chalmers 1994, S. 115ff.

[400] Vgl. Chalmers 1994, S. 115ff.

verhaltenstheoretischer Basis und wollen somit den Erkenntnisfortschritt primär über die allgemeinen Verhaltenstheorien in Form von zusätzlichem nomologischen Wissen gewinnen.[401]

In den 1980er Jahren wurde in der Organisationsforschung ein Problembewußtsein hinsichtlich der weitverbreiteten nomologischen Erklärungsmodelle spürbar und die bis dato vorherrschenden Methoden und theoretischen Annahmen des im Grunde bis heute vorherrschenden situativen Ansatzes[402] in Frage gestellt.[403] Die Kritik läßt sich in folgenden zentralen Punkten zusammenfassen:[404]

- Die bestehenden Erklärungsmodelle organisatorischer Phänomene erweisen sich als unzureichend, weil die Charakteristika der Umwelt nicht adäquat und die Organisation selbst nur als "black box" erfaßt werden.[405]

- Die Ergebnisse empirischer Forschung zeigen Inkonsistenzen und Unvollständigkeiten auf, die nur schwer bzw. gar nicht erklärbar sind und kaum methodische oder konzeptionelle Konsequenzen für eine Verbesserung erlauben.[406]

- Dies führt zu der Vermutung, daß die bestehenden Forschungsmethoden nicht (mehr) geeignet erscheinen, weil die ausschlaggebenden, bedeutsamsten (weichen) Einflußfaktoren der organisationalen Effizienz unberücksichtigt bleiben.[407]

Diese Kritik leistete einer anderen Forschungsmethodik Vorschub, die auf einem subjektivistischen Wissenschaftsverständnis beruht (vgl. anschließendes Kapitel).

Heute läßt sich jedoch auch eine breite Front von rein ökonomisch orientierten Ansätzen ausmachen, die eine theoretische Fundierung der Personalwirtschaftslehre[408], aber auch der Organisationslehre unter Zuhilfenahme (mikro)ökonomischer Theorien anstreben.[409] Diese Ansätze

---

[401] Vgl. Raffée/Abel 1979, S. 5.

[402] Die Zuordnung des situativen Ansatzes zum deterministischen Paradigma erscheint möglich, da er "ein Amalgam aus funktionalistisch-systemtheoretischen und quasi-behavioristischen Ansätzen" (Osterloh 1993, S. 73) darstellt. Vgl. auch Schreyögg 1978, S. 218, Kieser/Segler 1981, S. 182.

[403] Vgl. z.B. Osterloh 1993, S. 59f., Schreyögg 1980, S. 305ff., Starbuck 1981, S. 167ff., Kieser/Kubicek 1983, 1986.

[404] Vgl. Ebers 1985a, S. 97, Osterloh 1993, S. 59f.

[405] Der situative Ansatz geht von einem starren, "quasi-mechanistischen" (Osterloh 1993, S. 60) Zusammenhang von Kontext und Struktur aus. Denn die Effizienz der Organisation wird gemäß dem situativen Ansatz von ihrer Struktur bestimmt, deren Eigenarten durch die Kontextvariablen der Unternehmung determiniert werden (Burns/Stalker 1961, Woodward 1965, Lawrence/Lorsch 1969, Pugh u.a. 1968, S. 65ff., Pugh/Hinings 1976, Kieser/Kubicek 1983). Strenggenommen wird das Handeln der Manager damit überflüssig. Vgl. zur Kritik Ebers 1985a, S. 10, Staehle 1981, S. 225.

[406] So zeigten z.B. industriesoziologische Untersuchungen zur Einführung neuer Technologien (Vgl. Kern/Schumann 1990, Hildebrandt/Seltz 1989), daß Gestaltungsspielräume der Organisationsstruktur existieren, die das Feld für mikropolitische Prozesse (vgl. Küpper/Ortmann 1988, Crozier/Friedberg 1979) öffnet. Vgl. dazu Staehle 1994, S. 47ff.

[407] Die Erfolge der japanischen Unternehmen haben gezeigt, daß nicht die "harten" Faktoren wie Struktur und Strategie den entscheidenden Einfluß auf den wirtschaftlichen Erfolg besitzen, sondern stattdessen die "weichen" Faktoren wie Werte, Grundhaltungen und Glaubensvorstellungen den Ausschlag geben. Vgl. hierzu z.B. Ouchi 1981, Pascale/Athos 1981, Peters/Waterman 1983.

[408] Als Vertreter einer ökonomisch fundierten Personalwirtschaftslehre können angeführt werden: Wunderer/Schlagenhaufer 1992, Wunderer 1993, Sadowski 1991, S. 127ff., Backes-Gellner 1993, S. 513ff., Eigler 1996, 1997, S. 5ff., Festing 1996, Staffelbach 1995, S. 179ff., Sundermeier 1992, Wiegran 1993, S. 264ff.

[409] Vgl. v.a. Picot 1982, S. 267ff., 1984, S. 95ff., 1987, S. 1583ff., 1993, Sp. 4194ff., Picot/Wenger 1988, S. 29ff., Ebers/Gotsch 1993, S. 193ff., Föhr/Lenz 1992, S. 111ff.

gehen dabei von einem "objektiven" Wissenschaftsverständnis aus, welches die soziale Wirklichkeit aus der Außenperspektive überwiegend in Variablenzusammenhängen abbildet (functionalist paradigm[410] oder auch social fact paradigm[411]). Aufgrund der stark vereinfachten Grundannahmen über menschliches Verhalten ((begrenzte) ökonomische Rationalität) können zwar relativ konkrete Handlungsempfehlungen für ein effektives Management gegeben werden, jedoch erweisen sich die getroffenen Annahmen häufig durch ihre Begrenztheit als zu realitätsfern, so daß sich die abgeleiteten Gestaltungsempfehlungen in der praktischen Anwendung als nicht adäquat erweisen und daher einer Anpassung bedürfen, die mit erheblichen Koordinations- und Kontrollkosten verbunden ist.[412] Wenngleich dem Mitarbeiter im Rahmen dieser Ansätze ein Entscheidungsfreiraum zugestanden wird, so kann dies nicht darüber hinwegtäuschen, daß die Grundannahme opportunistischen Verhaltens ein negatives, pessimistisches Menschenbild impliziert, welches sich gerade mit Blick auf abzuleitende Gestaltungsempfehlungen als nicht sehr tragfähig erweisen könnte.[413] Auch bereitet die Einbeziehung zentraler Fragestellungen, wie die der betrieblichen Sozialisation, Machtstrukturen oder Strategieimplementierung, in ökonomische Ansätze offensichtlich erhebliche Probleme.[414]

### 2.3.2.2 Die Methodik des Verstehens (Hermeneutik)

Aufgrund der Kritik an den traditionellen nomologischen Erklärungsmodellen (vgl. oben) wurde die Forderung nach einem Paradigmawechsel in der Organisationsforschung wie auch in der Managementlehre laut. Die Abkehr von nomologischen Erklärungsmodellen und die Hinwendung zu verstehenden Ansätzen führte zu einem intensiven Meinungsaustausch, der allgemein als Erklären-Verstehen-Kontroverse bekannt geworden ist und den Weg für ein neues Paradigma ebnete.[415]

Die interpretative Forschungsmethodologie folgt vier Prinzipien, die das Erzielen wirklichkeitsnaher, realitätsverbundener und authentischer Erkenntnisse sicherstellen sollen:[416]

(1) Gegenstandsangemessenheit der Forschungsmethoden:
    Die Forschungsmethoden müssen mit den generellen theoretischen Annahmen und

---

[410] Vgl. z.B. Morgan 1980, S. 605ff.

[411] Vgl. Ritzer 1975, S. 156ff.

[412] Vgl. Staehle 1994, S. 65f.

[413] Eine andere Meinung zur Tragfähigkeit des zugrundegelegten Menschenbildes findet sich bei Eigler (1997, S. 7); auch Sattelberger (1996a, S. 974ff.) zeichnet ein eher pessimistisches Bild der Grundannahmen über menschliches Verhalten in Form einer Beschränkung auf reine Kosten-Nutzen-Kalküle und provoziert die Vertreter humanistischer Konzepte, indem er deren Zukunftsträchtigkeit in Zweifel zieht.

[414] Vgl. Staehle 1994, S. 66.

[415]Auch Albert sieht die Möglichkeit eines alternativen Paradigmas für die Geisteswissenschaften (1976b, S. 43): "Wenn bei menschlichen Handlungen das übliche naturwissenschaftliche Verfahren versagt, dann scheint sich eine Lösung anzubieten, wie sie in der hermeneutischen Tradition ins Auge gefaßt wird...Wenn es um die Erfassung der geschichtlich-gesellschaftlichen Wirklichkeit geht, um die Erkenntnis der "Ordnungen des Lebens in Staat, Gesellschaft, Recht, Sitte, Erziehung, Wirtschaft, Technik" und der Deutungen der Welt in Sprache, Mythos, Kunst, Religion, Philosophie und Wissenschaft", dann befinden wir uns im Bereich der Geistes- und Kulturwissenschaften und müssen uns der Methode des Verstehens bedienen, denn es geht um die Erfassung von Sinnzusammenhängen, nicht: von Wirkungszusammenhängen." Einen kritischen Überblick über die Erklären-Verstehen-Debatte gibt z.B. Pagenstecher (1987).

[416] Vgl. Hoffmann-Riem 1980, S. 339ff., Witzel 1982, Wollnik 1992, Sp. 1778ff.

gewonnenen Erkenntnissen über die soziale Wirklichkeit kompatibel sein und dürfen sich nicht an der natürlich-physikalischen Wirklichkeit orientieren.

(2) Theoretische Offenheit des Forschers:
Rigorose theoretische Strukturierung und Operationalisierung des Forschungsgegenstandes wird aufgegeben zugunsten der Sensitivität für die Lebenswelt.

(3) Anknüpfen an die Perspektive der Akteure:
Die Perspektive der Handelnden muß rekonstruiert werden.

(4) Kommunikationsbeziehung zwischen Forscher und Akteuren:
Um Zugang zur Perspektive der Akteure zu erhalten, müssen Kommunikationsbeziehungen zu den Akteuren bestehen, wobei die Art und Weise der lebensweltlichen Kommunikation nicht durchbrochen werden darf.

Interpretative Ansätze begreifen die soziale Wirklichkeit „als Ergebnis einer Konstruktion durch die in ihr handelnden Menschen"[417], welche sich nur aus der Binnenperspektive erschließen läßt.[418] Das soziale Handeln bzw. die soziale Interaktion wird nicht als Resultat ökonomischer Zwänge gesehen, sondern vor dem Hintergrund affektiver, kognitiver und normativer Orientierungen der Organisationsmitglieder, die in den Mittelpunkt personalwirtschaftlicher Überlegungen gestellt werden. Das interpretative Paradigma[419] als vermeintlich "neues" Forschungsprogramm in der Personal- und Organisationsforschung[420] erkennt das Verhalten und die Struktur in bzw. von Organisationen primär nicht durch ökonomisch rationale Entscheidungskalküle, sondern durch Interaktionen und Interpretationen der Organisationsmitglieder als die konstituierenden Parameter der sozialen Wirklichkeit[421], letztlich auch und vor allem durch organisationskulturell bedingte Regelmäßigkeiten bzw. Selbstverständlichkeiten. Diese manifestieren sich in Artefakten, deren symbolische Bedeutung von den Organisationsmitgliedern geteilt und über darunter liegende Werte und Grundannahmen entschlüsselt und *verstanden* werden kann.[422] Daher besteht im Rahmen dieses Paradigmas die zentrale Aufgabe

---

[417] Staehle 1994, S. 66; dieses andere Wirklichkeitsverständnis führt konsequent zu einem anderen Verhältnis von Handeln und Verhalten. Während im deterministischen Paradigma zwischen Handeln und Verhalten - eben aufgrund der Determiniertheit des Handelns - keine Unterscheidung notwendig erscheint, erlangt die explizite Unterscheidung von Verhalten und Handeln im interpretativen Ansatz hohe Bedeutung. Menschen handeln aufgrund von Deutungsmustern, Regeln oder Interpretationen und verbinden demnach mit ihrem Handeln einen subjektiven Sinn. Vgl. Schreyögg/Steinmann 1980, Sp. 2400ff., Osterloh 1993, S. 68ff.

[418] In der Soziologie wurde bereits in den 70er Jahren der Paradigmawechsel vom herrschenden "normativen" zum "interpretativen" Paradigma diskutiert (Vgl. z.B. Filmer u.a. 1972, Arbeitsgruppe Bielefelder Soziologen 1973, Ritzer 1975, S. 156ff.). Im Zuge der Organisationskulturdiskussion hielt die Problematik des Paradigmawechsels auch in die Organisationstheorie Einzug (Vgl. Louis 1981, S. 246ff., Smircich 1983a, S. 339ff., Lincoln 1985, Ebers 1985a, Kasper 1987, 1990, Greipel 1988, Schauenberg/ Föhr 1995, Sp. 2206ff., Wollnik 1993, S. 277ff.).

[419] Vgl. als Vertreter des interpretativen Paradigmas in den Sozialwissenschaften v.a. Giddens 1984, 1988, Rabinow/Sullivan 1979.

[420] Vgl. Wollnik 1992, Sp. 1778ff., Lincoln 1985.

[421] Vgl. Wollnik 1992, Sp. 1784ff.

[422] Die Anwendung des interpretativen Forschungsprogramms im Rahmen einer Beschäftigung mit dem Erkenntnisobjekt der Kultur wird unterstützt durch die allgemein anerkannte Erkenntnis der interpretativ subjektivistischen Kulturanthropologie, daß kulturelle Artefakte per se keinen Sinn vermitteln können und damit die Bedeutung kultureller Artefakte nur durch die Erkenntnis der dahinterstehenden Werte, Normen und Wissensbestände erschlossen werden kann. Vgl. auch Kasper 1990, S. 106ff., Hitzler 1988.

der Organisationsforschung wie auch des kulturbewußten Personalmanagements darin, die Menschen als sinnsuchende Wesen zu erkennen und die kulturelle Bedingtheit ihres Handelns zu erfassen und zu *verstehen*. Clifford Geertz meint in Anlehnung an Max Weber, daß der Mensch ein Wesen ist, das in selbstgesponnene Bedeutungsgewebe verstrickt ist, wobei die Kultur ein Gewebe darstellt. Die Untersuchung der Kultur ist daher keine experimentelle Wissenschaft, die nach Gesetzen sucht, sondern eine interpretierende, die nach Bedeutungen sucht. Es geht um Erläuterungen, um das Deuten gesellschaftlicher Ausdrucksformen, die zunächst rätselhaft erscheinen.[423]

Die interpretative Perspektive bietet die Chance zu einer adäquateren Erfassung der Realität. Sie stellt die soziale Interaktion in den Mittelpunkt, so daß die Produkte einer sozial konstruierten Wirklichkeit (insbesondere Symbole und Sinngehalte) in Managemententscheidungen einbezogen werden.[424] „Die Wirklichkeit der Organisation wird nicht mehr als eine von den Personen unabhängige aufgefaßt, sondern als eine, die durch deren Deutungen, Symbolverständnisse, zwischenmenschliche Spiele und anderes mehr erst hergestellt wird... Ethnologie und Kulturanthropologie werden zu Vorbildern, an denen man die Forschung ausrichtet."[425]

Das Erkenntnisobjekt der Organisationsforschung wandelt sich in Folge dessen von den traditionell untersuchten Oberflächenerscheinungen in Form von Struktur- und Prozeßmerkmalen (Aufbau- und Ablauforganisation), welche vor allem in der analytischen Organisationsforschung Untersuchungsschwerpunkt waren[426], hin zu den darunterliegenden organisationskulturellen Merkmalen. Dabei gehen interpretative Ansätze von der Annahme einer sozial konstruierten Wirklichkeit[427] aus, deren Sinn es zu verstehen gilt, um so die aufgezeigten Schwächen des nomologischen Forschungsmodells zu überwinden und neue, fruchtbare Erkenntnisse zu liefern.[428] Dabei wird überwiegend die Auffassung vertreten, daß die Kultur nicht eine von mehreren Organisationsvariablen darstellt, sondern als erkenntnisleitender Grundbegriff in die Forschungsmethodik zu integrieren ist. Auf eine einfache Formel gebracht, wandelt sich das Verständnis von "Die Organisation hat eine Kultur" zu "Die Organisation ist eine Kultur".[429]

---

[423] Vgl. Geertz 1983, S. 9.

[424] Vgl. Staehle 1994, S. 66ff.

[425] Rosenstiel/Molt/Rüttinger 1995, S. 48f.

[426] Vgl. Schweitzer 1980, Sp. 1525ff.

[427] Vgl. Kasper 1990, S. 106ff., Morgan 1986, S. 126f., Lasser 1987, Sp. 1927f., Schütz 1971, Berger/Luckmann 1966, 1980, Pfeffer 1982.

[428] Vgl. Burrell/Morgan 1979, Morgan/Smircich 1980, S. 491ff., Louis 1981, S. 246ff., Jelinek/Smircich/Hirsch 1983, S. 331ff., Ebers 1985a, S. 35ff., 106; Schein 1984a, S. 14f.; Dandridge/Mitroff/Joyce 1980, S. 78; Kasper 1987, S. 66ff., 1990, S. 70ff.; die Vertreter des Konstruktivismus gehen im Gegensatz zu den Kritischen Rationalisten überwiegend von einem methodischen Dualismus aus. Sie halten das deduktiv-nomologische Erklärungsmodell der Naturwissenschaften zwar für diese für geeignet, eine Übertragung auf die Sozialwissenschaften sei jedoch weder sinnvoll noch möglich (Vgl. Kasper 1987, S. 72). Daher postulieren sie für sozialwissenschaftliche, d.h. insbesondere auch wirtschaftswissenschaftliche Fragestellungen ein eigenes Erklärungsmodell, welches an die "Methode des Verstehens" (Raffée/Abel 1979, S. 7) anzuknüpfen habe.

[429] Vgl. Heinen 1987, S. 17ff., Kasper 1990, S. 106ff.; „Kultur stellt in dieser interpretativen Sichtweise somit ein Ideensystem dar, das in den Köpfen der Organisationsmitglieder existiert und als Ergebnis gemeinsam konstruierter Wirklichkeit erscheint. Die Organisationsmitglieder bilden sich innere Modelle, sogenannte kognitive Schemata der organisatori-

Neben den andersartigen ontologischen und epistemologischen Grundannahmen impliziert ein interpretatives Paradigma auch Konsequenzen hinsichtlich der anzuwendenden Forschungsmethoden. Bei der methodischen Erfassung der verfestigten Denk- und Verhaltensmuster, die als kulturelle Merkmale gesehen werden können, kann weniger mit Hilfe quantitativer Analyseverfahren erreicht werden, sondern muß verstärkt auf qualitative bzw. idiographische Verfahren (Introspektion)[430] auch aus dem Bereich der Ethnomethodologie[431] zurückgegriffen werden.[432] Hierbei kommen vor allem folgende Methoden der Sozialforschung in Betracht:[433]

- Einzelfallstudien,

- Verlaufsanalysen,

- hermeneutische Textinterpretation,

- Konversationsanalyse;

zur Datengewinnung wird zurückgegriffen auf:

- (teilnehmende) Beobachtung der Akteure,[434]

- situationsflexible, offene Interviews,

- Selbstbefragung, -beobachtung (Introspektion)[435] und

- Interaktionsspiele[436].

Als Auswertungsmethoden können herangezogen werden:

- qualitative Inhaltsanalysen (z.B. Kernsatzfindung[437]),

---

schen Realität. Diese entstehen in Interaktionen der Mitglieder untereinander. Kultur ist dann jener Teil der selektiven Ansichten der Wirklichkeit, der von einer Mehrheit geteilt und als grundlegend für die Zusammenarbeit erachtet wird (=Kultur als kollektiv geteilte Wahrnehmungen und Interpretationen)." (Kasper 1990, S. 107f.). Vgl. als Vertreter dieser Sichtweise insbesondere Pondy/Mitroff 1979, S. 3ff., Louis 1983, S. 39ff., 1981, S. 246ff., Smircich 1985, S. 55ff., 1983b, S. 160ff., 1983c, S. 55ff., Putnam 1983, S. 31ff. und auch Hofstede 1980a, 1993.

[430] Vgl. hierzu die umfangreiche Kritik an der Introspektion als Methode der empirischen Sozialforschung z.B. bei König 1974, S. 40, Roth 1995.

[431] Die Ethnomethodologie hat ihre Wurzeln in den USA der 50er Jahre und hat seit den 70er Jahren auch in Deutschland verstärkte Aufmerksamkeit erfahren (Vgl. z.B. Arbeitsgruppe Bielefelder Soziologen 1973, Wolff 1976, Müller, U. 1979, Habermas 1981a, S. 179ff., Witzel 1982, S. 18ff., Weingarten 1985, S. 108ff., Weber, J. 1985, S. 208f.). Die Ethnomethodologie will unter Anwendung empirisch-analytischer Verfahren ermitteln, welche Methoden Gesellschaftsmitglieder anwenden, um ihr Alltagsleben zu organisieren (Vgl. Weingarten 1985, S. 112).

[432] Vgl. Burrell/Morgan 1979, S. 4ff.

[433] Vgl. zum Folgenden Wollnik 1992, Sp. 1782f., Osterloh 1991, S. 174ff., Silverman 1985, Fine 1984, S. 245, Ebers 1985a, S. 116ff., van Maanen 1983, Soeffner 1979; anzumerken ist jedoch, daß die "Methodik des Verstehens" keine besondere Technik ist, die ein Produkt der Erfindungsgabe sozialwissenschaftlicher Forschung darstellt, sondern als allgemeiner Erfahrungsmodus von Angehörigen einer Lebenswelt aufgefaßt werden kann (Schütz 1971, S. 6f., 297); Osterloh (1991, S. 176ff., 1993, S. 92ff.) zeigt auf, daß eine interpretative Sozialforschung überzeugende Lösungen für traditionell zentrale Probleme der Erhebungssituation bieten kann, die Auswertungssituation aber nach wie vor problematisch ist.

[434] Vgl. z.B. Spradley 1980.

[435] Vgl. Bougon 1983, S. 173ff.

[436] Vgl. Volmerg, U. 1983, S. 124ff.

[437] Vgl. Volmerg, B. u.a. 1986.

- inhaltsorientierte Klassifikationsverfahren (z.B. constant comparative method[438]),

- Matrix-Displays[439],

- Herausarbeitung sprachlicher Kategorien und Taxonomien,

- Komponenten- und Bedeutungsfeldanalyse (ethnotheoretische, soziolinguistische Verfahren)[440] sowie

- Auswertung in Rückkoppelungsprozessen mit den Befragten.

Generell haben die einzelfallbezogene Beschreibung aus unmittelbarer Erfahrung sowie die plausible Verallgemeinerung (=idiographische Position) Vorrang vor Variablenanalysen, quantitativer Messung und der Suche nach generellen Gesetzen mittels systematischer Hypothesentests.[441]

Eine radikal interpretative Ausrichtung der Personal- und Organisationsforschung stößt jedoch auf entscheidende Probleme.[442] Die Grenze des interpretativen Paradigmas liegt in der problematischen Einbeziehung der "harten" Zwänge ökonomischer Handlungsbedingungen.[443] Speziell betriebliches Handeln kann unter realistischer Einschätzung nicht ausschließlich als intentional-voluntativ angesehen werden, so daß zur Erfassung der beschränkenden, situativen Faktoren explanatorische Verfahren ergänzend hinzuzuziehen sind.[444]

Ebenso erweist sich für ein radikal interpretatives Forschungsprogramm die adäquate Erfassung der Realität in ihrer Komplexität als problematisch.[445] Das Dilemma besteht darin, einerseits das Ziel zu verfolgen, der Realität in Modellen und Theorien möglichst nahe zu kommen, und andererseits die Tatsache akzeptieren zu müssen, daß die (konstruierte) Realität niemals in ihrer gesamten Komplexität erfaßt werden kann. Von daher scheint es a priori auch unmöglich, den Anspruch auf die Entwicklung theoretisch gestützter Gestaltungsempfehlungen für die Praxis einzulösen, wenn ein extrem subjektivistisches Wissenschaftsverständnis, dem das interpretative Paradigma verhaftet ist, zugrundegelegt wird.[446]

Ein weiteres zentrales Problem des interpretativen Ansatzes liegt in der Gefahr des "hermeneutischen Zirkels" (Dilthey), was nichts anderes bedeutet, als daß jedes Verstehen ein bestimmtes Vorverständnis voraussetzt. [447] Man kann sich im Grunde nicht wirklich von seiner

---

[438] Vgl. Glaser/Strauss 1967, Lincoln/Guba 1985, S. 339ff.

[439] Vgl. Miles/Huberman 1984.

[440] Vgl. Morey/Luthans 1984, S. 27ff.

[441] Vgl. Wollnik 1992, Sp. 1780f.

[442] Vgl. Ebers 1985a, Ochsenbauer/Klofat 1987, S. 90ff., Osterloh 1991, S. 176ff.

[443] Vgl. Staehle 1994, S. 68, Wollnik 1992, Sp. 1778ff.

[444] Vgl. Gil 1990, S. 60ff.

[445] Vgl. auch Gil 1990, S. 74ff.

[446] Zwar kann mit subjektiven Methoden eine große Nähe zum Forschungsgegenstand gewonnen werden, jedoch verliert man dabei gleichzeitig an Objektivität. Vgl. Geertz 1983, S. 41.

[447] Vgl. Drechsel 1984, S. 48f., Gadamer 1971, S. 68, Sandner 1987, S. 655, Ebers 1985b, S. 56f.

eigenen Ausgangslage abkoppeln, um sich in das Bewußtsein einer anderen Person hineinzuversetzen und somit die Position eines "Superbeobachters" einnehmen.[448]

Eng damit verbunden erscheint die Kausalitätsproblematik im Zusammenhang mit dem Erkenntnisobjekt der Kultur. Man zieht zur Ergründung der Kultur Beschreibungen von Kulturäußerungen heran, wobei nicht zu klären ist, ob diese Äußerungen die Kultur erklären oder die Kultur die Äußerungen erklärt. Es erscheint unlösbar, endgültig zu klären, inwiefern gemeinsame Denk- und Verhaltensmuster (Werte und Grundannahmen) zu bestimmten Ausprägungen in Oberflächenerscheinungen (Artefakte) führen und inwiefern Oberflächenerscheinungen ihrerseits ursächlich die Denk- und Verhaltensmuster prägen. Eine Trennung von unabhängiger und abhängiger Variable ist daher nicht möglich.[449]

*Probleme der Introspektion*

Eine mögliche Forschungsmethode des interpretativen Paradigmas ist die Selbstbeobachtung (Introspektion), mit der folgende Probleme verbunden sind:[450]

-    Da der Beobachter die zu beachtenden Variablen selbst produziert, ist deren vorherige Kenntnis ein Störfaktor, der die beobachteten Phänomene qualitativ und quantitativ verändern kann.

-    Die bekannten Beschränkungen der Informationsverarbeitungskapazität lassen es fragwürdig erscheinen, daß ein Informationsverarbeitungsprozeß (z.B. das Lösen eines Problems) gleichzeitig durchgeführt und beobachtet werden kann, ohne daß er dabei verändert wird.

-    Durch die gleichzeitige Beobachtung wird die Situation des Beobachters so verändert, daß die beobachteten Variablen modifiziert werden können (z.B. Abschwächung von Emotionen, wenn man sich gleichzeitig selbst beobachtet).

-    Probleme, die sich aus der Gleichzeitigkeit ergeben, lassen sich nicht dadurch lösen, daß man das zu beobachtende Phänomen im Nachhinein aus dem Gedächtnis rekonstruiert und in der Retrospektive "beobachtet" (retrospektive Selbstbeobachtung), da durch (sich nebenbei ereignende oder auch geplante) Kodierung und Speicherung Verzerrungen zu erwarten sind.

-    Bestimmte Phänomene können nicht selbst beobachtet werden, weil sie nicht bewußt ablaufen (z.B. automatisierte Wahrnehmungsprozesse), oder weil der Zustand des Systems die Beobachtertätigkeit ausschließt (z.B. Schlaf). Dieser Aspekt trifft in besonderer Weise auf den Untersuchungsgegenstand der Kultur zu.

-    Das Hauptproblem der Selbstbeobachtung ist die fehlende inter- und meist auch intrasubjektive Nachprüfbarkeit und Korrigierbarkeit.

Diese Einwände machen deutlich, daß die Methode der Selbstbeobachtung auf dem Gebiet der Hypothesenprüfung einen schweren Stand hat und daher auch kaum mehr angewendet

---

[448] Vgl. Gadamer 1960, S. 202, Giddens 1984, S. 67ff.

[449] Vgl. zur Vertiefung der mit dem interpretativen Paradigma verbundenen Probleme Osterloh 1993, S. 92ff.

[450] Vgl. im Folgenden z.B. Roth 1984, S. 126.

wird. Jedoch kann sie, wie auch die Alltagsbeobachtung, für die Bildung von Hypothesen eine bedeutende Rolle spielen.[451]

### 2.3.2.3 Klärung der eigenen Position und Darlegung der Forschungsmethodik

Die Personal- und Organisationsforschung beschäftigt sich mit betrieblichen Phänomenen, die in der betrieblichen Praxis entstehen. Das Ziel der Forschungsbemühungen in Bezug auf eben diese Problemstellungen besteht in der theoretisch fundierten Herleitung von Problemlösungen und Problemlösungsverfahren. Die heutige Personalwirtschaftslehre ist größtenteils immer noch bestrebt, den naturwissenschaftlichen Kausalitätsmodellen ähnlich Bedingungen zu finden, die mittels bestimmter Gesetzmäßigkeiten zu entsprechenden (Verhaltens-)Ergebnissen führen (=nomothetisches Wissenschaftsverständnis[452]).

Die verhaltenswissenschaftliche Öffnung fördert jedoch die Hinwendung zu qualitativen ganzheitlichen Ansätzen, die historische Zusammenhänge untersuchen (=idiographisches Wissenschaftsverständnis) und zunehmend auf verschiedenen Variationen des Konstruktivismus[453] basieren.[454] Der Blick richtet sich zusehends auf die Erforschung des Irrationalen mit Hilfe teilnehmender qualitativer Forschungsansätze[455], wie z.B. die Ansätze der konstruktiven Betriebswirtschaftslehre[456], der Aktionsforschung[457] und auch die systemisch orientierten Ansätze[458] durch ihre interpretative, hermeneutische Forschung deutlich machen.[459]

---

[451] Vgl. Roth 1984, S. 125f.

[452] Vgl. Albert 1976a, Sp. 4677ff.

[453] Zur Unterscheidung der Richtungen des Konstruktivismus vgl. Kasper 1990, S. 73ff.: (1) Sozialkonstruktivismus (Berger/ Luckmann 1966, 1980), (2) kognitionstheoretischer (radikaler) Konstruktivismus (v. Glasersfeld 1981, S. 16ff., 1987, S. 401ff., v. Foerster 1981, S. 39ff., 1985, Maturana 1982, Heijl 1983, S. 41ff., Luhmann 1984), (3) empirischer Konstruktivismus (Geertz 1973, Bourdieu 1987, Foucault 1987, Knorr-Cetina 1977, S. 669ff., 1984, (4) kommunikationstheoretischer Konstruktivismus (Watzlawick 1984, 1996, Watzlawick/Beavin/Jackson 1974). Daneben gibt es die Erlanger Schule (Lorenzen 1975), deren Wurzel in der Diskursmethode der Kritischen Theorie begründet und grundsätzlich dem Sozialkonstruktivismus verpflichtet ist (Vgl. Kasper 1990, S. 73, 89). Einen alternativen Überblick über den Konstruktivismus vermittelt Watzlawick (1994); zur Kritik vgl. z.B. Nüse u.a. (1991).

[454] Auch Bleicher (1990, S. 152ff.) sieht das zukünftige Interesse der Organisationslehre nicht mehr in einer aufgabengeprägten Rationalisierung, sondern in der Motivation, dem Wissen und dem Können des im Mittelpunkt stehenden "Komplexitätsbewältigers Mensch". „Damit dieser eine von Sinn getragene Aktivität vollbringen kann, bedarf es der Humanisierung der Organisation." (ebenda, S. 152).

[455] Vgl. Neuberger 1985b, Weick 1985a, S. 381ff., Rosenstiel/Molt/Rüttinger 1995, S. 48f.

[456] Die "konstruktive Betriebswirtschaftslehre" nach Steinmann/Böhm/Braun/Gerum/Schreyögg (1975, 1976), baut wesentlich auf den Gedanken der Erlanger Schule (z.B. Lorenzen 1975) auf, die ihrerseits den Grundgedanken des Sozialkonstruktivismus (Berger/Luckmann 1966, 1980) folgt.

[457] Die Aktionsforschung hat ihre Wurzeln in den USA. Einen bedeutenden Zweig der Aktionsforschung begründete Kurt Lewin (1951/1963). Ziel der Aktionsforschung ist es, Wissenschaft und Praxis stärker zu vereinbaren. Seit den 70er Jahren erste Ansätze der Aktionsforschung in der deutschsprachigen BWL von Kirsch/Gabele (1976), Otto/Wächter (1979, S. 85f.); vgl. zum Überblick Kappler (1980, Sp. 52ff.).

[458] Vgl. als einen der ersten Vertreter systemischer Organisationsentwicklung Sievers (1977); als Vertreter der subjektivitätsorientierten Forschung vgl. Wahl/Honig/Gravenhorst (1982); vgl. v.a. auch Ulrich, H. (1976, 1994, S. 161ff.) und Ulrich, H./Probst (1984, 1988), zur Selbstorganisation v.a. Probst (1987), Foerster (1981, S. 39ff., 1985), Heijl 1983, S. 41ff.), Erpenbeck (1996, S. 41ff.), Then/Fiedler-Winter (1995, S. V 1/1), zum Überblick Bolbrügge (1997).

[459] Damit sind freilich auch die Methoden der Ethnologie angesprochen. Vgl. zu einer Einführung z.B. Bargatzky 1985, Ramaswamy 1985.

Somit scheint die alleinige Grundlage eines deduktiv-nomologischen Erklärungsmodells nach heutigem Kenntnisstand - zumindest aus der Sicht vieler Autoren - nicht (mehr) ausreichend.[460] Die Qualität von Beschreibung, Erklärung und Gestaltung bezüglich des Erkenntnisobjektes soll primär nach dem Kriterium lebensweltlicher Authentizität, d.h. Realitätsnähe, bemessen werden.[461] Das Erkenntnisobjekt Kultur kann keineswegs in ausreichendem Maße empirisch-analytisch, unter Anwendung naturwissenschaftlicher Methoden erfaßt werden. „Will man das, was für eine Gruppe *typisch* ist, erfassen und analysieren, muß man letztendlich diese Gruppe aus sich heraus verstehen lernen, d.h. welche Aspekte, Dimensionen etc. für die Gruppe wichtig sind."[462] Man muß die tiefere Bedeutung von Oberflächenphänomenen, wie Mythen, Anekdoten, Slogans, Mottos, Leitsätze, Riten, Zeremonien, Tabus, Feiern, Statussymbole, Architektur oder Design entschlüsseln, um sich den tiefenstrukturellen Ursachen bzw. dem Kern der Kultur zu nähern.[463] Eine rein naturwissenschaftliche Analyse käme dabei dem unmöglichen Vorhaben gleich, „Leonardo da Vincis 'Mona Lisa' anhand der Kriterien eines Flächennutzungsplanes analysieren zu wollen."[464]

Um jedoch im Umkehrschluß nicht den aufgezeigten Problemen einer radikal interpretativen Ausrichtung zu erliegen, soll das Erkenntnis- und Erklärungsmodell für eine kulturtheoretische Betrachtung personalwirtschaftlicher Fragestellungen in methodologischer Hinsicht eine „Kombination hermeneutischer mit 'quasi-nomologischen' Methoden der Kausalerklärung"[465] darstellen.[466]

Die Kultur kann als Resultat menschlichen historischen Handelns aufgefaßt werden, so daß eine Kulturtheorie als handlungstheoretisches Forschungsmodell[467] begriffen werden kann, welche dabei nicht naiv von einer vollkommenen Souveränität der Handelnden ausgeht, sondern die Bedingungszusammenhänge und Bestimmungsfaktoren menschlichen Handelns miteinbezieht. Daher kann sich die Kulturtheorie nicht ausschließlich auf einen hermeneutischen Zugang einlassen, sondern muß auch auf explanatorische Verfahren zurückgreifen.[468] Der Verstehensansatz erscheint in den Handlungswissenschaften grundsätzlich vereinbar mit komplementären Ansätzen zur Erklärung menschlicher Handlungen, um objektive Bedingungszusammenhänge aufdecken zu können.[469] Diese Synthese zwischen den funktionalistischen "Variablen"-Ansätzen und den interpretativen "Metapher"-Ansätzen wird - aufgrund

---

[460] Vgl. hierzu die oben erwähnten Anhänger des interpretativen Paradigmas in der Personal- und Organisationsforschung; eine zwingende Paradigma-Verdrängung im Sinne Kuhns (1976) kann jedoch nicht konstatiert werden; vgl. auch Ebers 1985a, Kasper 1987, S. 59ff.

[461] Vgl. Ulrich, H. 1981, S. 7, Dirks 1988, S. 79ff., Treichler 1995, S. 48f.

[462] Sackmann 1996, S. 59.

[463] Vgl.insbesondere auch die Forschungsmethodik des Organizational Symbolism (Fußnote 120).

[464] Rüttinger 1986a, S. 23.

[465] Gil 1990, S. 71.

[466] Vgl. Gil 1990, S. 68ff., ähnlich Treichler 1995, S. 48ff., Prätorius/Tiebler 1993, S. 61, Osterloh 1991, S. 175, Ebers 1985b, S. 59.

[467] Vgl. Schreyögg 1980, Sp. 2400ff., Lipp 1987, S. 12ff., Parsons u.a. 1967, S. 3ff.

[468] Vgl. Gil 1990, S. 3f., 60ff.

[469] Vgl. Gil 1990, S. 60ff., insbes. S. 71.

der erheblichen Nachteile, mit denen eine jeweilige Extremposition verbunden ist - von einer wachsenden Zahl von Autoren vertreten.[470] Sackmann bezeichnet Kultur in dieser Perspektive als "dynamisches Konstrukt" und versteht diesen Ansatz als eine Synthese und Weiterentwicklung der beiden Extrempositionen der "Variablen"- und der "Metapher"-Ansätze.[471]

Ein objektivistisches Vorgehen scheint hilfreich bei der Erkenntnisgewinnung in Bezug auf die Oberflächenerscheinungen der Kultur. Diese Oberflächenerscheinungen müssen jedoch in ihrem Sinn- und Bedeutungszusammenhang erschlossen, d.h. einer verstehenden Analyse unterzogen werden, da nur über die Erschließung der Sinngehalte der Kern der Kultur und damit eine entscheidende Einflußgröße des menschlichen Verhaltens zugänglich gemacht werden kann. Ebenso können die Funktionalitätsbeziehungen von Kultur hinsichtlich der betriebswirtschaftlichen Zielgrößen vor dem Hintergrund eines objektivistischen Verständnisses betrachtet werden.

In Anlehnung an die methodologischen Regeln des Symbolischen Interaktionismus, wie sie Blumer formuliert hat, kann ein sog. "elastisches Konzept" zugrundegelegt werden, in dem Innen- und Außenperspektive in Form der Exploration und Inspektion einander abwechseln.[472] Die Exploration dient dazu, umfassende Kenntnis über das Untersuchungsobjekt der Kultur zu erhalten und geeignete Untersuchungsmethoden zu entwickeln bzw. bestehende zu verbessern. Die Inspektion kann Ansatzpunkte für Hypothesen- bzw. Theorieformulierungen bieten. Die Inspektion soll deshalb flexibel, phantasievoll, schöpferisch und frei sein und keinem vorgefertigten Verfahren folgen. Eine ähnliche Forschungsmethodik verfolgt auch Osterloh im Rahmen eines "konsequenten Vereinigungsmodells", welches auf einem gemeinsamen Diskurs von Wissenschaftler und Laien beruht.[473]

Die Gestalt des kulturbewußten Personalmanagements ähnelt auch der eines frameworks[474], d.h. die Erkenntnisse werden aus dem Zusammenwirken deduktiv gebildeter Modelle und induktiv ermittelter Einsichten (z.B. aus Einzelfallstudien) gewonnen.[475] Primäres Anliegen ist demnach zunächst die Strukturierung der komplexen personalwirtschaftlichen Problemstel-

---

[470] So erklärt auch Ulrich Beck (1993, S. 9) hinsichtlich der künftigen Ausrichtung der Theoriebildung in der Betriebswirtschaftslehre: „Während das 19. Jahrhundert vom 'entweder-oder' regiert wurde, sollte das 20. Jahrhundert der Arbeit am 'und' gelten."; vgl. Osterloh/Grand 1995, S. 1ff. und speziell im Hinblick auf die wissenschaftstheoretische Perspektive im Zusammenhang mit der Kulturproblematik Sackmann 1990b, S. 151ff., Schein 1984a, S. 3ff., 1984b, S. 31ff., 1986b, S. 23ff., Wollnik 1991, S. 65ff., Keller, A. 1990, Scholz/Hofbauer 1990, Treichler 1995; vgl. in ähnlicher Weise auch Parsons u.a. (1967, S. 7): „The cultural tradition in its significance both as an *object* of orientation and as an *element* in the orientation of action must be articulated both conceptually and empirically with personalities and social sytems."

[471] Vgl. Sackmann 1990b, S. 160ff., 1989a, S. 159ff.

[472] Vgl. Blumer 1973, insbes. S. 21; zur Kritik vgl. z.B. Spöhring 1989, S. 69.

[473] „Dieser Diskurs ist aber nicht nur im Sinne der Aktionsforschung als ein unmittelbarer, einstufiger Verständigungsprozeß zwischen konkreten Wissenschaftlern und Aktoren denkbar, sondern als mehrstufiger Verständigungsprozeß. Er beginnt mit einer Kommunikationsphase, in der sich die Wissenschaftler aus der Teilnehmerperspektive um Verstehen bemühen. Es folgt eine Rekonstruktionsphase, in der die Sozialwissenschaftler wieder in die Beobachterperspektive zurückkehren. In dieser Rekonstruktionsphase werden Deutungsangebote produziert, die in Form von Veröffentlichungen oder Diskussionen an die Befragten sowie die wissenschaftlich interessierte Öffentlichkeit rückgekoppelt werden, um in weiteren Phasen der Reflexion und der Aktion fortentwickelt zu werden." (Osterloh 1993, S. 129).

[474] Vgl. Porter 1991b, S. 95ff., Osterloh/Grand 1995, S. 1ff.

[475] Vgl. Osterloh/Grand 1995, S. 6f.

lungen über die Generierung eines "Redeinstruments".[476] Eine direkte Ableitung von konkreten Technologien oder Rezepten kann und soll im Rahmen dieser Arbeit nicht geleistet werden.[477] Die in Kap. 5 formulierten Aussagen haben den Charakter von ersten Orientierungshilfen bzw. Hypothesen, die notwendigerweise einer betriebsspezifischen Relativierung - insbesondere durch die Einbeziehung der Unternehmenskultur - bedürfen,[478] um als wirkliche Gestaltungsempfehlungen gelten zu können.

### 2.3.3   Bezug zu Ansätzen der Organisationskulturforschung

Zum Erkenntnisgegenstand der heutigen Organisationskulturforschung zählen:[479]

- die Identifizierung der Merkmale von Organisationskulturen,

- die Entschlüsselung der damit verbundenen Sinngehalte,

- die Erklärung der Entstehung und Entwicklung von Organisationskulturen,

- die Bestimmung der Wirkungen von Organisationskultur auf Organisation und Organisationsmitglieder sowie

- die Bedingungen der Stabilisierung und des Wandels von Organisationskulturen und ihrer einzelnen Elemente.

Speziell das kulturelle Phänomen gemeinschaftlichen Denkens und Handelns im Betrieb wurde bereits in der ersten Hälfte des Jahrhunderts als betriebswirtschaftlicher Untersuchungsgegenstand erkannt.[480] Jedoch ist erst in den 80er Jahren eine neuere, breitere Diskussion rund um das Konstrukt der Unternehmenskultur entstanden. Die Gründe hierfür sind primär in:[481]

---

[476] Auch wenn die Generierung eines "Redeinstruments" den Vorwurf des Betreibens von Sprachspielen geradezu provoziert, so kann durchaus ein gewisser Forschungswert erzielt werden. Weick schreibt in diesem Zusammenhang über seine Arbeit "Der Prozeß des Organisierens" (1985b, S. 333): „Das Buch handelt vom Reden über Organisationen, und es konzentriert sich absichtlich darauf, in der Hoffnung, daß wenn sich neue Weisen des Redens und Glaubens anbieten, auch neue Merkmale von Organisationen entdeckt werden...". Ebers (1991, S. 40f.) führt die Popularität des Organisationskulturansatzes gerade darauf zurück, daß für eine größere Zahl von Wissenschaftlern und Praktikern - trotz aller Auffassungsunterschiede - ein gemeinsamer Problembezug und eine gemeinsame Diskussionsbasis geschaffen werden. Eine Warnung sei hingegen das schonungslose Fazit zur Human-Relations-Bewegung von Roethlisberger (1968, S. 309): „Wir entwickelten eine Menge neuer Wörter, aber diese Wörter schienen nicht viel Konkretes zu produzieren, gewiß nicht irgendwelche sichtbaren, greifbaren Produkte wie Maschinen. Abgesehen vom rhetorischen Nebel, den wir verbreiteten, gab es wenig vorzuzeigen. Wir schufen keine ideale oder demokratischere Gesellschaft, oder menschlichere Verwaltungen oder reiferes Verhalten. Wir haben nicht einmal wissenschaftliche Sätze oder Aussagen hervorgebracht, die sich hätten verifizieren lassen. Wir haben die Dinge nur reklassifiziert, d.h. Dingen neue Namen gegeben, die es 1936 bereits nie in dieser Weise klassifiziert worden waren.... Da wir nicht in der Lage waren, irgendwelche Sätze zu schreiben, entschlossen wir uns mehr und mehr konkurrierende und rivalisierende Wörterbücher zu schreiben. Jedes neue Wörterbuch wurde als Durchbruch verkündet. Aber da jeder Wörterbuch-Produzent sein eigenes lieber mag als die seiner Kollegen, gab es keine Übereinstimmung darüber, welches besser sei. In der Folge wurde in akademischen Institutionen und Zeitschriften ein großer Streit ausgefochten, wer das beste Wörterbuch hätte. Alles was die Praktiker tun konnten war, das Wörterbuch jeder Denkschule zu probieren und selbst zu entscheiden, welches für ihre schändlichen Zwecke brauchbarer war."

[477] Vgl. Porter 1991b, S. 95ff., Osterloh/Grand 1995, S. 1ff.

[478] Vgl. dazu insbesondere Schreyögg (1991a, S. 26), der dafür plädiert, die Landeskultur und die Unternehmenskultur als zwei *separate* Einflußgrößen des Verhaltens der Unternehmensmitglieder anzusehen.

[479] Vgl. Ebers 1991, S. 41, Louis 1981, S. 246ff.

[480] Vgl. hierzu etwa z.B. das Konstrukt der "Betriebsgemeinschaft" von Heinrich Nicklisch (1928, 1932, 1933), den "partnerschaftlichen" Ansatz von Guido Fischer (1940, 1955), vgl. auch Barnard 1938, Selznick 1957, Katz/Kahn 1966; vgl. die gleiche Einschätzung von Krell 1991, S. 147ff., Heinen (1987, S. 3) sowie die Darstellung von Zürn (1986).

[481] Vgl. Ebers 1991, S. 42ff., Krell 1991, S. 148, Heinen 1987, S. 4ff., Maas/Schüller 1990, S. 158f., Breisig 1990, S. 95f.

- einem Problemdruck auf Seiten der Praxis durch die Herausforderung der westlichen Industrienationen durch die Japaner und dem Phänomen des Wertewandels sowie

- einem Problemdruck auf Seiten der Wissenschaft durch die aufkeimende Kritik an den Lehrmeinungen der etablierten Organisationstheorie (insb. Situativer Ansatz) zu sehen.

Weder in der Anthropologie noch in der Organisationskulturforschung läßt sich aus heutiger Sicht ein einziges herrschendes Forschungsparadigma der Kultur erkennen. Die Vielzahl der Forschungsansätze sei im Folgenden überblickartig dargestellt.

### 2.3.3.1  Systematisierung der Forschungsansätze

Kriterien für eine Einteilung der Ansätze sind der ontologische Status der sozialen Wirklichkeit (objektive vs. subjektive Position) und die Frage nach der grundsätzlichen Beziehung des Menschen zu seiner Umwelt (Determinismus vs. Voluntarismus).

Eine bedeutende Unterscheidung zwischen den einzelnen Forschungsrichtungen besteht in der Auffassung der Kultur einerseits [482]

- als Variable
  ("Die Organisation *hat* eine Kultur"; Kultur wird als Gestaltungsparameter gesehen. Die Position des Kritischen Rationalimus kann als Grundlage dieser funktionalistisch-system-orientierten Kulturansätze (social fact paradigm), gesehen werden, womit meist ein objektivistisches Wissenschaftsverständnis verbunden ist) [483] und andererseits

- als erkenntnisleitender Grundbegriff
  ("Die Organisation *ist* eine Kultur", die Kultur wird als "root metaphor" begriffen, d.h. Kultur ist keine Variable, sondern eine Perspektive, die dem Verständnis von Organisationen dient; das Organisationsbild ist dabei nicht Ausdruck einer objektiven Realität, sondern Ergebnis einer sozial konstruierten Wirklichkeit womit die Vertreter dieser Richtung eher einem subjektivistischen Wissenschaftsverständnis zuzurechnen sind). [484]

Beachtenswerte Systematisierungen, die Analogien zwischen Forschungsansätzen der Anthropologie und der Organisationskulturforschung aufzeigten, finden sich bei Smircich (1983a) sowie bei Allaire/Firsirotu (1984):

---

[482] Vgl. zur Unterscheidung zwischen den unterschiedlichen Forschungsrichtungen z.B. Wollnik 1991, S. 74ff., Kasper 1987, S. 63ff., 1990, S. 66ff., Heinen 1987, S. 15ff., Neuberger/Kompa 1987, S. 21ff.

[483] Vgl. hierzu z.B. Ouchi 1981, Ouchi/Wilkins 1985, S. 457ff., Peters/Waterman 1983, Deal/Kennedy 1982, Louis 1981, S. 246ff., 1983, S. 39ff., Tichy 1982, S. 59ff., 1983a, S. 45ff., 1983b, Scheuplein 1987. Systemorientierte Ansätze lassen sich dieser Richtung ebenso zuordnen (Pfeffer 1981, Staerkle 1985, S. 529ff., Matenaar 1983b, S. 19ff.) wie manche Anhänger des strategielastigen St. Galler Management-Ansatzes Kobi (1992, S. 448ff.), Kobi/Wüthrich (1985, S. 9ff., 1986, 1988, S. 74ff.), Pümpin (1984), Pümpin/Kobi/Wüthrich (1985); zur Kritik vgl. z.B. Heinen 1987, Sackmann 1990b, S. 151ff., 1989a, S. 157ff.; anthropologische Äquivalente zu den "Variablen"-Ansätzen sind etwa die funktionalistische Ansatz nach Malinowski (1975) und der struktur-funktionalisitsche Ansatz nach Radcliffe-Brown (1952).

[484] Ein metaphorisches Verständnis von Kultur findet sich z.B. bei: Smircich 1983a, S. 339ff., 1983b, S. 160ff., 1983c, S. 55ff., Pondy/Mitroff (1979, S. 3ff.), Louis (1981, S. 246ff., 1983, S. 39ff.), Jelinek/Smircich/Hirsch (1983, S. 331ff.), Frost/Pondy/Morgan/Dandridge (1983), Putnam (1983, S. 31ff.), Sackmann (1983, S. 393ff., 1985, 1989a, S. 157ff., 1990a, S. 114ff., 1990b, S. 151ff., 1990c, S. 299ff., 1991a, 1991b, S. 31ff., 1992, S. 140ff., 1996, S. 55ff.).

## Systematisierung nach Smircich:

| Konzepte der Kultur aus der Anthropologie | | Themenschwerpunkt der Organisations- und Managementforschung | | Konzepte der Organisation aus der Organisationsforschung |
|---|---|---|---|---|
| Kultur ist ein Instrument, das dazu dient, biologische und physische Bedürfnisse zu befriedigen (Funktionalistische Sichtweise)[485] | ⇨ | Kulturvergleichende Managementforschung (Cross-cultural / Comparative Management) | ⇦ | Organisationen als soziale Instrumente zur Aufgabenerfüllung (Klassische Managementtheorie) |
| Kultur als Anpassungsmechanismus, der Individuen in sozialen Strukturen vereint (Struktur-Funktionalismus)[486] | ⇨ | Corporate Culture | ⇦ | Organisationen als sich anpassende Organismen, die in Austauschprozessen mit ihrer Umwelt stehen und ihr Überleben sichern müssen (Kontingenztheorie) |
| Kultur ist ein System geteilter Wahrnehmungen in den Köpfen der Mitglieder, um eine begrenzte Zahl von Regeln zur Daseinsbewältigung aufzustellen (z.B. Ethnoscience)[487] | ⇨ | Organizational cognition | ⇦ | Organisationen sind Wissenssysteme. Organisation bedeutet ein Netzwerk von subjektiven Bedeutungen, die Organisationsmitglieder in unterschiedlichem Maß teilen. Organisationen funktionieren daher nach bestimmten Gesetzmäßigkeiten (Kognitive Organisationstheorie) |
| Kultur ist ein System geteilter Symbole und Bedeutungen, die interpretiert und entschlüsselt werden müssen, um sie zu verstehen (Symbolische Anthropologie)[488] | ⇨ | Organizational Symbolism | ⇦ | Die Organisation ist eine Ansammlung von Symbolen, wie z.B. Sprache. Die Mitglieder teilen die Bedeutungen und die daraus konstruierte Realität (Symbolische Organisationstheorie) |
| Kultur ist eine Projektion des Geistes und liegt daher zum großen Teil im Unbewußten (Strukturalismus)[489] | ⇨ | Unconcious Processes and Organization | ⇦ | Organisationsformen und -praktiken sind Ausdruck unbewußter Prozesse (transformational organization theory) |

Tab. 3:  Kulturkonzepte der Anthropologie und der Organisationskulturforschung

Quelle: in Anlehnung an Smircich 1983a, S. 342

---

[485] Vgl. z.B. Malinowski 1975.

[486] Vgl. z.B. Radcliffe-Brown 1952.

[487] Vgl. Goodenough 1981.

[488] Vgl. Geertz 1973, 1983.

[489] Vgl. Lévi-Strauss 1972, 1975.

## Systematisierung nach Allaire/Firsirotu:

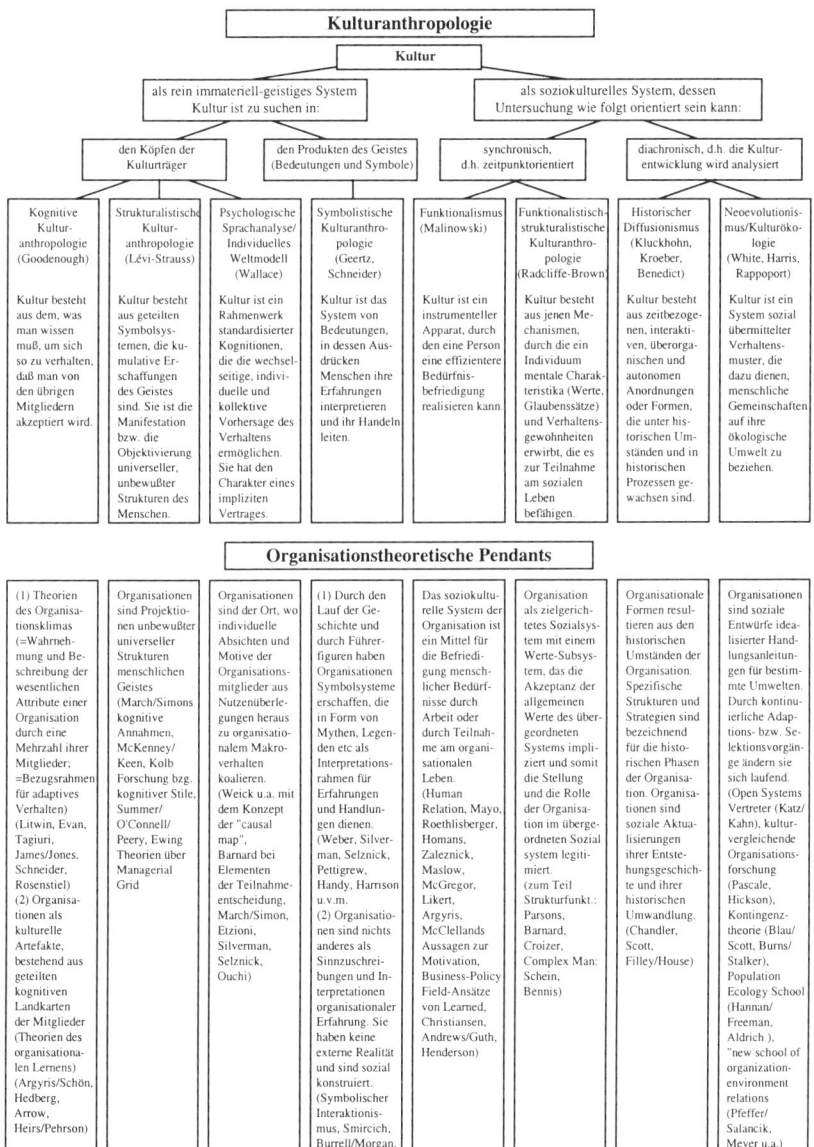

Abb. 16: Systematisierung der Kulturforschung nach Allaire/Firsirotu

Quelle: in Anlehnung an Allaire/Firsirotu 1984, S. 193ff.

Während bis 1960 weitgehende Kulturignoranz in der Organisationslehre und der Managementforschung zu beobachten war, weckte in den 60er Jahren die Nationalkultur das Interesse der Betriebswirtschaftslehre. Die betriebswirtschaftliche Forschung folgte lange Zeit einem kulturfreien Ansatz ("culture free thesis"), der konstatierte Unterschiede von Managementphänomenen allein auf situative, nicht-kulturelle Faktoren zurückführte.[490] Darauf bildete sich als Gegenströmung der kulturbedingte Managementansatz des Cross Cultural Management ("culture bound thesis"), der Unterschiede im Managementverhalten maßgeblich durch nationalkulturelle Unterschiede beeinflußt sah.[491]

Das in den 70er Jahren aufkommende "Comparative Management" untersuchte die Wechselbeziehungen zwischen landeskulturellen Merkmalen und Managementverhalten.[492] Ausgehend von der "culture free thesis" wurde zunächst der Frage nachgegangen, welche "kulturfreien" Managementprinzipien identifiziert werden können.[493] Aber auch der umgekehrten Perspektive einer kulturspezifischen Prägung von Persönlichkeitsmerkmalen wurde Beachtung geschenkt.[494] Die Arbeiten von Pascale/Athos (1981) und von Ouchi (1981) zeigten deutliche (kulturbedingte) Unterschiede zwischen japanischen und amerikanischen Managementmethoden auf, wodurch die ökonomische Überlegenheit japanischer Unternehmen begründet werden konnte und waren somit wegweisend für eine intensive Beschäftigung mit der Unternehmenskultur. Die kulturvergleichende Managementforschung sieht die Kultur als unternehmensexterne, unabhängige Variable, d.h. als eine nicht zu beeinflussende Einflußgröße für unternehmerisches Handeln. Inhaltlicher Schwerpunkt sind die Einflüsse der Nationalkultur auf Werte und Handlungen von Managern und Mitarbeitern in verschiedenen Ländern.[495]

Diese Forschungsrichtung ist zu trennen von den Konzepten, die die Kultur als interne Variable behandeln, d.h. von der Annahme ausgehen, daß Organisationen selbst als kulturproduzierende Phänomene betrachtet werden können.[496] Freilich wird auch erkannt, daß Organisationen in einen weiteren kulturellen Kontext eingebunden sind, der Forschungsschwerpunkt liegt jedoch auf der von der Organisation produzierten Organisationskultur, die als wesentlicher Einflußfaktor des Unternehmenserfolgs oder -mißerfolgs und damit als die zentrale Erfolgsgröße des strategischen Managements der 80er Jahre gesehen wird.[497] Somit wird die Frage nach der Kausalitätsbeziehung zwischen Kultur und Management zum maßgeblichen Unterscheidungskriterium.[498]

---

[490] Vgl. z.B. Barrett/Bass 1970, S. 179ff.; in neuerer Zeit z.B. Hayes/Wheelwright 1988, S. 150ff.

[491] Vgl. z.B. Park 1983.

[492] Vgl. z.B. Schöllhammer 1969, S. 81ff., Neghandi 1974, S. 59ff.

[493] Die zugrundeliegende "Konvergenzthese" besagt, daß sich eventuelle kulturelle Unterschiede im Zuge der Internationalisierung bzw. Globalisierung immer weiter verkleinern werden (Vgl. Hentze 1987, S. 171).

[494] Vgl. als Vertreter der kulturvergleichenden Managementforschung: Harbison/Myers (1959), Haire/Ghiselli/Porter (1966), Ajiferuke/Boddewyn (1970), Cummings/Schmidt (1972); vgl. für eine zusammenfassende Darstellung z.B. Keller (1982), Hofstede (1978, S. 127ff., 1980b, Sp. 1168ff.), Hentze 1987, S. 170ff.

[495] Vgl. Smircich 1983a, S. 343, Treichler 1995, S. 3f.

[496] Vgl. z.B. Louis 1981, S. 246ff., Deal/Kennedy 1982.

[497] Vgl. Deal/Kennedy 1982, Peters/Waterman 1983, Quinn 1980, Schwartz/Davis 1981, S. 30ff., Tichy 1982, S. 59ff., Salmans 1983.

[498] Vgl. Smircich 1983a, S. 347.

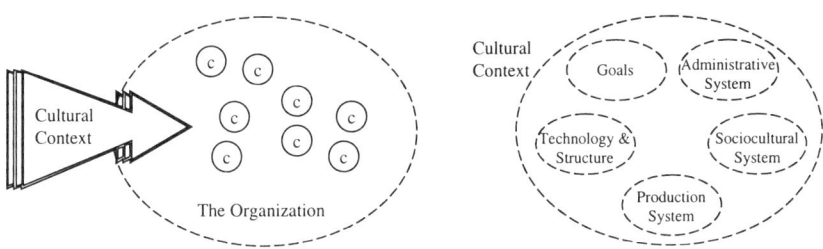

**Kultur als unabhängige Variable**                    **Kultur als interne Variable**

Abb. 17: Kultur als unabhängige und als interne Variable

Quelle: Smircich 1983a, S. 343, 345

Neben diesen Konzepten wurden von wissenschaftlicher Seite Ansätze entwickelt, die die Kultur als Metapher für die Organisation ansehen und ein neues Betriebsbild entwerfen.[499] Die aus der Anthropologie übertragenen unterschiedlichen Ansätze bilden die Grundlage für unterschiedliche Perspektiven der Organisationsforschung. So lassen sich vor allem die kognitive[500], die symbolische[501] und die strukturell-psychodynamische[502] Perspektive unterscheiden. Das Gemeinsame dieser Ansätze besteht in der Auffassung der Kultur als Organisationsmetapher, wonach die Organisation ein bestimmter Ausdruck des menschlichen Geistes bzw.

---

[499] Vgl. zur Einbeziehung der kulturellen Dimension in das Betriebsbild Kap. 2.2.2; vgl. auch Smircich 1983a, S. 347ff.

[500] In Anlehnung an die kognitive Anthropologie (vgl. z.B. Goodenough 1981) kann Kultur als System geteilter Kognitionen bzw. als System gemeinsamen Wissens und gemeinsamer Werthaltungen und Grundüberzeugungen gesehen werden. Kultur ist damit ein geistiges Produkt und drückt sich in bestimmten Gesetzmäßigkeiten oder einer unbewußten Logik aus.( Vgl. Rossi/O'Higgins 1980, S. 63f.) Die Aufgabe des Anthropologen, der dieser Richtung angehört, besteht darin, zu bestimmen, welche Faktoren handlungssteuernd wirken und herauszufinden, wie die Kulturmitglieder die Realität erfassen und beschreiben. Auf dem Gebiet der Organisationsforschung können die rules-theory (vgl. Harris/Cronen 1979, S. 12ff.), Ansätze des organisationalen Lernens (vgl. hierzu insbesondere Argyris/Schön (1978), die Organisationen als "cognitive enterprises" verstehen und auch Schein (1996a, 1996b, 1996c), der auf den engen Zusammenhang von organisationalem Lernen und Kultur eingeht) oder auch verschiedene sozialpsychologische Arbeiten zur Organisationsforschung (vgl. z.B. Weick 1979a, S. 41ff., 1979b, Wacker 1981, S. 114ff.) als Beispiele für eine Übertragung der kognitiven anthropologischen Perspektive angesehen werden.

[501] Der symbolische Kulturansatz in der Anthropologie begreift die Kultur als System geteilter Symbole und Bedeutungsinhalte, die das soziale Handeln beeinflussen und steuern (vgl. z.B. Hallowell 1955, Geertz 1973). Die symbolische Organisationsforschung sieht ihre thematische Ausrichtung in der Interpretation, im Lesen (vgl. Turner 1983) sowie im Entschlüsseln der organisationalen Symbole (vgl. van Maanen 1983), um die Wirkungsweise von Organisationen erklären zu können (vgl. zum Ansatz des Organizational Symbolism vor allem Pondy/Frost/Morgan/Dandridge (1983) und Dandridge/Mitroff/Joyce (1980)). Erklärungsziel eines solchen Ansatzes ist es aufzuzeigen, wie die Prozesse zur Bildung von gemeinsamen Interpretations- und Deutungsmustern ablaufen und inwiefern diese allen Gruppenmitgliedern gemeinsamen Bedeutungsinhalte die Grundlage für ein organisiertes Handeln darstellen. Somit sollen die Entstehung und Erhaltung von Organisationen durch symbolische Handlungen erklärt werden (vgl. Smircich 1983a, S. 350f., Lasser 1987, Sp. 1927ff., Smircich/Morgan 1982, S. 257ff., Peters 1978, S. 3ff.).

[502] Kultur kann auch als Ausdruck unbewußter psychologischer Prozesse gesehen werden. Dies führt zum Ansatz der Strukturalen Anthropologie (vgl. Lévi-Strauss 1972, 1975). In organisationalem Kontext ist diese Forschungsrichtung in Arbeiten spürbar, die sich mit psychodynamischen Ansätzen zur Organisationsanalyse beschäftigen (vgl. hierzu die Aufzählung bei Smircich 1983a, S. 351, Turner 1983). Organisationsstrukturen und -prozesse werden als Projektionen unbewußter Prozesse verstanden und analysiert. Aus dieser Sicht besteht die Aufgabe der Kulturforschung darin, das Verborgene, Unbewußte des menschlichen Geistes zu erkennen und „to discover an order of relations that turns a set of bits, which have limited significance of their own, into an intelligible whole. This order may be termed "the structure"" (Turner 1977, S. 101).

Ergebnis sozialer Interaktion ist. Diese Haltung führt zu einem veränderten Verständnis der sozialen Realität, die ihren konkreten, objektivierten Status verliert. Soziales Handeln wird erst möglich durch einen Konsens von Bedeutungsbestimmungen, der zur Etablierung bestimmter Gesetzmäßigkeiten führt.[503] Die organisationstheoretische Fragestellung wandelt sich im Rahmen der "Metapher"-Sichtweise von „Welche Aufgaben erfüllt die Organisation, und wie können die Aufgaben effizienter bewältigt werden?" zu „Wie ist die Organisation organisiert, und was bedeutet diese Form der Organisation?".[504]

Neuere, jedoch nicht auf kulturanthropologische Wurzeln rekurrierende Ansätze einer Systematisierung der Organisationskulturansätze finden sich bei Kasper[505] oder auch bei Scholz[506].

### 2.3.3.2  Bedeutung für das kulturbewußte Personalmanagement

Das kulturbewußte Personalmanagement verfolgt eine "Multiple Culture Perspective"[507], d.h. grundsätzlich werden alle Hierarchieebenen der Kultur in die Betrachtung einbezogen, so daß im Folgenden in deutlicher Abgrenzung zu einem "Organisationskulturkonzept" von einem "Kulturkonzept" als einem umfassenderen Rahmen zu sprechen ist. Daher sind auch die Erkenntnisse verschiedener Konzepte der Organsationskulturforschung von Interesse.

Das Cross-Cultural und das Comparative Management liefern Untersuchungsergebnisse über die Ebene der Landeskultur. Das kulturbewußte Personalmanagement übernimmt die diesen Ansätzen zugrundeliegende Annahme bestehender Unterschiede zwischen Landeskulturen, die speziell für den weiteren Verlauf dieser Arbeit von Bedeutung ist.

Das Comparative Management behandelt die Kultur weitestgehend als externe Variable und ausschließlich auf der nationalen Ebene. Dabei werden jedoch insbesondere die unternehmensbezogenen Ebenen der Kultur vernachlässigt. Ergänzend können die funktionalistischen "Variablen"-Ansätze wirken, die ihren Forschungsschwerpunkt auf die von der Organisation produzierte Organisationskultur legen und deren Wirkungen als wesentlichen Einflußfaktor des Unternehmenserfolgs untersuchen.[508]

Neben einer möglichen Kulturbeeinflussung, worin der Forschungsschwerpunkt der funktionalistischen "Variablen"-Sichtweise zu sehen ist, ist demnach auch dem Aspekt Rechnung zu

---

[503] Vgl. Smircich 1983a, S. 353.

[504] Vgl. ebenda.

[505] Kasper (1987, S. 74ff.) unterscheidet sechs bedeutende Theorie-Ansätze: Organisationskultur aus entscheidungstheoretischer Sicht (Heinen/Dill 1986, S. 202ff.), aus kontingenztheoretischer Sicht (Kieser 1984, S. 3ff., 1985, S. 367ff., 1986, S. 42ff., 1991, S. 253ff., Wilkins/Ouchi 1983, S. 468ff.), aus systemtheoretischer Sicht (Probst/Scheuss 1984, S. 480ff., Malik 1981, S. 121), aus Sicht interpretativer Ansätze (Smircich 1983b, S. 160ff., 1983c, S. 55ff.), aus Sicht kognitiver Ansätze (Weick 1979a, S. 41ff., 1979b, Sackmann 1983, S. 393ff.) und aus Sicht psychoanalytischer Ansätze (Kets de Vries 1980, 1984, Neuberger 1985b, Neuberger/Kompa 1986a, S. 61ff., 1986b, S. 58ff., 1987).

[506] Scholz, C. (1988b, S. 243ff.) unterscheidet die drei großen Stränge der Strategieforschung (Deal/Kennedy 1982, Peters/Waterman 1983), Verhaltensforschung (Schein 1985) und Organisationstheorie (Darunter subsumiert Scholz die Betrachtungen der Unternehmenskultur im entscheidungsorientierten Ansatz (Heinen 1987) und im Symbolischen Interaktionismus (Frost u.a. 1985, Pondy u.a. 1983, Dandridge u.a. 1980)).

[507] Vgl. Boyacigiller u.a. 1996, S. 181ff., Heene 1994, Rose 1988, S. 139ff.; vgl. dazu das Schichtenmodell nach Dülfer (1981, S. 1ff., 1992, Sp. 1203f.), ähnlich auch Bleicher 1986a, S. 100ff., Scheuss 1985, Fombrun 1983, S. 139ff., Bergmann 1991, S. 39, Hentze 1987, S. 172ff., Krulis-Randa 1984, S. 361, Moran/Harris 1982, S. 109.

[508] Vgl. Deal/Kennedy 1982, Peters/Waterman 1983.

tragen, daß die Entscheidungsträger des Personalmanagements, wie im übrigen alle Mitglieder der Unternehmung, selbst auch Träger der Kultur sind und in ihrem Verhalten und ihren Handlungen von der Kultur beeinflußt sind. Dieser Forderung werden die Ansätze gerecht, welche die Kultur als Organisationsmetapher begreifen (kognitive, symbolische und strukturell-psychodynamische Ansätze) und durch das anders geartete Paradigma die Forschung bereichern können.

Zusammenfassend erscheint es daher zweckmäßig, eine Synthese der Auffassungen "Die Organisation hat eine Kultur" und "Die Organisation ist eine Kultur" anzustreben und nach dem Prinzip zu verfahren: *"Die Organisation hat und ist eine Kultur".*[509]

Durch diese Perspektive wird - anknüpfend an das gezeichnete Menschen- und Betriebsbild - sowohl einem "naiven Machbarkeitsdenken" im Sinne eines vollständig steuerbaren Kulturmanagements, als auch einer ausschließlich metaphorischen Behandlung des Kulturkonstrukts, welche jegliche Möglichkeit zur Einflußnahme auf die Kultur von Seiten des Managements ausschließt, eine Absage erteilt. Dabei erweist sich die Position des *gemäßigten Voluntarismus* als eine logische wissenschaftstheoretische Grundlage des skizzierten kulturbewußten Personalmanagements. Der gemäßigte Voluntarismus bildet eine zweckmäßige wissenschaftstheoretische Basis evolutionärer Ansätze[510] und stellt eine Synthese der Extrempositionen von Variablen- und Metapher-Sichtweise dar.

### 2.3.4 Bezug zu personalwirtschaftlichen Ansätzen

Wie alle wissenschaftlichen Disziplinen bedarf auch die Personalwirtschaftslehre einer kontinuierlichen Weiterentwicklung ihrer Forschungskonzeption, gerade auch weil es sich um eine noch relativ junge Fachrichtung handelt. Der Status Quo der Personalwirtschaftslehre ist zwar durch einen weitverbreiteten Konsens über die Fach*inhalte* gekennzeichnet[511], jedoch gibt es verschiedene Bestrebungen von *konzeptionellen* Weiterentwicklungen, die vor allem auf

- die Verminderung der vorhandenen Theorieschwäche, die nicht zuletzt durch notwendigerweise strittige, weil realitätsfremde Modellannahmen disziplinimmanent erscheint, und

- die Verbesserung von Einsatz- und Steuerungskonzepten der in ihrer strategischen Bedeutung erkannten Ressource "Personal" im Interesse der Unternehmenspraxis

gerichtet sind.

---

[509] Dieser "integrativen" Sichtweise hat sich bereits eine ganze Gruppe von Forschern verschrieben; vgl. insbes. Sackmann 1990a, S. 114ff., 1990b, S. 151ff., 1991a, 1991c, S. 295ff., 1996, S. 55ff., Treichler 1995, S. 48ff., Erpenbeck 1996, S. 41ff., Schein 1984a, S. 3ff., 1985, 1986b, S. 23ff., 1995, Wollnik 1991, S. 65ff., Scholz/Hofbauer 1990, Keller, A. 1990, Neuberger/Kompa 1986a, S. 61ff., 1986b, S. 58ff., 1987; Ochsenbauer/Klofat (1987, S. 101ff.) plädieren ebenso für eine reflektierte, d.h. nicht auf einer Extremposition beruhenden Forschungskonzeption.

[510] Vgl. Kirsch 1990, S. 39ff., 271ff., insbesondere S. 273f.: „Soziale Systeme, vor allem Organisationen, sind grundsätzlich durch Willensakte veränderbar. Für einen gemäßigten Voluntaristen bleibt jedoch die Frage offen, wieviel man unter Einsatz welcher Mittel durch Willensakte bewältigen kann. Die Aussage, daß grundsätzlich alles durch Willensakte veränderbar ist, impliziert nicht, daß ihre beabsichtigte Änderungsversuch automatisch gelingt. Der gemäßigte Voluntarist bleibt bezüglich der Möglichkeiten des bewußt gesteuerten organisatorischen Wandels skeptisch."

[511] Die Personalwirtschaftslehre befindet sich in einer Konsolidierungsphase, zumindest was die Gleichartigkeit der in den Lehrbüchern vorgestellten personalwirtschaftlichen Instrumente anbelangt. Vgl. z.B. Schanz 1993, Berthel 1995, Scholz 1994, Oechsler 1994, Drumm 1995, Hentze 1991, 1994.

Ein kulturbewußtes Personalmanagement möchte sich als eine solche Weiterentwicklung verstehen. Dabei ist jedoch deutlich zu machen, daß ein kulturbewußtes Personalmanagement in seinen zentralen Grundlagen wesentlich an drei in der Diskussion befindlichen neueren Strömungen anknüpft (Vgl. Abb. 18).

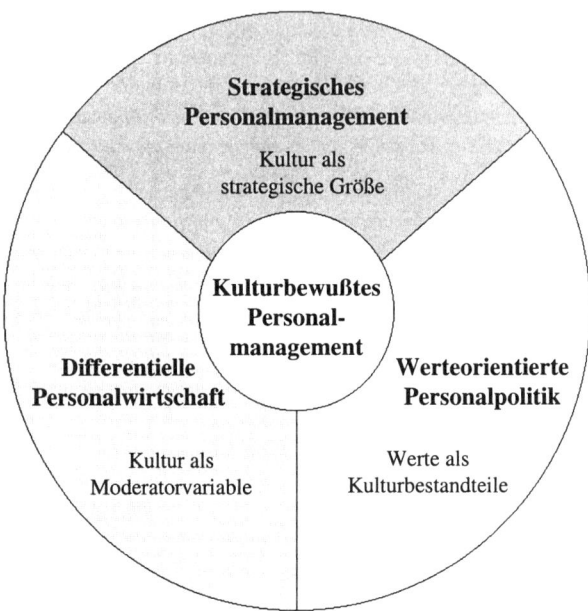

Abb. 18: Konzeptionelle Weiterentwicklungen der Personalwirtschaft

Quelle: eigene Darstellung

Der Ansatz einer "Differentiellen Personalwirtschaft"[512] hat seinen Ausgangspunkt in dem Bemühen, den Realitätsbezug personalwirtschaftlicher Theorieansätze durch eine Differenzierung der Aussagensysteme über geeignete Moderatorvariablen zu erhöhen. Der enge Bezug eines kulturbewußten Personalmanagements zur Differentiellen Personalwirtschaft besteht darin, daß Kultur als eine Moderatorvariable gesehen und damit als Grundlage eines Differenzierungskonzeptes genutzt werden kann.

Der Ansatz der "Werteorientierten Personalpolitik"[513] als pragmatische Einbeziehung des gesellschaftlichen Kontextes in Form von Werthaltungen der Mitarbeiter in die unternehmerische Entscheidungsfindung dient dem kulturbewußten Personalmanagement als praxisorientierter Relevanznachweis, d.h. als Beleg für die Möglichkeit einer praktischen Anwendbarkeit eines Konzepts, welches Werte als verhaltensleitende Faktoren berücksichtigt. "Werteorientierte Personalpolitik" dient einem kulturbewußten Personalmanagement als Anknüpfungs-

---

[512] Vgl. als Vertreter Marr 1989b, S. 37ff., Marr/Friedel-Howe 1989, S. 323ff., Fritsch 1994, Wiegran 1996.

[513] Vgl. als Vertreter Wollert/Bihl 1983, S. 154ff., Bihl 1987b, S. 768ff., 1996, Wollert 1985, S. 95ff., 1991a, S. 77ff., Bihl/Hehl/Wollert 1985, S. 193ff., Rosenstiel 1989, S. 45ff., 1995a, S. 1ff.

punkt für eine wissenschaftliche Erweiterung in Form der konzeptionellen Einbeziehung der Kultur als einer umfassenderen Größe.

Der Ansatz eines "Strategischen Personalmanagements"[514] greift auch die in den letzten Jahren in der Wirtschaftspraxis geführte Diskussion auf, ob und inwieweit der zunehmenden Dynamik und Komplexität der Umwelt durch die Aufnahme "strategischer" Elemente in die Personalarbeit begegnet werden kann. "Kultur" scheint speziell in der heutigen Zeit gesellschaftlicher Neuordnungen vieler Staaten und identitätsbezogener Neubestimmung der Individuen ein bedeutendes strategisches Element auch für den betrieblichen Kontext darzustellen.

### 2.3.4.1 Kulturbewußtes Personalmanagement als Baustein der Differentiellen Personalwirtschaftslehre

### 2.3.4.1.1 Gegenstand einer "Differentiellen Personalwirtschaftslehre"

Der Individualität des Einzelnen kommt eine Schlüsselfunktion hinsichtlich des Erklärens und Verstehens menschlichen (Leistungs-)Verhaltens zu.[515] Es besteht weitgehende Einigkeit darüber, daß eine realitätsbezogene Personalwirtschaftslehre die individuellen Erwartungen, Interessen, Motive und Ziele des arbeitenden Menschen berücksichtigen muß. Trotzdem fußt die wissenschaftliche Auseinandersetzung mit dem Erkenntnisgegenstand der Personalwirtschaftslehre immer noch auf generalisierenden, undifferenzierten und vereinfachenden Aussagensystemen, welche der geforderten Individualität und Realitätsnähe nicht gerecht werden.

Die Personalwirtschaftslehre steht insofern vor der Aufgabe, sich konzeptionell mit Blick auf eine zunehmende Individualisierung neu auszurichten.[516] Das sich eröffnende Kontinuum für eine Positionierung erstreckt sich von der bislang vorherrschenden Generalisierung auf einem möglichst hohen Abstraktionsniveau bis hin zu einer Orientierung am individuellen Einzelfall mit einem hohen Konkretisierungsgrad.[517]

Zentrale Aufgabe der Personalwirtschaftslehre als Wissenschaft sollte es sein, Theorien zu entwickeln bzw. aus ihren Nachbardisziplinen zu entleihen, um Erklärungen zu liefern, die über den Einzelfall hinaus gelten.[518] Die Qualität einer Theorie bemißt sich unter anderem nach ihrem Informationsgehalt bzw. ihrer Erklärungskraft, d.h. auch danach, *wieviele* reale Phänomene präzise und aussagekräftig erklärt werden können, was sich im Abstraktionsniveau der Theorie ausdrückt.[519] Eine konsequente Spezifizierung personalwirtschaftlicher Theorien auf den Einzelfall führt zur Bildung unzähliger Theorien, deren Qualität

---

[514] Vgl. dazu die Arbeiten von Ackermann (1991, S. 13ff.), Drumm (1992a), Scholz, C. (1993a, S. 31ff., 1993b, S. 17ff., 1994), Bühner (1994), Oechsler (1994).

[515] Vgl. z.B. Amelang/Bartussek 1990, S. 19ff.

[516] Vgl. zur Forderung einer personalwirtschaftlichen Individualisierung vor allem Schanz 1977, Marr 1983, S. 27-40, Drumm (Hg.) 1989.

[517] Vgl. Marr/Friedel-Howe 1989, S. 325ff., Marr 1989b, S 38ff., Fritsch 1993, S. 302ff.

[518] Wie auch die moderne Betriebswirtschaftslehre erschöpft sich das Ziel der Personalwirtschaftslehre nicht in der Erstellung bloßer Deskriptionen, sondern beinhaltet auch die Abgabe von Erklärungen und Prognosen; vgl. hierzu Raffée 1974, S. 38ff., Marr/Stitzel 1979, S. 25ff., 38ff.

[519] Vgl. Marr/Stitzel 1979, S. 38ff., Wild 1976, Sp. 3893ff.

- durch die mit zunehmender Spezifität der Antecedensbedingungen abnehmende Erklärungskraft und der damit verbundenen Unmöglichkeit der Verallgemeinerung sowie

- durch die hohe Komplexität und die dadurch erschwerte Prüfbarkeit

relativ gering einzuschätzen ist[520] und somit auch der wissenschaftlichen Aufgabenstellung der Personalwirtschaftslehre zuwiderläuft.[521] Es scheint auch unmöglich, den Menschen in seiner gesamten Individualität, d.h. Komplexität, zu erfassen. Wollte man für jeden Mitarbeiter eine spezifische Personalwirtschaftslehre konzipieren, die auf - zugegebenermaßen sehr realitätsnahen - Modellen beruhen könnte, würde dies zu einer "Modell- und Theorieinflation" führen, die in ihrer Anwendbarkeit auf nur jeweils wenige Einzelfälle beschränkt wären. Wollte man im Rahmen eines einzigen, hochkomplexen Modells jeden Einzelfall berücksichtigen, würde man letztlich den Zweck eines Modells mißachten, der maßgeblich in der *Reduktion der Komplexität*[522] besteht und würde zu dem bekannten Ergebnis gelangen, daß die Realität niemals völlig erfaßt werden kann.

Auf der anderen Seite erscheint es nicht im Sinne einer *anwendungsorientierten* Wissenschaft, sich weiter durch realitätsfremde Aussagensysteme, die der Individualität des Einzelnen nicht gerecht werden, von der Unternehmenspraxis zu entfernen. Die gegenwärtige Personalwirtschaftslehre fußt (meist implizit) auf einem Bild eines "Normal-Mitarbeiters", der stets zumindest begrenzt rational handelt und sich - mit etwas spekulativem Mut - „als *männlich, von mittlerem Alter, körperlich gesund, mit ausreichender Berufserfahrung und in einer Stellung von mittlerer Verantwortung in der Fertigung oder der Verwaltung*" [523] beschreiben ließe. Ein derart eingeengtes Menschenbild erweist sich für die Erklärung von Phänomenen der realen Arbeitswelt und ebenso für daraus abgeleitete Gestaltungsempfehlungen als wenig geeignet, denn nur die wenigsten Mitarbeiter weisen tatsächlich diese Eigenschaften auf.[524]

Somit könnte man der heutigen, zu sehr generalisierenden Personalwirtschaftslehre zu Recht den Vorwurf des Modell-Platonismus[525] machen, da die Aussagensysteme von zu realitätsfernen Annahmen über menschliches Verhalten geleitet werden. Da die Wirksamkeit personalwirtschaftlicher Theorien und daran anknüpfender Gestaltungsempfehlungen entscheidend von der Wirklichkeitsnähe des zugrundegelegten Menschenbildes abhängt, ergibt sich die

---

[520] Vgl. Wild 1976, Sp. 3893ff.

[521] Eine konsequente praktische Umsetzung einer individualisierten Personalarbeit scheint auch unter den gegebenen betrieblichen und personalen Bedingungen kaum realisierbar. So verlangt die Organisation im Hinblick auf die Erreichung eines gemeinsamen Betriebszweckes ein Mindestmaß an Solidarität, welche durch mangelnde Akzeptanz einer expliziten Ungleichbehandlung der Mitarbeiter im Zuge einer Individualisierung erheblichen Schaden nehmen kann. Ebenso sprechen Wirtschaftlichkeitsüberlegungen gegen eine strikte Individualisierung, zumal die hierdurch verursachten, erheblichen zusätzlichen Kosten leicht, der mögliche zusätzliche Nutzen jedoch nur schwer bzw. gar nicht zu quantifizieren sind. Vgl. hierzu auch Fritsch 1994, S. 4, Wiegran 1996, S. 9ff.

[522] Vgl. Kappler 1992, Sp. 1324ff., Scholz, C. 1994, S. 402ff.

[523] Marr 1989b, S. 41.

[524] Vgl. Marr 1989b, S. 41f.

[525] Vgl. Albert 1976a, Sp. 4682: „Der Versuch, die Erklärungskraft einer Theorie durch ihre Anwendung im Rahmen völlig unrealistischer Modellkonstruktionen zu erweisen - Modell-Platonismus - verkennt den Charakter einer adäquaten Nachprüfung an Hand der Tatsachen."

Notwendigkeit einer Modifikation in Richtung eines differenzierteren und damit realistischeren Menschenbildes.[526]

Zwischen den Alternativen einer strikten Normierung der Annahmen über menschliches Verhalten (die der Realität nicht gerecht werden können) und einer konsequenten Individualisierung der Personalwirtschaftslehre (die dann kaum mehr den Charakter einer wissenschaftlichen Disziplin haben könnte) bezieht die "Differentielle Personalwirtschaftslehre" ihre Position.[527] Erfaßt man die Mitarbeiter in bestimmten Gruppierungen, die sich anhand geeigneter Kriterien, wie z.B. Alter, Geschlecht, Nationalität etc., bilden lassen, wird man ihrer Heterogenität in stärkerer Weise gerecht.

Die "Differentielle Personalwirtschaftslehre" ist bestrebt, die durch die herkömmliche "Allgemeine Personalwirtschaftslehre" aufgedeckten *allgemeinen* Gesetzmäßigkeiten durch Erkenntnisse über die personalwirtschaftlich relevanten Einflußfaktoren und Wirkungszusammenhänge zu relativieren. Das theoretische Ziel eines differentiellen Ansatzes liegt in einem tieferen Verständnis des Zusammenwirkens der Leistungsvoraussetzungen der *Person* und der personalwirtschaftlich und organisatorisch gestalteten *Situation*, welches die Grundlage für eine besser auf die einzelne Person abgestimmte Personalarbeit darstellt. Durch diese zusätzliche Feinabstimmung der situativen Einflußfaktoren des Leistungsverhaltens läßt sich hinsichtlich der personalwirtschaftlichen Formalkriterien der ökonomischen und sozialen Effizienz eine Erhöhung erreichen.[528]

### 2.3.4.1.2 Identifizierung geeigneter Moderatorvariablen

Von zentralem Interesse ist daher die Identifizierung von geeigneten Merkmalen, welche als sogenannte "moderierende", d.h. einschränkende Variablen die Funktion übernehmen können, personalwirtschaftliche Aussagensysteme zu differenzieren und mitarbeitergruppenspezifische Konzeptionen zu entwickeln.[529]

Durch das Auffinden geeigneter Unterscheidungsmerkmale könnten Erklärungen dafür gefunden werden, warum eine allgemeingehaltene Hypothese im konkreten Einzelfall *nicht* bestätigt werden kann. So könnte etwa die These, daß die Lernfähigkeit einer Person durch eine nach den Wünschen des Lernenden gestaltete Atmosphäre gesteigert werden kann, weiter differenziert werden, indem beispielsweise das Alter als Differenzierungsmerkmal für die Lernfähigkeit herangezogen wird.[530] „Das bislang geflissentlich "übersehene" Realphänomen,

---

[526] Vgl. Schein 1965, S. 47ff., Schanz 1993, S. 57; vgl. Kap. 2.2.1.

[527] Vgl. Marr 1983, S. 36, 1989b, S 38ff., Marr/Friedel-Howe 1989, S. 325ff., Fritsch 1993, S. 302ff., Fritsch 1994, S. 1ff., Wiegran 1996, S. 2ff.

[528] „Konkret bedeutet das zum einen eine Verbesserung des Leistungs-Kosten-Verhältnisses des Mitarbeitereinsatzes, die in Form einer Steigerung der Leistungsergebnisse oder auch einer Kostensenkung (z.B. durch Verminderung von Fluktuation und Fehlzeiten) aufgrund einer besseren Feinabstimmung des Determinantensystems des Leistungsverhaltens auf individuelle Dispositionen erreichbar erscheint. Zum anderen geht es um die Erhöhung des Erreichungsgrades der Mitarbeiterziele, d.h. der Arbeitszufriedenheit, der Erhaltung der physischen und psychischen Gesundheit etc." (Marr 1989b, S. 40). Vgl. Marr 1983, 1989b, Marr/Friedel-Howe 1989, Fritsch 1994, Wiegran 1996.

[529] Vgl. Marr/Friedel-Howe 1989, S. 325ff., Marr 1989b, S 38ff., Fritsch 1994, S. 1ff., Wiegran 1996, S. 2ff.

[530] Vgl. hierzu z.B. Lehr/Dreher/Schmitz-Scherzer 1970, S. 779ff., Lehr/Olbrich 1975, Lehr 1987, S. 39ff., 1991, S. 67ff., Lehr/Thomae 1987, Fritsch 1994, S. 121ff.

daß *"gleiche" Maßnahmen* bei den Mitarbeitern *zu sehr ungleichen Wirkungen führen*, bzw. daß, um bei allen Mitarbeitern gleiche Wirkungen zu erzielen, sehr unterschiedliche, d.h. individuell abgestimmte Maßnahmen ergriffen werden müssen, würde dann der Erklärung und auch Handhabung zugänglich."[531]

Freilich bleibt nun zu klären, *wie*, d.h. basierend auf welcher theoretischen oder auch empirischen Grundlage geeignete "Moderatorvariablen" identifiziert werden können, um sinnvolle personalwirtschaftliche Teilkonzeptionen für bestimmte Mitarbeitergruppen zu entwickeln. Dazu ist zu prüfen, inwieweit aus den Nachbarwissenschaften Erkenntnisse fruchtbar gemacht werden können. Marr verweist auf zwei grundlegende Ausgangspunkte:[532]

a)  *Taxonomien von Persönlichkeitsmerkmalen*, wie sie in der Persönlichkeitspsychologie (z.B. kognitive Dispositionen; Selbstkonzeptmerkmale; Interessen; Motive; energetische Merkmale) oder in der Soziologie gebräuchlich sind (z. B. Altersgruppe, Geschlecht, soziale und geographische Herkunft) und

b)  *Befunde der empirischen organisationspsychologischen und arbeitswissenschaftlichen Forschung.*[533]

So empfiehlt sich zunächst der Blick in die Differentielle Psychologie. Erste Ansätze der Differentiellen Psychologie finden sich in Form einer stärkeren Berücksichtigung der Individualität in der Psychologie in Frankreich um die Jahrhundertwende.[534] Etwa zur gleichen Zeit erschien das grundlegende Werk von W. Stern „Über Psychologie der individuellen Differenzen", dem weitere wegweisende Arbeiten folgten.[535] Stern unterscheidet folgende, bis heute gültige, methodische Zugänge zur Differentiellen Psychologie:

-   Variationsforschung (untersucht ein Merkmal an vielen Individuen),

-   Korrelationsforschung (untersucht zwei oder mehr Merkmale an vielen Individuen und geht dabei vor allem der Frage nach: „Was geht womit einher?"),

-   Psychographie (untersucht eine Person in Bezug auf viele Merkmale und läßt sich als ältesten Zugang zur Differentiellen Psychologie bezeichnen) und

-   Komparationsforschung (untersucht zwei oder mehrere Personen in Bezug auf viele Merkmale).

Den Ansätzen liegen allerdings auch die Annahmen der situativen und zeitlichen Konstanz zugrunde. Mit der zunehmenden Erkenntnis situativer und zeitlicher Relativierung der Forschungsergebnisse und dem Aufkeimen interaktionistischer Ansätze setzte sich zunehmend der erweiterte Ansatz von Cattell in der Differentiellen Psychologie durch, der neben den Dimensionen "Person" und "Merkmal" die "Situation" als dritte Dimension einbezog und im Ergebnis das theoretische Modell des "Datenquaders" entwickelte (vgl. Abb. 19).

---

[531] Marr 1989b, S. 39 (Hervorhebungen durch Verfasser).

[532] Vgl. Marr 1989b, S. 44.

[533] Vgl. hierzu etwa die Beiträge von Mitchell (1979), Cummings (1982), Schneider, B. (1985).

[534] Vgl. Binet/Henri 1895, Binet/Simon 1905; beide zit. nach Amelang/Bartussek 1990, S. 42f.

[535] Vgl. Stern 1900, 1921, 1950.

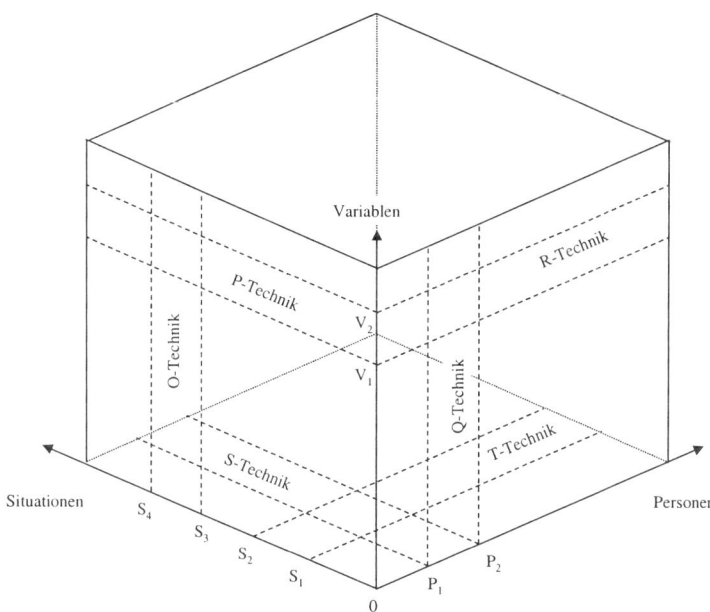

Abb. 19: Datenquader und Korrelationstechniken

Quelle: in Anlehnung an Cattell 1957

Die durch verschiedene Techniken ausgedrückten Untersuchungsmethoden grenzen sich wie folgt voneinander ab:

(1) R-Technik:   Untersucht werden Korrelationen zwischen bestimmten Merkmalen über mehrere Personen in einer Situation, wie z.b. Zusammenhänge von Alter und Lernfähigkeit, Geschlecht und Intelligenz u.ä..

(2) Q-Technik:   Untersucht werden Korrelationen zwischen Personen über mehrere Merkmale in einer Situation, wie z.b. Ähnlichkeiten zweier oder mehrerer Mitarbeiter hinsichtlich Intelligenz, Ausbildungsniveau, Familienstand, Motivation, usw.

(3) O-Technik:   Untersucht werden Korrelationen zwischen Situationen über mehrere Merkmale einer Person, z.B. inwieweit typische Situationsbedingungen, etwa in Form von Lärm- und Lichtverhältnissen, hinsichtlich der Merkmale Lernfähigkeit, Arbeitszufriedenheit oder auch Leistungsverhalten ähnlich sind.

(4) P-Technik:   Untersucht werden Korrelationen zwischen bestimmten Merkmalen einer Person über verschiedene Situationen, z.B. inwieweit die Lernfähigkeit und die Atemfrequenz einer Person unter verschiedenen Lärm- und Lichtverhältnissen zusammenhängen.

(5) S-Technik:   Untersucht werden Korrelationen bzw. Ähnlichkeiten zwischen Personen hinsichtlich eines Merkmals über verschiedene Situationen, z.B. Ähnlichkeiten von Personen hinsichtlich ihrer Lernfähigkeit bei einer Variation der situativen Bedingungen, wie etwa Zeit oder auch Lärm, Beleuchtung etc..

(6) T-Technik:    Untersucht werden Korrelationen zwischen bestimmten Situationen über mehrere Personen hinsichtlich eines Merkmals, z.b. Ähnlichkeiten bei der Vorbereitung auf ein Vorstellungsgespräch und auf ein Mitarbeitergespräch hinsichtlich der Nervosität bei den verschiedenen Personen.

Während diese Techniken noch die methodische Schwäche aufweisen, jeweils eine Dimension als konstant anzunehmen, ermöglichen modernere Ansätze eine Simultanbetrachtung aller drei Dimensionen. Somit kann etwa die Ähnlichkeit zweier Personen nicht nur durch Korrelation über Merkmale (Q-Technik) *oder* durch Korrelation über Situationen (S-Technik), sondern durch Korrelaton über Merkmale *und* Situationen bestimmt werden.[536] Als Beispiel hierfür sei auf Untersuchungen des Zusammenhangs zwischen Alter und Lernfähigkeit über mehrere Personen in verschiedenen Situationen verwiesen.[537]

Eine Gruppenbildung von Individuen unter differentialpsychologischer Perspektive erfolgt demnach unter dem Aspekt der Zusammenfassung von Personen mit gleichen Merkmalsausprägungen mit dem Ziel, diese Gruppe mit einer anderen zu vergleichen, welche abweichende Merkmalsausprägungen aufweist.[538]

Die aus betriebswirtschaftlicher Sicht bedeutsamste Anforderung an geeignete Moderatorvariablen besteht in dem notwendigen Zusammenhang mit den Effizienzkriterien, die in Bezug auf das zu erklärende Phänomen bzw. das zu handhabende Gestaltungsproblem zugrundegelegt werden. Der dualistischen Zielkonzeption des konfliktorientierten Ansatzes folgend, kann dabei grundsätzlich von den Kategorien der ökonomischen und der sozialen Effizienz ausgegangen werden.[539] Eine geeignete Moderatorvariable müßte hinsichtlich der Korrelation mit einem Effizienzkriterium folgende Voraussetzungen erfüllen:[540]

-    statistische Signifikanz (So könnte z.B. das Kriterium "Betriebszugehörigkeit" als Moderator für Fluktuation dienen, denkt man dabei nur an das bekannte Phänomen der sog. "Frühfluktuationen", welche von erheblicher statistischer Bedeutung ist.) *und*

-    praktische Bedeutsamkeit (Es erscheint beispielsweise plausibel, daß das Kriterium "Haustierbesitz" zwar vielleicht statistisch bedeutsam, jedoch in seiner praktischen Bedeutung für die betriebliche Personalarbeit von untergeordneter Bedeutung ist.) *sowie*

-    relative Stabilität (Bezogen etwa auf die Struktur bestehender Vergütungssysteme erweist sich das Kriterium "Geschlecht" als relativ stabil, da die geringere Bezahlung von Frauen gegenüber Männern nur sehr langsam veränderbar scheint.).

---

[536] Als modernes Auswertungsverfahren gilt die dreimodale Faktorenanalyse; vgl. Amelang/Bartussek 1990, S. 46f.

[537] Vgl. hierzu z.B. Lehr/Dreher/Schmitz-Scherzer 1970, S. 779ff., Lehr/Olbrich 1975, Lehr 1987, 1991, S. 67ff, Lehr/ Thomae 1987, Fritsch 1994, S. 121ff.

[538] Dabei unterscheidet sich der differentialpsychologische Begriff der Gruppe von dem der klassischen Sozialpsychologie, nach welchem sich Gruppierungen durch gemeinsames Handeln und Interagieren konstituieren; vgl. Amelang/Bartussek 1990, S. 47.

[539] zu beachten ist jedoch, daß bezugnehmend auf konkrete Realphänomene die einzelnen Subziele unterschiedliches Gewicht erhalten können, so daß dementsprechend spezifische Moderatorvariablen besondere Wirkung entfalten (Vgl. Marr/Friedel-Howe 1989, S. 329f.).

[540] Vgl. hierzu Marr/Friedel-Howe 1989, S. 329, Marr 1989b, S. 44.

Hypothetisch könnten die folgenden Merkmale für eine Differenzierung von Interesse sein:[541]

(1) Personattribute bzw. sozio-demographische Merkmale, wie z.B. Alter, Geschlecht, Beruf;

(2) personengebundene funktionale Merkmale, wie hierarchische, funktionale, institutionelle Position, funktionale Rolle;

(3) Persönlichkeitsmerkmale, wie z.b. Motive, Werthaltungen, kognitive Orientierungen;

(4) Fähigkeitsmerkmale, wie z.b. fachliche und soziale Kompetenz, Kommunikationsfähigkeit;

(5) Merkmale der persönlichen Lebensverhältnisse, wie z.b. Familiensituation, Dauer der Berufsausübung etc.

Vor dem Hintergrund des allgemeinen Grundsatzes der *Gleichbehandlung* beinhaltet die Frage einer expliziten Differenzierung, d.h. *Ungleichbehandlung*, auch eine normative sowie eine ethische Dimension. Eine Gerechtigkeitsdiskussion, die durch politische, aber auch moralische Anschauungen geprägt wird, scheint unausweichlich: Welche Kriterien rechtfertigen eine unterschiedliche Behandlung der Mitarbeiter? Was empfinden Mitarbeiter als gerecht? Eine rein ökonomische Betrachtung grenzt solche Fragen freilich aus, wirkt aber gerade dadurch sehr verkürzend. Derartige Probleme nicht erkennen zu wollen, bedeutet nichts anderes, als die Augen vor der Realität zu verschließen.

Die adäquate Berücksichtigung der Interdependenzen zwischen den Zielkategorien der ökonomischen und sozialen Effizienz, aber auch der Wechselwirkungen zwischen den relevanten Moderatorvariablen in Form gegenseitiger Verstärkung, Neutralisierung oder gar Konkurrenz stellen ein bislang ungeklärtes, jedoch sehr zentrales analytisches Problem dar.[542]

Ein dem noch vorgelagertes Problem besteht im Auffinden geeigneter Moderatoren, welche den angesprochenen anspruchsvollen Voraussetzungen genügen. Dies erfordert erhebliche Forschungsarbeit in theoretischer wie empirischer Hinsicht und kann als zentrale Forschungsaufgabe zur Entwicklung der Differentiellen Personalwirtschaftslehre gesehen werden.

### 2.3.4.1.3 Kultur als Moderatorvariable

„The trouble ... is that the image of a constant human nature independant of time, place, and circumstances, of studies and professions, transient fashions and temporary opinions, may be an illusion, that what man is may be so entangled with where he is, who he is, and what he believes that it is inseparable from them. It is precisely the consideration of such a possibility that led to the rise of the concept of culture and the decline of the uniformation view of man."[543]

---

[541] Vgl. Marr 1989b, S. 39.

[542] Vgl. Marr 1989b, S. 45.

[543] Geertz 1973, S. 35.

### 2.3.4.1.3.1 Konzeptionelle Fragestellung

Als Moderatoren wurden bislang primär personengebundene funktionale Merkmale, d.h. Persönlichkeitsmerkmale, Fähigkeitsmerkmale und persönliche Lebensverhältnisse in Teilkonzeptionen der Differentiellen Personalwirtschaft verwendet.[544]

Menschliches Arbeitsverhalten wird neben der Persönlichkeit auch vom kulturellen Hintergrund des Einzelnen beeinflußt (Vgl. Abb. 10). Zu prüfen ist, inwiefern die Kultur - in ihren verschiedenen Hierarchieebenen - durch die von ihr ausgehenden verhaltenssteuernden Wirkungen als Moderatorvariable einer differentiellen Personalwirtschaft dienen kann.

Um die Anforderungen der statistischen Signifikanz, der praktischen Bedeutsamkeit und der relativen Stabilität überprüfen zu können, muß das Konstrukt der Kultur inhaltlich ausgefüllt werden. Die aufgrund des weiten Kulturbegriffs verbleibenden Meßprobleme scheinen unvermeidbar und verhindern im Grunde eine statistische Signifikanzprüfung. Speziell im Hinblick auf die Werte und Grundannahmen als Bestandteile der Kultur treten erhebliche methodische Probleme auf, die die klassischen Mängel der empirischen Sozialforschung verdeutlichen.[545] Mit Blick auf die im weiteren Verlauf der Arbeit betrachtete Ebene der Nationalkultur stellt sich freilich zudem die Frage, inwieweit man von den allgemein beobachteten nationalen Kulturmerkmalen auf die Eigenschaften und Präferenzen einer betrieblichen Teilpopulation schließen kann.[546]

Die Voraussetzung der praktischen Relevanz bzw. Bedeutsamkeit der Korrelation zwischen der Kultur und ökonomischer wie sozialer Effizienz scheint grundsätzlich gegeben zu sein, da in Literatur und Praxis weitgehend Einigkeit darüber besteht, daß die Kultur die Individualität des Einzelnen prägt und auch sein Arbeitsverhalten wesentlich mitbestimmt. Gemeinsam geteilte Denk- und Verhaltensmuster führen in der Realität ganz natürlich zu Gruppenbildungen informeller Natur. „In dem Maße, in dem Kultur die Menschen einer Gruppe verbindet, trennt sie sie von Menschen, die anderen Gruppen angehören."[547] Zwei Menschen, die gleich aussehen, gleich alt sind, den gleichen Familienstand haben oder auch in der gleichen finanziellen Situation sind, können völlig unterschiedliche Denk- und Verhaltensmuster besitzen, so daß sich eine Gleichbehandlung als sozial und ökonomisch ineffizient erweisen kann. Ebenso können zwei Menschen, die äußerlich völlig unterschiedlich zu sein scheinen, gleiche oder ähnliche Denk- und Verhaltensmuster aufweisen, weil sie beispielsweise jahrelang in derselben Abteilung in einem kleinen Team eng zusammengearbeitet haben und somit in wesentlichen Teilen einen *gemeinsamen kulturellen Hintergrund* erworben haben.[548] In diesem Fall könnte sich eine explizite Ungleichbehandlung über die negativen Folgen einer als ungerecht wahrgenommenen Maßnahme als sozial und ökonomisch ineffizient erweisen. Unter der Be-

---

[544] Weitgehend ungeklärt ist insbesondere die Tragfähigkeit der Moderatorvariablen Alter und Geschlecht, welche als Prototypen der Differentiellen Personalwirtschaft gelten können; vgl. Fritsch 1994, S. 26ff., Wiegran 1996, S. 27ff., Marr 1989b, S. 39, Marr/Friedel-Howe 1989, S. 327ff., Krell 1993, S. 50ff., Domsch 1989, S. 552ff., Drumm 1992b, S. 413, Wagner/Grawert 1989, S. 107, Weber, W. 1993, S. 76.

[545] Vgl. etwa Roth 1995, Lazarsfeld 1993, S. E15ff., Köcher 1993, S. 1131ff.

[546] Vgl. ähnlich auch Rosenstiel 1995a, S. 35f.

[547] Ramaswamy 1985, S. 35.

[548] Vgl. Schreyögg 1996a, S. 445.

dingung, daß es gelingt, die Kultur analytisch greifbar zu machen, scheint sie als Moderatorvariable von großer praktischer Bedeutung, da durch das Aufzeigen unterschiedlicher kultureller Hintergründe bei den Mitarbeitern sichtbar wird, daß "gleiche" Maßnahmen bei den Mitarbeitern zu sehr ungleichen Wirkungen führen können, bzw. daß, um bei allen Mitarbeitern gleiche Wirkungen zu erzielen, sehr unterschiedliche, eben kulturbewußte Maßnahmen ergriffen werden müssen.

Auch der Vergleich zur Wettbewerbsfähigkeit zwischen mehreren Ländern, insbesondere USA, Japan und Deutschland, als Forschungsgegenstand des Comparative Management basiert auf der Annahme eines bestehenden Zusammenhangs zwischen den grundlegenden Kulturmerkmalen dieser Länder und den organisationalen Effizienzkriterien (culture bound thesis).[549]

Bezüglich der Notwendigkeit einer relativ überdauernden Stabilität der Korrelation zwischen der Kultur und den Effizienzkriterien kann zunächst festgestellt werden, daß die Kultur selbst zwar prinzipiell dynamisch und auch veränderbar erscheint, dies jedoch nur unter langfristiger Perspektive. Die von der Kultur ausgehenden Wirkungen treffen freilich auf eine sich immer schneller wandelnde Umweltsituation, so daß beispielsweise - bezogen auf die Ebene der Nationalkultur - typisch deutsche Verhaltensweisen, die sich in der Vergangenheit als höchst effizient erwiesen haben, in der heutigen Zeit *möglicherweise* nicht mehr als Garant für internationale Wettbewerbsfähigkeit gelten können,[550] wie die aktuelle Diskussion um den Standort Deutschland glauben machen läßt. Die im weiteren Verlauf der Arbeit vorgenommene Identifikation wesentlicher nationaler Kulturmerkmale und die Untersuchung von deren Wirkungen auf die Effizienzkriterien kann daher als Grundlage für eine spätere Beurteilung dienen, inwieweit die (National-)Kultur als Moderatorvariable sinnvoll aufgegriffen werden kann. Zu klären bleibt für die theoretische Fundierung der Differentiellen Personalwirtschaft, inwieweit Variablen, die zum einen eine intervenierende Wirkung hinsichtlich der Effizienz personalwirtschaftlicher Entscheidungen entfalten, zum anderen aber auch durch personalwirtschaftliche Maßnahmen selbst verändert werden, als "Moderatorvariablen" gelten können. In diesem Sinne könnten sich zwei unterschiedliche Qualitäten von Moderatoren ergeben: nämlich solche, die durch personalwirtschaftliche Entscheidungen nicht verändert werden (z.B. biologische Merkmale wie Alter, Geschlecht etc.) und solche, die durch Personalarbeit (bewußt oder unbewußt) verändert werden (z.B. Kultur, Familie, Qualifikation etc.). Für die letztere Kategorie stellt sich dann freilich die Frage nach einer zielorientierten Beeinflussung, die aufgrund der zirkulären Prozesse in Verbindung mit der situationsabhängigen Funktionalität nur schwer zu beantworten sein dürfte.

---

[549] Vgl. z.B. Ouchi 1981, Pascale/Athos 1981.

[550] Vgl. die gleiche Einschätzung von Bleicher 1986a, S. 102; vgl. auch Fischer, J. 1989, S. 62, Herzog 1997a, 1996b, 1996c, 1996d, 1996e; dies gilt in gleicher Weise für eine verfestigte Unternehmenskultur, die sich in der Vergangenheit als Stärke, in der Zukunft jedoch als Schwäche erweisen könnte (vgl. Linke 1993, S. 34ff.). Kilmann spricht in diesem Zusammenhang von der Problemsituation eines "culture-gap", für dessen Lösung er eine Fünf-Stufen-Strategie vorschlägt (1985, S. 351ff.): (1) surfacing actual norms, (2) articulating new directions, (3) establishing new norms, (4) indentifying culture-gaps, (5) closing culture-gaps.

## Normative Problematik der kulturellen Differenzierung

Ein zentrales theoretisches Problem einer differenzierenden Personalpolitik ist mit dem normativen Charakter insbesondere im Falle einer kulturellen Differenzierung verbunden. Rechtfertigen die unterschiedlichen kulturellen Erfahrungen von Mitarbeitern eine Ungleichbehandlung? Welche Unterscheidungen von Mitarbeitern sind *gerecht bzw. werden als gerecht wahrgenommen*? Die Frage nach einer gerechten Differenzierung betrieblicher Entscheidungen steht dabei in engem Zusammenhang mit der Diskussion über den Inhalt und die betriebswirtschaftliche Relevanz der *Unternehmensethik*.[551]

Insbesondere unter Berücksichtigung der gegenwärtigen Situation einer Tendenz zur multikulturellen Gesellschaft, multikulturellen Betrieben[552] und einem zunehmend Konturen gewinnenden europäischen Einigungsprozeß kann eine kulturelle Differenzierung personalwirtschaftlicher Maßnahmen problematisch (vielleicht aber gerade deshalb auch notwendig) erscheinen, vor allem dann, wenn die Differenzierung als einseitige Bevorzugung und damit auch Benachteiligung bestimmter kultureller Hintergründe angesehen wird. Gerade auch aufgrund der in Deutschland belasteten Vergangenheit und der damit verbundenen Krise des Nationalbewußtseins[553] erscheint speziell die Nationalkultur als Abgrenzungskriterium auf den ersten Blick denkbar ungeeignet, und man könnte dem Konzept des kulturbewußten Personalmanagements den Vorwurf machen, das Ziel einer Abschottung und Verteidigung gegenüber Andersdenkenden bzw. fremden Kulturen (Nationalismus) zu verfolgen, wodurch erhebliche Akzeptanzprobleme im Rahmen der Umsetzung hervorgerufen werden könnten. Zudem bereitet eine valide Diagnose ebenfalls Probleme (Kriterienmessung "am Mitarbeiter", Kriterienfestlegung „Wann gilt ein Mitarbeiter als deutsch?", „Wie mißt man Kultur?").

Die kulturanthropologische Forschung richtet ihren Blick auf den Vergleich verschiedener Lebensweisen zum Verständnis der eigenen und fremden Ordnungsbilder sowie die damit verbundenen Identifikationsprozesse. Ziel ist dabei die Aufklärung der Menschen und Gesellschaften über den Irrtum, die eigene, selbstverständliche Lebensordnung als einzig mögliche zu begreifen, indem diese in Relation zu einer Vielfalt möglicher Verhaltensweisen betrachtet wird.[554] Auch unter Beachtung der negativen Wirkungen des Ethnozentrismus in der Vergangenheit muß doch konstatiert werden, daß der Ethnozentrismus letztlich Bindematerial einer Gesellschaft und ihrer Kultur ist,[555] was sich in analoger Weise für die Organisation als "kleine Gesellschaft" festhalten läßt.

---

[551] So nennt Molitor (1989) den Grundsatz der Gleichbehandlung als bedeutende unternehmungsethische Norm. Vgl. v.a. Steinmann 1978, S. 73ff., 1989, Steinmann/Oppenrieder 1985, S. 170ff., insbesondere auch Steinmann/Löhr 1988, S. 310: „Unternehmensethik umfaßt alle durch dialogische Verständigung mit den Betroffenen begründeten bzw. begründbaren materiellen und prozessualen Normen, die von einer Unternehmung zum Zwecke der Selbstbindung verbindlich in Kraft gesetzt werden, um die konfliktrelevanten Auswirkungen des Gewinnprinzips bei der Steuerung der Unternehmensaktivitäten zu begrenzen."; auf die erkennbar enge Verbindung zwischen Unternehmensethik und Unternehmenskultur weist auch Drumm hin (1991a, S. 64ff.) und warnt davor, daß die gesamte Kulturdiskussion aufgrund der mangelnden Operationalisierbarkeit der werthaltigen Normen in eine Sackgasse führt.

[552] Vgl. z.B. Kiechl 1993, S. 22ff., Bergmann, A. 1991, S. 39, Hartwich 1993, S. 464ff., Hilb 1991, S. 111ff.

[553] Vgl. Huber 1965, S. 273ff.

[554] Vgl. Marschall 1990, S. 9.

[555] Vgl. Marschall 1990, S. 8f.

Das Ziel des kulturbewußten Personalmanagements ist darin zu sehen, die kulturbedingten menschlichen Verhaltensweisen besser zu verstehen, fremde Verhaltensweisen zu hinterfragen und zu akzeptieren, um über ein tieferes Verständnis menschlicher Verhaltensweisen qualitativ bessere, weil feinabgestimmte Personalentscheidungen treffen zu können. Denn „eine Personalpolitik, die nicht die grundlegenden Einstellungen und Überzeugungen, welche das Handeln des Einzelnen beeinflussen, kennt und berücksichtigt, ist letztendlich zum Scheitern verurteilt."[556]

Die Gefahr einer einseitigen Benachteiligung bestimmter Gruppen muß von einer differenzierenden Personalwirtschaft erkannt werden. Das oberste Prinzip - insbesondere auch eines kulturbewußten Personalmanagements - besteht im Grundsatz der Gleichbehandlung.

*Exkurs: Gleichbehandlungsgrundsatz*
Der Grundsatz der Gleichbehandlung stellt auch in juristischer Hinsicht bedeutende Anforderungen an ein Konzept Differentieller und insbesondere kulturbewußter Personalwirtschaft. Ausgehend vom Kerngedanken des Artikel 3 GG zeigt auch das Arbeits- und Sozialrecht verschiedene Gebote der Gleichbehandlung, wie z.B. §§611a ff. BGB, §75, Abs. 1 BetrVG, §27 SprAuG oder auch die allgemeine Treuepflicht des Arbeitgebers gegenüber dem Arbeitnehmer. Jedoch ist die Bedeutung des Gleichbehandlungsgrundsatzes nicht darin zu sehen, daß alle Mitarbeiter im Betrieb eine identische Behandlung erfahren müßten. Vielmehr kann nach dem Grundsatz verfahren werden, daß Gleiches gleich und Ungleiches entsprechend seiner Eigenart differenziert zu behandeln ist.[557] Entscheidend ist dabei der sachliche Grund, der eine Differenzierung rechtfertigt, welcher dann gegeben ist, wenn die Differenzierung für die Erreichung eines Ziels des Arbeitgebers erforderlich und geeignet ist.[558]

Für die Differentielle Personalwirtschaft läßt sich das Gleichbehandlungsgebot analytisch in die beiden Segmente der intergruppalen und der intragruppalen Gleichbehandlung trennen. Somit soll grundsätzlich gewährleistet werden, daß einerseits

- bestimmte Gruppen, insbesondere Minoritäten, gegenüber anderen Gruppen (intergruppal) und andererseits auch

- einzelne Gruppenmitglieder gegenüber anderen Gruppenmitgliedern (intragruppal)

nicht prinzipiell einseitig bevorzugt oder benachteiligt werden.[559]

Das Gebot der Gleichbehandlung beinhaltet im Rahmen der Differentiellen Personalwirtschaft eine dualistische Zielsetzung: Zum einen soll nicht für sämtliche Mitarbeiter eine einheitliche, generalisierende Personalarbeit betrieben werden. Zum anderen ist es nicht im Sinne des Gleichbehandlungsgrundsatzes, wenn jeder Mitarbeiter unterschiedlich behandelt wird (stren-

---

[556] Wollert 1995, S. 6.

[557] Vgl. dazu auch verschiedene Urteile des Bundesverfassungsgerichts, z.B. BVerfGE 1952, S. 52; 1956, S. 155; 1980, S. 23, S. 76; 1980, S. 262; 1990, S. 51; zu Fehlinterpretationen des Gleichbehandlungsgrundsatzes vgl. Schuster, L. 1991, S. 25, Gaul/Eschler 1987, S. 3ff.

[558] Vgl. zur Gleichbehandlungsproblematik Gamillscheg 1983, S. 171f., Pfarr 1986, S. 585f., Hanau/Preis 1988, S. 177f., Fritsch 1992, S. 701ff., 1994, S. 39ff.

[559] Vgl. Fritsch 1994, S. 39ff.

ge Individualisierung), weisen doch mehrere Mitarbeiter bezüglich relevanter Differenzierungsmerkmale keine entscheidenden Unterschiede auf, so daß kein sachlicher Differenzierungsgrund gegeben ist. Somit verfolgt die Differentielle Personalwirtschaft simultan die Ziele einer *intragruppalen Gleich- und einer intergruppalen Ungleichbehandlung*[560] und wird der Intention des Gleichbehandlungsgrundsatzes gerecht.

### 2.3.4.1.3.2    Fragen der praktischen Umsetzung

Zunächst stellt sich aus Wirtschaftlichkeitsüberlegungen heraus die Frage nach dem "Kosten-Nutzen-Verhältnis" eines kulturbewußten Personalmanagements nach Maßgabe der zugrundegelegten Kriterien der ökonomischen und der sozialen Effizienz. Grundsätzlich sind die Kosten einer Differentiellen Personalwirtschaft höher einzuschätzen als die eines traditionellen, generalisierenden Konzeptes. Der Mehraufwand drückt sich in folgenden Punkten aus:[561]

1.  *Mehrbedarf an Personal und Expertenwissen* im Sinne einer personellen Aufstockung und weiterer Professionalisierung des Personalwesens; zusätzliche personelle Ressourcen müssen für eine betriebsspezifische Konzeptionalisierung, deren Implementierung sowie für die verwaltungstechnische Umsetzung bereitgestellt werden;[562]

2.  *Mehrbedarf an Ausstattung und Koordination*: Differenzierung bedeutet gegenüber einem generalisierenden Ansatz stets den Verlust von möglichen Standardisierungsvorteilen und deren kostensenkenden Wirkungen und erfordert zusätzliche Koordination, Sachmittel und Verwaltung;

3.  *Kosten durch Konflikte*: Die Mitarbeiter empfinden die Differenzierung möglicherweise als ungerecht, da eine Diskrepanz zwischen *subjektiver* Einschätzung der Mitarbeiter und *objektivierter* Entscheidung durch den Personalverantwortlichen über Gleich- oder Ungleichbehandlung gegenüber Kollegen vorliegen kann. Dabei ist freilich entscheidend, inwieweit die Moderatorvariable 'Kultur' als Grundlage für eine Differenzierung von den Mitarbeitern akzeptiert wird. Gegebenenfalls kann die Mißbilligung einer differenzierenden Personalpolitik von Seiten der Mitarbeiter zu erheblichen Konflikten im Unternehmen führen.[563] Entscheidend für Konfliktentstehung und -intensität ist der Unterschied, ob eine Konzeption für ein neu entstandenes Unternehmen erstellt wird oder - was die Regel sein wird - ein altes Personalkonzept abgelöst wird und Konflikte vor allem durch die Aufgabe des Status Quo (Besitzstandsdenken, Beharrungstendenzen) ausgelöst werden.

4.  *"Kosten" aufgrund von Persönlichkeitsbeeinträchtigungen und deren Folgewirkungen*: Eine Mißbilligung von Entscheidungen kann auch Persönlichkeitsbeeinträchtigungen hervorrufen, insbesondere wenn der einzelne Mitarbeiter seine Zuordnung nicht ak-

---

[560] Diese Auffassung wird auch im Ansatz der Werteorientierten Personalpolitik vertreten (Vgl. Bihl/Hehl/Wollert 1985, S. 202); vgl. dazu die Anforderungen an die Moderatorvariablen in Kap. 2.3.4.1; vgl. auch Fritsch 1994, S. 28ff., S. 40ff.

[561] Vgl. Marr/Friedel-Howe 1989, S. 331f., Marr 1989b, S. 46f., Hamel 1989, S. 63ff., Fritsch 1994, S. 55f.

[562] Vgl. auch Hamel 1989, S. 65f.

[563] Vgl. Marr/Friedel-Howe 1989, S. 331f., Marr 1989b, S. 46f.; zu einem anderen Ergebnis kommt allerdings Fritsch (1994, S. 56), der die Konfliktkosten einer differentiellen Personalpolitik im Vergleich zu einer generalisierenden wie auch einer individualisierten Personalpolitik geringer einschätzt.

zeptieren kann, weil sie seiner persönlichen Selbsteinschätzung zuwiderläuft. So können Diskriminierungsgefühle, Identitätskrisen, Selbstzweifel oder Minderwertigkeitsgefühle beim Mitarbeiter entstehen, die sich freilich nicht nur auf seine Arbeitszufriedenheit oder das Betriebsklima, sondern auch auf das Absentismus-, und Fluktuationsverhalten, letztlich auf seine Leistungsbereitschaft und Leistungsfähigkeit auswirken.

5. *Kosten sozialer Desintegration*: Eine zunehmende Individualisierung des personalwirtschaftlichen Instrumentariums kann den Sozialisationsprozeß erschweren und die Solidarität in der Belegschaft vermindern, wodurch die Bindung der Mitarbeiter an die Organisation vermindert und das Leistungsverhalten beeinträchtigt werden können. Auch hierbei ist die Akzeptanz der Differenzierung von herausragender Bedeutung.

Diese potentiellen Kostenelemente sind auch aufgrund ihrer Abhängigkeit von qualitativen Strukturen schwer zu erfassen und noch schwerer zu prognostizieren. Zweifellos kommt der Akzeptanz bzw. Reaktanz von Seiten der Mitarbeiter wie bei allen grundsätzlichen organisatorischen und personalpolitischen Veränderungen auch bei einer Moderatorvariablen als Grundlage für eine differenzierende Personalarbeit hinsichtlich der angestellten Kostenüberlegungen eine entscheidende Rolle zu.[564] Zur Erhöhung der Akzeptanz auf Seiten der Mitarbeiter können insbesondere die gezielte *Information* und die *Partizipation* der Belegschaft eingesetzt werden. Diese Maßnahmen tragen zur Schaffung einer Grundlage für stärkere Identifikation der Belegschaft mit dem Unternehmen sowie für ein tiefgehendes Vertrauensverhältnis bei, so daß bestehende Bedenken, Gerüchte und Ängste gegenüber einer kulturorientierten Differenzierung vermindert werden können.[565] Die Wirkungsweise dieser Maßnahmen muß freilich in engem Zusammenhang mit den herrschenden Bedingungen in Deutschland bzw. in einem bestimmten Unternehmen gesehen werden. Ob entsprechende Voraussetzungen gegeben sind oder geschaffen werden können, ist abhängig von den Denk- und Verhaltensweisen hinsichtlich Information und Kommunikation, Partizipation sowie Vertrauen und Solidarität und damit auch wiederum von den bestehenden kulturellen Grundlagen sowie deren denkbarer, realistischer Entwicklung.

Der mögliche Nutzen eines Differenzierungskonzeptes kann über den durch gruppenspezifische Maßnahmen gesteigerten Grad der Zielerreichung ermittelt werden. Hinsichtlich der ökonomischen Effizienz könnte eine Verbesserung des Leistungs-Kosten-Verhältnisses durch eine Feinabstimmung des personalwirtschaftlichen Instrumentariums in den verschiedenen Funktionsbereichen (z.B. das Cafeteria-System als Beispiel für eine erfolgreiche Differenzierung des Anreizsystems[566]) erreicht werden. Über ein dezidiertes Verständnis der kulturellen Hintergründe der Mitarbeiter können personalwirtschaftliche Maßnahmen zielgenauer am Individuum ausgerichtet werden, so daß sich bezüglich des personalwirtschaftlichen Kosten-Leistungsverhältnisses positive Effekte erzielen lassen. Auch die soziale Effizienz kann gesteigert werden, da der Individualität des Einzelnen näherkommende Personalentscheidungen

---

[564] Vgl. Fritsch 1993, S. 302ff., 1994, S. 46ff., Hamel 1981, S. 615ff., 1985, S. 298ff., 1989, S. 65, Böhnisch 1979, S. 25ff.

[565] Vgl. Hamel 1989, S. 65, Wiendieck 1992, Sp. 92 und 97, Fritsch 1994, S. 46ff.; vgl. zur Akzeptanzproblematik Brehm (1966, 1972), Helmreich (1980, S. 21ff.), Drumm/Scholz (1988), Witte (1973, 1976).

[566] Vgl. z.B. Grawert/Wagner 1986, S. 16ff.

eine gezieltere Bedürfnisbefriedigung ermöglichen und einen adäquateren Rahmen für Selbstverwirklichung bieten.[567]

Trotz der aufgeführten Vorzüge bleiben aber - wie in nahezu allen Bereichen der Personalwirtschaft - die Probleme einer Quantifizierung des Nutzens für ein differentielles Personalkonzept unübersehbar.[568]

Ein weiteres Problem im Rahmen der praktischen Umsetzung könnte darin bestehen, daß die eigentlichen Träger der Personalarbeit, nämlich die Linienvorgesetzten, die in Richtlinien und auch diversen Schulungen vermittelten Forderungen nach kulturbewußtem Führungs- und Entscheidungsverhalten aufgrund mangelnder Fähigkeit und/oder Bereitschaft im betrieblichen Alltag nicht anwenden können bzw. wollen. Denn die den Führungskräften selbst anhaftenden „Werthaltungen, eingeschliffene(n) Gewohnheiten des Handelns, Grenzen der sozialen und kommunikativen Kompetenz sind ein nicht zu unterschätzender Flaschenhals bei der Umsetzung ... in gelebte betriebliche Realität."[569] Aufgrund der durch die Differenzierungsentscheidungen wachsenden Verantwortung und Kompetenzanforderungen ist somit auch eine Überforderung von Vorgesetzten bzw. Personalverantwortlichen denkbar.[570]

Das zentrale Problem im Rahmen der betrieblichen Umsetzung dürfte ursächlich in den Denkbarrieren, bzw. der bestehenden Kultur im Unternehmen selbst gesehen werden. Das in den Betrieben herrschende Denken ist weitestgehend zweckrational, kausal-analytisch ausgerichtet und in den Strukturen, insbesondere dem Anreizsystem verankert, so daß einem ganzheitlichen, kulturbezogenen und hermeneutischen Verständnis der betrieblichen Realität wenig Raum bleibt.[571] Notwendig für eine konsequente Realisierung wäre somit eine schrittweise Abkehr vom ökonomistisch-technokratischen Denken in einem naturwissenschaftlichen Weltbild und eine Annäherung zu einem sozialwissenschaftlichen Weltverständnis.[572] Die Problematik beschreibt Bleicher wie folgt: „Wir arbeiten in Strukturen von gestern mit Methoden von heute an Problemen von morgen vorwiegend mit Menschen, die Strukturen von gestern gebaut haben und das Morgen innerhalb der Organisation nicht mehr erleben werden."[573]

---

[567] Anzumerken ist jedoch, daß das Bedürfnis nach Selbstverwirklichung nicht nur im Unternehmen, sondern - unter realistischer Betrachtung - in vielen Fällen in anderen Lebensbereichen, wie Familie, Hobby, Politik, Natur etc., häufig besser befriedigt werden kann, da diese Bereiche einen größeren Spielraum für die Realitätsgestaltung nach eigenen Vorstellungen ermöglichen und im Gegensatz dazu das Unternehmen vor dem Hintergrund einer zweckrationalen Zielsetzung die Handlungsspielräume zwangsläufig eng beschneidet (Vgl. Rosenstiel 1989, S. 45ff.; vgl. auch zum Begriff der "Gleichgewichtsethik" (Noelle-Neumann/Strümpel 1984; Strümpel/Prenzel/Scholz/Hoff 1988).

[568] Allen Ansätzen, die eine Nutzenquantifizierung von Personalarbeit anstreben, ist die Kritik einer verkürzten Perspektive in Form einer zu starken Ökonomisierung gemein; vgl. hierzu die Ansätze zur Nutzwertanalyse (z.B. Lüder 1993, S. 1542f.) oder auch die Ansätze zur Humanvermögensrechnung (Vgl. z.B. Marr/Schmidt 1992, Sp. 1031ff.); man kann davon ausgehen, daß mit einer Ausdehnung des zeitlichen Betrachtungshorizonts die Begrenztheit einer naiven kurzfristigen Kosten-Nutzen-Optimierung derartiger ökonomischer Ansätze deutlich wird.

[569] Rosenstiel 1989, S. 45.

[570] Vgl. Fritsch 1994, S. 55f.

[571] Vgl. Fischer, J. 1989, S. 69ff., Sandner 1988, S. 654, 1987, S. 243f., Hartfelder 1985, S. 459ff., Seidel 1987, S. 297.

[572] Vgl. Bleicher 1986a, S. 99, 1990, S. 152ff., Böhm 1988, S. 978f.; zum grundlegenden Spannungsfeld von Sachrationalität und Emotionalität im Kontext der Kulturdiskussion vgl. auch Brauchlin 1986, S. 60f.

[573] Bleicher 1990, S. 153.

Der Schritt in Richtung einer stärkeren Individualisierung kann durch die Berücksichtigung von mitarbeiterbezogenen Spezifika, insbesondere von Wertorientierungen und Grundannahmen der Mitarbeiter vorgenommen werden.[574] Diese gemeinsame Grundhaltung einer verstärkten Humanorientierung verleihen dem Ansatz einer Differentiellen Personalwirtschaftslehre und dem kulturbewußten Personalmanagement das Charakteristikum einer *mitarbeiterorientierten Personalwirtschaftslehre*, was sich in gleicher Weise für den im Folgenden skizzierten Ansatz einer "Werteorientierten Personalpolitik" feststellen läßt.

### 2.3.4.2 Kulturbewußtes Personalmanagement als Erweiterung der Werteorientierten Personalpolitik

"Werteorientierte Personalpolitik" wurde als Begriff maßgeblich von Wollert und Bihl in den 80er Jahren geprägt und für das Unternehmen BMW als ganzheitliches personalwirtschaftliches Konzept in pragmatischer Weise umgesetzt. Die Grundidee besteht darin, Werthaltungen von Mitarbeitern und Gesellschaft in personalwirtschaftliche Entscheidungen einzubeziehen und dadurch ein Auseinanderklaffen der betrieblichen Lebenswelt und anderer gesellschaftlicher Lebenswelten zu verhindern.[575]

Diesem Gedanken folgt auch das kulturbewußte Personalmanagement. Bereits Habermas wies darauf hin, daß in Zeiten des Wandels eine Dissoziation gesellschaftlicher Teilsysteme wahrscheinlich wird, d.h. die Diskrepanz zwischen betrieblicher und privater Lebenswelt tendenziell zunimmt.[576] Als theoretisches Modell kann in diesem Zusammenhang das des sog. "Kontextpartisanen"[577] herangezogen werden, welches auf den Grundgedanken zum Konzept der Lebenswelt von Habermas[578] aufbaut (Vgl. Abb. 4). Der Kontextpartisan artikuliert seine Überzeugungen, Werte und Interessen in seinem eigenen Kontext, d.h. seiner Kontextgemeinschaft, und glaubt nicht, seine Überzeugungen, Werte und Interessen auch in einem anderen Kontext artikulieren zu können, wobei er keine Anstrengungen unternimmt, andere Kontexte zu verstehen oder zu erlernen, gerade weil er der Überzeugung ist, sein Kontext sei der "richtige". Da Menschen zumeist Teilnehmer mehrerer Kontexte sind (Familie, Beruf, Vereine etc.), stellt sich die Frage, inwieweit der Mensch als Kontextpartisan bemüht ist, zwischen seinen verschiedenen Kontexten zu übersetzen und somit seinem Handeln insgesamt gleichartige Sinnstrukturen bzw. Wertorientierungen zuzuweisen (Vgl. Abb. 20).[579] Kirsch

---

[574] Vgl. Macharzina/Wolf 1993, S. 20ff.

[575] Vgl. Wollert/Bihl 1983, S. 154ff., Bihl 1987b, S. 768ff., 1996, Wollert 1985, S. 95ff., 1991a, S. 77ff., Bihl/Hehl/Wollert 1985, S. 193ff., Rosenstiel 1989, S. 45ff., 1995a, S. 1ff.

[576] Vgl. Habermas 1973, 1981b; ebenso Kirsch 1990, S. 126; die Übertragung des Lebensweltkonzeptes von Habermas auf die Organisationsforschung erfreut sich seit Mitte der 80er Jahre zunehmender Beliebtheit. Entscheidender Wegbereiter war Kirsch (1988, 1990, 1992), aber auch Türk (1989) und P. Ulrich (1986) greifen auf die Theorie von Habermas zurück. Türk (1989, S. 109) spricht in diesem Zusammenhang gar von einer "Rehumanisierung der Organisationstheorie", P. Ulrich (1986, S. 436) von einer "Tendenz zur Reintegration lebensweltlicher Formen herrschaftsfreier Kommunikation".

[577] Vgl. Kirsch 1990, S. 124ff., Bretz 1988, Lindblom 1965, S. 28f.

[578] Vgl. Habermas 1981a, S. 208ff.

[579] Vgl. Kirsch 1990, S. 22ff., 124ff., analog auch Wever 1992, S. 104ff. Als Kontextpartisanen bezeichnet Kirsch (1990, S. 124ff.) in Anlehnung an Lindblom (1965) jemanden, der die Weltauffassung seines Kontextes als absolute Wahrheit ansieht und nicht danach strebt, andere Kontexte in ihrer Andersartigkeit wahrzunehmen bzw. anzuerkennen. Faktisch wird es jedoch häufig zu einer Situation inkommensurabler Kontexte kommen. Durch das Verhalten in diesen Situationen, konkret durch den Grad des Bemühens um Verständnis für den fremden Kontext, lassen sich verschiedene Typen von Kontextpartisanen unterscheiden ("Strikter Kontextpartisan", "Virtuoser Kontextpartisan").

geht davon aus, „daß die Menschen häufiger dazu neigen, die inkommensurablen Kontexte isoliert zu lassen und z.b. als Manager im Kontext der Führungspraxis und als Privatmann im Kontext seiner privaten Lebenswelt zu denken und zu handeln, ohne Übersetzungen zu versuchen."[580]

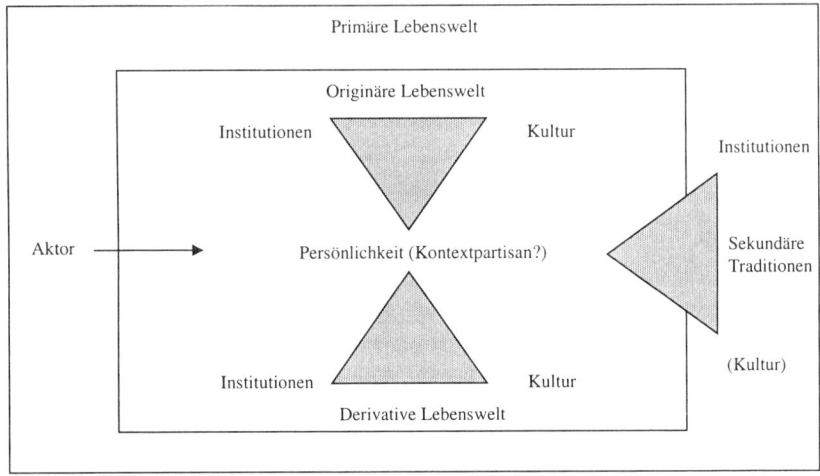

Abb. 20: Der Kontextpartisan zwischen verschiedenen Lebenswelten

Quelle: in Anlehnung an Kirsch 1987, S. 458ff., auch in Kolb 1988, S. 57, Kasper 1990, S. 121

Grundlage werteorientierter wie auch kulturbewußter Personalarbeit ist eine modellhafte Abbildung des Unternehmens als offenes System.[581] Im Gegensatz zu einem geschlossenen System[582] erscheint diese Sichtweise in unserem heutigen marktwirtschaftlichen Kontext notwendig, weil die zunehmenden Veränderungen im Umfeld die Unternehmen in bedeutender Weise prägen oder im Hinblick auf ihre Wettbewerbs- und damit Überlebensfähigkeit neue Herausforderungen an sie stellen.[583] Werte als Auffassungen vom Wünschenswerten bilden die Grundlage für eine Bewertung von alternativen Verhaltensweisen bzw. alternativen betrieblichen Entscheidungen und beeinflussen die Auswahl der zugänglichen Handlungsarten, -mittel und ziele.[584] Der Wertewandel[585] kann daher als eine Veränderung mit bedeutsamen Wirkungen für das Unternehmen angesehen werden und muß daher in angemessener

---

[580] Kirsch 1990, S. 126.

[581] Vgl. Gebert 1978, Thompson 1967, Katz/Kahn 1966.

[582] Vgl. hierzu etwa Taylor (1911) 1971, Weber, M. 1972.

[583] Vgl. Rosenstiel 1989, 1995a, S. 1ff.

[584] Vgl. Kluckhohn 1967, S. 395, Rosenstiel 1989, S. 38ff.

[585] Vgl. Rosenstiel 1995b, Sp. 2175ff., 1989, S. 45ff., 1984, S. 203ff., Rosenstiel/Einsiedler/Streich 1987, Bolte 1987, S. 5ff., Klages 1984, 1985, 1993, Scholz, J. 1987.

Weise von der Personalpolitik,[586] aber auch bei der organisationalen[587] Struktur- und Prozeßgestaltung, berücksichtigt werden.

### 2.3.4.2.1 Grundgedanken der Werteorientierten Personalpolitik

Bihl und Wollert identifizieren auf Basis empirischer Analysen 16 Grundwerte, die für die betriebliche Personalarbeit von Bedeutung sind:

- Orientierung des Verhaltens an ethischen Zielen,
- Menschlichkeit, Würde des Menschen,
- Liberalität und Toleranz,
- Gerechtigkeitsstreben,
- Eigentum, Besitzstreben,
- Prinzip von Leistung und Gegenleistung,
- Selbständigkeit und Individualität,
- Selbstverwirklichung in der Arbeit,
- Selbstverwirklichung außerhalb der Arbeit,
- Status, Macht und Hierarchie,
- Streben nach sozialen Kontakten, Gemeinschaftsgefühl,
- Information und Kommunikation,
- freie Meinungsäußerung,
- Sicherheitsstreben,
- sozialer Nutzen der Arbeit und
- Demokratie.

Ausgeklammert wird dabei das Handhabungsproblem im Zusammenhang mit dem "Polytheismus der Werte" (Max Weber) bzw. das Phänomen der kulturellen Plurivalenz, d.h. der Mehrschichtigkeit, Mehrdeutigkeit, letztlich auch der Widersprüchlichkeit der Kultur.[588]

Für alle oben benannten Werte konnten Veränderungen hinsichtlich ihrer Bedeutung festgestellt werden. Weiterhin wurden begründete Soll-Vorstellungen gegenwärtiger und zukünftiger Personalpolitik abgegeben, so daß alle Wertebereiche in einer Skala erfaßt wurden.

---

[586] Vgl. Klages 1984, 1987, S. 1ff., 1988, Wollert/Bihl 1983, S. 157, Wollert 1985, S. 104f., 1988, S. 11ff., 1991a, S. 77ff., Bihl/Hehl/Wollert 1985, S. 193f., Franz/Herbert 1987, S. 13ff.

[587] Klein (1991) untersuchte den Einfluß von Werten auf die Organisation und entwickelte eine Konzeption zur Messung von Wertestrukturen als Grundlage organisatorischer Gestaltung. Weitere Ansatzpunkte für ein werteorientiertes Human Resource Management finden sich bei Dill/Hügler (1987, S. 196ff.).

[588] Vgl. auch Lipp 1979, S. 450ff., Drechsel 1984, S. 46f., Pascale 1985, S. 26ff., Wassermann 1994, S. 32ff.

Beispielhaft für den Wert "Information und Kommunikation" ergab sich folgendes Bild:

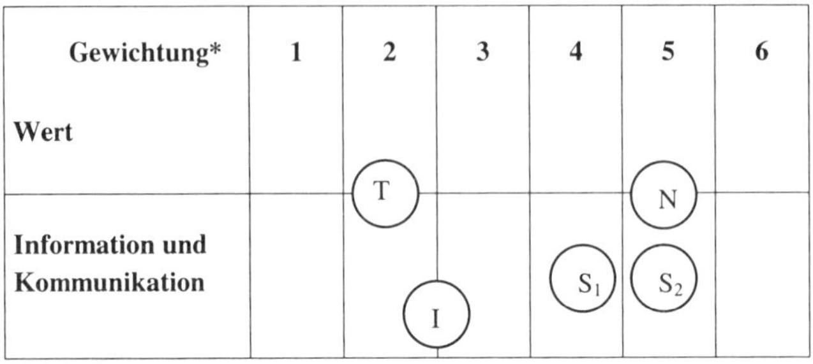

| Gewichtung* | 1 | 2 | 3 | 4 | 5 | 6 |
|---|---|---|---|---|---|---|
| **Wert** | | | | | | |
| **Information und Kommunikation** | | T | I | $S_1$ | N $S_2$ | |

*Skala von 1 = weniger wichtig bis 6 = sehr wichtig

T: Traditioneller Wert

N: Neuer Wert

I: Tatsächlicher Ist-Zustand im Unternehmen

$S_1$: Gegenwärtiger Soll-Zustand

$S_2$: Zukünftiger Soll-Zustand

Abb. 21: Werteskala für "Information und Kommunikation"

Quelle: Bihl 1995, S. 47

Folgende von Bihl und Wollert formulierte Grundgedanken umreißen das Konzept der Werte-orientierten Personalpolitik:[589]

Durch ihre strategische Ausrichtung berücksichtigt zukunftsorientierte Personalpolitik[590] die Einflüsse aus dem Unternehmensumfeld in Form der Wertvorstellungen der Gesellschaft und damit der Mitarbeiter. Die Wertvorstellungen der Mitarbeiter als Grundlage ihres Handelns zu kennen, wird eine zentrale Aufgabe der Führungskräfte.[591]

Grundlegende Werteveränderungen sind dabei möglichst frühzeitig zu erkennen, zu beeinflussen und zu berücksichtigen, mit dem Ziel einer stärkeren Übereinstimmung der Leitbilder von Gesellschaft, Mitarbeitern und Unternehmung. Dies bedeutet freilich nichts anderes, als die personalen Leistungsvoraussetzungen und die situativen Bedingungen besser in Einklang zu bringen, was die Nähe zur Differentiellen Personalwirtschaft deutlich macht.[592]

Das Ziel der Werteorientierten Personalpolitik besteht primär in:

---

[589] Wollert/Bihl 1983, S. 157, Wollert 1985, S. 104f., 1988, S. 11ff., 1991a, S. 77ff., Bihl/Hehl/Wollert 1985, S. 193f.

[590] Der Begriff Personalpolitik zeigt, daß dabei die gesellschaftlichen Entwicklungen und damit die Veränderungen "im" Menschen von besonderer Bedeutung sind. Vgl. Wollert/Bihl 1983, S. 157, Wollert 1985, S. 104f., 1988, 1991, Bihl/Hehl/Wollert 1985, S. 193f.

[591] Vgl. Sackmann 1990c, S. 299ff., Maas/Schüller 1990, S. 164ff., Ebers 1987, Sp. 1619ff., 1995, Sp. 1664ff.

[592] In ähnlicher Absicht formulieren Bennis/Nanus (1985, S. 171) die entscheidend wichtige Qualität der Führung als die „Fähigkeit, die Personen, die handeln müssen, mit dem zu verschmelzen, was getan werden muß, damit daraus ein einziger Organismus entsteht, der mit sich selbst und seiner Nische in der Umwelt in Einklang ist."

- einer stärkeren Identifikation der Mitarbeiter mit der Unternehmung,

- einer erhöhten Leistungsbereitschaft,

- einer besseren Ausschöpfung der Kapazität des Einzelnen und

- dadurch bedingt einer Senkung von Absentismus, "inneren Kündigungen" und Fluktuation.

Eine werteorientierte Personalpolitik schafft folglich die Rahmenbedingungen für eine Steigerung der ökonomischen und sozialen Effizienz.

### 2.3.4.2.2 Werteorientierte Personalpolitik als Kernelement des kulturbewußten Personalmanagements

Gemeinsamer Ausgangspunkt von kulturbewußter und werteorientierter Personalarbeit ist die konzeptionelle Einbeziehung des gesellschaftlichen Kontextes in betriebliche Entscheidungsprozesse. Nach Wollert ist die Unternehmung „eingebettet in eine Gesellschaft, die sich eine bestimmte Ordnung entsprechend ihrem Wertesystem gegeben hat und zur Problemlösung die gesellschaftliche Ordnung einerseits berücksichtigen muß, aber andererseits auch Chancen hat, sie mitzugestalten."[593]

Als gemeinsames Charakteristikum von werteorientierter und kulturbewußter Personalarbeit läßt sich weiterhin die den Entscheidungsmodellen innewohnende Dynamik identifizieren, deren Notwendigkeit sich aufgrund verändernder Bedürfnisse der Gesellschaft und Mitarbeiter sowie verändernder Wertmaßstäbe der Unternehmen ergibt.[594]

Unternehmerische Problemlösungen werden im Sinne der werteorientierten Personalpolitik langfristig nur dann effizient sein, wenn ein Gleichgewichtszustand zwischen den unterschiedlichen, teils divergierenden Wertvorstellungen aller an der Unternehmung beteiligten Gruppen erreicht werden kann, womit das primäre Ziel einer Unternehmenspolitik festgeschrieben wird.[595] Zentrales Anliegen der werteorientierten Personalpolitik wie auch des kulturbewußten Personalmanagements ist die größtmögliche Verringerung der Diskrepanz zwischen dem Leben außerhalb des Betriebs und innerhalb des Betriebs.[596] Eine stärkere Identifikation der Mitarbeiter mit dem Unternehmen kann nur dann erreicht werden, wenn das Unternehmen sich auch mit seinen Mitarbeitern identifiziert, d.h. letztlich Raum für Individualisierung schafft. Eine differenzierende Betrachtung der Wertorientierungen und kulturellen Erfahrungen der Mitarbeiter kann als Schritt in die Richtung einer mitarbeiterorientierten Personalwirtschaft gesehen werden.[597]

Um das zu erreichen, orientiert sich nun die werteorientierte Personalpolitik in pragmatischer Weise an einem Katalog von Werten und Wertveränderungen, wie sie in der Gesellschaft

---

[593] Wollert 1985, S. 96; die zugrundeliegende gemäßigt voluntaristische Position entspricht der des kulturbewußten Personalmanagements (Kap. 2.3.3.2).

[594] Vgl. Wollert 1985, S. 96, 1988, S. 20ff..

[595] Vgl. Wollert 1985, S. 96ff., 1988, S. 20ff.; vgl. zur Beziehung von Unternehmenspolitik und mitarbeiterbezogenen Wertorientierungen Baum 1989, S. 191ff., Bleicher 1992, Sp. 2246ff.

[596] Vgl. Wollert 1985, S. 105.

[597] Vgl. die Ausführungen zur Differentiellen Personalwirtschaft in Kap. 2.3.4.1.

vorzufinden und als Grundlage des Mitarbeiterverhaltens anzusehen sind.[598] Ausgehend von dem Kulturverständnis von Schein läßt sich konstatieren, daß sich in den Werten bzw. Werthaltungen aber nur ein Teil der Kultur manifestiert.[599] Das kulturbewußte Personalmanagement strebt in dieser Hinsicht eine Erweiterung zur Werteorientierten Personalpolitik an. Zum einen sollen tiefliegende Ursachen für die Entstehung und Entwicklung von Werten bzw. Werthaltungen, d.h. tiefliegende Grundannahmen im Sinne von Schein, berücksichtigt werden. Zum anderen sollen auch die beobachtbaren Verhaltensäußerungen, etwa in Form von Symbolen, als Wirkungen bzw. Ausdrucksformen bestimmter Werte konzeptionell einbezogen werden. Dabei ist anzumerken, daß mit dem Grad der Tiefe des Kulturverständnisses, d.h. inwieweit die Kultur auch tiefliegende, unbewußte Werte und Grundannahmen umfaßt, sich auch deren Erfassung und Management einer leichten Greifbarkeit entziehen.[600]

Die dem kulturbewußten Personalmanagement zugrundeliegende methodologische Position führt zu einem grundsätzlich anderen Forschungsdesign, welches sich von dem weitestgehend objektivistischen der Werteorientierten Personalpolitik vor allem durch die Elemente des interpretativen Paradigmas abhebt.

Die strategische Dimension erlangt sowohl im Konzept der Werteorientierten Personalpolitik, wie auch im kulturbewußten Personalmanagement, eine erhebliche Bedeutung.[601] Dieser Aspekt führt zu den strategisch ausgerichteten personalwirtschaftlichen Ansätzen, die aus den USA kommend als "Human Resource Management", im deutschsprachigen Raum als "Strategisches Personalmanagement" bekannt geworden sind.

### 2.3.4.3 Kulturbewußtes Personalmanagement als Spezifizierung des (strategischen) Human Resource Management

Der Forderung nach einer Berücksichtigung der strategischen Dimension im Rahmen personalwirtschaftlicher Entscheidungen tragen verschiedene Ansätze des Human Resource Management Rechnung.[602] Eine Ursache für die seit Beginn der 80er Jahre in Deutschland wachsende Bedeutung und gleichzeitig ein Kerngedanke dieser Ansätze beruht in der gestiegenen Wertschätzung und Anerkennung des Personals als strategischer Erfolgsfaktor.[603] Damit einhergehend hat sich auch das Rollenverständnis des Personalwesens gewandelt. Während traditionell das Personalwesen als ein betrieblicher Funktionsbereich neben anderen, wie z.B. Beschaffung, Produktion, Marketing etc., gesehen wurde, setzt sich zunehmend eine integrative, proaktive und strategische Sichtweise des Faktors Personal durch und unterstreicht die Bedeutung der Personalarbeit als grundlegende Managementaufgabe, die nicht länger der

---

[598] Vgl. dazu die entsprechende Tabelle in Wollert 1985, S. 106f., Bihl 1996.

[599] Vgl. ebenso die Stellung der Wertorientierungen im Verhältnis zur Kultur in "General Theory of Action" von Parsons/ Shils (1967, S. 8, 18 und insbes. S. 159): "...value-orientation is only a part of what has been defined as culture."

[600] Vgl. Kilmann/Saxton/Serpa 1986, S. 89f.; vgl. auch das von Marr u.a. entwickelte Filtermodell (Abb. 3).

[601] Vgl. Bihl/Hehl/Wollert 1985, S. 193ff., insbesondere S. 196, Wollert 1985, S. 102f., 1991.

[602] Vgl. z.B. Ackermann 1991, Drumm 1992a, Scholz, C. 1993a, 1993b, Bühner 1994, Oechsler 1994, Staehle 1994.

[603] Als Gründe für eine derartige Umorientierung können die allgemeinen wirtschaftlichen Strukturveränderungen, insbesondere hervorgerufen durch die zunehmende Globalisierung des Wettbewerbs, der technologische, der sozio-demographische oder der Wertewandel genannt werden (Vgl. hierzu z.B. Staehle 1994, S. 738).

Personalabteilung obliegt, sondern verstärkt allen Linienmanagern übertragen wird.[604] Der Wandel von einem administrativ-verwaltenden zu einem kunden- und dienstleistungsorientierten Aufgabenschwerpunkt führt auch zu Veränderungen in Bezug auf die organisatorische Verankerung der Personalabteilung.[605] Als neue Organisationsformen des Personalwesens wird in der Praxis über "Cost-Center", "Profit-Center"[606], Verselbständigungen etwa in Form von GmbH's oder auch "Virtuelle Personalabteilung"[607] diskutiert.

### 2.3.4.3.1 Wurzeln des Human Resource Management

Die Ursprünge des Human Resource Management (HRM) finden sich in den USA. Als Vorläufer des HRM lassen sich die Arbeiten von Maslow, Argyris und McGregor anführen[608], welche im Zuge motivationstheoretischer Erkenntnisse ausgehend von einem humanistischen Menschenbild eine stärkere Hinwendung der Unternehmenspolitik zum Mitarbeiter propagierten.[609] Miles formulierte aufbauend auf einem ähnlich ausgerichteten Menschenbild eine veränderte Theorie des Managements, welche im Kern die Nutzung verborgener Fähigkeiten und die gezielte Motivation der Mitarbeiter durch einen höheren Grad an Selbst- und Mitbestimmung zum Gegenstand hat.[610] Eine andere Richtung begründete Likert (1967) durch das "human resource accounting", welches die rechnerische Erfassung von Veränderungen des Wertes der Mitarbeiter zum Ziel hat.[611] Auch Haire forderte bereits frühzeitig: „We are coming to a time when management of human resources must take a prominent place in the firm's decisions... We must get the young swingers into the field who now find their scope in finance, marketing, and information systems, and who once found it in production. For this to come about, the firms must give a greater role to the human resource function and the universities must supply some of the intellectual bite to support and flesh out the role."[612]

Die Grundgedanken der in den USA entwickelten HRM-Ansätze aufnehmend wird seit Mitte der 80er Jahre auch im deutschsprachigen Raum die Konzeption eines Strategischen Personalmanagements diskutiert.[613] Ackermann erkennt die ideengeschichtlichen Wurzeln in einem zunehmenden Druck von Seiten der Praxis[614] und dem daraufhin betriebenen Ausbau des Strategischen Managements. Mit der Erkenntnis, daß der Mensch im Rahmen der Strategie-

---

[604] Vgl. Staehle 1994, S. 736ff.

[605] Vgl. Ackermann 1994.

[606] Vgl. Wunderer/Schlagenhaufer 1992, S. 515ff., Ackermann 1994, Staehle 1994, S. 736ff.

[607] Vgl. Scholz, C. 1995, S. 398ff., 1996a, S. 101ff., 1996b, S. 132ff.

[608] Vgl. Maslow 1954, Argyris 1957, McGregor 1960.

[609] Vgl. dazu Staehle 1994, S. 38, S. 736ff.

[610] Vgl. Miles 1975.

[611] In der Folgezeit ist eine umfängliche Literatur zu diesem Themengebiet entstanden; vgl. insbesondere Flamholtz 1974, Aschoff 1978, Lippitt 1982, Terry/Franklin 1982; allen Weiterentwicklungen (v.a. Humanvermögensrechnung, Sozialbilanzen) zum Trotz fehlt es jedoch bis heute an überzeugenden Methoden zur Bewertung der Kosten und insbesondere des Nutzens bzw. der erbrachten Leistung des Mitarbeiters (Vgl. Schuster, F.E. 1986).

[612] Haire 1970.

[613] Vgl. Staffelbach 1986, Lattmann 1987, Marr 1986, S. 13ff., Schreyögg 1987.

[614] Vgl. Ackermann 1991, S. 14f.

planung und -implementierung als limitierender Faktor entscheidende Bedeutung hat[615], wurde dann die Forderung laut, das Personalmanagement in das Strategische Management miteinzubinden. Die traditionelle Fokussierung auf Produkt-Markt-Strategien verstellte lange Zeit den Weg für die strategische Einbeziehung interner Ressourcen, wie insbesondere personelle Erfolgspotentiale.[616] Im Zuge der Internationalisierung bzw. Globalisierung des Wettbewerbs erlangte das strategische Management verstärkte Beachtung und ebnete den Weg für eine praktische wie theoretische Beschäftigung mit Strategischem Personalmanagement.[617]

Der Ansatz eines Strategischen Personalmanagements kann daneben auch als logische Konsequenz eines neuen Selbstverständnisses des betrieblichen Personalwesens in Gestalt einer Abwendung von der traditionellen Rolle des reaktiven, anpassenden Verwalters und Hinwendung zu einem aktiven, innovativen und wertschöpfenden *Gestalter* gesehen werden.[618]

Anknüpfend an die unterschiedlichen Richtungen einer theoretischen Fundierung der Personalwirtschaftslehre lassen sich zwei Stränge der heutigen HRM-Diskussion identifizieren:

(1) eine verhaltenswissenschaftliche (Mitarbeiter werden hier als Reservoir einer Vielzahl potentieller Fertigkeiten angesehen, und es ist Aufgabe und Verantwortung des Managers herauszufinden, wie diese Anlagen am besten zu aktualisieren, zu fördern und weiterzuentwickeln sind.) und

(2) eine ökonomische (Das Personal wird als Vermögensanlage gesehen, die es einzel- und gesamtwirtschaftlich zu erhalten und zu mehren gilt.).[619]

### 2.3.4.3.2 Merkmale des Strategischen Personalmanagements

Die Vorstellungen, die sich mit der Bedeutung des Attributes "strategisch" verbinden, sind in Wissenschaft und Praxis durchaus nicht einheitlich. Weitgehende Übereinstimmung besteht dahingehend, daß es sich um eine Vorgehensweise zur Umsetzung unternehmenspolitischer "Visionen" oder "Basisziele" handelt, die wie folgt gekennzeichnet ist.[620]

- eine das *Unternehmen als Ganzheit* erfassende Orientierung;

- eine *umfassende Berücksichtigung* denkbarer Handlungsmöglichkeiten sowie interner und externer Rahmenbedingungen im Sinne von *Chancen und Risiken*, sowohl auf der Dimension "Zeit" (Zukunftsorientierung) als auch auf der Dimension "Umwelt" (im Sinne der Einbeziehung potentiell relevanter Umweltsegmente).

---

[615] Vgl. z.B. Rhodes 1988, Krulis-Randa 1985, S. 91ff.

[616] Vgl. Miner 1969, S. 71ff.

[617] Vgl. Staehle 1994, S. 749ff., Scholz, C. 1994, S. 50ff., 759ff.; Marr (1986, S. 14) erkennt die eigentliche Ursache für das Aufkommen des Strategischen Personalmanagements v.a. in dem Bemühen der Personalwirtschaftslehre, ihr Profil bzw. ihr Erkenntnisobjekt gegenüber den sozialwissenschaftlichen Nachbardisziplinen, insbes. der Organisationspsychologie, zu schärfen.

[618] Vgl. Ackermann 1991, S. 14f., Freimuth 1990, S. 314ff, Schreyögg 1987, S. 152ff.

[619] An dieser Stelle soll noch einmal explizit betont werden, daß sich das kulturbewußte Personalmanagement bezüglich der eingenommenen Grundhaltung in die verhaltenswissenschaftliche Richtung der neueren HRM-Diskussion einordnen läßt, die im Gegensatz zu einer einseitig verkürzten Ökonomisierung der Personalwirtschaft eine verhaltenswissenschaftliche Mitarbeiterbezogenheit durch Kulturorientierung anstrebt.

[620] Vgl. Ackermann 1991, S. 17f.; zur Kritik an einem zu vereinfachten Strategieverständnis vgl. Marr (1986, S. 13ff.).

In der Literatur wie auch in der Praxis ist eine Vielfalt von Definitionen für Strategisches Personalmanagement zu beobachten.[621] Eine sehr umfassende und die wesentlichen Aspekte aufgreifende Beschreibung liefert Drumm:

„Als strategisches Personalmanagement wird ... die Planung, Umsetzung und Kontrolle von intendierten und zugleich proaktiven Personalstrategien definiert ... Proaktive Strategien sind abgestimmte Bündel und Sequenzen grundsätzlicher Handlungsmöglichkeiten zur frühzeitigen Verfolgung von strategischen Zielen des strategischen Personalmanagements wie insbesondere dem Aufbau, dem Erhalt, der Nutzung oder dem Abbau von Personalpotentialen."[622]

Die inhaltliche Ausrichtung richtet sich primär auf

- die systematische Zusammenfassung von bislang getrennt behandelten personalwirtschaftlichen Entscheidungsfeldern[623],

- die Einbindung personalwirtschaftlicher Entscheidungstatbestände in unternehmenspolitische Strategie- und Strukturentscheidungen unter Berücksichtigung ökonomischer, politischer und kultureller Rahmenbedingungen[624] und

- die gewandelte Sichtweise der Personalwirtschaft aus dem Blickwinkel eines General Management und die daraus erwachsende personalwirtschaftliche Verantwortung des Managements.[625]

Bezüglich der inhaltlichen Aspekte müßte sich ein Strategisches Personalmanagement von einem konventionellen, nicht-strategischen abgrenzen lassen. Neben den Merkmalen eines proaktiv, langfristig angelegten Denkens und Handelns sowie einer ganzheitlichen, konzeptionellen Vorgehensweise hebt sich ein strategisches Personalmanagement von einem "herkömmlichen" Personalmanagement ab durch.[626]

---

[621] Vgl. z.B. Scholz, C. 1994, S. 50ff., Wunderer/Kuhn 1993, S. 169ff., Marr 1986, S. 14ff., Staffelbach 1986, S. 49, Bothe/Simon 1976, S. 20; für einen Überblick vgl. z.B. Eckardstein/Elsik 1990, S. 405ff., Ackermann 1991, S. 13ff.

[622] Drumm 1989, S. 362.

[623] Vgl. z.B. den sog. "Human Resource Cycle" (Tichy/Fombrun/Devanna 1982, S. 50ff.); Scholz, C. (1994, S. 51) nennt in diesem Zusammenhang folgende strategische Aufgabenfelder: strategische Bestandsanalyse, strategische Personalbedarfsbestimmung, strategisches Personalentwicklungsmanagement, strategische Personalveränderung, strategisches Personalkostenmanagement und strategische Personalführung.

[624] Vgl. hierzu v.a. das Konzept des strategischen HRM der Michigan-Schule (Tichy u.a. 1982, S. 47ff., Devanna u.a. 1981, S. 51ff., Fombrun u.a. 1984). In Bezug auf das Verhältnis von Strategie, Struktur und HRM verfolgt diese Richtung das Ziel der Verwirklichung eines Best Fit zwischen allen drei Bereichen unter dem Druck relevanter Umwelteinflüsse; dabei geht der Ansatz allerdings von einer inhaltlichen wie zeitlichen Priorisierung der Strategie aus, wodurch ein bedeutender Unterschied zur hier eingeschlagenen Perspektive konstatiert werden muß (Vgl. Kap. 2.2.3). Somit bleibt der Michigan-Ansatz dem traditionellen Anpassungsdenken des Personalmanagements verhaftet und unterschätzt den Einfluß personalpolitischer Maßnahmen auf die Strategieformulierung. Vgl. Staehle 1994, S. 745ff., Ackermann 1991, S. 18ff., Scholz, C. 1994, S. 50ff.

[625] Vgl. hierzu den strategischen Ansatz der Harvard Business School (Kotter/Schlesinger/Sathe 1979, Beer u.a. 1985), der seinen Schwerpunkt in einer General-Management-Perspektive des HRM sieht und das Augenmerk insbesondere auf das strategische Umfeld des Unternehmens, wie Interessen der Stakeholder, Beschäftigungsstruktur, Unternehmensstrategie (als ein Faktor neben vielen anderen!), Managementphilosophie, Arbeitsmarktbedingungen, Gewerkschaftsforderungen, Technologie, Gesetze und auch gesellschaftliche Werte, legt; vgl. Azzone/Brophy/Noci/Welford/Young 1997, S. 699ff.: A Stakeholder's View of Environmental Reporting; zum Überblick vgl. auch Staehle 1994, S. 747ff.

[626] Vgl. im Folgenden Ackermann 1991, S. 18ff., Marr 1986, S. 15ff., Schreyögg 1987, S. 151ff.

1.  eine *"theoretische"* *Fundierung* im Sinne eines konsistenten Hypothesensystems, welches durchaus nicht allgemein bekannt sein muß, sondern lediglich im Kopf des Strategen vorhanden sein kann, so daß die Strategie ganz bewußt vor möglichen Gefahren bzw. Gegnern geschützt wird und dem Strategen ein Überraschungspotential ermöglicht. Strategisches Handeln bedeutet nicht nur Antizipation alternativer Zukunftsumstände und planende Vorbereitung geeigneter Maßnahmen, sondern auch schnelle und - für Außenstehende - überraschende Reaktion auf Veränderungen, einschließlich "strategischer Opfer". Das theoretische Fundament verhindert, daß effektives, aber intuitives Verhalten ex post als strategisch ausgewiesen wird.[627]

2.  Ein Strategisches Personalmanagement benötigt ein *Leitbild*, welches die konzeptionelle Gesamtsicht des Unternehmens aufzeigt und die Ableitung zentraler Unternehmensziele ermöglicht. Das Leitbild spiegelt die normative Ausgangsposition wider und verdeutlicht, was durch die Strategie erreicht werden soll. Dabei kommt der Strategie jedoch kein nachgeordneter, sondern ein originärer und eigenständiger Charakter zu, dem über eine Integration des Personalmanagements in die Strategische Unternehmensführung Rechnung getragen werden muß. Das skizzierte Betriebsbild des "Kulturunternehmens" kann als Leitbild angesehen werden. Von besonderer Bedeutung scheint die Frage, inwieweit sich das Bild des "Kulturunternehmens" im Hinblick auf eine (unternehmens-)kulturelle Soll-Vorstellung als Ausgangspunkt für ein personalwirtschaftliches Strategiekonzept inhaltlich weiter konkretisieren ließe. Das Integrationsmodell einer kritischen Solidargemeinschaft soll als eine mögliche Konkretisierung in den späteren Abschnitten der Arbeit diskutiert werden.

3.  Zentrales Merkmal des Strategischen Personalmanagements ist weiterhin die *Betrachtung von "Potentialen"*, d.h. die Abstraktion der Aussagensysteme vom einzelnen Mitarbeiter bzw. der einzelnen Arbeitsgruppe.[628] Natürlich handelt es sich dabei um nichts anderes als die Summe individueller, im Sinne der Organisationsziele nutzbarer Merkmale des Wollens und des Könnens der Mitarbeiter.

Entscheidend ist bei der Potentialbetrachtung

-   eine integrative Betrachtung der einzelnen Potentiale, d.h. die Berücksichtigung der Interdependenzen bzw. Verflechtungen zwischen den individuellen Merkmalen, z.B. im Sinne der Erzielung von Synergieeffekten,

-   eine Potentialanalyse von zentralen Stärken und Schwächen der Mitarbeiter im Hinblick auf die Erreichung der verfolgten Ziele, insbesondere in Bezug auf die Flexibilität der Humanressourcen und

-   eine Umfeldanalyse, d.h. die Erfassung von Veränderungen der externen Umwelt (z.B. Wertewandel, demographischer Wandel, ökologischer Wandel etc.) und interner Einflußfaktoren (z.B. Akzeptanz technologischer Veränderungen, organisatorische Restrukturierungen etc.) zur Erfassung von Risiken und Chancen.

[627] „Es macht keinen Sinn, wenn die Zielscheibe erst nach dem Einschuß darum gemalt wird."; freilich besteht für das Personalmanagement diesbezüglich das Problem des Theoriedefizits; vgl. Marr 1986, S. 14f.

[628] Vgl. z.B. Wunderer 1984, S. 506ff., Staffelbach 1986, Ackermann 1991, S. 13ff., Scholz, C. 1994, S. 50f.

4.  Strategisches Personalmanagement beinhaltet eine *Verfügbarkeit über diejenigen Potentiale* bzw. Ressourcen, die zur Umsetzung der Strategie notwendig sind. Dies erfordert freilich eine Neuausrichtung von Kompetenzanforderungen und Verantwortlichkeiten der (Personal-)Manager.[629] Die treffende Beschreibung eines neuen Selbstverständnisses, welches auf dem Ersten Deutschen Personalleiter-Kongreß der DGFP 1985 thematisiert wurde, hat bis heute nicht an Gültigkeit verloren. Der Personalleiter wird demnach charakterisiert als

    -   "ehrlicher" Makler im Spannungsfeld von Unternehmensinteressen und Mitarbeiterbedürfnissen (Berufsethos),

    -   "Manager des Wandels" in Zusammenarbeit mit dem Betriebsrat,

    -   Mitgestalter der Unternehmenskultur und -struktur,

    -   interner Berater der Fachabteilungen bei der Lösung von Personalproblemen und

    -   Mitgestalter und Mitverantwortlicher der Kosten.[630]

Besondere Beachtung im Rahmen des Strategischen Personalmanagements verdient die "Strategische Umweltanalyse". Dabei fordert ein strategisches Konzept von den Handlungsträgern eine erhöhte Sensibilität gegenüber schwachen Signalen aus der Umwelt, um rechtzeitig notwendige Aktivitäten einleiten zu können, wie auch eine entsprechende Vorstellungskraft bezüglich möglicher Entwicklungsprozesse und der damit verbundenen Chancen und Risiken.

Nicht nur die Entwicklungen auf den Arbeitsmärkten, sondern auch im gesellschaftlichen, politischen und wissenschaftlichen Umfeld verdienen bei einem strategischen Vorgehen verstärkte Beachtung (z.B. Gesetzesinitiativen von Parteien, Forderungen der Gewerkschaften, Diskussionen im politischen Raum, z.B. über die Integration von Ausländern, die Verschiebung des Rentenalters, Förderungsmaßnahmen für einzelne Beschäftigungsgruppen, bildungspolitische Maßnahmen, technische und wirtschaftswissenschaftliche Forschungsaktivitäten etc.). Der von diesen Aspekten ausgehende Einfluß auf das Handeln der Mitarbeiter sowie auf das Handeln der Personalverantwortlichen findet in der Personalwirtschaft freilich von jeher Beachtung. Unbestreitbar ist aber, daß diese Aspekte als Bestandteile bzw. Manifestationen unserer Kultur auf tieferen Ursachen in Form von Werten und Grundannahmen beruhen. Diese sind zum großen Teil in unserer Nationalkultur verankert, welche bislang nur unzureichend in personalwirtschaftliche Konzeptionen integriert worden ist.

Daneben muß eine betriebsspezifische Kultur - und das kann als ein gesichertes Ergebnis der Unternehmenskulturdiskussion gelten - als eine Quelle bislang ungenutzter Potentiale gesehen

---

[629] Der traditionell häufig schwache Stand des Personalleiters im Unternehmen resultiert zum einen aus der historisch gewachsenen Struktur eines sich an die Entscheidungen anderer Bereiche anpassenden Personalwesens; zum anderen aber lassen sich auch Wissensdefizite des Personalleiters feststellen, so daß selbst im Falle einer Gleichstellung des Personalwesens mit den anderen Bereichen dem Personalleiter aufgrund mangelnder Sachkenntnis in Produktion, des Absatzes oder Logistik im Rahmen der strategischen Ausrichtung wenig Gehör geschenkt wird. Vgl. Scholz, C. 1993b, S. 17ff., Bilitza 1993, S. 570ff., Schreyögg 1987, S. 157.

[630] Ackermann 1991, S. 26, ähnlich auch Louarm/Allard 1990.

werden. Funktionale und dysfunktionale Wirkungen kultureller Merkmale können Anhaltspunkte für eine theoretische Untermauerung strategischen Personalmanagements sein.[631]

Die sich im Anschluß an eine inhaltliche Differenzierung des Kulturkonstrukts ergebenden einzelnen kulturellen Merkmale in Abhängigkeit ihrer funktionalen und dysfunktionalen Wirkungen zu erkennen, zu schützen, zu pflegen, zu vermitteln und zu fördern ist gleichbedeutend mit der Erschließung, dem Erhalt und der Nutzung bedeutender strategischer Potentiale. In der Kultur schlummert weitgehend ungenutztes, weil bislang unbekanntes Potential der Mitarbeiter.[632]

> Fazit: Die Kultur *ist* das Mitarbeiterpotential, welches es zu erkennen und zu nutzen gilt.

Das kulturbewußte Personalmanagement kann somit als Spezifizierung oder auch Fundament des Strategischen Personalmanagements verstanden werden, indem die für das Unternehmen relevante kulturelle Umwelt sowie die Kultur des Unternehmens selbst in personalwirtschaftliche Strategie- und Strukturentscheidungen einbezogen werden, welche im Rahmen eines eigenständigen Personalkonzeptes mit der Unternehmens- und Geschäftsfeldstrategie unter Berücksichtigung anderer Funktionsstrategien abgestimmt werden.[633]

### 2.3.5 Zusammenfassung: Thesen zu den methodologischen Grundlagen des kulturbewußten Personalmanagements

Eine verhaltenswissenschaftliche Fundierung der Personalwirtschaftslehre mit Hilfe des Kulturkonstruktes stellt im Kern eine Gegenströmung zu den derzeitigen Reökonomisierungsbestrebungen mit Hilfe institutionenökonomischer Ansätze dar. Eine Kulturtheorie, deren Grundkonzeption durchaus vielversprechend ist, kann freilich erst nach einer umfangreichen Analyse der Kultur aufgestellt werden, so daß über deren Tragfähigkeit und Qualität nur zu einem späteren Zeitpunkt geurteilt werden kann.

Die dem kulturbewußten Personalmanagement zugrundegelegte Forschungsmethodik erweist sich als Synthese hermeneutischer und "quasi-nomologischer" Methoden. Unbestreitbar läßt sich die Kultur in einem Verständnis, wie es in Kap. 2.1.1 beschrieben ist, nicht allein durch empirisch-analytische Verfahren hinlänglich erfassen. Vielmehr muß die tiefere Bedeutung der beobachtbaren Oberflächenphänomene entschlüsselt und so die Kultur durch die Methode des Verstehens zugänglich gemacht werden. Gerade menschliches Handeln in betriebswirtschaftlichem Kontext unterliegt jedoch vielfältigen ökonomischen Zwängen, die eine vollkommene Souveränität der Mitarbeiter ausschließen. Daher darf sich eine kulturtheoretische Betrachtung nicht allein auf einen hermeneutischen Zugang einlassen, sondern muß die Bedingungszusammenhänge betrieblichen Handelns mit Hilfe explanatorischer Verfahren erfassen und einbeziehen. Entsprechend kann, dem in den inhaltlichen Grundlagen skizzierten Menschen- und Betriebsbild folgend, von einer Wechselbeziehung zwischen menschlichem

---

[631] Vgl. Schreyögg 1987, S. 156.

[632] Bullinger/Gommel verweisen auf die Unternehmenskultur als mögliche Quelle von Vision, Kreativität, Identifikation und Sinn in der Arbeit. Der Schlüssel zum Erfolg liegt ihrer Meinung nach im kreativen Humanpotential (1995, S. 21ff.). Vgl. ähnlich auch Bühner 1987. S. 249ff

[633] Vgl. ähnlich auch Ackermann 1991, S. 23.

Handeln und Kultur ausgegangen werden, wodurch eine synthetische Sicht der "Variablen"- und der "Metapher"-Ansätze zum Ausdruck kommt, die sich in folgendem Leitsatz widerspiegelt: *"Die Organisation hat und ist Kultur".*

Die breitgeführte Unternehmenskulturdiskussion der 80er Jahre untersuchte vor allem die Wirkung der (Unternehmens-)Kultur auf den Erfolg der Organisation als Ganzes, wobei man sich weitgehend auf allgemeine Managementaussagen beschränkte. Tiefergehende Aussagen über Wirkungen der Kultur auf einzelne Funktionsbereiche der Betriebswirtschaft, insbesondere auf die Personalwirtschaft, sowie die Auswirkungen der Entscheidungen in den jeweiligen Funktionsbereichen auf die Kultur sind nur in rudimentären Ansätzen zu finden.

Das kulturbewußte Personalmanagement will die Kultur konzeptionell in ein personalwirtschaftliches Erklärungs- und Gestaltungsmodell einbinden und bezieht dabei vom Grundsatz her alle Hierarchieebenen der Kultur ein, insbesondere auch die Nationalkultur, die Gegenstand des Cross-Cultural und Comparative Management ist. Ein kulturbewußtes Personalmanagement bedarf auf der Gestaltungsebene notwendigerweise einer situativen Anpassung.

Diese Umrisse der Forschungsmethodik berücksichtigen die Erfahrungen der dem Kulturansatz gedanklich nahestehenden Human-Relations-Bewegung mit dem Konstrukt des Organisationsklimas.[634] Fürstenberg verweist auf Untersuchungen, die Tendenzen aufgezeigt haben, „den Subjektivismus des Forschungsansatzes durch Bezug auf objektive Daten zu mildern, globale Einstellungsmessungen zugunsten eines konkreten Situationsbezugs aufzugeben und die Ergebnisse durch einen allgemeineren Theoriebezug vor einer vorschnellen soziotechnischen Anwendung zu schützen."[635]

Jedem, der sich auch nur rudimentär mit der Kulturproblematik auseinandergesetzt hat, erscheint es einsichtig, daß es ein überaus schwieriges und fragwürdiges Unterfangen darstellt, die weiche Materie der Kultur mit den harten ökonomischen Handlungszwängen in einem geschlossenen kulturtheoretischen Bezugsrahmen für die Betriebswirtschaftslehre zu verknüpfen, insbesondere wenn man sich die uneinheitliche Breite von Kulturtheorien in den Sozialwissenschaften vor Augen hält.[636] Von daher erscheint es sinnvoller, von einem *kulturbewußten* statt von einem *kulturtheoretischen* Personalmanagement zu sprechen und dieses als eine personalwirtschaftliche Teilkonzeption aufzufassen, deren enge Bezugspunkte vor allem bei der Differentiellen Personalwirtschaftslehre, der Werteorientierten Personalpolitik und des Strategischen Personalmanagements liegen. Es liegt in der Natur der Sache, daß das entwickelte Gedankengebäude des kulturbewußten Personalmanagements auf angreifbaren Hypothesen aufbaut; wissenschaftliche Erkenntnisse können jedoch nur selten ohne den dazugehörigen Mut zur Hypothesenbildung gewonnen werden.

---

[634] Vgl. zur Unterscheidung von Organisationsklima und Organisationskultur Conrad/Sydow 1991, S. 97ff.

[635] Fürstenberg 1980, Sp. 1565.

[636] Vgl. zur Problematik der wissenschaftstheoretischen Aufhängung einer Kulturtheorie als sozialwissenschaftliche Metatheorie Drechsel 1984, S. 65ff., Allesch 1990, S. 26; vor diesem Hintergrund schlägt dann auch Sandner vor, den Ansatz der Organisationskultur als 'sensitizing device' (vgl. Weick 1976, S. 2, Bacharach/Lawler 1980, S. 13) aufzufassen, d.h. als eine offene, kreative Forschungsrichtung, der es primär um „neue Gesichtspunkte, um das Stellen neuer Fragen und um das Einbringen neuer Überlegungen geht - und weniger darum, möglichst keine Fehler zu machen." (Sandner 1988, S. 653). Vgl. kritisch auch Ebers 1991, S. 56f.

Wichtige Schritte der Weiterentwicklung des Kulturansatzes bestehen in der weiterführenden inhaltlichen Differenzierung des Kulturkonstrukts,[637] dem Aufzeigen und der Effizienzbeurteilung von (national-)kulturellen Merkmalen[638] (Kap. 3) sowie einer Darlegung der Bedingungen des Kulturwandels (Kap. 4), bevor über ein gestaltungsbezogenes Aussagensystem nachgedacht werden kann (Kap. 5).

---

[637] Vgl. Ebers 1991, S. 57.

[638] So sieht Drumm speziell in der unbeantworteten Frage nach der Meßbarkeit und Funktionalität kultureller Merkmale die Sackgasse der gesamten Unternehmenskulturforschung (vgl. Drumm 1991a, S. 67).

## 3. Kulturanalyse

Das Vorgehen im folgenden Kapitel läß sich überblickartig wie folgt darstellen:

---

Entwicklung eines Analyserasters:
ϧ Disziplinäre Ansatzpunkte für eine Kulturanalyse
ϧ Inhaltliche Differenzierung des Kulturkonstruktes
ϧ Ableitung eines personalwirtschaftlichen Sachkanons
in Form ökonomisch relevanter Kulturfelder

---

Bestandsaufnahme der Nationalkultur:
ϧ Probleme im Zusammenhang mit einer Analyse der
deutschen Nationalkultur
ϧ Mögliche Blickwinkel für eine Kulturanalyse

---

Beurteilung der gegenwärtigen Kultur:
ϧ Grundpositionen zur wirtschaftlichen Lage
Deutschlands (Standortdiskussion)
ϧ Hypothesen zu nationalkulturellen Bedingungen im
Hinblick auf ökonomisch relevante Kulturfelder

---

Notwendigkeit der Ergänzung durch Organisa-
tions- und Subkulturanalyse:
ϧ Verifizierung bzw. Relativierung der Hypothesen zur
Nationalkultur
ϧ Erfassung von Organisations- und Subkulturen

---

Abb. 22: Überblick über Kapitel 3

Quelle: eigene Darstellung

### 3.1  Vorüberlegungen

Jedem Forscher auf dem Gebiet der Personalwirtschaft stellt sich die Frage, wie tief er in diejenigen Wissenschaften "eintauchen" soll, die ihm Erkenntnisse als Grundlage einer personalwirtschaftlichen Anwendung liefern. Generell könnte man freilich antworten: So tief und gründlich es eben möglich ist! Jedoch sollte wohl ein ausgewogenes Verhältnis gewahrt werden zwischen der Arbeit, die auf das "Eintauchen" in die Formal- und Realwissenschaften, die Erkenntnisse für die Personalwirtschaftslehre bereitstellen, verwendet wird, und der eigentlich personalwirtschaftlichen Arbeit, die aufgrund des Selbstverständnisses als angewandte Wissenschaft im Anwendungsbezug besteht.

Die Personalwirtschaftslehre als eine angewandte Wissenschaft lebt von der Verwertung der Erkenntnisse formal- und realwissenschaftlicher Betätigung. Ein kulturbewußtes Personalmanagement stellt sich somit als eine personalwirtschaftliche Konzeption dar, die *kulturwissenschaftliche* Erkenntnisse *anwendet*, jedoch nicht unbedingt selbst kulturwissenschaftliche Forschung betreibt.

Ein kulturbewußtes Personalmanagement ist zunächst einmal gleichbedeutend mit einem interdisziplinären[639] Forschungsprogramm, welches die Einbeziehung der Instrumente, Methoden und Ergebnisse aus verschiedenen kulturwissenschaftlichen Disziplinen zum Gegenstand hat. Diesbezüglich besteht aus Sicht eines Personalwirtschaftlers durchaus die potentielle Gefahr, *zu* viel Energie auf die Eruierung kulturwissenschaftlicher Erkenntnisse zu verwenden und somit die Identität eines Personalwirtschaftlers zugunsten der eines Kulturforschers aufzugeben. Hierin liegt die bekannte Crux der angewandten Wissenschaften, die aus eben diesem Grund seit ihrer Entstehung um ihre Eigenständigkeit fürchten müssen.

Die vorliegende Arbeit kann und will daher auch nicht den Anspruch erheben, *selbst* eine eindeutige und klare Kulturbestimmung vorzunehmen. Dem wissenschaftlichen Aufgabenspektrum der Personalwirtschaftslehre folgend erscheint es zweckmäßiger, geeignete (kulturwissenschaftliche) Ansätze zu Gesamtdarstellungen der Nationalkultur mit den *von Kulturwissenschaftlern* erarbeiteten Hypothesen zum Nationalcharakter aufzugreifen und als Grundlage für ein personalwirtschaftliches Gestaltungskonzept zu *verwenden*.

### 3.1.1 Relevante Disziplinen als Ansatzpunkte zur Bestimmung und Erklärung kultureller Merkmale

„Moderne Kulturdeutung, vom Feuilleton bis zur Talkshow, von der Demoskopie bis zur Akademietagung, scheint oft ein einziges Durcheinander."[640] Die kulturwissenschaftlichen Einzeldisziplinen, die einer Kulturanalyse als Grundlage eines kulturbewußten Personalmanagements einen methodischen wie inhaltlichen Rahmen geben können, befinden sich aus heutiger Sicht in mehrfacher Weise noch auf der Suche. Es herrscht erhebliche Unklarheit infolge national und international uneinheitlicher Fachbezeichnungen sowie unterschiedlicher Abgrenzungen hinsichtlich theoretischem Blickwinkel wie auch inhaltlicher Zuständigkeiten bzw. disziplinärer Gegenstandsbereiche.[641]

### 3.1.1.1 Volkskunde und Völkerkunde (Ethnologie)

Wenngleich sich auch die Anfänge einer wissenschaftlichen Betätigung mit Volkskunde bis in das ausgehende 18. Jahrhundert zurückverfolgen lassen, war es W.H. Riehl, der als erster 1858 die Eigenständigkeit des Faches postulierte. Während die sich parallel entwickelnde *Völkerkunde* (=*Ethnologie*) die Erschließung unbekannter, fremder Länder zum Gegenstand

---

[639] Vgl. zu einer interdisziplinären Ausrichtung Hofstede 1980b, Sp. 1171ff.

[640] Schulze 1992, S. 27.

[641] Vgl. Kaschuba 1995, S. 27ff., Fischer, H. 1992, S. 6ff., Müller, E.W. 1984, S. 36ff., Valjavec 1984, S. 431ff., Ramaswamy 1985, S. 15ff.

hat,[642] beschäftigt sich die *Volkskunde* mit der Erforschung der unbekannten Kultur des eigenen bzw. des europäischen Volkes und insbesondere der Kultur der unteren Schichten.[643] Die Völkerkunde (Ethnologie) beschäftigt sich traditionell mit den sog. Primitivgesellschaften oder schriftlosen Kulturen, d.h. Völkern, die sich in Bezug auf ihren Entwicklungsstand in einer frühen Phase befinden. Im Gegensatz zu Historikern oder Prähistorikern untersuchen Ethnologen noch lebende Völker, wobei sie ihre Daten überwiegend aus der Feldforschung gewinnen. Neben dieser Hauptrichtung der Ethnologie gibt es jedoch auch zahlreiche Bestrebungen, komplexere Gesellschaften, wie z.b. US-amerikanische Großstädte, zu analysieren.[644] Die von der Völkerkunde erbrachten Kenntnisse über das Wesen fremder Völker wurden von den europäischen Kolonialmächten im Rahmen der Kolonialisierung und Unterwerfung der "primitiven" Gesellschaften genutzt und als Argumente für ihre Hegemonialstellung verwendet. Bis heute haben die ethnologischen Feldforscher daher mit daraus resultierendem Mißtrauen, Kritik und Ablehnung zu kämpfen.[645]

Das Wissenschaftsprogramm der Volkskunde lieferte das Fundament der nationalsozialistischen Ideologie, was zur Folge hatte, daß die Fachvertreter sich nur sehr schwer von politisch rechtem Gedankengut lossagen konnten und das Fach trotz seiner Neuorientierung bis heute auf weitläufige Skepsis stößt.[646] Die Nachkriegsgeschichte der Volkskunde zeichnet sich durch drei Tendenzen aus:

Zunächst orientierte man sich an einer sachlichen Dokumentation der kulturellen Vielfalt, die Datenbefunde - frei von ideologischem Pathos - weitgehend zu objektivieren. Eine zweite, etwas später einsetzende Tendenz bestand in der Ideologiekritik, die nicht nur die nationalsozialistische Ideologie verurteilte, sondern weiterführend auch nach den Ursachen von deren Entstehung suchte und als Grundstein für eine Neuorientierung und Umbenennungen des Faches gesehen werden kann.[647] Ein dritter Aspekt einer Neuorientierung, die sich heute durchzusetzen scheint, besteht in der Hinwendung zum Erkenntnisobjekt in Gestalt der gegenwärtigen Alltagskultur.[648] Dabei wird Volkskunde überwiegend als „eine empirisch

---

[642] Vgl. zu einer Einführung in die Ethnologie z.B. Fischer, H. (Hg.) 1992, Bargatzky 1985, Ramaswamy 1985. Trimmborn (1958) beschreibt die Völkerkunde wie folgt: „Völkerkunde ist sowohl eine systematische wie historische, immer aber empirische Wissenschaft, welche den Menschen aus seinen in Raum und Zeit wechselnden gruppenhaften Lebensäußerungen verstehen will."

[643] Vgl. zu den Ursprüngen der Volkskunde z.B. Bausinger 1989, S. 270ff., 1993, S. 1ff., Bimmer 1985, Weber-Kellermann/ Bimmer 1985, Möller, H. 1964, S. 217ff.; vgl. zur Abgrenzung von Ethnologie und Volkskunde z.B. Niederer 1980, S. 1ff.

[644] Daher findet man bisweilen auch die etwas mißverständliche Bezeichnung "Naturvölker". Vgl. zum Forschungsgegenstand der Ethnologie z.B. Bargatzky 1985, S. 19ff., Stagl/Stagl 1981, S. 10ff., Fischer, H. 1992, S. 3ff.

[645] Vgl. Ramaswamy 1985, S. 10ff.

[646] Vgl. Bausinger 1989, S. 274f., 1965, S. 177ff.

[647] Statt von "Volkskunde" wurde zunehmend von "Europäischer Ethnologie", "Kulturanthropologie" oder "Empirischer Kulturwissenschaft" gesprochen, die aus wissenschaftlicher Sicht einem seriöseren methodischen Anspruch verpflichtet waren. Vgl. dazu Drechsel 1984, S. 49ff., Bausinger 1989, S. 276.

[648] Vgl. Greverus 1987, Bausinger 1989, S. 276, Bausinger u.a. 1993, Lipp, C. 1993, S. 1ff. Den umfassenden Charakter des wissenschaftlichen Gegenstandes der Volkskunde, wie im übrigen auch einer Kulturtheorie, verdeutlicht Gerndt (1992, S. 25): „Sie (die Volkskunde, A.d.V.) fragt, warum das, was vielen ganz selbstverständlich erscheint, sich gerade so manifestiert: Wie die Menschen unseres Lebens- und Erfahrungsraumes heute ihr Dasein gestalten und in den vorausgehenden Jahrhunderten gestaltet haben, Frauen und Männer, Arme und Reiche, werktags und sonntags, auf dem Lande und in den Städten, in schweren und guten Zeiten. Für was, wie und womit sie in unserer Zeit arbeiten, und wie sie früher gearbeitet

arbeitende, sowohl historisch als auch soziologisch orientierte Kulturwissenschaft"[649] verstanden, die der Zielsetzung folgt, durch die Erforschung traditionsbedingter Phänomene des Alltagslebens sowie gruppengebundener Wertsetzungen und Äußerungsformen zu einem tieferen Verständnis kultureller Lebensvorgänge (insbesondere der unteren Schichten) zu gelangen. In einem so beschriebenen wissenschaftlichen Gewand erweist sich die volkskundliche Tätigkeit heute nach verbreiteter Auffassung als Kulturanalyse.[650]

Eine Systematisierung der Vielfalt alltagskultureller Phänomene wird in der Volkskunde auf zweierlei Weise vorgenommen:[651]

-    Entwicklung eines *Sachkanons* der kulturellen Gegenstandsbereiche und entsprechender Subdisziplinen (z.B. Hausforschung, Gerätekunde, Brauch- und Volksliedforschung, Rechtliche Volkskunde etc.),[652]

-    Theoretische *Problemzentrierung* der Volkskunde im Sinne einer Formulierung von kulturanalytischen Forschungsschwerpunkten (Kulturprozeß und Kulturökonomie, Herrschaft und Kultur, Tradition und Wandel, Kulturraum und Identität, Massenkultur und Subkultur, Kulturindustrie und Kreativität, Vermittlung und Kommunikation, Gruppe und Individuum, Norm und Verhalten, Enkulturation und Akkulturation)[653].

Volks- und Völkerkunde sind einzuordnen als Teildisziplinen der Anthropologie, einer umfassenden "Wissenschaft vom Menschen", in deren Mittelpunkt der Mensch als Ganzes, d.h. als körperliches und als geistiges Wesen, steht.

### 3.1.1.2 Kulturanthropologie

Als ursprünglicher Zweig der Philosophie beschäftigte sich Anthropologie im deutschsprachigen Raum vorwiegend mit dem Menschen als einem Naturwesen. Im Mittelpunkt stand lange Zeit die Erforschung der körperlichen Natur und Entwicklung des Menschen sowie der entwicklungsgeschichtlichen Analyse prähistorischer Funde. Der Forschungsgegenstand der Anthropologie grenzte sich somit ab von der "humanistischen", historisch-philologischen Form der Bildung. Gegen Ende des 19. Jahrhunderts setzte der Prozeß der Historisierung der Anthropologie ein, der das Aufkommen von Völkerkunde bzw. Ethnologie als hinzugekommene Teildisziplinen der Anthropologie begünstigte. Im Gegensatz zu dieser Entwicklung im deutschsprachigen Raum umfaßte das US-amerikanische Verständnis von Anthropology (maßgeblich unter dem Einfluß von F. Boas) von jeher die Zweige der Physical Anthropology und der Cultural Anthropology (Vgl. Abb. 23).

---

haben, wie sie sich ernähren und kleiden, was sie erzählen und singen, wovon sie leben, wie sie wohnen, was sie glauben und wissen, wie sie mit Not und Gefahren fertig werden, wie sie feiern und wie ihr Zusammenleben funktioniert."

[649] Gerndt 1992, S. 79; vgl. ähnlich auch Drechsel 1984, S. 49ff., Kramer 1985, S. 86ff., Bausinger 1989, S. 276.

[650] Vgl. ebenda, S. 79, 155ff., Bausinger 1989, S. 267ff., 1993, S. 14f.

[651] Vgl. Gerndt 1992, S. 26f.

[652] Vgl. dazu auch die Systematisierungen von W.H. Riehl (1867) (Stamm, Siedlung, Sitte, Sprache), E. Wohlhaupter (Sprach-, Sach, Brauch- und Glaubensgut) oder F. Sieber (Wort-, Ton-, Ding- und Gebärdengestaltung). Als neuere Ansätze vgl. Brednich (1994) oder Wiegelmann (1970, S. 187ff.).

[653] Vgl. "Die Fächerkatalog-Diskussion" 1974, S. 76ff.

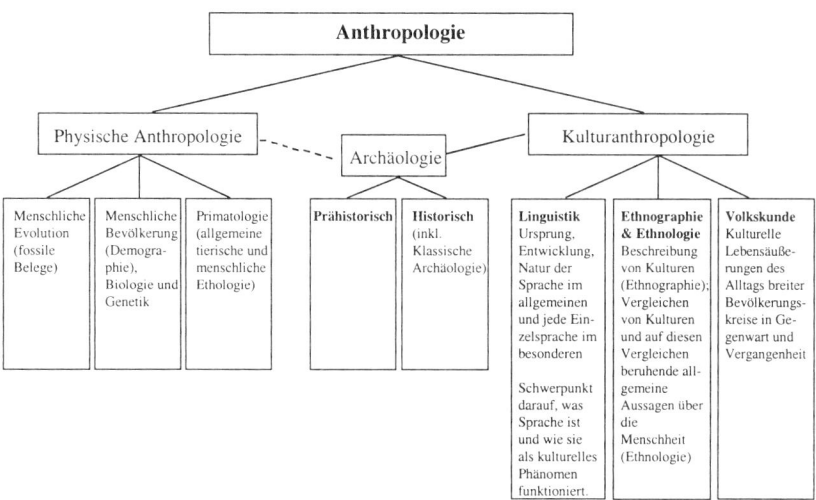

Abb. 23: Die wesentlichen Teilgebiete der Anthropologie

Quelle: in Anlehnung an Fischer, H. 1992, S. 9

F. Boas war es auch, der das Wissenschaftsprogramm der Cultural Anthropology in Abgrenzung zur damals vorherrschenden rassentheoretisch ausgerichteten Anthropology in die Richtung einer milieutheoretischen (das Erlernte und die Umwelteinflüsse betonenden) "Menschheitswissenschaft" lenkte. Grundgedanke der Cultural Anthropology ist der *Kulturrelativismus*, d.h. die Grundüberzeugung einer ideellen Gleichwertigkeit aller menschlichen Kulturen, die den Verzicht einer Bewertung unterschiedlicher Weltanschauungen einschließt.[654]

Gerade hierin liegt aber auch der Grund für die Begrenztheit einer kulturrelativistischen Grundorientierung, da sie keinerlei Maßstab oder Rechtfertigung für eine Beeinflussung der Kultur bietet. Im Hinblick auf den Anwendungsbezug beispielsweise im Rahmen der Entwicklungspolitik,[655] aber auch im Rahmen des kulturbewußten Personalmanagements stößt eine streng kulturrelativistische Perspektive, die keinerlei Handlungsempfehlung zuläßt, an entscheidende Grenzen. Bezugnehmend auf das Personalmanagement würde eine solche Perspektive bedeuten, daß zwar die Kultur als Einflußfaktor für personalwirtschaftliche Entscheidungen Beachtung findet, der betrieblichen Personalarbeit jedoch keine Optionen einer zielgerichteten Beeinflussung der (Unternehmens-)Kultur gegeben sind (*"Wertproblem"*).

Kulturanthropologie, verstanden als Anlehnung an die amerikanische Cultural Anthropology[656], beschäftigt sich mit der „empirischen, systematischen und vergleichenden Erforschung der verschiedenartigen Kulturen als Ausdruck geschichtlich gewachsener unterschiedlicher

---

[654] Vgl. Ramaswamy 1985, S. 84ff., Bargatzky 1985, S. 19ff., Stagl/Stagl 1981, S. 13ff., Fischer, H. 1992, S. 3ff.; vgl. zum Grundgedanken des Kulturrelativismus Rudolph 1959, 1968, 1988, S. 412ff.

[655] Vgl. Ramaswamy 1985.

[656] Vgl. zu den Übersetzungsschwierigkeiten aufgrund unterschiedlicher Begriffsentwicklungen Stagl/Stagl 1981, S. 13ff., Fischer, H. 1992, S. 6ff.

Lebensmöglichkeiten des hochgradig anpassungsfähigen Menschen"[657]. Zu ihrem Wissenschaftsprogramm gehört [658]

• das Beschreiben wesentlicher Merkmale einer sozialen Gruppierung im Sinne einer Typisierung von Denk- und Verhaltensweisen und

• das Erklären bzw. Verstehen

- des Funktionierens von Kulturen,

- der Ähnlichkeiten und Unterschiede verschiedener Kulturen sowie

- von Bedeutungen kultureller Phänomene für die Kulturmitglieder bzw. der Untersuchung von Ursachen für die Fortdauer und den Wandel von kulturell bedingtem Verhalten.

Die kulturanthropologische Forschung zielt auf allgemeine Konzepte über Kultur, die in einer Theorie der Kultur verwendet werden können. Ein theoretisierbarer Kulturbegriff, wie ihn die amerikanische Cultural Anthropology bereitstellt[659], bildete auch die Grundlage für einen Neubeginn der deutschen Kultursoziologie, die sich somit aus der Tradition der humanistischen Bildungsphilosophie und dem damit verbundenen Gegenstandsbereich der 'Hochkultur' lösen konnte.

### 3.1.1.3 Kultursoziologie

Im Grunde ist die Kultursoziologie so alt wie die Soziologie selbst, „weil das Nachdenken über die Gesellschaft von Anfang an von der Einsicht begleitet war, daß das Soziale auch kulturell gegründet ist."[660] Als frühe Wegbereiter einer expliziten Kultursoziologie können Alfred Weber und Alfred v. Martin genannt werden, die dem Fach vor dem zweiten Weltkrieg erhebliche Beachtung verschafften, jedoch den jähen Abbruch nach 1945 trotz weiterer Forschungsarbeit nicht verhindern konnten.[661] Das Fach Kultursoziologie erlebt seinen Aufschwung im Sinne eines Neubeginns seit den späten 70er Jahren unter dem maßgeblichen Einfluß von Friedrich H. Tenbruck, Wolfgang Lipp und Hans Peter Thurn.[662]

Kultursoziologie untersucht die kulturellen Grundlagen der gesellschaftlichen Wirklichkeit, im Gegensatz zur allgemeinen Soziologie, die die gesellschaftliche Wirklichkeit durch strukturelle Allgemeinheiten erkennen will.[663] Tenbruck sieht Kultursoziologie auch nicht als eine weitere Bindestrich-Soziologie, auf die die bekannten Schemata der allgemeinen

---

[657] Hartfiel/Hillmann 1982, S. 416.

[658] Vgl. dazu Girtler 1979, S. 35ff., Bargatzky 1985, S. 20ff.

[659] Vgl. die fundamentalen Wertorientierungen nach Kluckhohn/Strodtbeck 1961.

[660] Lipp/Tenbruck 1979, S. 393.

[661] Vgl. Weber, A. 1931, 1935, Martin, A.v. 1932, 1959a, 1959b. Auch Oswald Spengler (1918: Der Untergang des Abendlandes) kann als ein früher Vertreter der Kultursoziologie gesehen werden. Zu einer Kritik an Forschungsmethodik und wissenschaftstheoretischem Standpunkt dieser frühen Kultursoziologie vgl. Bühl 1987, S. 15ff., insbes. auch S. 46.

[662] Vgl. zum Neubeginn der Kultursoziologie: Thurn 1979, S. 422ff., Lipp 1979, S. 450ff., Tenbruck 1979, S. 399ff., Lipp/Tenbruck 1979, S. 393ff., Bühl 1987, Berking 1989, S. 15ff.

[663] Vgl. Lipp/Tenbruck 1979, S. 393ff.

Soziologie übertragen werden können.[664] Im Vordergrund stehen Fragen nach der kulturellen Bedingtheit und der Bedeutung des sozialen Geschehens, um dort neue Erkenntnisse zu liefern, wo eine Gesellschaftstheorie ohne Rekurs auf kulturelle Phänomene an ihre Grenzen stößt. Die zentrale Aufgabe der Bestimmung der Gesellschaft als Kultur führt zur Frage nach den sie bestimmenden Intelligenzen, ihren sozialen Verhältnissen und geistigen Produkten, womit eine traditionell strukturzentrierte Soziologie überfordert zu sein scheint.[665] Die heutige, überaus komplexe Gesellschaft der Neuzeit in ihrer Kulturgestalt zu entdecken und damit erst angemessen zu begreifen, gehört zu den großen Herausforderungen einer *realistischen* Soziologie.[666] Als ein Vorbild einer so verstandenen Kultursoziologie können die Arbeiten von Max Weber, insbesondere seine religionssoziologischen Studien, dienen.[667]

Als Beispiele für moderne kultursoziologische Untersuchungen der heutigen bundesrepublikanischen Gesellschaft können die Arbeiten von Ulrich Beck (1986) oder Gerhard Schulze (1992) angeführt werden.

### 3.1.1.4 Kulturpsychologie

Die Wurzeln der heutigen Kulturpsychologie finden sich in der Ethno-[668] bzw. Völkerpsychologie, die in der zweiten Hälfte des 19. Jahrhunderts von Lazarus und Steinthal[669], vor allem aber zu Beginn des 20. Jahrhunderts durch die Arbeiten von Wilhelm Wundt[670] etabliert wurde. Die Völkerpsychologie folgt dem Grundgedanken, daß menschliches Handeln nicht nur nach allgemeingültigen Gesetzen abläuft, sondern auch in jeder Lebensgemeinschaft bestimmte Gemeinsamkeiten aufweist, die auf geteilten Werten und Normen basieren.[671] Diese kollektiven Handlungsmuster ermöglichen aus psychologischer Sicht, in Analogie zu einer Beschreibung einer individuellen Persönlichkeit auch einer Lebensgemeinschaft spezifische Eigenschaften zuzuweisen. Voraussetzung einer derartigen Charakterisierung durch "psychologische Epitheten" ist die Grundannahme der Einheit der Lebensgemeinschaft, d.h. der Möglichkeit, charakteristische Erscheinungsweisen von Völkern durch Eigenschafts-

---

[664] Vgl. Tenbruck 1996, S. 50f., 1979, S. 400f. Vor einer derartigen Loslösung der Kultursoziologie von den übrigen speziellen Soziologien warnt jedoch Bühl (1987, S. 45).

[665] Vgl. Tenbruck 1979, S. 411ff., insbes. S. 415; vgl. dazu auch den Begriff der "Kulturintelligenz" als Ausdruck des Verständnisses des Menschen als Kulturwesen von Max Weber in Mommsen/Osterhammel 1987.

[666] Vgl. Tenbruck 1996, S. 64ff., insbes. S. 68, 1979, S. 411ff., insbes. S. 415.

[667] Vgl. Berking 1989, S. 15f., insbes. auch Tenbruck (1996), der in seinen Aufsätzen immer wieder Bezüge zu den Werken Max Webers herstellt.

[668] R. Thurnwald (1869-1954) gilt als Begründer der Ethnopsychologie, die sich im Vergleich zur Völkerpsychologie ausschließlich empirisch-psychologischer Methoden bedient. Eine klare Abgrenzung von Ethno- und Völkerpsychologie scheint jedoch nicht möglich (Vgl. Schneider, C.M./Müller, M. 1993, S. 97).

[669] Vgl. hierzu die von Lazarus/Steinthal herausgegebene Zeitschrift für Völkerpsychologie und Sprachwissenschaft, insbesondere das darin von Lazarus/Steinthal (1860, S. 27) formulierte Anliegen der "völkergeschichtlichen Psychologie", den umfassenden Organismus des Volksgeistes zu erklären.

[670] Vgl. Wundt 1900-1920, 1913.

[671] Vgl. Schneider, C.M./Müller, M. 1993, S. 93ff.

zuschreibungen zu erfassen.[672] Kulturpsychologie „ersetzt die Suche nach Gesetzen durch die Suche nach Typologien".[673]

Als ein Ansatz der "verstehenden Psychologie" ist Kulturpsychologie gegenwärtig noch kein klar abgrenzbares Forschungsgebiet.[674] Das Erkenntnisobjekt der Kulturpsychologie beschränkt sich jedoch nicht auf die Felder der Religionspsychologie oder der Kunstpsychologie, sondern umfaßt im Grunde psychologische Phänomene aller Lebensbereiche, wobei der kulturelle Aspekt, der im Grunde nahezu allen psychologischen Problemen anhaftet, besonders hervorgehoben wird.[675]

Eine vielbeachtete Konkretisierung von Kulturpsychologie als wissenschaftliche Disziplin liefert Hehlmann, der Kulturpsychologie als "die Wissenschaft von den psychischen Bedingungen des kulturellen Lebens" begreift und ihr wissenschaftliches Programm in drei Forschungsbereiche untergliedert:[676]

- Untersuchungen allgemeiner aus dem Phänomen Kultur erwachsener psychischer Probleme,

- Untersuchungen über die psychische Struktur der Einzelkulturen bis zu charakteristischen Volks- und Stammeseinheiten,

- Untersuchungen über die psychischen Wechselwirkungen zwischen kulturellen Einzelbereichen und ihren individuellen Trägern.

Als ein Wegbegründer der Kulturpsychologie kann Ernst E. Boesch genannt werden, der seit den 60er Jahren in zahlreichen Veröffentlichungen das behandelt, was er später als "symbolische Handlungstheorie der Kulturpsychologie" bezeichnet hat. Wie auch die Ansätze der modernen Volkskunde, Völkerkunde und Kultursoziologie sieht Boesch die Alltagskultur als Gegenstand seiner Überlegungen.[677] Dem schließt sich auch C.G. Allesch an und beschreibt die zentrale Perspektive der gegenwärtigen Kulturpsychologie wie folgt:

> „Es kann als erster Schritt in die richtige Richtung gewertet werden, wenn es gelingt, klarer als bisherige psychologische Ansätze die entscheidenden Problemfelder herauszuarbeiten, in denen Menschen durch den kulturellen Alltag geprägt werden, und die Bedürfnisse und Betroffenheiten besser zu verstehen, aus denen heraus die Menschen unserer Zeit ihre spezifischen kulturellen Ausdrucksformen entwickeln, auch und vor allem abseits der sogenannten Hochkultur."[678]

---

[672] Vgl. Schneider, C.M./Müller, M. 1993, S. 95.

[673] Zitterbarth 1987, S. 385.

[674] Vgl. z.B. Boesch 1980, S. 7.

[675] Vgl. Werbik 1990, S. 12f., Allesch 1990, S. 14, Boesch 1980, S. 7.

[676] Vgl. Hehlmann 1974, S. 279; ähnlich auch Dorsch 1987, S. 365. Boesch (1980, S. 19) sieht die Kulturpsychologie im Rahmen seiner Handlungstheorie als eine „Wissenschaft vom Verhalten des Menschen in jenem ganz besonderen 'Biotop', das man 'Kultur' nennt."

[677] Vgl. Boesch 1976, 1980, 1991.

[678] Allesch 1990, S. 26.

Als moderner Vertreter eines kulturpsychologischen Ansatzes zur Betrachtung der deutschen Nationalkultur kann Gerd Langguth (1995) gelten. Er nimmt eine "politisch-philosophische Standortbegründung" für Deutschland vor und geht dabei in seinen Überlegungen von einem psychologischen Profil der Deutschen und insbesondere der jüngeren Generation aus. Wenngleich auch die unterschiedlichen Befunde der Umfrageforschung in vielerlei Hinsicht ein klares Bild der Deutschen verhindern, zeichnet Langguth in dieser verwirrenden Situation ein differenziertes Psychogramm der Deutschen; dieses sieht er als Mosaik, das sich aus den folgenden Bausteinen zusammensetzt: Wertewandel und Jugend, Demokratie und Nation, ökonomische Herausforderungen und die Rolle Deutschlands in der internationalen Politik.[679]

Teilgebiet der Kulturpsychologie ist die *kulturvergleichende Psychologie,* deren Untersuchungsgegenstand die Unterschiede im menschlichen Verhalten in verschiedenen Kulturen sind.[680] Als Beispiel können die Arbeiten von McClelland dienen, in denen er anerzogene, d.h. kulturbedingte Bedürfnisse in unterschiedlichen Kulturen vergleicht.[681]

Die *Vergleichende Organisationspsychologie* als weiterer Spezialfall der kulturvergleichenden Psychologie deckt sich in wesentlichen Punkten mit dem Comparative Management (Kulturvergleichende Managementforschung als deutsches Pendant) als erste Disziplin, die die Kultur mit betriebswirtschaftlichen Erwägungen systematisch verknüpft.[682] Aus betriebswirtschaftlicher Sicht sind daneben das Interkulturelle Management, sowie das Internationale und Multinationale Management zu nennen,[683] die aufgrund steigender Aktualität und zunehmendem Problembewußtsein vermehrt als Professuren an Hochschulen institutionalisiert werden. Das Comparative Management läßt sich wie folgt systematisieren:

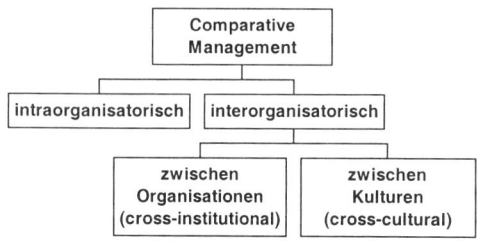

Abb. 24:Objektbereiche des Comparative Management

Quelle: Staehle 1994, S. 474

Die kulturvergleichende Managementforschung legte zumeist eine ethnozentrische Perspektive zugrunde, die aufgrund einer Emporstilisierung der eigenen, überaus positiv empfundenen Kultur eine offene Sicht auf andere Kulturen versperrte. Erst nachdem sich ökonomische Erfolge fremder Kulturen einstellten, erfolgte ein Perspektivenwechsel hin zu einer aufnahme-

---

[679] Vgl. Langguth 1995.

[680] Vgl. Thomas 1993.

[681] Vgl. McClelland 1966, 1984, 1985. Weitere Beispiele liefern Moran/Harris (1982) bzw. Harris/Moran (1996).

[682] Vgl. zu einem Überblick v.Keller 1982, Hentze 1987, S. 170ff., Kiechl 1990, S. 110ff.

[683] Vgl. Dulfer 1996, Macharzina 1997, Perlitz 1993.

*willigen* Vergleichsforschung (polyzentrische Perspektive)[684]. Dieser Wandel führte jedoch zu dem anderen Extrem einer häufig unreflektierten Übernahme von Elementen ökonomisch erfolgreicher, jedoch fremder Kulturen. Es mangelt heute noch sowohl von wissenschaftlicher als auch von praktischer Seite an brauchbaren Konzepten zur Überprüfung einer Vereinbarkeit von eigenen mit fremden Kulturelementen (Aufnahme*fähigkeit*). Die momentan verfolgten Vorgehensweisen scheinen vom Prinzip des "muddling through" durchzogen zu sein, da zuständige Forschungsrichtungen, wie insbesondere das Internationale Management, erst allmählich ihre Eigenständigkeit entwickeln.

Im Gegensatz zu den universell denkenden Managementtheoretikern, die prinzipiell keine signifikanten kulturbedingten Unterschiede zwischen Managern wie Mitarbeitern in unterschiedlichen Ländern annehmen (culture-free These), untersuchen Vergleichsforscher zumeist auf der Basis umfangreicher empirischer Studien[685] die Bedeutung unterschiedlicher kultureller Kontexte für Manager- und Mitarbeiterverhalten (culture-bound These[686]). Die vorliegenden Arbeiten in diesem Forschungsbereich lassen sich grob unterteilen in solche, die im Rahmen einer Makrobetrachtung die Beziehungen zwischen der Nationalkultur und Organisationsstrukturen untersuchen, und solche, die im Rahmen einer Mikrobetrachtung die Ähnlichkeiten und Unterschiede des Managerverhaltens in unterschiedlichen Ländern erforschen.[687]

### 3.1.1.5  Politische Kulturforschung

Politische Kulturforschung ist bestrebt, kulturbedingte Unterschiede zwischen politischen Systemen aufzuzeigen und dabei eine unvoreingenommene Position zu beziehen.[688] Politische Kultur meint die politisch relevanten Einstellungen, Meinungen und Wertorientierungen innerhalb der Bevölkerung einer Gesellschaft zu einem bestimmten Zeitpunkt.[689] Als die entscheidenden Einflußfaktoren berücksichtigt man die individuelle Sozialisation wie auch die kollektiven Erfahrungen, die zusammengenommen die erworbenen und grundsätzlich veränderbaren Charakteristika darstellen und damit Gegenwart aber auch Vergangenheit widerspiegeln.[690] Der aus den USA stammende und sich seit den 80er Jahren auch im deutschsprachigen Raum ausbreitende "political culture"-Ansatz ist bestrebt durch empirisch-analytische Ermittlung der individuellen Denk- und Verhaltensweisen zu intersubjektiv nachprüfbaren, falsifizierbaren Ergebnissen zu gelangen.[691] Dabei wird bevorzugt auf die Mittel der Umfrage-

---

[684] Vgl. zu den unterschiedlichen Strategien internationalen Managements v.a. Perlmutter 1969.

[685] Vgl. umfangreiche Studien z.B. über "Managerial Thinking" bei Haire/Ghiselli/Porter (1966) oder Hofstede/Sami Kassem (1976). Die in ihrem Umfang bislang wohl bedeutendste kulturvergleichende Managementstudie wurde von Hofstede realisiert (vgl. dazu Hofstede 1980a, 1993; Hofstede u.a. 1990; zur Kritik vgl. Staehle 1994, S. 478).

[686] Als Anhänger dieser Richtung können z.B. angeführt werden: Haire/Ghiselli/Porter (1966), Terpstra (1978), Hofstede (1980a), Ouchi (1981), Pascale/Athos (1981), v. Keller (1982), Ronen (1986), Marr (1991), Hickson (1993).

[687] Vgl. Everett/Stening/Longton 1982, S. 153ff., Laurent 1992, S. 174ff.

[688] Berg-Schlosser/Schissler 1987, S. 12, Reichel 1981b, S. 319ff.

[689] Vgl. Glaab/Korte 1996, S. 579ff., Greiffenhagen/Greiffenhagen 1993a, S. 23ff.

[690] Vgl. Berg-Schlosser/Schissler 1987, S. 12f., Reichel 1981b, S. 319ff., Greiffenhagen/Greiffenhagen/Prätorius 1981, S. 5f.

[691] Als Vertreter dieser Richtung lassen sich v.a. Almond (1963, 1987), Pye/Verba (1965) und Iwand (1985) nennen. Gesamtdarstellungen der politischen Kultur der Bundesrepublik findet man bei Bergem (1993), Greiffenhagen/Greiffenhagen (1993a), Greiffenhagen/Greiffenhagen/Prätorius (1981), Weidenfeld (1983, 1991, 1993), Weidenfeld/Korte (1991), Sontheimer (1990), Rausch (1980), Reichel (1981a, 1981b), Röhrich (1983), Schwarz, H.-P. (1985), Klönne (1984).

bzw. Meinungsforschung zurückgegriffen,[692] wodurch ein Querschnitt durch alle Schichten der Bevölkerung gezogen wird und eine Beschränkung auf die oberen Schichten, wie es bei der traditionellen Dokumentenanalyse der Fall ist, überwunden wird.[693]

### Bedeutung der empirischen Sozialforschung

"Wir befragen die Natur" war der Leitsatz am Anfang der experimentellen Naturwissenschaft im 16. Jahrhundert. "Wir befragen die Menschen" heißt es heute in Verbindung mit der strengen experimentellen Methode auch in der Sozialforschung.[694] Die gebräuchlichste Methode bei der Untersuchung von Werteorientierungen ist die Befragung repräsentativer Querschnitte der Bevölkerung oder von Teilpopulationen. Werden regelmäßig repräsentative Bevölkerungsquerschnitte mit gleichen Fragen konfrontiert, so lassen sich die Antworten, meist Reaktionen auf geschlossene Fragen, als Zeitreihe darstellen und analysieren. Kritisch ist dabei freilich, ob sich hier wirklich grundlegende Werteorientierungen niederschlagen oder ob es sich "lediglich" um einen Wandel des sozial Erwünschten handelt. Als Störgröße kann auch wirken, daß sich gelegentlich in relativ kurzer Zeit die Bedeutung bestimmter Wörter verändert und somit nur wenige Jahre später eine identisch formulierte Frage anders als zuvor verstanden wird.[695] Um den Ansprüchen wissenschaftlicher empirischer Arbeit gerecht zu werden, müssen die Untersuchungen wiederholbar, die Ergebnisse überprüfbar sein.

Gegenstand der Demoskopie sind nicht schlichtweg Zahlenverhältnisse, sondern die Erforschung menschlichen Denkens und dessen Einflußgrößen. Demoskopen benötigen daher Menschenliebe bzw. Empathievermögen. Weiter erfordert Demoskopie die Tugend der Wahrheitssuche, ein über das Erkenntnisstreben hinausgehende Verteidigen gegen Unwahrheiten und Brechen von Tabus. Man benötigt die Bereitschaft, die eigene Meinung durch die demoskopischen Erkenntnisse zu verändern. Dies ist daher auch verbunden mit einem gewissen Ehrgefühl und Korruptionsfreiheit. Auch ist die Methodenbegeisterung zentrale Voraussetzung für den Demoskopen. Schließlich sind Selbstlosigkeit, Disziplin und auch Mut zu fordern.[696]

---

[692] Vgl. Berg-Schlosser/Schissler 1987, S. 12f., Greiffenhagen/Greiffenhagen/Prätorius 1981, S. 5ff.. Kritik an diesem Ansatz üben vorwiegend Anhänger der Kulturgeschichte bzw. der Geschichtswissenschaften, die diese Vorgehensweise aufgrund der fehlenden tieferen historischen Interpretationen als "geschichtslos" oder "szientistisch" verurteilen (vgl. z.B. Pateman 1980). Heute ist man bemüht den Begriff der politischen Kultur um eine historische Dimension zu erweitern (vgl. hierzu Glaab/Korte 1996, S. 579, Greiffenhagen/Greiffenhagen 1993a, S. 24ff.).

[693] In diesem Zusammenhang wird im Rahmen der politischen Kulturforschung auch von einem "demokratischen Zugang" gesprochen. Vgl. Greiffenhagen/Greiffenhagen 1993a, S. 23ff.

[694] Vgl. hierzu und im Folgenden Noelle-Neumann/Köcher 1993, S. 65.

[695] In diesem Fall schlägt Pawlowsky (1986) vor, verschiedene Fragen, unterschiedlich formuliert, aber die gleichen Inhalte betreffend, einzusetzen. Lassen sich dabei weitgehend parallele Zeitreihen feststellen, so darf der diagnostizierte Trend als relativ valide gelten.

[696] Der Demoskop stört mit seiner Haltung jene, die einseitig ökonomischen bzw. monetär meßbaren Kategorien verhaftet sind. Durch die von ihm erreichte Meinungstransparenz werden Ideologen, die sich als Sprachrohr der Bevölkerungsmeinung ausgeben, in ihre Schranken gewiesen. Daher erfordert es den Mut und die Bereitschaft zur Konfrontation. Vgl. dazu Köcher 1993, S. 1131ff.. Die Möglichkeiten und Wirkungen der Demoskopie werden in bedeutender Weise von den Massenmedien mitbestimmt. „Einerseits verstärkt Demoskopie die Medienwirkung, indem sie wie ein Echo die Wirkung der Medienberichterstattung zeigt und diese demoskopischen Stimmungswerte zugleich in den Medien als Bestätigung durch die öffentliche Meinung ausführlich berichtet werden, und damit den Tenor verstärken.... Wenn Demoskopie Medienwirkung verstärkt, so verringert sie aber anderseits auch. Darin liegt die Zweischneidigkeit der Beziehung." (Noelle-Neumann 1988, S. 249, 251). Auch die Gefahren der Demoskopie werden wesentlich durch den Umgang der

Mit Hilfe der Methode der Repräsentativbefragung können Informationen vom Individuum gewonnen werden, die unter Zuhilfenahme von Indikatoren kollektive Phänomene erklären können.[697] Ein bedeutendes Beispiel hierfür sind die Erklärung und der Nachweis des Wertewandels seit den 70er Jahren durch demoskopische Befunde.[698] Dies spricht für eine Verwendungsmöglichkeit im Rahmen kultureller Analysen.

*Ausgangspunkt der empirischen Sozialforschung hinsichtlich der Kulturanalyse*
Die kulturelle Identität der Deutschen ist nicht als etwas Starres und Unbewegliches, das sich anhand bestimmter Merkmale definieren läßt, sondern als ein dynamischer Entwicklungsprozeß zu verstehen. Das Fundament dieses kulturellen Wachstumsprozesses ist das kulturelle Erbe der Deutschen; dieser Prozeß kann in der Gegenwart durch sich ändernde kulturelle Wertvorstellungen und äußere Faktoren beeinflußt werden und wirkt in die Zukunft hinein. Auch deshalb zielen die Weiterentwicklungen der einzelnen kulturwissenschaftlichen Disziplinen zunehmend in die Richtung einer *empirischen Kulturwissenschaft*.[699]

Deren Aufgabe besteht in der Entwicklung einer empirischen Kulturtheorie, die durch den Erwerb empirischen Wissens über das System "Kultur" Erklärungen für konkrete, historisch-gesellschaftliche Phänomene zu liefern vermag.[700] Dieses wissenschaftlich-empirische Wissen unterscheidet sich von normalem Wissen im Grunde nur durch seinen formalen Charakter, der sich darin äußert, daß die Inhalte nicht frei erfunden bzw. rein spekulativ sind, sondern mit gewichtig erscheinenden Gründen untermauert werden. Eine scharfe Grenze zwischen Wissen und Meinen (Glauben) existiert jedoch nicht, denn alles gewonnene empirische Wissen ist hypothetisch und damit genaugenommen ein System von Meinungen. Allein *gewichtig erscheinende Gründe* dienen als Indikatoren für die Qualität der Wirklichkeitserfassung und damit auch für die Güte einer empirischen Kulturtheorie.[701]

Vor diesem Hintergrund, der durchaus auch als Warnung zu verstehen ist, erscheint es auch für die Analyse der Nationalkultur denkbar, auf die Ergebnisse der Meinungsforschungsinstitute zurückzugreifen, um den Zeitgeist bzw. die bestehende Kultur zu erfassen.

Aus den US-amerikanischen Vorläufern "public opinion research" und "public opinion poll", die im Rahmen der amerikanischen Präsidentschaftswahl 1936 aufgrund ihrer Prognoseerfolge verbreitete Anerkennung erhielten, entwickelte sich auch in Deutschland ein zunehmendes Interesse an einer systematischen, repräsentativen "Befragung des Volkes", der Demoskopie. Im Jahre 1947 wurde daraufhin das *Institut für Demoskopie in Allensbach* gegründet, welches bis heute eine dominierende Stellung einnimmt.[702] Als Schutzeinrichtung und Prüfstein de-

---

Erkenntnisse in den Massenmedien beeinflußt. Mißbrauch, Manipulation, Vertuschung, Überbetonung und Vortäuschung von Mehrheiten, um Mitläufereffekte (bandwagon-effects) auszulösen, sind täglich zu beobachtende Phänomene der demoskopischen Anwendung in den Massenmedien (Vgl. Noelle-Neumann 1991a, S. 112ff., 1988, S. 252ff.).

[697] Vgl. Noelle-Neumann 1988, S. 245.

[698] Vgl. Noelle-Neumann 1988, S. 251f., Klipstein/Strümpel 1984, S. 19ff.

[699] Vgl. Drechsel 1984, S. 49ff., Gerndt 1992, S. 79, Kramer 1985, S. 86ff., Bausinger 1989, S. 276.

[700] Vgl. Drechsel 1984, S. 54ff., Bargatzky 1985, S. 131ff.

[701] Vgl. Drechsel 1984, S. 54ff.

[702] Vgl. Noelle-Neumann 1988, S. 241ff. Umfassendes Datenmaterial in Form von Befragungsergebnissen liefert die Allensbacher Jahrbuchreihe, deren aktueller Band 9 die Jahre 1984-1992 umfaßt. Der aktuelle Band gibt Einblick in die Befra-

moskopischer Erkenntnisse empfiehlt sich freilich ein Vergleich von Umfragen verschiedener, unabhängiger Demoskopie-Institute.[703]

Auch dies kann jedoch nicht verhindern, daß demoskopische Ergebnisse letztlich in vielfacher Weise bestimmte Positionen argumentativ stützen und aufgrund ihrer Mehrdeutigkeit und der Abhängigkeit der Antworten von der an bestimmten Zielen ausgerichteten Fragestellung zum Spielball ideologischer Überzeugungsarbeit werden können.[704] Stützt man seine Modellannahmen über das menschliche Denken und Verhalten auf die Ergebnisse der Meinungsforschung, insbesondere auf die des Allensbacher Instituts, so ergibt sich ein Menschenbild, welches Hermann Lübbe einmal pointiert als "Homo Allensbachensis" beschrieben hat und das – auch wenn es kein Phantasieprodukt ist - einer Realitätsprüfung am Einzelfall keineswegs standhält.[705]

Nicht nur im Rahmen der politischen Kulturforschung spielen die Ergebnisse der empirischen Sozialforschung – wie aufgezeigt wurde - eine dominierende Rolle. Daneben sind auch Arbeiten auszumachen, deren Augenmerk sich nicht auf die Analyse der Einstellungen beschränkt, die für den politischen Kontext relevant erscheinen, sondern als umfassendere Deutungsversuche mit einer Anwendungsmöglichkeit für verschiedene sozialwissenschaftliche Disziplinen gelten können.

In ihrem Werk "Die verletzte Nation" erläutern Elisabeth Noelle-Neumann und Renate Köcher die grundsätzliche Methodik einer demoskopisch orientierten Diagnose der nationalen Identität der Deutschen wie folgt: „Wenn wir sagen, die Deutschen sind verwundbar, weil sie schon verletzt sind, wenn wir sagen, die Deutschen heben sich so eigentümlich ab von ihren europäischen Nachbarn und erst recht von den Amerikanern, da, bei den Deutschen, fehlt etwas wie Wärme, Unternehmungsgeist, Lebensfreude, aber dennoch ist das Fallen von einem Extrem ins andere, das schon immer als typisch deutsch galt, weiter erkennbar – dann laden wir den Leser nicht ein, uns zu glauben, sondern wir verweisen auf Tabellen, in denen das belegt wird, was wir sagen."[706]

Werner Weidenfeld und Rudolf Korte, die beide zahlreiche bedeutende Arbeiten zur Deutschland-Thematik veröffentlicht haben,[707] umreißen 1991 ein "Profil der Deutschen" insbesonde-

---

gungen innerhalb dieses Zeitraums und betrifft die Einstellungen in zentralen Lebensbereichen, die den kulturellen Alltag der Deutschen kennzeichnen (Vgl. Noelle-Neumann/Köcher 1993): Selbstbild, Weltbild, Menschenbild, Soziales Leben, Geselligkeit und familiäre Bindungen, Bildung und Ausbildung, Kenntnisse, Fähigkeiten, Sitten, Bräuche, Gewohnheiten, Religion (Kirche, Glaube, Aberglaube), Gesundheitswesen, Sozialwesen, Eigentum, Konsum und Sparen, Freizeit, Medien, Politik (Geschichts- und Nationalbewußtsein, Aussiedler, Asylbewerber, Ausländer, Gesellschaftsordnung und Demokratiebewußtsein), Wirtschaft und Arbeit (Wirtschaftslage, Steuern, Tarifparteien), Umwelt (Technologischer Fortschritt, Technik, Verkehr und Energie, ökologisches Bewußtsein), Internationale Verflechtungen (Außenpolitik, Europäische Gemeinschaft). Parallel hierzu existiert die jährlich erscheinende "Allensbacher Werbeträger Analyse" (AWA).

[703] z.B. EMNID-Institut GmbH & Co (emnid-Informationen (1951-1990), Umfrage & Analyse (ab 1991)), Marktforschungsinstitue wie z.B. von den Verlagen BURDA oder Gruner + Jahr; Gallup-Institute (Der Name geht auf George Gallup zurück, der durch seine Prognosen im amerikanischen Präsidentschaftswahlkampf im Jahre 1936 durch eine Repräsentativbefragung und eine daraus abgeleitete Prognose, die sich später bewahrheitete, auf sich aufmerksam machte. Heute finden sich Gallup-Institute in verschiedenen Ländern) oder dem Eurobarometer. Vgl. Noelle-Neumann 1988, S. 255ff.

[704] Vgl. Noelle-Neumann 1991a, S. 112ff., 1988, S. 260ff.

[705] Vgl. Lübbe 1983, S. 19ff.

[706] Noelle-Neumann/Köcher 1987, S. 16.

[707] Vgl. etwa Weidenfeld 1983, 1985, 1987a, 1987b, 1989, 1991, 1993, Weidenfeld/Korte 1991, 1996, Korte 1987.

re anhand empirischer Untersuchungsergebnisse der Meinungsforschung, wie es für die Richtung der Politischen Kulturforschung charakteristisch ist.[708] Sie führen eine soziologisch-politische Untersuchung zum Staats- und Nationalbewußtsein der Deutschen durch, die die Bürger der neuen Bundesländer bereits miteinschließt, und versuchen in einer systematischen Darstellung Antworten zu finden auf die Kernfragen: „Wie denken die Deutschen über sich selbst? Welches Bild haben sie von ihrem Staat und ihrer Nation? Wie definieren sie ihren Standort? Welches Verständnis haben sie von Politik und Kultur, von Heimat und Europa?"[709]

Weidenfeld/Korte erkennen die Notwendigkeit einer dialektischen Betrachtung der Kultur und versuchen, diesem Rechnung zu tragen, indem sie die vorrangig interessierenden Gemeinschaftsorientierungen im Sinne eines Staats- und Nationalbewußtseins einbetten in einen weiteren Kontext, der

-　　zum einen die Einstellungen in zentralen Lebensbereichen, wie Ehe und Familie, Arbeitswelt und Freizeit, Technikakzeptanz und Umweltschutz, Kirche, Religion und Gesellschaft sowie individuelle Lebenszufriedenheit und Sicherheitsbedarf,

-　　zum anderen regionale, europäische und transnationale Einstellungsprofile betrifft.[710]

Auch die umfassende Untersuchung "Ein schwieriges Vaterland" von Martin und Sylvia Greiffenhagen arbeitet vorwiegend mit den Ergebnissen der Demoskopie, die das politische Bewußtsein der Deutschen durch historische und internationale Vergleiche erkennen lassen.[711]

Eine andere Richtung der politischen Kulturforschung schließt sich dem Ansatz des Symbolismus an.[712] Dessen Vertreter setzen mit ihren Untersuchungen an den Ritualen und Symbolen an, die sie als "geronnene Werte" der politischen Kultur identifizieren, also in erster Linie an nationalen Feiertagen, Flagge und Hymne.[713]

### 3.1.1.6 Kulturgeschichte

Die kulturgeschichtlichen Ansätze, die sich um ein Verstehen der deutschen Nationalkultur bemühen, rücken die deutsche Geschichte in den Mittelpunkt ihrer Überlegungen und erörtern so Kontinuitäten und Diskontinuitäten in den Einstellungen und Verhaltensweisen der Deutschen. Üblicherweise setzen die kulturgeschichtlichen Betrachtungen im wilhelminischen Zeitalter an und betrachten im Weiteren die zentralen Epochen der Weimarer Republik, des Nationalsozialismus sowie der Nachkriegszeit bis zur Zeit nach der Wiedervereinigung.[714]

---

[708] Dabei greifen sie neben Umfrageergebnissen auf Ergebnisse der von ihnen ins Leben gerufenen "Studiengruppe Deutsche Frage" sowie der "Forschungsgruppe Deutschland" an der Universität Mainz zurück. Darüber hinaus werden Fachdebatten in der wissenschaftlichen Literatur bzw. den zentralen Fachzeitschriften sowie Diskussionen in Massenmedien und politischen wie kirchlichen Akademien inhaltsanalytisch eingearbeitet (vgl. Weidenfeld/Korte 1991, S. 18f.).

[709] Weidenfeld/Korte 1991, S. 9.

[710] Vgl. Weidenfeld/Korte 1991, S. 15.

[711] Vgl. Greiffenhagen/Greiffenhagen 1993a, S. 11. Die Greiffenhagens distanzieren sich dabei von einem normativen Verständnis und verfolgen ein wertfreies, angelsächsisches Verständnis von "politischer Kultur".

[712] Dabei stützen sich die Vertreter zumeist auf die Arbeiten von Geertz (1973,1983).

[713] Vgl. z.B. Wildavsky 1984. Als Beispiel für einen umfangreichen Deutungsversuch der deutschen Nationalsymbole (insbesondere Flagge und Hymne) dient die Arbeit von Hattenhauer (1990).

[714] Vgl. z.B. Krockow 1990, 1993, Diwald 1990, Pross 1982, Elias 1994.

Norbert Elias, als Vertreter eines modernen kulturgeschichtlichen Deutungsansatzes der Bundesrepublik Deutschland, versteht seine Studien als Teile einer "Biographie Deutschlands" und konzentriert sich auf das wilhelminische Zeitalter, die Weimarer Republik, die Zeit des Nationalsozialismus und die Bundesrepublik der Nachkriegszeit. Dabei interessieren primär die Verbindungen zwischen den Vorgängen der Staatsbildung und der Bildung sozialer Persönlichkeitsstrukturen der Deutschen, wobei die Frage nach spezifisch deutschen Traditionen bzw. nach der Entwicklung des nationalen Habitus der Deutschen von zentraler Bedeutung ist. Er geht von der Grundannahme der Existenz eines nationalen Charakters aus, der nicht als konstant, sondern dynamisch zu begreifen ist und die besondere Geschichte Deutschlands in der Gegenwart zu erklären vermag.[715] Für die Staatsbildungsprozesse wie auch für die Entwicklung des deutschen Habitus, die im Verbund die Entwicklung der Zivilisation darstellen,[716] sind nach Elias vor allem folgende vier Teilprozesse entscheidend:[717]

- die (Mittel-)Lage und die Gestaltveränderung (Grenzen) der germanisch-, dann deutschsprechenden Völkergruppe im Verhältnis zu anderssprachigen Nachbargesellschaften,

- die Ausscheidungskämpfe, in die Deutschland verwickelt war (30-jähriger Krieg, Napoleon (1870/71), 1. Weltkrieg, 2. Weltkrieg),

- Vergleich der Staatsbildungs- bzw. Zivilisationsprozesse mehrerer Länder (bruchstückhafte, diskontinuierliche Entwicklung Deutschlands),

- Durchdringung des deutschen Bürgertums mit militärischen Modellen.

Die Änderungen der Verhaltensstandards sieht Elias in enger Verbindung mit den zentralen Strukturwandlungen im 20. Jahrhundert, die sich konkretisieren in einer erstaunlichen Vermehrung des Nationalprodukts, emanzipatorischen Bewegungen, einer Verringerung des Machtgefälles, einer weitgehenden Verunsicherung (Statusunsicherheit) sowie einer Bewußtwerdung der Größe der Machtdifferenzen.

Ausgangspunkt und theoretischer Zugang zu den Problemen der Zivilisation bzw. menschlichen Verhaltens sind nach Elias die Zwänge, denen Menschen ausgesetzt sind. Dabei lassen sich vier Arten unterscheiden:

1.    Zwänge durch die Eigenart der animalischen Natur des Menschen (Hunger, Geschlechtstrieb),

2.    Zwänge durch nicht-menschliche Naturgeschehnisse (Witterung, Erdanziehungskraft),

3.    Zwänge durch Zusammenleben von Menschen (=soziale/wirtschaftliche "Fremdzwänge"),

4.    Zwänge durch entwickelte Selbstkontrolle (Gewissen, Verstand/Rationalität).

Die Zivilisationstheorie von Elias baut nun auf der Annahme auf, daß sich das Zusammenspiel dieser verhaltensbestimmenden Zwänge im Laufe der Menschheitsentwicklung verändert. Der erste Zwangstyp, der im Zusammenhang mit der menschlichen Natur steht, ist bei

---

[715] Vgl. kritisch dazu Scheuch 1991, S. 23.

[716] Elias (1994) verwendet zumeist den Begriff der "Zivilisation" statt dem der "Kultur". Vgl. hierzu auch die Begriffsgeschichte der "Zivilisation" bei Thurn (1979, S. 430ff.). Zur Problematik einer synonymen Behandlung von "Kultur" und "Zivilisation", wie sie im Rahmen dieser Arbeit vorgenommen wird, vgl. Rodi 1997, S. 180f., Ramaswamy 1985, S. 26ff. und die dort angegebene Literatur.

[717] Vgl. Elias 1994, S. 8ff.

allen Kulturen nahezu gleich. Dagegen weisen die Selbstzwänge, die aufgrund von Erfahrungen gebildet werden, gravierende Unterschiede in verschiedenen Kulturen auf. Speziell in hochdifferenzierten, mehrparteilichen Industriegesellschaften besteht heute eine vergleichsweise komplexe Selbstzwangapparatur, wohingegen relativ einfache Agrargesellschaften zur Selbstzügelung in hohem Maße der Unterstützung durch Fremdzwänge bedürfen. Im Zuge des Zivilisationsprozesses wird die Selbstzwangapparatur im Verhältnis zu den Fremdzwängen stärker, wobei die Übergänge zwischen einzelnen Entwicklungsstufen erhebliche Schwierigkeiten bereiten. In diesem Zusammenhang spricht Elias von einem breitgefächerten "Informalisierungsschub", der sich insbesondere in den Beziehungen zwischen den Geschlechtern und zwischen den Generationen ausdrückt und mit einer zunehmenden Individualisierungstendenz in der deutschen Gesellschaft seit Beginn des Jahrhunderts verknüpft ist.[718]

Wie für eine kulturgeschichtliche Betrachtung notwendig, geht auch Helge Pross in ihrer Analyse von der Grundannahme aus, daß das heutige Deutschland wie auch die Wertorientierungen seiner Bürger nicht abgeschnitten von der Vergangenheit betrachtet werden können. Die heutigen Generationen sind geprägt durch die Erziehung ihrer Eltern und Großeltern, die die Zeit der Weimarer Republik und des Nationalsozialismus erlebt haben. Daneben wirken freilich neue Erfahrungen auf die Bildung von Wertorientierungen ein, so daß die zentrale Frage lautet: Wo bestehen Kontinuitäten und wo Diskontinuitäten in den charakteristischen Merkmalen deutscher Haltungen? Welche Elemente des Obrigkeitsstaats haben sich bis in die heutige Zeit gehalten, und welche demokratischen Prinzipien sind bereits verinnerlicht?[719]

Anzumerken ist, daß auch die meisten Fremdbilder der Deutschen, die einen wissenschaftlichen Anspruch aufweisen und nicht auf bloßen Klischees oder haltlosen Spekulationen beruhen, den Charakter kulturgeschichtlicher Betrachtungen haben.[720]

Die obige Darstellung kulturwissenschaftlicher Teildisziplinen kann freilich nicht den Anspruch auf Vollständigkeit erheben, zu groß ist die Vielfalt und Breite der sich mit dem Gegenstand der Kultur auseinandersetzenden Disziplinen. Anzumerken ist, daß gerade Ansätze, die Anleihen bei verschiedenen Disziplinen nehmen, sehr fruchtbare Ergebnisse liefern können. Ein Beispiel hierfür liefert Breitenstein mit seinem "geopsychologischen Ansatz", der die Wirkung des Raumes in seiner Eigenart auf die Entwicklung psychischer Strukturen von Völkern und der Charaktere von Nationen untersucht ("You are where you live!").[721] Die zentrale Frage besteht für ihn darin, „wo gemäß unserer psychischen Struktur, gemäß unserem Nationalcharakter, der sich in vielen Jahrhunderten aufgrund unserer geopolitischen Positio-

---

[718] Vgl. Elias 1994, S. 48ff., vgl. auch Miegel/Wahl 1993, S. 15ff.

[719] Vgl. Pross 1982, S. 69.

[720] Vgl. beispielhaft die Fremdbilder von Maier, C.S. 1992 (US-Amerikaner jüdischer Abstammung), Craig 1983 (US-Amerikaner schottischer Abstammung), Vernet 1993 (Franzose) und in weiten Zügen auch Watson 1993 (Engländer).

[721] Vgl. Breitenstein 1996, S. 95ff. Diesen Gedanken Breitensteins folgt auch das Geodemographische Informationssystem (GIS), welches ausgehend von der Hypothese, daß Menschen in einem gemeinsamen Lebensraum ähnliche Verhaltensweisen zeigen, methodisch räumliche Teilstücke als Marktsegmente bislang vorwiegend zum Zwecke der Konsumwerbung bildet. Dabei können sozioökonomische Variablen, wie z.B. Alter, Beruf oder Einkommen, zu einer zusätzlichen Beschränkung führen (Vgl. Breitenstein 1996, S. 102f.). Diese räumliche Segmentierung bietet möglicherweise auch einen Ansatzpunkt für ein personalwirtschaftliches Differenzierungskonzept.

nierung historisch entwickelt hat, die Möglichkeiten und Grenzen unseres Handelns liegen".[722] Nach Breitenstein verfügen Völker in Analogie zu einzelnen Menschen über "psychische Strukturen",[723] d.h. im Grunde über eine Lebensgeschichte, die sich über längere Zeiträume entwickelt und das Verhalten eines Volkes prägen.

Die Verwendung von Erkenntnissen, denen unterschiedliche theoretische Zugänge und Blickwinkel zugrundeliegen, stellt möglicherweise ein zentrales methodisches Problem im Rahmen der folgenden Kulturanalyse dar.[724] Ein denkbares Verfahren zur Bestimmung der Kultur unter Betrachtung von Ergebnissen, die auf verschiedenen methodologischen Grundlagen beruhen und sich unterschiedlicher Verfahren der Erkenntnisgewinnung bedienen, ist die *Triangulation.* Triangulation bedeutet im Wesentlichen das Überprüfen von Informationsteilen anhand anderer Informationsteile, bis sich von selbst ein Muster ergibt.[725] Die Ursprünge dieser Methode gehen auf E.B. Tylor, einen der Gründungsväter der modernen Kulturanthropologie zurück, der den Grundgedanken wie folgt beschreibt:

> „Wenn zwei unabhängige Besucher verschiedener Länder, z.B. (...) ein jesuitischer Missionar in Brasilien und ein Wesleyaner auf den Fidschi-Inseln in der Beschreibung einer Kunst oder eines Religionsgebrauches oder einer Mythe in dem Volke, welches sie besucht haben, übereinstimmen, so wird es schwierig, wenn nicht unmöglich, solche Übereinstimmungen dem Zufalle oder einem absichtlichen Betruge zuzuschreiben. Gegen eine Erzählung eines Buschkleppers in Australien kann man vielleicht einwenden, dass sie auf Irrthum oder Erfindung beruhe, aber sollte ein Methodisten-Geistlicher in Guinea sich mit ihm verschwören, das Publikum dadurch zu täuschen, dass er dort dieselbe Geschichte erzählt?"[726]

### 3.1.2 Entwicklung eines Analyserahmens

Die kulturwissenschaftlichen Ansätze liefern Deutschen- bzw. Deutschlandbilder, die aus Hypothesen über die nationalen Charakteristika bestehen. Aus personalwirtschaftlicher und organisationstheoretischer Sicht interessieren dabei diejenigen Aspekte der Kultur, die das Verhalten in bzw. von Organisationen beeinflussen. Aufgrund der inneren Zusammenhänge der Kultur ("Alles hängt mit allem zusammen") sind strenggenommen sämtliche Lebensbereiche betroffen. Die wechselseitige Beeinflussung aller menschlichen Lebensäußerungen und die sich daraus ergebende, fehlende Überschneidungsfreiheit der einzelnen Kulturbestandteile erweist sich demnach als problematisch. Die Sinnhaftigkeit der Kultur beinhaltet jedoch den Sinn als ein relatives Phänomen: Etwas hat Sinn, weil es über sich hinaus für etwas anderes Bedeutung erlangt. Die Perspektive "Alles hängt mit allem zusammen" wäre zu extrem formuliert und zeigt, wie nah Sinnhaftigkeit und Sinnlosigkeit beieinander liegen. Die realistische Perspektive der Kultursoziologie "Vieles hat mit vielem zu tun" zeigt die komplexen

---

[722] Breitenstein 1996, S. 10.

[723] Der Begriff der "psychischen Strukturen" eignet sich nach Breitenstein denn auch eher als der des "Nationalcharakters" (Breitenstein 1996, S. 28f.).

[724] Vgl. Gerndt 1992, S. 31ff., Fischer, H. 1992, S. 3ff.

[725] Vgl. Schein 1985, S.135, ähnlich auch Koch-Hillebrecht 1977, S. 27f.

[726] Tylor 1873, Bd. I, S. 9f. zit. nach Jones 1992, S. 101.

Verflechtungen der Dinge über den Verflechtungszusammenhang der Kultur. Die der Kultur immanente sinnradiative Kraft ermöglicht die gegenseitige Überlagerung und das Ineinandergreifen von funktional und sachlich divergierenden Lebensbereichen, wie z.b. Religion und Wirtschaft.[727] Max Weber erkennt die ökonomische Relevanz von Kulturerscheinungen einerseits in deren ökonomischer *Bedingtheit*, andererseits in den von ihnen ausgehenden ökonomischen *Wirkungen*, wobei er daraus keineswegs den Anspruch einer scharfen Abgrenzung ökonomisch relevanter Kulturerscheinungen ableitet.[728]

Um die personalwirtschaftliche Relevanz der Kultur hervorzuheben, scheint eine Fokussierung auf bestimmte, wirtschaftlich besonders bedeutsame Kulturmerkmale gerechtfertigt und aus Gründen der Komplexitätsreduktion auch notwendig. Zu diesem Zweck wird im Folgenden eine inhaltliche Differenzierung der Kultur vorgenommen und ein personalwirtschaftlicher Sachkanon abgeleitet, der als Analyserahmen fungiert.

Unumstritten ist heute die Erkenntnis, daß das Konzept der (Organisations-)Kultur die Chance der Erklärung und Gestaltung von Arbeitsprozessen nur dann nutzen kann, wenn der amorphe Charakter der Kultur durch eine brauchbare inhaltliche Differenzierung überwunden werden kann.[729] Gleiches verdeutlichen auch die Gedanken zum Kulturstaatskonzept von Huber, die analog auf den organisationalen Kontext übertragbar sind:

> „Die Entscheidung über Schwerpunkte und Rangfolge im staatlichen Dienst an der Kultur ist als Akt staatlich-gestaltender Kulturdifferenzierung ebenso unabdingbar geboten wie die Entscheidung über die Kultur und die Grenze von Kultur und Nichtkultur. Wieviel Zweifel auch immer sich gegen die Fähigkeit staatlicher Organe; ja: gegen die Legitimation von Menschen überhaupt erheben mögen, Verbindliches in Bezug auf die Auswahl und Akzentuierung der vordringlich förderungswürdigen Kulturgebiete und Kulturrichtungen zu bestimmen, ohne eine solche staatlich bewirkte Kulturdifferenzierung wird jede Art von staatlichem Dienst an der Kultur unmöglich und sinnlos."[730]

Eine erste Differenzierung des Kulturkonstruktes wird durch das bereits vorgestellte *Drei-Ebenen-Schema* von Schein erzielt (Vgl. hierzu Abb. 2). Im Folgenden werden Vorschläge für eine Einteilung der Kultur in verschiedene *Hierarchieebenen* (Landes-, Unternehmens- und Gruppenkultur) dargelegt, die zu einer weitergehenden Differenzierung der Kultur führen. Im Anschluß daran sollen schließlich *Kulturfelder* in der Form eines Sachkanons generiert werden, wodurch eine inhaltliche Abgrenzung vorgenommen und das Augenmerk auf die ökonomisch relevanten Kulturphänomene gerichtet wird.

### 3.1.2.1 Hierarchieebenen der Kultur

Die Arbeiten zur Unternehmenskultur der frühen 80er Jahre beziehen sich im Rahmen ihrer Kulturbetrachtung in aller Regel nur auf die Mikroebene der Organisation bzw. die "Unternehmenskultur". Es wurde lange Zeit weitgehend versäumt, die nationale Kulturebene (=Ma-

---

[727] Vgl. Lipp 1987, S. 13f.

[728] Vgl. Weber, M. 1973, S. 161ff.

[729] Vgl. Ebers 1991, S. 39ff.

[730] Huber 1958, S. 17f.

kroebene) mit der organisationalen (=Mikroebene) konzeptionell zu verbinden.[731] Ein integrativer Ansatz stammt von Pennings/Gresov (1986), die Technologie, Struktur und Kultur in ihren wechselseitigen Beziehungen auf verschiedenen Ebenen zum einen als Umwelt- bzw. Branchen-[732] zum anderen als Organisationsvariablen betrachten:

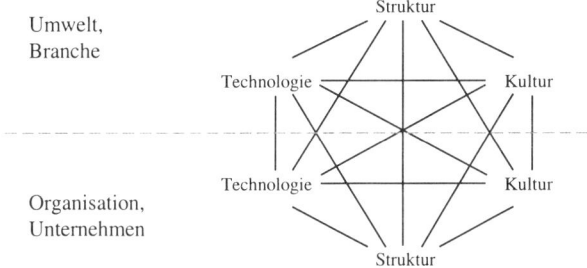

Abb. 25:  Beziehungen zwischen Umwelt und Organisation

Quelle: Pennings/Gresov 1986, S. 324

### 3.1.2.1.1 Ansätze einer hierarchischen Untergliederung der Kultur

Um die verschiedenen Ebenen in ihren Beziehungen zueinander betrachten zu können, wurden in der Literatur bereits mehrfach Modelle einer hierarchischen Untergliederung der Kultur entwickelt. So schlägt etwa Scheuss ein "kulturelles Schachtelmodell" vor:

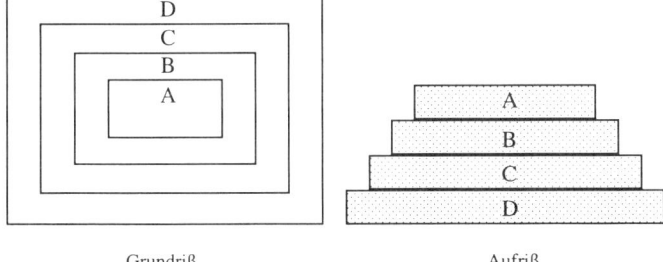

Grundriß                          Aufriß

A: Privatkultur: kulturelle Standards eines Individuums (sog. Propriozept)
B: Unternehmenskultur: kulturelle Standards einer Unternehmung
C: Branchenkultur: kulturelle Standards einer Branchengemeinschaft
D: Gesellschaftskultur: kulturelle Standards einer ganzen Gesellschaft

Abb. 26: Kulturelles Schachtelmodell nach Scheuss

Quelle: Scheuss 1985, zit. nach Bleicher 1986a, S.101

Auch Schein sieht eine Einteilung in unterschiedliche Hierarchieebenen als eine brauchbare Möglichkeit, im Anschluß an die von ihm vorgenommene Einteilung der Kultur in tiefliegen-

---

[731] Vgl. Kiechl 1990, S. 110ff.; als frühen Ansatz zur Verbindung von Makro- und Mikrokultur vgl. Moran/Harris (1982).

[732] Vgl. zum Verhältnis Branche-Unternehmen insbesondere Gordon (1991, S. 396ff.).

de Grundannahmen, Werthaltungen und Artefakte (vgl. Abb. 2) eine weitere Differenzierung der Kultur vorzunehmen. Er unterscheidet:[733]

- Breiteste Ebene: Zivilisationen (Westliche und östliche Kulturen bzw. Abendland und Morgenland),
- Zweite Ebene:  Nationen mit ausreichend ethnischen Gemeinsamkeiten (amerikanische oder mexikanische Nationalkultur),
- Dritte Ebene:  Ethnische Gruppen,
- Vierte Ebene:  Beständige Gruppierungen (stable units), die durch gemeinsames Gewerbe oder gemeinsame Berufe verbunden sind,
- Fünfte Ebene:  Organisationen,
- Sechste Ebene:  Subkulturen in Organisationen (Arbeitsgruppen, Projektteams etc.).

Dieser Einteilung von Schein folgend entwickelte Sackmann folgende Visualisierung eines Modells kultureller Kontexte:[734]

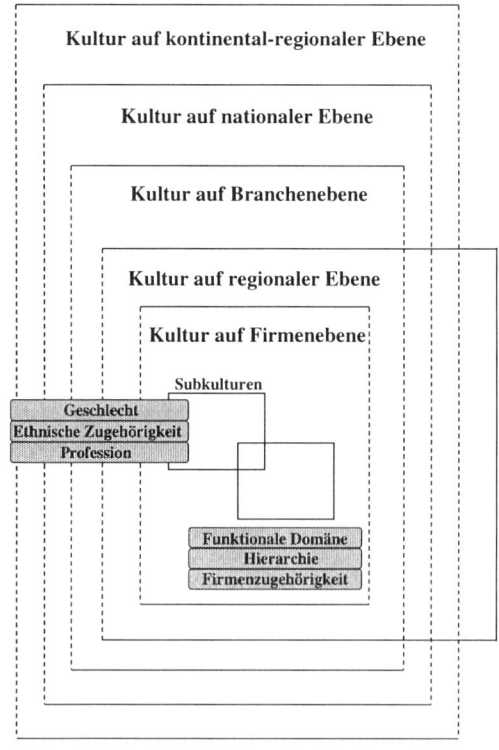

Abb. 27: Der kulturelle Kontext einer Firma

Quelle: Sackmann 1996, S. 29

---

[733] Vgl. Schein 1985, S. 8f.

[734] Vgl. Sackmann 1996, S. 57.

Der weiteste, denkbare kulturelle Kontextrahmen stellt eine mögliche Weltkultur als Merkmal einer Weltgesellschaft dar. Die Idee der Weltgesellschaft entstammt wesentlich dem Grundgedanken der Aufklärung: einer Einheit aller Menschen, d.h. alle Kulturen und Völker unter Beibehaltung ihrer Souveränität zu vereinen. Als Institutionalisierung dieser Gedanken können die "Vereinten Nationen" gesehen werden.[735] Eine Ebene darunter ließe sich über eine kontinentale Abgrenzung etwa im Sinne einer "Europakultur" nachdenken,[736] darunter über die nationale Kultur, dann über eine regionale usw..

Durch Fokussierung der Identifikationsfunktion der Kultur können die unterschiedlichen Ebenen der Kultur als verschiedene Identitätsschichten des Menschen interpretiert werden. Demnach fühlt man sich in unterschiedlichem Maße einer bestimmten kulturellen Gruppierung zugehörig (Welt, Europa, Nation, Staat, Gesellschaft, Heimat, Unternehmen, Beruf..) und empfindet sich selbst etwa als Weltbürger, Europäer, Deutscher, Westdeutscher, Sauerländer, Siemensianer oder Marketing-Fachmann.[737] Je nach Situation können verschiedene Schichten in den Vordergrund treten, indem bestimmte Loyalitätsbezüge aktiviert werden.[738] Je weiter man die Identitätsschicht bzw. den kulturellen Kontextrahmen aufspannt, desto weniger sind Gemeinsamkeiten zwischen den Kulturmitgliedern sowie entsprechende Loyalitätsbezüge zu beobachten.

Die verschiedenen Schichten stehen in einem Spannungsverhältnis zueinander. Speziell die nationale Ebene wird in Deutschland von anderen Schichten, insbesondere der europäischen und der regionalen überlagert.[739] Der Regionalismus entfaltet überaus prägende Wirkung, so daß sich die Menschen auch heute noch oftmals wohler fühlen in der Rolle des Bayern, des Rheinländers oder des Sachsen als in der Rolle des Deutschen aufgrund der negativen Assoziationen, die sie gegenüber einem "Deutschtum" bzw. einer nationalen Identität hegen.[740] Ebenso war bereits in der Klassik von Seiten der Intellektuellen eine Abkehr vom Patriotismus augenscheinlich. So betonten Goethe, Schiller und Lessing nachdrücklich, daß sie sich selbst als "Weltbürger" begreifen und keine patriotischen Gefühle für Deutschland empfinden.[741]

Geht man davon aus, daß jedes Individuum aufgrund individueller Erfahrungen in unterschiedlichen kulturellen Kontexten ein ganz spezifisches kulturelles Erfahrungsmuster besitzt, so entsteht aus der theoretischen Sicht einer Differentiellen Personalwirtschaftslehre ein Gruppierungsproblem, welches in analoger Form auch der Werteorientierten Personalpolitik

---

[735] Vgl. Scheuch 1991, S. 30f.

[736] So stellt sich für die Betriebswirtschaftslehre im Hinblick auf die Prozesse der europäischen Einigung auch die Frage nach der Existenz eines europaweit gültigen Managementansatzes. Vgl. Lubatkin/Floyd 1997, S. 612ff., Marr (Hg.) 1991.

[737] Vgl. Himmler 1995, S. 37ff., Scheuch 1991, S. 30ff.

[738] Vgl. Scheuch 1991, S. 68, Micksch 1991, S. 8f.

[739] Vgl. Scheuch 1991, S. 49ff.

[740] Vgl. Langguth 1995, S. 100f., Korte 1987, S. 223, Weidenfeld/Korte 1991, S. 11ff., Watson 1993, S. 66ff., Mole 1995, S. 37f., Hofstätter 1970, S. 159f. Miegel u.a. untersuchten die regionale Unterschiedlichkeit der Mentalitäten in Deutschland insbesondere in ihrer Wirkung auf die Wirtschafts- und Arbeitsbedingungen (Vgl. Miegel 1991).

[741] Dabei ging auch maßgeblicher Einfluß von Wilhelm von Humboldt aus, der das menschliche Ideal im Weltbürgertum verankerte (vgl. Freese, R. 1986, S. XI). Vgl. auch Watson 1993, S. 124f.

anhaftet. Dabei muß eine Gruppierung hinsichtlich bestimmter Ähnlichkeiten in den Werthaltungen vorgenommen werden, obwohl aufgrund des bestehenden Wertepluralismus der Belegschaft die Werthaltungen durchaus heterogene Strukturen aufweisen, gleichgültig wie eng man den kulturellen Kontextrahmen auch wählen mag.[742]

In diesem Zusammenhang könnten Gliederungsansätze, die nach der sozialen Lage oder nach dem sozialen Milieu differenzieren, einen möglichen Anknüpfungspunkt für eine weitergehende Unterteilung der Nationalkultur in Subkulturen bieten.[743] So unterscheidet z.b. Schulze (1989) in seinen wissenssoziologischen Milieustudien fünf charakteristische Milieus unserer Gesellschaft, die sich durch Spezifika hinsichtlich Lebensalter, Bildung, Familienstand, Haushaltsstruktur, Teilnahme oder Nichtteilnahme am Erwerbsleben, Arbeitsplatzmerkmalen, Wohnsituation u.a.m. auszeichnen, so daß grundlegende Persönlichkeitsdispositionen und Werthaltungen zum Ausdruck kommen:[744]

- Niveaumilieu (insbesondere Akademiker, Intellektuelle, Bildungsbürger),

- Harmoniemilieu (insbesondere ältere Arbeiter, Rentner, Hausfrauen),

- Integrationsmilieu (insbesondere Angestellte und Beamte der mittleren Ebene),

- Selbstverwirklichungsmilieu (insbesondere soziale, therapeutische und pädagogische Berufe, aber auch "Yuppies"),

- Unterhaltungsmilieu (insbesondere Fließbandarbeiter, Kfz-Mechaniker, ungelernte Verkäuferinnen).

Wie auch in der Differenzierung der Milieus von Schulze zu erkennen ist, lassen sich die spezifischen Ausprägungen der Kultur in verschiedenen Berufs- oder Qualifikationssparten untersuchen. Demnach unterscheiden sich beispielsweise Techniker- bzw. Ingenieurskulturen von Kaufmannskulturen in erheblichem Ausmaß. Denkbar sind in diesem Zusammenhang auch Ausprägungen von Juristenkulturen, Bauernkulturen etc..

Diese traditionellen Berufsstände werden in der heutigen Zeit des Wandels zum Teil neuen Arbeitsformen weichen müssen. Die Arbeitswelt, wie sie bislang existierte, wird sich in entscheidendem Maße verändern. Das Aussterben traditioneller Berufe und die Entstehung neuer Berufsbilder könnte als ein kultureller Prozeß gedeutet und erklärt werden. Speziell das Aufeinandertreffen der traditionellen und neuartigen Berufskulturen kann vielerorts als Kulturkonflikt interpretiert und beobachtet werden.

Neben berufsbezogenen Gemeinsamkeiten können sich Subkulturen nach Sackmann vor allem auch hinsichtlich ethnischer oder auch geschlechtlicher Verbundenheit bilden. Dabei sind die sich bildenden Gruppierungen nicht notwendigerweise an geographische Grenzen gebun-

---

[742] Vgl. Bihl/Hehl/Wollert 1985, S. 206; die Werteorientierte Personalpolitik behilft sich mit einer zielgruppenspezifischen Auffächerung z.B. in Tarifangestellte, Führungskräfte, Ingenieure, Kaufleute, Akademiker, Nicht-Akademiker etc.

[743] Vgl. zur Diskussion um die Existenz einer Klassengesellschaft Greiffenhagen/Greiffenhagen (1993a, S. 295ff.). Als milieubezogene Schichtungsmodelle vgl. z.B. Ueltzhöffer/Flaig 1993, S. 61ff., Zapf 1989.

[744] Vgl. Schulze 1992, S. 277ff.

den. So wird die Nationalkultur in Deutschland von den religiösen Subkulturströmungen des Katholizismus, des Protestantismus sowie des Calvinismus durchzogen.[745]

Die Wahl einer spezifischen Betrachtungsebene der Kultur ist notwendig, um die für einen konkreten Zweck geeignete kulturelle Gruppierung zu fokussieren. Die vorgenommene Aufteilung in kulturelle Hierarchieebenen zeigt somit die grundsätzlichen Möglichkeiten zur Festlegung bestimmter Moderatoren für ein differentielles Konzept der Personalwirtschaftslehre auf.

### 3.1.2.1.2 Interdependenzen von unterschiedlichen Kulturebenen

Betrachtet man die Bundesrepublik Deutschland, so zeichnet sich ihre Kultur bei genauerer Betrachtung der regionalen Kulturausprägungen durch ein hohes Maß an *Diversität* aus. Gleiches läßt sich freilich von einer Unternehmenskultur sagen, wenn man auch hier die verschiedenen Subsysteme etwa in Form von Abteilungen betrachtet, die eine jeweils ganz spezifische, höchst eigentümliche *Subkultur* entwickeln können.[746] So gesehen stellt sich die jeweils betrachtete "Hauptkultur" als ein pluralistisches Gebilde dar, für das sich nur mühsam ein umspannender Rahmen finden läßt.[747] Jedoch scheint es dann angebracht, von einer Homogenität innerhalb dieser Hauptkultur auszugehen, wenn man Vergleiche mit anderen Kulturen auf der gleichen Hierarchieebene vornimmt.

Subkulturen weisen die gleiche Entwicklungs- und Aufbaulogik auf wie Hauptkulturen, lassen sich demnach gemäß dem Schein'schen Schema (Grundannahmen-Werthaltungen-Artefakte) unterteilen. Durch ihre strukturelle Verbindung mit der Hauptkultur bestehen zwangsläufig Beziehungen.[748] Bezüglich der Stellung der Subkultur im Verhältnis zur Hauptkultur lassen sich drei wesentliche Ausprägungen unterscheiden:[749]

1. Verstärkende Subkulturen (von der Hauptkultur durchdrungen; konforme Denk- und Verhaltensmuster),

2. Neutrale Subkulturen (eigenes Orientierungssystem der Subkultur, das mit der Hauptkultur nicht kollidiert),

3. Gegenkulturen (eigenes Orientierungssystem, das sich gegen die Hauptkultur richtet; zur Durchsetzung neuer Ideen, aus Enttäuschung o.ä.).

Die kulturelle Einheit Deutschlands und damit die nationale Identitätsschicht wird zunehmend auch von der Entwicklung einer multikulturellen Gesellschaft überlagert. Die fortschreitende

---

[745] Vgl. Kap. 3.2.3.1.

[746] Dies wird mit zunehmender Unternehmensgröße umso verständlicher, hält man sich die Beispiele aus der Praxis der Großkonzerne vor Augen. Insbesondere im Zusammenhang mit Fusionen oder Konzernumstrukturierungen treten deutliche Unterschiede von Subkulturen zutage (Vgl. Schreyögg 1996a, S. 445ff.). Zu verschiedenen Definitionen, Einteilungsmöglichkeiten und Funktionsweisen von Subkulturen vgl. Yinger 1960, S. 625ff., Gregory 1983, S. 359ff., Bleicher 1986a, S. 97ff., Rose 1988, S. 139ff., Sackmann 1992, S. 140ff.. „So stellt denn auch die derivative Lebenswelt des Unternehmens keinen homogenen Kontext dar, sondern wird durch das Wesen arbeitsteiliger Systeme auch von spezifischen Kontexten der einzelnen Abteilungen durchzogen, die arteigene Lebens- und Sprachformen entwickeln." (Kirsch 1990, S. 27).

[747] Vgl. Schreyögg 1996a, S. 443.

[748] Vgl. Schreyögg 1996a, S. 444, 1996b, S. 66.

[749] Vgl. Martin/Siehl 1983, S. 52ff., Yinger 1977, S. 833ff.

Öffnung der deutschen Grenzen zu seinen europäischen Nachbarn, die Integration von Gastarbeitern und Einwanderern, also die gegenseitige Durchdringung speziell westeuropäischer Kulturen, lassen das heutige Deutschland als multikulturelle Gesellschaft erscheinen, die auch dadurch in zunehmendem Maße durch pluralistische Lebensstile gekennzeichnet ist.[750]

Der fortschreitende Prozeß der europäischen Einigung könnte dazu führen, daß sich für die Zukunft die Entwicklung eines "Western European Way of Life"[751] abzeichnet, der die bislang noch relativ gering empfundene "Familienähnlichkeit" der europäischen Staaten stärker in das Bewußtsein rückt.[752] In der augenblicklichen Situation scheint es angesichts der noch weitestgehend fehlenden gemeinsamen europäischen Identitätsgefühle verfrüht und kaum sinnvoll möglich zu sein, im Rahmen einer Kulturanalyse auf der europäischen Ebene anzusetzen und die Existenz einer "Europakultur" zu postulieren.

Aus betriebswirtschaftlicher Sicht ist in den 90er Jahren zunehmend das Verhältnis von Nationalkultur und Unternehmenskultur auf Interesse gestoßen. Da es inzwischen weitgehend unbestritten ist, daß die Nationalkultur einen *prägenden Einfluß* auf die Unternehmenskultur ausübt, interessiert sich die derzeitige Forschung weniger für die Frage des "Ob", sondern vielmehr für die Art und den Umfang der nationalkulturellen Prägekraft.[753] Hofstede u.a. (1990) entwickeln in diesem Zusammenhang eine Hierarchisierung kultureller Einflüsse. Sie kommen zu dem Ergebnis, daß die Nationalkultur eine Kernprägung auf der tieferliegenden Wertebene abgibt und die Unternehmenskultur als eine Subkultur in bedeutender Weise überformt. Unternehmens- und deren Subkulturen prägen das Verhalten demnach lediglich im Oberflächenbereich, auf der Ebene der sog. "Praktiken".[754]

Es erscheint angebracht, im Rahmen einer Kulturanalyse als Grundlage eines kulturbewußten Personalmanagements auf der Ebene der Nationalkultur anzusetzen, da diese unbestritten eine prägende Wirkung auf die Subkulturen tieferer Hierarchieebenen entfaltet. Dies darf jedoch nicht darüber hinwegtäuschen, daß ein kulturbewußtes Personalmanagement als Grundlage für eine betriebliche Anwendung in jedem Fall neben einer Analyse der Nationalkultur auch eine Analyse der Unternehmenskultur beinhalten muß. Erst die konkrete betriebliche Situation kann Aufschluß darüber geben, in welcher Beziehung National- und Unternehmenskultur zueinander stehen bzw. in welcher Art und in welchem Umfang das Unternehmen und seine Mitarbeiter sich als typisch deutsch erweisen.

---

[750] Vgl. Scheuch 1991, S. 110ff., 154ff.; als soziologische Reflektionen der Entwicklung pluralistischer Lebensstile vgl. Lüdtke 1989, Bourdieu 1982, Müller, H.-P. 1989, S. 53, Weipmann 1989.

[751] Scheuch 1991, S. 52.

[752] Vgl. Diwald 1990, S. 347ff., vgl. insbesondere zu den überwiegend positiven Einstellungen der jungen Generation der Deutschen zu Europa: Glaab 1993, S. 127ff., Scheuch 1991, S. 229ff.

[753] Vgl. z.B. Kiechl 1990, S. 107ff., 1993, S. 22ff., Trice/Beyer 1993, S. 331ff., Schreyögg 1996b, S. 66.

[754] Vgl. Hofstede 1985, S. 347ff., Hofstede u.a. 1990, S. 286ff. Diese Haltung entspringt freilich den Grundgedanken des Comparative Management und findet sich daher in ähnlicher Form auch bei Ouchi (1981), Pascale/Athos (1981), Hoffmann (1986, S. 202ff.) oder Trice/Beyer (1993, insbes. S. 184); vgl. auch Schein 1985, insbes. S. 328; kritisch dazu Schreyögg 1996a, S. 448f., 1996b, S. 65ff.

### 3.1.2.2 Eine ökonomisch orientierte Differenzierung der Kultur: Ableitung der Kulturfelder als personalwirtschaftlicher Sachkanon

In der Literatur finden sich bereits ansatzweise Benennungen von ökonomisch interessierenden Kulturfeldern. So verfolgt z.b. der Sozial- und Wirtschaftspsychologe Dieter Frey die Untergliederung in Problemlösekultur, Lernkultur, Kreativkultur bzw. schöpferische Chaos-Kultur, konstruktive Fehlerkultur, positive Konfliktkultur, Partizipationskultur und Unternehmerkultur als anzustrebende Felder.[755] Michael Löhner unterscheidet Vertrauenskultur, Fehlerkultur, Zielkultur, Machtkultur, Visionskultur und Änderungskultur.[756] Darüber hinaus finden sich als explizit formulierte Kulturfelder etwa die Wirtschafts-[757] und Arbeitskultur[758] als Oberkategorien sowie einzelne, ökonomisch interessierende Kulturfelder, allerdings ohne eine zugrundeliegende Systematik aufzuweisen.[759] In den nachfolgenden Abschnitten soll diese bruchstückhafte und recht willkürliche Sammlung durch die Anlehnung an die Modelle der Interaktionsprozeßanalyse und des Entscheidungsprozesses durch eine systematischere Einteilung abgelöst werden, um eine geordnete und fundierte Grundlage für das weitere Vorgehen zu schaffen.[760]

### 3.1.2.2.1 Interaktionsprozeßanalyse nach Bales

„Interaktion ist eine Grundkategorie menschlichen Verhaltens".[761] Man kann von einer sozialen Interaktion sprechen, „wenn zwei Personen in der Gegenwart des jeweils anderen auf der Grundlage von Verhaltensplänen Verhaltensweisen aussenden und wenn dabei die grundsätzliche Möglichkeit besteht, daß die Aktionen der einen Person auf die der anderen Person einwirken und umgekehrt".[762] Eine Gesellschaft wie auch eine Organisation als gemeinschaftliche Systeme ihrer Mitglieder begründen sich demnach auf sozialen Interaktionen. Kultur ist dabei ein wesentliches Produkt sozialer Interaktion und gleichzeitig ein wesentlicher Einflußfaktor.

*Theoretische Grundlagen der sozialen Interaktion*
Die Austauschtheorie, deren Ursprung in lerntheoretischen Konzeptionen liegt, gilt als die umfassendste psychologische Theorie, die sich auf den Gegenstand der sozialen Interaktion

---

[755] Vgl. Frey 1994, S. 147 ff., Frey/Schmook 1995, S. 116ff.

[756] Vgl. Löhner 1995, S. 88ff.

[757] Vgl. Bittner/Reisch 1993, S. 68.

[758] Vgl. Then 1994, S. 52 ff.

[759] Vgl. Neubeiser 1994, S. 15 ff., Schneider, H. 1992a, S. 27ff., 1992b, S. 40ff., Schneider/Huber/Müller 1991b, S. 230ff., Eisenring 1993, S. 40ff., Lutz 1993, S. 36ff., Solari 1993, S. 34ff., Figge 1995, S. 338ff., Hummel 1993, S. 156ff., Schibalski 1991, S. 51, Frey 1994, S. 148ff., Scheuten 1994, S. 101ff.

[760] Schwartz/Davis (1981) verwendeten in ähnlicher Weise die Dimensionen "Unternehmensaufgaben" ("Tasks") und Beziehungen ("Relationships") zur Beschreibung spezifischer Ausprägungen von Unternehmenskulturen in Form der sog. "Corporate Culture Matrix".

[761] Piontkowski 1982, S. 7.

[762] Piontkowski 1982, S. 10.

beziet. In Anlehnung an die Gesetze des operanten Verhaltens formulierte Homans (1968) fünf zentrale Thesen des sozialen Verhaltens[763]:

1. Wenn die Aktivität einer Person früher während einer bestimmten Reizsituation belohnt wurde, wird diese sich jener oder einer ähnlichen Aktivität um so wahrscheinlicher wieder zuwenden, je mehr die gegenwärtige Reizsituation der früheren gleicht.

2. Je öfter eine Person innerhalb einer gewissen Zeitperiode die Aktivität einer anderen Person belohnt, desto öfter wird jene sich dieser Aktivität zuwenden.

3. Je wertvoller für eine Person eine Aktivitätseinheit ist, die sie von einer anderen Person erhält, desto häufiger wird sie sich Aktivitäten zuwenden, die von der anderen Person mit dieser Aktivität belohnt werden.

4. Je öfter eine Person in jüngster Vergangenheit von einer anderen Person eine belohnende Aktivität erhielt, desto geringer wird für sie der Wert jeder weiteren Einheit jener Aktivität sein.

5. Je krasser das Gesetz der ausgleichenden Gerechtigkeit zum Nachteil einer Person verletzt wird, desto wahrscheinlicher wird sie das emotionale Verhalten an den Tag legen, das wir Ärger nennen.

Im Unterschied zu lerntheoretischen Konzeptionen, die lediglich Belohnungen und Bestrafungen berücksichtigen, bezieht die Austausch-Theorie die beiden kognitiven Elemente der (individuellen) Gewinn- und Verlustantizipation als kognitive Kalkulation sowie der Entscheidung als Einflußfaktoren der Verhaltenskontrolle hinzu. Eine interaktive Beziehung bleibt nur dann bestehen, wenn beide Partner aus ihr Gewinn ziehen.

Die Bewertung der Interaktion nach Kosten/Nutzen-Kriterien hängt entscheidend von den Beurteilungsmaßstäben ab, die das Individuum in Form von Werten, Normen und Einstellungen zugrundelegt. Die ausgetauschten Interaktionsprodukte rufen bei der empfangenden Person wahrnehmungsbezogene, symbolische oder konsumatorische Reaktionen hervor, die auf die Erreichung eines bestimmten Ziels oder eines Endstadiums gerichtet sind. Das Ergebnis der Interaktion hängt letztlich von der Bewertung ab. Somit wird die Matrix der Ergebnisse, die bei bestimmten Verhaltensweisen herauskommen, zum Kernstück der Austausch-Theorie.[764]

*Interaktionsprozeßanalyse*
Die Entwicklung einer Beziehung bzw. einer sozialen Interaktion, die dann auch zur Entstehung von Kultur führt, kann in folgende Phasen eingeteilt werden[765]:

---

[763] Vgl. im Folgenden Homans 1972a, S. 45ff.

[764] Ob die Beziehung aufrechterhalten wird, hängt nach der Austausch-Theorie (Vgl. dazu z.B. Blau 1964, Homans 1972a, Cook 1987) von drei Aspekten ab: 1. von der Matrix der möglichen Interaktionskonsequenzen (Antizipation der Kosten und Nutzen von A und B); 2. Exploration: von einem Prozeß der Erkundung und Auswahl alternativer Möglichkeiten von Beziehungen (Inspektion des Angebotes); 3. Berechnung und Entscheidung: von der Überlegung, ob die zu erwartende Interaktionskonsequenz für beide Partner die günstigste aller Alternativen ist (Basis ist dabei das allgemeine Vergleichsniveau sowie das Vergleichsniveau für Alternativen). Ein vielzitiertes Beispiel ist in diesem Zusammenhang das sogenannte "Gefangenen-Dilemma".

[765] Dieses Schema findet in dieser reinen Form allerdings nur im Falle freiwilliger Beziehungen Anwendung. Zahlreiche Interaktionen erfolgen jedoch unfreiwillig. Unfreiwillige Beziehungen liegen vor, wenn ein Individuum zu einer Beziehung gezwungen ist, in der seine Ergebnisse relativ gering sind und/oder wenn es von alternativen Beziehungen ausge-

1. Auswahl des Interaktionspartners,
2. Verhandlung,
3. Verpflichtung,
4. Institutionalisierung (= Ausbilden von Normen ⇨ Kultur entsteht).

Eine prozessuale Untergliederung sozialer Interaktionen findet sich bei Robert F. Bales.[766] Der Kern seiner vielbeachteten Arbeit zur Interaktionsprozeßanalyse besteht in der Form der Einteilung von Verhaltenskategorien. Im eigentlichen Sinne handelt es sich um eine Inhaltsanalyse, jedoch wird durch eine Betrachtung jedes einzelnen Elements eines Problemlösungs*prozesses* faktisch eine Prozeßanalyse vorgenommen. Die zwölf Kategorien ("Set of Categories") bilden für Arbeitsgruppen wie auch für ganze Gesellschaften ein erschöpfendes Erklärungsmuster für alle interaktiven Handlungen.[767]

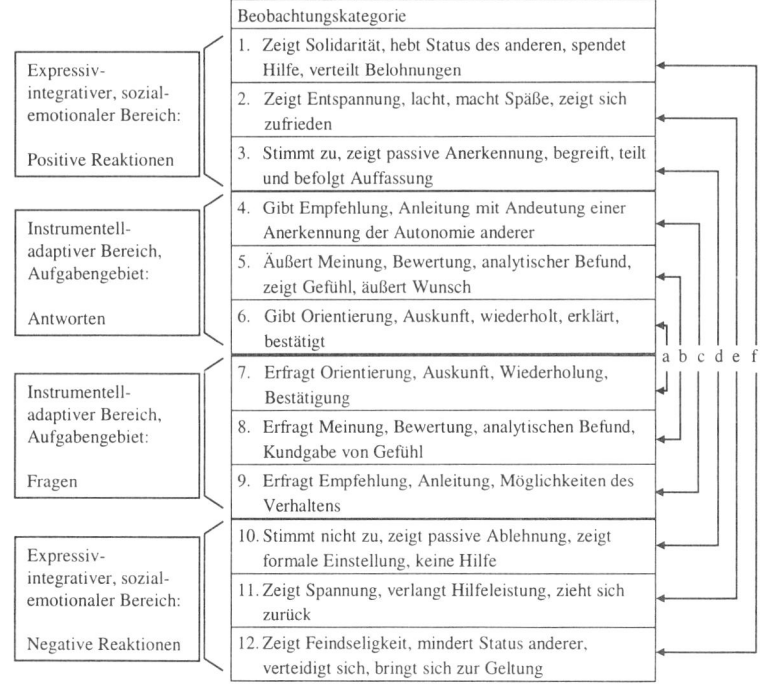

Abb. 28: Schema der Interaktionsprozeßanalyse: "Set of Categories"

Quelle: in Anlehnung an Bales 1950a, S. 258, 1950b, S. 9

---

schlossen ist, in denen seine Ergebnisse relativ gut wären. Diese Machtposition des Interaktionspartners nennt die Austausch-Theorie eine Art von *Schicksalskontrolle*. Vgl. hierzu Thibaut/Kelley 1959, Secord/Backman 1964.

[766] Vgl. Bales 1950a, S. 257ff., 1950b. Vgl. als Alternative einer Klassifikation interpersonaler Verhaltensäußerungen auch den "Interpersonalen Verhaltenszirkel" von Leary (1957).

[767] Vgl. Bales 1950a, S. 257ff., 1950b. Vgl. auch Piontkowski 1982, S. 96 ff.

Die Beschreibungen der Beobachtungskategorien dienen einer Konkretisierung und beschreiben typische Ausprägungen, wie sie üblicherweise in Kleingruppen beobachtet werden können. In der speziellen paarweisen Anordnung der zwölf Kategorien identifiziert Bales dabei sechs Problembereiche im Rahmen von Interaktionsprozessen (vgl. Abb.28):

a) Orientierungsprobleme,         d) Entscheidungsprobleme,
b) Bewertungsprobleme,            e) Konflikthandhabungsprobleme,
c) Kontrollprobleme,              f) Integrationsprobleme.

Die Kategorien von Bales bilden ein Beobachtungssystem, das gewöhnlich verwendet wird, um durch einen neutralen Beobachter die in einer Gruppe ablaufenden verbalen Interaktionen, d.h. expressive und instrumentelle Abläufe im Problemlöseverhalten von Gruppen, zu objektivieren. Dabei hält der Beobachter für jedes Mitglied die Dauer der Sprechzeit und die benutzte Interaktionskategorie fest.

Zu Beginn eines Problemlösungsprozesses sind heterogene kognitive Orientierungen und Bewertungen vorhanden, die durch wechselseitige Beeinflussungsversuche (Kontrolle) zu einer vereinheitlichten Problemstrukturierung integriert werden sollen.[768] Je nach dem Grad der erfolgreichen Bewältigung dieser Stadien lassen sich Profile zufriedener oder unzufriedener Gruppen erstellen, deren charakteristische Merkmale sich vor allem in den Benutzungshäufigkeiten positiver und negativer Reaktionen und im Prozentsatz der Empfehlungen aufweisen lassen.

Als zentrales Differenzierungskriterium verwendet Bales die Unterscheidung zwischen sozial-emotionalen, expressiv-integrativen, und aufgabenbezogenen, instrumentell-adaptiven Verhaltensäußerungen. Ähnlich findet sich in der Literatur auch häufig die Unterscheidung in Sach- vs. Emotionsebene.[769] Auf der Sachebene beschäftigen Fragen wie etwa: Wie werden Aufgaben gelöst? Wie werden Probleme erkannt? Welche Hilfsmittel werden verwendet? Wie ist das Verhältnis von traditioneller zu innovativer Problemlösung? Wie wird mit Fehlern umgegangen? Welche Kontrollmechanismen bestehen? Die Emotionsebene betrifft dagegen Fragen der Form: Welche emotionalen Beziehungen bestehen zwischen Gruppenmitgliedern? Treten Spannungen auf und wie werden diese gehandhabt? Welche formellen und informellen Unterstellungsverhältnisse gibt es? Wie eng arbeiten die Gruppenmitglieder zusammen?

Die Kategorien beschreiben die verschiedenen Stadien/Phasen, die eine Arbeitsgruppe von der Problemstellung bis zur Aufgabenlösung durchlaufen muß: Orientierung, Bewertung der Problemstellung und möglicher Lösungsalternativen, Meinungsaustausch, Entscheidungsfindung über Konflikt und Kompromiß. Von daher empfiehlt sich der Ansatz von Bales als Anknüpfungspunkt für eine nähere Betrachtung des Modells des Entscheidungsprozesses, um in einer Zusammenführung schließlich Kulturfelder von ökonomischer bzw. entscheidungsorientierter Relevanz abzuleiten.

---

[768] Vgl. Bales 1967, S. 311ff., Piontkowski 1982, S. 98.

[769] Vgl. z.B. auch Hill/Fehlbaum/Ulrich, Band 1, 1994, S. 160.

### 3.1.2.2.2 Modell des Entscheidungsprozesses

Der entscheidungsorientierte Ansatz begründet, daß alles Geschehen in der Betriebswirtschaft letztlich auf menschlichen Entscheidungen beruht und dieser Entscheidungsprozeß als Zentrum der Teildisziplinen der Betriebswirtschaftslehre anzusehen ist.[770] Nach wie vor besteht die Forschungsaufgabe darin, zum einen die Methodik, zum anderen die Instrumente zur Erklärung und Gestaltung von Entscheidungsprozessen zu hinterfragen und gegebenenfalls zu erneuern.[771]

Eine kulturorientierte Betrachtung des Entscheidungsprozesses geht von der Annahme aus, daß die Wahl der Ziele sowie der Instrumente nicht im neoklassischen Sinne rational erfolgt, sondern insbesondere aufgrund von Werthaltungen, Einstellungen und Emotionen getroffen wird, wobei diese Einflußfaktoren vor allem auch kollektive Phänomene darstellen. Dabei ist anzumerken, daß Werte und Emotionen einer rationalen Entscheidungsfindung nicht zwingend konträr gegenüberstehen, vielmehr können sie auch als Verstärker wirken, die den Entscheidungsprozeß effizienter werden lassen.[772]

Während sich in der Zeit der Industriegesellschaft bestimmte Denk- und Verhaltensmuster in betrieblichen Entscheidungsprozessen aufgrund ihrer positiven Wirkungen verfestigt haben, erweisen sich eben diese in der heutigen Zeit des technologischen, organisatorischen, gesellschaftlichen und werteorientierten Wandels als nicht mehr zeitgemäß bzw. erzielen nicht mehr die bekannten Effizienzwirkungen.

Der Scheinwerfer, der den betrieblichen Entscheidungsprozeß beleuchtet, kann durch "Anstrahlung" der kulturwissenschaftlichen Disziplinen durchaus neue Erkenntnisse hervorbringen,[773] die insbesondere den Einfluß von Werten und Einstellungen als Produkte kultureller Erfahrungen im Entscheidungsverhalten deutlich machen und zu einem besseren Verständnis der Gründe für das offensichtliche Außerkraftsetzen der bekannten Wirkungsmechanismen beitragen.

Zunächst ist Kultur als Ergebnis und Einflußfaktor sozialer Interaktion im Rahmen von Entscheidungsprozessen einer inhaltlichen Differenzierung zu unterziehen, welche die Tragfähigkeit und den Praxisbezug des Kulturkonzepts im Hinblick auf die Integration in die Betriebswirtschaftslehre und im Speziellen in die Personalwirtschaftslehre erhöht.

Der Entscheidungsprozeß besitzt allgemeinen Modellcharakter und ist grundsätzlich auf alle betrieblichen Entscheidungen anwendbar. Der Prozeß läßt sich in einzelne Komponenten bzw. Verrichtungen zerlegen: Das allgemeine Entscheidungsprozeßmodell unterscheidet die Phasen der *Planung*, der *Realisation* und der *Kontrolle*. Die Informationsgewinnung ist dabei der Zweck einer jeden Verrichtung und hat somit eine Querschnittsfunktion.[774] Unterteilt man

---

[770] Vgl. Heinen 1976, S. 200 ff., 1982.

[771] Vgl. Heinen 1976, S. 200ff.

[772] Vgl. Etzioni 1996, S. 26f.

[773] Vgl. hierzu Kirsch 1993, S. 11ff.

[774] Vgl. Heinen 1976, S. 205f.

die Planungsphase weiter in eine Anregungs-, Such- und Optimierungsphase, so ergibt sich folgendes, häufig verwendetes Schema:

| Anregungs-phase | Such-phase | Optimierungs-phase | Durchführungs-phase | Kontroll-phase |
|---|---|---|---|---|
| Problemsuche, Problem-identifikation | Alternativen-suche | Alternativen-auswahl | Realisation, Umsetzung | Rückkoppelung, Revisions-entscheidungen |

Abb. 29: Phasen des Entscheidungsprozesses

Quelle: in Anlehnung an Heinen 1976, S. 227ff.

Da geschlossene Entscheidungsprozesse die Komplexität betrieblicher und außerbetrieblicher Situationen nur unzureichend einbeziehen, hat sich in der betrieblichen Praxis die Konzeption eines offenen, als "zirkularer Suchprozeß"[775] verstandenen Entscheidungsprozesses etabliert. Ein weiterer Grund dafür liegt in der steigenden Zahl unvollständig definierter bzw. schlecht strukturierter Probleme, welchen man sich nur mit offenen Modellen in geeigneter Weise nähern kann.[776]

Kritisiert wurden die Phasenschemata des Entscheidungsprozesses insbesondere aufgrund ihres empirischen Gehalts.[777] Jedoch hat sich ihre Anwendung als analytische Funktionsgliederung von interdependenten Entscheidungs- und Problemlösungsprozessen bewährt, wenn nicht nur für offene Fragen Lösungen zu finden sind, sondern auch wenn vorhandene Lösungen nach Problemen suchen[778], so daß das Phasenschema für ein notwendiges Hinterfragen bestehender Arbeitsstrukturen und -prozesse geeignet erscheint. So verwendete z.B. Rainer Marr das Phasenschema des Entscheidungsprozesses als Grundlage für die Analyse von Forschungs- und Entwicklungsprozessen als beispielhaften Entscheidungsprozeßtypen.[779]

Shrivastava zeigte bereits den Einfluß der Unternehmenskultur auf die einzelnen Phasen des strategischen Entscheidungsprozesses.[780] Hier soll das Modell für eine weitere Aufteilung der Kultur in Kulturfelder dienen, die heute von zentraler Bedeutung im Rahmen betrieblicher Entscheidungen sind.[781]

---

[775] Heinen 1976, S. 207.

[776] Der Hang zu offenen Modellen kann auch als spezifisch deutsch bezeichnet werden. Die den Deutschen nachgesagten Charakteristika der Ordnungsliebe, des Sicherheitsbewußtseins und der Planungs"besessenheit" führen eher zu einem komplexen Modell, welches die Geschwindigkeit der Entscheidungsprozesse negativ beeinflußt, während insbesondere die US-Amerikaner wesentlich pragmatischer veranlagt sind und demzufolge auch schneller entscheiden. Heinen sieht eine gelungene Fundierung betrieblicher Entscheidungen in einer Verbindung der Vorzüge von geschlossenen und offenen Modellen (Vgl. Heinen 1976, S. 216, S. 237 ff.).

[777] Vgl. Witte 1968, S. 625ff.

[778] Vgl. Kappler 1970, S. 237f.

[779] Vgl. Marr 1970.

[780] Vgl. Shrivastava 1985, S. 103ff.

[781] Den Einfluß der Kultur auf den betrieblichen Entscheidungsprozeß untersuchte auch Bate (1984).

### 3.1.2.2.3  Entwurf eines Analyserasters in Form der Kulturfelder als personalwirtschaftlicher Sachkanon

### 3.1.2.2.3.1  Überblick über die einzelnen Kulturfelder

Die Werte, Normen und Einstellungen, die sich in verfestigten Denk- und Verhaltensmustern rund um den arbeitenden Menschen im Betrieb ausdrücken, ließen sich mit dem Begriff "Arbeitskultur" fassen. Als eine Besonderheit erweist sich dabei die Dualität der Sinnstiftung von "Arbeitskultur", indem zum einen - wie erwähnt - die Kultur eine Quelle der Sinngebung darstellt, zum anderen aber auch der Mensch durch die Arbeit den Sinn seines Daseins finden kann und daher immer häufiger in der Arbeit Sinn sucht.[782] Das Konstrukt "Arbeitskultur" erweist sich jedoch für einen personalwirtschaftlichen Anwendungsbezug als zu umfassend, so daß im Folgenden durch die Zusammenführung der Interaktionsprozeßanalyse von Bales und des Modells des Entscheidungsprozesses eine inhaltliche Differenzierung vorgenommen wird.

Betrachtet man den idealtypischen Entscheidungsprozeß in Zusammenhang mit den ablaufenden Interaktionen während der einzelnen Phasen, so lassen sich bestimmte Ausprägungen von Denk- und Verhaltensmustern beobachten. Die Beobachtungsdimensionen der Interaktionen können nach Bales in einen expressiv-integrativen bzw. sozial-emotionalen Bereich und einen instrumentell-adaptiven (das Aufgabengebiet betreffenden) Bereich untergliedert werden.

In den einzelnen Phasen des Entscheidungsprozesses lassen sich nun jeweils zwei sehr unterschiedliche Ausprägungen von verfestigten Denk- und Verhaltensmustern in diesen Beobachtungsdimensionen ausmachen (*kulturelle Polaritäten*). Aus diesen Charakterisierungen lassen sich entsprechende Kulturfelder ableiten. Dabei ist der sich ergebende personalwirtschaftliche Sachkanon als ein *Entdeckungsangebot* zu verstehen, dem eine heuristische Funktion zukommt (Vgl. Tab. 4).[783]

---

[782] Vgl. Sackmann 1993b, S. 5.

[783] Aufgrund der unbestritten induktiven Elemente dieser Vorgehensweise haftet dieser Einteilung ein subjektiv gefärbter und fragmentarischer Charakter an (vgl. dazu auch Gerndt 1992, S. 83f.).

| Prozeßphase / Interaktionsbereich | Anregungsphase. Problemsuche. -identifikation | Suchphase Alternativsuche | Optimierungsphase Alternativenauswahl | Durchführungsphase Realisation, Umsetzung | Kontrollphase Rückkoppelung. Revision |
|---|---|---|---|---|---|
| Expressiv-integrativer, sozio-emotionaler Bereich | Kreative Unruhe. aktive Beziehungswechsel. Formation neuer Subgruppen, Kennenlernen neuer Leute in neuem Umfeld; | Wechselseitige Ideenbefruchtung, gegenseitige Hilfe und Beratung bei der Suche nach Lösungen, persönliche Offenheit und Flexibilität, Freiheit des Denkens; | Ausgeprägte Solidaritätsgefühle, gegenseitige Hilfe und Beratung, Anerkennen anderer Meinungen, anderer Denk- und Verhaltensweisen; | Positive Einstellung zu Konflikten, gemeinsame Konfliktlösung, Herbeiführen eines fairen Interessenausgleichs, neben Konflikten auch Spaß und Witze; | Gegenseitige Wertschätzung. Verteilen von Lob und Belohnungen, gutgemeinte Ratschläge bei Mißerfolgen, konstruktive Lernatmosphäre; |
| | Trägheit, verfestigte Beziehungen, Abschottungsverhalten, sich Zurückziehen; | Jeder verläßt sich auf den anderen, Unsicherheitsängste. Motivationsdefizite, keine gegenseitige Hilfe, kein freiheitliches Denken (sozio-emotionaler Druck u.a.); | Formalisierte Beziehungen, Feindschaft, Verteidigungshaltung, Opportunismusdenken, andere werden persönlich und sachlich angegriffen; | Negative Einstellung zu Konflikten, sozio-emotionale Spannungen, die sich in unproduktiven Konflikten verfestigen, Humor wird als "fehl am Platz" eingestuft; | Statt Lob oder Anerkennung nur Neid und Mißgunst, Verachtung und Vorwürfe im Fall von Mißerfolgen und Fehlverhalten; |
| Instrumentell-adaptiver Bereich, Aufgabengebiet | Probleme, Aufgabenstellungen werden aktiv gesucht, Aufspüren von Schwachstellen, Verbesserungsmöglichkeiten und neuen Aufgaben, Wahrnehmen von Chancen; | Bekannte Lösungsalternativen werden kritisch hinterfragt, neue Wege werden gesucht, Innovationsbarrieren beseitigt; | Beschlußfassung auf partizipativer Basis, Einsatz von Überzeugungsmacht, Erklären und Verdeutlichen von Entscheidungswirkungen; | Auftretende Akzeptanzprobleme, Spannungen und Konflikte werden produktiv genützt; | Prüfung der Maßnahmenwirkungen, Erfolge wie Mißerfolge werden gemeinsam getragen, Fehler werden toleriert, um ein Lernen zu ermöglichen; |
| | Probleme werden reaktiv erkannt, Anregungen kommen von außen (z.B. in Form von Konkurrenzdruck) "Kunde droht mit Auftrag"; Risiken werden gemieden; | Ablehnende Haltung gegenüber neuen Lösungsmöglichkeiten, Blick wird auf Bewährtes gerichtet, Unterstützen von Innovationsbarrieren; | Autoritäre Entscheidungsfindung unter Einsatz von Legitimationsmacht, Ignorieren von Mitarbeitervorschlägen und -meinungen; | Akzeptanzprobleme werden umgangen, Ausweichstrategien für Konfliktsituationen entwickelt, zwanghafte Anpassung an (Plan-)Vorgaben; | Kontrolle wird im negativen Sinn der Überwachung verstanden und praktiziert, Fehler werden scharf sanktioniert und gelten als persönliche Niederlage; |
| Ableitung der Kulturfelder | Aktive vs. passive Arbeitshaltung; Tradition vs. Progression ⇨**Unternehmer- und Innovationskultur** | Uninformiertheit/Schweigen vs. Informiertheit/offene Kommunikation ⇨**Informations- und Kommunikationskultur** | Autoritäts- vs. Teamdenken ⇨**Partizipations- und Teamkultur**<br>Mißtrauen vs. Vertrauen ⇨**Vertrauenskultur** | Harmonie vs. Konfliktaustragung ⇨**Konfliktkultur** | Null-Fehler-Denken vs. Fehlertoleranz. Lernklima ⇨**Fehler- und Lernkultur** |

Tab. 4:  Verhaltenspolaritäten im Entscheidungsprozeß

Quelle: eigene Darstellung

Aufgrund der engen Zusammenhänge typischer Interaktions- bzw. Verhaltensmuster in der Anregungs- und Suchphase empfiehlt sich auch aus didaktischen Gründen eine Zusammenfassung zum Kulturfeld "Unternehmer- und Innovationskultur". Alle Prozeßphasen sind durch einen spezifischen Umgang mit Informationen gekennzeichnet. Ebenso sind Interaktionen stets durch einen Koordinationsmechanismus zu spezifizieren, der sich über verschiedene Ausprägungen des Vertrauens bzw. des Mißtrauens der Interaktionspartner konkretisieren läßt. Daher werden die beiden Kulturfelder "Informations- und Kommunikationskultur" sowie "Vertrauenskultur" als den gesamten Entscheidungsprozeß überlagernd begriffen.

Anzumerken ist, daß dieses Differenzierungsschema grundsätzlich auf alle Hierarchieebenen der Kultur bezogen werden kann. Die die Betriebswirtschaftslehre derzeit interessierende Fragestellung des Zusammenwirkens von National- und Unternehmenskultur könnte durch die inhaltliche Aufsplittung in den konkreten Teilaspekten der Kulturfelder erörtert werden.

*Der Kulturanalysequader als Ergebnis der inhaltlichen Differenzierung*
Zusammenfassend kann eine inhaltliche Differenzierung der Kultur über die drei folgenden Dimensionen erzielt werden:

- Kulturbestandteile (nach Schein: Artefakte, Werthaltungen, Grundannahmen),
- Hierarchieebenen der Kultur (z.B. National-, Unternehmens- und Gruppenkultur),
- ökonomisch bedeutsam erscheinende Kulturfelder.

Im Ergebnis läßt sich eine derartige analytische Differenzierung als Quadermodell darstellen:

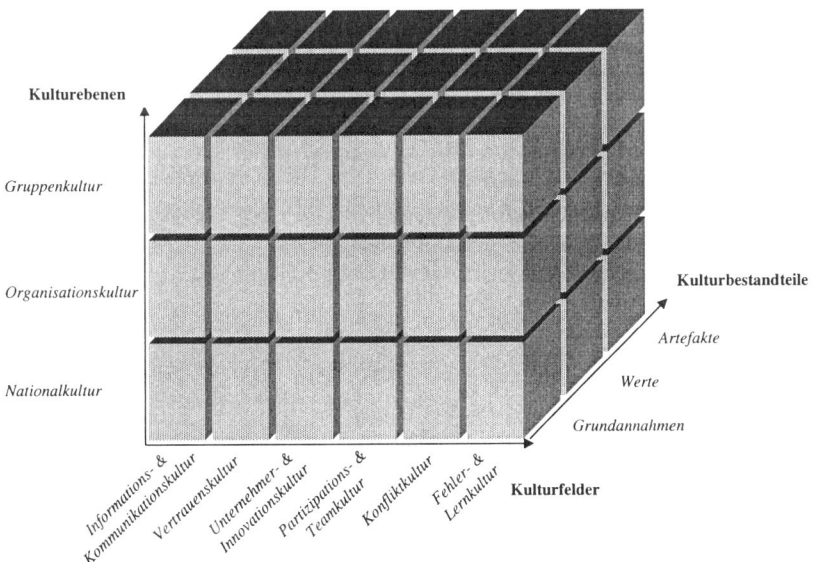

Abb. 30: Kulturanalysequader

Quelle: eigene Darstellung

Wie auch der Sachkanon der Volkskunde jeweils mit etablierten Forschungsbereichen belegt ist, stehen hinter den hier unterschiedenen Kulturfeldern jeweils bereits etablierte sozialwissenschaftliche Forschungsfelder:

- Kommunikationsforschung,

- Vertrauensforschung,

- Gründungsforschung (Entre-/Intrapreneurship), Kreativitäts- und Innovationsforschung,

- Führungsforschung, Gruppendynamik,

- Konfliktforschung,

- Lernforschung.

Eine nähere Beschreibung der Kulturfelder kann demnach an die entsprechenden Ergebnisse dieser Forschungsfelder anknüpfen.

### 3.1.2.2.3.1.1   Informations- und Kommunikationskultur

Das Kulturfeld "Informations- und Kommunikationskultur" umfaßt die verfestigten Denk- und Verhaltensweisen in Bezug auf Information und Kommunikation. Informationskultur beschreibt, wie mit Informationen, verstanden als zweckorientiertes Wissen,[784] umgegangen wird bzw. welche Einstellungen gegenüber Informationen vorhanden sind und auch den Informiertheitsgrad der Kulturmitglieder (Ausmaß der Befriedigung des Informationsbedarfs)[785], letztlich also bestimmte Muster des menschlichen Informationsverhaltens[786], die als typisch für eine bestimmte Gruppierung gelten können.

Trotz der vielfältigen Ausprägungen des Informations- und Kommunikationsbegriffes besteht Kommunikation immer aus zwei Grundvorgängen: der Informationsabgabe durch einen Sender (Kommunikator) und der Informationsaufnahme durch einen Empfänger (Rezipient), wobei Sender und Empfänger ihre Rollen wechseln können. Dieser stets über eine Vermittlungsinstanz (Medium) verlaufende Kommunikationsprozeß umfaßt die zwischenmenschliche Kommunikation (direkte Kommunikation von Angesicht zu Angesicht mittels Sprache, Mimik, Ausdruck als Verständigungsmittel) ebenso wie die Informationsübertragung mit Hilfe technischer Nachrichtensysteme (indirekte Kommunikation).

Information und Kommunikation stehen freilich auch in enger Verbindung mit Kulturentwicklung. Kultur wird durch verbale und nonverbale bzw. symbolische Kommunikation übermittelt und geschaffen.[787] Unter Annahme des Watzlawick'schen Grundsatzes „Man kann nicht nicht kommunizieren" findet sich somit auch die Annahme bestätigt, daß unweigerlich Einfluß auf die kulturelle Entwicklung genommen wird.[788] Die Art und Weise der Kommuni-

---

[784] Vgl. Gaugler 1995a, Sp. 1175 und die dort angegebene Literatur.

[785] Vgl. Berthel 1992, Sp. 872ff.

[786] Vgl. Gemünden 1992, Sp. 1010ff.

[787] So begründet denn auch Knoblauch (1995) in Anlehnung an Habermas (1981a, 1981b) aufbauend auf dem Sozialkonstruktivismus von Berger/Luckmann (1980) seine Gesellschaftstheorie auf der Basis einer "kommunikativen Konstruktion kultureller Kontexte", er sieht die Eigenheit des Gesellschaftlichen in zunehmendem Maße durch Kommunikation definiert.

[788] Vgl. Watzlawick/Beavin/Jackson 1967, Schneider, U. 1990, S. 270ff., Mantz 1997, S. 100ff. Vgl. Kap. 2.2.4.

kation bestimmt daher maßgeblich die gesamte Entwicklung aller Kulturfelder, so daß der Informations- und Kommunikationskultur im Rahmen der Aufteilung in die Kulturfelder zwangsläufig ein übergeordneter Charakter zuzuschreiben ist.

Im betrieblichen Kontext erlangt das Informationsverhalten der Organisationsmitglieder, das sich konkret in die Beschaffung, Verarbeitung und Weitergabe von Informationen untergliedern läßt, seit langem die Aufmerksamkeit der Betriebswirtschaftslehre.[789] Unter dem Schlagwort *Informationsmanagement* wird gegenwärtig primär der Einsatz moderner Informations- und Kommunikationstechnologien diskutiert, womit im Kern ein planvoller, organisierter und kontrollierter Umgang mit Informationen durch EDV-gestützte Informationssysteme angesprochen wird.[790]

Gemünden unterscheidet vier Einflußblöcke des Informationsverhaltens und der Effizienz: (1) die Person(en), deren Informationsverhalten interessiert, (2) das Problem, das zu lösen ist, (3) die Systeme, die zur Information und Kommunikation eingesetzt werden und (4) interne wie externe Umfeldbedingungen.[791] Die Erkenntnisse der analytisch-empirischen Forschung machen deutlich, daß das Informationsverhalten individuell höchst unterschiedlich abläuft und sich durch den Einfluß undeterminierbarer Größen dem systematischen Zugang über allgemeine Gesetzmäßigkeiten weitgehend entzieht. Offensichtlich existiert jedoch ein aus der Sicht externer Forscher kaum faßbarer Steuerungsmechanismus, der es den Organisationsmitgliedern gestattet, in einer Situation informationeller Systemlosigkeit ein erfolgreiches Informationsverhalten zu zeigen. Dieser interne Steuerungsmechanismus besteht in den verinnerlichten Denk- und Verhaltensmustern bezüglich der Art und Weise des Umgangs mit Information und kann als Informationskultur bezeichnet werden.

Information steht in engem Zusammenhang mit Kommunikation. Der Kommunikationspsychologe Schulz von Thun unterscheidet den Sachinhalt, die Selbstoffenbarung, die Beziehung zwischen Sender und Empfänger sowie den Appell als die vier Seiten einer Nachricht, die er als Untersuchungsgegenstand der Kommunikationsdiagnose wählt.[792] Die konkreten Ausprägungen dieser vier Merkmale können im Zusammenspiel auch als Bestimmungsgrößen eines Gesprächsprozesses gedeutet werden. Dabei lassen sich verschiedene Gesprächstechniken unterscheiden, die sich im Laufe der Zeit als Selbstverständlichkeiten bzw. Kommunikationsmuster verfestigen und als Merkmale der Kommunikationskultur gelten können. Zur Unterstützung einer als "offen" zu bezeichnenden Informations- und Kommunikationskultur können beispielhaft die folgenden Aspekte Beachtung finden (Vgl. Abb. 31):

---

[789] Vgl. Zimmermann 1972, Schneider, U. 1990, S. 1ff., Scholz, C. 1991, S. 241ff. Exemplarisch sei auf den Forschungsschwerpunkt "Empirische Entscheidungstheorie" verwiesen (vgl. z.B. Witte/Zimmermann 1986).

[790] Vgl. Picot/Franck 1992, Sp. 886ff.

[791] Vgl. Gemünden 1992, Sp. 1010ff.

[792] Vgl. Schulz von Thun 1981.

sachlich bleiben,
verständlich reden,
analytisch zuhören

überzeugend argumentieren,
Fragen stellen,
fair lenken

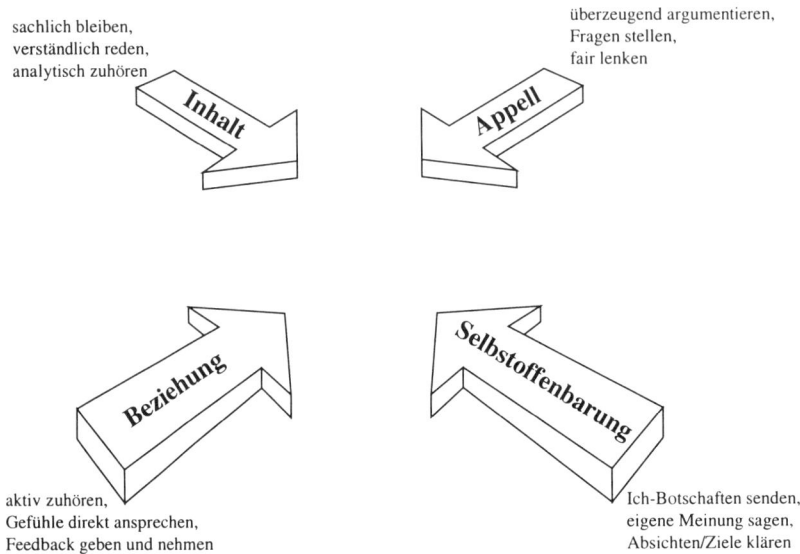

aktiv zuhören,
Gefühle direkt ansprechen,
Feedback geben und nehmen

Ich-Botschaften senden,
eigene Meinung sagen,
Absichten/Ziele klären

Abb. 31: Die 4 Seiten einer Nachricht

Quelle: Bußmann 1997a, S. 87, in Anlehnung an Schulz von Thun (1981, 1989)

Scholz schlägt in Anlehnung an Schein (1985) für eine differenzierte Betrachtung und Erfassung der bestehenden Informationskultur ein 3- Komponenten-Modell vor (Vgl. Abb. 32).

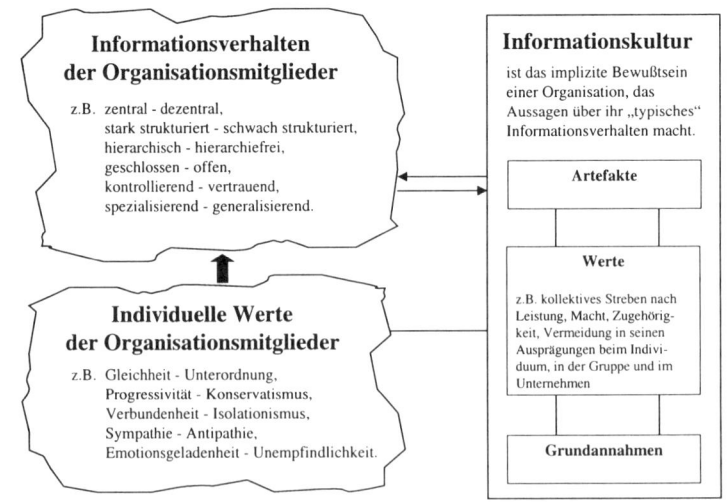

Abb. 32: Das 3-Komponenten-Modell der Informationskultur

Quelle: Scholz, C. 1991, S. 244

Als erste Komponente sind die *individuellen Werte* der Organisationsmitglieder zu erkennen, die das Informationsverhalten entscheidend beeinflussen. Interpersonelle Informationsbeziehungen sind demnach abhängig von Werthaltungen innerhalb der Polaritäten wie z.b. Unterordnung - Gleichheit, Isolationismus - Verbundenheit, Antipathie - Sympathie oder Unempfindlichkeit - Emotionsgeladenheit.[793]

Ihren Niederschlag finden diese Werte in Form bestimmter Ausprägungen von beschreibenden Merkmalen hinsichtlich des *Informationsverhaltens*, wie z.b. zentral - dezentral oder auch kontrollierend - vertrauend, sowie in den Kommunikationsbeziehungen zwischen Informationssender und -empfänger, die sich durch Merkmale wie Offenheit, Direktheit, Häufigkeit und Struktur (Rad, Kette, Netz etc.) charakterisieren lassen.[794] Das konkrete Informations- und Kommunikationsverhalten ergibt sich aus den individuellen Merkmalen (insbesondere Werten) der Organisationsmitglieder im Zusammenspiel mit spezifischen Situationsvariablen, wie insbesondere der Technologie. Vor diesem Hintergrund erscheint es aufgrund der erheblichen Einflüsse zweckmäßig, die Zusammenhänge zwischen den modernen Technologien und der Art und Weise der gegenwärtigen Information und Kommunikation herzustellen.

Als dritte Komponente sieht Scholz die verwirklichte, d.h. gelebte Informationskultur, die er begreift als „das implizite Bewußtsein einer Organisation, das Aussagen über das "typische" Informationsverhalten in dieser Organisation macht."[795] Die Grundannahmen als Kern der Informationskultur beinhalten Einstellungen zum grundsätzlichen Wert von Information und den damit verbundenen Strukturen und Prozessen innerhalb der Organisation. Die kollektiven Werte münden in organisationsspezifische Verhaltensmaximen, die auch das Informationsverhalten steuern. Artefakte sind Ausdrucksformen bzw. kulturelle Manifestationen des Informationsverhaltens, wie insbesondere computergestützte Informationssysteme, die auf die zugrundeliegende Informationskultur (in begrenztem Umfang) schließen lassen.

Unter Bezugnahme auf die Untersuchungen von McClelland schlägt Scholz schließlich einen Merkmalssatz mit 12 Ansatzpunkten zur Erfassung der Informationskultur vor, indem er die von McClelland unterschiedenen vier zentralen Bedürfnisse (Leistung, Macht, Zugehörigkeit und Vermeidung) mit den möglichen Bezugsbasen des Individuums, der Gruppe und der Organisation verbindet. Als mögliche Form der Visualisierung wählt Scholz ein Kreisdiagramm (radar chart), so daß sich beispielsweise folgendes Bild ergibt:

---

[793] Vgl. hierzu und im Folgenden Scholz, C. 1991, S. 243ff.

[794] Vgl. Bate 1984, S. 43ff.

[795] Scholz, C. 1991, S. 243.

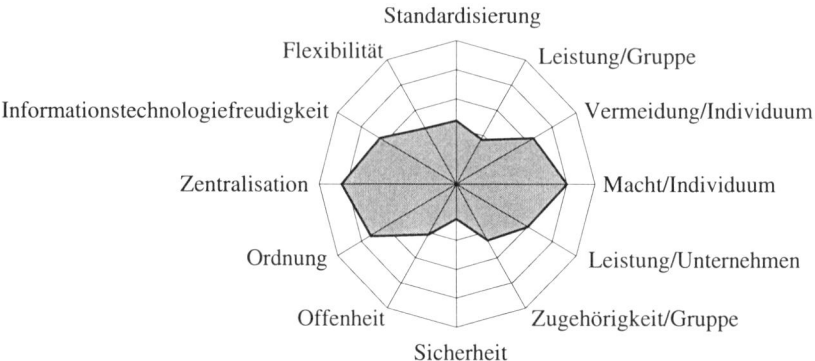

Abb. 33: Beispiel für ein Profil der Informationskultur

Quelle: nach Scholz 1991, S. 247

### 3.1.2.2.3.1.2  Vertrauenskultur

"Vertrauenskultur" beschreibt die verinnerlichten Denk- und Verhaltensweisen, die im Rahmen sozialer Interaktionen den Koordinationsmechanismus des Vertrauens betreffen.[796] Eine vielfach verwendete Definition von Vertrauen liefern Breton/Wintrobe: Ein Individuum (A) vertraut einem anderen Individuum (B), wenn A zu einem gewissen Grad glaubt, daß B sein Handeln daraufhin ausrichtet, was dieses zuvor versprochen hat.[797]

Das Vertrauen hängt immer von dem Glauben ab, daß beide Partner ihre versprochenen Handlungen einhalten. Dies ist in starkem Maße von der gegebenen Sozialstruktur abhängig, welche durch ein bestehendes Werte- und Normengefüge das Einhalten von Versprechen fast schon garantiert. Der Glaube ist meist nur graduell und nicht vollständig vorhanden, so daß man verschiedenste Ausprägungen auf dem Kontinuum zwischen Ver- und Mißtrauen vorfindet. Die Stärke des Vertrauens hängt davon ab, in welcher Phase der Vertrauensbildung sich die beiden Partner befinden. Dabei kann durchaus ein asymmetrisches Verhältnis vorliegen, d.h., daß ein Partner dem anderen ein größeres Maß an Vertrauen entgegenbringt als umgekehrt.

---

[796] Eine klare Trennung zwischen "Vertrauen" und "Sympathie" oder "Glaubwürdigkeit" scheint sehr schwierig. Thompson, Stroebe und Schopler weisen starke Überschneidungen der Begriffe nach, da Vertrauen eng mit einer positiven Beurteilung des Partners verbunden ist (Vgl. Thompson/Stoebe/Schopler 1971, S. 460ff.). Ebenso eng verwandt erscheinen die Begriffe "Loyalität" und "Reputation". "Loyalität" kann als Spezialfall des "Vertrauens" aufgefaßt werden (zu verschiedenen Theorien über Loyalität vgl. Hirschmann 1974), "Reputation" als eine Begleiterscheinung des Vertrauensverhältnisses aus der Perspektive Außenstehender (Vgl. Bonus 1986, S. 310ff.).

[797] Vgl. Breton/Wintrobe 1982, S. 5. Weitere abweichende Definitionen finden sich in Petermann 1996, S. 11ff. Lindskold (1978, S. 772ff.) unterscheidet vier Definitionen des Vertrauens: (1) Vertrauen als objektive Glaubwürdigkeit: Das Vertrauen ist umso größer, je mehr man glaubt, daß sich der Partner ehrlich und echt verhält. (2) Vertrauen als wohlwollende Intention: Vertrauen gründet sich auf der Erwartung, daß der Partner einem nicht schaden wird, wenn man sich auf ihn verläßt. Diese Erwartung ist umso ausgeprägter, je stärker man dem Partner eine wohlwollende Intention zuschreibt. (3) Vertrauen als Fehlen einer manipulativen Absicht: Je mehr man glaubt, daß der Partner versteckte Motive und manipulative Absichten hat, desto größer ist das Mißtrauen. (4) Vertrauen bei hohen Kosten der Unehrlichkeit: Je unwahrscheinlicher es erscheint, daß der Partner einen täuscht (z.B. weil seine Entdeckungsgefahr hoch ist), desto größer ist das Vertrauen.

Sehr prägnant erkennt Marr den Kern des Vertrauens wie folgt: „Vertrauen ist die Folge der Vorhersehbarkeit eines erwünschten Verhaltens eines Akteurs aus der Sicht eines anderen Akteurs, bzw. der Glaube hieran. Vertrauen hat also eine Wissens- und eine Glaubenskomponente. Vertrauen soll helfen, durch Nicht-Wissen begründete Zweifel zu ertragen."[798]

Als inhaltliche Dimensionen von Vertrauen lassen sich

- die Offenheit des Informations- und Argumentationsverhaltens,

- die Kompetenz im Umgang mit Problemen,

- das Prinzip der Fürsorge im karitativen Sinne sowie

- die Verläßlichkeit, im Sinne der Übereinstimmung von Wort und Tat,

konkretisieren.[799]

In dieser ersten Charakterisierung des Konstrukts "Vertrauen" wird deutlich, welche kaum zu überwindenden Probleme sich im Zusammenhang mit der Erschließung und empirischen Erfassung des Konstrukts Vertrauen und dessen Bedingungsgrößen ergeben, was für ein betriebswirtschaftliches *Vertrauensmanagement* erforderlich wäre.[800] Zum einen dienen identifizierte Einflußfaktoren als Anhaltspunkte zur Beurteilung, inwieweit Voraussetzungen z.B. auf nationaler Ebene für eine Vertrauenskultur gegeben sind; zum anderen können sie differenzierte Ansatzpunkte zur personalwirtschaftlichen Förderung von Vertrauen darstellen. Knut Bleicher nennt in Anlehnung an Solaro folgende vertrauenschaffende Faktoren:

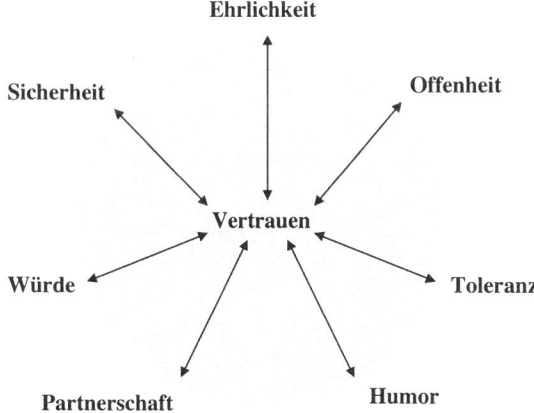

Abb. 34: Vertrauenschaffende Faktoren

Quelle: Bleicher 1994, S. 15

---

[798] Marr 1996a.

[799] Vgl. Marr 1996a, Mishra/Mishra 1994, S. 274f., Mishra/Spreitzer/Mishra 1998, S. 83ff., Aßländer 1997, S. 6ff.

[800] Weitverbreitete Methoden zur Erfassung von Vertrauen sind vor allem Fragebögen sowie Beobachtungen in experimentellen Spielsituationen (z.B. Gefangenen-Dilemma) (Vgl. Petermann 1996, S. 19ff.).

Alternativ hierzu könnte auch das psychologische Rahmenmodell von Petermann herangezogen werden, welches in theoretischer Hinsicht sattelfester und ganzheitlicher ausgelegt ist:

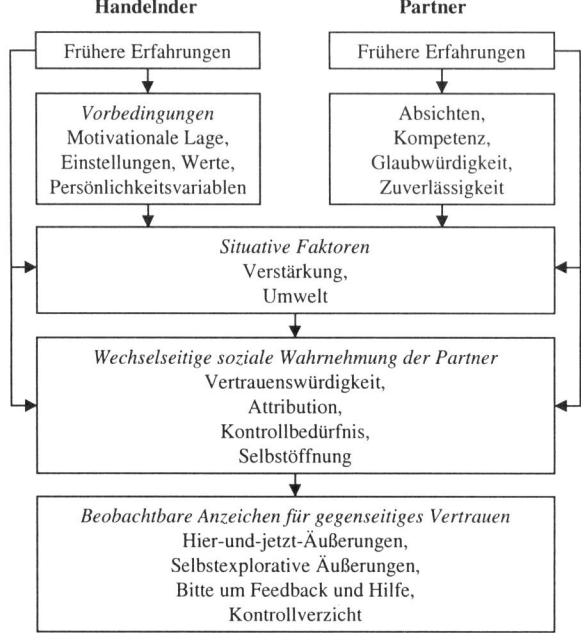

Abb. 35: Rahmenmodell der Vertrauensforschung

Quelle: Petermann 1996, S. 50.

Empirische Befunde ergaben, daß Vertrauen als Persönlichkeitsvariable, als Situationsvariable und als Beziehungsvariable gesehen werden kann, d.h. Unterschiede im Ausmaß des Vertrauens können durch unterschiedliche Persönlichkeitsmerkmale, durch unterschiedliche situative Konstellationen oder unterschiedliche Interaktionsstrukturen bzw. Eigenschaften des Interaktionspartners bedingt sein. Es finden sich eine Reihe von empirischen Hinweisen, die darauf hindeuten, daß die Vertrauensbereitschaft nicht nur situationsbedingt ist, sondern vielmehr zum einen persönlichkeitsbezogene und zum anderen aber auch kulturbedingte Ausprägungen zeigt. Im Hinblick auf die Persönlichkeit kennzeichnet etwa Rotter den vertrauensvollen im Gegensatz zum mißtrauischen Menschen wie folgt:[801]

- Der Vertrauensvolle gewährt seinem Interaktionspartner einen persönlichen Kredit und hält diesen solange aufrecht, bis eindeutige Beweise für eine Aufhebung sprechen. Mißtrauische lehnen eine solche Kreditvergabe ab und sehen die Entwicklung einer Vertrauensbeziehung, wenn überhaupt möglich, als einen längerdauernden "Bewährungsprozeß".

---

[801] Vgl. Rotter 1980, S. 1ff.

- Der Vertrauensvolle räumt bisweilen auch ungerechtfertigt seinen Mitmenschen einen persönlichen Kredit ein, wofür er insbesondere von Mißtrauischen kritisiert wird, da diese aufgrund ihres Mißtrauens Kooperationsangebote selbst von vertrauenswürdigen Personen zurückweisen müssen.

- Der Vertrauensvolle ist vermutlich an die soziale Umgebung gut angepaßt und ist in nur geringem Maße in Konflikte verwickelt, da er viel Zuwendung von anderen (Freunde, Partner) erfährt.

- Der Vertrauensvolle zeichnet sich durch spezifische Persönlichkeitseigenschaften aus. Vertrauensvolle lügen, betrügen und stehlen weniger wahrscheinlich als Mißtrauische. Weiter sind sie eher geneigt, Fehler zu verzeihen und anderen eine zweite Chance zu geben sowie deren Rechte zu achten. Mißtrauische sind eher darauf bedacht, den eigenen Vorteil zu sichern, bevor sie von anderen hintergangen werden.[802]

Neben dieser Abhängigkeit von persönlichkeitsbezogenen Faktoren konnte auch der kulturelle Einfluß auf die Bildung von Vertrauensbeziehungen durch eine Reihe von Untersuchungsergebnissen nachgewiesen werden:[803]

(1)   In mehreren Laborexperimenten konnte nachgewiesen werden, daß sich Individuen mit unterschiedlichen kulturellen Erfahrungshintergründen relativ konsistent im Ausmaß ihrer Vertrauensbereitschaft unterscheiden und daß Vertrauensbereitschaft und Vertrauenswürdigkeit eines Individuums positiv miteinander korrelieren.[804]

(2)   Eine neuere soziologische Untersuchung zeigte, daß die Vertrauensbereitschaft von den lebensgeschichtlichen Erfahrungen des Individuums abhängt.[805]

(3)   Die Ergebnisse der international vergleichenden Umfrageforschung deuten auf kulturelle Einflüsse bei der Ausprägung der Vertrauensbereitschaft in unterschiedlichen Ländern hin.[806]

(4)   Vertrauen wird als Wert über die "Sozialisierungsagenten" in Gestalt der Eltern, der Erzieher oder sonstiger Bezugspersonen vermittelt.[807]

Problematisch erscheint in den Untersuchungen, geeignete Kategorien für die Operationalisierung des Vertrauens zu finden. Zur Messung von Vertrauen durch die Methode der Beobachtung bietet es sich an, auf folgende kommunikative Manifestationen zurückzugreifen:

- selbstexplorative Äußerungen (Steigern der eigenen Verwundbarkeit infolge einer Selbstöffnung durch Informationsweitergabe),

---

[802] Insofern erkennt man die Unterschiede in den jeweils zugrundeliegenden Menschenbildern. Während der Vertrauensvolle durchaus auch altruistische Grundzüge erkennen läßt, bestimmt der Opportunismus das Handeln des Mißtrauischen.

[803] Vgl. Preisendörfer 1995, S. 268.

[804] Vgl. Rotter 1980, S. 1ff.

[805] Vgl. Treas 1993, S. 723ff.

[806] Vgl. Noelle-Neumann/Piel 1983, Haire/Ghiselli/Porter 1966, Hofstede 1980a.

[807] Vgl. Etzioni 1996, S. 31f.

- Hier-und-jetzt-Äußerungen (Ungewißheit über Reaktion des anderen beim Sprechen über aktuelle oder auch unzureichend reflektierte Ereignisse),

- Um-Hilfe-Bitten (Verlassen auf das Wohlwollen und die Hilfsbereitschaft des anderen, Offenlegung eigener Schwächen) sowie

- Bitte um Feedback (Inkaufnahme von persönlichem Mißerfolg).[808]

Erschwert wird die Klärung des Konstrukts "Vertrauen" durch die unterschiedlichen Bezugspunkte, auf die sich das Vertrauen richten kann. Neben einem zwischenmenschlichen, personalen Vertrauen kann man Vertrauen auch beispielsweise in Leitideen, Programme, zukünftige Veränderungen oder auch gesellschaftliche und politische Systeme (systembezogenes Vertrauen) setzen.[809] „In dem Maße, als der Bedarf für Komplexität und ihrer Reduktion in den Blick kommt, muß das Vertrauen erweitert werden und jene ursprünglich-fraglose Weltvertrautheit (nämlich das personale Vertrauen, Anm. d. Verf.) zurückdrängen, ohne sie doch je ganz ersetzen zu können. Es wandelt sich dabei in ein Systemvertrauen, das einen bewußt riskierten Verzicht auf mögliche Informationen, sowie bewährte Indifferenzen und laufende Erfolgskontrolle impliziert."[810] Systemvertrauen ist Vertrauen in die allgemeine Anerkennung der Regeln, denn das Vertrauen bezieht sich dann auf die Identität sozialer Systeme, die sich zum Teil in formalisierten Verhaltenserwartungen erkennen läßt.[811]

Worin kann nun aber die spezifische Bedeutung einer Vertrauens*kultur* gesehen werden? Kann es überhaupt eine Kultur geben ohne Existenz von Vertrauen? Vertrauenskultur im Sinne verfestigter vertrauensvoller Beziehungen bezieht sich primär auf Aspekte des personalen Vertrauens, welches unmittelbar an bestimmte Personen, an Interaktionspartner gebunden ist und Ungewißheiten, die das Verhalten der Partner betreffen, überbrückt.[812]

Beide Konstrukte, "Vertrauen" und "Kultur", weisen erhebliche Gemeinsamkeiten in ihrer Funktionsweise auf. Vertrauen wie auch Kultur sind Phänomene sozialer Interaktion und Grundvoraussetzungen für den inneren Zusammenhalt einer Gruppe. Vertrauen wie auch Kultur lassen sich als innewohnende Kraft bezeichnen, die einer Gruppe Stabilität verleiht. Vertrauen bedeutet, sich auf den anderen verlassen zu können, d.h. durch Vertrauen - wie auch durch die Existenz von Kultur - kann auf spezifische Kontrollmaßnahmen verzichtet werden.[813] Vertrauen ist eine der Möglichkeiten die zeitliche und die soziale Komplexität der Umwelt zu reduzieren. Durch Vertrauen erweitert ein System seinen Zeithorizont, und Zeit ist die

---

[808] Vgl. Petermann 1996, S. 48ff., 74ff.

[809] Vgl. Petermann 1996, S. 11.

[810] Luhmann 1989, S. 23.

[811] Vgl. Luhmann 1976, S. 72f.

[812] Nach Erikson (1963) hängt dieses zwischenmenschliche Vertrauen v.a. von den Lernerfahrungen der Beteiligten ab. Mit zunehmenden Erfahrungen im gegenseitigen Umgang entwickelt sich Vertrauen zu einem stabilen Merkmal bzw. zu verfestigten Einstellungs- und Erwartungsmustern.

[813] Vgl. Erikson 1963, Herder-Dorneich (1966, S. 184) schreibt in diesem Zusammenhang: „Kein soziales System kann ohne Vertrauen funktionieren. Der Kreditgeber am Markt muß seinem Kreditnehmer vertrauen, daß er bezahlen wird. Der Konsument muß dem Unternehmer vertrauen, daß die Ware hält, was sie verspricht. Der Wähler muß darauf vertrauen, daß die Politiker ihre Wahlversprechen halten und das Verbandsmitglied muß seinen Vertretern vertrauen, daß sie die richtige Politik führen werden."

kritische Variable für den Aufbau komplexer Systemstrukturen. Über vorhandene Informationen werden durch den Mechanismus des Vertrauens Verhaltenserwartungen generalisiert, fehlende Informationen durch intern garantierte Sicherheiten ersetzt und somit soziale Komplexität reduziert[814], was letztlich auch die zentrale Aufgabe bzw. der Zweck von Kultur ist.

Ohne Vertrauen würden nur Handlungen vor dem Hintergrund einer Norm oder bei Gleichzeitigkeit von Aktion und Reaktion ausgeführt. Vertrauen führt somit zur Ausprägung von spezifischen Selbstverständlichkeiten in Form bestimmter Denk- und Verhaltensmuster innerhalb eines sozialen Systems, letztlich also zur Bildung kultureller Eigenheiten. Die Entstehung von Kultur als übergreifendes Sinn- und Orientierungssystem wäre daher ohne die Basis von Vertrauen nicht denkbar.[815]

Insofern wäre der Begriff der "Vertrauenskultur" eigentlich ein Pleonasmus, der Begriff der "Mißtrauenskultur" ein Paradoxon. Jedoch soll mit dem Begriff "Vertrauenskultur" eine besondere Betonung des Vertrauens innerhalb des sozialen Systems bzw. eine vornehmliche Steuerung der sozialen Interaktionen über den Mechanismus des Vertrauens verbunden sein. In Abgrenzung hierzu könnte man demnach von einer Mißtrauenskultur sprechen, wenn das soziale System in drastischem Maße über Kontrollmechanismen gesteuert und am Leben gehalten wird.

Auf betriebswirtschaftlicher Ebene macht es im Hinblick auf ökonomische wie auf soziale Effizienz keinen Sinn, einer Vertrauensbeziehung temporären Charakter zuzuschreiben. Vielmehr zeichnet sich eine wirkungsvolle Vertrauensbeziehung durch ihre Dauerhaftigkeit und Standfestigkeit aus. Um dies zu erreichen, bedarf es einer Implementierung des Vertrauens in den Denk- und Verhaltensmustern der Unternehmensmitglieder bzw. der beteiligten Interaktionspartner, letztlich also einer Verankerung des Vertrauens in Form einer "Vertrauenskultur" als Teil der Unternehmenskultur.

Beleuchtet man das Konstrukt des Vertrauens aus betriebswirtschaftlicher Sicht, kann es für eine umfassende Beziehungsanalyse zweckmäßig sein, das Vertrauen auch im Zusammenspiel der verschiedenen Anspruchsgruppen der Organisation (Stakeholder) als Koordinationsmechanismus zu betrachten,[816] so daß sich das gesamte Beziehungsgeflecht als "Vertrauensnetzwerk" darstellen läßt:

---

[814] Vgl. Luhmann 1989, S. 98ff.

[815] Vgl. ähnlich auch Burgmer 1997, S. 936f.

[816] Vgl. dazu auch Aßlander 1997, S. 6ff.

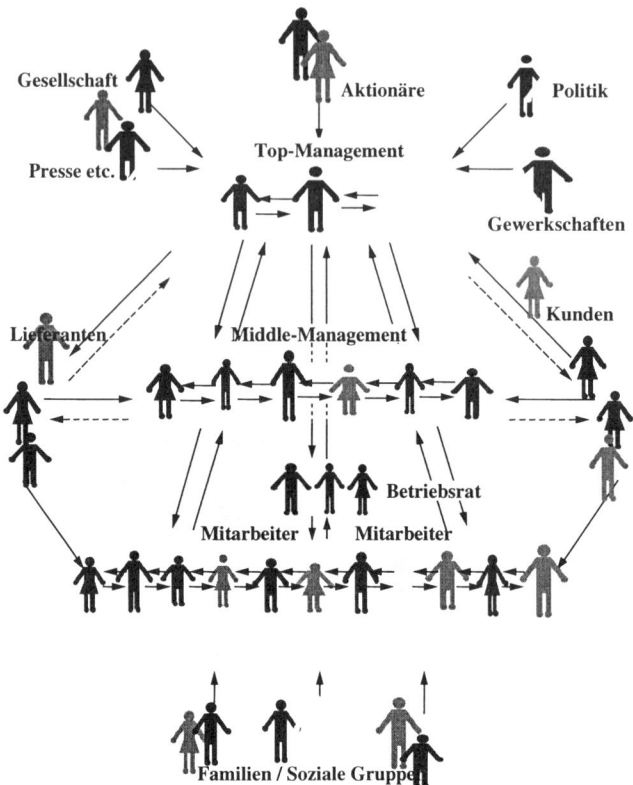

Abb. 36: Vertrauensnetzwerk des Unternehmens

Quelle: Marr 1996a

Dabei könnte eine Vertrauenskultur im Sinne "Jeder vertraut jedem" auch die Form eines unerreichbaren Idealziels annehmen, dem man sich zwar nähern, es selbst jedoch niemals wirklich erreichen kann. Dies erscheint umso plausibler, wenn man stets die Existenz eines gewissen Mißtrauens unterstellt und die Ausprägungen in der Realität Mischformen darstellen, die sich lediglich durch das Verhältnis von Ver- und Mißtrauen unterscheiden (Vgl. dazu Abb. 37).

## Das "Vertrauens-Kontinuum"

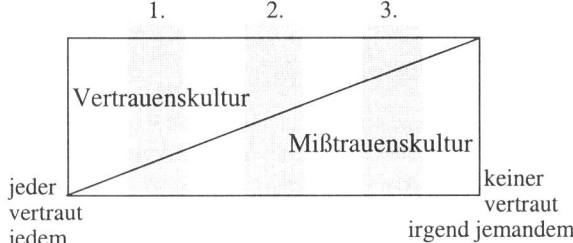

1. "Organisationsentwicklungskultur" - es herrscht weitgehendes Vertrauen sowohl innerhalb der Ebenen wie zwischen den Ebenen.

2. "Normalkultur" - es herrscht ausreichendes Vertrauen zwischen den Mitarbeitern v.a. der unteren Ebenen wie auch zwischen den unteren Ebenen; das Vertrauen gegenüber den oberen Ebenen nimmt - mit wachsender Distanz - ab und sinkt auch innerhalb dieser Ebenen ("Die Luft wird nach oben dünner.").

3. "Mißtrauenskultur" - die Mitarbeiter v.a. der unteren Ebenen schließen sich in hochkohäsiven "Vertrauens-Gruppen" und anderen Gruppen zusammen.

Abb. 37: Das Vertrauenskontinuum

Quelle: Marr 1996a.

Personales Vertrauen impliziert stets auch die Akzeptanz von Risiko und Ungewißheit gegenüber den Handlungen des Partners. Diese Bereitschaft zur bewußten Inkaufnahme von Risiko und das Vertrauen auf sich selbst stellen wesentliche Elemente einer Kultur der Selbständigkeit dar, die im betrieblichen Kontext mit dem Begriff der "Unternehmerkultur" umschrieben werden kann.

### 3.1.2.2.3.1.3 Unternehmer- und Innovationskultur

Die ökonomischen Entwicklungen der letzten Jahre, die sich vor allem im Schlagwort der Globalisierung ausdrücken,[817] haben zu erheblich veränderten Anforderungen an die betriebliche Flexibilität geführt. Infolgedessen werden in verstärktem Maße Arbeitsstrukturen geschaffen, die durch hohe Flexibilitätspotentiale charakterisiert sind (z.B. im Bereich der Arbeitszeitgestaltung durch die Umwandlung von Vollzeit- in vielfältige Teilzeitarbeitsverträge (vor allem im Einzelhandel) sowie durch das Ersetzen von unbefristeten Dienst- in befristete Werkverträge (vor allem im Bau- und metallverarbeitenden Gewerbe)). Damit verbunden wird auch zunehmend das *unternehmerische Risiko* in weiten Teilen auf die Arbeitnehmer übertragen.[818] Vor dem Hintergrund einer derartigen Entwicklung und unter dem anhaltenden Druck der katastrophalen Arbeitsmarktsituation stehen die Arbeitnehmer vor einem notwen-

---

[817] Vgl. zur Globalisierung z.B. Haller/Bleicher/Brauchlin/Pleitner/Wunderer/Zünd (1993).

[818] Vgl. Beck 1986, S. 222ff., Herrmann 1994, S. 331f.

digen Einstellungswandel in Richtung einer "fremdkontrollierten Selbstkoordination" (Ulrich Beck), indem sie sich künftig als *Unternehmer ihrer eigenen Arbeitskraft* verstehen müssen.

Von Seiten des Unternehmens, insbesondere eines Großunternehmens, wird neben erhöhter Flexibilität in zunehmendem Maße eine Verbesserung der Innovationskraft gefordert. Da Neuerungen im Unternehmen oftmals durch Widerstände in Form von verkrusteten Strukturen gehemmt werden, sieht man vor allem in willensstarken, visionären Schlüsselpersonen, die als eigene *Unternehmer im Unternehmen* agieren, einen Ansatzpunkt zur Steigerung der unternehmerischen Veränderungsfähigkeit und Innovationskraft.[819]

Wenngleich es auch bis in die heutige Zeit von wissenschaftlicher Seite an einer griffigen Definition bzw. Charakterisierung des "Unternehmers" mangelt,[820] so soll an dieser Stelle doch der Versuch einer näheren Bestimmung des Unternehmerischen unternommen werden. Ein unternehmerisches Denken und Handeln, verfestigt als *Unternehmerkultur*, beinhaltet vor allem grundsätzlich positive Einstellungen und Wertorientierungen gegenüber Selbständigkeit und eigenverantwortlich genutzter Freiheit, unternehmerischer Initiativkraft sowie einem marktwirtschaftlichen Denken und Handeln, insbesondere im Sinne einer Service- bzw. Kundenorientierung, welches sich grundsätzlich auf alle Ebenen und alle Sachaufgaben im Unternehmen beziehen läßt.

Schreibt man dieses Muster an Verhaltensweisen abhängig beschäftigten Mitarbeitern im Unternehmen zu, so führt dies zu dem seit Mitte der 80er Jahre in der Betriebswirtschaftslehre diskutierten Konzept des "Intrapreneurship" ("Unternehmertum im Unternehmen").[821] Dabei zeichnet sich der Intrapreneur v.a. dadurch aus, daß er innerhalb der Unternehmung unternehmerisch denkt und handelt, d.h. innovative Projekte einführt und vorantreibt, wodurch er als "Katalysator für die kreative Evolution"[822] der Unternehmung oder auch als pragmatischer Träumer ("dreamer who do")[823] gesehen werden kann. Ein Intrapreneur besitzt oder entwickelt[824] im Laufe des Prozesses die Fähigkeiten eines intuitiven, visionären Strebens, einer pragmatischen Zielstrebigkeit und einem damit verbundenen starken Durchhaltewillen sowie

---

[819] Vgl. z.B. die Charakterisierung des "Fortschrittsfähigen Unternehmers" von Bretz (1988, S. 336ff.).

[820] Vgl. Brengelmann 1989b, S. 141ff. Gute Ansatzpunkte für eine Begriffsbestimmung finden sich bei Bretz (1989, S. 23ff).

[821] Die Wurzeln des Intrapreneurships finden sich in den USA, insbes. bei Macrae (1976, S. 41ff.), der als einer der ersten den Begriff des "Entrepreneurs" in die Diskussion brachte. Zur Abgrenzung von Intra- und Entrepreneurship vgl. Bitzer 1991, S. 17, Süssmuth-Dyckerhoff 1995, S. 42ff. und die dort angegebene Literatur. Populär wurde das Konzept des Intrapreneurships v.a. durch die 10 provozierenden Gebote für Intrapreneure von Pinchot (1988, S. 43): „(1) Komme jeden Tag mit der Bereitschaft zur Arbeit, gefeuert zu werden. (2) Umgehe alle Anordnungen, die deinen Traum stoppen können. (3) Mach alles, was zur Realisierung deines Ziels erforderlich ist – unabhängig davon, wie deine eigentliche Aufgabenbeschreibung aussieht. (4) Finde Leute, die dir helfen. (5) Folge bei der Auswahl von Mitarbeitern deiner Intuition, arbeite nur mit den besten zusammen. (6) Arbeite solange es geht im Untergrund – eine zu frühe Publizität könnte das Immunsystem des Unternehmens mobilisieren. (7) Wette nie in einem Rennen, wenn du nicht selbst darin mitläufst. (8) Denke daran - es ist leichter um Verzeihung zu bitten als um Erlaubnis. (9) Bleibe deinen Zielen treu, aber sei realistisch in Bezug auf die Möglichkeiten, diese zu erreichen. (10) Halte deine Sponsoren in Ehren." Eng verwandt mit dem Intrapreneurship ist auch das *Venture Management*, das sich primär auf Situationen bezieht, „in welchen eine Unternehmung eine eigenständige Entität innerhalb bestehender Strukturen gründet, mit dem Zweck in neue Märkte einzutreten oder radikal neue Produkte zu entwickeln" (Roberts 1980, S. 136).

[822] Bretz 1989, S. 102, 1988, S. 130.

[823] Pinchot 1985, S. IX.

[824] Die einschlägige Literatur geht überwiegend von der Annahme aus, daß die Fähigkeiten eines Intrapreneurs erlernbar sind. Vgl. dazu z.B. Süssmuth-Dyckerhoff 1995, S. 60, Pinchot 1985, S. 33.

besonderen Interaktions- und Kommunikationsfähigkeiten, die als Voraussetzungen für erfolgreiches aktionsorientiertes, unternehmerisches Handeln gesehen werden können. Getrieben von einer hohen intrinsischen Motivation strebt er nach Handlungsfreiräumen und Entscheidungsverantwortung, geht in Abhängigkeit seiner Kompetenzen bewußt Risiken ein, um Chancen zu ergreifen und ist ergebnisorientiert.[825] Kern des unternehmerischen Denkens und Handelns sind *„das Wahrnehmen von Opportunities, der Wille und die Bereitschaft, diese zu ergreifen und das Vertrauen in und die Möglichkeit auf den Erfolg."*[826]

Intrapreneurship umfaßt neben der Betrachtung des unternehmerischen Einzelkämpfers auch die Idee des unternehmerischen Denkens auf der Ebene des Teams und der gesamten Organisation.[827] Eine "Intrapreneurial Culture" oder auch eine Unternehmerkultur findet ihren Gegensatz in einer administrativen, bürokratischen Kultur, die vor allem durch Passivität in den Arbeitseinstellungen gekennzeichnet ist. Als Abgrenzungskriterien erscheinen die folgenden hilfreich:

Intrapreneurial Culture                    Bürokratische Kultur

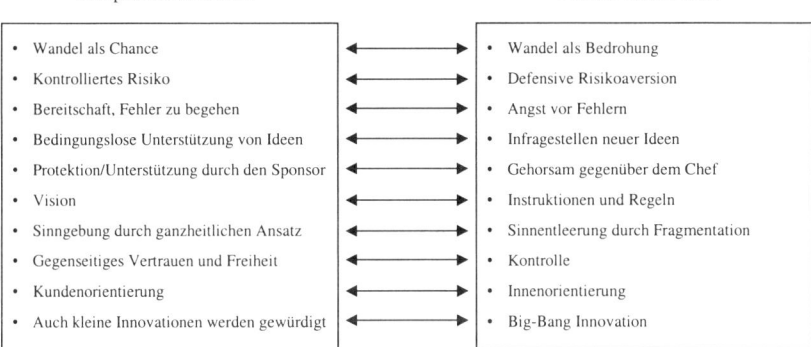

Abb. 38: Intrapreneurial Culture vs. bürokratische Kultur

Quelle: Bitzer 1991, S. 37

Eine analytische Trennung zwischen Unternehmerkultur und Innovationskultur könnte darin gesehen werden, daß sich eine Unternehmerkultur primär durch *aktive Arbeitshaltungen* bzw. unternehmerische *Vitalität* der Kulturmitglieder auszeichnet, womit eine notwendige, jedoch nicht hinreichende Bedingung für die Innovationsstärke eines Sozialsystems gegeben ist.[828]

---

[825] Zu den Erkenntnissen dieser psychologischen Charakterisierung haben in bedeutender Weise auch die Arbeiten von McClelland beigetragen, der primär die Einflußfaktoren bzw. die Bedingungen für unterschiedliche Ausprägungen des Leistungsbedürfnisses (bzw. des Bedürfnisses nach unternehmerischem Agieren) untersuchte (1961/1966). Vgl. daneben auch Bitzer 1991, S. 20, Süssmuth-Dyckerhoff 1995, S. 48ff.

[826] Süssmuth-Dyckerhoff 1995, S. 54.

[827] Vgl. Bitzer 1991, S. 50f.

[828] Vgl. Süssmuth-Dyckerhoff 1995, S. 53, insbes. auch S. 8: „Mit Vitalisierung ist das Beleben von Organisationen gemeint. Es sind unterschiedliche Ressourcen denkbar, mit deren Hilfe Organisationen belebt werden können, z.B. Kapital, innovative Technologien, Mitarbeiter etc... Indem Mitarbeiter Freiraum erhalten, sich einzubringen, werden Energien freigesetzt, die zu neuen Erkenntnissen, Innovationen, Flexibilität, Engagement, usw. führen *können* (Herv. d. V.)."

Eine Innovationskultur zeichnet sich vor allem durch grundsätzlich positive Einstellungen gegenüber Neuerungen bzw. Veränderungen aus. "Innovationskultur" zielt ab auf den Grad der verinnerlichten Kräfte einer Erneuerungsfähigkeit und einer Erneuerungsbereitschaft der Kulturmitglieder. Von "Innovationskultur" zu sprechen, scheint dabei jedoch nicht unproblematisch zu sein, da sich dahinter die grundlegende Eigenschaft der Veränderungsfreudigkeit einer Kultur verbirgt. So definiert etwa Rudolph die Kultur als "Gesamtheit der Ergebnisse von Innovationen", wobei er unter Innovation etwas Neues, bis dahin nicht Vorhandenes versteht, das dem Bestehenden hinzugefügt wird. Vergegenwärtigt man sich, daß Innovationen von einzelnen Innovatoren hervorgebracht werden, so wird offenkundig, daß das kollektive Phänomen der Kultur seinen Ursprung im Individuum findet. Voraussetzung einer Kulturveränderung ist damit die Übernahme der Neuerung durch die Gruppe (Diffusion), eine rein für die private Anwendung konzipierte Neuerung bewirkt keine Kulturveränderung.[829]

### 3.1.2.2.3.1.4 Partizipations- und Teamkultur

Unter Partizipation versteht man generell eine Teilnahme an Entscheidungen. Für eine differenziertere Definition lassen sich die folgenden Formen von Partizipation unterscheiden:[830]

| | |
|---|---|
| (1) Pseudo-Partizipation | Die Partizipation dient lediglich der Verbesserung der zwischenmenschlichen Beziehungen. Statt Werten, Bedürfnissen oder Wissen der Mitarbeiter steht schlichtweg eine höhere Identifikation der Partizipienten mit getroffenen Entscheidungen im Mittelpunkt des Führungsinteresses. |
| (2) Partizipation als Human-Resources-Strategie | Durch Partizipation soll das Wissen der Geführten aktiviert und genutzt sowie eine höhere Zustimmung zu Zielentscheidungen (Strategischer Konsens) erreicht werden, wobei spezifische Werte und Bedürfnisse der Geführten nach Möglichkeit ausgeklammert werden sollen. |
| (3) Partizipation als Social-Values-Strategie | Die Beteiligung der Geführten soll eine echte Berücksichtigung ihrer Werte und Bedürfnisse gewährleisten, wobei die Notwendigkeit einer Einbeziehung ihres Wissens in die Entscheidungsprozesse unterschätzt wird. Es besteht die Gefahr einer Werteberücksichtigung zu rein manipulativen Zwecken. |
| (4) Authentische Partizipation | Die Eröffnung von Partizipationschancen dient sowohl der Berücksichtigung von Werten und Bedürfnissen der Geführten, als auch der Aktivierung ihrer Kompetenzen. Durch die Berücksichtigung der faktisch gegebenen wechselseitigen Abhängigkeit von Werten und Wissen kann von dieser Form das Treffen realistischerer Entscheidungen erwartet werden. |

Tab. 5:  Formen der Partizipation

Quelle: nach Kirsch 1990, S. 161f.

Wenngleich diese Formen idealtypischer Natur und somit in der Realität eher Mischtypen zu beobachten sind, soll bei der Verwendung des Begriffs "Partizipationskultur" von einem Verständnis von authentischer Partizipation ausgegangen werden, da nur diese in überzeugender Weise die Voraussetzung für eine Motivation und Befähigung der Geführten darstellt, ihre Kompetenzen aufzubauen, zu erweitern und einzusetzen sowie ihre Bedürfnisse authentisch in

---

[829] Vgl. Rudolph 1992, S. 60ff.

[830] Vgl. Kirsch 1990, S. 161ff. und die dort angegebene Literatur.

die Entscheidungsprozesse einfließen zu lassen.[831] "Partizipationskultur" steht im Wesentlichen für das verinnerlichte Bewußtsein und das Leben eines partizipativen oder auch demokratischen Führungsstils auf Seiten der Führenden sowie für die Fähigkeit und Bereitschaft zur aktiven Teilnahme an Entscheidungsprozessen auf Seiten der Geführten, indem diese ihr Wissen, ihre Meinungen, Interessen und Bedürfnisse ganz selbstverständlich einbringen.[832]

Auf die betriebliche Ebene bezogen kann die partizipative Entscheidungsfindung im Gegensatz zur gesetzlich verankerten, formal-rechtlich geregelten Mitbestimmung als Form *freiwilliger* Vereinbarungen verstanden werden. Dabei lassen sich basispartizipatorische Regelungen und leitungspartizipatorische Regelungen unterscheiden. Basispartizipation meint den direkten Einfluß des Mitarbeiters oder der Arbeitsgruppe am Arbeitsplatz und erlangte besondere Aufmerksamkeit im Rahmen der neueren Formen der Arbeitsorganisation (Job Enlargement, Job Enrichment, Job Rotation, (teil-)autonome Arbeitsgruppen), die den erkannten Grenzen zunehmender Spezialisierung Rechnung tragen. Leitungspartizipation bedeutet die Einflußnahme auf Entscheidungen, die die Gesamtorganisation betreffen. Die Einflußmöglichkeiten sind hierbei jedoch i.d.R. indirekter Natur und werden von Repräsentanten bzw. speziell gebildeten Ausschüssen (z.B. "Wirtschaftsrat", "Wirtschaftsausschuß", "Leitungsteam", "Partnerschaftsteam") wahrgenommen.[833]

Unstrittig können gegenseitiger Respekt, Vertrauen und aufrichtige Wertschätzung als Voraussetzungen der funktionierenden, authentischen Partizipation gelten; unterfüttert werden kann eine partizipative Führungskultur durch ein Gefühl der Solidarität und Zusammengehörigkeit, d.h. durch einen Teamgedanken, der sich als selbstverständliches Beziehungsmuster verfestigt. "Teamkultur" bezeichnet die verinnerlichten Einstellungen einer Zusammengehörigkeit von Gruppenmitgliedern und läßt sich durch die bei allen Gruppenmitgliedern verinnerlichten Merkmale eines Teams weiter konkretisieren. Die Gruppenforschung liefert folgende Merkmale zur Beschreibung und Abgrenzung von Gruppen, die in einer "Teamkultur" spezifische Ausprägungen erfahren:[834]

▪ Rollen- und Machtstrukturen in Gruppen: "Teams" entwickeln gemeinsam getragene Rollenstrukturen, indem jedem Mitglied gemäß seinen Bedürfnissen und Fähigkeiten eine Spezialisierung ermöglicht und die einzelnen Spezialbegabungen in ihrer Zusammenführung produktiv genutzt werden; Machtstrukturen von "Teams" sind in hohem Maße bestimmt von Macht durch Überzeugung oder Informationsvorsprung und weniger von Positions- bzw. Legitimationsmacht.

▪ Kommunikationsstruktur: "Teams" zeichnen sich durch eine besondere Offenheit und auch Informalität der Kommunikationsbeziehungen aus; daher sind Teams vornehmlich durch eine "Vollstruktur" als einer dezentralisierten Struktur gekennzeichnet, bei der alle Mitglieder gleichberechtigt sind und jeder mit jedem direkt kommuniziert.

---

[831] Vgl. Kirsch 1990, S. 162, 1993, S. 262ff.

[832] Vgl. Kerres/Rosemann 1992, S. 6f.

[833] Vgl. Schanz 1992, Sp. 1901ff.

[834] Vgl. im Folgenden Schneider, H.-D. 1975, S. 16ff.

- Gruppennormen: "Teams" zeichnen sich dadurch aus, daß die Mitglieder die Normen in hohem Maße internalisiert haben (d.h. die Normen als eigene Verhaltensregeln begreifen und daher nicht Verhaltensunsicherheiten zeigen) und ein breiter Konsens über die Normeninhalte besteht.

- Kohäsion: "Teams" zeichnen sich durch ein hohes Maß an Gruppenzusammenhalt („Wir-Gefühl") bzw. Gefühlen der Solidarität, gegenseitiger Akzeptanz und Zuneigung (Gruppenbewußtsein) aus.

- Konformität: "Teams" zeichnen sich infolge der intensiven, häufigen Kommunikation, der internalisierten Normen und der hohen Kohäsion durch ein hohes Maß an Konformität aus. Die Gruppenzugehörigkeit besitzt für die Mitglieder eine hohe Wertigkeit und sie versuchen entsprechend, negative Sanktionen zu vermeiden, d.h. es besteht ein hoher Konformitätsdruck.

Als Abgrenzung zu herkömmlichen Arbeitsgruppen können darüber hinaus die von Katzenbach/Smith (1993) formulierten Merkmale eines High Performance Teams angeführt werden, die gleichzeitig wiederum für die Nähe und Konsistenz der unterschiedenen Kulturfelder sprechen mögen:

1. Die Teammitglieder bringen ihre ganze Persönlichkeit in das Team ein. Alle Teammitglieder kennen sowohl die Stärken als auch die Schwächen der anderen.

2. Spitzenteams formulieren ihre Leistungsziele selten klar; stattdessen sind sie unbewußt bzw. schwer zu identifizieren. Die Dringlichkeit und Richtung der Teamaufgaben wird so klar formuliert, daß die Leistungserwartungen deutlich werden, aber auch ein Flexibilitätsspielraum eingeräumt wird.

3. Spitzenteams arbeiten typischerweise ergebnisorientiert und sind durch ein ausgeprägtes Leistungsethos gekennzeichnet. Sie fühlen sich verantwortlich für das (Nicht-)Erreichte, wobei sie sich von Mißerfolgen durch ihren Zusammenhalt relativ schnell erholen.

4. Spitzenteams lassen Freiräume für Emotionen. Fehler oder Pannen, insbesondere durch menschliche Schwächen verursacht, treffen auf Toleranz und Verständnis. Die Freude der Teammitglieder an der Arbeit ist ein zentrales Kennzeichen eines Spitzenteams und kann sich in verschiedenen Formen des Feierns äußern.

5. Spitzenteams üben Einfluß auf verschiedene, ihre Arbeit betreffende Rahmenbedingungen aus und erwirken notwendige Veränderungen.

6. Spitzenteams kennen keine feste Rollenzuschreibung. Die Rollen wechseln mit den Aufgaben im Team, spezifische Zuständigkeiten eines Teammitglieds haben temporären Charakter. Prinzipiell muß jedes Mitglied für ein anderes einspringen können und wollen.

7. Spitzenteams entwickeln eigene Verhaltensregeln (Teamsatzung) und Rituale. Symbolische Handlungen, insbes. nonverbale Kommunikation, sind bedeutsam für die Interaktionen der Teammitglieder. Neben der Förderung des zielgerichteten Vorgehens, der Offenheit sowie des Vertrauens wird eine eigene Team-Identität erzeugt (z.T. auch durch Namensgebung oder Bezeichnung).

8. Spitzenteams können selbst entscheiden, welche Art der Führung das Team für die Erfüllung einer spezifischen Aufgabe in der jeweiligen Situation benötigt. Sie bewältigen erfolgreich den Balanceakt zwischen Freiheit/Autonomie und Herrschaft/Zwang.

### 3.1.2.2.3.1.5  Konfliktkultur

Die Forderung erscheint unrealistisch, daß Kultur als ein gegebener Lebenszusammenhang etwas Einheitliches, Ganzes oder gar Statisches sei, das von obersten immer identischen Sinnbezügen reguliert würde. Im kulturellen Leben gelten auch andere wichtige Kategorien, die dynamische Momente verkörpern. Natürlich besteht die Chance, daß eine feste kulturelle Ordnung im Sinne eines Regelwerks zustandekommt; die Verwirklichung einer kulturellen Ordnung läßt sich zweckmäßig als offener Prozeß charakterisieren, den maßgeblich die sinngebenden Handelnden beeinflussen. Die Kultur ist daher ein "dramatisches" Geschehen, welches seine Gestalt vor allem über "Spannung" und "Konflikt" gewinnt.[835] Kulturelle Lebendigkeit schließt somit auch Konfliktfreudigkeit mit ein.

"Konfliktkultur" umfaßt die verfestigten Denk- und Verhaltensmuster hinsichtlich der Art und Weise, wie mit Konflikten in einer bestimmten Gruppierung umgegangen wird, sowie die in der Gruppe vorhandenen Grundeinstellungen gegenüber Konflikten. Im Kontrast zu einer "Harmoniekultur" erkennt das Mitglied einer Konfliktkultur die prinzipielle Selbstverständlichkeit und Unausweichlichkeit von Konflikten sowie die Möglichkeit funktionaler Konfliktwirkungen, welche produktiv genutzt werden können.[836] Zentrales Merkmal einer entwickelten Konfliktkultur ist, daß Konflikte nicht im Sinne einer generellen Konfliktvermeidungsphilosophie nach autoritären Prinzipien unterdrückt werden sowie, daß die Grundeinstellungen von Mitarbeitern und Führungskräften gegenüber Konflikten durch Unvoreingenommenheit und grundsätzliche Angstfreiheit gekennzeichnet sind.[837]

Eine Konfliktkultur umfaßt weiter spezifische Denk- und Verhaltensmuster hinsichtlich der Austragung bzw. der Handhabung von Konflikten, die z.B. in dialogisch-partnerschaftlicher, autoritär-kämpferischer oder moderierter Form erfolgen kann.[838] So sieht etwa Zürn eine Streitkultur in demokratischem Sinne primär in einer Allgemeinverträglichkeit der Konflikthandhabung verwirklicht, d.h. daß es somit nach einem Konflikt „keine einseitigen oder eindeutigen Gewinner oder Verlierer gibt, sondern alle Beteiligten ohne Gesichtsverlust der erarbeiteten Lösung zustimmen können."[839] Im Unterschied zu einer autoritären, unterdrückenden Form der Konflikthandhabung sieht Dahrendorf in einer demokratischen Form insbesondere die Elemente der Verhandlung, Vermittlung und Schlichtung verwirklicht, wobei er in der Zwangsschlichtung die Grenze zur autoritären Handhabung erkennt.[840] Auch in Bezug auf die oben skizzierte Partizipationskultur erscheint es angemessen, eben dieser Auffassung einer Konfliktkultur im demokratischen Sinne zu folgen.

---

[835] Vgl. Lipp 1984, 1987, S. 13, auch Mead 1968, Goffman 1975.

[836] Vgl. Dahrendorf 1971, S. 151ff., Berkel 1992, Sp. 1086ff., Titscher 1992, Sp. 1331ff., Oechsler 1992, Sp. 1131ff.

[837] Vgl. Dahrendorf 1971, S. 162ff., 1972, S. 20ff.

[838] Vgl. Lenglachner/Schmitz/Weyrer 1994, S. 15.

[839] Zürn 1994, S. 23. Vgl. ähnlich auch Wörl 1997, S. 198f.

[840] Vgl. Dahrendorf 1972, S. 42f.

Ein Konflikt läßt sich definieren als eine Situation, in der zwei Elemente bzw. Verhaltensweisen (intra- und interpersonelle Konflikte) gegensätzlich und/oder unvereinbar sind.[841] Die gegenwärtige Konfliktforschung geht davon aus, daß ein Konflikt a) auf vielfältige Ursachen zurückzuführen ist, b) im Sinne eines psycho-sozialen Geschehens zu verstehen ist, welches stets das mit Freiheitsmomenten versehene Handeln der Akteure einschließt und c) unabhängig von den eigentlichen Ursachen eine Eigendynamik entwickeln kann.[842]

Entstehung und Verlauf von Konflikten sind in einem hohen Maße von den beteiligten Personen bzw. den "persönlichen" Merkmalen abhängig.[843] Als personenbezogene Einflußfaktoren des Umgangs mit Konflikten, die in engem Zusammenhang mit der kulturellen Prägung des Individuums stehen, können unterschieden werden:

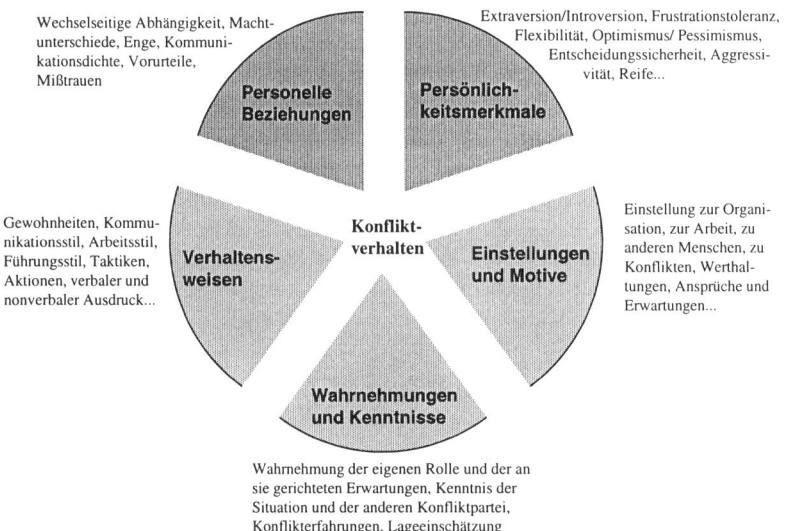

Abb. 39: Personenbezogene Einflußfaktoren des Konfliktpotentials

Quelle: nach Berkel 1992, Sp. 1087ff.

Im betrieblichen Kontext findet die "Konfliktkultur" ihren Ausdruck in einem *Konfliktmanagement*, dessen Aufgaben primär darin bestehen, durch Aufstellen bestimmter "Spielregeln" und ein verbindliches Kanalisieren der Konflikte dysfunktionale Wirkungen zu mindern, aktualisierte Konflikte zu bewältigen sowie funktionale Wirkungen von Konflikten zu erkennen, zu verstärken und zu nutzen;[844] dabei gilt es insbesondere, die in der Praxis häufig anzutref-

---

[841] Vgl. Dahrendorf 1972, S. 12ff., Ulich, D. 1971, S. 33, Titscher 1992, Sp. 1330f., Berkel 1992, Sp. 1986, Oechsler 1992, Sp. 1131.

[842] Vgl. Lenglachner/Schmitz/Weyrer 1994, S. 14ff., Titscher 1992, Sp. 1329ff., Berkel 1992, Sp. 1086f. und die dort angegebene Literatur.

[843] Vgl. Lenglachner/Schmitz/Weyrer 1994, S. 19.

[844] Vgl. Dahrendorf 1972, S. 41f.

fenden Konflikteskalationen zu verhindern, die etwa darin bestehen, daß Streitpunkte ausgeweitet, sachliche Themen emotionalisiert und personalisiert werden, Schuld allein der Gegenseite zugeschrieben wird, die zudem durch bewußtes Nichtzuhören, Unterbrechen, Lügen, Herabsetzen, Bedrohen, Zynismus etc. provoziert wird;[845] In diesem Zusammenhang wird auch der Bezug zur Partizipations- und Teamkultur deutlich, welche sich primär in einem effizienten *Kooperations- bzw. Teammanagement* manifestiert, welches Konflikte, die betriebliche Kooperationen gefährden könnten, nach Möglichkeit verhindert bzw. die Wahrscheinlichkeit dysfunktionaler Konflikte verringert oder zumindest zweckmäßige Handhabungsformen entwickelt.[846]

### 3.1.2.2.3.1.6  Fehler- und Lernkultur

"Fehlerkultur" bezeichnet die grundsätzlichen Einstellungen zu und den Umgang mit Fehlern bzw. Fehlverhalten. Analog zur Konfliktkultur soll der Ausdruck "Fehlerkultur" explizit auch funktionale Wirkungen von Fehlern in die Betrachtung miteinbeziehen. Eine positive Einstellung zu Fehlern (Fehlerfreundlichkeit) impliziert eine grundsätzliche Akzeptanz von und Beschäftigung mit Abweichungen vom erwarteten Lauf der Dinge, wobei Fähigkeiten der Wahrnehmung, der Beurteilung und der Reaktionsfähigkeit gefordert und entwickelt werden.[847] Dies kann insofern von Nutzen sein, als daß Fehler als Quelle zur Weiterentwicklung durch Lernprozesse gesehen werden. Gerade japanische Organisationen haben längst die positiven Effekte von Fehlern erkannt, die darin bestehen, daß sie Erkenntnisse beinhalten, wie Probleme behoben und Sicherheitsmaßnahmen getroffen werden können, um zukünftige, evtl. schwerwiegendere Fehler zu vermeiden. Insofern können Fehler als Auslöser von Prozessen der Selbstbesinnung und Selbsterneuerung gesehen werden.[848]

Notwendigerweise besteht damit eine enge Verbindung zu einem geeigneten Lernklima bzw. einer positiven Lernatmosphäre. Grundlage einer solchen Haltung ist nach Beck die bisher „bestbestätigte und sympathischste Theorie": die *Fehler- und Irrtumsbehaftetheit menschlichen Denkens und Handelns.* Demnach gilt es, für eine Weiterentwicklung Irrtümern und Korrekturen Raum zu lassen. Durch die steigende Komplexität der Umwelt und die damit verbundenen wachsenden Risiken sind absolutistische Ansprüche einer menschlichen Irrtumslosigkeit oder Unfehlbarkeit längst unhaltbar geworden.[849] „Menschsein heißt nun einmal auch fehlsam sein, heißt, mit sich selbst als Fehlerquelle ebenso leben zu lernen wie mit den anderen und deren Fehlbarkeit."[850]

Fehler nehmen in Form von konkretem Erfahrungswissen einen bedeutenden Platz im individuellen Lernprozeß ein. Dies kann auch am Lernmodell von Lewin verdeutlicht werden:

---

[845] Vgl. Dahrendorf 1971, S. 161f., Berkel 1984, 1992, Sp. 1089ff., Glasl 1990, Oechsler 1992, Sp. 1140ff., Lenglachner/ Schmitz/Weyrer 1994, S. 14.

[846] Vgl. Marr 1992, Sp. 1154ff.

[847] Vgl. Weizsäcker/Weizsäcker 1984, S. 168ff.

[848] Vgl. z.B. McGill/Slocum 1996, S. 70ff.

[849] Vgl. Beck 1986, S. 293f.

[850] Zürn 1994, S. 22.

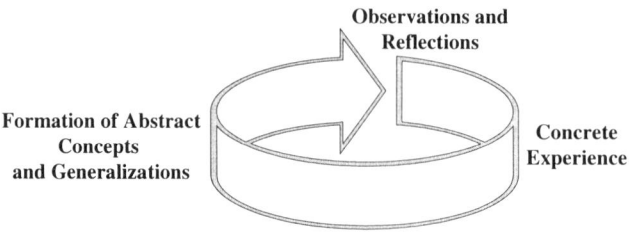

Abb. 40: "Experiential-Learning"-Modell nach Lewin

Quelle: Kolb 1984, S. 21

Eine betriebliche Lernkultur umfaßt Denk- und Verhaltensmuster hinsichtlich Wissensveränderungen (Lernen und Entlernen) auf der Ebene des Individuums, der Gruppe und der Gesamtorganisation. Den adäquaten organisatorischen Rahmen einer Lernkultur könnte die lernende Organisation[851] bilden, in welcher Prozesse des individuellen Lernens, des Gruppenlernens sowie des organisationalen Lernens[852] konstruktiv miteinander verknüpft werden.[853]

Das Konzept des Organisationalen Lernens bzw. des damit in enger Verbindung stehenden Wissensmanagements[854] gehört unbestritten zu den bestimmenden Themen der Betriebswirtschaftslehre der 90er Jahre. Wohl auch aufgrund der Flut von einschlägigen Publikationen zum Thema ist die derzeitige Theorielandschaft von einem diffusen Ringen um ein umfassendes, verbindliches, einheitliches Paradigma des organisationalen Lernens gekennzeichnet. Eine Definition, die stellvertretend für viele andere Autoren steht, findet sich bei Barnett, der den Prozeß des "Organizational Learning" denn auch sehr eng an das Kulturkonstrukt anlehnt und versteht als „an experience-based process through which knowledge about actionoutcome relationships develops, is encoded in routines, is embedded in organizational memory, and changes collective memory."[855]

Sowohl auf der Ebene des Individuums als auch auf der Ebene der Organisation können Lernprozesse danach unterschieden werden, ob sie sich lediglich auf Anpassungen von Vorgehensweisen beziehen, die keine Änderungen des bestehenden Normen- und Regelsystems hervorrufen (single-loop-learning), oder ob sie einen Wandel des kognitiven Bezugsrahmens (double-loop-learning) mit sich bringen.[856] In diesem Zusammenhang wird zumeist auch

---

[851] Vgl. hierzu Pedler/Burgoyne/Boydell 1994, Sattelberger 1991, 1992, S. 286ff., Schreyögg/Noss 1995, S. 169ff., Wahren 1996, McGill/Slocum 1996.

[852] Vgl. Huber 1991, S. 88ff.

[853] Anzumerken ist, daß es von theoretischer Seite bislang wenig fundierte Erklärungen des Zusammenhangs zwischen individuellem und organisationalem Lernen gibt (vgl. Süssmuth-Dyckerhoff 1995, S. 97f., Hedberg 1981, insbes. S. 20, Huber 1991, S. 91ff.). Die vielfachen Theorien des individuellen Lernens (Behavioristische Ansätze, kognitivistische Ansätze) können wohl nur begrenzt für eine Fundierung des organisationalen Lernens herangezogen werden.

[854] Vgl. insbesondere Nonaka/Takeuchi 1997, Krogh 1996, Krogh/Nonaka/Ichijo 1997, S. 475ff.

[855] Barnett 1994, S. 9., zit. nach Süssmuth-Dyckerhoff 1995, S. 104.

[856] Vgl. Argyris/Schön 1978.

darauf verwiesen, daß ein Wandel von tiefverankerten Denk- und Verhaltensmustern (d.h. von Kultur) ausschließlich über double-loop-Lernprozesse erreicht wird. Über zweckmäßige Methoden und Instrumente zur planmäßigen Steuerung eines kulturellen Wandels finden sich in der Literatur bislang keine überzeugenden, tragfähigen Konzepte, vor allem wohl auch deshalb, weil diese Prozesse weitgehend evolutionär verlaufen, eigenen Gesetzmäßigkeiten folgen und daher einem technokratischen Veränderungsmanagement nicht zugänglich sind.

Um einem Mißverständnis des Begriffs "Lernkultur" etwa im Sinne gleichartigen Lernens der Kulturmitglieder vorzubeugen, sei angemerkt, daß Lernprozesse stets höchst individuell ablaufen, da jeder Mensch aufgrund seiner eigenen Erfahrungsverarbeitung über eigenständige Denkstrukturen und spezifische Chancen wie Behinderungen beim Lernen verfügt.[857] Wenn die neuere pädagogische Literatur eine neue Lernkultur fordert, so ist dabei tendenziell eine stärkere Ausrichtung des Bildungswesens auf *Lern*vorgänge statt der bislang fokussierten Systematisierung der *Lehr*inhalte gemeint. Vor dem Hintergrund der Erkenntnis, daß Prozesse des Lernens und auch des Denkens nicht systematisch erfolgen, erscheint systematisch geordnete *Lehr*tätigkeit nicht unbedingt zielführend, da nur punktuell eigenständiges Denken gefördert wird. Gefordert wird eine Bildungslandschaft, die die Selbstentfaltungskräfte des Einzelnen aktiviert. Eine Lernkultur beinhaltet die „Besinnung auf die Grundidee von Lernen und die Idee, Lernen in Schulen und Institutionen zu ermöglichen: Selbstwerdung und Mitgestaltung in einer weltumspannenden menschlichen Gemeinschaft".[858]

Lernkultur setzt dabei eine grundsätzliche Beteiligung aller Kulturmitglieder voraus, womit ein hohes Maß an Partizipation bzw. Demokratisierung gefordert wird. „Die Beherrschung des Lernfeldes durch wenige ist ein Kraftverschleiss ohnegleichen, ein Relikt feudalistischer Herrschaft, eine Geringschätzung von Menschen in einem Unternehmen, das vorgibt, die optimale Förderung jedes Einzelnen zu wollen."[859]

So kann in einer neuen Lernkultur denn auch eine Einheit von Lehren und Lernen in der Form entstehen, daß grundsätzlich alle Mitglieder sowohl Lehrende als auch Lernende sind. Gerade im Bewußtsein der interindividuell unterschiedlichen Lernvoraussetzungen und –erfolge werden offene Kommunikation, Vertrauen und Solidarität zentrale Merkmale einer solchen Lerngemeinschaft.[860]

### 3.1.2.2.3.2 Interdependenzen der Kulturfelder und Problematik der Einteilung

Es ist anzumerken, daß die Zuordnung der Kulturfelder zu den einzelnen Phasen des Entscheidungsprozesses lediglich einer Schwerpunktsetzung folgt und primär analytischen Zwecken dienen soll. *Unternehmerisches* und *innovatives* Denken und Handeln gewinnt besonders in der Anregungs- und Suchphase durch aktive Problemsuche und -identifikation sowie das Aufspüren neuartiger Lösungsalternativen an Bedeutung. Während der Optimierungsphase ist die Alternativenauswahl als Führungsaufgabe hervorzuheben, die durch *partizipatives* und

---

[857] Vgl. Krapf 1995, S. 253f.

[858] Krapf 1995, S. 254.

[859] Krapf 1995, S. 255.

[860] Vgl. Krapf 1995, S. 256.

*teamorientiertes* Denken und Handeln gelöst werden kann. Besonders die Durchführungs-
bzw. Umsetzungsphase ist häufig von *Konflikten* begleitet, in der Kontrollphase werden
typischerweise *Fehler* erkennbar, die als Bestandteil eines fortschrittlichen *Lernprozesses*
gesehen werden können.

Wie nahezu alle Schemata ist auch diese Einteilung mit den Problemen der Interdependenz
der Segmente sowie dem Mangel an Vollständigkeit behaftet. Zwischen den aufgezeigten
Kulturfeldern bestehen enge Zusammenhänge, die gleichzeitig aber auch für die innere Konsistenz des Modells sprechen, so daß die Einteilung auch in Form eines Puzzles zweckmäßig
visualisiert werden kann:

## Zentrale Kulturfelder eines kulturbewußten Personalmanagements

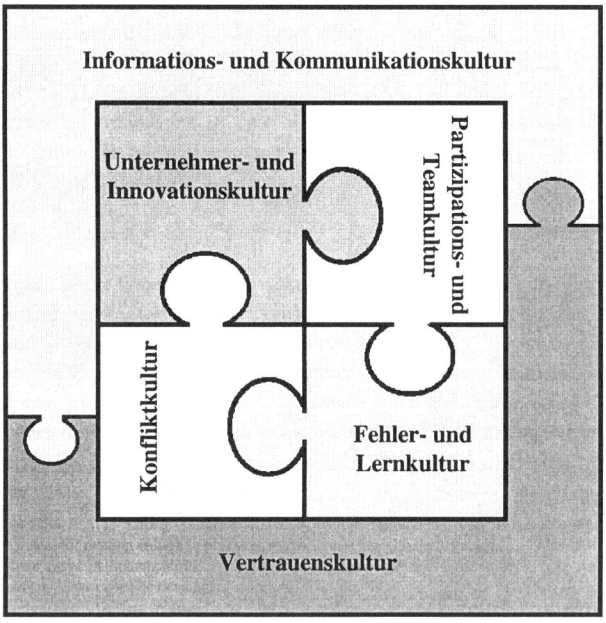

Abb. 41: Interdependenzen der Kulturfelder (Kulturpuzzle)

Quelle: eigene Darstellung

So existiert eine enge Wechselbeziehung zwischen den übergreifenden Kulturfeldern der In-
formations- und Kommunikationskultur und der Vertrauenskultur in Form einer rückbezügli-
chen Stabilisierung[861]. Offene, umfangreiche Information und Kommunikation sind die beste
Basis für die Bildung dauerhafter Vertrauensbeziehungen und somit wesentliche Voraussetzung für die Entstehung und Pflege einer wirkungsvollen Vertrauenskultur. Die Stärke des
Vertrauens nimmt zu mit der Anzahl der Interaktionen und mit dem Grad der Bekanntheit.

---

[861] Zum Verhältnis von Vertrauen und Kommunikation vgl. insbes. Juchem 1988, S. 91ff., Löhner 1995, S. 80f., Bahlmann/
Piwinger 1998, S. 36ff.

Umgekehrt stellt Vertrauen das Fundament für eine offene, umfangreiche und ehrliche Kommunikation dar.[862] Denn Mißtrauen ist gleichbedeutend mit einem zusätzlichen Informationsfilter, wirkt daher angstfördernd und kommunikationshemmend. Störungen im Kommunikationsprozeß werden im Falle eines engen Vertrauensverhältnisses der Partner leichter und schneller behoben. Eine freie, offene Informations- und Kommunikationskultur wird nur möglich sein auf einer Vertrauensbasis, die gewährleistet, daß Information und Kommunikation nicht einer permanenten Kontrolle zu unterziehen sind. Den unterschiedlichen Denk- und Verhaltensweisen der Individuen liegt letztlich ein gemeinsamer Zug zugrunde, „der nichts anderes ist, als das Vertrauen in die gemeinsam geteilten Kommunikationsbedingungen"[863].

Ein entpersonalisiertes Denken sieht das geeignete Instrument zur Angstreduktion in der Information, ein personales Denken sieht es in Vertrauensbeziehungen. Dabei müssen sich beide nicht ausschließen, sondern können sich sinnvoll ergänzen. Die Organisationspsychologie bemißt den Grad des Vertrauens überwiegend danach, wieviel relevante Informationen mitgeteilt werden, wieviel Kontrolle die betrieblichen Interaktionen steuert und wieviel fremde Einflußnahme auf die eigenen Entscheidungen möglich ist.[864] So nehmen Mitarbeitergespräche einen zentralen Platz im Rahmen einer Informations- und Kommunikationskultur ein, die eine Vertrauenskultur unterstützt; Mitarbeitergespräche können dabei einen Führungsstil unterstützen, der durch die Ideen des "Miteinander" und ein "Sprechen statt Schreiben" den Menschen in den Mittelpunkt stellt, womit auch die Brücke zu einer Partizipationskultur deutlich wird.[865]

Von daher kann auch eine enge Wechselbeziehung zwischen Partizipation und Vertrauen bestehen. „Soziales Vertrauen basiert auf Ich-Stärke. Wer etwas von sich selbst hält, hat keine Angst vor sozialer Schädigung durch Dritte. Er weiß im Gegenteil, daß man die meisten Dinge im Leben nur durch Kooperation mit anderen gewinnt. Die Folge ist Teamwilligkeit und Teambereitschaft."[866] Die zunehmend kritischere Haltung, die Unsicherheiten und Ängste, die sich in vielen Betrieben infolge einschneidender Restrukturierungsmaßnahmen und einer anhaltend problematischen Arbeitsmarktsituation in Bezug auf die Unternehmensführung entwickelt haben, bewirken einerseits die Forderung nach Partizipation, andererseits Anomie. Die Schaffung von Partizipationsmöglichkeiten und Gewährung von Handlungsspielräumen kann dazu beitragen, Ängste ab- und Vertrauen aufzubauen. Eine Vertrauenskultur ist jedoch nicht unbedingt mit einer Partizipationskultur verbunden. Partizipation kann hilfreich sein, aber bei instabiler Wertbasis auch zum Desaster führen. Partizipation gewährleistet auch kein Vertrauen und ist vor allem kein Ersatz für Vertrauen.[867] Jedoch erscheint ein gewisses Maß an Vertrauen bereits Voraussetzung für (authentische) Partizipation zu sein, so daß sich ein Unternehmen, welches das Vertrauen der Mitarbeiter möglicherweise im Zuge einschneiden-

---

[862] Vgl. z.B. auch Mantz 1997, S. 100.

[863] Juchem 1988, S. 97.

[864] Vgl. Petermann 1996, S. 16 und die dort angegebene Literatur.

[865] Vgl. Löhner 1995, S. 88.

[866] Greiffenhagen/Greiffenhagen 1993b, S. 40.

[867] Vgl. Marr 1996a.

der Restrukturierungsmaßnahmen verspielt hat, hinsichtlich der Implementierung und Umsetzung einer partizipativen Führungskonzeption vor erhebliche Probleme gestellt sieht.[868]

Der Partizipationsgedanke und der Umgang mit Konflikten bilden – wie auch bereits deutlich gemacht wurde - ebenfalls eine notwendige Verbindung. Beide sind zentrale Wesensmerkmale einer funktionierenden Demokratie. Durch die Beteiligung der Kulturmitglieder an Entscheidungen kommt es zwangsläufig zu Konflikten, deren funktionale Wirkungen zu nutzen sowie dysfunktionale Wirkungen zu vermeiden sind. Hierbei läßt sich annehmen, daß eine akzeptierte und praktizierte (authentische) Partizipationskultur im Rahmen der Konflikthandhabung dazu beitragen kann, vor allem die funktionalen Wirkungen von Konflikten produktiv zu nutzen. Denn die Konflikthandhabung wird dann weniger unter dem Einsatz von Legitimations- und Sanktionsmacht etwa im Sinne einer autoritären Befehlsgewalt erfolgen, als vielmehr durch Diskussionen und unter Einsatz von Überzeugungsmacht als Koalitionsprozeß zu einem Ergebnis gelangen, welches von breiterer Akzeptanz und möglicherweise höherer Qualität gekennzeichnet ist.[869] Die Art und Weise, wie mit Konflikten umgegangen wird, hängt freilich auch eng mit der Stärke der Vertrauensbeziehung der Konfliktpartner zusammen. So kann davon ausgegangen werden, daß Konfliktpartner, die die Schuld auch bei sich selbst suchen (internale Erklärung des Konflikts), über ein höheres Maß an Selbstsicherheit und Selbstvertrauen verfügen, was eine wesentliche Einflußgröße für die Vertrauenswürdigkeit darstellen kann.[870]

Fehler sind vielfach Ursache von Konflikten. Der konstruktive Umgang mit Fehlern kann daher auch als Vorstufe einer Konfliktkultur gesehen werden.[871] Umgekehrt kann ein falscher bzw. inkompetenter Umgang mit Konflikten zu vermehrten Angst- und Streßsymptomen bei den Konfliktpartnern führen, die ungewollte und unproduktive Fehler fördern. Genauso wie Konflikte können auch Fehler hinsichtlich der zukünftigen Entwicklung funktionale Wirkungen entfalten. Dies setzt jedoch entsprechende Denk- und Verhaltensweisen gegenüber Fehlern und Konflikten voraus, die dabei die Grundlage einer produktiven, zukunftsorientierten Lernatmosphäre bilden können.

Dieses Lernen aus Fehlern, wie auch der diskursive Austausch im Rahmen der Konflikte können eine kreative Unruhe bewirken und Auslöser von Innovationsprozessen sein.[872] Die angstfreien sozialen Beziehungen, die eine Fehler- und Lernkultur sowie eine Konfliktkultur kennzeichnen, wirken sich positiv auf die Entwicklung und Verbreitung neuer Ideen aus und sind somit der Nährboden für eine Innovationskultur. Auf der anderen Seite führt ein innovatives Klima freilich zu zahlreichen neuen Ideen, die mit Fehlern behaftet sind. Nur in einer wirklichen Routinekultur werden Veränderungen bzw. Innovationen vermieden, um das Fehlerrisiko zu minimieren. Eine Innovationskultur zieht damit notwendigerweise einen pro-

---

[868] Vgl. Mishra/Mishra 1994, S. 261ff., Mishra/Spreitzer/Mishra 1998, S. 83ff., Grunwald 1995, S. 73ff., o.V.: Das Survivor-Syndrom 1994, S. 9ff., Wörl 1997, S. 224ff., Wever 1996, S. 214ff., Schaal 1992, S. 8, Tolksdorf 1994, S. 58.

[869] Vgl. Löhner 1995, S. 89f.

[870] Vgl. Petermann 1996, S. 67f., 119f.

[871] Vgl. Zürn 1994, S. 22f.

[872] Vgl. Scheuten 1994, S. 111f.

duktiven Umgang mit Fehlern im Sinne einer Fehlerkultur nach sich.[873] Innovationen erfordern stets einen inneren Antrieb, eine aktive und selbständige Arbeitshaltung, die Ausdruck einer Unternehmerkultur ist. Sinnvolle Innovationen sind stets auf eine mögliche Verwendung bzw. auf die Befriedigung von Bedürfnissen hin ausgerichtet. Damit ist notwendigerweise ein marktwirtschaftliches, kundenorientiertes, d.h. unternehmerisches Denken verbunden. In diesem Zusammenhang empfiehlt sich unbestritten die Gewährung von großen Handlungsspielräumen, da dadurch die Möglichkeiten *freiwilliger Selbstverpflichtung* zu unternehmerischem Handeln erweitert werden, wodurch auch die Zusammenhänge mit der Partizipationskultur deutlich werden.[874]

Anzumerken ist, daß diese Beziehungen nur beispielhaft die Verbindungen zwischen den Kulturfeldern verdeutlichen sollen, denn prinzipiell bestehen zwischen allen Kulturfeldern vielfältige Verbindungen. Die in der Praxis anzutreffenden Ausprägungen der einzelnen Kulturfelder können grundsätzlich komplementär, konfliktär oder indifferent sein.

Das theoretische Problem besteht darin, daß das gesamte Gefüge von Grundannahmen im Sinne eines *kulturellen Paradigmas* ein kohärentes Muster ergeben muß, um wirkungsvoll, d.h. ökonomisch und sozial effizient zu sein.[875] Die dargestellten Querverbindungen können freilich nicht den Anspruch eines systematisch geführten Nachweises erheben, sollen jedoch für eine innere Konsistenz der Aufteilung sprechen, von der in dieser Arbeit ausgegangen wird.

### 3.1.2.2.3.3 Grundsätzliche Effizienzüberlegungen zu den Kulturfeldern

Die Betriebswirtschaftslehre interessierte in der Vergangenheit im Rahmen der Unternehmenskulturdiskussion vornehmlich, welche Wirkungen die *Unternehmens*kultur auf die organisationale Effizienz entfaltet. Im Rahmen der bisherigen Behandlung der Beziehungen zwischen der Unternehmenskultur und dem Erfolg einer Unternehmung stand die Hypothese im Vordergrund, daß der Erfolgsbeitrag einer Unternehmenskultur positiv mit ihrer "Stärke" korreliert.[876] Als Beurteilungskriterien für die relative Stärke einer Unternehmenskultur finden sich die Prägnanz (Klarheit der Orientierungsmuster und Werthaltungen), der Verbreitungsgrad (Ausmaß, in dem die Belegschaft die Kultur teilt) und die Verankerungstiefe (Grad der Internalisierung der kulturellen Muster durch die Belegschaft).[877]

Zudem wurde z.T. eine bestimmte inhaltliche Ausprägung der Unternehmenskultur mit ihrem Erfolgspotential verknüpft.[878] Basishypothese dabei ist, daß bestimmte Werte enthaltende

---

[873] Vgl. Löhner 1995, S. 88f.

[874] Vgl. Bitzer 1991, S. 25ff.

[875] Vgl. Schein, E. 1985, S. 109ff.; hierin liegt auch gleichzeitig ein zentrales Problem der Kulturforschung begründet: "Whether it be the logical consistency of belief system, the stylistic harmony of an art form, or the rational compatibility of a body of moral rules, the internal coherence of a body of cultural patterns is always a crucial problem for the student of culture." (Parsons u.a. 1967, S. 21).

[876] Vgl. zu verschiedenen Definitionen von "Stärke" in Unternehmenskulturen Schreyögg 1996a, S. 441ff., Keller 1990, S. 202ff., Heinen 1987, S. 40ff.; vgl. die "Strong culture hypothesis" nach Denison (1984); Kilman/Saxton/Serpa (1986, S. 88f.) sehen die Möglichkeit eines positiven wie auch eines negativen Einflusses der Kultur auf den Organisationserfolg.

[877] Vgl. Schreyögg 1996a, S. 441ff.

[878] Vgl. v.a. Peters/Waterman 1983, Deal/Kennedy 1982, Pümpin 1984, Pascale/Athos 1981, Ouchi 1981, Wilkins 1983, S. 24ff., Denison 1984. Vgl. auch Schreyögg 1996a, S. 450ff.

Unternehmenskulturen erfolgreicher sind als andere. Diese Sichtweise scheint für Organisationstheoretiker nur allzu verführerisch, bietet sie doch die Möglichkeit einer "powerful, comprehensive, macrolevel explanation for organizational performance"[879].

Kritik an diesen Ansätzen scheint vor allem durch die Annahme eines vereinfachenden Zusammenhangs zwischen der Stärke und dem Erfolg einer Unternehmenskultur angebracht zu sein.[880] In der Folge erschienen zwar verfeinerte Ansätze zur Bestimmung des Erfolgspotentials von Unternehmenskulturen,[881] sowie andere Ansätze, die postulieren, daß eine Unternehmenskultur in erster Linie dann als Erfolgsfaktor wirkt, wenn eine Konsistenz zwischen ihr und der in einer Unternehmung verfolgten Strategie[882] oder bestimmten Umweltkonstellationen[883] besteht; der grundlegende Mangel einer fehlenden überzeugenden situativen Relativierung konnte jedoch nicht überwunden werden.

Während Heinen die Stärke der Unternehmenskultur von den Ausprägungen der Merkmale "Verankerungsgrad" und "Übereinstimmungsausmaß" abhängig macht,[884] unterscheidet Schein, ausgehend von einer clinical perspective, kranke vs. gesunde Unternehmenskulturen und lehnt es dabei grundlegend ab, von einer generellen Stärke einer Kultur zu sprechen.[885] Denn auch eine im Heinen'schen Sinne "starke" Kultur kann sich dysfunktional auf die organisationale Effizienz auswirken und damit im Grunde genommen zur "Schwäche" werden.[886] Nach Schein hängt die Stärke einer Kultur, verstanden im Sinne einer funktionalen Wirkung auf die Effizienzkriterien, in erster Linie von dem Situationskontext ab.[887]

Auch bezogen auf die Ebene der Nationalkultur konstatieren Martin und Sylvia Greiffenhagen die Ambivalenz von Kulturmerkmalen hinsichtlich funktionaler und dysfunktionaler Aspekte: „Häufig sind es gerade wünschbare und unter bestimmten Gesichtspunkten erfolgreiche Entwicklungen und Effekte, die auf anderen Feldern Dysfunktionen zeitigen."[888] Demnach kann eine bestimmte Ausprägung eines Kulturmerkmals nicht per se, d.h. unabhängig von situativen Bedingungen, effizienter sein als eine andere. Eine Vergleichbarkeit von unterschiedli-

---

[879] Saffold 1988, S. 546.

[880] Vgl. Schein 1985, S. 315; "Strong" culture models, however, oversimplify the relationship....Despite ist appeal, however, this simple model for relating culture to performance no longer fits with the knowledge scholars have developed about the role of culture plays in organizational analysis: A more sophisticated understanding of the tie between culture and organizational outcomes must be developed." (Saffold 1988, S. 546).

[881] Vgl. Weick 1985a, S. 385, Kilmann/Saxton/Serpa 1986, S. 88, Scholz 1988a, S. 86, Saffold 1988, S. 553ff.

[882] Vgl. z.B. Bourgeois/Jemison (1984, S. 55ff.), Schwartz/Davis (1981, 1988), Tichy (1982), Kilmann (1985).

[883] Vgl. z.B. Wilkins/Ouchi 1983, S. 468ff.

[884] Vgl. Heinen 1987, S. 1ff.

[885] Vgl. Schein 1985, S. 311ff., 1995, S. 62ff.

[886] Zu bedenken sind in diesem Zusammenhang die Gefahr einer kulturellen Abschottung, die auf der Ebene der Nationalkultur in Form von Rassismus, Fundamentalismus, Nationalismus oder Ethnisierung auftritt (Vgl. Kaschuba 1995, S. 27ff.).

[887] Vgl. hierzu auch die harsche Kritik an der bisherigen Unternehmenskulturdiskussion von Drumm (1991a, S. 67), der die Diskussion als eine "Sackgasse" bezeichnet, da durch die unmögliche Meßbarkeit und dadurch fehlenden Nachweis der Erfolgswirkungen auch keine zielgerichtete Einflußnahme möglich ist. Demnach wäre die Unternehmenskultur kein sinnvoller Erkenntnisgegenstand der Betriebswirtschaftslehre. Vgl. zu weiterführenden Überlegungen hinsichtlich der Funktionalität von Unternehmenskulturen Treichler 1995, S. 14ff., Schreyögg 1989a, S. 371, 1989b, S. 94ff., Bleicher 1984, S. 495, 1986a, S. 101ff., Smith/Kleiner 1987, S. 10ff., Sackmann 1983, S. 404f.

[888] Greiffenhagen/Greiffenhagen 1993a, S. 13.

chen Ausprägungen hinsichtlich der Effizienzkriterien erscheint nur unter Einbeziehung situativer Faktoren sinnvoll möglich.

Die Ambivalenz der Effizienzwirkungen bestimmter Kulturausprägungen kann mit Hilfe des Konstrukts des *Wertequadrates* veranschaulicht werden. Die Grundstruktur des Wertequadrates verweist auf die bereits von Aristoteles erkannte Bedeutung des dialektischen Denkens und wurde von Helwig (1967) sowie von Schulz von Thun (1989) aufgegriffen. Jeder Wert (und ebenso jedes Persönlichkeits- oder Kulturmerkmal) kann demnach nur dann zu einer positiven Wirkung gelangen, wenn er sich in einem ausgeglichenen Spannungsverhältnis mit einem positiven Gegenwert ("Schwestertugend") befindet. Ohne eine geeignete *Balance* dieser beiden Werte treten Entartungen in Form entwertender Übertreibungen auf, die negative Wirkungen entfalten. Versucht man einer solchen Entartung zu entfliehen, so besteht tendenziell die Gefahr der Überkompensation im Sinne einer Hinwendung zum entgegengesetzten, übertriebenen "Unwert". Am Beispiel des Wertes "Sparsamkeit" läßt sich dies wie folgt veranschaulichen:

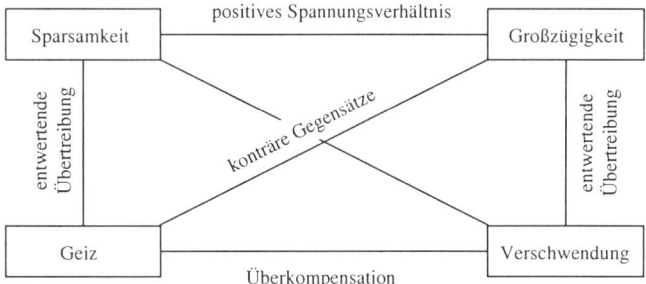

Abb. 42: Grundstruktur des Wertequadrates am Beispiel der Tugend "Sparsamkeit"

Quelle: nach Schulz von Thun 1989, S. 38ff.

Analog zu diesem Beispiel können im Folgenden auch Überlegungen zu den benannten Kulturfeldern angestellt werden. Betrachtet man die jeweiligen Polaritäten, so läßt sich konstatieren, daß das anzustrebende positive Spannungsverhältnis bzw. die ausgeglichene Balance in der heutigen Situation nicht unbedingt gegeben ist, woraus sich ein entsprechender Handlungs- bzw. Entwicklungsbedarf ableiten läßt. Mit der Prüfung der Funktionalität ist somit die Frage nach den gegenwärtigen Bedingungen für den Schutz, die Pflege, die Vermittlung und die Förderung bestimmter kultureller Elemente verbunden.[889]

Sehr einhellig kommen die deutsche wie auch angloamerikanische betriebswirtschaftliche Literatur bei einer Einschätzung der derzeitigen Situation zu dem Ergebnis: „collaboration, commitment, and collegiality would replace the bureaucratic paradigm of autocracy, individual competition, gamesmanship, and alienation. The new order would be negotiated, partici-

---

[889] Ein Versuch über eine Typologie von Wertesystemen im Rahmen des Kontingenzansatzes eine Analyse des Auftauchens, des Wandels und der Erhaltung von Kultur zu begründen, findet sich bei Wiener (1988, S. 534ff.).

pative, flat, self-regulating, and aligned to the purposes of its members and society."[890] Es besteht weitgehend Einigkeit darüber, daß autoritäre, patriarchalische durch *zeitgemäßere* dialogische, partizipative Führungsformen substituiert werden sollten. Dies wird begleitet von einer grundlegenden Veränderung des Verhältnisses zwischen Führungskräften und Mitarbeitern dahingehend, daß die höhere Selbständigkeit und Eigenverantwortlichkeit der Mitarbeiter zu mehr praktizierter gestalterischer Mitbestimmung führt und diese sich somit vom Untertanen und Untergebenen zum mündigen Bürger und unternehmerischen Mitarbeiter entwickeln.[891] Die unterschiedlichen Kulturfelder können als Bausteine einer solchen Tendenz gesehen werden, die hinsichtlich ihrer Effizienz jedoch differenziert zu beurteilen sind.

### Informations- und Kommunikationskultur

Ebenso, wie es Situationen gibt, in denen ein Informations- und Kommunikationsdefizit durch Mißverständnisse oder mangelhafte Infomationsgrundlage qualitativ schlechte Entscheidungen nach sich zieht, sind auch Situationen denkbar, in denen eine offene Kommunikation etwa durch (mikro-)politisch ungeschickte Weitergabe von Information dysfunktionale Wirkungen entfaltet. Unter dem gleichzeitigen Druck der Interessenlagen von oben und von unten erscheint es zum Zwecke der Funktionserfüllung bisweilen unvermeidlich, Handlungsweisen der Täuschung, des Lügens, des Verschweigens oder des Umgehens von Vorschriften an den Tag zu legen. So erscheint ein begrenztes Ausmaß dieser "funktionalen Illoyalität" (N. Luhmann) oder auch des "zivilen Ungehorsams" durchaus sinnvoll, ertragbar und letztlich notwendig für die Umsetzung demokratischer Grundprinzipien. Ziviler Ungehorsam bedeutet im Grunde nichts anderes, als daß der Einzelne oder bestimmte Minderheiten sich das Recht nehmen, nach eigener Meinung situationsabhängig über die Richtigkeit ihres Handelns zu entscheiden, was man einem "mündigen Bürger" zweifellos nicht absprechen kann. Auf der anderen Seite braucht kaum betont zu werden, daß demokratische Prinzipien dadurch unterwandert werden und zu erheblichen dysfunktionalen Effekten führen, wenn Entscheidungen der demokratisch gewählten Führenden mißachtet werden, sobald sie als unbequem oder nachteilig empfunden werden, und letztlich das Faustrecht des Stärkeren regiert.[892]

So ist es denn auch verständlich, daß die Effizienzwirkungen der Art und Weise, wie gewöhnlich mit Informationen umgegangen und wie miteinander kommuniziert wird, entscheidend vom Kontext abhängen.[893] Das Wertequadrat zur Analyse und Effizienzbewertung einer Informations- und Kommunikationskultur könnte in Anlehnung an Schulz von Thun folgende Form annehmen:

---

[890] Fitzgerald 1988, S. 12 in Anlehnung an Eric Trist (The Evolution of Socio-Technical Systems, Ontario Quality of Working Life Centre, 1981).

[891] Vgl. Zürn 1994, S. 21., Franz/Herbert 1987, S. 13ff., Turner 1997, S. 509ff., Aßländer 1997, S. 9f.

[892] Vgl. Scholz, R. 1990, S. 309f.

[893] Vgl. Hanke 1995, S. 30ff.

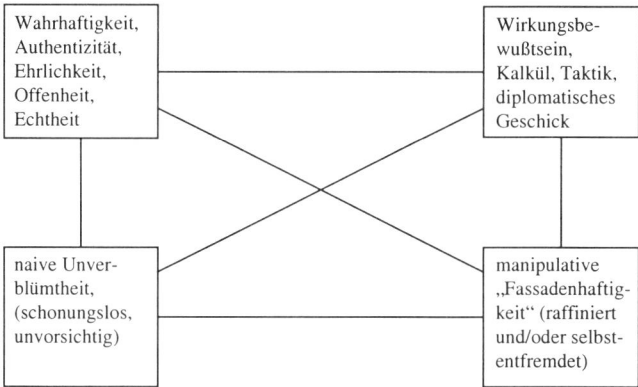

| Wahrhaftigkeit, Authentizität, Ehrlichkeit, Offenheit, Echtheit | Wirkungsbe- wußtsein, Kalkül, Taktik, diplomatisches Geschick |
|---|---|
| naive Unver- blümtheit, (schonungslos, unvorsichtig) | manipulative „Fassadenhaftig- keit" (raffiniert und/oder selbst- entfremdet) |

Abb. 43: Das Wertequadrat der Informations- und Kommunikationskultur

Quelle: Schulz von Thun 1989, S. 45.

Die in Laboruntersuchungen ermittelten Auswirkungen von Kommunikationsnetzen wurden vorwiegend anhand der Kriterien der Leistungseffizienz bei der Bewältigung von Sachaufgaben (ökonomische Effizienz) sowie der Zufriedenheit der Mitglieder bei der Gruppenarbeit (soziale Effizienz) beurteilt. Die Ergebnisse lassen sich wie folgt zusammenfassen:[894]

- Je ausgeprägter die Zentralisierung der Kommunikationsstruktur, desto besser ist die Gruppenleistung, jedoch nur bei einfachen Aufgaben und für kurze Zeiträume. Längerfristig wirkt das hier relativ hohe Unzufriedenheitspotential "peripherer" Personen durch Motivationsverlust leistungsmindernd. Das bedeutet, daß mit der zunehmenden Komplexität heutiger Aufgaben dezentrale Kommunikationsstrukturen an Effizienz gewinnen.

- Je dezentralisierter die Kommunikationsstruktur, desto höher ist die Zufriedenheit der Gesamtgruppe. "Straffe" Kanalisierung des Informationsaustausches kann zwar die Leistungseffizienz der Gruppe steigern; sie bewirkt aber Unzufriedenheit bei jenen, die von der Kommunikation ausgeschlossen werden, was angesichts der stets auch "sozialen" Funktion von Kommunikation verständlich ist. Das heißt, es besteht stets ein direkter positiver Zusammenhang dezentraler Kommunikationsstrukturen mit sozialer Effizienz.

- Unabhängig von der jeweiligen Struktur zeigen "zentrale" Personen ein höheres Ausmaß an Zufriedenheit als "periphere" Personen. Geht man davon aus, daß auch in einer sich frei formierenden Gruppe die Kommunikationsmöglichkeiten nicht unbegrenzt sind (zumindest kann nicht jeder mit jedem gleichzeitig kommunizieren), so ist zu erwarten, daß die Position, die ein Gruppenmitglied innerhalb der Kommunikationsstruktur auf der Polarität "zentral - peripher" einnimmt, seinen Rollen- und Machtstatus widerspiegelt.

Das Informationsverhalten der Organisationsmitglieder bestimmt ohne Zweifel in entscheidender Weise das Leistungs- und insbesondere auch das Innovationsverhalten. Die zahlreichen Arbeiten zum Innovationsmanagement belegen immer wieder,

---

[894] Vgl. im Folgenden Schneider, H.-D. 1975, S. 87ff.

- daß die Effizienz des Innovationsmanagements von der Breite der informatorischen Basis abhängt, die die Grundlage für Produkt- und Verfahrensinnovationen darstellt. Dabei sind die Informationsbeziehungen zu Lieferanten, Kunden und anderen Abteilungen des Unternehmens von besonderer Bedeutung;

- daß innerbetrieblicher Wettbewerb, allerdings verbunden mit Sicherheit für den Einzelnen, innovationsfördernd wirkt;

- daß strategierelevante Innovationen stärker fokussiert und auch von der Belegschaft in höherem Maße akzeptiert werden, wenn entsprechende Informationen über Strategieprogramme vermittelt werden;

- daß ein Frühaufklärungssystem, welches zentrale Umweltentwicklungen erfaßt, nur über rasche und verzerrungsfreie Informationsübermittlung funktionieren kann;

- daß der Zeitaufwand für Informationsbeschaffung in einem vernünftgien Verhältnis zur Dauer der eigentlich schöpferischen Leistung stehen sollte.[895]

Vor diesem Hintergrund erscheint es durchaus plausibel, wenn Scholz ein bestimmtes Profil einer Informationskultur, welches vor allem durch Flexibilität, Offenheit sowie einem leistungsbewußten und solidarischen Gruppenzusammenhalt gekennzeichnet ist, für tendenziell innovationsfreundlich hält, freilich unter dem Vorbehalt, daß die Frage einer "optimalen" Informationskultur nur situativ differenziert beantwortet werden kann (Vgl. Abb. 44):[896]

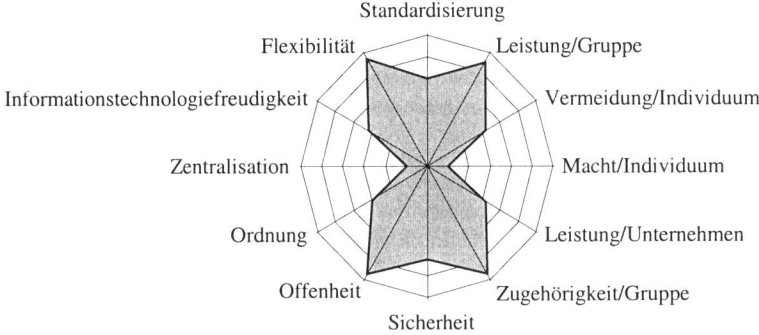

Abb. 44:Profil einer innovationsorientierten Informationskultur

Quelle: nach Scholz 1991, S. 249

Die Information der Mitarbeiter bzw. die Kommunikation mit den Mitarbeitern (Mitarbeitergespräche) kann als Form der immateriellen Mitarbeiterbeteiligung im Unternehmen gesehen werden, der daher eine nicht unerhebliche Anreizwirkung zuzusprechen ist, da sie Respekt, Achtung und Anerkennung gegenüber den Mitarbeitern zum Ausdruck bringt. Die Prozesse

---

[895] Vgl. Schneider, U. 1990, S. 284, Scholz, C. 1991. S. 248, Thom 1980, Staudt 1986, Zahn 1987, Becker, F.G. 1987, S. 29ff., Berth 1989, S. 374ff.

[896] Für eine tiefergehende Analyse der Innovationsfreundlichkeit von Kulturen könnten theorie- bzw. plausibilitätsgestützte Muster entwickelt und empirisch getestet werden. Auch ließen sich Muster des Informationsverhaltens von besonders innovativen Unternehmen anfertigen und Verbindungen zwischen Informations- und Innovationsverhalten untersuchen, um evtl. eine Bestätigung oder Korrektur an der obigen "Musterhüllkurve" zu erhalten (Vgl. Scholz, C. 1991, S. 249f.).

der Information der Mitarbeiter durch die Führungskräfte und der Information der Führungskräfte durch die Mitarbeiter können als Element der betrieblichen Partnerschaft gesehen werden. Mitarbeiterinformation stellt eine wesentliche Voraussetzung dar für eine

- Verbesserung des Leistungsbeitrags der Mitarbeiter (Anreizaspekt),

- Beteiligung der Mitarbeiter an Entscheidungsprozessen (Partizipationsaspekt) sowie

- stärkere Identifikation der Mitarbeiter mit dem Unternehmen und seinen Zielen und eine erhöhte Bindung an das Unternehmen (Personalerhaltungsaspekt).[897]

Die Effizienzwirkungen des Informationsverhaltens wurden in verschiedenen empirischen Untersuchungen bestimmt.[898] Während die Mehrheit der experimentellen Analysen zu den Effizienzwirkungen von Informationssystemen und auch die Vergleiche von Personen mit unterschiedlichen Merkmalen zu keinen signifikanten Ergebnissen kamen, liegen interessante Befunde von Beziehungsanalysen vor, die das Informationsverhalten prozeßbegleitend gemessen haben. Demnach liefert eine Reihe von Studien einen Beleg dafür, daß die Entscheidungsqualität positiv mit der Informationssuche korreliert.[899]

Die vermehrte Information der Mitarbeiter ist gleichbedeutend mit einer Aufgabe von Machtpotential auf Seiten der Vorgesetzten, möglicherweise auch der Kollegen, denen bislang ein Informationsvorsprung als Machtgrundlage diente. Durch die Weitergabe von Information werden die Möglichkeiten partizipativer Entscheidungsfindung verbessert, wodurch das vorhandene Wissens-, Erfahrungs- und Kreativitätspotential der Mitarbeiter genutzt und entwickelt sowie Leistungsbereitschaft und –fähigkeit der gesamten Organisation gefördert werden.[900] Um dies glaubwürdig vorzuleben, ist es jedoch erforderlich, daß gerade auch Führungskräfte in der Lage und willens sind, ihren eigenen Standpunkt offen zu vertreten und zu erklären sowie Fragen zu stellen und zuzuhören.[901]

Somit überwiegen die Stimmen, die eine verstärkte Offenheit und eine Intensivierung der Informations- und Kommunikationsbeziehungen etwa im Sinne der Entwicklung einer dialogischen Informations- und Kommunikationskultur fordern.[902] Um dies zu ermöglichen, bedarf es allerdings auch eines vertrauensvollen Klimas. Umgekehrt kann eine von Ehrlichkeit, Authentizität und Offenheit geprägte Mitarbeiterinformation, die etwa Gerüchten und illoyalen Kräften Einhalt gebietet, auch ein wirkungsvolles Instrument für den Aufbau von Vertrauensbeziehungen speziell zwischen Mitarbeitern und Führungskräften darstellen.[903]

---

[897] Vgl. Gaugler 1995, Sp. 1177f.

[898] Vgl. zu einem Überblick der vorliegenden Informationsanalysen z.B. Reichwald/Nippa 1992, Sp. 855ff.

[899] Vgl. Gemünden 1992, Sp. 1022ff. und die dort angegebene Literatur.

[900] Vgl. AGP/DGFP-Arbeitskreis 1986, S. 8ff.

[901] Vgl. Sabel 1993, S. 320ff., AGP/DGFP-Arbeitskreis 1986, S. 8ff., Schneider, U. 1990, S. 283f.

[902] Vgl. Ulrich, P. 1983c, S. 33ff., Figge 1995, S. 338ff., Knitter 1993, S. 699f., Lutz 1993, S. 36ff., Sabel 1993, S. 320ff., Wever 1989b, S. 19f., Solari 1993, S. 34f., Then 1994, S. 57, Zander 1995, S. 95ff., Scheuten 1994, S. 108f.

[903] Vgl. AGP/DGFP-Arbeitskreis 1986, S. 8ff., Marr 1992, Sp. 1163f., Figge 1995, S. 339, Gaugler 1995a, Sp. 1177f.

## Vertrauenskultur

Als zentrales Element in den Wertvorstellungen und Grundannahmen der Kulturmitglieder ist Vertrauen das innere Band des sozialen Systems, das es zusammenhält und gleichzeitig ein Einflußfaktor für dessen ökonomische und soziale Effizienz. Vertrauen, verstanden als wohlwollende Intention und Fehlen einer manipulativen Absicht, befriedigt die menschlichen Bedürfnisse nach Sicherheit und sozialer Wertschätzung. Bereits aufgrund der Verankerung im christlichen Wertespektrum wird "Vertrauen" im westlichen Kulturkreis daher generell als positiv bzw. wünschenswert empfunden und beinhaltet einen grundsätzlich normativen Kern.[904]

Vertrauen basiert auf dem Prinzip des Tausches.[905] Vertrauen im Zusammenhang mit dem Tauschmodell schafft zeitliche Spielräume: eine Leistung wird in dem Glauben erbracht, unverzüglich oder aber später eine Gegenleistung zu erhalten. Durch Vertrauen wird der Verhaltensspielraum, den sich die Interaktionspartner gegenseitig einräumen bzw. zu tolerieren bereit sind, erweitert; Sanktionsmaßnahmen für nonkonformes Verhalten in der Gruppe fallen aufgrund der vorhandenen sozialen Unterstützung möglicherweise weniger gravierend aus.[906] Luhmann sieht im Mechanismus des Vertrauens „mehr Möglichkeiten des Erlebens und Handelns..., weil im Vertrauen eine wirksamere Form der Reduktion von Komplexität zur Verfügung steht."[907]

Würde Vertrauen kein Element unserer Denk- und Verhaltensmuster sein, gäbe es wohl kaum diese Stabilität in vielen sozialen Systemen. Freilich werden soziale Systeme auch durch Strukturen - quasi von außen - zusammengehalten. Jedoch ist fraglich, inwieweit ein System überleben kann, wenn es nicht durch innere Kräfte gestützt wird. Diese inneren Kräfte sind in entscheidendem Maße mitverantwortlich für die Anpassung und Neugestaltung der "äußeren" Strukturen. Verlieren die Mitglieder eines sozialen Systems das Vertrauen zueinander und in das System, verlieren sie damit auch das Vertrauen auf gemeinsam getragene Werte und Normen. Ohne ein Mindestmaß an Vertrauen im Alltagsleben wären Individuen weitgehend handlungsunfähig.[908]

Somit werden durch Vertrauen im ökonomischen Kontext die Handlungsmöglichkeiten und damit auch die Problemlösungsfähigkeit von Gruppen erhöht und Routine sowie moderne Arbeitsteilung im Grunde erst ermöglicht.[909] Mit Hilfe des Instruments "Vertrauen" können Zusammenschlüsse erreicht und damit höherrangige Ziele verwirklicht werden.[910] Gleichzeitig

---

[904] Dahinter verbergen sich die Motive der Hoffnung, der gegenseitigen Hilfe sowie der Nächstenliebe. Handlungen, die über Vertrauen geregelt werden, basieren auf der Norm der Reziprozität, d.h. auf der Hoffnung, daß der Handlungspartner einem mit der gleichen Haltung gegenübertritt, wie man ihm selbst begegnet (Vgl. Petermann 1996, S. 11f.).

[905] Vertrauen ist gekennzeichnet durch Reziprozität. Die Interaktionspartner befinden sich durch das Vertrauensverhältnis in einer engen Wechselbeziehung. Ein sehr bekanntes, fast in jeder einschlägigen Literatur vorzufindendes Beispiel für eine derartige Beziehung ist das sogenannte Gefangenen-Dilemma, welches in Form eines "Vertrauens-Dilemmas" dargestellt wird. Durch ein Rollenspiel können Ausmaß und Wirkungen von Vertrauen und Mißtrauen, bzw. opportunistischem Handeln erfaßt und veranschaulicht werden.

[906] Vgl. Bleicher 1994, S. 15.

[907] Luhmann 1989, S. 6.

[908] Vgl. Preisendörfer 1995, S. 269.

[909] Vgl. Schneider, H. 1992a, S. 27ff., Preisendörfer 1995, S. 269f., Zand 1977, Bleicher 1994, S. 15, Weigle 1994, S. 23.

[910] Vgl. Offermanns 1990, S. 175.

wirkt gegenseitiges Vertrauen motivierend, integrierend und wird von Vertrauensgebenden und Vertrauensnehmenden positiv empfunden.[911]

Einen empirischen Beleg für die positive Wirkung von Vertrauen liefert Beard (1982), die feststellte, daß die Abnahme vertrauensvollen Handelns als Auslöser für Streß gesehen werden kann.[912] Fehlendes Vertrauen bewirkt neben Streß auch Argwohn, Verschlossenheit, Enttäuschung, Fremdheit, Verunsicherung und Angst.[913]

Somit wird das Erleben von Vertrauen zu einer zentralen Zielgröße individuellen Handelns, korreliert positiv mit der Zielkategorie der sozialen Effizienz und beeinflußt über die erhöhte individuelle Leistungsbereitschaft und -fähigkeit auch die ökonomische Effizienz.

In seiner Bedeutung für die betrieblichen Erfolgsgrößen wurde das Konstrukt "Vertrauen" bislang unzureichend betrachtet. Dies könnte zunächst einmal darin begründet sein, daß das traditionelle betriebswirtschaftliche Denken in seiner neoklassischen Ausrichtung das Konstrukt Vertrauen aus methodischer Sicht nur schwer einzubeziehen vermag.[914] Im Rahmen der Abwägung von Leistung und Gegenleistung behilft man sich mit Theorien bzw. alltagspraktischen Erfahrungen, die jedoch lediglich vorläufige Gültigkeit besitzen. Möglicherweise bietet aber Vertrauen einen verläßlicheren Mechanismus zur Ableitung individuellen Handelns als auf fragwürdigen Theorien basierende Kalküle.[915]

Der vermutlich ausschlaggebende Grund, warum Vertrauen im betriebswirtschaftlichen Kontext bislang nur unzureichend thematisiert wurde, kann darin gesehen werden, daß die Prozesse der Arbeitsteilung und Spezialisierung bislang vorwiegend über Planungs-, Lenkungs- und Kontrollsysteme gesteuert wurden, die überwiegend auf Theorien beruhten, welche ein mißtrauensbasiertes Menschenbild beinhalteten. Diese Ansätze berücksichtigen jedoch nicht adäquat, daß diese Steuerungssysteme eine Eigenkomplexität produzieren, die sich zunehmend dysfunktional auf ökonomische und soziale Effizienz ("Sinnbremse": K. Bleicher) auswirkt. Die Lösung scheint in neueren Formen der Arbeitsorganisation, insbesondere etwa (teil-)autonomen Arbeitsgruppen, zu liegen, die im Vergleich zu den traditionellen Strukturen in wesentlich stärkerem Maße vertrauensbasiert sind.[916]

Vertrauen stellt weiter ein Instrument dar, welches erhebliche Kontroll- und Kommunikationskosten einsparen kann, denn mit zunehmendem Vertrauen steigen Ausmaß und Qualität der ausgetauschten Informationen. Gleichzeitig werden Ängste, Vorurteile, die Möglichkeit von Mißverständnissen abgebaut, die gegenseitige Akzeptanz wird gesteigert, so daß sich dahinter verbergende Kosten eingespart werden.[917] Umgekehrt erweist sich ein Mangel an Ver-

---

[911] Vgl. Petermann 1996, S. 11.

[912] Vgl. Beard 1982, S. 25ff.

[913] Vgl. Bleicher 1994, S. 15, Schneider, H. 1992a, S. 27ff.

[914] Freilich ist nicht zu verschweigen, daß utilitaristische Ansätze eines radikalen Individualismus auch den Mechanismus des Vertrauens zu erklären vermögen (insbesondere durch den Transaktionskostenansatz). Ein hohes Vertrauensniveau ließe sich demnach begründen als Ergebnis zahlreicher früherer Erfahrungen hinsichtlich gegenseitiger Aktion und Reaktion von Individuen, geringer Einsätze und hoher Überprüfungskosten. Vgl. dazu Etzioni 1996, S. 31f.

[915] Vgl. Marr 1996a.

[916] Vgl. Bleicher 1994, S. 14f.

[917] Vgl. Bleicher 1994, S. 15.

trauen als zentraler Kostentreiber, sowohl im innerbetrieblichen wie im zwischenbetrieblichen Verhältnis, weil Sicherheitspuffer oder Kontrollmechanismen notwendig werden, die selbst keinen Beitrag zur Wertschöpfung des Unternehmens leisten. Die Bildung von vertrauensvollen Beziehungsnetzen bietet erhebliche Potentiale der Einsparung von Kosten, die im Rahmen einer Mißtrauensorganisation, insbesondere in Form von innerbetrieblichen Mißtrauenskosten, aufgebaut wurden.[918] Durch Vertrauen kann eine verstärkte Offenheit der Kommunikation, eine Erhöhung der Motivation zur Problembearbeitung sowie eine erhöhte Bereitschaft zu Einstellungsänderungen bewirkt werden,[919] so daß sich auch direkte positive Effekte des Vertrauens hinsichtlich der ökonomischen Effizienz feststellen lassen.

Jedoch wird das Schenken von Vertrauen nicht in gleichem Maße empfunden. Vertrauen birgt auch immer die Gefahr des Enttäuscht-Werdens,[920] wodurch erhebliche Folgekosten entstehen, so daß ein gewisses Mißtrauen in bestimmten Situationen von Vorteil sein kann. In unseren Denk- und Verhaltensmustern ist zumeist ein "gesundes" Mißtrauen verankert (*"Vertrauen ist gut, Kontrolle ist besser!"*). Dies läßt sich zurückführen auf die grundlegende interpersonelle Orientierung, die durch Auswüchse der sozialen Marktwirtschaft in Form der sog. Leistungs- oder Ellbogengesellschaft primär auf Wettbewerb bzw. individuellen Erfolg und nur sekundär auf Kooperation bzw. gemeinschaftlichen Erfolg ausgerichtet ist. Die Untersuchung von Bierhoff u.a. zeigte, daß sich die interpersonelle Orientierung auf das anfängliche Vertrauen, die Distanz der Interaktionspartner und den Gesamteindruck außenstehender Beobachter bezüglich Harmonie/Disharmonie auswirkt.[921]

Der Verlust des Vertrauens bedeutet einen Zuwachs an Mißtrauen[922] und zwar nicht nur gegenüber den Partnern und der Systemstruktur, sondern auch gegenüber dem gemeinsam entwickelten, sinnstiftenden Bezugssystem, so daß aufkommendes Mißtrauen durchaus kulturersetzende Wirkung entfalten kann.

Auf der anderen Seite stellt sich dann aber die Frage, wie sich eine Kultur bzw. ein soziales System weiterentwickeln kann, wenn das Vertrauen so stark ist, daß es ein kritisches Hinterfragen oder offene Konflikte verhindert, was aber für eine zukunftsorientierte Weiterentwicklung unabdingbar ist. So stellt denn auch Bleicher fest: „Ein übersteigertes Harmonisationsstreben und ein kritikloses Sich-aufeinander-Verlassen unter dem Deckmantel "Vertrauen in die Fähigkeit anderer" und "Nichteinmischenwollen" kann zu mangelnder Forderung und damit zur Mittelmäßigkeit der Leistungen führen."[923]

Vor diesem Hintergrund läßt sich wiederum ein entsprechendes Wertequadrat für das Kulturfeld der Vertrauenskultur ableiten:

---

[918] Vgl. Marr 1996a.

[919] Vgl. Petermann 1996, S. 16f.

[920] Vgl. Petermann 1996, S. 11.

[921] Vgl. Bierhoff/Buck/Schreiber 1983.

[922] Vgl. Luhmann 1989, S. 78 ff., Offermanns 1990, S. 190f.

[923] Bleicher 1994, S. 16. Vgl. auch Krystek/Zumbrock 1993, insbes. S. 154.

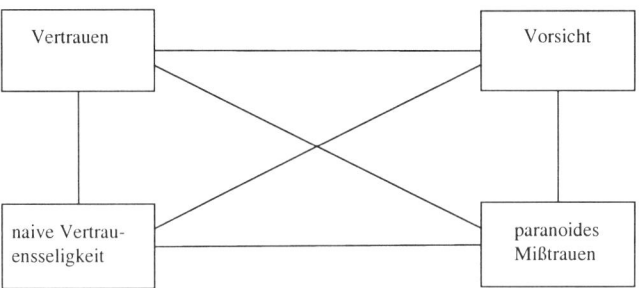

Abb. 45: Das Wertequadrat der Vertrauenskultur

Quelle: Schulz von Thun 1989, S. 42.

Die grundlegende Einstellung, mit der man anderen Personen gegenübertritt, - hier kontrastiert als Vertrauens- und Mißtrauenshaltung - erweist sich durch eine entsprechende Reaktion als positive bzw. negative "self-fulfilling prophecy".[924] Gegenwärtig mehren sich die Stimmen, die in der betrieblichen Realität Defizite gegenseitigen Vertrauens feststellen, was zu erheblichen dysfunktionalen Wirkungen geführt hat; daher plädieren sie für den (Wieder-)Aufbau stabiler Vertrauensbeziehungen.[925] Im Rahmen der Restrukturierungsprozesse bildete sich in vielen Unternehmen die Erkenntnis, daß umfassende Restrukturierungen in Organisationen unter Wettbewerbsbedingungen nur mit der Unterstützung durch ein langfristig orientiertes, Vertrauen schaffendes und auch durch Selbstvertrauen gekennzeichnetes Personalmanagement eine Chance zur dauerhaften, erfolgreichen Realisierung haben. Identifikations- und Loyalitätsdefizite können nicht durch Maßnahmen gesichert werden, die lediglich auf die Befriedigung materieller Bedürfnisse der Mitarbeiter abzielen. Die seit den 70er Jahren an Bedeutung gewinnenden, immateriellen Bedürfnisse, insbesondere die intrinsischen Bedürfnisse nach einer sinn- und verantwortungsvollen Arbeitsaufgabe sowie nach einer Anerkennung der eigenen Leistung, sind es, die zu einer nachhaltigen Bindung und Motivation der Mitarbeiter beitragen können. Als konsequente organisatorische Umsetzung dessen empfiehlt sich ein soziostrukturelles Arbeitsumfeld, welches durch "Vertrauen" und "Fürsorge" gekennzeichnet ist und somit auch eine zweckmäßige Basis für ein Bestehen im internationalen Wettbewerb darstellt. Personalwirtschaftliches Handeln wird zunehmend bewertet hinsichtlich der Art und Weise, wie die im Zuge des Wandels verstärkt auftretenden Konflikte gehandhabt werden, wobei dies davon abhängt, inwieweit trotz der mit Wandel verbundenen Belastungen eine Vertrauenskultur entwickelt und stabilisiert werden kann.[926] Die erfolgreiche Bewältigung des Wandels wird auch entscheidend von dem unternehmerischen Engagement

---

[924] Vgl. Grunwald 1995, S. 74f., Then 1994, S. 53.

[925] Vgl. Bleicher 1994, S. 14ff., Weigle 1994, S. 23ff., Schneider, H. 1992a, S. 27ff., Mishra/Morrissey 1990, S. 443ff., Mishra/Mishra 1994, S. 261ff., Mishra/Spreitzer/Mishra 1998, S. 83ff., Grunwald 1995, S. 73ff., o.V.: Das Survivor-Syndrom 1994, S. 9ff., Wever 1996, S. 214ff., Then 1994, S. 52ff., Wollert 1991b, S. 60f., Dotzler 1996, S. 550f., Tolksdorf 1994, S. 58.

[926] Vgl. Marr 1996a.

aller Organisationsmitglieder abhängig sein, welches ebenso nur über stabile Vertrauensbeziehungen dauerhaft zu sichern ist.[927]

### Unternehmer- und Innovationskultur

Wie bereits bei den vorangegangenen Effizienzüberlegungen kann auch im Rahmen der Unternehmer- und Innovationskultur von einer Wirkungsambivalenz ausgegangen werden.

Es liegt auf der Hand, daß angesichts der gegenwärtigen krisenhaften Situation eine aktive Arbeitshaltung, verbunden mit einem ausgeprägten Leistungsethos positive Effekte entfalten kann, sei es im Rahmen des Intrapreneurship die Erschließung neuer Geschäftsfelder im Dienste eines Unternehmens, sei es im Rahmen des Entrepreneurship die Gründung neuer, innovativer Unternehmen.

Zu beachten ist jedoch dabei, daß selbständiges Handeln und aktive Arbeitshaltung unter Umständen in eigensinniges Handeln ausarten können und somit dysfunktionale Züge annehmen. Wenn man nur noch zur Selbständigkeit erzogen wird, wie sehr ist man dann bereit, sich den Ideen bzw. auch Anweisungen anderer unterzuordnen und diese als Ausführender umzusetzen? So gehen zunehmende Selbständigkeit und Individualismus möglicherweise einher mit abnehmender Solidarität und Gemeinschaftsgefühl.[928] Auf der anderen Seite darf der Solidaritätsgedanke auch nicht als ein einseitiges "Geben", etwa der Arbeitgeber an die Arbeitnehmer, mißverstanden werden. Solidarität bedeutet auch, daß die Arbeitnehmer durch das uneingeschränkte Einbringen ihrer Leistungen (aktive Arbeitshaltung) vor dem Hintergrund einer aufrichtigen Arbeitsmoral das System aufrechterhalten und es nicht zu ihrem persönlichen Vorteil ausnutzen.[929]

Eine andere Gefahr der Eskalation aktiver Arbeitshaltung ist in den verschiedenen Erscheinungsformen der Überarbeitung bzw. in Streßsymptomen zu sehen. Die Phänomene auftretender "Arbeitssucht"[930] infolge einer mißverstandenen Arbeitszeitverantwortlichkeit führen zu schweren physischen und psychischen Schädigungen und können in "Burn-Out-Effekten"[931] oder sogar in dem speziell in japanischen Betrieben bekannten "Tod durch Überarbeitung" ("Karoshi") gipfeln.

Auch die Einstellungen eines "blinden Aktionismus" wie auch die Haltung, "das Rad täglich neu erfinden zu wollen", erweisen sich in der Praxis oftmals als problematisch, weil der Blick für wesentliche Innovationen im Sinne produktiver Weiterentwicklungen versperrt wird. Eine zentrale Ursache hierfür liegt sicherlich in der noch mangelhaften Vernetzung des Wissens bzw. einer fehlenden Bewußtmachung der organisationalen Wissensbasis ("Wenn Siemens wüßte, was Siemens weiß..."). Das zwanghafte Verwerfen von Traditionen, wie es in neueren Konzeptionen des Change-Managements immer wieder gefordert wird, bringt zweifellos mitunter auch den Verlust zweckmäßiger, kostengünstiger Routinen mit sich.

---

[927] Vgl. Handy 1995, S. 46ff., Weigle 1994, S. 23ff., Bilitza 1993, S. 571ff.

[928] Vgl. Miegel/Wahl 1993, S. 30ff.

[929] Vgl. Hansen 1993, S. 120f., Wacker 1983, S. 178ff.

[930] Vgl. Wacker 1983, S. 175f. Vgl. dazu auch Lukas 1997, S. 74, Großmann 1995, S. 74.

[931] Vgl. Marr 1995, S. 30.

Das sich vor diesem Hintergrund ergebende Wertequadrat könnte sich etwa wie folgt darstellen:

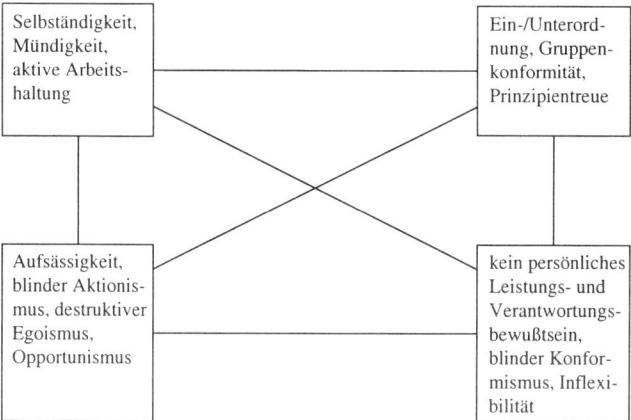

| Selbständigkeit, Mündigkeit, aktive Arbeitshaltung | Ein-/Unterordnung, Gruppenkonformität, Prinzipientreue |

Abb. 46: Das Wertequadrat der Unternehmer- und Innovationskultur

Quelle: nach Schulz von Thun 1989, S. 43, 55.

Vor dem Hintergrund der zahllosen Veröffentlichungen zur Thematik des organisatorischen Wandels kann es als Binsenweisheit gelten, daß das heutige Unternehmen in einem Umfeld existiert, welches sich mit zunehmender Geschwindigkeit verändert, so daß die derzeitige Situation vielerorts als *Zeitalter des Wandels* beschrieben wird.[932] Die in ihrer Dimension neuartigen Herausforderungen der Globalisierung, der Deregulierungen, des Wertewandels, der technologischen und gesellschaftlichen Umbrüche treffen vielfach auf betriebliche Denk- und Verhaltensweisen und organisatorische Strukturen, die durch ein hohes Maß an Passivität und Bürokratie gekennzeichnet sind. Die der Bürokratie anhaftenden positiven Effekte der Sicherheit, Stabilität und Kontrolle sind in ihrer Gültigkeit auf ein stabiles, vorhersehbares Umfeld beschränkt.[933] In Bezug auf die Anpassungsnotwendigkeit des Unternehmens an eine sich permanent wandelnde Umwelt überwiegen gegenwärtig die Stimmen, die eine aktivere Arbeitshaltung, mehr Selbständigkeit und unternehmerisches Denken im Betrieb fordern,[934] was primär über die Schaffung einer Atmosphäre, die kreatives und initiatives Handeln zuläßt, erreicht werden kann.[935]

*Partizipations- und Teamkultur*

Bezugnehmend auf die aus der Literatur bekannten situativen Führungstheorien kann konstatiert werden, daß es den stets optimalen Führungsstil nicht gibt. Situationsabhängig kann es

---

[932] Vgl. z.B. Süssmuth-Dyckerhoff 1995, S. 11ff. Vgl. dazu auch das Konzept der "time-based-competition" z.B. bei Nadler u.a. 1992, S. 2f.

[933] Vgl. z.B. Feldman 1988, S. 57ff.

[934] Vgl. z.B. Bretz 1988, S. 343, Pinchot/Pinchot 1993, S. 24, Wörl 1997, S. 52ff., Fischer, G. 1992, S. 200ff.; vgl. Fischer/Schwarzer 1992, S. 242ff.

[935] Vgl. Süssmuth-Dyckerhoff 1995, S. 18f., Bleicher 1994, S. 17f.

sich als vorteilhaft erweisen, Entscheidungen auf partizipativer oder auf autoritärer Basis zu treffen. Hinsichtlich der Wirkungen von Partizipation auf die organisationale Effizienz sind insbesondere die Partizipationsbereitschaft und –fähigkeit auf Seiten der Führungskräfte wie auch auf Seiten der Mitarbeiter einzubeziehen.[936] Der Erfolg eines bestimmten Führungsstils ist davon abhängig, ob er mit den Werten und Einstellungen der Führenden kompatibel ist, denn nur so kann nachhaltige Glaubwürdigkeit erreicht werden. Ebenso sind die Werte und Einstellungen der Geführten von Bedeutung, da diese wesentliche Einflußfaktoren der Akzeptanz sind. So hat der Arbeitsforscher Burkhard Strümpel in mehreren Untersuchungen nachgewiesen, daß zahlreiche "persönlichkeitsstarke" Arbeitnehmer mit geringerer Leistungsbereitschaft reagieren, wenn sie von der Mitbestimmung ausgeschlossen werden.[937]

Coch und French zeigten in einer empirischen Untersuchung bereits im Jahre 1948, daß Partizipation im Rahmen von Veränderungsprozessen in Organisationen einen wesentlichen Erfolgsfaktor darstellt.[938] Interessanterweise mußte dieses Ergebnis jedoch in einer späteren Untersuchung insoweit relativiert werden, als daß der durch Partizipation hervorgerufene höhere Akzeptanzeffekt bei den Mitarbeitern nur dann auftritt, wenn ein entsprechendes *kulturelles* Umfeld gegeben ist.[939] Somit erscheint es lohnenswert, im Rahmen der Überlegungen zur Analyse der Nationalkultur der Frage nachzugehen, welche kulturellen Gegebenheiten für und gegen eine "Partizipationskultur" sprechen könnten.

Vor dem Hintergrund der Erkenntnisse motivationstheoretischer Forschungsprojekte kann Partizipation grundsätzlich als Instrument zur Befriedigung der menschlichen Bedürfnisse nach Anerkennung, Wertschätzung und Selbstverwirklichung beitragen. Die Wirkung von Partizipation auf das Individuum ist jedoch entscheidend davon abhängig, inwiefern derartige "höherrangige" Bedürfnisse verhaltenswirksam sind.[940] In diesem Zusammenhang kann Partizipation dem Phänomen einer Entfremdung von der Arbeit bzw. einem zunehmenden Sinnverlust entgegenwirken, der primär aufgrund der hochgradigen Arbeitsteilung hervorgerufen wurde. Wenn man davon ausgeht, daß das Fehlen jeglicher Partizipation zu sozialer Isolation führt, welche erwiesenermaßen psychische wie physische Schäden hervorruft, ließe sich die Forderung nach Partizipation auch von ethischer Seite her begründen.[941]

Darüber hinaus muß das durch Partizipation veränderte Konfliktpotential betrachtet werden, welches die organisationale Effizienz entscheidend beeinflußt. Durch Partizipation können bislang divergierende Interessenlagen sich einander anpassen, indem sich die beiderseitigen Erwartungen durch zusätzliche Erkenntnisse den Realisierungsmöglichkeiten annähern. Ob-

---

[936] Vgl. Schanz 1992, Sp. 1908f., Kerres/Rosemann 1992, S. 5ff.

[937] Vgl. Noelle-Neumann/Strümpel 1984, Klipstein/Strümpel 1984, S. 32f., 1985.

[938] Untersucht wurde der Erfolg einer Veränderung von Arbeitsstrukturen und –tätigkeiten in der Harwood Manufacturing Corporation. Dabei stellte sich heraus, daß die angestrebten Leistungsanforderungen von den Mitarbeitern entschieden abgelehnt wurden und zu aggressivem Verhalten gegenüber den Vorgesetzten beitrugen. Coch/French zeigten, daß diese Reaktionen durch Partizipation abgeschwächt bzw. gänzlich verhindert werden können. Vgl. Coch/French 1948, S. 512ff.

[939] Vgl. French/Israel/As 1960, S. 3ff., Kerres/Rosemann 1992, S. 8.

[940] Vgl. Schubert/Zink 1990, S. 82ff. Speziell im Rahmen von Zielvereinbarungen kann sich eine Beteiligung der Mitarbeiter als überaus positiv erweisen, da eine höhere Akzeptanz sowie ein höheres Maß an Selbstverpflichtung gegenüber Zielen zu erwarten sind (Vgl. Schanz 1992, Sp. 1906ff.). Vgl. auch Evers 1997, S. 32ff.

[941] Vgl. Schanz 1992, Sp. 1907f., Wiendieck 1992, Sp. 89ff.

wohl die allgemeine Partizipationsthese, welche besagt, daß der Widerstand der Betroffenen gegenüber Veränderungen durch ihre Beteiligung an den Entscheidungsprozessen reduziert werden kann,[942] weitgehend anerkannt ist, wird in Bezug auf Veränderungsprozesse häufig von einem partizipativen Vorgehen Abstand genommen, da eine Beeinträchtigung des Veränderungserfolgs aufgrund zunehmender dysfunktionaler Konflikte befürchtet wird.[943]

Grundsätzlich ist auch die Frage zu stellen, ob die heute so vielfach gepriesene Partizipation wirklich den geeignetsten Führungsstil darstellt. Den positiven Effekten partizipativer Führung stehen einige denkbare negative Wirkungen gegenüber. Neben zeitintensiven, oftmals ergebnislosen Diskussionen könnte Partizipation auch zum Zwecke einer Reduzierung der Leistungsanforderungen mißbraucht werden, wozu es insbesondere in einer opportunistischen Arbeitskultur des gegenseitigen Mißtrauens kommen dürfte.[944]

Ebenso fragwürdig erscheint der oftmals deutschen Unternehmen gemachte Vorwurf von Anhängern partizipativer Führungsstile, daß die heutigen Strukturen noch zum großen Teil Relikte des autoritären Obrigkeitsstaates sind und insbesondere ein damit verbundener militaristischer, ineffizienter Führungsstil praktiziert wird. Speziell in Bezug auf die organisatorischen Umstrukturierungsmaßnahmen der letzten Jahre könnten jedoch auch funktionale Aspekte militärischer Verhaltensmuster erkannt werden, die aber kaum von den an der Reorganisation Beteiligten verinnerlicht oder vorgelebt wurden. So ist es vor allem die Klarheit der Kompetenz- und Verantwortungsregelung in militärischen Organisationen, die Orientierung und Halt bietet und damit zur raschen Bewältigung von Wandel beiträgt. Daneben vermag etwa auch das Fürsorgeprinzip, welches in militärischen Strukturen sehr ausgeprägt sein kann, starke motivationale Effekte zu erzeugen, indem fundamentale Bedürfnisse nach sozialer Sicherheit und Wertschätzung befriedigt werden. Die Ursache der heute vielfach zu beobachtenden Mißtrauensorganisationen ist möglicherweise entscheidend darin begründet, daß lediglich *Teile* dieser autoritären Muster im betrieblichen Alltag übernommen und mit anderen kulturellen Elementen in fragwürdiger Weise vermischt wurden.[945] Überaus provokant formuliert Marr:

„Die Wirtschaft hat ihr attraktiv erscheinende Teile aus dem Militär übernommen, z.B. das Hierarchie-Prinzip. Nur hat sie es dann mit etwas kombiniert, was dem Militär ursprünglich fremd ist, nämlich dem Wettbewerbsprinzip. Und sie hat anderes über Bord gekippt, was für das Militär typisch ist, z.B. das Prinzip der Fürsorge. Wenn der "Spähtrupp" eines heutigen Wirtschaftsunternehmens im "Urwald des Wettbewerbs" loszieht, besteht die Gefahr, daß dort ein etwas leistungsschwächerer "Kamerad", wenn er nicht mehr weiterkann, fallen- bzw. zurückgelassen wird. Im Gegensatz hierzu würde ihm im Militär die gegenseitige Fürsorge zuteil werden, und ein anderer würde sich um ihn kümmern und gegebenenfalls dabei sein Leben riskieren. Auch war es im Militär zumindest in der jüngeren Vergangenheit üblich, daß im Gefahrenfall

---

[942] Vgl. z.B. Gaugler 1995b, Sp. 1801f., Evers 1997, S. 32ff.

[943] Da mit Partizipation auch das Risiko einer Zunahme an unproduktiven Konflikten und der Gefahr einer Verschlechterung der Arbeitsbeziehungen verbunden ist, ist Partizipationskultur nicht isoliert von offener Information und Kommunikation, gegenseitigem Vertrauen und würdevollem Konfliktverhalten zu sehen (vgl. Kirsch/Esser/Gabele 1979, S. 301, Schubert/ Zink 1990, S. 82f., Kerres/Rosemann 1992, S. 12f.).

[944] Vgl. Schanz 1992, Sp. 1909f.

[945] Vgl. Marr 1996a, Krogh, H. 1993, S. 127ff.

die Vorgesetzten immer vorangegangen und dabei gegebenenfalls als erste gefallen sind. Dieses kann wohl nicht als geltendes Prinzip der aktuellen Restrukturierung betrachtet werden."[946]

Um Mißverständnissen vorzubeugen, muß allerdings betont werden, daß sich Partizipation und Fürsorgeprinzip keinesfalls ausschließen. Vielmehr kann die authentische Partizipation gerade als Ausdruck von Wertschätzung und Anerkennung das Fürsorgeprinzip verkörpern, da sie als Hilfe und Förderung zur Selbstentwicklung der Mitarbeiter gesehen werden kann.

Das Wertequadrat der Partizipations- und Teamkultur könnte somit folgende Form aufweisen:

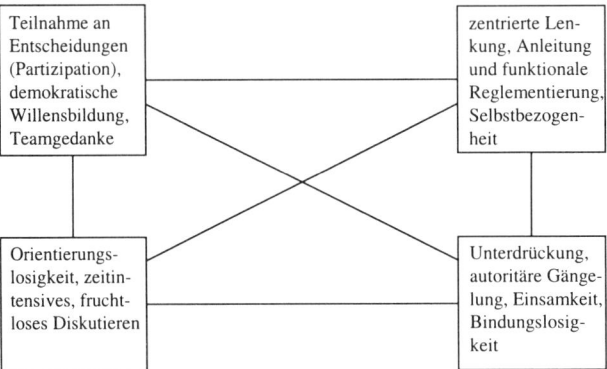

Abb. 47: Das Wertequadrat der Partizipations- und Teamkultur

Quelle: eigene Darstellung in Anlehnung an Schulz von Thun 1989, S. 38ff.

Der Erfolg von Partizipation ist letztlich von personellen, organisationalen, aber auch einer Vielzahl von umweltbezogenen Faktoren abhängig, so daß eindeutige Wirkungseinschätzungen kaum möglich sind. Jedoch kann konstatiert werden, daß die heutige und weiter anhaltende Situation einer turbulenten, sich schnell und gravierend verändernden Welt in den Bereichen der Technologie, der Ökonomie oder der gesellschaftlichen Werte einen hohen Grad an Partizipation zur Unterstützung dezentraler Entscheidungsfindung fördert. So hat denn auch der Slogan "Betroffene zu Beteiligten machen" weitgehend Verbreitung gefunden.[947]

Die an Bedeutung gewinnenden modernen Arbeitsstrukturierungskonzepte der (teil-)autonomen Gruppen legen zwar den Schluß nahe, daß es keiner strikten Team-Führung bedarf und man das Team weitgehend sich selbst überlassen kann; dem steht allerdings faktisch die verstärkte Notwendigkeit einer teamorientierten Führung gegenüber. Dabei weicht das traditio-

---

[946] Marr 1996a. Viele Restrukturierungsbemühungen der Gegenwart laufen Gefahr, ähnliche falsche Kombinationen wieder zu praktizieren, oftmals in Form einer Verbindung von Amerikanisierung mit Japanisierung. Die heutigen Arbeitsstrukturen tragen bereits in hohem Maße amerikanische Züge, jedoch wird von den Mitarbeitern eine Japanisierung verlangt. So fordert man fleißige, leistungs- und aufopferungsbereite Mitarbeiter in allen Ebenen, besinnt sich jedoch dann auf die Nutzen-Kalküle der amerikanischen Managementlehre, wenn man das Gefühl hat, sie nicht mehr zu brauchen. Marr bezeichnet diese Kombination als sehr brisant und hält sie für falsch (Vgl. Marr 1996a). Ähnlich sieht dies Porter: „Kein Führungssystem läßt sich universell verwenden – auch nicht das heute für viele so faszinierende japanische. Wettbewerbsfähigkeit in einer Branche resultiert daraus, wie gut ein in einem Land bevorzugten Führungsmethoden und Organisationsformen zu den Grundlagen passen, auf denen der Wettbewerbsvorteil dieser Industrie beruht." (1996, S. 152).

[947] Vgl. Schubert/Zink 1990, S. 82ff., Denison 1984, S. 5ff., Evers 1997, S. 32ff., Wunderer 1992, S. 287ff., insbes. S. 300f.

nelle autoritäre Führungsverständnis einer moderneren Interpretation im Sinne einer flexiblen, situativen Unterstützung für das Team, welches seine Arbeitsweise zur Erfüllung der übertragenen Aufgaben an die sich ständig verändernden Umweltbedingungen angleichen muß.[948]

Diese Tendenz zu verstärkter Teamorientierung in der Arbeitsstrukturierung wurde letztlich vor allem durch die erkannten positiven Effekte der Gruppenarbeit hervorgerufen. Arbeitsgruppen werden in der Regel deshalb gebildet, weil man sich davon einen Leistungsvorteil gegenüber einer entsprechenden Zahl von unverbundenen Einzelleistungen verspricht. Für eine größere Leistungseffizienz der Gruppenarbeit sprechen zahlreiche Befunde aus der Gruppenforschung, sofern man die erbrachte Leistungsquantität und -qualität als Kriterium zugrunde legt. Wird jedoch der benötigte Zeitaufwand einbezogen, erweist sich Gruppenarbeit häufig als weniger effizient. Als leistungswirksame Gruppenphänomene werden zumeist die folgenden angeführt:[949]

- "Soziale Erleichterung": Gruppenarbeit wirkt "aktivierend" bzw. "motivierend", d.h. sie veranlaßt zu größerer Leistungsabgabe durch die soziale Unterstützung (Sicherheit, Hemmungsabbau) sowie die geistige Anregung durch die Interaktion mit anderen.

- "Risikoverschiebung": Gruppenentscheidungen sind gegenüber Individualentscheidungen aufgrund fehlender Individualverantwortlichkeit durch tendenziell größere Risikobereitschaft gekennzeichnet, was sich hinsichtlich des Leistungskriteriums natürlich ambivalent auswirken kann.

- Verpflichtung (Commitment): Die Überzeugung, an einer Gruppenentscheidung maßgebend beteiligt gewesen zu sein, bewirkt bei den Gruppenmitgliedern ein erhöhtes Verpflichtungsgefühl hinsichtlich der Entscheidungsausführung; ein Sachverhalt, der dem Partizipationsgedanken in neueren Führungskonzeptionen zugrunde liegt. Eine Relativierung dieses Vorteils ergibt sich aus der tendenziellen Verlängerung der Entscheidungsprozesse.

- Konkurrenz: Gruppenmitglieder können versuchen, bei der Lösung der Gruppenaufgabe gegenseitig zu wetteifern, z.B. um sich für eine hohe Position innerhalb der Statushierarchie der Gruppe zu qualifizieren.

- Irrtumsausgleich: Die Zusammenführung verschiedener Wissensbestände und Sichtweisen in der Gruppe führt zu qualitativ besseren Entscheidungen, kann sich aber auch kreativitätsbehindernd auswirken. Leistungshemmend können in Gruppen insbesondere Kompromißdenken, Nichtberücksichtigung von effizienten Beiträgen durchsetzungsschwacher Mitarbeiter sowie Entscheidungsverzögerungen sein.

Für die Frage nach der Zweckmäßigkeit einer Teamkultur können folgende Belege für die Funktionalität und Notwendigkeit von Gruppennormen herangezogen werden:

- Zielbezogenes gemeinsames Handeln ist nur auf der Basis von allen akzeptierter und befolgter Verhaltens- und Urteilsrichtlinien möglich; andernfalls hemmen Mißverständnisse und Verhaltensunsicherheit die Gruppenaktivitäten.

---

[948] Diese Abkehr von autoritären Führungsformen trifft insbes. für mittelständische Unternehmen zu (Vgl. Schneider/Huber/ Müller 1991a, S. 212ff.). Vgl. auch Wever 1989b, S. 20, Dorau 1996, S. 368ff.

[949] Vgl. z.B. Grunwald 1996, S. 740ff., Katzenbach/Smith 1993.

- Normen ermöglichen als Bezugsrahmen eine rasche Orientierung in unbekannten Situationen und erhalten so die Handlungsfähigkeit der Gruppe.

- Normen als "überpersönliche" Instanzen sind geeignet, eine von Personen durchgeführte Verhaltenskontrolle, die leicht als Zwang oder Herrschaft empfunden wird, zu umgehen bzw. abzumildern.

- Normen schaffen eine spezifische Gruppenkultur, die geeignet ist, die gefühlsmäßige Identifikation der Gruppenmitglieder mit der Gruppe als soziale Einheit zu fördern.

- Diese Gruppenkultur erleichtert der Gruppe ihre Abgrenzung gegenüber anderen Gruppen und trägt so zu ihrer Stabilisierung bei.

Die Funktionalität der Konformität eines Teams ergibt sich aus den gleichen Gründen wie die der Gruppennormen. Jedoch kann auch nonkonformes Verhalten funktional für die Gruppe sein. Zunächst aber stellt es ein Konfliktpotential dar, womit sich die Frage nach den Effizienzwirkungen einer Konfliktkultur stellt.

*Konfliktkultur*

Die Notwendigkeit eines kultivierten, selbstverständlichen Umgangs mit Konflikten ergibt sich bereits aus der Unvermeidbarkeit von Konflikten im „freien Spiel der Kräfte von Angebot und Nachfrage".[950] Dies ergibt sich auf gesellschaftlicher wie auf betrieblicher Ebene durch die Prozesse der politischen Willensbildung, welche grundsätzlich demokratischen Prinzipien folgen.[951]

Die grundlegende Einstellung zu Konflikten bzw. zu deren Wirkungen läßt sich auch als "Konfliktphilosophie" bezeichnen, welcher je nach Überzeugung das Attribut "konfliktvermeidungsorientiert" oder auch "konfliktfördernd" zugeordnet werden kann. Konflikte können funktionale oder dysfunktionale Wirkungen in Bezug auf die Zielkategorien der ökonomischen und sozialen Effizienz aufweisen. Diese von Konflikten ausgehenden Effekte können jedoch nur unter Einbeziehung konkreter Situationsfaktoren, insbesondere der beteiligten Konfliktparteien, beurteilt werden.[952]

Die möglichen positiven Wirkungen von Konflikten sind primär darin zu sehen, daß Konflikte Veränderungen und Fortschritte in sozialen Bereichen der Gesellschaft auslösen können. Georg Simmel (1858-1918) sieht im sozialen Konflikt eine positive und notwendige Form der Sozialisierung. Er verweist darauf, daß es rein harmonischen Gruppen an Prozeß und Struktur fehle; Disharmonie und Dissoziation sei für menschliche Gruppierungen ebenso bedeutsam und notwendig wie Harmonie und Zusammengehörigkeit.[953] Konflikte können als "natürliche" Aktivitäten gesehen werden, mit denen Organisationsmitglieder ihre Interessen gegen den Widerstand anderer durchzusetzen versuchen. Sie entstehen aufgrund der systemimmanenten Unvereinbarkeit von Handlungsabsichten unterschiedlicher Personen bzw. Gruppen und sind

---

[950] Zürn 1994, S. 20.

[951] Vgl. Dahrendorf 1971, S. 160f.

[952] So argumentieren Marr/Stitzel (1979, S. 97): „Ob die *Wirkungen* eines Konfliktes funktional sind, läßt sich nicht daraus ableiten, daß ein bestimmter Konflikt abläuft, sondern allenfalls daraus, *wie* er abläuft. Nicht der Konflikt an sich ist disfunktional bzw. funktional, sondern das, *was* die am Konflikt Beteiligten aus ihm machen.".

[953] zit. nach Brengelmann 1989a, S. 116.

daher ein quasi unvermeidbares Merkmal von wirtschaftlichen Organisationen wie auch von anderen sozialen Systemen (Staaten, Familien etc.).[954] Konflikte symbolisieren von daher auch Freiheit, da durch sie allein „die Vielfalt und Unvereinbarkeit menschlicher Interessen und Wünsche in einer Welt notorischer Ungewißheit angemessenen Ausdruck finden kann."[955] Konflikte bilden ein wesentliches Element im Rahmen der Zielbildung und -verfolgung in interessenpluralistischen Organisationen und können als Voraussetzung für die Innovations- und Anpassungsfähigkeit der Organisation gelten.

Marr/Stitzel nennen folgende denkbare positive Konfliktwirkungen im betrieblichen Kontext:

| allgemein | ökonomische Effizienz | soziale Effizienz |
|---|---|---|
| - Problemmeldung,<br>- Problemverständnis,<br>- Lösungsdruck,<br>- Interaktion | - Verbesserung der Lösungsqualität,<br>- Auffinden innovativer Problemlösungen,<br>- höhere Anpassungsfähigkeit,<br>- Klärung der Kompetenz-, Verantwortungs- und Aufgabenbereiche,<br>- Leistungssteigerung und Loyalität. | - Berücksichtigung der Mitarbeiterbedürfnisse,<br>- Verbesserung des Organisationsklimas,<br>- Lernen (soziale Sensibilisierung, Toleranz, Diskussions- und Kooperationsfähigkeit). |

Tab. 6: Positive Wirkungen von Konflikten

Quelle: Marr/Stitzel 1979, S. 99

Dagegen betonen Verhaltensforscher die hemmende Wirkung von Konflikten im Rahmen von Lernprozessen. Unter Berufung auf die bekannten Lerngesetze steht für sie die schädliche Wirkung von Konflikten im Rahmen eines positiv ausgerichteten Sozialisierungsprozesses im Vordergrund.[956] Bezogen auf den betrieblichen Kontext muß im Falle von Konflikten mit Leistungsstörungen sowie einer Verminderung der Integration und Stabilität der Organisation gerechnet werden. Marr/Stitzel zeigen als mögliche Dysfunktionalitäten die folgenden auf:

| allgemein | ökonomische Effizienz | soziale Effizienz |
|---|---|---|
| - organisatorische Störungen,<br>- sozio-emotionale Störungen. | - Verschlechterung der Leistungs-Kosten-Relation (Leistungsstörungen, Absentismus, Fluktuation, Opportunitäts- und Folgekosten),<br>- Verminderung der organisatorischen Integration und Stabilität. | - Frustration durch Nichtberücksichtigung der Mitarbeiterbedürfnisse,<br>- Verschlechterung der sozialen Beziehungen,<br>- physische und/oder psychische Belastungen. |

Tab. 7: Negative Wirkungen von Konflikten

Quelle: Marr/Stitzel 1979, S. 99

---

[954] Vgl. Marr/Stitzel 1979, S. 87ff., Dahrendorf 1971, S. 161ff.

[955] Dahrendorf 1971, S. 164, 1972, S. 20ff.

[956] Vgl. Brengelmann 1989a, S. 116. Auch Talcott Parsons sieht Konflikte als dysfunktional und zerstörerisch, als eine Krankheit im sozialen Körper (1951).

Vor diesem Hintergrund könnte das der Konfliktkultur zugrundeliegende Wertequadrat etwa die folgende Struktur aufweisen:

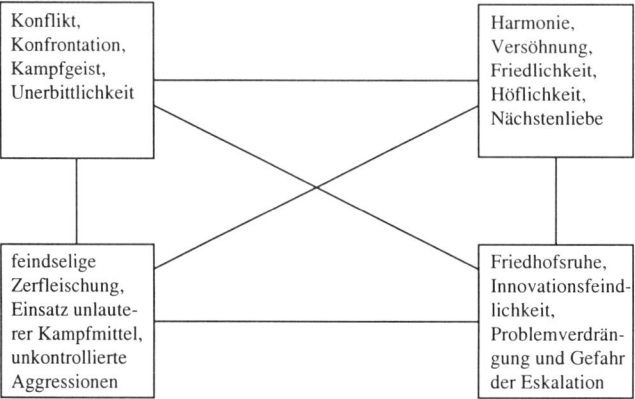

Abb. 48: Das Wertequadrat der Konfliktkultur

Quelle: nach Schulz von Thun 1989, S. 47.

Ausgehend von der zunehmend auf breitere Akzeptanz treffenden Annahme, daß Konflikte unvermeidbar sind und in Abhängigkeit von Situationsfaktoren funktionale Wirkungen entfalten können, fordert man verstärkt das Nutzbarmachen von bzw. einen konstruktiven Umgang mit Konflikten und wendet sich gegen eine kategorische Konfliktvermeidungsphilosophie. So mehren sich insbesondere die Stimmen, die angesichts der wirtschaftlichen Rahmenbedingungen und dem daraus resultierenden Veränderungsdruck die Kraft des Konflikts als Motor des Wandels zu schätzen wissen und einen "offenen" Umgang mit Konflikten sowie die Entwicklung der Konfliktfähigkeit von Organisationsmitgliedern propagieren.[957]

Als Beleg für die Effizienz eines umfassenden Konfliktmanagements können auch empirische Studien herangezogen werden, die etwa deutlich machen, daß erfolgreiche Manager erheblich mehr Zeit für den Umgang mit Konflikten aufwenden als weniger erfolgreiche Manager.[958]

*Fehler- und Lernkultur*

Ein Null-Fehler-Denken kann vordergründig durchaus positive Effekte in Bezug auf die Qualität der Produkte erzeugen. Jedoch können auch Ängste und Unsicherheiten durch drohende Sanktionen produziert werden, was sich in einer Scheu vor Verantwortungsübernahme oder auch gegenseitigen Schuldzuweisungen ausdrücken kann.

---

[957] Vgl. z.B. Schibalski 1991, S. 50ff., List 1994, S. 380ff., Lenglachner/Schmitz/Weyrer 1994, S. 19, Wever 1989b, S. 20. Auch Dahrendorf meint: „Konflikte geben dem Wandel sein Tempo, seine Tiefe und seine Richtung. Wer sie durch Anerkennung und Regelung bändigt, hat damit den Rhythmus der Geschichte in seiner Kontrolle. Wer diese Bändigung verschmäht, hat denselben Rhythmus zu seinem Gegner. Wo Konflikte unterdrückt werden, weil sie als lästiger Widerstand erscheinen oder ein für allemal beseitigt werden sollen, rächt sich diese Haltung im unerwarteten Rückschlag der unterdrückten Kräfte." (1971, S. 163).

[958] Vgl. Luthans/Rosenkrantz/Hennessey 1985, S. 255ff.

Fehler sind grundsätzlich als Quelle des Lernens und daher als Investition in die Fähigkeiten des Mitarbeiters anzusehen. Jedoch müssen nicht alle Fehler tatsächlich begangen werden, um entsprechende Lerneffekte zu erzielen. Eine zu fehlerfreundliche Atmosphäre birgt die Gefahr, daß zu sorglos, zu wenig verantwortungsbewußt gehandelt wird. Vor diesem Hintergrund erfordert eine Fehlerkultur ein hohes Maß an Verantwortungsbewußtsein,[959] welches auf einer ethischen Grundlage beruhen könnte.[960] "Fehlerfreundlich leben" bedeutet nach Bierter, „die Herausforderungen anzunehmen, bewußt und zusammenhangstiftend mit Unsicherheiten und Ängsten umzugehen, soziale Lernprozesse in Gang zu setzen, neue Wissenszugänge zu eröffnen sowie neue institutionelle Einrichtungen zu erfinden und zu erproben."[961]

In jedem Fall bewirkt ein Denken in Richtung Fehlerminimierung und Fehlervermeidung auch Innovationsminimierung und Innovationsvermeidung. Fehler können häufig als Indiz für notwendige Veränderungen gedeutet werden.[962] Weiterhin kann das bewußte Verschweigen von gemachten Fehlern zu negativen Auswirkungen, z.B. in Form versäumter Gegenmaßnahmen, führen,[963] so daß eine offene Kommunikationskultur eine Voraussetzung dafür darstellt, daß die Mitglieder Fehler eingestehen, konstruktiv mit ihnen umgehen und Gegenmaßnahmen bzw. Maßnahmen zur Schadensminderung schnell ergriffen werden können.

Das Wertequadrat zur Fehler- und Lernkultur zeigt primär die folgenden Aspekte:

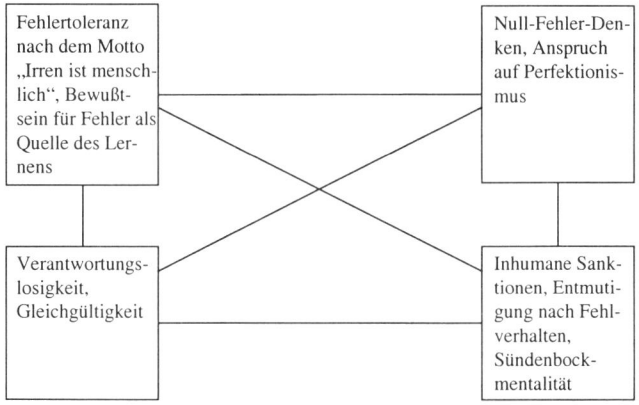

Abb. 49: Das Wertequadrat der Fehler- und Lernkultur

Quelle: eigene Darstellung in Anlehnung an Schulz von Thun 1989, S. 38ff.

Schulz von Thun sieht die Forderung nach einem konstruktiven Umgang mit Kritik in der Überzeugung begründet, daß Fehler und Irrtümer als menschliche Eigenarten nicht auszu-

[959] Vgl. Süssmuth-Dyckerhoff 1995, S. 233.

[960] Vgl. dazu etwa die "Verantwortungsethik" der katholischen Soziallehre (Vgl. Nell-Breuning 1983, 1990).

[961] Bierter 1990, S. 454f.

[962] Vgl. Frese, M. 1998, S. 58ff., Weigle 1994, S. 25.

[963] Vgl. Süssmuth-Dyckerhoff 1995, S. 233.

schließen sind, der unterschiedliche Umgang mit ihnen jedoch zu sehr unterschiedlichen Effekten führt: „Wenn ein Empfänger kritisiert wird, der sehr stark von der Überzeugung durchdrungen ist, daß es schlimm und selbstwertbeeinträchtigend ist, Fehler zu machen, dann wird Verwundung und eventuell Aggression als psycho-chemische Reaktion auftreten, er wird explodieren. Trifft dieselbe Kritik auf einen Empfänger, der es sich zugesteht, Fehler zu machen und darin keine Selbstwert-Einbuße erlebt, kann die Reaktion harmloser und konstruktiver ausfallen."[964]

Diese Forderung nach einem humaneren, toleranteren Umgang mit Fehlern im betrieblichen Kontext, die zum Ausdruck bringt, daß die Lernpotentiale durch begangene Fehler hoch eingeschätzt und das Lernen bzw. das Wissen als eine der wichtigsten Ressourcen des Unternehmens begriffen wird, findet ihre Anhänger insbesondere in der Pädagogik wie auch im betriebswirtschaftlichen Themenkreis der "lernenden Organisation" bzw. des "Wissensmanagements".[965]

Wie bereits eingangs dieses Kapitels erwähnt, finden sich in den heutigen Lehrbüchern zur Unternehmens- bzw. Personalführung einhellig Forderungen nach mehr Partizipation, mehr Selbstverantwortung und größerer Selbständigkeit. Wie eng jedoch die positiven und negativen Seiten einer Veränderungsbewegung beieinander liegen, zeigt beispielsweise die Protestbewegung der 68er. Hier wurde deutlich, wie schmal der Grat zwischen den positiven Aspekten, wie insbesondere Partizipation und Selbstbestimmung, und negativen Effekten, etwa in Form realitäts- und menschenfeindlicher Utopien und Ideologien, ist, bedenkt man die zahlreichen Auswüchse der Gewalt, die sich im Zuge der Bewegung entwickelten.[966]

Die Effizienz betriebswirtschaftlichen Handelns kann nur unter Berücksichtigung einer *unternehmenspolitisch* festgelegten Präferenzordnung eruiert werden. Eine nur auf ökonomische Kriterien abzielende Beurteilung, die von einem "gesellschaftlichen Wertevakuum" ausgeht, scheint nicht haltbar.[967] Die Bezeichnungen der Kulturfelder enthalten in diesem Sinne bereits eine gewisse Wertigkeit. Auf der nationalen Ebene können sie weitgehend als Ausfluß bzw. als Wesensmerkmale einer *sozialliberalen demokratischen Gesellschaftsordnung*[968] gesehen werden. Ihr verbindender Rahmen, der in Kap. 5 im Sinne einer anzustrebenden Ordnung ausführlicher erläutert wird, könnte zweckmäßig als *kritische Solidargemeinschaft* bezeichnet werden.

Im Vorgriff auf die Ergebnisse der Kulturanalyse läßt sich konstatieren, daß die gegenwärtige Nationalkultur teils gute Voraussetzungen, teils aber auch noch erhebliche Defizite hinsichtlich Informations- und Kommunikationskultur, Vertrauenskultur, Unternehmer- und Innovationskultur, Partizipations- und Teamkultur, Konfliktkultur sowie Fehler- und Lernkultur auf-

---

[964] Schulz von Thun 1981, S. 69f.

[965] Vgl. z.B. Frese, M. 1998, S. 58ff., Bierter 1990, S. 454., Weizsäcker/Weizsäcker 1984, S. 168ff., Pedler/Boydell/Burgoyne 1994, Sattelberger 1991, Wahren 1996, Neubeiser 1994, S. 15, Bilitza 1993, S. 573, Wever 1989b, S. 20.

[966] Vgl. Langguth 1995, S. 35ff., insbes. S. 39.

[967] Vgl. Ulrich, P. 1994, S. 190ff.

[968] Vgl. zum tieferen Verständnis einer sozialliberalen Demokratie: Dahrendorf 1971, S. 20ff., 36ff., 1972, S. 185ff.

weist. Darin liegt auch gleichzeitig das Spezifische an Deutschland im Vergleich zu anderen demokratischen Staaten begründet, daß die Deutschen, bedingt durch ihre historischen Erfahrungen, erst noch vertiefende demokratische Traditionen entwickeln, die sich in anderen Demokratien wie etwa England oder Frankreich bereits über mehrere Jahrhunderte gebildet haben.[969] So entstammen die entsprechenden Kontrastbezeichnungen der Kulturfelder, etwa in Form von "Schweigekultur", "Mißtrauenskultur", "Bürokratie- und Routinekultur", "Untertanen- und Autoritätskultur", "Harmoniekultur" oder "Null-Fehler-Kultur", in wesentlichen Punkten einem autoritären System wie insbesondere dem deutschen Obrigkeitsstaat der Vergangenheit.

Vor diesem Hintergrund kann kulturbewußtes Personalmanagement in Deutschland auch interpretiert werden als ein Management des Spannungsfeldes zwischen den kulturellen Relikten der obrigkeitsstaatlichen Vergangenheit und den moderneren kulturellen Erfahrungen einer liberal-demokratischen Gesellschaft.

### 3.1.2.3 Anwendung des Analyserasters der Kulturfelder als semantic differential

Der praktische Zweck der Kulturanalyse besteht in der Schaffung einer Grundlage für eine effizientere Steuerung des personalwirtschaftlichen Instrumentariums. Ausgangspunkt personalwirtschaftlicher Entscheidungen ist traditionell die Erfassung und Beurteilung von personellen Merkmalen der Mitarbeiter.[970] Aufgrund seiner zentralen Bedeutung verfügt das Funktionsfeld der Mitarbeiterbeurteilung über ein breites Spektrum an Erfassungs- und Bewertungsmethoden. Versäumt wurde bislang eine explizite Einbeziehung kultureller Faktoren, die lediglich indirekt durch ihre Wirkung auf einzelne Persönlichkeitsmerkmale erfaßt wurden. Ausgehend von der Grundannahme, daß menschliches (Leistungs-)Verhalten neben persönlichen auch von kulturellen Einflußfaktoren bestimmt wird, erhält demnach die "Personalbeurteilung" ein neues Gesicht, indem sie konsequenterweise eine Persönlichkeitsbeurteilung *und* eine Kulturbeurteilung umfaßt.[971] Bezogen auf die zeitliche Dimension können sich Persönlichkeits- wie auch Kulturbeurteilungen auf Vergangenheit (insbes. Leistungsbewertungen), Gegenwart (Bewertung des Ist-Zustandes, z.B. Beurteilung im Rahmen eines Assessment-Centers) oder auch Zukunft (Potentialbewertungen) beziehen. Eine so verstandene Beurteilung des Individuums, die etwa als Grundlage der Personalauswahl oder Personalentwicklung dient, erhält damit einen ganzheitlichen Charakter.[972]

Zu untersuchen ist, ob für eine explizite Kulturbeurteilung die Methoden der Personalbeurteilung in Form von Rangordnungsmethoden (Concoursverfahren, Verfahren der erzwungenen Verteilung, Verfahren des paarweisen Vergleichs, soziometrische Tests etc.), Einstufungsmethoden (Beurteilungsskala mit definierten Verhaltensmustern, Beurteilungsskala mit konkre-

---

[969] Vgl. Dahrendorf 1971, Langguth 1995, S. 21ff.

[970] Vgl. Domsch/Gerpott 1992, Sp. 1632ff., Oechsler 1987, S. 12, Neuberger 1980, S. 28f., Dirks 1975, Sp. 1347f.

[971] Vgl. zur Kultur- und Persönlichkeitsforschung in der Kulturanthropologie z.B. Hallowell 1953, S. 597ff., Sapir 1951, Rudolph 1959, S. 30ff.

[972] Vgl. insbesondere Schaal 1992, S. 52ff.

ten Personen als Richtbeispiele, numerische Beurteilungsskala, Likert-Skala etc.) oder Kennzeichnungsmethoden in analoger Weise herangezogen bzw. modifiziert werden können.[973]

Die merkmalsorientierten Einstufungsverfahren, denen in der Beurteilungspraxis eine dominierende Bedeutung zukommt, und speziell das semantic differential (Polaritätsprofil) erscheinen für eine Kulturbeurteilung denkbar, vor allem weil durch sie eine Vergleichbarkeit von Beurteilungen gewährleistet wird.[974] Eine Vorgabe der zu untersuchenden *kulturellen Merkmale* durch eine Eigenschaftsliste, insbesondere auch durch ein Eigenschaftsprofil in Form eines "Semantischen Differentials" wurde bereits von Osgood/Suci/Tannenbaum und Hofstätter vorgeschlagen und angewendet.[975]

Mit den Einstufungsmethoden im Allgemeinen und dem Polaritätsprofil im Besonderen sind verschiedene methodische Probleme verbunden.[976] Das zugrundeliegende Merkmalsystem sollte - um nicht dem Vorwurf der Willkürlichkeit ausgesetzt zu sein - den Prinzipien

- der *Vollständigkeit* (Berücksichtigung aller und nur der Kulturmerkmale, die für personalwirtschaftliche Entscheidungen deutliche Relevanz besitzen),

- der *Eindeutigkeit* (Ausreichende Trennschärfe der Kulturmerkmale),

- der *Ganzheit* (Charakter eines geschlossenen Systems, d.h. Identifizierung von Generalfaktoren, die einer weiteren Differenzierung Raum geben) sowie

- der *Praktikabilität* (Um die Anwendbarkeit in der Praxis zu gewährleisten, empfiehlt sich eine geringe Komplexität des Beurteilungssystems, d.h. ein Differenzierungsgrad, bei dem das System für die Beurteiler überschaubar bleibt.)[977]

genügen. Die angesprochenen Probleme im Zusammenhang mit der Einteilung in die einzelnen Kulturfelder machen deutlich, daß die vorgenommene Differenzierung in Form des Merkmalssystems der Kulturfelder diesen Kriterien nur bedingt gerecht wird. Weder kann die Einteilung dem Anspruch auf Vollständigkeit standhalten, noch kann eine wirkliche Trennschärfe konstatiert werden. Aufgrund der systematisierenden Ableitung kann von einer bemühten Annäherung an diese Kriterien ausgegangen werden. Zudem erscheinen die Kulturfelder durchaus als Generalfaktoren, die einer weiteren Differenzierung Raum geben. Auch scheint die Anwendbarkeit in der Praxis grundsätzlich nicht gefährdet, wobei dies freilich von einer weiteren Konkretisierung und Untergliederung der Kulturfelder abhängt.

Problematisch erscheint darüber hinaus eine Skalierung der einzelnen Profildimensionen. Wie bei Persönlichkeitsmerkmalen ist auch bei Kulturmerkmalen eine rein quantitative Abstufung

---

[973] Vgl. hierzu z.B. Hentze 1994, S. 258ff.

[974] Vgl. auch die Kulturprofile nach Bleicher 1986c, S. 782, vgl. auch Schwartz/Davis 1981. Nicht zu verschweigen sind jedoch die mit Einstufungsverfahren verbundenen Beurteilungsprobleme (z.B. sog. "Tendenz zur Mitte"), die empirisch nachgewiesen sind und sich nachteilig auswirken. Ebenso gibt es methodische Bedenken hinsichtlich Validität und auch Reliabilität der Beurteilung. Vgl. Crisand 1994, S. 54ff., Oechsler 1987, S. 13ff., Liebel 1987, S. 130f., Mayntz 1971, S. 51

[975] Vgl. Hofstätter 1960, 1970, S. 157ff., Osgood/Suci/Tannenbaum 1957. Zu einer kritischen Stellungnahme vgl. Koch-Hillebrecht 1977, S. 26.

[976] Vgl. dazu im Folgenden Dirks 1975, Sp. 1348ff.

[977] Vgl. Crisand 1994, S. 26f.

nicht ausreichend. Vielmehr erweist sich eine qualitative Variation der Merkmalsausprägungen als aussagekräftiger und handhabbarer. Ausgehend von der kulturtheoretischen Grundannahme, daß die kulturelle Identität einer Gruppierung nur in einer relativen Abgrenzung zu anderen Kulturen erkennbar wird, könnten die einzelnen Skalierungsstufen durch spezifische Ausprägungen anderer unterschiedlicher kultureller Gruppierungen umschrieben werden.

Schließlich besteht ein weiteres methodisches Grundproblem der Beurteilung in der Verankerung der Bewertungsskalen. Um eine größtmögliche Objektivität der Beurteilung zu erreichen, ist es notwendig, eine Bezugsbasis für die Beurteilungsskalen festzulegen, so daß die Anforderung nach intersubjektiver Nachvollziehbarkeit und Begründbarkeit des Urteils erfüllt wird.[978] Angewendet auf die oben abgeleiteten Kulturfelder ließe sich als erster grober, ausbaubedürftiger Ansatz folgendes Beurteilungsraster aufstellen:

**Polarisierungen von Denk- und Verhaltensmustern in
den ökonomisch relevanten Kulturfeldern**

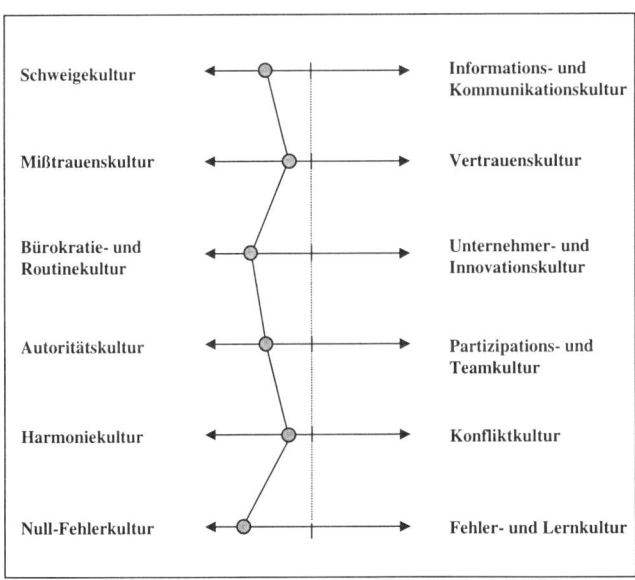

Abb. 50: Beispiel für ein Polaritätsprofil von Denk- und Verhaltensmustern einer kulturellen Gruppierung

Quelle: eigene Darstellung

Die Hypothesen zur Feststellung der gegenwärtigen Ausprägungen relevant erscheinender Kulturmerkmale führen zu einer Einordnung auf dem Analyseraster, so daß sich im Ergebnis ein ökonomisch relevantes Kulturprofil ergibt.

---

[978] Vgl. Dirks 1975, Sp. 1351f.; Crisand 1994, S. 27f.

### 3.1.2.4 Kulturtypologien

Eine analytische Differenzierung der Kultur anhand bestimmter Kriterien bildet die Grundlage für Typologien, die konkrete, in der Realität vorkommende Ausprägungen der Merkmale widerspiegeln und im Ergebnis spezifische "Kulturgestalten" unterscheiden. Der Zweck solcher Typologien besteht im Wesentlichen darin, ein Hilfsmittel zur Sortierung und Vereinfachung der kulturellen Alltagserfahrungen anzubieten und so zu einer kommunizierbaren Gestalt zusammenzufassen.[979]

Die vielfältigen Erscheinungsbilder soziokultureller Systeme haben die Anthropologie von jeher vor die Aufgabe gestellt, eine Ordnung dieser Vielfalt zu schaffen.[980] So sind etwa die Anhänger der evolutionistischen Anthropologie bestrebt soziokulturelle Systeme gemäß ihres Entwicklungsstandes einzuteilen, um dadurch Gesetze der Kulturevolution ableiten zu können.[981] Alternativ dazu entwickelte sich in den USA das "culture-area"-Konzept, wonach über eine räumliche Typologisierung Ähnlichkeiten verschiedener soziokultureller Systeme (im Fall der USA waren dies verschiedene Indianervölker) erkundet werden sollten.[982] Eine andere, im Bereich der Völkerkunde oftmals verwendete Typologie, ist die von Service getroffene Unterscheidung in Horde, Stamm, Häuptlingstum und Staat, wonach die soziokulturellen Systeme gemäß ihrer politischen Struktur eingeordnet werden.[983]

*Unternehmenskulturtypologien*

Eine frühe Unterscheidung von Organisationskulturtypen hat Handy Ende der 70er Jahre entwickelt. In Anlehnung an Harrison schlägt er folgende Typen als markante Ausprägungen vor:[984]

* die *Machtkultur* (autokratische Organisationsform, Machtzentralisation, niedriger Grad an Formalisierung, häufig in kleinen Wirtschaftsorganisationen (Eigentümerunternehmen) anzutreffen),

* die *Rollenkultur* (bürokratieähnliche Organisationsform, funktionaler Anspruch, gekennzeichnet durch Rationalität und Logik, regelungs- und ablauforientiert, Interaktionen meist über Dienstweg, geringe Flexibilität, häufig in Großorganisationen mit relativ stabilen Märkten),

* die *Aufgabenkultur* (Sach- und Projektorientierung, vorwiegend Matrixstrukturen, große Bedeutung von Gruppenprozessen, Expertenmacht als zentrale Machtbasis, hohe organisationale Flexibilität, häufig in Organisationen, die sich in einem rasch ändernden Umfeld bewegen),

* die *Personenkultur* (humanistisch orientierte Kultur mit dem Individuum und dessen Zielen und Interessen als Mittelpunkt des Organisationsgeschehens, die Wertestrukturen der Mitglieder ähneln sich; z.B. Hippie-Kulturen, alternative Unternehmen wie Greenpeace).

---

[979] Vgl. Schreyögg 1996a, S. 437ff.

[980] Vgl. Bargatzky 1985, S. 83ff.

[981] Hierzu zählen etwa die Ansätze von L.H. Morgan, V.G. Childe, L.A. White oder auch F. Engels, die im Wesentlichen die soziokulturellen Systeme, die auf Verwandtschaftsbeziehungen basieren (societas, "primitive cultures") von den Systemen des Staates bzw. der Zivilisation (civitas) unterscheiden.

[982] Bekannte Vertreter dieser Richtung waren vor allem F. Boas und C. Wissler.

[983] Vgl. Service 1975.

[984] Vgl. Handy 1978, S. 404ff., 1979, Harrison 1972, S. 119ff.

Die wohl bis heute bekannteste Typologie von Unternehmenskulturen stammt von Deal/
Kennedy, die vier Typen unterscheiden: [985]

> The tough-guy, macho culture. A world of individualists who regularly take high risks
> and get quick feedback on whether their actions were right or wrong.

> The work hard/play hard culture. Fun and action are the rule here, and employees take
> few risks, all with quick feedback; to succeed, the culture encourages them to maintain a
> high level of relatively low-risk activity.

> The bet-your-company culture. Cultures with big-stakes decisions, where years pass
> before employees know whether decisions have paid off. A high-risk, slow-feedback
> environment.

> The process culture. A world of little or no feedback where employees find it hard to
> measure what they do; instead they concentrate on how it's done. We have another name
> for this culture when the processes get out of control - bureaucracy!

Bis heute finden sich eine Reihe alternativer Typologien von Unternehmenskulturen, z.B. bei
Bleicher,[986] Kets de Vries/Miller,[987] Denison[988] oder Bate.[989]

Auch anhand der oben vorgenommenen Einteilung der Kultur in Kulturfelder ließe sich eine
Typologie ableiten, indem typische Kulturprofile identifiziert und als markante "Kulturgestalten" hervorgehoben werden. Diese Kulturgestalten können stellvertretend für Länder, für
Unternehmen oder auch für Unternehmensteile stehen. Auf eine dezidierte Ableitung einer
derartigen Typologie soll jedoch verzichtet werden.

### 3.1.3 Zusammenfassung

Die verschiedenen kulturwissenschaftlichen Teildisziplinen bieten ein breites Spektrum an
methodischen und inhaltlichen Ansatzpunkten zur Bildung von Hypothesen zur deutschen
Nationalkultur. Durch die Berücksichtigung von Arbeiten unterschiedlicher Teildisziplinen
kann im Sinne des Verfahrens der Triangulation eine überzeugendere Fundierung der Kulturhypothesen erreicht werden. Auch versprechen die spezifischen Facetten und besonderen
Fokussierungen der einzelnen Arbeiten in unterschiedlicher Weise differenzierte Einblicke in
nationalkulturelle Gegebenheiten, die in einem einzelnen Kulturansatz nicht eingefangen
werden können.

Für eine Analyse der Kultur ist eine weitgehende inhaltliche Differenzierung unerläßlich. Mit
Blick auf die betriebswirtschaftliche Relevanz empfiehlt sich daher ein Analyseraster, welches die ökonomisch vorrangig relevanten Felder der Kultur beinhaltet. Dabei lassen sich die
folgenden identifizieren: Informations- und Kommunikationskultur, Vertrauenskultur, Unternehmerkultur, Partizipations- und Teamkultur, Konfliktkultur sowie Fehler- und Lernkultur.

---

[985] Deal/Kennedy 1982, S. 107f.

[986] Vgl. Bleicher 1986a, S. 97ff.

[987] Vgl. Kets de Vries/Miller 1986a, S. 266ff.

[988] Vgl. Denison 1990, S. 5ff.

[989] Vgl. Bate 1994, S. 43ff.. Ein Überblick findet sich auch bei Kasper 1987, S. 86ff., Schreyögg 1996a, S. 437ff.

Diese Untergliederung dient im weiteren Verlauf der Arbeit als Raster für eine Beurteilung der nationalkulturellen Bedingungen sowie für Ansatzpunkte der personalwirtschaftlichen Gestaltung. Abb. 51 gibt einen Überblick über die sich an den Kulturfeldern orientierende Vorgehensweise:

| | |
|---|---|
| **Charakterisierung der Kulturfelder:**<br>↳ Definition und Begriffsproblematik der Kulturfelder<br>↳ Inhaltliche Bestimmungsmerkmale der Kulturfelder<br>↳ Bedingungsgrößen/Einflußfaktoren der Kulturfelder | Kap. 2.2.3.1 |
| **Grundsätzliche Effizienzüberlegungen zu den Kulturfeldern:**<br>↳ Situative Relativierung<br>↳ Einschätzung/Bewertung der derzeitigen Erfordernisse<br>↳ Argumente für eine Untermauerung der Kulturfelder als effiziente Denk- und Verhaltensmuster | Kap. 2.2.3.3 |
| **Erforschung der nationalkulturellen Bedingungen in den Kulturfeldern:**<br>↳ Beantwortung der Frage „Was ist typisch deutsch?" hinsichtlich der Kulturfelder, Hypothesen zu nationalkulturellen Bedingungen<br>↳ Abgleich mit oben identifizierten generellen Bedingungsgrößen (Bewertung)<br>↳ Identifizierung des Pflege-, Schutz-, Vermittlungs- und Förderungsbedürftigen der deutschen Nationalkultur | Kap. 4.2 |
| **Ansatzpunkte kulturbewußter Personalarbeit in den Kulturfeldern:**<br>↳ Die Kulturfelder als Profil eines integrativen Rahmens in Form einer „kritischen Solidargemeinschaft"<br>↳ Vordringlich Personalführung, -entwicklung und Anreizpolitik als gestalterische Elemente in den Kulturfeldern<br>↳ Personalwirtschaftliche Ansatzpunkte zur Nutzung der kulturellen Voraussetzungen, Erhaltung der Stärken und Behebung der Defizite | Kap. 5 |

Abb. 51: Überblick zur Vorgehensweise anhand des Analyserasters

Quelle: eigene Darstellung

## 3.2 Analyse der Nationalkultur

Wie bereits dargestellt wurde, beeinflussen verschiedene Kulturebenen, wie z.b. die der Familie, die des Sportvereins, die des zugehörigen Unternehmens usw. das Handeln der Menschen. Unter der Annahme, daß eine umfassendere Kulturebene als die Nationalkultur, etwa in Form einer Europa- oder gar Weltkultur ein zu vages Profil zeigt, soll die Nationalkultur in der Konzeption des kulturbewußten Personalmanagements gleichsam den äußersten kulturellen Rahmen bilden, innerhalb dessen sich freilich verschiedene, eventuell auch gegenläufige Subkulturen ausprägen können.

Unabhängig davon, auf welcher Ebene eine Kulturanalyse ansetzt, beinhaltet diese stets die Problematik der Zeitbedingtheit in zweifacher Hinsicht. Zum einen ist der Forscher, der sich der Bestandsaufnahme widmet, durch seine im historischen Kontext eingebettete und somit kulturelle Filter enthaltende Persönlichkeit "vorbelastet"; zum anderen unterliegt das Erkenntnisobjekt selbst Wandlungsprozessen, so daß seine Erfassung stets zeitabhängig ist.[990]

Insbesondere deshalb erscheint es angebracht, wissenschaftliche Gütekriterien zu identifizieren, mit deren Hilfe die Untersuchungen zur Nationalkultur beurteilt werden können. Als derartige methodische Richtlinien können gelten:[991]

- Vermeidung einer Übersimplifizierung bzw. einer unreflektierten Übernahme von Klischees oder Vorurteilen (Grundsatz der Vorurteilsfreiheit)[992],
- Vermeidung reiner Spekulationen (Grundsatz der intersubjektiven Überprüfbarkeit)[993],
- Spezifische Anstrengung der Selbstdistanzierung, Freimachen von der selbstverständlichen Logik der eigenen Kultur (methodische Kontextimmanenz)[994],
- Kontextverfremdung als methodischer Kunstgriff (Vergegenwärtigung und bewußte Entfremdung des kulturellen Vorverständnisses)[995],
- Analyse der eigenen Interessen am Thema,
- Ironie (spielerischer Umgang)[996].

### 3.2.1 Ziele der Analyse

Ziel der Analyse ist es, die herrschenden kulturellen Muster des ökonomisch relevanten Denkens und Verhaltens der Deutschen aus unterschiedlichen Blickwinkeln aufzuzeigen, indem Erkenntnisse der einschlägigen kulturwissenschaftlichen Disziplinen gesichtet werden.

Um Fehlinterpretationen vorzubeugen, sei Folgendes angemerkt: Die Feststellung der kulturellen Identität der Deutschen unterliegt ebensowenig dem Zweck der Abgrenzung gegenüber

---

[990] Vgl. Ramaswamy 1985, S. 9, Bargatzky 1985, S. 15ff.

[991] Vgl. Inkeles/Levinson 1969, S. 418ff.

[992] Vgl. Berg-Schlosser/Schissler 1987, S. 12.

[993] Vgl. ebenda.

[994] Vgl. Elias 1994, S. 7, Ramaswamy 1985, S. 102, Dahrendorf 1971, S. 8ff.

[995] Vgl. zu dieser Methodik detailliert Zingerle 1979, S. 587ff.

[996] Vgl. Glaser 1996, S. 32.

von außen kommenden Kultureinflüssen wie dem Bestreben nach Beibehaltung des Gewohnten und Bewährten. Vielmehr dient die Untersuchung dazu, das kulturelle Erbe und seine Wirkungen auf die heutige Identität der Deutschen zu verdeutlichen und damit ein besseres Verstehen typisch deutscher Verhaltensweisen zu ermöglichen.[997] Zielsetzung ist somit ein tieferes Verständnis der Deutschen als Bevölkerung und nur indirekt ein besseres Verständnis Deutschlands.[998]

Dabei fungiert das erarbeitete Analyseraster als ein Sieb bzw. ein Ordnungsschema, welches Kulturbestandteile zu erfassen hilft, die eine zentrale ökonomische Bedeutung erlangen. Es gilt demnach, eine Positionierung der Deutschen hinsichtlich der aufgezeigten Kulturfelder zu diskutieren bzw. nach deutschen Wesenszügen zu suchen, die die Ausprägungen von Vertrauenskultur, Informations- und Kommunikationskultur, Unternehmer- und Innovationskultur, Partizipations- und Teamkultur, Konfliktkultur sowie Fehler- und Lernkultur in deutschen Unternehmen mitbestimmen bzw. mitbeeinflussen.

### 3.2.2  Probleme der Bestimmung der deutschen Nationalkultur

#### 3.2.2.1  Dilemma der Bildung von Hypothesen

Die in der Literatur zu findenden unterschiedlichen Deutschen- bzw. Deutschlandbilder haben den Charakter von *begründeten Deutungsangeboten*, die sich aus prinzipiell falsifizierbaren Hypothesen zusammensetzen.[999] Speziell in Bezug auf die dabei eingesetzten Methoden der empirischen Sozialforschung und die Verwendung ihrer Ergebnisse in der politischen Kulturforschung brachte Max Kaase die Kritik mit einer vielbeachteten Metapher auf den Punkt, indem er die kulturwissenschaftliche Disziplin und die angewendeten Methoden verglich mit dem „Versuch, einen Pudding an die Wand zu nageln".[1000] Und auch Clifford Geertz trifft das wissenschaftliche Problem im Kern: „Die Untersuchung von Kultur ist ihrem Wesen nach unvollständig. Und mehr noch, je tiefer sie geht, desto unvollständiger wird sie. Es ist eine eigenartige Wissenschaft: Gerade ihre eindrucksvollsten Erklärungen stehen auf dem unsichersten Grund, und der Versuch, mit dem vorhandenen Material weiter zu gelangen, führt nur dazu, daß der - eigene und fremde - Verdacht, man habe es nicht recht im Griff, immer stärker wird."[1001]

---

[997] Vgl. auch Puppe 1990, S. 5.

[998] Dabei wird auf eine wesentliche Unterscheidung der sozialwissenschaftlichen Methodenlehre zurückgegriffen: Während *Kollektiveigenschaften* bei einem kompletten Austausch der Mitglieder eines Kollektivs weiterbestehen, sind *Aggregateigenschaften* die Summe der Einzeleigenschaften der Kollektivmitglieder, die sich durch Mitgliederwechsel entsprechend verändern. Dementsprechend interessieren vornehmlich die Aggregateigenschaften, d.h. die Eigenschaften der augenblicklichen deutschen Bevölkerung, und nicht primär die Kollektiveigenschaften, die eher den Staat "Deutschland" kennzeichnen (Vgl. Scheuch 1991, S. 23ff.). Dazwischen bestehen jedoch so enge Bezüge, daß diese Trennung eher analytischer Natur ist. Als wesentlichen Ausgangspunkt sehen denn auch viele Kulturwissenschaftler die Beziehung der Deutschen zu Deutschland und untersuchen die Umrisse des Nationalstaats der Moderne, die Nationalbewußtsein sowie den Nationalstolzes der Deutschen, um schließlich die Frage nach einem Nationalcharakters zu stellen (Vgl. z.B. Breitenstein 1996, Scheuch 1991, Greiffenhagen/Greiffenhagen 1993a, Weidenfeld/Korte 1991, Noelle-Neumann 1982, 1986, 1987, 1991c).

[999] Diese Einstufung einer begrenzten Tragfähigkeit entspringt einer epistemologischen Bescheidenheit, die auf der Erkenntnis der Wissenschaftstheorie beruht, daß man höchstens wissen kann, was falsch ist, nicht aber was wahr ist. Vgl. dazu Chalmers 1994, Popper 1973, S. 57ff., Schulze 1992, S. 28f.

[1000] Kaase 1983, S. 144ff. Vgl. dazu auch Greiffenhagen/Greiffenhagen 1993a, S. 23ff., insbes. S. 33.

[1001] Geertz 1983, S. 41.

Ein erstes theoretisches Problem, welches sich mit dem Verstehensprozeß der nationalen Kulturmerkmale verbindet, bezieht sich auf eben dieses Problem der kulturwissenschaftlichen Hypothesenbildung in Verbindung mit dem allgemeinen Dilemma der Modellbildung. Einerseits ist es anzustreben, durch Modelle die Komplexität der Realität zu reduzieren, um somit eine griffige Ausgangssituation für anzuwendende Methoden und Instrumente zu schaffen. Andererseits besteht die Gefahr, sich durch zu starke Abstraktion zu weit von der Realität zu entfernen und die Wahrscheinlichkeit einer empirischen Bewährung der auf dem Modell beruhenden Erklärungsmuster und Gestaltungsempfehlungen zu reduzieren.

Auf der einen Seite finden sich in der kulturwissenschaftlichen Literatur Deutschlandbilder, die einen sehr hohen Konkretisierungsgrad aufweisen. Diese bieten zwar durch ihr markantes Profil die Möglichkeit, personalwirtschaftliche Konsequenzen abzuleiten, können jedoch aus wissenschaftlicher Sicht nur wenig überzeugen, da oftmals statt fundierter Analysen lediglich Klischees und Vorurteile zur Sprache kommen, die im Grunde über den Charakter bloßer Behauptungen bzw. mehr oder weniger überzeugender Spekulationen nicht hinauskommen.[1002]

Auf der anderen Seite stehen wissenschaftliche Bemühungen zur Frage des Nationalcharakters, die sich jedoch zumeist in grundlegenden, methodischen Überlegungen erschöpfen und inhaltlich ein sehr abstraktes, vages Deutschlandbild zeichnen. Auch Dahrendorf bemängelt an einer Vielzahl historischer Analysen zum Wesen der Deutschen die Unverbindlichkeit ihrer Aussagen, die nach dem Prinzip "catch as catch can" aufgestellt wurden und sich daher einer Falsifizierbarkeit weitestgehend entziehen.[1003]

Derartige Analysen erwecken somit zwar den Anschein, daß sie wissenschaftlich gefestigter sind, jedoch können sie aufgrund der zu verschwommenen inhaltlichen Konkretisierung kaum als Grundlage eines personalwirtschaftlichen Konzepts dienen. Es scheint, als müsse man sich die Möglichkeit des personalwirtschaftlichen Anwendungsbezugs auf Kosten einer geringeren wissenschaftlichen Absicherung der Kulturanalysen erkaufen:

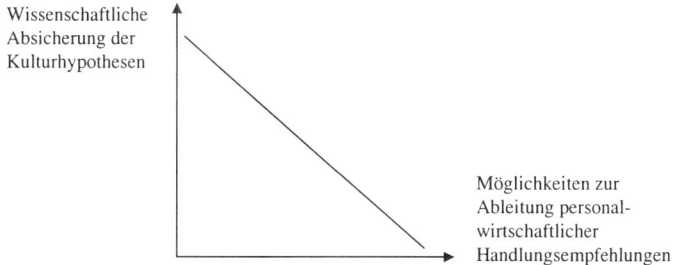

Abb. 52: Dilemma der Bildung von Kulturhypothesen

Quelle: eigene Darstellung

---

[1002] Vgl. beispielhaft hierzu Pross 1982, insbes. S. 70, Nuss 1992. Sehr deutlich kommt dies auch in den vielfältigen naiven Klischees über Ostdeutsche im Rahmen des Transformationsprozesses nach 1990 zum Ausdruck (vgl. hierzu die Beiträge in Lang 1996).

[1003] Vgl. Dahrendorf 1971, S. 30f.

Das Dilemma der Hypothesenbildung läßt sich wie folgt formulieren: Eine sehr konkret gefaßte Kulturhypothese erweist sich zwar als geeignet zur Ableitung konkreter personalwirtschaftlicher Implikationen, beinhaltet jedoch bezüglich ihrer empirischen Überprüfung auch ein hohes Falsifikationsrisiko, so daß eine darauf gestützte personalwirtschaftliche Konzeption auf "wackligen Beinen" stünde. Eine eher allgemein gehaltene Kulturhypothese beinhaltet ein geringeres Falsifikationsrisiko, entzieht sich jedoch aufgrund ihrer unpräzisen Erfassung der Realität weitgehend einer empirischen Testbarkeit und läßt darüber hinaus auch nur vage oder unverbindliche personalwirtschaftliche Ableitungen zu.

In ähnlicher Weise spricht Drumm von einer generellen "Theoriefalle" des Personalmanagements: Auf der einen Seite ergibt sich durch die möglichst genaue Erfassung der Realität eine hohe Komplexität der Hypothesen, wodurch ihre Testbarkeit reduziert wird. Auf der anderen Seite erleichtert zwar eine geringe Komplexität die Testbarkeit der Hypothese, erfaßt jedoch die Realität in unzureichendem Maße und führt daher auch zu einem größeren Falsifikationsrisiko.[1004] In dieser Situation empfiehlt Drumm dem personalwirtschaftlichen Wissenschaftler die „Formulierung nationaler Kunstlehren im Sinne von ungeprüften intelligenten Hypothesen".[1005] Eben dieser Weg sei im Folgenden eingeschlagen.

Um es noch einmal deutlich zu machen: Die Ergebnisse der Kulturanalysen können personalwirtschaftliche Ursache-Wirkungszusammenhänge transparenter machen, Argumente liefern und begrenzt hypothesenbildend wirken, z.B. auch hinsichtlich der Aufnahme von Managementprinzipien fremder Kulturen, wie insbesondere der amerikanischen und japanischen im Rahmen eines Veränderungsmanagements; eine geschlossene, kulturtheoretische Konzeption der Personalwirtschaft, die gar überdauernde Gültigkeit beansprucht, kann damit keineswegs postuliert werden.[1006]

Abgesehen von der beschriebenen modelltheoretischen Problematik ergeben sich bei der Bestimmung einer kulturellen Identität der Deutschen weitere Schwierigkeiten inhaltlicher Natur, auf die im Folgenden eingegangen wird.

### 3.2.2.2 Deutschland als "schwieriges Vaterland"

Wengleich sich im Zuge der gegenwärtigen Diskussion um die Rolle des wiedervereinigten Deutschlands in Europa in der neueren Literatur vermehrt Fragen nach der deutschen Identität oder dem Nationalcharakter finden lassen, so besteht doch weitgehend Einigkeit darüber, daß Deutschland als ein "schwieriges Vaterland" anzusehen ist.[1007] Wenn Deutschland aber tatsächlich ein schwieriges Vaterland ist, sind dann nicht auch die Deutschen schwierige Menschen?[1008] Müßte ein Personal- und Organisationsmanagement, dessen Qualität sich auch an der Realitätsnähe seiner Modellannahmen bemißt, nicht bestrebt sein, diese Schwierigkeiten,

---

[1004] Vgl. Drumm 1996, S. 6ff.

[1005] Drumm 1996, S. 9.

[1006] Vgl. Drumm 1996, S. 6ff., Sweeney/Hardaker 1994, S. 3ff.

[1007] Deutschland als ein schwieriges Vaterland anzusehen, beruht auf einem Ausspruch Gustav Heinemanns bei seiner Antrittsrede am 1. Juli 1969, in der er sagte: „Es gibt schwierige Vaterländer. Eines davon ist Deutschland." (Heinemann 1975, S. 20). Vgl. Breitenstein 1996, S. 10f., 23ff., Nuss 1992, Weidenfeld 1993.

[1008] Vgl. Breitenstein 1996, S. 11f.

die wohl auch Besonderheiten darstellen, zu erkennen, um damit besser, d.h. bewußter umgehen zu können?

Deutschlands Geschichte bzw. das nationale Schicksal unterscheidet sich von dem anderer Völker, was freilich natürlich ist, wenn man bedenkt, daß im Grunde jedes Volk ein sehr spezifisches nationales Schicksal aufweist.[1009] Aus geschichtlicher Sicht kann den Deutschen und Deutschland dennoch nur schwierig der Zustand der *Normalität* attestiert werden, da den Deutschen oftmals ein Denken und Verhalten in Extremen anhaftete. Das Attribut "schwierig" erklärt sich durch den Blick in die deutsche Geschichte, der deutlich macht, daß sich nationales Denken bzw. Nationalismus als politische Strömung in Deutschland erst spät entwickelte.[1010] Die historischen Umbrüche der deutschen Gesellschaft verhinderten lange Zeit die Entwicklung eines im europäischen Vergleich *normalen* Nationalstaates. In diesem Zusammenhang wird zumeist der "Sonderweg"[1011] Deutschlands betont und treffende Kurzbeschreibungen wie "verspätete Nation"[1012], "gekränkte Nation"[1013] oder "gestürztes Volk"[1014] verwendet.

Heute wird in politischen Entscheidungen zunehmend Abstand genommen von extremen Lösungen, und so wird dem wiedervereinigten Deutschland allmählich der Status der Normalität zuteil.[1015] Über 50 Jahre Frieden und eine fast ebenso lange Zeit der Demokratie haben Deutschland inzwischen einen Platz in der Gemeinschaft der Völker einnehmen und die Stereotype über den feindlich gesinnten Deutschen vielerorts verblassen lassen.[1016]

Dennoch lassen sich auch in der heutigen Zeit immer wieder Spuren der Vergangenheit erkennen, insbesondere in Form der seit dem Kriegsende aufkommenden und bis heute andauernden Selbstvorwürfe, moralischen Verstörungen und Trauer, welche sich in den tiefliegenden Grundannahmen als Selbstzerknirschung, Larmoyanz und Miserabilität verfestigt haben.[1017] Daher bedeutet die Beschäftigung mit der deutschen Kultur, welche notwendigerweise die deutsche Vergangenheit miteinschließt, auch heute noch das Betreten einer "Tabuzone" aufgrund der anhaltend hohen Sensibilität gegenüber der nationalsozialistischen Vergangenheit.[1018]

---

[1009] Vgl. Scheuch 1991, S. 27ff.

[1010] Vgl. Plessner 1959, Weidenfeld 1991, Watson 1993, S. 29ff.

[1011] Vgl. zum "Sonderweg" Deutschlands aufgrund seiner gebrochenen nationalen Entwicklung Sontheimer 1983, S. 324ff., 1987, S. 35ff., Grebing 1986, Scheuch 1991, S. 27ff., Weidenfeld 1991, Maier, C.S. 1992, S. 122ff., kritisch dazu auch Diwald 1990, S. 377ff.

[1012] Vgl. Plessner 1959.

[1013] Vgl. Breitenstein 1996.

[1014] Vgl. Maaz 1991.

[1015] Vgl. Zielcke 1997, S. 11, Habermas 1991, S. 25f., Henningsen 1984, S. 356ff.

[1016] Vgl. kritisch dazu Diwald 1990, S. 88ff.

[1017] Vgl. Diwald 1990, S. 100ff. Vgl. hierzu die Diskussion, die als "Historikerstreit" bekanntgeworden ist, in der es im Kern um die Frage geht, ob die nationalsozialistische Vergangenheit als geschichtliches Ereignis im Sinne einer vergangenen Epoche unter anderen gleichsam zu den Akten zu legen oder die Vergangenheit als Mahnmal für alle Zeit zu erhalten ist (Vgl. z.B. Maier, C.S. 1992, S. 15ff.).

[1018] Vgl. Elias 1994, S. 7f., Sontheimer 1971, S. 130ff., Alter 1986, S. 17ff.

### 3.2.2.3 Die Frage der kulturellen Einheit

Die Nationalkultur kann als Moderatorvariable einer differentiellen Personalwirtschaft[1019] nur unter der Voraussetzung angewandt werden, daß sich bei der nationalkulturellen Differenzierung eine relativ homogene Gruppe, hier eben in Form der Deutschen, erfassen läßt, die sich durch bestimmte Denk- und Verhaltensweisen von anderen unterscheidet. Dies führt zwangsläufig zur Frage der kulturellen Einheit der Nation.

Bei der Frage nach der Existenz eines Nationalcharakters stößt man bei sozialwissenschaftlichen Forschern auf Uneinigkeit. Einerseits scheint die neuere Geschichte nicht von der Sozialstruktur her erklärbar zu sein, so daß man zu dem Schluß kam, daß eine Häufung nationalspezifischer Persönlichkeitstypen vorgelegen haben muß. Andererseits bezeichnet Scheuch die Annahme eines Nationalcharakters als ein "verwegenes Unterfangen", wenn man darunter etwa die "Erforschung der normalsten Persönlichkeit"[1020] versteht und sich angesichts der überwältigenden Heterogenität der Menschen und ihrer Lebensweisen in den modernen Flächenstaaten anschickt, den "normalen Deutschen", "den normalen Engländer" oder "den normalen Amerikaner" zu identifizieren. Dieser Versuch, moderne Gesellschaften auf einen bestimmten Persönlichkeitstyp zurückzuführen, gehe an der Differenzierung dieser Gesellschaften vorbei.[1021] Jedoch räumt Scheuch die Möglichkeit eines Nationalcharakters ein, indem er die relativ stabilen Unterschiede in den Umfrageergebnissen verschiedener Länder nicht allein auf strukturelle Unterschiede, wie insbesondere den Lebensstandard, sondern auch auf unterschiedliche Einstellungen bzw. Grundannahmen zurückführt.[1022]

Bereits Max Weber erkannte die seit dem Mittelalter wirkenden Differenzierungsmächte der Rationalisierung und Bürokratie, später auch der Technisierung und Industrie als Ursachen für eine *abnehmende Homogenisierungsfähigkeit der neuzeitlichen Gesellschaft*, so daß von einer abendländischen oder auch europäischen Einheitskultur schon längst nicht mehr ausgegangen werden kann.[1023] Wirken diese eventuell neu hinzugetretene Kräfte heute bereits auf der nationalen Ebene kulturdifferenzierend, so daß auch eine einheitliche Nationalkultur nicht (mehr) beobachtbar ist?

So herrscht in der sozialwissenschaftlichen Literatur weitgehend Einigkeit darüber, daß sich die heutige Bundesrepublik durch zunehmende *Individualisierungstendenzen* charakterisieren läßt, die in engem Zusammenhang stehen mit revolutionären Entwicklungen im Bereich der Informations- und Kommunikationsmedien.[1024] Von besonderer Bedeutung sind hier auch die unterschiedlichen *Generationen* der Bundesrepublik, die im internationalen Vergleich besonders unterschiedliche Einstellungs- und Werteprofile aufweisen.[1025] Zu unterschiedlich sind

---

[1019] Vgl. hierzu Kap. 2.3.4.1.

[1020] Inkeles/Levinson 1969, S. 418ff.

[1021] Vgl. Scheuch 1991, S. 105ff.

[1022] Vgl. Scheuch 1991, S. 106.

[1023] Vgl. Weber, M. 1972, insbesondere S. 713, Thurn 1979, S. 437ff.; vgl. auch die Serie „Welchen Patriotismus braucht Europa?, in der SZ im April 1997, insbes. den Beitrag von Guigou (1997, S. 14).

[1024] Vgl. z.B. Beck 1986, Schulze 1992, Langguth 1995, Elias 1994, Miegel/Wahl 1993, S. 44f.

[1025] Vgl. zum Generationenkonflikt bzw. zur "Studentenbewegung der 68er" Krockow 1990, S. 313ff., Noelle-Neumann 1984, S. 9, 1986, S. 462, 1991a, S. 50ff., Langguth 1995, S. 33ff., Greiffenhagen/Greiffenhagen 1993a, S. 221ff.

die jeweils gemachten Erfahrungen, als daß sich ein einheitliches Wertespektrum durch sämtliche Altersstufen zieht. Die Trends Techno, Love-Parade usw. als Äußerungen der Spaßkultur der jüngeren Generation auf der einen Seite,[1026] die Kriegserfahrungen ihrer Eltern und Großeltern auf der anderen Seite, scheinen unvereinbar und manifestieren sich in unterschiedlichen Wertesystemen, die als Auslöser für zahlreiche Alltagskonflikte zu sehen sind.[1027] Zentrale Ursachen für eine Verstärkung des Generationenkonflikts können dabei in der seit den 70er Jahren verstärkt einsetzenden Bildungsexpansion sowie auch in grundsätzlich unterschiedlichen Einstellungen zu modernen Informations- und Kommunikationsmedien gesehen werden.[1028]

Nicht nur diese sozialen Tendenzen, sondern auch die politischen Entwicklungen vor allem der letzten Jahre erschweren die Feststellung einer gemeinsamen deutschen Identität. Durch die jüngsten geschichtlichen Ereignisse, angefangen mit der Wiedervereinigung Deutschlands, dann die Auflösung des übergreifenden Ost-West-Konflikts, bis hin zu den aktuellsten Umwälzungen im Prozeß der europäischen Einigung, sind folgenreiche Prozesse der Akkulturation[1029] in Gang gesetzt worden, die die Ursache dafür sind, daß sich die Frage nach der deutschen Identität, der geistigen Standortbestimmung Deutschlands mit zunehmender Intensität stellt. Kann heute und in naher Zukunft ein stimmiges, einheitliches Bild der nationalen Identität, verstanden als ein gewisses Maß an Homogenität der Werthaltungen und Einstellungen, die ein gleichartiges Reagieren in bestimmten Situationen erwarten ließen,[1030] festgestellt werden? Neben den bereits angesprochenen Tendenzen der Individualisierung und des Generationenkonflikts, die in ähnlicher Form auch in zahlreichen anderen (westlichen Industrie-)Staaten zu beobachten sind, erscheint die Bestimmung der deutschen Nationalkultur somit insbesondere problematisch aufgrund

-   der kulturellen Unterschiede der Ost- und Westdeutschen bzw. der noch bestehenden "inneren Mauer" (Wiedervereinigungsproblematik),[1031]

---

[1026] Langguth erkennt die starken Gemeinsamkeiten in den Erfahrungen, der eigentümlichen Sprache sowie eigenen Symbolen der Jugend und spricht sogar explizit von einer sich weltweit entwickelnden "Jugendkultur", die vor allem durch die Entwicklung der Massenmedien getragen wird (1995, S. 31ff., 42f.).

[1027] Vgl. hierzu Beck, U. 1998, S. 11ff. Vgl. zur Subkulturbildung anhand von Altersklassen Heilfurth 1977, S. 221.

[1028] Vgl. Beck 1986, S. 127ff., Noelle-Neumann 1986, S. 462. Während im Jahre 1970 noch 80% der Bevölkerung den Hauptschulabschluß mit 1% das Abitur hatten, sank der Anteil der Hauptschüler bis 1995 auf 30% bei einem Anstieg der Abiturienten auf 18%. Weiterhin läßt sich konstatieren, daß heute bereits etwa 30% eines Jahrgangs studieren. (Vgl. Wörl 1997, S. 113ff.). Eine systematische Einteilung der Generationen in der Bundesrepublik hat M. Rainer Lepsius vorgenommen. Er geht von drei großen Generationseinheiten aus: (1) Die erste Generationseinheit umfaßt alle, die den Untergang der Weimarer Republik oder die Teilnahme am nationalsozialistischen Regime als generationsspezifisches Versagen empfinden und die den Aufbau der bundesrepublikanischen Strukturen geprägt haben. (2) Die zweite Generationseinheit ist durch eine Primärsozialisation in den Jahren 1933-1948 geprägt und steht der ersten Generationseinheit dadurch relativ nahe, wobei sich zu dieser Unterschiede durch die fehlenden Primärerfahrungen von Krieg und Zerfall des Deutschen Reiches und der spürbaren Beteiligung am Aufbau der Bundesrepublik ergeben. (3) Die dritte Generationseinheit faßt alle jene Jahrgänge zusammen, die ihre Primärsozialisation nach 1949 erfahren haben und eine größere Bereitschaft zur Veränderung der institutionellen Ordnung mitbringen (Vgl. Lepsius 1973, S. 295ff.).

[1029] „Wenn Änderungen, die auf direkten Kontakt mit einer fremden Kultur und deren Einflußnahmen zurückgehen, in zunehmendem Maße zu Ähnlichkeit beider Kulturen führen, spricht man von *Akkulturation* (Herv. d.V.)." (Ramaswamy 1985, S. 40)

[1030] Vgl. Papcke 1983, S. 248ff., insbes. S. 267, Alter 1986, S. 17ff.

[1031] Vgl. Weidenfeld 1993, S. 9ff., Noelle-Neumann 1993b, S. 692ff., Klages/Gensicke 1993, S. 47ff., Maaz 1991, S. 81ff.

- der Multikulturalität bzw. der kulturellen Vielfalt im Einwanderungsland Deutschland als einem "offenen Land der Mitte"[1032] (Ausländerproblematik, Diskussion der Multikulturalität[1033]) sowie

- der zunehmenden politischen Bestrebungen zur Verwirklichung der europäischen Einigung, dem fortschreitenden Zusammenwachsen der europäischen Staaten, wodurch unter Umständen ein Nationalbewußtsein obsolet wird (Europaproblematik).

### 3.2.2.3.1 Die Probleme im Zuge der Wiedervereinigung

Der politische Vollzug der Wiedervereinigung Deutschlands verändert auch die kulturelle Lage der Nation und damit auch Fremd- und Selbstwahrnehmung der Deutschen. Inwieweit besteht eine "innere Mauer"[1034] zwischen Ost- und Westdeutschen, inwiefern unterscheiden sich ihre Werteorientierungen bzw. ihre Denk- und Verhaltensmuster? Handelt es sich nur um "Eingewöhnungsprobleme" oder nachhaltigere, tiefer sitzende Mentalitätsunterschiede?[1035] Sind die Deutschen nicht als geeintes Volk, sondern vielmehr als ein "clash of civilizations" (Samuel P. Huntington) zu verstehen?

Diese Fragen nach der inneren Einheit Deutschlands zielen auf die gemeinsame, nationale Identität der Deutschen.[1036] Deutschland ist gekennzeichnet durch eine 40-jährige doppelgleisige jüngste Geschichte. Auch in absehbarer Zukunft werden Studien über die Deutschen und über Deutschland mühsamer zu schreiben und zu lesen sein als Bücher über Frankreich oder England, da es noch lange getrennte Statistiken, Diagnosen und Trendaussagen geben wird.[1037] Die Meinungen darüber, ob die Gemeinsamkeiten oder die Unterschiede zwischen West- und Ostdeutschen überwiegen, sind geteilt.[1038]

Einerseits gibt es Stimmen, die die Ost- und Westdeutschen - vielleicht auch aufgrund der Euphorie über die Wiedervereinigung – als sehr ähnlich oder als Geschwister ansehen, die wieder zueinander gefunden haben. Die Anpassung würde lediglich einem Wechsel der "Spielregeln", verstanden als eine bloße Oberflächenerscheinung, entsprechen.[1039] Die Erwartungen einer Nähe bzw. einer Annäherung beruhen zumeist auf den Gemeinsamkeiten kultureller und politischer Vergangenheitserfahrungen sowie der gemeinsamen Sprache.[1040]

Andererseits wird betont, daß zwischen Ost- und Westdeutschland trotz vieler Gemeinsamkeiten und den Angleichungsprozessen der letzten Jahren nach wie vor eine Kluft besteht zwischen einer Mangelgesellschaft mit materialistischer Lebenseinstellung und einer „hedoni-

---

[1032] Weidenfeld/Korte 1991, S. 13, Scheuch 1991, S. 154ff., vgl. auch Schulz 1995, S. 337f.

[1033] Vgl. Schuhladen 1994, S. 37ff., Micksch 1991.

[1034] Vgl. Weidenfeld 1993, S. 9ff., Noelle-Neumann 1993b, S. 692ff., Klages/Gensicke 1993, S. 47ff., Maaz 1991, S. 81ff.

[1035] Vgl. Klages/Gensicke 1993, S. 47ff., Zeidenitz/Barkow 1997, S. 13ff.

[1036] Vgl. Hilsberg 1996, S. 607ff., Sweeney/Hardaker 1994, S. 3ff., Scheuch 1991, S. 249ff.

[1037] Vgl. Greiffenhagen/Greiffenhagen 1993a, S. 11ff., 1993b, S. 29ff.

[1038] Vgl. hierzu z.B. Weidenfeld 1993, S. 9ff., Greiffenhagen/Greiffenhagen 1993b, S. 29ff., Noelle-Neumann 1993b, S. 692ff., Klages/Gensicke 1993, S. 47ff., Ueltzhöffer/Flaig 1993, S. 61ff., Woderich 1992, S. 21ff., Sternburg 1990.

[1039] Vgl. Jäger 1991, S. 1287ff.

[1040] Vgl. Kaase 1996, S. 385.

stisch orientierten Spätkultur mit postmaterialistischen Lebenseinstellungen".[1041] So unterscheiden sich die Grunddispositionen hinsichtlich Arbeit und Freizeit in spürbarer Weise. Auch wirkt auf viele Ostdeutsche der deutlich höhere Freiheitsgrad einer pluralen, liberaldemokratischen Gesellschaft, durch den sich der Einzelne ermächtigt, aber auch verpflichtet sieht, seine Lebensentscheidungen in höchstem Maße eigenverantwortlich zu treffen, als gravierender Einschnitt. „Jahrzehnte hindurch daran gewöhnt, zwar bevormundet zu werden, aber auch umfassend gesichert zu sein, sollen die Bürger jetzt auf eigenen Füßen stehen und selbst entscheiden. Wer kann es ihnen verdenken, daß sie sich überfordert – und oft genug übervorteilt fühlen."[1042]

Diese Unterschiede wurden schon bald nach der Wiedervereinigung spürbar, als deutlich wurde, daß die Integration der Ostdeutschen auf diese wie ein "Modernisierungsschock" wirkte und sie tief verunsichert hat.[1043] Die in vielen Aspekten noch unbewältigte, bis heute andauernde Umbruchsituation nach dem Mauerfall beschreibt Meier mit einer "Allianz der Ängste", wobei er dies als typisches Übergangssyndrom einer in Systemtransformation befindlichen Gesellschaft versteht.[1044] Die weitgehend einseitige und zudem nicht problemlos verlaufende Anpassung Ostdeutschlands an westdeutsche Lebensbedingungen, die Klaus Eder kritisch als "kulturelle Hegemonisierung"[1045] bezeichnet, führte zu erheblichen Enttäuschungen vor allem in den neuen Bundesländern.[1046]

Der Weg zu einer wirklichen inneren Einheit Deutschlands gestaltet sich somit als ein langwieriger Akkulturationsprozeß, in dessen Verlauf es immer wieder zu Rückschlägen kommen kann. So beobachtete der amerikanische Historiker und anerkannte Deutschland-Experte Gordon A. Craig sehr treffend: „Der Respekt, den sich Helmut Kohl 1989 und 1990 erwarb, wurde durch blinden Optimismus und durch eine völlig unrealistische Einschätzung der wirtschaftlichen und psychologischen Ergebnisse der Wiedervereinigung verspielt."[1047] Die Versprechungen der "Blühenden Landschaften" und des Mottos "Keinem wird es schlechter gehen, aber vielen besser" konnten vielfach nicht eingelöst werden. Aufgrund der nach wie vor bestehenden Unterschiede der materiellen Lebensverhältnisse,[1048] die differerierende Bedürfnisstrukturen nach sich ziehen, kann eine innere Einheit Deutschlands nicht uneingeschränkt unterstellt werden.[1049] Dabei wirken das problematische ökonomische Umfeld und

---

[1041] Greiffenhagen/Greiffenhagen 1993a, S. 33, vgl. auch Greiffenhagen/Greiffenhagen 1993b, S. 29ff., Koch 1991, S. 16ff.

[1042] Krockow 1993, S. 15. Vgl. auch die grundsätzlich unterschiedlichen Handlungsmuster von ost- und westdeutschen Managern, wie dies z.B. Sweeney/Hardaker hinsichtlich des Veränderungsmanagements aufzeigen (1994, S. 4ff.).

[1043] Vgl. Kaase 1996, S. 390f., Weidenfeld 1993, S.16ff., Greiffenhagen/Greiffenhagen 1993b, S.29ff., Templin 1993, S. 113f., Maaz 1991.

[1044] Vgl. Meier, C. 1990, S. 25.

[1045] Vgl. Eder 1993, S. 387. Vgl. auch Bobach 1993, S. 7ff.

[1046] Vgl. Maaz 1991, Weidenfeld 1993, S. 23f., Glaser 1996, S. 32ff.

[1047] Craig 1993, S. IV.

[1048] Vgl. Habich 1996, S. 447ff.

[1049] Vgl. z.B. Oldag 1995a, 1995b. Köcher (1992, S. 5) verweist in diesem Zusammenhang auf empirische Befunde, die eine geringe Opferbereitschaft der Westdeutschen für eine Förderung der neuen Bundesländer belegen und den fehlenden inneren Zusammenhalt bzw. eine deutliche Distanzierung von Patriotismus in Verbindung mit egoistischen Tendenzen zum Ausdruck bringen. Vgl. auch Korff (1995, S. 248ff.), der eine Deutung der kulturellen Unterschiede, die er gegenüber

insbesondere die Arbeitsmarktsituation im Hinblick auf den Prozeß der inneren Angleichung nicht nur hemmend, sondern polarisierungsfördernd.[1050]

Eine Längsschnittstudie der Universität Münster (Untersuchungszeitraum 1992-1994) untersuchte in 104 Gruppendiskussionen die Relevanz der Zugehörigkeit zu Ost- bzw. Westdeutschland sowie deren Auswirkung auf das Kommunikationsverhalten zwischen Ost- und Westdeutschen. Die Ergebnisse belegen zum einen eine relativ hohe Konstanz der Bedeutung der Ost-West-Kategorie im Zeitablauf, was für eine Stabilität der kulturellen Heterogenität von Ost- und Westdeutschen spricht, zum anderen zeigen sie aber auch eine starke Abhängigkeit von der allgemeinen Intergruppensituation. So ist etwa ein deutlicher Effekt des wiederholten Kontaktes insofern zu beobachten, als daß mit zunehmendem Kontakt der Untersuchungspersonen auch das Empfinden des Ost-West-Kontrastes signifikant abnimmt. Demnach kann von einer zukünftigen Abnahme einer wahrgenommenen Unterscheidung hinsichtlich der Ost-West-Kategorie ausgegangen werden, wenn die Kontakthäufigkeit zwischen Ost- und Westdeutschen zunimmt.[1051]

Auch die Ergebnisse der Umfrageforschung zeigen kein eindeutiges Ergebnis hinsichtlich der Frage nach Gemeinsamkeiten und Unterschieden von Ost- und Westdeutschen. In einer Befragung im September 1990 waren 35% der Befragten in den alten Bundesländern und 58% in den neuen Bundesländern der Meinung, Ost- und Westdeutsche haben einen "gemeinsamen Nationalcharakter", 33% bzw. 17% der Befragten glaubten dies nicht.[1052] So kommt Elisabeth Noelle-Neumann zu dem Schluß: „Man sieht schon, warum man so glaubwürdig versichern kann: "Die ungleichen Deutschen". Aber man sieht auch, warum gerade da, wo das Gefühl beteiligt ist, die Identifizierung, das Deutschbild der Deutschen, der Satz stimmt: "Wir sind ein Volk".“[1053]

Vor dem Hintergrund zahlreicher Umfragen nach der Wiedervereinigung zeigt sich, daß sich Ost- und Westdeutsche in vielen Aspekten gleichen und von anderen Europäern in eigentümlicher Weise abheben. Die These von zwei völlig voneinander getrennten Wertewelten läßt sich vielfach nicht bestätigen.[1054] Im Gegensatz zu den meisten Medienberichten, die vorzugsweise die Spannungen zwischen Ost- und Westdeutschen fokussieren, scheint es auch viel Verbindendes zu geben, wobei die letzten Jahrzehnte von einer mehrheitlichen Ablehnung der deutschen Bevölkerung von Patriotismus, Nationalismus, Nationalgefühl und Nationalbewußtsein gekennzeichnet sind.[1055] Eine überaus bedeutsame Gemeinsamkeit zwischen Ost-

den Gemeinsamkeiten als dominant erachtet, und des kulturellen Umbruchs im Zusammenhang mit der Wiedervereinigung durch die Symbole „Spione, Hütchenspieler und Bananen" vornimmt.

[1050] Vgl. Kaase 1996, S. 390ff., Hilsberg 1996, S. 607ff., Habermas 1991, S. 75f.

[1051] Vgl. Piontkowski/Öhlschlegel-Haubrock/Hölker 1997, S. 128ff.

[1052] Vgl. Noelle-Neumann/Köcher 1993, S. 496.

[1053] Noelle-Neumann 1993a, S. 517.

[1054] Vgl. Ueltzhöffer/Flaig 1993, S. 73, Klages/Gensicke 1993, S. 57.

[1055] Vgl. Noelle-Neumann 1991c, S. 89, 1991a, S. 29ff.

und Westdeutschen besteht in der breiten Zustimmung zu den demokratischen Grundprinzipien des Staates.[1056]

Somit steht auch für Elisabeth Noelle-Neumann letztlich fest, daß die Gemeinsamkeiten, das Verbindende zwischen Ost- und Westdeutschen, gegenüber den Unterschieden überwiegen und speziell in denjenigen Bereichen unverkennbare Ähnlichkeiten bestehen, die auf einen gemeinsamen Nationalcharakter hindeuten, insbesondere Temperament, Selbstbild und Lebensziele.[1057] Zu dem gleichen Ergebnis kommt eine Studie der Universität Mannheim, die sich im Jahre 1990 mit einem Vergleich priorisierter Werte in Ost- und Westdeutschland beschäftigt (Vgl. Abb. 53).

**Wichtigkeit persönlicher Werte**
BRD-West vs. -Ost

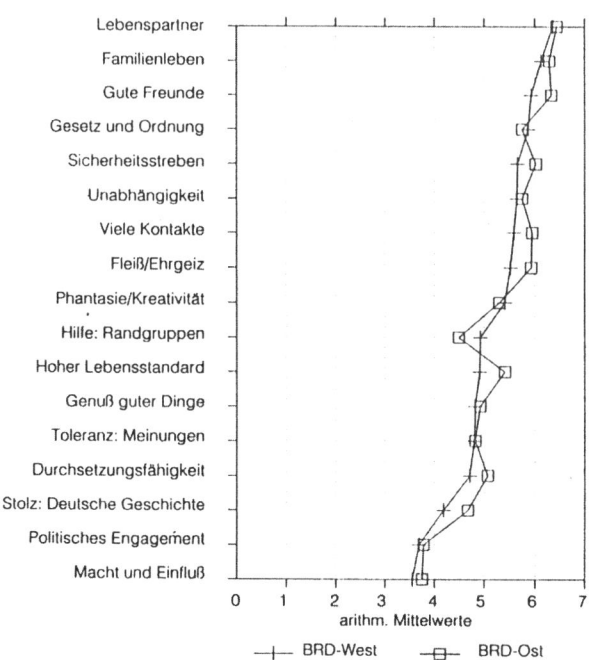

Abb. 53: Wichtigkeit persönlicher Werte in Ost- und Westdeutschland

Quelle: Umfrage "Deutsche Identität" der FGE, Universität Mannheim, März 1990, zit. nach Bürklin 1993, S. 144

Bezogen auf das Zusammengehörigkeitsgefühl der Ost- und Westdeutschen liegen auch vor der Wiedervereinigung interessante Umfrageergebnisse vor. Im Januar 1989 bezeichneten

---

[1056] Vgl. Kaase 1996, S. 385ff.

[1057] Vgl. Noelle-Neumann 1993a, S. 513ff., 1993b, 692ff., 1991a, S. 14f., 176f.

71% der Westdeutschen die Menschen in der DDR eher als "Landsleute", nur 17% sahen sie als "Fremde". Dabei korrelierten die Antworten stark mit dem Alter der Befragten: Die Unter-Dreißigjährigen waren nur noch zu 56% der Meinung, Bürger der DDR seien Landsleute, 27% entschieden dagegen. Weiter sagten 79%, daß die Menschen der DDR auch "Deutsche" seien, nur 13% sahen sie als Ausländer wie etwa Schweizer oder Österreicher.[1058]

Zu einem vermittelnden Ergebnis kommt Langguth, der konstatiert, „daß es einerseits eine gesamtdeutsche Identität, aber jeweils auch noch eine westdeutsche und eine spezifische ostdeutsche Identität gibt."[1059] Im Rahmen der Überlegungen zum Kulturwandel (Kap. 4) wird aufzugreifen sein, welche Einstellungen sich rasch ändern (lassen), welche Werthaltungen vermutlich nachhaltiger sind und welche Verhaltensweisen sich erst durch einen Generationenwechsel wirklich ändern werden.[1060] Zahlreiche Gemeinsamkeiten in den Grundorientierungen bilden aus optimistischer Sicht eine gute Grundlage für ein Vorwärtsschreiten dieses Prozesses der Akkulturation, der gegenwärtig noch keineswegs abgeschlossen ist.[1061]

In der heutigen Situation könnten seit langer Zeit Demokratie, Staat und Nation in Deutschland wieder eine Identitätsgrundlage bilden, die Sicherheit vermitteln könnte. Jedoch scheint die Vergangenheit diesem in bestimmten Aspekten entgegenzuwirken, die Deutschen können der Last der Geschichte nicht entfliehen. Vielleicht verhindert paradoxerweise vor allem die tiefgreifende Verunsicherung vieler Deutscher ein Finden nationaler Identität. Damit wird ein Kreislauf erkennbar: In Deutschland fehlt eine prägende nationale Identität, die in Umbruchsituationen Halt geben könnte, so daß es zu Gefühlen der Unsicherheit kommt. Die allgemeine Verunsicherung blockiert aber das Zueinanderfinden im Rahmen einer nationalen Identität: „Wie sollen die Deutschen die innere Einheit vollziehen, wenn sie nicht wissen, ob die Zeit des geteilten Deutschland ein Volk mit einer zweigeteilten Geschichte hinterlassen hat oder ob nicht gerade die ostdeutsche Vergangenheit Teil der westdeutschen ist – und umgekehrt?"[1062] Die Suche nach neuen Sicherheiten muß daher gegenwärtig als zentrale verhaltensbestimmende Größe identifiziert werden. Damit wird auch die Herausforderung für verantwortliche Entscheidungsträger in Politik und Wirtschaft offenkundig: die Vermittlung klarer Orientierung, um dem Unsicherheitsgefühl der Menschen zu begegnen.[1063] Dabei könnten auch die Kirchen in Deutschland eine bedeutsame Rolle für ein Zueinanderfinden spielen, da sie im Grunde als einzige Institutionen in beiden Teilen Deutschlands während der Jahre der Trennung gleichartige Wirkungen entfalteten.[1064]

---

[1058] Vgl. Noelle-Neumann 1993b, S. 693, 1991b, S. 67f., 1991a, S. 61ff.

[1059] Langguth 1995, S. 57.

[1060] Vgl. Greiffenhagen/Greiffenhagen 1993a, S. 33, Kaase 1996, S. 385, Leggewie 1996, S. 11.

[1061] Vgl. Leggewie 1996, S. 11, Jäger 1991, S. 1287ff., Scheuch 1991, S. 249ff., Sweeney/Hardaker 1994, S. 3f., Kaase 1996.

[1062] Langguth 1995, S. 97.

[1063] Vgl. Langguth 1995, S. 9ff.

[1064] Vgl. hierzu die Stellungnahmen von Dr. Martin Kruse (Bischof der Evangelischen Kirche Berlin-Brandenburg) und Erzbischof Lehmann (Katholischer Erzbischof von Mainz) in: Watson 1993, S. 344ff.

### 3.2.2.3.2 Die Probleme im Zuge der Entwicklung einer multikulturellen Gesellschaft

Ein weiteres Problem ist die Frage einer definitorischen Bestimmung des Deutschen. Während das Land der Bundesrepublik Deutschland durch seine staatlichen Grenzen eine grundsätzlich klare Abgrenzung erfährt,[1065] gibt es eine Vielzahl möglicher Antworten auf die Frage: Wer oder was ist deutsch? Das rechtliche Kriterium der "Staatsangehörigkeit" als Kriterium hierfür zu verwenden, scheint naheliegend, birgt jedoch erhebliche Probleme.[1066] So beruht der Erwerb der Staatsangehörigkeit der kontinental-europäischen Tradition entsprechend nach wie vor auf dem Abstammungsprinzip (ius sanguinis), d.h. entscheidend ist nicht, *wo* man geboren wurde (ius soli), sondern *von wem*.[1067]

Die Möglichkeiten der Einbürgerung als der bedeutendsten Form des derivativen Erwerbs der Staatsangehörigkeit unterliegen den strengen Auflagen des zwar in wesentlichen Punkten überarbeiteten, im Kern jedoch unveränderten Reichs- und Staatsangehörigkeitsgesetzes (RuStAG) vom 22. Juli 1913. So bestimmt §8 RuStAG, daß eine Einbürgerung von Ausländern zunächst einmal an zentrale Grundvoraussetzungen geknüpft ist, wie insbesondere einen einwandfreien Charakter, außerstrafrechtliche Unbescholtenheit, die Hinwendung zu Deutschland, die Fähigkeit, sich und seine Familienangehörigen auf Dauer aus eigener Kraft zu unterhalten und ferner, daß es sich bei dem Bewerber um einen wertvollen Bevölkerungszuwachs handelt. Eine Einbürgerung ist auch im Heiratsfall nicht zwingend gegeben, sondern nur unter der Auflage einer Einordnung in die deutschen Lebensverhältnisse möglich.[1068] Die restriktive Haltung gegenüber der Möglichkeit einer Einbürgerung wird vor allem in den sog. Einbürgerungsrichtlinien deutlich (Auszug der Richtlinie 2.2): „Die Verleihung der deutschen Staatsangehörigkeit kann nur in Betracht kommen, wenn ein öffentliches Interesse an der Einbürgerung besteht... Die Bundesrepublik Deutschland ist kein Einwanderungsland; sie strebt nicht an, die Zahl der deutschen Staatsangehörigen gezielt durch Einbürgerung zu vermehren."[1069]

Ziel dieser Auflagen ist die Bewahrung der kollektiven Identität, der Homogenität des deutschen Volkes, indem der Einbürgerung der Status des Ausnahmefalles zugewiesen wird.[1070] Daß diese Regelungen im Zuge des Zusammenwachsens und gegenseitigen Durchdringens der europäischen Staaten auf zunehmendes Unverständnis und heftige Kritik stoßen, braucht nicht weiter betont zu werden. Allein die Frage zu stellen, wer als Deutscher zu gelten habe, führt – gleichgültig welchen Zweck man damit verfolgt – oftmals zu Unbehagen und entschiedener Ablehnung, was auch die Tabuisierung des Themas deutlich macht. Fest steht jedoch, daß die Bundesrepublik gemessen an der Zahl der Einwanderer faktisch längst ein Einwanderungsland geworden ist.[1071] Läßt sich die gegenwärtige bundesrepublikanische Gesellschaft

---

[1065] Dabei ist jedoch zu beachten, daß durchaus Unklarheit bezüglich der kulturellen bzw. nationalstaatlichen Grenzen besteht (Diskussion der "Deutschen Frage"). Vgl. dazu in extremen Ansichten etwa Willms 1986-1988.

[1066] Vgl. Schulz 1995, S. 338, Werner/Übelacker 1988, S. 299ff.

[1067] Vgl. de Groot 1989, S. 54ff., Ziemske 1995, S. 65f.

[1068] Dazu gehört insbesondere auch die Beherrschung der deutschen Sprache in Wort und Schrift. Vgl. §8 RuStAG, auch de Groot 1989, S. 64ff., Ziemske 1995, S. 123ff.

[1069] Abgedruckt z.B. bei de Groot 1989, S. 64.

[1070] Vgl. Werner/Übelacker 1988, S. 299ff.

[1071] Vgl. auch Geißler 1990, S. 181f., 1991, S. 25.

demnach als multikulturell bezeichnen? Heiner Geißler umschreibt die Idealvorstellung einer multikulturellen Gesellschaft wie folgt:

> „Multikulturelle Gesellschaft bedeutet die Bereitschaft, mit Menschen aus anderen Ländern zusammenzuleben, ihre Eigenart zu respektieren, ohne sie germanisieren und assimilieren zu wollen, ihre kulturelle Identität zu lassen, aber gleichzeitig von ihnen zu verlangen, daß sie die universellen Menschenrechte und die Grundwerte der Republik, zum Beispiel die Gleichberechtigung der Frau und die Glaubens- und die Gewissensfreiheit, achten und zweitens die deutsche Sprache beherrschen. Unter diesen Prämissen ist die Zusammenarbeit und gegenseitige Akzeptanz möglich."[1072]

Trotz Kritik aus den eigenen Reihen stellte Geißler weiterhin fest: „Es geht auch nicht mehr darum, ob wir eine multinationale und multikulturelle Gesellschaft wollen: wir haben sie bereits".[1073] Hierbei ist anzumerken, daß Deutschland nun keineswegs als ein funktionierender "melting pot" gesehen werden kann.[1074] Vielmehr scheint die Angst vor Überfremdung ein typisch deutscher Wesenszug zu sein, der in bestimmten Abständen und in bestimmten Situationen zutage tritt und in historischer Betrachtung zudem eine gewisse Kontinuität aufweist.[1075] Verstärkt in ökonomisch und sozialpolitisch schwierigen Zeiten wird der Ausländer aufgrund der zunehmenden Angstgefühle einer bedrohten materiellen Sicherheit nur zu oft zum Sündenbock.[1076] Dies führt denn auch zur Aktualisierung von Konflikten zwischen Einheimischen und Ausländern um Arbeitsplätze, um soziale Leistungen des Staates, um Wohnungsfragen etc., was auch auf betrieblicher Ebene erhebliche Bedeutung erlangen kann.[1077]

Einerseits erschwert die zunehmende Multikulturalität unserer Gesellschaft die Antwort auf die Frage "Was ist deutsch?". Die verstärkte Durchdringung der deutschen Gesellschaft durch verschiedene Kulturnationen hat zu spürbaren Veränderungen geführt, so daß eine klare Abgrenzung des "Deutschseins" kaum noch eindeutig vorzunehmen ist. Das Ziel einer homogenen deutschen Nation, welches den Bedürfnissen nach Heimat, Geborgenheit, Sicherheit und Harmonie Rechnung trägt, wurde bereits weitgehend von den Entwicklungen der Realität überholt. Daher ist die Definition des "Deutschen" vor diesem Hintergrund neu zu überdenken.[1078]

Andererseits spricht jedoch auch gerade die zunehmende Multikulturalität für die Notwendigkeit einer kulturbewußten Betrachtung in Form einer Berücksichtigung von Besonderheiten unterschiedlicher kultureller Hintergrunderfahrungen. Dabei darf jedoch gerade eine kulturel-

---

[1072] Geißler 1991, S. 17f. Geißler prägte den Begriff der "multikulturellen Gesellschaft" in wesentlichen Teilen mit und verschaffte ihm neue Aufmerksamkeit. Er betonte die Chancen für ein Land in der Mitte Europas, die mit der Realisierung einer multikulturellen Gesellschaft verbunden sind. Vgl. auch Geißler 1990, S. 177ff., 1992, S. 9ff.

[1073] Geißler 1990, S. 192, 1991, S. 17. Vgl. auch Micksch 1991, S. 7f., Schuhladen 1994, S. 37, 42ff.

[1074] Vgl. dazu Bobach 1993, S. 19f., Zeidenitz/Barkow 1997, S. 37f. Vgl. auch die Spiegel-Berichte "Zeitbomben in den Vorstädten" (1997, S. 78ff.) und "Fremder als die Türken" (1997, S. 96ff.) über das Scheitern der Versuche zur Ausländerintegration.

[1075] Vgl. Schuhladen 1994, S. 48ff.

[1076] Vgl. Beck 1997, S. 15.

[1077] Vgl. Klönne 1984, S. 70ff., Bobach 1993, S. 20.

[1078] Vgl. Micksch 1991, S. 5ff., Sloterdijk 1980, S. 64., Schulz 1995, S. 337f., Schuhladen 1994, S. 37ff.

le Differenzierung – wie bereits dargelegt - nicht in einer einseitigen Benachteiligung oder einer einseitigen Bevorzugung Anwendung finden; die Auffassung im Sinne eines Konzeptes, das der Apartheid Vorschub leistet, wäre ein fatales Mißverständnis.[1079] Das Aufeinandertreffen und der Austausch verschiedener Kulturen kann als Quelle für Anregungen, Impulse und geistige Herausforderungen gesehen werden, letztlich also als Chance für ein wechselseitiges, gemeinsames Lernen.[1080] Freilich entstehen durch das Aufeinandertreffen auch zahlreiche Konflikte, die ihrem Wesen entsprechend zu problematisieren und in geeigneter Weise zu handhaben sind, denn in eben diesen Konflikten liegt ein hohes Potential neuer Kreativität und Dynamik, auf gesellschaftlicher wie auf betrieblicher Ebene.[1081] Gleichzeitig verbinden sich mit dieser Entwicklung neue Anforderungen an die Unternehmens- und Personalführung. So wird seit den späten 80er Jahren verstärkt das Bild des "multikulturellen Managers" als eine Idealvorstellung diskutiert.[1082]

Geht man von der Annahme einer multikulturellen Gesellschaft aus, so stellt sich die Frage, welche Gemeinsamkeiten ihre Mitglieder aufweisen. In einem Zukunftsszenario könnte an die Stelle einer völkisch-nationalen Identität der „gemeinschaftsstiftende Charakter der Grund- und Freiheitsrechte treten"[1083], der die Grundlage eines "Verfassungspatriotismus"[1084] nach amerikanischem Vorbild bildet. Vor diesem Hintergrund könnte eine Vision einer personalwirtschaftlichen Konzeption Fuß fassen, die eng an das Gedankengut des Grundgesetzes angelehnt ist.[1085]

### 3.2.2.3.3 Die Probleme im Hinblick auf die europäische Einigung

Welche Rolle spielt ein europäisches Bewußtsein, eine europäische Kultur? Was spricht für und was gegen die Aufgabe bzw. Auflösung der deutschen kulturellen Identität zugunsten einer europäischen? Welche Position beziehen die Deutschen in Europa?[1086]

Eine weitverbreitete Redeweise besagt, die kulturelle Identität Europas liege gerade in seiner Vielfältigkeit. Dies kann aber gleichzeitig auch als Beleg für Verunsicherung bzw. für ein mangelndes Zusammengehörigkeitsgefühl gesehen werden. Nicht zu Unrecht läßt sich behaupten, daß zwischen amerikanischen oder japanischen Lebensweisen und denen verschiedener europäischer Länder viele Gemeinsamkeiten erkennbar sind.[1087] Sind denn nicht augenfälligere Gemeinsamkeiten von Berlin mit New York erkennbar als mit Istanbul oder Helsinki?

---

[1079] Vgl. dazu die Ausführungen zum Grundsatz der Gleichbehandlung im Rahmen der Differentiellen Personalwirtschaft (Kap. 2.3.4.1).

[1080] Vgl. Micksch 1991, S. 5ff., Geißler 1991, S. 28ff.

[1081] Vgl. Micksch 1991, S. 8f., Marr/Stitzel 1979, S. 87ff.

[1082] Vgl. Tichy 1991, S. 161ff., Marr (Hg.) 1991.

[1083] Geißler 1990, S. 210f.

[1084] Erstmals wurde der Begriff des Verfassungspatriotismus in Deutschland von Dolf Sternberger (1982) als Zentrum des Staatsbewußtseins postuliert. Vgl. auch Geißler 1991, S. 31f., Schwan 1989, S. 135ff. Als entschiedene Gegner eines Verfassungspatriotismus können mehrere Autoren der Beiträge im Handbuch zur Deutschen Nation angesehen werden, welche die nationale Idee über die liberale stellen (Vgl. Willms 1986-1988). Vgl. auch Schützsack 1982, S. 7.

[1085] Vgl. Micksch 1991, S. 12ff.

[1086] Vgl. Weidenfeld 1991, S. 7ff.

[1087] Vgl. Harnischfeger 1996, S. 13.

Bewirkt die Globalisierung neben einem Zusammenwachsen in ökonomischer Hinsicht auch eine kulturelle Anpassung bzw. Vereinheitlichung der Denk- und Verhaltensmuster der Menschen *aller* Länder?

Auch hierzu bietet sich zunächst ein Blick in die Ergebnisse der Umfrageforschung an: In einer Befragung im Juli 1991 antworteten auf die Frage nach der Existenz einer europäischen Kultur 49% der Befragten in den alten Bundesländern und 52% in den neuen Bundesländern, daß man von einer gemeinsamen europäischen Kultur nicht reden könne. Nur 34% bzw. 28% hielten eine europäische Kultur für gegenwärtig existent.[1088] Ebenso belegt eine Untersuchung im Januar 1992, daß der überwältigenden Mehrheit die Erhaltung der nationalen Identität in einem vereinten Europa wichtig ist. Die Mehrheit der Befragten befürchtet einen allmählichen Verlust dessen, was Deutschland war.[1089]

Einen weiteren Hinweis für den Status der Diffusität und Unausgegorenheit einer europäischen Dimension kultureller Identität lieferte ein mehrtägiger Kongreß im März 1996, der von der Universität La Sapienza und dem Centro Italia Europea (EURIT) unter Mitwirkung der Friedrich-Ebert-Stiftung veranstaltet wurde. Der Tenor der Beiträge besagte in eindeutiger Weise, daß die Antwort auf die Frage "Gibt es eine europäische Dimension der Kultur", so das Thema der Tagung, von einer faktischen Heterogenität auszugehen habe, wobei auf mögliche Gemeinsamkeiten der europäischen Länder kaum eingegangen wurde. So zog auch Francesco Gui, Präsident der EURIT, das Fazit, daß sich auch durch die alleinige Vision eines multikulturell friedlichen Einheitseuropas die in praktisch allen europäischen Ländern anzutreffenden Nationalismen nicht einfach verdrängen lassen. Jedoch äußerte Elmar Brandt, Direktor des Goethe-Instituts in Rom, daß etwa die Künste längst einem Prozeß der Entnationalisierung unterworfen seien. Er warnte dabei davor, Kultur nur als einen Museumsbetrieb zu verstehen und forderte eine Orientierung an der Gegenwartskultur als zentrales Element einer noch zu stiftenden europäischen Kulturidentität.[1090]

Auf europäischer Ebene kann zusammenfassend trotz der bereits geschaffenen und zukünftig geplanten *Strukturen* eines vereinten Europas wohl in absehbarer Zeit nicht von einer europäischen Einheits*kultur* gesprochen werden;[1091] zu groß sind die gewachsenen Unterschiede der landesspezifischen Besonderheiten, als daß sie durch äußere, oberflächliche Einflüsse kurzfristig beseitigt werden könnten (z.B. durch einen Wegfall von Grenzkontrollen, einen Europa-Rat bzw. ein europäisches Parlament oder eine gemeinsame Währung). Möglicherweise ist auch eine gemeinsame Sprache zentrale Voraussetzung für die Entwicklung eines gemeinsamen Bewußtseins, einer gemeinsamen kulturellen Identität. Die geringe Wahrscheinlichkeit einer gemeinsamen europäischen Sprache mag daher für eine dauerhafte kulturelle Heterogenität der europäischen Länder sprechen. Auch ist zu beobachten, wie sich

---

[1088] Vgl. Noelle-Neumann/Köcher 1993, S.1019.

[1089] Vgl. Noelle-Neumann/Köcher 1993, S. 1019, Werner/Übelacker 1988, S. 297ff.

[1090] Vgl. Jürgens 1996, S. 11.

[1091] Vgl. Harnischfeger 1996, S. 13, Scholz, C. 1992a, S. 17ff., 1992c, S. 11ff., Altwegg 1984, S. 25. Vgl. dazu auch die Serie „Welchen Patriotismus braucht Europa?", in der SZ im April 1997, insbes. den Beitrag von Guigou (1997, S. 14). Sehr treffend beschreibt die gegenwärtige Situation auch Glaser (1996, S. 32): „Obwohl Europa bei seinem Einigungsbemühen durchaus vorangekommen ist – die vorwiegend wirtschaftlich-generierte Motorik bei gleichzeitiger Bürokratisierung ("Eurokratie") setzt keine den Begriff der "Nation" transzendierenden Bestrebungen in Bewegung."

die einzelnen Staaten zunehmend auf die Suche nach ihrer kulturellen Identität begeben, getrieben von dem Bedürfnis, sich ihre kulturelle Eigenständigkeit zu bewahren.[1092]

Es kann davon ausgegangen werden, daß die jüngsten politisch-historischen Entwicklungen als Ursache für eine Aktualisierung der Diskussion über Nationalbewußtsein, Heimat, Vaterland und Nation zu sehen sind. Ein unverkennbares Merkmal der heutigen politisch-orientierungslosen, sinnentleerten und desillusionierten Gesellschaft ist der Wunsch nach neuen Leitbildern und Identifikationsmöglichkeiten. Mit noch größerer Vehemenz als in der Zeit der Wirtschaftskrise Anfang der 80er Jahre stellt sich heute die Frage, „ob die Bundesrepublik nach einer Zeit ökonomischer Prosperität nicht nur in einer Wirtschafts-, sondern zugleich in einer Legitimations- und Identitätskrise steckt."[1093] Diese Ausgangslage unterstreicht die innewohnende Problematik aber auch die Notwendigkeit einer nationalen Kulturanalyse.

Trotz der hier aufgeworfenen Zweifel und möglichen Einwände gegen einen ausgeprägten Nationalcharakter spricht doch ein Umfrageergebnis vom September 1990 im gesamten Bundesgebiet zur Existenz und inhaltlichen Bestimmung des deutschen Nationalcharakters eine deutliche Sprache: Demnach glaubten 80% der Befragten in den alten Bundesländern bzw. 84% in den neuen Bundesländern an die Existenz eines spezifischen Nationalcharakters, nur 11% bzw. 10% verneinten dies.[1094]

### 3.2.3 Blickwinkel zur Bestimmung der kulturellen Identität der Deutschen

#### 3.2.3.1 Religiöse Wurzeln zur Bestimmung der kulturellen Identität der Deutschen

Wesentliche Grundlagen für sinngebende Wertideen bietet die Religion, die somit wesentlicher Bestandteil und gleichzeitig zentrale Grundlage der Kultur ist.[1095] Auch wenn im ausgehenden 20. Jahrhundert ein spürbarer Bedeutungsverlust der Kirchen, insbesondere abzulesen an den zahlreichen Kirchenaustritten, beobachtet werden kann, heißt dies keineswegs, daß das religiöse Fundament heute über keinen Einfluß mehr verfügt. So hat 1995 der sog. "Kruzifix-Streit" bewiesen, wie tief und unumstößlich die Symbole der christlichen Kultur auch heute verankert sind.[1096]

Die religiösen Einflüsse in Deutschland sind im Vergleich zu anderen Ländern durchaus vielschichtig, wenn auch nicht vergleichbar mit den Verhältnissen in den USA. In Deutschland

---

[1092] Vgl. Guigou 1997, S. 14, Harnischfeger 1996, S. 13. Auch Bleicher (1984, S. 499) erkennt trotz verschiedener Tendenzen der Kulturharmonisation und Kulturangleichung auch Kräfte einer eigenständigen Kulturdifferenzierung, die sich in Form eines wiedererwachenden Nationalismus äußern. Generell diskutiert man die Wirkungen einer sich verändernden Umwelt mit den Thesen der *Kulturkonvergenz* (Zusammenwachsen zu einer Einheitskultur) und der *Kulturdivergenz* (Weiteres Auseinanderdriften der Kulturen). Denkbar ist auch, daß die Kulturen gänzlich unbeeinflußt bleiben oder daß hinsichtlich bestimmter Kulturmerkmale ein Zusammenwachsen, hinsichtlich anderer Kulturmerkmale ein Auseinanderdriften zu beobachten ist. Vgl. zur Diskussion um ein "Global Human Resource Management" z.B. Laurent 1992, S. 174ff.

[1093] o.V. in: Die Welt, vom 14.9.1982, zit. nach Klönne 1984, S. 8.

[1094] Vgl. Noelle-Neumann/Köcher 1993, S. 496.

[1095] Vgl. zur Verbindung von Religion und Kultur Graf/Tanner (1997, S. 187ff.) und die dort angegebene Literatur. Vgl. auch Heilfurth 1977, S. 221f., Bargatzky 1985, S. 116ff.

[1096] Vgl. Ramaswamy 1985, S. 33. Zum Kruzifix-Streit vgl. z.B. die entsprechende Reportage im Spiegel (Heft 33/1995, S. 22ff.); Auslöser des Konflikts war das Bundesverfassungsurteil, welches den Passus der bayerischen Schulgesetzgebung, wonach in jedem Klassenzimmer ein Kruzifix zu hängen hat, für verfassungswidrig erklärt.

vermischen sich primär die Einflüsse des Katholizismus mit den Formen des Protestantismus (Lutheraner, Calvinisten), so daß sich vielfältige Bewußtseinsstrukturen und Lebensstile ergeben.[1097] Die Bedeutung dieser Einflüsse für die Grundmodelle von Gesellschaft, Organisation und Individuum wird in den sozialen Utopien und den darin enthaltenen normativen Prinzipien der katholischen Soziallehre, der protestantischen Ethik sowie des Sozialcalvinismus ("Hilf Dir selbst, dann hilft Dir Gott") deutlich.

Die katholische Soziallehre hat ihren Ursprung im 19. Jahrhundert und ist als eine theologische Systematisierung von gesellschaftlichen Normen und Strukturen anzusehen. Ihre Grundlegung erfährt sie über die Enzyklika "Rerum novarum" (1891); diese wird erweitert zu "Quadragesimo anno" (1931) und fünf darauffolgende Sozialenzykliken (1961-1987) und gipfelt in "Centesimus annus" (1991) als ihrem vorläufig letzten Höhepunkt. Ihre Grundideen manifestieren sich in fünf zentralen Prinzipien:[1098]

(1) Personprinzip (Personenwürde): Der Mensch ist Träger, Schöpfer und Ziel aller gesellschaftlichen Einrichtungen.

(2) Solidaritätsprinzip: Der Einzelne und die Gemeinschaft haben gegenseitige Verpflichtungen, es besteht grundsätzlich eine gemeinsame Verantwortung der Menschen füreinander auf der Ebene des Individuums wie der Gruppe.

(3) Subsidiaritätsprinzip: Die Gemeinschaft soll nur unterstützend Aufgaben wahrnehmen, die der Einzelne nicht zu erfüllen vermag; Eigenverantwortung und Selbständigkeit müssen mit dem Solidaritätsprinzip verbunden werden.

(4) Prinzip der Unverletzlichkeit von Eigentum.

(5) Prinzip einer wirksamen Versorgung der Bevölkerung durch Anerkennung von Eigeninteresse als Motor für Wettbewerb (durch die Enzyklika "Centesimus Annus" 1991).

Die katholische Soziallehre beinhaltet damit im Kern eine kritische Haltung gegenüber einem "weltlich" ausgerichteten Staat. Dabei soll Staat oder Kapital keinesfalls vor sozialen Ansprüchen geschützt werden, vielmehr zählt die Sozialpolitik zu den vorrangigsten gesellschaftlichen Aufgaben, in deren Mittelpunkt die Forderungen nach der Beachtung der Menschenrechte, soziale Gerechtigkeit und soziale Liebe stehen.

Die hierbei zum Ausdruck kommende Verantwortungsethik der katholischen Soziallehre wurde maßgeblich unter dem Einfluß von Oswald von Nell-Breuning als dem wohl bekanntesten deutschen Vertreter seit den 50er Jahren zum Diskussionsgegenstand in Gewerkschaften, politischen Parteien und auch Unternehmen erhoben.[1099]

Die betriebswirtschaftliche und insbesondere auch personalwirtschaftliche Relevanz verdeutlicht Drumm (1993b) mit einer Analyse der wichtigsten Sozialenzykliken. Demnach läßt sich feststellen, daß in "Centesimus annus" erstmals ein Wirtschaftssystem als erstrebenswert vorgezeichnet wird, welches dem der Sozialen Marktwirtschaft weitgehend gleicht. Mit Blick auf das unternehmerische Zielsystem wird ebenfalls erstmalig der Unternehmensgewinn als Zei-

---

[1097] Vgl. Schmidtchen 1979, 1981, S. 428ff., Heilfurth 1977, S. 222.

[1098] Vgl. dazu o.V., Katholische Soziallehre, 1991, S. 230.

[1099] Vgl. Nell-Breuning 1983, 1990.

chen für die gute Verfassung eines Unternehmens betont und gleichberechtigt neben soziale Unternehmensziele gestellt. Ein bislang ausschließlich positives Menschenbild wird abgelöst von einem komplexeren, auch negative Eigenschaften beinhaltenden Menschenbild, welches nach Drumm Grundlage des Personalmanagements sein sollte. Als naheliegende Implikationen lassen sich die Orientierung an einer Solidarität mit dem Personal und an einem Festhalten am Fürsorgeprinzip in der Arbeitgeber-Arbeitnehmer-Beziehung hervorheben. Dabei wird eine deutliche Absage an eine amerikanische Hire-and-Fire-Politik erteilt. Die Verantwortungsethik im Bereich des Personalmanagements erstreckt sich weiter auf den Bereich der Personalentwicklung, dem die zentrale Aufgabe der Erziehung der Mitarbeiter zur Eigenverantwortlichkeit zukommt, sowie den Bereich der Anreizgestaltung, in dessen Blickpunkt eine ganzheitliche Motivationsorientierung steht und in materieller Hinsicht einen zur Familiengründung notwendigen Mindestlohn wie auch eine angemessene Beteiligung der Mitarbeiter am Erfolg und Vermögen des Unternehmens vorsieht.[1100]

Angesichts der gegenwärtigen Forderungen nach einem Abbau sozialstaatlicher Sicherheiten, einer Auflösung starrer Arbeitsstrukturen und insbesondere auch der Abkehr von unbefristeten Dienstverträgen zugunsten temporärer Projekt-/Werkverträge kann eine wirkungsvolle Tradition und Verinnerlichung der katholischen Soziallehre in Deutschland oder auch speziell im deutschen Management kaum unterstellt werden.[1101] Dennoch ist ihre Prägekraft für die Bewußtseinsbildung des Managements spürbar und für die Umsetzung einer kapitalismusbegrenzenden Wirtschaftsordnung in Form der Sozialen Marktwirtschaft wertvoll: „Versuche in Richtung auf soziale Selbsthilfe oder alternative genossenschaftliche Ökonomie enthalten Chancen für den Ausbau eines demokratischen, egalitär, freiheitlich und solidarisch orientierten sozialen und politischen Potentials. Diese Chancen wären aber verpaßt, die Verkehrung menschenfreundlicher sozialer Utopien in eine sich lebensphilosophisch gebende Lehre von der Notwendigkeit der Ungleichheit läge nur zu nahe, die Instrumentalisierbarkeit für den "ungehemmten Kapitalismus" käme in Gang, wenn die Kritik an konkreten Ausformungen des "Sozialstaats" und an der konkreten Politik der arbeitsorientierten Großorganisationen sich zur Negation öffentlicher Daseinsvorsorge überhaupt, zum Selbstverzicht auf kollektive Interessenorganisation und auf rechtlich-vertragliche Regelung der Arbeits- und Lebensbedingungen verleiten ließe."[1102]

Im Gegensatz zum Katholizismus wendet sich der Protestantismus gegen die Allmacht der Kirche als Institution und eine damit verbundene Zweistufenethik bzw. Doppelmoral[1103] und tritt ein für eine protestantische Frömmigkeit der weltlichen Institutionen, wie insbesondere des Staates, sowie eine Stärkung der Subjektivität und Autonomie, d.h. der persönlichen Freiheit des Einzelnen in Denken und Glauben.[1104] Neben diesem Prinzip der Subjektivität wird

---

[1100] Vgl. Drumm 1993b, S. 23ff., 1996, S. 13f.

[1101] Vgl. Klönne 1984, S. 121ff.

[1102] Klönne 1984, S. 130.

[1103] Demnach sind an die Kleriker höhere moralische Ansprüche zu stellen als an die Masse der Laien.

[1104] Vgl. zu Begriff und Wesen des Protestantismus: Fischer, H. 1997, S. 542ff. und die dort angegebene Literatur, Graf 1997, S. 551ff., Schmidtchen 1981, S. 428ff. Der Streit zwischen Katholizismus und Protestantismus bzw. zwischen Kirche und Staat wurde unter dem Begriff "Kulturkampf" als Weltanschauungskampf in Europa und insbesondere in Deutschland geführt. Vgl. dazu Besier 1997, S. 209ff.

der Protestantismus vom Bewußtsein einer unbedingten Abhängigkeit des Menschen von Gott getragen. Während der Katholizismus die kirchliche Form des Christentums repräsentiert, steht der Protestantismus für dessen sittliche, weltliche Form.

Somit geht es speziell dem Neu-Protestantismus[1105] vor allem um die Bildung eines bürgerlich-liberalen, religiösen Individualismus, der sich von dogmatischer Homogenität der Kirche losgelöst in der Alltagswelt des Einzelnen freiheitlich entfaltet, d.h. einer „Religion des Gott-Suchens im eigenen Fühlen, Erleben, Denken und Wollen".[1106] Im Zentrum des Protestantismus steht eine Ablösung der Außenlenkung mittels kirchlicher Institutionen durch eine allein am Wort Gottes orientierte Innenleitung des Menschen.

Die Schlüsselbegriffe Innerlichkeit, Persönlichkeit, Subjektivität und Autonomie standen damit seit dem 18. Jahrhundert im Zentrum anthropologischer Diskussionen im protestantischen Deutschland. Das damit verbundene Leitbild der Lebensführung beinhaltet demnach spezifisch bildungsbürgerliche Wertorientierungen wie Selbständigkeit, Mündigkeit, Gewissensautonomie, Denkfreiheit, Kritikbereitschaft und Toleranz.[1107]

Dieses protestantische Ideal eines frommen Bildungsbürgers beinhaltete denn auch das Prinzip einer "Rationalisierung der Lebensführung" (Max Weber), welches der innerweltlichen Askese bzw. dem "Habitus rationaler Selbstdisziplinierung" (F.W. Graf) Vorschub leistete. Somit verbindet sich das protestantische Ideal mit einer produktiven Kulturentwicklung, die die Höherwertigkeit über eine strenge, rationalisierte, antihedonistische Lebensführung zu erreichen sucht. Der protestantische, fromme Bildungsbürger lebt demnach nicht in den Tag hinein, sondern folgt – modern gesprochen - einem rationalen Zeitmanagement, im Rahmen dessen Pünktlichkeit und Genauigkeit zu unabdingbaren Tugenden aufsteigen.[1108]

Auf diese Weise ist der gesamte Kanon an Wertorientierungen (Treue, Ehre, Aufrichtigkeit, Sachlichkeit, Dienstbarkeit, Selbstzucht), die als "preußisches Pflichtbewußtsein" bezeichnet werden, durch die protestantischen Wurzeln religiös begründet.[1109] Wenngleich auch im Zuge des seit den 70er Jahren erkennbaren, gesellschaftlichen Wertewandels ein tendenzieller Bedeutungsverlust der preußischen Pflicht- und Akzeptanzwerte zu verzeichnen ist, so ist deren Einfluß auf die heutige Gesellschaft und die bis heute vorzufindenden Systeme, Methoden und Instrumente des Managements in Deutschland erheblich.[1110]

---

[1105] Unter Altprotestantismus versteht man vornehmlich die altlutherische Schule, die sich paternalistischen Idealen des Gemeinwohls und der umfassenden obrigkeitlichen Fürsorge für den beglückungsbedürftigen Bürger verschrieb. Neuprotestanten sind der partizipatorischen Selbstregulierung mündiger Bürger verpflichtet, in ihrer Unterform des Calvinismus verfolgen sie die Leitformel der demokratischen Freiheitsliebe. Wie Pufendorf 1667 feststellte, zeichne sich die lutheranische Mentalität in politischer Hinsicht durch die religiös verinnerlichte Obrigkeitstreue aus, die calvinische Mentalität zeige eine Affinität zu Volksherrschaft und Republik und die katholische Mentalität verstärke durch autoritäre Priesterherrschaft politische Abhängigkeit und Unfreiheit (Vgl. Graf 1997, S. 551ff., Hammerstein 1995, S. 569-931).

[1106] Troeltsch 1928, S. 23. Vgl. auch Miegel/Wahl 1993, S. 21ff.

[1107] Vgl. Graf 1997, S. 556ff.

[1108] Vgl. Graf 1997, S. 564ff.

[1109] Vgl. Graf 1997, S. 566, Greiffenhagen/Greiffenhagen 1993a, S. 208ff.

[1110] Die Soziologin Helge Pross beginnt ihre Antwort auf die Frage „Was ist heute deutsch?" mit den grundlegenden Wertorientierungen im Kaiserreich: Ordnung, Pflicht, Harmonie, Obrigkeitsgehorsam, Tüchtigkeit, Fleiß, Kompetenz, Gottesfurcht, Disziplin, Gehorsam, Treue, Sparsamkeit, Bürgerlichkeit (Dabei greift sie u.a. auf Wehler (1980) zurück). Typisch

Dieser Zusammenhang von protestantischen Prinzipien der Lebensführung und seiner Bedeutung für den ökonomischen Kontext wurde durch Max Webers berühmte Studie "Die protestantische Ethik und der Geist des Kapitalismus" (1904/1905) zum Gegenstand einer Grundlagendiskussion, die sich über alle historischen Kulturwissenschaften erstreckte. Dabei begründete Weber die um 1900 evidente Erfahrung, daß die protestantischen Teile des deutschen Reiches und die protestantischen Länder Europas den katholischen in ökonomischer Hinsicht überlegen waren,[1111] indem er die ökonomisch relevanten Rationalisierungsleistungen protestantischer Frömmigkeit, insbesondere der innerweltlichen Askese und der Selbstdisziplinierung, in ihrer kapitalismusfördernden Wirkung nachwies.

Dies bestätigte auch McClelland in seinen Untersuchungen zum Verhältnis des Schlüsselbedürfnisses "Leistungsstreben" zum Protestantismus, indem er zeigte, daß die Produktivität protestantischer Länder höher ist als die der untersuchten katholischen Länder.[1112] Der Grund hierfür ist in der engen Verbindung religiöser und ökonomischer Lebensprinzipien zu sehen: „Wer unsolide lebte, sich verschuldete und Bankrott machte, galt nicht nur als ökonomisch gescheitert, sondern wurde zugleich als ein Sünder ausgegrenzt, der seinen sozialen Abstieg selbst verschuldet habe. Der durch Genügsamkeit, Sparsamkeit, Leistung, Rationalität und Effizienz erreichte Erfolg stand im protestantischen Frömmigkeitskosmos als Zeichen der gnädigen Annahme durch Gott."[1113] Durch die Verbindung von Religion und Kultur, d.h. vor allem Frömmigkeit und Bildung formte der protestantische Frühliberalismus in Deutschland ein spezifisch deutsches Kulturideal, das die Legitimationsbasis für einen "Sonderweg" der sozialen und politischen Entwicklung in Gestalt der Sozialen Marktwirtschaft darstellt.[1114]

Dabei muß die Offenheit des Protestantismus gegenüber Integrationsideologien der bürgerlichen Gesellschaft auch kritisch betrachtet werden. Durch die Abwertung der kirchlichen Institutionen steht der Protestantismus in der Gefahr, den Staat zur Kirche zu erheben und politisches Handeln mit einem überhöhten sittlichen Anspruch zu verbinden. Der Vorrang einer protestantischen "Gesinnungsethik", d.h. einem Handeln aus Überzeugung, Gesinnung und individueller Moralität vor einer institutionenorientierten "Verantwortungsethik" stützte denn auch den im 20. Jahrhundert aufkommenden Nationalismus. „Indem der Protestant stärker als der Katholik auf sich selbst gestellt ist, ist er auch gefährdeter, labiler... Die protestantische Persönlichkeit ist in sich widersprüchlicher, zerrissener als die des institutionendefinierten Katholiken: himmelhochjauchzend und zu Tode betrübt, beides eng miteinander verknüpft, aber immer geprägt von einem extrem hohen religiös-moralischen Anspruch."[1115]

---

deutsch sind jedoch nicht diese isolierten Werte an sich, sondern deren Verschmelzung, die Ideenfusion von Ordnung, Disziplin und Gehorsam mit dem Glauben an den Staat als Wirklichkeit der sittlichen Idee (Vgl. Pross 1982, S. 56).

[1111] Dies läßt sich freilich in der heutigen Situation nicht mehr in dieser Form bestätigen. Vgl. kritisch zu den ökonomischen Wirkungen der protestantischen Lebensführung Schmidtchen (1981, S. 429ff.).

[1112] Vgl. McClelland 1966, S. 90ff., vgl. kritisch dazu Weiner 1984, S. 171. Einen neueren Ansatz, der die ökonomischen Aspekte der Kultur, insbes. hinsichtlich Religion, Nationalismus und Ideologie herzustellen bemüht ist, schlagen Blum/Dudley (1996, S. 69ff.) vor. Sie sehen die Effizienzunterschiede vor allem durch Differenzierungen in den Antworten zu drei Schlüsselfragen begründet: „Wem gehorche ich?", „Mit wem teile ich?" und „Mit wem tausche ich Wissen aus?".

[1113] Graf 1997, S. 566.

[1114] Vgl. Graf/Tanner 1997, S. 190.

[1115] Graf 1997, S. 570f. Vgl. auch Schmidtchen 1981, S. 429ff.

Die Verbindungen des Protestantismus zur Moderne, zu veränderten politischen Kulturen und zum Wertewandel der deutschen Gesellschaft erweisen sich als stringenter und bestimmender als die vom Katholizismus ausgehenden Wirkungen: „Die politische Kultur Deutschlands ist über Jahrhunderte von zwei Faktoren geprägt: dem Geiste militärisch-feudaler Untertanengesinnung und einer *protestantischen* (Anm. d. Verf.) Theologie, welche diese politische Kultur als religiös gebotene Haltung abstützte."[1116]

Diese aufgezeigten, im christlichen Glauben verankerten Prinzipien haben denn auch die Gesetzgebung maßgeblich beeinflußt. Das deutsche Rechtssystem kann als ein weiterer Ausgangspunkt zur Bestimmung der kulturellen Identität gesehen werden, das zum einen selbst eine kulturelle Manifestation darstellt, zum anderen der kulturellen Entwicklung einen richtungsweisenden Korridor vorgibt.

### 3.2.3.2  Die kulturelle Identität der Deutschen aus rechtlicher Sicht

Das deutsche Recht gilt im internationalen Vergleich als eines der umfassendsten, bestausgebauten Rechtssysteme, was letztlich freilich ein Ausdruck der im internationalen Vergleich besonders ausgeprägten Bedürfnisse nach Reglementierung, Ordnung und Sicherheit ist.[1117]

Hinsichtlich der personalwirtschaftlichen Relevanz erscheinen insbesondere die Arbeits- und Sozialgesetze sowie der Grundsatz der Tarifautonomie[1118] von Interesse. Dieser rechtliche Rahmen wirkt in vielen personalwirtschaftlichen Entscheidungsbereichen überaus beengend. Insbesondere die von ihm ausgehenden beschäftigungs- und flexibilitätshemmenden Wirkungen erweisen sich zunehmend als zentrale, kulturbedingte Probleme deutscher Unternehmen im internationalen Wettbewerb. So verhindern die bestehenden Tarifvertragsstrukturen maßgeblich eine verstärkte Flexibilisierung der betrieblichen Entgeltsysteme, so daß die Unternehmen auf marktbedingten Kostendruck nicht mit Lohnkostensenkungen reagieren können und ihnen häufig nur die Alternative der Personalfreistellung mit ihren negativen Folgewirkungen offensteht. Insbesondere in wirtschaftlichen Krisenzeiten werden daher hohe Anforderungen an das deutsche Management gestellt, die Notwendigkeiten des Kostenabbaus mit denen der Substanzerhaltung auszubalancieren. Erschwert wird dies durch die arbeits- und sozialrechtlichen Schutzrechte, die eine "sozialverträgliche" Gestaltung von Freistellungsmaßnahmen fordern.[1119]

Ein markantes Feld des deutschen Rechtssystems ist das kollektive Arbeitsrecht und hier insbesondere die Mitbestimmung, die als typisch deutsches Phänomen im betrieblichen Alltag besondere Bedeutung erlangt. Vor dem Hintergrund der Interessengegensätze zwischen Arbeitnehmern und Arbeitgebern, deren Ausgleich durch gezielte staatliche Einflußnahme seit Beginn der Industrialisierung Leitprinzip der Arbeits- und Sozialgesetzgebung waren, wuchs nach dem 2. Weltkrieg im Zuge einer demokratischen Wirtschaftskonzeption der "Sozialen Marktwirtschaft" die vor allem von den Branchenzweigen der Montanindustrie ausgehende

---

[1116] Greiffenhagen/Greiffenhagen 1993a, S. 208ff. Vgl. Schmidtchen 1979, 1981, S. 428ff., Zeidenitz/Barkow 1997, S. 32f.

[1117] Vgl. z.B. Watson 1993, S. 164ff., Wittkämper 1985, S. 261ff.

[1118] Grundlage der Tarifautonomie ist Art. 9 III GG, wonach die Tarifvertragsparteien autonom, d.h. ohne staatlichen Eingriff, über die Verteilung des Sozialprodukts bzw. der Wertschöpfung entscheiden.

[1119] Vgl. hierzu und im Folgenden Marr 1996b, S. 2861ff.

Forderung nach einer verstärkten betrieblichen Mitbestimmung. Gesetzliche Verankerungen der Mitbestimmung finden sich dabei heute im Betriebsverfassungsgesetz (1952) und den Mitbestimmungsgesetzen (1951, 1976).

Die grundlegende Intention des Betriebsverfassungsgesetzes ist in diesem Sinne auch darin zu sehen, den Arbeitnehmer durch rechtliche Unterstützung über den Status eines bloßen Produktionsfaktors zu heben, demokratische Prinzipien auch auf die betriebliche Zusammenarbeit zu übertragen und damit den im Konzept der Sozialen Marktwirtschaft angelegten Partnerschaftsgedanken bzw. das Prinzip der Solidarität zu verwirklichen. Dieses spiegelt sich vor allem auch in §2 BetrVG wider, der das Gebot einer "vertrauensvollen Zusammenarbeit" zwischen den Vertretern von Arbeitnehmer- und Arbeitgeberinteressen bzw. Betriebsrat und Unternehmensleitung beinhaltet.

Wenngleich auch bereits das Betriebsverfassungsgesetz eine arbeitnehmerseitige Einflußnahme auf wirtschaftliche Planungs- und Entscheidungsprozesse vorsah, indem Arbeitnehmern Sitz und Stimmrecht in den Aufsichtsräten der Kapitalgesellschaften zugesichert wurden, lieferte erst das Mitbestimmungsgesetz von 1976 eine überzeugende Basis einer demokratischen Unternehmensführung. Denn erst das sich inhaltlich weitgehend an das Montanmitbestimmungsgesetz (1951 für die Eisen und Stahl erzeugende Industrie und den Montanbereich erlassen) anlehnende Gesetz verfügte die *paritätische* Besetzung der Aufsichtsräte von Kapitalgesellschaften mit mehr als 2000 Mitarbeitern. Zur Vermeidung einer Pattsituation wurde dem Aufsichtsratsvorsitzenden, den die Anteilseigner bestimmen, ein Zweitstimmrecht eingeräumt, von dem allerdings nur sehr selten Gebrauch gemacht wurde, da dies das für die Umsetzung des Betriebsverfassungsgesetzes notwendige Kooperationsklima gefährden würde.

Die Regelungen des Mitbestimmungsgesetzes führen dazu, daß betriebliche Entscheidungen einem politischen Verhandlungsprozeß mit allen damit verbundenen Vor- und Nachteilen ausgesetzt sind. Dadurch erhält die betriebsverfassungsrechtlich abgesicherte Einflußnahme der Arbeitnehmervertreter ein stärkeres Gewicht. Der Umgang mit diesen Bestimmungen erfordert von den Entscheidungsträgern im Management ein hohes Maß an sozialer Kompetenz und politischer Sensibilität. Dadurch, daß Führungskräfte die Reaktionen der betroffenen Arbeitnehmer im Rahmen einer strategischen Planung antizipieren müssen, verändern sich Inhalt und Art von Managementprozessen.

Um diesen rechtlich abgesicherten Spielraum in ihrem Interesse nutzen zu können, bedarf es freilich auch einer sozialen und politischen Kompetenz auf Seiten der Arbeitnehmer, v.a. aber auch einer entsprechenden Geisteshaltung bzw. einer inneren Bereitschaft. Demnach ist zu erwarten, daß sich aus einem "Untertan" vielleicht nur sehr langsam ein "mündiger Bürger" entwickeln kann, d.h. daß erst nach jahrzehntelanger Erfahrung mit den Gesetzen einer demokratischen Mitbestimmung diese in den Unternehmen verinnerlicht ist. So gibt denn auch Dahrendorf zu bedenken: „Deutschlands langer Weg in die Modernität findet seinen Ausdruck nicht nur darin, wie schwer es war und ist, politische Untertanen in Staatsbürger zu verwandeln, sondern auch in den Widerständen und Hemmnissen bei der Durchsetzung mündiger Gleichrangigkeit in den übrigen institutionellen Ordnungen: des Bürgers in

Uniform, der mündigen Kirche, des für vollgenommenen Kindes, der demokratischen Schule, des industriellen oder wirtschaftlichen Bürgerrechtes..."[1120]

Auch der verfassungsrechtliche Standpunkt, der sich vorwiegend im Grundgesetz und den Länderverfassungen ausdrückt, bietet einen weiteren Ansatzpunkt zur Bestimmung der ökonomisch relevanten deutschen Nationalkultur.[1121] Zwar findet der Terminus "Kultur" nicht explizit im Grundgesetz Berücksichtigung, jedoch wird der Kultur mehrfach implizit große Bedeutung beigemessen.[1122] Art. 20 Abs. 1 GG enthält in seiner Auslegung durch das Bundesverfassungsgericht die Charakterisierung Deutschlands als Rechts-, Sozial- und Kulturstaat, wobei letzteres auf die Verwirklichung eines Kulturstaates als Staatsziel, kulturpolitische Neutralität sowie die Aufgaben staatlicher Kulturförderung und Kulturpflege verweist.[1123]

Ähnliches läßt sich in den Verfassungen der Bundesländer feststellen. Bayern bezeichnet sich selbst etwa ausdrücklich als "Rechts-, Kultur- und Sozialstaat" (Art. 3 Abs. 1 BV) und betont den kulturellen Aspekt in Art. 3 Abs. 2 BV: „Der Staat schützt die natürlichen Lebensgrundlagen und die kulturelle Überlieferung." Die Verfassung des Saarlandes bestimmt in Art. 27, daß die Schüler in den Schulen, „unabhängig von ihrer Religionszugehörigkeit, bei gebührender Rücksichtnahme auf die Empfindungen andersdenkender Schüler auf der Grundlage christlicher Bildungs- und Kulturwerte unterrichtet und erzogen werden." Art. 34 der Verfassung des Saarlandes besagt, daß „kulturelles Schaffen die Förderung des Staates" genießt. Der gleiche Sinngehalt findet sich in Art. 40 Abs. 3 Satz 2 der Verfassung von Rheinland-Pfalz: „Die Teilnahme an den Kulturgütern ist allen Schichten des Volkes zu ermöglichen".

Neben diesen mehr oder weniger konkreten Bezügen des Gesetzestextes auf die kulturellen Aufgaben des Staates und seiner Organe bietet das Recht Ansatzpunkte für eine Identifikation bzw. eine Identitätsbestimmung. Besonders deutlich wird dies durch die *Präambeln* des Grundgesetzes und der Länderverfassungen, die über Hintergründe der Entstehung des Gesetzes sowie den dabei verfolgten, grundlegenden Zweck aufklären. In einer sich an alle Bürger wendenden, verständlichen Sprache bietet die Präambel dem Volk „die Möglichkeit – einer Geburtsurkunde vergleichbar – einen Teil seiner Identität zu finden".[1124] Neben den Präambeln finden sich freilich weitere Anker in den Gesetzestexten, die zu einer Identitätsbestimmung beitragen können, so z.B. Ausführungen zu:

- Bildungs- und Erziehungszielen,
- Orientierungswerten bzw. Leitbildern (z.B. Familie, Kirche, Vereine, Moralkonzepte,
  Gewerkschaften und Parteien, Verfassungen),

---

[1120] Dahrendorf 1971, S. 160.

[1121] Vgl. Puppe 1990.

[1122] Dabei ist jedoch zu beachten, daß das Verständnis von Kultur im rechtlichen Kontext eher eng gefaßt ist und somit vielerorts durchaus vom verhaltenswissenschaftlich weitgefaßten Begriffsverständnis abweicht. Vgl. Puppe 1990, S. 10ff.

[1123] In diesem Zusammenhang kommt neben Art. 20 Abs. 1 GG auch Art. 74 Nr. 5 GG sowie Art. 29 Abs. 1 GG erhebliche Bedeutung zu (Vgl. Puppe 1990, S. 25ff. und die dort angegebene Literatur).

[1124] Puppe 1990, S. 31. Bemerkenswert ist der Bezug vieler Präambeln (insbes. auch im GG) auf die Verantwortung vor Gott bzw. die christlichen Wertorientierungen, die das religiöse Fundament des Rechtssystems zum Ausdruck bringen. Vgl. dazu auch die Bezüge von Kultur und Religion im Kap.2.2.1 zum Menschenbild des homo cultus.

- der kulturellen Identität der Deutschen und dem Schutz sowie der Pflege der Kultur der in
  Deutschland lebenden Ausländer und Minderheiten,
- Mediengesetzen zum Schutz der kulturellen Identität sowie
- der Förderung der kulturellen Identität in der Außenpolitik.[1125]

Trotz der vielfältigen Einblicke, die die schriftlich festgelegten Gesetze als offizielle Quellen
in die Kultur ermöglichen, können diese nur partiell über die gelebte Wirklichkeit Aufschluß
geben, die sich insbesondere durch ungeschriebene gesellschaftliche Satzungen ergibt.[1126] Die
tatsächlich zu beobachtenden Verhaltensmuster der Deutschen finden ihren Niederschlag in
den Selbst- und Fremdwahrnehmungen ihrer typischen Eigenschaften.

### 3.2.3.3 Die kulturelle Identität als Stereotyp wahrgenommener Eigenschaften

Die Identitätsfindung umfaßt neben einem Selbstbild der Deutschen auch das Fremdbild,
welches andere Völker von unserer Gesellschaft gewonnen haben. Selbst- und Fremdbild der
Deutschen stehen dabei in einem wechselseitigen Spannungsverhältnis, das sich in einem
ständigen Austauschprozeß ausdrückt.[1127]

Dabei spielt die ausgeprägte Neigung der Deutschen zur Selbstbespiegelung eine bedeutsame
Rolle: „Bei allem was sie tun und sagen, läuft ja, mehr als bei jeder anderen Nation, die Frage
mit, wie man das im Ausland aufnehmen würde."[1128] Dies gilt für die Stellung und das An-
sehen der Deutschen in der Kulturgemeinschaft Europa sowie in der gesamten Weltordnung.
Die Bundesrepublik ist eines der wenigen Länder, dessen Nationalgeschichte durch zahlreiche
Reflektionen ausländischer Beobachter gleichsam eine "Internationalisierung" erfahren hat.
Durch die starke Aufmerksamkeit des Auslands gegenüber der eigenen Aufarbeitung und des
Umgangs mit der eigenen Geschichte ist es den Deutschen gelungen, eine entmythologisierte
und nicht beschönigende oder selbsttäuschende Nationalgeschichte zu schreiben.[1129]

Für eine Erfassung der Selbst- und Fremdbilder bieten sich folgende methodische Vorgehensweisen der Stereotypforschung an:[1130]

- Quellenforschung (angewendet von Historikern und Literaturwissenschaftlern; im
  Zentrum der Analyse stehen häufig Reiseberichte oder auch Briefe und Akten),
- Analyse der "Schönen Literatur" (Interpretation bedeutender Schriften, im Falle des
  russischen Deutschenbildes z.B. die Werke von Puschkin, Gogol oder Dostojewski),
- Analyse von Schulbüchern (Besondere Bedeutung aufgrund ihrer Breitenwirkung),
- Analyse der Massenmedien (Presseberichte, Karikaturen, Film, Funk, Fernsehen)[1131],

---

[1125] Vgl. Puppe 1990.

[1126] Vgl. Elias 1994, S. 93.

[1127] Vgl. Korte 1987, S. 222ff.

[1128] Troller 1986, S. 84. Vgl. auch Zeidenitz/Barkow 1997, S. 16f.

[1129] Vgl. Goldhagen 1997, S. I-II.

[1130] Vgl. zu den Methoden der Stereotypforschung Koch/Hillebrecht (1977).

[1131] Zur Frage, wie deutsche Journalisten die Deutschen sehen, meinte bereits Max Weber: „Der deutsche Journalismus ist
immer "Spielart einer politischen Karriere" und nie bloßes Nachrichtenhandwerk wie im angelsächsischen Raum. Der
deutsche Journalismus will wirken, die Meinungsbildung beeinflussen" (Weber, M. 1919, S.28, zit. nach Noelle-Neumann/

- Feldforschung (Ergebnisse liefern hier v.a. volkskundliche Befragungen),

- Eigenschaftsliste (Vorgabe der zu untersuchenden Merkmale durch eine Eigenschaftsliste, insbesondere auch durch ein Eigenschaftsprofil ("Semantisches Differential"[1132]),

- Experiment (Eingreifen in bestehenden Kontext; z.B. "Räuberhöhlenstudie" von Sherif u.a.[1133]).

Daneben sind noch weitere Methoden, wie z.B. die Methode der Verhaltensbeobachtung, die Methode der verdeckten Fragen, projektive Verfahren, die Methode der Erfassung objektiver Leistungen oder die Methode der Erfassung physiologischer Reaktionen denkbar, die jedoch bei der Erforschung nationaler Charakteristika wenig erfolgversprechend sind.[1134]

Auch in Bezug auf die vielfältigen angewandten Methoden bei der Erforschung nationaler Stereotype scheint es nicht zweckmäßig, a priori die eine oder andere Methode auszuschliessen, weshalb sich als Basis für eine Gesamtperspektive das bereits angesprochene Verfahren der Triangulation empfiehlt.[1135]

### 3.2.3.3.1 Selbstbild der Deutschen

Bilder der Deutschen über sich selbst oder über Deutschland finden sich nicht erst im 20. Jahrhundert. Klassische Bilder enthalten z.B. Richard Wagners "Ring der Nibelungen", in welchem Siegfried als Verkörperung des deutschen Ideals gesehen werden kann oder auch Goethes "Faust", dessen Wesenszüge in vielerlei Hinsicht das typisch Deutsche widerspiegeln und gleichzeitig auch prägende Wirkung entfalteten.[1136]

Jede Nation verfügt über ein eigenes Selbstverständnis oder ist darum zumindest bemüht. Die Deutschen, die vielleicht mehr als andere Nationen an einer Klärung der nationalen Identität interessiert sind,[1137] finden vor dem Hintergrund ihrer historischen Erfahrungen vielfältige, nicht unbedingt konsistente Antworten auf die Frage des nationalen Selbstbildes. Helmut Schelsky konstatierte noch im Jahre 1959 einen "erstaunlichen" Mangel an Beschreibungen der bundesrepublikanischen Gesellschaft: „In der neueren deutschen soziologischen Literatur ist kein Werk zu nennen, das das "Ganze" unserer Gesellschaft ... darzustellen versucht.“[1138]

---

Köcher 1993, S.362). Zeichnet der deutsche Journalismus ein "objektives" Spiegelbild unserer Kultur oder versucht er, die Kulturentwicklung zu beeinflussen? Wo hört die Neutralität der Berichterstattung auf, und wo fängt die kulturgestaltende Beeinflussung an? Im Vergleich zu britischen Journalisten betonen deutsche Journalisten in weit stärkerem Maße ihre geistig-schöpferische Leistung. Deutsche Journalisten haben ein eigentümliches Aufgabenverständnis, welches sich insbes. in pointierender Kritik des Zeitgeschehens konkretisieren kann. Vgl. Köcher 1985, Jäger 1994, S. 638ff.

[1132] Vgl. Hofstätter 1960, Osgood/Suci/Tannenbaum 1957.

[1133] Bei einer willkürlichen Trennung von Jugendlichen in einem Ferienlager wurde die Entwicklung und der mögliche Abbau von Vorurteilen zwischen den Gruppen untersucht. Vgl. dazu Sherif u.a 1965.

[1134] Vgl. Koch-Hillebrecht 1977, S. 29ff.

[1135] Vgl. Koch-Hillebrecht 1977, S. 27f., Schein 1985, S.135.

[1136] Vgl. insbesondere auch Nuss (1992): "Das Faust-Syndrom" sowie Leppmann (1998): "Goethe und die Deutschen". Vgl. auch die Einschätzung von Zeidenitz/Barkow (1997, S. 55): „Es scheint nach wie vor so, als ob er (Goethe, A.d.V.) in seinen Werken am besten darzustellen vermochte, was die deutsche Seele ausmacht. Dafür wird er respektiert, geliebt und verehrt." Ernst Zander geht sogar so weit, daß er die Implikationen von Goethe für die Personalführung untersucht. So sieht er Goethe als „frühen Kronzeugen kooperativer Führung" (1996, S. 264ff.).

[1137] Vgl. Dahrendorf 1971, S. 8, Alter 1986, S. 17ff.

[1138] Schelsky 1959, S. 149.

Er begründet dies damit, daß Deutschland nahezu alle geschichtliche Selbstsicherheit verloren habe und somit ein unbekannter sozialer Gegenstand geworden sei.[1139] Dies bestätigte auch Dahrendorf 1971: „Denn in der Tat gibt es wenige moderne Länder, deren Menschen ähnlich ratlos vor der Gesellschaft stehen, zu der sie selbst gehören."[1140]

Aufgrund der anhaltend geringen nationalen Gefestigtheit spürt man heute noch die Aufwertung der regionalen Zugehörigkeit gegenüber der nationalen.[1141] Insofern gewinnt in Abständen auch immer die Frage an Popularität, ob und wieviel Nationalgefühl die Deutschen aufbringen. Die Umfragen nach dem Nationalstolz verschiedener Länder ergaben in den letzten Jahrzehnten stets, daß die Deutschen im internationalen Vergleich besonders wenig nationalistisch eingestellt sind.[1142] In der Bevölkerung ist mehrheitlich eine deutliche Ablehnung von Patriotismus, Nationalismus, Nationalgefühl und insgesamt ein fehlendes Nationalbewußtsein zu verspüren.[1143]

Die folgende vielbeachtete Profilzuschreibung der Deutschen erarbeitete der Heidelberger Psychologe Willy Hellpach im Jahre 1954 in Form sog. "Partialkonstanten des deutschen Nationalcharakters", die sich als nahezu unveränderliche, unangreifbare oder immer wiederkehrende deutsche Grundeigenschaften erwiesen hätten:[1144]

- Schaffensdrang,
- Gründlichkeit,
- Ordnungsliebe,
- Formabneigung,
- Eigensinn,
- Schwarmseligkeit.

Aufschluß über ein Überdauern dieser Eigenschaften bzw. über das gegenwärtige Selbstbild der Deutschen liefert in bedeutsamer Weise die Meinungsforschung. Dabei sind v.a. das emnid-Institut und das Institut für Demoskopie Allensbach zu nennen, deren Umfrage-Ergebnisse von zahlreichen Autoren[1145] als Grundlagen oder auch Belege für ihre Hypothesen zur Nationalkultur herangezogen werden. Im Folgenden seien daher die wesentlichen Ergebnisse der neueren Umfragen zum Selbstbild der Deutschen wiedergegeben.

Eher negativ fiel das Ergebnis von Noelle-Neumann hierzu aus. Besonders im Ausland fällt der Deutsche nach Meinung der Deutschen durch seine Angeberei auf. Im Januar 1989 identifizierten 52% der Befragten (in den alten Bundesländern) den Deutschen unter vier

---

[1139] Vgl. Schelsky 1959, S. 56.

[1140] Dahrendorf 1971, S. 8, Vgl. auch Alter 1986, S. 17ff.

[1141] Vgl. Langguth 1995, S. 100f., Korte 1987, S. 223, Weidenfeld/Korte 1991, S. 11ff., Hofstätter 1970, S. 159f.

[1142] Vgl. Scheuch 1991, S. 83ff., Noelle-Neumann/Köcher 1993, S. 392ff. Noelle-Neumann sieht dies als Defizit, welches in verschiedener Hinsicht dysfunktionale Wirkungen zeigt (vgl. Noelle-Neumann/Köcher 1987, S. 17ff.).

[1143] Dies verdeutlicht z.B. eine Wertestudie von 1981/82, abgedruckt in: Allensbacher Berichte 1982, Nr. 6. Vgl. Noelle-Neumann 1991c, S. 89. Vgl. auch Alter 1986, S. 17.

[1144] Vgl. Hellpach, W. 1954, S. 171ff. Zur Kritik im Umgang mit einem "Nationalcharakter" vgl. Dahrendorf 1971, S. 31ff.

[1145] Die auf die Meinungsforschungsergebnisse zurückgreifenden Ansätze lassen sich überwiegend der Politischen-Kulturforschung zurechnen. Vgl. z.B. Scheuch 1991, Weidenfeld/Korte 1991, Herdegen 1987, S. 205ff.

europäischen Ländern (Italien, England, Frankreich, Deutschland) als den größten Angeber. Noch deutlicher fiel das Umfrageergebnis im Dezember 1990 in den neuen Bundesländern aus, wo 60% der Befragten den Deutschen unter besagten vier europäischen Ländern als größten Angeber erkannten. Darüber hinaus denken Deutsche ihrer Meinung nach zuviel ans Geld, sind also sehr materialistisch orientiert.[1146]

Diese Eigenschaften treten jedoch nicht in allen Untersuchungen zutage. Eine andere Umfrage des Allensbacher Instituts kommt zu anderen Ergebnissen hinsichtlich markanter deutscher Eigenschaften: Im Januar 1989 und Januar 1990 in den alten Bundesländern sowie im Dezember 1990 in den neuen Bundesländern wurden Interviews zu einer Zeichnung des "deutschen Michel" als Symbol des deutschen Durchschnittsbürgers durchgeführt.[1147] Die Frage nach den guten Eigenschaften der Deutschen förderte nicht unabhängig von der für die Mehrheit sympathisch empfundenen Michelfigur auch die Eigenschaften hervor, welche die Deutschen an sich selbst lieben: gutmütig, fleißig, ordentlich, tüchtig, freundlich, gemütlich,...

Auf die Frage nach den *guten Eigenschaften des Deutschen* zeigt sich, daß die Eigenschaften des deutschen Michels keineswegs immer bewußt sind. Vielmehr erscheinen die Eigenschaften der starken Exportnation Deutschland im Bewußtsein der Befragten verankert zu sein: fleißig, ordentlich, sauber, pünktlich, ehrgeizig, erfinderisch, zuverlässig. Diese Meinung ist in den neuen Bundesländern noch ausgeprägter.

Dies korelliert stark mit den Ergebnissen der Befragungen zu den *Charakterstärken* der Deutschen (Januar 1989 in den alten Bundesländern, Januar 1990 in den neuen Bundesländern): Bemerkenswerterweise ergab sich eine völlige Übereinstimmung zwischen den Ergebnissen in West- und Ostdeutschland. Die Befragten nannten die gleichen folgenden Charakterstärken auch in der gleichen Reihenfolge: Der Deutsche sei typischerweise fleißig, ordentlich, sauber, pünktlich und ehrgeizig.[1148]

Eine hohe Übereinstimmung zeigten auch die Befragungsergebnisse hinsichtlich der *Charakterschwächen* der Deutschen (Januar 1990 in den alten Bundesländern, Dezember 1990 in den neuen Bundesländern). Als negative deutsche Eigenschaften empfinden die Westdeutschen, daß sie zuviel ans Geld denken (50%), im Ausland unangenehm auffallen (35%), nicht kinderlieb sind (35%), zuviel arbeiten (31%) und zu korrekt und genau sind (30%). Die Ostdeutschen meinen ebenso, daß Deutsche zuviel ans Geld denken (69%) und im Ausland unangenehm auffallen (45%). Zudem seien sie rechthaberisch (34%), spießig/kleinbürgerlich (34%) und Angeber (34%).[1149]

Im März 1985 ergab sich folgende Reihenfolge der Eigenschaften, die nach Meinung der Befragten am *"beeindruckendsten"* sind und daher wesentlich das Wertespektrum der Befragten zum Ausdruck bringt:[1150]

---

[1146] Vgl. Noelle-Neumann/Köcher 1993, S. 500, 513ff., Noelle-Neumann 1991d, S. 8.

[1147] Benannt wurde die deutsche Symbolfigur des Michel nach dem heiligen Michael. Vgl. zu den Ursprüngen des "deutschen Michel" Hofstätter 1970, S. 157ff. Vgl. auch Zeidenitz/Barkow 1997, S. 23.

[1148] Vgl. Noelle-Neumann/Köcher 1993, S. 503. Vgl. hierzu auch z.B. Mole 1995, S. 52ff., Zeidenitz/Barkow 1997.

[1149] Vgl. Noelle-Neumann/Köcher 1993, S. 504.

[1150] Vgl. Noelle-Neumann/Köcher 1993, S. 70.

1. Ehrlichkeit,
2. Humor,
3. Intelligenz,
4. Mut,
5. Selbstbewußtsein,
6. Gute Manieren,
7. Energie, Vitalität,
8. Durchsetzungsvermögen und Ausdauer.

Die mehrheitliche Zustimmung findet die Haltung: "Ich binde niemandem auf, wie es mir geht. Nach außen lieber bescheiden, aber im Hintergrund Geld - das ist mein Prinzip." Dies deutet nun weniger auf Angeberei hin. Dagegen meinen immerhin 29% der Befragten, daß man respektiert wird, wenn man es zu etwas gebracht hat und darum dies auch zeigen soll, wenn man Erfolg im Leben haben will.[1151] Überraschenderweise, da in deutlichem Kontrast zum Fremdbild,[1152] kennzeichnen sich die Deutschen selbst auch als lustig und humorvoll, wobei dies nicht im Widerspruch gesehen werden darf zur Ernsthaftigkeit, die sie sich zusprechen. Auf die Frage nach dem Grad an Selbstvertrauen der Deutschen antworteten ca. zwei Fünftel mit "gerade richtig", 24% sagten "zuviel" und 26% meinten "zuwenig". Dies könnte in Zusammenhang gebracht werden mit der den Deutschen nachgesagten Angeberei, insbesondere im Ausland. Vielleicht resultiert die Angeberei aus der Spannung zwischen einem In-sich-gekehrt-Sein und einem Drang nach "Ferien vom Ich" (Modewort der 20er und 30er Jahre: weltmännischer Lebensgenießer). Nach ihrer eigenen Einschätzung können Deutsche besonders gut bauen. Insbesondere sehen sie sich als Spitzenreiter bei Autos und Industrieanlagen, aber auch bei Straßen, Häusern und sicheren Reaktoren. Hohe Rangplätze haben sie auch noch bei Schiffs-, Brücken- und Flugzeugbau. Neben dem Bauen bestimmt aber auch das Selbstbild des Dichters, Denkers und Komponisten die Einschätzung hervorstechender Fähigkeiten. Insbesondere fällt auf, daß sich die Deutschen für recht innovativ halten.[1153]

Im Januar 1989 antworteten in den alten Bundesländern bzw. im Dezember 1990 in den neuen Bundesländern auf die Frage, was für die Deutschen *bezeichnend* ist: Arbeiten (81% bzw. 91%), Organisieren (67% bzw. 73%), Denken (49% bzw. 59%), Erfinden (49% bzw. 48%), Feiern (43% bzw. 44%) und Rechnen (39% bzw. 51%). Bemerkenswert ist hierbei die hohe Übereinstimmung in den Befragungsergebnissen von West- und Ostdeutschland.

Im Juli 1991 wurde nach *hervorstechenden* Eigenschaften der West- und Ostdeutschen gefragt.[1154] Westdeutsche bezeichnen sich demnach selbst vor allem als fleißig (66%), ehrgeizig (65%), selbstbewußt (63%) und sauber/ordentlich (59%), zudem seien sie "aufs Geld aus" (59%). Ostdeutsche sehen den Westdeutschen in erster Linie als materialistisch (81%), selbstbewußt (79%), ehrgeizig (64%), bürokratisch (62%) und sauber/ordentlich (60%) an.

---

[1151] Vgl. Noelle-Neumann/Köcher 1993, S. 513ff., Noelle-Neumann 1991d, S. 8.

[1152] Vgl. z.B. Zeidenitz/Barkow 1997, S. 9.

[1153] Vgl. Noelle-Neumann/Köcher 1993, S. 507.

[1154] Vgl. Noelle-Neumann/Köcher 1993, S. 497.

Ostdeutsche bezeichnen sich selbst als fleißig (70%), unzufrieden (67%), mißtrauisch (60%), freundlich (57%), sauber/ordentlich (56%) und bescheiden (55%). Westdeutsche sehen den Ostdeutschen primär als unzufrieden (64%), mißtrauisch (50%), freundlich (46%), kritisch (43%) und traurig/bedrückt (40%) an. Interessanterweise sind nur 24% der Westdeutschen der Meinung, daß die Ostdeutschen fleißig seien. Auf die Frage, welche Rolle ein deutscher Schauspieler im Rahmen einer internationalen Theatergruppe wohl am besten ausfüllen könnte, antworteten im Januar 1989 in den alten Bundesländern bzw. im Dezember 1990 in den neuen Bundesländern: den Fleißigen (34% bzw. 39%), den Besserwisser (16% bzw. 15%), den Gehorsamen (14% bzw. 21%), den Angeber (9% bzw. 19%), den Lebenskünstler (7% bzw. 16%); nur in erstaunlich geringem Maße sahen die Befragten den Deutschen in der Rolle des Wehleidigen (2%), des Feiglings (1%) sowie des Traurigen (1%).[1155]

Weiteren Aufschluß über Werte und Einstellungen der Deutschen verspricht die Frage nach den wichtigsten Faktoren im Leben für die Deutschen. Die Befragung im Feb./März 1991 zeigte dabei das folgende Ergebnis:

| Wichtigste Faktoren im Leben | West | Ost |
|---|---|---|
| Gesundheit | 61 | 64 |
| Lebensfreude | 24 | 15 |
| Bildung und Wissen | 13 | 15 |
| Vermögen und Einkommen | 7 | 10 |
| Berufserfolg und Karriere | 6 | 9 |
| Erziehung und Umgangsformen | 5 | 7 |
| Aussehen und Kleidung | 5 | 6 |

Tab. 8:   Wichtigste Faktoren im Leben für die Deutschen

Quelle: emnid-"Umfrage und Analyse", Nr. 3/4, Jahrgang 1991

In weitgehender Übereinstimmung zu diesen Ergebnissen fallen auch die Antworten auf die Frage nach den *Quellen des Glücks* aus. Im März 1992 waren die Befragten der Meinung, daß der Mensch in der Gesundheit (90%), in der Liebe oder einer glücklichen Partnerschaft (81%), in den Menschen, die ihn lieben (75%), in der Familie (75%) und einem Beruf, der einem Freude macht (68%) sein Glück finden kann.[1156]

Auch die Beziehung zu anderen Völkern könnte als ein Anknüpfungspunkt der nationalen Identität zu begreifen sein. Gefragt nach den *Gemeinsamkeiten mit anderen Völkern*, entdeckten im September 1989 die Deutschen bei Franzosen (66%), Skandinaviern (64%), weißen Amerikanern (62%) und Engländern (62%) viele verbindende Elemente. Vergleichsweise geringe Gemeinsamkeiten finden sie bei Japanern, farbigen Amerikanern, Türken und Südamerikanern. Extrem wenig Gemeinsamkeiten verspüren Deutsche mit Chinesen, Schwarzafrikanern, Arabern sowie Indern.[1157]

---

[1155] Vgl. Noelle-Neumann/Köcher 1993, S. 506.

[1156] Vgl. Noelle-Neumann/Köcher 1993, S. 14.

[1157] Vgl. Noelle-Neumann/Köcher 1993, S. 953.

Bezogen auf das zugrundeliegende Wertespektrum erweist sich auch die Frage nach dem *Vorbildcharakter* anderer Länder als interessant. Im April 1987 stuften die Befragten folgende Länder in vieler Hinsicht für Deutschland als vorbildlich ein: Schweiz (38%), Schweden (30%), USA (27%), Japan (21%). Ein ähnliches Bild ergab sich in der Befragung im August 1991. Hier nannten die Befragten in den alten, wie in den neuen Bundesländern vor allem die Schweiz (55% bzw. 57%), Schweden (41% bzw. 50%) und die USA (36% bzw. 22%).[1158]

Selbsteinschätzungen dieser Art dürfen freilich nicht unkritisch als Ausgangsposition der Hypothesenbildung hingenommen werden. Nationalcharaktere im Sinne von Selbstbildern unterliegen nicht nur einem Wandel in Abhängigkeit geschichtlicher Ereignisse, sondern bergen vor allem die Gefahr der Selbsttäuschung. So fragt Dahrendorf: „Ist es nicht sogar denkbar, daß Menschen von sich das genaue Gegenteil dessen glauben, was sie sind?"[1159] Aus sozialpsychoanalytischer Sicht kann diesem durch systematische empirische Fundierung in Verbindung mit historischen Bezügen weitgehend entgegengewirkt werden.[1160] Eine Relativierung durch Einbeziehung von Fremdbildern erscheint als ein hinzuzufügendes Element, um den Hypothesen einer modalen Persönlichkeit des Deutschen zusätzliche Stabilität zu verleihen.

### 3.2.3.3.2    Fremdbild der Deutschen

Als Fremdbilder sind hier nationale Stereotype zu verstehen, die sich Angehörige anderer Staaten von den Deutschen gebildet haben. Der Kontakt zwischen Deutschen und Ausländern oder auch die Frage nach dem Urteil anderer Nationen über die Deutschen führt zur Erkennung der eigenen Selbstverständlichkeiten und zu einer Form der Selbstbesinnung, denn „nur in der Auseinandersetzung mit dem anderen lerne ich mich selbst kennen".[1161]

Begibt man sich in europäischen Nachbarländern auf die Suche nach kulturwissenschaftlichen Erkenntnissen über das kulturelle Wesen der Deutschen zur Feststellung des Fremdbildes, so läßt sich im Verhältnis zu ethnologischen bzw. ethnographischen Studien über andere Länder Westeuropas ein spürbares Defizit feststellen.[1162]

Die Ursachen für das zunächst paradox erscheinende Phänomen, daß Deutschland als bevölkerungsreichstes Land Westeuropas aus kulturwissenschaftlicher Sicht von anderen Nationen bislang relativ wenig erforscht ist, liegen in

-   den allgemeinen Vorstellungen der Ethnologie über interessante Forschungsobjekte, zu denen Deutschland offensichtlich nicht gezählt wird, sowie

-   der bewußten Abneigung der Feldforscher gegenüber Deutschland als Untersuchungsobjekt, insbesondere aufgrund seiner belasteten Vergangenheit.[1163]

---

[1158] Vgl. Noelle-Neumann/Köcher 1993, S. 954f.

[1159] Dahrendorf 1971, S. 385.

[1160] Dahrendorf begreift den sozialen Charakter der Deutschen nicht aus sozialpsychologischer, sondern aus soziologischer Sicht. Unter Rückgriff auf die Rollentheorie sieht er im Nationalcharakter „eine von der Gesellschaft vorgeprägte, jedem ihrer Mitglieder zugeordnete Rolle" (1971, S. 396).

[1161] Koch-Hillebrecht 1977, S. 19. Vgl. dazu auch die Methode der "wechselseitigen Erhellung" von Dilthey. Vgl. auch Scheuch 1991, S. 94ff.

[1162] Vgl. Forsythe 1984, S. 124ff.

[1163] Vgl. ebenda.

Dennoch existiert aus heutiger Sicht eine ausreichende Zahl an Deutschlandbildern anderer Nationen. Speziell ausländische Journalisten reflektieren in ihren Arbeiten ihre Erfahrungen, die sie während ihres Deutschlandaufenthalts über Land und Leute gesammelt haben. Auch wenn diese Beschreibungen den wissenschaftlichen Anforderungen etwa aufgrund ihres klischeeartigen, teils unsystematischen Vorgehens nicht immer gerecht werden können, so sind sie doch insofern von Nutzen, als daß bestimmte kulturelle Profilmerkmale deutlich werden und Kontinuitäten wie Diskontinuitätem identifiziert werden können.

Als ältere Fremdbilder finden sich Beschreibungen der Germanen, die fremde (oftmals auch feindliche) Stämme oder Völker aufzeichneten, wie z.b. Tacitus in seinem Werk "Germania", in dem er die Deutschen bezeichnet als „propriam et sincerum et tantum sui gentem", als unvermischten, nur sich selbst gleichen Menschenschlag von eigener Art. Vielfach Beachtung gefunden hat die in der Goethezeit entstandene Beschreibung von Anne Louise Germaine von Staël-Holstein "De l'Allemagne". Manche Eindrücke über den nationalen Charakter der Deutschen von Madame de Staël zeugen von erstaunlicher Kontinuität und können auch heute noch eine treffende Beschreibung des Nationalcharakters bieten. So verweist sie auf die bedeutende Fähigkeit der Deutschen zur Arbeit und zum Nachdenken, Achtung vor der Macht, Langsamkeit und Trägheit des Volkes sowie eine gekünstelte Ausdrucksweise.

> „Eine Art von Schweigen in der Natur und in den Menschen preßt das Herz des Reisenden zusammen. Es kommt ihm vor, als verfließe die Zeit hier langsamer als an andern Orten, als übereile sich das Wachstum der Pflanzen ebensowenig wie die Bildung der Gedanken in den Köpfen, als zögen sich die geraden regelmäßigen Furchen des Landmanns auf schwerfälligem Boden dahin."[1164]

An anderer Stelle betont sie die geringe Flexibilität und mangelnde Fähigkeit der Deutschen, sich bietende Freiräume selbständig zu nutzen:

> "Man hat viel Mühe, wenn man soeben aus Frankreich kommt, sich an die Langsamkeit, an die Trägheit des deutschen Volks zu gewöhnen; es hat nie Eile, findet allenthalben Hindernisse... Dem Deutschen fehlt es, mit wenigen Ausnahmen, an Fähigkeit zu allem, wozu Gewandtheit und Geschicklichkeit erfordert wird. Alles beunruhigt ihn, macht ihn verlegen; er bedarf ebensosehr der Methode im Handeln als der Unabhängigkeit im Denken... Die Deutschen, die sich dem Joche der Regeln in der Literatur nicht unterwerfen können, möchten, daß im Leben ihnen alles vorgezeichnet würde. Sie verstehen sich nicht darauf, mit den Menschen zu verhandeln, und je weniger man ihnen Gelegenheit gibt, sich bei sich selbst Rat zu holen, desto mehr ist man ihnen willkommen... daher kommt es, daß sie die größte Kühnheit im Denken mit dem folgsamsten Charakter verbinden... Die aufgeklärten Köpfe in Deutschland streiten lebhaft miteinander um die Herrschaft im Gebiet der Spekulation; hier leiden sie keinen Widerspruch; überlassen übrigens gern den Mächtigen der Erde alles Reale im Leben... Der Geist der Deutschen scheint mit ihrem Charakter in keiner Verbindung zu stehen; jener leidet keine Schranken, dieser unterwirft sich jedem Joche; jener ist unternehmend, dieser schüchtern; die Aufklärung des ersten gibt selten dem zweiten Kraft."[1165]

---

[1164] Staël-Holstein 1985, S. 23f.

[1165] Staël-Holstein 1985, S. 29, 36f.

Die modernen Fremdbilder der Deutschen sind zumeist von einer Zwiespältigkeit geprägt, die einerseits in der Bewunderung insbesondere ihrer wirtschaftlichen Leistungen, andererseits in der Furcht vor ihnen zum Ausdruck kommt.[1166] Das lange Zeit, im Grunde seit dem ausgehenden 19. Jahrhundert überwiegend negativ gefärbte Deutschenbild, scheint im Nachkriegsdeutschland seit den späten 70er Jahren in Form differenzierter, selbstkritischer und wissenschaftlich fundierter Analysen eine positive Wende erfahren zu haben.[1167] Die Gründe hierfür liegen in der Friedfertigkeit im Zusammenhang mit einer stabilen demokratischen Verfassung Deutschlands,[1168] der Aufnahme Deutschlands in die Europäische Union und die NATO, aber auch in einem durch die Umbrüche im Ostteil Europas veränderten europäischen Blickfeld.[1169]

In den 60er und frühen 70er Jahren war vor allem im europäischen Ausland zunächst das Bild vom "häßlichen Deutschen" verbreitet[1170], was die folgenden ausländischen (Vor-)Urteile verdeutlichen:

| |
|---|
| 1. Der Deutsche ist grob, schwerfällig und grausam. |
| 2. Er ist ein bornierter Nationalist. |
| 3. In seinen politischen und wirtschaftlichen Ansprüchen neigt er zur Unersättlichkeit. |
| 4. Er ist ein Militarist und ein Unruhestifter. |
| 5. Aus dem gekrümmten deutschen Untertan wird nie ein zuverlässiger Demokrat werden. |
| 6. Der Deutsche ist von Arbeitswut besessen; er versteht es nicht, das Leben zu genießen. |

Tab. 9: Deutsche Untugenden

Quelle: Eich, H. 1963, S. 47ff.

| |
|---|
| 1. Die Deutschen sind rücksichtslos gegen Schwächere. |
| 2. Sie haben viel Mitleid mit sich selbst und wenig mit anderen; Liebe zur Menschheit, "Humanität" also, ist ihnen fremd. |
| 3. Sie sind arrogant, solange sie können; wenn sie es nicht mehr können, schlägt die Arroganz um in kriecherische Unterwürfigkeit. |
| 4. Sie verherrlichen den Krieg. |
| 5. Sie leben in Extremen: hirnverbrannter Idealismus oder krassester Materialismus, uninformierte Dumpfheit oder überzüchtete intellektuelle Unverbindlichkeit. |
| 6. Sie kennen keine wirkliche Freiheit – und wollen sie auch gar nicht. |
| 7. Sie werden nie Demokraten werden, sondern immer Untertanen bleiben. |

Tab. 10: Deutsches Sündenregister

Quelle: Leonhard, R.W. 1961, S. 15ff.

---

[1166] Vgl. Watson 1993, S. 287ff., Zeidenitz/Barkow 1997, S. 15f., Alter 1986, S. 17f.

[1167] Vgl. z.B. Gierke, O.v., Deutsche Reden in schwerer Zeit, Berlin 1915, S. 98, zit. nach Sontheimer 1987, S. 39.

[1168] Vgl. Klönne 1984, S. 103ff.

[1169] Vgl. Kaase 1996, S. 385f.

[1170] Vgl. Breitenstein 1968, Kogon 1976, Bohrer 1977.

Umfragen zu den Eigenschaften des "typischen Deutschen" in Asien[1171] und Lateinamerika[1172] ließen dagegen kaum das Bild des "häßlichen Deutschen" erkennen, sondern spiegeln trotz landesspezifischer Unterschiede ein Grundstereotyp des Deutschen wider, der vorrangig die Eigenschaften "fleißig", "tapfer", "gebildet", "intellektuell" und "gründlich" umfaßt.[1173]

Die letzten Jahrzehnte waren bestimmt von einem internationalen Zusammenwachsen, von einem stärkeren Auftreten der asiatischen und afrikanischen Länder auf der politischen Weltbühne. In diesem erweiterten Blickfeld der europäischen Nachbarländer begann sich das Deutschenbild in Europa mehr und mehr zu normalisieren und sich als europäischer Durchschnitt zu etablieren. Die Außenseiterrolle der Deutschen in Europa verliert vor diesem Hintergrund zunehmend an Gültigkeit.[1174] So stellte Michael Wolffsohn als Ergebnis einer internationalen Untersuchung von 1977 fest: „Der "häßliche" Deutsche ist tot, es lebe der "schöne" und beliebte, doch immer noch nicht ganz "normale" Deutsche!"[1175]

Ein diese Tendenz bestätigendes Phänomen hat bereits Gilbert mit dem "Verblassen der Stereotype" umschrieben.[1176] In den modernen Industriestaaten nimmt die Bereitschaft der Bevölkerung, Vorurteile zu übernehmen und auszudrücken, zunehmend ab. Daher bauen sich auch die durch die Kriegszeiten aufgebauten negativen Deutschenbilder langsam aber beständig ab.

Einen Beitrag dazu leistet zweifellos auch die im Vergleich zu anderen Ländern sehr hohe Reiselust der Deutschen. Urlaubsreisen sind für viele Deutsche zum Mittelpunkt des Lebens geworden und werden häufig mit "den schönsten Wochen des Jahres" in Verbindung gebracht. Dabei verbringt der Deutsche seinen Urlaub überwiegend im Ausland und prägt vor allem dadurch das Bild, welches andere Länder sich von ihm machen.[1177]

Ein weiterer Grund liegt sicherlich darin, daß die anderen Nationen in der Zwischenzeit durch wesentliche historische Ereignisse den Blick stärker auf sich selbst richteten. So haben z.B. die USA durch verschiedene Kriege (Cuba-Krise, Vietnamkrieg, Golfkrieg), aber auch politische Affären (Watergate-Affäre, Whitewater-Affäre) eher den Bedarf einer Selbstkritik verspürt, als den Drang, weiter den "deutschen Untertanen" anzuprangern. Dies läßt sich in analoger Weise auch für einige andere Länder konstatieren, wie insbesondere die Länder der ehemaligen Sowjetunion oder des ehemaligen Jugoslawien.[1178]

---

[1171] Emnid-Repräsentativbefragung unter der erwachsenen Bevölkerung mit Schulbildung im Jahre 1962 in verschiedenen asiatischen Hauptstädten jeweils mit einem Umfang von n=500. Vgl. dazu Stackelberg 1965, S. 51.

[1172] Gallup-Repräsentativbefragung unter der erwachsenen Bevölkerung mit Schulbildung im Jahre 1963 in verschiedenen lateinamerikanischen Hauptstädten. Vgl. dazu Stackelberg 1965, S. 46.

[1173] Vgl. Scheuch 1991, S. 96ff.

[1174] Vgl. Langguth 1995, S. 11ff., Koch-Hillebrecht 1977, S. 13ff., Scheuch 1991, S. 213ff., Korte 1988. S. 45ff.

[1175] Wolffsohn 1984, S. 11.

[1176] Vgl. Gilbert 1951, S. 245ff.

[1177] Vgl. Noelle-Neumann 1986, S. 459ff. Dabei sei angemerkt, daß die Deutschen nach eigener, wie auch nach fremder Einschätzung keineswegs als "weltoffen", sondern vielmehr als ausgesprochen "bodenständig" gelten (Vgl. z.B. Miegel 1991, S. 52f.).

[1178] Vgl. Koch-Hillebrecht 1977, S. 17f.

Das Feindbild als Element des Fremdbilds der Deutschen[1179] scheint nicht mehr den Einfluß zu haben wie in der Vergangenheit. Der Hauptgrund hierfür ist sicherlich die in den letzten Jahrzehnten einsetzende Friedensbewegung, die mit ihren Themen und autoritätskritischen Zügen dazu beigetragen hat, daß sich das Deutschenbild im Ausland vom ordnungsliebenden, autoritätshörigen Untertanen zunehmend entfernt hat.[1180]

So zeigen die Ergebnisse jüngerer Umfragen ein deutlich positiveres Deutschenbild, welches jedoch nach wie vor traditionelle Spurenelemente beinhaltet. Im Februar 1984 zeigte das Meinungsbild in Frankreich und in England als typisch deutsche Eigenschaften in folgender Reihenfolge:

| Frankreich | England |
|---|---|
| 1. fleißig, | 1. geschäftstüchtig, |
| 2. nationalbewußt, | 2. arrogant, eingebildet, |
| 3. geschäftstüchtig, | 3. nationalbewußt, |
| 4. technisch begabt, erfinderisch, | 4. intelligent, |
| 5. energisch, tatkräftig. | 5. fortschrittlich. |

Tab. 11: Eigenschaften der Deutschen aus französischer und englischer Sicht

Quelle: nach Noelle-Neumann/Köcher 1993, S. 951

Ein Beispiel für ein differenziertes, aktuelles Deutschenbild aus französischer Sicht liefert Daniel Vernet.[1181] Deutlich bringt Vernet zum Ausdruck, daß die neue Situation des wiedervereinigten Deutschland in Frankreich sehr kritisch betrachtet wird. Nur zu klar läßt sich die französische Unsicherheit gegenüber den Deutschen erkennen, die Vernet als "unberechenbar" und in ihrem Wesen als "widersprüchlich" kennzeichnet.[1182] Vor diesem Hintergrund stellt er die Frage nach einer Wiederkehr des "häßlichen" Deutschen.[1183]

Ein ebenfalls differenziertes, jedoch nicht durch so deutliche Antipathie bestimmtes Deutschenbild aus englischer Sicht liefert Alan Watson.[1184] Die Frage nach der deutschen Identität stellt sich nach Watson primär aufgrund der Entwicklungen in drei kritischen Bereichen: (1) die Entwicklung der wirtschaftlichen Situation in Deutschland, insbesondere im Zusammenhang mit den Problemen der Wiedervereinigung, (2) die zunehmenden kritischen Entwick-

---

[1179] Vgl. Frei 1985.

[1180] Vgl. Henningsen 1984, S. 356ff., Zedtwitz-Arnim 1977, Knütter 1990, S. 45ff. Spurenelemente der Vergangenheit sind jedoch zu erkennen, vgl. dazu z.B. das gegenwärtige Deutschenbild der Holländer Brinks 1996, S. 8: „Ratschläge an Polizisten und Geschäftsleute im Umgang mit den Nachbarn: Seid nett zu den Deutschen und putzt euch die Schuhe." Vgl. auch Zeidenitz/Barkow 1997, S. 18ff.

[1181] Vgl. Vernet 1993.

[1182] Vgl. Vernet 1993, S. 13ff., insbes. S. 21.

[1183] Vgl. Vernet 1993, S. 9.

[1184] Vgl. Watson 1993. Vgl. zum Deutschenbild der Engländer auch Kerber 1998, S. 30ff.

lungen der Ausländerfeindlichkeit und des Rechtsextremismus sowie (3) die Entwicklung der Europäischen Gemeinschaft mit einer notwendigen Standortbestimmung Deutschlands.[1185] Wesentliche Wirkungen auf das Deutschenbild der Engländer gehen insbesondere von Werbekampagnen deutscher Großunternehmen in England aus. So bestätigt der in unübersetzter Form verwendete Slogan "Vorsprung durch Technik" von Audi das von Engländern oftmals empfundene Gefühl einer deutschen Überlegenheit aufgrund höherer Effizienz, Disziplin, Technikorientierung und Gründlichkeit. Jedoch sind auch gegenläufige Tendenzen zu beobachten. Um etwa gegen das Klischee des humorlosen Deutschen anzugehen,[1186] verwendet Audi den Spruch "Warum die Deutschen sich nicht länger darum sorgen, die Ersten am Strand zu sein" (in Anspielung auf das häufig zu beobachtende Phänomen der frühestmöglichen Platzreservierung durch die Ablage von Handtüchern). In gleichem Sinne belegen dies die voller Selbstironie steckenden Formeln von Continentals Reifenwerbung ("Langweilig, grau und zuverlässig. Genau das, was Sie von einem Deutschen erwarten.") sowie von Löwenbräu ("Was uns Deutschen an Humor fehlt, machen wir beim Bier wett.").[1187]

Seit dem Tiefpunkt der deutsch-amerikanischen Beziehungen 1945 hat sich das Meinungsbild der Amerikaner über die Wesenszüge der Deutschen bis heute grundlegend verändert. In zunehmender Weise verlieren die Eindrücke des Krieges an Prägekraft, wenn diese auch nicht völlig verschwunden sind.[1188] Bis heute halten sich – wie auch bei den zuvor angesprochenen europäischen Nachbarn - traditionell-positive Stereotype, wie z.B. der deutsche Arbeitseifer, daneben jedoch auch negative Vorurteile, wie insbesondere die deutsche Autoritätsliebe. Der Grund dafür liegt sicherlich auch in unbefriedigendem Wissen und mangelhafter Information über die aktuelle Situation Deutschlands und der Deutschen.[1189]

Die Tendenzen einer Verbesserung des amerikanischen Deutschenbildes sind vor allem auch Ergebnis einer erhöhten Kontakthäufigkeit bzw. eines zunehmenden Austauschs hinsichtlich wirtschaftlicher und politischer Zusammenarbeit, aber auch eines wachsenden Fremdenverkehrs. Jedoch scheinen die Kontakte nicht unbedingt zu einer Vertiefung des gegenseitigen Verständnisses geführt zu haben. Die meisten Amerikaner haben ein Deutschenbild verinnerlicht, das primär von der Wahrnehmung Dritter, d.h. von der veröffentlichten Meinung, geprägt ist.[1190]

Eine interessante Untersuchung legte der amerikanische Historiker und Deutschlandkenner Gordon A. Craig vor. Als wesensbestimmend erkennt er die Einstellungen der Deutschen zur Demokratie, wobei er die deutsche Demokratie trotz der inneren Probleme für sehr stabil hält. Craig sieht einen Charakterzug der Deutschen in einem überzogenen Reagieren insbesondere auf wirtschaftliche Schwierigkeiten. Dabei neigen sie nach Craig dazu, die Schuld für auftretende Probleme im "System" zu suchen. Desweiteren verzeichnet Craig ein relativ geringes

---

[1185] Vgl. Watson 1993, S. 7ff.

[1186] Vgl. z.B. Zeidenitz/Barkow 1997, S. 9. Vgl. dagegen auch Mole 1995, S. 56.

[1187] Vgl. Kerber 1998, S. 30ff.

[1188] Vgl. Henningsen 1984, S. 356ff.

[1189] Vgl. Schneppen 1983, S. 552ff., Stapf u.a. 1986, S. 40ff., 100ff.

[1190] Vgl. Schneppen 1983, S. 552.

Maß an Toleranz bei nichtkonformem Verhalten und die deutsche Neigung zu juristischen Reglementierungen.[1191]

Speziell im Hinblick auf die europäische Einigung gelangen die Fragen der nationalen Identität und speziell der gegenseitigen Stereotype in den Blickpunkt des Interesses. Den einzelnen Völkern werden traditionell auffällige Eigenschaften nachgesagt. So gilt z.b. der Schotte als geizig, der Spanier als stolz oder der Deutsche als humorlos. Demnach ließe sich auch für das künftige Europa ein (inzwischen vielbeachtetes) Erfolgs- und Mißerfolgsszenario vorstellen: Positiv wäre es, wenn die Franzosen die Küche, die Deutschen die Wartung der Autos, die Briten das Polizeiwesen, die Schweizer die Bankgeschäfte und die Italiener die Gesänge übernehmen würden; ein Fiasko würde sich aber ergeben, wenn die Briten kochten, die Franzosen die Autos warteten, die Deutschen als Polizisten aufträten, die Italiener die Bankgeschäfte übernähmen und die Schweizer Liebesarien sängen.[1192] Hierin kommt eine verbreitete Meinung über die Ambivalenz einer Grundeigenschaft der Deutschen zum Ausdruck: „ein gründlicher, gutorganisierter, technisch effizienter Ordnungssinn, der eine zuverlässige Wartung von Autos (sowie von Panzerwagen usw.) ohne Rücksicht auf den Verwendungszweck garantiert, der aber zu schrecklicher Inhumanität, zu Gestapo, Rassengesetzen und Auschwitz führen kann, wenn er sich gegen Menschen wendet."[1193]

### 3.2.4 Nationalkulturelle Bedingungen hinsichtlich der Kulturfelder

Im Rahmen der vorliegenden Analyse soll vorwiegend auf Deutschenbilder der Gegenwart zurückgegriffen werden, wobei dies freilich eine Bezugnahme auf die kulturelle Vergangenheit der Deutschen nicht ausschließt. Unter Zuhilfenahme der Ergebnisse unterschiedlicher kulturwissenschaftlicher Untersuchungen soll nach Antworten gesucht werden auf die Fragen:

- Welche ökonomischen Wirkungen gehen von der gegenwärtigen Nationalkultur aus?

- Wo liegen kulturspezifische Stärken und Schwächen der Deutschen?

Antworten auf Fragen dieser Art zur Funktionalität der Kultur beinhalten auch eine Form von *Kulturkritik*, hier unter einer ökonomisch orientierten Perspektive.[1194] In einer globalen Beurteilung dieser kulturellen Vor- und Nachteile kann zunächst die in den 90er Jahren erneut geführte Diskussion über den "Standort Deutschland" in ihren Grundzügen dargelegt werden. Im Anschluß daran soll die Nationalkultur in differenzierter Weise in Bezug auf die einzelnen Kulturfelder auf ihre Kompatibilität hin untersucht werden, d.h. es ist zu prüfen, inwiefern die von einschlägigen kulturwissenschaftlichen Fachvertretern hypothetisch angenommenen "typisch" deutschen Denk- und Verhaltensweisen eine Grundlage bilden für eine Verwirklichung einer Informations- & Kommunikations-, Vertrauens-, Unternehmer- & Innovations-, Partizipations- & Team-, Konflikt- sowie Fehler- & Lernkultur.

---

[1191] Vgl. Craig 1983.

[1192] Vgl. Breitenstein 1996, S. 32. Vgl. zur problematischen Entwicklung der "Inneren Sicherheit" Greiffenhagen/Greiffenhagen 1993a, S. 92ff. und die dort angegebene Literatur.

[1193] Breitenstein 1996, S. 33.

[1194] Traditionell bezieht sich "Kulturkritik" auf ein zu allen Zeiten latentes Bedürfnis nach Ursprünglichkeit und Unschuld, das sich in einer Hinwendung zu vergangenen "goldenen Zeiten" ausdrückt. Neue Bezüge zur Kulturkritik ergeben sich aus der die eigene kulturelle Identität betonende Gegenbewegung gegen die Homogenisierungstendenzen im Zuge der Globalisierung der Wirtschaft. Vgl. Rodi 1997, S. 181ff.

### 3.2.4.1  Grundpositionen zur Situation der deutschen Wirtschaftskultur im Rahmen der Standortdiskussion

Im Rahmen einer globalen Beurteilung der deutschen Wirtschaftskultur bietet sich ein Blick in die regelmäßig in Krisenjahren (1975/76, 1981/82, 1987/88) geführte Standortdiskussion an, die seit 1993 wieder verstärkte Aufmerksamkeit erhält.[1195] In Ermangelung einer überzeugenden, allgemein anerkannten Theorie zur Erklärung nationaler Wettbewerbsvorteile[1196] werden unterschiedliche Diagnosen und daran anknüpfend unterschiedliche Therapievorschläge zur wirtschaftlichen Situation Deutschlands aus den entsprechenden Interessenlagern vorgenommen.[1197] Je nach Interpretation und Bewertung der einzelnen Standortfaktoren lassen sich Meinungsbilder unterscheiden, die Deutschland zum einen als überholte und daher veränderungsbedürftige Industrienation,[1198] zum anderen als grundsätzlich aussichtsreiche, fortschrittliche Wirtschaftsmacht[1199] ansehen.

Tabelle 12 gibt einen Überblick über die Argumente, die üblicherweise zur positiven und negativen Bewertung des Standorts Deutschland ins Feld geführt werden.[1200] Die Debatte um den Standort Deutschland dreht sich, wie auch Tabelle 12 verdeutlicht, zumeist um strukturelle Faktoren, oftmals bleibt jedoch der kulturelle Hintergrund bzw. eine Bewertung der Wettbewerbsfähigkeit der kulturellen Fundamente ausgeklammert. In der Vergangenheit fokussierten die Argumentationen auf die als statistisch abgesichert geltenden und demnach "harten" Faktoren.[1201] Zu geringe Bedeutung wurde den sog. "weichen" Faktoren geschenkt, insbesondere wurde auch der Einfluß der Denk- und Verhaltensweisen bzw. der Werte und Einstellungen der Führungskräfte wie der Mitarbeiter auf die Wettbewerbsfähigkeit eines Landes unterschätzt bzw. aufgrund einer mangelnden Quantifizierbarkeit bewußt ausgeklammert.[1202]

---

[1195] Vgl. Simons/Westermann 1994, S. 9, Langguth 1995, S. 125ff.

[1196] Vgl. Porter 1991a, 1996, S. 171ff.

[1197] Vgl. in diesem Zusammenhang z.B. das Konzept der Qualitätskontrolle von Dierkes/Zimmermann (1990, S. 29ff.) oder auch die nach Branchen differenzierende Analyse des "Deutschen Diamanten" von Simons/Westermann (1995, S. 53ff.) in Anlehnung an das Konzept von Porter (1991a, 1996, S. 141ff.). Vgl. auch Langguth 1995, S. 125ff.

[1198] Vgl. z.B. Dönhoff u.a. (1992): "Weil das Land sich ändern muß", Willms 1997, S. 11.

[1199] Vgl. hierzu freilich vor allem die Informationen zum Standort Deutschland, die von der Bundesregierung herausgegeben werden. Daneben sind aber auch Stimmen zu vernehmen, die vor einem "Kaputtreden" des Standorts Deutschland warnen. Speziell aufgrund der deutschen Mentalität des Jammerns und Nörgelns besteht durchaus die Tendenz einer Überbetonung negativer Zukunftsszenarien bzw. negativer Standortfaktoren (Vgl. z.B. Claassen 1996, S. 21, Dill 1996, S. VI).

[1200] Vgl. z.B. Biedenkopf/Miegel 1989, S. 15f., Wehling 1994, Löbbe 1994, S. 34ff., Dierkes/Zimmermann 1990, S. 29ff., Büscher/Homann 1989, Simons/Westermann 1994, 1995, Langguth 1995, S. 129ff.

[1201] Vgl. Biedenkopf/Miegel 1989, S. 17. Eine Ausnahme bildet der von Wehling herausgegebene Sammelband (1994).

[1202] So ließen sich insbesondere auch die verkrusteten Denk- und Verhaltensmuster der alteingesessenen "Dinosaurier" in den von ihnen geschaffenen und daher auch verteidigten Strukturen als Standorthemmnis ausmachen (Vgl. hierzu den provozierenden Beitrag von Deckstein 1996, S. 4).

| Negative Standortfaktoren | Positive Standortfaktoren |
|---|---|
| - niedrige Wachstumsraten und abnehmende Produktivitätssteigerungen mit der Folge langsamen Strukturwandels, <br> - niedrige Nettorenditen von Sachanlagen mit der Folge geringer Investitionen, hohen Kapitalexports, ungenügender Kapitalbildung, <br> - hohe Arbeitskosten (insbes. Lohnnebenkosten bei geringer Arbeitskostenflexibilität) und Unternehmenssteuern, <br> - hohe Energiekosten, <br> - hohe Umweltschutzkosten, <br> - hohe Regulierungsdichte (Marktzugangsregelungen und Arbeitsgesetze), <br> - hohe Erhaltungssubventionen, <br> - hohe Staatsquote (dramatische Höhe der Staatsausgaben), <br> - unklare politische Vorgaben, keine eindeutigen politischen Mehrheiten, <br> - Übermaß an Föderalismus, <br> - anhaltende hohe Arbeitslosigkeit, <br> - verbreitete, diffuse Zukunftsängste, <br> - Selbstzufriedenheit, Selbstgefälligkeit, Genußsucht bei den Mitarbeitern (Rückgang des traditionellen deutschen Arbeitsethos). | - hohe Geldwertstabilität, <br> - gute Qualifikation von Arbeitskräften durch ein reich differenziertes System der schulischen und beruflichen Bildung,[1203] <br> - gute Qualifikation und Motivation von Unternehmern und Managern, <br> - hohe Innovationsfähigkeit und –bereitschaft <br> - großer sozialer Frieden (breiter wirtschaftlicher und sozialer Konsens im System der Sozialen Marktwirtschaft),[1204] <br> - große Unternehmensloyalität, <br> - gute Verkehrs- und Kommunikationsinfrastruktur, <br> - junge Erwerbsbevölkerung, <br> - politische Stabilität, Rechtssicherheit und Ordnung, <br> - hoher Freizeitwert, <br> - günstige wirtschaftlich-geographische Bedingungen (Zentrum Europas, Schlüsselrolle in Europäischer Union), <br> - günstige klimatische Bedingungen. |

Tab. 12: Faktoren der Standortbewertung

Quelle: in Anlehnung an Biedenkopf/Miegel 1989, S. 15ff.

Wie ideologiebeladen die Standortdiskussion in Deutschland geführt wird, verdeutlicht eine neuere Studie von Albrecht Müller im Auftrag der Friedrich-Ebert-Stiftung. Demnach werden die Kriterien der "Standortqualität" zu einseitig und interessenbestimmt definiert, mit dem Ziel, daraus Forderungen in wirtschaftspolitischen Verteilungskonflikten abzuleiten.[1205] Die ideologischen Kalküle der in Deutschland geführten Standortdebatte werden durch einen Ver-

---

[1203] Ein zentraler Standortvorteil ist nach weit verbreiteter Meinung das deutsche Ausbildungssystem der Facharbeiter bzw. das duale System der Berufsausbildung (Vgl. Scheuch 1991, S. 70). Als kritisch ist hier die sich in den letzten Jahren verschlechternde Lehrstellensituation in Deutschland zu sehen (vgl. hierzu z.B. Helwig 1995, S. 225ff.).

[1204] Vgl. hierzu insbesondere Schreiner 1994, S. 24ff.

[1205] Vgl. Müller, A. 1996. Vgl. hierzu und im Folgenden http://www.fes.gmd.de/info/info3.96/de_4.html. So verweist auch Porter darauf, daß immer wieder niedrige Lohnkosten als Merkmal hoher Wettbewerbsfähigkeit ins Feld geführt werden. Jedoch scheinen die Schweiz, Schweden und Deutschland als Beispiele für properierende Wirtschaften mit hohen Arbeitskosten dem entgegenzustehen. So stellt sich darüber hinaus auch die Frage, ob nicht ein Land gerade Lohnerhöhungen für seine Arbeitnehmer als einen Zweck seiner Wettbewerbsstärke anstreben sollte (Vgl. Porter 1996, S. 171). Die These vom "Hochlohnland Deutschland" ist zudem differenziert zu betrachten (Vgl. dazu auch Wörl 1997, S. 28ff.).

gleich der herangezogenen Kriterien in Standortdiskussionen anderer Länder, wie insbesondere Italien,[1206] Japan und Frankreich, deutlich:[1207]

- *Direktinvestitionen des Auslands*: So gelten etwa ausländische Investitionen in Japan nicht als Nachweis der Attraktivität des eigenen "Standortes", vielmehr werden fremde Investoren weiterhin eher behindert als gefördert.

- *Arbeitslosigkeit*: Japanische Unternehmen sehen ihre Belegschaften als ihren wichtigsten "Besitz" an, an dem sie auch bei einer Unterauslastung der Kapazitäten festhalten, womit faktisch ein Teil der Kosten realer Arbeitslosigkeit von den Betrieben übernommen wird.

- *Personalkosten*: Hinzu kommt, daß japanische Manager in wirtschaftlich schwierigen Zeiten eher als die deutschen zu Gehaltseinbußen bereit sind und somit einen solidarischen Beitrag zur Senkung des Kostendrucks leisten. In Frankreich wird die Standortdiskussion weniger unter den Aspekten innergesellschaftlicher Verteilungskämpfe geführt, vielmehr steht die Konfrontation der wirtschaftlich notwendigen Globalisierung mit dem Wunsch nach dem Erhalt der nationalen Spezifika im Mittelpunkt der Diskussion. Auch haben die Kostenargumente relativ an Gewicht verloren, wohingegen eher qualitative Faktoren, wie Innovations- und Anpassungsfähigkeit der Unternehmen, Qualität der Produkte, der Mitarbeiter und Vernetzungen mit dem Ausland, an Bedeutung gewonnen haben.

- *Sozialer Frieden*: Als überaus wichtigen Standortfaktor legen die Franzosen, aufgeschreckt durch die zunehmenden Konflikte in Vorstädten sowie die landesweiten Streiks, besonderes Augenmerk auf den "sozialen Frieden". Die fortschreitende soziale Spaltung wird als Gefährdung der wirtschaftlichen und politischen Stabilität empfunden.

Wenn dem Wirtschaftsstandort Deutschland nun gegenwärtig eine Krisensituation bescheinigt wird, kommt man im Rahmen einer tiefergehenden Analyse möglicherweise zu dem Ergebnis, daß es angebracht erscheint, statt von einer *konjunkturellen* oder auch *strukturellen Krise*[1208] vielmehr von einer *kulturellen Krise* zu sprechen.[1209] In diesem Sinne werden in jüngster Zeit vermehrt Stimmen laut, die die Hinwendung und Umsetzung einer neuen Wertebasis bzw. eine Revitalisierung der alten, verschütteten Werte in Deutschland fordern.[1210] Diese kulturelle Krise könnte insbesondere darin begründet sein, daß sich

a) auf gesellschaftlicher Ebene obrigkeitsstaatliche mit demokratischen Denk- und Verhaltensmustern vermischen (Vor allem die verbreiteten Reste obrigkeitsstaatlicher Struktu-

---

[1206] Vgl. Wörl 1997, S. 9f.

[1207] Vgl. im Folgenden zur Einschätzung der japanischen Standortdiskussion Ehrke 1996, zur französischen Diskussion Uterwedde 1996.

[1208] Vgl. Langguth 1995, S. 126ff., Körber-Weik 1994, S. 9ff.

[1209] Dies gilt umso mehr, wenn man sich noch einmal verdeutlicht, daß Strukturen weitgehend auch das Produkt kultureller Erfahrungen sind, wie es in Kap. 2.2.3.1 dargelegt wurde.

[1210] Vgl. z.B. Dönhoff u.a. 1992.

ren, insbesondere starre Regulierungen, verhindern oftmals noch die Entwicklung und Umsetzung demokratischer Prinzipien in der Arbeitswelt.) und/oder

b) auf betrieblicher Ebene verschiedene Managementprinzipien aus unterschiedlichen, nicht zueinander passenden Kulturkreisen miteinander verknüpft werden, [1211]

so daß kein kohärentes Muster im Sinne eines kulturellen Paradigmas zu beobachten ist.

Im Hinblick auf die Globalisierung läßt sich der entfesselte Wettbewerb zwischen Unternehmen unterschiedlicher Nationen auch als ein "Kampf der Kulturen"[1212] begreifen. In diesem Zusammenhang sind die gegenwärtigen Lebensformen und Verhaltensweisen verschiedener Kulturen auf ihre jeweiligen Effizienzwirkungen hin zu untersuchen.

So untersuchte denn auch Porter die Einflußfaktoren der nationalen Wettbewerbskraft, um die daraus resultierenden unterschiedlichen Wettbewerbsvorteile der einzelnen Länder zu erklären. Demnach sind primär die Innovations- und Entwicklungsfähigkeit der Industrien und Unternehmen eines Landes für dessen internationale Wettbewerbsfähigkeit ausschlaggebend, die wiederum beeinflußt werden durch die Reaktionen auf die Druckfaktoren von Konkurrenten, Zulieferern und Kunden.[1213]

Auch der globaler werdende Wettbewerb führt nicht dazu, daß nationale Charakteristika an Bedeutung verlieren; vielmehr ist zu erwarten, daß sie an Bedeutung gewinnen, denn die wesentliche Einflußgröße der Wettbewerbskraft verlagert sich zunehmend auf die Kreation und Anwendung von Wissen als Produktionsfaktor, wobei eben diese Prozesse in besonderem Maße dem Einfluß nationaler Spezifika (gesellschaftliche Normen und Werte, Bildungssystem, Wirtschaftsstruktur, Geschichte etc.) unterliegen.[1214]

Bietet das "Modell Deutschland" den Deutschen nun gute Voraussetzungen hinsichtlich dieses Wettbewerbs der neueren Art[1215] oder steckt es „bewegungsunfähig und festgeklemmt in der Globalisierungsfalle"[1216] und steuert auf ein Gesellschaftsmodell zu, daß Ulrich Beck mit "Kapitalismus ohne Arbeit"[1217] bzw. "Risikokultur"[1218] umschreibt? Globalisierung überwindet einerseits Grenzen, errichtet aber gleichzeitig Mauern:[1219] Mauern zwischen Globalisierungsgewinnern und -verlierern. Sehr kritisch äußert sich denn auch Willms hinsichtlich der Globalisierungswirkungen: „Wenn die in Zeiten der Globalisierung entfesselte Logik der Marktwirtschaft dem Gesetz des Stärkeren rücksichtslose Geltung verschaffen will, dann wird es für einen demokratischen Staat höchste Zeit, dem durch eine entschlossene Stärkung seiner Legitimationsgrundlage entgegenzutreten. Tut er dies aber aus opportunistischen Erwägungen

---

[1211] Vgl. Marr 1996a.

[1212] Huntington 1997. Vgl. auch Herzog 1997b, 1996a., Then 1994, S. 52.

[1213] Vgl. Porter 1991a, 1996, S. 141ff.

[1214] Vgl. Porter 1991a, 1996, S. 141.

[1215] Vgl. Maier-Mannhart 1996, S. 1.

[1216] Deckstein 1996, S. 4.

[1217] Vgl. Beck 1986, ähnlich auch Wörl 1997, S. 234ff., Wacker 1983, S. 170f.

[1218] Vgl. Beck 1996a, S. 13.

[1219] Vgl. Rötzer 1997, S. 13.

nicht, sei es, weil die Parteien, die ihn politisch organisieren, es sich mit ihrer Klientel nicht verderben wollen, sei es, weil man sich scheut, den Wirtschaftsstandort D unter die politische Kuratel zu stellen, dann verspielt er seine Legitimation, und seine demokratische Verfassung wird zu einer bloßen Charaktermaske."[1220]

Von zentraler Bedeutung scheint die Frage zu sein, inwieweit aufgrund der veränderten weltwirtschaftlichen Rahmenbedingungen der Staat als Institution der Fürsorge bestehen kann und die Globalisierung die Ursache für notwendige Veränderungen der ökonomischen Struktur und Kultur in Deutschland darstellt.[1221] In zunehmendem Maße ist ein Prozeß der "Demokratisierung der Demokratie" zu beobachten, d.h. das Prinzip der Selbstverantwortung des Einzelnen auch im Sinne einer eigenbestimmten Lebensführung tritt immer stärker in den Vordergrund und verdrängt dabei die Rolle des Staates als gewichtige Wohlfahrtsinstanz.[1222]

Zweifellos besteht ein erheblicher ökonomischer Veränderungsbedarf, jedoch ist gegenwärtig auch eine Tendenz zur Überbetonung der negativen Standortfaktoren zu beobachten. So wird immer häufiger die Meinung vertreten, daß der Standort Deutschland "kaputt-" bzw. "krankgeredet" wird.[1223] Dadurch, daß die hohen Arbeitskosten, die hohen Unternehmenssteuern oder die langen Entscheidungswege in Verbindung mit einer inflexiblen Bürokratie in den Vordergrund der Debatte gerückt werden, werden unternehmerischer Mut im eigenen Land sowie der Mut ausländischer Investoren erstickt.[1224] Die Ursache für eine derartige Neurotisierung kann zum einen in der bereits angesprochenen Ideologiebeladenheit der Diskussion liegen, zum anderen aber auch in dem den Deutschen vielfach nachgesagten Charakterzug des "Jammerns" bzw. des Beklagens des eigenen Schicksals gesehen werden. Die zum Ausdruck kommenden Sorgen und Ängste der Deutschen können zum einen lebenswichtig und lebenserhaltend sein, wenn dadurch Krisensituationen erkannt und anschließend gemeistert werden können; sie können aber auch „lähmend wirken wie der Blick der Schlange auf das Kaninchen"[1225] und damit destabilisierende Wirkung erzeugen.

### 3.2.4.2 Funktionale und dysfunktionale Aspekte typisch deutscher Denk- und Verhaltensweisen in Bezug auf die einzelnen Kulturfelder

Der deutsche Nationalcharakter läßt sich in differenzierter Form nun auch danach beurteilen, inwieweit seine typischen Ausprägungen von Denk- und Verhaltensweisen charakteristische Bestimmungsgrößen für die einzelnen Kulturfelder darstellen. Eine derartige Bewertung funktionaler und dysfunktionaler Wirkungen der gegenwärtigen Alltagskultur der Deutschen ver-

---

[1220] Willms 1997, S. 11.

[1221] Vgl. Beck 1996b, S. 13; Schröder 1995, S. 1.

[1222] Vgl. Giddens 1997, zum Prinzip der Selbstverantwortung vgl. Sprenger 1995a. Deutlich wird dies auch am Beispiel der Steuerdiskussion. Die Notwendigkeit einer Steuerreform infolge der Globalisierung zeigt, daß immer mehr Steuerschuldner ins Ausland abwandern, während der Staat als Steuergläubiger in seinen nationalen Grenzen gefangen bleibt. Steuerpraxis und Steuergerechtigkeit sind für viele nur noch schwer miteinander zu vereinbaren, zu deutlich privilegiert das Steuer- und Subventionssystem einige Gruppen der Gesellschaft. Vgl. Wörl 1997, S. 38ff.

[1223] Vgl. Claassen 1996, S. 21, Prantl 1996, S. 4. Wörl 1997, S. 217ff. Dieses "Krankreden" des Standorts Deutschland kann freilich auch als spezifische Ausprägung des allgemein verbreiteten Phänomens des "Jammerns" gesehen werden, auf das noch näher eingegangen wird. Vgl. auch Zeidenitz/Barkow 1997, S. 81ff.

[1224] Vgl. Wörl 1997, S. 10, 36f., 71ff.

[1225] Wörl 1997, S. 10. Vgl. auch Zeidenitz/Barkow 1997, S. 84.

mag auch Aufschluß darüber zu geben, inwiefern die Deutschen in einer kulturellen Krise stecken und wo sich demnach Ansatzpunkte für ein kulturbewußtes Personalmanagement ergeben können.

### 3.2.4.2.1 Informations- und Kommunikationskultur

Oftmals wird heutzutage als Beschreibung der kulturellen Gegenwart das Bild der Informationsgesellschaft verwendet. Im wirtschaftlichen Kontext wird Information bereits seit längerer Zeit als bedeutender Produktionsfaktor erkannt. Eine ebenso zentrale Bedeutung wird der Kommunikation zugemessen.

So mag es erstaunen, daß sich gerade die Deutschen trotz dieses vorhandenen Bewußtseins in verstärktem Maße mit den Problemen der Informationsüberflutung sowie vielfältigen Kommunikationsdefiziten konfrontiert sehen.[1226] In einer differenzierteren Betrachtung der gegenwärtigen Denk- und Verhaltensmuster in Bezug auf Information und Kommunikation können folgende Aspekte besondere Bedeutung erlangen:

Selbst- und Fremdbild:
Fleiß und Ordnungssinn fördern Sammeltrieb, Ausrichtung der Kommunikation vorwiegend auf rationale Ebene

Ethische Grundlage:
im Alltag keine Verinnerlichung des ethischen Prinzips gegenseitigen Respekts, zu wenig Achtung vor der Persönlichkeit des anderen

Sprache:
Verarmung bei gleichzeitiger Verkomplizierung, Verkleinerung des Wortschatzes, Verständnisprobleme mit Anglizismen

Gebrochene nationale Entwicklung:
Unsicherheit bewirkt übermäßiges Sicherheitsstreben, das sich in einem Streben nach vollständiger Information niederschlägt

**Informationsüberflutung, Kommunikationsdefizite**

Gesellschaftliche Individualisierung:
Vereinsamung, weniger soziale, insbes. auch familiäre Kommunikation, abnehmende Kontakt- und Gesprächshäufigkeit

Gegenwärtige Politik:
Zwar Verbesserung der politischen Informiertheit, aber Politikverdrossenheit aufgrund des Gefühls mangelnder Offenheit

Erfahrungen in der Wirtschaft:
Formalisierte Kommunikationsstrukturen bürokratischer Organisationen

IuK-Technologien:
unbegrenzte Informationsmöglichkeiten geben dem Informationsstreben reichlich Nahrung, Einwegkommunikation, Förderung der Passivität

Abb. 54: Informationsüberflutung und Kommunikationsdefizite der Deutschen

Quelle: eigene Darstellung

---

[1226] Vgl. z.B. Ernst 1998, S. 4ff., Bork 1994, Scholl 1992, Sp. 901ff.

*Gebrochene nationale Entwicklung: Informationen zur Bekämpfung von Unsicherheit*

Die Deutschen kennzeichnet in eigentümlicher Weise eine besondere Affinität zu Ängsten.[1227] Nicht ohne Grund wurde das deutsche Wort "Angst" unübersetzt in den Wortschatz vieler Länder, insbesondere auch in den angloamerikanischen, aufgenommen.[1228] Die Vielschichtigkeit der Ängste der Deutschen steht in engem Zusammenhang mit dem häufig erkannten Phänomen des "Jammerns", welches oftmals mit einer geringen Lebensfreude und einer gering ausgeprägten Spontaneität verbunden ist. Die deutsche Gekränktheit und die verwundete Selbstachtung lassen sich auf die gebrochene Entwicklung der Nation und damit der deutschen Identität zurückführen. Auch die insbesondere in Krisenzeiten wiederkehrende, bedingungslose "Unterwerfungslust" der Deutschen unter ein gemeinsames, nationales Ideal läßt sich auf die ungewisse Stellung Deutschlands im Verhältnis zu den anderen Nationen und der damit verbundenen Unsicherheit zurückführen.[1229] Durch die starken regionalen Prägungen waren lange Zeit eine wirkliche Einheit oder ein nationales Selbstbewußtsein nicht festzustellen, so daß die Gesellschaft durch vielfältige Unsicherheiten gekennzeichnet war.[1230] Die Deutschen sind ein Volk, das im Laufe seiner langen Geschichte niemals seiner Grenzen sicher war bzw. seine Grenzen nicht kannte, wobei sich dies nicht nur auf die Grenzen im territorialen Sinn beschränkt. Das kann geopsychologisch als Ursprung für viele deutsche Charakterzüge, insbesondere das ausgeprägte Streben nach Sicherheit, gesehen werden.[1231]

Sicherheit ist für die Deutschen in jeder Beziehung ein sehr hohes Gut. Dabei ist das Verlangen nach sozialer, physischer und finanzieller Sicherheit, insbesondere das Bedürfnis nach Gesundheit, wesentlich ausgeprägter als in anderen Nationen.[1232] Deutsche Gründlichkeit und Pünktlichkeit im Zuge dieses Sicherheits- und Ordnungsdenkens fördern im Arbeitsalltag wie auch in privaten Lebensbereichen den Wunsch nach tendenziell vollständiger und rechtzeitiger Information. Aufgrund eines turbulenter werdenden Umfelds und einer damit einhergehenden sinkenden Halbwertszeit des Wissens ist daher auch die gegenwärtige Informations- und Kommunikationskultur von dem Bestreben der Deutschen geprägt, den wachsenden, vielschichtigen Angstgefühlen durch ein "Mehr" an Informationen in organisierter Form zu begegnen. Das aber führt tendenziell wiederum zu Informationsüberflutung. Verstärkt wird das Problem der Informationsüberflutung durch die Angst davor, Informationen zu löschen, unwiederbringlich zu verlieren oder unvollständige Informationen weiterzugeben. „Wir ertrinken in Informationen, aber wir hungern nach Wissen.“[1233]

---

[1227] „In der deutschen Seele steht diese Angst vor dem Ungewissen im Mittelpunkt – und damit allen anderen Gefühlsregungen im Weg. Andere Empfindungen wie Spontaneität, Lebensfreude, Zuneigung werden so blockiert oder zu Umwegen genötigt. Die dadurch ausgelösten Kettenreaktionen könnten die Kompliziertheit der deutschen Psyche erklären." (Zeidenitz/Barkow 1997, S.21).

[1228] Vgl. Wörl 1997, S. 195, Powell 1996, S. 18ff., Zeidenitz/Barkow 1997, S. 20f.

[1229] Vgl. Elias 1994, S. 487ff.

[1230] Vgl. Elias 1994, S. 87f.

[1231] Vgl. Breitenstein 1996, S. 148ff. Vor dem Hintergrund der gebrochenen nationalen Entwicklung und der ohnehin mangelnden nationalen Identifikation wird auch umso verständlicher, wie einschneidend die tiefgreifenden wirtschaftlichen und gesellschaftspolitischen Umformungen im gegenwärtigen Deutschland (Deutsche Wiedervereinigung, Europäische Einigung) empfunden werden, die die Bevölkerung aus der alten Ordnung gerissen haben.

[1232] Vgl. Pross 1982, S. 100ff., Weidenfeld/Korte 1991, S. 81

[1233] Naisbitt 1984, S. 41.

In ähnlicher Weise führt auch Hedberg diese fast schon zwanghaften Verhaltensweisen im Umgang mit Informationen, die sich etwa als Sammeltrieb, Überabsicherung und Entscheidungsverzögerung, irrationales Ausblenden von Mehrdeutigkeit etc. auswirken, in erster Linie auf das Streben nach einem Abbau von Veränderungsangst zurück.[1234] Es ist weiterhin die Angst vor unvollständiger Information, die zu ausgefeilten hochkomplexen Systemen und Strukturen der Informationssicherheit führt.[1235] Je größer die Unsicherheit der Entscheidung - meist operationalisiert durch die experimentell manipulierte Varianz der möglichen Ergebnisse - ist, desto intensiver fällt die Informationsbeschaffung aus.[1236]

Gerade diese Informationsexplosion hat erheblich zur weiteren Herausbildung von Spezialisten und der Bildung von immer mehr wissenschaftlichen Teildisziplinen beigetragen. Durch die deutliche Begrenztheit des individuellen Wissens ergibt sich eine stärkere wechselseitige Informations- und Kommunikationsabhängigkeit der Kulturmitglieder, die immer deutlicher die Unzulänglichkeit des Einzelnen an den Tag bringt. Eine Situation, in der sich die Individuen dieser starken Abhängigkeit bewußt sind, spricht für die Notwendigkeit solidarischen Verhaltens.[1237]

Dadurch, daß Deutschland als "verspätete Nation" (Helmuth Plessner) bezeichnet werden kann, d.h. eine im Vergleich zu anderen Nationen spätere Entwicklung zum Nationalstaat zu konstatieren ist, läßt sich auch das Phänomen der deutschen Hektik begreifen; Hektik deswegen, um die Verspätung aufzuholen, sei es durch militärische oder wirtschaftliche Mittel oder auch durch postnationale Gemeinschaften, in denen national nicht gefestigte Völker die gleichen oder sogar bessere Chancen haben.[1238] Zu dieser geopsychologischen Ursache treten gegenwärtig freilich noch weitere, wie insbesondere die wachsende Schnellebigkeit von Technologien, Methoden sowie des Wettbewerbsumfelds. Infolge dieser gerade heute verbreitet anzutreffenden Hektik im Alltag der Deutschen unterbleibt oftmals eine tiefergehende, längere Kommunikation. Diese hektische Betriebsamkeit scheint auf den ersten Blick mit dem Stereotyp "deutscher Gemütlichkeit" bzw. dem Bild des deutschen Michel kaum vereinbar zu sein, jedoch kann dies als ein erstes Beispiel für den typischen Charakterzug gelten, daß die Deutschen dazu neigen, von einem Extrem ins andere zu fallen.[1239] Denn während sich die hektische Betriebsamkeit vorwiegend auf den Arbeitsalltag bezieht, entfaltet sich in der Freizeit die bekannte deutsche Gemütlichkeit.[1240]

*Erfahrungen in der Wirtschaft*
Die gegenwärtige Informations- und Kommunikationskultur im betrieblichen Kontext größerer Unternehmen wird weitgehend bestimmt von bürokratischen, formalisierten Strukturen, die systematisch auf eine Verringerung von Unsicherheit und damit verbundenen Ängsten ab-

---

[1234] Vgl. Hedberg 1984, S. 38.

[1235] Vgl. Lippold 1992, Sp. 912ff.

[1236] Vgl. Gemünden 1992, Sp. 1018.

[1237] Vgl. Bierter 1990, S. 452ff.

[1238] Vgl. Breitenstein 1996, S. 143

[1239] Vgl. z.B. Ring 1993, S. 154, Noelle-Neumann 1987, S. 20f., Hofstätter 1970, S. 157f.

[1240] Vgl. Mole 1995, S. 57f.

zielen.[1241] Allzuoft führt die aufgabenbezogene Kommunikation allein über den Dienstweg. Bereichs- und hierarchieübergreifende Kommunikation gehört in deutschen Unternehmen ebensowenig zu den Selbstverständlichkeiten des Arbeitsalltags wie eine gegenseitige informelle Information.[1242]

Eine überaus kritische Einschätzung zum Kommunikationsverhalten in deutschen Unternehmen findet sich bei Mole: „Kommunikation erfolgt in erster Linie von oben nach unten und nur bei Informationsbedarf. Der Informationsfluß nach oben ist nur auf Anforderung notwendig. Aufgrund eines ausgeprägten Respekts vor Autorität akzeptieren die Mitarbeiter, daß Vorgesetzte besser informiert sein sollten als sie."[1243]

Mit dem Problem der Informationsüberflutung bei gleichzeitig auftretenden Kommunikationsdefiziten insbesondere infolge eines hektischer werdenden Arbeitsalltags stellt sich die Frage nach einem veränderten Umgang mit der knappen Ressource "Zeit" bzw. nach einer neuen *Zeitkultur*. Die Reizüberflutung und die daraus resultierende unzureichende kognitive wie affektive Verarbeitung vieler Informationen und Eindrücke legt die Abkehr von einem gegenwärtig zu beobachtenden Beschleunigungspostulat nahe. Denn nur mit dem notwendigen Mut zur Langsamkeit kann das kreative Potential entfaltet werden.[1244]

### Individualisierung und Pluralisierung der Lebensstile

Ulrich Beck kommt anläßlich der sozialstrukturellen und soziokulturellen Effekte der Modernisierung zu der Folgerung eines zweiten Individualisierungsschubes: „In der individualisierten Gesellschaft muß der Einzelne entsprechend bei Strafe seiner permanenten Benachteiligung lernen, sich selbst als Handlungszentrum, als Planungsbüro in Bezug auf seinen eigenen Lebenslauf, seine Fähigkeiten, Orientierungen, Partnerschaften usw. zu begreifen."[1245] Individualisierung meint nicht bloß den Trend zur Selbstverwirklichung, Ellbogenmentalität, Ich-Bezogenheit etc., sondern bezieht sich auf einen "institutionalisierten Individualismus".

Durch jüngere Veränderungen wie vor allem die Bildungsexpansion, die kollektive Anhebung des Wohlstandes, die räumliche und soziale Mobilität, die Durchsetzung und Verinnerlichung von Grundrechten, die Marktabhängigkeit, die steigenden Scheidungsziffern werden immer mehr Menschen aus traditionellen sozialen Bindungen herausgelöst und auf sich gestellt.[1246] Die heute zu beobachtenden Grunddispositionen sind nicht nur im Zusammenhang mit einer veränderten Wertestruktur, sondern auch mit sozialstrukturellen Differenzierungsprozessen zu sehen, die zu einem Pluralismus von Lebensstilen geführt haben. Diese Pluralisierung bedeutet eine Zunahme an gruppen-, milieu- und situationsspezifischen Ordnungsmustern der Daseinsbewältigung und führt zu erheblichen Unsicherheiten im individuellen Lebensalltag, die

---

[1241] Vgl. Hofstede 1993, S. 129ff., Hasenkamp/Lee 1993, S. 282ff.

[1242] Vgl. Kriese 1995, S. 11, Wörl 1997, S. 71ff., Mole 1995, S. 49f., Solari 1993, S. 34ff.

[1243] Mole 1995, S. 49f.

[1244] Vgl. dazu auch die neuere Diskussion um die sog. "Slobbies" (=Slower but better working people) (Lukas 1997, S. 74, Großmann 1995, S. 74).

[1245] Beck 1986, S. 217.

[1246] Vgl. Beck 1997, S. 15, Miegel/Wahl 1993, S. 41ff.

sich in den Kommunikationsmustern niederschlagen.[1247] In den alten, noch stärker aber in den neuen Bundesländern zeigt sich die allgemeine Unsicherheit weitläufig in einem hohen Maß an Sorgen (hohe Beanspruchungen, Ängste, Nervosität, Niedergeschlagenheit) und Anomiesymptomen (Gefühle der Machtlosigkeit, Sinnlosigkeit, Einsamkeit).[1248]

Diese Tendenzen der Individualisierung führen zu einer generellen Abnahme sozialer Kontakte und Gespräche, wodurch Kommunikationsfähigkeiten weniger entwickelt werden. Infolge der geringeren Befriedigung der Kommunikationsbedürfnisse könnte aber andererseits eine verstärkte Suche nach sozialen Kontakten und Gesprächen eintreten.

*Gegenwärtige Politik*
Die politische Informiertheit und die Gespräche bzw. Diskussionen mit politischem Inhalt können als ein bedeutsames Teilgebiet bzw. auch als ein Indikator der Informations- und Kommunikationskultur der Deutschen gesehen werden.

Im Hinblick auf die politische Kultur der Deutschen stellen die Greiffenhagens fest, daß sich die Informiertheit der Bevölkerung über Institutionen, Gesetze und politische Verfahren verbessert.[1249] Die Deutschen sind seit dem deutschen Obrigkeitsstaat im Vergleich zu anderen Ländern traditionell gut orientiert, wenngleich auch ein niedriges Niveau zu beobachten ist. Das politische Interesse, welches als Voraussetzung für entsprechende Informiertheit gesehen werden kann und eine wache Beobachtung des politischen Lebens sowie den Wunsch einer zumindest distanzierten Teilnahme an politischen Prozessen miteinschließt, nimmt laut den Ergebnissen der Meinungsforschung seit den 50er Jahren beständig zu. In engem Zusammenhang hiermit kann tendenziell in den letzten Jahrzehnten eine Intensivierung politischer Gespräche festgestellt werden.[1250]

Zwar ist generell eine Verbesserung der politischen Informiertheit zu konstatieren, gleichzeitig stellt sich mit dem zunehmenden Interesse in der Bevölkerung (vor allem der jüngeren Generation) aber auch vermehrt eine Politikverdrossenheit ein, nicht zuletzt aufgrund der Gefühle einer mangelnder Offenheit und Ferne der Politiker gegenüber der Öffentlichkeit.[1251] So wird politische Kommunikation nicht selten von Gefühlen der Enttäuschung, Resignation und Machtlosigkeit getragen.[1252] Eben diese affektiven Muster könnten sich auch auf andere Kontexte ausweiten.

*Sprache und deutsche Verkrampftheit*
Die Entwicklung der deutschen Sprache liefert denn auch einen Beleg für die den Deutschen oftmals zugeschriebene besondere Verkrampftheit, die vielerorts eine offene Kommunikation

---

[1247] Vgl. Weidenfeld/Korte 1991, S. 21ff.

[1248] Vgl. Weidenfeld/Korte 1991, S. 81, Greiffenhagen/Greiffenhagen 1993a, S. 189ff.

[1249] Vgl. hierzu und im Folgenden Greiffenhagen/Greiffenhagen 1993a, S. 107ff.

[1250] Vgl. Noelle-Neumann/Köcher 1993, S. 617.

[1251] Vgl. z.B. Spittmann 1996, S. 844, Beck 1998, S. 12f.

[1252] Vgl. Noelle-Neumann/Köcher 1993, S. 618ff.

verhindert.[1253] So ist die hochdeutsche Sprache im Grunde ein Kunstprodukt, welches von einer Kommission erst gegen Ende des 19. Jahrhunderts verbindlich festgelegt wurde. Dabei gehen die Wurzeln maßgeblich auf das Werk Luthers zurück, dem sich die Deutschen zu dieser Zeit verstärkt zuwandten und der dadurch einen einigenden Impuls bewirkte.[1254] So urteilt der Schriftsteller Martin Walser: „Mein ganzes Leben lang hat meine Mutter niemals hochdeutsch gesprochen. Wir lebten in unserem eigenen Dialekt. Doch natürlich waren da stets Luther und seine Bibelübersetzung. Das war das Deutsch, zu dem wir alle aufzuschauen hatten, das war Hochdeutsch, und es bedeutete eben dies – es war hoch über dir."[1255]

Die Komplexität der Regelungen zeigt auch gegenwärtig erhebliche Wirkungen auf Information und Kommunikation,[1256] welche etwa im Gegensatz zu den USA längst nicht so unbefangen, leicht verständlich und offen ausfallen. Speziell im Vergleich zu den USA wird bisweilen für Deutschland ein größerer gesellschaftlicher Abstand konstatiert, d.h. der Amerikaner zeigt sich bereitwilliger als der Deutsche, offen gegenüber anderen Menschen zu sein und mit anderen Menschen Situationen zu teilen. Dies gilt jedoch nur mit Einschränkung auf die oberflächlichen Regionen der Persönlichkeit. Intime Regionen der Persönlichkeit bleiben bei Amerikanern in deutlicherer Weise abgeschlossen als bei Deutschen. Amerikaner bauen im Vergleich zu den Deutschen sehr viel schneller und sehr viel mehr Kommunikationsbeziehungen auf, wobei diese in den USA auf eindeutige Grenzen stoßen und auch fluktuierender, unverbindlicher erscheinen.[1257]

Sprachwissenschaftler beklagen zunehmend eine Verarmung der deutschen Sprache und eine Verkleinerung des verwendeten Wortschatzes. Gleichzeitig kann eine vielfältige Verkomplizierung der Sprache festgestellt werden, insbesondere im Zusammenhang mit einer verstärkten Verwendung von Anglizismen. Die Folge sind Verständnisprobleme.

So kann das deutsche Recht in seinen Formulierungen als ein Beleg für die Verkrampftheit und Komplexität der deutschen Sprache dienen. Die Regulierungsdichte, die der deutschen Gesetzgebung aus heutiger Sicht als negativer Standortfaktor vorgeworfen wird, trifft in besonderem Maße auch auf die deutsche Grammatik und Orthographie zu. In gleicher Weise wie bei Änderungen im Arbeits- oder Sozialrecht zeigt sich hier an der Diskussion um die Rechtschreibreform, wie schwer sich die Deutschen von Althergebrachtem trennen können.

---

[1253] Vgl. als Beispiel für Fremdbilder, die die Kompliziertheit der deutschen Sprache beklagen: Twain 1966, S. 527ff., Staël-Holstein 1985, S. 73ff., Craig 1983, S. 342ff. Vgl. auch Bracher 1976, S. 19. Einblicke in die kulturelle bzw. soziale Prägung der Sprache liefert die Ethnographie der Kommunikation bzw. des Sprechens. Diese ist bestrebt, die Struktur kommunikativer Handlungszusammenhänge als Gegenstand, d.h. als konstitutiver Bestandteil sozialer Situationen, zu untersuchen. Während die Ethnographie der Kommunikation weitestgehend auf nicht-westliche, lokal begrenzte Gesellschaften beschränkt blieb, beschäftigte sich die interaktionale Soziolinguistik vorwiegend mit kommunikativen Vorgängen in modernen westlichen Gesellschaften (vgl. Knoblauch 1995, S. 101ff. und die dortige Literatur).

[1254] Vgl. Watson 1993, S. 125f., Craig 1983, S. 343f.

[1255] zit. nach Watson 1993, S. 126.

[1256] Vgl. Zeidenitz/Barkow 1997, S. 93ff.

[1257] Vgl. Lewin 1978, S. 76ff. Ähnlich Zeidenitz/Barkow (1997, S. 11): „Die Amerikaner werden von den Deutschen wegen ihres geländegängigen Pragmatismus bewundert, aber ihre himmelstürmende Oberflächlichkeit stößt auf Ablehnung."

## Selbst- und Fremdbild

Die den Deutschen unbestritten am häufigsten zugeschriebenen Eigenschaften "Fleiß" und "Ordnungssinn"[1258] fördern – wie bereits dargelegt – den Drang nach vollständiger, rechtzeitiger Information und bewirken dabei auch den übersteigerten Sammeltrieb, der entscheidend zum Problem der Informationsüberflutung beiträgt.

Bedarf es nicht angesichts der Gefahr der Informationsüberflutung auch eines intelligenten Umgangs mit Informationen? Speziell im Hinblick auf das Deutschen-Bild des *Dichters und Denkers* scheinen die Ausführungen der Greiffenhagens bezüglich der Situation der Intellektuellen in Deutschland von Interesse zu sein. Sie sprechen in diesem Zusammenhang von einer Krise der "Intellektuellenkultur", die primär hervorgerufen wurde durch die unvorhersehbaren, überwältigenden und daher unverarbeiteten politischen Ereignisse, die problematische Machtentwicklung in den Medien, den zunehmenden allgemeinen Provinzialismus sowie den neuen Individualismus bzw. die Pluralisierung der Lebensstile, wodurch geistige Perspektiven verkürzt werden.[1259] So könnte man folgern, daß eine notwendige, kritische Bewußtseinsbildung für die Probleme des gegenwärtigen Umgangs mit Informationen sowie der Kommunikationsdefizite nicht ausreichend vorwärts getrieben wird.

Die Deutschen zeichnen sich in eigentümlicher Weise auch durch eine starke Betonung der rationalen Ebene der Kommunikation aus. Man ist bemüht, die emotionale Ebene, die als belastend oder auch als unpassend und störend empfunden wird, gerade im betrieblichen Kontext weitgehend auszuschalten. Speziell deutschen Führungskräften wird häufig eine mangelnde emotionale Ausdrucksfähigkeit zum Vorwurf gemacht.[1260] Nach den Charakterisierungen fehlt es den Deutschen an gepflegter Rücksichtnahme auf die Gefühle des Gesprächspartners oder auch der Fähigkeit, sich selbst zurückzunehmen und anderen den Vortritt zu lassen; stattdessen erweisen sie sich häufig als rechthaberisch und legen wenig Hemmungen an den Tag, um ihren Überzeugungen Ausdruck zu verleihen.[1261]

## Informations- und Kommunikationstechnologien

Typisch deutsch scheint weiterhin eine Auseinandersetzung mit der kulturellen Entwicklung der eigenen Gesellschaft im Sinne einer kritischen Selbstbespiegelung zu sein, die sich verstärkt seit der Jahrhundertwende vorwiegend in Kulturkritik und Kulturpessimismus gegenüber den gesellschaftlichen Merkmalen der Moderne ausdrückt. Angriffspunkte sind in diesem Zusammenhang neben einem wachsenden Individualismus bei abnehmender Solidarität v.a. die vulgären Ausdrucksformen einer kommerzialisierten Zivilisation, womit primär die gegenwärtige Informations- und Kommunikationskultur angegriffen wird.[1262] Gleichzeitig eiferte man jedoch einmütig den USA nach, moderne Industrieprodukte, insbesondere moderne Informations- und Kommunikationsmedien, herzustellen und zu nutzen, was die vielfältige Ambivalenz deutscher Einstellungen und Verhaltensweisen deutlich macht.

---

[1258] Vgl. z.B. Miegel 1991, S. 50ff., Zeidenitz/Barkow 1997, S. 19f.

[1259] Vgl. Greiffenhagen/Greiffenhagen 1993a, S. 268ff.

[1260] Vgl. Kirchner 1991, S. 45ff., 133ff.

[1261] Vgl. Zeidenitz/Barkow 1997, S. 26, 40ff.

[1262] Vgl. Miegel/Wahl 1993, Scheuch 1991, S. 75ff. und die dort angegebene Literatur.

Die "Fernsehfamilie" kann als ein typisches Beispiel für eine gegenwärtige kulturkritische Beschreibung herangezogen werden, die den Trend zur Dezentralisierung bzw. Individualisierung in Verbindung mit der Art und Weise der Information und Kommunikation verdeutlicht: „Parallel nach vorne zum Fernseher hin ausgerichtet, sitzen die Menschen stumm nebeneinander in den Polstermöbeln. Unterhaltungen sterben ab, Besuche werden nicht mehr geplant, Nachbarschaftskontakte unterbleiben, weil sich nach Beginn der Tagesschau niemand mehr blicken läßt."[1263]

Diese Tendenz belegen auch demoskopische Ergebnisse über die bekundeten Einstellungen der Deutschen zu den Medien. Vergleicht man die Medien hinsichtlich ihrer Nutzung als Informationsquelle, so bezieht die absolute Mehrheit der Deutschen Neuigkeiten primär durch das Fernsehen, gefolgt von der Zeitung und dem Radio. Nur ein verschwindend geringer Anteil (3%) sieht in Gesprächen und Unterhaltungen eine Quelle der Information.[1264] Bemerkenswert ist dabei auch die relativ hohe Glaubwürdigkeit, die dem Fernsehen attestiert wird. Im Falle unterschiedlicher Berichterstattung über ein und dasselbe Ereignis würden 44% (51% in den neuen Bundesländern) eher dem Fernsehen glauben als der Zeitung, nur 14% (5%) entscheiden sich für die Zeitung.[1265]

Mit Blick auf das sich immer weiter ausbreitende Internet erscheinen die Möglichkeiten der Informationsbeschaffung grenzenlos zu werden. "Information at your finger tips" lautet die Vision von Bill Gates, die heute bereits ansatzweise reale Züge annimmt. Die neuen Informations- und Kommunikationstechniken haben zu erheblichen Veränderungen der Arbeitsstrukturen geführt, die sich primär widerspiegeln in der

- "Multifunktionalität" im Sinne einer wachsenden Zahl an Nutzungsmöglichkeiten der technischen Endgeräte,

- "Dezentralisierung" im Sinne einer zunehmenden Ortsunabhängigkeit der Nutzung (z.B. in Form der Inanspruchnahme von Dienstleistungen oder Einkauf von Konsumgütern) und den daraus entstehenden sozialräumlichen Effekten und

- "Vermischung von Arbeits- und Privatleben" infolge einer veränderten Arbeitsorganisation, die von Arbeitsort und Arbeitszeit weitgehend unabhängig ist (z.B. in Form von Telearbeitsplätzen).[1266]

Die Gefahren der Individualisierung, die durch den technischen Fortschritt, insbesondere die Medien Fernsehen und Personal-Computer, weiter gefördert werden, zeigen sich neben den gesellschaftlich negativen Effekten[1267] in subjektiven Krisenerscheinungen wie Anomie, Entwurzelung, Sinn- und Orientierungsverlust, Kontaktunfähigkeit und Einsamkeit,[1268] die v.a. auf Defizite bzw. Ineffizienzen der Information und Kommunikation hindeuten.

---

[1263] Schulze 1992, S. 18. Vgl. Maase 1994, S. 13ff.

[1264] Vgl. Noelle-Neumann/Köcher 1993, S. 335ff.

[1265] Vgl. Noelle-Neumann/Köcher 1993, S. 357.

[1266] Vgl. Korte/Steinle 1986, S. 26ff., Wörl 1997, S. 95ff.

[1267] Vgl. Miegel/Wahl 1993, S. 97ff.

[1268] Vgl. Schulze 1992, S. 18.

Jedoch stehen in Deutschland einer rasanten Entwicklung der informationstechnischen Infrastruktur verschiedene Hemmnisse entgegen. So wird etwa bemängelt, daß sich die Tarifstruktur der Telekommunikationsanbieter nach der Privatisierung und Auflösung des Monopols der Deutschen Telekom nur langsam im Spiel freier Wettbewerbskräfte herausbildet und dadurch auch erhebliches Innovationspotential ungenutzt bleibt. Diese strukturelle deutsche Barriere erschwert gerade den fortschrittlichen deutschen Unternehmen, insbesondere in den Zukunftsbranchen, im internationalen Wettbewerb bestehen zu können und erweist sich auch als überaus hemmend für den Aufbau der notwendigen Kompetenzen auf Seiten der Mitarbeiter.[1269]

Zudem ist eine kritische Einstellung zu neuen Technologien bei den Deutschen noch sehr verbreitet, was sich anhand demoskopischer Befunde belegen läßt. Technischer Fortschritt wird von den Deutschen nicht mehr überwiegend als "Segen für die Menschheit" betrachtet; die Meinung ist heute geteilt, ob es sich eher um einen "Segen" oder einen "Fluch" handelt.[1270] Gerade die neuen technischen Möglichkeiten der Bild- und Tonmanipulationen erschüttern die Glaubwürdigkeit der Information und Kommunikation. Eine nicht mehr hinterfragbare Beeinflussung durch die Medien läßt vermehrt die Frage nach Wahrheit und Wirklichkeit aufkommen, welche die Deutschen von jeher mehr als andere Nationen beschäftigt hat.[1271]

Auch führen die neueren Informations- und Kommunikationstechnologien zu einer Veränderung der Beziehungsstrukturen, indem zahlreichen Kommunikationsbeziehungen ein Medium zwischengeschaltet wird und sie somit in den Bereich der Mittelbarkeit verlängert werden. Dabei wird häufig auch eine neue Form der Kommunikation in einem anderen Kontext hergestellt. Kommunikationsbeziehungen verlieren ihren unmittelbaren Charakter und existieren nur der Möglichkeit nach in Form von "virtuellen Beziehungen" als Elemente einer Kultur mittelbarer Kommunikation mit eigenen Konventionen.[1272]

### Ethische Aspekte

Mit Blick auf die angesprochenen Aspekte lassen sich gegenwärtig überwiegend Tendenzen einer kommunikativen Degeneration feststellen, die gegen die Existenz einer ethischen, sittlich fundierten Kommunikationskultur sprechen mögen. Zusammenfassend sind nach Kirchner die folgenden Symptome zu beobachten:[1273]

- einseitige Betonung der rationalen Ebene der Kommunikation in Verbindung mit der Angst vor unvollständiger Information bzw. Informationsverlust,

- Fehlen bzw. bewußtes Ausblenden der emotionalen Ebene in der Kommunikation in Verbindung mit deutscher Verkrampftheit und Humorlosigkeit;[1274] weitgehend rationale Behandlung von Diskussionsthemen,

---

[1269] Vgl. Wörl 1997, S. 96ff.

[1270] Vgl. Noelle-Neumann/Köcher 1993, S. 893f.

[1271] Vgl. zur "deutschen Idee der Wahrheit": Dahrendorf 1971, S. 165ff. So findet sich oftmals die tiefgründige Suche nach Wahrheit und Wirklichkeit in aktuellen Feuilleton-Beiträgen: Vgl. z.B. Jung 1995, S. II: „Wirklichkeit wird immer erfunden", Rohrbach 1995, S. I: „Was ist falsch an Scharpings Bart? Über die Flut der Bilder – und die Verantwortung der Produzierenden", Steinborn (1995a, 1995b) „Perspektivwandel der Wahrnehmung" und „Die totale Manipulierbarkeit").

[1272] Beispiele hierfür sind Zeitansage, Voice-mail, telefonische Kontaktanzeigen, e-mail u.ä. (Vgl. Knoblauch 1995, S. 210).

[1273] Vgl. hierzu Kirchner 1991, S. 48.

[1274] Dies gilt zumindest mit Blick auf die Fremdbilder. Vgl. Zeidenitz/Barkow 1997, S. 9. Vgl. dagegen Mole 1995, S. 56.

- trotz individualistischer Tendenzen mangelnde Selbsterkenntnis der Deutschen (Selbstentfremdung) und deshalb auch Desinteresse am inneren Anliegen des Kommunikationspartners; aufgrund zahlreicher Angstbarrieren schwach entwickelte Bereitschaft der Führenden zu kritischer Selbstreflexion, emotionaler Selbsterfahrung und offenem Zuhören,

- weitgehende Entpersönlichung kommunikativer Beziehungen und Produktion neuer Kommunikationsängste durch moderne Informations- und Kommunikationstechnologien,

- einseitige Ausrichtung der Gesprächsthemen; in Kommunikationsseminaren bereitet es den Teilnehmern große Schwierigkeiten, außerberufliche Themen darzustellen,

- geringe Empathiefähigkeit, erhebliche Mängel der Führenden, sich vor heterogenen Zuhörergruppen sprachlich angemessen auszudrücken,

- wenig sprachlich feines Ausdrucks-Vermögen; es fehlt die Bereitschaft, sich beeindrucken zu lassen. Hektik im Umgang mit visuellen Angeboten verhindert wirkliche Ein-Drücke.

Aufgrund dieser und weiterer Kommunikationshemmnisse kommt es immer wieder zu Ausweichverhalten bzw. Phänomenen des Aneinandervorbeiredens, Mißverständnissen, Gefühlen des Unverstandenseins oder schlichtweg dysfunktionalen Konflikten. Eine andere These zur Informations- und Kommunikationskultur der Deutschen markiert denn auch eine vielfach anzutreffende Kritik, die insbesondere, aber nicht nur die Beziehungen der West- und Ostdeutschen betrifft:[1275] Die Deutschen reden übereinander statt miteinander.[1276] Aufgrund der mit Gerüchten und Intrigen verbundenen Effizienzeinbußen wird daher vielerorts eine offene und direkte Kommunikation in Unternehmen gefordert.[1277]

Eindeutige Ergebnisse, die für eine deutliche Intensivierung der Kommunikationsbeziehungen bzw. der Kommunikationsbedürfnisse in der Gegenwart sprechen, liefert eine Umfrage des Allensbacher Instituts. In den Jahren 1953, 1979 und 1991 wurde die Frage gestellt: "Es gibt Menschen, mit denen man sich gern unterhält, und andere, mit denen man lieber nichts zu tun haben will. Wenn Sie selbst an die Menschen denken, mit denen Sie sich gern unterhalten – könnten Sie mir sagen, wer das ist – oder unterhalten Sie sich mit niemand gern?" Die Antworten fielen wie folgt aus:[1278]

---

[1275] In Bezug auf die Problematik der Wiedervereinigung sind es gegenwärtig v.a. Interaktions- bzw. Kommunikationsstörungen als Ergebnis unterschiedlicher Werthaltungen und Einstellungen, die deutsch-deutsche Beziehungen belasten und den Prozeß der inneren Einigung behindern (Vgl. Kornbichler/Hartwig 1994).

[1276] Vgl. Meckel 1993, S. 123.

[1277] Vgl. Fußnote 902.

[1278] Vgl. Noelle-Neumann/Köcher 1993, S. 80.

| | Alte Länder | | | Neue Länder |
|---|---|---|---|---|
| | 1953 | 1979 | 1991 | 1991 |
| *Familienangehörige:* | | | | |
| Mutter | 29 | 33 | 39 | 42 |
| Tochter | 25 | 35 | 35 | 39 |
| Sohn | 24 | 37 | 34 | 39 |
| Ehemann (Lebenspartner) | 28 | 29 | 32 | 33 |
| Ehefrau (Lebenspartnerin) | 27 | 30 | 32 | 37 |
| Schwester | 25 | 27 | 30 | 28 |
| Andere weibliche Verwandte | 19 | 28 | 29 | 31 |
| Andere männliche Verwandte | 17 | 26 | 28 | 30 |
| Vater | 19 | 23 | 27 | 30 |
| Bruder | 22 | 24 | 27 | 27 |
| *Andere Menschen:* | | | | |
| Jemand mit gleichen Interessen | 28 | 41 | 50 | 40 |
| Freund/Freundin | 24 | 36 | 45 | 31 |
| Kollege/Kollegin | 17 | 28 | 38 | 43 |
| Nachbar/Nachbarin | 22 | 35 | 37 | 38 |
| Freund/-in der Familie | 10 | 19 | 24 | 22 |
| Vereins-/Clubmitglied | 8 | 17 | 23 | 10 |
| ... | | | | |

Tab. 13: Bevorzugte Gesprächspartner der Deutschen (Angaben in Prozent)

Quelle: Noelle-Neumann/Köcher 1993, S. 80

Von spezieller Bedeutung für den betrieblichen Kontext erweist sich die besonders deutliche Intensivierung der Gespräche mit Arbeitskollegen. Auch dies mag ein Indiz dafür sein, daß die sozialen Bedürfnisse am Arbeitsplatz zunehmen und daher das personalwirtschaftliche Augenmerk vielleicht in stärkerem Maße als bisher auf die bewußte Gestaltung der zwischenmenschlichen Beziehungen am Arbeitsplatz, insbesondere in Form eines *Kommunikationsmanagements* zu richten ist.

Vor dem Hintergrund der aufgezeigten kulturellen Gegebenheiten der Deutschen können zusammenfassend erhebliche Defizite hinsichtlich einer offenen Informations- und Kommunikationskultur konstatiert werden. Da sowohl von betrieblicher Seite als auch von Seiten der Mitarbeiter ein Bedarf an einer intensiven Information und Kommunikation besteht, ist es aus personalwirtschaftlicher Sicht zweckmäßig, über Maßnahmen nachzudenken, die in die Richtung einer offenen Informations- und Kommunikationskultur zielen (Kapitel 5.3.1).

## 3.2.4.2.2 Vertrauenskultur

Wie bereits in Kap. 3.1.2.2.3.3 deutlich gemacht wurde, besteht das heutige Ziel vieler Unternehmen darin, das im Zuge der jüngsten turbulenten Restrukturierungen verlorene Vertrauen wiederherzustellen. Das hierbei zum Ausdruck kommende Leitbild wird vermehrt mit "Vertrauensorganisation" beschrieben.[1279] Da das kulturelle Umfeld sowie auch die kulturelle Prägung der Persönlichkeiten direkten Einfluß auf die Entstehung und Entwicklung von Vertrauen besitzen, erscheint es zweckmäßig, die konkreten kulturellen Voraussetzungen der Deutschen für eine Vertrauenskultur auf gesellschaftlicher und betrieblicher Ebene zu prüfen.[1280] Jürgen Maaß kommt zu dem Schluß, daß die Deutschen hinsichtlich einer Verwirklichung einer "Vertrauensorganisation" die geeigneten kulturellen Fundamente mitbringen: „Das deutsche kulturelle Umfeld hat mit seinem gereiften demokratischen Bewußtsein, mit einem ausgeprägten Arbeitsethos und Verantwortungsbewußtsein sowie mit einem leistungsfähigen beruflichen Bildungssystem gute Voraussetzungen für einen solchen Gestaltungsansatz."[1281]

Diese vielleicht etwas zu optimistische Sicht sei im Folgenden Ausgangspunkt einiger differenzierterer Argumente:

| | | |
|---|---|---|
| **Selbst- und Fremdbild:** kritische, mißtrauensbehaftete Haltung der Ostdeutschen (allerdings insgesamt hohe Vertrauenswürdigkeit der Deutschen) | **Ethische Grundlage:** Verankerung des Vertrauens als normative Kategorie im christlichen Glauben, jedoch geringe Verinnerlichung | **Rechtssystem:** Fürsorgeprinzip und Mitbestimmung sind auf gegenseitiges Vertrauen ausgerichtet, werden jedoch zunehmend aufgelöst |
| **Gebrochene nationale Entwicklung:** Sicherheitsstreben, Perfektionismus, hohe Erwartungen wirken hemmend bzw. zerstörend in Vertrauensbeziehungen | **Mißtrauenshaltung, fehlende Vertrauensbereitschaft** | **Gesellschaftliche Individualisierung:** Verlust traditioneller Vertrauensbeziehungen (insbes. Familie), geringe Bereitschaft zu Vorleistungen |
| **Autoritäten und Institutionen:** kritisches Denken impliziert auch wachsendes Mißtrauen, Vertrauensverlust bei politischen Institutionen | **Erfahrungen in der Wirtschaft:** Bürokratische Kontrollsysteme ersetzen Vertrauen, Wettbewerbsdruck fördert Opportunismus und Mißtrauen | **Schule:** klassisches Schulsystem vielfach mißtrauensbasiert, fördert durch Kontrollmaßnahmen wiederum Mißtrauen |

Abb. 55: Mißtrauenshaltung und fehlende Vertrauensbereitschaft der Deutschen

Quelle: eigene Darstellung

---

[1279] Vgl. z.B. Bleicher 1994, S. 14ff., Grunwald 1995, S. 73ff., Maaß 1994, S. 22, Weigle 1994, S. 23ff.

[1280] Einen interessanten Ansatz hierzu schlagen Doney/Cannon/Mullen (1998, S. 601ff.) vor, die aufbauend auf den von Hofstede (1980a) entwickelten Dimensionen der Kultur die kulturellen Voraussetzungen für fünf unterschiedliche kognitive Prozesse der Vertrauensbildung (calculative-based trust, prediction-based trust, intentionality-based trust, capability-based trust, transference-based trust) untersuchen.

[1281] Maaß 1994, S. 22.

*Ethische Grundlage: Verankerung des Vertrauens im christlichen Glauben*
Auffällig bei einer Literaturrecherche zum Begriff "Vertrauen" ist, daß zahlreiche Arbeiten über Vertrauen im Zusammenhang mit der christlichen Religion als einem Fundament der abendländischen Kultur stehen. Der Grund dafür ist sicherlich darin zu sehen, daß Vertrauen ein wesentliches Element oder sogar eine tragende Säule des westlichen Kulturkreises darstellt. So verlangen die Grundsätze der protestantischen Ethik sowie der katholischen Soziallehre[1282] als normative Manifestationen des christlichen Hintergrunds neben einer expliziten Betonung des Vertrauens auch die Einhaltung vertrauensbestimmender Größen wie Aufrichtigkeit, Nächstenliebe und solidarisches Verhalten.

Prozesse des Wandels finden heute in Ökonomie, Technologie, Ökologie und auch im sozialen Bereich auf breiter Front statt und erfassen letztlich alle Lebensbereiche. Alte Normen und Werte, wie sie insbesondere durch Prinzipien des religiösen Fundaments begründet sind, erscheinen oftmals nicht mehr zeitgemäß. Die zunehmende Abwendung von der Kirche[1283] bewirkt auch einen Verlust der kirchlichen Sozialisation und damit tendenziell einen Verlust der kirchlichen Grundwerte, wie insbesondere des Vertrauens.[1284]

*Sicherheitsstreben, Perfektionismus und hohe Erwartungen*
Vertrauen ist mit gegenseitigen Erwartungen verbunden. Hinsichtlich der Erwartungshaltung gegenüber anderen Menschen unterscheiden sich die Deutschen von anderen Nationen erheblich. Während in England zwar ein überhöhtes, nicht aber unerreichbares Ideal vorherrschte, welches vor allem auch eine gewisse Toleranz für menschliche Schwächen beinhaltete, zeugte das deutsche Ideal von Perfektion und kompromißlosen, unbedingten Anforderungen, denen man nie wirklich gerecht werden konnte, auch weil sie einigermaßen vage blieben.[1285] Daher bot es den Deutschen in der Alltagspraxis auch keine klare Orientierung für eine Entscheidung, welche menschlichen Schwächen zu akzeptieren waren und welche nicht. In der Suche nach Perfektion und Vollkommenheit entstanden durch das Auseinanderfallen von Anspruch und Wirklichkeit häufig auch Gefühle der Apathie oder Zynismus,[1286] die sich als Hemmnisse für Vertrauensbeziehungen auswirken können. Denn diese hohe Erwartungshaltung beinhaltet ein hohes Enttäuschungsrisiko, welches nur zu leicht zum Vertrauensverlust führen kann.

*Individualisierung der Gesellschaft als Gegenentwicklung zur Vertrauenskultur*
Die Lebensform der Singles und damit die Vereinsamung in der Gesellschaft nehmen zu. Der Verlust enger Familienbindungen führt zu einem Verlust von Traditionen und familiären *Ver-trauens*beziehungen, wozu auch der sich verschärfende Generationenkonflikt beiträgt. Selbst wenn Freunde und Familie auch heute noch als bedeutend und wertvoll empfunden werden, so steht dem jedoch die Tendenz entgegen, daß Einladungen oder Familientreffen häufig als belastend, weil verpflichtend wahrgenommen werden, da sie die individuelle Freiheit be-

---

[1282] Vgl. auch Kap. 3.2.3.1.

[1283] Vgl. z.B. Noelle-Neumann/Köcher 1993, S. 199 ff.

[1284] Vgl. z.B. Hengsbach 1995.

[1285] Vgl. Elias 1994, S. 418ff.

[1286] Vgl. Elias 1994, S. 418ff., Zeidenitz/Barkow 1997, S. 27f.

schneiden. Daher kann man in der privaten Sphäre auch infolge einer geringeren Häufigkeit von persönlichen Kontakten von einer Abnahme enger Vertrauensverhältnisse ausgehen.[1287] Das bedeutet, daß immer weniger Menschen in ihrer frühen Kindheit positive Erfahrungen in Vertrauensbeziehungen erleben, in geringerem Maße mit dem Mechanismus des Vertrauens umzugehen lernen und somit möglicherweise auch weniger Vertrauens*fähigkeit* entwickeln.

Die gesellschaftliche Individualisierung zeitigt ebenso Auswirkungen auf die *Bereitschaft* der Deutschen zu Vorleistungen im Rahmen von Vertrauensbeziehungen. Diese zu beobachtende Individualethik verdeutlicht auch der Ansatz von Gerhard Schulze. Seine kultursoziologische Analyse der Bundesrepublik Deutschland in den 80er Jahren faßt er im Begriff der "Erlebnis-gesellschaft" zusammen.[1288] Schulze erkennt in seinen empirischen Untersuchungen, daß die Verhaltensalternativen zunehmend nach dem Kriterium des "Erlebniswertes" ausgewählt werden. Der in der Absatzwirtschaft, insbesondere im Bereich der Konsumgüter, längst bekannte Trend, daß Produkte vom Verbraucher nicht mehr nach Zweckmäßigkeit, Haltbarkeit oder technischer Perfektion, sondern nach ästhetischen Aspekten beurteilt werden, setzt sich auch in anderen Lebensbereichen mehr und mehr durch. Schulze meint in diesem Zusammenhang: „Das Leben schlechthin ist zum Erlebnisprojekt geworden."[1289] Damit bringt er zum Ausdruck, daß sämtliche Lebensäußerungen (z.B. Beruf, Partner, Kinder, Wohnsituation) zunehmend das Ergebnis von Verhaltensalternativen sind, die nach dem Kriterium des Erlebniswertes gewählt wurden, letztlich also eine "Ästhetisierung des Alltagslebens" zu beobachten ist. Die Erlebnisorientierung erhält somit den Status eines Rationalprinzips (Erlebnisrationalität)[1290] und wird zum bedeutendsten Merkmal unserer gegenwärtigen Kultur erhoben:

> „Erlebnisorientierung ist die unmittelbarste Form der Suche nach Glück. ... Erlebnisansprüche wandern von der Peripherie ins Zentrum der persönlichen Werte; sie werden zum Maßstab über Wert und Unwert des Lebens schlechthin und definieren den Sinn des Lebens."[1291]

Im Unterschied etwa zu einem dienenden, einer Sache untergeordneten Leben läßt sich heute ein schönes, interessantes, subjektiv als lohnend empfundenes Leben als konkretisierte Gestaltungsidee der Erlebnisorientierung als kleinster gemeinsamer Nenner von Lebensauffassungen auch in den unteren Schichten unserer Gesellschaft ausmachen.[1292] Ein gegensätzliches Handlungsmuster zur Erlebnisorientierung ist die aufgeschobene Bedürfnisbefriedigung oder auch die Entsagung bzw. Askese. Die Verhaltensäußerungen des Sparens, des langfristigen Liebeswerbens, der zähen politischen Kämpfe u.a.m. werden verdrängt zugunsten von Verhaltensmustern, deren Anspruch auf die aktuelle Situation gerichtet ist und ohne Zeitverzug

---

[1287] Vgl. z.B. Noelle-Neumann/Köcher 1993, S. 88 ff., Miegel/Wahl 1993, S. 60ff.

[1288] Vgl. Schulze 1992, S. 29f., Schnierer 1996, S. 71ff.

[1289] Schulze 1992, S. 13.

[1290] Vgl. Schulze 1992, S. 15, 33ff.

[1291] Schulze 1992, S. 14, S. 59.

[1292] Vgl. Schulze 1992, S. 36ff., 58ff. Durch den subjektiven Charakter der Bewertung von Erlebnissen und der daraus erwachsenden Heterogenität scheint jedoch eine wirkliche Konkretisierung nicht möglich. Daher scheint auch eine naive Gleichsetzung der Erlebnisorientierung mit Hedonimus verfehlt, da auch, vielleicht sogar insbesondere durch die Arbeit "schöne" Erlebnisse, wie z.B. Lob, Anerkennung, Karriere u.a.m., möglich sind.

eingelöst werden möchte.[1293] Da Vertrauen jedoch auf dem bewußten Akzeptieren eines Zeitverzugs von Leistung und Gegenleistung basiert, besteht gerade hierin ein deutliches Anzeichen abnehmender Vertrauensbeziehungen.

Erlebnisse sind nach Schulze „psychophysische Konstruktionen, die sich nicht durch Gegenstände oder an Dienstleistungsunternehmen delegieren lassen... Jeder ist für seine Erlebnisse selbst verantwortlich."[1294] Die Erlebnisorientierung bedeutet hinsichtlich der Beziehung des Menschen zur Situation eine stärkere Innenorientierung des Subjekts gegenüber einer Außenorientierung im Sinne fremdbestimmter Determinanten, wie etwa sozialer Zwänge, wobei die Verhaltensspielräume in vielfacher Hinsicht eine Erweiterung erfahren.[1295] Somit wird auch in Schulzes Modell der Trend zu einer verstärkten Individualisierung deutlich, die zu einer Abnahme von Vertrauen und Solidarität führt. „Geraten nicht die letzten Reste von Gruppenerfahrung und Solidarität, die übriggeblieben sind nach dem Verschwimmen ökonomischer Klassen, nach der Entstandardisierung der Lebensläufe, nach der Durchmischung der Wohngebiete, auf dem Erlebnismarkt in eine Zertrümmerungsmaschine, die nur noch den Einzelnen als soziales Atom zurückläßt?"[1296]

Dabei scheint es allerdings notwendig zu sein, die Einstellungen der Ostdeutschen hinsichtlich des sozialen Vertrauens von denen der Westdeutschen zu differenzieren. Die Ostdeutschen zeigen diesbezüglich eine relativ stabile Ambivalenz, indem sie einerseits große gegenseitige praktische Hilfsbereitschaft an den Tag legen, andererseits sehr zurückhaltend sind in Diskussionen über Weltanschauung und politische Meinungen.[1297]

### Rechtssystem: Fürsorgeprinzip und Mitbestimmung

Im germanischen Recht finden sich vielfältige Belege für eine Verankerung des Vertrauens als Koordinationsmechanismus. Das römische Rechtssystem, welches aufgrund der römischen Vorherrschaft bis zum 5. Jahrhundert verbreitet war, war das Produkt einer blühenden Hochkultur und kann als bis dahin einmalig und unübertroffen bezeichnet werden.[1298] Auch nach dem Untergang des Römischen Reiches infolge der Invasionen durch die Germanen, blieb es lange Zeit wirksam und wurde erst sukzessive durch Rechtsformen ersetzt, die den territorial unterschiedlichen Lebensgewohnheiten Rechnung trugen. Das germanische Recht, das sich herausbildete und für die meisten germanischen Stämme Gültigkeit besaß, wurde ab dem 6. Jahrhundert in schriftlichen Gesetzen fixiert. Es ist überaus bedeutsam, daß die sogenannten "Leges barbarorum" nur einen äußerst kleinen Teil der sozialen Beziehungen regelten. Man empfand das römische Recht als zu schwierig bzw. zu gelehrt, so daß sich ein als "Volksrecht" zu bezeichnendes, nicht schriftlich niedergelegtes Recht bildete, welches wesentlich an das sich entwickelnde Feudalsystem anknüpfte. Somit war die Grundlage oftmals

---

[1293] Vgl. Schulze 1992, S. 14ff.

[1294] Schulze 1992, S. 14.

[1295] Vgl. Schulze 1992, S. 52ff. Vgl. ähnlich auch Elias (1994), der gemäß seiner Zivilisationstheorie von einem Zurückgehen der Fremdzwänge zugunsten einer stärkeren Selbstkontrolle ausgeht.

[1296] Schulze 1992, S. 18.

[1297] Vgl. Greiffenhagen/Greiffenhagen 1993b, S. 30f., Spittmann 1996, S. 841ff.

[1298] Vgl. hierzu und im Folgenden Grasmann/David 1988, S. 81ff., Eisenhardt 1995, S. 16ff.

ein "Gesetz des Stärkeren" und orientierte sich auch an der Willkür der Führer. Wesentlich für dieses System war die Schiedsgerichtsbarkeit, die als Integrationsmechanismus vor allem die Eintracht der Sippe und das friedliche Zusammenleben rivalisierender Gruppen bewahren sollte. Im Gegensatz zum römischen Recht, das den Schutz der Bürgerrechte des einzelnen Individuums zum Ziel hatte, orientierte man sich vermehrt an den christlichen Werten der Brüderlichkeit und der Nächstenliebe. Vor diesem Hintergrund wurde das römische Recht als moralisch fragwürdig betrachtet.[1299] Speziell das im Feudalsystem verankerte und im germanischen Recht zum Ausdruck kommende Fürsorgeprinzip beruht auf gegenseitigem Vertrauen. Ein gegenseitiges Treueverhältnis begründete mit einem Anspruch auf Gefolgschaft bzw. auf Aufopferung für das Gemeinwesen, insbesondere im Kriegsfall, gleichzeitig eine Fürsorgepflicht für den Lehnsherrn, den Staat, den Führenden einer Sippe oder das Staatsoberhaupt.[1300]

Auch gesetzliche Verankerungen des heutigen Rechtssystems sprechen für eine gute Grundlage einer Vertrauenskultur. So bildet der Gedanke einer "sozialen Partnerschaft", der das Modell der Sozialen Marktwirtschaft konkretisiert und Leitbild der neueren Arbeitsgesetzgebung ist, zumindest im angedachten, idealtypischen Sinne (d.h. abgesehen von den realen Auswüchsen) eine geeignete Basis für gegenseitige Hilfe und Vertrauen. Insbesondere sind hier die Arbeitsgesetze und vor allem die Mitbestimmungsgesetze zu nennen, die eine "vertrauensvolle Zusammenarbeit" zwischen Betriebsrat und Unternehmensleitung vorschreiben.[1301]

Die zahlreichen Reglementierungen und Strukturzwänge (Gesetze, Verordnungen, Bürokratie,...)[1302] fungieren jedoch auch - in Anlehnung an die Grundsätze des römischen Rechts - als Sicherheitsvorkehrungen für die Rechte des einzelnen Individuums bzw. als Kontrollinstrumente und somit als Vertrauensersatz. So könnte man etwa anführen, daß ein kaufmännischer Handschlag früher mehr galt als manches Schriftstück; der Handschlag ist heute zumeist nur mehr eine nette Geste der Freundlichkeit oder Herzlichkeit und gehört für die Deutschen zum guten Ton;[1303] ohne schriftliche Fixierung und rechtliche Absicherung erfolgen heute nur wenige ökonomische Prozesse.

### *Erfahrungen in der Wirtschaft: Bürokratie und Wettbewerbsdruck*

Vertrauen kann als ein Substitut für detaillierte Kontroll- und Vertragsmechanismen im Sinne einer Absicherung von Beziehungen durch Formalisierung begriffen werden. In dem heutigen, vom bürokratischen Denken nachhaltig geprägten Deutschland mit seinen verkrusteten Machtstrukturen erweist sich ein Vertrauensaufbau zwischen Partnern unterschiedlicher Hierarchieebenen oft als schwierig. In einer solchen Situation der Machtasymmetrie wird heute die Gefahr des Vertrauensmißbrauchs in Form der Ausnutzung von Schwächen, die man

---

[1299] Vgl. Grasmann/David 1988, S. 81ff. Erst etwa ab dem 13. Jahrhundert ist eine Wiederbelebung des römischen Rechts zu verzeichnen, indem Religion und Moral einerseits und bürgerliche Ordnung und Recht andererseits streng getrennt werden. Von erheblicher Bedeutung ist hierbei das Werk von Thomas von Acquin, der unter Rückgriff auf Aristoteles zeigte, daß die vorchristliche, vernunftgeleitete Philosophie mit den Gesetzen Gottes in Einklang steht und daher auch das römische Recht nicht moralisch verwerflich sei.

[1300] Vgl. z.B. Eisenhardt 1995, S. 16ff.

[1301] Vgl. §2 BetrVG.

[1302] Vgl. Wörl 1997, S. 71ff.

[1303] Vgl. Zeidenitz/Barkow 1997, S. 41.

durch den Vertrauensbeweis offenbart hat, als recht hoch angesehen.[1304] Aus einer solchen Perspektive kann es als das eigentliche Dilemma Max Webers gesehen werden, „daß er mit seiner Bürokratie-Theorie eigentlich eine Vertrauens-Organisation schaffen wollte, tatsächlich aber die Grundlage für Mißtrauens-Organisationen schuf."[1305]

Doch Vertrauen spielt auch gerade im Großsystem "Bürokratie" eine bedeutende Rolle.[1306] „So entstehen in Großorganisationen, in denen der offizielle Umfang der Verantwortlichkeit in höheren Positionen die Verantwortungsfähigkeit (nämlich die Informationsverarbeitungskapazität) des Einzelnen bei weitem übersteigt, sehr bezeichnende persönliche Vertrauensbeziehungen zwischen Vorgesetzten und Untergebenen, ... in denen die eine Seite aus der Überlast ihrer Verantwortlichkeit heraus persönliches Vertrauen schenken muß, das offiziell nicht eingestanden und zur Sprache gebracht werden kann, und die andere Seite dieses Vertrauen ergreift, seine Bedingungen und Grenzen erfühlt, es pflegt, es als Grundlage des eigenen Einflusses auf den Vertrauenden benutzt - und es durch entsprechendes Verhalten rechtfertigt, weil anders die für beide Seiten vorteilhafte Symbiose auf die Dauer nicht erhalten werden kann."[1307] Dieses personale Vertrauen scheint unverzichtbar für die meisten überaus komplexen Sozialsysteme zu sein. Ohne personales Vertrauen werden Systeme in ihrer Flexibilität gehemmt und damit in ihrer kulturellen Weiterentwicklung geradezu gelähmt. Eben dies könnte in manchen Organisationen in der jüngeren Vergangenheit eingetreten sein.

Führt der steigende Wettbewerbsdruck möglicherweise dazu, daß sich das Konkurrenzdenken in der Sicherung und Gewinnung von Marktanteilen auf die Mitarbeiter derart überträgt, daß letztlich nicht nur zwischenbetrieblich, sondern auch innerbetrieblich um den knappen Faktor Arbeit konkurriert wird und somit einer aufrichtigen Solidarität und einem gegenseitigen Vertrauen der Boden entzogen wird? So zeigen denn auch die kapitalistischen Auswüchse unserer Gesellschaft ("Ellbogengesellschaft", Opportunismusdenken)[1308] kaum Ansatzpunkte für eine verinnerlichte Vertrauenskultur. Hierfür spricht auch die in den letzten Jahren verstärkt geführte Diskussion um das Phänomen des Mobbings, dem systematischen Psychoterror durch Kollegen mit der Folge schwerer psychosomatischer Störungen, die zu erheblichen Einbußen hinsichtlich ökonomischer und sozialer Effizienz führen.[1309]

Es kann davon ausgegangen werden, daß mit zunehmender Intensität und Häufigkeit der Kontakte Vertrauen in sozialen Beziehungen aufgebaut wird. Vertrauensbrüche werden erschwert durch das *Gesetz des Wiedersehens*, d.h. durch den Druck, daß sich die Beteiligten immer wieder in die Augen sehen müssen.[1310] Wenn gegenwärtig verstärkt Ansätze zur Flexibilisierung der Arbeitszeit und des Arbeitsortes (Telearbeit, Heimarbeit, Teilzeitarbeit etc.) in Verbindung mit neueren Organisationsformen, wie insbesondere *virtuellen Unternehmen*,

---

[1304] Vgl. Bierhoff/Buck/Schreiber 1983, S. 67f., Offermanns 1990, S. 203ff.

[1305] Marr 1996a. Vgl. auch Saha 1990, S. 7, Müller, R. 1990, S. 38ff., Bleicher 1990, S. 152ff.

[1306] Vgl. Offermanns 1990, S. 191ff.

[1307] Luhmann 1989, S. 69.

[1308] Vgl. z.B. Noelle-Neumann/Köcher 1993, S. 69, Wörl 1997, S. 234ff., Orzessek 1996, S. 13, Hengsbach 1995.

[1309] So belegt eine Studie des TÜV Rheinland, daß Mobbing jährlich 30 Milliarden DM Kosten verursacht und zudem 20% aller Selbstmorde darauf zurückzuführen sind (zit. nach Schneider, H. 1995). Vgl. Neuberger 1994, Leymann 1993.

[1310] Vgl. Luhmann 1989, S. 39.

diskutiert werden, so besteht dabei durch die sich ständig verändernden personellen Zusammensetzungen der temporären Projektgruppen die Gefahr einer Abnahme der Kontaktintensität und -häufigkeit sowie einer verstärkten Unkenntnis der Charakterzüge von Projektkollegen, so daß der Vertrauensaufbau erschwert wird und die Wahrscheinlichkeit von Vertrauensbrüchen wächst.[1311]

## Schule

Das klassische Schulsystem in Deutschland ist in vielfacher Hinsicht mißtrauensbasiert. Insbesondere durch die einschlägigen Kontrollmaßnahmen im Rahmen der Erbringung von Leistungsnachweisen fördert es wiederum mißtrauensorientiertes Denken und Handeln. Das in der maskulin geprägten Kultur der Deutschen primär zutage tretende Leistungsprinzip läßt Strukturen und Prozesse entstehen, die oftmals den Koordinationsmechanismus des Vertrauens untergraben. Individuelle Ernsthaftigkeit, Arbeitsamkeit und Durchsetzungsvermögen werden zu elementaren Grundlagen. Materielle Werte und harte Arbeit sind die bestimmenden Merkmale einer maskulinen Kultur, die dafür zwischenmenschlichen Beziehungen und gegenseitiger Solidarität weniger Beachtung schenkt.[1312]

So kommen denn auch Zeidenitz/Barkow zu einem deutlichen Urteil über das deutsche Bildungssystem: „Das deutsche Erziehungssystem kümmert sich nicht besonders um Charakterbildung oder die Vermittlung moralischer Werte. Sein Ziel ist weniger die Bildung als vielmehr die Ausbildung der Schüler zu qualifizierten Leistungsträgern, die sich auf dem Arbeitsmarkt erfolgreich behaupten können."[1313]

Als Argument für einen notwendigen Vertrauensaufbau im Schulwesen läßt sich anführen, daß sich das Fehlen von Vertrauen und Zugehörigkeitsgefühl bei gleichzeitigem "Prüfungs- und Notenterror"[1314] etwa in einer hohen Todesrate bei Verkehrsunfällen, einer hohen Kinderkriminalität sowie einer hohen Selbstmordrate von Kindern unter 15 Jahren manifestiert.[1315]

## *Vertrauen der Deutschen in Autoritäten und Institutionen*

Im Allgemeinen vertrauen die Deutschen nur allzu gerne Ordnungssystemen. Die zentralen Ursachen hierfür liegen in Gefühlen der Angst und Unsicherheit, die den Deutschen vielfach zugeschrieben werden.[1316] Traditionell glauben die Deutschen in Ordnungssystemen die Sicherheit zu finden, die sie suchen.

---

[1311] Vgl. Handy 1995, S. 40ff., zu den Grundzügen virtueller Unternehmen vgl. Davidow/Malone 1993, Schräder 1996, Krystek/Redel/Reppegather 1997.

[1312] Vgl. Hofstede 1993, S. 97ff., 109ff., Hasenkamp/Lee 1993, S. 286. Dies soll jedoch keineswegs bedeuten, daß damit das Leistungsprinzip generell zu verurteilen ist, denn das Leistungsprinzip bedeutete gegenüber dem Feudalismus insofern einen Fortschritt, daß Privilegien aufgrund des Geburtsstandes aufgehoben wurden. So gesehen war die Einführung des Leistungsprinzips wesentliche Grundlage für die Verwirklichung der Chancengleichheit im Zuge anerkannter sozialkultureller Ungleichheit (vgl. hierzu Jeske 1987, S. 25ff.).

[1313] Zeidenitz/Barkow 1997, S. 79.

[1314] Hasenkamp/Lee 1993, S. 286.

[1315] Vgl. hierzu etwa die Reportage im Nachrichtenmagazin "Der Spiegel": „Der Krieg unter Kindern. Wie aus verstörten Bürgerkindern gesellschaftliche Außenseiter werden." (in: Der Spiegel, vom 6.4.1998, S. 126ff.).

[1316] Vgl. z.B. Krockow 1990, S. 12f., 304ff., Wörl 1997, S. 195ff., Zeidenitz/Barkow 1997, S. 76ff.

Vertraut man den Umfrageergebnissen der Meinungsforscher, so läßt sich unter der jüngeren Generation ein deutlicher Trend zu einer Loslösung von obrigkeitsstaatlichen Traditionen beobachten. Das von den neueren Bildungskonzeptionen geförderte und auch in den Erziehungszielen verankerte "kritische Denken" impliziert immer auch ein bestimmtes Maß an Mißtrauen, insbesondere gegenüber Autoritäten und Institutionen.[1317] Seit der Wiedervereinigung ist dabei ein erheblicher Vertrauensverlust in politische und wirtschaftliche Institutionen[1318], aber auch in einzelne Personen zu beobachten. Die Verunsicherung und das zunehmende Mißtrauen der Bevölkerung richtet sich vor allem auf die Führungsköpfe in Politik[1319] und Wirtschaft[1320], insbesondere infolge enttäuschter Wahlversprechen bzw. Mißwirtschaft durch Managementfehler.[1321]

Die zunehmend autoritätskritische Haltung der Jüngeren führt dazu, daß der Gesellschaft zunehmend die existentiell wichtigen Werte wie Solidarität, Zusammengehörigkeit und Folgebereitschaft fehlen, letztlich also die Grundlage in Form einer überzeugten Vertrauensbereitschaft im Abnehmen begriffen ist. Ebenso kritisch erscheint die Haltung der Jüngeren gegenüber einer selbstverständlichen Beachtung von Normen; eine sozialmoralische Grundlage wird zugunsten einer Individualethik aufgegeben.[1322]

Die Folgen dieser Entwicklung können in zweierlei Weise für Unternehmen und insbesondere betriebliche Personalwirtschaft Bedeutung erlangen. Zum einen verändern diese gewandelten Einstellungen den politischen Rahmen als solchen, der in Form von gesetzlichen Bestimmungen den unternehmens- und personalpolitischen Entscheidungsspielraum beeinflußt. Zum anderen kann ein allgemeiner Vertrauensverlust nicht nur auf gesellschaftlicher, sondern auch auf betrieblicher Ebene einsetzen, insbesondere in Großorganisationen in Form einer zunehmenden Entfremdung der Mitarbeiter von der Unternehmenspolitik.

### *Selbst- und Fremdbild: Vertrauenswürdigkeit der Deutschen*

Betrachtet man nun Vertrauen explizit als Persönlichkeitsvariable, so stellt sich die Frage, ob die Deutschen vertrauensvolle und vertrauenswürdige Menschen sind. Ehrlichkeit, Pünktlichkeit und Zuverlässigkeit als traditionell hervorstechende Merkmale der Deutschen im Ver-

---

[1317] Vgl. zum abnehmenden Systemvertrauen der Deutschen bzw. dem wachsenden Vertrauensverlust insbes. gegenüber polit. Institutionen Langguth 1995, S. 63ff., Spittmann 1996, S. 841ff., Greiffenhagen/Greiffenhagen 1993a, S. 174ff., Walz 1996, S. 240ff.

[1318] Dies gilt insbesondere für die neuen Bundesländer (vgl. Spittmann 1996, S. 841ff.). Vgl. hierzu auch die Untersuchungen des Instituts für praxisorientierte Sozialforschung (IPOS), zitiert nach Walz (1996, S. 240ff.).

[1319] Vgl. z.B. Noelle-Neumann/Köcher 1993, S. 617 ff., Greiffenhagen/Greiffenhagen 1993a, S. 174ff., Spittmann 1996, S. 841ff.

[1320] Vgl. z.B. Dotzler 1996, S. 550f., Noelle-Neumann/Köcher 1993, S. 773 ff., insbes. S. 809, 863, 864, Zander 1995, S. 124. So spricht Wever (1996, S. 214ff.) etwa von einer "Erosion der Unternehmenskultur", indem gerade von den Führungskräften bewußt Einschüchterung und Verunsicherung eingesetzt werden. Dabei ist man sich kaum bewußt, daß dadurch Loyalität und Vertrauen zerstört werden. Gerade im Zusammenhang mit dem auf breiter Ebene einsetzenden Verlust des Vertrauens in das Management erklärt sich auch der Verkaufserfolg von Günter Oggers Bestseller "Nieten in Nadelstreifen" (1992).

[1321] Dieses wachsende Mißtrauen resultiert auch aus einer zunehmend verinnerlichten kritisch-demokratischen Grundhaltung (mündiger Bürger) und einem Ablegen der Untertanenmentalität (Vgl. Walz 1996, S. 248.).

[1322] Vgl. Greiffenhagen/Greiffenhagen 1993a, S. 164ff., Noelle-Neumann 1991a, Klages 1988, 1993, S. 1ff.

gleich zu Nachbarvölkern sind seit langem geeignete Voraussetzungen für den Aufbau von Vertrauensbeziehungen.[1323]

Auch belegen die Ergebnisse der Meinungsforschung vielfach die große Vertrauensbereitschaft und die grundsätzlich positiven Grundeinstellungen der Deutschen gegenüber anderen Menschen.[1324] So glaubten 57% der befragten Deutschen in einer Umfrage im Mai 1988, daß es mehr gutwillige als böswillige Menschen gibt, nur 15% hielten die Mehrzahl der Menschen für böswillig.[1325] Noch direkter belegt dies eine Umfrage vom Dezember 1992. Auf die Frage "Glauben Sie, daß man den meisten Menschen vertrauen kann?" antworteten 45% der Befragten in den alten Bundesländern, man könne den meisten Menschen vertrauen; 34% waren der Meinung, man kann den meisten Menschen nicht vertrauen. Im Rückblick auf Vergangenheitswerte zeichnet sich dabei deutlich ein Trend zu einem wachsenden Zutrauen zu anderen Menschen ab:[1326]

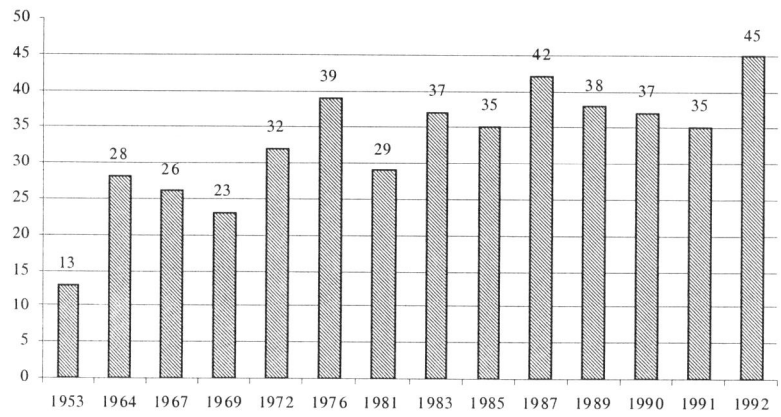

Abb. 56: Das Vertrauen der Deutschen in andere Menschen (Prozentangaben)

Quelle: nach Noelle-Neumann/Köcher 1993, S. 61

Auch für die neuen Bundesländer kann ein ähnlicher Trend festgestellt werden, jedoch bewegt sich dieser vorerst auf einem deutlich niedrigeren Niveau. So meinten in der Umfrage im Jahre 1992 lediglich 29% der Befragten in den neuen Bundesländern, man könne den meisten Menschen vertrauen (gegenüber 23% im Jahre 1990), 48% sprachen sich dagegen aus (gegenüber 52% im Jahre 1990).[1327]

---

[1323] Vgl. z.B. Noelle-Neumann/Köcher 1993, S. 495ff. u. S. 947ff., Mole 1995, S. 55f.

[1324] Vgl. z.B. Noelle-Neumann/Köcher 1993, S. 61.

[1325] Vgl. Noelle-Neumann/Köcher 1993, S. 60.

[1326] Vgl. Noelle-Neumann/Köcher 1993, S. 61.

[1327] Vgl. Noelle-Neumann/Köcher 1993, S. 61. Zu einem interessanten Ergebnis kommt auch eine Studie der beiden niederländischen Universitäten Nijenrode und Brabant, im Rahmen derer 300 Betriebe in 9 EU-Ländern u.a. nach der

Bei näherer Befragung zur Intensität des Vertrauens zeigte sich jedoch, daß die Mehrheit der Befragten sich für ein *eingeschränktes, kritisches* Vertrauen aussprechen, was schließlich auch für einen integrativen Rahmen in Form einer kritischen Solidargemeinschaft spricht, welche individualistische und kollektivistische Züge miteinander vereinbart:[1328]

| Antworten in % | Alte Länder | Neue Länder |
|---|---|---|
| Vertraue voll und ganz | 15 | 18 |
| Vertraue ein wenig | 45 | 47 |
| Weder noch | 14 | 12 |
| Vertraue nicht so sehr | 14 | 16 |
| Vertraue überhaupt nicht | 3 | 1 |
| Unentschieden | 9 | 6 |

Tab. 14: Antworten auf die Frage "Wie sehr vertrauen Sie den Deutschen ganz allgemein?"

Quelle: Noelle-Neumann/Köcher 1993, S. 496

Martin und Sylvia Greiffenhagen konstatieren ein wachsendes soziales Vertrauen als psychische Prädisposition im Sinne einer warmherzigen Öffnung gegenüber anderen Menschen. Während in den 50er Jahren noch in hohem Maße Angst und Mißtrauen gegenüber anderen Menschen die deutsche Bevölkerung kennzeichneten, hat sich die Basis einer grundsätzlich vertrauensvollen Einstellung gegenüber anderen Menschen deutlich verbreitet. Hohes Selbstvertrauen korreliert stark positiv mit der Akzeptanz demokratischer und rechtsstaatlicher Prinzipien, mit politischer Toleranz, sozialem Vertrauen und dem Glauben an politische Freiheit und Gleichheit. Ebenso korreliert geringes Selbstvertrauen mit geringer Selbstachtung, politischem Zynismus, Mißtrauen, elitärem Denken und totalitären Weltanschauungen. Eine diesbezügliche Einschätzung der Deutschen scheint zwar durchaus problematisch zu sein, vieles deutet jedoch auf eine Ablösung des autoritären durch einen demokratischen Persönlichkeitstyp mit einer höheren Selbstachtung hin. Speziell für die neuen Bundesländer können diese Tendenzen nicht immer Gültigkeit beanspruchen. Vertrauen in andere Menschen haben im Osten weit weniger Bürger als im Westen. Ebenso ist das Selbstvertrauen durch die erheblichen, noch nicht verarbeiteten Umbrüche erschüttert.[1329]

Zusammenfassend könnte daher auf mehreren Ebenen von einem erheblichen Mißtrauensproblem ausgegangen werden, wobei gleichzeitig ein steigendes Bedürfnis nach gegenseitigem Vertrauen und Solidarität festgestellt werden kann. Anknüpfend an die dargelegten funktionalen Aspekte einer Vertrauenskultur stellt sich hinsichtlich der personalwirtschaftlichen Umsetzung im Unternehmen die Frage nach Maßnahmen mit vertrauensbildenden und -fördernden Wirkungen (Kapitel 5.3.2).

---

Vertrauenswürdigkeit ausländischer Geschäftspartner befragt wurden. Deutsche Geschäftsleute werden demnach von ihren europäischen Partnern als am vertrauenswürdigsten eingeschätzt (Vgl. SZ vom 16.6.1997, S. 21).

[1328] So konstatiert auch in ähnlicher Form Mole (1995, S. 54): „Vertrautheit kommt nicht leicht zustande, aber sie ist viel dauerhafter als die von informelleren Gesellschaften sofort angebotene."

[1329] Vgl. Greiffenhagen/Greiffenhagen 1993a, S. 107ff., 121f., 172, Spittmann 1996, S. 841ff.

### 3.2.4.2.3 Unternehmer- und Innovationskultur

Die Hauptursache für das im internationalen Vergleich gegenwärtig zu beklagende Defizit unternehmerischen, innovativen Denkens und Handelns der Deutschen ist nach weitläufiger Meinung in der mentalen Verfassung der Deutschen zu sehen, die Bundespräsident Roman Herzog in seiner berühmt gewordenen "Berliner Rede" in den Mittelpunkt rückte: „Was ist los mit unserem Land? ... Der Verlust wirtschaftlicher Dynamik, die Erstarrung der Gesellschaft, eine unglaubliche mentale Depression – das sind die Stichworte der Krise. ... Wer heute in unsere Medien schaut, der gewinnt den Eindruck, daß Pessimismus das allgemeine Lebensgefühl bei uns geworden ist ... Eine von Ängsten erfüllte Gesellschaft wird unfähig zu Reformen und damit zur Gestaltung der Zukunft. Angst lähmt den Erfindergeist, den Mut zur Selbständigkeit, die Hoffnung mit den Problemen fertig zu werden."[1330]

Wie bereits angedeutet, kann das aus den USA stammende Konzept des Intrapreneurship als Unterstützung einer Unternehmer- und Innovationskultur in Deutschland diskutiert werden. Es ist zu prüfen, inwieweit die kulturellen Voraussetzungen für ein Unternehmertum im Unternehmen auf nationaler Ebene gegeben sind. Bezüglich einer Übernahme des Konzepts in deutsche Unternehmen äußert denn auch Bitzer erhebliche Bedenken:

> „So steht beispielsweise dem in der amerikanischen Mentalität tief verwurzelten Pioniergeist, der zusammen mit einem großen Selbstbewußtsein einen unerschütterlichen Glauben an die Machbarkeit und an unbegrenzte Möglichkeiten bewirkt, ein durch konservative Erziehung und Ausbildung entwickeltes, zu Zweifel mahnendes Vorsichtsverständnis im deutschsprachigen Raum gegenüber... Eine Revitalisierung der bürokratischen Unternehmung durch eine Verankerung des Intrapreneurship auf allen Ebenen der Unternehmung ist denn auch weniger ein Führungs- oder Organisationsproblem, als vielmehr ein kulturelles Problem."[1331]

Unternehmerisches Denken und Handeln findet seinen Ursprung in der Wahrnehmung einer Chance bzw. *"Opportunity"*; dies geschieht - eine grundsätzliche Bereitschaft zum Unternehmertum vorausgesetzt - in Abhängigkeit von einer Einschätzung

- der möglichen zukünftigen Situation als positiv zu bewertendem Zustand sowie
- der möglichen Kontrolle über eine Realisierung der Chance.[1332]

Diese Einschätzungen sind subjektiver Natur und somit zum einen das Ergebnis angeborener und unbeeinflußbarer Persönlichkeitseigenschaften; zum anderen sind sie aber auch das Produkt von erlernten Persönlichkeitseigenschaften, Selbsteinschätzungen und Fähigkeiten, die durch kulturelle Erfahrungen geprägt sind. Zu fragen ist daher, inwieweit die Deutschen eine Befähigung zu unternehmerischem Denken und Handeln erfahren und inwieweit sie über Handlungsspielräume verfügen (können), die eine Kontrolle der Chancenrealisierung ermöglichen. Folgende kulturelle Faktoren lassen ein kritisches Bild erkennen:

---

[1330] Herzog 1997a.

[1331] Bitzer 1991, S. 46f. Vgl. dazu auch Wörl 1997, S. 71ff.

[1332] Vgl. Süssmuth-Dyckerhoff 1995, S. 202ff.

Selbst- und Fremdbild:
Fleiß und Arbeitseifer der Deutschen als klassisches Stereotyp wird möglicherweise abgelöst durch hedonistische Charakterzüge

Ethische Grundlage:
kaum Verinnerlichung des Subsidiaritätsprinzips, stattdessen Versuch des opportunistischen Ausnutzens des Systems

Rechtssystem:
Bürokratische Barrieren des Rechtssystems blockieren Innovationen und Unternehmertum

Gebrochene nationale Entwicklung:
Sicherheitsstreben statt risikofreudigem Unternehmertum, Überforderung der Ostdeutschen

Passive Arbeitshaltung, Routinedenken

Risikogesellschaft:
zunehmende Risiken bewirken Ängste und verstärken den Wunsch nach Sicherheit bzw. Risikovermeidung, wo immer dies möglich ist

Individualisierung:
Verstärkung des Sicherheitsdenkens aufgrund des Wegfalls sicherheitbietender Systeme, wie Kirche oder Familie, Förderung von Zukunftsängsten

fehlende Servicementalität und Technikverliebtheit:
deutsche Wirtschaftserfolge beruhten von jeher in weit höherem Maße auf fortschrittlicher Technik als auf kundenorientiertem Verhalten

Familie und Schule:
zwar tendenziell Ziel der Selbständigkeit, dies jedoch nur von besser Ausgebildeten auch verinnerlicht

Abb. 57: Passive Arbeitshaltung und Routinedenken der Deutschen

Quelle: eigene Darstellung

***Gebrochene nationale Entwicklung: Sicherheitsstreben***

Das unter anderem auf die gebrochene nationale Entwicklung Deutschlands zurückzuführende Sicherheitsstreben führt heute dazu, daß zu wenige Deutsche bereit sind, unternehmerisches Risiko zu tragen. Viel sicherer und bequemer scheint es zu sein, sich in ein vorhandenes Ordnungsschema einzufügen und seinen Beitrag *ordentlich und zuverlässig* abzuleisten.[1333] Ebenso begründen sich darauf Phänomene der verbreiteten Resignation, des Selbstmitleids oder des Neids, der Drang nach Rechtfertigung, Kompensation, zur Leistung mit Tat und Untat,[1334] die hemmende Wirkung auf ein unternehmerisches Denken und Handeln besitzen.

Ähnlich sieht diese Zusammenhänge auch Noelle-Neumann: Ein Kennzeichen, das die Deutschen im internationalen Vergleich eigentümlich hervorhebt, ist die besondere Bedrücktheit bzw. das geringere Glücksempfinden sowie das Beklagen einer mangelnden Gesundheit. Hier könnte sich der fehlende Nationalstolz als bedeutsam erweisen, denn die „individuelle Lebenszufriedenheit ist ein Korrelat der Identifikation mit dem eigenen Land."[1335] Noelle-Neumann sieht den fehlenden Nationalstolz der Deutschen als Ursache zahlreicher Fehlentwicklungen.[1336] Auf die Frage nach ihrem Nationalstolz gaben 79% der Amerikaner, 55% der

[1333] Vgl. Oberender/Volk 1990, S. 311ff., Groser 1990, S. 330ff.

[1334] Vgl. Breitenstein 1996, S. 143., Elias 1994, S. 418ff., 446, 452f.

[1335] Noelle-Neumann 1987, S. 34.

[1336] Vgl. Noelle-Neumann 1986, S. 459ff., 1987, S. 17ff., 1982, S. 10, 1991a, S. 45ff.

Engländer, aber nur 21% der Deutschen an, sie seien sehr stolz auf ihre Nationalität. Im internationalen Vergleich treten offensichtlich gravierende Unterschiede im Begriffsverständnis von "Stolz" zutage. Stolz kann interpretiert werden als Fähigkeit, Bindungen einzugehen bzw. sich zu identifizieren.[1337] In Deutschland weckt der Begriff des "Stolzes" (insbesondere der des „Nationalstolzes") negative Assoziationen, die oftmals auch zu einer Tabuisierung geführt haben und auf alle Lebensbereiche, insbesondere auch den beruflichen Kontext, abstrahlen. Eine große internationale Repräsentativumfrage mit über 12000 Interviews in Europa und über 1700 in den USA Anfang der 80er Jahre zeigte erstaunliche Ergebnisse. Auf die Frage "Sind Sie stolz auf Ihre Arbeit, Ihren Beruf?" antworteten 83% der Amerikaner, 79% der Engländer, aber nur 15% der Deutschen, sie seien "sehr stolz" auf ihre Arbeit. Auch in späteren Umfragen bestätigte sich dies, insbesondere auch unterstrichen durch eine eigentümlich gleichgültige Art der Deutschen, über ihre Einstellungen zur Arbeit zu sprechen; und das, obwohl den Deutschen doch in der ganzen Welt das Attribut "fleißig" zugeschrieben wird.[1338]

Jedoch belegen die demoskopischen Befunde gleichzeitig, daß sich die Deutschen öfter als andere "wie im siebenten Himmel" fühlen oder sich auch öfter als andere an Begeisterungsgefühle in den letzten Wochen erinnern können. Diese Widersprüchlichkeit spricht in deutlicher Weise für eine Bestätigung der These, daß Deutsche dazu neigen, von einem Extrem ins andere zu fallen. Möglicherweise ist es aber auch ein Indiz dafür, daß die Deutschen eine "verletzte Nation" sind.[1339]

Auch das mit dieser schwierigen nationalen Entwicklung möglicherweise in Zusammenhang stehende spezifisch deutsche Syndrom der "Ruhe und Ordnung" als eine tieferliegende Disposition erweist sich als Hemmnis unternehmerischen Denkens und Handelns.[1340] Das Ruhebedürfnis scheint im internationalen Vergleich bei den Deutschen besonders stark ausgeprägt zu sein. 41% der Deutschen gegenüber 28% im europäischen Durchschnitt und 24% der Amerikaner gaben an, daß es ihnen in ihrer Freizeit vor allem wichtig ist auszuruhen. "Mir ist es am wichtigsten, etwas zu unternehmen" antworteten im europäischen Durchschnitt 47%, in den USA sogar 63%, in Deutschland dagegen nur 23%.[1341]

Das Sicherheitsbedürfnis und die Ordnungsliebe der Deutschen führen zu einer Bewahrung des Status Quo bzw. dem bekannten Besitzstandsdenken der Deutschen.[1342] In gleicher Weise erscheint Macht für die Deutschen von überragender Wichtigkeit.[1343] Der Veränderungsdruck,

---

[1337] Vgl. Noelle-Neumann 1987, S. 22f.

[1338] Vgl. Noelle-Neumann 1987, S. 17ff.

[1339] Vgl. Noelle-Neumann 1987, S. 20f.

[1340] Vgl. Pross 1982, S. 127.

[1341] Vgl. Noelle-Neumann 1987, S. 19.

[1342] Dahrendorf spricht hierbei von den "heiligen Säulen der Beharrung", die jedwede Modernisierung unserer Gesellschaft so erschweren (Dahrendorf 1971, S. 122ff.). Das im internationalen Vergleich durchaus umfangreiche Versicherungswesen in Deutschland mag als ein struktureller Beleg für das ausgeprägte Bedürfnis nach einem Schutz von Besitzständen gelten. Wörl (1997, S. 125ff.) verweist darauf, daß im Jahre 1995 etwa 10% des verfügbaren Einkommens (227 Milliarden DM) der Privathaushalte für Individualversicherungen und rund 640 Milliarden DM für die öffentlichen Sozialversicherungen aufgewendet wurden.

[1343] Ein Beleg hierfür sind die zahlreichen Veröffentlichungen zum Charakter der Deutschen, die auf die Bedeutung der Macht für die Deutschen eingehen. Vgl. z.B. Schwarz 1985, Breitenstein 1996, S. 149f. und die dort angegebene Literatur.

der die Notwendigkeit unternehmerischer, innovativer Aktivität permanent untermauert, trifft gerade in vielen deutschen Unternehmen auf das Phänomen der "Angst vor Besitz- oder Machtverlust", welches sich negativ auf die Bereitschaft, anderen Handlungsspielräume zu verschaffen, auswirkt.[1344] „Dieses Beharren auf dem Hergebrachten, die schiere Unfähigkeit, sich – wenn auch unter Schmerzen – vom Unrentablen zu trennen und auf neue Entwicklungen zu setzen, ist möglicherweise einer der verhängnisvollsten Wesenszüge der Deutschen. Dies zeigt sich nicht nur auf dem Feld der staatlichen Subventionen, sondern überall dort, wo es darum geht, Strukturen zu verändern."[1345]

Offensichtlich erzielt das Märchen "Hans im Glück" der Gebrüder Grimm bei den Deutschen keine nachhaltige Wirkung mehr.[1346] Denn die Moral der Geschichte liegt eben in der durch Besitzaufgabe gewonnenen Freiheit und Herzensleichtigkeit, mit der Hans schließlich wieder zu seiner Mutter zurückkehrt, nachdem er einen Goldklumpen gegen ein Pferd, dieses gegen eine Kuh, die Kuh gegen ein Schwein, dieses gegen eine Gans und die Gans gegen einen Wetzstein getauscht hatte, der ihm zuguter Letzt in den Brunnen gefallen war. Dabei steht nicht etwa die Lust an der Armut im Vordergrund, sondern vielmehr die Kunst des Loslassenkönnens.[1347]

Gleichzeitig bewirkt die deutsche Ordnungsliebe jedoch die Neigung, einer Sache auf den Grund gehen zu wollen, was sich auch als nationalkulturelle Eigenschaft bezeichnen läßt ("Volk der Dichter und Denker").[1348] Dieses Durchdenkenwollen, der Drang nach Tiefe, führt zu Unruhe und damit unter Umständen auch zu besonderen wissenschaftlichen Leistungen bzw. zu Neuerungen.[1349] Und mit Blick auf die Vergangenheit zeigt sich auch, daß gerade dieses konfliktbeladene Aufeinandertreffen, dieses „Ineinander von Kontinuität und Diskontinuität"[1350] sowie der Spannung von Extrovertiertheit und Introvertiertheit als typisch deutsch bezeichnet werden kann. So schreiben denn auch Zeidenitz/Barkow etwas pointiert: „In jedem Deutschen steckt ein wenig vom wildmähnigen Beethoven, der durch die Wälder streift und über einen Sonnenuntergang im Gebirge in Tränen ausbricht, darum ringend, das Unausdrückbare auszudrücken."[1351]

---

[1344] Vgl. z.B. Süssmuth-Dyckerhoff 1995, S. 203f., Wörl 1997, S. 195ff., Häußer 1994, S. 48f.

[1345] Maier-Mannhart 1996, S. 1. Vgl. auch Noelle-Neumann/Köcher 1993, S. 59: Im Februar äußerten zwar 61 %, es sei typisch für die heutige Zeit, daß die Menschen unruhig sind und Veränderungen wollen. Aber nur 23 % finden diese Gegenwartstendenz auch gut.

[1346] Die Gebrüder Grimm, die als Liberale an der Revolution von 1848/1849 beteiligt waren, haben den wohl bedeutendsten Beitrag zur Herausbildung einer spezifischen deutschen Mythologie geleistet und dabei auch zur Bildung der Sprache eine wesentliche Grundlage beigesteuert, denn „Grimms Märchen werden von jedermann gelesen" (Martin Walser). Geleitet von der Annahme, daß die germanischen Vorfahren keineswegs primitive Völker waren, bemühten sie sich um ein Anknüpfen an alten germanischen Traditionen und Mythen, wobei sie allerdings auch Elemente aus anderen Kulturkreisen übernahmen. Vgl. hierzu die Stellungnahme von Hermann Bausinger (in: Watson 1993, S. 127).

[1347] Vgl. Wörl 1997, S. 280.

[1348] Vgl. z.B. Watson 1993, S. 123ff.

[1349] Vgl. z.B. Noelle-Neumann 1986, S. 463, Kaiser 1997, S. 13.

[1350] Pross 1982, S. 134.

[1351] Zeidenitz/Barkow 1997, S. 13.

Unsicherheit, Instabilität, unvorhergesehene Eingriffe in das persönliche Leben durch Kriege, Eigentumsverlust, Arbeitslosigkeit, Vertreibung, Wechsel der politischen Systeme sind als eine Art Urerfahrung heute noch im Bewußtsein vieler Deutscher der älteren Generationen verankert.[1352] In Verbindung mit einem Besitzstandsdenken, Bequemlichkeit sowie Hang zum Pessimismus sind daher vielerorts eine geringe Risikoneigung und eine generelle Innovationsscheu der Deutschen zu beklagen.[1353] Aufgrund der erreichten Lebenszufriedenheit scheint ein Leidensdruck, der zu entschlossenem, mutigen Handeln führen könnte, nicht gegeben.[1354] Vielmehr hat sich ein selbstverstärkender Kreislauf des *Jammerns* entwickelt. Ein Hypochonder klagt und jammert solange, bis er eine mitleidige Bemerkung über die Symptome erhält. Dieses Antwortverhalten (Mitleid) wird dadurch verstärkt, daß der aversive Reiz (Jammern) vorübergehend aufhört. Gleichzeitig wird aber der Hypochonder in seinem Jammern bekräftigt. Auf diese Weise findet eine reziproke Verstärkung dieses hypochondrischen Verhaltens und des Reaktionsverhaltens des Partners statt. Ein Großteil abweichender Verhaltensweisen, insbesondere auch diejenigen, die das Unternehmertum blockieren, ist durch solche irrationale Verstärkungsgewohnheiten zu erklären.[1355]

Insbesondere in Ostdeutschland herrscht gegenwärtig eine weitverbreitete Angst bzw. Unsicherheit gegenüber dem neugewonnenen Freiraum des bundesrepublikanischen Wirtschaftssystems, wodurch sich hemmende Wirkungen auf unternehmerisches Denken und Handeln entfalten. „Freiheit will genutzt sein, sie fordert Entscheidung und Verantwortung."[1356] Mit dieser geforderten Selbständigkeit sind viele Menschen in Ostdeutschland aufgrund ihrer kulturellen Erfahrungen überfordert.[1357] Zudem haben die vielen erfolglosen unternehmerischen Startversuche in den neuen Bundesländern bei den Menschen Resignation und Entmutigung bezüglich wagnisreicher Investitionen hinterlassen.

### Individualisierung

Im Zuge der Individualisierung bzw. der Pluralisierung der Lebensstile könnte es zu einer Verstärkung der traditionell ohnehin starken Sicherheitsbedürfnisse kommen. Die steigenden Anforderungen an Bildung, Mobilität und Umstellungsbereitschaft führen zu einem steigenden Individualisierungsdruck, der nicht mehr in gewohntem Maße über die traditionellen sicherheit- und rückhaltgebenden Systeme der Familie, Gemeinde oder Kirche abgefangen wird.[1358] Für eine Steigerung der Sicherheitsbedürfnisse spricht die bekannte psychologische Frustrationshypothese, wonach ein Bedürfnis, welches in geringerem Maße befriedigt wird,

---

[1352] Vgl. Pross 1982, S. 100ff. Diese Erfahrungen werden auch nach über 50 Jahren Stabilität nicht gelöscht, zumal die aktuelle Krise wieder immense Unsicherheiten produziert und neuen Nährboden geschaffen hat; dieses Bedürfnis nach Sicherheit zeigt deutlich eine Kontinuität, die im Einklang steht mit den lebendig gebliebenen Wünschen nach Vorhersehbarkeit, Berechenbarkeit, Ordnung und Stabilität.

[1353] Vgl. Scheuten 1994, S. 104, Wahl 1994, S. 119f., Süssmuth-Dyckerhoff 1995, S. 237, Bretz 1988, S. 343.

[1354] Vgl. Noelle-Neumann/Köcher 1993, S. 24: 1991 waren 60% der Befragten (alte Länder) bzw. 29% (neue Länder) mit ihrem jetzigen Leben zufrieden. Die Oberschicht (⇨Führungskräfte) in den alten Ländern war sogar zu 69 % zufrieden.

[1355] Vgl. Patterson 1969, S. 341ff., Piontkowski 1982, S. 70.

[1356] Vgl. Maaz 1991, S. 32.

[1357] Vgl. Birnbaum/Kornbichler 1994, S. 231ff.

[1358] Vgl. Groser 1990, S. 337f.

an Bedeutung zunimmt. Vor diesem Hintergrund steigen möglicherweise die Erwartungen und Ansprüche an die staatlichen und betrieblichen sozialen Sicherungssysteme.

Gerade auch diffuse Zukunftsängste, die sich in Zusammenhang mit der wirtschaftlichen, aber auch der sozialpolitischen und ökologischen Entwicklung ergeben,[1359] können sich in Resignation und Selbstmitleid niederschlagen und sich dann als lähmend und kontraproduktiv für unternehmerisches Denken und Handeln erweisen. Die Zukunftsangst kann als ein typisches Phänomen individualistischer werdender Kulturen angesehen werden, welches sich infolge des Verlusts der Gemeinschaftsgefühle verstärkt auch in der bundesrepublikanischen Gesellschaft herausbildet.[1360] Auf der anderen Seite ist jedoch auch unstrittig, daß individualistische Kulturen im Verhältnis zu kollektivistischen einen größeren Freiraum für "innovative Querdenker" bereitstellen.

Die Ergebnisse des Wertewandels machen deutlich, daß sich das individuelle Streben nach Selbstverwirklichung, Entscheidungsfreiheit und Autonomie in Gestaltungsfragen der Arbeitsstruktur auch weiterhin als Tendenz in der deutschen Gesellschaft erkennen läßt. Von daher kann in Bezug auf die personelle Ausstattung des Unternehmens gegenwärtig konstatiert und für die weitere Entwicklung prognostiziert werden: „Jene Unternehmen, welche die förderlichste Umgebung für *persönliches* (Herv. d. V.) Wachstum schaffen, werden die talentiertesten Menschen anziehen."[1361] Das gilt in besonderem Maße für Persönlichkeiten, die als Intrapreneure gelten können.

### *Ängste der Risikogesellschaft*

Die Kernthese, die der Soziologe Ulrich Beck 1986 in seiner Arbeit "Risikogesellschaft" aufstellt, besagt, daß die heutige bundesrepublikanische Gesellschaft in stärkerem Maße als früher durch kollektive, existentielle Gefährdungen der Moderne in Form der Kernkraft, der Großchemie und der Umweltzerstörung gekennzeichnet ist und sich zunehmend in einer Situation einer "neuen Unübersichtlichkeit"[1362] befindet. Entscheidungen unter Sicherheit sind in der heutigen Zeit zugunsten von Entscheidungen unter Unsicherheit verdrängt worden.[1363] Gerade auch in wirtschaftlicher Hinsicht führen kürzere Produktlebenszyklen, drastisch sinkende Halbwertszeiten des Wissens, verstärkte Aktivitäten auf internationaler, meist also unbekannter Ebene usw. zu unsicheren Unternehmensentscheidungen und Risikozwang. Aufgrund der zahlreichen anderen, unausweichlichen Risiken, denen man zwangsläufig ausge-

---

[1359] Vgl. Noelle-Neumann/Köcher 1993, S. 13: Nur 32% (alte Länder) bzw. 20% (neue Länder) stimmten im März 1992 der Behauptung zu, sie seien "sehr glücklich". Im März 1992 erklärten nur 31%, daß sie in einer "glücklichen Zeit leben". Bemerkenswert ist die Entwicklung bezüglich dieser Haltung: Während 1969 noch 58% einer glücklichen Zeit zustimmten, ist bis heute eine abnehmende Tendenz zu beobachten (Vgl. ebenda, S. 25). Die Zukunftsangst ist eng verbunden mit dem stark ausgeprägten Sicherheitsbedürfnis der Deutschen: 1991 waren Sicherheit und Geborgenheit für die Deutschen das Erstrebenswerteste im Leben (70% alte Länder) bzw. 76% (neue Länder) vgl. ebenda, S. 38). Vgl. zudem Umfragen und Analysen des emnid-Instituts, insbes. Nr. 9/10, 1993, Zeidenitz/Barkow 1997, S. 10. Gerade auch das ökologische Risiko des Waldsterbens hat die Deutschen mehr als andere Nationen aufgeschreckt. Von jeher wird den Deutschen eine eigentümliche Beziehung zum Wald nachgesagt, so daß die Krise des deutschen Waldes auch eine Krise der deutschen Seele ist (Vgl. Zeidenitz/Barkow 1997, S. 30f.).

[1360] Vgl. Miegel/Wahl 1993, S. 65, Helwig 1994, S. 225ff., Zeidenitz/Barkow 1997, S. 10.

[1361] Naisbitt/Aburdene 1985, S. 72.

[1362] Habermas 1985. Vgl. auch Bonß 1995.

[1363] Vgl. Beck 1986.

setzt ist, ist man bestrebt, die vermeidbaren wirtschaftlichen Risiken zu umgehen. Dieser Meinung ist auch der Göttinger Soziologe Horst Kern: „Jede grundsätzliche Innovation setzt voraus, daß die Facharbeiter, die Ingenieure, die Marketingleute bereit sind, voll ins Risiko zu gehen und ihre Kreativität und ihr Know-how in den Prozeß der Entwicklung, Durchsetzung und Vermarktung von Innovationen einzubringen. Diese Bereitschaft nimmt natürlich in einem Umfeld ab, in dem nur Unsicherheit besteht. Folglich steigen die Risikoaversionen."[1364]

Eine alternative kulturelle Erklärung für die steigende Unsicherheit und das Streben nach wirtschaftlicher Risikovermeidung liefert Schulze mit seiner Charakterisierung Deutschlands als Erlebnisgesellschaft. Ein typisches Phänomen der Erlebnisorientierung besteht in dem damit verbundenen Risiko einer Enttäuschung. Durch eine oftmals mangelnde Konkretisierung der Erlebniswünsche kommt es zu (zum Teil unbewußter) Rat- und Orientierungslosigkeit, die sich vor allem in Unsicherheit äußert. Eine Konkretisierung birgt jedoch in steigendem Maße eine Verschärfung des Enttäuschungsrisikos, was sich als "Dilemma einer unglücklichen Gesellschaft" beschreiben läßt.[1365]

### *Familie und Schule*

Die Qualität der Befähigung zu unternehmerischem Denken und Handeln wird entscheidend durch die frühen prägenden Faktoren familiärer Erziehung sowie schulischer Ausbildung mitbestimmt. Beide spielen eine zentrale Rolle hinsichtlich der Entwicklung des selbständigen Denkens und Handelns sowie der Nutzung von Freiheiten. Inwieweit werden die Deutschen befähigt, unternehmerisch zu denken und zu handeln bzw. "Opportunities" wahrzunehmen?

Die Soziologin Helge Pross sieht im Wert "Selbständigkeit" den zentralen Grundsatzgedanken der gegenwärtigen deutschen Erziehung. Ziel ist der angstfreie, unabhängige und expansive Bürger, der sich durch Konkurrenz- und Urteilsfähigkeit, Selbstvertrauen, Kritikfähigkeit zu behaupten weiß. Hierin spiegelt sich die Diskontinuität im Bereich der Erziehungsziele wider, die sich z.B. durch die Verabschiedung der Lebensweisheit "Gebeugt, gebeugt mit dem Hut in der Hand, kommt man getrost durch das ganze Land" als ein Grundsatzgedanke obrigkeitsstaatlicher Tradition ausdrückt. Kontinuität ist weiterhin in den Punkten Kompetenz oder Tüchtigkeit festzustellen. Die Betonung der Selbständigkeit erweist sich nach Pross jedoch als kein typisch deutsches Phänomen, denn in nahezu allen westlichen Gesellschaften, insbesondere der US-amerikanischen, spielt das Gehorsamkeitsideal nicht mehr die dominierende Rolle wie früher.[1366]

Empirische Umfragen zu den Erziehungszielen der Eltern zeigen deutlich die Spuren des Wertewandels der deutschen Gesellschaft.[1367] So erscheinen als besonders auffallend die deutlichen Bedeutungssteigerungen der Erziehungsziele "Andersdenkende achten, tolerant sein", "sich durchsetzen, sich nicht so leicht unterkriegen lassen" und "Menschenkenntnis, sich die richtigen Freunde und Freundinnen aussuchen", aber auch die deutlichen Abnahmen der Ziele

---

[1364] Kern 1995, S. 13f.

[1365] Vgl. Schulze 1992, S. 14, 60ff.

[1366] Vgl. Pross 1982, S. 84ff.

[1367] Vgl. insbesondere Klages 1993, S. 1ff., Gensicke 1996, S. 3ff.

"sparsam mit Geld umgehen" und "sich in eine Ordnung einfügen, sich anpassen". Diese Tendenzen können letztlich als Ausdruck der zunehmenden Betonung von Selbständigkeit, Selbstentfaltung, Individualität, aber auch gegenseitigem Respekt gesehen werden. Folgende Tabelle enthält die Antworten in Prozentangaben auf die Frage: "Wir haben einmal eine Liste zusammengestellt mit den verschiedenen Forderungen, was man Kindern für ihr späteres Leben alles mit auf den Weg geben soll, was Kinder im Elternhaus lernen sollen. Was davon halten Sie für besonders wichtig?"

| | Alte Länder | | | | Neue Länder |
|---|---|---|---|---|---|
| | Okt. 1967 | Dez. 1977 | Nov. 1988 | Jul. 1991 | Jul. 1991 |
| Höflichkeit und gutes Benehmen | 85 | 76 | 76 | 79 | 88 |
| Die Arbeit ordentlich und gewissenhaft tun | 76 | 70 | 69 | 74 | 86 |
| Andersdenkende achten, tolerant sein | 59 | 64 | 64 | 72 | 72 |
| Sich durchsetzen, nicht so leicht unterkriegen lassen | 59 | 68 | 71 | 72 | 77 |
| Menschenkenntnis, sich die richtigen Freunde aussuchen | 53 | 60 | 59 | 64 | 61 |
| Sparsam mit Geld umgehen | 75 | 65 | 58 | 58 | 76 |
| Sich in eine Ordnung einfügen, sich anpassen | 61 | 51 | 42 | 34 | 39 |

Tab. 15: Entwicklung von Erziehungszielen

Quelle: Noelle-Neumann/Köcher 1993, S. 100

Zentrale Charaktereigenschaften für unternehmerisches Denken und Handeln sind zweifellos Initiativkraft, Selbstvertrauen und Zuversicht bzw. Optimismus. Die Autoren zum Konzept des Intrapreneurship verweisen bereits einhellig darauf, daß diese Eigenschaften nur bei einem relativ geringen Bevölkerungsanteil vorzufinden sind. Dies bestätigt auch ein Blick in die Befunde der deutschen Umfrageforschung. So bestätigte beispielsweise eine Befragung des emnid-Institutes im Juli 1987 die abnehmende Tendenz, dem Motto zu folgen "Jeder ist seines Glückes Schmied". Während immerhin 62% im Jahr 1963, 62% im Jahr 1975 und 61% im Jahr 1980 dem Motto folgten, glaubten daran 1987 nur noch 49% der Befragten.[1368] Im März 1992 bezeichneten sich zwar 57% (alte Länder) bzw. 54% (neue Länder) selbst als Optimisten, als ausdrückliche Pessimisten nur jeweils 7%.[1369] Dies ist jedoch in Bezug auf konkrete Situationen zu relativieren: Im Dezember 1991 erklärten 46% der Befragten, daß sie einer neuen schwierigen Aufgabe meistens zuversichtlich gegenübertreten.[1370] Im September 1989 jedoch dachten 64% bei einer "dringenden Nachricht" an eine schlechte Nachricht, nur 12% an eine gute.[1371]

---

[1368] Vgl. emnid: Umfrage und Analyse 9/10, 1993, S. 15.

[1369] Vgl. emnid: Umfrage und Analyse 9/10, 1993, S. 24.

[1370] Vgl. emnid: Umfrage und Analyse 9/10, 1993, S. 47.

[1371] Vgl. emnid: Umfrage und Analyse 9/10, 1993, S. 48.

Jedoch stellen die Greiffenhagens fest: Der Glaube an den eigenen Einfluß, an den Erfolg eigener Aktionen ist in Deutschland weitverbreitet. In den Ergebnissen der Meinungsforschung erweist sich der Bildungsgrad der Befragten als entscheidende Moderatorvariable: Je besser jemand ausgebildet ist, desto größer ist seine Überzeugung, selbst Einfluß zu nehmen.[1372]

Das hehre deutsche *Erziehungsziel* in Gestalt des selbständigen, "mündigen Bürgers" geht zwar in die Richtung unternehmerischen Denkens, jedoch scheinen die Instrumente faktisch nur sehr bedingt zu diesem Ziel zu führen. Inwieweit wird durch das heutige Schul- und Hochschulsystem die Selbständigkeit junger Menschen hierzulande gefördert, inwieweit werden junge Menschen auf die unternehmerische Selbständigkeit vorbereitet?

Bezogen auf die Konzeption einer antiautoritären Erziehung zog Beate Scheffler, Landtagsabgeordnete der Grünen aus Nordrhein-Westfalen, ein bemerkenswertes Fazit: „Wir haben unser Erziehungsziel nicht erreicht. Statt der mündigen, sozial und ökologisch engagierten, politisch hochmotivierten Jugend hat unsere Erziehung eine Spezies hervorgebracht, die zum überwiegenden Teil egozentrisch, konsumorientiert und im schlimmsten Falle gewalttätig und fremdenfeindlich ist."[1373]

Das zentrale gegenwärtige Problem des deutschen Bildungssystems beschreibt denn auch Beck mit der „folgenschweren Hypothek einer grandiosen Fehlqualifizierung" und meint dabei die sich weiter öffnende Schere zwischen den vom Arbeitsmarkt verlangten Qualifikationserfordernissen und den vom Bildungssystem produzierten Qualifikationen, die im Ergebnis Requalifizierungen zur Beschäftigungsmöglichkeit notwendig machen.[1374] Qualifikationsinadäquate Tätigkeiten, sinkende Halbwertszeit des erworbenen Wissens und enttäuschte Erwartungen der Jugendlichen belegen einen Reformbedarf des Bildungssystems.

Betrachtet man die Erziehungs- bzw. Bildungsziele der Schulen einmal genauer, so stellt man auf der anderen Seite aber auch fest, daß vielfach Kompetenzen entwickelt werden, die in bislang unzureichender Weise betrieblich genutzt werden. Wie wichtig die Bildungsziele für den Betrieb werden können, verdeutlicht z.B. die überragende Bedeutung der Fremdsprache Russisch in den neuen Bundesländern. So äußerten in einer Umfrage im Juni 1990 immerhin 30% der Befragten, daß sie Russischkenntnisse besitzen, d.h. nahezu genausoviel wie Englischkenntnisse.[1375] Erklärbar ist dies natürlich durch die enge Anbindung der ehemaligen DDR an die ehemalige Sowjetunion. Ein solches kulturelles Erbe bietet ein erhebliches Potential an Wissen bzw. an Qualifikation, das vom Personalmanagement erkannt und in übergeordneten Unternehmensstrategien – denkt man einmal an die Internationalisierungsbestrebungen mit Blick auf die osteuropäischen Länder - berücksichtigt werden könnte.

### Ethische Grundlage
In der Gegenwart finden sich nur wenig Anzeichen für eine Verinnerlichung des Subsidiaritätsprinzips, d.h. der erkennbaren Bereitschaft zur grundsätzlichen Eigenverantwortung, die

---

[1372] Vgl. Greiffenhagen/Greiffenhagen 1993a, S. 108f.

[1373] Scheffler 1993, in: Der Spiegel, vom 25. Januar 1993, S. 41, zit. nach Langguth 1995, S. 52.

[1374] Vgl. Beck 1986, S. 237ff., insbes. S. 241.

[1375] Vgl. Noelle-Neumann/Köcher 1993, S. 171.

nur soweit nötig auf kollektive Verantwortung zurückgreift. Stattdessen ist das Denken und Handeln weitgehend von dem Versuch geleitet, das System bzw. dessen Schwächen zum persönlichen Vorteil auszunutzen. Insoweit ist dann auch ein gewisser "Arbeitseifer" zu beobachten. Unternehmertum erfordert jedoch vor allem einen Arbeitseifer, der sich auf die Generierung von herausfordernden Aufgaben richtet, die primär nicht dem persönlichen Wohl dienen, sondern sich auf die Befriedigung von Kundenwünschen richten, letztlich also einen Beitrag für die Gemeinschaft leisten.

In vielen Befunden wird deutlich, daß die Grundgedanken der individuellen Entfaltung zu einem Spannungsverhältnis zwischen den Interessen des Einzelnen und der Gruppe geführt haben. Individuelle Ziele bzw. persönliche Entfaltung wird nicht mit und für die Gesellschaft erreicht, sondern primär gegen diese durchgesetzt. Es besteht ein signifikanter Zusammenhang zwischen einem geringen Nationalstolz und einer Abneigung gegenüber den persönlichen Freiraum beschränkenden Bindungen und Normen sowie dem geringen Vertrauen in politische Institutionen. So wurden Werte wie Höflichkeit, Treue, Loyalität, Sparsamkeit zunehmend von Werten wie Unabhängigkeit und Selbständigkeit abgelöst. Vor diesem Hintergrund erhält der Wert "Toleranz" eine zentrale, lebensnotwendige Bedeutung.[1376] Ein unternehmerisches Handeln verlangt freilich die Werte der Unabhängigkeit und der Selbständigkeit; ein völliges Fehlen von außenorientierten Werten, die sich auf das Wohlergehen der anderen beziehen, bildet jedoch kaum eine erfolgversprechende Grundlage unternehmerischen Handelns. Ein Beleg hierfür könnte die geringe Servicementalität der Deutschen sein.

### Servicementalität der Deutschen

Ein bedeutender Aspekt hinsichtlich dieses Kulturfeldes ist die in Deutschland oftmals beklagte, fehlende Servicementalität bzw. Kundennähe.[1377] Unternehmerisches und innovatives Denken und Handeln kann heute nicht mehr losgelöst von einer konsequenten Kundenorientierung praktiziert werden.

Kritisiert wird, daß die Deutschen ein bedürfnisorientiertes Kundendienstdenken nicht konsequent umsetzen, wie es etwa in den USA praktiziert wird. Man reagiert in zu geringem Maße und oftmals zu langsam auf Kundenwünsche. Zudem wird es vielfach als anmaßend empfunden, einfache Dienste anzubieten bzw. als entwürdigend empfunden, diese anzunehmen.[1378] Als Gründe hierfür werden Bequemlichkeit,[1379] Trägheit und fehlende Orientierung durch das Management genannt. Ein Grund für die mangelnde Kundenorientierung liegt sicherlich auch in einer den Deutschen vielfach zugeschriebenen, gering ausgeprägten Empathiefähigkeit, die oftmals eine offene Kommunikation mit den Kunden und damit ein Eruieren der wirklichen Kundenbedürfnisse verhindert.

Zudem verzögern die langen und aufwendigen Planungen als Ausdruck deutscher Gründlichkeit, welche häufig in "Pingeligkeit" ausartet, die Befriedigung von Kundenwünschen und

---

[1376] Vgl. Wassermann 1994, S. 38f., Noelle-Neumann 1987, S. 33.

[1377] Vgl. Frey 1997, S. VI/1. Sommerhoff 1997, S. 57, Bergmann 1997, S. VI/1.

[1378] Vgl. Eidenmüller 1996, S. 1.

[1379] Vgl. zur Bequemlichkeit der Deutschen z.B. Wahl (1994, S. 115ff.).

insbesondere Innovationsprozesse erheblich.[1380] Dabei ist insgesamt auch eine aus der Neigung zu Unsicherheitsvermeidung resultierende Langfristorientierung der Deutschen spürbar,[1381] deren relative Erfolge der Vergangenheit gegenüber Kurzfristbetrachtungen in einer gegenwärtig und zukünftig turbulenter werdenden Umwelt in Frage gestellt werden.[1382] Dieses auf einer Vorsichts- und Fehlervermeidungshaltung basierende Langzeitdenken führt zu konservativer Inflexibilität.[1383] Jedoch stellt sich die Frage, ob die Deutschen durch diese Langfristorientierung mit US-amerikanischen Management-Konzepten zurechtkommen können. So sind doch gerade die populären Steuerungs-Konzepte des Shareholder-Value oder auch der Balanced-Score-Card auf kurzfristige Größen ausgerichtet.[1384] Gegen eine völlige Ausrichtung auf ein kurzfristiges Denken spricht vor allem die Erfahrung, „daß auch der Markt zuweilen versagen kann. Er neigt dazu, daß langfristig Entscheidende zu unterschätzen, bringt Anpassungen mit sich, die durch ihr unvermitteltes Auftreten die einzelnen sozialen Gruppen sehr unterschiedlich treffen, und leistet spontanen Konzentrationserscheinungen Vorschub, die Ursache für ein Entwicklungs- und Wohlstandsgefälle zwischen einzelnen Regionen und Städten sind."[1385]

Die wirtschaftlichen Erfolge der Deutschen in der Vergangenheit lagen denn auch v.a. in technologie- und planungsintensiven Bereichen. Die von Wirtschaftsunternehmen, aber auch von Universitäten geleisteten technologischen Innovationen der Vergangenheit waren keineswegs durchgängig von einer Ausrichtung auf die Bedürfnisse des Marktes gekennzeichnet.[1386] Jedoch scheint die den Deutschen nachgesagte Technikverliebtheit nicht länger ohne eine konsequentere Kundenorientierung für wirtschaftliche Erfolge garantieren zu können. Die Deutschen unterliegen in gewissem Maße einem Realitätsverlust aufgrund langjähriger Erfolge: „Der sicherste Weg ins Desaster sind lange Jahre voll goldener Erfolge" (Warren Bennis).[1387] Der Trägheit bewirkende Wohlstand erweist sich so als anhaltende Innovationsbremse, und es bewahrheitet sich nur allzu deutlich das Sprichwort: *"Not macht erfinderisch!"*[1388]

Ein weiteres Problem stellt die typisch deutsche Orientierung an einer synoptischen Vorgehensweise im Rahmen des Innovationsmanagements dar, die zudem von dem Anspruch einer

---

[1380] So beklagte etwa der Bundesforschungsminister Rüttgers auf der Bundesdelegiertenversammlung der Senioren-Union in Heidelberg die in Deutschland entwickelte - so Rüttgers wörtlich - "Nörgelkultur", die alles Neue negativ einschätze (SZ vom 7.10.1996, S. 4). In gleicher Weise sprach Herzog in seiner Berliner Rede die deutsche Regulierungswut an: „Wer Initiative zeigt, wer vor allem neue Wege gehen will, droht unter einem Wust von wohlmeinenden Vorschriften zu ersticken. Um deutsche Regulierungswut kennenzulernen, reicht schon der Versuch, ein simples Einfamilienhaus zu bauen... Und dieser Bürokratismus trifft nicht nur die kleinen Häuslebauer. Er trifft auch die großen und kleinen Unternehmer und er trifft ganz besonders den, der aus der verwegene Idee kommt, in Deutschland ein Unternehmen zu gründen." (Herzog 1997a). Vgl. auch Wörl 1997, S. 71ff.

[1381] Vgl. Hofstede 1993, S. 129ff., Hasenkamp/Lee 1993, S. 283.

[1382] Vgl. z.B. Mole 1995, S. 42f.

[1383] Vgl. Hasenkamp/Lee 1993, S. 283.

[1384] Vgl. Rappaport 1986, 1995, Kaplan/Norton 1993, S. 134ff., 1994, S. 96ff.

[1385] Weißbuch der Kommission der Europäischen Gemeinschaft: Wachstum, Wettbewerbsfähigkeit, Beschäftigung. Beilage 6/1993, zit. nach Zander 1995, S. 124f.

[1386] Vgl. zu einer gegensätzlichen Einschätzung: Watson 1993, S. 173ff.

[1387] zit. nach Scheuten 1994, S. 102ff.

[1388] Vgl. Häußer 1994, S. 46ff.

"big bang innovation" gekennzeichnet ist.[1389] Eine inkrementale Sichtweise im Rahmen von Innovationsprozessen findet sich erst in jüngerer Zeit, insbesondere durch die Reflektion verschiedener japanischer Konzeptionen, die Verbesserungen in kleinen Schritten als Weg zum Erfolg postulieren ("Kaizen"). Aufgrund der hiermit verbundenen völlig anderen Denkstruktur zeigen sich dann freilich konsequenterweise erhebliche mentale Barrieren, die nur allmählich überwunden werden können.[1390] Dies steht in engem Zusammenhang mit dem Risikoverhalten am Arbeitsplatz.

*Risikoverhalten am Arbeitsplatz*
Hinsichtlich des Empfindens von Entscheidungsspielräumen in der Arbeit zeigen empirische Befunde deutliche Unterschiede innerhalb der Befragten.[1391] Auffallend hierbei ist der enge Zusammenhang mit dem Wohlbefinden am Arbeitsplatz bzw. der Arbeitszufriedenheit. Berufstätige mit einem hohen Maß an subjektivem Freiheitsgefühl waren auch mit ihrer Arbeit zufriedener und bekundeten, daß ein Leben ohne Arbeit nicht schön sei. Vor diesem Hintergrund kommt denn auch Noelle-Neumann zu dem Schluß: „Sozialpolitik muß Phantasie entwickeln, wie für Menschen in allen Lebensbereichen mehr Freiraum für persönliche Entscheidungen gewonnen werden kann. Die Vorstellung, nur Eliten wüßten Freiheit zu schätzen, ist aufzugeben. Menschen aller sozialen Schichten empfinden Möglichkeiten persönlicher Mitwirkung oder Entscheidung als Selbstverwirklichung, als Stärkung, als Lebensqualität."[1392]

Aus der Sicht des Mitarbeiters ist das gegenwärtige Berufsleben in zunehmendem Maße von unsicheren Entscheidungen geprägt: hohe Arbeitslosigkeit, steigende Insolvenzen etc. sorgen für eine überaus gespannte Arbeitsmarktsituation, die auch in absehbarer Zeit keiner entscheidenden Besserung entgegenblickt. So ist bereits die Berufsausbildung zu einem Va-Banque-Spiel geworden, da eine anschließende entsprechende Beschäftigung oft nicht angenommen werden kann. Neben diese ökonomischen Wirrungen treten gesellschaftliche und technologische Umbrüche, die getragen von einem immer noch anhaltenden Wertewandel, Unsicherheiten in allen Lebensbereichen schaffen.[1393]

Daher erscheint das Bestreben nach möglicher Ausschaltung kontrollierbarer Risiken verständlich. Neben den vielfältigen ökologischen, technologischen und gesellschaftlichen Risiken, denen man mehr oder weniger machtlos ausgeliefert ist, läßt sich ein mit unternehmerischem Handeln verbundenes wirtschaftliches Risiko nur allzu leicht durch schlichte Passivität oder Bequemlichkeit vermeiden. Verstärkt wird diese Tendenz durch die bestehenden Anreizsysteme, die unternehmerisches Risiko und aktive Arbeitshaltung bislang in zu geringem

---

[1389] Vgl. Bitzer 1991, S. 13f.

[1390] Vgl. Imai 1992, Fischer/Schwarzer 1992, S. 242ff., Simon 1993, S. 134ff., Volk 1993, S. 116ff.

[1391] Eine Umfrage im Jahre 1990 zur Frage nach dem Entscheidungsspielraum in der Arbeit zeigte: 17% fühlen sich völlig frei, 33% ziemlich frei, 26% mittel, 17% nicht so frei und 7% überhaupt nicht frei (Vgl. Noelle-Neumann/Köcher 1993, S. 843, 856).

[1392] Noelle-Neumann 1978, S. 67.

[1393] Vgl. z.B. Helwig (1994, S. 225ff., 1995, S. 225ff.), die die Mißstände der gegenwärtigen Lehrstellensituation darlegt und auf die damit verbundenen Unsicherheiten junger Menschen hinweist.

Maße belohnen. Erst in jüngerer Zeit wird über Formen der Erfolgs- und Kapitalbeteiligung versucht, dieser Fehlentwicklung gegenzusteuern.[1394]

### Selbst- und Fremdbild

Die Deutschen gelten auch heute noch als ein überaus arbeitsames Volk. Der in diesem Zusammenhang oft zu findende Lehrsatz "Man lebt nicht, um zu arbeiten, sondern man arbeitet, um zu leben" erweist sich unter Betrachtung der Ergebnisse von Csikszentmihalyi zur Glücksforschung insofern als falsch, als daß die Unterstellung des Gegensatzes von Arbeit und Lebensfreude bzw. Glücksempfinden nicht haltbar ist.[1395]

Auf der einen Seite stehen eindeutige empirische Befunde, die dafür sprechen, daß die Deutschen eine besonders enge Verbundenheit mit ihrer Arbeit bzw. ihrem Beruf auszeichnet und sie in der Arbeit einen zentralen Bezugspunkt ihrer Identität erkennen. So antworteten 1990 auf die Frage, ob man sich ein Leben ohne Arbeit vorstellen könnte, 70% der Befragten, daß ein Leben ohne Arbeit nicht schön wäre, nur 19% hielten dies für den Idealzustand.[1396]

Jedoch bestätigen auf der anderen Seite Umfragen immer wieder die deutlichen hedonistischen Ausprägungen der Deutschen.[1397] Die Auffassung von Arbeit als eine um ihrer selbst willen wünschenswerte Tätigkeit tritt heute zurück. Arbeit wird eher als Instrument für außerhalb von ihr liegende Zwecke gesehen und steht im Dienst anderer Werte wie Selbstachtung, soziale Kontakte, Ansehen; das bedeutet jedoch nicht, daß Arbeit immateriell wertlos erscheint, denn "sichere Stellung, interessante, selbständige und verantwortungsvolle Tätigkeit" werden relativ wichtiger empfunden als Einkommen.[1398]

Dabei spricht die im Zuge des Wertewandels zu beobachtende Tendenz einer zunehmenden Sinnsuche in der Arbeit grundsätzlich für eine intensivere, bewußtere Auseinandersetzung mit der Arbeit und bildet von daher eine gute Grundlage für eine aktive Arbeitshaltung und ein Streben nach Verantwortung und Handlungsspielräumen. Die sinnerfüllte Arbeit spricht auch gegen eine nur auf Erwerbssicherheit und Status ausgerichtete Industrie- und Büroarbeit.[1399]

---

[1394] Hierzu wird ausführlicher in Kap. 5 eingegangen.

[1395] Vgl. Csikszentmihalyi 1995, Noelle-Neumann 1993c, S. 21.

[1396] Vgl. Noelle-Neumann/Köcher 1993, S. 833. Vgl. hierzu auch Wacker 1983, S. 170ff. Die Bedeutung des Berufs für das Individuum beschrieb auch Dahrendorf (1980, S. 751) recht treffend: „Der Beruf ist Mittelpunkt der sozialen Identität des Einzelnen. Das Leben ist in einem zentralen Sinn auf Berufsarbeit angelegt. ‚Wer bin ich?' kreist immer wieder um das, was einer beruflich tut. Und während die soziale Konstruktion sicher nicht alles ist, was zum menschlichen Leben zu sagen wäre, gibt diese doch ein Korsett menschlicher Möglichkeiten ab, aus dem die meisten gar nicht, und die geschicktesten nur mühsam ausbrechen können."

[1397] So sahen z.B. in einer Umfrage im Jahre 1992 42% (alte Bundesländer) bzw. 55% (neue Bundesländer) der Befragten das Leben als Aufgabe, die es zu bewältigen gilt (Leistungsorientierung), wogegen 37% bzw. 28% meinten, den Lebensgenuß als Primat des Handelns anzusehen (Hedonismus) (Vgl. Noelle-Neumann/Köcher 1993, S. 36). Eine stärkere Betonung der Freizeit kommt auch deutlich in den Antworten zur Frage nach der Wunscharbeitszeit der Deutschen zum Ausdruck, die im Oktober 1986 im Durchschnitt lediglich 29,8 Stunden wöchentlich betrug (Vgl. ebenda, S. 835). Dies bestätigt auch eine Umfrage von 1988 zur Frage nach der Einsatzbereitschaft: Nur noch 36% erklärten, daß sie sich ganz in ihrem Beruf einsetzen und oft mehr als das Verlangte tun. Im Gegenzug steigt der Anteil derer, die eher eine positivistische Arbeitshaltung einnehmen und den Beruf nicht für so wichtig halten (41%) (Vgl. Noelle-Neumann/Köcher 1993, S. 843).

[1398] Vgl. Pross 1982, S. 90ff.

[1399] Vgl. Beck 1986, S. 150f.

Betrachtet man die Bedürfnisse der Deutschen im Hinblick auf ihre Arbeit, so zeigen sich mit Blick auf die Anforderungen eines Unternehmertums im Unternehmen interessante empirische Ergebnisse. Auf die Aufforderung "Hier steht verschiedenes über die berufliche Arbeit. Suchen Sie bitte heraus, was Sie persönlich an einem Beruf für ganz besonders wichtig halten." antworteten die Befragten im Mai 1991 wie folgt (Angaben in Prozent):

| | Alte Länder | Neue Länder |
|---|---|---|
| Sicherer Arbeitsplatz | 85 | 92 |
| Nette Arbeitskollegen, Mitarbeiter | 84 | 88 |
| Anerkennung der eigenen Leistung | 79 | 80 |
| Abwechslungsreiche Tätigkeit | 74 | 76 |
| Eine gute Altersversorgung bekommen | 73 | 76 |
| Ein Beruf, der den eigenen Neigungen und Fähigkeiten entspricht | 65 | 67 |
| Gute Aufstiegsmöglichkeiten | 60 | 49 |
| Eine Arbeit, die mich ganz erfüllt | 59 | 69 |
| Hohes Einkommen | 58 | 74 |
| Viel Kontakt zu anderen Menschen | 57 | 59 |
| Ein Beruf, der Zukunft hat, Erfolg verspricht | 57 | 63 |
| Eine Arbeit, die mich herausfordert | 55 | 66 |
| Geregelte Arbeitszeit, wenig Überstunden | 54 | 52 |
| Große Entscheidungsfreiheit | 52 | 39 |
| Ein Beruf, bei dem es darauf ankommt, eigene Ideen zu haben | 47 | 53 |
| Aufgaben, die viel Verantwortungsbewußtsein erfordern | 46 | 47 |
| Seine Arbeit und Arbeitszeit selber einteilen können | 45 | 39 |
| Ein Beruf, der angesehen und geachtet ist | 43 | 50 |
| Viel Urlaub | 38 | 43 |
| Ein Beruf, bei dem man etwas Nützliches für die Allgemeinheit tun kann | 38 | 55 |
| Wenig Streß | 38 | 32 |
| Daß man Entscheidungen nie unter Zeitdruck treffen muß | 35 | 38 |
| Ein Beruf, bei dem man anderen helfen kann | 34 | 47 |
| Arbeit, für die sich auch die Familie interessiert | 28 | 35 |
| Möglichkeiten, andere Menschen zu führen | 26 | 25 |
| Tätigkeit, bei der man wenig riskieren muß | 17 | 18 |

Tab. 16: Berufliche Prioritäten der Deutschen
Quelle: Noelle-Neumann/Köcher 1993, S. 841

Sieht man von der außergewöhnlichen Problematik der derzeitigen Arbeitsmarktlage und der kritischen Rentensituation ab, so erkennt man, daß das zugrundeliegende Bedürfnisprofil mit den Anforderungen, die an einen Intrapreneur gestellt werden, insgesamt durchaus vereinbar zu sein scheint.[1400] Ließe sich dies weiterhin bestätigen, könnte von einer grundsätzlichen *Bereitschaft* zumindest vieler Deutscher zu Intrapreneurship ausgegangen werden.

## Rechtssystem

Unternehmerische Aktivitäten im Rahmen einer Neugründung oder auch einer Erweiterung erfordern eine finanzielle Alimentierung über Risikokapital. Hier wird der Rückstand Deutschlands im internationalen Vergleich, insbesondere zu den USA und Großbritannien, sehr deutlich. Für notwendige Innovationen oder die Erschließung neuer Märkte fehlt gerade jungen, kleineren Unternehmen das Kapital. Jedoch ist in dieser Hinsicht in den letzten Jahren eine Trendwende zu beobachten, was die prinzipielle Verfügbarkeit von Risikokapital betrifft. Einen wesentlichen Beitrag hierzu leistet die German Venture Capital Association e.V. (BVK), die als Zusammenschluß von rund 100 Kapitalgesellschaften mit etwa 85% Marktanteil 1997 knapp 7 Milliarden DM in 3460 kleine und mittlere Unternehmen investierte. Trotz einer diesbezüglich verbesserten Situation scheint das Problem der Inanspruchnahme von Wagniskapital noch nicht gelöst zu sein, denn das Problem "Gute Idee sucht Kapital" hat sich schlichtweg umgekehrt zu "Kapital sucht gute Idee", was vor allem auf den fehlenden Mut zu unternehmerischem Risiko hindeutet.[1401]

Die Börsennotierung als Aktiengesellschaft wäre ein alternativer denkbarer Lösungsweg zur finanziellen Alimentierung unternehmerischer Expansions- bzw. Innovationstätigkeiten, jedoch entwickelt sich im sicherheitsorientierten Deutschland eine risikobehaftete Aktienkultur erst ansatzweise.[1402] Neben einer vergleichsweise restriktiven Kreditpolitik der Banken beschränkt somit insbesondere das gegenwärtige *Aktiengesetz* die Beschaffungsmöglichkeiten von Wagniskapital.[1403] Die Innovationsschwäche vieler deutscher Unternehmen ist in erster Linie weniger auf einen grundsätzlichen Ideenmangel als vielmehr auf erhebliche bürokratische, rechtliche Barrieren im Rahmen einer möglichen Umsetzung zurückzuführen.

Gerade die in Deutschland im Vergleich zu anderen Demokratien erheblichen Eingriffe des Staates in die wirtschaftliche Entwicklung sind es freilich, die die (Veränderungs-)Kräfte der freien Marktwirtschaft einerseits zum Wohl der sozialen Ordnung begrenzen, andererseits jedoch unternehmerisches Handeln entscheidend beschränken (z.B. Kartellgesetz). Daher wird vor allem von Liberalen verstärkt der Ruf nach einer Neudefinition des Verhältnisses von Staat und Wirtschaft laut.[1404]

Gegen die Existenz einer Innovationskultur auf gesellschaftlicher Ebene mag auch sprechen, daß die Bundesrepublik im Hinblick auf die Entwicklung ihrer gesellschaftlichen Struktur nicht unbedingt als innovationsfreudig gelten kann. Obwohl die Bundesrepublik Deutschland

---

[1400] Dabei ist freilich einzuräumen, daß empirische Befunde, insbesondere zu Befragungen dieser Art, in ihrer Aussagekraft nicht überzubewerten sind (z.B. aufgrund der Antworten im Sinne der sozialen Erwünschtheit).

[1401] Vgl. hierzu die Artikel "Mit Risikokapital gehen Deutsche nicht mutig um" (SZ vom 3.8.1998, S. 18) und "An Risikokapital besteht kein Mangel" (SZ vom 16.7.1998, S. 18).

[1402] Vgl. z.B. Wörl 1997, S. 56f., Wiesheu 1996, S. V.

[1403] Vgl. Nathusius 1990, S. 25ff. Szyperski/Roth 1990. Vgl. zur Diskussion um die Macht der Banken, die sicherlich gleichzeitig auch einen Erfolgsfaktor der deutschen Wirtschaft darstellen z.B. Watson 1993, S. 176ff., Mole 1995, S. 41f.

[1404] Vgl. kritisch hierzu Dahrendorf 1987, S. 111ff., auch Mole 1995, S. 39f.

nach einhelliger Meinung zu den modernen Gesellschaften zählt, wird den Deutschen von verschiedenen Seiten oftmals das Attribut "unmodern" zugesprochen. Die Deutschen kennzeichnet in verschiedenen Umfragen eine ambivalente Grundhaltung gegenüber Einstellungen und Organisationen, die symbolisch die Moderne verkörpern.[1405] So sind hierzulande weder die Auflösung von Grundbausteinen traditioneller Gesellschaften, wie etwa in Gestalt der korporatistischen Institutionen (Innungen, Berufsverbände etc. als Relikte altmodischer Strukturen), noch das Prinzip des juristischen Universalismus Merkmale aktuellen Zeitgeschehens.[1406] Das in der heutigen Zeit so deutlich zu beobachtende Phänomen des Reformstaus mag als deutlichster Beleg dafür gelten, daß es den Deutschen gegenwärtig unendlich schwer fällt, sich auf Neuerungen und die damit verbundenen Risiken einzulassen.

Diese Einschätzungen zur deutschen Mentalität lassen sich denn auch in verschiedenen Manifestationen erkennen, die für den unterentwickelten Stand einer Innovationskultur in Deutschland sprechen:[1407]

-   Die Zahl der Lehrstühle für Innovationsmanagement an deutschen Hochschulen ist insbesondere gegenüber den USA (173) verschwindend gering.

-   Der Anteil neuer innovativer Produkte am Gesamtumsatz ist laut empirischen Untersuchungen seit 1971 laufend zurückgegangen. Dies gilt in verstärktem Maße für die bedeutenden Durchbruchsinnovationen.[1408]

-   Die Zahl der in Deutschland angemeldeten Patente ist seit mehr als zehn Jahren weitgehend stabil, im Gegensatz zu den erheblichen Zunahmen an Patentanmeldungen in Japan oder in den USA.[1409]

-   Die volkswirtschaftliche Investitionsquote ist im internationalen Vergleich nur durchschnittlich.[1410]

-   Das für Innovationen notwendige Risikokapital wird in deutlich geringerem Umfang als in anderen Ländern zur Verfügung gestellt bzw. in Anspruch genommen.

Zusammenfassend muß daher gegenwärtig von einem erheblichen Defizit an unternehmerischem und innovativem Denken und Handeln der Deutschen ausgegangen werden. Deutlich wurde aber auch, daß den Deutschen vielleicht in stärkerem Maße als anderen Völkern ein Drang nach Engagement und Fortschritt innewohnt, der insbesondere aufgrund der vorhandenen Strukturen nicht (mehr) zur Entfaltung kommt. In Unternehmen gilt es, neben organisatorischen Maßnahmen über personalwirtschaftliche Möglichkeiten zu diskutieren, die den Aufbau einer Unternehmer- und Innovationskultur fördern könnten (Kapitel 5.3.3).

---

[1405] Vgl. Scheuch 1991, S. 52.

[1406] Vgl. Scheuch 1991, S. 68f.

[1407] Vgl. Berth 1996, S. VII.

[1408] Vgl. Berth 1996, S. VII.

[1409] Vgl. Häußer 1994, S. 46ff.

[1410] Vgl. Langguth 1995, S. 131f.

## 3.2.4.2.4    Partizipations- und Teamkultur

Neuere Organisationsformen, die vorwiegend von US-amerikanischen und japanischen Managementkonzeptionen abgeleitet werden, sind durch dezentrale Strukturen gekennzeichnet, die ein hohes Maß an Partizipation und Teamgeist von den Mitarbeitern verlangen, um positive Effizienzwirkungen zu entfalten. Da kulturelle Faktoren einen bedeutenden Einfluß auf den Erfolg oder auch Mißerfolg von Gruppenarbeit und partizipativer Führung besitzen, sollen im Folgenden einige kritische Aspekte der deutschen Denk- und Verhaltensmuster angeführt werden, die hinsichtlich einer Partizipations- und Teamkultur wesentlich erscheinen:

| | | |
|---|---|---|
| **Ethische Grundlage:** von jeher stärker individualistische Orientierung der Menschen des christlichen Kulturkreises | **Selbst- und Fremdbild:** Bild des Untertanen mit den preußischen Tugenden, aber auch neuere Einschätzungen einer materialistischen Grundhaltung der Deutschen | **Rechtssystem:** geltendes Recht (insbes. Mitbestimmungsgesetz) kein Garant für authentische Partizipation |
| **Nationale Entwicklung und politische Partizipation :** Spuren der Untertanenmentalität des Obrigkeitsstaates, Politikverdrossenheit (allerdings zunehmendes Engagement seit Ende 60er Jahre z.B. in Bürgerinitiativen, „partizipatorische Revolution") | **Autoritätsorientierung, fehlendes „Wir-Gefühl"** | **Familie und Schule:** Behandlung der Kinder als Unmündige, Erziehungsziel der Selbständigkeit wird von autoritären Pflicht- und Akzeptanzwerten überlagert, durch schulisches Konkurrenzdenken kaum Teamgeist |
| | **Erfahrungen in der Wirtschaft:** Traditionell hierarchische, autoritäre Organisationen, autoritäre Führungsstile | **Gesellschaftliche Individualisierung:** Abkehr von öffentlicher Verantwortung, privatistische und hedonistische Existenz ohne Gefühl der Zusammengehörigkeit |

Abb. 58: Autoritätsorientierung und fehlendes "Wir-Gefühl" der Deutschen

Quelle: eigene Darstellung

### *Nationale Entwicklung und politische Partizipation*

Die obrigkeitsstaatliche Tradition des deutschen Kaiserreichs nach 1871 war gekennzeichnet vom Bild des Untertanen und prägte zumindest bis Ende der 60er Jahre die politische Kultur in Deutschland. Auch heute finden sich noch einige Spurenelemente, die sich vor allem von den US-amerikanischen Erfahrungen unterscheiden und nicht unbedingt geeignete Voraussetzungen für ein partizipatives, dezentrales Denken darstellen:[1411]

- Die Bundesrepublik kennzeichnet ein hohes Maß an Interventionsstaatlichkeit und Sozialstaatlichkeit. Auch heute kommt dem Staat in der Arbeitsteilung zwischen öffentlichem und privatem Sektor eine bedeutende Rolle zu.

- Der deutsche Politikstil neigt stark zu legalistischen Lösungen.

- "Sachkompetenz" genießt in Deutschland höhere Wertschätzung als in anderen Ländern Europas.

---

[1411] Vgl. Greiffenhagen/Greiffenhagen 1993a, S. 73ff., insbes. S. 76.

- Der politische Prozeß ist bürokratisch-formalistisch geprägt und setzt kaum auf partizipative Methoden.

- Westdeutschlands Parteiwesen, seine politischen Institutionen und die Organisation einzelner Politikfelder sind ungewöhnlich stabil.

Ist dahinter die den Deutschen oft nachgesagte Neigung zu Militarismus und Obrigkeitsstaat zu erkennen? Vielfach wurden Zweifel an der Stabilität des demokratischen Systems in Deutschland geäußert, oftmals vermutete man lediglich eine "Schönwetterdemokratie", die in wirtschaftlichen Krisenzeiten zusammenbrechen werde.[1412] Eine zentrale Hypothese der Zivilisationstheorie von Norbert Elias lautet: „Mitglieder einer Staatsgesellschaft, die sehr lange absolutistisch, also von oben regiert worden sind, in der Form dessen, was wir einen Polizeistaat nennen, entwickeln ganz analog Persönlichkeitsstrukturen, bei denen ihr Vermögen der Selbstzügelung auf einen Fremdzwang angewiesen bleibt, auf eine starke Gewalt, die sie von außen mit Strafe bedroht."[1413] Kann aus einem unterwürfigen Untertan ein selbstbewußter Demokrat werden?[1414] Wie ist aus heutiger Sicht die folgende Meinung zu bewerten, die in den 20er und 30er Jahren verbreitet war: „Die parlamentarische Demokratie mag für Amerikaner und Engländer gut und schön sein, aber für uns ist sie nichts. Sie ist undeutsch. Wir brauchen einen starken Mann, der uns in Zucht und Ordnung hält."[1415]

Die spezifisch deutsche Tradition des Verhaltens- und Empfindenskanons bzw. der deutsche Nationalcharakter ist in erheblichem Maß dadurch mitbestimmt worden, daß sich in der Zeit nach 1871 zentrale Muster des militärischen Adels in weiten Kreisen des Bürgertums verfestigten. Ebenso bedeutend ist die späte Entwicklung Deutschlands zur Nation, die durch die starken regionalen Prägungen zunächst keine wirkliche Einheit bedeutete, so daß die entstandene Gesellschaft durch Unsicherheit gekennzeichnet war.[1416] In einer solchen Situation erscheint die Anfälligkeit für Integrationsideologien nur allzu groß, da nach Orientierung und Führung gesucht wird.

Insbesondere seit der 68er-Bewegung ist jedoch ein tiefgreifender Wandel mit einer zunehmenden Hinwendung zu Liberalismus, Partizipation und Offenheit zu beobachten. Während Almond und Verba in ihrer internationalen Untersuchung von 1963 über die Quellen des Nationalstolzes zu dem Schluß gelangten, den Deutschen fehle ein wirkliches Demokratieverständnis, spricht aus heutiger Sicht doch vieles dagegen.[1417] Veränderungen sind insbesondere eingetreten hinsichtlich Form und Grad der politischen Partizipation im Sinne von freiwilligen Aktivitäten von Bürgern mit der Absicht, Entscheidungen auf verschiedenen politischen Ebenen zu beeinflussen. Die Situation hat sich derart grundlegend gewandelt, daß von einer *"partizipativen Revolution"* (Max Kaase) gesprochen werden kann: Immer mehr Deutsche

---

[1412] Vgl. Bürklin 1989, S. 249ff.

[1413] Elias 1994, S. 49.

[1414] Vgl. Dahrendorf 1971, insbes. S. 160, Diwald 1990, S. 97ff.

[1415] Elias 1994, S. 414f.

[1416] Vgl. Elias 1994, S. 87f.

[1417] Vgl. Scheuch 1991, S. 87.

engagieren sich innerhalb neuer politischer Formen (z.b. Vereinigungen im Dienste von Frieden, Frauen, Umwelt).[1418]

## Individualisierung

Ein Rückgang der Fremdbestimmung zugunsten von Selbstverwirklichung fördert tendenziell den Wunsch nach Mitbestimmung. Wenngleich auch Elemente der Selbstbestimmung und der Beteiligung in den Vordergrund rücken, so kann die Abkehr von preußischen Tugenden und die Hinwendung zu Individualismus und Pluralismus aber gleichzeitig zur Abkehr von öffentlicher Verantwortung, zu privatistischer und hedonistischer Existenz führen.[1419]

Speziell hinsichtlich der Partizipationsbereitschaft der jüngeren Deutschen empfiehlt sich eine differenzierte Betrachtung: Einerseits bewirkt die zunehmende Individualisierung bzw. die Pluralisierung der Lebensstile einen abnehmenden Bindungswillen und damit auch geringere Identifikationsbereitschaft insbesondere gegenüber Großorganisationen.[1420] Andererseits zeigt sich eine gestiegene Bereitschaft, sich für konkrete Ziele und für eine bestimmte Zeit zu engagieren, z.B. in Initiativ- oder Umweltgruppen.[1421]

Betrachtet man die Charakteristika erfolgreicher Teammitglieder, wie etwa Erfahrungen mit Geschwistern, (Lebens-)Partnern etc., aus denen man gelernt hat, Konflikte zu handhaben und Kompromisse zu schließen, so stellt sich die Frage, ob es im Hinblick auf die Zukunft betrieblicher Gruppenarbeit nicht überaus bedenklich erscheint, wenn sich unsere Gesellschaft weiterhin zunehmend individualisiert?[1422]

In den modernen Lebensformen nimmt das Single-Dasein an Bedeutung stark zu. Dabei entwickelt der Single eine wachsende Abneigung gegen Bindungen, die ihn zu Kompromissen zwingen und in seiner freiheitlichen Lebensweise einschränken könnten. Wachsende Bindungsangst und sinkende Kompromißbereitschaft wirken als reziproke Verstärker dieser Lebensform und behindern gleichzeitig die Entwicklung einer Partizipations- und Teamkultur.

## Partizipation im betrieblichen Kontext

Die These der Ablösung einer Untertanengesinnung durch ein Staatsbürgerverständnis kann in analoger Weise auch auf betrieblicher Ebene zu weiteren Überlegungen Anlaß geben. Die zentrale Frage hinsichtlich des Führungsstils lautet demnach: Hat sich aus einem deutschen

---

[1418] Vgl. Vgl. zur Diskussion insbes. Dahrendorf 1971, Glaab/Korte 1996, S. 579ff., Greiffenhagen/Greiffenhagen 1993a, S. 109, Diwald 1990, S. 97ff. Zur These einer Ablösung der Untertanenkultur durch eine Staatsbürgerkultur insbes. Turek 1989, S. 233ff.

[1419] Vgl. Wassermann 1994, S. 38ff., Greiffenhagen/Greiffenhagen 1993a, S. 13, Maier, H. 1985, S. 24f.

[1420] Vgl. Miegel/Wahl 1993, S. 56f.

[1421] Vgl. Langguth 1995, S. 21ff.

[1422] Vgl. als Belege für die zunehmende Individualisierung des Deutschen die Umfrageergebnisse des Allensbacher Instituts. So erklärten 1986 knapp ¾ der Befragten, daß sie nie oder nur selten einsam seien; im Okt. 1991 erklärten 63% (alte Bundesländer) bzw. 68% (neue Bundesländer), sie seien nur wenig allein. Im Oktober 1991 erklärten außerdem immerhin 35% (a.L.) bzw. 22% (n.L.), sie wären nicht unglücklich, wenn sie häufig allein wären ohne Familie oder Freunde. Die überwiegende Mehrheit wäre allerdings unglücklich. (vgl. Noelle-Neumann/Köcher 1993, S. 32f.). Noelle-Neumann/Köcher (1993, S. 45) erkennen jedoch in den Befragungen im Mai 1992 gegenüber denen im November 1988 eine eindeutige und starke Tendenz hin zu einer Individualisierung der Gesellschaft. Bemerkenswert ist dabei, daß die Objekte der Individualisierung in ihrer Rangfolge unverändert geblieben sind, jedoch durchgängig eine höhere Bewertung festzustellen ist.

"Untergebenen" in einer autoritären Führungsstruktur, der es gewohnt ist, Befehle zu empfangen und auszuführen, ein mitbestimmender und mitdenkender Mitarbeiter entwickelt?

Dabei gilt es überdies zu bedenken, daß der nationale Wettbewerbsvorteil der Deutschen vielleicht gerade in einem straffen, hierarchischen Führungsstil besteht, der sich in der Vergangenheit für die sorgfältige Präzisionsfertigung hochkomplexer Produkte als überaus funktional erwies und für eine bedeutende Stellung der Deutschen in den Bereichen Optik, Maschinenbau und Chemie sorgte.[1423]

Ein Blick in die Ergebnisse der Umfrageforschung belegt sehr deutlich, daß der hohe Respekt vor Autorität, der den Deutschen traditionell nachgesagt wird und sicher als ein antidemokratisches Element auch im betrieblichen Kontext spürbar war, seit den 70er Jahren für Deutschland im Abnehmen begriffen ist. So meinten im Rahmen einer internationalen Wertestudie Anfang der 80er Jahre lediglich 28% der Deutschen gegenüber 32% des europäischen Durchschnitts, man müsse der Autorität am Arbeitsplatz folgen; 51% der Deutschen gegenüber 43% im europäischen Durchschnitt äußerten, erst nachdem man überzeugt worden ist, würde man Anordnungen folgen. Noch drastischer fiel das Ergebnis bei den jüngeren Deutschen aus, von denen nur 14% einer uneingeschränkten Befolgung der Autorität zustimmten und 65% auf Überzeugung bestanden.[1424]

Auch die Ergebnisse von Hofstede hinsichtlich der Untersuchung zur Dimension der Machtakzeptanz machen deutlich, daß Deutschland einen im internationalen Vergleich sehr niedrigen Machtdistanzindexwert aufweist. Dies spricht tendenziell für eine verhältnismäßig geringe emotionale Distanz zwischen Mitarbeitern und Vorgesetzten bzw. eine begrenzte Abhängigkeit des Mitarbeiters von seinem Vorgesetzten sowie für eine Bevorzugung konsultativer, partizipativer Führungsstile.[1425]

Trotzdem haben sich im deutschen Management vielerorts noch autoritäre Führungsstile in dazugehörigen hierarchischen Organisationsstrukturen erhalten, die sich im Zusammenhang mit einfachen und starren Industrietechnologien, homogenen Massenprodukten, relativ gering qualifizierten Mitarbeitern und relativ stabilen Märkten bewährt haben. Dahinter steht jedoch nicht unbedingt die Neigung zu autoritären Strukturen, vielmehr könnte es ein Ausdruck der den Deutschen anhaftenden Neigung zu Unsicherheitsvermeidung sein.[1426] Zudem ist zu befürchten, daß die in vielen deutschen Unternehmen vollzogenen und zum Teil noch immer andauernden Restrukturierungsprozesse zu einer wachsenden Distanzierung der Führungskräfte von ihren Mitarbeitern beitragen, da sie sich deren Kritik und möglichen Konflikten entziehen möchten.[1427]

---

[1423] Vgl. Porter 1996, S. 152f.

[1424] Vgl. Noelle-Neumann 1991a, S. 49ff.

[1425] Vgl. Hofstede 1993, S. 38ff. So sprechen denn auch Hasenkamp/Lee (1993, S. 279) im Zusammenhang mit der den Deutschen nachgesagten Macht- und Autoritätsliebe von einer „zynischen Stereotypisierung und mutwilligen kulturellen Fehlinterpretation".

[1426] Vgl. Hasenkamp/Lee 1993, S. 280ff., Scheuten 1994, S. 106f., Mole 1995, S. 44ff., Then 1994, S. 52ff.

[1427] So überschreiben Folger/Skarlicki (1998, S. 79ff.) ihre jüngsten Erkenntnisse mit dem Titel: "When tough times make tough bosses: Managerial distancing as a function of layoff blame."

## Selbst- und Fremdbild

Einen deutlichen Beleg für die Autoritätsgläubigkeit und –hörigkeit liefern die klassischen Stereotype der Deutschen, die durch das Bild des Untertanen mit den dazugehörigen preußischen Tugenden gekennzeichnet sind. Die Spuren dieser Tradition haben sich in vielen Einschätzungen des deutschen Wesens vielleicht auch deshalb erhalten, weil sie gegenwärtig noch vielfach bestätigt werden.[1428] Ob die Deutschen wirklich eher als andere Völker zu Gehorsam neigen, kann kaum endgültig belegt werden. Lenin soll gesagt haben, daß eine Revolution bei den Deutschen wohl eher unwahrscheinlich sei, da sie niemals über einen Rasen stürmen würden, wenn dort eine Verbotstafel stünde.[1429]

Die Deutschen gelten nach eigener wie auch nach fremder Einschätzung als sehr materialistisch orientiert. Zumindest bis zum Ende der 80er Jahre ließen sich die Vorwürfe der Gleichgültigkeit, der Oberflächlichkeit einer materialistischen Grundorientierung oder der Gefühlsleere der Deutschen nicht von der Hand weisen. Diese Wesenszüge eines mangelnden Charakters und politischen Desinteresses lassen sich vielfach auf eine tiefe *Unsicherheit* zurückführen.[1430] Eben dies führt auch zu bekannten Anomiesymptomen und geringer Partizipationsbereitschaft.

Die häufig postulierte Umstellung der Arbeitsstrukturen auf eine stärkere Teamorientierung erfordert auch ein gewandeltes Rollenverständnis von Mitarbeiter und Führungskraft. Mitarbeiter erhalten ein höheres Maß an Autonomie und Selbstverantwortung, die Führungskraft als Teamleader wird zum "Primus inter pares". Damit ist vor allem auch ein Umdenken der deutschen Führungskräfte verbunden, die es in der Vergangenheit gar nicht oder zu wenig verstanden haben, sich selbst zurückzustellen, Untergebenen Fragen zu stellen und ihnen zuzuhören und insgesamt ihre machtpolitischen Interessen dem Teamerfolg bzw. dem Gesamtnutzen unterzuordnen. Oftmals fehlt es gerade den deutschen Führungskräften auch an Mut, Phantasie und Vertrauen für eine solche konsequente Teamstruktur.[1431]

## Ethische Grundlage

Möglicherweise liegt die Ursache für eine mangelnde Akzeptanz bzw. noch unbefriedigende Effektivität der Gruppenarbeit in der tiefer als allgemein vermutet liegenden geistig-religiösen Tradition. Im Gegensatz zum religiösen Fundament der japanischen Arbeitskultur (Shintoismus), die von jeher stärker auf einem Gemeinschaftsbewußtsein aufgebaut war, liegt den Einstellungen und Werthaltungen der Menschen des christlichen Kulturkreises eine stärker individualistische Orientierung zugrunde.[1432]

Dabei sind jedoch die Grundsätze der Brüderlichkeit und Nächstenliebe Bestandteile der christlichen Sozialutopien. Aber gerade im Zusammenwirken mit dem in westlichen Industrienationen herrschenden Konkurrenz- und Leistungsdenken wurden die individuumbezo-

---

[1428] Vgl. z.B. Zeidenitz/Barkow 1997, S. 22f.

[1429] Vgl. Watson 1993, S. 165.

[1430] Vgl. Diwald 1990, S. 181ff.

[1431] Vgl. Frey 1996, S. VI.

[1432] Vgl. Miegel/Wahl 1993, S. 15ff., Wörl 1997, S. 108ff.

genen Prinzipien rationeller Lebensführung handlungsleitend und untergruben dabei die kollektiven Prinzipien der Solidarität, des Vertrauens, der Toleranz oder auch der Nächstenliebe, die im Rahmen von Gruppenarbeit unbestreitbar erhebliche Bedeutung für den Erfolg besitzen. Insofern kann mit einer Implementierung teamorientierter Arbeitsstrukturen auch eine Rückbesinnung auf die verschütteten Werte der protestantischen Ethik und der katholischen Soziallehre verbunden sein. Die protestantische Ethik war allerdings - wie bereits dargelegt – auch die Grundlage einer strengen Selbstdisziplin, die sich als Untertanengesinnung äußerte und könnte daher einer Partizipationskultur geradezu entgegenstehen.

Ebenso scheint eine stärkere Verinnerlichung des Subsidiaritätsprinzips unabdingbar für eine authentische Partizipation. Bezogen auf den organisationalen Kontext besagt das Subsidiaritätsprinzip, daß die Entscheidungsmacht möglichst weit unten in der Organisation angesiedelt werden sollte. In diesem Zusammenhang verweist der amerikanische Organisationstheoretiker Charles Handy auf das Organisationsprinzip der katholischen Kirche, nach dem jeder Priester ein Papst in seiner eigenen Gemeinde sei.[1433] Die langjährige Praxis in deutschen Unternehmen, die überaus stark mit einer hierarchischen Ordnung verbunden waren, zeigt jedoch, daß deutsche Manager oftmals nicht der Versuchung widerstehen, ihren Untergebenen Entscheidungen zu "stehlen", anstatt diesen durch Schulung, Rat und Unterstützung zur Seite zu stehen. Auch in nichtökonomischen Lebensbereichen, wie z.B. dem Vereinswesen, lassen sich in diesem Sinne Beispiele für eine geringe Verinnerlichung des Subsidiaritätsprinzips und damit ein poröses Fundament für eine Partizipationskultur erkennen.

*Rechtssystem*
Die problematische Entwicklung im 20. Jahrhundert hat die Neigung der Deutschen verstärkt, ihrem Streben nach Sicherheit durch entsprechende Rechtsnormen Ausdruck zu verleihen. Das sich entwickelnde deutsche Wirtschaftsrecht kann denn auch als ein kultureller Erfolgsfaktor für den wirtschaftlichen Aufschwung nach dem 2. Weltkrieg gesehen werden.[1434] Jedoch kann man geteilter Meinung darüber sein, ob die vielfältigen gesetzlichen Regelungen tatsächlich ein mündiges, partizipatives Denken und Handeln der Deutschen förderten.

Die arbeits- und sozialrechtlichen Bestimmungen in Deutschland, die das Managementhandeln begrenzen und leiten, haben ihre Wurzeln in der sich Mitte des letzten Jahrhunderts bildenden Überzeugung, daß der Staat die Aufgabe habe, die grundlegenden Interessengegensätze zwischen Arbeitnehmern und Arbeitgebern durch entsprechende rechtliche Regelungen - bei weitgehender Aufrechterhaltung des Prinzips der Vertragsfreiheit - zu einem für beide Seiten zufriedenstellenden Ausgleich zu bringen. Vor allem sozialrechtliche Bestimmungen haben zum Ziel, Risiken des Arbeitnehmers aufgrund seiner schwächeren Position aufzufangen, eine materielle Absicherung zu gewährleisten, insbesondere aber auch Chancengleichheit und Entfaltungsmöglichkeiten im Sinne relativer Gerechtigkeit rechtlich zu verankern.

Die demokratischen Grundprinzipien finden sich vor allem in den Gesetzen zur betrieblichen Mitbestimmung, die in Deutschland im internationalen Vergleich als die am umfangreichsten und inhaltlich weitgehendsten gelten. Der im Konzept der Sozialen Marktwirtschaft angelegte

---

[1433] Vgl. Handy 1996, S. 46ff.

[1434] Vgl. z.B. Watson 1993, S. 164ff.

Partnerschaftsgedanke soll insbesondere durch das Betriebsverfassungsgesetz konkretisiert werden. Konsequenterweise verfolgt es daher das Gegengewichtsprinzip, das nur wirkungsvoll funktionieren kann, wenn beide Seiten den Willen haben, trotz aller Gegensätze der Interessen zum gemeinsamen Wohl zusammenzuarbeiten. Die zugewiesenen Rechte des Betriebsrats (Informations-, Anhörungs-, Mitsprache-, Mitbestimmungsrechte) sichern ein gleichberechtigtes Mitwirken bzw. Mitbestimmen in Entscheidungsprozessen, insbesondere in sozialen (§§ 87f. BetrVG), personellen (§§ 92ff. BetrVG) sowie einigen wirtschaftlichen Angelegenheiten (§§ 106ff. BetrVG).[1435]

Diese Situation spricht zunächst einmal für eine Partizipationskultur, da grundsätzlich die Herstellung eines geeigneten Kooperationsklimas erforderlich ist und das Bestreben geweckt wird, einen Ausgleich von ökonomischen und mitarbeiterbezogenen, sozialen Interessen zu erreichen. Aus heutiger Sicht kann konstatiert werden, daß durch die Gesetze zur Mitbestimmung zwar Anstöße zu partizipativem Denken gegeben wurden; jedoch wurden sie keineswegs zum Garanten gelebter, authentischer Partizipation, da das Augenmerk der Führung nicht selten auf die Entwicklung geeigneter (opportunistischer) Strategien für einen Umgang mit den Organen der Arbeitnehmervertreter ("Zähmen des Betriebsrats") gelegt wurde. Das Hauptproblem, das gegen eine gelebte paritätische Mitbestimmung spricht, besteht in der unzureichenden Qualifikation der Arbeitnehmervertreter hinsichtlich ihrer Rolle, unternehmerische Entscheidungen mitzutreffen.[1436] Statt einer formalrechtlichen und überwiegend indirekten Beteiligung an Entscheidungen empfiehlt sich daher zur Umsetzung des Mitbestimmungsgedankens eher ein partnerschaftliches Modell, welches Mitspracherechte stärker auf das Individuum delegiert, dessen direkte Einflußnahme ermöglicht und den am Arbeitsplatz inzwischen häufig anzutreffenden Wissensvorsprung des Mitarbeiters zum Tragen kommen läßt.[1437]

### Familie und Schule

Effiziente Partizipation kann nur über eine ausreichend entwickelte Partizipationsfähigkeit verwirklicht werden. Mit Blick auf die Sozialsysteme Familie und Schule kann jedoch nur bedingt eine Behandlung der Kinder als mündige Personen konstatiert werden. Das Erziehungsziel der Selbständigkeit wird häufig noch von autoritären Pflicht- und Akzeptanzwerten überlagert. Insbesondere durch schulisches Konkurrenzdenken, individuelle Leistungsbeurteilungen sowie die selten gruppenorientierten Lehrmethoden scheint zudem eine Entwicklung von Teamgeist kaum möglich; vielmehr stellt sich in zunehmendem Maße ein (notwendiger) Egoismus bei Schülern und Studenten ein, der Gefühle für Gruppenprozesse und die Entwicklung von Sozialkompetenz überlagert.[1438]

---

[1435] Vgl. hierzu z.B. Niedenhoff 1990, S. 7ff.

[1436] Vgl. Dahrendorf 1971, S. 184ff., So fordert etwa Bauer (1997, S. 94f.) eine Novellierung des Mitbestimmungsgesetzes von 1972. Weitergehende Forderungen der Gewerkschaften in die Richtung einer "Produktmitbestimmung" (Franz Steinkühler), d.h. nicht nur über das "Wie", sondern auch über das "Was" produziert wird (vgl. dazu Niedenhoff 1990, S. 98ff.), sind speziell in den letzten Jahren wohl auch aufgrund der schwindenden Machtposition der Gewerkschaften wieder in den Hintergrund geraten.

[1437] Vgl. dazu Mohn 1986, S. 41ff., FitzRoy/Kraft 1987, S. 3.

[1438] Vgl. z.B. Mühlemeyer 1998, S. 632f., Jeske 1987, S. 27ff. Im Gegensatz hierzu wird Teamarbeit etwa in der japanischen Harmonie- und Konsenskultur durch die Vermittlung integrierter Rollen in Teams und Gruppen bereits in der Schule anerzogen (Vgl. Becker, D. 1994, S. 52ff., Mühlemeyer 1997, S. 952ff.).

Zudem wachsen die Kinder überwiegend in einer warmen, familiären Atmosphäre der Gemütlichkeit und Bequemlichkeit auf, die dabei allerdings auch von einer die Selbständigkeit oftmals untergrabenden Fürsorge der Eltern gekennzeichnet sein kann. So mag es vielfach zutreffen, daß Kinder bis zum Verlassen des Elternhauses in nur geringem Maße dazu gezwungen sind, eigene Entscheidungen zu treffen, d.h. als mündige Personen zu agieren und Partizipationsfähigkeit zu entwickeln.[1439]

Dabei ist besonders mit Blick auf die neuen Bundesländer anzumerken, daß eine "partizipatorische Revolution" hier nicht unbedingt Gültigkeit beanspruchen kann. Der autoritäre Persönlichkeitstyp scheint noch nicht abgelöst, da zahlreiche Strukturen, wie insbesondere der Erziehungsstil in Schule und Familie sowie der Industrie und Verwaltung nach wie vor autoritär geprägt sind. Das heutige Bild der Ostdeutschen läßt sich insgesamt in vielen Punkten mit dem Bild der Westdeutschen in den 50er Jahren gleichsetzen, jedoch kann die Entwicklung in Ostdeutschland nicht als einfach nachgeholter westdeutscher bzw. westeuropäischer Wertewandel begriffen werden.[1440] Eine wirkliche Änderung kann hier daher im Grunde erst nach einem Generationenwechsel erwartet werden.

Zusammenfassend läßt sich konstatieren, daß die Deutschen zwar zunehmend partizipatives Denken und Handeln verinnerlichen, jedoch noch immer vielfach mentale, vor allem aber auch strukturelle Hindernisse hinsichtlich einer gelebten authentischen Partizipation im Alltag bestehen. Mit Blick auf eine Teamkultur ist vornehmlich der breite Trend der Individualisierung als kritisch einzustufen. Da Partizipations- wie auch Teamkultur - wie gezeigt - speziell im Unternehmen erhebliche funktionale Effekte zu entfalten vermögen, stellt sich die Frage nach den personalwirtschaftlichen Maßnahmen, die einen konstruktiven Aufbau einer Partizipations- und Teamkultur ermöglichen (Kapitel 5.3.4).

### 3.2.4.2.5 Konfliktkultur

Im August 1987 äußerten 46% der Befragten, die Deutschen hätten eher zu viele Konflikte in Wirtschaft und Politik, nur 14% meinten eher zuwenig, 22% meinten gerade richtig, der Rest von 18% war unentschieden.[1441] Diese bis heute anhaltende Grundhaltung bringt die weitverbreitete tiefsitzende Konfliktangst und Konfliktvermeidungstendenz der Deutschen zum Ausdruck. Bereits 1971 stellte Dahrendorf trefflich fest, daß die Deutschen in den zentralen Lebensbereichen der Wirtschaft, der Politik und der Wissenschaft von einer Sehnsucht nach einer Welt geleitet sind, deren lästige Konflikte durch eindeutige Lösungen ersetzt sind."[1442]

Speziell das offene Widersprechen bzw. der zivile Ungehorsam, der als "Testfall für demokratisches Funktionieren" (Habermas) angesehen werden kann, hat sich in Deutschland erst spät entwickelt.[1443] So schrieb Dahrendorf vor erst rund 30 Jahren: „Es gibt eine experimentelle Haltung zur Welt, die das Recht des anderen auf seinen Lösungsvorschlag nur gelten läßt,

---

[1439] Vgl. Zeidenitz/Barkow 1997, S. 34f.

[1440] Vgl. Greiffenhagen/Greiffenhagen 1993a, S. 121f., 172.

[1441] Vgl. Noelle-Neumann/Köcher 1993, S. 587.

[1442] Dahrendorf 1971, S. 164.

[1443] Vgl. Herntrich 1986, S. 5.

solange dieses jeden dogmatischen Anspruch vermeidet. Es gibt einen liberalen Zweifel, der den Herrschenden vor allem Schranken zu setzen, nicht Brücken zu bauen sucht. Es gibt eine Gesinnung der Konkurrenz, die den Fortschritt nur dort garantiert sieht, wo mehrere um Vorrang streiten. Es gibt eine Auffassung von Freiheit, die diese für das Individuum nur dort gewährleistet findet, wo experimentelle Gesinnung, konkurrierende soziale Kräfte und liberale politische Institutionen sich verbinden. Diese Auffassung hat in Deutschland nie recht Fuß fassen können."[1444]

Und auch rund 30 Jahre später meint Wörl: „Ich habe das Gefühl, unsere deutsche Gesellschaft trägt ihre Konflikte allzu angstbesessen aus. Und dabei ist die Angst offenbar eine Zwillingsschwester der Unsicherheit, die dann wiederum zum Ausdruck kommt in einem besonderen Bedürfnis nach allen möglichen Absicherungen."[1445] Diese Deutung soll einer differenzierteren Betrachtung unterzogen werden, bei der folgende Aspekte im Zusammenhang mit der Konfliktvermeidungshaltung der Deutschen von besonderer Bedeutung erscheinen:

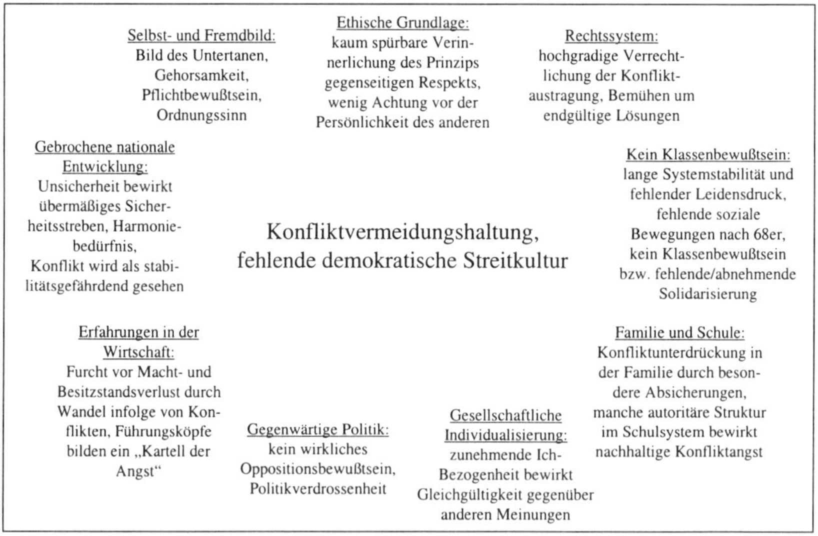

Abb. 59: Konfliktvermeidungshaltung der Deutschen

Quelle: eigene Darstellung

### Gebrochene nationale Entwicklung

Bereits mehrfach wurde auf die Schwierigkeiten im Zusammenhang mit der Nationwerdung hingewiesen. Auch im Hinblick auf das gegenwärtige Konfliktgeschehen bzw. die gegenwärtigen Einstellungen zu Konflikten mag diese gebrochene Entwicklung ihre Wirkung entfalten. Das hieraus resultierende Sicherheits- und Ordnungsstreben führt dazu, daß sich die Deutschen Konflikten vielfach nicht offen stellen, sondern sie als stabilitätsgefährdend ansehen.

---

[1444] Dahrendorf 1971, S. 25.

[1445] Wörl 1997, S. 199.

Das damit verbundene, tiefverankerte Harmoniebedürfnis hängt zusammen mit einer übermäßigen Angst vor einem potentiellen Verlust von Macht, Besitz oder Status im Falle eines Konflikts.

### Rechtssystem

Typisch für das Deutschland der Gegenwart ist die der obrigkeitsstaatlichen Tradition entstammende, hoch institutionalisierte Form der Konfliktregulierung.[1446] Die herrschenden Machtstrukturen in Deutschland unterstützten lange Zeit die Umgangsstrategie des Befehlens und Gehorchens, die entsprechend hoch bewertet wurde und weitgehend eine Entwicklung von Überredens- bzw. Überzeugungsstrategien durch Diskussionen verhinderte. Auch die im organisatorischen Kontext Anwendung findenden Gesetze betrieblicher Mitbestimmung zeugen von erheblicher Bürokratie, die einem gelebten "Aneinanderreiben" oftmals zu wenig Raum läßt.[1447]

Die geringe Konfliktbereitschaft der Deutschen resultiert aus der als relativ kompliziert empfundenen Zurückhaltung von Affekten, die im Rahmen einer Konfliktbewältigung durch Diskussionen notwendig ist, bzw. aus einem weitverbreiteten Gefallen an einfacheren Befehlens- und Gehorchensstrategien, die aus dem tiefsitzenden Sicherheitsbedürfnis heraus rechtlich fixiert werden.[1448]

Ebenso ist die Interventionsstaatlichkeit ein wesentlicher Aspekt zur Erklärung des gering ausgeprägten individuellen Konfliktbewußtseins. Der Staat war traditionell um *endgültig* gerechte Lösungen bemüht, so daß durch seine erheblichen Eingriffe insbesondere im Bereich der Mitbestimmungsgesetze zwar aufwendige betriebliche und überbetriebliche Strukturen, faktisch aber kein produktives Konfliktklima in den Unternehmen geschaffen wurde. Auch dies dokumentiert die allgemeine Aversion und Angst gegenüber Konflikten, die dazu führt, daß Konflikte nicht rational ausgetragen, sondern eher verdrängt und umgelenkt werden.[1449]

### Familie und Schule

Erklärtes Bildungsziel aller Schulen, insbesondere der Hochschulen, ist gegenwärtig die Förderung kritischen Denkens und Verhaltens. Die früher üblichen autoritär ausgerichteten Lehrveranstaltungen im Sinne einer Einweg-Kommunikation weichen zunehmend offeneren, interaktiven Methoden.[1450] Junge Menschen, die in den prägungsintensiven Schuljahren mit derartig ausgerichteten Bildungssystemen konfrontiert werden, erwarten konsequenterweise - und

---

[1446] Vgl. dazu die treffenden Beschreibungen des deutschen "Bürokratiesyndroms" bzw. der deutschen "Verwaltungskultur" (Sturm 1987, S. 422ff.). Vgl. auch Dahrendorf (1971, S. 151ff.), der insbesondere auf das deutsche Rechtssystem verweist, das von jeher Streitigkeiten eher unter dem Aspekt einer institutionalisierten Wahrheitssuche mit bestimmten Antwortkodizes als eine Verhandlungs-, Interpretations- und Überzeugungssache auffaßt.

[1447] Vgl. Bauer 1997, S. 94f.

[1448] Vgl. Elias 1994, S. 90f.

[1449] Vgl. Dahrendorf 1971, S. 181ff. Eine gegensätzliche Einschätzung findet sich etwa bei Hasenkamp/Lee (1993, S. 281): „Der Betriebsrat ist mehr als die Institutionalisierung der Mitbestimmung: Er kann als Forum für offene Kritik dienen und sogar die Politik und Entscheidungen des Unternehmens angreifen. Die formalisierte Struktur seiner Vorgehensweise sowie seiner Rechte und Pflichten führt dazu, daß die zu diskutierenden Fragen von der Person losgelöst betrachtet werden und ermöglicht so intensive Diskussionen, die in autoritären Kulturen offen gesagt undenkbar sind."

[1450] Vgl. Dahrendorf 1971, S. 156ff.

wohl auch zu recht -, daß sie diese kritische Haltung auch am Arbeitsplatz mit Erfolg an den Tag legen können. Faktisch ist es ihnen auch nicht möglich, diese über lange Jahre verfestigte Grundeinstellung im betrieblichen Alltag abzulegen. Gerade diese kritische Haltung von Berufsanfängern ist eine gute Ausgangsbasis für eine konstruktive Auseinandersetzung mit dem Status Quo der Arbeitswelt und treibende Kraft für Konflikte.[1451]

Jedoch kann die familiäre Primärsozialisation aus heutiger Sicht noch überwiegend als eine Gegentendenz hierzu beschrieben werden. „Konflikt beginnt zu Hause", schreibt Dahrendorf und bezieht sich dabei auf die Familie als ein System der Regelung von Konflikten. Nur zu verbreitet ist der Stereotyp der autoritären, patriarchalischen deutschen Familie, in welcher Frau und Kind in Unmündigkeit gehalten werden, als daß ihm jeglicher Wahrheitsgehalt abgesprochen werden könnte. Die innere Struktur der deutschen Familie trug sicherlich lange Zeit zu einer verstellten Haltung der deutschen Gesellschaft gegenüber sozialen Konflikten bei.[1452] So zeigt auch Buchinger, daß gerade in Primärgruppen die wirksamsten und dauerhaftesten Absicherungen gegenüber Konflikten getroffen werden und in Form von spezifischen Tabus Konfliktneigung und Aggression einschränken.[1453] Da die antiautoritäre Erziehung - wie bereits verdeutlicht[1454] - ebensowenig zu ausgeprägter Konfliktfähigkeit führen muß, wie eine auf traditionellen Pflicht- und Akzeptanzwerten basierende Erziehung, bedarf es tragfähiger Zwischenpositionen, die bei einer Gewährung des notwendigen Freiraums auch wirkliche Hilfestellung und Orientierung bezüglich der Entwicklung von Konfliktfähigkeit bieten.[1455] Noch besteht allerdings Unklarheit darüber, wie das traditionelle Autoritätsmodell der Familie mit den an Bedeutung gewinnenden Werten der Freiheit und Selbstentfaltung in Einklang gebracht werden kann.[1456]

Die in Westdeutschland allmählich entstehende Konfliktkultur ist Ergebnis einer eindeutigen Absage an eine "Gemeinschafts- oder Einheitsideologie" und fußt auf den seit den 70er Jahren veränderten Erziehungs- und Bildungszielen der Selbständigkeit. Eine solche Konfliktkultur, gemäß der Konflikte nicht einfach als Störungen von Harmonie, sondern als Motiv gesellschaftlicher Dynamik und wesentliches Merkmal der Demokratie gesehen werden, gilt es, in den alten Bundesländern zu festigen sowie in den neuen Bundesländern zu etablieren.[1457] Die wichtigste Wirkung der Sozialisation in ihrer Voraussetzung für die Entwicklung einer Konfliktkultur ist für die Greiffenhagens die Erreichung eines Zustandes der Angstfreiheit. Angst war die Basis des autoritären Obrigkeitsstaates, Furchtlosigkeit ist die Bedingung der Demokratie.[1458] Jedoch haben insbesondere die deutschen Sozialisationsagenten vielfach noch Denk- und Verhaltensmuster verinnerlicht, die einer demokratischen Streitkultur entgegenstehen: „Ausbildungs- und Erziehungssituationen sind überrollt von der rasanten kulturellen Verände-

---

[1451] Vgl. Zürn 1994, S. 21f.

[1452] Vgl. Dahrendorf 1971, S. 155f., Schibalski 1991, S. 51.

[1453] Vgl. Buchinger 1994, S. 24ff.

[1454] Vgl. S. 282.

[1455] Vgl. Maier, H. 1985, S. 25ff.

[1456] Vgl. Beck, U. 1998, S. 11ff.

[1457] Vgl. Greiffenhagen/Greiffenhagen 1993a, S. 343f.

[1458] Vgl. Greiffenhagen/Greiffenhagen 1993a, S. 353.

rung. Wir tragen dementsprechend Konfliktvorstellungen und Methoden des Konfliktmanagements mit uns, die den heutigen Anforderungen mehr als unangemessen, nämlich hinderlich sind. Dazu gehört vor allem die Auffassung, Konflikt sei Abweichung von der Norm und Konfliktlösung deren Korrektur.“[1459]

*Gesellschaftliche Individualisierung*
Gewachsene Selbständigkeit und höheres Selbstbewußtsein gehen einher mit einer zunehmenden Ich-Bezogenheit im Rahmen einer umfassenden gesellschaftlichen Individualisierung. Hierbei entsteht die Gefahr einer zunehmenden Gleichgültigkeit gegenüber anderen Meinungen.[1460] Die bereits angesprochene Erlebnisorientierung sowie verschiedene Tendenzen des Hedonismus und einer verstärkten Wohlstandsbequemlichkeit sprechen freilich auch für ein Umgehen unangenehmer Situationen und ein Ausweichverhalten gegenüber Konflikten.

Die Individualisierung in Verbindung mit einem gestiegenen Selbstbewußtsein der Frauen bewirkt unter anderem auch eine verstärkte Arbeitsmarktbeteiligung der Frauen, so daß immer mehr Menschen auf den Arbeitsmarkt drängen, auf dem es aber immer weniger Arbeit zu verteilen gibt. Im Zuge der Individualisierung verändern sich auch die Berufswünsche, insbesondere in ihrer qualitativen Dimension.[1461] Aus diesen Veränderungen der Arbeitsmarktstruktur sowie der bedrohlichen Situation der Massenarbeitslosigkeit entsteht ein erhebliches Konfliktpotential, welches sich auf gesellschaftlicher wie auf betrieblicher Ebene zu einem Geschlechterkampf zuspitzen könnte.

*Ethische Grundlagen*
Katholische Soziallehre wie auch protestantische Ethik sind weitestgehend auf ein Harmoniemodell ausgerichtet (Prinzipien der Nächstenliebe, Gehorsamkeit, Akzeptanz etc.), welches Konflikte als störend wahrnimmt und daher Möglichkeiten sie zu vermeiden und zu umgehen in den Vordergrund rückt.

Weiterhin wäre zwar das Prinzip gegenseitigen Respekts als Voraussetzung einer konstruktiven Konfliktaustragung ethisch begründet, jedoch kann in der Realität kaum von einer spürbaren Verinnerlichung ausgegangen werden; vielmehr ist zu bemerken, daß zahlreiche Konflikte nicht auf die sachliche Ebene beschränkt bleiben, sondern zu persönlichen Kämpfen werden, die von einer nur geringen Achtung vor der Persönlichkeit des anderen gekennzeichnet sind.

*Selbst- und Fremdbild*
Ein Blick auf die den Deutschen von sich selbst und auch von anderen zugeschriebenen Charaktereigenschaften bestätigt tendenziell die Konfliktscheu. Dabei sind es vor allem die aus den vergangenen Zeiten des autoritären Staates stammenden Stereotype, die als Beleg herangezogen werden können. So sprechen das Bild des Untertanen, aber auch die traditionellen deutschen Tugenden "Gehorsamkeit", "Pflichtbewußtsein", "Ordnungssinn" gegen einen offenen Umgang mit Konflikten.

---

[1459] Buchinger 1994, S. 26.

[1460] Vgl. Wassermann 1994, S. 38f.

[1461] Vgl. Beck 1997, S. 15.

Auch sagt man den Deutschen nach, „sich in Phantasien zu flüchten, wenn die Wirklichkeit zu unangenehm wird."[1462] Eben dieses Zurückziehen in die Innerlichkeit, insbesondere nach Niederlagen bei Auseinandersetzungen, läßt kaum eine fortdauernde, diskursive Atmosphäre entstehen.

Als weiterer Ausdruck einer deutlichen Distanzierung von Konflikten kann auch das Bild des "deutschen Michel" gelten, der - als deutsche Symbolfigur mit einer Nachtmütze ausgestattet – in seiner recht schwerfälligen Art der Protestäußerung keinen konfliktfreudigen Eindruck hinterläßt.[1463]

Aber auch die Charakterisierungen jüngeren Datums, die den Deutschen als arrogant, rechthaberisch und wenig einfühlsam beschreiben, sprechen in keiner Weise für eine existierende Konfliktkultur, wie sie idealtypisch im Sinne eines konstruktiven Konfliktverhaltens in Kap. 3.1.2.2.3.1.5 beschrieben wurde. Gerade in Meinungsverschiedenheiten wird oftmals beklagt, daß Deutsche sich wie "Elefanten im Porzellanladen" benehmen.[1464]

*Gegenwärtige Politik*

Einen interessanten Ansatzpunkt für Denk- und Verhaltensweisen, die sich auf den Umgang mit Konflikten beziehen, bietet die politische Ebene. Soziologen wie Politologen kamen in zahlreichen Untersuchungen immer wieder zu dem Ergebnis, daß die (West-)Deutschen es im Vergleich zu den Bürgern der alten Demokratien an Konfliktfähigkeit fehlen lassen, die deutsche Politikgeschichte wenig oder gar keinen Sinn für politische Opposition ausbildete und sich letztlich lange Zeit kein wirkliches Demokratiebewußtsein entwickelt hat.[1465] Ein Umdenken von einer gemeinschafts- und konsensorientierten Politikauffassung zu einer konfliktorientierten fiel den Westdeutschen schwer und ist – wenn überhaupt - erst spät verwirklicht worden.

Auch in der DDR konnte sich lange Zeit keine demokratische Konfliktkultur entwickeln. Ein kommunikativer Austausch mit Fremden in kontroversen Diskussionen war weitgehend nicht möglich.[1466] Die Umstellung auf einen neuen politischen Rahmen und insbesondere auf eine demokratische Streitkultur stellt eine zentrale Barriere im Hinblick auf eine rasche geistig-kulturelle Integration der neuen Bundesländer dar. Neuere empirische Untersuchungen in den neuen Bundesländern konnten jedoch eine überraschend hohe Zustimmung zu demokratischen Grundprinzipien nachweisen.[1467]

Auf politischer Ebene ist neben der relativen Konfliktscheu der Deutschen auch eine Geringschätzung des Kompromisses zu beobachten. Viele Deutsche stimmen auch heute noch der

---

[1462] Zeidenitz/Barkow 1997, S. 23.

[1463] Anzumerken ist, daß die Figur des Michel, die sich an den heiligen Michael anlehnte, zunächst mit einer bäuerlichen Arbeitskappe versehen war und sich daraus erst später, möglicherweise durch spöttische Abwandlungen der französischen Bevölkerung, die Schlafmütze entwickelte (Vgl. Hofstätter 1970, S. 157f.).

[1464] Vgl. Zeidenitz/Barkow 1997, S. 26, Noelle-Neumann/Köcher 1993, S. 513ff., Noelle-Neumann 1991d, S. 8.

[1465] Vgl. vor allem Dahrendorf 1971, aber auch Greiffenhagen/Greiffenhagen 1993a, S. 114, Kaase 1996, S. 385f., Sarcinelli 1990.

[1466] Vgl. Langguth 1995, S. 46.

[1467] Vgl. Greiffenhagen/Greiffenhagen 1993b, S. 35f., Kaase 1996, S. 385ff.

Meinung zu, daß es gefährlich ist, „mit politischen Gegnern einen Kompromiß zu schließen, weil das gewöhnlich zum Verrat an der eigenen Sache führt."[1468] Mit Blick auf die Austragung der Wahlkämpfe in Deutschland kommt denn auch Leggewie zu dem Schluß, daß die Deutschen noch immer keine Streitkultur im demokratischen Sinne verwirklicht haben und sie stattdessen nach wie vor von einer "Sehnsucht nach Synthese" (R. Dahrendorf) geleitet werden. Beispielhaft belegt er dies an der "polemologischen Inkompetenz"[1469] der politischen Führung, die darin besteht, daß

1) die Zielsetzung gesellschaftlicher Entwicklung als Inhalt eines Parteiprogrammes von wenigen Experten innerhalb der Partei bzw. basierend auf angeblich neutralen Expertisen ausgearbeitet und über die Fraktionsdisziplin einheitliches Programm wird,

2) selbst der für die Etablierung einer Streitkultur anfangs so vielversprechend erscheinende Flügelstreit der Grünen (zwischen "Realos", "Fundis", "Aufbruch") heute von seinem Enthusiasmus früherer Jahre weit entfernt ist,

3) der Richtungsstreit der CDU/CSU nicht mehr der Zwecksetzung wirklicher Reformbestrebungen über innerparteiliche politische Auseinandersetzung dient, sondern schlicht Profilierungsbemühungen von "Hinterbänklern und Querköpfen" zum Ausdruck bringt und darüber hinaus auch in der politisch eher ruhigeren Sommerzeit angesiedelt ist ("Sommertheater"),

4) ein lähmendes Ausgewogenheitsprinzip zu beobachten ist, da extreme Herausforderungen zumeist mit autoritären und administrativen Maßnahmen verdrängt und nicht im konstruktiven, konfliktären Dialog angenommen wurden.[1470]

*Kein Klassenbewußtsein*

Im internationalen Vergleich besticht Deutschland durch seinen hohen Grad an Verrechtlichung gesellschaftlicher Beziehungen, insbesondere im Arbeitsrecht.[1471] Vor diesem Hintergrund erscheint die momentane Situation einerseits aufgrund der Systemstabilität positiv, andererseits wegen der geringen Veränderungs- und Anpassungsfähigkeit (durch die fehlenden progressiven Impulse von Konflikten) problematisch. Dies kann auch durch die gegenwärtig unzureichende Schubkraft neuerer sozialer Bewegungen belegt werden, die die für einen sozialen Wandel notwendigen Konfliktpotentiale nutzen und ein neues Konfliktbewußtsein verankern könnten.[1472]

Wenn auch in Westdeutschland lange Zeit nach der Gründung der Bundesrepublik noch nichts von einer Konfliktkultur zu verspüren war, gingen jedoch wesentliche Impulse hierzu von der 68er-Bewegung aus, deren Substanz in einem vorhandenen Klassenbewußtsein lag. Dies erkennt auch Krockow, obgleich er die von der Bewegung ausgehenden Wirkungen

---

[1468] Vgl. Greiffenhagen/Greiffenhagen 1993a, S. 114f.

[1469] polemos: (altgr.) Streit, Kampf.

[1470] Vgl. Leggewie 1990, S. 52ff.

[1471] Vgl. Wittkämper 1985, S. 261ff.

[1472] So scheinen die vergangenen sozialen Bewegungen der 60er, 70er und 80er Jahre in den 90er Jahren keine wirkliche Fortsetzung zu finden. Die von den Bewegungen ausgehenden, zweifelsfrei starken Wirkungen auf die Konfliktkultur Deutschlands haben in den 90er Jahren nachgelassen. Vgl. Brand 1987, S. 331ff., Jahn/Müller-Rommel 1987, S. 344ff.

vielleicht etwas überschätzt: „Wer vor 1968 davon sprach, daß Demokratie eine Streitkultur meine, in der die gegensätzlichen Interessen und Anschauungen zum Zuge kommen, wer gar einer "Konfliktpädagogik" das Wort redete, konnte der Empörung sicher sein. Ruhe war die erste Bürgerpflicht, Harmonie das Ziel... Das hat sich gründlich geändert. Demonstrationen sind alltäglich geworden, Bürgerinitiativen haben sich wie Buschfeuer ausgebreitet; kein Straßenbau und kaum eine Industrieansiedlung kann ohne langwierige, oft heftige Auseinandersetzungen überhaupt noch durchgesetzt werden."[1473]

Hinsichtlich der Konfliktpotentiale der bundesrepublikanischen Gesellschaft bzw. der Konfliktkultur erscheint die Frage nach dem Klassenbewußtsein bzw. der Existenz unterschiedlicher sozialer Schichten von Bedeutung.[1474] Nach Beck leben die Deutschen in Verhältnissen jenseits der Klassengesellschaft, in denen das Bild der Klassengesellschaft nur noch mangels einer besseren Alternative am Leben erhalten wird.[1475] Das Individuum wird im Prozeß der Individualisierung und Diversifizierung von Lebenslagen und Lebensstilen aus den Sozialformen der industriellen Gesellschaft zunehmend herausgelöst, so daß das Hierarchiemodell sozialer Klassen und Schichten an Gültigkeit verliert. Mit der zunehmenden Autonomie nimmt somit zunächst einmal die Intensität der Konflikte infolge eines Klassenbewußtseins ab.[1476]

Die heutige Lebenslage bzw. die Leitmotive menschlichen Handelns in der modernen westlichen Welt werden weniger durch materielle Not als vielmehr durch ein "askriptives Gefährdungsschicksal"[1477] beschrieben, womit Beck auf die durch zunehmende Unsicherheiten und globale Risiken wachsenden Lebensängste rekurriert und die einzelnen Bausteine zum Bild einer Risikogesellschaft zusammensetzt.[1478] Dadurch verändert sich tendenziell auch der primäre Konfliktgegenstand: Die in der Industriegesellschaft bestimmenden Verteilungsprobleme und –konflikte im Zusammenhang mit der Produktion von Reichtum werden abgelöst von Problemen und Konflikten, die sich aus der Produktion und Verteilung von Risiken ergeben.[1479] Die Risiken lassen soziale Gefährdungslagen entstehen, die durchaus klassenspezifische Risiken nicht ausschließen, es kann sogar durch die Abwälzung von Risiken in die unteren Schichten auch eine Verstärkung der Klassengesellschaft und eine damit einhergehende Konfliktverschärfung angenommen werden. Die Verteilungsprinzipien dieser Risiken folgen jedoch nicht mehr der ausschließlich monetären Logik der traditionellen Schicht- und Klassenlage.[1480] Wenngleich man sich auch von vielen Risiken freikaufen kann, ist in vielerlei Hinsicht auch ein "Bumerang-Effekt" zu beobachten, wonach auch diejenigen von Risiken globa-

---

[1473] Krockow 1990, S. 308.

[1474] Vgl. Dahrendorf 1971, S. 71ff., 1972, S. 12ff.

[1475] Vgl. Beck 1986, S. 121ff.

[1476] Vgl. Dahrendorf 1972, S. 39f.

[1477] Beck 1986, S. 8.

[1478] Vgl. Beck 1986, S. 115ff., 208ff., Bonß 1995.

[1479] Vgl. Beck 1986, S. 25ff. Vor diesem Hintergrund bezeichnet Beck seine Arbeit als „ein Stück empirisch-orientierter, projektiver Gesellschaftstheorie" (Beck 1986, S. 13). Im Kern geht es darum, wie mit den Risiken unserer Zeit, verstanden als "projizierte Gefährdungen der Zukunft" und "Vermeidungsgüter", die ein systematisches, häufig jedoch kaum wahrnehmbares Element im fortgeschrittenen Modernisierungsprozeß darstellen, umzugehen ist, damit die Grenzen des ökologisch, medizinisch, psychologisch, sozial Zumutbaren nicht überschritten werden (Vgl. Beck 1986, S. 26, 43ff.).

[1480] Vgl. Beck 1986, S. 46ff.

ler Natur betroffen sein werden, die eben diese produzieren bzw. durch diese profitieren. Über die Entstehung einer "Einheit von Täter und Opfer" wird somit das alte Klassenschema der Industriegesellschaft gesprengt.[1481]

Die Kernthese Schulzes besagt gleichermaßen, daß moderne Gesellschaften, wie insbesondere die Bundesrepublik, nicht mehr unter dem Aspekt der Knappheit und deren Vermeidung, sondern unter dem Aspekt des Überflusses und des Genusses adäquater zu interpretieren sind. Außenorientierte und materielle Ziele, wie Beschaffung von lebensnotwendigen Ressourcen, Altersvorsorge, Reproduktion der Arbeit etc., werden zunehmend von innenorientierten, nicht-materiellen Zielen abgelöst, was Schulze als *Erlebnisorientierung* im Sinne einer umfassenden Grundeinstellung versteht, die letztlich auch den Sinn des Lebens markiert. Der hierbei zum Ausdruck kommende Wertewandel übernimmt insofern eine Art "Ventilfunktion", als er das Denken in sozialen Schichten innerhalb einer festgefügten, schicksalhaften Ordnung (korporative Gesellschaft), aber auch den sozialhierarchischen Konkurrenzkampf einer kompetitiven Gesellschaft ablöst und eine Erlebnisgesellschaft entstehen läßt, die – analog dem "Fahrstuhleffekt" von Ulrich Beck – eine "Entvertikalisierung des Verhältnisses sozialer Großgruppen" einschließt.[1482]

Gerade auch unter Berücksichtigung der Erkenntnisse des Wertewandels scheint ein Klassenbewußtsein, wie es etwa im preußischen Obrigkeitsstaat oder mit noch drastischeren Konsequenzen in der Zeit des Nationalsozialismus zu beobachten war, mit der zunehmenden Verinnerlichung demokratischer Grundsätze im Sinne staatsbürgerlicher Werte, insbesondere im Vergleich mit anderen europäischen Ländern, weitgehend überwunden.

Jedoch deuten aktuelle Signale auf ein Wiedererwachen des Denkens in Rangunterschieden hin. Demnach werden in jüngeren Umfragen wieder zunehmend Stimmen laut, die die sozialen Unterschiede als zu groß und ungerecht empfinden; zudem gibt es Anzeichen dafür, daß sich Teile der Arbeiterschaft als geschlossene Unterschicht mit geringeren Lebens- bzw. Berufschancen wahrnehmen. Wenn man davon ausgeht, daß der seit dem Wirtschaftswunder zunehmende Wohlstand lange Zeit einer Solidaritätsbewegung zuwiderlief,[1483] spricht die aktuelle anhaltende Krise für ein grundsätzlich gewachsenes Bedürfnis nach Solidarität. Diese Tendenzen sind besonders in den neuen Bundesländern zu beobachten und sprechen auch infolge wachsender Unmutgefühle für eine zunehmende Bereitschaft zur Konfliktaustragung.[1484]

Im Zuge der zunehmenden Spaltung der Bevölkerung in arm und reich sprechen die Greiffenhagens von einer wachsenden "Kultur der Armut". Armut geht einher mit schweren Ängsten und Sorgen und birgt ein großes Unzufriedenheits- und Konfliktpotential, zumal die zu

---

[1481] Vgl. Beck 1986, S. 29ff., 48ff. Beck beschreibt die in den letzten Jahrzehnten zu beobachtende Wohlstandsvermehrung mit der Metapher des "**Fahrstuhl-Effekts**": die Klassengesellschaft wird insgesamt eine Etage höhergefahren. Dies betrifft eine Mehrung des Einkommens, der Bildung, der Mobilität, des Rechts, der Wissenschaft und der Verbreitung des Massenkonsums, was letztlich eine weitgehende Bedeutungsabnahme des vertikalen Denkens in sozialen Schichten impliziert (Vgl. Beck 1986, S. 121ff.). Gegensätzliche Kulturdiagnosen finden sich v.a. bei Veblen (1986), Bourdieu (1987, 1993), Hirsch (1980). Vgl. dazu auch Schnierer 1996, S. 71ff.

[1482] Vgl. Schulze 1992, S. 138ff., kritisch dazu Schnierer 1996, S. 71ff.

[1483] Vgl. Dahrendorf 1971, S. 195.

[1484] Vgl. Rapp 1993, S. 52, Greiffenhagen/Greiffenhagen 1993a, S. 295ff.

früheren Zeiten vorherrschende Bereitschaft zur Unterordnung aufgrund der gewachsenen Mündigkeit nicht unterstellt werden kann; zudem mag hinsichtlich der Konfliktentladung beunruhigen, daß die Armut in der bundesrepublikanischen Gesellschaft oftmals unsichtbar oder zumindest wenig offensichtlich ist.[1485] Wenn die durch die Individualisierung gewachsene Autonomie des Individuums durch ein infolge mangelnden Kollektivsinnes zusammenbrechendes System nicht mehr geschützt ist und gewohnte Anspruchshaltungen nicht mehr befriedigt werden, wächst mit der Empfindung von Enttäuschung und Ungerechtigkeit auch in erheblichem Maße gesellschaftliches Konfliktpotential. Die aus der erhöhten Konfliktbereitschaft erwachsenden Konfliktaktualisierungen können ein verändertes Konfliktbewußtsein, d.h. auch einen offeneren und intensiveren Umgang mit Konflikten nach sich ziehen.

*Erfahrungen in der Wirtschaft*

Das marktwirtschaftliche Prinzip, welches in Deutschland im Vergleich zu anderen Ländern allerdings noch keine allzu lange Tradition aufweisen kann, beinhaltet freiheitlichen Wettbewerb und damit auch immer eine besondere Form der Konfliktdynamik. Seit dem wirtschaftlichen Aufschwung kann somit grundsätzlich von einer wachsenden positiven Gesinnung gegenüber Auseinandersetzungen im ökonomischen Kontext ausgegangen werden. Speziell das deutsche Wirtschaftswunder in den 50er Jahren hat allerdings wohl im Bereich der sozialen Konflikte durch die Wohlstandsvermehrung die geringsten Wirkungen gezeigt; es hat vielmehr für eine veränderte Zusammensetzung der Führungselite und insbesondere für eine stärkere soziale Stellung der Führenden im Wirtschaftsbereich gesorgt, die Dahrendorf als "Kartell der Angst" bezeichnet, womit er auf die grundsätzliche Konfliktscheu abzielt.[1486]

Im Gegensatz zu einer demokratischen Konfliktkultur, die durch Angstfreiheit der Beteiligten gekennzeichnet ist, erweisen sich aber auch noch in der heutigen Praxis viele Führungskräfte als konfliktscheu.[1487] Aufgrund ihrer Position als Repräsentanten eines Unternehmens bzw. eines Unternehmensbereichs bieten Führungskräfte eine besondere Angriffsfläche für Konflikte. Eine häufig anzutreffende Konfliktvermeidungsphilosophie der Führungskräfte resultiert aus dem Wunsch nach gemeinsamer Entscheidungsfindung, Integration und Dissensvermeidung, der mit zunehmender Positionshöhe steigt.[1488] Gerade durch den Druck zu gemeinsamer Entscheidungsfindung werden Intergruppenkonflikte aber umso wahrscheinlicher.[1489]

Eine wesentliche Einflußgröße des betrieblichen Konfliktgeschehens ist die Organisationsstruktur. Die Organisationsstrukturen deutscher (Groß-)Unternehmen waren in der Vergangenheit durch ein hohes Maß an Hierarchie gekennzeichnet. Aufgrund der starken Formalisierungen des wechselseitigen Austausches durch indirekte Kommunikation kann die Hierarchie bzw. die bürokratische Organisation als ein System gesehen werden, welches sich durch eine "strukturelle Konfliktausschaltung" auszeichnet. Konflikt wird in einem hierarchischen

[1485] Vgl. Greiffenhagen/Greiffenhagen 1993a, S. 307ff.

[1486] Vgl. Dahrendorf 1971, S. 280ff., 452ff., 1972, S. 119ff.

[1487] Vgl. z.B. List 1994, S. 380ff., Figge 1995, S. 338ff., Fischer, G. 1992, S. 200ff.

[1488] Vgl. Titscher 1992, Sp. 1336.

[1489] Vgl. March/Simon 1958.

System nur allzu leicht als Abweichung von der Norm bzw. Ordnung, als Fehler im System, den jemand verschuldet hat, gesehen.[1490]

Die vornehmlich in den späten 60er und frühen 70er Jahren aufkommenden Diskussionen um eine Demokratisierung der industriellen Beziehungen bzw. eine "Betriebs-„ oder auch Wirtschaftsdemokratie" erhielten angesichts der sozialen Friedlichkeit der deutschen Arbeitsbeziehungen wenig Nahrung durch Konflikte.[1491]

Man weiß zwar, daß ein Streik zur Demokratie gehört; jedoch schlägt bei einer tatsächlichen Durchführung im Rahmen der Beurteilung der Situation zumeist das obrigkeitsstaatliche Erbe durch, und man wünscht, daß der Streik möglichst bald beendet wird und wieder Ordnung einkehrt.[1492] Die gering ausgeprägte Streikfreudigkeit der Deutschen verdeutlicht auch folgender internationaler Vergleich, aus dem hervorgeht, daß die Deutschen im Jahresdurchschnitt in den 90er Jahren (bezogen auf 1990-1996) mit 17 durch Arbeitskämpfe verlorenen Arbeitstagen lediglich von Österreich (5) und Japan (2) unterboten wurden (Vgl. Tab. 17).

| **Durch Arbeitskämpfe verlorene Arbeitstage je 1000 Beschäftigte (Jahresdurchschnitte):**[1493] | | | | | |
|---|---|---|---|---|---|
| Zeitraum: | 1990/96 | 1980/89 | Zeitraum: | 1990/96 | 1980/89 |
| Spanien | 397 | 646 | Belgien | 45 | k.A. |
| Griechenland | 372 | 753 | USA | 44 | 123 |
| Finnland | 220 | 408 | Dänemark | 43 | 178 |
| Italien | 198 | 623 | Portugal | 43 | 158 |
| Irland | 132 | 380 | Vereinigtes Königreich | 37 | 332 |
| Norwegen | 95 | 99 | Niederlande | 29 | 15 |
| Neuseeland | 88 | 528 | Deutschland | 17 | 28 |
| Frankreich | 87 | 119 | Österreich | 5 | 2 |
| Schweden | 67 | 182 | Japan | 2 | 10 |

Tab. 17: Streikfreudigkeit im internationalen Vergleich

Quelle: SZ vom 7.4.1998, S. 23

Der soziale Frieden gilt freilich als ein bedeutender positiver Standortfaktor, jedoch steht ebenso außer Frage, daß er in engem Zusammenhang mit Wohlstandsbequemlichkeit und Harmoniesehnsucht steht, die über lange Zeit ein Ausweichverhalten in Konfliktsituationen unterstützten. Erst in jüngerer Zeit im Zuge der von Unternehmen erkannten Krisenerscheinungen und der daraufhin eingeleiteten massiven Restrukturierungsbemühungen scheint sich aufgrund der Intensivierung des Konfliktgeschehens ansatzweise ein verändertes Konfliktbewußtsein zu etablieren.

---

[1490] Vgl. Dahrendorf 1972, S. 67f., Buchinger 1994, S. 25, Wörl 1997, S. 71ff. Die bereits seit geraumer Zeit bekannten und v.a. im Rahmen der Projetorganisation praktizierte Matrixstruktur ist sicherlich als konfliktfördernd anzusehen. In diesem Sinne bieten auch die neueren Organisationsformen mit ihren flacheren Strukturen und einer Betonung auf Gruppenarbeit gute Ansatzpunkte für eine Konfliktkultur. Auf der anderen Seite bedeuten gerade die gefestigten, harmonieorientierten Einstellungen eine mentale Barriere für eine erfolgreiche Umsetzung eben dieser Organisationsformen!

[1491] Vgl. Dahrendorf 1971, S. 181ff., Kirsch 1993, S. 262ff.

[1492] Vgl. Greiffenhagen/Greiffenhagen 1993a, S. 114f.

[1493] Anzumerken ist, daß bis 1992 nur die Arbeitsausfälle in Westdeutschland aufgenommen wurden. Auffällig ist freilich, daß die Anzahl der Streiks in den 90er Jahren gegenüber den 80er Jahren weltweit drastisch gesunken ist, was nicht zuletzt auf eine Verschärfung des internationalen Wettbewerbs und den damit verbundenen höheren Druck zurückzuführen ist.

Auch wenn die gesunkene Streikfreudigkeit gegen eine Zunahme oder Verschärfung des Konfliktklimas in deutschen Unternehmen spricht, so gibt es doch mehrere Gründe, die eine stärker konfliktorientierte Atmosphäre belegen. Wie bereits Dahrendorf bemerkte, kann die geringe Beliebtheit des Arbeitskampfes in Deutschland wenig befriedigen, da dies eher zurückzuführen ist auf eine starre, oftmals resignative Haltung hinsichtlich der Möglichkeiten, die Arbeitsbeziehungen durch Konflikte konstruktiv zu verändern.[1494] In diesem Sinne sind statt der offenen Konfliktaustragung vielmehr massenhafte individuelle Reaktionen nicht berücksichtigter Interessen als Konfliktumleitungen zu beobachten, wie insbesondere Leistungsrestriktion, Unfallhäufigkeit, Krankenstand, innere Kündigung oder Fluktuation. Diese Reaktionen führen auch aufgrund des Mangels an empfundener und gelebter Solidarität dann statt Intergruppen- tendenziell zu Inter- oder auch Intrapersonenkonflikten.[1495]

Auch deshalb kann im Hinblick auf den klassischen Konflikt zwischen dem Organisationsmitglied und der Organisation[1496] gegenwärtig von einer deutlichen Konfliktverschärfung ausgegangen werden. Die persönlichen Ziele des Individuums und die Ziele der Organisation stehen sich in Deutschland zudem deswegen vermehrt konträr gegenüber, da

1) aufgrund der steigenden Komplexität der Aufgaben und einer überspitzten Arbeitsteilung eine zunehmende Entfremdung von der Arbeit bzw. der Gesamtorganisation und ein genereller Sinnverlust zu beobachten sind,

2) aufgrund der zunehmenden Akademisierung und allgemein höheren Qualifizierung (Bildungsexpansion) sich ein zunehmendes Selbstbewußtsein und ein gestiegener Wunsch nach persönlicher Entwicklung (Selbstverwirklichung) bemerkbar machen,

3) aufgrund des seit den 70er Jahren einsetzenden Wertewandels eine deutliche Abkehr von Pflicht- und Akzeptanzwerten zu verzeichnen ist, wodurch die Bereitschaft der Deutschen, sich unterzuordnen, sich auf Kosten des persönlichen Wohls einem gemeinschaftlichen Zweck zu unterwerfen und dafür Opfer zu erbringen eher gering einzuschätzen ist,[1497]

4) aufgrund der verstärkten Abkehr vom Fürsorgeprinzip im Zuge der jüngsten Restrukturierungsmaßnahmen in Verbindung mit der Flexibilisierung der Arbeitsbeziehungen bei Massenarbeitslosigkeit elementare Sicherheitsbedürfnisse nicht (mehr) befriedigt werden und

5) aufgrund eines weitläufigen Personalabbaus die individuelle Arbeitsbelastung erhöht wurde, bei oftmals gleichbleibenden oder gar sinkenden materiellen Anreizen.

Zusammenfassend läßt sich sagen, daß aufgrund der wachsenden Bedeutung des Konfliktgeschehens auf gesellschaftlicher wie auf betrieblicher Ebene auch die Anforderungen an die Kulturmitglieder hinsichtlich Konfliktbereitschaft und -fähigkeit steigen. Mit Blick auf die zurückliegende Vergangenheit liegt in der Abkehr vom kategorischen Harmoniedenken die vielleicht schwierigste, unausweichliche Aufgabe einer mentalen Veränderung der Deutschen. So ist über personalwirtschaftliche Maßnahmen nachzudenken, die den konstruktiven Umgang mit Konflikten zur Selbstverständlichkeit werden lassen können (Kapitel 5.3.5).

---

[1494] Vgl. Dahrendorf 1971, S. 195f., 1972, S. 68f.

[1495] Vgl. Dahrendorf 1971, S. 195.

[1496] Vgl. Argyris 1957.

[1497] Vgl. z.B. Schaal 1992, S. 21ff., Miegel/Wahl 1993, S. 45.

### 3.2.4.2.6    Fehler- und Lernkultur

Obgleich im Grunde Einigkeit darüber besteht, Irrtümer und Fehler als etwas originär Menschliches anzuerkennen und sie zudem als Quelle des Lernens und der Weiterentwicklung zu sehen, beherrscht die Deutschen ein kategorisches, fast zwanghaftes Fehlervermeidungsdenken. Als Gegentendenzen zu einer Fehler- und Lernkultur können vor allem folgende Aspekte von Interesse sein:

Selbst- und Fremdbild:
Humorlosigkeit,
Angeberei und daher
Mangel an Selbstkritik
(allerdings aktuelle
Gegentendenzen im
Selbstbild)

Ethische Grundlage:
strenge ethische Prinzipien
des Protestantismus

Rechtssystem:
nicht immer bekommt man
eine zweite Chance,
Gesetze auf
Abschreckungswirkung
ausgerichtet, Lernen aus
Fehlern nur begrenzt
implementiert

Gebrochene nationale
Entwicklung:
Sicherheitsdenken der
Fehlervermeidung,
exzessives präventives
Lernen, um Fehler zu
vermeiden

## Null-Fehler-Denken

Familie und Schule:
überhöhtes menschliches
Ideal, Humboldtsches
Bildungsideal führen zu
hoher Erwartungshaltung
und Perfektionsstreben

Erfahrungen in der
Wirtschaft:
Konkurrenzprinzip bestraft
Fehler gnadenlos, kurz-
fristige Wirkungen
erscheinen bedeutungs-
voller als langfristige

Gesellschaftliche
Individualisierung:
Schadenfreude und
Sündenbockmentalität,
wenig Mitgefühl oder
Anteilnahme

Abb. 60: "Fehlerverteufelung" und Null-Fehler-Denken der Deutschen

Quelle: eigene Darstellung

#### *Gebrochene nationale Entwicklung*

Das aus der problematischen Nationalgeschichte resultierende Sicherheitsdenken führt zu umfangreichen Bestrebungen der Fehlervermeidung, etwa im Zusammenhang mit der Implementierung immer neuer Planungs-, Steuerungs- und Kontrollsysteme mit immer geringer werdender Fehler- oder Ausfallwahrscheinlichkeit. Fehler werden traditionell als Abweichung von der Norm angesehen. Der häufig verwendete Ausdruck "menschliches Versagen" impliziert ein vermeidbares, nicht korrektes Funktionieren des menschlichen Organismus und damit eine personifizierende, vorwurfsbeladene Schuldzuweisung.

Auch die unbestrittene Lernbegierigkeit der Deutschen[1498] kann vor diesem Hintergrund in einem neuen Licht erscheinen. Lernen die Deutschen vielleicht nur aus der Angst heraus, daß sie zukünftig Fehler begehen könnten? Lernen kann auch als präventiver Schutz vor einem zukünftigen Versagen gedeutet werden. Ziel aller Lernbemühungen ist damit möglicherweise eine absolute *Fehlervermeidung*.

---

[1498] Indikatoren für die Lernbereitschaft sind beispielsweise die im internationalen Vergleich relativ hohe Anzahl der besuchten Volkshochschulkurse, der Neueinschreibungen für Studiengänge etc.

Angesichts dessen mag es erstaunen, daß man den Deutschen nachsagt, daß sie auch nach kürzester Beschäftigung mit manchen Themen glauben, kompetent mitreden zu können, wenngleich sie von der Materie nur rudimentär etwas verstehen. Dies resultiert wie das nachhaltige Beharren auf der eigenen Meinung möglicherweise aus einer tiefsitzenden Unsicherheit, die - wie mehrfach angesprochen - im Zusammenhang steht mit der gebrochenen nationalen Entwicklung. Ist daher der Deutsche, vielleicht auch speziell der Westdeutsche nicht ein Besserwisser bzw. ein "Besserwessi", wie es der nach der Wiedervereinigung bekanntgewordene Stereotyp besagt?[1499]

### Selbst- und Fremdbild

Den Deutschen wird darüber hinaus vielfach ein Mangel an Selbstkritik attestiert. Insbesondere im Ausland fallen Deutsche vor allem durch ihre Selbstgefälligkeit, Arroganz und Angeberei auf. Ebenso sind sie bekannt als unnachgiebige "Quadratschädel", die mit ihrer Direktheit andere vor den Kopf stoßen können.[1500] Glaubt man diesen Zuschreibungen, behindern diese Charakterzüge erheblich das Erkennen und Eingestehen von Fehlern, vielmehr muß bei einer so gearteten Persönlichkeit befürchtet werden, daß sie zu Verschleierung und Schuldzuweisung neigt. Auch die den Deutschen oft vorgehaltene Humorlosigkeit vermag nicht dazu beitragen, den Umgang mit Fehlern in einer konstruktiven Lernatmosphäre zu verwirklichen.

Seit dem Zweiten Weltkrieg kann jedoch die *wachsende Bereitschaft zur Selbstkritik* besonders der jüngeren Generation als markantes Merkmal im Selbstbild der Deutschen herausgestellt werden.[1501] In Verbindung mit den Akzentverschiebungen bei den Erziehungszielen deutet sich somit auch eine Veränderung der Einstellungen gegenüber Fehlern bei den jüngeren Generationen an.

### Familie und Schule

Ein anderer Aspekt in diesem Zusammenhang betrifft den bereits erwähnten Perfektionismus der Deutschen mit einer zugrundeliegenden Inhumanität. Fehler als etwas Menschliches anzuerkennen, liegt den Deutschen im Allgemeinen nicht. Dabei ist für sie Bildung jedoch ein sehr hohes Gut.[1502] Hintergrund hierfür ist ein überhöhtes menschliches Ideal.

In engem Zusammenhang damit steht auch das den deutschen Bildungssystemen heute noch weitgehend zugrundeliegende *Bildungsideal*, welches Wilhelm von Humboldt (1767-1835) im Rahmen der Reform des preußischen Schul- und Bildungswesens prägte. Sein universelles Bildungskonzept, das auf der Vielseitigkeit menschlichen Denkens beruhte und auch in seiner Forderung nach einer Einheit von Forschung und Lehre Aufmerksamkeit erhielt, fußte letztlich auf einem, den Kapazitäten des Einzelnen unangemessenen Weltwissen.[1503] Das neuhumanistische Bildungsziel, die Förderung des menschlichen Zusammenlebens und einer besseren (interkulturellen) Verständigung, das der Humboldtschen Konzeption zugrundeliegt,

---

[1499] Vgl. z.B. Zeidenitz/Barkow 1997, S. 13.

[1500] Vgl. Noelle-Neumann/Köcher 1993, S. 513ff., Noelle-Neumann 1991d, S. 8, Mole 1995, S. 39.

[1501] Vgl. Scheuch 1991, S. 94. Als Beispiel einer selbstkritischen Reflektion vgl. Wehner 1994.

[1502] Vgl. Zeidenitz/Barkow 1997, S. 27ff.

[1503] Vgl. dazu Wilhelm von Humboldt: "Theorie der Bildung des Menschen", abgedruckt in Flitner 1984, S. 27-32. Vgl. auch Freese, R. 1986, S. Vff.

wird aus heutiger Sicht über unser Bildungssystem jedoch nicht erreicht. So verhindert vor allem das im Bildungssystem auf vielfältige Weise verankerte Konkurrenzprinzip ein uneigennütziges, auf gegenseitigem Verständnis und wechselseitiger Hilfe basierendes Verhalten. In den wenigsten Fällen dürfte man in den Schulen auf eine fehlerfreundliche, tolerante Atmosphäre treffen. „Wenn in unseren Schulen solidarisches Miteinander eingeübt werden soll, dann müssen junge Menschen dort auch erleben, daß Probleme durch ein Miteinander eher als durch Konkurrenz und Abspalten zu lösen sind."[1504]

Allerdings muß dies insbesondere mit Blick auf das System der dualen Berufsausbildung relativiert werden. Rund 70% der Arbeitnehmer (etwa doppelt so viele wie in Großbritannien) besitzen eine abgeschlossene Lehre, wobei trotz der seit den 70er Jahren einsetzenden Bildungsexpansion die Beliebtheit der Lehrausbildung ungebrochen ist, da sie auch für Absolventen höherer Schulen häufig den Start ins Berufsleben markiert.[1505] Im Rahmen der betrieblichen Ausbildung lernt der Auszubildende die Umgangsformen insbesondere in den Beziehungen zwischen Gewerkschaft, Betriebsrat und Management kennen. Auf verschiedene Weise, z.B. in Form der Mitarbeit in Jugendausschüssen, wird hierbei ein partizipatives Mitwirken ermöglicht. Darüber hinaus wird den Lehrlingen verantwortungsbewußtes Handeln beigebracht, von ihnen begangene Fehler werden jedoch zumeist mit viel Nachsicht behandelt, was freilich auch darin begründet sein mag, daß sie nicht als vollmündige Mitarbeiter angesehen werden und daher ein gewisses Maß an "Narrenfreiheit" genießen.

*Gesellschaftliche Individualisierung*

Die nicht nur auf den Bildungsbereich bezogene, sondern vielmehr allgemein verbreitete hohe Erwartungshaltung als ein typisch deutsches Phänomen läßt sich vielfach im Alltag der Deutschen beobachten. Gerade in Verbindung mit den Individualisierungstendenzen sind als Reaktion auf begangene Fehler von anderen zumeist Schadenfreude oder aber Vorwürfe und Schuldzuweisungen (im Falle negativer Konsequenzen für andere) zu beobachten.

Diese Reaktionen der Vorwürfe und Schuldzuweisungen sind gerade in individualistischen, westlichen Kulturen zu beobachten (guilt culture), im Gegensatz etwa zur kollektivistisch orientierten Kulturen (insbesondere Japan), die eher die persönliche Scham als Reaktion kennen (shame culture). So entwickeln Mitglieder individualistischer Kulturen, insbesondere auch die Deutschen, Schuldgefühle, wenn sie gegen die Regeln der Gesellschaft bzw. gegen ihr individuell geformtes Gewissen verstoßen, welches als persönlicher innerer Lotse fungiert. Demgegenüber lösen Verhaltensweisen, die gegen gesellschaftliche Regeln verstoßen, in kollektivistischen Kulturen Schamgefühle bei dem Betroffenen aus, die auf ein tiefes Gefühl für kollektive Pflicht und Verantwortung zurückzuführen sind.[1506]

Ein generelles Problem dürfte auch die bereits erwähnte, bei den Deutschen gering ausgeprägte Fähigkeit und Bereitschaft zur Empathie, sich in den anderen hineinzuversetzen, darstellen.

---

[1504] Klemm 1990, S. 468.

[1505] Vgl. z.B. Watson 1993, S. 170ff.

[1506] Vgl. Hofstede 1993, S. 76f. Insbesondere im Sport, speziell bei internationalen Wettkämpfen, beklagen die Sportler stets den hohen Erwartungsdruck, der vor allem durch die Medien erzeugt wird. Auch die Personalpolitik im Zusammenhang mit Trainern der Fußballbundesliga mag als populäres Beispiel für die *Sündenbockmentalität* der Deutschen gelten.

Das Mitgefühl für andere, die Fehler begangen haben, könnte im Hinblick auf die zunehmende Individualisierung bei abnehmender Solidarität weiteren Schaden nehmen.

Eine Eigenschaft, die für einen konstruktiven Umgang mit Fehlern sowie ein angstfreies Klima notwendig erscheint, ist sicherlich die *"Toleranz"*, die bei den Deutschen im Vergleich zu anderen Nationen weniger ausgeprägt ist.[1507] Toleranz als das Geltenlassen anderer Persönlichkeiten, anderer Werte und Normen, begründet die Akzeptanz und Würde, die für konstruktive zwischenmenschliche Begegnung, offene Kommunikation, Vertrauen, einen vernünftigen Umgang mit Fehlern und ein insgesamt angstfreies Miteinander notwendig sind.[1508]

Das Toleranzverhalten der Deutschen wurde von Erp Ring untersucht.[1509] Die Messung nach Ring erfolgt anhand zweier einfacher demoskopischer Fragestellungen, die es ermöglichen, bestimmte Toleranzwerte zu ermitteln. Zum einen wird gefragt nach den Personenkreisen, die die Befragten nicht im gleichen Haus oder als Kollegen am Arbeitsplatz haben möchten. Zum zweiten wird gefragt, welche Personenkreise man sich im engsten Freundeskreis vorstellen könnte. Der Toleranzindex nach Ring bestimmt sich nun dadurch, daß man die Nennungen der Personenkreise zur ersten Frage (in %) von den entsprechenden Nennungen bei der zweiten Frage (in %) subtrahiert. Somit kann der Toleranzindex Werte zwischen −100 und +100 annehmen. Folgende Tabelle gibt einen Überblick darüber, wie sich das Toleranzverhalten der Deutschen seit Mitte der 70er Jahre bis 1989 verändert hat (Vgl. Tab.18).

In den 80er Jahren sind die Deutschen gegenüber Minoritäten allgemein toleranter geworden, nach wie vor zeigt die Gesellschaft wenig Verständnis für Prostituierte, wegen Diebstahls Vorbestrafte (im krassen Gegensatz zu Unfallverursachern), Geisteskranke, Alkoholkranke sowie überzeugte Kommunisten und Nationalsozialisten. Insgesamt zeigt sich an diesen Ergebnissen aber sehr deutlich die zunehmende Verinnerlichung liberaldemokratischer Anschauungen und Werthaltungen in den 80er Jahren.

In einer differenzierten Betrachtung wird deutlich, daß als Einflußgrößen des Toleranzverhaltens das Lebensalter (jüngere sind wesentlich toleranter), die soziale Schicht und Bildung (die Oberschicht und die höher Gebildeten zeigen höheres Toleranzniveau) sowie die Persönlichkeitsstärke (starke Persönlichkeiten sind allgemein toleranter, jedoch nicht gegenüber allen Personenkreisen) eine Rolle spielen. Auch zeigt sich bei einem Vergleich zwischen West- und Ostdeutschland, daß das Toleranzniveau in den neuen Bundesländern deutlich (Ring schätzt den Unterschied auf etwa 5 Skalenpunkte des Durchschnittswertes) geringer ist. Wirklich große Unterschiede ergeben sich jedoch erst im Vergleich mit anderen Völkern, insbesondere Großbritannien, Frankreich, Italien und Spanien. Die Distanzierung bzw. die Intoleranz der Deutschen ist im Vergleich zu diesen Nationen insbesondere gegenüber Rechts- und Linksextremisten, aber auch Betrunkenen und Ausländern anderer Hautfarbe wesentlich größer.[1510]

---

[1507] Vgl. Hofstede (1993, S. 117) verweist auf den Zusammenhang von Toleranz und dem von ihm entwickelten Maskulinitätsindex. Vgl. auch Mole 1995, S. 52, Craig 1983.

[1508] Vgl. Kirchner 1991, S. 107ff., Weizsäcker/Weizsäcker 1984, S. 179ff.

[1509] Vgl. Ring 1980, S. 1ff., 1992, S. 230ff., 1993, S. 147ff.

[1510] Vgl. Ring 1993, S. 150ff.

| Personen, die ich mir (1975) | | Toleranzindex | | |
|---|---|---|---|---|
| als Freunde vor-stellen könnte | nicht als Nachbarn/Kollegen wünsche | 1975 | 1981 | 1989 |
| *Kindheit* | | | | |
| Als Waisenkinder Aufgewachsene | 76 | 2 | 74 | 75 | 77 |
| Unehelich Aufgewachsene | 69 | 3 | 66 | 65 | 71 |
| In Armenvierteln Aufgewachsene | 56 | 6 | 50 | 47 | 57 |
| Kinder von Verbrechern | 32 | 14 | 18 | 19 | 27 |
| *Sex und Ehe* | | | | |
| Geschiedene | 71 | 5 | 66 | 71 | 78 |
| Personen mit unehelichen Kindern | 69 | 6 | 63 | 67 | 74 |
| Unverheiratet Zusammenlebende | 57 | 10 | 47 | 58 | 68 |
| Leute mit vielen Kindern | 56 | 14 | 42 | 48 | 55 |
| Leichte Mädchen | 15 | 55 | -40 | -36 | -30 |
| *Status* | | | | |
| Studenten | 58 | 9 | 49 | 52 | 64 |
| *Vorbestrafte* | | | | |
| Wegen schweren Verkehrsunfalles | 52 | 9 | 43 | 39 | 41 |
| Wegen Diebstahls | 19 | 46 | -27 | -26 | -16 |
| *Kranke, Süchtige* | | | | |
| Krebskranke | 49 | 11 | 38 | 49 | 58 |
| Selbstmordversuch gemacht | 36 | 17 | 19 | 22 | 31 |
| War in Anstalt für Geisteskranke | 19 | 46 | -27 | -22 | -14 |
| Öfter betrunken | 16 | 54 | -38 | -42 | -39 |
| *Rassen und Völker* | | | | |
| Juden | 41 | 16 | 25 | 27 | 35 |
| Gastarbeiter | 35 | 21 | 14 | 10 | 32 |
| Neger | 37 | 26 | 11 | 16 | 20 |
| *Politische Haltung* | | | | |
| Überzeugte Kommunisten | 20 | 50 | -30 | -50 | -25 |
| Überzeugte Nationalsozialisten | 15 | 44 | -29 | -53 | -46 |
| Durchschnittliches Toleranzniveau | | | 21 | 21 | 29 |

Tab. 18: Toleranzverhalten der Deutschen

Quelle: Ring 1993, S. 148

## Rechtssystem

Bezogen auf das Rechtssystem scheint die Frage von Interesse, inwieweit begangene Fehler wieder gutgemacht werden können, d.h. eine völlige Rehabilitation möglich ist. Man könnte etwa der These folgen, daß Straftäter gesellschaftlich derart geächtet werden, daß sie nicht wirklich in den Genuß einer zweiten Chance kommen.[1511] Dies könnte auch im Zusammenhang mit der in westlichen Kulturen vorherrschenden linearen Zeitgerichtetheit gesehen werden. Im Vergleich zu einem zyklischen Zeitbewußtsein, welches dem Prinzip der Wiederkehr

---

[1511] Vgl. hierzu auch die oben angesprochenen Befunde zum Toleranzverhalten der Deutschen (Vgl. Ring 1993, S. 149).

und der Unendlichkeit folgt, sind vor allem US-Amerikaner, aber auch Deutsche von der Vorstellung eines "Zeitpfeils" und einer daran anschließenden Nicht-Wiederholbarkeit der Ereignisse geleitet.[1512]

Auch sind etwa die Strafgesetze grundsätzlich auf eine Abschreckungswirkung ausgerichtet. Im Fall einer spürbaren Zunahme einschlägiger Delikte versucht man dieser Entwicklung schlichtweg durch ein höheres Strafmaß zu begegnen, weitgehend ohne die Ursachen der Häufigkeitssteigerung zu erforschen und zu bekämpfen. Das Lernen aus Fehlern ist von daher nur begrenzt implementiert. Zudem führt das den Deutschen nachgesagte, bedingungslose Festhalten an rechtlichen Vorschriften vielfach zu Inflexibilitäten bei der Handhabung und Sanktionierung von Fehlern.[1513]

*Ethische Grundlage*

Besonders die ethischen Prinzipien des Protestantismus zeugen von erheblicher Strenge und sorgen für ein kategorisches Fehlervermeidungsdenken in Form der Prinzipientreue. So schreiben auch Zeidenitz/Barkow überaus ironisch: „Beschwerden über die deutsche Schroffheit können nur auf Mißverständnissen beruhen. Die Deutschen trösten sich damit, daß ihre Hingabe an die höheren Werte und ihre Treue gegenüber den Anforderungen des inneren Selbst zwangsläufig einige Leute vor den Kopf stoßen. Traurig, aber ziemlich unabwendbar. Schließlich muß man im Leben Prioritäten setzen. Die hehren Prinzipien stehen einem allemal näher als die Mitmenschen..."[1514]

*Erfahrungen in der Wirtschaft*

Das der Marktwirtschaft innewohnende Konkurrenzprinzip bestraft Fehler durch die unmittelbaren ökonomischen Konsequenzen; dies gilt vielleicht in der heutigen Situation eines sich durch Globalisierung verschärfenden Wettbewerbs in noch stärkerem Maße als zu früheren Zeiten. Der Grund mag darin liegen, daß die kurzfristigen Wirkungen der Fehler gegenwärtig bedeutungsvoller erscheinen als mögliche langfristig wirksame Lernerfahrungen.

Auch die Sanktionen abfedernde soziale Komponente des deutschen Modells der Sozialen Marktwirtschaft scheint nicht mehr die traditionellen Wirkungen zu erzielen, da das ihr innewohnende Fürsorgeprinzip speziell von Seiten neoliberaler Überzeugungen in deutschen Unternehmen zunehmend als Wettbewerbshemmnis gesehen und angegriffen wird.

Der aufgrund der gegenwärtig kritischen Arbeitsmarktsituation zunehmende Konkurrenzdruck unter den Mitarbeitern fördert weiterhin ein ohnehin bereits vorhandenes egoistisches Denken. Dies kann dazu führen, daß zum einen Fehler der anderen zum persönlichen Vorteil ausgenutzt werden, um dadurch die Gefahr des persönlichen Arbeitsplatzverlustes zu verringern oder auch die Aussichten auf die in schlanken Organisationen zahlenmäßig geringer werdenden Aufstiegspositionen zu verbessern; zum anderen unterstützt eine solche Atmosphäre die ohnehin mangelhafte Kritikfähigkeit, welche oftmals als zentrale Barriere eines offenen

---

[1512] Vgl. Bleicher 1986b, S. 263ff.

[1513] Vgl. Zeidenitz/Barkow 1997, S. 86ff.

[1514] Zeidenitz/Barkow 1997, S. 17.

Vorschlagswesens zu sehen ist.[1515] So ist in deutschen Unternehmen vielfach bei Führungskräften und Mitarbeitern die Einstellung anzutreffen, die Unfehlbarkeit unter allen Umständen unter Beweis stellen zu müssen, was zu dem Bemühen führt, Fehler anderen zuzuschieben oder auch zu vertuschen. Das damit verbundene Trugbild bewirkt abnehmende bzw. gänzlich fehlende Solidarität im Betrieb und entzieht einer Fehlerkultur jegliche Grundlage.[1516]

Das gegenwärtig zu beobachtende Anstreben vieler Unternehmen, eine lernende Organisation oder auch eine betriebliche Lernkultur zu entwickeln, kann dabei als eine Gegentendenz hierzu begriffen werden.[1517] Inwieweit es gelingt, gerade in deutschen Unternehmen auch die hierfür notwendigen Eigenschaften der Fehlertoleranz, der gegenseitigen Rücksichtnahme oder der Nachsicht und des Verzeihens bei fehlerhaftem Verhalten sowie insgesamt ein durch Mitmenschlichkeit gekennzeichnetes Arbeitsklima zu schaffen, bleibt hinsichtlich der bereits aufgezeigten Aspekte deutscher Nationalkultur abzuwarten. Dabei ist fraglich, ob sich die Verantwortlichen der damit verbundenen kulturellen Schwierigkeiten auch *bewußt* sind.[1518]

Gerade mit Blick auf die betriebliche Personalentwicklung läßt sich feststellen, daß in der Vergangenheit eine allgemeine, fach- und betriebsübergreifende *Bildung* zunehmend aufgegeben wurde zugunsten einer hochspezifischen *Ausbildung*, die eben nicht einem Humboldtschen Bildungsideal, sondern vielmehr kurzfristigen ökonomischen Erfolgskriterien folgte, die sich aus einem ökonomistisch verstandenen betrieblichen Bildungscontrolling ableiten. Eine solche Verkürzung birgt auch die Gefahr in sich, daß die Menschen nicht ausreichend auf Prozeßveränderungen bzw. auf eine generelle Bewältigung von Problemen vorbereitet werden und insbesondere eine unzureichende soziale Kompetenz für den Umgang mit anderen Menschen entwickeln. Eben dieses Manko ist denn auch für die mangelnde Fähigkeit zu vernetztem und übergreifendem Denken mitverantwortlich, wodurch Kreativität und Innovationsvermögen unterentwickelt bleiben. Neben dem Elternhaus und der Schule haben diese Defizite einer umfassenden Bildung auch die Unternehmen zu verantworten.[1519]

Insgesamt ist angesichts der vorhandenen Defizite für eine betriebliche Fehler- und Lernkultur neben Maßnahmen der Personalentwicklung vor allem auch über Möglichkeiten fehlerfreundlicher und lernförderlicher Führungs- und Entgeltkonzepte nachzudenken (Kapitel 5.3.6).

---

[1515] Vgl. Simon 1993, S. 137.

[1516] Vgl. Sprenger 1992, S. 38ff.

[1517] Als lernende Organisationen werden von Experten zumeist die folgenden eingeschätzt: Hewlett Packard, BMW, IBM, Siemens, Audi, ABB, SAP, Gore und Festo (vgl. Maisberger 1996, S. 17f.). Vgl. aber auch die Bemühungen der Veba Oel AG (Krüper/Harbig 1997, S. 105ff.), Gruner+Jahr AG (vgl. Deters 1996, S. 1072ff.), Daimler-Benz AG (vgl. Sauder 1997, S. 864ff.), Opel AG (vgl. Dorau 1996, S. 368ff.).

[1518] Vgl. Sprenger 1992, S. 38ff., vgl. auch Müller, R. (1990, S. 36ff.), der auf die „fast übermenschlichen Ansprüche an Mitarbeiter und Führungskräfte" verweist, die in traditionellen Management-Ansätzen enthalten sind, welche vielleicht gerade aufgrund dieser Eigenschaft sich seit Beginn der 90er Jahre immer deutlicher als kontraproduktiv erweisen.

[1519] Vgl. Sauder 1997, S. 864ff., Hofmann 1994, S. 130ff.

## 3.3   Analyse der Organisationskultur und ihrer Subkulturen

Wie in Kap. 3.1.2.1 bereits ausgeführt, kann davon ausgegangen werden, daß die überformende Prägekraft der Nationalkultur nicht so stark ist, daß sich keine eigenständigen Subkulturen entwickeln könnten.[1520] Von daher ist es unabdingbare Voraussetzung einer personalwirtschaftlichen Anwendung, eine Relativierung der Ergebnisse der Analyse der Nationalkultur hinsichtlich der Unternehmenskultur sowie der betrieblichen Subkulturen vorzunehmen.[1521]

Aus betrieblicher Sicht stellt sich daran anschließend die Frage, wie die Entwicklung der Unternehmenskultur, auf die das (Personal-)Management einen bedeutenden Einfluß nimmt, mit der Nationalkultur zu vereinbaren ist.[1522] Im Rahmen der folgenden Überlegungen zum Kulturwandel (Kap. 4) soll geklärt werden, welche Handlungsmöglichkeiten, die ihrerseits auf Unternehmensebene kulturprägende Wirkung entfalten, sich dem Personalmanagement im Bewußtsein der festgestellten nationalkulturellen Merkmale grundsätzlich bieten.

Im Anschluß daran wird in Kap. 5 das Integrationsmodell einer kritischen Solidargemeinschaft als ein mögliches unternehmenspolitisches Leitbild vorgeschlagen. Dem Personalmanagement kommt daraufhin die Aufgabe zu, sein Instrumentarium auf die Verwirklichung der bekannten Kulturfelder hin auszurichten, d.h. zum einen die auf nationaler Kulturebene geeigneten Voraussetzungen zu erhalten und im Betrieb umzusetzen, zum anderen die aufgezeigten Barrieren zumindest kritisch zu hinterfragen, wenn nicht gar durch die Förderung neuer Denk- und Verhaltensmuster zu überwinden.

---

[1520] Vgl. Schreyögg 1996b, S. 69.

[1521] Zur besonderen Problematik einer Erfassung der Unternehmenskultur, auf die hier aus Platzgründen nicht mehr eingegangen werden kann, sei exemplarisch verwiesen auf Schreyögg (1996a, S. 439ff.), Schuh (1988), Dülfer (1991). In der Literatur herrscht Uneinigkeit in Bezug auf die Methoden zur Erfassung und Meßbarkeit von Unternehmenskulturen. Dabei sind zwei grundlegende Auffassungen zu beobachten: a) Verwendung der klassischen quantitativen Methoden (Vgl. z.B. Kilmann 1985, S. 351ff., Hofstede u.a. 1990) und b) Verwendung spezieller ethnographischer, qualitativer Methoden (Vgl. z.B. van Maanen 1988, Czarniawska-Joerges 1991, S. 285ff.).

[1522] Vgl. Schreyögg 1996b, S. 69.

# 4. Kulturwandel

„Es genügt nicht, die Welt zu verändern. Das tun wir ohnehin. Und weitgehend geschieht das sogar ohne unser Zutun. Wir haben diese Veränderung auch zu interpretieren. Und zwar, um diese zu verändern. Damit sich die Welt nicht weiter ohne uns verändere. Und schließlich in eine Welt ohne uns."[1523]

## 4.1 Theorien des Kulturwandels

Kulturwissenschaftlich geht man davon aus, daß Kultur ein gesellschaftliches, relativ kontinuierliches Phänomen ist: ein gewachsenes, für eine Gruppe von Menschen bezeichnendes Ganzes von Denk-, Gefühls- und Verhaltenskonfigurationen, die als selbstverständlich empfunden werden und für eine Reihe von Generationen Gültigkeit sowie Stabilität aufweisen. Grundsätzlich jedoch ist Kultur ein *Prozeß*, in dem sowohl Kräfte des Fortbestandes als auch der Veränderung wirksam werden.[1524] Die Ausgangssituation dieses Prozesses wird durch kulturelle Erfahrungen der *Vergangenheit* (kulturelles Erbe) bestimmt; eine Beeinflussung der kulturellen Entwicklung erfolgt über eine Vielzahl von teils bestimmbaren, teils unbestimmbaren Einflußfaktoren in der *Gegenwart*, wodurch sich Wirkungen für die *Zukunft* ergeben. Somit verbindet Kultur Vergangenheit, Gegenwart und Zukunft.[1525] „Nur in dem Umfang, in dem sie sich als zur Lösung von Problemen geeignet erweisen, haben kulturelle Inhalte und Formen langfristige Lebenschancen."[1526]

Als Möglichkeit ist kultureller Wandel immer gegeben. Er resultiert schon allein aus der Tatsache, daß Kultur, die eine Schöpfung des Menschen ist, weitergegeben und übernommen wird: Im Übermittlungsvorgang von einer Generation zur anderen wird Kultur allmählich und zum großen Teil unbewußt verändert. Daneben gibt es freilich bewußte oder unbewußte Fluktuationen und Veränderungen oberflächlicher Natur, die auf das Gesamtgefüge der Kultur aber keinen Einfluß nehmen.[1527] Bereits in der Benennung von Bedingungsfaktoren, die den Kulturwandel beeinflussen, zeigen sich deutliche Unterschiede in den einzelnen Theorienansätzen, die Ursache-Wirkungszusammenhänge der Kulturveränderung erklären möchten.

Auch deshalb sind *zuverlässige Theorien*, die Erklärungen über die Wirkungsweise von Veränderungen individueller Werthaltungen und daran anschließend über Art und Weise des Kulturwandels abzugeben vermögen, bis heute Mangelware.[1528] Vielmehr existieren in Abhängigkeit von den Grundannahmen über das Wesen der Kultur verschiedene *"Glaubensrichtungen"*, die unterschiedliche Perspektiven zum Verstehen und zur Handhabung des Kulturwandels aufzeigen.[1529] Vor allem die Möglichkeiten einer bewußten Einflußnahme auf die Kultur-

---

[1523] Günter Anders zit. nach Gerndt 1992. S. 152f.

[1524] Vgl. Giordano/Hettlage 1979.

[1525] Vgl. Puppe 1990, S. 143f.

[1526] Thurn 1976.

[1527] Vgl. Ramaswamy 1985, S. 35f.

[1528] Vgl. Raum 1992, S. 308f., Klages 1984, S. 10, Fitzgerald 1988, S.10ff., Kasper 1987, S.108ff., Ramaswamy 1985, S.46f.

[1529] Eine extreme Sicht findet sich bei den Anhängern des "historischen Partikularismus", die bestreiten, daß es generelle Aussagen über Entstehung und Entwicklung von Kultur geben könnte, da jedes Sozialsystem einen einmaligen histori-

entwicklung sind in enger Verbindung mit den Annahmen über das Wesen der Kultur selbst sowie den Modellen des Menschen-, Betriebs- und Gesellschaftsbildes zu sehen.[1530] Sieht man den Menschen als *homo cultus*, d.h. als Träger, Vermittler und Gestalter von Kultur, bedeutet dies, daß jedes Kulturmitglied an der Kulturentwicklung mitwirkt und in gewissen Grenzen seinen Willen *freiheitlich* in den Prozeß der Kulturveränderung einbringt.[1531] Sich wiederholende Verhaltensänderungen aufgrund von Werteveränderungen bei den Kulturmitgliedern, verfestigen sich in Verhaltensmustern und bewirken somit eine Veränderung der Kultur. Infolge dieser angenommenen Abhängigkeit der Kulturentwicklung von den Denk- und Verhaltensweisen aller Kulturmitglieder und der damit verbundenen *Mündigkeit* werden die geringen Erfolgsaussichten eines autoritären Managements der Kulturveränderung verständlich.[1532] Vielmehr erscheint das Menschenbild des homo cultus als logische Grundlage eines kulturbewußten Managements mit *demokratischen Wesenszügen*.

Dies wird auch ersichtlich im Betriebsbild des Kulturunternehmens. Kultur, verstanden als ein evolutionsfähiges System[1533], ist demnach nicht ausschließlich starr oder unbeweglich, sondern durch *evolutionäre* Prozesse gekennzeichnet. Dieser kulturelle Entwicklungsprozeß, der von Kontinuität und Diskontinuität geprägt wird, läßt sich vom Management beeinflussen, unterliegt aber eigenen Wachstumsprinzipien.[1534] Neben dem in dieser Arbeit verfolgten evolutionären Ansatz lassen sich diesbezüglich vier andere Schulen abgrenzen:[1535]

---

schen Verlauf besitzt und dadurch eine spezifische Kultur hervorbringt (Vgl. Neuberger/Kompa 1986a, S. 65f.), für dessen Verstehen die spezifischen historischen, ökologischen, sozialen Umweltfaktoren sowie die psychischen Merkmale der Mitglieder erforscht werden müssen. Ansätze dieser Art analysieren vor allem die Persönlichkeiten, die der Kultur eine markante Prägung gegeben haben. Ein solcher Blickwinkel impliziert auch die weitgehende Ablehnung einer Übernahme fremder Kulturelemente, die nicht auf die besondere Situation und die Bedürfnisse des Unternehmens zugeschnitten sind (Vgl. Kasper 1987, S. 108f.). Ein gegensätzliches Extrem findet sich bei den Neo-Evolutionisten (z.B. Leslie White), die die Meinung vertreten, daß ein für alle Bereiche des Kosmos gültiges Evolutionsprinzip existiert. Somit wären in der organischen Evolution grundsätzlich die gleichen Mechanismen gültig wie in der kulturellen, so daß von homologen und nicht von analogen Prozessen ausgegangen wird (Vgl. Raum 1992, S. 295f.).

[1530] Vgl. insbes. Fitzgerald 1988, S. 5ff., Meyerson/Martin 1987, S. 622. Vgl. dazu auch Kap. 2.2. Auch Kilmann u.a. (1986, S. 90f.) verweisen in Anlehnung an die Theorie von McGregor (1960) auf den Zusammenhang zwischen Menschenbild und Kulturwandel: Ausgehend von einem Menschenbild der Theorie Y ist demnach ein Kulturwandel ohne einen partizipativen Ansatz undenkbar, ausgehend von Theorie X kann ein klassischer Top-Down-Ansatz zugrundegelegt werden.

[1531] Für ein grundlegendes Verständnis des Kulturwandels ist es zweckmäßig, die Einflußfaktoren für eine Veränderung von Werthaltungen *auf der Ebene des Individuums* deutlich zu machen. Unter den Annahmen des *gemäßigten Voluntarismus* beeinflußt sowohl die Umwelt als auch das Individuum selbst die Bildung und Entwicklung von Wertorientierungen bzw. Sinngehalten seiner Handlungen. (Vgl. Kap. 2.3.3.2).

[1532] Vgl. auch Bumstead/Eckblad 1984, S. 21ff.

[1533] Vgl. dazu Kap. 2.2.2.

[1534] Vgl. zu den Implikationen der Grundlagen des kulturbewußten Personalmanagements und der Metapher des "gardening" für einen Kulturwandel: Sackmann 1989a, S. 172; Sackmann 1989b, S. 478ff., Neuberger/Kompa 1986c, S. 64ff. Vgl. auch Bleichers Arbeiten zur Kulturveränderung im Rahmen seines "Evolutionären Managements", in dem er für die Einflußnahme des Managements durch Vorgabe eines Korridors plädiert (Bleicher 1984, 1986a, 1990, 1991b, 1992, Sp. 2248ff). „Zukunftszugewandtheit, positive Einstellung zum Wandel und zur Kreativität, Fehlertoleranz, problembezogene statt politisch-gefärbte "Schönwetter"-Neigung bei der Kommunikation, Kooperations- und Lernbereitschaft lassen sich durch das Vorbild und Vorleben der Führung, das Einstellen verhaltenssteuernder und gratifizierender Rahmenbedingungen und die Selektion und Förderung, wie den Einsatz der Mitarbeiter **beeinflussen, aber nicht regeln.**" (Bleicher 1990, S. 156). Vgl. daneben Tunstall (1983, S. 15ff., 1986, S. 110ff.).

[1535] Vgl. Kasper 1987, S. 109ff.

| Evolutionäre Ansätze | Es wird davon ausgegangen, daß Veränderungen nur dann von Dauer sind, wenn sie auf der bestehenden Kultur aufbauen bzw. aus der Kultur selbst erwachsen. Demnach ist effektive Kulturentwicklung die Reaktion auf Änderungsimpulse und geschieht primär innengeleitet durch die Wahrnehmungen und Handlungen von Schlüsselfiguren im Unternehmen. Dabei sind die Wirkungen der Anpassungsalternativen, die sich in natürlicher Weise von innen heraus entfalten, weitgehend unbekannt. Kulturveränderungen können jedoch in Grenzen durch gezielte Auswahl dieser Alternativen nach Effizienzkriterien gelenkt werden.[1536] |
|---|---|
| Diffusionistische Ansätze | Die Entwicklung vollzieht sich durch den Austausch mit anderen Sozialsystemen infolge direkter oder indirekter Kommunikation. Der Diffusionismus sieht den Anstoß für Kulturveränderung somit allein von äußeren Einflüssen bestimmt. Die Diffusion von Sozialtechniken aus den USA nach Deutschland (sog. "Amerikanisierung") mag als kritisches Beispiel hierfür angesehen werden.[1537] |
| Systemische Ansätze | Einen wesentlichen Anker dieser Ansätze bildet die Autopoiesis-Diskussion, die primär von Niklas Luhmann in den Sozialwissenschaften ins Leben gerufen wurde. Sozialsysteme sind nach Luhmann Kommunikationssysteme, die sich selbst herstellen und die sich mit jeder ihrer Operationen auch auf sich selbst beziehen. Autopoiesis (=Selbstproduktion) ist nach Luhmann eine wesentliche Voraussetzung für, aber nicht gleichbedeutend mit Evolution.[1538] Kulturwandel läßt sich als Resultat des Zusammenspiels von geplanten, außengelenkten Ordnungsbildungsprozessen mit Prozessen der Selbstorganisation begreifen und durch substantielles wie symbolisches Gestalten in Grenzen lenken.[1539] |
| Interpretative Ansätze | Grundlage ist eine stärkere Betonung der Subjektivität einzelner Kulturmitglieder. Kultur erweist sich als Prozeß subjektbezogener Realitätskonstruktion und wird damit auch nur über subjektive Situationsinterpretationen verändert. Durch diese Subjektivität wird außengelenkten Einflußfaktoren im Rahmen der Kulturentwicklung - ähnlich wie bei systemischen Ansätzen - eine untergeordnete Rolle zugewiesen.[1540] |
| Revolutionäre Ansätze | Von Kulturrevolutionen ist zu sprechen, wenn eine bestehende Kultur durch grundlegend neue Denk- und Verhaltensmuster überlagert wird. Innere wie auch äußere Faktoren können als Auslöser sehr rasche Wirkung entfalten. Kulturrevolutionen können aufgrund beabsichtigter, einschneidender Eingriffe (z.B. Austausch einer großen Anzahl von Schlüsselfiguren) oder auch unbeabsichtigter Veränderungen (z.B. plötzlich auftretende Chancen- und Krisenkonstellationen) entstehen. Eine Abgrenzung von evolutionären Ansätzen ist wesentlich in der größeren Geschwindigkeit der eingetretenen Kulturveränderung zu sehen.[1541] |

Tab. 19: Theorien des Kulturwandels

Quelle: in Anlehnung an Kasper 1987, S. 109ff.

---

[1536] Vgl. zum Überblick über Evolutionstheorien in der Ethnologie Raum 1992, S. 283ff.; im organisationskulturellen Kontext vgl. Schreyögg 1991b, S. 201ff., Bleicher 1984, S. 494ff., 1991b, S. 111ff., Bumstead/Eckblad 1984, S. 21ff., Matenaar 1983a, Malik 1981, S. 155ff.

[1537] Bekannte Vertreter waren z.B. F. Ratzel oder A. Bastian (Kulturkreislehre) oder auch H. Naumann mit seiner Theorie des gesunkenen Kulturgutes; vgl. hierzu im organisationskulturellen Kontext Neuberger/Kompa 1986a, S. 66f.

[1538] Vgl. Luhmann 1984, S. 57ff., 501ff.

[1539] Als Vertreter im betrieblichen Kontext vgl. Probst (1987), Ulrich/Probst (1984), Probst/Scheuss (1984, S. 480ff.).

[1540] Ein Vertreter dieser Richtung im organisationskulturellen Kontext ist z.B. Morgan (1980, S. 605ff., 1986, S. 128ff.).

[1541] Vgl. im organisationskulturellen Kontext Hochreutener 1984, 1985, S. 14ff.

Das grundlegende Problem evolutionärer Ansätze besteht darin, zuverlässige Erklärungen dafür zu finden, warum ein Phänomen B zeitlich auf ein Phänomen A gefolgt ist. Strenggenommen müßte man über Gesetze verfügen, die A als eine notwendige und hinreichende Bedingung für B ausweisen, denn es reicht nicht zu zeigen, daß B tatsächlich auf A gefolgt ist.[1542] Hinausgehend über die Beschreibung der grundsätzlichen Entwicklungsprinzipien finden sich in der Literatur Versuche zur Erkennung bestimmter Gesetzmäßigkeiten von Kulturevolutionen anhand *"typischer" Verlaufsmuster*. Diese Ablaufschemata lassen sich auch als Lebensläufe von sozialen Systemen interpretieren. Durch eine Bewertung der Situation erscheint es möglich, eine phasenspezifische Einordnung der bestehenden Kultur vorzunehmen und die entsprechenden Implikationen für die weitere Entwicklung abzuleiten.[1543]

Nahezu alle bestehenden Theorien des Kulturwandels verkennen weitgehend die Notwendigkeit, das Wesen der zu verändernden Kultur in den Ansatz miteinzubeziehen. So lassen sich bezüglich der Veränderungsfreudigkeit, welche v.a. auch vom Verhältnis der Generationen zueinander geprägt ist, folgende Kulturtypen unterscheiden:[1544]

| postfigurative Kulturen | Die junge Generation lernt von der älteren. Aufgrund der Autorität, die sich aus der Vergangenheit ableitet, werden die Kulturmuster nicht in Frage gestellt. Die älteren Generationen sind gänzlich auf Kontinuität eingestellt und lehnen Veränderungen ab. Wandel vollzieht sich daher – wenn überhaupt – nur sehr langsam und unmerklich. |
|---|---|
| konfigurative Kulturen | Die Verhaltensmuster orientieren sich hier an Vorbildern der Gegenwart. Traditionen werden durchaus gepflegt, jedoch sind Modifikationen möglich, wobei die älteren Generationen die Abweichungsmöglichkeiten festlegen. |
| präfigurative Kulturen | Die älteren Generationen wirken nicht als kulturbestimmende Kräfte, sondern lernen von den jüngeren. Durch den Druck des Erlernens ständiger Neuanpassung entsteht eine soziale Dynamik in permanent mobilen Kulturen. |

Tab. 20: Veränderungsfreudigkeit von Kulturen

Quelle: nach Ramaswamy 1985, S. 36ff.

Dieses Merkmal der Veränderungsfreudigkeit einer Kultur ist bei Überlegungen zum Wandel auf der jeweiligen Ebene der Kultur notwendigerweise zu berücksichtigen. Um konkretere Erklärungen zu Kulturveränderungen abgeben zu können, ist es zweckmäßig, nach den betreffenden Hierarchieebenen der Kultur zu differenzieren. Denn über die Abgrenzung unterschiedlich weit gefaßter Loyalitätsbezüge (z.b. national, betrieblich, abteilungsbezogen) und die jeweils unterschiedlichen Instanzen der Kulturpflege und –förderung ergeben sich spezifische Implikationen für Strukturen und Prozesse des kulturellen Wandels, wobei jedoch mögliche Parallelen keinesfalls auszuschließen sind.

---

[1542] Vgl. Bargatzky 1985, S. 139ff.

[1543] So stellen die Evolutionstheorien oftmals Stufentheorien der Entwicklung dar: z.B. die klassische dreiteilige Periodisierung der Menschheitsgeschichte von Ferguson in "savagery" (Wildheit), "barbarism" (Barbarei) und "civilization" (Zivilisation) oder die Systematisierung von Service (Horde, Stamm, Häuptlingstum, Staat) (Vgl. Raum 1992, S. 283ff., Bargatzky 1985, S. 139ff., Ramaswamy 1985, S. 46ff.). Vgl. im Hinblick auf organisationskulturelle Entwicklungsformen Kieser 1992, Sp. 1222ff., Matenaar 1983a, Bleicher 1984, S. 494ff., Sackmann 1983, S. 393ff., Schein 1985, Greiner 1972.

[1544] Vgl. Mead 1972, Ramaswamy 1985, S. 36ff.

Vor diesem Hintergrund werden im Folgenden knapp die Kernelemente des kulturellen Wandels auf gesellschaftlicher Ebene dargestellt, die wesentlich auch die Ansatzpunkte für notwendige und durch das Management zu unterstützende Veränderungen auf betrieblicher Ebene erkennen lassen.

## 4.2 Kulturwandel auf gesellschaftlicher Ebene: Veränderungen der deutschen Nationalkultur

Die umfangreiche vorliegende Literatur zum Wertewandel in Deutschland mit einer Vielzahl empirischer Daten läßt auf vielen Gebieten Veränderungstendenzen erkennen.[1545] Hebt man diese Daten auf ein mittleres Abstraktionsniveau, so lassen sich folgende Trends zusammenfassen:[1546]

- Säkularisierung fast aller Lebensbereiche,

- Abwendung von der Arbeit als einer Pflicht,

- Unterstreichung des Wertes der Freizeit,

- Ablehnung von Bindung, Unterordnung und Verpflichtung,

- Betonung des eigenen (hedonistischen) Lebensgenusses,

- Erhöhung der Ansprüche in Bezug auf eigene Selbstverwirklichungschancen,

- Bejahung der Gleichheit und Gleichberechtigung zwischen den Geschlechtern,

- Betonung der eigenen Gesundheit,

- Hochschätzung einer ungefährdeten und bewahrten Natur,

- Skepsis gegenüber den Werten der Industrialisierung, wie z.B. Gewinn, Wirtschaftswachstum und technischem Fortschritt.

Eine noch stärkere Abstraktion der Tendenzen des Wertewandels gelangte als Essenz der Arbeiten von R. Inglehart zu großer Bekanntheit. Inglehart ging bei der theoretischen Grundlegung und bei deren Operationalisierung von der Bedürfnishierarchie Maslow's (1954) aus und leitete aus den dort genannten Bedürfnissen politische Ziele ab, z.B. "wirtschaftliche Stabilität", "Ruhe und Ordnung", "freundlichere Gesellschaft", "eine Gesellschaft, für die Ideen wichtiger sind als Geld". Repräsentative Stichproben in der Bevölkerung priorisierten nach einem Zwangswahlverfahren die verfolgten Ziele. Querschnitts- und Zeitreihenanalysen zeigten daraufhin, daß von jüngeren Personen *postmaterielle* Ziele relativ häufiger als von älteren bevorzugt werden und daß im Zeitverlauf insgesamt die *postmateriellen* Ziele zunehmen. Inglehart interpretiert diesen umstrittenen Befund sozialisationstheoretisch: Für Personen, die in materieller Not aufwuchsen, bleibt die materielle Basis lebenslang ein zentrales Thema, während sich jene Personen, die im Wohlstand aufwuchsen, anderen "höheren" Zielen zuwenden können. Die Annahme nur einer Wertdimension mit zwei Polen ergibt sich möglicherweise aus der Art des empirischen Vorgehens: Aufgrund des Zwangswahlverfahrens können Werte materieller Art nur auf Kosten der postmateriellen, postmaterielle Werte

---

[1545] Vgl. die Umfrageergebnisse des emnid-Instituts oder auch des Allensbacher Instituts (Noelle-Neumann/Köcher 1993). Vgl. Kmieciak 1976, Klages 1984.

[1546] Vgl. Rosenstiel 1989, S. 45ff., 1995a, S. 10ff., Klipstein/Strümpel 1984, S. 19ff.

nur auf Kosten der materiellen priorisiert werden.[1547] Inglehart bildet die Werteentwicklung demnach in einem zweipoligen, eindimensionalen Wertekonzept ab. Er unterscheidet die traditionelle Orientierung des *Materialismus* von der modernen des *Postmaterialismus* und spricht im Zusammenhang mit dieser Verschiebung zu postmaterialistischen Werten von einer "stillen Revolution".[1548]

Ein etwas differenzierteres, überzeugender dargelegtes Konzept des Wertewandels präsentierte die Forschergruppe um Helmut Klages. Demnach läßt sich der Wandel - im Gegensatz zum eindimensionalen Konzept Ingleharts - an *zwei* faktoriell voneinander *unabhängigen Dimensionen* festmachen ("Zweifaktorenmodell"). Nach Klages läßt sich der "Megatrend des Wertewandels" anhand dieser Dimensionen beschreiben und konkret als

- Abnahme von Pflicht- und Akzeptanzwerten sowie als
- Zunahme von Selbstentfaltungswerten

diskutieren (vgl. Tab. 21).[1549]

| | Selbstzwang und -kontrolle (Pflicht und Akzeptanz) | Selbstentfaltung |
|---|---|---|
| **Bezug auf die Gesellschaft** | Disziplin, Gehorsam, Leistung, Ordnung, Pflichterfüllung, Treue, Unterordnung, Fleiß, Bescheidenheit | *Idealistische Gesellschaftskritik* Emanzipation (von Autoritäten), Gleichbehandlung, Gleichheit, Demokratie, Partizipation, Autonomie (des einzelnen) |
| **Bezug auf das individuelle Selbst** | Selbstbeherrschung, Pünktlichkeit, Hinnahme-/ Anpassungsbereitschaft, Fügsamkeit, Enthaltsamkeit | *Hedonismus* Genuß, Abenteuer, Spannung, Abwechslung, Ausleben emotionaler Bedürfnisse *Individualismus* Kreativität, Spontaneität, Selbstverwirklichung, Ungebundenheit, Eigenständigkeit |

Tab. 21: Zentrale Aspekte des Wertewandels

Quelle: nach Klages 1984, S. 18

---

[1547] Vgl. Rosenstiel 1989, S. 46f., 1995a, S. 10ff.

[1548] Vgl. Inglehart 1977,1989. Dabei finden sich auch Gegenpositionen zu einer Deutung des Wertewandels, wie insbesondere Langguth (1995, S. 26ff.), der den Wertewandel in der Interpretation von Inglehart gerade nach der Wiedervereinigung nicht bestätigt. Gerade in der jüngeren Generation sei eine Tendenz zu traditionellen Werten wieder spürbarer, das Etikett Postmaterialismus passe oftmals nicht mehr ins Bild; ein einheitlicher Wertewandel sei nicht zu erkennen, der überwiegende Teil der Deutschen orientiere sich an traditionellen Werten. Vgl. zur Kritik an Inglehart auch z.B. Klages 1984, S. 9ff., Seidel 1992, S. 22ff., Duncker 1998, S. 15ff.

[1549] Vgl. Klages 1984, 1985, S. 24ff., 1988, 1993, S. 2ff., Klages/Kmieciak 1984, Klages/Hippler/Herbert 1992, Franz/ Herbert 1987, S. 13ff., Rosenstiel/Nerdinger 1986, S. 241ff.

Diese Ergebnisse beruhen auf Beobachtungen von veränderten "Mittelwerten" in der Gesamt-
bevölkerung, so daß sich daraus kaum Rückschlüsse für einen einzelnen Menschen oder auch
eine einzelne Bevölkerungsgruppe ziehen lassen. So muß etwa auch angemerkt werden, daß
sich dieser Trend zu Selbstentfaltungswerten zwar überwiegend für jüngere Bevölkerungs-
gruppen mit höherem Bildungsniveau nachweisen läßt, entgegen vieler Meinungen jedoch die
älteren Generationen - wenngleich auch häufig unbewußt - einschließt. Klages würde auch
mißverstanden, würde man schlußfolgern, daß Pflicht- und Akzeptanzwerte vollständig eliminiert und von Selbstentfaltungswerten ersetzt worden wären. Die Ergebnisse deuten vielmehr
darauf hin, daß die bisherige Dominanz der Pflicht- und Akzeptanzwerte zurückgedrängt wurde und dabei gleichzeitig Selbstentfaltungswerte einen Bedeutungszuwachs erhalten haben.[1550]
Dieser Trend läßt sich durch eine Betrachtung der Umfrageergebnisse zu den Erziehungszielen bestätigen[1551] und in der Betrachtung über die Zeit als stabil bezeichnen (Vgl. Abb.61):

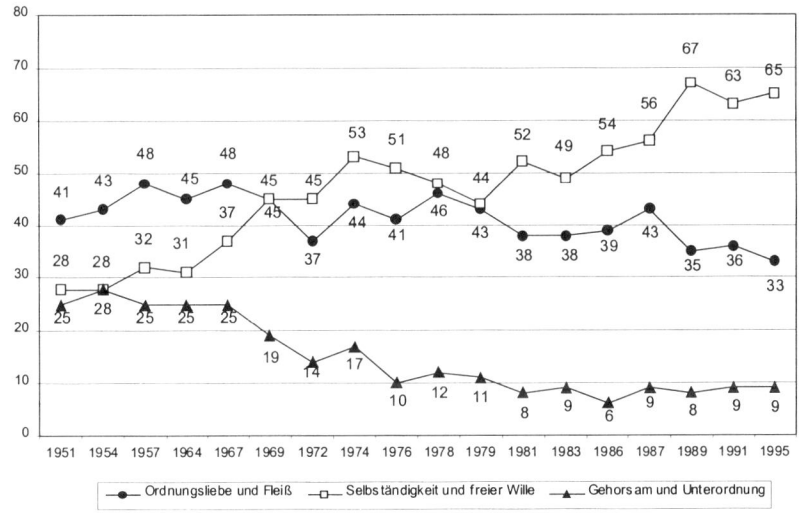

Abb. 61:Erziehungsziele im Zeitablauf

Quelle: nach Klages 1993, S. 6 sowie Walter Tacke, Von der Majestät des Trends, in: umfrage & analyse,

5+6/1995, zit. nach Gensicke 1996, S. 10

---

[1550] Vgl. Klages 1984, S. 41ff., 1985, S. 24ff., 1988, 1993, S. 2ff. Noelle-Neumann sieht in den Ergebnissen des Allensbacher
Instituts ebenso einschneidende Veränderungen in den Wertestrukturen, spricht jedoch von einem gesellschaftsgefährden-
den *Werteverfall*, d.h. einer Abkehr von traditionellen bürgerlichen Werten, ohne daß an deren Stelle andere Werte
getreten seien. (Vgl. Noelle-Neumann 1978, Noelle-Neumann/Strümpel 1984, Klipstein/Strümpel 1984, S. 19ff.). Kritisch
zur These des Werteverfalls äußert sich dagegen u.a. U. Beck (1998, S. 13f.): „Diejenigen, die über den Werteverfall
jammern, sitzen letztlich auf einem gefährlich hohen Roß. Sie reiten auf Überzeugungen herum und beklagen sich über die
"undankbare Gesellschaft", die "undankbare Jugend"... Was mich erstaunt und erbittert, ist, daß die konservative Larmoyanz über den angeblichen Verfall der Werte nicht nur grundfalsch ist, sondern genau den Blick auf die Quellen und
Bewegungen blockiert, aus denen die Bereitschaft zum Anpacken der Zukunftsaufgaben entstehen kann. Das, was als
Werteverfall verteufelt wird, erzeugt Orientierungen und Voraussetzungen, welche diese Gesellschaft – wenn überhaupt –
in die Lage versetzen könnten, die Zukunft zu meistern."

[1551] Vgl. auch Seidel 1992, S. 54ff.

Dabei wird deutlich, daß aufgrund des inzwischen erreichten, relativ hohen Niveaus der Selbstentfaltungswerte sowie des relativ niedrigen Niveaus der Pflicht- und Akzeptanzwerte für die weitere Entwicklung davon ausgegangen werden kann, daß nicht eine weitere Verschärfung, sondern vielmehr eine eher konservierende Tendenz zu erwarten ist, evtl. sich auch eine „Tendenz zur begrenzten Wiederentdeckung der Bedeutung der Pflicht- und Akzeptanzwerte einstellen wird."[1552] Dies scheint sich umso mehr zu bewahrheiten, wenn man die deutsche *Wiedervereinigung* in das Blickfeld der Betrachtung rückt. Klages erwartet, daß die ostdeutsche Bevölkerung in die Bewegung bzw. den aufgezeigten Trend eintreten wird und beschreibt dies mit der *Metapher des "Einfädelns"*:

> „Man kann sich den Einfädelungsvorgang, von dem ich spreche, mit dem Bild der Einmündung einer kurvenreichen Bergstraße in eine im Tal gelegene verhältnismäßig gradlinig gezogene Autobahn mit schnellem Verkehr vorstellen. Die an langsameres Fahren gewöhnten Bergstraßenfahrer werden auch nach der Einfädelung noch etwas Zeit benötigen, bevor sie sich an das schnellere Fahren gewöhnen, aber sie werden sich mit Sicherheit umstellen (zumal sie ja vorher bereits – wiederum bildlich ausgedrückt – auf schnellere Autos umstiegen). Bereits nach einigen Kilometern werden die Bergstraßenfahrer und die Talfahrer aufgrund ihres Fahrverhaltens nicht mehr voneinander unterscheidbar sein. Aufgrund des dichteren Verkehrs werden möglicherweise alle etwas langsamer und vorsichtiger fahren müssen, aber es wird diesbezüglich keine dramatischen Entwicklungen geben. Die Richtung jedenfalls "wird stimmen", um dies neu–westdeutsch (und, wie anzunehmen ist, gleichzeitig auch neu-ostdeutsch) auszudrücken."[1553]

Es ist davon auszugehen, daß dieser beschriebene Megatrend einer gewachsenen Selbstentfaltungsorientierung im Westen Deutschlands anhalten und im Osten zunehmen wird.[1554]

Aufgrund faktorenanalytischer Datenverdichtungen gelangte Klages weiter zu der Hypothese einer *Wertesynthese* in dem entwickelten zweidimensionalen Wertekonzept. Die in der Realität zu beobachtenden Merkmalsausprägungen lassen unter dieser Annahme auch vier unterschiedliche Werttypen in der gegenwärtigen Gesellschaft erkennen, die den erkannten Megatrend des Wertewandels in verschiedener Art und Weise mittragen:[1555]

| | | Selbstentfaltungswerte | |
|---|---|---|---|
| | | niedrig | hoch |
| **Pflicht- und Akzeptanzwerte** | hoch | Ordnungsliebende Konventionalisten (kein Wertewandel) | Aktive Realisten (Wertesynthese) |
| | niedrig | Perspektivenlose Resignierte (Werteverlust) | Nonkonforme Idealisten (radikaler Werteumsturz) |

Tab. 22: Zweidimensionales Wertekonzept

Quelle: nach Klages 1993, S. 11f., Franz/Herbert 1987, S. 14

---

[1552] Klages 1993, S. 7.

[1553] Klages 1993, S. 10.

[1554] Vgl. Klages 1993, S. 10ff.

[1555] Vgl. Klages 1988, S. 112ff.

Diese vier Werttypen repräsentieren die gegenwärtige Wertmischung in Deutschland. Sie weisen jeweils unterschiedliche Motivationsstrukturen, Denk- und Verhaltensmuster in allen Lebensbereichen auf, insbesondere auch im betrieblichen Alltag. Dabei erkennt Klages vor allem in den *aktiven Realisten* ein für die Gesellschaft, aber auch den Betrieb überaus wichtiges Potential zur Bewältigung der zukünftigen Herausforderungen. Aktive Realisten werden einerseits den Anforderungen der Selbstdisziplinierung gerecht, andererseits kann von ihnen aber auch erwartet werden, daß sie „in einer kraftvollen und selbstsicheren Weise auf die zunehmenden Chancen und Herausforderungen dieser Welt zur Entwicklung individueller Originalität und Initiative bei der Ausfüllung organisatorischer und institutioneller Spielräume zu antworten vermögen und somit maßgeblich zur Deckung des anwachsenden "Individualismus"-Bedarfs der modernen Gesellschaft beitragen."[1556] Ein so gezeichnetes Charakterprofil deckt sich wesentlich mit den Anforderungen bzw. Eigenschaften eines Intrapreneurs als Schlüsselfigur innerhalb einer Unternehmerkultur und weckt von daher auch erhebliche Hoffnung hinsichtlich deren Verwirklichung.

In weiteren Untersuchungen gelangten Klages u.a. aber auch zu einem weiteren, neuen Werttypus, der sich – wie die aktiven Realisten – durch eine besondere Betonung der Selbstentfaltungswerte charakterisieren läßt, der sich von diesem jedoch erheblich unterscheidet. In Anlehnung an einen *materialistisch und hedonistisch veranlagten* Menschen, dem uneigennütziges, idealistisches Engagement fremd ist, nannten sie diesen Typus "Hedomat", dessen verstärktes Auftreten vor allem in jüngeren Altersklassen nachgewiesen werden konnte.[1557]

In Anlehnung an die Theorie des Wertewandels und des "kulturellen Umbruchs" von Ronald Inglehart lassen sich insgesamt folgende zentrale Felder und Ergebnisse des gesellschaftlichen Wertewandels erkennen:

- die größere Wahlfreiheit unter möglichen Verhaltensalternativen auf fast allen Lebensgebieten (bei gleichzeitiger Zurückdrängung situativer, naturhafter (Fremd-)Zwänge),

- die Individualisierung und Pluralisierung der Lebenswege, wobei der eigene Wille gegenüber schicksalhafter Vorbestimmtheit als Einflußfaktor an Gewicht gewinnt, sowie

- die zunehmende Gegenwartsorientierung, die sich durch eine Verkürzung der Zukunftsperspektiven ergibt und die Tendenz umschreibt, die Freuden des Lebens heute zu genießen, anstatt den Konsumgenuß lange Zeit aufzuschieben.[1558]

Nach Meinung von Martin und Sylvia Greiffenhagen hat der Wertewandel im Bereich der Arbeit besonders gravierende Folgen. Die Einstellungen zur Arbeit haben sich vor allem bei den jüngeren Jahrgängen dahingehend verändert, daß in der Arbeit nicht mehr der einzige Lebenssinn gesehen wird und man sich die Erfüllung des persönlichen Glücks zunehmend

---

[1556] Klages 1993, S. 12. Vgl. dazu die entsprechenden Kurzpsychogramme der einzelnen Werttypen in Form von Einstellungs- und Verhaltenstendenzen in: Klages 1988, S. 112ff., 1993, S. 11ff., Franz/Herbert 1987, S. 13ff. Vgl. auch Klages/Herbert 1983, Klages/ Hippler/Herbert 1992.

[1557] Vgl. Klages 1993, S. 12ff.

[1558] Vgl. Greiffenhagen/Greiffenhagen 1993a, S. 156ff., ähnlich auch Langguth 1995, S. 21ff.

von der Freizeit erwartet.[1559] Dabei konnte in den Umfrageergebnissen eine erstaunliche Ähnlichkeit zwischen West- und Ostdeutschen festgestellt werden. Die Tendenz zu postmaterialistischen Werthaltungen zeigen in der Arbeitswelt ambivalente Wirkungen. Einerseits wirkt die Abkehr von traditionellen Werten wie Fleiß, Pünktlichkeit und Arbeitsfreude dysfunktional, da eine Abnahme von Verläßlichkeiten, einhergehend mit geringerer Diziplin und Leistungsbereitschaft zu befürchten sind. Andererseits interessiert Postmaterialisten im Gegensatz zu Materialisten stärker Selbstverwirklichung im Beruf sowie Spaß und Sinnhaftigkeit der Arbeit, so daß sie die Arbeit nicht nur oberflächlich nach ökonomischen Kriterien bewerten, was sich auch hinsichtlich der organisationalen Effizienz positiv auswirken kann. Dementsprechend ist auch die gestiegene Bereitschaft zur Verantwortungsübernahme bei größeren Handlungsspielräumen speziell für die Umsetzung einer *Partizipationskultur* als funktional einzustufen.

Besonders für jüngere Menschen scheint es von zunehmender Wichtigkeit, die unterschiedlichen Lebensbereiche ihres Daseins durch einen ausgeglichenen Lebensplan in eine gute Balance zu bringen.[1560] Vielerorts wird auch die wachsende Freizeitorientierung der Deutschen (vor allem natürlich beim Wertetypus des "Hedomats") angeführt, die als Element eines "hedonistischen Wertsystems" gesehen werden könnte.[1561] Vor diesem Hintergrund erscheint es gerade für die betriebliche Personalwirtschaft angebracht, eine ganzheitliche Sicht des Menschen anzustreben und dieser durch eine Einbeziehung anderer lebensweltlicher Kontexte etwa in Form von Familie und Freizeit gerecht zu werden.[1562]

Ein weiterer, bereits erwähnter Aspekt des Wertewandels läßt sich mit der Tendenz zu einer kritischeren Haltung gegenüber Autoritäten und Normen umschreiben, die im Kern eine zunehmende Loslösung der Jüngeren von der Tradition obrigkeitsstaatlichen Denkens sowie den Kulturmustern der älteren Generationen bedeutet.[1563] In diesem Zusammenhang können die Deutschen gerade auch mit Blick auf die Entwicklungen der neuen Informations- und Kommunikationstechnologien auf dem Weg in eine *präfigurative Kultur* gesehen werden.[1564] So erscheinen im Übergang in die vielfach beschriebene Informationsgesellschaft die Erfahrungen aus der Industriegesellschaft oftmals von nur noch geringem Wert zu sein; immer weniger Probleme lassen sich mit den bewährten Lösungsroutinen bewältigen. Vielmehr wächst zunehmend die Erkenntnis, daß den veränderten Anforderungen der Arbeitswelt die jüngeren Generationen mit einer offeneren Einstellung gegenüber Neuerungen insbesondere technologischer Natur besser gerecht werden.[1565] Jedoch scheinen vielerorts die älteren Generationen

---

[1559] Hierzu können als Beleg verschiedene Umfrageergebnisse, insbes. des Allensbacher Instituts für Demoskopie, herangezogen werden (vgl. z.B. Noelle-Neumann/Köcher 1993, S. 14, 41, 833ff.). Vgl. auch Noelle-Neumann 1993c, S. 17ff., 1991a, Klages 1988, 1993, S. 1ff., Seidel 1992.

[1560] Vgl. Greiffenhagen/Greiffenhagen 1993a, S. 162ff., Langguth 1995, S. 22f.

[1561] Dabei ist in Umfrageergebnissen zu beobachten, daß die Jahre 1989/90 den Höhepunkt hedonistischer Werthaltungen darstellten (vgl. dazu emnid-Institut Nr. 9/10, 1993).

[1562] Vgl. Schaal 1992, S. 32f. Auch Binswangers neuere Analyse zielt darauf ab, daß Wirtschaft kein in sich abgeschlossenes System, sondern Teil unserer gesamten Lebenswelt ist. Weder die Ökonomie noch unsere Lebenswelt kann begriffen werden, wenn man sie nicht in ihrer Verschränkung begreift (Vgl. Binswanger 1998).

[1563] Vgl. Greiffenhagen/Greiffenhagen 1993a, S. 164ff., Noelle-Neumann 1991a, Klages 1988.

[1564] Vgl. Ramaswamy 1985, S. 38.

[1565] Vgl. Faulstich/Faulstich-Wieland 1988, S. 153ff.

mit Erfolg ihre Kulturmuster durch verfestigte Strukturen zu verteidigen und über Sozialisationsmaßnahmen teilweise auch zu revitalisieren. Eben diese Situation des kulturellen Übergangs, der einen Bruch mit dem traditionellen *Senioritätsprinzip* einer postfigurativen Kultur zugunsten eines *Juvenalitätsprinzips* bedeutet, begründet einen wesentlichen Teil der gegenwärtigen wirtschaftlichen Krise. Denn durch das sich infolge der Machtverhältnisse ergebende Festhalten der älteren Mitarbeiter an bewährten Kulturmustern wird die Anpassungsfähigkeit der Organisationen gefährdet, da diese zunehmend von einer konsequenten Berücksichtigung junger Mitarbeiter abhängt. Wenn etwa die Fähigkeiten der Jugend im Bereich der modernen Informations- und Kommunikationstechnologien es zweckmäßig und notwendig erscheinen lassen, daß Ältere von Jüngeren lernen, daß Ältere weniger verdienen als Jüngere und daß in letzter Konsequenz Ältere den Jüngeren unterstellt werden, die Älteren jedoch nicht dazu bereit sind, dann führt dies unter Umständen zu einer Zerrissenheit, die sich für das Gesamtsystem nicht nur als dysfunktional in sozialer Hinsicht (sozio-emotionale Spannungen und Frustrationen), sondern auch als ökonomisch ineffizient (mangelnde Veränderungsfähigkeit, erhöhte Anpassungskosten) erweisen kann.

Diese Prozesse des kulturellen Wandels können denn auch hinsichtlich der zukünftigen Positionierung im Ost-West-Gegensatz (freilich unter der zweifelhaften Annahme, daß dieser noch Bestand haben wird) Bedeutung erlangen. Weidenfeld nennt neun mögliche Grundorientierungen für eine Veränderung des Selbstverständnisses der Deutschen:

- *Westorientierung* (Freiheit und Menschenrechte als Grundprinzipien des nationalen Selbstverständnisses, Rationalität und friedliche Konfliktregelung nach vereinbarten Verfahren),
- *Antiwestliches Denken* (Ablehnung von moderner, pluralistischer, kapitalistischer Gesellschaftsauffassung),
- *Sonderwegbewußtsein* (Deutschland hat seinen eigenen, spezifischen Weg einzuschlagen.),
- *Mittellage-Denken* (Deutschland kann aufgrund seiner Mittellage nur dominieren oder dominiert werden.),
- *Der dritte Weg* (Deutschland ist als eine Synthese von Ost und West mit einer Brückenfunktion zu begreifen.)[1566],
- *Die Europa-Idee* (Europa ist ein neuer politischer Rahmen, Deutschland ein Element der "Vereinigten Staaten von Europa".),
- *Proöstliche Disposition* (Einhergehend mit antiwestlichem Denken wird die geistig-kulturelle Nähe zum Osten deutlich.),
- *Antiöstliche Affekte* (Einhergehend mit prowestlichen Einstellungen verführt der kulturelle Hochmut zu einer herablassenden Haltung gegenüber den östlichen Nachbarn.),
- *Deutschland als geistige Möglichkeit* (Deutschland ist ein Ort der Sehnsüchte, der glanzvollen Ideale mit einem Hang zum Absoluten.).[1567]

Speziell vor dem Hintergrund der Erkenntnisse über den Wertewandel läßt sich aus optimistischer Sicht erwarten, daß die Metamorphose zumindest "glücklicher" verläuft als diejeni-

---

[1566] Vgl. Langguth 1995, S. 238f., Müller, H.L. 1984, S. 27ff., Scheuch 1991, S. 202ff., Dohse 1974. Dabei könnte das zentrale Wesenszug des "dritten Weges" darin gesehen werden, die harten Kanten des Kapitalismus abzuschleifen, ohne dabei dessen wohlstands-schöpfende Kräfte zu schwächen. Neben einer Stärkung der Flexibilität von Märkten wird gleichzeitig das Ziel verfolgt, negative soziale Effekte zu vermeiden (Vgl. hierzu Uhlig 1998, S. 16).

[1567] Vgl. Weidenfeld 1993, S. 20f.

gen der Vergangenheit und die Deutschen mit einer gewachsenen kritischen Haltung, aber auch einem unerschütterlichen Idealismus einen zukunftsfähigen Weg beschreiten werden. Diese positive Einschätzung teilt auch Watson: „Das heutige Deutschland hat sich der gesamten übrigen Geisteswelt weit geöffnet. Daher, und nur daher sind die Deutschen jetzt dazu in der Lage, die Ansichten ihrer großen Philosophen aufs neue zu betrachten. Und wieder entsteht dabei die Meinung, daß man eine bessere Gesellschaft schaffen kann und daß Deutschland und die Deutschen in diesem schöpferischen historischen Prozeß eine Rolle spielen könnten. Doch diesmal werden sie es im vollen Bewußtsein der Rechte des einzelnen Bürgers tun. Die Rolle des Staatsbürgers hat sich über viele Jahre in Deutschland gefestigt und zeigt keinerlei Anzeichen von Schwäche."[1568]

Ein wesentlich kritischeres, oftmals kulturpessimistisch gefärbtes Szenario der zukünftigen Entwicklung Deutschlands findet sich in den Arbeiten bekannter Zukunftsforscher.[1569] So nennt etwa Horx folgende, bis zum Jahr 2000 für Deutschland zu erwartende Trends:[1570]

1. Rezessionskultur und Ende der Luxusära,
2. Ökolozismus als zukünftige Leitwissenschaft,
3. Ende der Single-Ideologie und die Wiederkehr der Familienwerte,
4. Inflation des Kuschelns,
5. langsamer Abschied von der Schriftkultur,
6. Rückkehr der Spießer,
7. Identitätskrise der jungen Generation und die Übermacht der Älteren,
8. Wiederentdeckung des lokalen Universums,
9. Voyeurismus als neue Welthaltung,
10. pluralistische und polykulturelle Gesellschaft,
11. wachsende Lust am Weltuntergang,
12. Zukunftsverweigerung der Deutschen.

Fazit:

Es kann aus heutiger Sicht konstatiert werden, daß obrigkeitsstaatliche Traditionen verbunden mit Pflicht- und Akzeptanzwerten sich zunehmend auflösen bzw. einen Bedeutungsschwund erfahren werden und demokratische Prinzipien verbunden mit Selbstverwirklichungswerten stärker verinnerlicht werden. Dies wird begleitet von einer Phase des Übergangs von der Industriegesellschaft in eine Informationsgesellschaft, die durch eine stärkere Orientierung an der Jugend gekennzeichnet ist (präfigurative Kultur). Jedoch scheint die Entwicklung der Wirtschaftsstruktur mit dieser kulturellen Entwicklung in vielen Bereichen nicht Schritt zu halten. Dieses Phänomen des Auseinanderklaffens von Kultur und Struktur läßt sich mit der These der "*evolutionären Dissonanz*" zwischen gewandelten Werten und sich wesentlich träger ändernden Strukturen beschreiben.[1571]

---

[1568] Watson 1993, S. 150.

[1569] Vgl. z.B. Horx 1993, Naisbitt 1984, Toffler/Toffler 1994.

[1570] Vgl. Horx 1993, S.20.

[1571] Vgl. Klipstein/Strümpel 1984, S. 31ff.

So trifft nach Klages eine veränderte Bedürfnislandschaft auf Arbeitsstrukturen, die einer Befriedigung der gewandelten Bedürfnisse oftmals im Wege stehen und somit Frustrationen hervorrufen können. So ist das Verhältnis zwischen Chef und Mitarbeiter in deutschen Großunternehmen typischerweise kühl und distanziert, das Betriebsklima speziell in den krisengeschüttelten Unternehmen im internationalen Vergleich relativ schlecht und die Mitarbeiter, insbesondere die nonkonformen Idealisten, fühlen sich im Vergleich zu Kollegen aus anderen Ländern weniger frei.[1572] In Verbindung mit den gewachsenen Bedürfnissen nach Selbstverwirklichung und Selbstbestimmung sowie den speziell von der Jugend bzw. aktiven Realisten geforderten Verhaltensnormen der Offenheit, Aufgeschlossenheit gegenüber Neuem, Kreativität, Risikobereitschaft, Selbständigkeit und Einfühlungsvermögen etc., ist es Aufgabe des Personalmanagements, diese "evolutionäre Dissonanz" abzubauen bzw. gering zu halten, d.h. die arbeitsbezogenen Strukturen und Prozesse dieser neuen Wertelandschaft anzupassen, um die darin liegenden Potentiale zur Entfaltung kommen zu lassen und den gleichzeitig auftauchenden Risiken begegnen zu können.[1573] Eine solche Zielformulierung muß jedoch in engem Zusammenhang gesehen werden mit der Frage nach einer betrieblichen "Soll-Kultur".

### 4.3 Kulturwandel auf betrieblicher Ebene: Möglichkeiten und Grenzen zur Bestimmung einer betrieblichen Soll-Kultur

Wenn man sich aus dem Blickwinkel der angewandten Betriebswirtschaftslehre dem Konstrukt der Kultur nähert, gelangt man früher oder später zu der Frage, welche mehr oder weniger konkreten Implikationen für das Managementhandeln der Praxis abzuleiten sind. Da Managementhandeln zumindest aus theoretischer Sicht stets zielorientiert erfolgt, liegt es im Rahmen einer kulturorientierten Betrachtung nahe, eine kulturelle Soll-Vorstellung auf Unternehmensebene als einen zukünftig anzustrebenden Zustand umreißen zu wollen.

#### 4.3.1 Methodik und Organisation des betrieblichen Kulturwandels

Die zahlreichen Ansätze zur organisatorischen Gestaltung von Prozessen der Kulturveränderung sind in engem Zusammenhang mit den jeweiligen Annahmen zum Wesen der Kultur und ihrem Verhältnis zu Strategie und Struktur zu sehen. Insgesamt wird der Kulturwandel in der betriebswirtschaftlichen Literatur unbestritten als Führungsaufgabe verstanden.[1574] Als einzusetzende Instrumente, die entweder verhaltensbestärkende oder verhaltensändernde Wirkung erzielen und somit die Kultur beeinflussen, wird dabei oftmals verwiesen auf:

- Unternehmensleitbilder und Führungsgrundsätze,[1575]
- Rituale und Zeremonien[1576] oder auch
- betriebliche Anreizsysteme.[1577]

---

[1572] Vgl. Mole 1995, S. 47, Klages 1988, Greiffenhagen/Greiffenhagen 1993a, S. 163f. Anders sieht das Vorgesetzten-Mitarbeiter-Verhältnis nach Zeidenitz/Barkow in mittelständischen Betrieben aus, wo enge, freundschaftliche Beziehungen zu beobachten sind (1997, S. 89).

[1573] Vgl. Schaal 1992, S. 32f., Mole 1995, S. 47.

[1574] Vgl. Überblick bei Dierkes 1988, S. 561ff.

[1575] Vgl. Dierkes 1988, S. 564ff., Hochreutener 1984, 1985, S. 14ff.

[1576] Trice/Beyer 1985, S. 370ff.

Gemeinsames Element vieler Ansätze ist die Abhängigkeit eines erfolgreichen Kulturwandels von Schlüsselpersonen im Unternehmen.[1577] Auch Pümpin (1984) sieht eine notwendige Voraussetzung für einen erfolgreichen Kulturwandel in den Eigenschaften von Schlüsselfiguren, die er als "Dynamik-Promotoren" bezeichnet und wie folgt charakterisiert:

### Dynamik-Promotoren

➢ verstehen es, Visionen zu entwickeln und zu kommunizieren. Sie konzentrieren ihre Aufmerksamkeit auf die geistigen und emotionalen Ressourcen der Organisation;

➢ initiieren aktiv Veränderungen. Sie sind bereit, zu experimentieren und Risiken einzugehen;

➢ modellieren den Entwicklungspfad ihres Unternehmens. Sie setzen Visionen in konsistentes Handeln um und führen "by doing";

➢ besitzen die Fähigkeit, kohäsive Führungsteams zusammenzustellen. Sie beziehen ihre Führungspartner aktiv in die Entscheidungsfindung und –durchsetzung ein. "Führungskräfte geben ihren Mitarbeitern das Gefühl, Eigentümer statt angeheuerte Sachbearbeiter zu sein";

➢ sind "social architects". Durch ihre Kommunikationsfähigkeit prägen sie die Kultur ihres Unternehmens nachhaltig. Ihre Entscheidungen setzen sie oft indirekt durch, indem sie ein Netzwerk kooperativer Beziehungen um sich herum aufbauen;

➢ verfügen über ausgeprägte konzeptionelle Fähigkeiten, die es ihnen ermöglichen, vage Ideen und Zielvorstellungen in kohärentes Handeln umzusetzen;

➢ sind aktionsorientiert. "Chaotische Aktion ist geordnetem Nichtstun vorzuziehen" (Karl Weick von Cornell).

### *Ansätze zum Wandel bzw. zur Organisationsentwicklung*

Zwischen Ansätzen des Kulturwandels und Ansätzen der Organisationsentwicklung bestehen enge Bezüge.[1579] Wie auch im Rahmen der Organisationsentwicklung wird von vielen Autoren der Auslöser für eine Kulturveränderung in einer Krisensituation gesehen, die sich dadurch beschreiben läßt, daß herkömmliche Interpretations- und Handlungsmuster infolge von verschiedenen inner- und außerbetrieblichen Veränderungen nicht mehr zu erfolgreichen Problemlösungen führen und daher ein Zustand der Unsicherheit eintritt.[1580] Dabei zeichnen sich unterschiedliche Positionen ab, die sich auf einem Kontinuum verdeutlichen lassen. Hinsichtlich des Kriteriums der Planung reichen die Formen des Kulturwandels von reiner Krisenbewältigung (d.h. ohne jegliche Planung) über eine inkrementale Vorgehensweise (reaktive

---

[1577] Sethia/Glinow 1985, S. 400ff., Kerr/Slocum 1987, S. 99ff.

[1578] Vgl. z.B. Burkhardt/Sager 1994, S. 42ff., Blake/Mouton/Lux 1984, S. 317ff., Bumstead/Eckblad 1984, S. 21ff.

[1579] Vgl. für einen Überblick zum Zusammenhang von Kulturwandel und Organisationsentwicklung (OE) Kasper 1987, S. 138ff. Zu den Grundlagen der OE vgl. z.B. Sievers 1977, Gebert 1974.

[1580] Vgl. Schreyögg 1992, Sp. 1533f. Blake/Mouton/Lux (1984, S. 319) erkennen gar die Wurzel der OE in einem Wechsel der Organisationskultur und greifen dabei auf das bis in die 50er Jahre zurückreichende GRID-Konzept zurück. Sie sehen den Ausgangspunkt für Kulturveränderung in der Führung und erkennen den Wechsel der Organisationskultur primär in einer "Ablehnung des Status quo als ungeeignetes Mittel zur Bewältigung von Zukunftsproblemen". Einige Ansätze interpretieren die Kulturentwicklung als Lernprozeß, wie z.B. der Veränderungsansatz von Schein (1985), der sich eng an das klassische Schema „Unfreeze – Change – Freeze" von Lewin anlehnt. Indem Unternehmen neue Fähigkeiten erlernen bzw. neue Problemlösungen entwickeln, die sich bewähren, verfestigen sich diese in Form von Denk- und Verhaltensmustern. Vgl. auch Hedberg 1981, S. 3ff., Lorsch 1986, S. 95ff., Gagliardi 1986, S. 117ff., Dierkes 1988, S. 566ff.

Planung) bis hin zu einem fundamentalen bzw. synoptischen Wandel (antizipative, strategische Planung), welche jeweils situationsabhängig Praxisrelevanz entfalten können:[1581]

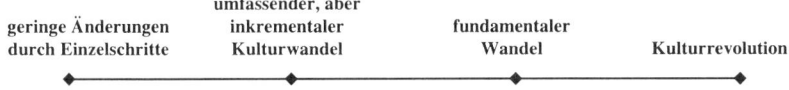

| | umfassender, aber | | |
|---|---|---|---|
| geringe Änderungen | inkrementaler | fundamentaler | |
| durch Einzelschritte | Kulturwandel | Wandel | Kulturrevolution |

Inkrementaler Wandel bedeutet inhaltlich die Veränderung in kleinen Schritten. Solche kleineren Veränderungen erfolgen nach Lorsch „periodically in most successful companies."[1582] Kennzeichen inkrementalen Wandels ist weiterhin, daß die einzelnen Einstellungen geändert werden, das kulturelle Fundament aber erhalten bleibt. Fundamentaler Wandel bedeutet dagegen die völlige Abkehr von Einstellungen, Denk- und Verhaltensmustern, die sich in der Vergangenheit bewährt und verfestigt haben. Kennzeichen des fundamentalen Wandels ist die grundlegende Neuausrichtung der Denk- und Verhaltensweisen.[1583]

Zusammenfassend sei auf die Unterscheidung von Meyerson/Martin verwiesen, die in Abhängigkeit von verschiedenen Grundpositionen zum Wesen der Kultur drei sich ergebende Ansätze zum Kulturwandel voneinander abgrenzen (Vgl. Tab. 23):

| Paradigma<br><br>Merk-<br>male des<br>Kulturwandels | Integration | Differentiation | Ambiguität |
|---|---|---|---|
| | Kultur als Integrationsmechanismus und konsistentes, homogenes Ganzes | Kultur als vielschichtiger, mannigfaltiger "Fleckerlteppich" | akzeptierte Unklarheit, lediglich Komplexität und Paradoxien sind akzeptierte Kulturelemente |
| **Gestalt des Wandels** | revolutionär | inkremental | kontinuierlich |
| **Reichweite** | unternehmensweit | lokal und "loosely coupled" | individuumspezifisch |
| **Einflußfaktoren** | Führung | externe und interne Katalysatoren | individuelle Veränderungen der Einstellungen, Wahrnehmungen, Interpretationen |
| **Implikationen für das Management** | oberflächliche Erscheinungen gestaltbar, Schwierigkeiten bei Veränderungen der Tiefenstruktur (Widerstände) | teils vorhersehbare, teils unvorhersehbare Einflüsse und Wirkungen von Veränderungen | relativ unkontrollierbarer, kontinuierlicher Wandel |

Tab. 23: Überblick über verschiedene Ansätze zum Kulturwandel

Quelle: nach Meyerson/Martin 1987, S. 641.

---

[1581] Vgl. Gagliardi 1986, S. 119ff., Vgl. Lorsch 1986, S. 95ff.

[1582] Lorsch 1986, S. 100.

[1583] Vgl. Lorsch (1986, S. 95ff.), der zur Bewältigung des Wandels ein vierstufiges Phasenschema vorschlägt: (1) Awareness, (2) Confusion, (3) Developing a Strategic Vision, (4) Experimentation.

## 4.3.2   Probleme bei der Formulierung einer Soll-Kultur

Hinsichtlich der konkreten Bestimmung und Umsetzung einer betrieblichen Soll-Kultur ergeben sich vielfältige Problemstellungen. Im Folgenden sei auf einige der bedeutsamsten Fragestellungen eingegangen.

### 4.3.2.1   Problem in ethischer Hinsicht

***Kultur als normatives Konstrukt***
Interpretiert man das Managementhandeln unter kultureller Perspektive, so stellt sich die Frage, welche Form eine kulturelle Soll-Vorstellung in idealtypischer Betrachtung annehmen könnte. Erkennt man die Kultur als ein normatives Konstrukt,[1584] so könnte sich dahinter z.B. die "Idee eines guten Lebens"[1585] im Sinne einer sozialen Utopie verbergen, die etwa auf den religiösen Grundlagen der protestantischen Ethik, der katholischen Soziallehre oder auch des Calvinismus fußt. Ebenso ist grundsätzlich aber auch eine kapitalistische Ökonomie als ein derartiges kulturelles Idealbild möglich, da eine letztendliche wissenschaftliche Begründung für eine bestimmte Kulturausprägung nicht geleistet werden kann. "Kultur" als ein normatives Konzept zu erkennen, führt in die Diskussion um die Statthaftigkeit einer normativen Sozialwissenschaft, die allgemein unter dem Begriff des Werturteilsstreits bekannt geworden ist.[1586]

In der Theologie wird rund um den Begriff des "Kulturprotestantismus" diskutiert, inwieweit die in der Moderne entstandene Individualitätskultur als christlich legitim gelten kann oder aufgrund des damit verbundenen, hohen Autonomiegrades die christliche Nächstenliebe bzw. die Solidarität verloren gehen und diese Entwicklung daher bekämpft werden muß. Dahinter verbirgt sich der Streit, ob die kirchliche Identität sich demnach an die ökonomisch gewandelte, kapitalistischer gewordene, bürgerliche Gesellschaft anpassen und damit ihre dogmatische Substanz zugunsten eines zivilreligiösen Harmonieglaubens aufgeben sollte.[1587]

Mit der Frage nach einer möglichen Soll-Kultur ist somit auch die Frage einer ethischen und moralischen Grundvorstellung verbunden, etwa daß menschliche Denk- und Verhaltensmuster keiner mißbräuchlichen Manipulation unterzogen werden sollen. Bewirkt ein Eingriff von "außen" in die durch Erfahrungen gewachsene kulturelle Lebenswelt nicht deren Zerstörung? Sehr treffend umschreibt diese Problematik Peter Ulrich wie folgt:

> „Ist die "subversive" Kraft einer Kultur, ihren den authentischen Lebenserfahrungen der Menschen entspringenden "Eigensinn" zu entfalten, nicht unendlich viel stärker als jeder Anspruch, diese Lebenserfahrungen *anderer* Menschen zum Objekt planvoller Gestaltung für Zwecke, die von "außen" kommen, zu machen? Und ist die Idee, Kulturentwicklungsprozesse zu lenken und damit letztlich zu "beherrschen" nicht die äußerste Steigerung eines technokratischen Zeitgeistes und als solche im Grunde ein zutiefst *zynischer* Gedanke?"[1588]

---

[1584] Vgl. Rodi 1997, S. 179ff.

[1585] Vgl. Gil 1990, S. 243ff., insb. 249ff.

[1586] Vgl. Albert 1976b, S. 160ff.

[1587] Vgl. Graf 1986, S. 309ff., Graf/Tanner 1997, S. 187ff.

[1588] Ulrich, P. 1984, S. 317.

Wenn allerdings im Rahmen der Untersuchungen zum Wertewandel eine deutliche Abkehr von Pflicht- und Akzeptanzwerten zu beobachten ist, bedeutet dies auch eine Abnahme moralischer Verpflichtungen. Freiheit, die keine moralischen Grenzen kennt, führt mitunter zur Selbstzerstörung. Eine von außen vorgenommene Stärkung der Moralität birgt jedoch die Gefahr, daß sich autoritäre Formen der Art entwickeln, daß einige zu Hütern der Moral der anderen bestellt werden und das moralisch Richtige als Privileg von wenigen angesehen wird. Bedeutet dies nicht aber auch eine Abnahme, vielleicht sogar Zerstörung der Freiheit? Vor diesem Hintergrund können Freiheit und Moralität zu Gegensätzen werden.[1589] Eben dieses Problem stellt sich auch im Zusammenhang mit der Diskussion um eine stärkere Eigenverantwortung der Mitarbeiter bei gleichzeitiger Abkehr vom Fürsorgeprinzip des Unternehmens etwa in den Bereichen des Arbeitszeitmanagements oder der Personalentwicklung.

### 4.3.2.2　Problem der inhaltlichen Bestimmung einer Soll-Kultur

Das zentrale Problem betriebswirtschaftlicher Kulturforschung liegt in der nicht endgültig zu klärenden, weil situationsabhängigen und damit zeit- und raumgebundenen Funktionalität der Kulturmerkmale. Hierin sieht auch Drumm die Sackgasse der gesamten Unternehmenskulturdiskussion.[1590]

Nun bestehen, wie in Kap. 3.2.2 gezeigt wurde, ohnehin erhebliche Probleme hinsichtlich der Erfassung und Bewertung der *gegenwärtigen* Kultur. Die Erstellung einer Soll-Kultur im Sinne eines zukünftig anzustrebenden Zustands der Denk- und Verhaltensmuster im Unternehmen unterliegt zusätzlich dem Problem der *Prognose* der in der Zukunft bestehenden Funktionalitäten und Dysfunktionalitäten von Kulturmerkmalen.

Problemverschärfend wirken in diesem Zusammenhang die hohen Anforderungen, die an die Formulierung zweckmäßiger betriebswirtschaftlicher Ziele gestellt werden. Demnach wird ein Ziel über die drei Dimensionen *Inhalt, zeitlicher Bezug* und *angestrebtes Ausmaß* bestimmt.[1591] Im Hinblick auf ein Ziel in Form einer anzustrebenden Kultur ist zu bedenken, daß es nicht unproblematisch ist,

(1) eine klare inhaltliche Präzisierung vorzunehmen, da das Konstrukt der Kultur in seinen Inhalten nur schwer faßbar gemacht werden kann; so bestehen durchaus interindividuelle Unterschiede hinsichtlich der Auffassung, was Kultur ist und was nicht;

(2) genau zu bestimmen, in welchem Zeitraum das Ziel verwirklicht werden soll, da die Kulturentwicklung eigenen Gesetzmäßigkeiten folgt und nicht vollständig steuerbar ist; es kann als erwiesen gelten, daß die partielle Undeterminiertheit sowie die generelle Langwierigkeit des Prozesses eine zeitliche Planung nahezu unmöglich machen;

(3) das Ausmaß der Zielerreichung festzulegen und ex post zu kontrollieren, da das Ziel einer bestimmten kulturellen Sollvorstellung nur unzureichend durch Subziele zu operationalisieren ist; die Voraussetzung hierfür wäre freilich eine (in dieser Form noch nicht existie-

---

[1589] Vgl. Dahrendorf 1971, S. 205.

[1590] Vgl. Drumm 1991a, S. 64ff., ähnlich auch Dierkes 1988, S. 560f.

[1591] Vgl. Heinen 1991, S. 13ff.

rende) ökonomische Kulturtheorie, die den Gegenstand der Kultur inhaltlich differenziert und dessen Bedingungsfaktoren mit ihren Wirkungsmechanismen transparent macht.

Wie bereits dargelegt wurde, können die unterschiedenen ökonomisch relevanten Kulturfelder als Richtgrößen gesehen werden. Dabei hat das Management, insbesondere das Personalmanagement, einen beschränkten Einfluß auf die Kulturfelder im Rahmen eines Informations- und Kommunikationsmanagements, eines Vertrauensmanagements, eines Intrapreneurship- und Innovationsmanagements, eines Partizipations- und Teammanagements, eines Konfliktmanagements sowie eines Fehler- und Lernmanagements. Für eine zielgerichtete Beeinflussung bedarf es dabei entsprechender theoretischer Grundlagen, die die notwendige Transparenz von Ursache-Wirkungszusammenhängen in Form von Theorien der Information und Kommunikation, des Vertrauens, des Unternehmertums, der Partizipation, des Konflikts sowie des Fehl- und Lernverhaltens herstellen.

Problematisch erscheint, daß neben dem Einfluß der Management- bzw. Personalentscheidungen zahlreiche weitere Bedingungsgrößen die kulturelle Entwicklung mitbestimmen und die Beziehungen aller Einflußgrößen zueinander niemals vollständig erfaßt werden können. D.h. daß beispielsweise eine Vertrauens*kultur* durch ein Vertrauens*management* zwar tendenziell gefördert, jedoch nicht notwendigerweise realisiert wird. In diesem Zusammenhang wird deutlich, worin die besondere Bedeutung des Kulturbegriffs im Unterschied zum Managementbegriff gesehen werden kann. Kultur schließt in Form der inneren Überzeugung bzw. der empfundenen Selbstverständlichkeit die Akzeptanz der Mitarbeiter ein und kann demnach als ein mitarbeiterorientiertes Konstrukt angesehen werden. Infolge nachhaltiger Managemententscheidungen (sowie anderen Einflußgrößen) wurden bestimmte Formen des Verhaltens *kultiviert*, wurden zu spezifischen Denk- und Verhaltensmustern, die von den Mitarbeitern getragen und weitergegeben werden. Das Personalmanagement wirkt mit seinen Entscheidungen demnach vor allem dann kulturbildend, wenn diese *glaubwürdig, transparent, nachvollziehbar* und *kontinuierlich* getroffen werden, da dadurch gleichförmige, d.h. musterbildende Verhaltensformen hervorgerufen werden.

### 4.3.2.3  Frage der Realisierungsmöglichkeit

Bedeutsam für die Formulierung einer kulturellen Soll-Vorstellung ist zudem die kulturelle Ausgangssituation, die implizit eine Toleranzgrenze festlegt, welche die Akzeptanz von Veränderungen bestimmt. Es besteht die Gefahr einer unüberbrückbaren Kluft zwischen einem überhöhten *Anspruch* und einer gelebten *Wirklichkeit* ("cultural gap").[1592] So sehen Wilkins/ Patterson den Grund für das Scheitern vieler Kulturveränderungsprogramme in einer mangelnden Berücksichtigung der Startbedingungen: „You can't get there from here.‟[1593]

Jede kulturelle Änderung trifft auf bereits bestehende kulturelle Erscheinungen, von denen es abhängt, wann, in welcher Form, auf welche Weise und ob überhaupt die Neuerungen von den Kulturmitgliedern akzeptiert werden oder ob sie auf Widerstand stoßen. Als Einflußfak-

---

[1592] Vgl. Papmehl/Walsh 1991, S. 199ff., Felten 1991, S. 205ff.

[1593] Wilkins/Patterson 1985, S. 262ff.

toren der mitarbeiterbezogenen *Akzeptanz von Kulturveränderungen*, die von Seiten der Führung oder auch von externen Beratern initiiert werden, können v.a. gelten:[1594]

- der mögliche Nutzen, den die Kulturmitglieder der Neuerung zumessen, aber keineswegs allein der Nutzen, den der Innovator der Neuerung beimißt;

- die Nähe der Kultur, aus der die Neuerung stammt, bzw. die Einordnungsmöglichkeit in den bestehenden kulturellen Kontext (Es ist anzunehmen, daß eine Neuerung, die aus einer ähnlichen Kultur stammt eher angenommen wird, da damit keine wesentliche Änderung auf die Gesamtkonfiguration der bestehenden Kultur verbunden ist. Je fremder eine Neuerung ist, desto unwahrscheinlicher ist ihre Akzeptanz.);

- die vorhandenen Einstellungen und Wertvorstellungen gegenüber Veränderungen generell (Veränderungsfreudigkeit der bestehenden Kultur) sowie der betreffenden Veränderung im besonderen (Änderungen, die den allgemeinen Wertvorstellungen und gesellschaftlichen Normen zuwiderlaufen, stoßen ohnehin auf heftige Ablehnung und Widerstand);

- der mit dem Kulturwandel verbundene Macht- und Statusverlust auf Seiten der Kulturmitglieder (Dabei besteht im Rahmen des Wandels nicht nur eine Unsicherheit in materieller, ökonomischer Hinsicht, sondern auch in ideeller, immaterieller Hinsicht, da durch die entstehende Statusunsicherheit auch die Ideale, die Wertvorstellungen, das Selbstbild und damit auch Selbstachtung und sogar der Sinn des Lebens in Frage gestellt werden);[1595]

- die Einflußmöglichkeiten der Betroffenen (Das Ausmaß der Akzeptanz und damit auch der langfristigen Effizienz steht oftmals in direktem Zusammenhang mit dem Grad an Partizipation.).[1596]

Im betrieblichen Kontext stehen oftmals die kulturellen Wunschvorstellungen des Managements, von Stabsabteilungen entwickelt und in Hochglanzbroschüren festgehalten, in keinem oder bestenfalls zufälligem Bezug zur gängigen Praxis auf der Mitarbeiterebene (*"Leitbildparadoxon"*).[1597] Eine kulturelle Soll-Vorstellung kann nur dann zur gemeinsam erlebten Wirklichkeit werden, wenn sie von allen Mitgliedern als verständlich, nachvollziehbar, persönlich umsetzbar und erlebbar wahrgenommen wird. Dies setzt allerdings ein hohes Maß an konkreten Handlungsrichtlinien voraus, wozu das Top-Management nicht uneingeschränkt bereit ist. Vielmehr neigt es zu *vagen Formulierungen*, da es aufgrund einer vorhandenen Konfliktscheu mögliche Auseinandersetzungen mit den verschiedenen Interessengruppen vermeiden will.[1598] Zudem neigen – wie gezeigt – gerade die Deutschen zu *überhöhten Erwartungen und Ansprüchen*, so daß auch daher die Erleb- und Umsetzbarkeit eines kulturellen Leitbilds vielfach kaum möglich ist und sich insgesamt ein kulturbedingtes Dilemma in Form eines unauflöslichen Leitbildparadoxons abzeichnet, welches zu einer Kluft zwischen Soll- und Ist-Kultur führt ("cultural gap").

---

[1594] Vgl. Ramaswamy 1985, S. 41f., Rudolph 1992, S. 68.

[1595] Vgl. Elias 1994, S. 461ff.

[1596] Vgl. Dierkes 1988, S. 567ff., Kilmann/Saxton/Serpa 1986, S. 87ff.

[1597] Vgl. Gabele 1983, S. 326ff.

[1598] Vgl. Felten 1991, S. 210f.

Auch stellt sich die Frage nach einem möglichen cultural gap auf der nationalen Ebene. Angesichts der anhaltend problematischen Arbeitsmarktsituation in Deutschland und dem scheinbar beispielhaften Wirtschaftsaufschwung in den USA wird heute bisweilen intensiv darüber nachgedacht, ob nicht auch die Deutschen ein "Jobwunder" mit Hilfe zahlreicher neuer Dienstleistungen wie in den USA verwirklichen können. Zum einen ist jedoch zu beachten, daß diese neuen Jobs in den USA nicht durchgängig gutbezahlte, sichere Arbeitsplätze darstellen, die die Deutschen gewohnt sind.[1599] Vielmehr sind sie oftmals im Bereich niederer Dienstleistungen angesiedelt, so daß daher eine Übertragung dieser Dienste auf deutsche Verhältnisse auf kulturpsychologische Barrieren trifft: „Wer bei uns sich die Schuhe putzen läßt, hat ein schlechtes Gewissen, daß er den Schuhputzer "entwürdigt"." Auch werden in Bezug auf Flexibilität und Mobilität in den USA sehr hohe Anforderungen an die Arbeitskräfte gestellt. So ergeben sich Karriereverläufe, die nicht wie in Deutschland üblich, lediglich die hierarchische Aufwärtsbewegung kennen, sondern auch durch horizontale Verläufe oder Abwärtsbewegungen gekennzeichnet sind.[1600]

Nun stellt sich die Frage, ob sich die Deutschen in ihrem Denken und Verhalten weiter den Amerikanern annähern und eben diese Barrieren mit der Zeit überwinden. Faktisch haben in der Vergangenheit viele amerikanische Symbole, wie z.B. Jeans, Rock'n Roll oder Fast Food, in den deutschen Alltag Eingang gefunden. In der deutschen Bevölkerung, den deutschen Medien, der deutschen Politik herrscht auch aufgrund der positiven Erfahrungen nach dem Zweiten Weltkrieg ein tiefverankertes Gefühl der Sympathie für Amerika, welches zudem auch mit den zahlreichen deutschstämmigen Einwanderern in den USA zusammenhängt. Wie bereits in den Überlegungen zur Kulturanalyse angeklungen, unterscheiden sich jedoch Deutsche und Amerikaner in wesentlichen Zügen. Gegenüber einem sehr ausgeprägten Mobilitätsstreben und einer hohen Risikoorientierung der Amerikaner erweist sich der Deutsche als seßhafter und sicherheitsbetonter. Grundlegende kulturelle Unterschiede werden in den Arbeits- und Sozialgesetzen deutlich (insbesondere die spezifisch deutschen Gesetze zur Mitbestimmung, die unterschiedlichen Regelungen zu Urlaub und Ruhestand).[1601] Amerikanischer kurzfristorientierter Pragmatismus und deutscher langfristorientierter Perfektionismus sind bezeichnende, überdauernde Stereotype, die ihre Gültigkeit in naher Zukunft wohl kaum verlieren werden. Vor diesem Hintergrund können Konzepte zur Veränderung der deutschen Arbeitskultur in Richtung amerikanischer Vorbilder die Gefahr eines cultural gap beinhalten. Gleiches gilt aufgrund der erheblichen kulturellen Unterschiede in wohl noch stärkerem Maße für japanische Managementkonzepte.

---

[1599] So bildete sich in den USA in den letzten Jahren eine breite Schicht einer zwar arbeitenden, jedoch armen Bevölkerung (sog. working poor). Vgl. Knüpfer 1996, S. 28ff., Köhler 1996, S. 55ff., Simons 1996, S. 23ff. Auf der anderen Seite weist Hake darauf hin, daß sich auch die Jobs mit hohen Einkommen in den USA in erheblichem Maße vermehrt haben (Hake 1997, S. 586f.).

[1600] Vgl. Knüpfer 1996, S. 28ff., Köhler 1996, S. 55ff., Simons 1996, S. 23ff.

[1601] Vgl. Noelle-Neumann 1986, S. 461f.

### 4.3.3 Zusammenfassung und Ausgangspunkt für ein kulturelles Leitbild

Hinsichtlich der Einwirkungsmöglichkeiten des Personalmanagements auf die kulturelle Entwicklung des Unternehmens und seiner Subsysteme stellt sich aus betriebswirtschaftlicher Sicht die Frage, (1) *ob* und (2) *in welcher Richtung* man durch betriebliche Entscheidungen dem kulturellen Wandel auf Gesellschaftsebene wie auf Unternehmensebene Rechnung trägt.

(1) Dabei ist zu klären, ob sich ein Kulturwandel im Unternehmen erst in Reaktion auf gezielte Managemententscheidungen vollzieht oder ohne Zutun des Managements quasi in einem automatischen Anpassungsprozeß abläuft und der Erfolg dieser Anpassung in weiten Teilen von dem Mut der Entscheidungsträger abhängt, diese Veränderungen "quasi natürlich" geschehen zu lassen. Kasper unterscheidet drei unterschiedliche Auffassungen zum Einfluß des Managements auf den Kulturwandel im Unternehmen:[1602]

| **Massiver Einfluß** (Organisationskultur als Variable) | Manager erhalten demnach die Rolle des Machers, Dompteurs oder Sozialingenieurs. |
|---|---|
| **Partieller Einfluß** (Management als Teil der Unternehmenskultur) | Die Organisationskultur ist nicht in einem technokratischen Sinne machbar aufgrund von Management-Handlungen, sondern lediglich in begrenztem Umfang insbesondere durch symbolisches Management beeinflußbar. |
| **Kaum Einfluß** (Management als Teil der Unternehmenskultur) | Der Manager "schwimmt" auf einer Woge von Ereignissen, handelt nach dem Versuchs-Irrtums-Prinzip und hat keine wirkliche Chance, die Entwicklung beherrschen und kontrollieren zu können.[1603] |

Tab. 24: Perspektiven zum Einfluß des Managements auf den Kulturwandel

Quelle: in Anlehnung an Kasper 1987, S. 118ff.

Die in den Grundlagen eingeschlagenen "Pflöcke" des Menschenbildes *"homo cultus"* und des Betriebsbildes *"Kulturunternehmen"* machen deutlich, daß eine kulturelle Zielvorstellung nur begrenzt, etwa in Form einer Richtungsvorgabe und einer Unterstützung der prinzipiell freiheitlichen Entwicklung durch Struktur- und Strategieentscheidungen des (Personal-)Managements, möglich ist. Bezogen auf die Ebene der Unternehmenskultur kann - aufbauend auf den Grundannahmen des Betriebsbildes des Kulturunternehmens - im Folgenden davon ausgegangen werden, daß das (Personal-)Management nach den Grundsätzen in Analogie zum Konzept von Huber[1604] als Schutzeinrichtung fungiert und dabei *einen partiellen* Einfluß auf die weitere Kulturentwicklung ausübt.

---

[1602] Vgl. in ähnlicher Weise auch Schreyögg 1991b, S. 201ff., 1992, Sp. 1533ff. Kritisch sieht auch Kirsch (1990, S. 39ff.) den Einfluß bzw. die Machbarkeit der Manager im Rahmen von Veränderungsprozessen.

[1603] „Die Kunststücke, die der Boss mit seinem Surfbrett hoch auf der Woge vorführt, können zwar seinen Sturz verhindern oder verzögern. Den weiteren Verlauf der Woge vermögen sie aber höchstwahrscheinlich nicht zu beeinflussen... Manager surfen, Strategen sind sie nicht" (Westerlund, G./Sjöstrand, S.-E., Organisationsmythen, Stuttgart 1981, S. 163, zit. nach Kasper 1987, S. 137). Vgl. zur Kritik an Ansätzen der Unternehmenskulturforschung, die einen Einfluß des Managements auf die Kulturentwicklung ablehnen: Schreyögg 1991b, S. 202ff.

[1604] Vgl. Huber 1958, S. 3ff. sowie Kap. 2.2.2.3 der Arbeit.

(2) Denkt man über eine zielorientierte Einflußnahme des Personalmanagements auf die Unternehmenskultur nach, so scheint es angebracht, zum einen die überformende Kraft der Nationalkultur einzubeziehen. Zum anderen sollte nicht übersehen werden, daß Entscheidungen auf Unternehmensebene, speziell personalpolitischer Natur, erhebliche *soziale externe Effekte* hervorrufen, wodurch den Unternehmen *gesellschaftliche Verantwortung* zuwächst.[1605]

Nun stellt sich dabei allerdings die Frage, wie man dieser Verantwortung gerecht wird. Verstanden als gestaltende Funktion im Unternehmen nimmt das Personalmanagement über die von ihm produzierten sozialen externen Effekte partiellen Einfluß auf die Entwicklung gesellschaftlicher Werte,[1606] wobei die Wirkungen anhand der Zielgröße der *gesellschaftlichen Effektivität* in das personalwirtschaftliche Zielsystem einbezogen werden können. Daran anknüpfend könnte man - ähnlich wie bei der Berücksichtigung ökologischer externer Effekte - über personalwirtschaftliche "Katalysatoren" nachdenken, die dazu beitragen, negative soziale Effekte abzudämpfen und positive Beiträge für die Gesellschaft zu leisten.[1607]

Im Wissen um den Zustand und die Veränderungen der Nationalkultur bieten sich dem Personalmanagement hinsichtlich einer Zielformulierung für eine Einwirkung auf die Unternehmens- und Subkulturentwicklung zwei grundlegende Ansatzpunkte:

a) Das Personalmanagement kann versuchen, eine gegenläufige Entwicklung voranzutreiben, mit dem Ziel einer Abkoppelung der Unternehmens- von der Nationalkultur, um den als ineffizient identifizierten nationalkulturellen Voraussetzungen gegenzusteuern (konfliktäre Ausrichtung).

b) Das Personalmanagement greift die kulturellen Entwicklungstendenzen der Nationalkultur auf und stimmt seine Entscheidungen darauf ab, mit dem Ziel einer Gleichschaltung von gegenwärtiger Unternehmens- und Nationalkultur (komplementäre Ausrichtung).[1608]

Aufgrund der wohl kaum zu überwindenden Schwierigkeiten im Zusammenhang mit der Erfassung und Bewertung von Kultur scheint es nicht sinnvoll möglich, eine Soll-Kultur im Sinne einer klassischen betriebswirtschaftlichen Zielvorstellung zu formulieren. Eine Soll-Kultur, gleichgültig auf welcher hierarchischen Ebene, zu fordern, entspringt dem manageriellen Wunschdenken einer Machbarkeit von Kultur, die in der Realität nicht gegeben ist. Kulturentwicklung ist als evolutionärer Prozeß zu begreifen, dessen Verlauf nicht determiniert werden kann. Im Rahmen dieses Prozesses, dessen Verlauf von zahlreichen bestimmbaren und unbestimmbaren Faktoren abhängt, kann das (Personal-)Management über richtungweisende Struktur- und Strategieentscheidungen Einfluß nehmen. Auf welchen Grundlagen könnte nun eine konkrete Stoßrichtung aufbauen?

---

[1605] Vgl. Schreyögg 1991b, S. 207 und die dort angegebene Literatur.

[1606] Vgl. auch Wollert 1995, S. 50, Bilitza 1993, S. 572f.

[1607] Ansätze hierzu existieren bereits seit geraumer Zeit in Form von Sozialbilanzen bzw. einer gesellschaftsbezogenen Rechnungslegung (vgl. Marr 1993, S. 49ff., insbes. S. 108ff. und die dort angegebene Literatur).

[1608] Diese Position vertreten etwa auch Wilkins/Ouchi 1983, S. 468ff.

Bereits in den 80er Jahren waren Anzeichen für eine "Post-Industrial-Revolution" auszumachen. Die heutigen Symptome der Massenarbeitslosigkeit, Wissensalterung und Verbreitung neuer Technologien führen verstärkt dazu, daß Unternehmen, die nicht mit diesen Entwicklungen Schritt halten können, zunehmend in Existenznöte geraten. Sie können gesehen werden als „calm-water sailors facing rough seas for the first time".[1609] Von daher besteht aus Sicht des Unternehmens ein permanenter Druck zu strukturellen und prozessualen Veränderungen in Abhängigkeit von der Intensität betrieblicher Krisenerscheinungen infolge sozioökonomischen, technischen, politischen und gesellschaftlichen Wandels.[1610] Dabei kann in Zeiten tiefgreifenden Wandels der Umweltbedingungen einerseits eine gemeinsame Grundorientierung durch auf Konsens fußende Verhaltensformen und geteilte Wahrnehmungen gegenüber anderen Steuerungsinstrumenten von Vorteil sein;[1611] andererseits erweisen sich bestimmte kulturelle Denk- und Verhaltensmuster als nicht mehr effizient zur Lösung der veränderten Problemlandschaft.

Eine betriebliche Soll-Kultur kann nur unter Bezug auf begründete Annahmen über zentrale Situationsfaktoren formuliert werden und ist stets zeit- und raumgebunden. So scheint es denn auch gefährlich, eine bestimmte Kultur im Rahmen eines Benchmarking-Prozesses als Vorbild zu nehmen. Jede Kultur hat ihre Blütezeit und ihre Krisen. Orientiert man sich etwa wie Peters/Waterman an derzeit "exzellenten" Unternehmen, so ist dies lediglich eine Momentaufnahme und gibt keine Auskunft über zukünftige Entwicklungen.[1612] Auch im Hinblick auf die nationale Ebene läßt sich dies feststellen: Japan oder die asiatischen Tigerstaaten wurden in den 80er Jahren und stärker noch in der ersten Hälfte der 90er Jahre im Zuge ihrer wirtschaftlichen Erfolge als vorbildliche Beispiele hochgelobt. Inzwischen wurde überdeutlich, daß auch diese Kulturen von ökonomischen Krisenzeiten nicht verschont bleiben.

Kritik ist auch gegenüber einer zu mechanistischen Auffassung angebracht, nach der bestimmte, effizient erscheinende Einzelzüge anderer Kulturen übernommen werden, da sie, wie Goldenweiser sagt, „oft Fremdkörper in ihrer neuen kulturellen Umgebung bleiben".[1613] Daher wird eben diesen Fremdkörpern auch keine längere Lebensdauer zuteil, was Fitzgerald zu dem Schluß führte: „We did learn much from the Japanese, but their culture as such was not portable."[1614] Die Realisierung einer Soll-Vorstellung, die aus unterschiedlichen, möglicherweise inkompatiblen Elementen besteht, d.h. etwa amerikanisches Mobilitäts- und Risikobewußtsein, dabei aber gleichzeitig auch traditionelle deutsche Pünktlichkeit und Ordnung beinhaltet, erscheint kaum möglich und führt zudem wohl zu keinem effizienten Resultat. Hierbei ist die Forderung Scheins zu beachten, daß die Kultur in sich stimmig sein muß, um effizient

---

[1609] Bumstead/Eckblad 1984, S. 21.

[1610] Vgl. Kieser 1992, Sp. 1232ff., Dierkes 1988, S. 554ff., Burkhardt/Sager 1994, S. 42ff.

[1611] Vgl. Dierkes 1988, S. 572.

[1612] Wie in späteren Untersuchungen deutlich wurde, sind von den von Peters/Waterman 1982 identifizierten exzellenten Unternehmen nur wenige auch exzellent geblieben. Auch Bilstein zeigte, daß von den 100 größten deutschen Unternehmen des Jahres 1960 nur noch 37 zu den größten 100 zu Beginn der neunziger Jahre zählten (vgl. Bilstein 1998, S. 142).

[1613] Goldenweiser 1913, S. 283; vgl. auch Rudolph 1959, S. 19

[1614] Fitzgerald 1988, S. 12.

zu sein.[1615] So erweist sich etwa das Wunschbild eines "risikofreudigen Sicherheitsmenschen" als unerfüllbare Chimäre.

Wie bereits verdeutlicht, kann eine Konkretisierung einer Zielvorstellung nur aus einer unternehmenspolitischen Präferenzordnung erwachsen. Als eine mögliche inhaltliche Ausfüllung einer Zielvorstellung wurde bereits in Kap. 3 die Systematik der Kulturfelder mit ihren jeweiligen Ausprägungen vorgestellt. Im Rahmen der nationalkulturellen Analyse wurde deutlich, daß das kulturelle Erbe der Deutschen zu vielfältigen mentalen Barrieren bei den Umsetzungsbemühungen der Kulturfelder führt. Jedoch weisen v.a. die Belege des seit den späten 60er Jahren einsetzenden Wertewandels auf zahlreiche verbesserte Voraussetzungen hin. Die veränderte Bedürfnislandschaft verweist in vielfacher Hinsicht auf Veränderungen der Arbeitskultur, die sich teils von selbst, teils unter Einflußnahme des Managements in Form der Kulturfelder vollziehen.

Wie angesprochen zeigt sich im Rahmen des Wertewandels das Phänomen einer "evolutionären Dissonanz" zwischen dieser gesellschaftlich veränderten Wertelandschaft und den betrieblichen Arbeitsstrukturen und -prozessen. Greift man nun das übergeordnete Ziel der Werteorientierten Personalpolitik auf, die Diskrepanz zwischen originärer und derivativer Lebenswelt zu verringern, stellt sich dem Personalmanagement die Aufgabe, Strukturen und Prozesse der gesellschaftlichen Kulturentwicklung anzupassen, so daß sich im betrieblichen Kontext entsprechende Kulturmuster entfalten können.

So könnte der These gefolgt werden, daß ein Unternehmen, welches in seiner Politik oder seiner Philosophie vom (kulturellen) Ordnungsrahmen der es umgebenden Gesellschaft *"ausschert"* bzw. die Strukturen den veränderten Werthaltungen und Bedürfnissen nicht anpaßt, mit Effizienzeinbußen zu rechnen hat. Zu belegen wäre dies - freilich unter Vorbehalt spezifischer Ausnahmesituationen - durch gestörte bzw. suboptimale Beziehungen bzw. Transaktionen zwischen den staatlichen Institutionen und dem Unternehmen (z.B. können direkte negative Wirkungen im Rahmen der Transferleistungen wie Subventionen oder auch Abgaben und rechtliche Strafen auftreten). Als drastisches Beispiel könnte man sich vorstellen, welche Konsequenzen ein Unternehmen in Deutschland zu befürchten hätte, welches gegen das Verbot von Kinderarbeit verstößt. Zu denken wäre aber auch etwa an Werbekampagnen, die am gesellschaftlichen Wertegerüst rütteln (z.B. Benetton).

In personalwirtschaftlicher Sicht scheint es aber vor allem bedeutsam zu sein, daß die Mitarbeiter bei einem "Ausscheren" des Unternehmens vor erhebliche *Kontextprobleme* gestellt werden und zu Kontextpartisanen werden können bzw. müssen (vgl. Abb. 62).

---

[1615] Vgl. Schein 1985, S. 109ff.

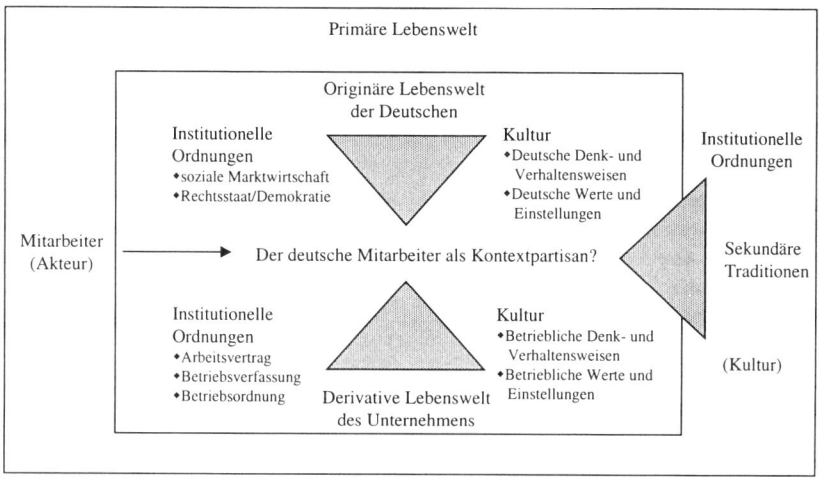

Abb. 62: Der "deutsche Mitarbeiter"als Kontextpartisan

Quelle: eigene Darstellung in Anlehnung an Kirsch 1986, S. 3, 1987, S. 458ff.

Während der Mitarbeiter in den anderen Bereichen seiner Lebenswelt sich auf bestimmte Merkmale des gesellschaftspolitischen Rahmens eingestellt hat und danach handelt, ruft ein betrieblicher Kontext mit einem davon grundsätzlich abweichenden Werte- und Normensystem erhebliche Anpassungsprobleme hervor, so daß er in die Situation inkommensurabler Kontexte gerät.[1616] Dies könnte auch eine Erklärung für die längst bekannte Paradoxie darstellen, daß Mitarbeiter einerseits im Privatleben anspruchs- und verantwortungsvolle Aufgaben, wie z.B. in Vereinen, Parteien oder auch der Familie, erfolgreich erfüllen, andererseits dieses offensichtlich vorhandene Potential im Unternehmen nicht genutzt wird.

Übergeordnetes Ziel des kulturbewußten Personalmanagements soll es daher sein, mögliche Diskrepanzen zwischen originärer und derivativer Lebenswelt zu erkennen und durch Einsatz geeigneter Maßnahmen zu verringern. Ausgehend von den Erkenntnissen des gesellschaftlichen Wertewandels geht es im Wesentlichen um eine *Unterstützung der vorgestellten Kulturfelder*, so daß sich auch Ähnlichkeiten zu dem bereits in den 70er Jahren diskutierten, gegenwärtig wieder an Aktualität gewinnenden Programm einer *"Demokratisierung von Unternehmen"*[1617] ergeben. Diese Gestaltungsperspektive findet in organisatorischen, insbesondere aber auch personalwirtschaftlichen Maßnahmen ihren Ausdruck.[1618]

---

[1616] Vgl. Kap. 2.3.4.2.

[1617] Kirsch 1990, S. 158ff., 1993. S. 262ff. Vgl. zur kritischen Betrachtung einer zunehmenden Demokratisierung im Hinblick auf die Handlungs- und Lernfähigkeit sowie die Bedürfnisberücksichtigung im Rahmen einer fortschrittsfähigen Unternehmung: Kirsch 1990. S. 163ff. Kirsch/Trux 1981, S. 369ff., ähnlich auch die Ausführungen der evolutionären Ansätze bei Bleicher 1984, S. 494ff., 1986a, S. 97ff., 1992, Sp. 2242ff., 1991b, S. 111ff., Schreyögg 1991b, S. 201ff., Bumstead/Eckblad 1984, S. 21ff., Matenaar 1983a, Malik 1981, S. 155ff.

[1618] Vgl. Kirsch 1989, S. 115ff., 1990, S. 257ff., 310ff., 330ff., 1993. S. 320ff. Das Konzept einer demokratischen Unternehmensführung bzw. das Betriebsbild einer demokratischen Gemeinschaft diskutierte z.B. Naschold (1971), könnte jedoch eine Revitalisierung erfahren durch die zunehmenden Forderungen nach organisatorischem Wandel durch Selbstorganisa-

Dies sollte jedoch noch keinesfalls als allgemeine Regel für einen Umgang mit Subkulturen im Verhältnis zu Hauptkulturen verstanden werden. So kann es sich beispielsweise durchaus als betriebswirtschaftlich ineffizient erweisen, die Subkulturen einzelner Abteilungen einzuebnen, eine einheitliche Unternehmenskultur anzustreben und eine freie, heterogene Entwicklung der Subkulturen zu verhindern. Eine betriebliche Kulturpolitik, der es gelingt, einen funktionalen Ausgleich akzeptierter und geförderter Unterschiede sowie eine Integration differenzierter Subkulturen zu ermöglichen, läßt innovativen Kräften einen größeren Spielraum. „Bewegung, Entwicklung und Fortschritt erwachsen nicht aus der Friedhofsatmosphäre eingeebneter, sich nicht mehr reibender Unterschiede, sondern aus dem aktiven Verlangen, die aus eigenem Erleben und eigener Erfahrung als tragend erkannten Werte und Erkenntnisse gegenüber anderen durchsetzen zu wollen."[1619]

---

tion (Commitment) oder nach Partizipation im Zusammenhang mit Gruppenarbeit, von denen man sich Steigerungen der organisationalen Effizienz verspricht. In diesem Sinne stellt Turner fest: „It is perhaps stunning that we live in a democratic society, and yet work for undemocratic organisations." (1997, S. 519).

[1619] Bleicher 1984, S. 496, vgl. auch Bleicher 1986a, S. 100ff., 1992, Sp. 2245ff.

# 5. Kulturbewußte Personalarbeit: Verwirklichung einer kritischen Solidargemeinschaft

## 5.1 Ausgangspunkt einer kulturbewußten personalwirtschaftlichen Konzeption

Ein kulturbewußtes Personalmanagement begründet sich auf einem prinzipiell *ganzheitlichen Verständnis des Menschen*[1620] und bildet insofern eine Gegenposition zu ökonomistisch verkürzenden Ansätzen, wie insbesondere den Theorien der (Neo-)Institutionenökonomik. Folgt man der sog. "clinical perspective" von Edgar Schein,[1621] so könnte man analog zum medizinischen Bereich die gestalterische Aufgabe eines kulturbewußten Personalmanagements mit der eines *Heilpraktikers* vergleichen, dessen einzusetzende Methoden auch weniger bestimmten Gesetzmäßigkeiten folgen, sondern vielmehr intuitiven Heuristiken und Erfahrungsregeln, der jedoch über die Zusammenhänge der einzelnen Körpersegmente in einer ganzheitlichen Betrachtung möglicherweise zu den tieferen Ursachen von Krankheitsbildern vordringt und sich nicht nur im Kurieren von Symptomen übt.[1622]

Der Bezug der strategisch orientierten Ansätze zum kulturbewußten Personalmanagement liegt - wie gezeigt - wesentlich in der strategischen Fokussierung der kulturellen Ressourcen als Erfolgspotential.[1623] Die gestalterische Aufgabe eines kulturbewußten Personalmanagements ist darin zu sehen, die kulturellen Erfahrungen der Unternehmensmitglieder in Abstimmung mit den unternehmerischen Strategien zu schützen, zu pflegen, zu vermitteln und zu fördern.[1624] Das bedeutet - falls nötig - auch ein Überdenken der Strategieformulierung und eventuell eine Anpassung der Strategie mit Blick auf die Kultur.[1625]

Dabei kann sich eine mögliche strategische Kursvorgabe an den unterschiedenen Kulturfeldern orientieren. Strategisches Personalmanagement unter einer kulturbewußten Perspektive beinhaltet dann die Ausrichtung an denjenigen Wertvorstellungen, die die Umsetzung einer offenen Informations- und Kommunikationskultur, einer Vertrauenskultur, einer Unternehmerkultur, einer Partizipations- und Teamkultur, einer Konfliktkultur sowie einer Fehler- und Lernkultur auf betrieblicher Ebene unterstützen.

Gleichzeitig geht es um eine Verringerung der Unterschiede zwischen originärer und derivativer Lebenswelt, d.h. zwischen gesellschaftlichen und betrieblichen Werten und Einstellungen. Unter der Annahme, daß sich im Zuge des Wertewandels auf gesellschaftlicher Ebene zunehmend Wertvorstellungen durchsetzen, die zu Mitarbeiterbedürfnissen führen, denen die

---

[1620] Vgl. auch Schaal 1992, S. 33.

[1621] Vgl. Schein 1985.

[1622] In diesem Sinne ist denn auch die Popularität der Esoterik in den 90er Jahren einzuordnen, die der Ethnologe Kohl als Trend der Abkehr von der eigenen Zivilisation, insbes. von westlicher Apparatemedizin und Naturwissenschaft, zugunsten einer Hinwendung zu anderen Kulturen und deren Heiltraditionen beschreibt. Speziell der Schamanismus findet auch Interesse im Rahmen der Organisationsentwicklung (vgl. Kohl/Saum-Aldehoff 1998, S. 58ff.).

[1623] Vgl. auch Staffelbach 1986.

[1624] Vgl. Kap. 2.2.2.

[1625] Vgl. das Beziehungsgeflecht zwischen Kultur und Strategie in Kap. 2.2.3.2; eine Anpassung der Strategie scheint dann notwendig, wenn konstatiert werden muß: "You can't get there from here" (Wilkins/Patterson 1985, S. 262ff.).

benannten Kulturfelder gerecht werden, wird es zur Aufgabe des Personalmanagements, die Arbeitsstrukturen und –prozesse den entsprechenden kulturellen Veränderungen anzupassen.

Verständlicherweise handelt es sich dabei um einen längere Zeit in Anspruch nehmenden Veränderungsprozeß, der sich zudem einer strikten Planbarkeit weitgehend entzieht. Schwierigkeiten ergeben sich insbesondere durch die notwendige Differenzierung nach unterschiedlichen Wertetypen. Die Bemühungen um eine Integration von interindividuell unterschiedlichen Wertvorstellungen in einem sozialen Rahmen sind gleichbedeutend mit der Suche nach einem (strategischen) Konsens über die Ausdrucksformen der Werte bzw. über die Art ihres Wirksamwerdens im betrieblichen Alltag und führen zu einem evolutorischen Prozeß, dessen Ergebnisse nur schwer prognostizierbar sind.

## 5.2    "Kritische Solidarität" als Integrationsprinzip

### 5.2.1    Argumentation für ein neues Integrationsmodell

Personalmanagement wurde lange Zeit vornehmlich als Verwaltungsaufgabe verstanden; erst in jüngerer Zeit billigte man auch ihm eine gestalterische Funktion, insbesondere im strategischen Sinne, zu. Ein Manko im Hinblick auf Visionen zukünftiger Arbeitsgestaltung könnte dem heutigen Personalmanagement zum Verhängnis werden. Wenn es ihm in den gegenwärtig turbulenten Zeiten des Wandels und der damit verbundenen Konflikte nicht gelingt, eine überzeugende, tragfähige, eigenständige normative Position zu begründen und umzusetzen, dann läuft es Gefahr, auf Kostensenkungsprogramme reduziert und in eine verwaltende Funktion zurückgedrängt zu werden, woraufhin es seine mühsam gewonnene Akzeptanz als originärer strategischer Erfolgsfaktor wieder einbüßen würde.[1626] Wie könnte demnach eine derartige zeitgemäße Position unter Berücksichtigung der kulturellen Gegebenheiten aussehen?

Eine in der jüngeren Personalpraxis zu beobachtende Tendenz ist die Abnahme von unbefristeten Dienstverträgen bei gleichzeitiger Zunahme von befristeten Projekt- bzw. Werkverträgen. Arbeitskontrakte beruhen demnach nicht länger auf dem An- und Verkauf von *Arbeitszeit*, sondern auf Angebot und Nachfrage eines bestimmten *Ergebnisses*, wobei sich das Risiko auf denjenigen verlagert, der das Werk zu erbringen hat. Hintergrund hierfür ist die gegenwärtig vielfach zu vernehmende Meinung, daß die Arbeitsplatzsicherheit, wie sie in den alten Strukturen in Form einer oftmals lebenslangen Beschäftigung gegeben war, unter dem heutigen Anpassungs- und Flexibilitätsdruck aufgrund zunehmender Globalisierung nicht mehr zu realisieren ist.[1627] „Die Menschen im Westen Deutschlands ... erleben zum ersten Mal, daß das Leben nicht nur aus Positivsummenspielen besteht, bei denen am Ende alle gewinnen... Das Land mit den meisten Feier- und Ferientagen und der geringsten Zahl an Arbeitsstunden kann sich schwerlich zugleich die höchsten Sozialeinkommen und die größte Arbeitsplatzsicherheit für die Beschäftigten leisten... Ein radikales Neudurchdenken des deutschen Sozialstaats ist unausweichlich nötig."[1628]

---

[1626] Vgl. Marr 1996a.

[1627] Vgl. z.B. Herrmann 1994, S. 331f., Handy 1996, Kreuder 1996, S. 36ff., Fischer, P. 1996, S. 20ff.

[1628] Dahrendorf 1992b.

Der Tenor der neueren betriebswirtschaftlichen, aber auch sozialpolitischen Literatur ist vielfach eindeutig: Die deutsche Arbeitsgesellschaft befindet sich mit der gegenwärtigen Situation der Massenarbeitslosigkeit in einer tiefen Krise.[1629] Die Kontrakte zwischen Arbeitnehmer und Arbeitgeber können nicht mehr die alte Sicherheit (=Starrheit) vermitteln; es bedarf neuer, flexiblerer Formen der Beschäftigung, z.B. eben in Form von befristeten Werk- bzw. Projektverträgen. So titelte das New Yorker Nachrichtenmagazin Newsweek im März 1996 denn auch in Anspielung auf die Reformunfähigkeit der Deutschen am Beispiel des Ladenschlußgesetzes: „The German Disease – The Economy's a Mess: Unemployment Hits a Record High, and You Still Can't Buy Milk on Sunday."[1630]

Jedoch stellt sich dabei die Frage, welchen Preis man in sozialer, aber auch ökonomischer Hinsicht für eine höhere Flexibilität in den Arbeitsstrukturen bzw. einem höheren Freiheitsgrad bezahlen muß. Hinter konkreten Gestaltungsempfehlungen dieser Art verbirgt sich häufig ein amerikanisiertes, neoliberales Denken, welches vielfach auf ein hire-and-fire-Prinzip hinausläuft und dabei auch eine Weitergabe des unternehmerischen Risikos an die Arbeitnehmer beinhaltet, denen somit ein höheres Maß an Selbstverantwortung und unternehmerischem Denken und Handeln im Interesse der Sicherung ihrer eigenen Existenz abverlangt wird. Positiv gesprochen wird der Arbeitnehmer zum *Unternehmer seiner eigenen Arbeitskraft*, negativ ausgedrückt könnte sich der Arbeitnehmer der Zukunft als *virtueller Tagelöhner* oder *opportunistischer Söldner* und somit als flexibler Spielball der wenigen maßgeblichen Entscheidungsträger gekennzeichnet sehen.[1631]

Auch die Organisationsform des *virtuellen Unternehmens*, das seine organisationalen Grenzen und arbeitnehmerbezogenen Bindungen aufgelöst hat, entpuppt sich bei näherer Betrachtung als eine Verkörperung des amerikanischen Kontraktsystems, welches aufgrund der befristeten, zumeist nur kurzfristig angelegten Strukturen weitgehend dem hochflexiblen hire-and-fire-Prinzip folgt und über den Großteil des Personals als "just-in-time-Mitarbeiter" (J. Rifkin) verfügt.[1632] Dabei ist zu erwarten, daß es zudem zu einer Aufspaltung der Arbeitenden kommt in sog. "Knowledge-Worker", die durch ihre Qualifikation über ein hohes Einkommen und relativ hohe Arbeitsplatzsicherheit bzw. gute Arbeitsmarktchancen verfügen, und in eine breite Randbelegschaft, deren Anbindung an das Unternehmen eben durch temporäre, hochflexible Kontrakte nach einem hire-and-fire-Prinzip erfolgt und deren Einkommen sowie Arbeitsmarktchancen gering einzuschätzen sind.[1633] In den USA spricht man in diesem Zusammenhang von einer *"anxious class"*, d.h. einer angsterfüllten Mittelschicht, sowie von einer verarmenden Schicht der *"working poor"*, die zwar einen Arbeitsplatz besitzen und demnach in der Arbeitslosenstatistik nicht geführt werden, faktisch jedoch an bzw. unter der Armuts-

---

[1629] Vgl. Dahrendorf 1987, S. 161ff.

[1630] Newsweek, New York 18.3.1996. Vgl. den entsprechenden Beitrag von Powell 1996, S. 18ff. sowie Wörl 1997, S. 201ff., Handy 1996, S. 29ff.

[1631] Vgl. hierzu auch Fischer, J. 1997, Zielcke 1998, S. 15, Sennett 1998, Fischer, P. 1996, S. 20ff.

[1632] Vgl. Sattelberger 1996, S. 974ff., 1998a, S. 30ff., Handy 1996, S. 29ff., Rifkin 1996b, S. 23. Vgl. zur flexiblen, netzwerkartigen Struktur moderner Organisationsformen auch Miles/Snow 1995, S. 5ff., Davidow/Malone 1993, Schräder 1996, Krystek/Redel/Reppegather 1997. Bezeichnenderweise ist denn bereits heute der größte Arbeitgeber in den USA ein Zeitarbeitsunternehmen mit rund 800.000 Beschäftigten (vgl. Köhler 1996, S. 56).

[1633] Vgl. Sattelberger 1996, S. 974ff., 1998a, S. 30ff., Handy 1996, S. 29ff., ähnlich auch Scholz, C. 1997, S. 8ff.

grenze leben.[1634] So erkennt der aus deutscher Sicht neidvolle Blick auf die geringe Arbeitslo-
senquote in den USA zumeist nicht die damit verbundenen, einschneidenden Veränderungen
in der amerikanischen Sozialstruktur: Der Lohndurchschnitt in den USA befindet sich heute
etwa auf dem Niveau von 1979, dagegen verdienen Führungskräfte durchschnittlich das ca.
225fache eines Arbeiters.[1635] Die sich durch Qualifikations- und Kompetenzunterschiede öffnende Schere zwischen arm und reich könnte demnach zu einem neuerlichen Klassenbewußtsein in der Gesellschaft und im Falle der Eskalation eines Klassenkampfes zu einer
*"Revolution der Wissensproletarier"* führen.

Die flexibilisierten und daher unsteten Verbindungen zwischen Betrieb und Mitarbeiter,
zukünftig institutionalisiert als *virtuelle Unternehmen*, verhindern aufgrund der temporären
Strukturen und der dadurch fehlenden Kontinuität die Schaffung einer langfristigen Identifikation des Mitarbeiters, den Aufbau eines Vertrauensverhältnisses oder verbindender Gefühle
der Loyalität und Solidarität. Traditionelle Fürsorge des Unternehmens für die Mitarbeiter bis
ins hohe Alter fällt dieser Flexibilisierung ebenso zum Opfer wie ein langfristig ausgerichteter
Aufbau von fachlichem Erfahrungswissen durch die Mitarbeiter.[1636] Daran schließt sich nun
die Frage an, wieviel Identifikation, Vertrauen und Solidarität ein Unternehmen, aber auch
eine Gesellschaft als Sozialsystem braucht, um überleben zu können.[1637]

Die Wucht des "sozialen Sprengstoffes" dieser Entwicklung verdeutlicht der Club of Rome[1638]
mit seinen Prognoseaussagen zu den *Grenzen des Wachstums*[1639], die sich durch die zunehmenden ökologischen Belastungen, die Entwicklung der Weltbevölkerung aber auch die
sozialen Ungerechtigkeiten ergeben. Die zunehmend erkannten inneren Zusammenhänge unterschiedlicher Lebensbereiche entfalten denn auch erhebliche Wirkungen hinsichtlich der
Erwartungen, wie sich die Arbeitsstrukturen und –prozesse verändern werden bzw. verändern
müßten. Von vielen Seiten werden Befürchtungen und Probleme einer 2/3-Gesellschaft geäußert;[1640] insbesondere Zukunftsforscher zeichnen düstere Zukunftsvisionen, die sich in Buch-
titeln wie "Der Zukunftsschock" (A. Toffler), "Gesellschaft ohne Wachstum" (M. Olson),
"Wege aus der Wohlstandsfalle" (H. Binswanger) oder "Das Ende der Arbeit und ihre Zukunft" (J. Rifkin) niederschlagen. Was kann die Antwort sein auf die Prognose, daß ange-

---

[1634] Vgl. Wörl 1997, S. 234ff., Simons 1996, S. 23ff., Köhler 1996, S. 55f., Knüpfer 1996, S. 28ff. So ist denn auch die US-
amerikanische Job-Maschine speziell im Hinblick auf die sozialen Entwicklungen mit Skepsis zu betrachten. Wörl (1997,
S. 234f.) weist darauf hin, daß heute über 5 Millionen Amerikaner in Gefängnissen sitzen oder unter Bewährungsaufsicht
stehen; die Inhaftierungsquote stieg dabei in den letzten 20 Jahren um 400%. Vgl. dazu auch Rifkin (1996b, S. 24), der die
Gefängnisse zynisch als das soziale Netz der USA bezeichnet.

[1635] Vgl. Eidenmüller 1996, S. 1.

[1636] Vgl. Zielcke 1998, S. 15.

[1637] Die unterschwellige Kritik an der neoliberalen Wirtschaftsideologie, wie sie insbes. von Milton Friedman, Ronald
Reagan oder Otto Graf Lambsdorff verfolgt wird, kommt in der Bewegung des Kommunitarismus zum Ausdruck. Vgl.
Etzioni 1995, 1996, 1997, S. 210ff., Dahrendorf 1987, S. 210ff., 1992a, S. 67ff., Dönhoff u.a. 1992, S. 23ff., Luck 1994,
S. 46ff., Sarcinelli 1993, S. 25ff.

[1638] Der Club of Rome wurde 1968 infolge allgemeiner Befürchtungen im Zuge von Krisenerscheinungen gegründet. Die
Vereinigung besteht aus etwa 100 Persönlichkeiten aus mehr als 40 Ländern und verfolgt das Ziel, ein Verständnis für das
Zusammenspiel von wirtschaftlichen, politischen, sozialen und natürlichen Faktoren des globalen Systems zu fördern und
zu aktivem Handeln aufzurufen (Vgl. http://www.clubofrome.org/).

[1639] Vgl. Meadows 1972, Pestel 1989. Zu einer Rezeption und einem kritischen Ausblick vgl. Dahrendorf 1992a, S. 177ff.

[1640] Vgl. z.B. Franz 1994, S. 57ff.

sichts der rasanten technologischen Entwicklung zukünftig lediglich 20% der Bevölkerung zur Erfüllung der produktiven Arbeitsaufgaben ausreichen werden.

So kommt Ulrich Beck zu dem Schluß: "Die Deutschen sind zu fleißig."[1641] Trägt der anhaltende, vor allem technologisch bedingte Produktivitätsfortschritt der Deutschen nicht in entscheidendem Maße zur Erhöhung der Arbeitslosigkeit bei? Ein Vergleich mit den USA zeigt, daß in den Jahren von 1980 bis 1994 zwar die *Produktion* in Deutschland (+34,3%) ähnlich stark wie in den USA (+41,5%) zugenommen hat, jedoch der *Produktivitätszuwachs* in Deutschland mit +40,4% wesentlich höher ausfiel als in den USA (+16,5%), so daß das Wachstum in Deutschland weitgehend am Arbeitsmarkt vorbeilief. Während sich das *Arbeitsvolumen* in den USA um 21,5% ausweitete, schrumpfte es in Deutschland um 4,3%.[1642] Während das Bruttoinlandsprodukt in Deutschland in den letzten 20 Jahren um 2/3 zugenommen hat, ist die bezahlte Arbeitszeit pro Beschäftigten um rund 1/5 gesunken. Arbeit wird zunehmend durch Kapital substituiert. Das Einkommen aus bezahlter Arbeit ist in den letzten 20 Jahren um lediglich 2 Prozent, das Einkommen aus Kapital dagegen um 59 Prozent gestiegen. Es scheint sich in Deutschland ein neues Entwicklungsgesetz einer schrumpfenden Erwerbsarbeitsgesellschaft mit dramatisch zunehmenden sozialen Ungleichheiten abzuzeichnen.[1643] Und wird diese Entwicklung nicht durch die aktuellen Management-Konzepte, insbesondere Lean-Production oder Lean-Thinking[1644], weiter gefördert und beschleunigt?[1645]

Das Problem der Deutschen kann demnach darin gesehen werden, daß den Worten der Freiheit inzwischen auch Taten folgen, die die sozialen Grundlagen in Frage stellen, welche zwar auf der Voraussetzung beruhen, über Freiheit zu reden, nicht aber nach ihr bedingungslos zu handeln.[1646] Mit der völligen Abkehr von traditionellen autoritären Strukturen verliert man zwangsläufig nicht nur deren als negativ empfundene Wirkungen wie Sanktionen und Freiheitsbeschränkungen durch potentielle Unterdrückung, sondern auch deren positive Effekte wie insbesondere das Wohlwollen und die Fürsorge;[1647] dies gilt für die gesellschaftliche Ebene wie für die betriebliche. Die sozialen Sicherungssysteme begründen sich vor allem auf der Erkenntnis, daß der Einzelne nicht die gebotene Vorsorge für die möglichen Wechselfälle des Lebens aufwendet, da er diese zukünftigen Bedürfnisse unterschätzt ("Gesetz der Minderschätzung künftiger Bedürfnisse", Eugen v. Böhm-Bawerk) bzw. aufgrund einer prinzipiellen

---

[1641] Beck 1997, S. 15.

[1642] Vgl. Kuda, R., Arbeitsplätze, Produktivität und Einkommen. Optionen und Wege zu mehr Beschäftigung im deutsch-amerikanischen Vergleich, Bonn 1996 (Manuskript), zit. nach Simons 1996, S. 23f.

[1643] Vgl. Beck 1997, S. 15. Das Phänomen der "sozialen Ungleichheit" gehört seit Bestehen der Soziologie zu deren zentralen Untersuchungsfeldern, da hiermit die wesentlichen Konfliktlinien und Legitimationsprobleme einer Gesellschaft verbunden sind. Die Aktualität des Problemkreises einer ungleichen Verteilung von Einkommen, Wohlstand, Bildungsmöglichkeiten und Berufschancen erwächst verstärkt aus den Prozessen der deutschen Wiedervereinigung und der europäischen Einigung sowie dem allgemeinen Druck der ökonomischen Rahmenbedingungen. Vgl. hierzu z.B. Geißler, R. 1994, Huster 1994, S. 14ff., Bolte 1990, S. 27ff., Büscher/Homann 1989, S. 90ff. Vgl. auch die Berichte der Zukunftskommission der Friedrich-Ebert-Stiftung (http://www-fes.gmd.de/info/info3.96/schw_2.html).

[1644] Vgl. Womack/Jones 1996, Bösenberg/Metzen 1992.

[1645] Vgl. Hoch 1997, S. VI/1.

[1646] Vgl. Beck 1996a, S. 13, Wörl 1997, S. 245ff.

[1647] Vgl. Dahrendorf 1971, S. 46f., Husmann 1995, S. 960ff.

menschlichen Irrtumsfähigkeit. Daraufhin käme es zu Versorgungslücken und damit zur Belastung Dritter sowie der Gesamtgesellschaft.[1648]

Mögen die wirtschaftlichen Rahmenbedingungen der Entwicklung flexiblerer Arbeitsstrukturen auch Vorschub leisten, so treffen diese Veränderungsbestrebungen – beispielsweise angesichts der über 100jährigen Entstehungsgeschichte der sozialen Sicherungssysteme[1649] - doch auf erhebliche, insbesondere mentale bzw. kulturelle Widerstände. Die Ergebnisse der nationalen Kulturanalyse machen nun Folgendes deutlich:

Die Deutschen beschäftigen sich im Vergleich zu anderen Nationen weitaus intensiver mit der Suche nach *Sicherheiten*. Ein quasi von außen erzwungenes Unternehmertum etwa, welches mit erheblichen Risiken verbunden ist, denen längst nicht jedermann gewachsen ist, hat eine fragwürdige Erfolgswahrscheinlichkeit, wenn es nicht von inneren Überzeugungen getragen wird. Aus sozialpolitischer, aber auch aus betrieblicher Sicht ist eine derartige Praxis mit Skepsis zu betrachten. Durch die Abnahme längerfristiger Verträge und gegenseitiger Verpflichtungen wird das Unternehmen zwar mit einer höheren Flexibilität ausgestattet, die ihm ermöglicht, auf unvorhersehbare, zum Teil gravierende Veränderungen in Technologie und Wettbewerbsumfeld schnellstmöglich zu reagieren; gleichzeitig bedeutet dies für die Mitarbeiter eine Zunahme an Unsicherheiten in mehrfacher Hinsicht, die eine vorausschauende individuelle Lebensplanung weitgehend verhindern. Im Grunde werden durch die hohen Flexibilitäts- und Mobilitätsanforderungen der Organisationen[1650] alle zentralen Bestimmungsgrößen ständig zur Disposition gestellt: Arbeitsaufgabe, Arbeitszeit, Arbeitsort, Arbeitskollegen, Arbeitseinkommen.

Dies erlangt umso größere Bedeutung, wenn man bedenkt, daß es für den Deutschen eigentümlich ist, eine besondere Beziehung zur Arbeit zu haben bzw. der Arbeit einen außerordentlich bedeutsamen Stellenwert im Leben zuzuschreiben. Arbeit ist für die Deutschen nach wie vor der zentrale Bezugspunkt ihrer Identität. Daher erhält das Bedürfnis nach Arbeitsplatzsicherheit besondere Bedeutung.[1651] Ein Ausschließen oder eine Verringerung des Sicherheitsbedürfnisses von außen scheint ein aussichtsloses Unterfangen zu sein. Annahmen, gemäß derer das Bedürfnis nach Arbeitsplatzsicherheit aufgrund der Veränderungen der Arbeitswelt nicht mehr befriedigt und stattdessen durch alternative Anreize kompensiert werden kann, schließen damit unmittelbare Verunsicherung, Demotivation und damit verbunden, vor allem langfristig negative Folgewirkungen hinsichtlich Leistungs- und Innovationsbereitschaft der Mitarbeiter ein. Eine derartige *kulturblinde* Sichtweise, die ihren Halt in amerikanischen Vorbildern sucht, kann daher nur als Kapitulation und Einfallslosigkeit des deutschen Managements gewertet werden und dürfte mittelfristig zum Scheitern verurteilt sein, wenn man davon ausgeht, daß aus den Deutschen keine Amerikaner werden (können).

Neben Arbeitsplatzsicherheit existieren noch weitere Sicherheitsbedürfnisse, die sich auf private Lebensbereiche beziehen. Wenn es aufgrund der Notwendigkeit einer Flexibilisierung

---

[1648] Vgl. Oberender/Volk 1990, S. 311ff., Husmann 1995, S. 960ff.

[1649] Vgl. insbes. Kreuder 1996, S. 36ff.

[1650] Vgl. Beck 1986, S. 125ff., Scholz, C. 1997, S. 8ff.

[1651] Vgl. dazu insbes. Powell 1996, S. 20.

der Arbeitsstrukturen nicht mehr möglich erscheint, die Arbeitsplatzsicherheit in gewohntem Maße zu ermöglichen, dann stellt sich die Frage, ob nicht dafür in stärkerem Maße als bisher Sicherheitsbedürfnisse, die z.B. die Familie des Arbeitnehmers betreffen, befriedigt werden können. Traditionell ist die Familie für die Deutschen die wünschenswerteste Lebensform, wobei diese Hochschätzung aber nicht als typisch deutsch gelten kann, da sich diese Haltung auch bei vielen anderen (Industrie-)Nationen finden läßt.[1652]

Jedoch muß von einer engen Interdependenz zwischen Arbeitsplatz- und Familiensicherheit ausgegangen werden. Aufgrund der abnehmenden Sicherheit der Arbeitsstrukturen scheint es denn auch wenig verwunderlich, wenn speziell die jüngeren Generationen hinsichtlich Familienplanung restriktive Denk- und Verhaltensmuster entwickeln.[1653] Der Verantwortung, eine Familie zu gründen und zu ernähren, letztlich Sicherheit zu bieten, kann in einem solchen Rahmen kaum mehr nachgekommen werden. Von daher ist die "freizeitorientierte Schonhaltung" (Lutz v. Rosenstiel), die den jüngeren Generationen oftmals zugeschrieben wird, wohl auch die *Folge* tiefer Verunsicherung und begründeter Zukunftsangst,[1654] was längerfristigen finanziellen Verpflichtungen oder auch privaten Verantwortlichkeiten zuwiderläuft.

Eine andere Dimension betrifft die ökologische Sicherheit, die insbesondere Ulrich Beck in seiner "Risikogesellschaft" als wesentliches Bedürfnis der Deutschen erachtet.[1655] Das Erkennen der unvermeidbaren Zusammenhänge der menschlichen Lebensbereiche und einer Zunahme eben dieser Verflechtungen[1656] im Rahmen einer durch Ganzheitlichkeit gekennzeichneten Kulturbetrachtung verdeutlicht die Notwendigkeit, sich aus betrieblicher bzw. personalwirtschaftlicher Sicht auch mit den anderen Lebensbereichen der Unternehmensmitglieder zu beschäftigen.[1657] Vor diesem Hintergrund liefert eine Kulturbetrachtung gleichsam das Fundament beispielsweise für eine Einbeziehung des familiären Kontextes im Rahmen einer *familienorientierten Personalwirtschaft* oder des ökologischen Kontextes im Rahmen einer *ökologieorientierten Personalwirtschaft*.

Somit kristallisiert sich in den letzten Jahren verstärkt ein Dilemma des Personalmanagements heraus: Den aus ökonomischer Sicht zweifellos berechtigten Forderungen nach Wandel zu höherer Flexibilität der Arbeitsstrukturen und –prozesse steht aus Sicht der Mitarbeiter die Notwendigkeit eines Mindestmaßes an Stabilität und Sicherheit gegenüber, ohne die die

---

[1652] Freilich ist die Gegenwart gekennzeichnet durch Akzentverschiebungen innerhalb ehelicher und familialer Beziehungen, veränderte Einstellungen zur Lösbarkeit der Ehe und den Einfluß durch die Werte eines "neuen Individualismus" in Form zunehmender Betonung der Selbstbestimmung und Selbstentfaltung. Dies bewirkt jedoch nur graduelle Änderungen hinsichtlich der Präferenz gegenüber einem familialen Lebensmodell. Vgl. dazu bereits Pross 1982, S. 74ff.

[1653] So spricht Ulrich Beck im Zusammenhang mit den Auswirkungen der betrieblichen Mobilitätsanforderungen von "Familiengift" (1986, S. 127) bzw. von der Entwicklung einer "vollmobilen Single-Gesellschaft" (1986, S. 199). Vgl. auch Dönhoff u.a. 1992, S. 40ff.

[1654] Vgl. Helwig 1994, S. 225ff. Vgl. dazu auch Noelle-Neumann/Köcher 1993, S. 27: Im März 1991 erklärten 45% der befragten Deutschen in den alten Ländern bzw. 55% in den neuen Ländern, daß ihrer Meinung nach zuviel Ängste in der Gesellschaft existieren. Im September 1991 fühlten sich 46% der Befragten in den neuen Ländern sehr unsicher („Alles ist so unsicher, daß man gar nicht weiß, ob man etwas richtig oder falsch macht") (vgl. ebenda, S. 28).

[1655] Vgl. Beck 1986.

[1656] Vgl. Weidenfeld/Korte 1991, S. 75ff.

[1657] Vgl. auch Schaal 1992, S. 32f.

Loyalität und Motivation der Mitarbeiter dauerhaft nicht gesichert werden können, welche zugleich aber zentrale Einflußfaktoren der Wettbewerbskraft sind.[1658]

Vor diesem Hintergrund und unter der Annahme, daß die Faktoren des Vertrauens, der Identifikation und der Solidarität im Zuge der Veränderungen der letzten Jahre bereits erheblichen Schaden genommen haben, könnte sich als zentrale Aufgabe des Personalmanagements die Bekämpfung von Ängsten bzw. die Schaffung neuer Sicherheiten über ein allgemein akzeptiertes Integrationsmodell für Betrieb und Gesellschaft herausschälen, welches auf einer gemeinsam getragenen Wertebasis bzw. einem "New Moral Contract" (T. Sattelberger) basiert und zu einer "Kultur der Umgangsqualität" oder einer "Qualität des Miteinander" (A. Lukas) führt, die neue Sicherheit zu geben vermag.[1659]

Diese Forderung nach einer Schaffung neuer Sicherheiten können auch die zehn Thesen von Langguth untermauern, die die jüngsten geschichtlichen Entwicklungen und das Wesen der Deutschen aufgreifen und die im Sinne einer Standortmarkierung für die politische Zukunft Deutschlands als wegweisend gelten können:[1660]

1. Mit dem Fall der Mauer in Berlin und damit des Eisernen Vorhanges mitten durch Deutschland und Europa hat sich zwar prinzipiell die westliche Welt als überlegen erwiesen, doch es fehlt an einer "Philosophie des Westens".[1661] Die Welt ist komplexer und schwieriger geworden. Das Gefühl der Unsicherheit der Menschen wird stärker, nicht nur in Deutschland.

2. Mit dem Verlust der alten Orientierungen geht zugleich eine Krise der Moderne einher, die Menschen neue Gewißheiten suchen läßt. Individualisierung und Pluralisierung der Lebensstile verstärken die Unsicherheit des Einzelnen.

3. Gemeinsinn, Bürgersinn, nicht Ellenbogen-Egoismus, ist in westlichen Demokratien gefordert. Dazu brauchen wir "Mut zur Erziehung" wie "Abrüstung in den Medien".

4. Das Zusammenwachsen der Deutschen zu einer Nation erfordert nach über vierzig Jahren Trennung noch einige Zeit, wird aber gelingen, auch wenn noch viele selbstquälerische Diskussionen erfolgen. Die Deutschen ringen mit vielen Identitäten – einer familiären, einer lokalen, einer regionalen, einer nationalen und einer europäischen. Deutsche und europäische Identität sind kein Gegensatz, sondern müssen sich ergänzen.

5. Ohne eine funktionstüchtige "Elite" kommt eine moderne Demokratie nicht aus. In Deutschland gibt es infolge der historischen Diskontinuitäten des zwanzigsten Jahrhunderts keine homogene, sondern eine "gespaltene Elite". Während in Westdeutschland lange Zeit für viele allein der Begriff "Elite" schon mit dem Gleichheitsverständnis moderner demokratischer Gesellschaften in einem

---

[1658] Vgl. Marr 1996a.

[1659] So finden sich in der jüngeren Literatur verstärkt Forderungen nach einer Berücksichtigung ethischer Prinzipien im Management z.B. durch die Schaffung einer "moral identity" (vgl. Aßländer 1997, S. 8f.) bzw. einem "psychological contract" (vgl. Carlson/Perrewe 1995, S. 831). Vgl. Lukas 1995, S. 74, Sattelberger 1998a, S. 30ff., 1998b, S. 30ff., Rifkin 1996a, 1996b, S. 22ff., Löhner 1995, S. 80f., Langguth 1995, S. 17ff., Sarcinelli 1993, S. 25ff.

[1660] Langguth 1995, S. 236ff.

[1661] Mit der Forderung nach einer "Philosophie des Westens" meint Langguth nicht eine abgeschlossene, nicht zu hinterfragende Ideologie, sondern vielmehr eine positiv begründende, theoretische Grundlage für eine offene Gesellschaft, die von den westlichen Werten der Freiheit, Individualität, Selbstverantwortung, Demokratie, Rechtsstaatlichkeit und Gerechtigkeit lebt (1995, S. 240).

Widerspruch zu stehen schien, gab es in Ostdeutschland das extreme Elitekonzept einer kommunistischen Partei, das mit zahlreichen Privilegierungen verbunden war.

6. Bei der Auswahl der politischen Elite, der Machtelite, kommt den politischen Parteien auch in Zukunft eine wichtige Rolle zu. Je mehr eine breite und aktive Mitgliedschaft das Leben in Parteien belebt, desto mehr wird es gelingen, die politische Identität der Parteien gegenüber den Wählern zu verbessern und auch die unverzichtbare Rolle von Volksparteien herauszuarbeiten.

7. Der Staat in Deutschland muß schlanker werden. Die Anspruchshaltung gegenüber dem Staat muß abgebaut, der allumfassende Anspruch der Regelung aller Lebensverhältnisse durch die Politik auf ein vernünftiges Maß zurückgeführt werden.[1662]

8. Zugleich ist ein starker Staat gefordert, der in Zeiten des Umbruchs dem verstärkten Sicherheitsanspruch seiner Bürger entspricht. "Sicherheit" steht in jeder Gesellschaft mit an der Spitze der politischen Prioritätenskala, innere Sicherheit allzumal.

9. Wie kein anderes Land der Welt ist Deutschland gleichzeitig einem doppelten Problemdruck ausgesetzt, nämlich der Modernisierung des Westens und der Transformation des Ostens in eine marktwirtschaftliche Ordnung. Die ökonomischen Strukturen müssen effektiver werden. Zugleich muß sich Deutschland wie alle anderen westlichen Nationalstaaten den Zukunftsfragen stellen.[1663] Von der Lösung dieser Fragen hängt viel für die Entwicklung innerhalb der Europäischen Union und Gesamteuropas ab. Nur durch höhere Leistung kann Deutschland dem weltweiten Konkurrenzdruck standhalten.

10. Nach dem Ende der bipolaren Welt ist die Welt keineswegs sicherer geworden. Deutschland wird sich dem Drängen vieler ausländischer Partner nach verstärkter Mitwirkung auf der weltpolitischen Bühne nicht entziehen können – auch nicht im eigenen Interesse, wenn es die äußere Sicherheit für das eigene Land garantiert sehen will. Die NATO und die Westeuropäische Union (WEU) werden die Rahmenbedingungen für die deutsche Sicherheitspolitik weiterhin setzen müssen. Europa wird es nicht gutgehen, wenn das schwerkranke Rußland nicht gesundet. Zugleich müssen die Europäer – auch angesichts der Tragödie im ehemaligen Jugoslawien – bereit sein, verstärkt ihre eigene Verantwortung wahrzunehmen. Die Welt wird "kleiner", die Probleme globaler, der Handlungsspielraum von Nationalstaaten enger. Die Abhängigkeit Deutschlands von der Entwicklung in anderen Staaten und Erdteilen ist schicksalhaft.

Im Folgenden soll davon ausgegangen werden, daß die Deutschen ihre Eigentümlichkeit auch unter ökonomischem Druck nicht verlieren werden. Zu prüfen ist daher, ob zu den Ansätzen, die auf eine Anpassung der Menschen an ökonomisch effizient erscheinende Strukturen und Strategien zielen, auch die gegenläufige Perspektive alternativ interessant erscheint, die sich darauf stützt, die Strukturen und Strategien so effizient wie eben möglich um die Menschen herum zu errichten. Wenn man davon ausgeht, daß a) Kultur nur begrenzt beeinflußbar ist und

---

[1662] An anderer Stelle fordert Langguth (1983, S. 171): „Der Glaube an die Allmacht des Staates, an die Allzuständigkeit für die Lösung von Problemen durch den Staat, führt zu Passivität und zur Verlagerung von Verantwortung. Wer aber keine Erfahrung mit Verantwortung hat, kann auch keine optimistische Lebensauffassung entwickeln. Der Staat versorgt zwar die Menschen, aber er bevormundet sie damit auch. Zwar sichert er die Menschen gegenüber Risiken der Existenz ab, er nimmt aber auch vielen – gerade jungen Menschen – den Mut zur Selbständigkeit und zu individuellen Anstrengungen."

[1663] Darunter subsummiert Langguth die Fragen nach einer Revitalisierung der Sozialen Marktwirtschaft, einer Förderung neuer Technologien, dem Problem der Überalterung der Gesellschaft, einer Verbesserung des Bildungssystems sowie der Bewältigung der Einwanderungs- und Flüchtlingsproblematik (1995, S. 265ff.).

b) die Effizienzwirkungen von Kultur entscheidend von situativen Faktoren abhängig sind, dann stellt sich die Frage, ob nicht statt der Kultur zweckmäßigerweise die Situation zum Gegenstand der Gestaltung erhoben werden müßte.[1664] Ein derartiger Ansatz soll dabei nicht als deterministisches Denken (miß-)verstanden werden. Gemeint ist vielmehr, daß man dem Grundgedanken "Der Mensch steht im Mittelpunkt!" auch dadurch gerecht werden kann, daß ein tieferes Verständnis des Menschen und damit ein größerer Respekt gegenüber seinen spezifischen persönlichen und kulturellen Eigentümlichkeiten angestrebt wird.

Hinsichtlich einer inhaltlichen Präzisierung ließe sich untersuchen, inwieweit die Entscheidungsträger in Politik und Wirtschaft, insbesondere auch im Personalmanagement, bereit und fähig sind, die Möglichkeit eines *dritten Weges* zu prüfen, der zwischen Individualismus und Kollektivismus bzw. zwischen Eigenverantwortung und staatlicher wie betrieblicher Fürsorge vermittelt und der Eigentümlichkeit der Deutschen in höherem Maße gerecht wird als es bei den aus fremden Kulturkreisen übernommenen Konzepten der Fall ist.[1665]

Auf betrieblicher Ebene neue Sicherheiten zu schaffen und speziell aus den durch Restrukturierungen zerrissenen Vertrauens-, Loyalitäts- und Identitätsbeziehungen wieder ein integratives, verbindendes System zu entwickeln, welches die Kultur der Deutschen angemessen berücksichtigt, wird damit zur Zukunftsaufgabe eines zeitgemäßen Personalmanagements. Kernaufgabe ist demnach zunächst die Gestaltung geistig-sinnhafter Prozesse, um für die Mitarbeiter Ungewißheiten, Komplexität und Unsicherheit zu reduzieren, die Arbeitsabläufe sinnvoll erlebbar werden zu lassen.[1666] Nun stellt sich freilich die Frage, welcher Art derartige "neue Sicherheiten" sein können und welche konkreten Handlungsmöglichkeiten des (Personal-)Managements zu deren Verwirklichung gegeben sind.

### 5.2.2 Das Integrationsmodell einer "kritischen Solidargemeinschaft"

Das altbekannte, heute sich jedoch in neuer brisanter Aktualität präsentierende Problem besteht darin, die demokratischen Grundwerte der Freiheit und der Gleichheit, die eine konfliktäre Beziehung aufweisen, miteinander zu versöhnen. Ist der Kommunismus daran gescheitert, daß ein Übermaß an Gleichheit die Freiheit zerstört hat, so besteht für den Kapitalismus die Gefahr, durch übermäßige Freiheit die Gleichheit zu zerstören.[1667] Laufen die Deutschen nicht Gefahr, von einem Extrem ins andere zu fallen und von einem Übermaß an Gleichheit in ein Übermaß an individueller Freiheit zu verfallen? So ist denn auch seit 1990 – insbesondere ausgehend von den neuen Bundesländern im Zuge der Enttäuschungen über die marktwirtschaftlichen Erfahrungen - eine Gewichtsverlagerung der Bedürfnisse zugunsten der Gleichheit zu konstatieren.[1668] Wassermann beschreibt diese gegenwärtige Situation recht treffend: „Es hat in Deutschland noch nie eine Gesellschaft gegeben, für die individuelle Freiheit und

---

[1664] Vgl. in ähnlicher Argumentation auch die Kontingenztheorie der Führung von Fiedler (1967).

[1665] Vgl. Oberender/Volk 1990, S. 325ff., Uhlig 1998, S. 16ff., Langguth 1995, S. 238f., Müller, H.L. 1984, S. 27ff., Scheuch 1991, S. 202ff., Dohse 1974.

[1666] Vgl. dazu in gleicher Absicht die Vertreter des "Symbolischen Managements" (Kieser 1991, S. 253ff., Neuberger/Kompa 1987, Neuberger 1987, S. 796ff., Probst/Scheuss 1984, S. 480ff., Dyllick 1984, S. 3ff., Ulrich, P. 1984, Lasser 1987, Sp. 1927ff., Dandridge/Mitroff/Joyce 1980, S. 77ff., Pondy/Frost/Morgan/Dandridge 1983, Pfeffer 1981, S. 1ff.).

[1667] Vgl. Dahrendorf 1972, S. 253ff., 1987, S. 130ff., Wassermann 1994, S. 38ff.

[1668] Vgl. Spittmann 1996, S. 842.

Selbstentfaltung so wichtig gewesen sind wie heute. Bedenkt man, in welch großem Umfang die deutsche Gesellschaft von obrigkeitsstaatlichen Traditionen geprägt war, so kann man diesen Wandel nur als erstaunlich bezeichnen. Er wäre rückhaltlos zu begrüßen, wenn er vom Wachsen des Verständnisses dafür begleitet wäre, daß Freiheit nur auf dem Boden einer Gesellschaft gedeiht, die in ausreichendem Maße den Gemeinsinn lebt, gleichsam eine Synthese zwischen Selbstentfaltung und Gemeinwohlerfordernissen zustande bringt. Aber gerade daran hapert es."[1669] So fehlt es den Deutschen heute an Orientierungspunkten auch moralischer Art, die ihnen helfen, mit den gewonnenen und täglich zunehmenden Freiheiten umzugehen, so daß zusätzliche Freiheit nicht selten zusätzliche Angst erzeugt.[1670]

Einen eindeutigen Beleg für die veränderte Bedürfnislage der Deutschen liefern die Zeitreihen der Allensbacher Werbeträger Analyse (1983 - 1996) zu der empfundenen Wichtigkeit der Werte "Sicherheit/Geborgenheit" und "Freiheit/Unabhängigkeit":

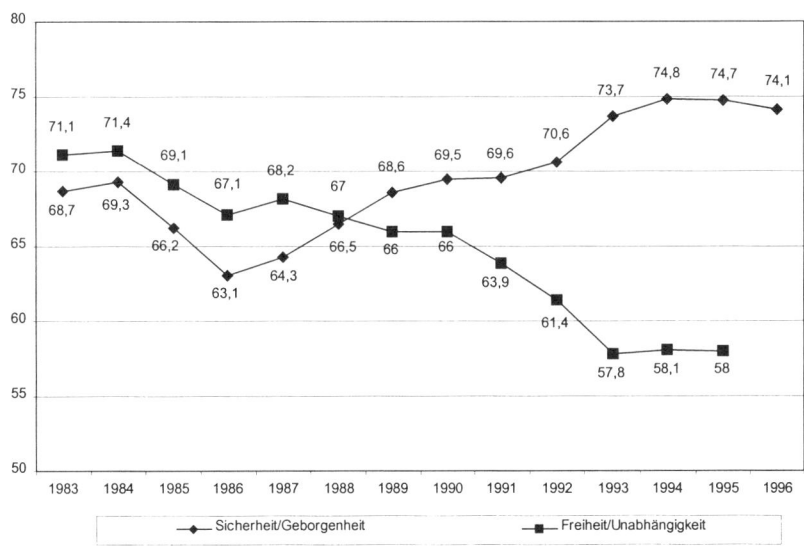

Abb. 63: Werte, die die Befragten "für ganz besonders wichtig" halten

Quelle: Allensbacher Werbeträger Analyse 1983 bis 1996 (bis inkl. 1992 früheres Bundesgebiet) mit einem Stichprobenumfang von n=5000 bis 20.000, zit. nach Duncker 1998, S. 72, 76

Eine demokratisch orientierte Verfassung für Gesellschaft und Betrieb, in der als Leitmaxime eine *"kritische Solidarität"* der Mitglieder im Sinne einer produktiven Verbindung von Individualität und Gemeinschaftssinn bzw. Freiheit und Gleichheit verfolgt wird, erscheint vor diesem Hintergrund als möglicher zukünftiger Orientierungspunkt diskussionswürdig. "Soli-

---

[1669] Wassermann 1994, S. 35.

[1670] Vgl. Beck, U. 1998, S. 11ff., Steinmann/Löhr 1994, S. 122, 1995, S. 227.

darität" meint eine Gegenseitigkeit zwischen einer größeren Zahl von Personen von „solcher Art, daß sie aufeinander angewiesen sind, und, was sie wollen und sollen, nur dann gut vonstatten geht, wenn sie zusammenwirken."[1671] Solidarität steht dabei auch für die Verinnerlichung einer Sicherheit wie Orientierung gebenden *Sozialethik* und eines kollektiven Bewußtseins im Sinne eines "Wir-Gefühls", welches Synergie-Effekte verbessern und bei den Mitarbeitern Kräfte freisetzen kann, um an den Gruppen- und Unternehmenszielen aktiv mitzuarbeiten.[1672] Gleichzeitig soll das Attribut "kritisch" für eine aufgeschlossene, mündige Geisteshaltung des Individuums stehen, die sich gegen jegliche Art von mißbräuchlicher Integrationsideologie zu wenden vermag. Eben diese kritische Haltung erscheint notwendig, um nicht angesichts der Kritik an bindungsloser Beliebigkeit der Versuchung zum Rückfall in antimoderne, illiberale Gemeinschaftsmythen zu erliegen.[1673]

Menschen begreifen sich sowohl als Mitglieder einer Gemeinschaft als auch als Individuen. Die entscheidende Frage besteht von jeher darin, wo die Grenzen zwischen Verpflichtungen gegenüber der Gemeinschaft und den Eigeninteressen, d.h. der persönlichen Freiheit, gezogen werden. Der radikale Individualismus einer "permissive society", die die Freiheit des Einzelnen über alles stellt und jegliche Grenzen in Form moralischer Verpflichtungen gegenüber der Gemeinschaft auflöst zugunsten egozentrischer, praktischer Leistungen und beruflicher Erfolge im Sinne einer ökonomistischen Position, kann letztlich jegliche Liberalität aufgrund der erheblichen externen Effekte in ökologischer und auch sozialer Form (z.B. sinkende Hilfs- und steigende Gewaltbereitschaft etc.) zerstören. So bezeichnet denn auch Kirchner die freie Marktwirtschaft aus sittlich-ethischer Sicht als ein "gnadenloses Zwangssystem", das den Einzelnen zum Siegen im Konkurrenzkampf um ökonomischen Erfolg verurteilt, wobei er dazu gezwungen wird, auch unsittliche Maßnahmen einzusetzen.[1674]

Die von den USA ausgehende Bewegung des Kommunitarismus, die sich gegen den zunehmenden radikalen Individualismus wendet, fordert demnach vor allem eine Rückbesinnung auf die Familie, auf Bürger- und Gemeinsinn und damit auf sozialethische Tugenden wie Rücksichtnahme und Verantwortungsgefühl. Die Idee besteht letztlich in der Entwicklung einer Bürgergesellschaft, in der jedes Mitglied als mündiger Bürger agieren kann, gleichzeitig aber auch auf vielfache Weise soziale Verantwortung übernimmt, so daß insbesondere auch

---

[1671] Gustav Gundlach, Solidarismus, in: Handwörterbuch der Sozialwissenschaften, Stuttgart 1956, Bd. 9, S. 296f., zit. nach Lösche/Scholing 1986, S. 366f.

[1672] Vgl. Schaal 1992, S. 38, Wiemeyer 1995, S. 15ff., Iben 1995, S. 23ff.

[1673] Vgl. Rapp 1993, S. 40ff., Lösche/Scholing 1986, S. 365ff., Herntrich 1986, S. 4f. Dieses Prinzip der *kritischen* Haltung könnte auch als Ausdruck des Art. 20, Abs. 4 GG gedeutet werden: „Gegen jeden, der es unternimmt, diese Ordnung zu beseitigen, haben alle Deutschen das Recht zum Widerstand, wenn andere Abhilfe nicht möglich ist." Vgl. dazu auch Ulrich, P. (1984, S. 319), der als Baustein des kulturbewußten Managements neben einem "symbolischen Management" ein "konsensorientiertes Management" sieht, das vor allem durch Prozesse der dialogischen Willensbildung charakterisiert ist und damit in Einklang mit der Forderung einer Demokratisierung des Unternehmens gesehen werden kann.

[1674] Vgl. Kirchner 1991, S. 69. Vgl. daneben Ulrich, P. 1994, S. 184ff., Steinmann/Löhr 1994, S. 122, 1995, S. 227, Dönhoff u.a. 1992, S. 14ff., Etzioni 1996, S. 11, Wassermann 1994, S. 32ff., Wörl 1997, S. 296ff., Zander 1995, S. 124. In diesem Sinne könnte über die Entwicklung des Managements neben "Sozial-Ratings" von Unternehmen nachgedacht werden. Das Institut für Ökonomie und Ökumene SÜDWIND, Siegburg, gegründet 1991 zum Zwecke wirtschaftswissenschaftlicher Forschungen aus der Perspektive der sozial Benachteiligten, berät Unternehmen in einer Analyse ihrer Sozialverträglichkeit (vgl. Schneeweiß 1997, S. 11ff.).

eine breite Basis der Solidarität von sozial unterschiedlich gestellten Menschen entsteht.[1675] So fordern auch Miegel/Wahl, daß Gemeinwohlorientierung und gemeinschaftsverträgliches Handeln und nicht individuelle Freiheit und Unabhängigkeit das individuelle und gesellschaftliche Leitbild bilden müßten, um die Selbstzerstörung des individualistischen Systems infolge des drohenden demographischen Niedergangs aufzuhalten.[1676] Dies könnte zum einen durch eine gerechtere Verteilung des Arbeitsvolumens sowie der aufzuwendenden Soziallasten erreicht werden; zum anderen erscheinen auch eine grundlegende Opferbereitschaft (z.b. Gehaltseinbußen) und ein Überdenken der eigenen Anspruchshaltung notwendig.[1677]

Zur Verwirklichung einer kritischen Solidarität bedarf es einer gemeinsamen Wertebasis, deren Fundament durchaus in der christlichen Kultur verankert ist.[1678] Die gelebte soziale Verantwortung wird sowohl in den Enzykliken der katholischen Soziallehre, als auch in der protestantischen Ethik explizit betont. In diesem Sinne fordert denn auch Heiner Geißler wieder eine stärkere Besinnung auf das christliche Wertefundament. Hierin sieht er einen "Königsweg zwischen Kommunismus und Kapitalismus", der auch einen Ausweg aus der momentan aus den Verankerungen geratenden Wirtschaftsordnung aufzeigen kann. Eine Wirtschaftsordnung mit kapitalistischer Orientierung ohne soziale Verantwortung ist nach Geißler nicht nur ökonomischer Unsinn, sondern steht auch im Widerspruch zur Botschaft des Evangeliums. Während der Kommunismus am Versuch gescheitert sei, das Kapital eliminieren und die Besitzenden liquidieren zu wollen, droht nach Geißler heute die Gefahr, „daß das Kapital die Arbeit eliminiert und die Menschen am Arbeitsplatz liquidiert."[1679]

Eine *kritische Solidargemeinschaft* setzt sich aus Menschen zusammen, die in der Lage sind, selbständig und eigenverantwortlich zu handeln und damit sich selbst zu entwickeln. Eben

---

[1675] Vgl. Etzioni 1995, 1996, 1997, S. 210ff., Dahrendorf 1987, S. 210ff., 1992a, S. 67ff., Dönhoff u.a. 1992, S. 23ff., Luck 1994, S. 46ff. Vgl. auch Sarcinelli (1993, S. 25ff.), der den Verfassungspatriotismus als mögliche Grundlage einer Bürgergesellschaft ansieht. Die "Verknüpfung des Patriotismus mit der bürgerlichen Freiheit und mit der Verfassung" (Dolf Sternberger) kann die für eine Bürgergesellschaft notwendige Eigenverantwortung und Gemeinwohlorientierung fördern.

[1676] Vgl. Miegel/Wahl 1993, S. 120ff.

[1677] Vgl. Evangelische Kirche in Deutschland 1983, S. 80f., Wacker 1983, S. 170ff., Wörl 1997, S. 275ff. So wird bisweilen auch über ein garantiertes Mindesteinkommen in gleicher Höhe für alle Bürger diskutiert (vgl. hierzu z.B. Dahrendorf 1987, S. 147ff.). Wacker (1983, S. 184) verweist auf holländische Lebensstilgruppen, die häufig religiös motiviert sind und privates wie soziales Engagement in einen allgemeinen Arbeits- und Lebenszusammenhang integriert haben. Ihre Mitglieder arbeiten demnach etwa 20 Wochenstunden in traditionellen Beschäftigungsverhältnissen zur Sicherung ihrer finanziellen Existenz; weitere 10 Stunden entfallen auf verschiedenste Formen von "Nachbarschaftshilfe" bzw. soziale Tätigkeiten, wie z.B. Einkaufen für Ältere, Schularbeitshilfe, Krankenpflege etc.; ebenso betätigen sie sich etwa 10 Stunden in kommunalen und politischen Angelegenheiten. „Indem Prinzipien gegenseitiger Hilfe und Solidarität als konstitutive Momente bewußter Lebensgestaltung aufgenommen werden, sich an einem Konzept gesellschaftlich notwendiger und sozial nützlicher Arbeit orientieren, liegt in solchen Ansätzen die Chance für eine Arbeitskultur, die vom falschen Pathos bürgerlicher Arbeitsmoral ebenso weit entfernt ist wie von individualistischen Strategien des Aussteigens und der Verweigerung." (Wacker 1983, S. 184f.).

[1678] Bereits Heimann begründete sein Konzept auf einem an christlichen Werten orientierten Gedankengerüst, welches eine freiheitliche und soziale Gesellschaft umreißt (Vgl. Heimann 1955, insbes. S. 214ff.). Vgl. auch Wiemeyer 1995, S. 25ff., Iben 1995, S. 23ff. Als Kontrast zur Wertebasis der utilitaristischen Ethik schlägt Etzioni (1996, S. 39ff.) eine Form der deontologischen Ethik (mit einem Rückgriff auf Immanuel Kant als einen prominentesten Vordenker) als Wertefundament für das vom ihm konzipierte "Ich+Wir"-Paradigma vor. Kernbestandteil ist dabei, daß von einem Zwei-Nutzen-Konzept ausgegangen wird, d.h. daß menschliches Verhalten kodeterminiert ist und zum einen lustorientiert ("Ich"-Komponente), zum anderen unter einer moralischen Verpflichtung ("Wir"-Komponente) abläuft.

[1679] Geißler 1998, S. 5., vgl. ähnlich auch Deckstein 1996, S. 4, Rifkin 1996a, 1996b, S. 25ff., 1997, S. VI/1, Miegel/Wahl 1993, Etzioni 1996, 1997, S. 210ff., Wacker 1983, S. 170f., Rapp 1993, S. 42ff.

diese Fähigkeit wird jedoch in entscheidendem Maße von ihrer Eingliederung in eine funktionierende Gesellschaft und ihrer persönlichen Wertebasis bestimmt.[1680] Dabei ist zu betonen, daß nicht nur die Gesellschaft, sondern vielmehr jede kulturelle Gruppierung (d.h. insbesondere auch ein Unternehmen) durch einen Mangel an Solidarität langfristig ihre Stabilität, ihre lebenserhaltende Stellung bzw. ihren Erfolg einbüßt. Abgesehen von der gesellschaftlichen Verantwortung der Unternehmen müßte von daher auch ein Eigeninteresse an einer innerbetrieblichen kritischen Solidargemeinschaft bestehen.

Die bestehenden Kontrakte zwischen Arbeitgeber und Arbeitnehmer sind seit der Begründung der sozialen Marktwirtschaft als Solidargemeinschaft ausgelegt worden. Jedoch scheint der zunehmende Individualismus der Gesellschaft in Verbindung mit den wirtschaftlichen Krisenerscheinungen der letzten Jahre zu einer drastischen Abnahme von Gemeinschaftssinn bzw. gelebter Solidarität geführt zu haben.[1681] Auch als Folge dieser Entwicklung ist zunehmend die Tendenz zu verspüren, daß jeder Einzelne die Solidargemeinschaft im Sinne opportunistischer Kosten-Nutzen-Kalküle für seine individuellen Zwecke ausnutzt, dabei aber verstärkt auch eine Frustration der Bedürfnisse nach Solidarität, Identifikation und Zugehörigkeit verspürt. Es bedarf einer Neuabgrenzung dessen, was der Einzelne für sich und für die Gemeinschaft zu leisten hat sowie eine Festsetzung, was die Solidargemeinschaft für den Einzelnen übernehmen kann.[1682] Die Überlebensfähigkeit eines Systems, das nach dem Prinzip "einer für alle, alle für einen" organisiert ist, ist davon abhängig, daß alle Mitglieder ihr Denken und Handeln danach ausrichten und nicht versuchen, das System auf Kosten der anderen für sich auszunutzen nach dem Prinzip "jeder für sich, keiner für alle".[1683] Dies macht deutlich, welcher hohe Stellenwert daher dem *moralischen Fundament* einer Solidargemeinschaft zukommt.

Aufgabe des Managements ist es, einen organisatorischen und personalwirtschaftlichen Rahmen zu schaffen, der nicht ausschließlich ökonomisches, sondern auch ethisch-moralisches Verhalten für das Organisationsmitglied erstrebenswert und erlebbar macht. Die Grundlage der zu schaffenden Strukturen und Prozesse liegt damit nicht in einem sich heute vielleicht zunehmend abzeichnenden Menschenbild eines "homo homini lupus", wonach es zu einem Krieg aller gegen alle kommt (T. Hobbes). Stattdessen reift die "moralische" bzw. *sittliche Kompetenz* der Mitarbeiter und Führungskräfte in einem solchen Modell zu einer bedeutenden

---

[1680] Etzioni beschreibt diese "Ich+Wir"-Sichtweise wie folgt: "Die Kernidee ist die Annahme, daß zwischen zwei primären Kräften - der des Individuums und der der Gemeinschaft, deren Mitglieder diese Individuen sind - kreative Spannungen und ein unentwegtes Streben nach Gleichheit herrschen. Wenn man die Gemeinschaft nur als eine Aggregation von Individuen betrachtet, die für eine bestimmte Zeit zu ihrem Vorteil gebildet wurde, vergißt man dabei, daß Individuen danach streben, gemeinsamen Bedürfnissen zu dienen und in eine Gemeinschaft eingebunden zu sein, die diese Bedürfnisse befriedigt. Sieht man die Gemeinschaft als Quelle von Autorität und Legitimität, und versucht man, denen Individuen - im Namen der Pflicht Verhaltensstandards aufzuerlegen, bleibt nicht mehr genug Basis für persönliche Freiheit und andere individuelle Rechte. Ein solches Vorgehen hindert die Gemeinschaft auch daran, auf eine sich ständig verändernde Welt kreativ und flexibel zu reagieren, weil dadurch die Herausbildung differierender Meinungen und Positionen eingeschränkt wird, die mit der Zeit die vorherrschenden Werthaltungen ersetzen könnten und so der Gemeinschaft einen Vorteil brächten." (Etzioni 1996, S. 33).

[1681] Vgl. hierzu insbes. den Tagungsband der Friedrich-Ebert-Stiftung "Individualisierung und Solidarität" (1993).

[1682] So beklagen die Arbeitgeber und deren Interessenvertreter den steigenden Leistungsmißbrauch, insbes. bei der Lohnfortzahlung im Krankheitsfall), die falsche Zielrichtung und die mangelnde Anreizwirkung vieler Sozialleistungen sowie das insgesamt ausufernde Sozialsystem (vgl. z.B. Hansen 1993, S. 120f.). Vgl. auch Wörl (1997, S. 38ff., 281ff.), der v.a. auch auf die Schwächen des gegenwärtigen Steuersystems und damit verbundene soziale Ungerechtigkeiten verweist.

[1683] Vgl. z.B. Wacker 1983, S. 170ff.

personalwirtschaftlichen Größe. Die Einbeziehung moralischer Aspekte in den Kontext ökonomischer Handlungen steht freilich bereits seit einiger Zeit im Zentrum *wirtschaftsethischer
Diskussionen.*[1684] Quellen und Inhalte ethischer Überzeugungen der handelnden Individuen
unterscheiden sich erheblich. Eine Managerbefragung aus dem Jahre 1995 zeigt unterschiedliche Quellen oder Orientierungspunkte, die Entscheidungshilfen für moralisches Handeln
liefern. Befragt wurden insgesamt 100 Manager in Österreich, von denen sich 50 dazu bekannten, die Prinzipien des christlichen Glaubens in der Unternehmensführung zu beherzigen:

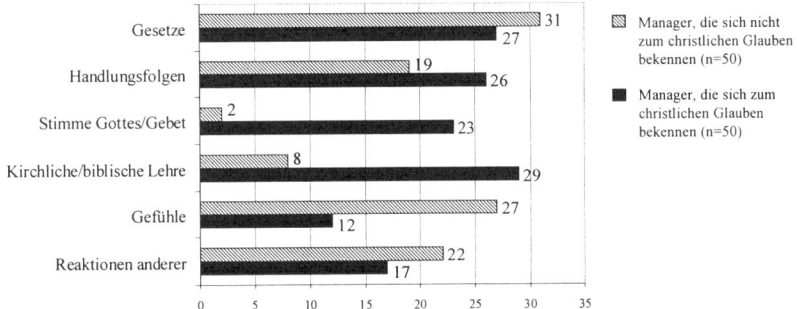

Abb. 64: Entscheidungshilfen für moralisches Handeln

Quelle: Niedermair 1996, S. 385

Bezogen auf den Wert der Solidarität, *bedauerten* in dieser Umfrage aber nahezu alle Manager, unabhängig davon, ob sie sich zum christlichen Glauben bekennen oder nicht, ein spürbares Defizit im Zuge zunehmender egoistischer Rücksichtslosigkeit.[1685] Diese generelle Bereitschaft zu solidaritätsfördernden Modellen könnte in zumindest ähnlicher Weise auch auf
die Deutschen zutreffen.

Die Ergebnisse von Hofstede sprechen durchaus dafür, daß die Deutschen sich eigentümlich
von anderen Nationen unterscheiden und für die Umsetzung einer kritischen Solidargemeinschaft geeignete kulturelle Voraussetzungen mitzubringen scheinen. In Anlehnung an Hofstede läßt sich eine mittige Einordnung Deutschlands auf der Dimension Individualismus-Kollektivismus rechtfertigen. Hinsichtlich eines effizienten Integrationsprinzips könnte in einer

---

[1684] So plädiert insbesondere die Zukunftskommission der Friedrich-Ebert-Stiftung in ihren gegenwärtigen Berichten für
einen stärkeren sozialen Zusammenhalt und eine ökologische Ausrichtung der Wirtschaft. Die Friedrich-Ebert-Stiftung,
gegründet 1925, versteht sich als gemeinnützige, private, kulturelle Institution, die den Ideen und Grundwerten der
sozialen Demokratie verpflichtet ist. (Vgl. hierzu: http://www-fes.gmd.de/). Auch US-amerikanische Unternehmen
erkennen vermehrt die Notwendigkeit einer stabilen moralischen Basis im Unternehmen. So zeigt das Beispiel der
"Chemical Bank" die harten Konsequenzen einer derartigen, oftmals als weich bezeichneten Führungspraxis: Mehrere
Angestellte, die gegen den betrieblichen Ethikkodex verstießen, wurden entlassen, obwohl keine Verstöße gegen
gesetzliche oder vertragliche Vorschriften vorlagen (vgl. Aßländer 1997, S. 8ff.). Vgl. auch Steinmann/Löhr (1994,
S. 181), die etwa die Einrichtung einer "moralischen Lernstatt" vorschlagen. Vgl. dazu auch Steinmann/Löhr 1995,
S. 225ff., Kirchner 1991, S. 92ff., Mishra/Spreitzer/Mishra 1998, S. 83ff., Grimm 1995, S. 16f., Dahrendorf 1987,
S. 166ff., Aßländer 1997, S. 8f., Niedermair 1996, S. 383ff., Preisendörfer 1995, S. 263ff., Wittmann 1996, S. 32ff.

[1685] Vgl. Niedermair 1996, S. 383ff. Vgl. hierzu auch den Tagungsband "Individualisierung und Solidarität" von der
Friedrich-Ebert-Stiftung (1993).

solchen Einordnung die kritische Solidargemeinschaft einen möglichen Mittelweg symbolisieren (vgl. Abb. 64).[1686]

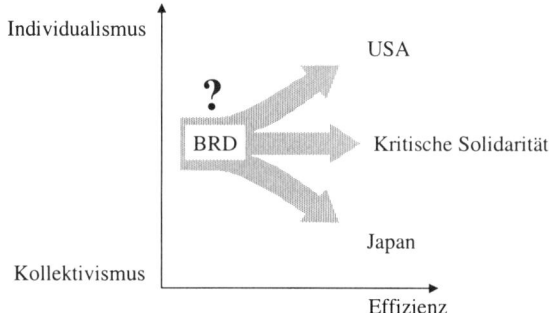

Abb. 65: Kritische Solidarität als Wesensmerkmal eines dritten Weges?

Quelle: eigene Darstellung

In einer anschließenden Untersuchung zu unterschiedlichen Sozialisationszielen in kollektivistischen und individualistischen Kulturen stellte Hofstede folgende Unterschiede fest:

| Sozialisationsziele: | Kollektivistische Gesellschaften: | Individualistische Gesellschaften: |
|---|---|---|
| in der Familie: | Erziehung in Richtung eines "Wir-Bewußt-seins"; vordefinierte Meinungen durch Grup-pe; Verpflichtungen gegenüber Familie oder Bezugsgruppe (Harmonie, Respekt, Schamgefühl). | Erziehung in Richtung eines "Ich-Be-wußtseins"; persönliche Meinung des Einzelnen; Verpflichtungen gegenüber sich selbst (Selbstinteresse, Selbstver-wirklichung, Schuldbewußtsein). |
| in der Schule: | Lernen nur in jungen Jahren, anwendungsbezogenes Lernen. | Permanentes Lernen, Lernen zu lernen. |
| am Arbeitsplatz: | Unterschiedliche Wertebasen von Bezugs-gruppe und Außenstehenden (Partikularis-mus); Andere werden als Mitglieder einer Gruppe gesehen; Beziehungsorientierung überwiegt gegenüber Aufgabenorientierung; moralisches Modell von Arbeitgeber-Arbeit-nehmer-Beziehungen. | Gleiche Wertebasen für alle (Universa-lismus); Andere werden als potentielle Ressourcen gesehen; Aufgabenorientie-rung überwiegt gegenüber Beziehungs-orientierung; kalkulatorisches Modell von Arbeitgeber-Arbeitnehmer-Bezie-hungen. |

Tab. 25: Sozialisationsziele bei Kollektivismus- und Individualismusorientierung

Quelle: Hofstede 1992, S. 145

---

[1686] Zur Einschätzung der Positionierung in der Dimension Individualismus-Kollektivismus von Deutschland (Indexwert: 67) im Verhältnis zu den USA (Indexwert: 91) und Japan (Indexwert: 46) vgl. Hofstede 1980a, 1993, S. 65ff. Es ist jedoch anzumerken, daß Hofstede Deutschland eher als eine individualistische Kultur ansieht (1993, S. 70ff.). Auch Perlitz empfiehlt einen Mittelweg Deutschlands zwischen westlichen und japanischen Konzepten: „...this is perhaps the most specific feature of German society: it is somehow ‚stuck in the middle' between the two conflicting concepts, the Western and the Japanese. Instead of copy one of the two orientations, an intelligent blend of both could be the source of specific German strategy innovations." (Perlitz 1994, S. 60). Vgl. zu sozialpolitischen Vergleichen von USA, Japan und Deutschland z.B. Seeleib-Kaiser 1994, S. 50ff.

Ohne auf eine detaillierte Analyse der Effizienzwirkungen eingehen zu wollen, kann angenommen werden, daß beide Extreme unter der Abstinenz des jeweils anderen leiden. In diesem Sinne wäre über die kritische Solidargemeinschaft als eine geeignete Verbindung der Sozialisationsbestrebungen nachzudenken, die eine Synthese der Vorzüge beider Ansätze ermöglichen kann.[1687] Mit Blick auf die deutschen Verhältnisse kann in dieser Hinsicht gegenwärtig eine Vermischung bereits ansatzweise festgestellt werden.

Ein Wesensmerkmal der kritischen Solidargemeinschaft ist eine grundsätzlich kritische Haltung gegenüber Autoritäten oder auch gegenüber einer manipulativen, fehlgeleiteten Integrationsideologie. Auch dies kann für die gegenwärtige Gesellschaft der Bundesrepublik als gegeben bestätigt werden.[1688] Mit Blick auf die kulturelle Vergangenheit der Deutschen hat sich verständlicherweise eine kritische Haltung bzw. gar generelle Abneigung gegenüber Integrationsideen entwickelt, die einen individuellen Verzicht zugunsten eines Kollektivs zum Gegenstand haben. Die Gegenwart zeigt demnach einerseits zwar eine vorhandene Bindungsbereitschaft, andererseits jedoch die fehlende Bereitschaft, sich Ideen bedingungslos zu unterwerfen, die über die persönlichen Interessen hinausgehen, wie insbesondere Ideen der Selbstverleugnung zugunsten gemeinschaftlicher Belange. Eine sinngebende Einheit, wie etwa die Nation, wird kaum empfunden oder gewünscht[1689] und auch ein integrativer Rahmen auf betrieblicher Ebene wird unter *kritischen* Vorbehalten gesehen. Die Untersuchung von Hofstede (1980) belegt die in diesem Zusammenhang bedeutende, im internationalen Vergleich relativ gering ausgeprägte Machtdistanz der Deutschen. Die Abhängigkeit des Mitarbeiters von seinem Vorgesetzten ist begrenzt (insbesondere durch die Arbeits- und Sozialgesetze), Vorgesetzte müssen die Reaktionen der Mitarbeiter mitbedenken, Mitarbeiter lehnen einen autokratischen Führungsstil mehrheitlich ab, so daß zumeist ein konsultativer, partizipativer Führungsstil angebracht erscheint. Das gestiegene Selbstbewußtsein der Mitarbeiter begründet ein zweckmäßiges Fundament für eine *kritische* Haltung gegenüber Führungsideologien als Wesensmerkmal einer *kritischen* Solidargemeinschaft.[1690]

Mit einem Blick in die deutsche Geschichte läßt sich belegen, daß seit den Anfängen des 19. Jahrhunderts bereits mehrfach kollektive Bewegungen aufkamen, die sich im wesentlichen gegen ein sozial untragbar gewordenes Gesellschafts- bzw. Wirtschaftsprinzip wendeten und die (Wieder-)Herstellung des Solidarprinzips verfolgten. So wendete sich der Protest etwa aus den Reihen der Bauern, aber auch der Handwerker und Gesellen bereits vor 1840 gegen die damals empfundenen sozialen Ungerechtigkeiten der Feudalgesellschaft. In den einzelnen Widerstandsformen „manifestierte sich die Tradition einer plebejischen Kultur, einer Kultur der kommunalen und familialen Solidarität, in der traditionelle Rechte des Lebensstandards und Alltagslebens gegen ökonomische und politische Bedrohungen verteidigt wurden."[1691] Es

---

[1687] Anzumerken ist weiterhin, daß Deutschland nach Hofstede eine maskuline Kultur darstellt, die sich insbesondere in ihren familiären und schulischen Erziehungs- bzw. Ausbildungszielen kaum an Werten der Bescheidenheit und *Solidarität* orientiert. Daher müßte zur Umsetzung einer kritischen *Solidar*gemeinschaft in Familie und Schule ein Umdenken erfolgen (Vgl. dazu Hofstede 1993, S. 109ff.).

[1688] Vgl. insbesondere Miegel/Wahl 1993, S. 55.

[1689] Vgl. Pross 1982, S. 135f.

[1690] Vgl. Hofstede 1993, S. 37ff.

[1691] Eisner 1982, S. 178f.

war vor allem der sich anschließende Weberaufstand 1844 in Schlesien, der dann den Blick der breiten Öffentlichkeit auf das herrschende soziale Elend richtete und daher auch als erster Vorbote der deutschen Arbeiterbewegung gelten kann. Auch im Weberaufstand war ein erstaunlicher Solidarisierungseffekt bemerkbar, indem sich die Auswirkungen der Bewegung bis nach Breslau und abgelegene Provinzen erstreckten.[1692] Mit Beginn des Jahres 1848 kam es verstärkt zu Massenkundgebungen, in denen offen Pressefreiheit, Schwurgerichte, Vereinsrecht, Volksbewaffnung und die Einberufung eines deutschen Parlaments gefordert wurden. In der Folge kam es zur Bildung von Bürgerwehren, zu Unruhen (Juni-Aufstand), zu Umbildungen der fürstlichen Kabinette, bei denen liberale Vertreter Eingang fanden, und schließlich zur Bildung eines seit dem Vormärz angestrebten Nationalstaates auf parlamentarischer Grundlage (Frankfurter Paulskirche). Die Revolution 1848/1849 als Grundstein der Nationwerdung bzw. als demokratischer und proletarischer Vergesellschaftungsprozeß,[1693] aber auch die in der Folgezeit zu beobachtenden Gründungen des Allgemeinen Deutschen Arbeitervereins (1863) sowie der Sozialdemokratischen Arbeiterpartei (1869) zeugten von einer verbreiteten solidarischen Haltung der unteren Klassen; die deutsche Arbeiterbewegung kann vielleicht als das deutlichste Beispiel deutscher Solidarität angeführt werden, die – ungeachtet des Scheiterns der von ihr angestrebten Ziele - durch die Massenstreiks und Aufstände in den Jahren 1918-1920 nachhaltige Wirkungen hinsichtlich der industriellen Arbeitsbeziehungen erzielte.[1694] Das heutige Verständnis des Staatsbegriffes in Deutschland beinhaltet denn auch wesentlich die Solidarität mit den Schwächeren und ist im deutschen Verfassungsrecht mit dem Sozialstaatsprinzip rechtlich verankert.[1695]

Gerade in Krisenzeiten kann immer wieder eine bemerkenswerte innengeleitete Solidarität der Deutschen beobachtet werden. Die Deutschen scheinen auch bis in die heutige Zeit hinein in besonderem Maße dazu befähigt, ihre "Kräfte zu vereinen", denkt man beispielsweise an den Wiederaufbau nach dem Krieg bzw. das "Wirtschaftswunder" oder in jüngster Zeit an solidarische Maßnahmen, wie etwa die große Hilfsaktion im Rahmen der Überschwemmungskatastrophe an der Oder. Leider beschränkt sich die tatsächliche Bereitschaft wohl weitgehend auf Situationen, denen ein hoher Leidensdruck anhaftet und der dabei auch in das Bewußtsein der Deutschen gerückt ist.[1696]

Ein anderer Beleg für die grundsätzlich vorhandene Neigung zur Solidarität kann freilich in der Verbindung mit der unbestrittenen Planungs- und Ordnungsliebe der Deutschen gesehen werden, da gerade hierdurch das besonders intensive Vereinswesen in Deutschland erklärt werden kann. In ihrer Abneigung gegen unorganisierte Tätigkeiten bevorzugen die Deutschen gerade auch in ihrer Freizeitgestaltung die Organisation, insbesondere in Vereinen, die dabei

---

[1692] Vgl. Eisner 1982, S. 215ff.

[1693] Vgl. Eisner 1982, S. 319ff.

[1694] Vgl. Dahrendorf 1971, S. 198ff., Koschnick 1993, S. 79ff.

[1695] Vgl. hierzu insbesondere Herzog 1997c.

[1696] Bedrohungen durch äußere Einflüsse sind als wesentliche Einflußgröße der Kohäsion bzw. der Solidarität einer Gruppierung einzuschätzen. Daneben wirken sich vor allem die wahrgenommene Ähnlichkeit der Gruppenmitglieder untereinander und deren Kontakthäufigkeit auf die Solidarität in der Gruppe aus. Vgl. Marr/Stitzel 1979, S. 204f.

auch die Bedürfnisse sozialer Anerkennung etwa durch die Übernahme besonderer Ämter befriedigen können.[1697]

Interessant erscheint auch, daß im Jahre 1990 auf die Frage nach der Ellbogenmentalität der Deutschen zwar 64% der Befragten in den alten Bundesländern und 54% in den neuen Bundesländern der Meinung waren, daß Deutschland eine Ellbogengesellschaft ist (Lediglich 12% bzw. 15% verneinten dieses Statement.).[1698] Dies verdeutlicht auch eine Umfrage im Dezember 1987, in der eine ebenso große Mehrheit der Befragten (67%) erklärte, daß man im Beruf seine Ellenbogen gebrauchen müsse, um voranzukommen. Auf der anderen Seite gaben jedoch im Jahre 1988 nur 17% an, daß sie tatsächlich ihre Ellbogen gebrauchen,[1699] woraus man tendenziell auf eine Ablehnung einer individualistischen Leistungsgesellschaft sowie auf ein tiefverankertes Bedürfnis der Deutschen nach Solidarität schließen könnte.[1700] Hierfür könnten auch nicht nur die hohen (sicherlich nicht unumstrittenen) Spendenaufkommen bei den deutschen Hilfsorganisationen sprechen, sondern auch die insgesamt doch recht breite Akzeptanz des von den Westdeutschen an die neuen Bundesländer erbrachten Solidaritätsbeitrags.

Zusammenfassend zeichnen sich die heutigen Grunddispositionen der Deutschen, insbesondere der jüngeren Generation, durch folgende Ambivalenzen aus, die für eine Untermauerung der kritischen Solidargemeinschaft sprechen können:[1701]

- Vertrauensschwund bei gleichzeitig wachsender Bindungsbereitschaft,

- autozentrisches Selbstverständnis und neue Suchbewegungen nach Geborgenheit im Vertrauten,

- hoher Individualisierungsdruck und steigende Sicherheitsbedürfnisse,

- hohe Zufriedenheit mit dem Leben bei gleichzeitig weiter Verbreitung von Anomalie-Symptomen,

- Pluralisierung der Lebensstile und Suche nach neuen übergeordneten Loyalitäten und Orientierungsmustern,

- subjektives Wohlbefinden und objektiv empfundene Krisenerscheinungen,

- Suche nach Kollektiv-Orientierungen und Bedeutungsgewinn von Informellem und situationsabhängiger Beliebigkeit.

In Bezug auf die Einstellungen der Deutschen zur Demokratie ist festzustellen, daß ein breiter Konsens besteht über die demokratischen Elemente der freien Wahlen, der Opposition bzw. des Mehrparteiensystems sowie der Grundrechte.[1702] Die spürbare Unsicherheit und Instabilität als Bedingungen für eine Realisierung der individualistischen Zielideen verbreiten durch-

---

[1697] Vgl. Zeidenitz/Barkow 1997, S. 47ff.

[1698] Vgl. Noelle-Neumann/Köcher 1993, S. 69.

[1699] Vgl. ebenda.

[1700] Vgl. auch Dönhoff u.a. 1992, S. 51.

[1701] Vgl. im Folgenden Weidenfeld/Korte 1991, S. 84, Beck, U. 1998, S. 11ff.

[1702] Vgl. z.B. Weidenfeld/Korte 1991, Pross 1982, Greiffenhagen/Greiffenhagen 1993a.

aus Skepsis an der demokratischen Ordnung. Die Mehrheit bevorzugt eine Version von Demokratie, die deren Ordnungsmomente, Konformität und Ruhe stärker betont als Freiheitsrechte, Vielfalt und fruchtbare Kontroverse. Dementsprechend besteht auch eine weitläufige
Abneigung gegen offene Konflikte bei einer gleichzeitigen Hochschätzung von Sicherheit,
was auch als Ausdruck der erhaltenen Kulturelemente obrigkeitsstaatlichen Denkens gewertet
werden kann.[1703] Jedoch könnten gerade die gegenwärtig turbulenten Zeiten die Chance bieten, das demokratische Fundament zur Etablierung einer Kultur des Konflikts und der gegenseitigen Fürsorge etwa im Sinne einer Bürgergesellschaft ("Civil Society") zu nutzen.[1704]

Aus betriebswirtschaftlicher Sicht stellt sich nun die Frage, wie bzw. mit welchen konkreten
Instrumenten man eine betriebliche Umsetzung dieser kritischen Solidarität unterstützen bzw.
erreichen kann. Ein wesentliches Fundament der kritischen Solidargemeinschaft auf Unternehmensebene könnte in einer demokratischen Unternehmensführung gesehen werden. Kernbestandteil des demokratischen Staates ist die Gewaltenteilung in Legislative, Exekutive und
Iurisdiktion.[1705] Im Hinblick auf eine "Gewaltenteilung" im betrieblichen Entscheidungssys-
tem bietet das deutsche System der Mitbestimmung als zentraler Bestandteil der deutschen
Arbeitskultur eine konkrete Umsetzung.

Auch wenn kein Zweifel darüber besteht, daß die Mitbestimmungsgesetze im Hinblick auf die
ökonomische Effizienz gerade in kurzfristiger Betrachtung zu Problemen geführt haben,[1706] so
besteht aber auch weitestgehend Einigkeit darüber, daß die Mitbestimmung in Deutschland
einen wesentlichen Einflußfaktor des bedeutsamen, positiv zu bewertenden Standortfaktors
des "sozialen Friedens" darstellt.[1707] Zudem läßt sich auch erkennen, daß die Entscheidungsfä-
higkeit durchaus positiv beeinflußt werden kann. So werden im Zuge der Mitbestimmung
verstärkt stabile kooperative Verfahren zur Konfliktlösung eingesetzt und dadurch der Einsatz
von Positions- oder Sanktionsmacht tendenziell verdrängt.

Neoliberale Ansätze argumentieren, daß die Mitbestimmung am Arbeitsplatz als ein Relikt
der vergangenen Epoche des Industriezeitalters anzusehen ist und daß es angesichts der Entwicklung einer Informationsgesellschaft und der damit verbundenen flexiblen Arbeitsstrukturen keiner übergreifenden Interessenvertreter mehr bedarf. Unstrittig ist, daß die Veränderungen der Arbeitsstrukturen auch Veränderungen in der Organisation der Mitbestimmung verlangen. Somit wird nachzudenken sein über moderne, dezentralisierte Formen der Mitbestimmung, etwa in Gestalt eines stärkeren Co-Managements der Betriebsräte (evtl auch "Euro-

---

[1703] Vgl. Pross 1982, S. 106ff.

[1704] Vgl. Dahrendorf 1987, S. 210ff., 1992a, S. 67ff., Dönhoff u.a. 1992, S. 23ff.

[1705] Vgl. Art. 20, Abs. 3 GG.

[1706] So sieht Kirsch durch die Mitbestimmung zentrale Probleme im Rahmen der Prozeß-, aber auch der Ergebnispromotion
von Entscheidungen, die insbesondere durch ein höheres Konfliktpotential bzw. eine ressourcenraubende Konfliktaustragung entstehen (1990, S. 163ff.). Eine generelle, eindeutige Bewertung der Mitbestimmung als ein institutionalisiertes
Prinzip demokratischer Unternehmensführung im Hinblick auf die organisationale Effizienz scheint nicht möglich; es empfiehlt sich eine differenzierte, situationsspezifische Beurteilung (Vgl. hierzu die offenen Fragen hinsichtlich einer Beurteilung der Mitbestimmung bei Jorzik 1993, S. 234ff., Streeck 1996). Vgl. zusammenfassend zur Forschung über Mitbestimmung Kißler 1992. Neuere Untersuchungsergebnisse zur Mitbestimmung speziell im Hinblick auf die sich verändernden
politischen und ökonomischen Rahmenbedingungen finden sich bei Hilbert/Schmid 1994, Ganske 1996, Kißler/Greifen-
stein/West 1997.

[1707] Vgl. Schreiner 1994, S. 24ff.

Betriebsräte"[1708]) sowie überbetriebliche Zusammenschlüsse und Betreuungsmodelle speziell für Klein- und Mittelbetriebe. In gleicher Weise stellt sich die Frage nach der Zukunft des Flächentarifvertrags, der möglicherweise zugunsten betriebsspezifischer Lösungen zukünftig an Bedeutung verlieren dürfte.[1709]

Nun ließe sich aber durchaus darüber spekulieren, wie demokratische Prinzipien darüber hinaus bzw. alternativ im Unternehmen institutionalisiert werden könnten.[1710] Durch entsprechende Regelungen zur Bedürfnisberücksichtigung (Kirsch: "Arenaregelungen") können Partizipationsrechte in spezifischer Form gewährt werden. So kann insbesondere durch Wahlen bestimmt werden, welche Repräsentanten mit Rechten und Pflichten ausgestattet werden. Auf betrieblicher Ebene könnten Führungsansätze angedacht werden, gemäß derer die *Führungskräfte durch demokratische Wahl* bestimmt werden, d.h. somit auch nur auf Zeit berufen werden. Dabei wäre das Grunderfordernis zu erfüllen, daß es innerbetrieblich mindestens zwei Gruppierungen (*Parteien*) geben müßte, die um die Führung konkurrieren.[1711]

In organisatorischer Hinsicht ließen sich verschiedene Organisationsformen diskutieren, die eine völlig neue, demokratischere Machtverteilung im Unternehmen beinhalten. Die Möglichkeiten und Grenzen einer *demokratischen Organisationstheorie* können im Rahmen dieser Arbeit nicht mehr erörtert werden; gleichwohl könnten demokratische Elemente zentrale Wesenszüge einer organischen, flexiblen Rahmenstruktur ausmachen, die unternehmerisches wie innovatives Denken und Handeln in einem sich beschleunigenden Umfeldwandel zur Entfaltung kommen lassen.[1712]

Im Weiteren werden Voraussetzungen und Ansatzpunkte aus dem Blickwinkel der deutschen Nationalkultur für ein *Personalmanagement* zur Verwirklichung einer kritischen Solidargemeinschaft vorgestellt. In diesem Sinne geht es um eine notwendige Ergänzung einer *individualisierten Personalwirtschaft*, wie sie bereits vielfach gefordert wurde,[1713] durch eine *solidarisierte Personalwirtschaft*.

---

[1708] Vgl. Deppe 1992.

[1709] Vgl. hierzu z.B. die Berichte des Gesprächskreises der Friedrich-Ebert-Stiftung "Arbeit und Soziales" (http://www-fes.gmd.de/info/info3.96/schw_10.html) sowie den dazu herausgegebenen Tagungsband "Mitbestimmung in Klein- und Mittelbetrieben" (1996). Vgl. auch Bauer 1997, S. 94f.

[1710] Vgl. Kirsch 1990, S. 158ff.

[1711] Kirsch spricht in diesem Zusammenhang von Elitekonkurrenzen. Die meisten Organisationen zeigen ein Ungleichgewicht bzw. eine Unvollständigkeit der Interessenberücksichtigung von Organisationsmitgliedern (1990, S. 174ff.).

[1712] Speziell im Hinblick auf die Förderung eines Intrapreneurship erweisen sich dezentrale Strukturen als geeignet. Im Extremfall einer virtuellen Organisation ergibt sich diesbezüglich der Vorteil, daß eine homogene Organisationskörper zu einem Höchstmaß zersplittert und gegenüber der Umwelt geöffnet wird, wodurch sich die "Berührungsfläche" des Unternehmens mit den Märkten maximiert und alle Organisationsmitglieder quasi zur "Peripherie" werden (vgl. Bitzer 1991, S. 31ff.). In diesem Zusammenhang wäre auch das Verhältnis von demokratischen Grundeinstellungen und der Fähigkeit und Bereitschaft zur Selbstorganisation zu untersuchen.

[1713] Vgl. insbes. Drumm (Hg.) 1989.

## 5.3   Personalwirtschaftliche Maßnahmen in den Kulturfeldern

Wie in den Analyseergebnissen in Kap. 3 deutlich wurde, sind die Deutschen in ihren Denk- und Verhaltensmustern durch ein vielschichtiges Sicherheitsdenken gekennzeichnet, welches auf die Bekämpfung von Unsicherheiten bzw. Ängsten abzielt, die im Zuge des Wertewandels zugenommen haben.[1714] Der Großteil der Deutschen spürt heute die Angst vor sozialer Deklassierung im Zusammenhang mit Arbeitslosigkeit und Wohnungsnot.[1715] Neben den funktionalen Wirkungen der Vorsicht und der Sorgfalt zeigen Ängste erhebliche dysfunktionale Effekte, insbesondere durch Fehlverhalten aufgrund übereilter, zu einfacher Entscheidungen. Angst verhindert oftmals Geduld und langatmiges Aushalten einer unklaren Situation (Ambiguitätstoleranz)[1716] und setzt Verdrängungs- und Vermeidungsmechanismen in Gang, wodurch letztlich der Aufbau sozialen *Vertrauens*, eine warmherzige Öffnung gegenüber Mitmenschen blockiert wird.

So könnte es in Abweichung von den amerikanischen Motivationstheorien in einer speziell die deutschen Verhaltensweisen erklärenden Betrachtung angebracht erscheinen, statt der traditionell fokussierten *Bedürfnisse* die unterschiedlichen *Ängste* der Menschen in den Mittelpunkt zu rücken. Differenziert man im betrieblichen Kontext nach den einzelnen Formen der Angst, wird deutlich, daß freilich von einer engen Beziehung zwischen Bedürfnissen und Ängsten ausgegangen werden kann. Als verhaltenswirksame Ängste, deren Auftreten zum Teil Leistungssteigerungen, zum Teil aber auch erhebliche Kosten im Unternehmen verursacht,[1717] ließen sich insbesondere die folgenden unterscheiden:[1718]

-   die Angst, bei Vorgesetzten und/oder Kollegen nicht beliebt zu sein und keine Zuwendung oder Wertschätzung zu erhalten,

-   die Angst, die eigenen Erwartungen und die anderer nicht zu erfüllen,

-   die Angst, Macht, Einfluß oder Besitzstände zu verlieren,

-   die Angst, den Arbeitsplatz zu verlieren,

-   die Angst, an einer Aufgabe zu scheitern, zu versagen und den Anschluß zu verpassen.

So lassen sich auch die Hemmnisse, die einer Verwirklichung der einzelnen Kulturfelder entgegenstehen, im Wesentlichen auf tiefliegende, kulturell verankerte *Ängste* der Deutschen reduzieren,[1719] die sich auch als *Krankheitsbild* der heutigen Gesellschaft interpretieren lassen.[1720] Die Bewußtmachung eben dieser vielschichtigen Ängste, die teilweise auf Seiten der

---

[1714] Vgl. Langguth 1995, S. 29ff.

[1715] Vgl. Greiffenhagen/Greiffenhagen 1993a, S. 201f.

[1716] Vgl. hierzu Meyerson/Martin 1987, S. 625ff.

[1717] Vgl. Panse/Stegmann 1996, Wörl 1997, S. 204f.

[1718] Vgl. Kriese 1995, S. 11, Kirchner 1991, S. 126ff., Neuberger 1985a, S. 339ff.

[1719] Vgl. dazu auch Riemann (1961), der seine Untersuchung über die "Grundformen der Angst" als eine tiefenpsychologische Studie versteht und damit auf die tiefe Verankerung der Ängste im menschlichen (Unter-)Bewußtsein abzielt.

[1720] Vgl. Aebi 1994, S. 19ff., Herzog 1997a, Powell 1996, S. 18ff. So erscheint denn auch ein Blick in die Krankheitslehre der Psychologie nicht überzogen. Denn die Notwendigkeiten der mentalen Veränderungen, mit denen die Menschen konfrontiert werden, bringen auch Symptom- und Charakterneurosen, frühe Persönlichkeitsstörungen, psychosomatische und psychiatrische Erkrankungen, Beziehungsstörungen oder Suchterkrankungen (vgl. Kurtz-von Aschoff 1995, S. 141ff.) hervor, die sich als überaus dysfunktional auf die organisationale Effizienz auswirken. Für die Relevanz seelischer

Mitarbeiter, teilweise auf Seiten der Führungskräfte auftreten, kann eine geeignete Ausgangsbasis für ein solidarisches Miteinander sein, mit dessen Hilfe die Ängste lokalisierbar und be-
wältigbar sind. Eine solche psychologische Perspektive verdeutlicht zum einen, daß hilfreiche
Ansatzpunkte für konkrete Maßnahmen zur Bekämpfung der Ängste bzw. Phobien im Bereich der Psychotherapie[1721] gesichtet werden können, zum anderen, daß Solidarität übergrei-
fend als affektiver Gegensatz zur Angst aufgefaßt werden kann.[1722] „In der Alternative von
Konkurrenz und Solidarität wird sichtbar, daß Solidarität Voraussetzung von Angstbewältigung ist, denn Konkurrenz erweist sich selbst als Symptom von unbewältigter Angst. ... Eine
Angstbeziehung ist das Gegenteil einer versöhnten, solidarischen Beziehung, und so ist die
mißlungene Beziehung, der Angst folgt, das Mißlingen von Solidarität."[1723]

Um den vielschichtigen Ängsten auf betrieblicher Ebene zu begegnen, die durch die zunehmend an Bedeutung gewinnenden Prinzipien des Wettbewerbs und der individuellen Wohl-
standsmaximierung nicht etwa bewältigt, sondern vielmehr verstärkt werden, bedarf es einer
Gegensteuerung über das Prinzip kritischer Solidarität im Zusammenspiel mit verschütteten
Tugenden. Vor diesem Hintergrund erscheint es als übergeordnetes Ziel des Personalmanagements, den notwendigen *Mut* oder auch – bezogen auf die klassische Tugendlehre - die Standhaftigkeit bzw. *Tapferkeit* [1724] als Widerpart der Angst bei Führungskräften und Mitarbeitern
zu schaffen, Hilfe zur Selbsthilfe bei der Angstbewältigung zu leisten, um die einzelnen
Kulturfelder als Profil einer kritischen Solidargemeinschaft zu verwirklichen (Vgl. Tab.
26).[1725]

---

Störungen bietet gerade die in ökonomischer Hinsicht oftmals als Vorbild fungierende amerikanische Gesellschaft
ausgiebiges Lehrmaterial.

[1721] Vgl. zur Einführung in die Psychotherapie z.B. Grawe 1998, Frenzel/Schmid/Winkler 1992, Ahlers, C. u.a. 1996,
Klußmann 1993. Zu einem Überblick über die bedeutendsten Methoden vgl. Seifert/Waiblinger 1993. Besonders der
Zweig der personzentrierten Gruppentherapie erweist sich als interessanter Ansatz zur Erklärung und Hilfestellung bei
Problemen im Spannungsfeld von Solidarität und Autonomie. So trägt denn auch das Handbuch zur personzentrierten
Gruppentherapie von P.F. Schmid (1994) den Untertitel: "Solidarität und Autonomie".

[1722] Vgl. Anselm 1985, S. 28ff.

[1723] Anselm 1985, S. 31 und 190. Bereits Benedetti (1959, S. 147ff.) und Jores (1959, S. 175ff.) sahen als Ursachen der
Angst primär die fehlende "Verwurzelung im sozialen Boden" sowie den Mangel an Geborgenheit.

[1724] Dabei kann man Tapferkeit bezeichnen als die Bereitschaft, Nachteile in Kauf zu nehmen um höherer Güter willen oder
auch als Kampfbereitschaft für eine als Recht erkannte Sache bzw. in politischer Hinsicht als streitige Verwirklichung des
Besseren (vgl. Sutor 1990, S. 174f.). Von Aristoteles begründet und über die römische Moralphilosophie überliefert, definiert sich die Tugend der Tapferkeit als anzustrebende Mitte zwischen Tollkühnheit und Feigheit (vgl. Haug 1998, S. 15).

[1725] Vgl. hierzu auch Sutor 1990, S. 168ff., Wörl 1997, S. 254ff. Anselm (1985, S. 7ff.) sieht im Unterschied hierzu den
Gegensatz zur Angst in der Vernunft. Die am Ende der Moderne die menschlichen Verhaltensweisen bestimmende Angst
richtet sich auf das Geistige ("Angst vor Sinnlosigkeit") und bezieht sich auf alles, was den Menschen "ent-setzt", d.h. ihn
aus dem Gleichgewicht seiner Vernunft bringt.

| Kulturfeld | Bezugspunkt der Angst | Ziel des Mutes |
|---|---|---|
| Informations- und Kommunikationskultur | Angst davor, durch Information Angriffsfläche zu bieten und ausgenutzt zu werden, Angst vor Unwissenheit, unvollständiger/falscher Information | Mut zu gegenseitigem Respekt, zur offenen Information, zu Entscheidungen bei unvollständiger Information, zu bewußtem Informationsverzicht |
| Vertrauenskultur | Angst vor einseitigem Ausgenütztwerden, Enttäuschtwerden in Vertrauensbeziehungen | Mut zu Vertrauen in Mitarbeiter/Kollegen, zu einseitigen Vorleistungen |
| Unternehmer- und Innovationskultur | Angst vor unternehmerischem Mißerfolg | Mut zu bewußtem unternehmerischen Risiko, zu risikobehafteten Innovationen |
| Partizipations- und Teamkultur | Angst vor Machtaufgabe bei Führungskräften und vor Machtübernahme/Selbstverantwortung bei Mitarbeitern | Mut zu echter Mitbestimmung, zum Abrücken von Machtgrundlagen der Legitimation/Sanktion zugunsten gegenseitiger Überzeugung/Überredung |
| Konfliktkultur | Angst vor Konflikten, Harmonieverlust | Mut zu produktiver Konfliktaustragung, zu einem Nutzen der Konflikte als Quellen der positiven Veränderung |
| Fehler- und Lernkultur | Angst vor Fehlern, Eingeständnis der Imperfektion | Mut zu einem persönlichen Eingestehen von Fehlern, aber auch Mut, anderen Fehler zuzugestehen und zu verzeihen |

Tab. 26: Angst als Problem, Mut als Ziel des kulturbewußten Personalmanagements

Quelle: eigene Darstellung

Auch wenn die auf Platon zurückgehenden Grundtugenden der Klugheit, der Gerechtigkeit, des rechten Maßes und insbesondere der Tapferkeit in der jüngeren Vergangenheit im Rahmen der Sozialisation keine bedeutsame Rolle mehr zu spielen scheinen, so gibt es doch Anknüpfungspunkte, die eine Revitalisierung durch eine bewußtere Hinwendung zu kulturellen Manifestationen der Vergangenheit möglich erscheinen lassen. Liegt denn nicht insbesondere die – vielleicht verschüttete - Tugend der Tapferkeit als ein kulturelles Element im Wesen der Deutschen? Hierzu ließen sich in der deutschen Literatur vielerlei Hinweise finden. Zu denken wäre z.B. an Hermann Hesse mit seinem Gedicht "Stufen":

> Es muß das Herz bei jedem Lebensrufe
> bereit zum Abschied sein und Neubeginne,
> um sich in Tapferkeit und ohne Trauern
> in andre, neue Bindungen zu geben.
> Und jedem Anfang wohnt ein Zauber inne,
> der uns beschützt und der uns hilft, zu leben.

Auch in den deutschen Märchen mit ihrer tiefgründigen Symbolik finden sich Belege für die hohe Bedeutung der Tapferkeit. So erzählt etwa die Geschichte vom *tapferen* Schneiderlein, wie ein schlichter, aber überaus selbstbewußter Handwerker nicht nur sieben Fliegen auf einen Streich erledigt, sondern auch eine Horde Riesen überlistet, ein Einhorn und ein Wildschwein besiegt und schließlich König wird.

Ein weiterer Beleg für die Tapferkeit als tiefliegendes Charaktermerkmal der Deutschen wären auch die Erzählungen und Berichte der deutschen Kriegsgegner des ersten und zweiten Weltkrieges. Leider, so scheint es, zeigt sich diese Eigenschaft jedoch in deutlicher Form nur in Krisenzeiten, d.h. in Situationen, in denen ein hoher Leidensdruck spürbar wird.

Deutschland befindet sich derzeit in einer Phase wirtschaftlichen Umbruchs, die bereits schmerzliche Auswirkungen gezeigt hat; eine erfolgreiche Bewältigung dieser von Ängsten gekennzeichneten Situation scheint nur mit Tapferkeit und Mut möglich. Das Problem könnte letztlich aber darin bestehen, daß gerade diejenigen, die als Entscheidungsträger über das notwendige Instrumentarium zur Krisenbewältigung verfügen, den für den Einsatz nötigen *persönlichen Leidensdruck* nicht verspüren.

Beispielhaft veranschaulicht könnte es demnach ein Kennzeichen der *verwirklichten* kritischen Solidargemeinschaft sein, daß Führungskräfte erkannt haben, daß sie aufgrund der Fülle vorhandener Informationen in Detailfragen nicht selbst über vollständige Information verfügen können, sie auch deshalb ihren Mitarbeitern als Spezialisten bzw. Experten in Detailfragen aufgrund ihres Informationsvorsprungs vertrauen müssen; konsequenterweise haben Führungskräfte dann auch erkannt, daß sie sich selbst in der Entscheidungsfindung zurücknehmen und Mitarbeiter zweckmäßigerweise an Entscheidungen originär beteiligen; Mitarbeiter erkennen gerade auch durch die Partizipation die größeren Zusammenhänge und werden zu unternehmerischen Aktivitäten motiviert; Führungskräfte wie auch Mitarbeiter haben funktionale Wirkungen von Fehlern und Konflikten internalisiert und verfügen über genug Courage, Fehler einzugestehen oder auch einen Konflikt auszutragen.

Hierbei wird deutlich, daß die kritische Solidargemeinschaft sowie die formulierten Kulturfelder als deren Elemente eine bestimmte Wertebasis sowohl auf Seiten der Führungskräfte als auch auf Seiten der Mitarbeiter voraussetzen, die in weiten Teilen durchaus den normativen Prinzipien der christlichen Sozialutopien entsprechen. Daher geht es auch um den Mut zur Hinwendung zu ethischen bzw. christlichen Grundlagen in einer ökonomistisch gewordenen Welt bzw. zur neuerlichen Versöhnung von Religion und Wirtschaft.

Zur Einteilung der betriebswirtschaftlichen und insbesondere personalwirtschaftlichen Instrumente, die eine Verwirklichung der einzelnen Kulturfelder und damit der kritischen Solidargemeinschaft als Leitbild wirksam unterstützen können, erscheint es hilfreich, sich an den von Heinen formulierten Bedingungen für die *Lebensfähigkeit sozialer Systeme* zu orientieren.[1726] Demnach muß jede Organisation über die folgenden zentralen funktionalen Erfordernisse verfügen, um ihr Überleben dauerhaft zu sichern:

1. *Produktive bzw. wirtschaftliche Prozeßgestaltung*: Die Prozesse sind unter Beachtung der Wirtschaftlichkeitsprinzipien zu gestalten, wobei sich eine harmonische Abstimmung der Kapazitäten förderlich erweist. Aus personalwirtschaftlicher Sicht trägt hierzu insbesondere ein effizient gestaltetes Anreizsystem bei.

---

[1726] Vgl. hierzu und im Folgenden Heinen 1984, S. 22ff.

2. *Anpassung an wechselnde Bedingungen durch die Fähigkeit zur Erneuerung*: Zukünftig zu erwartende Veränderungen müssen adäquat erfaßt und berücksichtigt werden (Planung). Für eine Umsetzung notwendiger Veränderungen muß das System seine Strukturen anpassen können, wobei dies nicht nur in Reaktion auf äußere Impulse, sondern auch innengeleitet im Sinne von Selbsterneuerung erfolgen sollte. Aus personalwirtschaftlicher Sicht zeigt sich vor allem das Feld der Personalentwicklung als geeignet, um neue relevante Kompetenzen aufzubauen, aber auch um die generelle Fähigkeit zur Veränderung bzw. Selbsterneuerung zu entwickeln.

3. *Ganzheitliche Verbindung (Integration) und Abstimmung (Koordination) der Elemente*: Die unterschiedlichen Systemelemente sind derart miteinander zu verbinden und aufeinander abzustimmen, daß sich ein geordnetes, funktionierendes Ganzes ergibt. Dieses Funktionsfeld einer koordinativen Steuerung ist maßgeblich als Organisation und Führung des Sozialsystems zu interpretieren. Aus personalwirtschaftlicher Sicht kann daher der zentrale Bereich der Personalführung als ein weiterer personalwirtschaftlicher Treiber der kritischen Solidargemeinschaft gesehen werden.

Somit können diese drei Funktionsbereiche gleichzeitig auch als die entscheidenden Antriebsräder für die Verwirklichung der kritischen Solidargemeinschaft betrachtet werden. Dabei ist angesichts des hier vorgeschlagenen Zahnradmodells bedeutsam, daß die einzelnen Treiber grundsätzlich gleichgeschaltet, d.h. aufeinander abgestimmt sind.

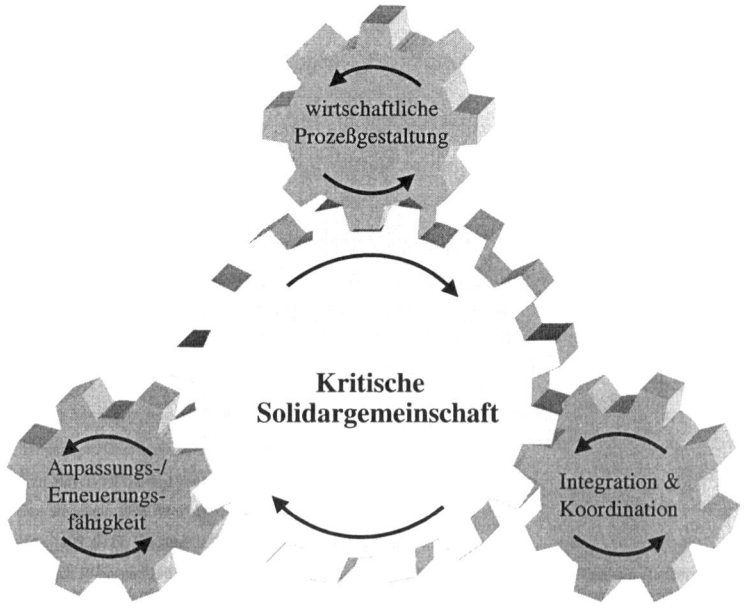

Abb. 66: Antriebsräder der kritischen Solidargemeinschaft

Quelle: eigene Darstellung

Im Folgenden wird vorwiegend auf die personalwirtschaftlichen Treiber einer kritischen Solidargemeinschaft abgestellt. Dabei werden der *betrieblichen Entgeltgestaltung* als wesentlichem Teil des betrieblichen Anreizsystems, der *Personalführung* und der *Personalentwicklung* besondere Aufmerksamkeit geschenkt.

In diesen personalwirtschaftlichen Funktionsfeldern zeigen sich zum einen sehr deutliche Bezüge zu den nationalkulturellen Voraussetzungen, zum anderen beeinflussen speziell diese als zentrale Treiber die zukünftige Entwicklung der Unternehmenskultur besonders, so daß sie eine Förderung der für eine kritische Solidargemeinschaft notwendigen Wertebasis ermöglichen und als Ansatzpunkte für eine notwendige "Ermutigung" der Organisationsmitglieder dienen können.[1727]

Verständlicherweise kann im Rahmen dieser Arbeit nur anhand von *Beispielen* verdeutlicht werden, auf welche Art und Weise sich ein kulturbewußtes personalwirtschaftliches Denken konkretisieren läßt. Sinn und Zweck der im Folgenden angesprochenen Aspekte soll es vornehmlich sein, Anregungen für weiterführende Bewertungen personalwirtschaftlicher Instrumente vor dem Hintergrund einer kulturellen Perspektive zu liefern. Dabei kann ein Ringmodell als systematisierende Orientierungshilfe verstanden werden, welches die personalwirtschaftlichen Instrumente zur Förderung der Kulturfelder unterteilt in

- Instrumente, die sich aus wissenschaftlichen Erkenntnissen bzw. Theorien ableiten, sowie

- Instrumente, die in der Praxis bereits (erfolgreich) verwendet werden und somit auf Erfahrungsregeln basieren,

- Instrumente, die aufgrund plausibler Spekulationen zusätzlich denkbar erscheinen.

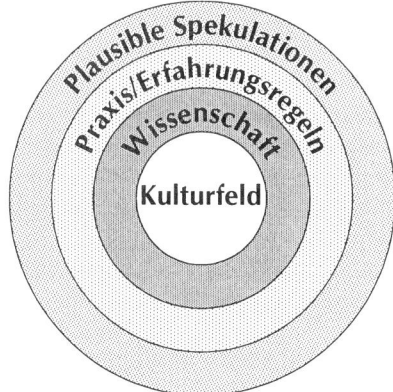

Abb. 67: Einteilung der personalwirtschaftlichen Instrumente als Ringmodell

Quelle: eigene Darstellung

---

[1727] An dieser Stelle sei jedoch noch einmal betont, daß grundsätzlich alle personalwirtschaftlichen Entscheidungen die Kultur beeinflussen und von der Kultur beeinflußt werden. Vgl. Kap. 2.2.4.1.

Diese auf grundsätzlich alle betriebswirtschaftlichen Instrumente anwendbare Unterscheidung systematisiert die einzusetzenden Maßnahmen nach den Kriterien der Herkunft bzw. der Begründungslogik. Demnach fällt eine Argumentation für den Einsatz eines spezifischen Instruments am überzeugendsten aus, wenn sie auf wissenschaftlich abgesicherten Erkenntnissen beruht. Stehen entsprechende Theorien nicht in ausreichendem Maße zur Verfügung, ist es angebracht, die durch den Einsatz in der Praxis gewonnenen Erfahrungen für eine Begründung heranzuziehen. In Ermangelung dieser beiden Begründungsmöglichkeiten kann auf Plausibilitätsüberlegungen im Rahmen weiterführender Spekulationen zurückgegriffen werden.

Im Zusammenspiel mit der zuvor angeführten systemtheoretischen Aufgliederung der funktionalen Erfordernisse für die Lebensfähigkeit sozialer Systeme ergibt sich ein analytisches Modell, das sich beispielsweise in Form eines dreidimensionalen Turmes veranschaulichen läßt:

Abb. 68: Turmmodell der personalwirtschaftlichen Instrumente

Quelle: eigene Darstellung

Dieser Systematisierung soll in den nachfolgenden Ausführungen weitgehend gefolgt werden; sie dient jedoch lediglich als Orientierungshilfe, so daß zugunsten interessant erscheinender Schwerpunktsetzungen und Interdependenzen auf eine entsprechende starre Untergliederung verzichtet wird.

### 5.3.1   Informations- und Kommunikationskultur

Der Nährstoff, der jedes Sozialsystem am Leben hält, ist Information und Kommunikation. In der heutigen Zeit besteht ein Überfluß an Informationen und damit verbunden ein bislang nicht gekanntes Ausmaß an unwichtigen Informationen. Daher ist der richtige Umgang mit Sprache als Transportmittel für Information wichtiger denn je. In diesem Sinne müßte man zunächst einem verantwortungsvolleren Umgang mit der Sprache das Wort reden. Der oftmals achtlose Gebrauch der Sprache und der Umgang mit ihr als schlichtem Träger von eindimensionalen Botschaften kann beispielsweise in Talkshows oder Diskussionsrunden täglich beobachtet werden; eine gepflegte Form, die eine zweckmäßige dialogische Kommunikation eines konstruktiven Miteinanders unterstützt, ist dagegen selten zu finden.[1728] „Dazu gehört auch, daß einmal etwas ungesagt bleiben und vielleicht dennoch verstanden werden kann. In einem beredten Schweigen mag manchmal mehr zum Ausdruck kommen als im nichtssagenden Gerede dessen, der das große Wort führt."[1729]

Der zunehmende Invidualismus unserer Gesellschaft zeigt erhebliche Auswirkungen auf die Dialogfähigkeit der Kommunikationspartner. Die gewachsene "Mündigkeit" hat auch zu einem Ringen um die Herrschaft im Dialog und einer gewissen Selbstherrlichkeit geführt, indem sich Dialogpartner gegenseitig ihre Gesprächskompetenz so lange zu rauben versuchen, bis der emotional oder hierarchisch Schwächere in resignative Sprachlosigkeit verfällt.[1730]

Was zählt heute noch das Ehrenwort oder auch "glaubhafte" Versicherungen im betrieblichen Tagesgeschäft? Wie verschwiegen und verlogen sind die Deutschen? Um Glaubwürdigkeit zu erreichen, bedient man sich häufig eher (scheinbar) wissensgestützter Lügen als Unwissen bekennender Fragen.[1731] Vor allem von Seiten der Kirche und von Vertretern der Wirtschaftsethik wird die mangelnde kommunikative Qualität beklagt, die sich vor allem auch an der Würde und dem gegenseitigen Respekt der Kommunikationspartner bemißt. „Im gegenwärtigen gesellschaftlichen Leben ist die öffentliche Verunglimpfung der Kommunikationspartner zu einem kollektiven, sadistischen und zynischen Spektakel geworden. Der heuchlerische politische Wahlkampf, die Affären von Managern, die profane Rivalität bei der Besetzung von Bischofsstühlen – all dies sind Zeichen eines neurotisierten Zeitgeistes, dessen Glaubwürdigkeit längst abgeblättert ist."[1732]

Gerade eine in Zeiten des Wandels überaus notwendige offene Kommunikation scheint in deutschen Unternehmen jedoch in viel zu geringem Maße stattzufinden. Als Ursache hierfür können die zahlreichen Ängste angeführt werden, die gerade bei den Deutschen besonders stark ausgeprägt sind. Zu denken ist insbesondere an die Angstgefühle des Verletztwerdens, die Angst vor Mißverständnissen, vor Macht-, Einfluß- und Autoritäts- und Statusverlust, vor letztlich zukünftigen, nicht prognostizierbaren Konsequenzen auch in der Konfrontation mit

---

[1728] Vgl. Zürn 1994, S. 22f., Fiedler-Winter 1997, S. 196f.

[1729] Zürn 1994, S. 22.

[1730] Vgl. Kirchner 1991, S. 42f., Fiedler-Winter 1997, S. 196.

[1731] Vgl. Fiedler-Winter 1995, S. 178f., 1997, S. 196f.

[1732] Kirchner 1991, S. 11.

eigenen Minderwertigkeitsgefühlen.[1733] So gibt auch Kirchner zu bedenken, daß Kommunikation vermehrt anhand verhaltensnormierender, distanzschaffender Techniken praktiziert wird und infolgedessen sich auch Angstgefühle gegenüber einer spontanen, unvorbereiteten Kommunikation ausbreiten, die der Entfaltung der persönlichen Originalität schaden.[1734]

### Personalführung

„Unsere Kommunikationskultur ist heute nicht zuletzt deshalb so korrumpiert, weil die, die sie schaffen und sich in ihr bewegen, unglaubwürdig sind. Ihre blumig-edlen und sittlich-hochtrabenden Worte entlarven sich rasch als Lügen und Worthülsen, denen kein kongruentes Handeln entspricht."[1735] Zwischen Anspruch und Wirklichkeit bzw. zwischen Führungsgrundsätzen und tatsächlichem Führungsverhalten herrscht erhebliche Diskrepanz (Lippenbekenntnisse).[1736] Sind es nicht gerade diejenigen Führungskräfte, die sich als im Dialog "erfolgreich" bezeichnen, die im anderen einen Trümmerhaufen von Unterlegenheits- und Minderwertigkeitsgefühlen zurücklassen und die eine harmonische Gesprächsbegegnung oder auch eine konstruktive Konfliktbewältigung eher verhindern als unterstützen?[1737] Vor diesem Hintergrund besteht das wohl größte Hindernis für eine Förderung offener Kommunikation in einem derzeit zu beobachtenden *Glaubwürdigkeitsproblem* des Managements.

Die Verwirklichung einer offenen Kommunikationskultur ist davon abhängig, ob ein gemeinsames Wertebewußtsein als ethisches Fundament vorhanden ist und auch zum Gegenstand der Kommunikation gemacht wird. Ohne einen konstruktiven Aufbau eines Gewissens bzw. moralischer Verpflichtungen erscheint eine gegenseitige Wertschätzung, Würde und insbesondere auch Glaubwürdigkeit in der Kommunikation gefährdet.[1738] So empfiehlt Kirchner die Beachtung folgender ethischer Prinzipien, die insbesondere von Führungskräften im Alltag vorzuleben wären:[1739]

1. Prinzip:    Entwickeln Sie die innere Bereitschaft, mit Ihrem Partner sprechen zu wollen.

2. Prinzip:    Zeigen Sie durch non-verbale Kommunikation deutliches Interesse am Dialogpartner.

3. Prinzip:    Sprechen Sie so verständlich, daß Ihr Partner Sie artikulatorisch versteht.

4. Prinzip:    Schaffen Sie eine emotional positive Gesprächsatmosphäre.

5. Prinzip:    Vermeiden Sie es, vorwiegend in Behauptungen zu sprechen.

6. Prinzip:    Vermeiden Sie Suggestiv-Aussagen.

7. Prinzip:    Gestalten Sie Ihr kommunikatives Handeln so, daß Sie zu Ihren Gesprächspartnern keine Distanz aufbauen.

---

[1733] Vgl. Grimm 1995, S. 17, Mantz 1997, S. 98ff.

[1734] Vgl. Kirchner 1991, S. 7f.

[1735] Grimm 1995, S. 20.

[1736] Vgl. auch Schaal 1992, S. 19f.

[1737] Vgl. Kirchner 1991, S. 46f.

[1738] Vgl. Grimm 1995, S. 17, Aßländer 1997, S. 8f.

[1739] Vgl. Kirchner 1991, S. 184ff.

8. Prinzip:  Gestalten Sie Ihr kommunikatives Handeln so, daß Sie nach einem Konflikt keinen Besiegten hinterlassen.

9. Prinzip:  Gestalten Sie Ihre Interaktionen so, daß Ihr Gewissen die für Sie gültige handlungsleitende Instanz bleibt.

Gelingt es der Organisation und insbesondere den Führungskräften, diese Prinzipien und insbesondere Offenheit und Ehrlichkeit der Kommunikation als Grundprinzipien zu fördern und die Mündigkeit der Mitarbeiter kulturell zu verankern, d.h. als Selbstverständlichkeit zu empfinden, kann dies natürlich auch als notwendige Unterstützung für einen produktiven Umgang mit Fehlern oder Konflikten gesehen werden. Auch stellt offene Kommunikation eine wichtige Voraussetzung dar für eine Innovationskultur, einen Ideenaustausch im organisatorischen Wissensnetzwerk, in das auch Kunden und Lieferanten eingebunden sind.[1740]

Eine flache Organisationsstruktur, wie sie heute von modernen Organisationstheorien überwiegend gefordert wird, kann zu einer Intensivierung der horizontalen und vertikalen Kommunikation in *informeller* Form beitragen. Die zunehmende Abkehr von formalen, anonymen Kommunikationsstrukturen kann gleichzeitig auch die Grundlage für eine überzeugende und glaubwürdige Einbindung der Mitarbeiter (Partizipationskultur) bilden und unterstützt zudem ein auf sozialen Beziehungen mit persönlichem Charakter fußendes Sozialsystem einer Vertrauenskultur.[1741]

Angesichts der rasanten Entwicklungen der Informations- und Kommunikationstechnologien sowie der zunehmend erkannten zentralen Bedeutung von Information und Kommunikation wird gegenwärtig zumeist von dem strukturellen Wandel in Richtung einer Informationsgesellschaft gesprochen. Auf gesellschaftlicher wie auf betrieblicher Ebene läßt sich die gegenwärtige Lage mit den primär an die Führungsverantwortlichen gerichteten Worten Sigmar Mosdorfs, Vorsitzender der Enquête-Kommission der Friedrich-Ebert-Stiftung ("Zukunft der Medien in Wirtschaft und Gesellschaft: Deutschlands Weg in die Informationsgesellschaft"), wie folgt skizzieren:

„Wie befinden uns in einem fundamentalen Wandel, und der Weg Deutschlands in die Informationsgesellschaft bedeutet Strukturwandel auf allen Feldern... Wir befinden uns an einer Weggabelung zwischen einer an Orwell's "Big Brother" erinnernden Medien-Macht und einer modernen Version des Athener Marktplatzes mit allgemeiner Redefreiheit und Stimmrecht, die an die Wiege der Demokratie erinnert. Wer jetzt strukturkonservativ handelt, verliert die Chance zur Gestaltung der Zukunft und unterliegt der Macht der technologischen Entwicklung."[1742]

Somit liegt es vor allem im Aufgabenbereich der Führung, den Strukturkonservatismus zu überwinden und durch den Einsatz fortschrittlicher Informations- und Kommunikationsinstrumente eine Richtungsvorgabe für die Entwicklung einer zukunftsfähigen betrieblichen Informations- und Kommunikationskultur zu bestimmen.

---

[1740] Vgl. auch Maisberger 1996, S. 17ff., Klöfer 1996, S. 30ff.

[1741] Vgl. Franz/Herbert 1987, S. 17.

[1742] o.V., http://www-fes.gmd.de/info/info3.96/schw_11.html

Speziell in der Vorgesetzten-Mitarbeiter-Beziehung nimmt die Führungskraft vor allem über die Ausgestaltung von *Mitarbeitergesprächen* als Schlüsselinstrumente für ein dialogisches Management wesentlichen Einfluß auf die sich entwickelnden Denk- und Verhaltensmuster hinsichtlich Information und Kommunikation.[1743] Es gilt, eine offene, ehrliche Informations- und Kommunikationspolitik zu schaffen, um Transparenz und Glaubwürdigkeit von Entscheidungen, insbesondere personalwirtschaftlicher Natur, zu gewährleisten und den infolge zahlreicher Facetten des Wandels entstandenen Unsicherheiten und Ängsten zu begegnen.[1744] Speziell von den verantwortlichen Entscheidungsträgern erwartet man statt nebulösen, ausweichenden Beteuerungen und Strategien des Heuchelns einen vorgelebten *Mut zur Wahrheit*.[1745]

Dazu gehört eine weitreichende Information der Mitarbeiter über Stärken und Schwächen des Unternehmens im Hinblick auf die zu erreichenden Ziele. Dabei erscheint es nicht unbedingt ausreichend, sich lediglich an Bestimmungen des Betriebsverfassungsgesetzes zu den Informationspflichten des Arbeitgebers (§§ 42ff., 81ff., 110 BetrVG) zu orientieren, denn über diese Basisinformationen hinaus besteht ein zusätzlicher Informationsbedarf auf Seiten der Mitarbeiter.[1746] Weiterhin ist die Kontinuität bzw. Regelmäßigkeit der Information ein wesentliches Merkmal einer offenen Informations- und Kommunikationskultur.[1747] Mangelnde Information, aber auch eine oftmals fehlende emotionale Ausdrucksfähigkeit bedeuten einen *Verlust an Glaubwürdigkeit*, verhindern ein Verstehen und Beurteilen von übergreifenden Wertschöpfungsprozessen und führen zu einer geringeren Bereitschaft und Fähigkeit der Mitarbeiter zur Identifikation mit dem Unternehmen sowie einer unzureichenden Grundlage für Selbststeuerungsprozesse.[1748]

Die Transparenz in Bezug auf Unternehmensziele und -visionen ist Ausdruck des Respekts gegenüber den Organisationsmitgliedern und damit wesentliche Basis für Solidarität. Erst durch das allgemein empfundene Gefühl einer Zusammengehörigkeit und der Selbstverständlichkeit einer offenen Kommunikation wird es möglich, tiefsitzende Ängste zu identifizieren und gemeinsam zu bewältigen.[1749] Zu diesem Zweck finden sich in jüngster Zeit vermehrt Praxisbeispiele für einen offenen Dialog von Vorständen, Führungskräften und Mitarbeitern, beispielsweise organisiert als kommunikative Versammlungen in Betriebskantinen.[1750] Ein offenes Kommunikationsklima zeichnet sich auch dadurch aus, daß sich Mitarbeiter gut informiert *fühlen*. Dies ist etwa dann der Fall, wenn häufiger Gespräche mit dem Vorgesetzten stattfinden, häufiger Abteilungsversammlungen bzw. Gruppengespräche stattfinden, häufiger Rundschreiben verteilt werden, eine Betriebszeitschrift existiert und der Geschäftsbericht zugänglich ist, so daß den Mitarbeitern das Gefühl einer prinzipiellen Verfügbarkeit von Infor-

---

[1743] Vgl. z.B. Schwandt/Aden 1998, S. 64ff., Fechtner/Taubert 1995, S. 224ff., Hoets 1995, S. 142ff., Sabel 1993, S. 320ff.

[1744] Vgl. Kriese 1995, S. 11, Drosdek 1996, Bennis 1998, S. 12f.

[1745] Vgl. Dönhoff u.a. 1992, S. 22f.

[1746] Vgl. Winterstein 1997, S. 518ff., Macharzina 1990.

[1747] Vgl. Kriese 1995, S. 11.

[1748] Vgl. Franz/Herbert 1987, S. 17.

[1749] Vgl. Kriese 1995, S. 11.

[1750] Vgl. hierzu z.B. den "Milupa-Dialog" der Milupa AG (vgl. Raisig 1996, S. 1062ff.) oder auch die "Townmeetings" der Veba Oel AG (vgl. Krüper/Harbig 1997, S. 105ff.).

mationen gegeben wird. In diesem Sinne können auch moderne Informationssysteme den Mitarbeitern als "Selbstbedienungsangebot" zur Verfügung gestellt werden.[1751]

Neben den vom Management ausgehenden Informations- und Kommunikationsprozessen sind vor allem auch die von den Mitarbeitern (potentiell) ausgehenden Informationsflüsse zu betrachten. Die Ursachen für festgestellte Defizite liegen in der fehlenden Bereitschaft und der mangelnden Fähigkeit zur Informationsweitergabe bzw. zur Kommunikation sowie strukturellen Barrieren. Dabei sollte das Augenmerk insbesondere auf die Einbeziehung der emotionalen Ebene gerichtet werden. Da wirkungsvolle Kommunikation abhängig ist von dem Verständnis der ganzen Persönlichkeit des Kommunikationspartners, ist es unabdingbar, den anderen in seiner emotionalen Ausdrucksweise wahrzunehmen und zu respektieren.[1752] Kommunikation verläuft stets auf zwei Ebenen: einer sach- und aufgabenbezogenen sowie einer personalen, emotionalen Ebene.[1753] Erst beide zusammengenommen ergeben eine schlüssige, sinnvolle Kommunikation. Das bislang in der betriebswirtschaftlichen Diskussion häufig vernachlässigte persönlich-emotionale Element gewinnt gegenwärtig verstärkt Beachtung.[1754]

Ein Maß für die Berücksichtigung der emotionalen Ebene könnte die psychologische Größe der "sozialen Empathie" darstellen, die als Maß für Betroffenheit bzw. soziale Sensibilität dient und ausdrückt, wieviele unterschiedliche Interessen berücksichtigt werden.[1755] Gerade in deutschen Unternehmen existieren jedoch erhebliche Barrieren gegenüber einem Zulassen von Emotionen in Kommunikationsbeziehungen und der Bereitschaft, sich in den anderen einzufühlen sowie sich selbst zu erfahren. Die oftmals anzutreffende, kulturell tradierte emotionale Distanz des Vorgesetzten zu seinen Mitarbeitern erzeugt Angst und Unsicherheit und verhindert den Aufbau einer persönlichen Vertrauensbeziehung. Da jedoch die emotionale Distanz auch aus Angst- und Minderwertigkeitsgefühlen resultiert,[1756] könnte man von einem kulturbedingten Teufelskreis der gehemmten Kommunikation sprechen.[1757]

Vor diesem Hintergrund stellt sich weiter die Frage, ob etwa der Einsatz der neuen Informations- und Kommunikationstechnologien dieses Defizit der sozialen Empathie nicht noch verstärkt. Insbesondere das sich zunehmender Beliebtheit erfreuende Kommunikationsinstrument des *Business TV* (Firmenfernsehen), technisch unterstützt durch Inter- und Intranet, wird von

---

[1751] Vgl. Winterstein 1997, S. 518ff., Fröhlich 1998, S. 20ff.

[1752] Vgl. Kirchner 1991, S. 87ff.

[1753] Vgl. auch Kap. 3.1.2.2.1: Interaktionsprozeßanalyse nach Bales.

[1754] Vgl. auch Löhner 1995, S. 80f., Grimm 1995, S. 16ff.

[1755] Das Einfühlungsvermögen stellt daneben freilich auch eine zentrale Einflußgröße von Vertrauen dar (Vgl. Zand 1977, S. 61ff., Teutsch 1977, S. 145ff., Petermann 1996, S. 109ff.). Statt der Fähigkeit zu "sozialer Empathie" spricht man heute meist von sozialer Kompetenz als wesentlicher Schlüsselqualifikation des Managements oder auch der gesamten Belegschaft. Damit verbunden ist die Einbeziehung von persönlicher Kommunikation und zwischenmenschlichen Emotionen in den Blickpunkt des Interesses geraten. Vgl. hierzu die Diskussion um die sog. "Emotionale Intelligenz" (Goleman 1996), zu dem bereits erste Seminarkonzepte entwickelt wurden (vgl. hierzu z.B. Geiselhardt/Dietz 1998, S. 58ff.).

[1756] Vgl. Grimm 1995, S. 17f., Schulz von Thun verweist diesbezüglich insbesondere auf die Selbstoffenbarungsangst und empfiehlt als psychologisches Lernziel die Authentizität, welche in Selbsterfahrungs- aber auch Arbeitsgruppen erlernt werden kann (Schulz von Thun 1981, S. 99ff.).

[1757] Vgl. Schulz von Thun 1989, S. 28ff.

immer mehr Unternehmen eingesetzt.[1758] Livebilder oder auch Videoaufzeichnungen können über ein Netzwerk an beliebig viele Adressaten geschickt werden, wobei die gesamte Anwendung durch einen Programm-Manager gesteuert wird. Hochentwickelte Software ermöglicht dabei die Interaktion bei Livesendungen in Form direkter Fragen, die über die Online-Verbindung zum Sender geschickt werden können. Um insbesondere die sich hieraus ergebenden Möglichkeiten der offenen Information und Kommunikation sowie der betrieblichen Lernprozesse effizient nutzen zu können, empfiehlt es sich bei der konkreten Ausgestaltung die Erkenntnisse der Mediendidaktik und der Lern- bzw. Instruktionspsychologie zu beachten.[1759]

Bislang nur ansatzweise werden die Möglichkeiten des Internet hinsichtlich spezifischer Kommunikationsanwendungen genutzt. Die bis vor kurzem noch aus Kostengründen als "Zukunftsmusik" betitelten *Videokonferenzen* können via Internet bereits mit vertretbarem Aufwand realisiert werden. Eine noch wesentlich kostengünstigere Konferenzsituation, die sich auf die Echtzeit-Übertragung von geschriebenem Text beschränkt, bietet das *Internet-Relay-Chat* (IRC), welches in den USA bereits auf vielfältige Weise im privaten wie im beruflichen Umfeld eingesetzt wird.[1760] Die Chancen des IRC liegen im Wesentlichen in der Unbefangenheit der Kommunikationspartner, ihre Gedanken zu äußern, da Kommunikationsbarrieren etwa in Form skeptischer oder einschüchternder Blicke wegfallen, sowie in der Spontaneität der Äußerungen, wodurch sich infolge der Echtzeit-Kommunikation erhebliche Dynamik entfalten kann. Unter diesen Voraussetzungen eignet sich das IRC besonders für kreative Diskussionsrunden.

Angesichts der aufkommenden Vielfalt technischer Möglichkeiten besteht jedoch durchaus die Gefahr, das notwendige "menschliche Moment" in der Kommunikation zu verlieren, wodurch Unzufriedenheit, Demotivation und Leistungseinbußen auftreten können.[1761] Dieses menschliche Moment tritt umfassend nur in einer authentischen psychologischen Begegnung auf, wenn sich Personen im gleichen pysischen Raum zur gleichen Zeit treffen. Vor dem Hintergrund langjähriger Erfahrungen im Bereich der Psychiatrie kommt denn auch Hallowell zu dem Schluß: „E-mail and voice mail are efficient, but face-to-face contact is still essential to true communication."[1762] Insbesondere persönliche Probleme sollten somit eher im Rahmen des klassischen Mitarbeitergesprächs in direkter, authentischer face-to-face-Kommunikation zu lösen sein.

Das Instrumentarium, welches im Rahmen der Führung zur Schaffung einer offenen Kommunikationsatmosphäre eingesetzt werden könnte, ist demnach sehr vielfältig; Tabelle 27 gibt einen beispielhaften Überblick über gegenwärtig diskutierte Maßnahmen:

---

[1758] Vgl. Behrens/Leidig 1998, S. 14ff., Bullinger/Broßmann 1997. Anwendungsbeispiele finden sich bei der Kaufhof AG (vgl. Ochel/Willems/Wittstadt 1997, S. 85ff.), bei Schwäbisch-Hall (vgl. Bühler 1997, S. 95ff.), bei der Mercedes-Benz AG im Bereich "Kundenserviceschulung" (Projekt AKUBIS, Automobil-Kundenorientiertes-Broadcast-Informations-System, vgl. Kaufmann 1997, S. 73ff.) oder bei der Würth GmbH & Co KG, Bereich "Außendienstschulung" ("Würth TV", vgl. Babiel 1997, S. 105ff.).

[1759] Vgl. hierzu Behrens/Leidig 1998, S. 14ff.

[1760] Vgl. hierzu z.B. o.V.: "Chat Rooms im Internet als virtuelles Netzwerk" 1998, S. 69ff.

[1761] Vgl. hierzu und im Folgenden Hallowell 1999, S. 58ff.

[1762] Hallowell 1999, S. 58.

| | |
|---|---|
| **Mitarbeiter-gespräche** | Hierzu zählen verschiedene Formen der direkten Kommunikation zwischen Führungskraft und Mitarbeiter (z.B. regelmäßige Feedback-Gespräche, Leistungsbeurteilungen, Gehaltsverhandlungen). Das Mitarbeitergespräch wird auch als Führungsinstrument für Zielvereinbarungsgespräche genutzt, um Akzeptanz und Identifikation der Mitarbeiter zu sichern.[1763] |
| **Management by wandering around** | Der Vorgesetzte "besucht" unangekündigt seine Mitarbeiter an deren Arbeitsplatz und erkundigt sich nach Problemen, neuen Ideen und dem allgemeinen Befinden. Fingerspitzengefühl ist erforderlich, damit das "Herumwandern" nicht als Störung oder Kontrolle empfunden wird. |
| **Info-Telefon/ e-mail-Hotline** | Mitarbeiter erhalten die Möglichkeit, sich schnell Informationen, z.B. über Stellenausschreibungen oder aktuelle Ereignisse, aus erster Hand zu verschaffen. |
| **Business TV** | Ein eigenes Firmenfernsehen informiert über wichtige Betriebsereignisse, interne personelle & organisatorische Entwicklungen, technologisch evtl unter Nutzung von Intra- und Internet. |
| **Videokonfe-renzen** | Tagungen werden ortsunabhängig im virtuellen Raum abgehalten. Die Teilnehmer sind über ein Netzwerk miteinander verbunden und können ihre Beiträge audiovisuell übermitteln. |
| **Chat/News-groups** | In einer Intra-/Internet-Vernetzung diskutieren & informieren Mitarbeiter und Führungskräfte via PC über aktuelle Fragestellungen in Echtzeit (Chat) oder auch zeitversetzt (Newsgroups). |
| **Führungskraft-Sprechstunde** | Zu bestimmten Zeiten halten sich die Führungskräfte (der oberen Ebenen) zu Problem- und Kritikgesprächen mit den Mitarbeitern in einem Zeitfenster zur Verfügung. |
| **Mitarbeiter-zeitschriften** | Voraussetzung ist neben ausgeprägter journalistischer Kompetenz, daß die Redaktion einen wirklichen Informationsmittelpunkt des Unternehmens darstellt, um eine Beratungs- und Koordinationsfunktion übernehmen zu können. Zweckmäßig ist eine weitgehende Unabhängigkeit von Interessen der Geschäftsführung.[1764] |
| **Befragungen/ Zufriedenheits-analysen** | Meinungsumfragen unter Mitarbeitern können als Möglichkeit gesehen werden, sich zu bevorstehenden oder bereits getroffenen Unternehmensentscheidungen zu äußern. Gefordert wird hierbei zumeist eine Zusicherung der Anonymität sowie die Freiwilligkeit der Teilnahme. |
| **Prinzip der offenen Tür** | Ein "Open-door"-Programm begründet den grundsätzlich freien Zugang aller Mitarbeiter zu allen Führungskräften im Unternehmen zur Überwindung hierarchischer Kommunikationsbarrieren und Intensivierung informeller Informationsflüsse (z.B. IBM-Deutschland). |
| **Vorgesetzten-beurteilung** | Mitarbeiter bewerten das Führungs- und insbes. das Informationsverhalten ihrer Vorgesetzten. Die Beurteilung der Führungskraft hinsichtlich ihres Umgangs mit den Mitarbeitern und ihrer Ziel- und Kundenorientierung machen Anonymität und freiwillige Teilnahme erforderlich.[1765] |
| **Offen-Gesagt-Programme (Meckerkasten)** | Mitarbeitern wird die Möglichkeit gegeben, sich mit Fragen, Problemen oder Kritik an das Unternehmen zu wenden und eine Stellungnahme von einer zentralen Stelle zu bekommen. Auch hier kann die Anonymität des Einsenders gewahrt bleiben. |
| **Titelverzicht** | Für eine offene Kommunikation wirken speziell formelle Titel sowie Statusdenken hinderlich. Identifikation erfolgt unter explizitem Verzicht auf den Titel stattdessen anhand der übernommenen Aufgabe (z.B. Henkel KGaA).[1766] |

Tab. 27: Maßnahmen zur Unterstützung eines offenen Kommunikationsklimas
Quelle: nach Bußmann 1997b, S. 90ff.

---

[1763] Vgl. auch z.B. Schwandt/Aden 1998, S. 64ff.

[1764] Vgl. Klöfer/Füllenbach/Rohleder 1994, S. 11ff., Klöfer 1996, S. 30f., Hagemann 1998, S. 41ff.

[1765] Vgl. kritisch zur Vorgesetztenbeurteilung Sprenger 1995, S. 58, allgem. kritisch zur Beurteilung Neuberger 1980, S. 27ff.

[1766] Vgl. Maaß 1994, S. 22. Dies trifft jedoch auf kulturbedingte Widerstände in Deutschland, wenn man bedenkt, daß lange Zeit die Rangordnung im Militär und im preußischen Beamtenstaat für entsprechende Titel maßgeblich waren und den sozialen Status bestimmten (Vgl. Dahrendorf 1971, S. 61ff.). Vgl. auch Zeidenitz/Barkow 1997, S. 80f.

Basierend auf der Erkenntnis, daß auch mit dem Vorhandensein eines umfangreichen Instrumentariums noch längst nicht sichergestellt ist, daß sich eine offene Kommunikationskultur entwickelt, verzichtet die Höchst AG, Frankfurt, auf eine Anordnung bestimmter Verfahren. Stattdessen wurde die explizite "Verbesserung der internen Kommunikation" als ein wesentliches Ziel mit allen leitenden Führungskräften vereinbart, wobei die Auswahl der geeigneten Methoden und Intrumente dezentral erfolgt und somit an die spezifischen Persönlichkeiten und situativen Gegebenheiten angepaßt werden kann.[1767]

## *Personalentwicklung*

Die Möglichkeit der Entwicklung einer offenen Kommunikationskultur hängt wesentlich von der Persönlichkeitsentwicklung der Kulturmitglieder ab. Diese umfaßt „die Art und Weise des Umgangs mit Bewußtseinsinhalten, die sich im Lebensstil und im Verhalten gegenüber dem Bestehenden manifestiert."[1768] Zur Erreichung einer in diesem Sinne verstandenen Kommunikationskultur ist es daher notwendig, das geistige und seelische Wachstum sowie die zunehmende *Selbsterkenntnis der einzelnen Persönlichkeit* zu fördern. Demnach wird es zum Ziel der betrieblichen Personalentwicklung, die Mitarbeiter dazu zu befähigen, über das Begreifen ihrer eigenen Lebensrealität die zwanghafte Fixierung auf sich selbst zu überwinden und zu einem sittlich reifen Kommunikationspartner zu werden. Hierin liegt die zentrale Voraussetzung dafür, daß Kommunikationsbeziehungen auf gegenseitiger Wertschätzung, Akzeptanz und Respekt begründet werden und es zu einer Rekultivierung der Kunst der Dialogführung kommen kann.[1769]

Für die mangelnde Nutzung von Informationen, die Führungskräfte von Mitarbeitern beziehen könnten, sind vielfach die oftmals fehlende Fähigkeit zu eigener Zurückhaltung, die menschliche Neigung zu vorschneller Bewertung sowie das mangelnde Einfühlungsvermögen bei Führungskräften verantwortlich. Eine "Altero-Orientiertheit", die im Gegensatz zur verbreiteten Egozentrizität auf die wirkliche Information durch den Mitarbeiter abzielt, zeichnet sich durch eine konsequente Orientierung an den Gedanken, Handlungen und Gefühlen des anderen, d.h. der *gesamten* Mitarbeiterpersönlichkeit aus.[1770] Neben der Fähigkeit, "den Tanz um das goldene Selbst" (U. Beck) aufzugeben, mangelt es nur allzu häufig an der Bereitschaft, Entgleisungen nicht zu provozieren oder sie zumindest aufzufangen sowie destruktive Kommunikationsmuster abzubauen. So wird vermehrt zur Verwirklichung einer sittlich fundierten Kommunikationskultur vor allem die Entwicklung der *Zuhör-, Kritik- und Emotionsfähigkeit* auf Seiten des Managements gefordert, wobei eine "Duz-Kultur", wie sie beispielsweise seit Jahren bei Hewlett Packard praktiziert wird, unterstützend wirken könnte.[1771]

In Anlehnung an das bereits angesprochene Kommunikationsmodell von Schulz von Thun ist von Führungskräften zu fordern, daß sie mit "vier Ohren empfangen". Das bedeutet konkret,

---

[1767] Vgl. Bußmann 1997b, S. 93, 1997a, S. 82ff.

[1768] Kirchner 1991, S. 12.

[1769] Vgl. Kirchner 1991, S. 12ff.

[1770] Vgl. Kirchner 1991, S. 42f., Rogers/Roethlisberger 1992, S. 74ff.

[1771] Vgl. Grimm 1995, S. 16ff., Zürn 1994, S. 22f. Kirchner (1991, S. 11) spricht gar von der Barriere einer "Selbstverliebtheit" und eines "Narzißmus" vieler Führender.

daß die von Mitarbeitern ausgesandten Nachrichten nur dann vollständig und sinnvoll verstanden werden können, wenn alle vier Seiten der Nachricht empfangen und entschlüsselt werden. Schulz von Thun postuliert daher eine gleichmäßige Ausbildung von vier Dimensionen des Zuhörens im Sinne einer Schulung des "Sach-Ohres", des "Beziehungs-Ohres", des "Selbstoffenbarungs-Ohres" sowie des "Appell-Ohres".[1772]

Wesentliche Voraussetzung für erfolgreiche Mitarbeitergespräche ist ein Mindestmaß an *Empathie* auf Seiten der Vorgesetzten, um Zugang zu den Problemen der Mitarbeiter zu erhalten. In modernen Kommunikationsseminaren wird zur Entwicklung sozialer Empathie vermehrt auf Methoden der *Gesprächspsychotherapie* zurückgegriffen, die primär auf den US-amerikanischen Psychoanalytiker Carl Rogers zurückgeht.[1773] Der Auffassung folgend, daß grundsätzlich alle Probleme der Menschen von ihnen selbst am besten gelöst werden können, postulierte Rogers drei Basisvariablen als Anforderungen an einen erfolgreichen Therapeuten, die auch als Anforderungen an Führungskräfte im Dialog mit ihren Mitarbeitern zu begreifen sind:[1774]

- authentisches Verhalten (Kongruenz/Echtheit von Kommunikationsinhalt und Gestik, Mimik, Tonfall)
- bedingungslose Wertschätzung des Klienten (bedingungslose Akzeptanz der Persönlichkeit des Gegenüber, Abstandnehmen von Beurteilung),
- Einfühlungsvermögen (Verstehen der Gefühle und Gedanken des anderen).

Damit soll in der Therapie verhindert werden, daß der Therapeut den Klienten in irgendeiner Form belehrt oder sein Verhalten interpretiert bzw. bewertet. Die dabei zum Ausdruck kommende Form des *"Spiegelns"* wird im Kommunikationstraining zumeist als "aktives Zuhören" bezeichnet und besteht im Wesentlichen darin, daß dem Klienten durch verbale Reformulierung und Rückfragen, aber auch nonverbale Ausdrucksformen des Therapeuten sein Problem im Kern vor Augen geführt wird, damit er selbst Klarheit über seine Situation gewinnt und sich darüber hinaus verstanden fühlt.[1775] Diese Technik erlebt in jüngster Zeit eine neuerliche Blüte im Rahmen der Neurolinguistischen Programmierung (NLP), die allerdings im Unterschied zum Konzept von Rogers bemüht ist, über den "Rapport", d.h. den Bericht des Klienten, Einfluß auf sein Verhalten zu nehmen.[1776] Als umfassendes Verfahren im Rahmen der Gesprächspsychotherapie schlägt Pallasch ein 50 Bausteine umfassendes Programm des *"Pädagogischen Gesprächstrainings"* vor (darunter z.B. Zuhören, Distanz zum Inhalt, Widerspiegeln, nonverbale Signale, Erlebnisbeschreibung, Barrieren thematisieren, Gefühlsimplosion, Entspannung, innere Bilder erleben, alter Ego etc.).[1777]

---

[1772] Vgl. Schulz von Thun 1981, S. 44ff.

[1773] Vgl. zur Gesprächspsychotherapie Bommert 1977, Biermann-Ratjen/Eckert/Schwartz 1989, Schneider, H. (Hg.) 1996, Brandl 1996, Pallasch 1990.

[1774] Vgl. Rogers/Roethlisberger 1992, S. 74ff.

[1775] Vgl. Schulz von Thun 1981, S. 57f.

[1776] Vgl. Motamedi 1997, S. 31ff., o'Connor/Seymour 1996.

[1777] Vgl. Pallasch 1990, S. 61ff.

Im Hinblick auf spezifische Defizite der mitarbeiter- und führungskräftebezogenen Kommunikationsfähigkeiten kann die betriebliche Personalentwicklung etwa Seminare für *Dialektik*,[1778] *Rhetorik, Präsentation, Visualisierungstechniken, Moderation* etc. anbieten. Gerade im Hinblick auf die Weiterentwicklung der Ausdrucksfähigkeit und der Verständigungschancen bieten sich z.B. *"Wortschatz-Workshops"* (Gertrud Höhler) an.[1779] Als Ziel findet man bei nahezu allen Entwicklungsmaßnahmen zur Kommunikation die Befreiung von Angstgefühlen bzw. die Schaffung eines Selbstbewußtseins und den Mut zu freier, offener Äußerung, um konstruktiv an der Weiterentwicklung mitwirken zu können.

Speziell zur Verbesserung der Empathiefähigkeit bieten sich aus dem Bereich der Gruppendynamik v.a. *Rollenspiel, Psychodrama* und *Sensitivity-Training* an.[1780] Das hierdurch erzeugte bessere Verständnis für den anderen und für eigene Anschauungen trägt dazu bei, Mißverständnisse und/oder Vorurteile abzubauen und Aggressionen leichter zu bewältigen. Die Verdeutlichung der Bedeutung von Empathie in zwischenmenschlichen Beziehungen kann als wesentlicher Baustein für die Erziehung zur Empathie bzw. für die Entwicklung einer "empathischen Moralität" (William Kay) gesehen werden. So gesehen ist das einfühlende Denken auch eng verknüpft mit einer *Kommunikationsethik*, die einen Teil des Wertefundaments einer kritischen Solidargemeinschaft darstellt und gleichermaßen bedeutsam ist für den Aufbau einer Partizipations- und Teamkultur, einer Konfliktkultur sowie einer konstruktiven Fehler- und Lernkultur.[1781]

Das von Bumstead und Eckblad entwickelte *"Life Business Programme"* mit dem Schwerpunkt Kommunikation kann als Instrument zur praktischen Umsetzung einer von innen geleiteten, evolutionären Kulturentwicklung gesehen werden, deren zeitlicher Horizont mehrere Jahre umfaßt. Im Rahmen eines Workshops können Manager bzw. "key individuals" ihre eigenen Lebens- und Karrierepläne untersuchen. Dabei kann der Workshop zum einen als Investition in das Humankapital der Organisation gesehen werden, indem die Teilnehmer über sich selbst reflektieren, neue Energien freisetzen und neue Initiativen auf individueller Ebene planen; zum anderen werden insbesondere Sprache und Kommunikation sowie Konzepte und Netzwerke der Schlüsselfiguren entwickelt, wodurch die Grundlage für eine effektive, intrinsische Kulturentwicklung geschaffen wird.[1782]

*Entgeltgestaltung*

Fehleinschätzungen des Vorgesetzten von sich selbst und seinen Mitarbeitern sowie damit verbundene Mißverständnisse sind maßgeblich die Folge von Kommunikationsdefiziten. Unausgesprochene Beziehungs- bzw. Führungsprobleme führen zu zwischenmenschlichen Berührungsängsten und zu einer wachsenden Distanz zwischen Führungskraft und Mitarbeiter, die sich bislang meist einseitig negativ in der Beurteilung des Mitarbeiters durch den Vorge-

---

[1778] Vgl. hierzu insbes. Kirchner 1991, S. 99ff.

[1779] Vgl. Fiedler-Winter 1995, S. 179.

[1780] Speziell zum Rollenspiel vgl. Stein 1998, Shaftel u.a. 1978; zum Psychodrama vgl. z.B. Leutz 1974, Yablonski 1986, Leveton 1992; zum Sensitivity-Training vgl. z.B. Golembiewski 1972, Schmidbauer 1973;

[1781] Vgl. Teutsch 1977, S. 145ff.

[1782] Vgl. Bumstead/Eckblad 1984, S. 21ff.

setzten widerspiegelt. Auch um diese Kommunikationsbarrieren zu überwinden, beinhalten neuere Konzeptionen von Anreizsystemen für Führungskräfte in zunehmendem Maße Formen einer *Vorgesetztenbeurteilung* durch die Mitarbeiter. Mitarbeiter-Feedback als Element einer dialogischen Führung läßt sich damit anreizpolitisch verankern. Je nachdem, welche Konsequenzen an die Evaluationsergebnisse geknüpft werden, erfordert die Einführung einer Vorgesetztenbeurteilung erheblichen Mut von Seiten *aller* Beteiligten aufgrund der potentiell unbehaglichen oder auch negativen Folgen (Gesichtsverlust, Blamage, evtl. Verlust von Aufstiegschancen, finanzielle Einbußen des Vorgesetzten und daraus entstehende Gefühle der Rache und Mißgunst, die Mitarbeiter und Betriebsklima belasten). Als detaillierte Ziele einer Vorgesetztenbeurteilung stehen zumeist die folgenden im Vordergrund:[1783]

- dem Vorgesetzten Feedback über sein Führungsverhalten zu geben und einen Dialog zwischen Vorgesetztem und Mitarbeitern zu initiieren, der zu einer lebendigen, offenen, vertrauensvollen und partnerschaftlichen Unternehmenskultur beiträgt,

- die Mitarbeiter zu mehr Eigenverantwortung zu motivieren, auch hinsichtlich der Gestaltung ihres "Geführt-Werdens" und die notwendigen Veränderungsprozesse durch eine aktive Partizipation aller Beteiligten zu unterstützen sowie

- die Reibungsverluste im Führungsprozeß in Form von zusätzlichen Kosten aufgrund von Mißverständnissen und Kommunikationsdefiziten (ökonomische Effizienzeinbußen) sowie von Nichtberücksichtigung von Mitarbeiterbedürfnissen und infolgedessen geringer Arbeitszufriedenheit (soziale Effizienzeinbußen) zu reduzieren.

Dabei kann ein Fragebogen-Verfahren, das nach den Grundsätzen der Freiwilligkeit, der Anonymität und der Vertraulichkeit abläuft, im Grunde nur als Initiierung von späteren umfassenden Gesprächsprozessen gesehen werden, ohne die eine nachhaltige Verbesserung der kommunikativen Beziehungen nicht zu erwarten ist.[1784] Nichtsdestotrotz kann eine Bewertung des Vorgesetztenverhaltens mit Hilfe von Fragebogen im Sinne eines "Führungsspiegels" deutliche Signale für einen Verbesserungsbedarf aufdecken und eine kommunikative Öffnung der Beteiligten bewirken.[1785] Dem aus den fragebogenbezogenen Einschätzungen der Mitarbeiter resultierenden Fremdbild des Führungsverhaltens kann das Selbstbild der Führungskraft ge-

---

[1783] Vgl. im Folgenden Nothnagel 1998, S. 97ff., Bergmann/Wistokat/Krist 1997, S. 198, Pittner 1995, S. 882ff., Ludwig 1994, S. 652, Herbst/Heimbrock 1995, S. 1068f., Schmidt/Bockmühl 1997, S. 22ff. Vgl. kritisch zur Vorgesetztenbeurteilung Sprenger 1995b, S. 58, kritisch zur Beurteilung generell Neuberger 1980, S. 27ff.

[1784] Vgl. Pittner 1995, S. 884ff., Ludwig 1994, S. 655f., Herbst/Heimbrock 1995, S. 1069f., Schmidt/Bockmühl 1997, S.22ff.

[1785] Vgl. Nothnagel 1998, S. 97ff., Bergmann/Wistokat/Krist 1997, S. 199, Retz 1997, S. 18f. Ein von *tetralog München* (Institut für Verhaltens- und Organisationsentwicklung) entwickelter, in der Siemens AG, Werk Bruchsal, verwendeter Fragebogen zur Vorgesetztenbeurteilung enthält Fragen zu 14 Themenbereichen der Führung, insbes. auch zur Kommunikation. Auf einer sechsstufigen Antwortskala von "trifft zu" bis "trifft nicht zu" sind Statements zu beurteilen wie z.B.:
- Mein Chef ist im Umgang mit mir offen und ehrlich.
- Mein Chef kann gut zuhören.
- Mein Chef reagiert oft unberechenbar.
Alternativ hierzu vgl. etwa den Fragebogen zur Vorgesetztenbeurteilung bei der Deutsche Lufthansa AG (vgl. Pittner 1995, S. 882ff.), bei der Beiersdorf AG (vgl. Schmidt/Bockmühl 1997, S. 22ff.), bei der Daimler-Benz Aerospace Airbus GmbH (vgl. Herbst/Heimbrock 1995, S. 1070ff.) oder auch den in der ESSO AG zum Einsatz kommenden "Fragebogen zur Vorgesetzten-Verhaltens-Beschreibung", der in vielen Zügen auf den fast schon klassischen Fragebogen ("Leader Behavior Description Questionnaire") zurückgeht, der von Hemphill 1950 im Rahmen der Ohio-State-Forschung entwickelt wurde und in 150 "Items" zehn zentrale Bereiche des Führungsverhaltens abdeckt (vgl. auch Ludwig 1994, S. 651ff.).

genübergestellt werden, vorzugsweise als Profildarstellung, um Abweichungen zu verdeutlichen und Gesprächs- bzw. Veränderungsprozesse in Gang zu setzen (z.b. sog. "Rückmelde-Workshops" bei der Siemens AG).[1786] Die Bereitschaft der Führungskräfte zu einem offenen Feedback "von unten" signalisiert den Mitarbeitern, daß ihre Meinung von Bedeutung ist und bewirkt somit eine Stärkung der persönlichen Glaubwürdigkeit der Führungskräfte.[1787] Noch einen Schritt weiter geht die sogenannte *360-Grad-Beurteilung*, die letztlich eine nachhaltige kommunikative Öffnung zu allen Kontaktpersonen des zu Beurteilenden (insbesondere auch Kunden und Lieferanten) bewirken könnte.[1788]

Rein spekulativ ließe sich daneben über einen *"Kommunikationsbonus"* nachdenken, der in Form eines monetären Anreizes oder auch einer expliziten Belobigung für ein besonders verdienstvolles Informations- und Kommunikationsverhalten vergeben werden könnte. Hierzu wären notwendigerweise entsprechende Bewertungsrichtlinien zu entwickeln, die auf die angestrebte offene Informations- und Kommunikationskultur hin abzustimmen sind.

Für die Verwirklichung einer kritischen Solidargemeinschaft erweist sich auch speziell die *Informationsoffenheit über das betriebliche Anreizsystem* als bedeutsam. So konnte etwa Winter in einer neueren empirischen Untersuchung nachweisen, daß sich die Geheimhaltung von Vergütungsinformationen negativ auf die Zufriedenheit der Führungskräfte mit ihrem Vergütungssystem auswirkt. Dieser Effekt ließe sich dadurch erklären, daß durch die Geheimhaltung eine subjektive Bewertung hinsichtlich der relativen Gerechtigkeit verhindert wird.[1789] Dies spricht für die Notwendigkeit einer stärkeren Informationsoffenheit, intensiveren Kommunikation und nachvollziehbaren Transparenz hinsichtlich des Anreizsystems.

---

[1786] Vgl. Bergmann/Wistokat/Krist 1997, S. 199ff.

[1787] Vgl. Nothnagel 1998, S. 99f.

[1788] Vgl. Laib 1997, S. 1138ff., Hunt 1995, S. 40ff., Fisher-Hazucha/Hezlett/Schneider 1993, S. 325ff., London/Beatty 1993, S. 353ff.

[1789] Vgl. Winter 1996, S. 541ff.

## 5.3.2 Vertrauenskultur

Das verbindende Prinzip einer "kritischen Solidarität" erfordert eine breite Basis des Vertrauens zwischen den Organisationsmitgliedern,[1790] wobei das Attribut "kritisch" impliziert, daß ein "gesundes Mißtrauen" insbesondere gegenüber einer fehlgeleiteten Integrationsideologie angebracht ist. Die Vertrauenswürdigkeit eines Menschen bestimmt sich auch dadurch, inwieweit er seine Entscheidungen als "unkritischer Jasager" oder als "kritischer Abwäger" trifft.[1791]

Vertrauen kann als wohltuender Gegenpol zu den vielschichtigen Angstgefühlen gesehen werden, die die deutsche Gesellschaft verstärkt infolge der individualistischen Auswüchse kennzeichnen. Gerade die diffusen Lebens- und Zukunftsängste der Deutschen entspringen einem Mangel bzw. Verlust an (Ur-)Vertrauen in andere Menschen und die Gemeinschaft.[1792]

Auch die betriebswirtschaftliche Bedeutung von personalem Vertrauen als Erfolgsfaktor ist seit längerem bekannt. So werden etwa *"Vertrauenspersonen"* in verschiedensten Bereichen eingesetzt, sei es basierend auf einer rechtlichen Grundlage, wie z.B. der innerhalb der Sozialversicherung ernannte Vertrauensarzt (§ 369 RVO), der Vertrauensmann der Schwerbehinderten (§§ 11, 21ff. SchwbG) oder die durch Art. 9, Abs. III GG geschützten Vertrauensleute der Gewerkschaften, sei es auf freiwilliger Basis, wie z.B. Vertrauenspersonen für Suchtgefährdete im Betrieb bzw. in einer betrieblichen Seelsorge.[1793] Darüber hinausgehend empfiehlt etwa Schaal als vertrauensbildende Maßnahme die Einrichtung einer Stelle zur *"humanistischen Betriebspsychologie".* Jedem Organisationsmitglied bietet sich somit die Möglichkeit, sich mit seinen Ängsten, die in Lern- und Anpassungsprozessen zutage treten, an einen psychologisch geschulten Berater zu wenden, der neben persönlichen Gesprächen auch Gesprächszirkel bzw. Selbsthilfegruppen organisieren und moderieren könnte.[1794]

*Personalführung*

Vertrauen darf jedoch nicht auf einige wenige Personen im Betrieb reduziert werden. Die Funktion von Vertrauenspersonen müßten insbesondere alle Führungskräfte erfüllen, wenn sie auf Loyalität und Solidarität ihrer Mitarbeiter zählen wollen. Es zeigt sich, daß die anfängliche Bildung von Vertrauen zwischen Führungskraft und Mitarbeiter maßgeblich von den entsprechenden Initiativen der Führungskraft abhängt.[1795] Somit ist es zunächst vorrangige Aufgabe der Führungskräfte, sich in ihrem Führungsverhalten vertrauenswürdig zu erweisen.

Dabei zeigt der Blick in die jüngere Praxis der Führung vieler Großunternehmen, daß im Rahmen der jüngsten Restrukturierungsprozesse und der damit verbundenen schmerzhaften Rationalisierungsmaßnahmen viele der über lange Zeit aufgebauten Vertrauensbeziehungen

---

[1790] So konnte Wheeles in einer empirischen Untersuchung bei 385 Studenten nachweisen, daß solidarisches Verhalten durch die Variablen Vertrauen und Selbstöffnung angezeigt wird (1978, S. 143ff.).

[1791] Vgl. Petermann 1996, S. 61ff.

[1792] Vgl. Kirchner 1991, S. 126ff., Wollert 1991b, S. 60f.

[1793] Vgl. Maier-Albang 1996, S. 35.

[1794] Vgl. Schaal 1992, S. 133f.

[1795] Vgl. hierzu Whitener u.a. 1998, S. 513ff.

zerbrochen sind.[1796] Für eine theoretische Analyse möglicher Vertrauensverluste bietet sich folgendes Phasenschema an:

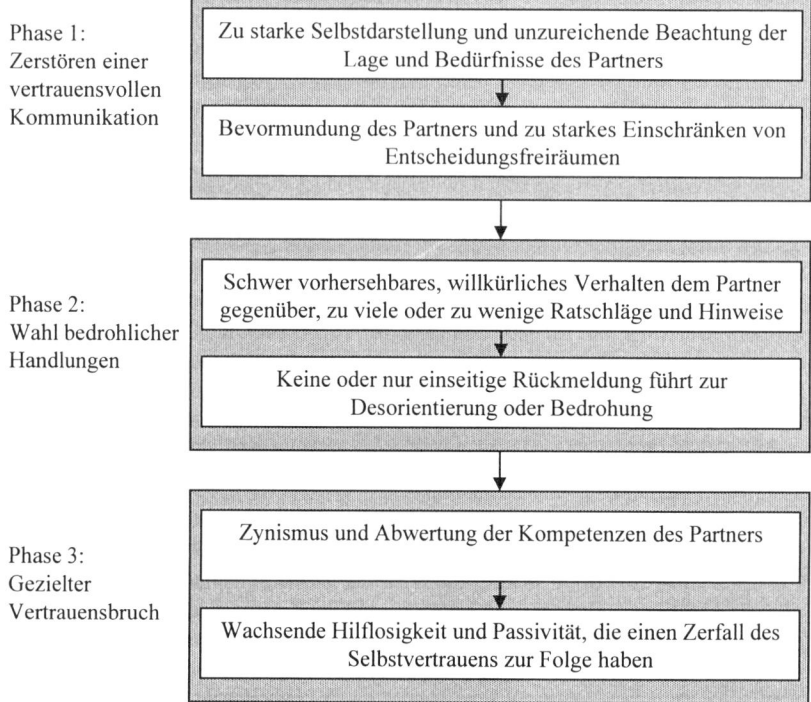

Phase 1:
Zerstören einer
vertrauensvollen
Kommunikation

Zu starke Selbstdarstellung und unzureichende Beachtung der Lage und Bedürfnisse des Partners

Bevormundung des Partners und zu starkes Einschränken von Entscheidungsfreiräumen

Phase 2:
Wahl bedrohlicher
Handlungen

Schwer vorhersehbares, willkürliches Verhalten dem Partner gegenüber, zu viele oder zu wenige Ratschläge und Hinweise

Keine oder nur einseitige Rückmeldung führt zur Desorientierung oder Bedrohung

Phase 3:
Gezielter
Vertrauensbruch

Zynismus und Abwertung der Kompetenzen des Partners

Wachsende Hilflosigkeit und Passivität, die einen Zerfall des Selbstvertrauens zur Folge haben

Abb. 69: Drei-Phasen-Modell des Vertrauensverlusts

Quelle: Petermann 1996, S. 121

Für das betriebliche Personalmanagement, welches zunehmend auch in den Aufgabenbereich der Linienmanager fällt, erscheint es hinsichtlich der erlittenen Vertrauensverluste schwierig, gleichzeitig aber auch unbedingt notwendig, wieder ein vertrauensvolles Miteinander zu erreichen. Petermann schlägt analog zum obigen Schema ein Drei-Phasen-Modell des Vertrauensaufbaus vor:

---

[1796] Diese "früheren Erfahrungen" stellen im Rahmenmodell von Petermann eine bedeutsame Einflußgröße für den zukünftigen Aufbau von Vertrauensbeziehungen dar (1996, S. 50). Vgl. auch Mishra/Mishra 1994, S. 261ff., Mishra/Spreitzer/ Mishra 1998, S. 83ff., Grunwald 1995, S. 73ff., o.V.: Das Survivor-Syndrom 1994, S. 9ff., Wörl 1997, S. 224ff., Wever 1996, S. 214ff., Schaal 1992, S. 8, Tolksdorf 1994, S. 58.

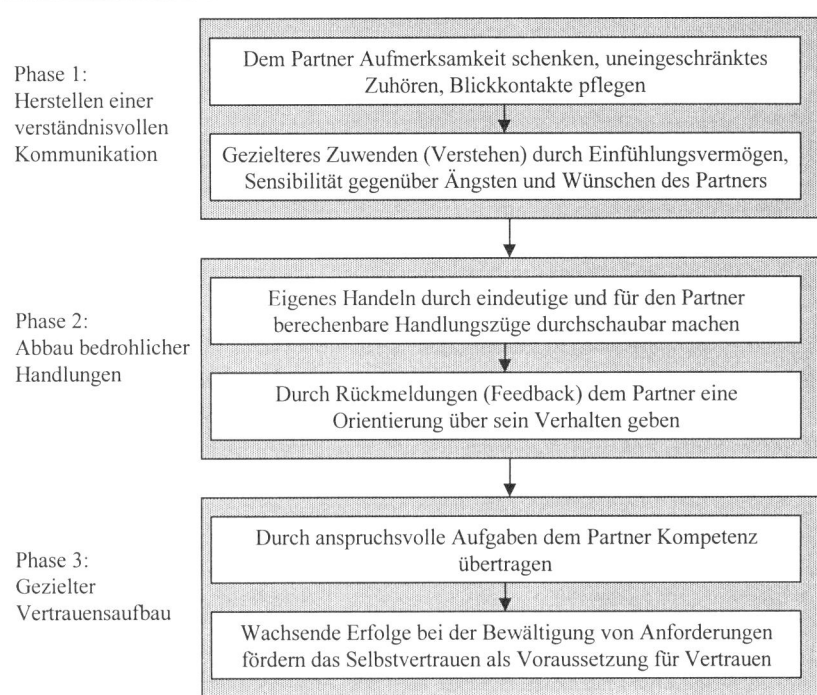

Phase 1:
Herstellen einer
verständnisvollen
Kommunikation

> Dem Partner Aufmerksamkeit schenken, uneingeschränktes
> Zuhören, Blickkontakte pflegen
>
> Gezielteres Zuwenden (Verstehen) durch Einfühlungsvermögen,
> Sensibilität gegenüber Ängsten und Wünschen des Partners

Phase 2:
Abbau bedrohlicher
Handlungen

> Eigenes Handeln durch eindeutige und für den Partner
> berechenbare Handlungszüge durchschaubar machen
>
> Durch Rückmeldungen (Feedback) dem Partner eine
> Orientierung über sein Verhalten geben

Phase 3:
Gezielter
Vertrauensaufbau

> Durch anspruchsvolle Aufgaben dem Partner Kompetenz
> übertragen
>
> Wachsende Erfolge bei der Bewältigung von Anforderungen
> fördern das Selbstvertrauen als Voraussetzung für Vertrauen

Abb. 70: Drei-Phasen-Modell des Vertrauensaufbaus

Quelle: Petermann 1996, S. 117

Alternativ hierzu empfiehlt Grunwald das sog. SARI-Modell[1797], welches Osgood in den 60er Jahren während des Kalten Krieges entwickelte, um Spannungen zwischen den USA und der Sowjetunion abzubauen. Die Grundidee besteht darin, die (verzerrten) Wahrnehmungen des anderen systematisch und schrittweise so zu ändern, daß Unsicherheit, Mißtrauen und Angst ab- und Vertrauen aufgebaut wird.[1798] Die Strategie basiert auf dem Prinzip der Wechselseitigkeit (Reziprozität), welches auf positive oder negative Handlungen gleichartige Reaktionen des Gegenüber erwarten läßt und dem ethischen Grundprinzip folgt: "Wie Du mir, so ich Dir" bzw. "Wie man in den Wald hineinruft, so schallt es heraus". Es wird demnach davon ausgegangen, daß vertrauensvolles Verhalten ähnlich beantwortet wird. Der Aufbau von Vertrauen vollzieht sich daher durch aufeinanderfolgende, konsistente konziliante Handlungen.[1799] In Anlehnung an die SARI-Strategie formuliert Grunwald einen 10-Stufen-Plan, der das Praktizieren von angekündigten, versöhnlichen und umgänglichen Maßnahmen umfaßt und eine

---

[1797] SARI: System abgestufter und reziprok wirkender Initiativen.

[1798] Vgl. Grunwald 1995, S. 75ff. Vgl. in ähnlicher Weise auch Zielinski 1985, S. 40ff., Lindskold 1978, S. 772ff.

[1799] Vgl. dazu in gleicher Weise Miles/Snow 1995, S. 15ff. Vgl. zur Interpretation mißtrauensbegründeter Denk- und Verhaltensmuster als "self-fulfilling-prophecies": Handy 1995, S. 40ff.

von der Führungskraft initiierte, sich selbst verstärkende Spirale abnehmenden Mißtrauens und zunehmenden Vertrauens bewirken soll:

| SARI-Merkmale | Sozialpsychologische Prinzipien | Erläuterungen |
|---|---|---|
| 1. Allgemeine Aussage | Schaffe einen Bezugsrahmen für die Interpretation späterer Handlungen, damit diese nicht zu isolierten Ereignissen werden. Gehe eine öffentliche Verpflichtung ein und aktiviere das Interesse dritter Parteien. | Die freiwillige, öffentliche Ankündigung, gemeinsam mit den Mitarbeitern einen neuen Anfang zu wagen, strategische Ziele bzw. Visionen zu erarbeiten, bereitet den Boden für konziliante Handlungen.[1800] |
| 2. Klare Bekanntgabe jeder Initiative | Vermeide Mißinterpretation aufgrund mehrdeutiger oder unbestimmter Aussagen; stelle Verbindungen zu einem allgemeinen Problem her, demonstriere deshalb Übereinstimmung! | Jede konziliante Handlung muß öffentlich und nachprüfbar angekündigt werden, damit jegliche Mehrdeutigkeit vermieden wird. |
| 3. Ausführung der Initiativen wie angekündigt | Schaffe objektive Glaubwürdigkeit! | Hiermit soll die Übereinstimmung von Wort und Tat demonstriert werden. |
| 4. Reziprozität erwünscht, aber nicht gefordert | Ein nicht-manipulatives Vorgehen hilft Widerstand (reactance) zu vermeiden! | Die Ankündigung einer konzilianten Initiative soll eine Einladung beinhalten, sich reziprok zu verhalten. |
| 5. Fortgesetzte Initiativen ohne Reziprozität | Die Aufrechterhaltung der Konsistenz ist nötig, um die objektive Glaubwürdigkeit bezüglich allgemeiner Aussagen zu sichern. | Auch wenn sich reziprokes Verhalten der Zielperson nicht sofort einstellt, sind konziliante Initiativen fortzusetzen, um Glaubwürdigkeit und Wohlwollen zu sichern. |
| 6. Initiativen der Verifikation unterwerfen | Erscheint die Initiative wie eine beabsichtigte Kommunikation, kann Mißtrauen entstehen; Intiativen werden auch von der Zielperson kontrolliert und mit Vorsicht aufgenommen. | Die konzilianten Handlungen müssen eindeutig und nachprüfbar sein, so daß kein Zweifel aufkommen kann. |
| 7. und 8. Aufrechterhaltung der Fähigkeit zur Vergeltung | Konzilianz kann gewählt werden, jedoch nicht als einzige Strategie; Attribution von Wohlwollen, wenn Zwangsmaßnahmen verfügbar sind, aber nicht angewendet werden. | Initiativen dürfen von der Zielperson nicht als Schwäche interpretiert werden. Es muß erkennbar sein, daß der Initiator die freie Wahl zwischen "Zuckerbrot und Peitsche" gehabt hätte. |
| 9. Diversifizierung der Initiativen | Konsistente Abstimmung der Initiativen in Bezug auf Art und Weise sowie Zeit. | Nicht mit "Kanonen auf Spatzen schießen"; die Verhältnismäßigkeit der Mittel beachten und dies auch der Zielperson signalisieren. |
| 10. Berücksichtigung von Reziprozität bei zukünftigen Initiativen | Versagen würde als gegen die Norm gerichtete Handlung angesehen. | Bei Erwiderung seitens der Zielperson sollte die darauffolgende Handlung des Initiators dem Ausmaß der empfangenen Erwiderung entsprechen und – wenn möglich – etwas darüber hinausgehen. |

Tab. 28: SARI-Strategie im betrieblichen Kontext

Quelle: Grunwald 1995, S. 76

---

[1800] Vgl. hierzu auch die praktische Methode des Vertrauensaufbaus QUEST (=Quick Environmental Scanning Technique) von Bennis/Nanus (1985, S. 142ff.). Durch eine gemeinsame Einschätzung der zukünftigen Umweltentwicklung und eine anschließende Positionierung des Unternehmens kann eine Verschmelzung der Personen mit den notwendigen Handlungen erreicht sowie Integrität und Vertrauen gewonnen werden.

Das zentrale Problem des Vertrauens läßt sich begreifen als das Problem der riskanten Vorleistung bzw. als Erhöhung der eigenen Verwundbarkeit gegenüber einer Person, die man nicht kontrollieren kann.[1801] Daher erfordert Vertrauen immer auch ein gewisses Maß an Mut, sich auf eine ungewisse Zukunft einzulassen. Dabei ist der Mut zu sich selbst bzw. ein Mindestmaß an *Selbstvertrauen* notwendig, um den nötigen Mut aufzubringen, jemand anderem zu vertrauen. Denn im Grunde überträgt der Vertrauensgebende nur seine Einstellung zu sich selbst auf den Vertrauensempfangenden, so daß Vertrauen zunächst einmal einer inneren Sicherheit entspringt.[1802]

Wird das geschenkte Vertrauen enttäuscht, kann neben persönlicher Enttäuschung und materiellem Verlust auch das eigene sinnstiftende Bezugssystem ins Wanken geraten, so daß ein anfänglicher Vertrauensbeweis zumeist nicht ohne Grundlage erfolgt. Entscheidend wirken sich daher die Grundlagen in Form des vorliegenden *Machtgefüges* zwischen den Interaktionspartnern und des beiderseitigen *Bekanntheitsgrades* der Interaktionspartner auf das gegenseitige Vertrauen aus.

In einer hierarchischen Ordnung - gleichbedeutend mit einem Machtunterschied - ist die Gefahr des Vertrauensmißbrauchs durch Ausnutzung von Schwächen, die man sich gegeben hat, besonders hoch. Ein solcher Machtunterschied bei einer tiefergehenden Beziehung wirkt sich auf die interpersonelle Orientierung aus und erschwert den Aufbau wie die Erhaltung von Vertrauensbeziehungen.[1803] Daraus läßt sich ableiten, daß Vertrauen nicht durch äußeren Druck unter Einsatz von Macht erzwungen werden kann und sich am besten zwischen *gleichmächtigen* Personen aufbaut. Daher kann eine partizipative Führung in einer flachen Organisationsstruktur tendenziell den Aufbau einer betrieblichen Vertrauenskultur unterstützen. Die Kooperationsbeziehung fußt dabei auf der *goldenen Regel der Kooperation*[1804] und ist demnach nicht als "Null-Summen-Spiel" aufzufassen, in dem es Gewinner und Verlierer geben muß, „denn im Vordergrund steht die zielorientierte *wechselseitige* Beeinflussung zur Erfüllung *gemeinsamer Aufgaben*."[1805]

Es ist davon auszugehen, daß das Vertrauen der Interaktionspartner mit der Anzahl der Interaktionen zunimmt.[1806] Vor diesem Hintergrund müßte ein wesentliches Instrument zum Aufbau und zur Förderung von Vertrauensbeziehungen zwischen den Interaktionspartnern in der gegenseitigen Information und Kommunikation sowie häufigen Kontakten gesehen werden, die sich nicht nur nur auf die sachliche Ebene beschränken. In diesem Sinne erhalten gemeinsame Aktivitäten wie *Betriebsausflüge, Weihnachts- und Jubiläumsfeiern*, aber auch *Betriebssport* für den Aufbau einer Vertrauenskultur große Bedeutung. Im Rahmen dieser Aktivitäten

---

[1801] Vgl. Zand 1977, S. 61ff., Luhmann 1989, S. 23, Preisendörfer 1995, S. 264f.

[1802] Vgl. Schwalbe/Zander 1989, S. 16ff.

[1803] Vgl. Bierhoff/Buck/Schreiber 1983, S. 67f. Auch Solomon (1960, S. 223ff.) belegt in einer empirischen Untersuchung, daß das Vertrauen zwischen den Testpersonen positiv mit einer Annäherung der Machtkonstellation korreliert.

[1804] Wunderer/Grunwald 1980, S. 147ff.

[1805] Wunderer 1992, S. 308.

[1806] Vgl. Bierhoff/Buck/Schreiber 1983. Mit zunehmender Einengung der betrachteten Kulturebene erklärt sich ein Ansteigen des gegenseitigen Vertrauens aufgrund des höheren Bekanntheitsgrades der Kulturmitglieder. Auf der Ebene der Nationalkultur herrscht ein geringer Bekanntheits- oder besser Vertrautheitsgrad etwa im Vergleich zu einer Dorfgemeinschaft oder eines Kleinunternehmens.

sind v.a. die fundamentalen Werte der Ehrlichkeit, Offenheit und aufrichtigen gegenseitigen Wertschätzung zu beachten, da diese elementare Bedingungen für einen Aufbau und Erhalt von Vertrauen darstellen.[1807]

Ein Zeichen des Vertrauens könnte auch im bewußten Verzicht auf Arbeitskontrollen verschiedener Art gesehen werden. Diskussionswürdig erscheint derzeit der *Wegfall von Arbeitszeiterfassungssystemen* in Verbindung mit einer weitgehenden oder völligen Arbeitszeitflexibilisierung bzw. Arbeitszeitsteuerung in Eigen- oder Gruppenverantwortung.[1808] Als problematisch erweist sich hier die gerade bei den Deutschen auftretende mentale Barriere in Form des Pünktlichkeitsdenkens. Zudem scheint es vielfach ein wesentlicher Bestandteil deutscher Arbeitskultur zu sein, durch physische Präsenz die Anstrengungen der eigenen Arbeit zu demonstrieren sowie den beruflichen Status und die empfangenen Anreize zu rechtfertigen.[1809]

Auf die Frage, wer den ersten Schritt zum Aufbau stabiler Vertrauensbeziehungen im Vorgesetzten-Mitarbeiter-Verhältnis zu leisten habe, werden unter Rückgriff auf die stärkere Machtposition und den größeren Handlungsspielraum *Vertrauensvorleistungen durch die Führungskräfte* gefordert. Dabei erscheint es für die Stärkung ihrer Glaub- und Vertrauenswürdigkeit zweckmäßig, daß die Führungskräfte die Bereitschaft zeigen,

- sich in ihrem Führungshandeln auf ein positives Menschenbild zu stützen, welches den Mitarbeiter nicht von Grund auf als arbeitsscheu und unaufrichtig kennzeichnet,
- auf den Einsatz von Legitimationsmacht weitgehend zu verzichten zugunsten von fachlichen Argumenten bzw. Überzeugungsmacht,
- Mitarbeiter rechtzeitig und vollständig zu informieren, ihnen nicht das Gefühl einer Informationsfilterung oder Geheimhaltungspolitik zu geben,
- eine vertrauensfördernde Arbeitsplatzgestaltung zu fördern (evtl. Großraumbüros),
- als Vertrauenspersonen zu fungieren, verständnisvoll zuzuhören und diskret gegenüber den Problemen der Mitarbeiter zu sein,
- Gerüchte zu unterbinden und Denunziantentum nicht zu begünstigen,
- Versprechungen, Zusagen oder mündliche Absprachen einzuhalten bzw. offen über die Gründe einer möglichen Nichteinhaltung zu informieren,
- auf Kontrollmaßnahmen zu verzichten,
- richtiges Mitarbeiterverhalten zu bestätigen, nicht nur negatives, sondern auch positives Feedback (Lob, Anerkennung) zu äußern oder
- sich für Mitarbeiter einzusetzen und sie zu schützen.[1810]

---

[1807] Vgl. Schwalbe/Zander 1989, S. 16ff., Bleicher 1994, S. 14ff.

[1808] Vgl. Reh/Kilz 1993, S. 36ff., Straub 1997, S. 3. Vgl. hierzu z.B. die neue Arbeitszeitregelung bei IBM (vgl. dazu SZ vom 9.12.1998, S. 25). Hermann (1997, S. 8ff.) verweist zudem darauf, daß die Selbststeuerung der Arbeitszeiten im Team nicht nur eine verstärkte Kundenorientierung unterstützen kann, sondern auch maßgeblich zur Entwicklung von Teamgeist und Teamfähigkeiten beiträgt und damit auch ein wesentliches Gestaltungselement zur Unterstützung einer Teamkultur darstellt.

[1809] Vgl. Zeidenitz/Barkow 1997, S. 90. Dies gilt insbesondere für Führungskräfte, da man weiß: „Es ist wichtig, den Vorgesetzten hart arbeiten und "die Hände schmutzig machen" zu sehen." (Mole 1995, S. 47).

[1810] Vgl. Wolff 1996, S. 58, Schneider, H. 1992a, S. 28f., 1992b, S. 43f., Laufer 1988, S. 179ff. Vgl. auch Bleicher (1990, S. 153), der den Weg von der Mißtrauens- zur Vertrauensorganisation v.a. über ein verändertes Menschenbild erkennt.

## Personalentwicklung

Zur Entwicklung von Vertrauen bieten sich Personalentwicklungsmaßnahmen an, die kooperatives, prosoziales Verhalten fördern. Ebenso wie für den Aufbau einer offenen Informations- und Kommunikationskultur eignen sich somit auch für die Entwicklung einer Vertrauenskultur die angesprochenen gruppendynamischen Verfahren (Rollenspiel, Psychodrama, Sensitivity-Training).

Das psychotherapeutische Verfahren der *Transaktionsanalyse* hat speziell zum Ziel, die echten Gefühle (des wahren Selbst) im Rahmen der verbalen und non-verbalen Kommunikation aufzudecken. Dies geschieht durch Spiele, die die in verborgenen unbewußten Motiven ("Ich-Zustände") wurzelnden Beziehungsmuster offenlegen und damit die Fähigkeit zur Authentizität und Glaubwürdigkeit im Kommunikationsverhalten verbessern können.[1811]

Aufbauend auf den Erkenntnissen der Gruppenanalyse hat sich die *Gruppenpsychotherapie* als eigenständiger Zweig der Psychotherapie etabliert.[1812] Sie zielt auf den Problemkreis des Phänomens, daß unbewußte, vorwiegend in den tiefliegenden Grundannahmen verankerte Wünsche, Ängste, Phantasien, Erinnerungen oder Abwehrhaltungen einzelner Individuen in einem spezifischen sozialen Kontext ("Gruppensetting") ausgelöst werden. Im Rahmen einschlägiger tiefenpsychologischer therapeutischer Maßnahmen wird versucht, den Beteiligten diese unbewußten Grundannahmen zu verdeutlichen. So verfolgt etwa die *rational-emotive Therapie* das Ziel, über ein Gruppentraining Streßfaktoren beherrschbar zu machen und letztlich durch das vertiefende gegenseitige Kennenlernen Vertrauen und Solidarität zwischen den Gruppenmitgliedern aufzubauen. Trainingsbestandteile sind dabei insbesondere ein Training zur Regulation von belastenden Emotionen sowie ein Training zur Behebung kognitiv gesteuerter Verhaltensdefizite.[1813]

Weiter können insbesondere Spielseminare, die methodisch die Situation eines *Gefangenendilemmas*[1814] darstellen, den Teilnehmern die Wirkungen von kooperativem und egoistischem bzw. unmoralischem Verhalten vor Augen führen. Dabei konnte in verschiedenen Untersuchungen beobachtet werden, daß mit Zunahme der Häufigkeit von Dilemmaentscheidungen

---

[1811] Vgl. Berne 1991. Ahlers u.a. 1996, S. 132ff., Klußmann 1993, S. 206ff., Waiblinger 1993, S. 383ff.

[1812] Vgl. Schmid, P.F. 1994, Klußmann 1993, S. 192ff.

[1813] Vgl. Ellis 1982, Schelp u.a. 1990, Klußmann 1993, S. 194, Schmid, P.F. 1994, S. 503ff.

[1814] Das sog. Gefangenendilemma ist ursprünglich ein *Zwei*personen-Nicht-Nullsummenspiel, in dem zwei Teilnehmer unter unvollkommener Information Entscheidungen treffen, wobei das Verhalten jedes Partners das des anderen bedingt und seinerseits von dem des anderen bedingt ist. Dadurch, daß das Gesamtoptimum nicht durch individuelle Teilmaximierung, sondern durch kollektive Rationalität erreicht wird, besteht für beide Partner ein systematischer Konflikt (vgl. Rüdiger 1998, S. 25ff., Stichwort Gefangenendilemma, in Gabler Wirtschafts-Lexikon 1988, Sp. 1984). Erweitert auf ein spezifisches 4-Personenspiel mit den Entscheidungsalternativen X und Y ließe sich etwa folgende Spielstruktur zugrundelegen (vgl. Frey/Bohnet 1996, S. 53ff., Bohnet/Frey 1995, S. 169ff.):

| Number of persons choosing X | Result for X | Number of persons choosing Y | Result for Y | Collective Outcome |
|---|---|---|---|---|
| 4 | 2.50 | 0 | - | 10.00 |
| 3 | -0.50 | 1 | 9.00 | 7.50 |
| 2 | -3.50 | 2 | 6.00 | 5.00 |
| 1 | -6.50 | 3 | 3.00 | 2.50 |
| 0 | - | 4 | - | - |

und einer besseren gegenseitigen Kenntnis der Spieler sich dauerhaft kooperatives Verhalten einstellt und zunehmend Vertrauen aufgebaut wird.[1815] Daher können derartige Spielseminare therapeutisch für Teams eingesetzt werden, deren Mitglieder sich entweder noch nicht näher kennengelernt haben oder sich gegenseitig mißtrauen.

Eine andere Maßnahme, die soziales Verhalten fördern soll, bietet beispielsweise das von einer Schweizer Unternehmensberatungsfirma jüngst entwickelte Projekt *"Seitenwechsel"*. Dabei werden speziell Führungskräfte mit gesellschaftlichen Randgruppen konfrontiert, indem sie etwa für eine Woche in Asylantenwohnheimen untergebracht werden, sich um Obdachlose kümmern oder mit geistig behinderten Kindern spielen. In der Entfremdung von ihrem vertrauten sozialen Umfeld soll den Führungskräften eine andere, gegensätzliche Perspektive nähergebracht werden, um ihnen die Augen zu öffnen und ihr Verhalten auch gegenüber Mitarbeitern nachhaltig zu verändern.[1816]

Ein weiteres denkbares Instrument der Personalentwicklung zum Aufbau von Vertrauensbeziehungen kann in der *Zusammenarbeit in betrieblichen Projekten*, verstanden als "Unternehmen auf Zeit", gesehen werden. So werden durch die Projektarbeit Herausforderungen gemeinsam bewältigt und Ziele gemeinsam erreicht, die Kontakte zwischen den Projektmitgliedern intensiviert und damit die gegenseitige Akzeptanz bzw. Toleranz, Offenheit und Sympathie tendenziell gefördert, wodurch soziale Kompetenzen verbessert und nachhaltig langfristige Vertrauensbeziehungen gebildet werden können.[1817] Dabei spielen jedoch die Dauer und auch der erfolgreiche Verlauf des Projekts eine bedeutende Rolle. So sind die Projektmitglieder eventuell zum Aufbau vertiefender Beziehungen nicht bereit, wenn die Arbeitsstrukturen sehr kurzfristig angelegt sind, denn gerade die Deutschen benötigen einen gewissen Zeitraum des Kennenlernens und öffnen sich erst allmählich anderen gegenüber.[1818] Insbesondere wenn sich zahlreiche Projekte mit wechselnden Mitarbeitern aneinanderreihen, besteht die Gefahr, daß die Beziehungen aufgrund ihres temporären Charakters zunehmend oberflächlich bleiben.[1819] Ebenso muß das Risiko von Mißerfolgen in der Projektarbeit einkalkuliert werden, wodurch sich auch anhaltende negative Effekte auf das soziale Miteinander ergeben können.

---

[1815] Dabei erweisen sich Kommunikation und Identifikation als entscheidende Größen für die Entwicklung kooperativen Verhaltens, da gesellschaftlich definierte Gerechtigkeitsvorstellungen aktiviert (Normaktivierungseffekt), psychisch bindende Verträge geschlossen (Bindungseffekt) und gruppenspezifische Kooperations- und Fairneßnormen für den Einzelfall entwickelt werden (Einzelfallgerechtigkeitseffekt). Vgl. Rüdiger 1998, S. 25ff., Petermann 1996, S. 40ff., Homann/Pies 1991, S. 608ff., Bohnet/Frey 1995, S. 169ff., Seppaelae 1995, S. 198ff.

[1816] Vgl. Wickel, H.P. 1998, S. VI/1.

[1817] Vgl. Grass/Pleuger 1998, S. 376ff., Winkelhofer 1997, S. 19, Schleiken 1997, S. 180ff., Wirtz/Mehrmann 1992, S. 94ff., Litke 1993, S. 276f. Anzumerken ist, daß die Projektarbeit so gesehen auch eine Grundlage für eine Teamentwicklung bzw. eine Teamkultur darstellen kann (vgl. zu den Aspekten der Gruppendynamik im Projektmanagement Schleiken 1997, S. 180ff.).

[1818] Vgl. S. 163.

[1819] Denn die Teamentwicklung läßt sich in mehrere Phasen (z.B. Forming, Storming, Norming, Performing, Ending) untergliedern, die jeweils einen gewissen Zeitraum beanspruchen. In sehr kurz angelegten Projekten kommen die Teams möglicherweise über die ersten Phasen nicht hinaus und entwickeln kein wirkliches "Wir-Gefühl" (vgl. dazu Schleiken 1997, S. 188ff., Wirtz/Mehrmann 1992, S. 224ff.). Diese Gefahr nimmt dabei mit steigender Anzahl der Teammitglieder zu (vgl. Litke 1993, S. 277, Schleiken 1997, S. 199). Vor diesem Hintergrund ist denn auch davor zu warnen, die (kurzfristige) Projektarbeit ungeachtet ihrer psycho-sozialen Effekte als generelles Organisationsprinzip zur Flexibilisierung der Arbeitsstrukturen heranzuziehen, wie es etwa Heidack (1997, S. 28ff.) vorschlägt.

Das Phänomen des Mobbing kann als eines der deutlichsten Symptome einer mangelnden Vertrauensbasis gesehen werden. Der kommunikative und emotionale Ausschluß von Mitgliedern, begleitet von intensivem Psychoterror durch Kollegen, bewirkt überaus nachhaltige Störungen der horizontalen Vertrauensbeziehungen. Als präventive Maßnahme gegen Mobbing empfehlen sich sog. *"Anti-Mobbing-Seminare"*, die als regelmäßige Gesprächsrunden aller Arbeitsgruppen organisiert sein können und inhaltlich auf die Umgangsformen der Teilnehmer im Arbeitskontext ausgerichtet sind. Das Ziel besteht vornehmlich darin, über eine offene Kommunikation hinausgehend ein Vertrauensverhältnis zu begründen und ein „echtes Solidaritätsverhalten der Betriebsangehörigen zu erzeugen, das dazu verhilft, den Betroffenen Zuflucht zu bieten, sobald sich erste Anzeichen von Mobbing bilden."[1820] Eine Bewußtmachung der negativen individuellen Erfahrungen eines Mobbing-Opfers kann darüber hinaus abschreckende Wirkung erzielen und das moralische Verantwortungsgefühl der Teilnehmer stärken. Vor diesem Hintergrund lassen sich in den Gesprächsrunden Fragen diskutieren, wie z.B.:[1821]

- Was sollen unsere Führungskräfte und die übrigen Personalverantwortlichen über das Phänomen "Mobbing" wissen?
- Wie wollen wir im Betrieb miteinander umgehen?
- Wie kann Mobbing bei uns verhindert werden?
- Welche Möglichkeiten bestehen, unter dem Aspekt "Achtung der Menschenwürde des Einzelnen" eine Mobbing-Vermeidungs-Haltung zu trainieren und in Verhaltensmuster umzusetzen?

Auch erscheint die Ausbildung einer Vertrauensperson zum "Mobbing-Beauftragten", deren Kompetenzen in Information, Beratung und psychischer Betreuung von Mobbing-Opfern sowie der Schlichtung von Mobbing-Konflikten liegen, dem wachsenden Ausmaß des Phänomens gerecht zu werden.[1822]

### Entgeltgestaltung

Eine entscheidende Weichenfunktion hinsichtlich der Entstehung von Mißtrauen oder Vertrauen in der Organisation besitzt das betriebliche Anreizsystem. Zunächst stellt sich generell die Frage, ob hinsichtlich der Ursache-Wirkungsbeziehung von Anreizen und Vertrauen von einem eindimensionalen Modell auszugehen ist, wonach Merkmale von Anreizsystemen die Ausprägung des Vertrauens auf einem Kontinuum zwischen Mißtrauen und Vertrauen mitbestimmen. Geht man davon aus, daß Vertrauen – ähnlich dem Konstrukt der Arbeitszufriedenheit – nicht bedingungslos etwa durch monetäre Anreize "erkauft" bzw. gesteuert werden kann, ist jedoch auch denkbar, daß zumindest bestimmte Elemente des Anreizsystems lediglich vertrauenszersetzende Wirkungen entfalten können bzw. in positivem Sinne dazu beitragen können, Mißtrauen zu vermeiden. Es ist aber auch denkbar, daß neben mißtrauenshemmenden Merkmalen eines Anreizsystems, die man etwa als *"Hygienefaktoren des Vertrauens"* bezeichnen könnte, auch Faktoren der Anreizgestaltung existieren, die zu einem

---

[1820] Schneider, H. 1995, S. 29.

[1821] Vgl. im Folgenden Schneider, H. 1995, S. 29.

[1822] Vgl. ebenda.

wirklichen Aufbau von Vertrauensbeziehungen beitragen können (*"Vertrauensmotivatoren"*), so daß man ein *zweidimensionales* Vertrauensmodell zugrundelegen kann (Vgl. Abb.68).[1823]

Abb. 71: Zweidimensionales Modell des Vertrauens

Quelle: eigene Darstellung

Vertrauen als eine tiefgehende zwischenmenschliche Beziehung, ähnlich den Phänomenen der Zuneigung oder gar Liebe, kann nicht ohne Einschränkungen "erkauft" werden. Jedoch begründen sich betriebliche Arbeitsbeziehungen wesentlich auf dem Vertrauen in eine *gerechte Verteilung der Wertschöpfung*, so daß Anreizsysteme, die diesem Erfordernis nicht ausreichend Rechnung tragen, vertrauenshemmende oder –zerstörende und entsolidarisierende Wirkung entfalten. Solidarität zielt nicht auf Almosen, sie zielt auf Gerechtigkeit bzw. auf die Verteilung von Rechten.[1824] Dabei sind auch die *Verständlichkeit, Transparenz und Berechenbarkeit* des Anreizsystems im Sinne konzilianter Entscheidungen des Arbeitgebers wesentliche Einflußgrößen für eine entsprechend zuverlässige Beitragserbringung des Arbeitnehmers und damit für den Aufbau gegenseitigen Vertrauens.[1825]

Bezogen auf unterschiedliche Lohnformen kann konstatiert werden, daß der *reine Zeitlohn* im Grunde genommen ein Höchstmaß an Vertrauen von Seiten des Unternehmens in die Leistungsbereitschaft des Mitarbeiters beinhaltet. Alle Lohnformen, die an eine Leistungsbewertung gekoppelt sind, können prinzipiell als betriebliche Sicherungssysteme im Hinblick auf die Leistungserstellung des Mitarbeiters interpretiert werden. Dies gilt in verstärktem Maße für die durch Werkverträge vereinbarte Abgeltung erbrachter Leistungen in Form von Honoraren statt Löhnen und Gehältern, denn man erhofft sich durch die Risikoverlagerung eine Einsparung der Kosten von (hypothetischen) Verlustzeiten aufgrund unproduktiven Zeitverbrauchs, wobei implizit ein deutliches Mißtrauen gegenüber der Leistungsbereitschaft des Mitarbeiters spürbar ist. Auf der anderen Seite erfordert eine *leistungsorientierte Vergütung* das Vertrauen der Mitarbeiter in das Verantwortungsbewußtsein des Beurteilenden bzw. in dessen Bereitschaft und Fähigkeit zu einer objektivierten Bewertung.[1826] Auch müssen Führungskräfte infolge einer untragbaren Kostenbelastung durch Leistungskontrollen ein gewisses Maß an Vertrauen gegenüber ihren Mitarbeitern besitzen, daß diese nicht ihre Leistungser-

---

[1823] Vgl. hierzu die zweidimensionale Motivationstheorie von Herzberg (Herzberg/Mausner/Snyderman 1959).

[1824] Vgl. Koschnick 1993, S. 80.

[1825] So weisen Bennis/Nanus (1985, S. 143) darauf hin, daß die Berechenbarkeit und die Zuverlässigkeit, mit der das Verhalten des anderen vorhergesagt werden kann, wesentliche Voraussetzungen für Vertrauen sind.

[1826] Vgl. Torka 1995, S. 328ff.

gebnisse z.B. durch Verschleierung eigener Fehler oder auch auf Kosten anderer manipulieren; jedoch wird eben diese Gefahr der Vorspiegelung falscher Tatsachen von den Mitarbeitern oder auch des gegenseitigen Hintergehens durch entsprechende leistungsorientierte Anreize gefördert, die in dieser Hinsicht auch als Verführungen zu unsittlichem Handeln gesehen werden können, welches sich nicht nur unmittelbar vertrauenszerstörend, sondern auch im Gesamtsystem mittel- oder langfristig ökonomisch negativ auswirken kann.

Wie sehr die betrieblichen Vertrauensbeziehungen durch Anreizsysteme belastet werden können, zeigen die jüngsten Praxisbeispiele der Aktien-Optionen für Betriebsangehörige.[1827] Das von VW auf den Weg gebrachte Beteiligungsprogramm war zunächst nur für den Vorstand bzw. die oberen Führungskräfte konzipiert, wodurch erst einmal der Widerstand des Betriebsrates geweckt wurde. Nach Verhandlungen einigte man sich darauf, daß jeder Mitarbeiter jährlich maximal 10 Optionen, jede Führungskraft immerhin 100 und jedes Vorstandsmitglied dagegen 1000 Optionen zeichnen durfte. Im Gegensatz hierzu blieben die Aktien-Optionsprogramme etwa von der Deutsche Bank AG, der Daimler-Benz AG oder auch der Henkel KGaA gänzlich auf die oberen Führungsetagen beschränkt.[1828] Bedenkt man nun, daß sich in den letzten Jahren ein augenscheinlicher Zusammenhang zwischen Börsenkursen und Personalabbau eingestellt hat, muß sich zudem die Frage aufdrängen, ob derartige Anreize in die richtige Richtung weisen. In diesem Zusammenhang ist Kritik am gegenwärtig populären Konzept des Shareholder-Value vor allem aus personalwirtschaftlicher Sicht angebracht.[1829] Wenn sich Entscheidungsträger persönlich durch Personalabbau nicht nur finanziell bereichern, sondern auch noch öffentlich als erfolgreiche Restrukturierer feiern lassen können, gerät das moralische Wertegerüst nicht nur der entlassenen, sondern auch der verbliebenen Mitarbeiter ins Wanken, welche an den Gewinnen nicht oder unzureichend beteiligt werden und darüber hinaus vermehrt um ihren Arbeitsplatz fürchten müssen. Es liegt auf der Hand, wie diese Mitarbeiter auf Verlautbarungen des Managements reagieren werden, daß sich das Unternehmen zukünftig als "Vertrauensorganisation" versteht.

Angesichts der Begrenztheit des Shareholder-Value-Ansatzes empfiehlt sich eine Erweiterung insbesondere um die Kriterien der Kundenorientierung und der Mitarbeiterorientierung, so daß als Steuerungsgrößen neben einem *"Shareholder-Value"* zusätzlich auch ein *"Customer-Value"* sowie gerade in einer angestrebten "Vertrauensorganisation" ein *"Employee-Value"* zu berücksichtigen sind. So hat etwa die Hypo-Bank als Kriterien des "Mitarbeiterwertes" (Employee-Value), der als Kennzahl der Qualität von Personalführung im Top-Management-Bereich verwendet wird, die folgenden festgelegt:[1830] Potential- und Entwicklungswerte (Qualifizierungen, Beurteilungen, Förderrunde, Potentialeinschätzungen), Leistungs- und Arbeitswerte (Teilzeitquote, Besetzungsquote im Sinne eines Soll-Ist-Vergleichs des Personalbestandes, Krankheitsquote, Fluktuationsquote) sowie Aufwands- und Marktwerte (Personalaufwand pro Mitarbeiter, Tantiemenanteil, Gehaltsanpassungen im außertariflichen Bereich).

---

[1827] Vgl. zum Instrument der Mitarbeiterbeteiligung durch Aktienoptionen z.B. Hölscher/Aleweld 1998, S. 72ff.

[1828] Vgl. Sturm 1998, S. 2. Vgl. zu einem Vergleich betrieblicher Aktien-Optionsprogramme Knoll (1997, S. 34ff.), wobei deutlich wird, daß gerade auch das Vertrauensverhältnis zwischen Vorstand und nachfolgenden Führungskräften empfindlich durch ein als ungerecht empfundenes Beteiligungsreglement belastet werden kann.

[1829] Vgl. Gaugler 1997, S. 168ff., Schneider, H.J. 1997, S. 181f.

[1830] Vgl. zu detaillierteren Ausführungen Friederichs 1998, S. 70ff.

### 5.3.3  Unternehmer- und Innovationskultur

Das Ziel des Modells der sozialen Marktwirtschaft bestand nach Ludwig Erhard darin, "Wohlstand für alle" zu sichern, dies jedoch nicht primär infolge einer staatlich gelenkten Umverteilungspolitik, sondern vielmehr über eine aktive und produktive Beteiligung möglichst aller an der wirtschaftlichen Leistungserstellung.[1831] Hieran anknüpfend kann eine kritische Solidargemeinschaft nur Bestand haben, wenn diese aktive Arbeitshaltung zu einem verinnerlichten Denk- und Verhaltensmuster aller Kulturmitglieder wird. Das bedeutet zum einen, daß das System von Nicht- oder Unterbeschäftigten nicht im Sinne einer "sozialen Hängematte" mißbraucht werden darf, zum anderen, daß die verantwortlichen Entscheidungsträger ein wesentliches Ziel in der Schaffung von Strukturen erkennen, die eine Beschäftigung möglichst aller zulassen.

Das Prinzip der Solidarität darf keineswegs das Prinzip der Subsidiarität erdrücken, d.h. eine allmächtige Verantwortung der Gesellschaft bzw. des Unternehmens für den Einzelnen führt allzu leicht zur individuellen Verantwortungslosigkeit.[1832] So besagt das Subsidiaritätsprinzip bei genauer Betrachtung, daß die übergeordnete Gemeinschaft einerseits verpflichtet ist, die Eigentätigkeit des Individuums bzw. einer untergeordneten Gemeinschaft zu fördern und andererseits darauf beschränkt ist, nur diejenigen Aufgaben zu übernehmen, die die Möglichkeiten des Individuums bzw. der untergeordneten Gemeinschaft übersteigen.[1833] Das bedeutet konkret, nicht nur zu fragen, was das Land, die Familie oder das Unternehmen für den Einzelnen tun können, sondern zunächst einmal danach zu fragen, was der Einzelne für sein Land, seine Familie oder sein Unternehmen tun kann.[1834] Erst durch die Eigenverantwortung, die sich auch in einer aktiven Arbeitshaltung ausdrückt, erhält das System seinen wechselseitigen Charakter des Gebens und Nehmens und damit seine Lebensfähigkeit.

Was kann aus betrieblicher Sicht nun zur Förderung des in Deutschland gegenwärtig so beklagten, unterentwickelten unternehmerischen Denkens getan werden?

Bereits Schumpeter als Vorreiter des modernen Intrapreneurship erkennt, daß nicht jeder zum Unternehmer geboren und nicht jeder zum Unternehmer erzogen worden ist: „Zuversichtlich außerhalb der vertrauten Fahrrinne zu navigieren und diesen Widerstand zu überwinden, verlangt Fähigkeiten, die nur in einem kleinen Teil der Bevölkerung vorhanden sind und die sowohl den Unternehmertyp wie auch die Unternehmerfunktion ausmachen."[1835] Auch Bitzer verweist darauf, daß Intrapreneurship nicht als ein neues Instrument in "die Werkzeugkiste des technokratischen Managers" passen kann. Eine grundsätzliche Unterstützung oder auch Förderung des unternehmerischen Denkens erscheint jedoch realistisch möglich.[1836] Zentrale Voraussetzungen hierfür sind die kulturellen Grundlagen bzw. Erfahrungen der Mitarbeiter,

---

[1831] Vgl. z.B. Wünsche 1988, S. 27. Eine begrenzte Umverteilung scheint allerdings notwendig, bedenkt man, daß die sozial Schwachen i.d.R. auch nicht als Gruppe in der Lage sind, ihre Absicherung zu finanzieren (Vgl. Groser 1990, S. 336).

[1832] Vgl. Groser 1990, S. 331ff.

[1833] Vgl. Nell-Breuning 1990. Vgl. zu einer kritischen Betrachtung des Subsidiaritätsprinzips insbes. Sutter 1998, S. 204f.

[1834] Vgl. auch Weigle 1994, S. 24f.

[1835] Schumpeter 1980, S. 215. Vgl. auch Wunderer 1995, S. 19.

[1836] Vgl. Bitzer 1991, S. 9. So schlägt Süssmuth-Dyckerhoff (1995, S. 202ff. ) etwa die noch junge Führungskonzeption des Empowerment als ein mögliches Instrument zur Unterstützung des Intrapreneuring vor.

d.h. es gilt zu prüfen, welche kulturellen Vergangenheitserfahrungen der Mitarbeiter die Bereitschaft und Fähigkeit zu einem "Unternehmertum im Unternehmen" gefördert oder auch gehemmt haben.

Daran anknüpfend lassen sich verschiedene Einflußfaktoren, wie vor allem Organisationsstruktur, Ressourcenverfügbarkeit, aber auch Personalführung, Personalentwicklung und betriebliches Anreizsystem ausmachen,[1837] die sich auf die Entwicklung eines Intrapreneurship positiv oder negativ auswirken. Aufgabe des Managements, insbesondere auch des Personalmanagements, ist es, Strukturen zu schaffen und einen Entwicklungsprozeß zu initiieren, der innerbetriebliche "driving forces" aktiviert und die Mitarbeiter zu unternehmerischem Mut und aktiver Arbeitshaltung motiviert und befähigt, „so daß letztlich der vielfältige Wandel in der Umwelt als Chance und nicht mehr als Bedrohung empfunden wird".[1838] Vor diesem Hintergrund wird deutlich, welche zerstörerische Kraft von einem betrieblichen Controlling, (miß-)verstanden als ein exzessives, mißtrauensbasiertes Planungs- und Kontrollsystem, auf die Bereitschaft der Mitarbeiter, unternehmerisches Risiko zu tragen, ausgehen kann. Intrapreneurship wie auch Empowerment lassen eine *Abkehr von traditionellen Steuerungsmechanismen* des Managements notwendig erscheinen, insbesondere zugunsten einer stärkeren Betonung des Vertrauens.[1839]

Als geeignete Organisationsstrukturen werden primär verschiedene Formen im Kontext des Venture-Managements empfohlen,[1840] insbesondere das Konzept des *"Internen Marktes"*: Durch die Einführung von internen Verrechnungspreisen bzw. innerbetrieblichen Marktmechanismen lösen innerbetriebliche Verhandlungen über Angebot und Nachfrage die zentrale Planung als Koordinationsinstrument ab.[1841] Im Ergebnis wandelt sich die Perspektive der innerbetrieblichen Beziehungsstrukturen zwischen den Organisationsmitgliedern vom Kollegen- oder Führungsverhältnis zu einem Kunden-Lieferanten-Verhältnis, so daß das unternehmerische Denken und Handeln die gesamte Organisation durchflutet. Als eine häufig diskutierte Form des Prinzips des *"Internen Marktes"* kann das Profit-Center-Konzept gesehen werden, welches einzelne Unternehmensbereiche mit Gewinnverantwortung ausstattet und

---

[1837] Vgl. Hornsby u.a. 1993, S. 31ff., Wunderer/Kuhn 1995, S. 16ff., Wunderer 1995, S. 18ff., Reiß 1993, S. 48ff.

[1838] Bitzer 1991, S. 14. Vgl. ähnlich auch Wunderer 1995, S. 18ff. Diese Zielsetzung einer Bereitstellung des für unternehmerische Aktivitäten notwendigen Freiraums beinhaltet auch das neuere Konzept des "Empowerment", welches wesentliche Ähnlichkeiten zum "Intrapreneurship" aufweist (Vgl. kritisch zum Empowerment Gerum u.a. 1996, S. 498ff., zum grundlegenden Verständnis z.B. Clutterbuck/Kernaghan 1995, Scott/Jaffe 1995, Jensen 1997, S. 206ff., Caudron 1995, S. 28ff.).

[1839] Vgl. Handy 1995, S. 40ff., Bitzer 1991, S. 14. Als für das Empowerment zweckmäßige "Control-Levers" nennt Simons (1995, S. 80ff.) in Abgrenzung zu traditionellen, bürokratischen Überwachungssystemen denn auch die "Belief Systems", "Boundary Systems", "Diagnostic Control Systems" sowie "Interactive Control Systems". Auch Peters (1987, S. 486) fordert im Rahmen des 7-S-Konzeptes ein gewandeltes Verständnis von "Systemen": „The best ‚systems' to ensure correct choices are (1) a clear vision, (2) sharing stories that illustrate how well, at all levels, have reacted to novel situations consistent with the vision, and (3) recognition for jobs well done, those that illustrate imaginative responses in the face of numbing uncertainty. These devices – vision, symbolic action, recognition – are a control system, in the truest sense of that term. The manager's task is to conceive them as such, and to consciously use them." Vgl. auch Bretz 1988, S. 342f..

[1840] Hierbei finden sich überwiegend Empfehlungen zur Bildung separater Departments oder selbständiger, unabhängiger Geschäftseinheiten (vgl. Süssmuth-Dyckerhoff 1995, S. 64ff.).

[1841] Vgl. Kieser/Kubicek 1992, S. 118.

somit einen innerbetrieblichen Leistungsaustausch nach Verrechnungspreisen unterstützt.[1842] Jedoch sollte dabei die Gefahr einer ausschließlich ökonomisierten Steuerung innerbetrieblicher Beziehungen bedacht werden, die zu einem Verschwinden altruistischer Handlungen, insbesondere gegenseitiger uneigennütziger Hilfe bei Problemlösungen, führen könnte.

Der bedeutendste Bezugspunkt unternehmerischen Denkens und Handelns ist zweifelsfrei der Kunde mit seinen Bedürfnissen. In diesem Zusammenhang stellt sich die Frage, wie die *Servicementalität* der Deutschen verbessert werden kann.[1843] Der Sozialpsychologe Dieter Frey baut seine Empfehlungen zur Verbesserung der Servicementalität auf fünf Prinzipien auf:[1844]

-    Kennen: Mitarbeiter kennen oftmals nicht das Anforderungsprofil für Kundenorientierung bzw. kennen nicht die Bedürfnisse der Kunden.

-    Umsetzen: Entwicklung von Fähigkeiten, das Anforderungsprofil der Kundenorientierung auch praktisch umzusetzen; Information der und Kommunikation mit Kunden.

-    Wollen: Motivation schaffen für kundenorientiertes Arbeiten durch Anreizsystem und Beseitigung arbeitsstruktureller Störungen.

-    Sollen: Oft ist es Mitarbeitern nicht klar, daß sie kundenorientiert handeln sollen, weil Vorgesetzte kein kundenorientiertes Verhalten vorleben.

-    Dürfen: Eigenverantwortung, Handlungskompetenz und Selbständigkeit sind Voraussetzungen dafür, daß die Mitarbeiter Kundenorientierung auch umsetzen dürfen.[1845]

Speziell in Bezug auf das Unternehmertum in der Dienstleistungsgesellschaft stellt sich allerdings die Frage, ob man eine Servicementalität überhaupt entwickeln bzw. erlernen kann. So geht etwa Sommerhoff davon aus, daß Dienen und Bedienenlassen gelernt sein will, wobei diesbezüglich gerade dem Lernen anhand von Vorbildern bzw. dem sog. Imitationslernen besondere Bedeutung zukommt. Da jedoch die Deutschen hinsichtlich ihrer Vorbildfunktion in Sachen Servicebewußtsein eine "Mentalitätslücke" (R. Herzog) aufweisen, kann dies nur durch wirtschaftlichen Druck ausgeglichen werden. Jedoch erweist sich als problematisch, daß traditionelle ökonomische Kalküle keinen Raum für ein gewisses Maß an Verschwendungsbereitschaft geben, somit nur sehr begrenzt das Bemühen um den anderen zulassen und die durch schlichtweg freundliches Verhalten bedingten, ungewissen Investitionen in Zeit, Arbeit und Kosten irrational erscheinen lassen.[1846]

---

[1842]  Vgl. Süssmuth-Dyckerhoff 1995, S. 81ff., Reiß 1993, S. 48ff., Wolf 1985, S. 9ff. Vgl. in diesem Zusammenhang insbesondere auch die Vorschläge von Wunderer zu einer Reorganisation der Personalabteilung als Wertschöpfungscenter (Wunderer/Schlagenhaufer 1992, S. 515ff., Wunderer 1993).

[1843]  Vgl. hierzu z.B. Bergmann 1997, S. VI/1, o.V.: Trotz bestem Willen zum Scheitern verurteilt? Experten diskutieren über die Verbesserung der Servicementalität in Deutschland (8./9.3.1997).

[1844]  Vgl. Frey 1997, S. VI/1.

[1845]  Somit wird es zu einer wesentlichen Aufgabe des Managements kundenorientierte Arbeitsstrukturen zu entwerfen. Als Beispiel für einen Schritt in diese Richtung kann speziell im Dienstleistungsbereich das Modell der "Kundenorientierten Variablen Arbeitszeit" dienen, wie es bei der Dresdner Bank eingeführt wurde (vgl. hierzu Basse/Linke 1997, S. 22ff.).

[1846]  Vgl. Sommerhoff 1997, S. 57.

Mit Blick auf die altbewährten deutschen Organisationskulturen erweist sich speziell die Bürokratie als Hindernis für moderne Kundenorientierung. Bisher erprobte Ansätze einer *Entbürokratisierung* im Verwaltungsbereich insbesondere öffentlicher Institutionen etwa durch Rechtsvereinfachungen bzw. Vereinfachungen der Gesetzessprache haben zu keinen einschneidenden Veränderungen geführt. Wesentliche Ansatzpunkte hierfür wären:[1847]

- Umbau des alten Beamtenethos mit Ausrichtung auf einen "Dienst am Bürger" bzw. "Bürgernähe" als einer ethischen Grundlage (Veränderungen der inhaltlichen Bestimmungen der Beamtenpflichten) sowie

- Schaffung der organisatorischen Voraussetzungen für größere Bürgerorientierung, wie etwa in Form einer angemesseneren Zeitausstattung der Beamten für Beratungs- und Informationsleistungen, einer Intensivierung der Fort- und Weiterbildung für Bereiche mit entsprechendem Bürgerkontakt oder einer Verbesserung von Führungsqualitäten.

In gleicher Weise hemmt die Bürokratie auch die Entwicklung und Durchsetzung von Ideen und Innovationen insbesondere über ein schwerfälliges betriebliches Vorschlagswesen: „Förderung von Innovationen und Ideen verlieren sich hin und wieder im Gestrüpp administrativer Bürokratie. Beauftragtenkulturen versuchen zu kanalisieren und zu ersetzen, was nicht zu ersetzen ist: Das offene Arbeitsklima "vor Ort", das es erlaubt einzubringen, was Unternehmen nach vorne bringt."[1848]

Zur gezielten Förderung innovativen Denkens erscheint es bedeutsam, den Betrieb als spezifischen Lernort so zu organisieren, daß die wesentlichen Energiezuflüsse der Kreativität, verstanden als Ideengenerierung durch das Zusammenspiels von Phantasie und Logik, und der Innovation, verstanden als Ideenrealisierung, effizient zum Tragen kommen können.[1849] Nach Majaro drückt sich dies in den folgenden Funktionen aus:

- Schaffung des richtigen Klimas für kreatives Denken;

- Bereitstellung eines wirksamen Systems für den Austausch von Informationen und Ideen auf allen Unternehmensebenen;

- Ausarbeitung von Prozeduren für das Innovationsmanagement.[1850]

Deutlich wird dabei, daß diese Aufgaben vornehmlich in das Ressort des Personalmanagements fallen.

---

[1847] Vgl. Wörl 1997, S. 77ff., Klages 1991. Vgl. zur problematischen Situation des Berufsbeamtentums und einer Kritik Greiffenhagen/Greiffenhagen 1993a, S. 76ff.

[1848] Ströttchen 1995, S. 101. Vgl. ähnlich auch Frey/Schmook 1995, S. 116ff.

[1849] Vgl. Geyer 1987, S. 37f., 263ff. Zur begrifflichen Unterscheidung von Kreativität und Innovation vgl. z.B. Beriger 1986, S. 21ff. Für eine tiefergehende wissenschaftliche Analyse kreativer Prozesse und deren Blockaden können verschiedene Theorien der Kreativität herangezogen werden (z.B. psychoanalytische Theorie der Kreativität, assoziationspsychologische Theorie der Kreativität, Gestalttheorie der Kreativität, existentialistische Theorie der Kreativität, Übertragungstheorie der Kreativität oder auch Kulturtheorie der Kreativität); zum Überblick vgl. hierzu Beitz 1996. S. 67ff.

[1850] Majaro 1993, S. 26.

## *Personalführung*

Eine Forderung nach mehr Selbständigkeit bzw. unternehmerischem Denken und Handeln der Mitarbeiter muß konsequenterweise mit einem Zuwachs an Partizipation bzw. Entscheidungsautonomie einhergehen. Statt eines mechanistischen ist ein moderneres Menschenbild zugrundezulegen, welches den Mitarbeiter als von seiner Umwelt beeinflußt und seine Umwelt beeinflussend kennzeichnet[1851], dem Freiräume geschaffen werden müssen, um ihn als innovativen, produktiven Leistungspartner zur Entfaltung kommen zu lassen.[1852]

Um die Evolution eines innerbetrieblichen Unternehmertums zu fördern, erscheint es notwendig, daß *Intrapreneure*, die in der Realität ohnehin selten anzutreffen sind, zum einen in ihrem Talent erkannt und individuell gefördert werden sowie zum anderen auf ein geeignetes, sie unterstützendes soziales Umfeld treffen.[1853] Bitzer sieht die personellen Ergänzungen zum Intrapreneur, für die maßgeblich die Führung Sorge tragen sollte, verkörpert in

- einem *Erfinder*, der neue Ideen für Produkte, Dienstleistungen oder Strukturen und Strategien hat und dem Intrapreneur wesentliche Impulse bzw. Inputs gibt, diese selbst aber nicht geschäftlich umsetzen kann,

- einem *Sponsor*, der für den Intrapreneur notwendige Ressourcen bereitstellen, politische und strukturelle Barrieren beseitigen und ihm somit den Rücken freihalten kann,

- einem *multifunktionalen Team*, das sich vom Intrapreneur für Projekte begeistern läßt sowie

- einem *Protektor*, der hierarchisch hoch angesiedelt (Machtpromotor) das Vorhaben gutheißt und legitimiert.[1854]

Die Mitarbeiter, die sich als Intrapreneure verstehen wollen, benötigen Informationen über die personellen Unterstützungen, die sie beziehen können. Voraussetzungen eines Klimas im Sinne eines *"intrapreneurial spirit"* sind eine offene Kommunikation, eine gefestigte Vertrauensbasis der Organisationsmitglieder, ein hohes Maß an Partizipation und Entscheidungsautonomie sowie eine fehlerfreundliche Atmosphäre. Dieses erfordert ein glaubhaftes Vorleben durch die Führung, deren Rollenverständnis daher vielerorts einschneidender Veränderungen bedarf. Der für ein Intrapreneurship geeignete Führungsstil zeichnet sich vor allem durch enge Arbeitsbeziehungen, gegenseitigen Respekt, Verzicht auf Statusdenken sowie einen partnerschaftlichen Solidaritätsgedanken hinsichtlich gemeinsamer Ziele aus.[1855]

In diesem Zusammenhang finden sich auch Führungskonzeptionen, die den Übergang von einer externen zu einer internen Kontrolle anstreben und im Kern ein selbstführendes Verhalten postulieren (*"Self-Leadership"*),[1856] welches durch ein Verantwortungs- und Beziehungs-

---

[1851] Vgl. hierzu die Ausführungen in Kap. 2.2.1.

[1852] Vgl. Bihl/Hehl/Wollert 1985, S. 194f.; Wollert 1985, S. 99ff.

[1853] Vgl. Ströttchen 1995, S. 100ff., Bitzer 1991, S. 19ff.

[1854] Vgl. Bitzer 1991, S. 19ff.

[1855] Vgl. Süssmuth-Dyckerhoff 1995, S. 92ff.

[1856] Vgl. Manz/Sims 1980, S. 361ff., Manz 1983, 1986, S. 585ff.

management unterstützt werden kann.[1857] Die aus den USA stammenden Ideen eines Self-Management bzw. eines Self-Leadership beinhalten zum einen methodische Hilfen zur Entwicklung von Strategien, die die Bewältigung von Aufgaben mit geringem intrinsischen Motivationspotential erleichtern (z.b. *persönliches Zeitmanagement*), zum anderen Wege der Nutzung des intrinsischen Motivationspotentials von Arbeitsinhalten über die Gewährung von Handlungsspielräumen bzw. Einflußmöglichkeiten (z.b. durch *selbständige Zielsetzung*).[1858] Im Zentrum der Überlegungen steht die Grundannahme, daß die im Unternehmen implementierten vielfältigen Kontrollsysteme (Vorgabe von Verhaltensstandards, Bewertungssystemen, Belohnungs- und Bestrafungsrichtlinien) durch selbstgenerierte, interne Kontrollmechanismen der Organisationsmitglieder ersetzt werden können, denn jedes Individuum entwickelt für die eigene Arbeit ganz von selbst persönliche Standards, bewertet sich selbst und setzt eigenständig Belohnungen und Bestrafungen ein. Diese selbstgenerierten Kontrollsysteme können hinsichtlich ihrer Effizienz den Mechanismen der Fremdkontrolle vielfach überlegen sein.[1859]

Gerade hierin aber zeigt sich mit Blick auf die langjährigen Erfahrungen in bürokratischen, auf Fremdkontrolle basierenden Organisationsformen der Vergangenheit, daß neben fundamentalen strukturellen Änderungen auch neue mentale Voraussetzungen für einen erfolgversprechenden Einsatz des Self-Leadership notwendig erscheinen. Die sich in der deutschen Gesellschaft immer stärker durchsetzenden Bildungs- und Erziehungsziele des mündigen, selbständigen Bürgers stellen diesbezüglich eine vielversprechende mentale Grundlage dar.[1860] Zudem vermag aber auch ein stufenweises Aufgreifen von Elementen des Self-Leadership den strukturellen und kulturellen Wandel im Unternehmen in Gang zu setzen. So beschritten einen solchen Weg in jüngster Zeit verschiedene größere Unternehmen, indem sie beispielsweise die Fremdkontrolle der Arbeitszeit in Form von Zeiterfassungssystemen abgeschafft und den Mitarbeitern ein Höchstmaß an Zeitsouveränität eingeräumt haben.[1861]

*Personalentwicklung*

Der Schwerpunkt der Qualifizierungsmaßnahmen hinsichtlich unternehmerischen Denkens und Handelns liegt nach verbreiteter Meinung auf der Entwicklung der Fähigkeiten im Umgang mit anderen Menschen (*Sozialkompetenz*), insbesondere im Rahmen von Kunden-Lieferanten-Beziehungen, sowie der Fähigkeiten im Umgang mit Informationen im Rahmen betrieblicher Prozesse (*Methoden- und Prozeßkompetenz*). Zum Training der Handhabung von strategischen Instrumenten des Unternehmertums (z.B. Portfolioanalyse, Benchmarking,

---

[1857] Vgl. Süssmuth-Dyckerhoff 1995, S. 234ff., Sims/Lorenzi 1992, S. 303.

[1858] Vgl. Manz 1986, S. 585ff. Eine wissenschaftlich fundierte Konzeption des Selbstmanagement-Trainings wurde jüngst von der Projektgruppe "Selbstmanagement" am Institut für Wirtschaftspsychologie der Universität München entwickelt. Das Training zielt dabei vornehmlich auf die Erkennung eigener Stärken und Schwächen, um die eigene Motivation zu steigern und Handlungsblockaden abzubauen. Hierzu werden als Methoden das Lehrgespräch, mentale Simulationen sowie spezifische Problemgespräche eingesetzt (vgl. hierzu Kehr 1998, S. 52ff.).

[1859] Vgl. Lawler 1976, S. 1247ff., Manz 1986, S. 585ff. Deutlich wird hierbei die Nähe zu theoretischen Ansätzen der Selbstorganisation als einem vieldiskutierten Steuerungsprinzip speziell in Organisationen, die sich einem erhöhten Veränderungsdruck ausgesetzt sehen (vgl. Fußnoten 234, 463). Neuere Untersuchungen haben jedoch gezeigt, daß der Erfolg des Selbstmanagement-Konzepts erheblich von situativen Bedingungen abhängt, wie z.B. der Zusammensetzung bzw. des Typs der Arbeitsgruppe (vgl. hierzu Uhl-Bien/Graen 1998, S. 340ff.).

[1860] Vgl. dazu Tab. 15.

[1861] Vgl. Fußnote 1809.

Lebenszyklusanalyse, ABC-Analyse etc.) bieten sich die bereits erwähnten *gruppendynamischen Verfahren* der Rollen- und Planspiele, aber auch Fallstudienanalysen an.[1862]

Oftmals besteht aber auch schlichtweg ein Defizit an aktivem Arbeitsverhalten aufgrund von physischer und/oder psychischer Indisponiertheit, oftmals in Verbindung mit Überforderung bzw. Streß. Ein spezielles psychotherapeutisches Verfahren zur Überwindung von Bewegungsstörungen, aber auch von allgemeiner Trägheit, Passivität oder körperlicher Unausgeglichenheit stellt die *Eutonie* dar.[1863] Eutonie stammt aus dem Griechischen und bedeutet soviel wie "gute, richtige Spannung". Ziel des Verfahrens ist es, eine lebendige, dynamische Wohlspannung ("Tonus") zu erreichen, die sich gleichmäßig über den ganzen Körper ausdehnt und ein Gegengewicht zu geistigen Prozessen bildet. Das konkrete Training der Eutonie setzt dabei an den Selbstheilungsfähigkeiten des Menschen an und bewirkt typischerweise die Lösung von Verspannungen oder Migräne, so daß sich zunehmend ein positives Körpergefühl einstellt. Alternativ oder ergänzend können zum Streßabbau bzw. zur Streßverarbeitung verschiedene *Entspannungstrainings* angeboten werden. Unstrittig ist ein gesundes Körpergefühl hilfreich, wenn nicht gar notwendig für eine aktive Arbeitshaltung.

Ein Beispiel für ein Programm zur gezielten Förderung unternehmerischen Denkens und Handelns im Unternehmen liefert die 1979 gegründete *"School for Intrapreneurs"* der schwedischen ForeSight Group. Zielsetzung dieses Programms ist es,

- unternehmerisch veranlagte und motivierte Mitarbeiter zu identifizieren[1864] und zu schulen,

- neue Geschäftspotentiale mit risikoreichen, jedoch sehr kostengünstigen Experimenten zu entwickeln und

- einen Wandel in Richtung eines unternehmerischen Organisationsklimas einzuleiten.[1865]

Das Programm ist in drei Phasen unterteilt (vgl. Abb. 72):

---

[1862] Vgl. Reiß 1993, S. 50f., Wunderer 1995, S. 19ff.

[1863] Als Zweig der Psychotherapie hat sich seit Mitte der 80er Jahre die "körperzentrierte Psychotherapie" herauskristallisiert (vgl. hierzu Maurer 1993). Vgl. zum Verfahren der Eutonie Alexander 1984, Urner 1993, S. 85ff. Ähnlich wie die Eutonie zielt die "Funktionelle Entspannung" auf die Vermittlung eines besseren Körpergefühls, eines tieferen Körperbewußtseins, erreicht dies allerdings vorwiegend mit entspannenden Übungen des rhtmisierten Atmens (vgl. Fuchs 1984).

[1864] Zum Problem einer psychologisch orientierten Perspektive des Intrapreneurship bzw. zu den Schwierigkeiten, die mit einer Identifizierung von Intrapreneuren im Sinne einer Charakterisierung durch Persönlichkeitseigenschaften verbunden sind, vgl. Süssmuth-Dyckerhoff 1995, S. 48ff.

[1865] Vgl. Bitzer 1991, S. 55f.

**Phase 1: Defining the framework for action**

Unterstützung des Programms durch eine unternehmenspolitische Grundsatzentscheidung,
Vereinbarung der Rahmenbedingungen und Ziele des Gesamtprogramms,
Festlegung der Trainingskapazitäten (Anzahl der Teilnehmer), Sicherstellung der Finanzierung,
Benennung von Ansprechpartnern innerhalb der Unternehmung (Mentoren),
Information und Vorbereitung der Führungskräfte.

**Phase 2: Identifying and selecting the intrapreneurs**

Vorgehen nach dem Grundprinzip der Selbstverpflichtung, Selbstauswahl:
1) Information der gesamten Belegschaft durch Briefe, Aushänge, Besprechungen etc.,
2) Einladung aller am Programm Interessierten und Programmerläuterung in einer Veranstaltung,
3) Aufforderung der Veranstaltungsteilnehmer zur Ausarbeitung von Ideen,
4) Besprechung der Ideen in Einzelinterviews und Bewertung der Interviewten nach ihren Intrapreneurfähigkeiten,
5) Auswahl der Programmteilnehmer und persönliche Absage mit Erläuterung gegenüber den Abgelehnten.

**Phase 3: Training the intrapreneurs**

Training der Teilnehmer anhand der von ihnen vorgeschlagenen Projekte im Rahmen von
Workshops (Dauer: 6 Monate) mit folgenden Inhalten:
Entwicklung der Vision, Analyse der Idee auf kritische Gesichtspunkte (z.B. gesetzlicher Rahmen),
Nutzen von Verbindungen und Beziehungen, Trends in der Umwelt und deren Auswirkung auf die
Idee, Positionierung des Produkts oder Services, Marketing-/Finanzplan, Erarbeitung eines
Businessplans (Milestones), Überprüfung und Einstufung des Geschäftsplans durch Venture-Capital-Spezialisten, Selbsteinschätzung, Verkaufsprognose, Präsentation vor der Geschäftsleitung.

Abb. 72: Das ForeSight-Intrapreneurship-Programm

Quelle: in Anlehnung an Bitzer 1991, S. 55f.

Ferner können von betrieblicher Seite angebotene *Existenzgründungslehrgänge* zum einen dazu dienen, generell ein besseres unternehmerisches Verständnis und ganzheitliches Prozeßdenken zu entwickeln, zum anderen könnten so die personellen Voraussetzungen einer Ausgliederung und Verselbständigung von Unternehmensteilen verbessert werden.

Aufgrund der bereits dargestellten engen Zusammenhänge von unternehmerischem und innovativem Handeln sind auch die Personalentwicklungsmaßnahmen zu deren Förderung miteinander zu verzahnen. Die Entwicklung von Kreativität und Innovation ist grundsätzlich als ganzheitliche, übergreifende Aufgabe der gesamten Organisation zu begreifen; im engeren Sinne kommt aber zunächst einer innovationsorientierten Personalentwicklung eine herausragende Bedeutung zu.

So ist an den Einsatz von Personalentwicklungsmaßnahmen zu denken, die zur Beseitigung affektiver wie kognitiver Innovationsbarrieren beitragen können.[1866] Hierfür bieten sich Verhaltenstrainings an, die *spezifische Ängste und Vorbehalte abbauen* können, oder beispielsweise auch Seminare bzw. Workshops, die die Anwendung von *Kreativitätstechniken* (Brain-

---

[1866] Vgl. z.B. Majaro 1993, S. 85ff.

storming, Brainwriting, metaphorische Analogie bzw. "Synektik", morphologische Analyse, Methode 635, etc.)[1867] zum Gegenstand haben (*"Kreativitätstraining"*).[1868]

Neben *innerbetrieblichen Workshops*[1869] erscheinen insbesondere auch die in Anlehnung an die japanischen Qualitätszirkel entwickelten Konzeptionen von *Kreativitäts- oder Innovationszirkeln*[1870] interessant. Im Rahmen solcher Zirkel treffen zum Beispiel sechs bis zehn Mitarbeiter, die ähnliche Tätigkeiten ausführen, freiwillig etwa ein- bis viermal im Monat in unmittelbarer Nähe des Arbeitsplatzes ("near the job") eventuell auch während der Arbeitszeit unter der Führung eines Zirkelleiters zusammen, um in ein- bis dreistündigen Sitzungen Verbesserungsideen zu generieren, zu diskutieren und deren Umsetzung zu begleiten. Als Zielgrößen einer Verbesserung spielen dabei vor allem die folgenden eine Rolle:[1871]

• Ergebnisqualität (Produkte und Dienstleistungen, Kostenbewußtsein),

• technische Qualität (Material und Hilfsmaterial, Gebrauchstauglichkeit),

• Verfahrensqualität (Methoden, Arbeitstechniken, Arbeitsabläufe),

• Strukturqualität (Aufbauorganisation, Regelungen und Weisungen),

• soziale Qualität (Führungsverhalten, Zusammenarbeit und Kommunikation)

• Persönlichkeit des Einzelnen (Wissen, Können, Verhalten, Eigenverantwortlichkeit).

Der Hauptzweck des Zirkels ist primär darin zu sehen, daß den Mitarbeitern Gelegenheit gegeben wird, ihre Ideen frei zu äußern, ihrer Phantasie, Intuition und Kreativität freien Lauf zu lassen und ihre Innovationsfähigkeit weiterzuentwickeln.

Speziell Entwicklungsmaßnahmen, die sich auf die Entfaltung kreativen Denkens oder auch Lernens beziehen, werden sich künftig eng an den Erkenntnissen der *Gehirnforschung* zu orientieren haben, so daß auf diesem Feld erhebliche Veränderungen des einzusetzenden Instrumentariums zu erwarten sind.

### *Entgeltgestaltung*

Die bestehenden betrieblichen Entgeltsysteme weisen häufig den Mangel auf, daß unternehmerisches (Risiko-)Verhalten im Vergleich zum Dienst nach Vorschrift zu wenig honoriert wird. Speziell in den dezentralen, operativen Einheiten fehlt es an Anreizen für marktnahe, schnelle Entscheidungen und somit an Belohnungen für den hierfür notwendigen unternehmerischen Mut.[1872]

Unternehmerisches Verhalten im Betrieb ist stets mit einem hohen Risiko an Fehlschlägen verbunden, die sich gemäß der gegenwärtigen Personalpraxis nicht selten in Form von Ein-

---

[1867] Vgl. zu den einzelnen Techniken z.B. Majaro 1993, S. 148ff., Beriger 1986, S. 70ff., Beitz 1996, S. 204ff.

[1868] Vgl. Geyer 1987, S. 38, Beriger 1986, S. 58ff.

[1869] Vgl. Geyer 1987, S. 274ff.

[1870] Vgl. hierzu und im Folgenden Beriger 1986, Majaro 1993, S. 105ff., Böhme 1985, S. 171ff., Geyer 1987, S. 269.

[1871] Vgl. im Folgenden Böhme 1985, S. 172.

[1872] Vgl. Lewis/Grisebach/Nelle 1995, S. 105ff., Schmeer 1995, S. 834f.

kommenseinbußen oder Karriererückschlägen auswirken. Zudem berücksichtigt die betriebliche Anreizpolitik typischerweise auch in keiner Form bewußt verpaßte *Chancen*, so daß in zweifacher Hinsicht keine Anreize für die Übernahme unternehmerischen Risikos gegeben sind und gleichzeitig eher konservatives, administratives Verhalten Bezugspunkt der Be- und Entlohnung ist.[1873]

Stattdessen kann die Orientierung des Anreizsystems an Zielvereinbarungen, Feedbackprozessen, individueller Verantwortung und persönlichem Leistungsergebnis das Unternehmertum zweckmäßig unterstützen.[1874] Mit Blick auf das angestrebte innerbetriebliche Unternehmertum gilt in besonderem Maße, daß die verhaltenslenkende, motivierende Wirkung von Anreizen umso stärker sein wird,

- je kürzer der Zeitraum zwischen dem geleisteten Beitrag des (unternehmerischen) Handelns und den empfangenen Anreizen ist,

- je unmittelbarer und transparenter diese Zusammenhänge vom handelnden Mitarbeiter erkannt werden und

- je häufiger der Mitarbeiter ein Feedback in Form von Anreizen zu seinen geleisteten Beiträgen erhält.

Vor allem *Kapital- und Erfolgsbeteiligungen*, insbesondere auch das Modell des Management-Buy-Out,[1875] scheinen geeignete Instrumente zu sein, um über eine stärkere Identifikation der Mitarbeiter mit dem Unternehmen auch deren unternehmerisches Engagement zu erhöhen. Speziell Kapitalbeteiligungen, vorzugsweise in Form von Darlehen oder auch Belegschaftsaktien, erfreuen sich zunehmender Beliebtheit.[1876] In materieller Hinsicht verwandelt die Kapitalbeteiligung den Mitarbeiter vom Lohnempfänger zum Eigenkapitalgeber.[1877] Das Unternehmen gewinnt über leistungsorientierte Vergütungsbestandteile risikoorientierte Flexibilität und schafft sich die Möglichkeit interner Kapitalbeschaffung.[1878] Der Mitarbeiter wird konsequent in den Erfolg des Unternehmens eingebunden, d.h. er partizipiert an Unternehmenswertsteigerungen (Shareholder Value) und ist durch die Kumulation des Arbeitsplatzrisikos *und* der Kapitalrisiken in noch stärkerer Weise existentiell vom Unternehmenserfolg abhängig.[1879] Als Formen der Kapitalbeteiligung finden sich in der heutigen Unternehmenspraxis primär die folgenden:

---

[1873] Vgl. Bitzer 1991, S. 28ff.

[1874] Vgl. Süssmuth-Dyckerhoff 1995, S. 92.

[1875] Vgl. Graml 1996.

[1876] Vgl. z.B. die Beteiligungssysteme der Continental AG ("Projekt Conti 100" als erstes kreditfinanziertes Aktienprogramm, vgl. Löschner/Schuster 1996, S. 604ff.) und insbes. der Höchst AG sowie der Mannesmann AG (beide mit jeweils rund 8% Belegschaftsaktionären, vgl. Schätzle 1996, S. 680). Vgl. auch Hölscher/Aleweld 1998, S. 72ff.

[1877] Vgl. Oechsler 1996, S. 125ff., Lewis/Grisebach/Nelle 1995, S. 105ff., Schätzle 1996, S. 680ff.

[1878] Vgl. Torka 1995, S. 328ff., Eichhorst 1996, S. V.

[1879] Vgl. Schneider, H.J. 1996, S. 112ff.

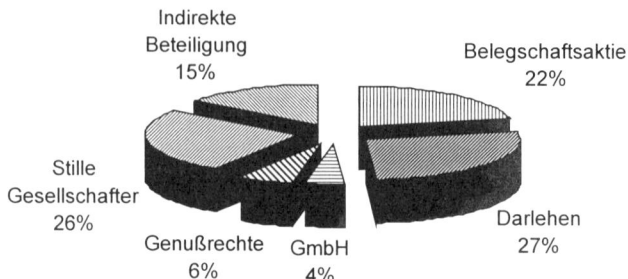

Abb. 73: Formen der Mitarbeiter-Kapitalbeteiligung

Quelle: Schneider, H.J. 1996, S. 113

Bezogen auf die Zahl der beteiligten Mitarbeiter und auf die Beteiligungssumme stellt sich die Situation in Deutschland wie folgt dar:

| Form der Beteiligung | Zahl der Mitarbeiter (in Tsd.) | Beteiligungssumme (in Mio.) |
| --- | --- | --- |
| Belegschaftsaktien | 1.600 | 21.900 |
| Stille Beteiligung | 250 | 700 |
| Mitarbeiterdarlehen | 100 | 800 |
| Genußrecht | 80 | 1.500 |
| Genossenschaftsanteile | 15 | 50 |
| GmbH-Anteile | 5 | 50 |

Tab. 29: Dimensionen der Beteiligungsformen in Deutschland (Stand 1996)

Quelle: SZ vom 28.7.1998, S. 17

Speziell für die Beteiligung von Mitarbeitern im Tarifbereich stellt sich jedoch vor allem die Frage der Finanzierbarkeit. So bieten sich dem Unternehmen zum einen aufgrund der Tarifvertragsvereinbarungen für eine Umschichtung der Anreize nur sehr eingeschränkte Möglichkeiten, indem sich die Spielmasse auf die freiwilligen, übertariflichen Leistungen beschränkt. Als ein weiteres Hemmnis erweist sich das den Deutschen anhaftende Besitzstandsdenken, welches einer Variabilisierung des bisherigen Entgelts entgegensteht.[1880] Die Deutsche Bank denkt in jüngster Zeit darüber nach, inwieweit betriebliche Sozialleistungen, die keinen unmittelbaren Leistungsanreiz bieten, in flexible Mitarbeiterbeteiligungen, die sich an der Leistung des Mitarbeiters und am Erfolg des Unternehmens orientieren, umgewandelt werden können. Dabei darf keinesfalls übersehen werden, daß eine Vermehrung der Leistungsanreize, insbesondere bei einem gleichzeitigen Eliminieren von Sicherheit gebenden Sozialleistungen, auch verstärkten Leistungswettbewerb, Konkurrenzdenken und letztlich hohen Leistungs-

---

[1880] Vgl. z.B. die Untersuchung von Eyer/Stockhausen (1997, S. 24).

*druck* auf Seiten der Mitarbeiter hervorruft. Dies führt im Falle empfundener Ungerechtigkeit zu Belastungen des Betriebsklimas, verstärkt soziale Disharmonien oder auch Phänomene des Mobbing,[1881] fördert zudem individuelle Streßsituationen und kann sich - wie bereits ausgeführt - negativ auf gegenseitiges Vertrauen und Solidarität auswirken.

Ein weiteres Manko der bestehenden betrieblichen Anreizsysteme besteht in dem oftmals sehr kurzfristig angelegten Betrachtungshorizont. Längerfristig angelegte Strategien, langsam aufgebaute Erfolgspotentiale werden nicht adäquat erfaßt, beurteilt und honoriert. Eine *strategische Orientierung* des Personalmanagements, speziell des Anreizmanagements erscheint wesentlich auch gerade im Hinblick auf die Entwicklung unternehmerischen Denkens und Handelns im Betrieb, welches seine Früchte nicht ausschließlich in kurzfristiger oder engstirniger Betrachtung erkennen läßt.[1882] In einer solchen strategischen Betrachtung können die Einflußfaktoren für unternehmerisches, aber auch administratives Denken und Handeln aufgedeckt und zentrale Ursache-Wirkungszusammenhänge geklärt werden (Vgl. Abb.71):

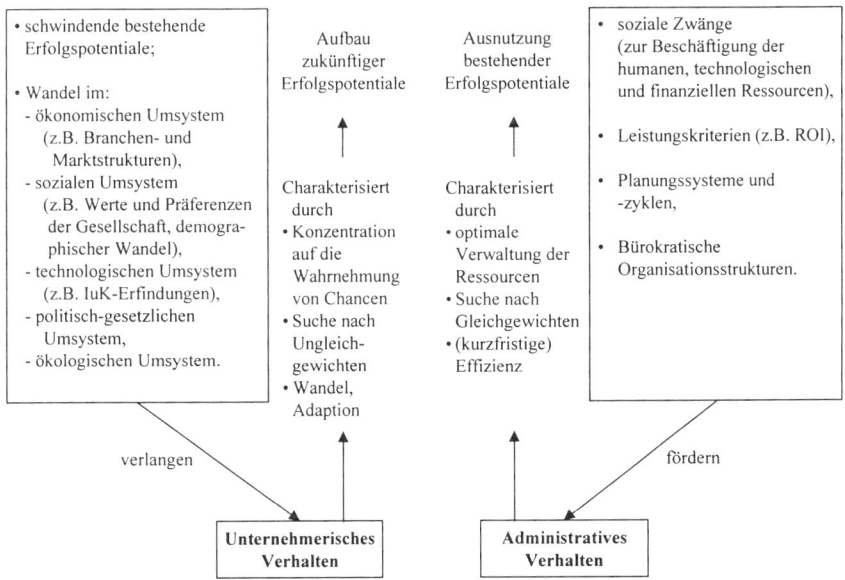

Abb. 74: Strategische Betrachtung des Intrapreneurship

Quelle: Bitzer 1991, S. 16.

---

[1881] Vgl. zum Phänomen des Mobbing, welches als "kontraproduktives, den Prinzipien und Leitbildern einer der Rationalität und Humanität verpflichteten Unternehmenskultur zuwiderlaufendes Verhalten" (Schneider, H. 1995, S. 26) anzusehen ist. Vgl. auch Neuberger 1994, Leymann 1993.

[1882] Vgl. Bitzer 1991, S. 28ff., 52.

Die Frage nach einem *neuen Erfolgsmaßstab* als Kern eines betrieblichen Anreizsystems ist somit Ausgangspunkt weiterer Reformüberlegungen. So könnte gerade für den Intrapreneur die Erreichung bestimmter *"Meilensteine"* ein geeigneterer Maßstab sein als etwa die klassische Beurteilung nach eher kurzfristigen Gewinngrößen, wie beispielsweise dem Return on Investment (ROI) oder dem Cash-Flow. Zu bedenken ist jedoch, daß Intrapreneure primär durch *intrinsische Reize* motiviert werden, so daß insbesondere monetäre Anreize lediglich als Hygienefaktoren Wirkung bei ihnen entfalten. So ist auch die vertikale Beförderung nicht zwingend ein geeigneter Anreiz zur Förderung unternehmerischen Verhaltens, da Intrapreneure zum einen nicht unbedingt über erforderliche Führungsqualitäten verfügen und zum anderen von ihrem Wesen und ihren Neigungen her keine Führungsaufgabe anstreben. Den überdurchschnittlich ausgeprägten Selbstverwirklichungsbedürfnissen und dem spezifischen Kompetenzprofil des Intrapreneurs wird man häufig dadurch am besten gerecht, daß man ihn von Führungsverantwortung freihält und ihm stattdessen *mehr Freiraum, zweckungebundene Ressourcen ("Slack")* und *Handlungsmöglichkeiten für „kreative Spinnereien"* gewährt.[1883]

Ein Beispiel für eine explizit unternehmerisch orientierte Anreizpolitik findet sich bei der Bertelsmann AG, deren Anreizsystem unter anderem die Bausteine einer *unternehmerischen Beteiligung* der Führungskräfte, einer Prämierung außergewöhnlicher Leistungen von Führungskräften sowie einer Leistungsprämie für Mitarbeiter umfaßt.[1884]

Das in Deutschland mit am häufigsten beklagte Problem im Zusammenhang mit Existenzgründungen oder auch innovativen Projektvorhaben besteht in der Schwierigkeit eine finanzielle Grundlage in Form des sogenannten "Venture Capital" zu erhalten. Die Siemens AG hat für ihre Mitarbeiter einen *"Venture Capital Fonds"* gegründet, dessen Ziel weniger die Verzinsung des hierbei eingesetzten Kapitals ist, als vielmehr ein "strategic window" für neue Märkte, Produkte oder Technologien zu kreieren und durch Kooperationen mit den aus diesen Mitteln gegründeten Unternehmen strategische Wettbewerbsvorteile zu ziehen.[1885] Freilich ist bei diesem Angebot auch die Gefahr eingeschlossen, daß durch die Förderung der Existenzgründung von Mitarbeitern die aktivsten Mitglieder die Unternehmung verlassen und somit die Unternehmung geschwächt wird.

Alternativ kann über die Einführung eines *„intracapital-„ Systems* nachgedacht werden. Auch hier wird ein Fonds bereitgestellt, um hausinterne Ideen zu verfolgen und zu realisieren. Eine Beteiligung der Mitarbeiter am Erfolg so finanzierter Projekte erscheint als Anreiz sinnvoll und möglich. Zu bedenken ist jedoch, daß hierfür ein umfangreiches, formalisiertes Regelwerk unumgänglich ist und materielle Anreize für den Intrapreneur von sekundärer Bedeutung sind, so daß zur Förderung des Intrapreneurship eher zu einer Stärkung der informalen Beziehungen zwischen Sponsor und Intrapreneur zu raten ist.[1886]

Ein Beispiel für die große Bedeutung von immateriellen Anreizen als Belohnung für Innovationen liefert die 3M Company. Ein Team, dessen Innovationen die Grenze von 2 Mio Dollar

---

[1883] Vgl. Bitzer 1991, S. 29f.

[1884] Vgl. Rüßmann 1988, S. 228ff.

[1885] Vgl. Bleicher/Paul 1987, S. 64ff.

[1886] Vgl. Bitzer 1991, S. 52.

in US-Verkäufen überschreiten, erhält als Anerkennung eine besondere Ehrung in Form eines *"Golden Step"*. Diese Auszeichnung besitzt erhebliche Symbolkraft und gilt als eine der höchsten Firmenehren, die man erreichen kann.[1887]

Jedoch erscheint es angesichts der deutlichen Überbetonung sog. "Big Bang Innovations" angebracht, auch intensiver über Anreize für kleine Ideen bzw. einfache Verbesserungsvorschläge nachzudenken. So hat etwa die Boehringer Mannheim GmbH das traditionelle Konzept des betrieblichen Vorschlagswesens abgelöst durch ein moderneres *Ideenmanagement*, der "Boehringer-Ideen-Börse".[1888] Um einen deutlichen Anschub zu realisieren und als zusätzliche Anregung zum Nachdenken über den eigenen Aufgabenbereich, wurde vereinbart, daß Verbesserungsvorschläge auch dem eigenen Arbeitsgebiet entstammen können. Zielsetzung war weiterhin die Herstellung eines offenen, vertrauensvollen Klimas, in dem Mitarbeiter ihre Ideen direkt über den Vorgesetzten einreichen und es keiner Anonymität bedarf. Der Ablauf stellt sich wie folgt dar:

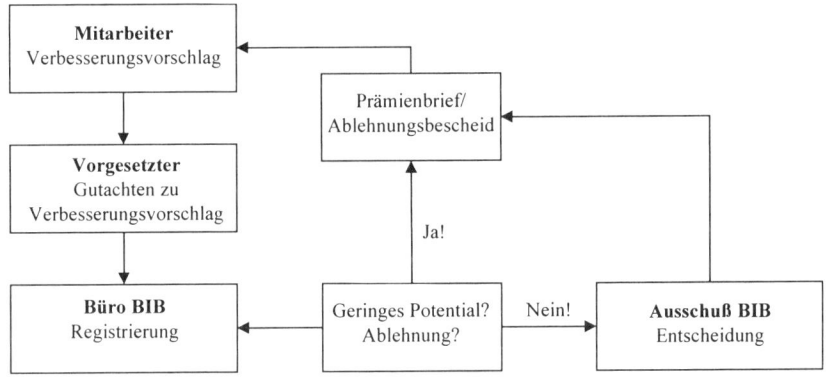

Abb. 75: Ablaufdiagramm für "offene" Verbesserungsvorschläge

Quelle: Wachtel 1995, S. 114

Dabei spielen Art und Höhe der Prämie verständlicherweise eine zentrale Rolle. A priori muß ein transparentes, verständliches Kriterienraster zur Beurteilung und Bemessung von etwaigen Patentprämien, Lizenzzahlungen oder sonstige Erfolgsbeteiligungen entwickelt werden.[1889]

---

[1887] Vgl. Dubashi 1988, S. 27.

[1888] Vgl. Wachtel 1995, S. 110ff., Geyer 1987, S. 300f.

[1889] Vgl. Beitz 1996, S. 194f.

## 5.3.4  Partizipations- und Teamkultur

Die grundlegenden Werte und damit auch die Bedürfnisse haben sich in unserer Gesellschaft zunehmend in Richtung Autonomie und Selbstbestimmung entwickelt. Dies hat auch einschneidende Konsequenzen für die Motivation der Mitarbeiter und damit für die Organisation und Gestaltung der betrieblichen Arbeitsabläufe. Eigenverantwortliche Tätigkeit und individuelle Handlungsspielräume werden zu wesentlichen Motivationsfaktoren und Bestimmungsgrößen für das Selbstwertgefühl des arbeitenden Menschen.[1890]

Nichts desto trotz haben sich bis heute vielfältige Strukturen und Prozesse als Traditionen gehalten, die - wie gezeigt - zu Denk- und Handlungsmustern beitragen, die dem entgegenstehen. Vor diesem Hintergrund ist zu überlegen, welche gestalterischen Ansatzpunkte aus betrieblicher Sicht bestehen, um die Entwicklung einer Partizipations- und Teamkultur auf Unternehmensebene voranzutreiben.[1891]

### *Personalführung*

Aufgrund der zunehmenden Wissensvermehrung und einer damit einhergehenden Komplexitätssteigerung der Aufgaben erscheinen Modifikationen des traditionellen Führungsverständnisses notwendig. Bestimmte Aufgaben, die bislang von einem Einzelnen bearbeitet wurden, müssen heute und künftig noch vermehrt von einem Team sich ergänzender Spezialisten bewältigt werden, da ein Einzelner den gewachsenen Anforderungen nicht mehr entsprechen kann. Das hohe Spezialistenwissen auf Teilgebieten führt zunehmend dazu, daß der Mitarbeiter auf seinem Spezialgebiet besser informiert ist als sein Vorgesetzter. Führende müssen lernen zu akzeptieren, daß der Unterstellte in verschiedenen Aspekten über einen Informationsvorsprung verfügt. Dadurch wird Führung durch Befehl oder Auftrag häufig erschwert oder gar unmöglich gemacht. Das traditionelle Verständnis von Führung als "zielbezogene Beeinflussung von Unterstellten" muß in diesen gewandelten Kontexten einem moderneren Verständnis weichen, welches Führung eher als *Koordination von Spezialistenwissen* bestimmt.[1892] Die Rolle der Führungskraft wird sich zukünftig stärker in Richtung eines *Coaches*, eines *Moderators*, eines *Motivators* sowie eines *Initiators und Promotors* von Selbststeuerungsprozessen der Mitarbeiter entwickeln.[1893]

Eine wesentliche Aufgabe des Linienvorgesetzten besteht in der Hilfe bei der Entwicklung bzw. dem *Coaching* von Teams. Dies kann primär durch die Förderung der Schlüsselqualifikationen Kommunikationsfähigkeit, Konfliktfähigkeit, Innovationsfähigkeit und aktive Arbeitshaltung erzielt werden, was aber voraussetzt, daß diese aufgrund seiner Vorbildfunktion vom Linienmanager vorgelebt werden. Das Coaching von Teams erfordert ein hohes Maß an Sensibilität und Einfühlungsvermögen, das auch dem Wunsch der Teammitglieder nach einer individuellen Behandlung und Akzeptanz als ernstgenommener Dialogpartner Rechnung trägt. In diesem Zusammenhang erlangt das - breits aufgezeigte - zu überwindende Defizit der Deutschen hinsichtlich der Fähigkeit zu "sozialer Empathie" an Bedeutung.

---

[1890] Vgl. Franz/Herbert 1987, S. 18.

[1891] Vgl. Mühlemeyer 1997, S. 952ff.

[1892] Vgl. Rosenstiel 1995a, S. 4f.

[1893] Vgl. Franz/Herbert 1987, S. 18, Katzenbach/Smith 1993.

Eine weitere Schlüsselaufgabe des Vorgesetzten besteht in der Handhabung von Schnittstellenproblemen, z.b. Überschneidungen in Kompetenzbereichen der einzelnen Teammitglieder, wie sie häufig mit Teamarbeit verbunden sind. Wichtig ist auch die Abstimmung *zwischen* den einzelnen Teams, die ihn in seiner Rolle als *Moderator* und *Koordinator* fordert.

Die veränderten Einstellungen der Mitarbeiter zur Arbeit selbst verlangen vom Vorgesetzten verstärkt eine Rolle als *Motivator*. Gerade auch vor dem Hintergrund des Wertewandels gelingt es immer weniger, die Mitarbeiter lediglich über monetäre Stimuli zu motivieren und arbeitsbedingte Unzufriedenheiten dadurch zu kompensieren bzw. zu verdecken. Es ist vielmehr notwendig, die Bedingungen für eine wirkungsvolle Selbstmotivation und Identifikation der Teammitglieder über die Befriedigung intrinsischer Arbeitsbedürfnisse zu schaffen.

Dazu ist es aber auch erforderlich, daß sich der Vorgesetzte als Führender *im* Team und nicht als mit Positionsmacht ausgestattete Autorität begreift, was nicht selten einen grundlegenden Bewußtseinswandel auch auf Seiten des Vorgesetzten verlangt. Er muß sich selbst in das Team einbringen und seine Erwartungen und Vorstellungen über Arbeitsstrukturen und -prozesse vorleben, um seiner Funktion als *Initiator und Promotor* nachzukommen. Denn nicht nur die Mitarbeiter, sondern v.a. die Führungskräfte müssen die geeigneten Voraussetzungen für eine effiziente Teamarbeit mitbringen, ohne die jegliche Bemühungen um teamorientierte Arbeitszeit- und Arbeitsplatzgestaltung oder auch Entgeltpolitik vergeblich sind.

Diese Vielschichtigkeit der Führungsaufgabe des Linienmanagers darf jedoch nicht darüber hinwegtäuschen, daß die Teams mit einem hohen Maß an Kompetenz und Verantwortung ausgestattet sein müssen (*"Empowered Teams"*), um auch gestalterisch tätig werden zu können. Einer praktischen Umsetzung des Konzeptes der "Empowered Teams" stehen jedoch häufig gerade von Seiten der Führungskräfte erhebliche *Barrieren* entgegen:[1894]

- mangelnde Überzeugung der Führungskräfte, daß Teams tatsächlich effizienter sind als Einzelpersonen (teambedingter Zeit- und Kostenaufwand für ineffiziente Treffen und Diskussionen, anspruchslose und unpräzise Zielformulierung, starke Beziehungsorientierung auf Kosten der Leistungsorientierung),

- von Führungskräften empfundene Bedrohung der Machtposition durch Teamarbeit (Abneigung vor allem dann, wenn sie - wie es in Deutschland in der Vergangenheit häufig der Fall war - als Einzelgänger Karriere gemacht und dabei nicht gelernt haben, als Teil eines Teams zu arbeiten),

- keine klaren und sinnvollen Zielvorgaben von Führungskräften für das Team (keine Möglichkeit die Mitarbeiter und auch sich selbst verantwortlich zu machen, schwach ausgeprägtes Leistungsethos und dominante Stellung unternehmenspolitischer Einflüsse).

Teams sehen sich während der Dauer ihres Bestands immer wieder Hindernissen gegenüber. Dabei können die Hindernisse äußerst vielfältig und z.B. externer (z.B. ungünstige Marktverhältnisse) oder interner (z.B. sozioemotionale Spannungen im Team) Art sein. Solche Hindernisse können einerseits dazu führen, daß der Fortschritt in der Entwicklung und die Leistung des Teams beeinträchtigt werden, insbesondere wenn es nicht gelingt, sie zu überwinden bzw. richtig mit ihnen umzugehen. Andererseits kann die Bewältigung eines Hindernisses auch den

[1894] Vgl. Katzenbach/Smith 1993.

Zusammenhalt des Teams stärken und das Team zukünftig leistungsfähiger und effektiver auftreten lassen. Kommt es zu der unerwünschten Situation, daß ein Team an einem Hindernis hängenbleibt und an Leistungskraft und Effektivität einbüßt, ist den Ursachen nachzugehen. Kennzeichnend für einen derartigen Zustand wären etwa folgende *Symptome:*[1895]

-   Verlust von Energie und Begeisterung,

-   Gefühle von Hilf- und Orientierungslosigkeit,

-   lustlose, unkonstruktive und einseitige Diskussionen in ergebnislosen Meetings,

-   Zynismus und Mißtrauen im Team oder

-   Intrigen, Schuldzuweisungen und persönliche Angriffe auf andere Teammitglieder auch hinter deren Rücken (Mobbing).

Nicht selten kann durch eine derartige Situation deutlich werden, daß der gewählte Teamansatz für die spezifische Aufgabe nicht geeignet erscheint, denn nicht alle Aufgaben werden von Teams effizienter gelöst.

Unter der Annahme, daß die Aufgabe von einem Team zu lösen ist, bieten sich verschiedene Ansatzpunkte für eine Bewältigung der Hindernisse bzw. für eine Weiterentwicklung des Teams an. Speziell dem Teamführer, bieten sich folgende Möglichkeiten:[1896]

-   *Überdenken und mögliche Reformulierung des Teamrahmens,* möglicherweise im Rahmen einer schriftlich fixierten "Teamverfassung" (verborgene Vermutungen bzw. latente Konflikte offenlegen, klare (Neu-)Positionierung des Teams hinsichtlich seiner Ziele und Aufgaben),[1897]

-   *Schaffung neuer Motivationsgrundlagen* z.B. über sog. "kleine Siege" in Bezug auf neuformulierte, erreichbare Ziele (Bestätigung von Handlungsweisen und Befriedigung der intrinsischen Arbeitsbedürfnisse durch kleine Leistungserfolge, die durchaus mit kleinen "Umwegen" im Hinblick auf das Hauptziel verbunden sein können),

-   *Versorgung mit neuen Informationen und Arbeitsansätzen* (neue Fakten oder Perspektiven z.B. über Benchmarking, Kundeninterviews oder den Austausch mit anderen Teams können dem Team wertvolle Anstöße zur Weiterentwicklung und Problemlösung bieten),

-   *Neuer Schwung durch Moderatoren und Schulungen* (Bewußtmachung zentraler Problemfelder des Teams und Stärkung der individuellen Teamfähigkeiten),

-   *Austausch von Teammitgliedern oder des Teamführers* (Die Wirksamkeit hängt dabei davon ab, ob die personelle Veränderung zur Problembewältigung hilfreich und notwendig ist. Das Team kann dadurch gestärkt werden; ein Austausch von Mitgliedern schafft aber auch neue Risikopotentiale und kann das Team in seiner Entwicklung zurückwerfen).

---

[1895] Vgl. hierzu und im Folgenden Marr/Echevarría 1997, S. 128f.

[1896] Vgl. ebenda.

[1897] Eine Teamverfassung kann dazu beitragen, Anforderungen an Teamarbeit zu konkretisieren und so für die Teammitglieder erfahrbar zu machen. Mit der *gemeinsamen* Festlegung der teambezogenen "Spielregeln" schafft man einen verbindlichen Ordnungsrahmen, der die Kultur des Teams explizit zu machen versucht und den Entwicklungsstand des Teams verdeutlichen will und zu gemeinsamer Zielfindung, Zusammenarbeit, Loyalität und "Wir-Gefühl" anleiten kann (Vgl. Dorando/Grün 1995, S. 376ff.).

Wesentlich für den Aufbau einer Team*kultur* ist denn auch die *Nachhaltigkeit* des Führungsstils. Wenn speziell im Rahmen von Veränderungsprozessen immer wieder die Bedeutung des Teamgedankens hervorgehoben wird, sich jedoch bei der Regung von Widerständen ein autoritärer Führungsstil einstellt, dann nimmt es nicht Wunder, daß weder Teamkultur noch Veränderungsprozeß erfolgreich verwirklicht werden können, da die wahrgenommene Konsistenz einen wesentlichen Einflußfaktor für die Akzeptanz auf Seiten der Mitarbeiter darstellt.[1898]

*Personalentwicklung*

Der Partizipationsgedanke könnte sich gerade in Bezug auf ein effektives Wissensmanagement in einer gewandelten Struktur der Personalentwicklung niederschlagen und dadurch auch einen Beitrag zur Verfestigung der Partizipations- und Teamkultur leisten. Berücksichtigt man die Erkenntnisse des nationalkulturellen Wandels hin zu mehr Individualität, Demokratiebewußtsein und Mündigkeit der Bürger, so könnte in Anlehnung an das bereits angesprochene Konzept des Self-Leadership auch die *betriebliche Personalentwicklung zukünftig mehr in Eigenregie und Selbstverantwortung der Mitarbeiter* organisiert werden. Somit könnte Personalentwicklung im Rahmen einer lernenden Organisation bzw. eines Wissensnetzwerkes verstanden werden als Wissenserweiterung des Einzelnen durch den Wissensaustausch mit Kompetenzträgern gleichgültig welcher Hierarchie zum Zwecke individueller und organisationaler Kompetenzerweiterung.

Dabei bekäme das Element einer *innerbetrieblichen Kompetenzübertragung* zentrale Bedeutung. Demnach wäre grundsätzlich jedes Unternehmensmitglied nicht nur Nachfrager von Maßnahmen zur Kompetenzerweiterung, sondern auch Anbieter einer Weitergabe seiner spezifischen Kompetenzen. Diese Vision ließe sich umschreiben mit dem Motto: Jeder lernt von jedem. Zentrale Voraussetzungen für eine Umsetzung wären

- ein gut ausgebautes Kommunikationsnetzwerk mit einer Anbindung aller Unternehmensmitglieder und einer Plattform für innerbetrieblichen Wissenstransfer, die Angebot und Nachfrage (z.B. sog. "knowledge exhibitions")[1899] transparent macht,

- das Vertrauen in die Fähigkeit der Mitarbeiter zu eigenverantwortlicher Kompetenzerweiterung (aktiver Arbeitshaltung) und in deren Bereitschaft zur Kompetenzweitergabe,[1900]

- die Koordination des Wissenstransfers, evtl. auch Steuerung der Kooperation mit externen Kompetenzanbietern und Pflege des EDV-Systems.

Dieses System innerbetrieblicher Kompetenzübertragung könnte wirkungsvoll mit einem System *innerbetrieblicher Arbeitsvermittlung*[1901] gekoppelt werden, um eine Brücke zwischen

---

[1898] Vgl. Kriese 1995, S. 11.

[1899] Vgl. Krogh/Nonaka/Ichijo 1997, S. 478.

[1900] Dies ist in Abhängigkeit vom zugrundegelegten Menschenbild zu sehen. Hierbei stellt sich die Frage, inwieweit sich der Solidaritätsgedanke bzw. das "Wir-Gefühl" des Unternehmens als tragfähig genug erweist, um altruistische Verhaltensweisen hier im Sinne einer unentgeltlichen Kompetenzübertragung zu unterstützen. Unterstellt man opportunistisches Handeln als Leitprinzip, so könnte sich gegebenenfalls eine Steuerung von Angebot und Nachfrage über Verrechnungspreise als Koordinationsmechanismus anbieten. Denkbar wäre auch eine Art Wissenstransferkonto, auf dem die Inanspruchnahme und Weitergabe von Wissen festgehalten werden und das an das betriebliche Entgeltsystem gekoppelt wird.

[1901] Die Deutsche Lufthansa AG gründete ein derartiges System einer unternehmensinternen Stellenvermittlung im Oktober 1996 (vgl. Beimann 1998, S. 34ff.). Vgl. auch Franz/Herbert 1987, S. 17f.

Entscheidungen des Personaleinsatzes und der Personalentwicklung herzustellen. Dabei gilt es, Angebot und Nachfrage hinsichtlich der Anwendung bzw. des Einsatzes von Kompetenzen im Rahmen konkreter Aufgaben zu koordinieren.

Insbesondere um die innerbetriebliche Zusammenarbeit und den Teamgedanken zu stärken, besteht die Möglichkeit, teamorientierte Lernformen einzusetzen. So kann z.b. das von der Opel AG und dem Wohltorfer Trainer Team entwickelte *"Lernteam-Konzept"* dazu beitragen, die eigene Person zu reflektieren, das individuelle Führungs- und Kommunikationsverhalten zu verbessern und das Verständnis für Teamentwicklungs- und Kooperationsprozesse zu wecken.[1902]

Als ein auch in gesellschaftspolitischer Hinsicht zukunftsträchtiges Instrument können die in den USA bereits angewandten *"Volunteer-Programs"* für die Entwicklung einer Teamkultur Bedeutung erlangen. Auf freiwilliger Basis und zumeist außerhalb der vertraglichen Arbeitszeit werden außerbetriebliche Aktivitäten organisiert, die nicht nur von direktem gesellschaftlichen oder ökologischen Nutzen sind, sondern unter den Beteiligten auch Kreativität, Vertrauen und Teamgeist entfalten können. Beispiele solcher Tätigkeiten sind etwa das Anpflanzen von Jungwäldern, Reinigung und Pflege von Naturschutzgebieten oder die Mithilfe bei der Erstellung von Obdachlosenunterkünften oder Kinderheimen. Die Erfahrungen der US-amerikanischen Unternehmen mit diesen Programmen zeigen, daß die Bereitschaft von Seiten der Mitarbeiter überaus groß ist und daß diese Aktionen ein tiefes moralisches Bedürfnis befriedigen: „...(M)any employees are finding out – as an added bonus – that volunteering is a way to address serious social problems *and* create happier, more productive employees."[1903] Für das Unternehmen stellt das Volunteering in aller Regel eine überaus kostengünstige Möglichkeit dar, v.a. soziale und moralische Kompetenzen der Mitarbeiter weiterzuentwickeln und zudem die Aktivitäten im Rahmen der Public Relations imagefördernd zu verwerten.[1904]

*Entgeltgestaltung*

Die sich in der heutigen Zeit in immer vielfältigeren Formen pluralisierenden Lebenspläne sowie das verstärkte Bedürfnis nach Selbstbestimmung (mündiger Bürger) rufen ein Anreizsystem auf den Plan, welches dieser zunehmenden Individualität Rechnung trägt. Fordert man im Rahmen eines partizipativen Führungskonzeptes von den Mitarbeitern ein engagiertes Mitwirken in Entscheidungsprozessen (Beiträge), so gehört dazu auch die Akzeptanz ihrer Selbstbestimmtheit im Rahmen der Anreizgewährung. Das *Cafeteria-System* könnte unter diesen Voraussetzungen durch sein bestimmendes Wesensmerkmal der individuellen Wahlmöglichkeiten einen zweckmäßigen Rahmen bilden.[1905]

---

[1902] Die 8-10 Teilnehmer eines Lernteams sind angehende oder auch erfahrene Führungskräfte bzw. Mitarbeiter mit Führungsverantwortung und entstammen unterschiedlichen Werksbereichen. Das Lernteam-Konzept besteht aus verschiedenen Elementen, wie z.B. einem Führungsplanspiel als Einstieg und einem sog. "Lernteam-Tag" in jedem Quartal, an dem von den Teilnehmern selbststeuernd vorwiegend Themen zur Personalführung (Führungsrolle, Führungsverhalten, Konfliktmanagement, Präsentation, Moderation, Rhetorik, Kritikgespräche...) abgehandelt werden. Vgl. Dorau 1996, S. 368ff.

[1903] Caudron 1994, S. 40.

[1904] Vgl. Caudron 1994, S. 38ff.

[1905] Vgl. zu den Grundlagen des Cafeteria-Systems Grawert/Wagner 1986, S. 16ff., Wagner/Grawert/Langemeyer 1993, Grawert 1996, S. 25f., Föhr 1994, S. 58ff., Oechsler 1996, S. 128f.

Diese Individualisierung der Anreizsysteme wurde und wird in der Unternehmenspraxis erfolgreich betrieben. Jedoch stellt sich die Frage, inwiefern derartige Anreizsysteme Raum lassen für eine Belohnung von *Team*arbeit.[1906] Elemente einer individuellen Anreizgestaltung könnten dabei gleichzeitig mit einem wirkungsvollen System der Gruppenentlohnung kombiniert werden, welches zur Umsetzung und Stärkung einer Teamkultur zweckmäßig erscheint. Es gilt, die Instrumente der Beurteilung und Entlohnung so zu konzipieren, daß zum einen die individuelle Leistung des Mitarbeiters und zum anderen Teamstrukturen gefördert werden. So könnte etwa die Teamleistung, die sich im Rahmen einer auf den Teambereich bezogenen Arbeitsbewertung ermitteln läßt,[1907] in erheblichem Maße die Punkte im Rahmen des Cafeteria-Systems bestimmen, über die dann individuell verfügt werden kann.

In ähnlicher Weise kann über eine *Teamprämie* oder einen *Teambonus* nachgedacht werden, die z.B. bei der Robert Bosch GmbH oder auch bei der Carl Zeiss Gruppe als Vergütungsbestandteile etabliert wurden, jedoch sonst trotz oftmaliger Umstellung auf Gruppenarbeit noch wenig Verbreitung gefunden haben. Gruppenbezogene Erfolgskomponenten werden dabei zumeist in Form von Zielerreichungsprämien auf der Grundlage von *gruppenorientierten Zielvereinbarungsgesprächen*[1908] und einer Beurteilung von Gruppenarbeit beispielsweise anhand von "Team-Audits" vergeben. Die anreizpolitisch festgelegten Konsequenzen einer solchen Beurteilung dienen der Unterstützung und Förderung gruppenbezogenen Denkens und Handelns. Mit den über das Teamaudit ermittelten Informationen über den Stand der Teamentwicklung (sozialer Zusammenhalt) und das Erreichen der Gruppenziele (Effektivität) lassen sich zudem entsprechende Fördermaßnahmen ableiten.[1909]

Neben rein materiellen Anreizen können vor allem *Auszeichnungen für Teams* deren Zusammenhalt und "Wir-Bewußtsein" stärken, die ihre motivationale Wirkung nicht auf die monetäre Seite beschränken, sondern von einem positiven Überraschungsgefühl der Ehrung profitieren. Bei der IBM Deutschland GmbH finden folgende Instrumente Anwendung:[1910]

- *Team-Award* (Anerkennung hervorragender Teamarbeit mit finanziellem Zusatz),

- *Dinner for Team* (Auszeichnung für regionale Teams durch ein Essen/Theaterbesuch),

- *Team-Telefon-Karte* (Auszeichnung und Sachprämie für überregionale Teams),

- *Team des Monats* (persönliche Auszeichnung durch den Geschäftsführer).

---

[1906] Vgl. kritisch hierzu Mühlemeyer 1997, S. 954f.

[1907] Vgl. Oechsler 1996, S. 126.

[1908] Vgl. Doerken 1996, S. 208ff., Gieseking/Sehnke/Roos 1998, S. 22ff., vgl. zur Einführung von Gruppenprämien auch Eyer/Stockhausen 1997, S. 22ff., vgl. zur Berücksichtigung der Gruppenleistung im Rahmen von US-amerikanischen Gainsharing-Systemen Lang 1998, S. 42ff.

[1909] Vgl. Heiliger/Mühlbradt/Leyhausen 1997, S. 944ff., Bergmann/Ernst 1996, S. 760ff.

[1910] Vgl. Doerken 1996, S. 209f.

## 5.3.5  Konfliktkultur

Wie in Kap. 3 gezeigt, bestehen in Deutschland bislang nur in geringem Maße Ansätze einer Konfliktkultur. Die Hemmnisse lassen sich vor allem als neurotische Phänomene begreifen, die sich den kulturellen Bedingungen entsprechend in folgenden Punkten manifestieren:

| | |
|---|---|
| Konformismus | Unterwerfung gegenüber dem Gruppenzwang, Anschließen an herrschende Meinung; |
| Konkurrenzdenken | Streben nach persönlichem Erfolg, Siegeswillen in Konflikten, opportunistisches Handeln in persönlichem Interesse auch auf Kosten anderer; |
| Narzißmus | Neigung zur Selbstdarstellung, Untergraben der sachlichen Auseinandersetzung für eine Zur-Schau-Stellung der eigenen Person; |
| Veränderungsangst | übermäßiges Bedürfnis nach Sicherheit, Ordnung und Übersichtlichkeit, Macht- und Besitzstandsdenken; |
| Perfektionismus | Angst davor, persönliche Schwächen offenzulegen, eigene Unvollkommenheit zu zeigen; |
| Fassadenhaftigkeit | Angst davor, Gefühle zu zeigen, verletzt und verspottet zu werden; |
| Verdrängung | Angst vor "Peinlichkeiten"/emotionalen Situationen löst Verdrängungsmechanismen aus; |
| Projektion | Erkennen von denjenigen Schwächen des anderen, die man bei sich selbst am meisten haßt, führt zu Ablehnung des anderen; |
| Autoritätsfixierung | Aufgabe der eigenen Meinung, aus Angst Übernahme der Meinung des Vorgesetzten; |
| Rationalisierung | bewußtes Ausschalten der emotionalen Ebene, da nur rationale Ebene bzw. rationale Gründe in Konfliktsituationen anerkannt sind; |

Tab. 30: Neurotische Phänomene in Konfliktsituationen

Quelle: Schibalski 1991, S. 52f.

Neben den veränderten schulischen und familiären Bildungs- und Erziehungszielen sowie der wachsenden politischen Streitkultur bestehen aus zusätzlich von Seiten der Unternehmen mögliche Ansatzpunkte einer stärkeren Förderung eines positiven, konstruktiven Umgangs mit Konflikten. So zeigen sich denn bereits mit der Entscheidung für eine bestimmte Organisationsform entscheidende Effekte auf die Entstehung und Handhabung von Konflikten im Unternehmen. Bekannterweise erweist sich beispielsweise die Matrixstruktur aufgrund der ihr immanenten Kompetenzkreuzungen als deutlich konfliktträchtiger als etwa eine bürokratische Organisation mit zahlreichen, klar abgegrenzten Hierarchieebenen.[1911] Entscheidende verhal-

---

[1911] Vgl. Hill/Fehlbaum/Ulrich, Bd. I, 1994, S. 206ff.

tensbeeinflussende Wirkungen in Richtung eines konstruktiven Umgangs mit Konflikten können zudem von den personalwirtschaftlichen Funktionsbereichen der Personalführung, der
Personalentwicklung und der Entgeltgestaltung ausgehen.

### Personalführung

Der tiefsitzenden Angst vor Konflikten kann ein Wertefundament entgegenwirken, welches
insbesondere in einer offenen Informations- und Kommunikationskultur und einer Vertrauenskultur verkörpert wird (vgl. daher das dort bereits angesprochene Instrumentarium) und
dessen ethischer Kern formuliert werden kann als „Vermeidung von Gewalt und Minimierung
von Zwang in der Gesellschaft durch gegenseitige Anerkennung aller Gesellschaftsmitglieder."[1912] In diesem Sinne kommt der Fähigkeit des Einfühlens in andere Menschen *(Empathie)*
auch im Rahmen zwischenmenschlicher Konflikthandhabung eine hohe Bedeutung zu.[1913] Daneben zeigt sich die Konfliktbereitschaft und -fähigkeit der Kulturmitglieder, die sich wesentlich über die *Zivilcourage* des Bürgers bzw. des Mitarbeiters bestimmt, somit als ein weiteres
Profilmerkmal der kritischen Solidargemeinschaft.

Tapferkeit als Tugend im Kontext des politischen Streitens entfaltet sich in einer aktiven
Dimension des Angreifens, der Zivilcourage und des Durchsetzungsvermögens sowie in einer
passiven Dimension des Stehvermögens, der Zähigkeit und des Widerstands. Es geht um den
Mut des Bürgers bzw. des Mitarbeiters zum freien Wort, zur Kritik und zum Beharren auf
Recht gegenüber Mächtigen, Amtsinhabern bzw. Führungskräften. Dies bezieht sich insbe-
sondere auf das Freimachen von Gruppenzwängen, was der kritischen Haltung innerhalb einer
Solidargemeinschaft entspricht. Vor diesem Hintergrund erscheint die *teamorientierte,
partizipative Führung* als eine sinnvolle Voraussetzung zur Entwicklung einer konstruktiven
Streitkultur im Betrieb.

Die Aufgabe der Führung im Rahmen der Konflikthandhabung besteht in einem
konstruktiven Umgang mit Konflikten, d.h. insbesondere einer weitgehenden *Vermeidung der
Eskalation* von Konflikten. Friedrich Glasl hat in seiner Theorie der Dynamik von Kon-
fliktprozessen eine mögliche Eskalation in neun Stufen untergliedert:

---

[1912] Sutor 1990, S. 159.

[1913] Vgl. z.B. Teutsch 1977, S. 145ff.

| 1. Stufe: Verhärtung: | Beharrung auf eigenen Ansichten, Meinungen werden zu festen Standpunkten; Kommunikation verläuft nicht mehr unbefangen; Bemühen um faire Umgangsweise und Austausch "vernünftiger" Argumente; |
|---|---|
| 2. Stufe: Polarisierung: | Heftige verbale Auseinandersetzungen, Bildung von Koalitionen; Provokationen der Gegenseite; Ausnutzen von Schwächen der Gegenseite; Versuch des gegenseitigen Ausbootens; |
| 3. Stufe: Konfrontation: | Gänzlich fehlende Bereitschaft des Nachgebens; Konfliktparteien treten als "verschworene" Gemeinschaften auf; einziges Ziel: Durchsetzung der eigenen Auffassung; |
| 4. Stufe: Vom Gegner zum Feind: | Dominanz der Frage von Sieg oder Niederlage; Aufkommen von verstärktem Schwarz-Weiß-Denken im Sinne einem überragenden Positivempfinden des Selbstbildes und einem zunehmenden Negativempfinden des Fremdbildes; keine Möglichkeit mehr, aus eigenem Antrieb die Beziehungen zu harmonisieren; |
| 5. Stufe: Vom Feind zum Untermenschen: | Versuche des öffentlichen Bloßstellens der Gegenseite; Empfindung von Abscheu gegenüber der Gegenseite; übersteigertes Selbstbild und zunehmend "verteufeltes" Fremdbild; |
| 6. Stufe: Unverhüllte Drohungen: | Gegenseitige Drohungen; Bekunden von entsprechenden Absichtserklärungen gegenüber Dritten, um Drohungen Nachdruck zu verleihen; dadurch Selbstverpflichtung zur Aktivität, um Gesichtsverlust zu vermeiden; |
| 7. Stufe: Schlacht: | Gegenseitige Wahrnehmung der Konfliktparteien als "verdinglichte", zu vernichtende Objekte; erste Zerstörungsaktionen zur Entmachtung der Kontrahenten; |
| 8. Stufe: Vernichtungsfeldzug: | Rücksichtslose Handlungen mit dem Ziel der völligen Vernichtung des Gegners, allerdings ohne Opferung der eigenen Existenz; |
| 9. Stufe: Kamikaze: | Totaler Krieg zwischen Konfliktparteien ohne Rücksicht auf Gegner, Sympathisanten oder auch Neutrale; zusätzlich Bereitschaft zur absoluten Selbstaufopferung; Vernichtung des Gegners als einziges Lebensziel; |

Tab. 31: Eskalationsstufen eines Konflikts

Quelle: nach Glasl 1990, S. 103ff., 183ff.

Die Analyse der Eskalationsdynamik kann somit als wesentliche Aufgabe von Konfliktmanagern angesehen werden, denn erst im Anschluß daran können geeignete Interventionsmaßnahmen eingeleitet werden. So können *moderierende Eingriffe* vor allem in den niedrigeren Eskalationsstufen effektiv sein. Für die Stufen 3 bis 5 rät Glasl zu einer *Prozeßbegleitung*, vornehmlich durch einen externen, psychologisch erfahrenen Konfliktberater. Im Falle einer weiteren Eskalation kann über *"soziotherapeutische Prozeßkonsultation"* nachgedacht werden, um tiefsitzende Barrieren im Unterbewußtsein aufzuspüren und entstandene Neurosen zu heilen. In besonders schwerwiegenden Fällen kann eine von den Konfliktparteien gleichermaßen anerkannte *Autorität* oder auch ein *Schiedsverfahren* einen Beitrag zur konstruktiven Konflikthandhabung leisten. Als ultima ratio müßte schließlich von einer befugten Autorität durch einen *Machteingriff* eine Befriedung des in höchstem Maße eskalierten Konflikts herbeigeführt werden.[1914]

Für die Einschaltung von neutralen Vermittlern spricht sich auch die triadische Konflikttheorie von Walter L. Bühl aus, nach der eine Verbesserung des Konfliktverhaltens nur über ein *verbessertes Konfliktverständnis* zu erreichen ist, welches nur durch die *Einbeziehung Dritter* zur Regelung oder Moderation des Konflikts realisiert werden kann. Die Wahrnehmung des Konfliktgeschehens der Beteiligten ist demnach nicht nur von situativen Faktoren geleitet, sondern wird v.a. durch die Intentionen der Beteiligten gelenkt und verzerrt; ein Dritter in Form einer weiteren Partei, als formeller oder informeller, institutionalisierter Vermittler (auch als Vorgesetzter mit Ausnahme direkter Konfliktbeteiligung) vermag das Konfliktgeschehen nach Bühl besser zu erfassen.[1915] Diese Maßnahme der Einschaltung von neutralen Vermittlern als Konfliktberater bezeichnet man als "Mediation" bzw. im wirtschaftlichen Kontext als *"Wirtschaftsmediation"*.[1916] Dabei versucht der Mediator zunächst das Vertrauen der Konfliktparteien zu gewinnen und sich in Einzelgesprächen über das Konfliktgeschehen Klarheit zu verschaffen. Nach einer umfassenden Konfliktanalyse und -diagnose gilt es, in strukturierten Mediationsgesprächen die konträren Auffassungen den Konfliktparteien transparent zu machen und sie zu sensibilisieren, um letztlich zu neuen, für alle Kontrahenten akzeptablen Lösungen zu finden.

Als Empfehlungen für ein umfassendes Konfliktmanagement, welches primär in den Aufgabenbereich der Führung fällt, ließen sich folgende Aspekte in Anlehnung an die triadische Konflikttheorie formulieren:[1917]

- Depolarisierung des Konflikts durch Einbeziehung weiterer Beteiligter,

- rechtzeitige Begrenzung des Konflikts und Verhinderung von Eskalation durch die Ausgrenzung von erkannten Unvereinbarkeiten,

- Einigung auf bestimmte Spielregeln der Austragung,

- Einigung auf Fortsetzung der Beziehungen statt Abbruch,

- Generieren und Erforschen von Lösungsalternativen, die verbessernden, jedoch nicht endgültigen Charakter besitzen (Vermeidung des Anscheins von Endgültigkeit),

- Aufrechterhaltung der Würde der Konfliktpartner (Vermeidung von gegenseitiger Zerfleischung),

- Institutionalisierung von regelmäßigen Konflikten, Etablierung von sachlichen Streitgesprächen.

Hiermit soll insgesamt ein fruchtbares Konfliktklima geschaffen werden, durch welches insbesondere der Mitarbeiter zu einer Äußerung seiner kontroversen Meinung ermutigt wird und die erheblichen dysfunktionalen Effekte einer zunehmenden *Eskalation zu vermeiden* sind.

---

[1914] Vgl. Glasl 1990, S. 183ff., Gottschall 1990, S. 137.

[1915] Vgl. Bühl 1976. Ähnlich auch Gottschall 1990, S. 137.

[1916] Vgl. hierzu und im Folgenden Wittschier 1997, S. 34ff.

[1917] Vgl. hierzu Sutor 1990, S. 163.

In der betrieblichen Praxis werden als konkrete Konfliktlösungsmethoden beispielsweise die *Metaplan-Technik* (indirekte Konfliktbewältigung durch offene Kommunikation), aber auch die *"Themenzentrierte Interaktion"* (Umgangsregeln zur gleichwertigen Behandlung persönlicher Meinungen ("Ich"-Aussagen), Gruppenmeinungen und konkreten thematischen Inhalten) eingesetzt.[1918]

**Personalentwicklung**
Moderne *Konflikttrainings* berücksichtigen in ihren Konzeptionen, daß es unerläßlich ist, die biographischen und alltagspraktischen bzw. persönlichen und kulturellen Erfahrungen der Teilnehmer einzubeziehen. Insbesondere mit Blick auf die Bürger der neuen Bundesländer gilt es, mit Behutsamkeit und Geduld den Konflikt als etwas nicht nur Negatives ins Bewußtsein zu bringen, da die Arbeitskollektive, in die sie lange Zeit eingebunden waren, als reine Harmoniemodelle konzipiert waren. Hierzu kann unterstützend eine Reflexion der Trainer über die funktionalen Wirkungen von Konflikten im menschlichen Zusammenleben eingesetzt werden. Durch den Versuch einer Objektivierung des Konfliktgeschehens mit Hilfe bestimmter analytischer Elemente (z.B. Konflikttypen, Konfliktdramaturgie, Konfliktlösungsstufen, etc.) und dem damit verbundenen systematischen Umgang mit Konflikten können verinnerlichte radikale Konfliktvermeidungsstrategien abgebaut werden.

Das Einbringen, Austauschen und gemeinsame Verarbeiten der individuellen Erfahrungen als fester Bestandteil des Konflikttrainings bringt über die Prozesse der Selbstreflexion Wertvorstellungen, Erwartungen und Ängste zum Vorschein, so daß ein tieferes gegenseitiges Verständnis und Vertrauen als Basis für den Austausch kontroverser Meinungen entstehen.[1919]

Neben den oben beschriebenen Konfrontationsverfahren können noch andere verhaltenstherapeutische Verfahren, die auf verschiedenen Lerntheorien basieren zur Verbesserung der Konfliktfähigkeit bzw. zur Entwicklung eines konstruktiven Konfliktverhaltens angedacht werden. So können je nach Problemlage *Entspannungsübungen* (muskuläre Tiefenentspannung, atemzentrierte Entspannung), *operante Methoden* (soziale Verstärkung), *Modellernen* (Orientierung an geübten Konfliktmanagern und Konfliktbetroffenen), *kognitive Umstrukturierungen* oder ein *Biofeedback* (Rückmeldung über physische Reaktionen während des Konfliktverhaltens) fruchtbare Ergebnisse erzielen.[1920] Als detaillierte Zielsetzungen und dazugehörigen Übungen spezifischer *Diskussionstrainings* lassen sich die folgenden anführen:[1921]

---

[1918] Vgl. Gottschall 1990, S. 137.

[1919] Vgl. Chalupsky/Voß 1994, S. 1124ff.

[1920] Vgl. für einen Überblick und vertiefende Literaturhinweise Ahlers u.a. 1996, S. 331ff.

[1921] Vgl. hierzu Greif 1976a, S. 5ff., 1976b, S. 6ff.

| Zielsetzungen: | Übungen: |
|---|---|
| Verarbeitung von Redeängsten und inneren Konflikten; | "Systematische Desensibilisierung" im Rahmen gedanklicher Konfliktverarbeitung; "Verlernen" der Angst durch Gewöhnungseffekt; alternativ auch atemzentrierte Verhaltenstherapie[1922]; |
| aktives Ausdrucksverhalten; | Übungen zum besseren Verstehen und bewußteren Einsatz von Mimik und Gestik als Formen nonverbaler Kommunikation; Übungen zur Selbstkontrolle und zu Selbstfeedback; |
| aufmerksames Zuhören und Wiedergeben von Meinungen; | Übungen zur Steigerung der Konzentrationsfähigkeit, zur Verbesserung der Aufmerksamkeit und zur inhaltlichen Wiedergabe geäußerter Meinungen; |
| Stellen von Verständnisfragen; | Übungen zur selbstsicheren Formulierung präziser, d.h. problemeingrenzender und verständlicher Rückfragen; |
| verständliches Informieren; | Übungen zur Verinnerlichung der Prinzipien der Einfachheit, der Übersichtlichkeit, der Kürze und der Anregung;[1923] |
| selbstsicheres Auftreten; | verhaltenstherapeutisches Selbstsicherheittraining (Selbstbehauptungstraining, Assertivitätstraining); |
| optimales Umgehen mit positivem und negativem Feedback; | Übungen zur Verinnerlichung von zu beachtenden Prinzipien der Verhaltenskritik sowie zu empfehlenden Reaktionen auf Verhaltenskritik; |
| Verbesserung der Qualität und Kreativität der Diskussionen; | Übungen zur angemessenen und motivierenden Beurteilung von Diskussionsbeiträgen, zum qualifizierten Einstieg in Diskussionen sowie zu Kreativitätstechniken; |
| Steuerung des Ablaufs von Diskussionen. | Übungen zur Strukturierung und Systematisierung des Diskussionsrahmens und der Diskussionsbeiträge. |

Tab. 32: Zielsetzungen und Übungen des Diskussionstrainings
Quelle: nach Greif 1976a, S. 5ff., Greif 1976b, S. 6ff.

Im Rahmen dieser aufgezeigten Verfahren kommen insbesondere *Rollenspiele* zum Einsatz, die unter Umständen auch auf Video aufgezeichnet werden und sich dafür eignen, das Konfliktverhalten anschaulich einzuüben und hinsichtlich definierter Kriterien konstruktiver Konfliktaustragung zu bewerten.[1924]

Eine bewährte Methode des Konflikttrainings ist daneben das *Planspiel*. Planspiele eröffnen den Teilnehmern die Möglichkeit, bisherige Erfahrungen anzuwenden und sie auf Effektivität zu überprüfen, problembezogen zu reflektieren und zu abstrahieren sowie alternative Lösungsmöglichkeiten auszuprobieren. Durch individuell unterschiedliche Auffassungen und Einstellungen der Mitglieder einer Spielergruppe kommt es fast zwangsläufig zu Konflikten, - besonders in typischen Krisensituationen im Rahmen *betriebswirtschaftlicher Planspiele*,[1925] wie z.B. bei dokumentierter Erfolgslosigkeit (ausbleibender Markterfolg, finanzielle Engpässe etc.) sowie Entscheidungsschwäche (Führungsschwäche, halbherzige Entscheidungen).

---

[1922] Vgl. hierzu Pohler/Pohler-Wagner 1990.

[1923] Vgl. hierzu auch Schulz v. Thun 1981, S. 140ff.

[1924] Vgl. Chalupsky/Voß 1994, S. 1124ff., Greif 1976b, S. 4ff.

[1925] Vgl. dazu Scharnbacher 1994, S. 27ff.

Die in solchen Fällen auftretenden Konflikte können nicht immer von der Gruppe autonom konstruktiv gehandhabt werden und machen es mitunter erforderlich, daß der *Planspielleiter als Konfliktmanager* auftritt, um Eskalationen zu verhindern und durch neue Perspektiven dem Team eine Motivationsquelle zur Weiterentwicklung zu erschließen. Insofern stellt das Planspiel auch für die Führungskräfte eine sinnvolle Personalentwicklungsmaßnahme dar, wenn diese als Planspielleiter eingesetzt werden können.

*Entgeltgestaltung*

Oftmals wird bekundet, daß der mündige Mitarbeiter, der seine Meinung offen und ehrlich vertritt, lieber gesehen ist, als ein unkritischer "Ja-Sager". Jedoch richtet der Mitarbeiter sein Verhalten auch maßgeblich nach dem bestehenden Anreizsystem aus, welches nicht immer eine konfliktfreudige Haltung unterstützt und möglicherweise eher Konfliktvermeidungsstrategien belohnt. So muß neben der nicht mit Anreizen aufgewogenen psychischen Belastung mit erheblichen, nicht-ersetzten Opportunitätskosten im Konfliktfall gerechnet werden, z.B. in Form der durch die Diskussionen verlorenen Zeit, die für produktive Aufgabenbewältigung hätte eingesetzt werden können. Gerade der letzgenannte Aspekt könnte sich speziell im Rahmen der in jüngster Zeit wieder populärer werdenden ergebnis- bzw. zielorientierten Vergütung ("Führung durch Ziele" bzw. Management by Objectives) entsprechend negativ auswirken, wenn Konflikte im Hinblick auf die definierte Zielerreichung nicht unmittelbar als positiv wahrgenommen werden.[1926] So erscheinen folgende provokative Fragen von Interesse:

- Inwieweit lassen die bestehenden Anreizsysteme Raum für Konfliktaustragungen, d.h. inwiefern gereicht es dem Individuum zum Nachteil, sich auf kontroverse, evtl. auch zeit- und kräfteraubende Diskussionen einzulassen? Bestehen Anreize für Konfliktaustragungen oder ist mit Einbußen oder gar Sanktionen zu rechnen?

- Inwieweit wird die Tugend der Tapferkeit, d.h. aktive Zivilcourage (Widersprechen, Äußern der eigenen Meinung) sowie passive Standhaftigkeit in Auseinandersetzungen von Anreizsystemen belohnt? (Oder sollte man zweckmäßiger nach den Bestrafungen innerhalb des Sanktionssystems fragen?)

- Fördern die individualisierten, leistungsorientierten Anreiz- und insbesondere Karrieresysteme nicht ein opportunistisches Verhalten, welches interpersonelle Konflikte als egoistische, persönliche Machtkämpfe erscheinen läßt, die so lange und so intensiv ausgetragen werden, bis ein Beteiligter den Konflikt und sein Gesicht verloren hat?

Die Kosten, die funktionale Konflikte für das Unternehmen und das Individuum verursachen, können als Investitionen in die Veränderungs- und Weiterentwicklungsfähigkeit der Organisation und der beteiligten Individuen gesehen werden. Gerade die in jüngster Zeit diskutierten Konzepte lernender Organisationen erfordern somit ein Anreizsystem, welches die am Konflikt beteiligten Individuen nicht dadurch benachteiligt, daß es die konfliktbedingten Kosten auf sie abwälzt. Ebenso scheint es für ein konstruktives Konfliktklima notwendig, daß nicht nur potentielle Konfliktgewinner in den Genuß von Belohnungen kommen, da gerade hierdurch sachliche Auseinandersetzungen zu persönlichen Rivalitäten eskalieren sowie nachhaltige Frustrationen bei Konfliktverlierern zu weiteren negativen Folgewirkungen führen.

---

[1926] Vgl. z.B. Svoboda 1997, S. 35ff., Krieg/Drebes 1996, S. 54ff.

## 5.3.6  Fehler- und Lernkultur

Es wird zur wesentlichen Zukunftsaufgabe des Managements gehören, organisatorische und personalwirtschaftliche Strukturen und Prozesse lernfreundlich zu gestalten. Dabei steht das bewußte Lernen aus Fehlern im Vordergrund, welches gleichzeitig auch die Grundlage eines effizienten *Qualitätsmanagements* ist.[1927] Eine Lernkultur beinhaltet die Förderung innovativer Versuchsprozesse, gemeinsames Lernen in formellen wie informellen Arbeitsgruppen miteinander und voneinander sowie insgesamt ein organisiertes System der Erhaltung, des Aufbaus und der Weitergabe von Wissen und Können.[1928] Es geht zunächst um die Schaffung eines Klimas, „in dem der Mitarbeiter nicht aus Angst vor Mißerfolg handelt, sondern in dem er in der Hoffnung auf Erfolg tätig werden kann."[1929] Die persönliche Entwicklung wird in besonderem Maße getragen von Erfahrungen, die die eigene Leistung als Überwinden von Widerständen und Schwierigkeiten bzw. als Bewältigung von Herausforderungen erkennen lassen. Ein solches Vorgehen beinhaltet stets auch die Möglichkeit von Fehlern, die aber gerade Grundlage einer produktiven Weiterentwicklung sein können.[1930]

Ein weiterer zentraler Gestaltungsaspekt zur Pflege wie zur Unterstützung der Entwicklung einer betrieblichen Lernkultur besteht im Wissens- und Erfahrungstransfer innerhalb der Unternehmung bzw. zwischen den Anspruchsgruppen der Unternehmung. Es ist zu klären, wie individuelles Wissen und individuelle Erfahrungen in gemeinsam geteiltes Wissen bzw. in organisationales Wissen überführt werden können. Der Idealzustand einer freiheitlichen Lernkultur könnte darin gesehen werden, daß alle Mitglieder ihr Wissen austauschen, voneinander lernen und ihr Wissen und ihre Erfahrungen vollständig der Organisation zur Verfügung stellen.[1931] Nur auf diesem Weg kann eine kontinuierliche Erweiterung der organisatorischen Wissensbasis erreicht und die Vision von wissenszentrierten Organisationsformen, wie insbesondere auch der eines "Lernenden Unternehmens", umgesetzt werden. Neben organisatorischen Maßnahmen, wie z.B. einer stärkeren Ausrichtung auf Netzwerkstrukturen, erscheinen zum Aufbau einer fehler- und lernfreundlichen Atmosphäre aus personalwirtschaftlicher Sicht insbesondere die folgenden von Interesse.

### *Personalführung*

Wesentlich für das Erkennen und das Lernen aus Fehlern ist eine offene, ehrliche und damit auch kritische Beurteilung des Verhaltens. Im Rahmen einer systematischen Beurteilung können in Mitarbeitergesprächen, die auch unter Kollegen organisiert werden könnten, Aspekte des aufgabenbezogenen, aber auch des sozialen Verhaltens diskutiert werden. Die Steuerungsgrößen Anerkennung und Kritik können in einem entsprechenden Klima wirkungsvoll eingesetzt werden. Eine als persönliche Schuldzuweisung mißverstandene Kritik hilft dabei ebenso

---

[1927] Vgl. zur Verbindung des Konzepts "Total Quality Management" und einer Bewertung des Standorts Deutschland, insbesondere im Hinblick auf den Umgang mit Fehlern bzw. den Voraussetzungen für eine lernfreundliche Arbeitsstruktur, z.B. Runge 1995, Bungard/Dorr/Oess 1992.

[1928] Vgl. Scheuten 1994, S. 110f.

[1929] Franz/Herbert 1987, S. 18.

[1930] Vgl. Sprenger 1992, S. 38ff., Franz/Herbert 1987, S. 18.

[1931] Vgl. ähnlich auch Süssmuth-Dyckerhoff 1995, S. 109ff.

wenig wie die in Deutschland vielerorts zu beobachtende Sündenbockmentalität.[1932] Ein in diesem Zusammenhang notwendiger Umdenkprozeß erfordert allerdings ein hohes Maß an Geduld, gegenseitiger Kenntnis von Stärken und Schwächen sowie eine stabile Vertrauensbasis, was primär länger zusammenarbeitenden Gruppen vorbehalten ist.

Michael Frese plädiert für eine bewußte Trennung zwischen Fehlern und Fehlerkonsequenzen,[1933] Demnach sind Fehler - ähnlich wie Konflikte - grundsätzlich als etwas Natürliches und Akzeptierbares im Arbeitsprozeß zu begreifen, wobei jedoch der Umgang mit Fehlern in unterschiedlich effizienter Form geschehen kann (Konsequenzen).

Neben der gerade in Deutschland oftmals überbetonten Strategie der Fehlerprävention empfiehlt sich im Rahmen der Führung eine intensivere Betrachtung des *Fehlermanagements* im Sinne der *Errichtung von "Barrieren" zwischen Fehler und Fehlerkonsequenz.* Als Bestandteile eines produktiven Fehlermanagements lassen sich die folgenden anführen:[1934]

- Entdämonisierung von Fehlern (Entwicklung einer natürlichen Einstellung gegenüber Fehlern),

- Beschleunigung des Fehlermachens (Schnelle Nutzung des Lernpotentials),

- Enttabuisierung von Fehlern (Förderung der offenen Kommunikation im Zusammenhang mit Fehlern),

- Erhöhung von Fehlererwartung und Fehlerentdeckung (Verbesserung der Kenntnisse über Fehlermöglichkeiten),

- Fehlerrückmeldung (Aktives Suchen nach Fehlern, Verbesserung der Fehlerinformationen),

- Überprüfung und menschliche Ergänzung von Fehlerkorrektursystemen,

- Schnelle Korrektur von Fehlern,

- Problemzentrierung und Abkehr von der "Sündenbockstrategie",

- Möglichkeit zur Fehlerverantwortlichkeit schaffen,

- Systematisches Lernen aus Fehlern,

- Sekundäre Fehlervermeidung.

Ein mögliches Instrument zur Nutzung der Fehler als Lernquelle stellen sog. *"Fehlermeldekarten"* dar, die vor allem auch im Rahmen eines umfassenden Qualitätsmanagements diskutiert werden. So urteilt Bühner in einem Erfahrungsbericht über die Fehlermeldekarten im Rahmen des von ihm in einem Pilotprojekt durchgeführten Zertifizierungsprogramms für seinen Lehrstuhl an der Universität Passau wie folgt: „Diese ursprünglich mit Stirnrunzeln und in Abwehrhaltung ("Ich mache doch keine Fehler!") zur Kenntnis genommene Karte ist mittlerwiele ein beliebtes und intensiv genutztes Instrument geworden; dies verdeutlicht den unverkrampften Umgang mit den eigenen Fehlern und denen der Kollegen und das Entstehen

---

[1932] Vgl. Franz/Herbert 1987, S. 18, Heidack 1997, S. 30.

[1933] Vgl. hierzu und im Folgenden Frese, M. 1998, S. 58ff.

[1934] Vgl. hierzu Frese, M. 1998, S. 60, 62.

einer "Fehlerkultur", in der Fehler nicht als Schwäche, sondern als Chance wahrgenommen werden, sich zu verbessern."[1935]

Die Fehlermeldekarte von Bühner weist folgende Form auf:

| FEHLERMELDEKARTE | |
|---|---|
| **FEHLERMELDEKARTE** | Aktuelles Datum: ................... |
| Fehler entdeckt durch: | |
| .................(Namenskürzel) | Maßnahmen zur Korrektur: |
| Wo ist der Fehler aufgetreten? | |
| Lehrstuhlinhaber  Wiss. Hilfskräfte | |
| Assistenten  Sekretariat | |
| Wann ist der Fehler aufgetreten? | Weitere Verbesserungsvorschläge: |
| ...................... Datum | |
| Fehlerspezifikation: | |
| Mögliche Ursachen? | Korrektur durchgeführt am: |
| | ...................... Datum |

Tab. 33: Fehlermeldekarte

Quelle: Bühner 1998, S. 10

### Personalentwicklung

Das zentrale personalwirtschaftliche Funktionsfeld, welches für den Schutz, die Pflege, die Vermittlung und die Förderung einer betrieblichen Fehler- und Lernkultur Sorge trägt, ist die Personalentwicklung.

Die Lernprozesse im Unternehmen zu intensivieren und Lerneffekte zu erhöhen, ist das erklärte Ziel eines modernen Wissensmanagements.[1936] Die zentrale Frage innerhalb dieses Forschungsfeldes besteht darin, wie, d.h. mit welchen Methoden und Instrumenten das Management die bislang zu wenig genutzten Wissenspotentiale der Organisationsmitglieder (sowie Außenstehender, die an organisatorischen Strukturen und Prozessen beteiligt sind) nutzbar machen kann. In diesem Zusammenhang wird das Ausmaß einer möglichen Einflußnahme durch das Management erneut zum Diskussionsgegenstand. Im Kern geht es darum, das Selbstlernpotential von Mitarbeitern zu erweitern und effizienter zu nutzen. Eigenständiges Lernen über selbstbestimmte Zielbildung, Vorbereitung, Durchführung und Kontrolle im Rahmen von Lernprozessen, wie es speziell im *Action Learning* vorgesehen ist, ist bis heute

---

[1935] Bühner 1998, S. 9. Kritisch beurteilt Bergmann das Normensystem DIN ISO 9000ff., indem er auf die innovationshemmenden Wirkungen hinweist, die aufgrund des zusätzlichen Verwaltungsaufwandes auftreten (1996, S. 462f.).

[1936] Vgl. zum Knowledge Management insbesondere Nonaka/Takeuchi 1997, Krogh 1996, Krogh/Nonaka/Ichijo 1997, S. 475ff., Schneider, U. 1996.

in der betrieblichen Praxis kaum entwickelt.[1937] Krogh/Nonaka/Ichijo sprechen sich daher für eine Motivation und Befähigung ("Enabling") zur selbständigen Wissensaktivierung aus und empfehlen im Sinne einer personalwirtschaftlichen Umsetzung die Entwicklung von *"knowledge activists"*, die sie wie folgt charakterisieren:

> „Enabling new knowledge, we believe, will to a large extent be dependant on the energy, commitment, and durability put into knowledge creation. Against this background, we would like to suggest a new knowledge enabler, the *knowledge activist*. The knowledge activist is someone, some group or department that takes on particular responsibility for energizing and coordinating knowledge creation efforts throughout the the corporation. We believe that such activism will have three purposes, the first of which is to initiate and focus knowledge creation, the second to reduce the time and cost needed for knowledge creation, and the third to leverage knowledge creation initiatives throughout the corporation."[1938]

Deutlich wird bei dieser Charakterisierung die Nähe zur Figur des Intrapreneurs, der ebenso maßgeblich dafür verantwortlich ist, "Dinge in der Unternehmung in Gang zu setzen". Auch der "knowledge activist" sieht seine Aufgabe primär darin, einen Anstoß zur Selbstverpflichtung und eigenständiger, selbstverantwortlicher Wissensaktivierung zu geben; er spürt ebenso wie der Intrapreneur neue Ideen, neue Informationen, neue Einsichten, neue Probleme und neue "Opportunities" auf, hinterfragt dabei die gegenwärtigen strukturellen und prozessualen Gegebenheiten und schafft den notwendigen Rahmen für *"knowledge creation"*. Seine Aufgabe besteht darüber hinaus in der Vernetzung bzw. Zusammenführung individuellen Wissens, d.h. in einer Überführung in organisationales Wissen, welches grundsätzlich allen Mitgliedern zur Verfügung steht. Dabei nimmt er zweckmäßigerweise immer wieder eine Vogelperspektive ein, um Entwicklungslinien und Probleme der einzelnen Unternehmensbereiche ("microcommunities") zu erkennen und einen wechselseitigen Austausch organisieren zu können.[1939]

Deutlich kommt bei diesen Ansätzen zum Ausdruck, daß sie die zunehmende Individualisierung berücksichtigen. Weitergehend kann darüber nachgedacht werden, wie eine generelle Individualisierung des Lernens aussehen könnte, so daß das öffentliche Bildungsmonopol, aber auch organisierte Bildungsarbeit im Unternehmen in seinem Aufgabenbereich eingeschränkt, vielleicht sogar gänzlich überflüssig werden kann. Gerade im Hinblick auf die modernen Informations- und Kommunikationstechnologien ergeben sich derart vielfältige *Möglichkeiten orts- und zeitunabhängiger Lerngestaltung* in Eigenverantwortung, daß der Sprung zur individualisierten Lernkultur in greifbare Nähe rückt. Zweck der allgemeinen Ausbildung könnte demnach neben der Vermittlung der informationstechnischen Grundkenntnisse ausschließlich in der Befähigung zum eigenständigen Lernen, der Vermittlung einer *"self-learning competency"* sein.[1940] In diesem Sinne muß auch aus betrieblicher Sicht darüber nachgedacht werden, wie beispielsweise Lernmöglichkeiten, die sich durch die Gründung von

---

[1937] Vgl. Ladensack/Glotz 1996, S. 886ff., Meier, H. 1995, S. 35. Eines der wenigen Beispiele konsequent angewandten Aktionslernens findet sich bei der Veba Oel AG (vgl. Krüper/Harbig 1997, S. 105ff.).

[1938] Krogh/Nonaka/Ichijo 1997, S. 475.

[1939] Vgl. Krogh/Nonaka/Ichijo 1997, S. 476ff.

[1940] Vgl. hierzu z.B. den Vorschlag eines Konzepts "kooperativer Selbstqualifikation" von Heidack (1997, S. 28ff.).

"open colleges" oder "open universities" nach britischem oder amerikanischem Muster ergeben, genutzt werden können.[1941]

Unterstützend könnte alternativ das Prinzip der job rotation wirken. Dadurch, daß Mitarbeiter ihre Aufgaben nach einem Rotationsprinzip in bestimmten Zeitabständen tauschen, können sie *selbst* Erfahrungen in den jeweiligen Positionen sammeln; durch die Selbsterfahrung und möglicherweise Selbstverpflichtung (Commitment) verspricht man sich größere bzw. nachhaltigere Lerneffekte.[1942]

Als konstruktiv erweist es sich, wenn man sich gegenseitig auf (potentielle) Fehler aufmerksam machen kann und offen über (potentielle) Fehler diskutieren kann. Wesentliche Grundlagen für eine freiheitliche Lernkultur bestehen in stabilen Vertrauens- und ungehemmten Kommunikationsbeziehungen der Organisationsmitglieder, deren Umsetzung - wie bereits gezeigt - durch flankierende Personalentwicklungsmaßnahmen unterstützt werden kann (z.B. über Diskussionsforen als Face-to-Face- oder auch als Video-Konferenzen). Dazu ist zweifellos ein angstfreies Klima ebenso erforderlich wie ein gesundes Selbstbewußtsein und Selbstvertrauen, insbesondere auf Seiten der Fehlerverursacher. Hinsichtlich diesbezüglicher Defizite bieten sich auch für die Weiterentwicklung einer Fehlerkultur bereits angesprochene *Maßnahmen der Psychotherapie* an, die speziellen Phobien oder auch mangelndem Selbstvertrauen der Mitarbeiter entgegenwirken können. Gerade das Lernen aus Fehlern, aber auch das Kennenlernen verschiedener Unternehmensbereiche, Aufgabenstellungen und Persönlichkeitstypen läßt erneut die *Mitarbeit in Projekten* als Maßnahme speziell für jüngere Organisationsmitglieder interessant erscheinen. So wird in neueren Arbeiten wiederholt das Projektmanagement als ein wesentliches Organisationsprinzip zur Verwirklichung einer betrieblichen Lernkultur bzw. einer "Lernenden Organisation" aufgegriffen.[1943]

Speziell die Personalentwicklung könnte von der Erfahrung profitieren, daß Fehler, die von jungen Mitarbeitern evtl. im Rahmen von Projekttätigkeiten begangen werden, in ihrer Wirkung auf die organisationale Effizienz oftmals von geringer Bedeutung sind; durch die gewonnenen Erkenntnisse stellen sich Lerneffekte ein, die dazu beitragen, daß der Mitarbeiter in späteren Jahren gleichartige, aber schwerwiegendere Fehler nicht noch einmal begeht, denn aufgrund der später durch eine höhere Position zu erwartenden größeren Tragweite des Fehlverhaltens würde sich eine wesentlich verhängnisvollere Wirkung für die Organisation einstellen. In rein theoretischer Betrachtung könnten sich vor diesem Hintergrund erhebliche Opportunitätskosten einer rigorosen Fehler- und Risikovermeidungshaltung ansetzen lassen.[1944] Könnten in der Aus- und Weiterbildung daher nicht bewußt Fehlverhalten in Kauf genommen oder sogar produziert und geschult werden, um so die Selbstreflektion bzw. Selbsterkenntnis oder auch die Einsicht des Einzelnen zu verbessern und Fehler als Quelle des Lernens bzw. als Investition zu institutionalisieren? Auch hierdurch können Loyalität, Identifikation und langfristiges Denken gefördert werden.

---

[1941] Vgl. Sommer 1990, S. 480ff. Interessant erscheint in diesem Zusammenhang auch die in mehreren Großunternehmen geführte Diskussion um sog. "Corporate Universities", die von Unternehmen eigenständig betrieben werden könnten.

[1942] Vgl. Garvin 1993, S. 78ff., Süssmuth-Dyckerhoff 1995, S. 112f.

[1943] Vgl. hierzu z.B. Winkelhofer 1997, S. 11ff., Heidack 1997, S. 28ff.

[1944] Vgl. Bitzer 1991, S. 38.

## Entgeltgestaltung

Die bestehenden Entgeltsysteme sind vielfach auf einer Null-Fehler-Kultur aufgebaut. Zumeist werden Null-Fehler-Denken und die daraus resultierende Risikoscheu höher belohnt als Innovationsfreude, die durch das höhere Risiko freilich auch Fehler produziert. Mit einer derartigen Anreizpolitik fördert man eine passive "Anpaß- und Besitzstandswahrungskultur" und verhindert einen konstruktiven Umgang mit Fehlern in Form produktiver Lernprozesse. Das besitzstandsorientierte, risikoaverse Fehlervermeidungsdenken der Mitarbeiter erweist sich somit schlichtweg als eine rational zu erwartende Reaktion.

Eine kulturell gefestigte Toleranz gegenüber Fehlern wirkt stimulierend auf unternehmerische Initiativen der Mitarbeiter, denen unweigerlich ein gewisses Fehlerrisiko anhaftet. Der Wert solcher Initiativen kann sich demnach nicht nur in Geldeinheiten messen lassen, sondern vielmehr auch an den Lerneffekten, die sich daraus ergeben. Dabei ist zu betonen, daß gerade Fehler ein hohes Lern- und Innovationspotential in sich bergen, welches dem handelnden Individuum, aber auch der gesamten Organisation zu gute kommen kann. Wäre es vor diesem Hintergrund nicht konsequent, bestimmte Fehler, die für die zukünftige Entwicklung positiv genutzt werden können, nicht zu *bestrafen*, sondern vielmehr zu *belohnen*?

Wenngleich es auch überzogen scheint, eine monetäre Belohnung für Fehler auszusetzen, könnten zumindest Formen einer ehrlichen Anerkennung und aufrichtigen Wertschätzung zum Ausdruck bringen, daß Fehler keineswegs zu Herabwürdigung, Abqualifizierung und persönlichen Niederlagen führen. So ist es in einigen amerikanischen Unternehmen etabliert, den *"Mißerfolg des Monats"* öffentlich bekanntzugeben, nicht etwa mit dem Zweck, den Verursacher als Tolpatsch vorzuführen, sondern eine tolerante, aufgeschlossene Haltung gegenüber Fehlern als selbstverständliches Verhaltensmuster zu kultivieren.[1945]

Aufgrund ihrer Position kommt den Personalverantwortlichen die maßgebliche Verantwortung für den Umgang mit Fehlern zu; sie stellen die Weichen für eine spezifische Atmosphäre, in der die unweigerlich auftauchenden Fehler entweder angstbetont verschwiegen und vertuscht oder aber vertrauensvoll diskutiert werden. Grundvoraussetzung für letzteres ist freilich der Mut der Führungskräfte, Kritik unmittelbar, direkt, klar und konstruktiv (auch gegen sich selbst) zu äußern, weiterhin zu der fehlerverantwortenden Person zu stehen, sie zu akzeptieren und für die Zukunft zu motivieren. Andererseits darf über den bewußteren Umgang mit Fehlern bzw. negativen Ergebnissen nicht die *Hervorhebung von positiven Verhaltensresultaten* vernachlässigt werden, um ein grundsätzlich positives Klima zu erhalten. Hierzu können insbesondere die oftmals vernachlässigten Gespräche der *Anerkennung* und des *Lobens* gezielt eingesetzt werden; denn "verweigerte Anerkennung ist verweigerter Lohn".[1946]

Zur Verwirklichung einer betrieblichen Lernkultur, scheint es weiterhin angebracht zu sein, Lernprozesse zu belohnen, insbesondere dann, wenn sie selbstgesteuert und eigenmotiviert ablaufen. In diesem Zusammenhang werden in der Praxis seit geraumer Zeit Ansätze einer *qualifikationsorientierten Vergütung* diskutiert. Die Veränderungen der Arbeitswelt haben tra-

---

[1945] Vgl. Sprenger 1992, S. 41.

[1946] Vgl. Frey/Schmook 1995, S. 117f.. Wolff (1996, S. 58) verweist darauf, daß über 70% der Mitarbeiter eine ausdrückliche Anerkennung ihrer Leistung wünschen, aber nur knapp 50% bzw. 30% sehen diesen Wunsch in der Praxis als erfüllt an.

ditionelle Arbeitsbewertungsverfahren vor erhebliche Probleme gestellt, indem die permanenten Anforderungsveränderungen kaum mehr mit den bewährten Kriterien, z.B. gemäß dem Genfer Schema, erfaßt werden können. Stattdessen kann eine Ausrichtung auf die im Unternehmen einsetzbaren Qualifikationen des Mitarbeiters (*"Competency-based Pay"*) eine ganzheitlichere Sicht ermöglichen[1947] sowie Vorteile bieten in Bezug auf Einführung und Umgang mit neuen Technologien, verstärkte Kundenorientierung sowie deutliche Impulse für Veränderungs- und Innovationsprozesse.[1948] Wesentlich für die zukünftige Anreizgestaltung wird sein, die bekundeten Forderungen nach aktiver Arbeitshaltung, Teamorientierung und insbesondere auch Weiterentwicklung der individuellen Kompetenzen durch entsprechende Modifikationen im System der Be- und Entlohnung zu berücksichtigen.[1949]

Als Beispiel einer qualifikationsorientierten Entlohnung kann etwa die Struktur des sog. *"Skill-based Pay Program"* der Northern Telecom angeführt werden, welches allerdings vorwiegend für "blue-collar-worker" konzipiert wurde (in Abgrenzung zum umfassender zu verstehenden "Competency-based Pay"). Die raschen Veränderungen des Marktes, der Kundenbedürfnisse und der technischen Entwicklungen wirken als Druckfaktoren und erfordern eine kontinuierliche Weiterentwicklung der Mitarbeiterqualifikationen. Um die Mitarbeiter zur Erhaltung und Erweiterung ihrer Kompetenzen zu motivieren, bemißt sich die Vergütung nach dem Umfang, der Bedeutung und der Güte ihrer Qualifikationen. Wie konsequent dieses Anreizmodell seit 1991 verfolgt wird, verdeutlicht Dennis Garfield, Director of Installation der Northern Telecom: „The only way our field technicians can receive an increase in their base pay is through the attainment of new skills." Als Grundlage dient dabei eine Liste aller relevanten, honorierbaren Qualifikationen, die jeweils mit einer spezifischen Punktzahl hinsichtlich ihrer Bedeutung und der Schwierigkeit ihres Erwerbs bewertet werden ("Skills Capability Record").[1950] In einer neueren Untersuchung zur Effizienz eines Skill-based Pay Programms kamen Murray/Gerhart zu dem Ergebnis, daß sich kurzfristig positive Effekte auf Produktivität, Qualität sowie Stückkosten ergeben können, zum langfristigen Erhalt dieser Wirkungen jedoch zusätzliche Voraussetzungen geschaffen werden müßten.[1951] Die qualifikationsorientierte Vergütung verlangt ein ganzheitliches Konzept, welches insbesondere die Schaffung von adäquaten Möglichkeiten des Qualifikationserwerbs ("Training and Certification") sowie eine neue Abstimmung mit der gesamten Arbeitsstrukturierung ("Job Design") erfordert.

---

[1947] Vgl. Wagner, H. 1995, S. 113, Oechsler 1996, S. 126.

[1948] Vgl. Caudron 1993, S. 64Aff., Becker 1987, S. 29ff., Oechsler 1996, S. 126.

[1949] Überzeugend vertritt dies auch Caudron: „Don't just talk about the beauty of employee empowerment: Pay employees for their empowered contributions. Don't hold up teamwork as the highest ideal, unless you reward people for their contributions to the team. And don't proselytize about skills development, unless you're willing to give employees a financial incentive to acquire those skills." (Caudron 1993, S. 64B).

[1950] Nachdem der Mitarbeiter eine neue Fähigkeit erworben und deren Einsetzbarkeit unter Beweis gestellt hat, erhält er ein Zertifikat, welches über die spezifische Punktwertung zu einer höheren Dotierung führt (vgl. Caudron 1993, S. 64G).

[1951] Vgl. Murray/Gerhart 1998, S. 68ff.

## Zusammenfassung

Die vorgenommene Darstellung der Instrumente, die den Aufbau der einzelnen Kulturfelder fördern könnten, vermag nicht den bestehenden vielfältigen Interdependenzen Rechnung zu tragen. So sind denn neben den funktionalen Wirkungen der denkbaren Maßnahmen hinsichtlich eines Kulturfeldes die sich ergebenden, eventuell auch negativen Effekte in den anderen Kulturfeldern zu beachten. Ebenso bedarf die Abstimmung zwischen den einzelnen betrachteten personalwirtschaftlichen Funktionsbereichen der Personalführung, der Personalentwicklung und der Entgeltgestaltung einer weiterführenden konzeptionellen Ausarbeitung. Realistischerweise kann daher für das vorgestellte Instrumentarium keine bedingungslose Widerspruchsfreiheit unterstellt werden.

Das sich aus den Untergliederungen der Instrumente (Abb. 67: Ringmodell, Abb. 68: Turmmodell) ergebende Gesamtmodell des hier skizzierten kulturbewußten Personalmanagements ließe sich symbolisch gesehen als Struktur eines *"kulturellen Kraftwerks"* der Unternehmung auffassen, dessen Elemente miteinander vernetzt sind und in dem die tragende Bedeutung der personalwirtschaftlichen Instrumente zum Ausdruck kommt. Denn die zur Verwirklichung einer kritischen Solidargemeinschaft notwendige, vor allem von den Mitarbeitern aufzubringende kulturelle Energie (vgl. Abb. 66: Antriebsräder der kritischen Solidargemeinschaft) läßt sich wesentlich mit Hilfe der beispielhaft vorgeschlagenen Anstöße durch das Personalmanagement erzeugen.

So sind die zur Förderung der einzelnen Kulturfelder hervorgehobenen personalwirtschaftlichen Aufgabenbereiche der Personalentwicklung, der Personalführung und der Entgeltgestaltung in den Kontext der übergreifenden funktionalen Erfordernisse für die Lebensfähigkeit des Gesamtsystems zu stellen. Diese Funktionen der wirtschaftlichen Prozeßgestaltung, der Anpassung und (Selbst-)erneuerung sowie der Integration und Koordination sind als konsistente Verbindungsriemen zu entwickeln, die als umfassende Systeme die einzelnen Kulturfelder umspannen und auch den Rahmen einer strategischen Personalpolitik vorzeichnen (vgl. Abb. 76).

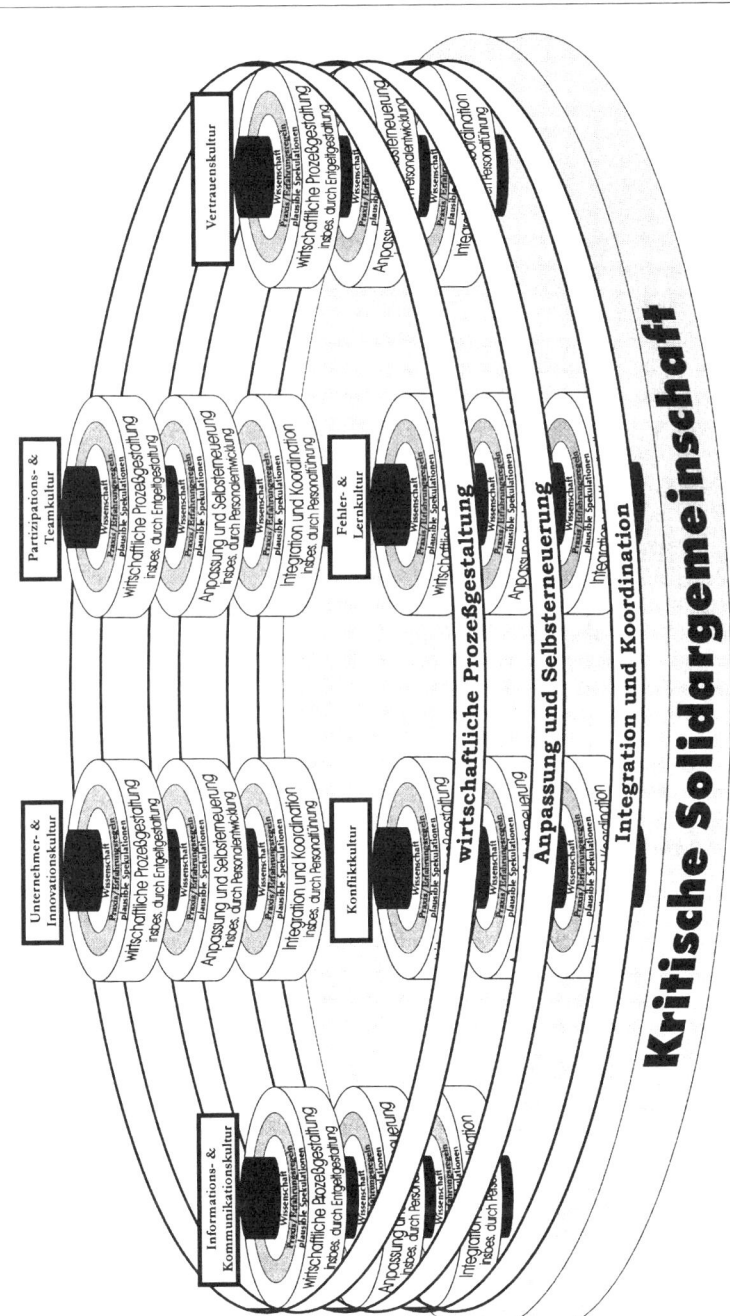

# 6. Schlußbetrachtung und Relativierung

## 6.1 Resümee und offene Forschungsfragen

Die im vorangegangenen Kap. 5 andiskutierten personalwirtschaftlichen Instrumente können als erste Ansatzpunkte eines Personalmanagements gesehen werden, welches zur Verwirklichung der einzelnen Kulturfelder als Profilmerkmale einer "kritischen Solidargemeinschaft" beiträgt. Trotz der vorgenommenen argumentativen Unterstützung dieses Modells über geeignete mentale Voraussetzungen der Deutschen infolge des Wertewandels sowie über die angestellten Effiziezüberlegungen bei den einzelnen Kulturfeldern haftet der Position – primär aufgrund des Mangels einer letztlichen Begründung des ethischen Fundaments[1952] - ein verbleibender normativer Kern an. Auch dadurch kann der Charakter einer personalwirtschaftlichen Kunstlehre nicht gänzlich abgestritten werden.

Gleichgültig, welche Position ein betriebliches Personalmanagement in deutschen Unternehmen für die Gestaltung der Zukunft einnimmt, es bleibt stets unerläßlich, die kulturellen Grundlagen der Deutschen in das entsprechende Management-Konzept einzubeziehen und die auftretenden Wechselwirkungen zu erfassen. Mögliche, relevant erscheinende Ansatzpunkte hierzu wurden aufgezeigt, weiterführende Untersuchungen sowie die Einbeziehung adäquater Teiltheorien sind jedoch notwendig, um die Ursache-Wirkungsbeziehungen zwischen bestimmten Kulturmerkmalen und betrieblicher Personalarbeit noch differenzierter herauszuarbeiten und tiefergehend zu begründen. Ebenso können empirische Untersuchungen dazu beitragen, die aufgezeigten Hypothesen a) zum Wesen der Deutschen sowie b) deren Wirkungen hinsichtlich organisationaler Effizienz zu überprüfen. Diese noch zu leistende Forschungsarbeit verdeutlicht denn auch, daß die vorliegende Arbeit lediglich als ein Ausgangspunkt für ein *kulturtheoretisches Forschungsprogramm* in der Personalwirtschaftslehre dienen kann.

Aufgrund der ständigen Möglichkeit kultureller Weiterentwicklung sowie der zeitlichen Bedingtheit der Effizienzwirkungen von Kulturmerkmalen ergibt sich aus ökonomischer Sicht die Notwendigkeit einer *dynamischen kulturorientierten Betrachtung*. Erstens bedarf es einer permanenten, kontinuierlichen Überprüfung, inwiefern die Unternehmenskultur mit zeitgemäßen Wertvorstellungen und Einstellungen auf gesellschaftlicher Ebene vereinbar ist bzw. inwiefern ein Auseinanderklaffen von originärer und betrieblicher Lebenswelt zu beobachten ist. Zweitens sind die innerbetrieblichen Verhältnisse daraufhin zu untersuchen, inwieweit Strukturen und Strategien aus Denk- und Verhaltensmustern erwachsen, die sich als nicht mehr zeitgemäß erweisen, möglicherweise der bereits fortgeschrittenen Kultur im Unternehmen entgegenstehen und ein hohes Maß an evolutionärer Dissonanz bzw. ein Misfit von Struktur, Strategie und Kultur erkennen lassen. Drittens kann eine kontinuierliche Betrachtung der Kultur dazu verhelfen, Regelmäßigkeiten der kulturellen Entwicklung aufzudecken und somit die Prognosefähigkeit hinsichtlich zukünftiger Tendenzen im Sozialsystem sowie des zukünftigen Erfolgs von Management-Konzepten zu verbessern.

---

[1952] Vgl. Iben 1995, S. 25ff.

## 6.2 Grenzen und Gefahren eines kulturbewußten Personalmanagements

So vielversprechend die Chancen eines kulturbewußten Personalmanagements in der dargelegten Form auch sein mögen, bestehen hinsichtlich einer konkreten praktischen Umsetzung doch deutliche Grenzen und Gefahren.

### Isolationistische Abgrenzung der Kultur

Eine erste Gefahr ist darin zu sehen, den Blick lediglich auf die eigene Kulturgemeinschaft zu richten und das Ziel einer *Abschottung* gegenüber äußeren Einflüssen zu verfolgen. Eine verkürzte Sicht, die sich auf die innerbetrieblichen Strukturen des Unternehmens beschränkt und modellhaft das Umfeld auszublenden versucht, versteht das Unternehmen als geschlossenes System. Eine solche Auffassung führt jedoch angesichts der starken Veränderungen der Umwelt in zunehmendem Maße zu einer evolutionären Dissonanz und organisationalen Ineffizienzen.[1953] Um diese Effekte eines nicht-zeitgemäßen (Personal-)Managements zu verhindern, müssen Entscheidungen unter kontinuierlicher Berücksichtigung insbesondere ökonomischer, ökologischer, technologischer und vor allem sozio-kultureller Veränderungen der relevanten Umweltausschnitte getroffen werden.

Da die Mitarbeiter zugleich Mitglieder der Gesellschaft sind, werden Veränderungen in den Auffassungen vom Wünschenswerten über sie unaufhaltsam in das Unternehmen hineingetragen. Versucht sich das Unternehmen allerdings bewußt dagegen abzuschotten, so führt gerade dies zur Veränderung des Systems, da an den "Grenzen" Barrieren errichtet (z.B. durch gezielte Maßnahmen der Personalauswahl)[1954] oder aber bewußt auf die Organisationsmitglieder eingewirkt wird,[1955] damit diese so wünschen, denken und handeln, wie es tradiertermaßen im Unternehmen üblich ist. Gerade der Versuch, sich gegen Veränderungen im gesellschaftlichen und natürlichen Umfeld rigoros abzuschotten, um das Unternehmen in seiner momentan erfolgreichen Struktur und Kultur zu erhalten, führt in der Regel paradoxerweise dazu, daß es sich besonders stark verändert und sich zudem im Sinne der Figur-Grund-Differenzierung als Figur besonders scharf und kontrastierend von der umgebenden Gesellschaft abhebt und die Mitarbeiter vor zunehmende Kontextprobleme stellt.[1956]

Diese mögliche Tendenz einer bewußten Abschottung der Kultur beinhaltet nach Türk (1989) denn auch eine doppelte Gefahr: die Gefahr der "Ideologisierung" und die Gefahr "kultureller Hegemonie" ohnehin schon mächtiger Personengruppen. Nicht unbegründet erscheint der

---

[1953] Zur Beantwortung spezifischer Fragestellungen mag ein solches Vorgehen nützlich sein. Gerade in marktwirtschaftlich konzipierten Gesellschaften ist die Offenheit des Systems Unternehmung ein für sein Überleben zentraler Punkt. Die Aktivitäten im Unternehmen sind abhängig vom Beschaffungs-, Arbeits-, Absatz- und Finanzmarkt. Der Markt wird also zu einem hochrelevanten Umweltausschnitt, auf dessen Veränderungen das Unternehmen rasch reagieren muß. Für andere Ausschnitte des Umfeldes gilt dies in ähnlicher Weise. Man denke etwa an rechtliche und normative Veränderungen in der Gesellschaft, an Umweltveränderungen aus ökologischer Perspektive etc.

[1954] Vgl. Windolf/Hohn 1984, Rosenstiel/Nerdinger/Spieß/Stengel 1989.

[1955] Vgl. Rosenstiel/Bögel 1986.

[1956] Vgl. Rosenstiel 1995a, S. 1ff. Diese fehlgeleitete Abschottungsstrategie ist gerade bei starken Unternehmenskulturen zu beobachten, die eine geringe Veränderungsfreudigkeit aufweisen (vgl. Schreyögg 1989b, S. 94ff.). Zu denken ist in diesem Zusammenhang an die Existenz eines möglichen kulturellen Lebenszyklusses: Nach der Anfangs- und Entwicklungsphase haben sich in der Reifephase starke kulturelle Verhaltensmuster ausgeprägt, die über vielfältige Mechanismen verteidigt werden, so daß sich ganz natürlich mit der Zeit eine geringere Veränderungsfreudigkeit der Kultur einstellt, die ihr aufgrund der Umweltveränderungen letztlich zum Verhängnis wird und die Sterbephase einläutet.

Vergleich des Kulturkonzeptes mit den Werks- und Betriebsgemeinschaftsideologien der 20er und 30er Jahre, aber auch mit Arbeiten in den Vorkriegsjahren[1957] und der Zeit der Naziherrschaft.[1958] So ist auch das Kulturkonzept keinesfalls frei von der Gefahr, mißbraucht zu werden, indem einer einseitig benachteiligenden Differenzierungsstrategie oder heimlicher Ethnozentrik Vorschub geleistet wird.[1959]

Auch um dieser Gefahr entgegenzuwirken, ist es notwendig, sich mit der Einbeziehung von Problemen multikultureller Arbeitsgruppen, von interkulturellen Problemen im Rahmen von Auslandseinsätzen deutscher Mitarbeiter sowie von Integrationsproblemen ausländischer Mitarbeiter in Deutschland im Rahmen eines kulturbewußten Konzepts auseinanderzusetzen.

### *Mangelnde Faßbarkeit des Kulturkonstrukts und Problematik von Stereotypen*

Eine andere Gefahr liegt in der unzureichenden Faßbarkeit des Kulturkonstrukts. Der aus betriebswirtschaftlicher Sicht nur zu verständliche Versuch, die Kultur analytisch erfassen zu wollen, stößt schnell an seine Grenzen. Das Bemühen, auf nationaler Ebene die Zeichnung einer "typischen Persönlichkeit" vorzunehmen, erweist sich aus wissenschaftlicher Sicht jedoch als überaus problematisch.[1960]

Bestimmten Gruppierungen werden von jeher spezifische positive oder negative Eigenschaften im Sinne von Stereotypen zugeordnet. Erscheint diese Zuordnung vorschnell oder unbegründet, spricht man von einem *Vor*urteil. Nun könnte in Bezug auf die Ebene der Nationalkultur eine Analyse darüber Aufschluß geben, inwieweit die zugrundeliegenden Stereotype noch der Realität entsprechen und somit zum Überdenken eigener Vorurteile anregen. Auf der anderen Seite läuft man Gefahr, durch eine derartige Analyse, die aufgrund der Notwendigkeit der Komplexitätsreduktion die Realität nur unzureichend erfassen kann, selbst neue Vorurteile zu nähren. Um den Einfluß von kulturellen Vorurteilen zu mindern, sollte das Personalmanagement sich bewußt sein, daß Vorurteile durch Verallgemeinerungen entstehen und daher darum bemüht sein, kritisch und differenziert zu hinterfragen, a) was die Nationalkultur tatsächlich auszeichnet und wie sie sich entwickelt (hat) und b) inwieweit der einzelne Mitarbeiter die Charaktereigenschaften eines Volkes verkörpert und in welchen Aspekten er eine davon abweichende Persönlichkeit darstellt.[1961]

### *Konformität durch Enkulturation*

Kulturelle Differenzierung bedeutet die Rücksichtnahme auf kulturelle Unterschiede. Vor einer Gleichbehandlung von Menschen mit unterschiedlichen kulturellen Erfahrungen kann nur gewarnt werden. Ebenso ist zu warnen vor einem Management der Enkulturation, einer Gleichmacherei der Menschen durch fremdbestimmte Anpassungsprozesse. Es gilt, den Wert

---

[1957] Vgl. v.a. das Konstrukt der "Betriebsgemeinschaft" von Niklisch (1920, 1928, 1933).

[1958] Darauf haben auch bereits Kasper (1987, 1990, S. 125f.), Krell (1991) und Türk (1989) hingewiesen.

[1959] Zu denken ist dabei etwa an die Ansätze der Volkskunde, die zur Untermauerung der nationalsozialistischen Ideologie herangezogen wurden (Vgl. Bausinger 1965, 1989). In ähnlicher Weise verweist Kaschuba (1995, S. 27ff.) auf die Gefahren des Rassismus, des Fundamentalismus, der Ethnisierung und des Nationalismus in Zusammenhang mit einer kulturalistischen Position.

[1960] Vgl. z.B. die Kritik Dahrendorfs an Charakterzeichnungen des Deutschen (1971, S. 385ff.).

[1961] Vgl. Crisand 1994, S. 31.

und die Vorteile von Abstammungsgemeinschaften für die Angehörigen *jedes* Volkes zu betonen bzw. die kulturellen Besonderheiten als wertvolle Spezifika zu erkennen und zu berücksichtigen. Dies hat Jean Dausset, Nobelpreisträger für Physiologie und Medizin 1980, treffend beschrieben. Uniformität ist nach Dausset gleichbedeutend mit Tod. Von einer "Toleranz" der Unterschiede zu sprechen, wäre nicht angebracht, da dies eine mühsam verdrängte Ablehnung beinhalte. Kulturunterschiede dürften nicht einfach nur toleriert werden, sie müßten vielmehr im vollen Bewußtsein ihres unschätzbaren Wertes akzeptiert, gefördert und gepflegt werden.[1962] In gleicher Weise ist auch der berühmte Ausspruch Alexander Solschenizyns zu werten: „Jede Nation ist die einmalige Facette eines göttlichen Plans."[1963]

Eine Einheitskultur anzustreben, bedeutet auch eine Gleichheit im Denken erzeugen zu wollen. Der Preis dieser Konformität besteht in der damit verbundenen *Engstirnigkeit*. Hierbei ist etwa zu denken an das "Schweinebucht-Fiasko" unter J.F. Kennedy, als sich der amerikanische Präsident zur Invasion in Cuba entschied, nachdem ihm fast alle seine Berater dazu geraten hatten und niemand auf die Idee kam, grundlegende Annahmen dieser Entscheidung und die eigene Meinung in Frage zu stellen. Ähnlich kann auch das ausschließlich auf den amerikanischen Markt gerichtete und daher blinde Verhalten von General Motors interpretiert werden, wodurch die Entwicklung von Kleinwagen fast 20 Jahre zu spät in das Blickfeld des Unternehmens geriet.[1964] Als Warnung kann somit den Worten Heiner Geißlers gefolgt werden: "Konform - uniform - chloroform"[1965], womit auch die Probleme einer fragwürdigen Verhaltensmanipulation angesprochen sind.

*Verhaltensmanipulation*
Durch das Wissen um die tiefliegenden Grundannahmen, die Werthaltungen und Einstellungen der Mitarbeiter eröffnen sich Möglichkeiten einer gezielten Manipulation, wie es sich beispielsweise von religiöser Seite Sekten oder in politischer Hinsicht radikale und fanatische Gruppierungen zunutze machen. Seit den späten 70er Jahren breiten sich verstärkt Angst- und Entfremdungsgefühle aus, das Anomiepotential hat beträchtliche Ausmaße angenommen.[1966] Den Beleg für die geistige Orientierungslosigkeit liefern die Zahlen von Sektenmitgliedern, Rauschgift- und Alkoholkranken oder Selbstmördern. Ebenso zeigt die steigende Gewaltkriminalität, insbesondere bei Kindern und Jugendlichen, deren Ursachen in entscheidendem Maße familiäre oder auch gesellschaftliche Fehlentwicklungen zu sein scheinen, die Fortsetzung bzw. Verbreitung einer Sinn- und Identitätskrise der jüngeren Generationen.[1967]

Auch von Seiten der Unternehmen wird verstärkt über Maßnahmen zur Verhaltensbeeinflussung nachgedacht. Dabei finden sich in betrieblichen Konzeptionen etwa Rückgriffe auf das

---

[1962] Vgl. Werner/Übelacker 1988, S. 305f.

[1963] zit. nach Werner/Übelacker 1988, S. 306.

[1964] Vgl. Schreyögg 1991b, S. 204f., Blake/Mouton/Lux 1984, S. 318f., Janis 1982.

[1965] Kornelius/Geißler 1995, S. 13.

[1966] Vgl. Greiffenhagen/Greiffenhagen 1993a, S. 189ff., 1993b, S. 42ff., Beck 1986, S. 100f.

[1967] Vgl. dazu den Tagungsbericht der Friedrich-Ebert-Stiftung "Kinder- und Jugendkriminalität in Deutschland" (1996). Vgl. auch Greiffenhagen/Greiffenhagen 1993a, S. 21. Langguth spricht in diesem Zusammenhang von einer erheblichen Expansion der Jugendsekten und religiösen Bewegungen des Fernen Ostens gerade auch durch Intellektuelle (1995, S. 243).

Schamanentum[1968] oder auf die psychologisch orientierten Methoden der "Neurolinguistischen Programmierung" (NLP)[1969], die über eine gezielte Programmierung der Denk- und Verhaltensweisen Veränderungen zu erreichen suchen, die oftmals von den Betroffenen ursprünglich nicht intendiert sind. Derartig intensive Bemühungen um ein Erkennen und Verändern der psychischen Verfassung bzw. der inneren Werte und Einstellungen der Mitarbeiter führen nicht selten zu einer psychologischen Tour de force und hinterlassen mitunter einen emotionalen Scherbenhaufen.

Die Bildung und permanente Entwicklung verantwortungsvoller Persönlichkeiten ist jedoch zweifellos eine Aufgabe der Führenden. Die Führungstätigkeit schließt per se Möglichkeiten des manipulativen Agierens ein, deren Gebrauch gerade bei primär von Machtmotiven gelenkten Führungskräften einen Lustgewinn hervorrufen kann, wodurch dann allerdings auf Seiten der Mitarbeiter Ängste nicht ab-, sondern vielmehr aufgebaut werden.[1970]

Werte jungen Menschen zu vermitteln, kann nicht alleine Aufgabe des Staates, der Kirche oder der Familie sein. Auch Unternehmen und insbesondere die darin tätigen Führungskräfte verfügen über die Möglichkeit und damit auch über die *Verantwortung,* jungen Menschen Orientierungshilfen in ihrem Dasein zu bieten. Je mehr Unternehmen sich dieser Aufgabe verweigern oder ihr nur unzureichend nachkommen, desto größer werden die Chancen extremer Organisationen, die auf fehlgeleiteten Ideologien beruhen, diese jungen Menschen als Mitglieder zu gewinnen.[1971] Die wachsenden Gefühle der Hoffnungslosigkeit, der schwindenden Selbstwertgefühle und die Suche nach Sündenböcken bilden in der heutigen Zeit einen gefährlichen sozialen Sprengstoff.[1972] Vor diesem Hintergrund erscheint daher die momentane Lehrstellen-Situation in Deutschland umso besorgniserregender;[1973] so zählt es zu den dringlichsten Aufgaben der gegenwärtigen und zukünftigen Unternehmens- und Personalpolitik, ihren Beitrag zu einer Verbesserung der Lehrstellen- und Ausbildungssituation zu leisten. Dabei gilt es, junge Menschen als Kulturmitglieder in die Gemeinschaft aufzunehmen, ihnen die Chance zu einem beruflichen Einstieg zu ermöglichen, ihre Haltungen zu respektieren und durch sie neue Anregungen zu gewinnen. Denn schließlich kann sich die Kultur auf betrieblicher, wie auf nationaler Ebene langfristig nur erhalten und stetig weiterentwickeln, wenn ein Mindestmaß an Konsens, gegenseitigem Verständnis und an kritischer Solidarität zwischen den Kulturmitgliedern, insbesondere zwischen den Generationen, zwischen Führungskräften und Mitarbeitern sowie zwischen Arbeitsplatzbesitzern und Arbeitslosen zur gelebten Wirklichkeit wird.

---

[1968] Vgl. Kohl/Saum-Aldehoff 1998, S. 58ff.

[1969] Vgl. Bandler 1991, Stahl 1992, Buchner 1994, Maaß/Ritschl 1997, O'Connor/Seymour 1996.

[1970] Vgl. Sprenger 1996, S. 22f., Grimm 1995, S. 16f.

[1971] Vgl. Langguth 1995, S. 245f.

[1972] Vgl. dazu auch Beck 1986, S. 100f.: "Die Sündenbock-Gesellschaft".

[1973] Vgl. Helwig 1994, S. 225ff., 1995, S. 225ff.

# Literaturverzeichnis

Ackermann, K.-F. (1991), Strategisches Personalmanagement im Visier der Wissenschaft, in: Ackermann, K.-F., Scholz, C. (Hg.), Personalmanagement für die 90er Jahre, Stuttgart 1991, S. 13-34

Ackermann, K.-F. (1994), Reorganisation der Personalabteilung, Stuttgart

Ackermann, K.-F./Scholz, C. (Hg.) (1991), Personalmanagement für die 90er Jahre, Stuttgart

Adler, N. J. (1997), International Dimension of Organizational Behavior, 3. Aufl., Cincinnati, Ohio

Aebi, F.M. (1994), Das K3-Syndrom, in: io management, 63. Jg., Heft 4/1994, S. 19-21

Aebli, H. (1980), Denken: das Ordnen des Tuns. Bd. 1. Kognitive Aspekte der Handlungstheorie, Stuttgart

AGP/DGFP-Arbeitskreis (1986), Führungsinstrumente zur Unternehmenskultur, in: Deutsche Gesellschaft für Personalführung / Arbeitskreis Unternehmenskultur, Düsseldorf

Ahlers, C. u.a. (Hg.) (1996), Einführung in die Psychotherapie, Wien

Ajiferuke, M./Boddewyn, J. (1970), Culture and Other Explanatory Variables in Comparative Management Studies, in: AMJ, 13. Jg., 1970, S. 153-163

Albert, H. (1964), Probleme der Theoriebildung, in: Albert, H. (Hg.), Theorie und Realität, Tübingen 1964, S. 3-70

Albert, H. (1967), Theorie und Prognose in den Sozialwissenschaften, in: Topitsch, E. (Hg.), Logik der Sozialwissenschaften, 4. Aufl., Köln/Berlin 1967, S. 126-143

Albert, H. (1969), Traktat über kritische Vernunft, 2.Aufl., Tübingen

Albert, H. (1976a), Wissenschaftstheorie, in: Grochla, E./Wittmann, W. (Hg.), HWB, 4. Aufl., Stuttgart 1976, Sp. 4674-5692

Albert, H. (1976b), Aufklärung und Steuerung. Aufsätze zur Sozialphilosophie und zur Wissenschaftslehre der Sozialwissenschaften, Hamburg

Albert, H. (1987), Kritik der reinen Erkenntnislehre. Das Erkenntnisproblem in realistischer Perspektive, Tübingen

Albert, H. (Hg.) (1972), Theorie und Realität, 2. Aufl., Tübingen

Alexander, G. (1984), Eutonie. Ein Weg zur körperlichen Selbsterfahrung, München

Allaire, Y./Firsirotu, M.E. (1984), Theories of Organizational Culture, in: Organization Studies, 5. Jg., Heft 3/1984, S. 193-226

Allesch, C.G. (1990), Thesen zum Selbstverständnis der Kulturpsychologie, in: Allesch, C.G./ Billmann-Mahecha, E. (Hg.), Perspektiven der Kulturpsychologie, Heidelberg, S. 14-27

Allesch, C.G./Billmann-Mahecha, E. (Hg.) (1990), Perspektiven der Kulturpsychologie, Heidelberg

Almond, G.A. (1987), Politische Kultur-Forschung - Rückblick und Ausblick, in: Berg-Schlosser, D./Schissler, J. (Hg.), Politische Kultur in Deutschland, Opladen 1987, S. 27-38

Almond, G.A./Verba, S. (1963), The Civic Culture, Political Attitudes and Democracy in Five Nations, New York 1963

Alter, P. (1986), Nationalbewußtsein und Nationalstaat der Deutschen, in: Aus Politik und Zeitge-schichte, Beilage zur Wochenzeitschrift Das Parlament, 4. Januar 1986, S. 17-30

Altwegg, J. (1984), Eine Kultur ohne Grenzen, in: FAZ, Nr. 109, vom 10.5.1984, S. 25

Amelang, M./Bartussek, D. (1990), Differentielle Psychologie und Persönlichkeitsforschung, 3. Aufl., Stuttgart u.a.

Amsler, P./Bruck, E./Fröhlich, M./Heinz, H.C./Hennig, I./Himmler, N./Welker, S. (1995), Was eint und was trennt die Deutschen?, Mainz

Anselm, S. (1985), Angst und Solidarität: eine kritische Studie zur Psychoanalyse der Angst, Frankfurt a.M.

Antoni, M. (1983), Vor einem Paradigmawechsel: Betriebswirtschaftslehre als Kulturwissenschaft, in: Fischer-Winkelmann, W. (Hg.), Paradigmawechsel in der Betriebswirtschaftslehre?, München, S. 54-78

Apel, K.O. (1976), Szientistik, Hermeneutik, Ideologiekritik, in: Apel, K.O., Transformation der Philo-sophie, Bd. 2, Das Apriori der Kommunikationsgemeinschaft, Frankfurt

Apel, K.O. (1979), Die Erklären-Verstehen-Kontroverse in transzendentalpragmatischer Sicht, Frankfurt a.M.

Apel, K.O./Manninen, J./Tuomela, R. (Hg.) (1978), Neue Versuche über Erklären und Verstehen, Frankfurt a.M.

Arbeitsgemeinschaft zur Förderung der Partnerschaft in der Wirtschaft, in Verbindung mit dem Bund katholischer Unternehmer (Hg.) (1975), Humanisierung der Arbeitswelt, Köln

Arbeitsgruppe Bielefelder Soziologen (Hg.) (1973), Alltagswissen, Interaktion und gesellschaftliche Wirklichkeit, Reinbek

Argyris, C. (1957), Personality and Organization: The Conflict between System and the Individual, New York

Argyris, C. (1985), The Individual and the Organization: An Empirical Test, in: ASQ, 30. Jg., Heft 4/1985, S. 145-167

Argyris, C./Schön, D.A. (1978), Organizational Learning: A Theory of Action Perspective, Reading/Mass.

Aschoff, C. (1978), Betriebliches Humanvermögen, Wiesbaden

Aßländer, M. (1997), Durch Führungskultur richtig entscheiden, in: Gablers Magazin, 11. Jg., Heft 9/1997, S. 6-10

Atkinson, J.W. (1975), Einführung in die Motivationsforschung, Stuttgart

Azzone, G./Brophy, M./Noci, G./Welford, R./Young, W. (1997), A Stakeholder's View of Environment Reporting, in: Long Range Planning, 30. Jg., Heft 5/1997, S. 699-709

Babiel, D. (1997), Außendienstschulung, in: Bullinger, H.-J./Broßmann, M. (Hg.), Business Television. Beginn einer neuen Informationskultur in den Unternehmen, Stuttgart 1997, S. 105-112

Bacharach, S.B./Lawler, E.J. (1980), Power and Politics in Organizations, San Francisco

Backes-Gellner, U. (1993), Personalwirtschaftslehre - eine ökonomische Disziplin?!, in: ZfP, 7. Jg., Heft 4/1993, S. 513-529

Bahlmann, W./Piwinger, M. (1998), Von der Informationspolitik zur Kommunikationskultur, in: PersonalführungPlus 1998, S. 36-40

Baitsch, C. (1993), Was bewegt Organisationen? Selbstorganisation aus psychologischer Perspektive, Frankfurt

Baitsch, C. (1996), Unternehmenskulturen und Transformationsprozeß - ein Interpretationsversuch, in: Lang, R. (Hg.), Wandel von Unternehmenskulturen in Ostdeutschland und Osteuropa, II. Chemnitzer Ostforum, München und Mering 1996, S. 257-270

Baker, E.L. (1980), Managing Organizational Culture, in: Management Review, Heft Juli/1980, S. 8-13

Bales, R.F. (1950a), A Set of Categories for the Analysis of Small Group Interaction, in: ASR, 15. Jg., 1950, S. 257-263

Bales, R.F. (1950b), Interaction Process Analysis: A Method for the Study of Small Groups, Cambridge

Bales, R.F. (1967), Das Problem des Gleichgewichts in kleinen Gruppen, in: Hartmann, H. (Hg.), Moderne amerikanische Soziologie, Stuttgart 1967, S. 311-329

Bandler, R. (1991), Bitte verändern Sie sich ... jetzt! Transkripte meisterhafter NLP-Sitzungen, Paderborn

Bandura, A. (1977), Social Learning Theory, Englewood Cliffs/New York

Bargatzky, T. (1985), Einführung in die Ethnologie, Hamburg

Barnard, C.I. (1938), The Functions of the Executive, Cambridge

Barnett, C. (1994), Organizational Learning Theories: A Review and Synthesis of the Literature. Unpublished Paper. Submitted to the Academy of Management Review, February 1994, S. 1-29

Barney, J.B. (1986), Organizational Culture: Can it be a Sustained Source of Competitive Advantage?, in: AMR, 11. Jg., 1986, S. 656-665

Barrett, G.V./Bass, B.M. (1970), Comparative Survey of Managerial Attitudes and Behavior, in: Boddewyn, J. (Hg.), Comparative Management; Teaching, Training and Research, New York 1970, S. 179-217

Barrett, G.V./Bass, B.M. (1976), Cross-cultural Issues in Industrial and Organizational Psychology, in: Dunnette, M. (Hg.), Handbook of Industrial and Organizational Psychology, Chicago 1976, S. 1639-1640

Basse, H./Linke, M. (1997), Mehr Kundenorientierung und Arbeitszufriedenheit, in: Personalwirtschaft, 24. Jg., Sonderheft 10/1997, S. 22-25

Bate, P. (1984), The Impact of Organizational Culture on Approaches to Organizational Problem-Solving, in: Organization Studies, 5. Jg., Heft 1/1984, S. 43-66

Bate, P. (1994), Strategies for Cultural Change, Oxford

Bauer, J.-H. (1997), 25 Jahre danach. Das Betriebsverfassungsgesetz von 1972, in: Personalführung, 30. Jg., Heft 2/1997, S. 94-95

Baum, H.S. (1989), Organizational Politics Against Organizational Culture/A Psychoanalytic Perspective, in: HRM, 28. Jg., Heft 2/1989, S. 191-206

Bausinger, H. (1965), Volksideologie und Volksforschung. Zur nationalsozialistischen Volkskunde, in: Zeitschrift für Volkskunde, 61. Jg., 1965, S. 177-204

Bausinger, H. (1989), Ungleichzeitigkeiten. Von der Volkskunde zur empirischen Kulturwissenschaft, in: Berking, H./Faber, R. (Hg.), Kultursoziologie - Symptom des Zeitgeistes?, Würzburg 1989, S. 267-285

Bausinger, H. (1993), Einleitung: Volkskunde im Wandel, in: Bausinger, H./Jeggle, U./Korff, G./ Scharfe, M., Grundzüge der Volkskunde, 3. Aufl., Darmstadt 1993, S. 1-16

Bausinger, H./Jeggle, U./Korff, G./Scharfe, M. (1993), Grundzüge der Volkskunde, 3. Aufl., Darmstadt 1993

Bea, F.X./Haas, J. (1995), Strategisches Management, Stuttgart u.a.

Beard, M.T. (1982), Life Events, Method of Coping, and Interpersonal Trust: Implications for Nursing Actions, in: Issues in Mental Health Nursing, 4. Jg., 1982, S. 25-49

Beck, U. (1986), Risikogesellschaft, Frankfurt a.M.

Beck, U. (1993), Die Erfindung des Politischen, Frankfurt a.M.

Beck, U. (1996a), Risiko Kultur. Das große Überlebens-Roulette, in: SZ vom 27.9.1996, S. 13

Beck, U. (1996b), Fit für die Verteidigung - Die Globalisierung und der Standort Deutschland, in: SZ vom 8.2.1996, S. 13

Beck, U. (1997), Die Deutschen sind zu fleißig. Warum immer mehr Menschen auf den Arbeitsmarkt drängen, in: SZ vom 23.1.1997, S. 15

Beck, U. (1998), Die Jugend von heute! Wider das Lamento über den Werteverfall, in: aviso. Zeitschrift für Wissenschaft und Kunst in Bayern, Heft 2/1998, S. 11-14

Becker, D. (1994), Kulturverträglichkeit des japanischen Wirtschaftsmodells: Japanischer Exportschlager mit Tücken, in: Gablers Magazin, 8. Jg., Heft 10/1994, S. 52-55

Becker, F.G. (1987), Innovationsfördernde Anreizsysteme, in: ZFP, Heft 1/1987, S. 29-55

Beer, M./Spector, B./Lawrence, P.R./Mills, D.Q./Walton, R.E. (1985), Human Resource Management, New York/London

Behrens, U./Leidig, U. (1998), Lernen mit Business TV: Ein Beitrag zur mediendidaktischen Fundierung, in: Personalführung, 31. Jg., Heft 10/1998, S. 14-17

Beimann, M. (1998), Unternehmensinterne Stellenvermittlung bei der Deutschen Lufthansa AG, in: Personalführung, 31. Jg., Heft 12/1998, S. 34-36

Beitz, L.E. (1996), Schlüsselqualifikation Kreativität: Begriffs-, Erfassungs- und Entwicklungsproblematik, Hamburg

Benedetti, G. (1959), Die Angst in psychiatrischer Sicht, in: Die Angst, Zürich/Stuttgart 1959, S. 147ff.

Bennis, W. (1998), Dukatenzähler in einem winzigen Orbit, in: Personalführung, 31. Jg., Heft 9/1998, S. 12-13

Bennis, W./Nanus, B. (1985), Strategie III. Eine Position einnehmen und damit Vertrauen erwerben, in: Bennis, W./Nanus, B. (Hg.), Führungskräfte. Die vier Schlüsselstrategien erfolgreichen Führens, Frankfurt a.M.

Benölken, H./Greipel, P. (1989), Strategische Organisationsentwicklung. Langfristige Unternehmenssicherung durch integrierte Strategieentwicklung und Organisationsentwicklung, in: ZFO, 58. Jg., Heft 1/1989, S. 15-22

Bergem, W. (1993), Tradition und Fortschritt. Zur politischen Kultur in Deutschland, Opladen

Bergen, H. v. (1995), Die „Un"Kultur der Vergangenheit, in: Gablers Magazin, 9. Jg., Heft 8/1995, S. 44-48

Berger, P.L./Luckmann, T. (1966), The Social Construction of Reality, New York

Berger, P.L./Luckmann, T. (1980), Die gesellschaftliche Konstruktion der Wirklichkeit: Eine Theorie der Wissenssoziologie, Frankfurt a.M.

Bergmann, A. (1991), Multikulturelles Management, in: Personalwirtschaft, 18. Jg., Heft 1/1991, S. 39

Bergmann, G. (1996), ISO 9000 als Innovationsbremse, in: Personalführung, 29. Jg., Heft 6/1996, S. 462-463

Bergmann, G. (1997), Der Kunde steht im Mittelpunkt – und damit allen im Weg, Serie Dienstleistung, Folge 16, in: SZ vom 1./2.2.1997, S. VI/1

Bergmann, G./Ernst, F. (1996), Evaluation der Gruppenarbeit. Einführungsstrategien und Ausgestaltungskonzepte, in: Personalführung, 48. Jg., Heft 9/1996, S. 760-764

Bergmann, G./Wistokat, P./Krist, R. (1997), Feedback von "unten". Vorgesetzten-Einschätzung zur Gestaltung der Führungskultur, in: Personal, 49. Jg., Heft 4/1997, S. 198-203

Berg-Schlosser, D./Schissler, J. (1987), Einführung: Politische Kultur in Deutschland, in: dies. (Hg.), Politische Kultur in Deutschland. Bilanz und Perspektiven der Forschung, Opladen 1987, S. 11-26

Beriger, P. (1986), Quality Circles und Kreativität. Das Quality Circle-Konzept im Rahmen der Kreativitätsförderung in der Unternehmung, Bern/Stuttgart

Berkel, K. (1984), Konfliktforschung und Konfliktbewältigung, Berlin

Berkel, K. (1992), Interpersonelle Konflikte, in: Gaugler, E./Weber, W. (Hg.), HWP, 2. Aufl., Stuttgart 1992, Sp. 1085-1094

Berking, H. (1989), Kultur-Soziologie: Mode und Methode?, in: Berking, H./Faber, R. (Hg.), Kultursoziologie - Symptom des Zeitgeistes?, Würzburg 1989, S. 15-34

Berne, E. (1991), Transaktionsanalyse der Intuition, Paderborn

Berth, R. (1989), Die zwei feindlichen Brüder / Innovationsfreundliche Firmenkultur und kreativitätsförderndes Betriebsklima, in: Personal, 41. Jg., Heft 9/1989, S.374-380

Berth, R. (1996), Die Zukunftsverweigerer, in: Wirtschaftsstandort Deutschland. Beilage der SZ Nr. 192, vom 21.8.1996, S. VII

Berthel, J. (1992), Informationsbedarf, in: Frese, E. (Hg.), HWO, 3. Aufl., Stuttgart 1992, Sp. 872-886

Berthel, J. (1995), Personal-Management, 2.Aufl., Stuttgart

Besier, G. (1997), Kulturkampf, in: Theologische Realenzyklopädie, hrsg. v. Müller, G., Bd. 20, Berlin 1997, S. 209-230

Beyer, H.-T. (1970), Die Lehre der Unternehmensführung, Berlin

Bidlingmaier, J. (1964), Unternehmerziele und Unternehmerstrategien, Wiesbaden

Biedenkopf, K./Miegel, M. (1989), Investieren in Deutschland: Die Bundesrepublik als Wirtschaftsstandort, Landsberg a.L.

Bierhoff, H.W./Buck, E./Schreiber, C. (1983), Vertrauen und soziale Interaktion: Einflüsse von interpersoneller Orientierung, Bekanntheit und Machtbalance in Rollenspielen, Göttingen

Biermann-Ratjen, E./Eckert, J./Schwartz, H.J. (1989), Gesprächspsychotherapie: Verändern durch Verstehen, 5. Aufl., Stuttgart

Bierter, W. (1990), Not-wendige Kehre zu einer demokratisch fundierten und legitimierten Technologie- und Wissenschaftspolitik, in: Sarcinelli, U. (Hg.), Demokratische Streitkultur, Opladen 1990, S. 445-460

Bihl, G. (1987a), Unternehmen und Wertwandel: Wie lauten die Antworten für die Personalführung?, in: Rosenstiel, L.v./Einsiedler, H.E./Streich, R.K. (Hg.), Wertwandel als Herausforderung für die Unternehmenspolitik, Stuttgart 1987, S. 53-61

Bihl, G. (1987b), Werteorientierte Personalpolitik. Personalarbeit in einem Automobilwerk, in: Personalführung, 20. Jg., Heft 11-12/1987, S. 768-785

Bihl, G. (1995), Werteorientierte Personalarbeit, München

Bihl, G. (1996), Zielsetzungen der Personal- und Sozialpolitik der BMW AG und ausgewählte Aspekte ihrer Umsetzung, Gastvortrag an der Universität der Bundeswehr München am 12.12.1996

Bihl, G./Hehl, G./Wollert, A. (1985), Werteorientierte Personalpolitik und mittleres Management, in: Neuberger, O. (Hg.), Leistungsträger in der Krise? Die Zukunft des mittleren Managements, Hamburg 1985, S. 193-216

Bilitza, U.-V. (1993), Vertrauen ist das Schlüsselwort, in: Personalführung, 26. Jg., Heft 7/1993, S. 570-573

Bilstein, F.F. (1998), Schluß mit dem Doppeldenken, in: Wirtschaftswoche, Nr. 20, vom 7.5.1998, S. 142

Bimmer, A.C. (1985), Einführung in die Volkskunde/Europäische Ethnologie. Eine Wissenschaftsgeschichte, Stuttgart

Binet, A./Henri, V. (1895), La psychologie individuelle, in: Année Psychologique, Heft 2/1895, S. 411-463

Binet, A./Simon, T. (1905), Méthodes nouvelles pour la diagnostique du niveau intellectuel des anormaux, in: Année Psychologique, Heft 11/1905, S. 191-244

Binswanger, H.C. (1998), Die Glaubensgemeinschaft der Ökonomen. Essays zur Kultur der Wirtschaft, München

Birnbaum, H./Kornbichler, T. (1994), Transformation ostdeutscher Arbeitskultur beim Übergang zu einer Organisationskultur marktwirtschaftlicher Prägung, in: Kornbichler, T./ Hartwig, C.J. (Hg.), Kommunikationskultur und Arbeitswelt, Berlin 1994, S. 231-240

Bittner, A./Reisch, B. (1993), Wie japanisch ist die schlanke Produktion?, in: io management, 62. Jg., Heft 2/1993, S. 65-68

Bitzer, M. (1991), Intrapreneurship – Unternehmertum in der Unternehmung, Stuttgart/Zürich

Blake, R.R./Mouton, J.S./Lux, E. (1984), Von der Organisationsentwicklung zum Wechsel der Organisationskultur, in: io management, 53. Jg., 7-8/1984, S. 317-319

Blattmann, U. (1991), Unternehmenskultur - ein strategisches Führungselement, in: io management, 60. Jg., Heft 12/1991, S. 80-82

Blau, P.M. (1964), Exchange and Power in Social Life, New York

Bleicher, K. (1982), Japanisches Management im Wettstreit mit westlichen Organisationskulturen, in: ZFO, 51. Jg., Heft 8/1982, S. 444-450

Bleicher, K. (1984), Unternehmenspolitik und Unternehmenskultur: Auf dem Weg zu einer Kulturpolitik der Unternehmung, in: ZFO, 53. Jg., Heft 8/1984, S. 494-500

Bleicher, K. (1986a), Strukturen und Kulturen der Organisation im Umbruch, in: ZFO, 55. Jg., Heft 2/1986, S. 97-108

Bleicher, K. (1986b), Zum Zeitlichen in Unternehmenskulturen, in: Die Unternehmung, 40. Jg., Heft 4/1986, S. 259-288

Bleicher, K. (1986c), Unternehmenskultur und strategische Unternehmensführung, in: Hahn, D./ Taylor, B. (Hg.), Strategische Unternehmensplanung, 4. Aufl., Heidelberg/Wien 1986, S. 757-797

Bleicher, K. (1990), Zukunftsperspektiven organisatorischer Entwicklung/Von strukturellen zu humanzentrierten Ansaetzen, in: ZFO, 59. Jg., Heft 3/1990, S. 152-161

Bleicher, K. (1991a), Organisation. Strategien-Strukturen-Kulturen, 2. Auflage, Wiesbaden

Bleicher, K. (1991b), Zum Verhältnis von Kulturen und Strategien der Unternehmung, in: Dülfer, E. (Hg.), Organisationskultur: Phänomen - Philosophie - Technologie, 2. Auflage, Stuttgart 1991, S. 111-128

Bleicher, K. (1991c), Das Konzept Integriertes Management, Frankfurt a.M.

Bleicher, K. (1992), Unternehmungskultur, in: Gaugler, E./Weber, W. (Hg.), HWP, 2. Aufl., Stuttgart 1992, Sp. 2241-2252

Bleicher, K. (1994), Unternehmen auf dem Weg zur Vertrauensorganisation: Potentiale entdecken, in: Gablers Magazin, 8. Jg., Heft 1/1994, S. 14-21

Bleicher, K./Paul, H. (1987), The External Corporate Venture Capital Fund - A Valuable Vehicle for Growth, in: Long Range Planning, 20. Jg., Heft 6/1987, S. 64-70

Blood, M.R./Hulin, C.L. (1967), Alienation, Environmental Characteristics and Worker Responses, in: Journal of Applied Psychology, 51. Jg. 1967, S. 284-290

Blum, U./Dudley, L. (1996), Culture and Efficiency: Economic Effects of Religion, Nationalism and Ideology, in: Pardo, J.C./Schneider, F. (Hg.), Current Issues in Public Choice, Cheltenham 1996, S. 69-90

Blume, H. (1987), USA - eine geographische Landeskunde. Bd. I. Der Großraum in strukturellem Wandel, 3. Aufl., Darmstadt

Blume, H. (1988), USA - eine geographische Landeskunde. Bd. II. Die Regionen der USA, 2. Aufl., Darmstadt

Blumer, H. (1973), Der methodologische Standpunkt des symbolischen Interaktionismus, in: Arbeitsgruppe Bielefelder Soziologen (Hg.), Alltagswissen, Interaktion und gesellschaftliche Wirklichkeit, Bd. 1, 1973, S. 80-146

Bobach, R. (1993), Mentale Konversion, in: Deutschland-Archiv, 26. Jg., Heft 1/1993, S. 7-20

Boesch, E.E. (1976), Psychopathologie des Alltags, Bern 1976

Boesch, E.E. (1980), Kultur und Handlung. Einführung in die Kulturpsychologie, Bern

Boesch, E.E. (1991), Symbolic Action Theory and Cultural Psychology, Berlin

Boesch, E.E./Eckensberger, L.H. (1969), Methodische Probleme des interkulturellen Vergleichs, in: Graumann, C.F. (Hg.), Handbuch der Psychologie, Band 7/1, Sozialpsychologie, Göttingen 1969, S. 515-566

Bögel, R/Rosenstiel, L.v. (1993), Das Bild vom Menschen in den Köpfen der Macher, in: Strümpel, B./Dierkes, M. (Hg.), Innovation und Beharrung in der Arbeitspolitik, Stuttgart 1993, S. 243-276

Böhm, H. (1988), Unternehmenskultur und Instrumente der Personalarbeit, in: Personalführung, 21. Jg., Heft 12/1988, S. 978-981

Bohnet, I./Frey, B.S. (1995), Ist Reden Silber und Schweigen Gold? Eine ökonomische Analyse, in: Zeitschrift für Wirtschafts- und Sozialwissenschaften, 115. Jg., Heft 2/1995, S. 169-209

Böhnisch, W. (1979), Personale Widerstände bei der Durchsetzung von Innovationen, Stuttgart

Bohrer, K.-H. (1977), Die Macht des Bildes. Zur Soziologie des häßlichen Deutschen, in: Merkur (1977), 12, S. 1228-1230

Bolbrügge, G. (1997), Selbstorganisation und Steuerbarkeit sozialer Systeme, Weinheim

Bolte, K.M. (1987), Vollzieht sich in unserer Gesellschaft eine Erosion der Werte?, in: Management heute, Heft 11/1987, S. 5-10

Bolte, K.M. (1990), Strukturtypen sozialer Ungleichheit - Soziale Ungleichheit in der Bundesrepublik Deutschland im historischen Vergleich, in: Berger, P.A./Hradil, S. (Hg.), Lebenslagen, Lebensläufe, Lebensstile, Göttingen 1990, S. 27-50

Bommert, H. (1977), Grundlagen der Gesprächspsychotherapie, Stuttgart u.a.

Bonß, W. (1995), Vom Risiko. Unsicherheit und Ungewißheit in der Moderne, Hamburg

Bonus, H. (1986), The Cooperative Association as a Business Enterprise: A Study in the Economics of Transactions, in: Journal of Institutional and Theoretical Economics/Zeitschrift für die gesamte Staatswissenschaft, 142 / 1986, S. 310-339

Bork, T. (1994), Informationsüberlastung in der Unternehmung - eine Mehrebenenanalyse zum Problem "Information Overload" aus betriebswirtschaftlicher Sicht, Frankfurt a.m.

Bösenberg, D./Metzen, H. (1992), Lean Management. Vorsprung durch schlanke Konzepte, Landsberg a.L.

Bothe, B./Simon, H. (1976), Personalmanagement, München

Bougon, M. (1983), Uncovering Cognitive Maps: The Self-Q Technique, in: Morgan, G. (Hg.), Beyond Method: Social Research Strategies, Beverly Hills u.a. 1983, S. 173-187

Bourdieu, P. (1982), Die feinen Unterschiede, Frankfurt a.M.

Bourdieu, P. (1987), Die feinen Unterschiede. Kritik der gesellschaftlichen Urteilskraft, Frankfurt a.M.

Bourdieu, P. (1993), Die Metamorphose des Geschmacks, in: ders., Soziologische Fragen, Frankfurt a.M. 1993, S. 153-164

Bourgeois, L.T./Jemison, D.B. (1984), Die Analyse der Unternehmenskultur. Kulturelemente und ihre strategische Bedeutung, in: gdi impuls, Heft 1/1984, S. 55-62

Boyacigiller, N.A./Kleinberg, M.J./Phillipps, M.E./Sackmann, Sonja (1996), Conceptualising Culture, in: Punnett, B.J./Shenkar, O. (Hg.), Handbook for International Management Review, 1996, S. 157-208

Bracher, K.D. (1976), Das deutsche Dilemma, München

Brand, K.-W. (1987), Zur politischen Kultur der neuen sozialen Bewegungen, in: Berg-Schlosser, D./ Schissler, J. (Hg.), Politische Kultur in Deutschland, Opladen 1987, S. 331-343

Brandl, G. (1996), Miteinander sprechen lernen: anthropologische Grundlagen der Gesprächspsycho-therapie, 2. Aufl., Eschborn

Brauchlin, E. (1986), Unternehmensführung im Wandel der Zeit/Gesellschaft, Wirtschaft und Unter-nehmen werden immer komplexer, in: io management, 55. Jg., Heft 2/1986 (Sondernr.), S 60-63

Brednich, R.W. (Hg.) (1994), Grundriss der Volkskunde. Einführung in die Forschungsfelder der Europäischen Ethnologie, 2. Aufl., Berlin

Breger, W. (1995), Corporate Identity und Weiterbildung von Führungskraeften, in: Sozialwissenschaften und Berufspraxis, 18. Jg., Heft 3/1995, S. 251-256

Brehm, J.W. (1966), A Theory of Psychological Reactance, New York/London

Brehm, J.W. (1972), Responses to Loss of Freedom: A Theory of Psychological Reactance, Morristown

Breisig, T. (1990), Unternehmenskultur/Vom kometenhaften Aufstieg eines Schlagwortes - oder: Was hoch steigt, faellt bekanntlich tief!, in: ZFO, 59. Jg., Heft 2/1990, S. 93-100

Breitenstein, R. (1968), Der häßliche Deutsche?, München

Breitenstein, R. (1996), Die gekränkte Nation. Geschichte und Zukunft der Deutschen in Europa, München

Brengelmann, J. (1989a), Multidimensionalität der Geschlechts- und Führungsrollen, in: ders. (Hg.), Unternehmerverhalten und Unternehmensqualität, Zürich 1989, S. 113-139

Brengelmann, J. (1989b), Risikolust: Ein Beitrag zur Definition unternehmerischen Verhaltens, in: ders. (Hg.), Unternehmerverhalten und Unternehmensqualität, Zürich 1989, S. 141-175

Breton, A./Wintrobe, R. (1982), The Logic of Bureaucratic Conduct, Cambridge

Bretz, H. (1988), Unternehmertum und fortschrittsfähige Organisation. Wege zu einer betriebswirtschaftlichen Avantgarde, München

Bretz, H. (1989), Thema verfehlt, in: Management Wissen, Heft 1/1989, S. 102-103

Brinks, J.H. (1996), Ratschläge an Polizisten und Geschäftsleute im Umgang mit den Nachbarn: Seid nett zu den Deutschen und putzt euch die Schuhe, in: SZ vom 18./19.5.1996, S. 8

Büchel, B./Prange, C./Probst, G./Rüling, C.C. (1997), Joint Venture Management - Aus Kooperationen lernen, Bern u.a.

Buchinger, K. (1994), Konfliktmanagement heute - Ich-Autonomie genügt nicht: Ein neues Konfliktverständnis, in: Gablers Magazin, 8. Jg., Heft 9/1994, S. 23-26

Buchner, D. (Hg.) (1994), NLP im Business. Konzepte für schnelle Veränderungen, Wiesbaden

Bühl, W.L. (1976), Theorien sozialer Konflikte, Darmstadt

Bühl, W.L. (1987), Kulturwandel: für eine dynamische Kultursoziologie, Darmstadt

Bühler, A. (1997), Schwäbisch Hall TV - Informationen aus erster Hand, in: Bullinger, H.-J./Broßmann, M. (Hg.), Business Television. Beginn einer neuen Informationskultur in den Unternehmen, Stuttgart 1997, S. 95-103

Bühner, R. (1987), Strategisches Personalmanagement für neue Produktionstechnologien, in: Betriebswirtschaftliche Forschung und Praxis, 39. Jg., Heft 3/1987, S. 249-265

Bühner, R. (1994), Personalmanagement Landsberg a.L.

Bühner, R. (1998), Errichtung und Zertifizierung eines Qualitätsmanagement-Systems nach der internationalen Qualitätsnorm DIN EN ISO 9001 am Lehrstuhl für Betriebswirtschaftslehre mit Schwerpunkt Organisation und Personalwesen der Universität Passau - Erfahrungsbericht, Passau 1998

Bullinger, H.-J./Broßmann, M. (Hg.) (1997), Business Television. Beginn einer neuen Informationskultur in den Unternehmen, Stuttgart

Bullinger, J./Gommel, M. (1995), Führungsverhalten, kreatives Humanpotential: Unternehmen leben vom Mitmachen, in: Gablers Magazin, 9. Jg., Heft 5/1995, S. 21-23

Bumstead, D./Eckblad, J. (1984), Developing Organisational Cultures, in: Leadership and Organization Development Journal, 5. Jg., 1984, Heft 4, S 21-26

Bungard, W./Dorr, H.-J./Oess, A. (Hg.) (1992), Standort Deutschland zu teuer für Qualität? Elfter Deutscher Quality Circle und Quality Management Kongress, Düsseldorf

Burckhardt J. (1868/1978), Weltgeschichtliche Betrachtungen (1868), Neuausgabe, Stuttgart 1978

Burgelmann, R.A. (1983), A Model of the Interaction of Strategic Behavior, Corporate Contest and the Concept of Strategy, in: AMR, Heft 8/1983, S. 67

Burgmer, O. (1997), Unternehmenskultur basiert auf Vertrauen, in: Personalführung, 30. Jg., Heft 10/1997, S. 936-937

Burkhardt, K./Sager, O. (1994), Kulturkrisen im Unternehmenswandel, in: ZFO, 63. Jg., Heft 1/1994, S. 42-45

Bürklin, W. (1989), Systemakzeptanz: Bürger und Staat in der Bundesrepublik Deutschland, in: Weidenfeld, W. (Hg.), Politische Kultur und Deutsche Frage. Materialien zum Staats- und Nationalbewußtsein in der Bundesrepublik, Köln 1989, S. 233-248

Bürklin, W. (1993), Perspektiven für das deutsche Parteiensystem: Politische Konfliktlinien und die sozialdemokratische Kultur, in: Weidenfeld, W. (Hg.), Deutschland. Eine Nation - doppelte Geschichte, Köln 1993, S. 137-154

Burns, T./Stalker, G.M. (1961), The Management of Innovation, London

Burrell, G./Morgan, G. (1979), Sociological Paradigms and Organizational Analysis, London

Büscher, R./Homann, J. (1989), Wandert die deutsche Wirtschaft aus? Standortfrage Bundesrepublik Deutschland, Osnabrück

Bußmann, N. (1997a), Störfall Kommunikation, in: Manager Seminare, Heft 29, Okt. 1997, S. 82-88

Bußmann, N. (1997b), Hinter verschlossenen Türen, in: Manager Seminare, Heft 29, Okt. 1997, S. 90-97

Calas, M.B./Smircich, L. (1987), Post-Culture: Is the Organizational Culture Literature dominant but dead? Manuskript vorgetragen anläßlich der Third International Conference on Organizational Symbolism and Corporate Culture, Mailand, Juni 1987

Carlson, D.S./Perrewe, P.L. (1995), Institutionalization of Organizational Ethics Through Transformational Leadership, in: Journal of Business Ethics, 14. Jg., Heft 10/1995, S. 831-833

Cassirer, E. (1961), Der Gegenstand der Kulturwissenschaft, in: Zur Logik der Kulturwissenschaften, Darmstadt

Cattell, R.B. (1957), Personality and Motivation: Structure and Measurement, New York

Caudron, S. (1993), Master the Compensation Maze, in: Personnel Journal, 72. Jg., Heft 3/1993, Special Report, S. 64A-64O

Caudron, S. (1994), Volunteer Efforts Offer Low-cost Training Options, in: Personnel Journal, 73. Jg., Heft 6/1994, S. 38-44

Caudron, S. (1995), Create an Empowering Environment, in: Personnel Journal, 74. Jg., Heft 9/1995, S. 28-36

Chalmers, A.F. (1994), Wege der Wissenschaft, Berlin u.a.

Chalupsky, J./Voß, P. (1994), Das Streiten lernen. Neue Ansätze zum Motivations- und Konflikttraining, in: Personalführung, 27. Jg., Heft 12/1994, S. 1124-1129

Chandler, A.D. Jr. (1962), Strategy and Structure. Chapters in the History of Industrial Enterprise, Cambridge/London

Chisholm, D. (1991), Coordination Without Hierarchy: Informal Structures in Multiorganizational Systems, Berkeley, Los Angeles

Claassen, D. (1996), Von "erbärmlichen Gewinnen". Der Standort Deutschland wird weiter kaputtgeredet, in SZ vom 15.11.1996, S. 21

Clutterbuck, D./Kernaghan, S. (1995), Empowerment, so entfesseln Sie die Talente Ihrer Mitarbeiter, Landsberg/Lech

Coch, L./French, J.R. (1948), Overcoming Resistance to Change, in: Human Relations, 1. Jg., 1948, S. 512-532

Conrad, P./Sydow, J. (1991), Organisationskultur, Organisationsklima und Involvement, in: Dülfer, E. (Hg.), Organisationskultur: Phänomen - Philosophie - Technologie, 2. Auflage, Stuttgart 1991, S. 93-110

Cook, K.S. (1987), Social Exchange Theory, Newbury Park

Craig, G.A. (1983), Über die Deutschen, München

Craig, G.A. (1993), Vorwort, in: Hacke, C. (Hg.), Weltmacht wider Willen: die Außenpolitik der Bundesrepublik Deutschland, akt. u. erw. Neuausgabe, Frankfurt a.m./Berlin

Crisand, E. (1994), Personalbeurteilungssysteme: Ziele, Instrumente, Gestaltung, Heidelberg 1994

Crozier, M. (1964), The Bureaucratic Phenomenon, Chicago

Crozier, M. (1973), The Cultural Determinants of Organizational Behavior, in: Neghandi, A.R. (Hg.),Modern Organizational Theory, Kent/Ohio

Crozier, M./Friedberg, E. (1979), Macht und Organisation: Die Zwänge kollektiven Handelns, Königstein/Ts.

Csikszentmihalyi, M. (1995), Dem Sinn des Lebens eine Zukunft geben, Stuttgart

Cuendet, G. (1989), Der Einfluß nicht-westlicher Kulturen auf die Personalfunktion, in: Lattmann, C./ Krulis-Randa, J. (Hg.), Die Aufgaben der Personalabteilung in einer sich wandelnden Umwelt, Heidelberg 1989, S. 47-68

Cummings, L.L. (1982), Organizational Behavior, in: Annual Review of Psychology, Heft 33/1982, S. 541-579

Cummings, L.L./Schmidt, S.M. (1972), Managerial Attitudes of Greeks: The Role of Culture and Industrialization, in: ASQ, 17. Jg., 1972, S. 265-272

Cyert, R./March, J. (1963), A Behavioral Theory of the Firm, Englewood Cliffs/New York

Czarniawska-Joerges, B. (1991), Culture is the Medium of Life, in: Frost, P.J./Moore, L.F. (Hg.), Reframing Organizational Culture, Newbury Park (Ca.) 1991, S. 285-297

Dahrendorf, R. (1959), Homo Sociologicus, Köln/Opladen

Dahrendorf, R. (1971), Gesellschaft und Demokratie in Deutschland, München

Dahrendorf, R. (1972), Konflikt und Freiheit. Auf dem Weg zur Dienstklassengesellschaft, München

Dahrendorf, R. (1980), Im Entschwinden der Arbeitsgesellschaft, in: Merkur, 34. Jg., 1980, S. 751

Dahrendorf, R. (1987), Fragmente eines neuen Liberalismus, Stuttgart

Dahrendorf, R. (1992a), Der moderne soziale Konflikt, Stuttgart

Dahrendorf, R. (1992b), Was jetzt kommt, wird sehr weh tun, in: Die Zeit, vom 20.3.1992

Dandridge, T.C./Mitroff, I.I./Joyce, W.F. (1980), Organizational Symbolism: A Topic to Expand Analysis, in: AMR, 5. Jg., Heft 2/1980, S. 77-82

Davidow, W.H./Malone, M.S. (1993), Das virtuelle Unternehmen, der Kunde als Co-Produzent, Frankfurt a.M./New York

de Groot, G.-R. (1989), Staatsangehörigkeit im Wandel, Köln u.a.

Deal, T.E./Kennedy, A.A. (1982), Corporate Cultures - The Rites and Rituals of Corporate Life, Reading/Mass.

Deal, T.E./Kennedy, A.A. (1983), Culture: A New Look Through Old Lenses, in: The Journal of Applied Behavioral Science, Heft 19/1983, S. 498-505

Deckstein, D. (1996), Kapitalismus ohne Arbeit, in: SZ vom 21./22.9.1996, S. 4

Denison, D.R. (1984), Bringing Corporate Culture to the Bottom Line, in: Organizational Dynamics, 9. Jg., Heft Winter/1984, S. 5-22

Denison, D.R. (1990), Corporate Culture and Organizational Effectiveness, New York

Deppe, J. (Hg.) (1992), Eurobetriebsräte, Wiesbaden

Derr, C. (1982), Managing High Potentials in Europe, in: European Management Journal, 5. Jg., Heft 2/1982, S. 72-80

Deters, J. (1996), Profit-Center-Struktur und Mit-Unternehmertum: Instrumente zur Implementierung einer lernenden Organisation, in: Personalführung, 29. Jg., Heft 12/1996, S. 1072-1079

Devanna, M.A./Fombrun, C.J./Tichy, N.M. (1981), Human Resources Management: A Strategic Perspective, in: Organizational Dynamics, 6. Jg., Heft Winter/1981, S. 51-67

Dierkes, M. (1988), Unternehmenskultur und Unternehmensführung, in: ZfB, 58. Jg., Heft 5/6/1988, S.554-575

Dierkes, M./Zimmermann, K. (1990), Qualitätskontrolle ist Zukunftssicherung: Der Standort Deutschland im Profil, in: dies. (Hg.), Wirtschaftsstandort Bundesrepublik. Leistungsfähigkeit und Zukunftsperspektive, Frankfurt a.M. 1990, S. 29-47

Dierkes, M./Zimmermann, K. (Hg.) (1990), Wirtschaftsstandort Bundesrepublik. Leistungsfähigkeit und Zukunftsperspektive, Frankfurt a.M.

Dietel, B. (1987), Unternehmenskultur: eine Herausforderung für die Theorie der Unternehmung?, in: Heinen. E. (Hg.), Unternehmenskultur, München 1987, S. 211-237

Dill, A. (1996), Standort-Gejammer zeigt Wirkung, in: Wirtschaftsstandort Deutschland. Beilage der SZ Nr. 192, 21. 8. 1996, S. VI

Dill, P. (1986), Unternehmenskultur - Grundlagen und Anknüpfungspunkte für ein Kulturmanagement, München

Dill, P./Hügler, G. (1987), Unternehmenskultur und Führung betriebswirtschaftlicher Organisationen - Ansatzpunkte für ein kulturbewußtes Management, in: Heinen. E. (Hg.), Unternehmenskultur, München 1987, S. 141-209

Dirks, H. (1975), Mitarbeiterbeurteilung, in: Gaugler, E. (Hg.), HWP, Stuttgart 1975, Sp. 1347-1355

Dirks, H. (1988), Anthropologische Aspekte zur Personalarbeit. Was können Psychologie und Soziologie für das Personalwesen leisten?, in: v. Beckerath (Hg.), Verhaltensethik im Personalwesen, Stuttgart 1988, S. 75-123

Diwald, H. (1990), Deutschland einig Vaterland. Geschichte unserer Gegenwart, Berlin

Dlugos, G. (1972), Analytische Wissenschaftstheorie als Regulativ betriebswirtschaftlicher Forschung, in: Dlugos, G./Eberlein, G./Steinmann, H. (Hg.), Wissenschaftstheorie und Betriebswirtschaftslehre, Düsseldorf 1972, S. 21-49

Doerken, W. (1996), Teambeurteilung und Teamvergütung, in: Personal, 48. Jg., Heft 4/1996, S. 208-211

Dohse, R. (1974), Der Dritte Weg, Hamburg

Dollard, J. (1945), The Acquisition of New Social Habits, in: Linton, R. (Hg.), The Science of Man in the World Crisis, New York 1945, S. 442-464

Domsch, M. (1989), Personal, in: Bitz, M. (Hg.), Vahlens Kompendium der Betriebswirtschaftslehre, 2. Aufl., München 1989, S. 501-560

Domsch, M./Gerpott, T.J. (1992), Personalbeurteilung, in: Gaugler, E./Weber, W., HWP, 2. Aufl., Stuttgart 1992, Sp. 1631-1641

Doney, P.M./Cannon, J.P./Mullen, M.R. (1998), Understanding the Influence of National Culture on the Development of Trust, in: AMR, 23. Jg., Heft 3/1998, S. 601-620

Dönhoff, M. Gräfin v. u.a. (1992), Weil das Land sich ändern muß, Hamburg

Dorando, M./Grün, J. (1995), Teamverfassung: Instrument zur Teamentwicklung, in: Personalführung, 28. Jg., Heft 5/1995, S. 376-382

Dorau, D. (1996), Lernteams: Lernen in der Organisation, in: Personalführung, 29. Jg., Heft 5/1996, S. 368-377

Dormayer, H.J./Kettern, T. (1987), Kulturkonzepte in der allgemeinen Kulturforschung - Grundlage konzeptioneller Überlegungen zur Unternehmenskultur, in: Heinen. E. (Hg.), Unternehmenskultur, München 1987, S. 49-66

Dorsch, F. (1987), Psychologisches Wörterbuch, 11. Aufl., Bern

Dotzler, H.-J. (1996), Kontrolle ist gut, Vertrauen ist besser, in: Personalführung, 29. Jg., Heft 7/1996, S. 550-551

Drechsel, P. (1984), Vorschläge zur Konstruktion einer "Kulturtheorie" und was man unter einer "Kulturinterpretation" verstehen könnte, in: König, R./Neidhart, F./Lepsius, M.R. (Hg.), Ethnologie als Sozialwissenschaft, Opladen 1984, S. 44-84

Drosdek, A. (1996), Credibility Management. Durch Glaubwürdigkeit zum Wettbewerbsvorteil, Frankfurt a.M.

Drumm, H.-J. (1989), Personalwirtschaftslehre, Berlin u.a.

Drumm, H.-J. (1991a), Von der Unternehmenskultur zur Unternehmungsethik: Verführerische strategische Sackgassen der Personalwirtschaftslehre?, in: Ackermann, K.-F./Scholz, C. (Hg.), Personalmanagement für die 90er Jahre, Stuttgart 1991, S. 63-76

Drumm, H.-J. (1991b), Probleme der Erfassung und Messung von Unternehmenskultur, in: Dülfer, E. (Hg.), Organisationskultur: Phänomen - Philosophie - Technologie, 2. Auflage, Stuttgart 1991, S. 163-172

Drumm, H.-J. (1992a), Neuere Entwicklungen in Personalwirtschaft, Organisation und Unternehmungsführung, Regensburg

Drumm, H.-J. (1992b), Personalwirtschaftslehre, 2. Aufl., Berlin u.a.

Drumm, H.-J. (1993), Die deutsche Betriebswirtschaftslehre im internationalen Wettbewerb, in: ZfB, 63. Jg., Ergänzungsheft 3/1993, S. 63-72

Drumm, H.-J. (1993b), Die neuen Enzykliken zur katholischen Soziallehre: Eine Grundlage der Personalwirtschaftslehre? in: Weber, W. (Hg.), Entgeltsysteme, Lohn, Mitarbeiterbeteiligung und Zusatzleistungen. Festschrift zum 65. Geburtstag von Eduard Gaugler, Stuttgart 1993, S. 23-39

Drumm, H.-J. (1995), Personalwirtschaftslehre, 3. Aufl., Berlin u.a.

Drumm, H.-J. (1996), Theoretische und verantwortungsethische Grundlagen des Personalmanagements, in: Weber, W. (Hg.), Grundlagen der Personalwirtschaft. Theorien und Konzepte, Wiesbaden 1996, S. 1-17

Drumm, H.-J. (Hg.) (1989), Individualisierung der Personalwirtschaft, Bern/Stuttgart

Drumm, H.-J./Scholz, C. (1988), Personalplanung. Planungsmethoden und Methodenakzeptanz, 2. Aufl., Bern/Stuttgart

Dubashi, J. (1988), The FIDO Factor, in: Financial World, vom 31.5.1988, S. 27-30

Duch, K.C. (1985), Unternehmenskultur auf dem Prüfstand/Zauber der Kultur oder Kulturzauber?, in: Personalwirtschaft, 12. Jg., Heft 11/1985, S.427-436

Dülfer, E. (1981), Zum Problem der Umweltberücksichtigung im Internationalen Management, in: Pausenberger, E.v. (Hg.), Internationales Management, Stuttgart 1981, S. 1-44

Dülfer, E. (1991), Organisationskultur: Phänomen - Philosophie - Technologie. Eine Einführung in die Diskussion, in: ders. (Hg.), Organisationskultur: Phänomen - Philosophie - Technologie, 2. Auflage, Stuttgart 1991, S. 1-22

Dülfer, E. (1992), Kultur und Organisationsstruktur, in: Frese, E. (Hg.), HWO, 3.Auflage, Stuttgart 1992, Sp. 1201-1214

Dülfer, E. (1996), Internationales Management in unterschiedlichen Kulturbereichen, 4. Aufl., München

Duncan, R.B./Weiss, A. (1979), Organizational Learning: Implications for Organizational Design, in: Staw, B. (Hg.), Research in Organizational Behavior, Greenwich, Conn. 1979, S. 75-123

Duncan, W.J. (1981), Organizational Behavior, 2. Aufl., Boston u.a.

Duncker, C. (1998), Dimensionen des Wertewandels in Deutschland. Eine Analyse anhand ausgewählter Zeitreihen, Frankfurt a.M. u.a.

Dyllick, T. (1984), Management von Humansystemen in sozialwissenschaftlicher Sicht, in: Ulrich, H. u.a. (Hg.), Grundlegung einer allgemeinen Theorie der Gestaltung, Lenkung und Entwicklung zweckorientierter sozialer Systeme, St. Gallen 1984, S. 187ff.

Ebers, M. (1985a), Organisationskultur - Ein neues Forschungsprogramm?, Wiesbaden

Ebers, M. (1985b), Understanding Organizations: The Poetic Mode, in: Journal of Management, 11. Jg., 1985, S. 51-62

Ebers, M. (1987), Organisationskultur und Führung, in: Kieser, A. u.a. (Hg.), HWFü, Stuttgart 1987, Sp. 1619-1626

Ebers, M. (1991), Der Aufstieg des Themas "Organisationskultur" in problem- und disziplingeschichtlicher Perspektive, in: Dülfer, E. (Hg.), Organisationskultur: Phänomen - Philosophie - Technologie, 2. Auflage, Stuttgart 1991, S. 39-64

Ebers, M. (1995), Organisationskultur und Führung, in: Kieser, A. u.a. (Hg.), HWFü, 2. Aufl., 1995, Sp. 1664-1682

Ebers, M./Gotsch, W. (1993), Institutionenökonomische Theorien der Organisation, in: Kieser, A. (Hg.), Organisationstheorien, Stuttgart/Berlin/Köln 1993, S. 193-242

Eckardstein, D.v./Elsik, W. (1990), Ansätze des strategischen Personalmanagements, in: Wirtschaftswissenschaftliches Studium, 19. Jg., Heft 10/1990, S. 405-489

Eco, U. (1977), Zeichen. Einführung in einen Begriff und seine Geschichte, Frankfurt a.M.

Eder, K. (1993), Identität und multikulturelle Gesellschaft: Ein deutscher Sonderweg in der Modernisierung Europas?, in: Weidenfeld, W. (Hg.), Deutschland. Eine Nation - doppelte Geschichte, Köln 1993, S. 381-391

Egelhoff, W. (1988), Strategy and Structure in Multinational Corporations: A Revision of the Stopford and Wells Model, in: Strategic Management Journal, 9. Jg., 1988, S. 1-14

Ehlert, W. (1990), Die Bundeswehr im Visier: Unternehmenskultur als Vorbild für Innere Führung, in: Zentrum Innere Führung, Koblenz

Ehlert, W. (1993), "Zur Unternehmenskultur", in: Truppendienst, Heft 4/1993, S. 292-295

Ehrke, M. (1996), Standort Japan, Analyse im Auftrag der Friedrich-Ebert-Stiftung, Aug. 1996

Eich, H. (1963), Die unheimlichen Deutschen, Düsseldorf/Wien

Eichhorst, P. (1996), Cash gibt's an der Börse, in: Wirtschaftsstandort Deutschland. Beilage der SZ Nr. 192, 21. 8. 1996, S. V

Eidenmüller, B. (1996), Die USA sind kein Vorbild für Europa, in: Wirtschaftsstandort Deutschland. Beilage der SZ Nr. 192, 21. 8. 1996, S. 1

Eigler, J. (1996), Transaktionskosten als Steuerungsinstrument für die Personalwirtschaft, Frankfurt

Eigler, J. (1997), Transaktionskosten und Personalwirtschaft. Ein Beitrag zur Verringerung der Ökonomiearmut in der Personalwirtschaftslehre, in: ZfP, 11. Jg., Heft 1/1997, S. 5-29

Eisenhardt, U. (1995), Deutsche Rechtsgeschichte, 2. Aufl., München

Eisenring, H. (1993), Kommunikationskultur nach außen, in: io management, 62. Jg., Heft 2/1993, S. 40-42

Eisner, W. (1982), Solidarität und deutsche Misere: Erfahrungsmomente der frühen deutschen sozialen Bewegungen bis 1848, Frankfurt a.m.

Elden, M. (1983), Democratization and Participative Research in Developing Local Theory, in: Journal of Occupational Behaviour, Heft 4/1983, S. 21-33

Eldridge, J.E.T./Crombie, A.D. (1974), A Sociology of Organizations, London

Elias, N. (1994), Studien über die Deutschen, hrsg. von Michael Schröter, 2. Aufl., Frankfurt a.M.

Ellis, A. (1982), Die rational-emotive Therapie, 3. Aufl., München

emnid-Institut (1991), Umfrage & Analyse, Nr. 3/4, 1991, Bielefeld

emnid-Institut, Umfrage & Analyse, Nr. 9/10, 1993, Bielefeld

Erikson, E.H. (1963), Wachstum und Krisen der gesunden Persönlichkeit, Stuttgart

Ernst, H. (1998), Infostreß und Datensmog, in: PersonalführungPlus 1998, S. 4-10

Erpenbeck, J. (1996), Unternehmenskultur - ein Kulturunternehmen? Kultur, Werte und Selbstorganisation im Unternehmen, in: Lang, R. (Hg.), Wandel von Unternehmenskulturen in Ostdeutschland und Osteuropa, II. Chemnitzer Ostforum, München und Mering 1996, S. 41-54

Etzioni, A. (1961), A Comparative Analysis of Complex Organizations, New York

Etzioni, A. (1967), Soziologie der Organisationen, München

Etzioni, A. (1968), The Active Society. A Theory of Societal and Political Processes, London/New York

Etzioni, A. (1969), Elemente einer Makrosoziologie, in: Zapf, W. (Hg.), Theorien des sozialen Wandels, Köln 1969, S. 147-176

Etzioni, A. (1995), Die Entdeckung des Gemeinwesens. Ansprüche, Verantwortlichkeiten und das Programm des Kommunitarismus, Stuttgart

Etzioni, A. (1996), Die faire Gesellschaft, Frankfurt a.M.

Etzioni, A. (1997), Interview mit F. Gerbert: Leben nach der Goldenen Regel, in: Focus, Heft 12/1997, S. 210-212

Evangelische Kirche in Deutschland/Kammer für soziale Ordnung (1983), Solidargemeinschaft von Arbeitenden und Arbeitslosen: Sozialethische Probleme der Arbeitslosigkeit, 2. Aufl., Gütersloh

Everett, J.E./Stening, B.W./Longton, P.A. (1982), Some Evidence for an International Managerial Culture, in: Journal of Management Studies, 19/1982, S. 153-162

Evers, C. (1997), Motivation durch Beteiligung, in: Personalwirtschaft, 24. Jg., Heft 4/1997, S. 32-34

Eyer, E./Stockhausen, A. (1997), Prämien für Gruppenarbeit, in: Personalwirtschaft, 24. Jg., Heft 6/1997, S. 22-24

Fahrenbach, H. (1972), Ein programmatischer Aufriß der Problemlage und systematischen Ansatzmöglichkeiten praktischer Philosophie, in: Riedel, M. (Hg.), Rehabilitierung der praktischen Philosophie, Bd. 1, Freiburg 1972, S. 15-56

Faulstich, P./Faulstich-Wieland, H. (1988), Computer-Kultur: Erwartungen - Ängste - Handlungsspielräume, München

Fechtner, H./ Taubert, R. (1995), Das Mitarbeitergespräch. Erster Schritt zu einem dialogischen Management, in: Personalführung, 28. Jg., Heft 3/1995, S. 224-231

Feldman, S.P. (1988), How Organizational Culture Can Affect Innovation, in: Organizational Dynamics, 13. Jg., Heft Summer/1988, S. 57-68

Felten, S. (1991), Unternehmenskultur: Zur Kluft zwischen postulierter Unternehmensphilosophie und gelebter Wirklichkeit, in: Papmehl, André/ Walsh, Ian (Hg.), Personalentwicklung im Wandel, Wiesbaden 1991, S. 205-215

Festing, M. (1996), Strategisches Internationales Personalmanagement. Eine transaktionskostentheoretisch fundierte Analyse, München und Mering

Feyerabend, P. (1976), Wider dem Methodenzwang. Skizze einer anarchistischen Erkenntnistheorie, Frankfurt a.M.

Feyerabend, P. (1978), Realismus und Instrumentalismus: Bemerkungen zur Logik der Unterstützung durch Tatsachen, in: ders., Der wissenschaftstheoretische Realismus und die Autorität der Wissenschaften, Ausgewählte Schriften, Bd. 1, Braunschweig/Wiesbaden 1978, S. 79-112

Fiedler, F.E. (1967), Theory of Leadership Effectiveness, New York

Fiedler-Winter, R. (1995), "Du hast mir doch Dein Wort gegeben". Ein Seminar über die Bedeutung von Sprache, in: Personal, 47. Jg., Heft 4/1995, S. 178-179

Fiedler-Winter, R. (1997), Sprache ist mehr als ein Transportmittel. Manager und Schriftsteller im Gespräch, in: Personal, 49. Jg., Heft 4/1997, S. 196-197

Figge, R. (1995), Personalpolitische Konsequenzen aus der jüngsten Rezession. Chance zu einer neuen Führungs- und Managementkultur?, in: Personal, 47. Jg., Heft 7/1995, S. 338-341

Filmer, P./Phillipson, M./Silverman, D./Walsh, D. (1972), Neue Richtungen in der soziologischen Theorie, Wien

Fine, G.A. (1984), Negotiated Orders and Organizational Cultures, in: Annual Review of Sociology, 10. Jg., 1984, S. 239-262

Fischer, G. (1940), Betriebswirtschaftslehre - eine Einführung, Leipzig

Fischer, G. (1955), Partnerschaft im Betrieb, Heidelberg

Fischer, G. (1992), Gleichschritt marsch, in: manager magazin, 22. Jg., Heft 3/1992, S. 200-205

Fischer, G./Schwarzer, U. (1992), Außer Atem, in: manager magazin, 22. Jg., Heft 11/1992, S. 242-253

Fischer, H. (1992), Was ist Ethnologie, in: ders. (Hg.), Ethnologie: Einführung und Überblick, 3. Aufl., Berlin 1992, S. 3-22

Fischer, H. (1997), Protestantismus I, in: Theologische Realenzyklopädie, hrsg. v. Müller, G., Bd. 27, Berlin 1997, S. 542-551

Fischer, H. (Hg.) (1992), Ethnologie: Einführung und Überblick, 3. Aufl., Berlin

Fischer, J. (1989), Von Human Relations zur Unternehmenskultur, in: ZfP, 3. Jg., Heft 1/1989, S. 61-73

Fischer, J. (1997), Ein Begriff von Solidarität unter den Bedingungen der Globalisierung, Vortrag am 24.7.1997, Auszug: http://www.ix.de/tp/deutsch/spezial/pol/8039/1.html

Fischer, P. (1996), Selbstangestellt, in: Die Mitbestimmung, Heft 9/1996, S. 20-23

Fischer-Winkelmann, P. (1971), Methodologie der Betriebswirtschaftslehre, München

Fisher Hazucha, J./Hezlett, S.A./Schneider, R.J. (1993), The Impact of 360-degree Feedback on Management Skills Development, in: HRM, 32. Jg., Heft 2-3/1993, S. 325-352

Fitzgerald, T.H. (1988), Can Change in Organizational Culture Really Be Managed?, in: Organizational Dynamics, 13. Jg., Heft Autumn/1988, S. 5-15

FitzRoy, F.R./Kraft, K. (1987), Mitarbeiterbeteiligung und Mitbestimmung im Unternehmen, Berlin/New York

Flamholtz, E.G. (1974), Human Resource Accounting, Encino

Flitner, A. (Hg.) (1984), Wilhelm von Humboldt. Schriften zur Anthropologie und Bildungslehre, Frankfurt a.M. u.a.

Foerster, H.v. (1981), Das Konstruieren einer Wirklichkeit, in: Watzlawick, P. (Hg.), Die erfundene Wirklichkeit, München 1981, S. 39-60

Foerster, H.v. (1985), Sicht und Einsicht: Versuche zu einer operativen Erkenntnistheorie, Braunschweig

Föhr, S. (1994), Zur Vorteilhaftigkeit von Cafeteria-Systemen, in: ZfP, 8. Jg., Heft 1/1994, S. 58-86

Föhr, S./Lenz, H. (1992), Unternehmenskultur und ökonomische Theorie, in: Staehle, W.H./Conrad, P. (Hg.), Managementforschung 2, Berlin/New York 1992, S. 111-162

Folger, R./Skarlicki, D.P. (1998), When Tough Times Make Tough Bosses: Managerial Distancing as a Function of Layoff Blame, in: AMJ, 41. Jg., Heft 1/1998, S. 79-87

Fombrun, C.J. (1983), Corporate Culture, Environment and Strategy, in: HRM, Spring/Summer 1983, S. 139-152

Fombrun, C.J./Tichy, N.M./Devanna, M.A. (Hg.) (1984), Strategic Human Resource Management, New York u.a.

Forsythe, D.E. (1984), Deutschland als wenig erforschtes Gebiet: Ein Problem in der Ethnographie Westeuropas, in: König, R./Neidhart, F./Lepsius, M.R. (Hg.), Ethnologie als Sozialwissenschaft, Opladen 1984, S. 124-140

Foucault, M. (1979), Überwachen und Strafen. Die Geburt des Gefängnisses, Frankfurt a.M.

Franz, G./Herbert, W. (1987), Nach dem Wertewandel/Werteorientierte Arbeitsgestaltung und Organisationsgestaltung als Motivierungskonzept, in: Personalwirtschaft, 14. Jg., Heft 1/1987, S 13-19

Franz, W. (1994), Säkulare Unterbeschäftigung: Ist die Zwei-Drittel-Gesellschaft noch zu vermeiden?, in: Alfred-Herrhausen-Gesellschaft für Internationalen Dialog (Hg.), Arbeit der Zukunft - Zukunft der Arbeit, Stuttgart 1994, S. 57-77

Freese, R. (Hg.) (1986), Wilhelm von Humboldt, Darmstadt

Frei, D. (1985), Feindbilder und Abrüstung, München

Freimuth, J. (1990), Personalmarketing, Personalimage und Unternehmenslegitimität, Teil 1 Wertewandel, Unternehmenslegitimität und Personalarbeit, in: Personal, 42. Jg., Heft 8/1990, S. 314-316

French, J.R./Israel, J./As, D. (1960), An Experiment on Participation in a Norwegian Factory, in: Human Relations, 13. Jg., 1960, S. 3-19

Frenzel, P./Schmid, P.F./Winkler, M. (Hg.) (1992), Handbuch der personzentrierten Psychotherapie, Köln

Frese, E. (1985), Exzellente Unternehmungen - Konfuse Theorien. Kritisches zur Studie von Peters und Waterman, in: Die Betriebswirtschaft, 45. Jg., Heft 5/1985, S. 604-606

Frese, M. (1998), Managementfehler und Fehlermanagement, in: Personalführung, 31. Jg., Heft 2/1998, S. 58-62

Freud, S. (1994), Das Unbehagen in der Kultur (1930), in: Freud, S., Das Unbehagen in der Kultur und andere kulturtheoretische Schriften, Frankfurt a.M. 1994, S. 29-108

Frey, B.S./Bohnet, I. (1996), Cooperation and Fairness in Experiments: Relevance for Democracy, in: Pardo, J.C./Schneider, F. (Hg.), Current Issues in Public Choice, Cheltenham 1996, S. 51-68

Frey, D. (1994), Der Weg aus der Krise, in: Deckstein, D. (Hg.): Wovon wir künftig leben wollen..., München 1994, S. 147-151

Frey, D. (1996), Sammlung von Talenten, in: Wirtschaftsstandort Deutschland. Beilage der SZ Nr. 192, 21. 8. 1996, S. VI

Frey, D. (1997), König Kunde als deutscher Störfaktor, Serie Dienstleistung, Folge 15, in: SZ vom 25./26.1.1997, Bildung und Beruf, S. V1/1

Frey, D./Schmook, R. (1995), Zukünftiges Ideenmanagement. Strategien zur Optimierung und Aktivierung des betrieblichen Vorschlagswesens, in: Personalführung, 28. Jg., Heft 2/1995, S. 116-125

Friederichs, P. (1998), Konsequentes Führungscontrolling durch den Employee-Value-Index, in: Personalführung, 31. Jg., Heft 4/1998, S. 70-75

Friedrich-Ebert-Stiftung (Hg.) (1993), Individualisierung und Solidarität, Bonn

Friedrich-Ebert-Stiftung (Hg.) (1996), Kinder- und Jugendkriminalität in Deutschland. Eine Tagung der Friedrich-Ebert-Stiftung am 20. und 21. Juni 1996, Bonn

Friedrich-Ebert-Stiftung (Hg.) (1996), Mitbestimmung in Klein- und Mittelbetrieben, Bonn

Fritsch, S. (1992), Gleichbehandlung als Aufgabe von Arbeitgeber und Betriebsrat nach §75 Absatz 1 BetrVG, in: Betriebs-Berater, 47. Jg., Heft 10/1992, S. 701-707

Fritsch, S. (1993), Differentielle Personalpolitik. Personalarbeit zwischen Generalisierung und Individualisierung, in: Personal, 45. Jg., Heft 7/1993, S. 302-304

Fritsch, S. (1994), Differentielle Personalpolitik - Eignung zielgruppenspezifischer Weiterbildung für ältere Arbeitnehmer, Wiesbaden

Fröhlich, U. (1998), Employee Self Service: Prozeßoptimierung durch Intranet-Anwendungen im HR-Bereich, in: Personalführung, 31. Jg., Heft 3/1998, S. 20-21

Frost, P.J./Moore, L.F./Louis, M.R./Lundberg, C.C./Martin, J. (Hg.) (1985), Organizational Culture, Beverly Hills u.a.

Fuchs, M. (1984), Funktionelle Entspannung, Stuttgart

Fürstenberg, F. (1980), Organisationsklima, in: Grochla, E. (Hg.), HWO, 2. Aufl., Stuttgart 1980, Sp. 1563-1569

Gabele, E. (1983), Leitbilder in Unternehmen - Führungsgrundsätze auf dem Prüfstand, in: Personalwirtschaft, 10. Jg., 1983, S. 326-330

Gadamer, H.-G. (1943), Was ist der Mensch, in: Kultursonderausgabe der „Illustrierten Zeitung", 100. Jg., 1943, S. 31-34

Gadamer, H.-G. (1960), Wahrheit und Methode, Tübingen

Gadamer, H.-G. (1971), Hermeneutik und Ideologiekritik, Frankfurt a.M.

Gagliardi, P. (1986), The Creation and Change of Organizational Culture: A Conceptual Framework, in: Organizational Studies, 7. Jg., Heft 2/1986, S. 117-134

Gaitanides, M. (1985), Strategie und Struktur. Zur Bedeutung ihres Verhältnisses für die Unternehmensentwicklung, in: ZFO, 54. Jg., Heft 2/1985, S. 115-122

Gamillscheg, F. (1983), Die mittelbare Benachteiligung der Frau im Arbeitsleben, in: Martinek, O. u.a. (Hg.), Arbeitsrecht uns soziale Grundrechte, Wien 1983, S. 171-185

Ganske, T. (1996), Mitbestimmung, Property-Rights-Ansatz und Transaktionskostentheorie - eine ökonomische Analyse, Frankfurt a.M.

Garvin, D. (1993), Building a Learning Organization, in: Harvard Business Review, 71. Jg., Heft 4/1993, S. 78-91

Gaugler, E. (1995a), Information als Führungsaufgabe, in: Kieser, A. (Hg.), HWFü, 2. Aufl., Stuttgart 1995, Sp. 1175-1185

Gaugler, E. (1995b), Personalpolitische Innovationen, in: Kieser, A. (Hg.), HWFü, 2. Aufl., Stuttgart 1995, Sp. 1797-1805

Gaugler, E. (1997), Shareholder Value und Personalmanagement, in: Personal, 49. Jg., Heft 4/1997, S. 168-175

Gaugler, E./Kolb, M./Ling, B. (1976), Humanisierung der Arbeitswelt, München/Mannheim

Gaugler, E./Schlaffke, W. (Hg.) (1989), Weiterbildung als Produktionsfaktor, Köln

Gaul, D./Eschler, A. (1987), Das Gleichbehandlungsgebot und seine Mißdeutungen, in: Boewer, D. (Hg.), Aktuelle Aspekte des Arbeitsrechts, Berlin u.a. 1987, S. 3-35

Gaulhofer, M. (1989), Controlling und menschliches Verhalten - Ein Plädoyer für die Einbeziehung verhaltenswissenschaftlicher Erkenntnisse in die Controlling-Diskussion, in: ZfB, 59. Jg., Heft 2/1989, S. 141-154

Gebert, D. (1974), Organisationsentwicklung, Stuttgart u.a.

Gebert, D. (1978), Organisation und Umwelt, Stuttgart

Gebhardt, W. (1989), Organisationsentwicklung am Scheideweg, in: Gruppendynamik, 20. Jg., Heft 2/1989, S. 191-208

Geertz, C. (1973), The Interpretation of Cultures, New York

Geertz, C. (1983), Dichte Beschreibung - Beiträge zum Verstehen kultureller Systeme, Frankfurt a.M.

Gehlen, A. (1966), Der Mensch - Seine Natur und seine Stellung in der Welt, 8. Aufl., Frankfurt a.M./Bonn

Geis, M.E. (1990), Kulturstaat und kulturelle Freiheit, Baden-Baden

Geiselhardt, E./Dietz, I. (1998), Emotionale Intelligenz, in: Personalführung, 31. Jg., Heft 3/1998, S. 58-63

Geißler, H. (1990), Zugluft, Politik in stürmischer Zeit, München

Geißler, H. (1991), Unsere Gesellschaft wird multikulturell sein, in: Micksch, J. (Hg.), Deutschland - Einheit in kultureller Vielfalt, Frankfurt a.M. 1991, S. 17-32

Geißler, H. (1992), Die bunte Republik - Multikulturelles Zusammenleben im neuen Deutschland und das christliche Menschenbild, in: Geißler/Rommel, Plädoyers für eine multikulturelle Gesellschaft, Stuttgart 1992, S. 9-31

Geißler, H. (1998), Ein Ärgernis mit politischen Implikationen, in: SZ vom 9.3.1998, Lokalteil: Fürstenfeldbrucker Neueste Nachrichten, S. 5

Geißler, H./Rommel, M. (1992), Plädoyers für eine multikulturelle Gesellschaft, Stuttgart

Geißler, R. (Hg.) (1994), Soziale Schichtung und Lebenschancen in der Bundesrepublik Deutschland, 2. Aufl., Stuttgart

Gemünden, H.G. (1992), Informationsverhalten, in: Frese, E. (Hg.), HWO, 3. Aufl., Stuttgart 1992, Sp. 1010-1029

Gensicke, T. (1996), Sozialer Wandel durch Modernisierung, Individualisierung und Wertewandel, in: Aus Politik und Zeitgeschichte, Beilage zur Wochenzeitschrift Das Parlament vom 11.10.1996, S. 3-17

Gerbert, F. (1997), Sehnsucht nach Werten, in: Focus, Heft 12/1997, S. 202-208

Gerndt, H. (1992), Studienskript Volkskunde. Eine Handreichung für Studierende, 2. Aufl., München

Gerum, E./Schäfer, I./Schober, H. (1996), Empowerment - viel Lärm um nichts?, in: Wirtschaftswissen-schaftliches Studium, 25. Jg., Heft 10/1996, S. 498-502

Getschmann, D. (1992), Unternehmenskultur/ Bemerkungen zum Handelswert eines Begriffes, in: ZFO, 61. Jg., Heft 5/1992, S. 299-303

Geyer, E. (1987), Kreativität im Unternehmen, Landsberg a.L.

Ghoshal, S. (1997), The Individualized Corporation. An Interview with Sumantra Ghoshal, in: European Management Journal, 15. Jg., Heft 6/1997, S. 625-632

Giddens, A. (1984), Interpretative Soziologie, Frankfurt a.M./New York

Giddens, A. (1988), Die Konstitution der Gesellschaft. Grundzüge einer Theorie der Strukturierung, Frankfurt a.M./New York

Giddens, A. (1997), Jenseits von Links und Rechts, Frankfurt a.M.

Gieseking, O./Sehnke, E./Roos, J. (1998), Leistungs- und erfolgsorientierte Vergütung von Team- und Gruppenarbeit, in: Personalführung, 31. Jg., Heft 4/1998, S. 22-32

Gil, T. (1990), Kulturtheorie - Ein Grundmodell praktischer Philosophie, Frankfurt a.M.

Gilbert, G.M. (1951), Stereotype Persistence and Change Among College Students, in: Journal of Abnormal Social Psychology, 46. Jg., 1951, S. 245-254

Giordano, C./Hettlage, R. (1979), Persistenz im Wandel, Tübingen

Girtler, R. (1979), Kulturanthropologie, München

Glaab, M. (1993), Die junge Generation in den neuen Bundesländern: Ansichten zur doppelten Integra-tion, in: Weidenfeld, W. (Hg.), Deutschland. Eine Nation - doppelte Geschichte, Köln 1993, S. 127-136

Glaab, M./Korte, K.-R. (1996), Politische Kultur, in: Weidenfeld, W./Korte, K.-R. (Hg.), Handbuch zur deutschen Einheit, Frankfurt a.M. 1996, S. 579-586

Glaser, B.G./Strauss, A.L. (1967), The Discovery of Grounded Theory: Strategies for Qualitative Research, Chicago

Glaser, H. (1996), Deutsche Identitäten, in: Aus Politik und Zeitgeschichte, Beilage zur Wochenzeitung Das Parlament, B 13-14/96, vom 22. März 1996, S. 32-41

Glasersfeld, E.v. (1981), Einführung in den radikalen Konstruktivismus, in: Watzlawick, P. (Hg.), Die erfundene Wirklichkeit, München 1981, S. 16-38

Glasersfeld, E.v. (1987), Siegener Gespräche über Radikalen Konstruktivismus, in: Schmidt, S. (Hg.), Der Diskurs des Radikalen Konstruktivismus, Frankfurt a.M. 1987, S. 401-440

Glasl, F. (1990), Konfliktmanagement. Ein Handbuch für Führungskräfte und Berater, 2. Aufl., Bern/Stuttgart

Goffman, E. (1959), The Presentation of Self in Everyday Life, New York

Goffman, E. (1975), Stigma. Über Techniken der Bewältigung beschädigter Identität, Frankfurt a.M. 1975 (engl. Orig.: Stigma 1963)

Golden, K. (1992), The Individual and Organizational Culture: Strategies for Action in highly-ordered Contexts, in: Journal of Management Studies, 29. Jg., Heft 1/1992, S. 1-21

Goldenweiser, A.A. (1913), The Principle of Limited Possibilities in the Development of Culture, in: The Journal of American Folk-Lore, 26. Jg., 1913, S. 259-290

Goldhagen, D.J. (1997), Modell Bundesrepublik. Nationalgeschichte, Demokratie und Internationalisierung in Deutschland - eine Preisrede, in: SZ vom 15./16.3.1997, Feuilleton-Beilage, S. I-II

Goleman, D. (1996), Emotionale Intelligenz, München

Golembiewski, R.T. (Hg.) (1972), Sensitivity Training and the Laboratory Approach, 4. Aufl., Itasca/Ill.

Goodenough, W.H. (1981), Culture, Language and Society, Menlo Park/CA

Gordon, G.G. (1991), Industry Determinants of Organizational Culture, in: AMR, 16.Jg., Heft 2/1991, S. 396-415

Gottschall, D. (1990), Pause auf der Metaebene, in: manager magazin, 20. Jg., Heft 8/1990, S. 130-137

Gould, R.M. (1996), Getting from Strategy to Action: Processes for Continuous Change, in: Long Range Planning, 29. Jg., Heft 3/1996, S. 278-289

Graf, F.W. (1986), Kulturprotestantismus wieder aktuell. Die alten theologischen Urteile müssen revidiert werden, in: Lutherische Monatshefte, 25. Jg., Heft 7/1986, S. 309-312

Graf, F.W. (1997), Protestantismus II, in: Theologische Realenzyklopädie, hrsg. v. Müller, G., Bd. 27, Berlin 1997, S. 551-580

Graf, F.W./Tanner, K. (1997), Kultur II, in: Theologische Realenzyklopädie, hrsg. v. Müller, G., Bd. 20, Berlin 1997, S. 187-209

Graml, R. (1996), Unternehmungswertsteigerung durch Desinvestition, Frankfurt a.M.

Grasmann, G./David, R. (1988), Einführung in die großen Rechtssysteme der Gegenwart (auf d. Grundlage "Les grands systemes de droit contemporains", von Rene David u. Camille Jauffret Spinosi, 8. Aufl., Paris 1982), 2. Aufl., München

Grass, B./Pleuger, G. (1998), Projekte als Instrument der Personalentwicklung in Unternehmen und Hochschulen, in: Personal, 50. Jg., Heft 8/1998, S. 376-379

Grawe, K. (1998), Psychologische Therapie, Göttingen u.a.

Grawert, A. (1996), Cafeteria-Systeme, in: Personalwirtschaft Spezial 1996, S. 25-26

Grawert, A./Wagner, D. (1986), Möglichkeiten und Grenzen des Cafeteria-Ansatzes in der Bundesrepublik Deutschland, in: Betriebswirtschaftliche Forschung und Praxis, 38. Jg., Heft 1/1986, S. 16-27

Grebing, H. (1986), Der "deutsche Sonderweg" in Europa 1800-1945. Eine Kritik, Stuttgart

Green, S. (1988), Understanding Corporate Culture and its Relation to Strategy, in: International Studies of Management and Organization, 18. Jg., Heft 2/1988, S. 6-28

Gregory, K. (1983), Native-view Paradigms: Multiple Cultures and Culture Conflicts in Organizations, in: ASQ, 28. Jg., 1983, S. 359-376

Greif, S. (1976a), Diskussionstraining. I. Theoretische Einführung, Salzburg

Greif, S. (1976b), Diskussionstraining. II. Praktische Übungen, Salzburg

Greiffenhagen, M./Greiffenhagen, S. (1993a), Ein schwieriges Vaterland - Zur politischen Kultur im vereinigten Deutschland, München 1993

Greiffenhagen, M./Greiffenhagen, S. (1993b), Eine Nation: Zwei politische Kulturen, in: Weidenfeld, W. (Hg.), Deutschland. Eine Nation – doppelte Geschichte, Köln 1993, S. 29-45

Greiffenhagen, M./Greiffenhagen, S./Prätorius, R. (Hg.) (1981), Handwörterbuch zur politischen Kultur der Bundesrepublik Deutschland, Opladen 1981

Greiner, L. (1972), Evolution and Revolution as Organizations Grow, in: Harvard Business Review, 50. Jg., Heft 4/1972, S. 37-46

Greipel, P. (1988), Strategie und Kultur - Grundlagen und mögliche Handlungsfelder kulturbewußten strategischen Managements, Bern/Stuttgart

Greverus, I.-M. (1987), Kultur und Alltagswelt. Eine Einführung in Fragen der Kulturanthropologie, 2. Aufl., Frankfurt a.M. 1987

Grimm, B. (1995), Kommunikationsfähigkeit als Führungsaufgabe: Kommunikation ist alles, in: Gablers Magazin, 9. Jg., Heft 10/1995, S. 16-20

Groser, M. (1990), Soziale Sicherung: Das Verhältnis von sozialer Vorsorge und Eigenverantwortung, in: Sarcinelli, U. (Hg.), Demokratische Streitkultur, Opladen 1990, S. 330-340

Großmann, A. (1995), Overmanaged, Underleaded, in: Personalwirtschaft, Heft 10/1995, S. 74

Groth, U./Kammel, A./Tsumura, Y. (1994), Das japanische Personalmanagement zwischen Tradition und westlicher Wertorientierung, in: ZfP, 8. Jg., Heft 3/1994, S. 317-335

Grunwald, W. (1995), Wie man Vertrauen erwirbt: Von der Mißtrauensorganisation zur Vertrauensorganisation, in: io management, 64. Jg., Heft 1,2/1995, S. 73-77

Grunwald, W. (1996), Psychologische Gesetzmäßigkeiten der Gruppenarbeit. Über die Grundbedingungen erfolgreicher Zusammenarbeit, in: Personalführung, 29. Jg., Heft 9/1996, S. 740-750

Guigou, E. (1997), Welchen Patriotismus braucht Europa? (III). Die Verteidigung der Zivilisation, in: SZ vom 17.4.1997, S. 14

Habermas, J. (1973), Legitimationsprobleme im Spätkapitalismus, Frankfurt a.M.

Habermas, J. (1977), Zur Logik der Sozialwissenschaften, 4. Aufl., Frankfurt a.M.

Habermas, J. (1981a), Theorie des kommunikativen Handelns, Band 1: Handlungsrationalität und gesellschaftliche Rationalisierung, Frankfurt a.M.

Habermas, J. (1981b), Theorie des kommunikativen Handelns, Band 2: Zur Kritik der funktionalistischen Vernunft, Frankfurt a.M.

Habermas, J. (1985), Die neue Unübersichtlichkeit, Frankfurt a.M.

Habermas, J. (1991), Vergangenheit als Zukunft, Zürich

Habich, R. (1996), Lebensbedingungen, in: Weidenfeld, W./Korte, K.-R. (Hg.), Handbuch zur Deutschen Einheit, Frankfurt a.M. 1996, S. 447-463

Hagemann, G. (1998), Glaubwürdigkeit sticht Loyalität. Mitarbeiterzeitschrift im Spannungsfeld: Verlautbarungsorgan, strategischer Kommunikationskanal und Instrument der Personalführung?, in: PersonalführungPlus 1998, S. 41-46

Haire, M. (1970), Psychology in Management, New York

Haire, M./Ghiselli, E.E./Porter, L.W. (1966), Managerial Thinking: An International Study, New York

Hake, B. (1997), Das amerikanische Jobwunder: mehr gute als schlechte Jobs, in: Personal, 49. Jg., Heft 11/1997, S. 586-587

Haller, M./Bleicher, K./Brauchlin, E./Pleitner, H.J./Wunderer, R./Zünd, A. (Hg.) (1993), Globalisierung der Wirtschaft, St. Gallen

Hallowell, A.I. (1953), Culture, Personality and Society, in: Kroeber, A.L. u.a. (Hg.), Anthropology Today, Chicago 1953, S. 597-620

Hallowell, A.I. (1955), Culture and Experience, New York

Hallowell, E.M. (1999), The Human Moment at Work, in: Harvard Business Review, Jan.-Febr. 1999, S. 58-66

Hamel, W. (1981), Berücksichtigung von Akzeptanzbarrieren bei der Konstruktion betriebswirtschaftlicher Entscheidungsmodelle, in: Die Betriebswirtschaft, 41. Jg., 1981, S. 615-625

Hamel, W. (1985), Betriebliche Aspekte einer Flexibilisierung der Arbeit, in: Wirtschaftswissenschaftliches Studium, 14. Jg., 1985, S. 296-300

Hamel, W. (1989), Individualisierung - Neue Herausforderung der Personalwirtschaft?, in: Drumm, H.J. (Hg.), Individualisierung der Personalwirtschaft, Bern/Stuttgart 1989, S. 59-68

Hammer, M./Champy, J. (1994), Business Reengineering, Frankfurt a.M.

Hammerstein, N. (Hg.) (1995), Staatslehre der Frühen Neuzeit, Frankfurt a.M.

Hanau, P./Preis, U. (1988), Zur mittelbaren Diskriminierung wegen des Geschlechts, in: Zeitschrift für Arbeitsrecht, 19. Jg., Heft 3/1988, S. 177-207

Handy, C.B. (1978), Zur Entwicklung einer Organisationskultur einer Unternehmung durch Management-Development-Methoden, in: ZFO, 47. Jg., Heft 7/1978, S. 404-410

Handy, C.B. (1979), Understanding Organizations, Harmondsworth u.a.

Handy, C.B. (1995), Trust and the Virtual Organization, in: Harvard Business Review, May-June 1995, S. 40-50

Handy, C.B. (1996), Ohne Gewähr: Abschied von der Sicherheit, Wiesbaden

Hanke, G. (1995), Meistens mißachtet, die interne Kommunikation: Die Rentabilität der Kommunikation, in: Gablers Magazin, 9. Jg., Heft 10/1995, S. 30-33

Hansen, V. (1993), Die Solidargemeinschaft wird rücksichtslos ausgenutzt, in: Arbeitgeber, 45. Jg., Heft 4/1993, S. 120-121

Harbison, F.H./Myers, C.A. (1959), Management in the Industrial World: An International Analysis, New York

Härle, M. (1991), Soziokultureller Wandel und Unternehmensführung. Wege und Ansätze zu kulturbewußter Unternehmensführung, Augsburg

Harnischfeger, H. (1996), Kleinliche Kakophonie - Wie kann man eine europaweite kulturelle Identität entwickeln?, in: SZ vom 9./10.3.1996, S. 13

Harris, L./Cronen, V. (1979), A Rules-based Model for the Analysis and Evaluation of Organizational Communication, in: Communication Quarterly, Winter 1979, S. 12-28

Harris, M. (1975), Culture, People, Nature, 2. Aufl., New York

Harris, P.R./Moran, R.T. (1996), Managing Cultural Differences, 4. Aufl., Houston

Harrison, R. (1972), Understanding Your Organization's Character, in: Harvard Business Review, 50. Jg., Heft 3/1972, S. 119-128

Hartfelder, D. (1984), Management als Sinnvermittlung?, in: Die Unternehmung, 38. Jg., Heft 4/1984, S. 373-395

Hartfelder, D. (1985), Man wollte doch den 'harten Führungsstil' abbauen und nun propagiert man schon wieder 'hartes Kulturdenken', in: io management, 54. Jg., Heft 10/1985, S.459-461

Hartfiel, G./Hillmann, K.-H. (1982), Wörterbuch der Soziologie, 3. Aufl., Stuttgart

Hartwich, D. (1993), Globalisierung der Wirtschaft, multikulturelle Zusammenarbeit und moderne Personalführung, in: Personalführung, 26. Jg., Heft 6/1993, S. 464-470

Hartwig, G. (1991), Positionierung durch eine mitarbeiterorientierte Personalpolitik/Personalmarketing: Herausforderung an die Personalpolitik und die Führungskräfte am Beispiel der Weidmüller-Gruppe, in: Personalführung, 24. Jg., Heft 12/1991, S. 922-928

Hasenkamp, N./Lee, A. (1993), Das deutsche Rätsel: Lösbar?, in: Hofstede, G., Interkulturelle Zusammenarbeit, Wiesbaden 1993, S. 279-287

Hattenhauer, H. (1990), Geschichte der deutschen Nationalsymbole. Zeichen und Bedeutung, 2. Aufl., München

Haug, W. (1998), Maß und Maßlosigkeit in der mittelalterlichen deutschen Literatur. In allem diu mâze?, in: aviso. Zeitschrift für Wissenschaft und Kunst in Bayern, Heft 2/1998, S. 15-17

Häußer, E. (1994), Macht erst Not erfinderisch?, in: Die Mitbestimmung, Heft 1/1994, S. 46-49

Hayek, F.A.v. (1980), Recht, Gesetzgebung und Freiheit. Band 1: Regeln und Ordnung. Eine neue Darstellung der liberalen Prinzipien der Gerechtigkeit und der politischen Ökonomie, München

Hayes, R.H. (1985), Strategic Planning - Forward in Reverse?, in: Harvard Business Review, Heft 6/1985, S. 111-119

Hayes, R.H./Wheelwright, S.C. (1988), Industrielles Management in Deutschland, in: Simon, H. (Hg.), Wettbewerbsvorteile und Wettbewerbsfähigkeit, Stuttgart 1988, S. 150-164

Hedberg, B. (1981), How Organizations Learn and Unlearn, in: Nystrom, P./Starbuck, W. (Hg.), Handbook of Organizational Design, Vol. 1, London u.a. 1981, S. 3-27

Hedberg, B. (1984), Organizations as Tents – Über die Schwierigkeiten, Organisationsstrukturen flexibel zu gestalten, in: Hinterhuber, H./Laske, S., Zukunftsorientierte Unternehmenspolitik, Freiburg 1984, S. 13-47

Hedberg, B./Nystrom, P./Starbuck, W. (1976), Camping on Seesaws: Prescriptions for a Self-designing Organization, in: ASQ, 21. Jg., Heft 1/1976, S. 41-65

Heene, R. (1994), Die Kulturdiskussion in Theorie und Praxis. Ausgangspunkt für eine identitätsgerechte Steuerung organisatorischer Lernprozesse, Hallstadt

Hegel, G.W.F. (1932), Phänomenologie des Geistes, in: Sämtliche Werke, Jubiläumsausgabe, Bd. 2

Hehlmann, W. (1974), Wörterbuch der Psychologie, 12. Aufl., Stuttgart

Heidack, C. (1997), Veränderung der Lernenden Organisation - Gestaltung durch Projekte und kooperative Selbstqualifikation, in: Schleiken, T./Winkelhofer, G. (Hg.), Unternehmenswandel mit Projektmanagement, München/Würzburg 1997, S. 28-64

Heilfurth, G. (1977), Die soziale Differenzierung der Kultur, in: Wiegelmann, G./Zender, M./Heilfurth, G. (Hg.), Volkskunde. Eine Einführung, Berlin 1977, S. 216-231

Heiliger, R./Mühlbradt, T./Leyhausen, B. (1997), Teamaudit und Kennzahlensystem, in: Personalführung, 30. Jg., Heft 10/1997, S. 944-951

Heimann, E. (1955), Vernunftglaube und Religion in der modernen Gesellschaft, Tübingen

Heinemann, G.W. (1975), Reden und Schriften, Bd. 1, Frankfurt a.M.

Heinen, E. (1976), Grundfragen der entscheidungsorientierten Betriebswirtschaftslehre, München

Heinen, E. (1981), Identität als bisher vernachlässigtes Element des Zielsystems der Unternehmung, in: Mückl, W.J./Ott, A.E. (Hg.), Wirtschaftstheorie und Wirtschaftspolitik, Passau 1981, S. 125-143

Heinen, E. (1982), Einführung in die Betriebswirtschaftslehre, 8. durchges. Auflage, Wiesbaden

Heinen, E. (1984), Führung als Gegenstand der Betriebswirtschaftslehre, in: ders. (Hg.), Betriebswirtschaftliche Führungslehre: Grundlagen - Strategien - Modelle, 2. Aufl., Wiesbaden 1984, S. 21-49

Heinen, E. (1985), Entscheidungsorientierte Betriebswirtschaftslehre und Unternehmenskultur, in: ZfB, 55. Jg., Heft 10/1985, S. 980-991

Heinen, E. (1987), Unternehmenskultur als Gegenstand der Betriebswirtschaftslehre, in: Heinen, E. (Hg.), Unternehmenskultur, München 1987, S. 1-48

Heinen, E. (1991), Industriebetriebslehre als entscheidungsorientierte Unternehmensführung, in: ders. (Hg.), Industriebetriebslehre, 9. Aufl., Wiesbaden 1991, S. 1-71

Heinen, E. (Hg.) (1987), Unternehmenskultur, München

Heinen, E./Dill, P. (1986), Unternehmenskultur - Überlegungen aus betriebswirtschaftlicher Sicht, in: ZfB, 56. Jg., Heft 3/1986, S. 202-218

Hejl, P.M. (1983), Kybernetik 2. Ordnung, Selbstorganisation und Biologismusverdacht - Aus Anlaß der Kontroverse um das "Evolutionäre Management", in: Die Unternehmung, 37. Jg., Heft 1/1983, S. 41-62

Hellpach, W. (1954), Der deutsche Charakter, Bonn

Hellriegel, D./Slocum, J.W./Woodman, R.W. (1986), Organizational Behavior, 4. Aufl., St. Paul 1986

Helmreich, R. (1980), Was ist Akzeptanzforschung?, in: Elektronische Rechenanlagen, 22. Jg., Heft 1/1980, S. 21-24

Helwig, G. (1994), Zukunftsängste, in: Deutschland-Archiv, 27. Jg., Heft März 1994, S. 225-227

Helwig, G. (1995), Standortfaktor Ausbildung, in: Deutschland-Archiv, 28. Jg., Heft März 1995, S. 225-227

Hengsbach, J.F. (1995), Abschied von der Konkurrenzgesellschaft, München 1995

Henningsen, M. (1984), Risse im amerikanischen Deutschlandbild, in: Merkur, 38. Jg., Nr. 425, 1984, S. 356-359

Hentze, J. (1987), Kulturvergleichende Managementforschung. Ausgewählte Ansätze, in: Die Unternehmung, 41. Jg., 1987, S. 170-185

Hentze, J. (1991), Personalwirtschaftslehre 2, 5. Aufl., Bern/Stuttgart

Hentze, J. (1994), Personalwirtschaftslehre 1, 6. Aufl., Bern/Stuttgart

Herbst, A./Heimbrock, K.J. (1995), Führungskräfte im Spiegelbild ihrer Mitarbeiter, in: Personalführung, 28. Jg., Heft 12/1995, S. 1068-1075

Herdegen, G. (1987), Einstellungen der Deutschen (West) zur nationalen Identität, in: Berg-Schlosser, D./Schissler, J. (Hg.), Politische Kultur in Deutschland, Opladen 1987, S. 205-221

Herder-Dorneich, P. (1966), Sozialökonomischer Ertndriß der Gesetzlichen Krankenversicherung, Stuttgart u.a.

Hermann, L. (1997), Selbststeuerung im Team, in: Personalwirtschaft, 24. Jg., Sonderheft 10/1997, S. 8-12

Herntrich, H.-V. (1986), Kritische Solidarität dringend erwünscht, in: Lutherische Monatshefte, 25. Jg., Heft 1/1986, S. 4-5

Herrmann, R. (1994), Personaleinsatz über Werkverträge. Ein Instrument zur Flexibilisierung und Rationalisierung, in: Personal, 46. Jg., Heft 7/1994, S. 331-332

Herzberg, F.H./Mausner, B.M./Snyderman, B.B. (1959), The Motivation to Work, New York

Herzog, R. (1996a), Rede anläßlich der von Inter Nationes veranstalteten Tagung "Deutschland im internationalen Kulturdialog", im Haus der Geschichte in Bonn am 9. Oktober 1996

Herzog, R. (1996b), Ansprache beim Internationalen Bertelsmannforum 1996 über das "Neue Europa" am 19. Januar 1996 auf dem Petersberg

Herzog, R. (1996c), Grußwort zur Eröffnung des 15. Kongresses der Deutschen Gesellschaft für Erziehungswissenschaft am 11. März 1996 in Halle an der Saale

Herzog, R. (1996d), Ansprache bei der BDI-Jahrestagung im Hotel Maritim am 18. Juni 1996

Herzog, R. (1996e), Ansprache auf der VEBA-Konzerntagung am 21. Juni 1996 in Berlin

Herzog, R. (1997a), Ansprache im Hotel Adlon am 26. April 1997 in Berlin ("Berliner Rede")

Herzog, R. (1997b), Ansprache anläßlich der Verleihung der Ehrendoktorwürde der Waseda-Universität "Partnerschaft in Verantwortung" am 7. April 1997 in Tokio

Herzog, R. (1997c), Ansprache zum Thema "Staat und Staatsbegriff am Ende des Zwanzigsten Jahrhunderts" anläßlich der Verleihung der Ehrendoktorwürde der Juristischen Fakultät der Universität Athen am 11. März 1997 in Athen

Hickson, D.J. (1993), Management in Western Europe, Society, Culture and Organizations in Twelve Nations, Berlin/New York

Hilb, M. (1991), Entwicklungsphasen des multikulturellen Personalmanagements, in: Marr, R. (Hg.), Euro-strategisches Personalmanagement; Bd 1, München 1991, S. 111-120

Hilbert, J./Schmid, J. (1994), Wirtschaftsstandort und Zukunft des Sozialstaates, Marburg

Hildebrandt, E./Seltz, R. (1989), Wandel betrieblicher Sozialverfassung durch systemische Kontrolle?, Berlin

Hill, W./Fehlbaum, R./Ulrich, P. (1994), Organisationslehre 1, 5. Aufl., Stuttgart u.a.

Hill, W./Fehlbaum, R./Ulrich, P. (1992), Organisationslehre 2, 4. Aufl., Stuttgart u.a.

Hilsberg, S. (1996), Die Innere Einheit Deutschlands - eine brauchbare Vision, in: Deutschland-Archiv, 29. Jg., Heft Juli/August 1996, S. 607-612

Himmler, N. (1995), Wie sehen sich die Deutschen? Eine Identitätsstudie, in: Amsler, P. u.a., Was eint und was trennt die Deutschen? Stimmungs- und Meinungsbilder nach der Vereinigung, Mainz 1995, S. 29-43

Hinterhuber, H.H. (1992), Strategische Unternehmensführung. Band 2: Strategisches Handeln: Direktiven, Organisation, Umsetzung, Unternehmenskultur, strategisches Controlling, strategische Führungskompetenz, Berlin/New York

Hinterhuber, H.H./Holleis, W. (1988), Gewinner im Verdrängungswettbewerb - Wie man durch die Verbindung von Unternehmensstrategie und Unternehmenskultur zu einem führenden Wettbewerber werden kann, in: Journal für Betriebswirtschaft, Heft 1/2/1988, S. 2-19

Hirsch, F. (1980), Soziale Grenzen des Wachstums. Eine ökonomische Untersuchung der Wachstumskrise, Reinbek

Hirschmann, A.O. (1974), Abwanderung und Widerspruch. Reaktionen auf Leistungsabfall bei Unternehmungen, Organisationen und Staaten, Tübingen

Hitzler, R. (1988), Sinnwelten. Ein Beitrag zum Verstehen von Kultur, Opladen

Hoch, M. (1997), Immer mehr mit immer weniger produzieren. Doch wo bleiben die Beschäftigten?, in: SZ vom 25./26.1.1997, Bildung und Beruf, S. V1/1

Hochreutener, P.E. (1984), Die Entwicklung von Unternehmenskultur-Leitbildern als Grundlage für ein zielorientiertes Management, St. Gallen

Hochreutener, P.E. (1985), Grundlagen für ein wirkungsvolles Management sind Unternehmenskultur-Leitbilder, in: io management, 54. Jg., Heft 1/1985, S 14-18

Hoets, A. (1995), Förderung der Zusammenarbeit durch Dialog, in: Personalführung, 28. Jg., Heft 2/1995, S. 142-145

Hoffmann, F. (1986), Unternehmenskultur-Überlegungen aus betriebswirtschaftlicher Sicht, in: ZfB, 56. Jg., 1986, S. 202-218

Hoffmann-Riem, C. (1980), Die Sozialforschung einer interpretativen Soziologie - Der Datengewinn, in: Kölner Zeitschrift für Soziologie und Sozialpsychologie, 32. Jg., 1980, S. 339-372

Hofmann, L. (1994), Der Preis der Bildung. Kreativität und Innovationsvermögen bleiben auf der Strecke, in: Personalführung, 27. Jg., Heft 2/1994, S. 130-136

Hofstätter, P.R. (1960), Das Denken in Stereotypen, Göttingen

Hofstätter, P.R. (1970), Probleme des deutschen Selbstbildes, in: Steffen, H. (Hg.), Die Gesellschaft in der Bundesrepublik, Analysen I, Göttingen 1970, S. 157-181

Hofstede, G. (1978), Culture and Organization - A Literature Review Study, in: Journal of Enterprise Management, 1. Jg., 1978, S. 127-135

Hofstede, G. (1980a), Cultures Consequences, International Differences in Work-Related Values, Beverly Hills u.a.

Hofstede, G. (1980b), Kultur und Organisation, in: Grochla, E. (Hg.), HWO, 2. Aufl., Stuttgart 1980, Sp. 1168-1182

Hofstede, G. (1985), The Interaction between National and Organizational Value Systems, in: Journal of Management Studies, Heft 4/1985, S. 347-357

Hofstede, G. (1992), Cultural Dimensions in People Management. The Socialization Perspective, in: Pucik, V./Tichy, N.M./Barnett, C.K. (Hg.), Globalizing management, New York 1992, S. 139-158

Hofstede, G. (1993), Interkulturelle Zusammenarbeit, Wiesbaden

Hofstede, G./Bond, M.H. (1988), The Confucius Connection: From Cultural Roots to Economic Growth, in: Organizational Dynamics, 13. Jg., Heft Spring/1988, S. 5-21

Hofstede, G./Neuijen, B./Ohayv, D.D./Sanders, G. (1990), Measuring Organizational Cultures: A Qualitative and Quantitative Study Across Twenty Cases, in: ASQ, 35. Jg., 1990, S. 286-316

Hofstede, G./Sami Kassem, M. (Hg.) (1976), European Contributions on Organization Theory, Assen-Amsterdam

Höhler, G. (1990), Unternehmenskultur/Motivation zum Erfolg, in: IBM Nachrichten , 40, 1990, Heft 300, S 7-13

Hölscher, C./Aleweld, T. (1998), Mit Aktienoptionen vergüten - Neue Perspektiven nicht nur für Führungskräfte, in: Personalführung, 31. Jg., Heft 9/1998, S. 72-79

Holzkamp-Osterkamp, U. (1981), Grundlagen der psychologischen Motivationsforschung, Band 2, 3. Aufl., Frankfurt a.M. u.a.

Homann, K./Pies, I. (1991), Wirtschaftsethik und Gefangenendilemma, in: Wirtschaftswissenschaftliches Studium, 20. Jg., Heft 12/1991, S. 608-614

Homans, G.C. (1972a), Elementarformen sozialen Verhaltens, 2. Auflage, Opladen

Homans, G.C. (1972b), Was ist Sozialwissenschaft?, 2. Aufl., Opladen

Hopfenbeck, W. (1989), Allgemeine Betriebswirtschafts- und Managementlehre - Das Unternehmen im Spannungsfeld zwischen ökonomischen, sozialen und ökologischen Interessen, Landsberg a.L.

Hornsby, J./Naffziger, D./Kuratko, D./Montagno, R. (1993), An Interactive Model of the Corporate Entrepreneurship Process, in: Entrepreneurship, Theory & Practice, 17. Jg., Heft 2/1993, S. 29-37

Horx, M. (1993), Trendbuch 1, Düsseldorf

Huber, E.R. (1935), Die deutsche Staatswissenschaft, in: Zeitschrift für die gesamte Staatswissenschaft, 95. Jg., 1935, S. 1-65

Huber, E.R. (1958), Zur Problematik des Kulturstaats, Tübingen

Huber, E.R. (1965), Nationalstaat und Verfassungsstaat, Studie zur Geschichte der modernen Staatsidee, Stuttgart

Huber, E.R. (1975), Bewahrung und Wandlung, Berlin

Huber, G. (1991), Organizational Learning: The Contributing Process and the Literatures, in: Organization Science, 2. Jg., Heft 1/1991, S. 88-115

Humboldt, W.v. (1982), Ideen zu einem Versuch, die Grenzen der Wirksamkeit des Staats zu bestimmen (1796), Neuausgabe Stuttgart 1982

Hummel, T.R. (1993), Internationale Personalentwicklung/Grundlagen und Perspektiven, in: ZFO, 62.Jg., Heft 3/1993, S. 156-161

Hundt, S. (1977), Zur Theoriegeschichte der Betriebswirtschaftslehre, Köln

Hunt, J.W. (1995), Das 360-Grad-Feedback, in: gdi impuls, Heft 3/1995, S. 40-53

Huntington, S. (1997), Kampf der Kulturen - die Neugestaltung der Weltpolitik im 21. Jahrhundert, 3. Aufl., München

Husmann, J. (1995), Fürsorge oder Entgelt?, in: Personalführung, 28. Jg., Heft 11/1995, S. 960-963

Husserl, E. (1936/1977), Die Krisis der europäischen Wissenschaften und die transzendentale Phänomenologie. Philosophia, (1936), 1. Neudruck, Hamburg 1977

Huster, E.-U. (1994), Polarisierung in Deutschland, in: Die Mitbestimmung, Heft 3/1994, S. 14-18

Iben, G. (1995), Sozialethik, Marktwirtschaft und Gemeinsinn, in: Aus Politik und Zeitgeschichte, Beilage zur Wochenzeitschrift Das Parlament vom 15.12.1995, S. 23-29

Imai, M. (1992), Kaizen. Der Schlüssel zum Erfolg der Japaner im Wettbewerb, Landsberg a. L.

Inglehart, R. (1977), The Silent Revolution - Changing Values and Political Styles Among Western Politics, Princeton/New Jersey

Inglehart, R. (1989), Kultureller Umbruch. Wertwandel in der westlichen Welt, Frankfurt/New York

Inglehart, R. (1990), Culture Shift in Advance Industrial Society, Princeton/NJ

Inkeles, A./Levinson, D.J. (1969), National Character: The Study of Modal Personality and Socio-Cultural Systems, in: Lindsey, G. (Hg.), Handbook of Social Psychology, Bd. 4, Cambridge 1969, S. 418-506

Iwand, W.M. (1985), Paradigma Politische Kultur, Opladen 1985

Jäger, M. (1991), Verdeckte Gemeinsamkeiten. Einrede gegen imaginäre Trennlinien in der deutschen Kulturtopographie, in: Deutschland Archiv. Zeitschrift für das vereinigte Deutschland, 24. Jg., Heft 12/1991, S. 1287-1294

Jäger, M. (1994), Selbst- und Fremdbilder der Deutschen. Ein Projekt des Adolf-Grimme-Instituts, in: Deutschland-Archiv, 27. Jg., Heft 6/1994, S. 638-642

Jahn, D./Müller-Rommel, F. (1987), "Krise der Arbeitsgesellschaft" und "Politische Kultur", in: Berg-Schlosser, D./Schissler, J. (Hg.), Politische Kultur in Deutschland, Opladen 1987, S. 344-355

Janis, I.L. (1982), Groupthink, 2. Aufl., Boston

Jelinek, M./Smircich, L./Hirsch, P. (1983), A Code of Many Colors, in: ASQ, 28. Jg., 1983, S. 331-338

Jensen, R. (1997), Der Weg zur "Empowered Organization". Management by Values als Grundlage kulturellen und strukturellen Wandels bei Levi Strauss & Co., in: Personalführung, 30. Jg., Heft 3/1997, S. 206-211

Jeske, W. (1987), Lernstörungen und Leistungshemmungen. Pädagogische Stützmaßnahmen, Neuwied/Darmstadt

Jones, A. (1992), Quellen und Quellenkritik in der Ethnologie, in: Fischer, H. (Hg.), Ethnologie: Einführung und Überblick, 3. Aufl., Berlin 1992, S. 101-115

Jores, A. (1959), Lebensangst und Todesangst, in: Die Angst, Zürich/Stuttgart 1959, S. 175ff.

Jorzik, H. (1993), Interessenkoordination durch Mitbestimmung?, Fuchsstadt

Juchem, J.G. (1988), Kommunikation und Vertrauen, Aachen

Jung, J. (1995), Wirklichkeit wird immer erfunden, in: Feuilleton Beilage der SZ vom 6./7.5.1995, S. II

Jürgens, C. (1996), Die Wettgemeinschaft, in: SZ vom 19.3.1996, S. 11

Kaase, M. (1983), Sinn oder Unsinn des Konzeptes "Politische Kultur" für die vergleichende Politikforschung, oder auch: der Versuch, einen Pudding an die Wand zu nageln, in: Kaase, M./Klingemann, H.-D. (Hg.), Wahlen und politisches System, Opladen 1983, S. 144-171

Kaase, M. (1996), Innere Einheit, in: Weidenfeld, W./Korte, K.-R. (Hg.), Handbuch zur Deutschen Einheit, Frankfurt a.M. 1996, S. 385-396

Kaiser, J. (1997), Im Land der Tiefe, in: SZ vom 7.11.1997, S. 13

Kambartel, F. (1984a), Leben, gutes, in: Mittelstraß, J. (Hg.), Enzyklopädie Philosophie und Wissenschaftstheorie, Bd. II, Mannheim/Wien/Zürich 1984, S. 552

Kambartel, F. (1984b), Leben, vernünftiges, in: Mittelstraß, J. (Hg.), Enzyklopädie Philosophie und Wissenschaftstheorie, Bd. II, Mannheim/Wien/Zürich 1984b, S. 552-553

Kaplan, R.S./Norton, D.P. (1993), Putting the Balanced Scorecard to Work, in Harvard Business Review, Heft September/Oktober 1993, S. 134-147

Kaplan, R.S./Norton, D.P. (1994), Wie drei Großunternehmen methodisch ihre Leistung stimulieren, in: Harvard Business Manager, Heft 2/1994, S. 96-104

Kappler, E. (1970), Der Lernprozeß der Unternehmung - Ein Ansatz zu einem kybernetischen Grundmodell der Betriebswirtschaft, München

Kappler, E. (1980), Aktionsforschung, in: Grochla, E. (Hg.), HWO, 2. Aufl., Stuttgart 1980, Sp. 52-64

Kappler, E. (1992), Menschenbilder, in: Gaugler, E./Weber, W., HWP, 2. Aufl., Stuttgart 1992, Sp. 1324-1342

Kaschuba, W. (1995), Kulturalismus: Vom Verschwinden des Sozialen im gesellschaftlichen Diskurs, in: Zeitschrift für Volkskunde, 91. Jg., 1995, S. 27-45

Kasper, H. (1987), Organisationskultur. Über den Stand der Forschung, Wien

Kasper, H. (1990), Die Handhabung des Neuen in organisierten Sozialsystemen, Berlin u.a.

Katterle, S. (1964), Normative und explikative Betriebswirtschaftslehre, Göttingen

Katz, D./Kahn, R.L. (1966), The Social Psychology of Organizations, New York u.a.

Katzenbach, J.B./Smith, D.K. (1993), Teams - Der Schlüssel zur Hochleistungsorganisation, Wien 1993 (Deutsche Übersetzung der amerikanischen Originalausgabe „The Wisdom of Teams", Boston 1993)

Kaufmann, W. (1997), Vom klassischen Instruktor zum Moderator von BTV-Sendungen, in: Bullinger, H.-J./Broßmann, M. (Hg.), Business Television. Beginn einer neuen Informationskultur in den Unternehmen, Stuttgart 1997, S. 73-83

Keesing, R.M. (1976), Cultural Anthropology. A Contemporary Perspective, New York 1976

Kehr, H.M. (1998), Strategien der Selbstüberlistung: Motivation und Willen trainieren, in: Personalführung, 31. Jg., Heft 12/1998, S. 52-58

Keller, A. (1990), Die Rolle der Unternehmenskultur im Rahmen der Differenzierung und Integration der Unternehmung, Bern/Stuttgart

Keller, A. (1991), Unternehmenskultur - Entwicklungen in Theorie und Praxis, in: Rühli, E./Keller, A. (Hg.), Kulturmanagement in schweizerischen Industrieunternehmungen, Bern/Stuttgart 1991, S. 51-77

Keller, E.v. (1982), Management in fremden Kulturen. Ziele, Ergebnisse und methodische Probleme der kulturvergleichenden Managementforschung, Bern/Stuttgart

Keller, E.v. (1987), Kulturabhängigkeit der Führung, in: Kieser, A. u.a. (Hg.), Handwörterbuch der Führung, Stuttgart 1987, Sp. 1286-1294

Kerber, B. (1998), "Hitler, Klinsman, Mataus. Don't know any other footballer.", in: Psychologie Heute, Heft 2/1998, S. 30-35

Kern, H. (1995), Sicherheit contra Innovation, in: Die Mitbestimmung, Heft 10/1995, S. 12-16

Kern, H./Schumann, M. (1990), Das Ende der Arbeitsteilung, 4. Aufl., München

Kerr, G./Slocum, J. (1987), Managing Corporate Culture Through Reward Systems, in: The Academy of Management Executive, 1. Jg., Heft 2/1987, S. 99-113

Kerres, M./Rosemann, B. (1992), Partizipationspotential und partizipatives Handeln bei Einführung neuer Technologien, in: ZfP, 6. Jg., Heft 1/1992, S. 5-17

Kets de Vries, M. (1980), Organizational paradoxes: Clinical Approaches to Management, London

Kets de Vries, M. (1984), The Irrational Executive: Psychoanalytic Explorations in Management, New York

Kets de Vries, M.F.R./Miller, D. (1986a), Personality, Culture and Organization, in: AMR, 11. Jg., Heft 2/1986, S. 266-279

Kets de Vries, M.F.R./Miller, D. (1986b), Persönlichkeit, Kultur und Organisation, in: OE Zeitschrift für Organisationsentwicklung, Heft 5/1986, S. 13-33

Kiechl, R. (1990), Ethnokultur und Unternehmenskultur, in: Lattmann, C. (Hg.), Die Unternehmenskultur, Heidelberg 1990, S. 106-130

Kiechl, R. (1993), Im multikulturellen Betrieb ist der gegenseitige Respekt wichtig, in: io management, 62. Jg., Heft 4/1993, S. 22-25

Kieser, A. (1984), Innovation und Organisationskultur, in: gdi impuls, Heft 4/1984, S. 3-12

Kieser, A. (1985), Wie rational kann man eine Organisation gestalten?, in: Die Unternehmung, 39. Jg., Heft 4/1985, S. 367-378

Kieser, A. (1986), Unternehmenskultur und Innovation, in: Staudt, E. (Hg.), Das Management von Innovationen, Frankfurt a.m. 1986, S. 42-50

Kieser, A. (1991), Von der Morgensprache zum "Gemeinsamen HP-Frühstück". Zur Funktion von Werten, Mythen, Ritualen und Symbolen - "Organisationskulturen" - in der Zunft und im modernen Unternehmen, in: Dülfer, E. (Hg.) 1991, S. 253-272

Kieser, A. (1992), Lebenszyklus von Organisationen, in: Gaugler, E./Weber, W. (Hg.), HWP, 2. Aufl., Stuttgart 1992, Sp. 1222-1239

Kieser, A./Kubicek, H. (1983), Organisation, 2.Aufl., Berlin/New York

Kieser, A./Kubicek, H. (1986), Organisationstheorien II. Kritische Analysen neuerer sozialwissenschaftlicher Ansätze, 2. Aufl., Stuttgart u.a.

Kieser, A./Kubicek, H. (1992), Organisation, 3.Aufl., Berlin

Kieser, A./Segler, T. (1981), Quasi-mechanistische situative Ansätze, in: Kieser, A. (Hg.), Organisationstheoretische Ansätze, München 1981, S. 173-184

Kilmann, R.H. (1984), Beyond the Quick Fix: Managing Five Tracks to Organizational Success, San Francisco

Kilmann, R.H. (1985), Five Steps for Closing Culture-gaps, in: Kilmann, R.H./Saxton, M.J./Serpa, R. (Hg.), Gaining Control of the Corporate Culture, San Franzisco/London 1985, S. 351-369

Kilmann, R.H./Saxton, M.J./Serpa, R. (Hg.) (1985), Gaining Control of the Corporate Culture, San Franzisco/London

Kilmann, R.H./Saxton, M.J./Serpa, R. (Hg.) (1986), Issues in Understanding and Changing Culture, in: California Management Review, 28. Jg., Heft 2/1986, S. 87-94

Kim, W.C./Mauborgne, R. (1997), Fair Process: Managing in the Knowledge Economy, in: Harvard Business Review, Heft 7/8/1997, S. 65-75

Kirchner, B. (1991), Dialektik und Ethik. Besser führen mit Fairneß und Vertrauen, Wiesbaden

Kirsch, W. (1987), Unternehmenspolitik und Fortschritt, Kapitel zur Neuauflage der "Unternehmenspolitik", Arbeitspapier München

Kirsch, W. (1988), Die Handhabung von Entscheidungsproblemen, Einführung in die Theorie der Entscheidungsprozesse, 3. Aufl., München

Kirsch, W. (1989), Planung - Kapitel einer Einführung, in: Kirsch, W./Maaßen, H. (Hg.), Managementsysteme. Planung und Kontrolle, München 1989, S. 23-125

Kirsch, W. (1990), Unternehmenspolitik und strategische Unternehmensführung, München

Kirsch, W. (1992), Kommunikatives Handeln, Autopoiese, Rationalität. Sondierungen zu einer evolutionären Führungslehre, München

Kirsch, W. (1993), Betriebswirtschaftslehre. Eine Annäherung aus der Perspektive der Unternehmensführung, München

Kirsch, W./Esser, W.-M./Gabele, E. (1979), Das Management des geplanten Wandels von Organisationen, Stuttgart

Kirsch, W./Gabele, E. (1976), Aktionsforschung und Echtzeitforschung, in: Bierfelder, W. (Hg.), Handwörterbuch des öffentlichen Dienstes. Das Personalwesen, Berlin 1976, Sp. 9-30

Kirsch, W./Trux, W. (1981), Perspektiven eines Strategischen Managements, in: Kirsch, W. (Hg.), Unternehmenspolitik: Von der Zielforschung zum strategischen Management, München 1981, S. 290-396

Kißler, L. (1992), Die Mitbestimmung in der Bundesrepublik Deutschland. Modell und Wirklichkeit, Marburg

Kißler, L./Greifenstein, R./West, K.W. (Hg.) (1997), Erneuerung der Mitbestimmung durch demokratische Partizipation, Marburg

Klages, H. (1984), Wertorientierungen im Wandel, Frankfurt/New York

Klages, H. (1985), Empirische Bestandsaufnahme des Wertewandels, in: Bertelsmann-Stiftung/Institut für Wirtschafts- und Gesellschaftspolitik - IWG - (Hg.): Unternehmensführung vor neuen gesellschaftlichen Herausforderungen, Gütersloh 1985, S. 24-39

Klages, H. (1987), Indikatoren des Wertewandels, in: Rosenstiel, L.v./Einsiedler, H.E./Streich, R.K. (Hg.), Wertewandel als Herausforderung für die Unternehmenspolitik, Stuttgart 1987, S. 1-16

Klages, H. (1988), Wertedynamik. Über die Wandelbarkeit des Selbstverständlichen, Zürich

Klages, H. (1991), Überlasteter Staat - Verdrossene Bürger, Frankfurt a.M./New York

Klages, H. (1993), Wertewandel in Deutschland in den 90er Jahren, in: v. Rosenstiel, L. u.a. (Hg.), Wertewandel - Herausforderung für die Unternehmenspolitik in den 90er Jahren, Stuttgart 1993, S. 1-15

Klages, H. u.a. (1987), Sozialpsychologie in der Wohlfahrtsgesellschaft. Zur Dynamik von Wertorientierungen, Einstellungen und Ansprüchen, Frankfurt/New York

Klages, H./Gensicke, T. (1993), Geteilte Werte? Ein deutscher Ost-West-Vergleich, in: Weidenfeld, W. (Hg.), Deutschland. Eine Nation – doppelte Geschichte, Köln 1993, S. 47-59

Klages, H./Herbert, W. (1983), Wertorientierung und Staatsbezug. Untersuchungen zur politischen Kultur in der Bundesrepublik Deutschland, Frankfurt/New York

Klages, H./Hippler, H.J./Herbert, W. (1992), Werte und Wandel: Ergebnisse und Methoden einer Forschungstradition, Frankfurt a.m./New York

Klages, H./Kmieciak, P. (Hg.) (1984), Wertwandel und gesellschaftlicher Wandel, Frankfurt/New York

Klein, S. (1991), Der Einfluß von Werten auf die Gestaltung von Organisationen, Berlin

Kleinberg, J. (1989), Cultural Clash between Managers: America's Japanese Firms, in: Advances in International Comparative Management, 4. Jg., 1989, S. 1-45

Klemm, K. (1990), Bildungspolitik: Bildung 2000 - Unterschiedliche Perspektiven im Streit, in: Sarcinelli, U. (Hg.), Demokratische Streitkultur, Opladen 1990, S. 461-470

Klipstein, M. v./Strümpel, B. (1984), Wertewandel und Wirtschaftsbild der Deutschen, in: Aus Politik und Zeitgeschichte, Beilage zur Wochenzeitung Das Parlament, B42/85, Oktober 1984, S. 19-38

Klipstein, M. v./Strümpel, B. (Hg.) (1985), Gewandelte Werte - Erstarrte Strukturen. Wie die Bürger Wirtschaft und Arbeit erleben, Bonn

Klöfer, F. (1996), Informierte Mitarbeiter leisten mehr, in: Personalwirtschaft, 23. Jg., Heft 11/1996, S. 30-32

Klöfer, F./Füllenbach, U./Rohleder, N. (1994), Rote Karte für Gerüchteköche, in: Personalwirtschaft, 21. Jg., Heft 6/1994, S. 11-13

Klönne, A. (1984), Zurück zur Nation? Kontroversen zu deutschen Fragen, Köln

Kluckhohn, C. (1967), Values and Value-orientation in the Theory of Action: An Exploration in Definition and Classification, in: Parsons, T./Shils, E.A. (Hg.), Toward a General Theory of Action, Cambridge 1967 (1951), S. 388-433

Kluckhohn, C./Kelly, W. (1945), The Concept of Culture, in: Linton, R. (Hg.), The Science of Man in the World Crisis, New York 1945, S. 78-106

Kluckhohn, F.R./Strodtbeck, F.L. (1961), Variations in Value Orientations, Evanston

Klußmann, R. (1993), Psychotherapie: psychoanalytische Entwicklungspsychologie, Neurosenlehre, Behandlungsverfahren, Aus- und Weiterbildung, 2. Aufl., Berlin u.a.

Kmieciak, P. (1976), Wertstrukturen und Wertwandel in der Bundesrepublik Deutschland, Göttingen

Knebel, H. (1993), Mitarbeiterorientierte Führung, nur für gute Zeiten gut?, in: Personal, 45. Jg., Heft 8/1993, S. 368-371

Knitter, H. (1993), Eine interdisziplinäre und hierarchiefreie Kommunikationskultur schaffen, in: Personalführung, 26. Jg., Heft 8/1993, S. 699-700

Knoblauch, H. (1995), Kommunikationskultur - die kommunikative Konstruktion kultureller Kontexte, Berlin

Knoll, L. (1997), Aktien-Optionsprogramme im Vergleich, in: Personalwirtschaft, 24. Jg., Heft 11/1997, S. 34-42

Knorr-Cetina, K. (1977), Producing and Reproducing Knowledge: Descriptive or Constructive?, in: Social Science Information, 16. Jg., 1977, S. 669-696

Knorr-Cetina, K. (1984), Die Fabrikation von Erkenntnis, Frankfurt a.M.

Knowles, H.P./Saxberg, B.O. (1967), Human Relations and the Nature of Man, in: Harvard Business Review, Heft 2/1967, S. 22-40, 172-178

Knüpfer, U. (1996), Kein Job fürs Leben, in: Die Mitbestimmung, Heft 7+8/1996, S. 28-31

Knütter, H.H. (1990), Deutschfeindlichkeit gestern und heute, in: MUT, Nr. 278, Oktober 1990, S. 45-52

Kobi, J. M. (1992), Humanpotential und Unternehmenskultur. Die entscheidenden Faktoren bei Zusammenschlüssen, in: Personalführung, 25. Jg., Heft 6/1992, S. 448-454

Kobi, J.-M. (1990), Human Resources im kulturellen und strategischen Kontext, in: Die Orientierung, Nr. 97

Kobi, J.M./Wüthrich, H.A. (1985), Kultur, die unterschätzte Dimension erfolgreichen Managements/ So beurteilen und gestalten wir die Unternehmenskultur, in: io management, 54. Jg., Heft 1/1985, S. 9-13

Kobi, J.M./Wüthrich, H.A. (1986), Unternehmenskultur erfassen, verstehen und gestalten, Landsberg a.L.

Kobi, J.M./Wüthrich, H.A. (1988), Kulturbewußtes Management: Von der Idee her so einfach, in der Realisierung so schwer, in: io management, 57. Jg., Heft 2/1988, S. 74-76

Koch, T. (1991), Deutsch-deutsche Einigung als Kulturproblem. Konfliktpotentiale nationaler Re-Integration, in: Deutschland Archiv. Zeitschrift für das vereinigte Deutschland, 24. Jg., Heft 1/1991, S. 16-30

Köcher, R. (1985), Spürhund und Missionar, München

Köcher, R. (1992), Opfern fällt den Westdeutschen schwer, in: FAZ, 8. Juli 1992, S. 5

Köcher, R. (1993), Demoskopie als Beruf, in: Noelle-Neumann, E./Köcher, R. (Hg.), Allensbacher Jahrbuch der Demoskopie 1984-1992, München u.a. 1993, S. 1131-1135

Koch-Hillebrecht, M. (1977), Das Deutschenbild. Gegenwart, Geschichte und Psychologie, München

Kogon, E. (1976), Der häßliche Deutsche, in: Frankfurter Hefte, 31. Jg., Heft 11/1976, S. 11-14

Kohl, K.-H./Saum-Aldehoff, T. (1998), Der postmoderne Wilde. Ein Gespräch mit dem Ethnologen Karl-Heinz Kohl, in: Psychologie Heute, Heft 2/1998, S. 58-63

Köhler, O. (1996), USA: Modell oder Billiglohnland?, in: Die Mitbestimmung, Heft 6/1996, S. 55-56

Kolb, D. (1984), Experiential Learning. Experience as the Source of Learning and Development, Englewood Cliffs

Kolb, D. (1988), Die Veränderung von Unternehmenskulturen durch verfremdende Beratung, München

König, R. (Hg.) (1974), Handbuch der empirischen Sozialforschung, Stuttgart

König, R./Neidhart, F./Lepsius, M.R. (Hg.) (1984), Ethnologie als Sozialwissenschaft, Opladen

Körber-Weik, M. (1994), Konjunkturkrise oder Strukturkrise?, in: Wehling, H.-G. (Hg.), Standort Deutschland, Stuttgart u.a. 1994, S. 9-33

Korff, G. (1995), Spione, Hütchenspiele und Bananen. Alltags-Symbole und -Metaphern im Prozeß der kulturellen Integration von Ost- und Westdeutschland, in: Zeitschrift für Volkskunde, 91. Jg., 1995, S. 248-264

Kornbichler, T./ Hartwig, C.J. (Hg.) (1994), Kommunikationskultur und Arbeitswelt, Berlin

Kornelius, S./Geißler, H. (1995), "Konform, uniform, chloroform", in: SZ vom 24.2.1995, S. 13

Korte, K.-R. (1987), Nationale Identifikation und europäische Bindung, in: Berg-Schlosser, D./ Schissler, J. (Hg.), Politische Kultur in Deutschland, Opladen 1987, S. 222-228

Korte, K.-R. (1988), Deutschlandbilder-Akzentverlagerungen der deutschen Frage seit den siebziger Jahren, aus: Politik und Zeitgeschichte, B3/1988, S. 45-53

Korte, W.B./Steinle, W.J. (1986), Kultur, Alltagskultur und neue Informations- und Kommunikationstechniken, in: Aus Politik und Zeitgeschichte, Beilage zur Wochenzeitschrift Das Parlament, vom 18.1.1986, S. 26-38

Koschnick, H. (1993), Individualisierung der Gesellschaft - Entsolidarisierung in der SPD?, in: Friedrich-Ebert-Stiftung (Hg.), Individualisierung und Solidarität, Bonn 1993, S. 79-88

Koslowski, P. (1989), Wirtschaft als Kultur: Wirtschaftskultur und Wirtschaftsethik in der Postmoderne, Wien

Kotter, J.P./Schlesinger, L.A./Sathe, V. (1979), Organization, Homewood

Koyama, A. (1991), Eigenarten des japanischen Managements, in: ZfbF, 43. Jg., Heft 3/1991, S. 275-283

Kramer, D. (1985), Empirische Kulturanthropologie - Chancen und Grenzen. Frankfurter Studien zur Kulturanalyse, in: Schweizerisches Archiv für Volkskunde, 81. Jg., 1985, S. 86-93

Krapf, B. (1995), Aufbruch zu einer neuen Lernkultur, 4. Aufl., Bern u.a.

Krappmann, L. (1973), Soziologische Dimensionen der Identität, 3.Auflage, Stuttgart

Krekeler, H.L. (1965), Die Diplomatie, München/Wien

Krell, G. (1991), Organisationskultur - Renaissance der Betriebsgemeinschaft?, in: Dülfer, E. (Hg.), Organisationskultur: Phänomen - Philosophie - Technologie, 2. Auflage, Stuttgart 1991, S. 147-162

Krell, G. (1993), Wie wünschenswert ist eine nach Geschlecht differenzierende Personalpolitik?, in: Krell, G./Osterloh, M. (Hg.), Personalpolitik aus der Sicht von Frauen - Frauen aus der Sicht der Personalpolitik, München 1993, S. 50-61

Kreuder, T. (1996), Brüchige Fundamente, in: Die Mitbestimmung, Heft 9/1996, S. 36-38

Krewer, B. (1992), Kulturelle Identität und menschliche Selbsterforschung, Saarbrücken

Krieg, H.-J./Drebes, J. (1996), Führen durch Ziele, in: Personalführung, 29. Jg., Heft 1/1996, S. 54-60

Kriese, H. (1995), Vielen Unternehmen fehlt es an der Kommunikationskultur: Die Angst überwinden, in: Gablers Magazin, 9. Jg., Heft 5/1995, S. 11

Krockow, C. Graf v. (1990), Die Deutschen in ihem Jahrhundert: 1890-1990, Hamburg

Krockow, C. Graf v. (1993), Die Deutschen vor ihrer Zukunft, Berlin

Krockow, C. Graf v. (1995), Von deutschen Mythen. Rückblick und Ausblick, Stuttgart

Kroeber, A.L. (1956), History of Anthropological Thought, in: Thomas, W.L. jr. (Hg.), Current Anthropology, Chicago 1956, S. 293-312

Kroeber, A.L. (1963), Anthropology: Biology & Race, New York u.a.

Kroeber, A.L./Kluckhohn, C. (1952), Culture - A Critical Review of Concepts and Definitions, Cambridge/Mass.

Krogh, G.v. (Hg.) (1996), Managing Knowledge, London

Krogh, G.v./Nonaka, I./Ichijo, K. (1997), Develop Knowledge Activists, in: European Management Journal, 15. Jg., Heft 5/1997, S. 475-483

Krogh, H. (1993), Gefährliche Kreuzung, in: manager magazin, 23. Jg., Heft 2/1993, S.127-132

Krulis-Randa, J.S. (1984), Reflexionen über die Unternehmenskultur, in: Die Unternehmung, 38. Jg., 1984, S. 358-372

Krulis-Randa, Jan S. (1985), Grundsätzliche Überlegungen zur strategischen Unternehmensführung, in: Management Forum, Bd. 5, Heft 2/1985, S. 91-112

Krüper, M./Harbig, A. (1997), Der Transformationsprozeß bei der VEBA Oel AG. Ziele, Erfahrungen, Konsequenzen und verbleibende Herausforderungen in: Kienbaum, J. (Hg.), Benchmarking Personal, Stuttgart 1997, S. 105-125

Krystek, U./Redel, W./Reppegather, S. (1997), Grundzüge virtueller Organisationen, Elemente und Erfolgsfaktoren, Chancen und Risiken, Wiesbaden

Krystek, U./Zumbrock, S. (1993), Planung und Vertrauen, Stuttgart

Kuhn, T.S. (1976), Die Struktur wissenschaftlicher Revolutionen, 2. Aufl., Frankfurt a.M. 1976 (Orig.: The structure of scientific revolutions, Chicago 1962)

Kulturpolitische Gesellschaft (Hg.) (1983), Grundlagen und langfristige Perspektiven für eine Kulturpolitik in Europa, Hagen 1983, Dokumentation Nr. 21, 1983, S.107-113

Küpper, W./Ortmann, G. (Hg.) (1988), Mikropolitik. Rationalität, Macht und Spiele in Organisationen, Opladen

Kupsch, P.U./Marr, R. (1991), Personalwirtschaft, in: Industriebetriebslehre - Entscheidungen im Industriebetrieb, hrsg. v. E. Heinen, 9. Aufl., Wiesbaden 1991, S. 729-896

Kurmann, B. (1986), Firmenkultur am Beispiel der Sarna, Bern

Kurtz-von Aschoff, J. (1995), Grundlagen der klinischen Psychotherapie, Stuttgart u.a.

Ladensack, K./Glotz, P. (1996), Vorbereitung, Konzipierung und Umsetzung von Lernprojekten, in: Personalführung, 29. Jg., Heft 10/1996, S. 886-891

Laib, K. (1997), Das 360-Grad-Feedback, in: Personalführung, Heft 12/1997, S. 1138-1143

Lakatos, I. (1974), Falsifikation und die Methodologie wissenschaftlicher Forschungsprogramme, in: Lakatos, I./Musgrave, A. (Hg.), Braunschweig 1974, S. 89-189

Lakatos, I./Musgrave, A. (Hg.) (1974), Criticism and the Growth of Knowledge, Cambridge 1970 (Deutsch: Kritik und Erkenntnisfortschritt, Braunschweig 1974)

Lakoff, G./Johnson, M. (1980), Metaphors We Live By, Chicago

Lang, J.M. (1998), Leistungsvergütung bei Gruppenarbeit - was leisten Gainsharing-Systeme?, in: Personalführung, 31. Jg., Heft 4/1998, S. 42-48

Lang, R. (1996), Wandel von Unternehmenskulturen in Ostdeutschland und Osteuropa, II. Chemnitzer Ostforum, München und Mering

Langguth, G. (1983), Jugend ist anders. Porträt einer jungen Generation, Freiburg u.a.

Langguth, G. (1995), Suche nach Sicherheiten - Ein Psychogramm der Deutschen, Stuttgart

Lasser, R. (1987), Symbolische Führung, in: Kieser u.a. (Hg.), HWFü, Stuttgart 1987, Sp. 1927-1938

Laszlo, E. (1987), Evolution, Wien u.a.

Laszlo, E. (1991), Global denken, München

Laszlo, E. (1992a), Hilflose Helfer, in: manager magazin, 22. Jg., Heft 9/1992, S. 260-266

Laszlo, E. (1992b), Evolutionäres Management, Fulda

Lattmann, C. (Hg.) (1987), Personalmanagement und strategische Unternehmensführung, Heidelberg

Laufer, H. (1988), Mitarbeiterengagement durch Vertrauen, in: ZFO, 57. Jg., Heft 3/1988, S. 179-182

Laurent, A. (1992), The Cross-Cultural Puzzle of Global Human Resource Management, in: Pucik, V./Tichy, N.M./Barnett, C.K. (Hg.), Globalizing Management, New York 1992, S. 174-184

Lawler, E.E. (1976), Control Systems in Organizations, in: Dunnette, M.D. (Hg.), Handbook of Industrial and Organizational Psychology, Chicago 1976, S. 1247-1291

Lawrence, P.R./Lorsch, J.W. (1969), Organization and Environment, Homewood

Lazarsfeld, P.F. (1993), Die Verpflichtung des Meinungsforschers von 1950 gegenüber dem Historiker von 1984, in: Noelle-Neumann, E./Köcher, R. (Hg.), Allensbacher Jahrbuch der Demoskopie 1984-1992, München u.a. 1993, S. E15ff.

Lazarus, M./Steinthal, H. (1860), Einleitende Gedanken über Völkerpsychologie, in: Lazarus, M./Steinthal, H. (Hg.), Zeitschrift für Völkerpsychologie und Sprachwissenschaft, Bd. 1, Berlin 1860

Leary, T. (1957), Interpersonal Diagnosis of Personality. A Functional Theory and Methodology for Personality Evaluation, New York

Leggewie, C. (1990), Bloß kein Streit! Über deutsche Sehnsucht nach Harmonie und die anhaltenden Schwierigkeiten demokratischer Streitkultur, in: Sarcinelli, U. (Hg.), Demokratische Streitkultur, Opladen 1990, S. 52-62

Leggewie, C. (1996), "Wir sind ein Volk - sind wir?, in: SZ vom 31.1.1996, S. 11

Lehr, U. (1987), Persönlichkeitsentwicklung im höheren Lebensalter - Differentielle Aspekte, in: Lehr, U./Thomae, H. (Hg.), Formen seelischen Alterns, Stuttgart 1987, S. 39-44

Lehr, U. (1991), Psychologie des Alterns, 7. Aufl., Heidelberg/Wiesbaden

Lehr, U./Dreher, G./Schmitz-Scherzer, R. (1970), Der ältere Arbeitnehmer im Betrieb, in: Mayer, R. (Hg.), Handbuch der Psychologie, Bd. 9, Betriebspsychologie, 2. Aufl., Göttingen 1970, S. 97-124

Lehr, U./Olbrich, E. (1975), Variablen der Lernfähigkeit im Erwachsenenalter, in: Blaß, J./Heckenrath, L.-L./Reimers, E./Stratmann, K. (Hg.), Bildungstradition und moderne Gesellschaft, Hannover 1975, S. 25-35

Lehr, U./Thomae, H. (Hg.) (1987), Formen seelischen Alterns, Stuttgart

Lenglachner, M./Schmitz, C./Weyrer, M. (1994), Konflikte als Potential der Unternehmensentwicklung: Vom Konflikt zum Dialog, in: Gablers Magazin, 8. Jg., Heft 9/1994, S. 14-19

Leonhard, R.W. (1961), Xmal Deutschland, München

Leppmann, W. (1998), Goethe und die Deutschen, Berlin

Lepsius, M.R. (1973), Wahlverhalten, Parteien und Politische Spannungen, in: Politische Vierteljahresschrift, 14. Jg., 1973, S. 295-313

Leutz, G.A. (1974), Das klassische Psychodrama nach J.L. Moreno, Berlin u.a.

Leveton, E. (1992), Mut zum Psychodrama, 2. Aufl., Hamburg

LeVine, R.A. (1973), Culture, Behavior and Personality, Chicago

LeVine, R.A. (Hg.) (1974), Culture and Personality, New York

Lévi-Strauss, C. (1972), Strukturale Anthropologie, Frankfurt a.M.

Lévi-Strauss, C. (1975), Strukturale Anthropologie II, Frankfurt a.M.

Lewin, K. (1951), Field Theory in Social Science, New York

Lewin, K. (1963), Feldtheorie in den Sozialwissenschaften, Bern/Stuttgart

Lewin, K. (1978), Sozialpsychologische Unterschiede zwischen den Vereinigten Staaten und Deutschland, in: Karsten, A. (Hg.), Vorurteil. Ergebnisse psychologischer und sozialpsychologischer Forschung, Darmstadt 1978, S. 76-83

Lewis, T./Grisebach, R./Nelle, A. (1995), Kapitalbeteiligung und Vergütungsregelung zur Förderung von Unternehmertum in Großunternehmen, in: ZFO, 64. Jg., Heft 2/1995, S. 105-108

Leymann, H. (1993), Mobbing. Psychoterror am Arbeitsplatz und wie man sich dagegen wehren kann, Reinbek b. Hamburg

Lichtman, C.M./Hunt, R.G. (1971), Personality and Organization Theory: A Review of Some Conceptual Literature, in: Psychological Bulletin 1971, S. 271-294

Liebel, H.J. (1987), Personalführung durch Verhaltensbewertung - Aktuelle Probleme mit langer Tradition, in: Liebel, H.J. (Hg.), Personalbeurteilung: Neue Wege der Leistungs- und Verhaltensbewertung, Bamberg 1987, S. 89-162

Liebel, H.J. (Hg.) (1987), Personalbeurteilung: Neue Wege der Leistungs- und Verhaltensbewertung, Bamberg 1987

Lietz, J.H. (1990), Wenn die Mitarbeiter immer mehr in die Freizeit flüchten, in: FAZ, Blick durch die Wirtschaft, 20.03.1990

Likert, R. (1961), New Patterns of Management, New York

Likert, R. (1967/1975), The Human Organisation, New York u.a. 1967; deutsch: Die integrierte Führungs- und Organisationsstruktur, Frankfurt/New York

Lincoln, Y.S. (Hg.) (1985), Organizational Theory and Inquiry. The Paradigm Revolution, Beverly Hills u.a.

Lincoln, Y.S./Guba, E.G. (1985), Naturalistic Inquiry, Beverly Hills u.a.

Lindblom, C.E. (1965), The Intelligence of Democracy, New York/London

Lindskold, S. (1978), Trust Development, the GRIT Proposal, and the Effects of Conciliatory Acts on Conflict and Cooperation, in: Psychological Bulletin, 85. Jg., 1978, S. 772-793

Linke, L. (1993), Unternehmenskultur: Chance oder strategischer Hemmschuh?, in: io management, 62. Jg., Heft 10/1993, S. 33-36

Linton, R. (1952), The Cultural Background of Personality, 3. Aufl., London

Lipp, C. (1993), Alltagskulturforschung im Grenzbereich von Volkskunde, Soziologie und Geschichte. aufstieg und Niedergang eines interdisziplinären Forschungskonzeptes, in: Zeitschrift für Volkskunde, 89. Jg., 1993, S. 1-33

Lipp, W. (1979), Kulturtypen, kulturelle Symbole, Handlungswelt. Zur Plurivalenz von Kultur, in: Lipp, W./Tenbruck, F.H. (Hg.), Kultursoziologie, (Schwerpunktheft) Kölner Zeitschrift für Soziologie und Sozialpsychologie, 31. Jg., Heft 3/1979, S. 450-484

Lipp, W. (1984), Industriegesellschaft und Regionalkultur, München

Lipp, W. (Hg.) (1987), Kulturtypen, Kulturcharaktere: Träger, Mittler und Stifter von Kultur, Berlin

Lipp, W./Tenbruck, F.H. (1979), Zum Neubeginn der Kultursoziologie, in: Kölner Zeitschrift für Soziologie und Sozialpsychologie, 31. Jg., Heft 3/1979, S. 393-398

Lippitt, G.L. (1982), Organization Renewal: A Holistic Approach to Organization Development, 2. Aufl., Englewood Cliffs

Lippold, H. (1992), Informationssicherheit, in: Frese, E. (Hg.), HWO, 3. Aufl., Stuttgart 1992, Sp. 912-922

List, K.-H. (1994), Sind Führungskräfte konfliktscheu?, in: Personal, 46. Jg., Heft 8/1994, S. 380-384

Litke, H.D. (1993), Projektmanagement. Methoden, Techniken, Verhaltensweisen, 2. Aufl., München/Wien

Löbbe, K. (1994), Standortqualität und Wettbewerbsfähigkeit im internationalen Vergleich, in: Wehling, H.-G. (Hg.), Standort Deutschland, Stuttgart u.a. 1994, S. 34-55

Löhner, M. (1995), Ethik und strategisches Personalmanagement als Widerspruch, in: Scholz, C./ Djarrahzadeh, M. (Hg.), Strategisches Personalmanagement: Konzeptionen und Realisationen, Stuttgart 1995, S. 77-90

London, M./Beatty, R.W. (1993), 360-degree Feedback as a Competitive Advantage, in: HRM, 32. Jg., Heft 2-3/1993, S. 353-372

Lorenzen, P. (1975), Das Begründungsproblem politischen Wissens, Stuttgart 1975; Wiederabdruck in: Lorenzen, P. (Hg.), Theorie der technischen und politischen Vernunft, Stuttgart 1978, S. 119-139

Lorsch, J.W. (1986), Managing Culture: The Invisible Barrier to Strategic Change, in: California Management Review, 28. Jg., Heft 2/1986, S. 95-109

Lösche, P./Scholing, M. (1986), Sozialdemokratie als Solidargemeinschaft: Eine Fallstudie, in: Saage, R. (Hg.), Solidargemeinschaft und Klassenkampf, Frankfurt a.M. 1986, S. 365-383

Löschner, P./Schuster, H. (1996), Neue Modelle der Mitarbeiterkapitalbeteiligung, in: Personal, 48. Jg., Heft 11/1996, S. 604-609

Louarm, J.-Y./Allard, E. (1990), An Empirical Study of the Strategic Role of the Human Resource Leader, Working Paper, fifth EIASM-Workshop on Strategic Human Resource Management, Leuven

Louis, M.R. (1981), A Cultural Perspective on Organizations: the Need for and Consequences of Viewing Organizations as Culture-bearing Milieux, in: Human System Management, Heft 2/1981, S. 246-258

Louis, M.R. (1983), Organizations as Culture-bearing Milieux, in: Pondy, L.R./Frost, P.J./Morgan, G./ Dandridge, T.C. (Hg.), Organizational Symbolism, Greenwich/London, S. 39-54

Lubatkin, M./Floyd, S. (1997), In Search of a European Model of Strategic Management, in: European Management Journal, 15. Jg., Heft 6/1997, S. 612-624

Lübbe, H. (1983), Kultureller Wandel im Spiegel der Demoskopie, in: Noelle-Neumann, E./Piel, E. (Hg.), Eine Generation später, München 1983, S. 19-22

Luck, W. (1994), Wie der Kommunitarismus ins Hochsauerland kam, in: Die Mitbestimmung, Heft 3/1994, S. 46-49

Lüdemann, M./Sourisseaux, A./Wagner, T. (1994), Eine kulturbewußt-systematische Bildungsbedarfs-analyse in beiden Teilen Deutschlands, in: Kornbichler, T./ Hartwig, C.J. (Hg.), Kommunikations-kultur und Arbeitswelt, Berlin 1994, S. 53-68

Lüder, K. (1993), Nutzwertanalyse, in: Dichtl, E./Issing, O. (Hg.), Vahlens Großes Wirtschaftslexikon, Bd. 2, 2. Aufl., München 1993, S. 1542-1543

Lüdtke, H. (1989), Expressive Ungleichheit - Zur Soziologie der Lebensstile, Opladen

Ludwig, H. (1994), Vorgesetztenbeurteilung von unten nach oben. Ein personalpolitisches Instrument bei der ESSO AG, in: Personalführung, 27. Jg., Heft 7/1994, S. 650-657

Luhmann, N. (1976), Zweckbegriff und Systemrationalität, Frankfurt a.M.

Luhmann, N. (1984), Soziale Systeme. Grundriß einer allgemeinen Theorie, Frankfurt a.M.

Luhmann, N. (1989), Vertrauen. Ein Mechanismus der Reduktion sozialer Komplexität, 3. Aufl., Stuttgart

Lukas, A. (1995), Unser Denken muß sich ändern, in: Personalwirtschaft, 22. Jg., Heft 9/1995, S. 74

Lukas, A. (1997), Mut zur Langsamkeit, in: Personalwirtschaft, 24. Jg., Heft 12/1997, S. 74

Luthans, F. (1985), Organizational Behavior, 4. Aufl., Tokio

Luthans, F./Rosenkrantz, S.A./Hennessey, H.W. (1985), What Do Successful Managers Really Do?, in: Journal of Applied Behavioral Science, 1985, S. 255-270

Lutz, C. (1993), Kommunikationskultur nach innen: Hintergründe des dialogischen Modells, in: io management, 62. Jg., Heft 2/1993, S. 36-39

Maas, P./Schüller, A. (1990), Organisationskultur und Führung, in: Wiendieck, G./Wiswede, G. (Hg.), Führung im Wandel, Stuttgart 1990, S. 157-179

Maase, K. (1994), Spiel ohne Grenzen. Von der "Massenkultur" zur "Erlebnisgesellschaft": Wandel im Umgang mit populärer Unterhaltung, in: Zeitschrift für Volkskunde, 90. Jg., 1994, S. 13-36

Maaß, E./Ritschl, K. (1997), Coaching mit NLP. Erfolgreich coachen in Beruf und Alltag, Paderborn

Maaß, J. (1994), Wie eine Vertrauensorganisation gestaltet werden kann: Lean heißt Vertrauen in Mitarbeiter, in: Gablers Magazin, 8. Jg., Heft 1/1994, S. 22

Maaz, H.-J. (1991), Das gestürzte Volk, Berlin

Macharzina, K. (1990), Informationspolitik, Wiesbaden

Macharzina, K. (1992), Internationalisierung und Organisation, in: ZFO, 61. Jg., Heft 1/1992, S. 4-11

Macharzina, K. (Hg.) (1997), Handbuch internationales Management. Grundlagen - Instrumente - Perspektiven, Wiesbaden

Macharzina, K./Wolf, J. (1993), Werteorientierte Personalführung - Individualität statt Uniformität, in: Lernfeld Betrieb, Heft 1/1993, S. 20-22

Macrae, N. (1976), The Coming Entrpreneurial Revolution, in: The Economist, 25. Jg., Heft Dez./1976, S. 41-95

Maier, C.S. (1992), Die Gegenwart der Vergangenheit. Geschichte und die nationale Identität der Deutschen, Frankfurt a.M./New York

Maier, H. (1985), Deutschand – Kulturnation? Eine Tradition, Neubesichtigt, in: Podak, K./Wechsler, U. (Hg.), (Deutschland – Kulturnation?), Gütersloh 1985, S. 19-40

Maier-Albang, M. (1996), Damit die Sucht nicht zum Kündigungsgrund wird, in: SZ vom 9.1.1996, S. 35

Maier-Mannhart, H. (1996), Befreiung aus dem Würgegriff des Staates, in: Wirtschaftsstandort Deutschland. Beilage der SZ Nr. 192, 21. 8. 1996, S. 1

Maisberger, P. (1996), Weiterbildung im Wandel, in: Personalwirtschaft, 23. Jg., Heft 10/1996, S. 17-20

Majaro, S. (1993), Erfolgsfaktor Kreativität, London u.a.

Malik, F. (1981), Die Selbstorganisation der Unternehmung, in: Entscheidung auf neuen Wegen. Vorträge der internationalen Tagung des Gottlieb-Duttweiler-Institutes (8.-9.4.1981), Zürich 1981, S. 155-174

Malik, F./Probst, G.J.B. (1981), Evolutionäres Management, in: Die Unternehmung, 35. Jg., Heft 2/1981, S. 121-140

Malinowski, B. (1975), Eine wissenschaftliche Theorie der Kultur, Frankfurt

Mangham, I.L./Overington, M.A. (1983), Dramatism and the Theatrical Metaphor: Really Playing at Critical Distances, in: Morgan, G., Beyond Method - Strategies for Social Research, Beverly Hills u.a. 1983, S. 219-233

Mantz, M. (1997), Das Prinzip Kommunikation, in: Manager Seminare, Heft 29, Okt. 1997, S. 98-105

Manz, C.C. (1983), The Art of Self-leadership: Strategies for Personal Effectiveness in Your Life and Work, Englewood Cliffs

Manz, C.C. (1986), Self-Leadership: Toward an Expanded Theory of Self-Influence Processes in Organizations, in: AMR, 11. Jg., Heft 3/1986, S. 585-600

Manz, C.C./Sims, H.P. Jr. (1980), Self-management as a Substitute for Leadership: A Social Learning Theory Perspective, in: AMR, 5. Jg., 1980, S. 361-367

March, J. (1981), Footnotes to Organizational Change, in: ASQ, 26. Jg., Heft 4/1981, S. 563-577

March, J.G./Simon, H.A. (1976), Organisation und Individuum. Menschliches Verhalten in Organisationen, Wiesbaden (Orig.: Organizations, New York/London 1958)

Marr, R. (1970), Industrielle Forschung und Entwicklung - entscheidungs- und systemtheoretische Aspekte, München

Marr, R. (1983), Problemaspekte bei der Entwicklung eines Wissenschaftsprogramms des "Internationalen Management" - aus personalwirtschaftlicher Sicht, in: Dülfer, E. (Hg.), Personelle Aspekte im Internationalen Management, Berlin 1983, S. 27-40

Marr, R. (1986), Strategisches Personalmanagement - des Kaisers neue Kleider?, in: Management Forum, Bd. 6, 1986, S. 13-23

Marr, R. (1989a), Perspektiven des technisch-kulturellen Wandels für das Personalmanagement der 90er Jahre, in: Marr, R. (Hg.): Mitarbeiterorientierte Unternehmenskultur, Berlin 1989, S. 11-26

Marr, R. (1989b), Überlegungen zu einem Konzept einer "Differentiellen Personalwirtschaft", in: Drumm, H.J. (Hg.), Individualisierung der Personalwirtschaft, Bern/Stuttgart 1989, S. 37-47

Marr, R. (1992), Kooperationsmanagement, in: Gaugler, E./Weber, W. (Hg.), HWP, 2. Aufl., Stuttgart 1992, Sp. 1154-1164

Marr, R. (1993), Betrieb und Umwelt, in: Bitz, M./Dellmann, K./Domsch, M./Egner, H. (Hg.), Vahlens Kompendium der Betriebswirtschaftslehre, 3. Aufl., München 1993, S. 47-114

Marr, R. (1995), Acht Thesen zur Arbeitszeit, in: Personalwirtschaft, 22. Jg., Heft 12/1995, S. 30

Marr, R. (1996a), Wieviel Vertrauen ist notwendig, um Wandel erfolgreich zu gestalten?, unveröffentlichtes Manuskript zum Vortrag anläßlich des 6. Münchner Personalforums am 2.2.1996 an der Universität der Bundeswehr München

Marr, R. (1996b), Management in Germany, in: International Encyclopedia of Business and Management, London 1996, S. 2860-2868

Marr, R. (1996c), Strukturelle und prozessuale Ansätze zur Entwicklung und Gestaltung von Unternehmenskulturen, in: Lang, R. (Hg.), Wandel von Unternehmenskulturen in Ostdeutschland und Osteuropa, II. Chemnitzer Ostforum, München und Mering 1996, S. 271-284

Marr, R. (Hg.) (1989), Mitarbeiterorientierte Unternehmenskultur. Herausforderung für das Personalmanagement der 90er Jahre, Berlin

Marr, R. (Hg.) (1991), Euro-Strategisches Personalmanagement, 2 Bände, München/Mering 1991

Marr, R./Echevarría, S.G. (1997), La Direccion Corporativa - De Los Recursos Humanos, Madrid

Marr, R./Friedel-Howe, H. (1989), Perspektiven der Entwicklung einer Differentiellen Personalwirtschaft für den Entscheidungsorientierten Ansatz, in: Kirsch, W./Picot, A. (Hg.), Die Betriebswirtschaftslehre im Spannungsfeld zwischen Generalisierung und Spezialisierung, Wiesbaden 1989, S. 323-336

Marr, R./Göhre, O./Wickel, S (1992), Untersuchung der ZUF unter der besonderen Berücksichtigung kultureller Fragestellungen, Universität der Bundeswehr München, Projektbericht, Oktober 1992

Marr, R./Schmidt, H. (1992), Humanvermögensrechnung, in: Gaugler, E./Weber, W. (Hg.), HWP, 2. Aufl., Stuttgart 1992, Sp. 1031-1042

Marr, R./Stitzel, M. (1979), Personalwirtschaft - ein konfliktorientierter Ansatz, München

Marschall, W. (Hg.) (1990), Klassiker der Kulturanthropologie: von Montaigne bis Margaret Mead, München

Martin, A.v. (1949), Soziologie der Renaissance. Physiognomik und Rhythmus einer Kultur des Bürgertums, (1932), 2. Aufl., Frankfurt a.m. 1949

Martin, A.v. (1959a), Kultursoziologie des Mittelalters, in: Vierkandt, A. (Hg.), Handwörterbuch der Soziologie, Stuttgart 1959, S. 370-390

Martin, A.v. (1959b), Kultursoziologie der Renaissance, in: Vierkandt, A. (Hg.), Handwörterbuch der Soziologie, Stuttgart 1959, S. 495-510

Martin, J./Siehl, C. (1983), Organizational Culture and Counterculture: An Uneasy Symbiosis, in: Organizational Dynamics, 8. Jg., Heft 2/1983, S. 52-64

Martin, J./Sitkin, S./Boehm, M. (1983), Wild-Eyed Guys and Old Salts: The Emergence and Disappearance of Organizational Subcultures, Working Paper, Graduate School of Business, Stanford University

Maslow, A.H. (1954), Motivation and Personality, New York

Matenaar, D. (1983a), Organisationskultur und organisatorische Gestaltung. Die Gestaltungsrelevanz der Kultur des Organisationssystems, Berlin

Matenaar, D. (1983b), Vorwelt und Organisationskultur: Vernachlässigte Faktoren in der Organisationstheorie, in: ZFO, 52. Jg., Heft 1/1983, S. 19-27

Maturana, H.R. (1982), Erkennen: Die Organisation und Verkörperung von Wirklichkeit, Braunschweig

Maurer, Y. (1993), Körperzentrierte Psychotherapie: Ganzheitlich orientierte Behandlungskonzepte und Therapiebeispiele, 2. Aufl., Stuttgart

Mayntz, R. u.a. (1971), Einführung in die Methoden der empirischen Soziologie, 2. Aufl., Opladen 1971

Mayo, E. (1933), The Human Problems of Industrial Civilization, Boston

Mayo, E. (1945), Probleme industrieller Arbeitsbedingungen, Frankfurt a.m.

McClelland, D.C. (1966), Die Leistungsgesellschaft, Stuttgart u.a. (Orig. The Achieving Society, New York 1961)

McClelland, D.C. (1984), Motives, Personality and Society, New York

McClelland, D.C. (1985), Human Motivation, Glenview

McGill, M.E./Slocum, J.W. (1996), Das intelligente Unternehmen: Wettbewerbsvorteile durch schnelle Anpassung an Marktbedürfnisse, Stuttgart

McGregor, D. (1960), The Human Side of Enterprise, New York

Mead, G. (1968), Geist, Identität und Gesellschaft, Frankfurt a.M. 1968 (engl. Orig. 1934)

Mead, M. (1972), Präfigurative Kulturen und Kinder, von denen wir nichts wissen (1972), in: Toffler, A. (Hg.), Kursbuch in das 3. Jahrtausend, Frankfurt a.M. 1974, S. 32-58

Meadows, D.L. (1972), The limits to growth, New York

Meckel, U. (1993), Jugend vor, während und nach dem Umbruch in der DDR: Erfahrungsbericht und Perspektiven, in: Weidenfeld, W. (Hg.), Deutschland. Eine Nation - doppelte Geschichte, Köln 1993, S. 117-126

Meier, C. (1990), Allianz der Ängste, in: FAZ vom 7. Juni 1990, S. 25

Meier, H. (1995), Action Learning bis Zirkelarbeit, in: Personalwirtschaft, 22. Jg., Heft 6/1995, S. 35-37

Meyer, A. (1981), How Ideologies Supplant Formal Structures and Shape Responses to Environments, in: Journal of Management Studies, 19. Jg., 1981, S. 45-61

Meyerson, D.E./Martin, J. (1987), Cultural Change: An Integration of Three Different Views, in: Journal of Management Studies, 24/1987, S. 623-647

Michaelis, E./Picot, A. (1987), Zur ökonomischen Analyse von Mitarbeiterbeteiligungsrechten, in: Fitzroy, F.R./Kraft, K. (Hg.), Mitarbeiterbeteiligung und Mitbestimmung in Unternehmen, Berlin/New York 1987, S. 83-127

Micksch, J. (1991), Deutsch sein heißt multikulturell sein - Eine Einführung, in: ders., Deutschland - Einheit in kultureller Vielfalt, Frankfurt a.M. 1991, S. 5-16

Micksch, J. (Hg.) (1991), Deutschland - Einheit in kultureller Vielfalt, Frankfurt a.M.

Miegel, M. (1991), Wirtschafts- und arbeitskulturelle Unterschiede in Deutschland, Gütersloh

Miegel, M./Wahl, S. (1993), Das Ende des Individualismus. Die Kultur des Westens zerstört sich selbst, München/Landsberg a.L.

Miles, M.B./Huberman, A.M. (1984), Qualitative Data Analysis, Beverly Hills u.a.

Miles, R.E. (1965), Human Relations or Human Resources?, in: Harvard Business Review, Heft 4/1965, S. 148-163

Miles, R.E. (1975), Theories of Management, New York

Miles, R.E./Snow, Ch.C. (1995), The New Network Firm: A Spherical Structure Built on a Human Investment Philosophy, in: Organization Dynamics, Spring 1995, S. 5-17

Miller, L.M. (1984), American Spirit. Visions of a New Corporate Culture, New York

Miner, J.B. (1969), An Input-output Model for Personnel Strategies, in: Business Horizons, Heft 6/1969, S. 71-78

Mintzberg, H./Waters, J.A. (1985), Of Strategies. Deliberate and Emergement, in: Strategic Management Journal, 6. Jg., Heft 6/1985, S. 257-272

Mishra, A.K./Mishra, K.E. (1994), The Role of Mutual Trust in Effective Downsizing Strategies, in: HRM, 33. Jg., Heft 2/1994, S. 261-279

Mishra, J./Morrissey, M.A. (1990), Trust in Employee/Employer Relationship: A Survey of West Michigan Managers, in: Public Personnel Management, 1990, S. 443-485

Mishra, K.E./Spreitzer, G.M./Mishra, A.K. (1998), Preserving Employee Morale During Downsizing, in: Sloan Management Review, 40. Jg., Winter 1998, S. 83-95

Mitchell, T.R. (1979), Organizational Behavior, in: Ann. Rev. Psychol., Heft 30/1979, S. 243-281

Miyabayashi, A. (1984), Japanische Führung: Erfahrungen in verschiedneen Ländern, in: Biedenkopf, K. (Hg.), Erfolgskonzepte der Führung, Essen 1984, S. 137-143

Mohn, R. (1986), Mitbestimmung war ein Irrtum, in: Die Zeit, vom 4.April 1986, S. 41-43

Mole, J. (1995), Der Euro-Knigge für Manager, München

Molitor, B. (1989), Wirtschaftsethik, München

Möller, H. (1964), Aus den Anfängen der Volkskunde als Wissenschaft, in: Zeitschrift für Volkskunde, 60. Jg., 1964, S. 217-233

Mommsen, W.J./Osterhammel, J. (Hg.) (1987), Max Weber and his Contemporaries, London u.a. 1987

Moran, R.T./Harris, P.R. (1982), Managing Cultural Synergy, Houston u.a.

Morey, N.C./Luthans, F. (1984), An Emic Perspective and Ethnoscience Methods for Organizational Research, in: AMR, 9. Jg., 1984, S. 27-36

Morgan, G. (1980), Paradigms, Metaphors and Puzzle Solving in Organization Theory, in: ASQ, 25. Jg., 1980, S. 605-622

Morgan, G. (1986), Images of Organization, Beverly Hills

Morgan, G./Smircich, L. (1980), The Case for Qualitative Research, in: AMR, 5. Jg., 1980, S. 491-500

Motamedi, S. (1997), Gesprächspsychotherapie: Eine Einstellung leben, in: Manager Seminare, Heft 29, Okt. 1997, S. 31-33

Moxter, A. (1957), Methodologische Grundfragen der Betriebswirtschaftslehre, Köln

Mühlemeyer, P. (1997), Teamwork setzt Teamfähigkeit voraus, in: Personalführung, 30. Jg., Heft 10/1997, S. 952-955

Mühlemeyer, P. (1998), Teamarbeit: Wunsch und Wirklichkeit, in: Personal, 50. Jg., Heft 12/1998, S. 632-635

Müller, A. (1996), Die Standortdebatte vom Kopf auf die Füße stellen, Analyse im Auftrag der Friedrich-Ebert-Stiftung, Aug. 1996

Müller, E.W. (1984), Ethnologie als Sozialwissenschaft, in: König, R./Neidhart, F./Lepsius, M.R. (Hg.), Ethnologie als Sozialwissenschaft, Opladen 1984, S. 36-59

Müller, H.L. (1984), Der "dritte Weg" als deutsche Gesellschaftsidee, in: Beilage zum "Parlament", Nr. B27, vom 7.7.1984, S. 27-38

Müller, H.-P. (1989), Lebensstile - Ein neues Paradigma der Differenzierungs- und Ungleichheitsforschung, in: Kölner Zeitschrift für Soziologie und Sozialpsychologie, 41. Jg., 1989, S. 53-71

Müller, R. (1990), Führung 2000: Kapital in High-Tech, Vertrauen in Mitarbeiter investieren, in: io management, 59. Jg., Heft 1/1990, S. 36-46

Müller, U. (1979), Reflexive Soziologie und empirische Sozialforschung, Frankfurt/New York

Murray, B./Gerhart, B. (1998), An Empirical Analysis of a Skill-based Pay Program and Plant Performance Outcomes, in: AMJ, 41. Jg., Heft 1/1998, S. 68-78

Myers, A./Kakabadse, A./McMahon, T./Spony, G. (1995), Top Management Styles in Europe: Implications for Business and Cross-national Teams, in: European Business Journal, 7. Jg., Heft 1/1995, S. 17-27

Nadler, D./Gerstein, M./Shaw, R. (1992), Organizational Architecture. Designs for Changing Organizations, San Francisco

Naisbitt, J. (1984), Megatrends, 2. Aufl., Bayreuth

Naisbitt, J./Aburdene, P. (1985), Re-inventing the Corporation, New York

Naschold, F. (1971), Organisation und Demokratie, 2. Aufl., Stuttgart u.a.

Nathusius, K. (1983), Venture Management, DBW-Stichwort, in: Die Betriebswirtschaft, 43. Jg., Heft 3/1983, S. 485-486

Nathusius, K. (1990), Venture Capital in der Bundesrepublik Deutschland - Chancen, Voraussetzungen und Forderungen, in: Szyperski, N./Roth, P. (Hg.), Entrepreneurship - Unternehmensgründung als Aufgabe, Stuttgart 1990, S. 25-38

Neghandi, A.R. (1972), Cross-Cultural Management Studies: Too Many Conclusions, Not Enough Conzeptualization, in: Management International Review, 14. Jg., Heft 6/1974, S. 59-72

Nell-Breuning, O. (1983), Worauf es mir ankommt. zur sozialen Verantwortung, Freiburg i.B. u.a.

Nell-Breuning, O. (1990), Baugesetze der Gesellschaft. Solidarität und Subsidiarität, Freiburg i.B. u.a.

Neubeiser, M.-L. (1994), Auf dem Weg zu einer „Fehlerkultur", in: io management, 63. Jg., Heft 1/1994, S.15

Neuberger, O. (1977), Organisation und Führung, Stuttgart

Neuberger, O. (1980), Rituelle (Selbst-)Täuschung - Die irrationale Praxis der Personalbeurteilung, in: Die Betriebswirtschaft, Heft 1/1980, S. 27-43

Neuberger, O. (1984), Führung, Stuttgart

Neuberger, O. (1985a), Die Phantasien und Ängste der Manager, in: Personal, 47. Jg., Heft 8/1985, S. 339-341

Neuberger, O. (1985b), Unternehmenskultur und Führung, Universität Augsburg

Neuberger, O. (1987), Symbolische Führung, in: Personalführung, 20. Jg., Heft 12/1987, S. 796-799

Neuberger, O. (1994), Mobbing. Übel mitspielen in Organisationen, München/Mering

Neuberger, O./Kompa, A. (1986a), Das Gesicht der Firma. Serie Firmenkultur I, in: Psychologie heute, Heft Juni/1986, S. 61-68

Neuberger, O./Kompa, A. (1986b), Mit Zauberformeln die Leistung steigern. Serie Firmenkultur II, in: Psychologie heute, Heft Juli/1986, S. 58-65

Neuberger, O./Kompa, A. (1986c), Macher, Gärtner, Krisenmanager. Serie Firmenkultur IV, in: Psychologie heute, Heft September/1986, S. 64-71

Neuberger, O./Kompa, A. (1987), Wir, die Firma. Der Kult um die Unternehmenskultur, Weinheim/Basel

Nicklisch, H. (1928), Grundfragen für die Betriebswirtschaft, Stuttgart

Nicklisch, H. (1932), Die Betriebswirtschaft, 7. Auflage, Stuttgart

Nicklisch, H. (1933), Neue deutsche Wirtschaftsführung, Stuttgart

Niedenhoff, H.-U. (1990), Mitbestimmung in der Bundesrepublik Deutschland, 8. Aufl., Köln

Niederer, A. (1980), Vergleichende Bemerkungen zur ethnologischen und zur volkskundlichen Arbeitsweise, in: Beiträge zur Ethnologie der Schweiz, Bern 1980, S. 1-33

Niedermair, G. (1996), Christliche Führungsarbeit im Brennpunkt, in: Personal, 48. Jg., Heft 7/1996, S. 383-387

Noelle-Neumann, E. (1978), Werden wir alle Proletarier, Zürich

Noelle-Neumann, E. (1982), Brauchen wir mehr Nationalstolz? Eine internationale Umfrage zeigt die Entmutigung der Deutschen, in: FAZ, Nr. 179, 6. August 1982, S. 10

Noelle-Neumann, E. (1984), Der Zweifel am Verstand. Wertewandel am Beispiel der Normen des rationalen Verhaltens, in: FAZ, Nr. 161, 24. Juli 1984, S.9

Noelle-Neumann, E. (1986), Porträt der Deutschen oder: Der Versuch, einen nationalen Charakter zu verändern, in: Wirkung des Schöpferischen. Kurt Herberts zum 85. Geburtstag, hrsg. v. Lothar Bossle, Würzburg 1986, S. 459-463

Noelle-Neumann, E. (1987), in: Noelle-Neumann, E./Köcher, R., Die verletzte Nation: über den Versuch der Deutschen, ihren Charakter zu ändern, Stuttgart 1987, S. 17-71

Noelle-Neumann, E. (1988), Die befragte Nation. Möglichkeiten, Wirkungen und Gefahren der Demoskopie, in: Willms, B. (Hg.), Handbuch zur Deutschen Nation, Bd. 3. Moderne Wissenschaft und Zukunftsperspektive, Tübingen u.a. 1988, S. 241-271

Noelle-Neumann, E. (1991a), Demoskopische Geschichtsstunde, Zürich, Osnabrück

Noelle-Neumann, E. (1991b), Deutschlandpolitik als Bildungsaufgabe. Gespaltene Identität?, Vortrag am 15. Juni 1989 in Königswinter, in: dies., Demoskopische Geschichtsstunde, Zürich, Osnabrück 1991, S. 61-74

Noelle-Neumann, E. (1991c), Nationalgefühl als historisches Ereignis - Februar 1990, in: dies., Demoskopische Geschichtsstunde, Zürich, Osnabrück 1991, S. 88-99

Noelle-Neumann, E. (1991d), Das Deutschenbild der Deutschen, in: FAZ, Nr. 66, vom 19. März 1991, S. 8

Noelle-Neumann, E. (1993a), Das Deutschenbild der Deutschen, in: Noelle-Neumann, E./Köcher, R. (Hg.), Allensbacher Jahrbuch der Demoskopie 1984-1992, München u.a. 1993, S. 513-517

Noelle-Neumann, E. (1993b), Demoskopische Befunde werden Realität, in: Noelle-Neumann, E./ Köcher, R. (Hg.), Allensbacher Jahrbuch der Demoskopie 1984-1992, München u.a. 1993, S. 692-696

Noelle-Neumann, E. (1993c), Weich keinem Glücke nicht. Untersuchungen über den Zusammenhang zwischen Arbeit, Wohlbefinden und Lebensfreude, in: Noelle-Neumann, E./Köcher, R. (Hg.), Allensbacher Jahrbuch der Demoskopie 1984-1992, München u.a. 1993, S. 17-22

Noelle-Neumann, E./Köcher, R. (1987), Die verletzte Nation: über den Versuch der Deutschen, ihren Charakter zu ändern, Stuttgart

Noelle-Neumann, E./Köcher, R. (Hg.) (1993), Allensbacher Jahrbuch der Demoskopie 1984-1992, München u.a.

Noelle-Neumann, E./Piel, E. (Hg.) (1983), Allensbacher Jahrbuch der Demoskopie 1978-1983, München u.a.

Noelle-Neumann, E./Strümpel, B. (Hg.) (1984), Macht Arbeit krank? Macht Arbeit glücklich? Eine aktuelle Kontroverse, Müchen

Nonaka, I./Takeuchi, H. (1997), Die Organisation des Wissens - wie japanische Unternehmen eine brachliegende Ressource nutzbar machen, Frankfurt u.a.

Nothnagel, A. (1998), Mitarbeiter beurteilen ihre Vorgesetzten, in: Harvard Business Manager, Heft 1/1998, S. 97-106

Nüse, R. (Hg.) (1991), Über die Erfindung, -en des radikalen Konstruktivismus. Kritische Gegenargumente aus psychologischer Sicht, Weinheim

Nuss, B. (1992), Das Faustsyndrom: ein Essay über die Mentalität der Deutschen, Bonn/Berlin

o.V., An Risikokapital besteht kein Mangel, in: SZ vom 16.7.1998, S. 18

o.V., Chat Rooms im Internet als virtuelles Netzwerk, in, PersonalführungPlus 1998, S. 69-73

o.V., Das Survivor-Syndrom, in: Personal Potential, Heft 6/1994, S. 9-13

o.V., Deutsche bleiben Reiseweltmeister. Tourismus an der Spitze des Welthandels, in: SZ vom 10.3.1997, S. 25

o.V., Die Ängste der Deutschen, in: Psychologie heute, Heft Mai/1995, S. 19

o.V., Die Fächerkatalog-Diskussion, in: Bayerische Blätter für Volkskunde 1. Jg., 1974, S. 76-97

o.V., Fremder als die Türken, in: Der Spiegel, Nr. 16/1997, S. 96-97

o.V., Gefangenendilemma, in: Gabler Wirtschafts-Lexikon, Bd. 3, 12. Aufl., Wiesbaden 1988, Sp. 1984

o.V., Heuristik, in: Der Brockhaus: in drei Bänden, Bd. II, Mannheim 1991, S. 89

o.V., Katholische Soziallehre, in: Der Brockhaus: in drei Bänden, Bd. II, Mannheim 1991, S. 230

o.V., Mit Risikokapital gehen Deutsche nicht mutig um, in: SZ vom 3.8.1998, S. 18

o.V., Trotz bestem Willen zum Scheitern verurteilt? Experten diskutieren über die Verbesserung der Servicementalität in Deutschland, Serie Dienstleistung, Folge 21, in: SZ vom 8./9.3.1997, S. VI/1

o.V., Zeitbomben in den Vorstädten, in: Der Spiegel, Nr. 16/1997, S. 78-93

Oberender, P./Volk, M. (1990), Soziale Sicherung zwischen staatlicher Vorsorge und Eigenverantwortung, in: Sarcinelli, U. (Hg.), Demokratische Streitkultur, Opladen 1990, S. 311-329

Ochel, J./Willems, A./Wittstadt, D. (1997), Unternehmensfernsehen im Einzelhandel - Business News und Warenkunde im Kaufhof über K-TV, in: Bullinger, H.-J./Broßmann, M. (Hg.), Business Television. Beginn einer neuen Informationskultur in den Unternehmen, Stuttgart 1997, S. 85-94

Ochsenbauer, Ch./Klofat, B. (1987), Überlegungen zur paradigmatischen Dimension der aktuellen Unternehmenskulturdiskussion in der Betriebswirtschaftslehre, in: Heinen, E. (Hg.), Unternehmenskultur, München 1987, S. 67-106

O'Connor, J./Seymour, J. (1996), Weiterbildung auf neuem Kurs. NLP für Trainer, Referenten und Dozenten, Freiburg i.B.

Oechsler, W.A. (1987), Personalführung durch tätigkeitsbezogene Leistungsbewertung, in: Liebel, H.J. (Hg.), Personalbeurteilung: neue Wege der Leistungs- und Verhaltensbewertung, Bamberg 1987, S. 11-88

Oechsler, W.A. (1992), Konflikt, in: Frese, E. (Hg.), HWO, 3. Aufl., Stuttgart 1992, Sp. 1131-1143

Oechsler, W.A. (1994), Personal und Arbeit, München u.a.

Oechsler, W.A. (1996), Vom Lohnempfänger zum Vergütungsgestalter, in: Personal, 48. Jg., Heft 3/1996, S. 125-129

Oess, A. (1991), Total Quality Management, 2. Aufl., Wiesbaden

Offermanns, M. (1990), Bürokratie und Vertrauen: die Institution Vertrauen in der Ökonomischen Theorie der Bürokratie, Baden-Baden

Ogger, G. (1992), Nieten in Nadelstreifen, München

Oldag, A. (1995a), Der kleine Unterschied, in: SZ vom 12./13.8.1995

Oldag, A. (1995b), Es bleibt noch viel zu tun, in: SZ vom 30.9./1.10.1995

Orzessek, A. (1996), Solidarität, in: SZ vom 30.4./1.5.1996, S. 13

Osgood, C.E./Suci, G.J./Tannenbaum, P.H. (1957), The measurement of meaning, Urbana (Ill.)

Osterloh, M. (1991), Methodische Probleme einer empirischen Erforschung von Organisationskulturen, in: Dülfer, E. (Hg.), Organisationskultur: Phänomen - Philosophie - Technologie, 2. Auflage, Stuttgart 1991, S. 173-188

Osterloh, M. (1992), Einführung in die Wissenschaftstheorie für das Grundstudium, Arbeitspapier, Universität Zürich

Osterloh, M. (1993), Interpretative Organisations- und Mitbestimmungsforschung, Stuttgart

Osterloh, M./Grand, S. (1995), Modellbildung versus Frameworking: Die Positionen von Williamson und Porter, in: Wächter, H. (Hg.), Selbstverständnis betriebswirtschaftlicher Forschung und Lehre, Wiesbaden 1995, S. 1-26

Otto, K.-P./Wächter, H. (1979), Aktionsforschung in der Betriebswirtschaftslehre?, in: Hron, A./Kompe, H./Otto, K.-P./Wächter, H. (Hg.), Aktionsforschung in der Ökonomie, Frankfurt a.M. 1979, S. 76-89

Ouchi, W.G. (1981), Theory Z. How American Business Can Meet the Japanese Challenge, Reading/MA

Ouchi, W.G./Wilkins, A.L. (1985), Organizational Culture, in: ASR, 11. Jg., 1985, S. 457-483

Pacanowsky, M. (1987), Communication in the Empowering Organization, in: Anderson, J.A. (Hg.), ICA Yearbook11, Beverly Hills

Pagenstecher, U. (1987), Verstehen und Erklären in der Nationalökonomie. Methodenkontroversen 1930-1985, Nürnberg

Pallasch, W. (1990), Pädagogisches Gesprächstraining, Weinheim/München

Panse, W./Stegmann, W. (1996), Kostenfaktor Angst, Landsberg a.L.

Papcke, S. (1983), Gibt es eine kulturelle Identität der Deutschen, in: Die Identität der Deutschen, hrsg. von Werner Weidenfeld, Bonn 1983, S. 248-273

Papmehl, A./ Walsh, I. (1991), Cultural Gap, in: Papmehl, A./Walsh, I. (Hg.), Personalentwicklung im Wandel, Wiesbaden 1991, S. 199-204

Park, K.K. (1983), Führungsverhalten in unterschiedlichen Kulturen, Mannheim

Parsons, T. (1951), The social system, Glencoe

Parsons, T. (1964), Strukturell-funktionale Theorie heute, in: Kölner Zeitschrift für Soziologie und Sozialwissenschaft, 16. Jg., 1964, S. 30-49

Parsons, T./Shils, E.A. (1967), Values, Motives, and Systems of Action. Systems of Value-Orientation, in: Parsons, T./Shils, E.A. (Hg.), Toward a General Theory of Action, Cambridge 1967 (1951), S. 159-189

Parsons, T./Shils, E.A. (Hg.) (1967), Toward a General Theory of Action, Cambridge 1967 (1951)

Parsons, T./Shils, E.A./Allport, G.W./Kluckhohn, C./Murray, H.A./Sears, R.R./Sheldon, R.C./Stouffer, S.A./Tolman, E.C. (1967), Some Fundamental Categories of the Theory of Action: A General Statement, in: Parsons, T./Shils, E.A. (Hg.), Toward a General Theory of Action, Cambridge 1967 (1951), S. 3-29

Pascale, R.T. (1985), The Paradox of 'Corporate Culture'/Reconciling Ourselves to Socialization, in: California Management Review, 27. Jg., Heft 2/1985, S. 26-41

Pascale, R.T./Athos, A.G. (1981), The Art of Japanese Management, New York (Übersetzung: Geheimnis und Kunst des japanischen Managements, München 1982)

Pateman, C. (1980), The Civic Culture. A Philosophical Critique, in: Almond, G.A./Verba, S. (Hg.), The Civic Culture Revisited, Boston 1980

Patterson, G.R. (1969), Behavioral Techniques Based Upon Social Learning: an Additional Base for Developing Behavior Modification Technologies, in: Franks, C.M. (Hg.), Behavior Therapy Appraisal and Status, New York 1969, S. 341-374

Pawlowsky, P. (1986), Arbeitseinstellungen im Wandel, Müchen

Pawlowsky, P./Bäumer, J. (1996), Betriebliche Weiterbildung - Management von Qualifikation und Wissen, München

Payne, R./Pugh, D.S. (1976), Organization Structure and Climate, in: Dunnette, M.D. (Hg.), Handbook of Industrial and Organizational Psychology, Chicago 1976, S. 1125-1174

Pedler, M./Burgoyne, J/Boydell, T. (1994), Das lernende Unternehmen. Potentiale freilegen - Wettbewerbsvorteile sichern, Frankfurt a.M./New York

Pennings, J.M./Gresov, C.G. (1986), Technoeconomic and Structural Correlates of Organizational Culture: An Integrative Framework, in: Organization Studies, 7. Jg., Heft 4/1986, S. 317-334

Perlitz, M. (1993), Internationales Management, Stuttgart

Perlitz, M. (1994), The Impact of Cultural Differences on Strategy Innovations, in: European Business Journal, 6. Jg., Heft 2/1994, S. 55-61

Perlmutter, H.V. (1969), The Tortuous Evolution of the Multinational Corporation, in: Columbia Journal of World Business, Jan/Febr. 1969, S. 9-18

Perrow, C. (1986), Complex Organizations, 3. Aufl., New York

Pestel, E. (1989), Beyond the Limits to Growth, New York

Petermann, F. (1996), Psychologie des Vertrauens, 3. Aufl., München

Peters, T. J. (1978), Symbols, Patterns and Settings: An Optimistic Case for Getting Things Done, in: Organization Dynamics, 7/1978, S. 3-23

Peters, T. J. (1987), Thriving on Chaos. Handbook on a Management Revolution, New York u.a.

Peters, T. J./Waterman, R. H. (1983), Auf der Suche nach Spitzenleistungen, Landsberg/Lech 1983; (Orig.: In Search of Excellence, New York 1982)

Petersen, D. (1984), Bessere Strategieplanung durch eine neue Organisationskultur/ Die Organisationskultur bestimmt wesentlich die Entwicklung eines Unternehmens und damit den Unternehmenserfolg, in: io management, 53. Jg., Heft 1/1984, S. 12-15

Pfarr, H. (1986), Mittelbare Diskriminierung von Frauen, in: Neue Zeitschrift für Arbeits- und Sozialrecht, 3. Jg., Heft 18/1986, S. 585-589

Pfeffer, J. (1981), Management as Symbolic Action: The Creation and Maintenance of Organizational Paradigms, in: Staw, B.M.(Hg.), Research in Organizational Behavior, Greenwich 1981, S. 1-52

Pfeffer, J. (1982), Organizations and Organization Theory, Marschfield/London

Pfeffer, J./Salancik, G.R. (1978), The External Control of Organizations. A Resource-Dependance-Perspective, New York u.a.

Pfohl, H.-C./Bock, I./Dubbert, M.C. (1991), Internationalisierung der Managemententwicklung. Vorschlag zur Kulturintegration europäischer Länder- und Unternehmenskulturen, in: Marr, R. (Hg.), Euro-strategisches Personalmanagement, Band 1, München 1991, S. 75-110

Phillips, M.E. (1984), A Conception of Culture in Organizational Settings. Graduate School of Management, University of California, Los Angeles 1984, Working Paper Nr. 8-84

Picot, A. (1982), Transaktionskostenansatz in der Organisationstheorie. Stand der Diskussion und Aussagewert, in: Die Betriebswirtschaft, 42. Jg., 1982, S. 267-284

Picot, A. (1984), Organisation, in: Vahlens Kompendium der Betriebswirtschaftslehre Bd. 2, München 1984, S. 95-158

Picot, A. (1987), Ökonomische Theorien und Führung, in: Kieser, A. (Hg.), HWFü, Stuttgart 1987, S.p. 1583-1595

Picot, A. (1993), Transaktionskostenansatz, in: Wittmann, W. u.a. (Hg.), HWB, 5. Aufl., Stuttgart 1993, Sp. 4194-4204

Picot, A./Franck, E. (1992), Informationsmanagement, in: Frese, E. (Hg.), HWO, 3. Aufl., Stuttgart 1992, Sp. 886-900

Picot, A./Wenger, E. (1988), The Employment Relation from the Transactions Cost Perspective, in: Dlugos, D./Weiermair, K. (Hg.), Management under Differing Labour Market and Employment Systems, Berlin 1988, S. 29-43

Piepel, U. (1993), Wege zur Übertragung der Lean Production, in: io management, 62. Jg., Heft 2/1993, S. 59-64

Pieper, R. (1988), Diskursive Organisationsentwicklung, Berlin/New York

Pinchot III, G. (1988), Intrapreneuring: Mitarbeiter als Unternehmer, Wiesbaden 1988 (Orig. Intrapreneuring, Why you don't have to leave the corporation to become an entrepreneur, New York 1985)

Pinchot, G./Pinchot, E. (1993), The End of Bureaucracy & the Rise of the Intelligent Organization, San Francisco

Pinder, C.C./Bourgeois, V.W. (1982), Controlling Tropes in Administrative Science, in: ASQ, 27. Jg., 1982, S. 641-652

Piontkowski, U. (1982), Psychologie der Interaktion, 2. Auflage, München

Piontkowski, U./Öhlschlegel-Haubrock, S./Hölker, P. (1997), Annäherung oder Abgrenzung? Ergebnisse einer Längsschnittstudie zur Wirksamkeit der Ost-West Kategorie, in: Zeitschrift für Soziologie, 26. Jg., Heft 2/1997, S. 128-138

Pittner, P.M. (1995), Feedback für Führungskräfte - ein Instrument der Personalführung, in: Personalführung, 28. Jg., Heft 10/1995, S. 882-888

Plessner, H. (1959), Die verspätete Nation, Stuttgart

Pohler, G./Pohler-Wagner, L. (1990), Atemzentrierte Verhaltenstherapie, Dortmund

Pondy, L.R./Frost, P.J./Morgan, G./Dandridge, T.C. (Hg.) (1983), Organizational Symbolism, Greenwich/London

Pondy, L.R./Mitroff, J.J. (1979), Beyond Open System Models of Organization, in: Staw, B.M. (Hg.), Research in Organizational Behavior, Vol. 1, Greenwich 1979, S. 3-39

Popper, K. (1965), Das Elend des Historizismus, Tübingen

Popper, K. (1973), Objektive Erkenntnis. Ein evolutionärer Entwurf, Hamburg

Popper, K. (1976a), Logik der Forschung, 6. Aufl., Tübingen 1976 (1. Aufl., 1934)

Popper, K. (1976b), Freiheit vor Gleichheit, in: FAZ vom 24.12.1976, Nr. 291, S. 25

Porter, M.E. (1991a), Nationale Wettbewerbvorteile. Erfolgreich konkurrieren auf dem Weltmarkt, München

Porter, M.E. (1991b), Towards a Dynamic Theory of Strategy, in: Strategic Management Journal, 12. Jg., 1991, S. 95-117

Porter, M.E. (1996), Nationale Wettbewerbskraft - woher kommt die?, in: Montgomery, C.A./Porter, M.E. (Hg.), Strategie, Wien 1996, S. 141-177

Post, H.A. (1997), Building a Strategy on Competences, in: Long Range Planning, 30. Jg., Heft 5/1997, S. 733-740

Posth, M. (1983), Personalwirtschaft in Zeiten des Umbruchs, Köln

Powell, B. (1996), Sick at Heart, in: Newsweek, vom 18.3.1996, S. 18-22

Prantl, H. (1996), Die Zerstörung des Standorts D, in: SZ vom 24./25.2.1996, S. 4

Prätorius, G./Tiebler, P. (1993), Ökonomische Literatur zum Thema "Unternehmenskultur" - Ein Forschungsüberblick -, in: Dierkes/Rosenstiel/Steger (Hg.), Unternehmenskultur in Literatur und Praxis: Konzepte aus Ökonomie, Psychologie und Ethnologie, Frankfurt a.M./New York 1993, S. 23-89

Preisendörfer, P. (1995), Vertrauen als soziologische Kategorie. Möglichkeiten und Grenzen einer entscheidungsorientierten Fundierung des Vertrauenskonzepts, in: Zeitschrift für Soziologie, 24. Jg., Heft 4/1995, S. 263-272

Probst, G.J.B. (1987), Selbstorganisation. Ordnungsprozesse in sozialen Systemen aus ganzheitlicher Sicht, Berlin/Hamburg

Probst, G.J.B./Scheuss, R.-W. (1984), Resultat von Organisieren und Selbstorganisation, in: ZFO, 53. Jg., Heft 8/1984, S. 480-488

Pross, H. (1982), Was ist heute deutsch?, Reinbek

Pugh, D.S./Hickson, D.J./Hinings, C.R./Turner, C. (1968), Dimensions of Organization Structure, in: ASQ, 13. Jg., 1968, S. 65-105

Pugh, D.S./Hinings, C.R. (1976), Organizational Structure. Extensions and Replications. The Aston Programme II, Westmead/Lexington

Pümpin, C. (1984), Unternehmenskultur, Unternehmensstrategie und Unternehmenserfolg, Zürich

Pümpin, C. (1989), Das Dynamik Prinzip, Düsseldorf

Pümpin, C./Kobi, J.M./Wüthrich, H.A. (1985), Unternehmenskultur: Basis strategischer Profilierung erfolgreicher Unternehmen, in: Die Orientierung Nr. 85, 1985

Puppe, H. (1990), Die kulturelle Identität der Deutschen - Eine Untersuchung aus verfassungsrechtlicher Sicht, Münster

Putnam, L. (1983), The Interpretive Perspective. An Alternative to Functionalism, in: Putnam/Pacanowsky (Hg.), Communication and Organizations. An Interpretive Approach, Beverly Hills u.a. 1983, S. 31-54

Pye, L.W./Verba, S. (1965), Political Culture and Political Development, Princeton 1965

Quink, C. (1987), Politische Milieus und politische Bewegungen in der Bundesrepublik. Milieubedingungen des politischen Katholizismus in der Bundesrepublik, in: Berg-Schlosser, D./Schissler, J. (Hg.), Politische Kultur in Deutschland, Opladen 1987, S. 309-321

Quinn, J.B. (1980), Strategies for Change, Homewood

Rabinow, P./Sullivan, W.M. (1979), Interpretive Social Science, Berkeley u.a.

Radcliffe-Brown, A.R. (1952), Structure and Function in Primitive Society, London

Raffée, H. (1974), Grundprobleme der Betriebswirtschaftslehre, Göttingen

Raffée, H./Abel, B. (1979), Aufgaben und aktuelle Tendenzen der Wissenschaftstheorie in den Wirtschaftswissenschaften, in: Raffée/Abel (Hg.), Wissenschaftstheoretische Grundlagen der Wirtschaftswissenschaften, München 1979, S. 1-10

Raisig, G.J. (1996), Der Vorstand im Dialog mit seinen Mitarbeitern. Über die Bedeutung des offenen Informationsaustauschs, in: Personalführung, 29. Jg., Heft 12/1996, S. 1062-1066

Ramaswamy, M.K. (1985), Ethnologie für Anfänger, Wiesbaden

Rapp, H. (1993), Solidarität im Spannungsfeld zwischen Individual- und Sozialethik, in: Friedrich-Ebert-Stiftung (Hg.), Individualisierung und Solidarität, Bonn 1993, S. 40-54

Rappaport, A. (1986), Creating Shareholder Value, 3. Aufl., New York

Rappaport, A. (1995), Shareholder Value: Wertsteigerung als Maßstab für die Unternehmensführung, Stuttgart

Raum, J.W. (1992), Evolutionismus, in: Fischer, H. (Hg.), Ethnologie: Einführung und Überblick, 3. Aufl., Berlin 1992, S. 283-309

Rausch, H. (1980), Politische Kultur in der Bundesrepublik Deutschland, Berlin 1980

Reh, D.A./Kilz, G. (1993), Das Ende der Zeiterfassungssysteme, in: Personalwirtschaft, 20. Jg., Heft 12/1993, S. 36-39

Reichel, P. (1981a), Politische Kultur der Bundesrepublik. Eine Einführung, Leverkusen 1981

Reichel, P. (1981b), Politische Kultur, in: Greiffenhagen, M./Greiffenhagen, S./Prätorius, R. (Hg.), Handwörterbuch zur politischen Kultur der Bundesrepublik Deutschland, Opladen 1981, S. 319-330

Reichwald, R./Nippa, M. (1992), Informations- und Kommunikationsanalyse, in: Frese, E. (Hg.), Handwörterbuch der Organisation, 3. Aufl., Stuttgart 1992, Sp. 855-872

Reinhard, W. (1983), Die Identität von Organisationen, München

Reiß, M. (1993), Auf das Unternehmertum der Mitarbeiter setzen, in: Personalwirtschaft, 20. Jg., Heft 3/1993, S. 48-51

Remer, A. (1978), Personalmanagement, Berlin u.a.

Retz, C. (1997), Führungskräftebeurteilung von unten, in: Personalwirtschaft, 24. Jg., Heft 2/1997, S. 18-19

Rex, J. (1970), Grundprobleme der soziologischen Theorie, Freiburg

Rhodes, D.V. (1988), Employees - Strategy Makers or Breakers, in: The Journal of Business Strategy, 9. Jg., Heft 4/1988, S. 55-57

Riegel, K.-G. (1987), Sendungsprophetie und Charisma, in: Lipp, W. (Hg.), Kulturtypen, Kulturcharaktere: Träger, Mittler und Stifter von Kultur, Berlin 1987, S. 221-240

Riehl, W.H. (1858), Die Naturgeschichte des Volkes als Grundlage einer deutschen Socialpolitik, 1858

Riemann, F. (1961), Grundformen der Angst, München/Basel

Rifkin, J. (1996a), Das Ende der Arbeit und ihre Zukunft, 4. Aufl., Frankfurt a.M.

Rifkin, J. (1996b), Das Ende der Arbeit und ihre Zukunft, in: Personalwirtschaft, 23. Jg., Heft 2/1996, S. 22-24

Rifkin, J. (1997), An erster Stelle steht die Gemeinschaft, in: SZ, Beilage Bildung und Beruf, vom 4./5.10.1997, S. VI/1

Ring, E. (1980), Neue Erkenntnisse für das Messen der Toleranz, in: Psychologie und Praxis, 1980, S. 1-12

Ring, E. (1992), Signale der Gesellschaft. Psychologische Diagnostik in der Umfrageforschung, Göttingen/Stuttgart 1992, S. 230-234

Ring, E. (1993), Wie tolerant sind die Deutschen, in: Noelle-Neumann, E./Köcher, R. (Hg.), Allensbacher Jahrbuch der Demoskopie 1984-1992, München u.a. 1993, S. 147-154

Ritzer, G. (1975), Sociology: A Multiple Paradigm Science, in: The American Sociologist, 10. Jg., 1975, S. 156-167

Robens, M. (1975), Humanisierung der Arbeit durch selbststeuernde Arbeitsgruppen?, in: Arbeitsgemeinschaft zur Förderung der Partnerschaft in der Wirtschaft, in Verbindung mit dem Bund katholischer Unternehmer (Hg.), Humanisierung der Arbeitswelt, Köln 1975, S. 251-259

Roberts, E.B. (1980), New Ventures for Corporate Growth, in: Harvard Business Review, July/August 1980, S. 134-142

Rodi, F. (1997), Kultur I, in: Theologische Realenzyklopädie, hrsg. v. Müller, G., Bd. 20, Berlin 1997, S. 176-187

Roethlisberger, F.J. (1968), Hawthorne Revisited, in: ders., Man-in-Organization, Cambridge 1968, S. 305-313

Roethlisberger, F.J./Dickson, W. (1939), Management and the Worker, Cambridge

Rogers, C.R./Roethlisberger, F.J. (1992), Kommunikation: Die hohe Kunst des Zuhörens, in: Harvard Manager, Heft 2/1992, S. 74-80

Rohrbach, G. (1995), Was ist falsch an Scharpings Bart? Über die Flut der Bilder und die Verantwortung der Produzenten, in: Feuilleton Beilage der SZ vom 18./19.2.1995, S. I

Röhrich, W. (1983), Die verspätete Demokratie - Zur politischen Kultur der Bundesrepublik, Köln 1983

Ronen, S. (1986), Comparative and Multinational Management, New York u.a.

Rose, R.A. (1988), Organizations as Multiple Cultures: A Rules Theory Analysis, in: Human Relations, 41. Jg., 1988, S. 139-170

Rosenstiel, L.v. (1984), Wandel der Werte - Zielkonflikte bei Führungskräften?, in: Blum, R./Steiner, M. (Hg.), Aktuelle Probleme der Marktwirtschaft in gesamt- und einzelwirtschaftlicher Sicht, Berlin 1984, S. 203-234

Rosenstiel, L.v. (1987a), Wandel in der Karrieremotivation - Verfall oder Neuorientierung?, in: Rosenstiel, L.v./Einsiedler, H.E./Streich, R.K. (Hg.), Wertewandel als Herausforderung für die Unternehmenspolitik, Stuttgart 1987, S. 35-52

Rosenstiel, L.v. (1987b), Führung bei Leistungszurückhaltung, in: Kieser, A. u.a. (Hg.), HWFü, Stuttgart 1987, Sp. 1319-1329

Rosenstiel, L.v. (1989), Kann eine werteorientierte Personalpolitik eine Antwort auf den Wertewandel in der Gesellschaft sein?, in: Marr, R. (Hg.), Mitarbeiterorientierte Unternehmenskultur, Berlin 1989, S. 45-73

Rosenstiel, L.v. (1995a), Einführung, in: Bihl, G., Werteorientierte Personalpolitik, München 1995, S. 1-36

Rosenstiel, L.v. (1995b), Wertewandel, in: Kieser, A. (Hg.), Handwörterbuch der Führung, 2. Aufl., Stuttgart 1995, Sp. 2175-2189

Rosenstiel, L.v./Bögel, R. (1986), Sozialisation in und durch Organisation, in: Sarges, W./Fricke, R. (Hg.), Psychologie für die Erwachsenenbildung - Weiterbildung, Göttingen 1986, S. 500-506

Rosenstiel, L.v./Einsiedler, H.E./Streich, R.K. (Hg.) (1987), Wertewandel als Herausforderung für die Unternehmenspolitik, Stuttgart

Rosenstiel, L.v./Molt, W./Rüttinger, B. (1995), Organisationspsychologie, 8.Aufl., Stuttgart u.a.

Rosenstiel, L.v./Nerdinger, F. (1986), Bedingungen einer positiven Bewertung beruflichen Aufstiegs, in: Gehrmann, F. (Hg.), Soziale Indikatoren, Frankfurt a.M. 1986, S. 241-260

Rosenstiel, L.v./Nerdinger, F./Spieß, E./Stengel, M. (1989), Führungsnachwuchs im Unternehmen, München

Rossi, I./O'Higgins, E. (1980), The Development of Theories of Culture, in: Rossi, I., People in Culture, S. 31-78

Roth, E. (1984), Sozialwissenschaftliche Methoden, 1. Aufl., München

Roth, E. (1995), Sozialwissenschaftliche Methoden, 4. Aufl., München

Rotter, J.B. (1980), Interpersonal Trust, Trustworthiness, and Gullibility, in: American Psychologist, 35. Jg., Heft 1/1980, S. 1-7

Rötzer, F. (1997), Zitadellen der Ortlosigkeit. Wie die Globalisierung Grenzen überwindet und gleichzeitig Mauern errichtet, in: SZ vom 16.1.1997, S. 13

Rüdiger, M. (1998), Theoretische Grundmodelle zur Erklärung von FuE-Kooperationen, in: ZfB, 68. Jg., Heft 1/1998, S. 25-48

Rudolph, W. (1959), Die amerikanische "Cultural Anthropology" und das Wertproblem, Berlin 1959

Rudolph, W. (1968), Der kulturelle Relativismus: Kritische Analyse einer Grundsatzfragen-Diskussion in der amerikanischen Ethnologie, Berlin 1968

Rudolph, W. (1973), Ethnologie. Zur Standortbestimmung einer Wissenschaft, Tübingen

Rudolph, W. (1988), Kulturrelativismus, in: Jüttemann, J. (Hg.), Wegbereiter der Historischen Psychologie, München 1988, S. 412-416

Rudolph, W. (1992), Ethnos und Kultur, in: Fischer, H. (Hg.), Ethnologie: Einführung und Überblick, 3. Aufl., Berlin 1992, S. 57-77

Rühli, E. (1991), Unternehmungskultur - Konzepte und Methoden, in: Rühli, E./Keller, A. (Hg.), Kulturmanagement in schweizerischen Industrieunternehmungen, Bern/Stuttgart 1991, S. 9-49

Rühli, E./Keller, A. (Hg.) (1991), Kulturmanagement in schweizerischen Industrieunternehmungen, Bern/Stuttgart

Rumelt, R. (1974), Strategy, Structure and Economic Performance, Cambridge

Runge, J.H. (1995), Schlank durch Total Quality Management, 2. Aufl., Frankfurt a.M.

Rüßmann, K.H. (1988), Modell für starke Macher, in: manager magazin, 18. Jg., Heft 6/1988, S. 228-236

Rüttinger, R. (1986), Unternehmenskultur. Erfolge durch Vision und Wandel, Düsseldorf/Wien

Sabel, H. (1993), Mitarbeitergespräche: Problemlösung im "Prozeß der Offenheit", in: Personalführung, 26. Jg., Heft 4/1993, S. 320-325

Sackmann, S. (1983), Organisationskultur: Die unsichtbare Einflußgröße, in: Gruppendynamik, Zeitschrift für angewandte Sozialwissenschaft, 1983, 14, S. 393-406

Sackmann, S. (1985), Cultural Knowledge in Organizations: The Link between Strategy and Organizational Processes, Los Angeles

Sackmann, S. (1989a), "Kulturmanagement": Läßt sich Unternehmenskultur "machen"?, in: Sandner, K. (Hg.), Politische Prozesse in Unternehmen, Berlin 1989, S. 157-183

Sackmann, S. (1989b), The Role of Metaphors in Organization Transformation, in: Human Relations, Heft 6/1989, S. 463-485

Sackmann, S. (1990a), Managing Organizational Culture: Dreams and Possibilities, in: Anderson, J.A. (Hg.), Communication Yearbook /13, Newbury Park u.a. 1990, S. 114-148

Sackmann, S. (1990b), Möglichkeiten der Gestaltung von Unternehmenskultur, in: Lattmann, C. (Hg.), Die Unternehmenskultur. Theoretische und praktische Implikationen, Management Forum 1990, S. 151-186

Sackmann, S. (1990c), Wie gehen Spitzenführungskräfte mit Komplexität um?, in: Fisch, R./Boos, M. (Hg.), Vom Umgang mit Komplexität in Organisationen; Konzepte - Fallbeispiele - Strategien, Konstanz 1990, S. 299-315

Sackmann, S. (1991a), Cultural Knowledge in Organizations: Exploring the Collective Mind, Newbury Park/CA

Sackmann, S. (1991b), Culture and Management Development in a Global Economy, in: Schwarz, R.M. (Hg.), Managing Organizational Transitions in a Global Economy, Los Angeles 1991, S. 31-56

Sackmann, S. (1991c), Uncovering Culture in Organizations, in: Journal of Applied Behavioral Science, Heft 3/1991, S. 295-317

Sackmann, S. (1992), Cultures and Subcultures: An Analysis of Organizational Knowledge, in: ASQ, 37. Jg., Heft 1/1992, S. 140-161

Sackmann, S. (1993a), Die lernfähige Organisation: Theoretische Überlegungen, gelebte und reflektierte Praxis, in: Fatzer, G. (Hg.), Organisationsentwicklung für die Zukunft, Edition Humanistische Psychologie 1993, S. 227-254

Sackmann, S. (1993b), The Role of Organizational Culture on the Way to the 21st Century, Interdisziplinäres Diskussionsforum für Managementforschung und -Praxis, Institut für Personal- und Organisationsforschung, Universität der Bundeswehr München, Arbeitspapier 1993

Sackmann, S. (1996), Erfassung und Analyse von National- und Organisationskultur - eine kritische Betrachtung, in: Lang, R. (Hg.), Wandel von Unternehmenskulturen in Ostdeutschland und Osteuropa, II. Chemnitzer Ostforum, München und Mering 1996, S. 55-64

Sadowski, D. (1991), Humankapital und Organisationskapital - Zwei Grundkategorien einer ökonomischen Theorie der Personalpolitik in Unternehmen, in: Ordelheide, D./Rudolph, B./Büsselmann, E. (Hg.), Betriebswirtschaftslehre und Ökonomische Theorie, Stuttgart 1991, S. 127-141

Saffold, G.S. (1988), Culture Traits, Strength and Organizational Performance: Moving Beyond "Strong" Culture, in: AMR, 13. Jg., Heft 4/1988, S. 546-558

Saha, A. (1990), Basic Human Nature and Management in Japan, in: Journal of Managerial Psychology, 5. Jg., Heft 3/1990, S. 3-12

Salber, W. (1990), Alltagspsychologie als Kulturpsychologie, in: Allesch, C.G./Billmann-Mahecha, E. (Hg.), Perspektiven der Kulturpsychologie, Heidelberg 1990, S. 40-43

Salmans, S. (1983), New Vogue: Company Culture, in: New York Times, vom 9. Januar 1983, D1, D3

Sanchez, R./Heene, A./Thomas, H. (Hg.) (1996), Dynamics of Competence-Based Competition, Amsterdam

Sandner, K. (1987), Das Unbehagen in der Organisationskultur, in: Die Betriebswirtschaft, 47. Jg., Heft 2/1987, S. 242-244

Sandner, K. (1988), "...von Mythen und Märchen, Kulturpflege und Sinn-Management" - Organisationskultur als Gegenstand der Organisationsforschung, in: DBW, 48. Jg., Heft 5/1988, S. 651-670

Sapir, E. (1951), Selected Writings of Edward Sapir, hrsg. v. Mandelbaum, D., Berkeley/Los Angeles 1951

Sarcinelli, U. (1993), "Verfasssungspatriotismus" und "Bürgergesellschaft" oder: Was das demokratische Gemeinwesen zusammenhält, in: Aus Politik und Zeitgeschichte, Beilage zur Wochenzeitschrift Das Parlament vom 20.8.1993, S. 25-37

Sarcinelli, U. (Hg.) (1990), Demokratische Streitkultur, Opladen

Sathe, V. (1983), Action Implication of Corporate Culture: A Manager's Guide of Action, in: Organizational Dynamics, 8. Jg., Heft Autumn/1983, S. 4-23

Sattelberger, T. (1991), Die lernende Organisation, Wiesbaden

Sattelberger, T. (1992), Die lernende Organisation im magischen Dreieck von Strategieentwicklung, Kulturentwicklung und Strukturentwicklung, in: Personalführung, 25. Jg., Heft 4/1992, S. 286-295

Sattelberger, T. (1995), Kulturarbeit und Personalentwicklung: Ansätze einer integrativen Verknüpfung, in: ders. (Hg.), Innovative Personalentwicklung, 3. Aufl., Wiesbaden 1995, S. 239-258

Sattelberger, T. (1996), Zehn Thesen zu Human Ressoucen in virtueller werdenden Organisationen, in: Personalführung, 29. Jg., Heft 11/1996, S. 974-984

Sattelberger, T. (1998a), Loyalität als Schlüsselproblem (I): Mentale Grenzen in fluiden Organisationen, in: Gablers Magazin, 12. Jg., Heft 2/1998, S. 30-33

Sattelberger, T. (1998b), Loyalität als Schlüsselfrage (II): Mentale Grenzen in fluiden Organisationen, in: Gablers Magazin, 12. Jg., Heft 2/1998, S. 30-32

Sauder, G. (1997), Haben wir die Bildung aus den Augen verloren?, in: Personalführung, 30. Jg., Heft 9/1997, S. 864-871

Schaal, W. (1992), Die ganzheitliche Personalarbeit, Heidelberg

Schanz, G. (1977), Wege zur individualisierten Organisation, in: ZFO, 46. Jg., 1977, Teil 1: Ein theoretisches Modell S. 183-192, Teil 2: Praktische Konsequenzen 345-351

Schanz, G. (1979), Betriebswirtschaftslehre als Sozialwissenschaft: eine Einführung, Stuttgart u.a.

Schanz, G. (1985a), Wertwandel als personalwirtschaftliches und organisatorisches Problem Teil 1, in: WiSt Wirtschaftswissenschaftliches Studium, 14. Jg., Heft 11/1985, S.559-565

Schanz, G. (1985b), Wertwandel als personalwirtschaftliches und organisatorisches Problem Teil 2, in: WiSt Wirtschaftswissenschaftliches Studium, 14. Jg., Heft 12/1985, S.609-614

Schanz, G. (1992), Partizipation, in: Frese, E. (Hg.), HWO, 3. Aufl., Stuttgart 1992, Sp. 1901-1914

Schanz, G. (1993), Personalwirtschaftslehre, 2.Aufl., München

Schanz, G. (1997), Wissenschaftsprogramme - Orientierungsrahmen und Bezugspunkte betriebswirtschaftlichen Forschens und Lehrens. Ein historischer Abriß, in: WiSt Wirtschaftswissenschaftliches Studium, 26. Jg., Heft 11/1997, S. 554-561

Scharnbacher, K. (1994), Umgang mit Konflikten: Konflikttraining im Planspiel, in: Gablers Magazin, 8. Jg., Heft 9/1994, S. 27-29

Schätzle, R.J. (1996), Aktien für Arbeit. Neue Wege der Mitarbeiter-Beteiligung in Deutschland, in: Personalführung, 29. Jg., Heft 8/1996, S. 680-683

Schauenberg, B./Föhr, S. (1995), Wissenschaftstheoretische Grundfragen der Führungsforschung - Phänomenologie und Konstruktivismus, in: Kieser, A. u.a. (Hg.), HWFü, 2. Aufl., Stuttgart 1995, Sp. 2206-2214

Schein, E.H. (1965), Organizational psychology, Englewood Cliffs

Schein, E.H. (1980), Organisationspsychologie, Wiesbaden (Orig.: Organizational Psychology, 3. Aufl., Englewood Cliffs 1980)

Schein, E.H. (1984a), Coming to a new awareness of organizational culture, in: Sloan Management Review, 1984, 25/2, S. 3-16

Schein, E.H. (1984b), Soll und kann man eine Unternehmenskultur verändern? Organisationsentwicklung vor neuen Fragestellungen, in: gdi impuls, Heft 2/1984, S. 31-43

Schein, E.H. (1985), Organizational Culture and Leadership, San Franzisco

Schein, E.H. (1986a), "Are you corporate cultured?", in: Personnel Journal, 65. Jg., 1986, S. 83-96

Schein, E.H. (1986b), Wie Führungskraefte Kultur prägen und vermitteln, in: gdi impuls, 4. Jg., Heft 2/1986, S 23-36

Schein, E.H. (1991), Organisationskultur - ein neues unternehmenstheoretisches Konzept, in: Dülfer, E. (Hg.), Organisationskultur: Phänomen - Philosophie - Technologie, 2. Auflage, Stuttgart 1991, S. 23-38

Schein, E.H. (1994), Organizational and Managerial Culture as a Facilitator or Inhibitor of Organizational Learning, Working Paper, MIT Sloan School of Management, May 1994

Schein, E.H. (1995), Unternehmenskultur. Ein Handbuch für Führungskräfte, Frankfurt/New York

Schein, E.H. (1996a), Three Cultures of Management: The Key to Organizational Learning in the 21st Century, Working Paper, MIT Sloan School of Management, 1996

Schein, E.H. (1996b), Career Anchors Revisited: Implications for Career Development in the 21st Century, Working Paper, MIT School of Management, March 1996

Schein, E.H. (1996c), Organizational Learning: What is New?, Working Paper, MIT School of Management, July 1996

Schelp, T./Maluck, D./Gravemeier, R./Meusling, U. (1990), Rational-emotive Therapie als Gruppentraining gegen Streß, Bern u.a.

Schelsky, H. (1959), Ortsbestimmung der deutschen Soziologie, Düsseldorf/Köln

Scheuch, E.K. (1991), Wie deutsch sind die Deutschen - Eine Nation wandelt ihr Gesicht, Bergisch-Gladbach

Scheuplein, H. (1987), Unternehmenskultur und persönliche Weiterentwicklung. Von der Ist-Kultur zur Soll-Kultur, in: ZFO, 56. Jg., Heft 5/1987, S. 301-304

Scheuss, R. (1985), Strategische Anpassung der Unternehmung, St. Gallen

Scheuten, W. (1994), Hat das Management versagt?, in: Wehling, H.-G. (Hg.), Standort Deutschland, Stuttgart u.a. 1994, S. 101-114

Schibalski, B. (1991), Konfliktfähigkeit - eine Kulturrevolution im Unternehmen, in: io management, 60. Jg., Heft 4/1991, S. 50-53

Schircks, A.D. (1994), Persönlichkeit und Unternehmenskultur, in: ders., Management Development und Führung, Göttingen 1994, S. 85-96

Schleiken, T. (1997), Aspekte der Gruppendynamik im Projektmanagement, in: Schleiken, T./Winkelhofer, G. (Hg.), Unternehmenswandel mit Projektmanagement, München/Würzburg 1997, S. 180-200

Schmeer, B. (1995), Leistungsabhängige Vergütung bei unterschiedlichen Unternehmenskulturen, in: Personalführung, 28. Jg., Heft 10/1995, S. 832-835

Schmid, P.F. (1994), Personzentrierte Gruppenpsychotherapie, Köln

Schmidbauer, W. (1973), Sensitivitätstraining und analytische Gruppendynamik, 3. Aufl., München

Schmidt, A./Bockmühl, C. (1997), Feedback für Führungskräfte. Beispiel: Beiersdorf AG, in: Personalwirtschaft, 24. Jg., Heft 10/1997, S. 22-25

Schmidtchen, G. (1979), Was den Deutschen heilig ist. Religiöse und politische Strömungen in der Bundesrepublik Deutschland, München

Schmidtchen, G. (1981), Religiosität, in: Greiffenhagen, M./Greiffenhagen, S./Prätorius, R. (Hg.), Handwörterbuch zur politischen Kultur der Bundesrepublik Deutschland, Opladen 1981, S. 428-434

Schmölders, G. (1975), Wirtschaft in Lehre und Leben. Ein geschichtlicher Überblick, Essen

Schneeweiß, A. (1997), Sozial-Rating von Unternehmen, in: Gablers Magazin, 11. Jg., Heft 9/1997, S. 11-13

Schneider, B. (1985), Organizational Behavior, in: Annual Review of Psychology, 36. Jg., Heft 1985, S. 573-611

Schneider, C.M./Müller, M. (1993), Die Völkerpsychologie - Entstehung und Weiterentwicklung unter kulturpsychologischen Aspekten, in: Schweizerische Zeitschrift für Psychologie, 52. Jg., Heft 2/1993, S. 93-102

Schneider, D./Huber, J./Müller, J. (1991a), Personalführung und Führungseffizienz: Im Mittelstand ist autoritäre Führung out, in: Personal, 43. Jg., Heft 6/1991, S. 212-216

Schneider, D./Huber, J./Müller, J. (1991b), Der Mittelstand entdeckt die Unternehmenskultur (?!), in: Personal, 43. Jg., Heft 7-8/1991, S. 230-234

Schneider, H. (1992a), „Vertrauensbildende Maßnahmen" als Komponenten der Unternehmenskultur, in: io management, 61. Jg., Heft 7/8/1992, S. 27-29

Schneider, H. (1992b), Unternehmenskultur: Management by Confidence, in: Personalwirtschaft, 19. Jg., Heft 5/1992, S. 40-44

Schneider, H. (1995), Tatort Arbeitsplatz, in: Personalwirtschaft, 22. Jg., Heft 8/1995, S. 26-29

Schneider, H. (Hg.) (1996), Sprache. Sprachentwicklung im psychotherapeutischen Prozeß, Heidelberg

Schneider, H.-D. (1975), Kleingruppenforschung, Stuttgart

Schneider, H.J. (1996), Mitarbeiter als Mitgesellschafter, in: Personal, 48. Jg., Heft 3/1996, S. 112-116

Schneider, H.J. (1997), Kommentare zum Shareholder Value, in: Personal, 49. Jg., Heft 4/1997, S. 181-182

Schneider, S.C. (1992), National vs. Corporate Culture: Implications for Human Resource Management, in: Pucik, V./Tichy, N.M./Barnett, C.K. (Hg.), Globalizing management, New York 1992, S. 159-173

Schneider, U. (1990), Kulturbewußtes Informationsmanagement. Ein organisationstheoretischer Gestaltungsrahmen für die Infrastruktur betrieblicher Informationsprozesse, München/Wien

Schneider, U. (Hg.) (1996), Wissensmanagement. Die Aktivierung des intellektuellen Kapitals, Frankfurt a.M.

Schneidewind, D. (1984), Sind japanische Führungsprinzipien auf Deutschland übertragbar, in: Biedenkopf, K. (Hg.), Erfolgskonzepte der Führung, Essen 1984, S. 144-159

Schneppen, H. (1983), Zum Deutschlandbild in den Vereinigten Staaten, in: Europa-Archiv, 38. Jg., Nr. 18, 1983, S. 551-558

Schnierer, T. (1996), Von der kompetitiven Gesellschaft zur Erlebnisgesellschaft, in: Zeitschrift für Soziologie, 25. Jg., Heft Februar 1996, S. 71-82

Scholl, W. (1992), Informationspathologien, in: Frese, E. (Hg.), HWO, 3. Aufl., Stuttgart 1992, Sp. 900-912

Schöllhammer, H. (1969), The Comparative Management Theory Jungle, in: AMJ, 12. Jg., 1969, S. 81-97

Scholl-Schaaf, M. (1975), Werthaltungen und Wertsystem - Ein Plädoyer für die Verwendung des Wertkonzeptes in der Sozialpsychologie, Bonn

Scholz, C. (1988a), Management der Unternehmenskultur, in: Harvard Manager, 17. Jg., Heft 1/1988, S. 81-91

Scholz, C. (1988b), Organisationskultur: Zwischen Schein und Wirklichkeit, in: ZfbF, 40. Jg., Heft 3/1988, S.243-272

Scholz, C. (1991), Informationskultur als Innovationsdeterminante, in: Dülfer, E. (Hg.), Organisationskultur: Phänomen – Philosophie - Technologie, 2. Auflage, Stuttgart 1991, S. 241-252

Scholz, C. (1992a), Der Internationalisierung fehlen klare Konturen, in: Personalwirtschaft, 19. Jg., Heft 2/1992, S. 17-22

Scholz, C. (1992b), Die Kulturen müssen sich vertragen, in: Personalwirtschaft, 19. Jg., Heft 11/1992, S. 30-33

Scholz, C. (1992c), Die Landeskultur und ihre Tücken meistern, in: Personalwirtschaft, 19. Jg., Heft 7/1992, S. 11-14

Scholz, C. (1993a), Die richtige Kulturstrategie schafft Synergien, in: Personalwirtschaft, 20. Jg., Heft 1/1993, S. 31-36

Scholz, C. (1993b), Schachzüge - Die Unternehmensstrategie bestimmt den Spielplan, in: Lernfeld Betrieb, Heft 1/1993, S. 17-19

Scholz, C. (1994), Personalmanagement, 4.Aufl., München

Scholz, C. (1995), Ein Denkmodell für das Jahr 2000? Die Virtuelle Personalabteilung, in: Personalführung, 28. Jg., 1995, S. 398-403

Scholz, C. (1996a), Die virtuelle Personalabteilung, in: Karriereführer Hochschulen, 18. Jg., Heft 1/1996, S. 101-104

Scholz, C. (1996b), Die virtuelle Personalabteilung, in: Schwuchow, Karlheinz/Gutmann, Joachim (Hrsg.), Jahrbuch Weiterbildung Düsseldorf 1996, S. 132-136

Scholz, C. (1997), Zuerst die Strategie, dann die Software, in: Personalwirtschaft, Sonderheft 11/1997, S. 8-14

Scholz, C./Hofbauer, W. (1987), Unternehmenskultur und Personalführung, in: ZfP, 1. Jg., Heft 4/1987, S. 461-482

Scholz, C./Hofbauer, W. (1989), Unternehmenskultur und Personal-Management, in: Personalwirtschaft, 16. Jg., Heft 6/1989, S. 13-21

Scholz, C./Hofbauer, W. (1990), Organisationskultur: die 4 Erfolgsprinzipien, Wiesbaden

Scholz, J. (1987), Wertwandel und Wirtschaftskultur, München

Scholz, R. (1990), Demokratie und freiheitlicher Rechtsstaat, in: Sarcinelli, U. (Hg.), Demokratische Streitkultur, Opladen 1990, S. 304-310

Schräder, A. (1996), Management virtueller Unternehmungen, organisatorische Konzeption und informationstechnische Unterstützung flexibler Allianzen, Frankfurt u.a.

Schreiner, O. (1994), Standortfaktor: Sozialer Friede, in: Die Mitbestimmung, Heft 3/1994, S. 24-26

Schreyögg, G. (1978), Umwelt, Technologie und Organisationskultur, Bern/Stuttgart

Schreyögg, G. (1980), Contingency and Choice in Organization Theory, in: Organization Studies, 1. Jg., Heft 4/1980, S. 305-326

Schreyögg, G. (1987), Verschlüsselte Botschaften - Neue Perspektiven einer strategischen Personalführung, in: ZFO, 56. Jg., Heft 3/1987, S. 151-158

Schreyögg, G. (1989a), Unternehmenskultur und Innovation/Eine schwierige Beziehung auf dem Pruefstand, in: Personal, 41. Jg., Heft 9/1989, S. 370-373

Schreyögg, G. (1989b), Zu den problematischen Konsequenzen starker Unternehmenskulturen, in: ZfbF, 41. Jg., Heft 2/1989, S. 94-113

Schreyögg, G. (1991a), Die internationale Unternehmung im Spannungsfeld von Landeskultur und Unternehmenskultur, in: Marr, R. (Hg.): Euro-strategisches Personalmanagement; Bd 1, München 1991, S. 17-42

Schreyögg, G. (1991b), Kann und darf man Unternehmenskulturen ändern?, in: Dülfer, E. (Hg.): Organisationskultur: Phänomen - Philosophie - Technologie, 2. Auflage, Stuttgart 1991, S. 201-214

Schreyögg, G. (1992), Organisationskultur, in: Frese, E. (Hg.), HWO, 3.Auflage, Stuttgart 1992, Sp. 1525-1537

Schreyögg, G. (1993), Unternehmenskultur zwischen Globalisierung und Regionalisierung, in: Haller, M./Bleicher, K./Pleitner, H.J./Wunderer, R./Zünd, A. (Hg.), Globalisierung der Wirtschaft, St. Gallen 1993, S. 149-170

Schreyögg, G. (1996), Zum Verhältnis von Landeskultur und Unternehmenskultur, in: Lang, R. (Hg.), Wandel von Unternehmenskulturen in Ostdeutschland und Osteuropa, II. Chemnitzer Ostforum, München und Mering 1996, S. 65-72

Schreyögg, G. (1996a), Organisation: Grundlagen moderner Organisationsgestaltung, Wiesbaden

Schreyögg, G./Noss, C. (1995), Organisatorischer Wandel: Von der Organisationsentwicklung zur lernenden Organisation, in: DBW, 55. Jg., Heft 2/1995, S. 169-185

Schreyögg. G./Steinmann, H. (1980), Wissenschaftstheorie, in: Grochla, E. (Hg.), HWO, 2. Aufl., Stuttgart 1980, Sp. 2394-2404

Schröder, D. (1995), Die falsche Rechnung - Fehlentwicklungen im Sozialstaat, in: Feuilleton-Beilage der SZ vom 4./5.3.1995, S. I

Schubert, H.-J./Zink, K.J. (1990), Partizipation - Psychologische Grundlagen eines Leitprinzips von Arbeits- und Organisationsgestaltungsmaßnahmen, in: Zeitschrift für Arbeitswissenschaft, Heft 2/1990, S. 82-88

Schuh, S. (1988), Möglichkeiten und Grenzen der empirischen Analyse der Organisationskultur - Entwicklung eines individuumzentrierten Bezugsrahmens als Grundlage für eine Operationalisierung, Neubiberg

Schuhladen, H. (1994), Wieviel Vielfalt ertragen wir? Zur Pluralität der multikulturellen Gesellschaft, in: Zeitschrift für Volkskunde, 90. Jg., 1994, S. 37-58

Schulte, C./Dycke, A. (1988), Mitarbeiterorientiertes Sozialleistungsmanagement, in: ZfP, 2. Jg., Heft 1/1988, S. 27-39

Schulz von Thun, F. (1981), Miteinander reden 1 - Störungen und Klärungen, Reinbek

Schulz von Thun, F. (1989), Miteinander reden 2 - Stile, Werte und Persönlichkeitsentwicklung, Reinbek

Schulz, E. (1995), Wie soll der deutsche Nationalstaat aussehen, in: Deutschland-Archiv, 28. Jg., Heft April 1995, S. 337-338

Schulze, G. (1996), Die Erlebnisgesellschaft. Kultursoziologie der Gegenwart, 6. Aufl., Frankfurt a.M.

Schumpeter, J.A. (1980) Kapitalismus, Sozialismus und Demokratie, 5. Aufl., München 1980 (Orig.: Capitalism, Socialism and Democracy 1942)

Schüppel, J. (1995), Wissensmanagement, in: SZ vom 8./9.7.1995

Schuster, F.E. (1986), The Schuster Report: The Proven Connection between People and Profit, New York u.a.

Schuster, L. (1991), Individualisierung im Personalwesen, in: ZFO, 60. Jg., Heft 1/1991, S. 22-25

Schuster, L./Widmer, A.W. (1984), Theorie und Praxis der Unternehmenskultur - Zur Diskussion der kulturellen Dimension als erfolgsentscheidender Faktor, in: ZFO, 53. Jg., Heft 8/1984, S. 489-493

Schütz, A. (1971), Gesammelte Aufsätze, Bd. 1: Das Problem der sozialen Wirklichkeit, Den Haag

Schützsack, A. (1982), Statt Verfassungspatriotismus Hinwendung zu Heimat, eigener Geschichte und Vaterland, in: Die Welt, vom 14.9.1982, S. 7

Schwalbe, H./Zander, E. (1989), Vertrauen ist besser: Kontaktpflege, Imagebildung und Öffentlichkeitsarbeit in der modernen Industriegesellschaft, Wiesbaden

Schwan, A. (1989), Verfassungspatriotismus und nationale Frage: Zum Verhältnis von deutschem Staats- und Nationalbewußtsein, in: Weidenfeld, W. (Hg.), Politische Kultur und Deutsche Frage. Materialien zum Staats- und Nationalbewußtsein in der Bundesrepublik, Köln 1989, S. 135-152

Schwandt, M./Aden, H. (1998), Strukturierte Mitarbeitergespräche erfolgreich einführen und umsetzen, in: Personalführung, 31. Jg., Heft 6/1998, S. 64-69

Schwartz, H./Davis, S.M. (1981), Matching Corporate Culture and Business Strategy, in: Organizational Dynamics, 6. Jg., Heft Summer/1981, S. 30-48

Schwartz, H./Davis, S.M. (1988), Matching Corporate Culture and Business Strategy, in: Organizational Dynamics, Special Reports, Corporate Culture, 1988, S. 1-19

Schwarz, G. (1989), Strategien und personalwirtschaftliche Massnahmen der Gestaltung der Unternehmenskultur, in: ZfP, 3. Jg., Heft 1/1989, S.35-59

Schwarz, H.-P. (1985), Die gezähmten Deutschen. Von der Machtbessenheit zur Machtvergessenheit, Stuttgart

Schweitzer, M. (1980), Analytische Organisationsforschung, in: Grochla, E. (Hg.), HWO, 2. Aufl., Stuttgart 1980, Sp. 1525-1533

Scott, C.D./Jaffe, D.T. (1995), Empowerment - mehr Kompetenz den Mitarbeitern, Wien

Scott, R.W./Morgan, P.S. (1994), The Unwritten Rules of the Game, New York

Secord, P.F./Backman, C.W. (1964), Social Psychology, New York

Seelaib-Kaiser, M. (1994), Sozialpolitik: USA ideenreich, Japan traditionell und Deutschland im Kürzungsfieber, in: Die Mitbestimmung, Heft 3/1994, S. 50-54

Seidel, E. (1987), Unternehmenskultur. Warnung vor der Selbstzerstörung eines Konzepts, in: ZFO, 56. Jg., 1987, S. 295-300

Seidel, H. (1992), Wertewandel bei Arbeitern in Arbeit und Freizeit, Konstanz

Seifert, T./Waiblinger, A. (Hg.) (1993), Die 50 wichtigsten Methoden der Psychotherapie, Körpertherapie, Selbsterfahrung und des geistigen Trainings, Stuttgart

Selznick, P. (1957), Leadership in Administration. A Sociological Interpretation, New York

Sennett, R. (1998), Der flexible Mensch - Die Kultur des neuen Kapitalismus, Berlin

Seppaelae, J. (1995), The Evolution of Cooperation in the Prisoner's Dilemma, in: Liiketaloudellinen aikauskirja, 44. Jg., Heft 2/1995, S. 198-212

Service, E.R. (1975), Origins of the State and Civilization. The Process of Cultural Evolution, New York 1975

Sethia, N.K./Glinow, M.A.v. (1985), Arriving at Four Cultures by Managing the Reward System, in: Kilmann, R.H./Saxton, M.J./Serpa, R. (Hg.), Gaining Control of the Corporate Culture, San Franzisco/London 1985, S. 400-421

Shaftel, F.R./Weinmann, W./Shaftel, G. (1978), Rollenspiel als soziales Entscheidungstraining, 4. Aufl., München u.a.

Sheldon, R.C. (1967), Some Observations onTheory in Social Science, in: Parsons, T./Shils, E.A. (Hg.), Toward a General Theory of Action, Cambridge 1967 (1951), S. 30-44

Sherif, C./Sherif, M./Nebergall, E.R. (1965), Attitude and Attitude Change, Philadelphia/London

Shrivastava, P. (1985), Integrating Strategy Formulation with Organizational Culture, in: Journal of Business Strategy, 5. Jg., Heft 3/1985, S. 103-111

Sievers, B. (Hg.) (1977), Organisationsentwicklung als Problem, Stuttgart

Silverman, D. (1970), The Theory of Organizations, London

Silverman, D. (1985), Qualitative Methodology and Sociology, Aldershot

Simon, H. (1993), Stein der Weisen, in: manager magazin, 23. Jg., Heft 2/1993, S. 134-140

Simons, R. (1995), Control in an Age of Empowerment, in: Harvard Business Review, Heft 3/4/1995, S. 80-88

Simons, R. (1996), Made in USA, in: Die Mitbestimmung, Heft 7+8/1996, S. 23-27

Simons, R./Westermann, K. (1995), Industriestandort Deutschland: zur Wettbewerbsfähigkeit der deutschen Wirtschaft, 2. Aufl., Marburg

Simons, R./Westermann, K. (Hg.) (1994), Wirtschaftsstandort Deutschland: Wettbewerbsfähigkeit, Zukunftschancen, Verteilungsspielräume, Köln

Sims, H./Lorenzi, P. (1992), The New Leadership Paradigm. Social Learning and Cognition in Organizations, Newbury Park/Cal.

Sloterdijk, P. (1980), Versprechen auf Deutsch, Rede über das eigene Land, Frankfurt a.M.

Smircich, L. (1983a), Concepts of Culture and Organizational Analysis, in: ASQ, 28. Jg., 1983, S. 339-358

Smircich, L. (1983b), Studying Organizations as Cultures, in: Morgan, G. (Hg.), Beyond Method - Strategies for Social Research, Beverly Hills u.a. 1983, S. 160-172

Smircich, L. (1983c), Organizations as Shared Meanings, in: Pondy, L.R./Frost, P.J./Morgan, G./Dandridge, T.C. (Hg.), Organizational Symbolism, Greenwich 1983, S. 55-65

Smircich, L. (1985), Is the Concept of Culture a Paradigm for Understanding Organizations and Ourselves?, in: Frost, P.J. u.a. (Hg.), Organizational Culture, Beverly Hills u.a. 1985, S. 55-72

Smircich, L./Morgan, G. (1982), Leadership: The Management of Meaning, in: The Journal of Applied Behavioral Science, 1982, 18, S. 257-273

Smith, G.R./ Kleiner, B.H. (1987), Differences in Corporate Cultures and their Relationship to Organizational Effectiveness, in: Leadership and Organization Development Journal, 8. Jg, Heft 5/1987, S. 10-12

Soeffner, H.-G. (Hg.) (1979), Interpretative Verfahren in den Sozial- und Textwissenschaften, Stuttgart

Solari, M. (1993), Kommunikationskultur nach innen: das dialogische Modell, in: io management, 62. Jg., Heft 2/1993, S. 34-35

Solomon, L. (1960), The Influence of Some Types of Power Relationships and Game Strategies upon the Development of Interpersonal Trust, in: Journal of Abnormal and Social Psychology, 61. Jg., 1960, S. 223-230

Sommer, W. (1990), Bildungspolitik: Zwischen staatlicher Planungseuphorie und freien Bildungsmärkten, in: Sarcinelli, U. (Hg.), Demokratische Streitkultur, Opladen 1990, S. 471-488

Sommerhoff, B. (1997), Dienen und Bedienenlassen will gelernt sein. Ohne Vorbilder kann Servicementalität nur durch wirtschaftlichen Druck entstehen, Serie Dienstleistung, in: SZ vom 1./2.3.1997, S. 57

Sontheimer, K. (1971), Nation und Nationalismus in der Bundesrepublik, in: Steffen, H. (Hg.), Die Gesellschaft in der Bundesrepublik, Analysen II, Göttingen 1971, S. 130-152

Sontheimer, K. (1983), Ein deutscher Sonderweg?, in: Weidenfeld, W. (Hg.), Die Identität der Deutschen, München/Wien 1983, S. 324-336

Sontheimer, K. (1987), Der deutsche Geist als Ideologie. Ein Beitrag zur Theorie vom deutschen Sonderbewußtsein, in: Funke, M. u.a.(Hg.), Demokratie und Diktatur, Bonn 1987, S. 35-45

Sontheimer, K. (1990), Deutschlands politische Kultur, München/Zürich

Spinner, H.F. (1968), Theoretischer Pluralismus, in: Kommunikation IV, 4.Jg., 1968, S. 181-203

Spinner, H.F. (1974), Pluralismus und Erkenntnismodell, Frankfurt a.m.

Spittmann, I. (1996), Vertrauensverlust, in: Deutschland-Archiv, 29. Jg., Heft Nov./Dez. 1996, S. 841-844

Spöhring, W. (1989), Qualitative Sozialforschung, Stuttgart

Spradley, J.P. (1980), Participant Observation, New York u.a.

Spranger, E. (1914/1966), Lebensformen, Tübingen 1914, 9.Aufl., Tübingen 1966

Sprenger, R.K. (1992), Der Gerechte fällt sieben Mal am Tage, in: Harvard Manager, Heft 1/1992, S. 38-42

Sprenger, R.K. (1995a), Prinzip Selbstverantwortung, Frankfurt a.M.

Sprenger, R.K. (1995b), Wie gut ist der Boss?, in: Personalwirtschaft, 22. Jg., Heft 4/1995, S. 58

Sprenger, R.K. (1996), Psycho-Klamauk, in: Die Mitbestimmung, Heft 2/1996, S. 22-23

Stackelberg, K.G.v. (1965), Alle Kreter lügen. Vorurteile über Menschen und Völker, Wien/Düsseldorf

Staehle, W.H. (1980), Menschenbilder in Organisationstheorien, in: Grochla, E. (Hg.), HWO, 2. Aufl., Stuttgart 1980, Sp. 1301-1313

Staehle, W.H. (1981), Deutschsprachige situative Ansätze in der Managementlehre, in: Kieser, A. (Hg.), Organisationstheoretische Ansätze, München 1981, S. 215-226

Staehle, W.H. (1988), Managementwissen in der Betriebswirtschaftslehre - Geschichte eines Diffusionsprozesses, in: Wunderer, R.(Hg.), Betriebswirtschaftslehre als Management- und Führungslehre, Stuttgart 1988, S. 3-21

Staehle, W.H. (1994), Management: eine verhaltenswissenschaftliche Perspektive, 7. Aufl., München

Staël-Holstein, A.L.Germaine von (1985), Über Deutschland, Frankfurt a.M. (Orig.: De l'Allemagne, London 1813)

Staerkle, R. (1985), Wechselwirkungen zwischen Organisationskultur und Organhsationsstruktur, in: Probst, G.J.B./Siegwart, H. (Hg.), Integriertes Management, Bern/Stuttgart 1985, S. 529ff.

Staffelbach, B. (1986), Strategisches Personalmanagement, Bern

Staffelbach, B. (1995), Bausteine und Funktionen einer Personalökonomik, in: Die Unternehmung, 49. Jg., 1995, S. 179-191

Stagl, E./Stagl, J. (1981), Einleitung, in: Stagl, E./Stagl, J. (Hg.), Handbuch der Kulturanthropologie. Eine grundlegende Einführung, Vivelo, F.R., Stuttgart 1981

Stahl, T. (1992), Neurolinguistisches Programmieren, Mannheim

Stapf, K.H./Ströbe, W./Jonas, K. (1986), Amerikaner über Deutschland und die Deutschen: Urteile und Vorurteile, Opladen

Starbuck, W. (1976), Organizations and their environments, in: Dunette, M.D. (Hg.), Handbook of industrial and organizational psychology, Chicago 1976, S. 1069-1123

Starbuck, W. (1981), A trip to view the elephants and rattlesnakes in the garden of Aston, in: Ven, A.H.v./Joice, W.F. (Hg.), Perspectives on organization design and behavior, New York u.a. 1981, S. 167-198

Staudt, E. (Hg.) (1986), Das Management von Innovationen, Frankfurt

Stein, A. (1998), Sozialtherapeutisches Rollenspiel, 3. Aufl., Neuwied u.a.

Steinborn, B. (1995a), Unsere audiovisuelle Zukunft (I). Perspektivwandel der Wahrnehmung, in: SZ vom 7.8.1995, S. 13

Steinborn, B. (1995b), Unsere audiovisuelle Zukunft (II). Die totale Manipulierbarkeit, in: SZ vom 17.8.1995, S. 13

Steinmann, H. (1978), Betriebswirtschaftslehre als normative Handlungswissenschaft, in: Steinmann, H. (Hg.), Betriebswirtschaftslehre als normative Handlungswissenschaft, Wiesbaden 1978, S. 73-102

Steinmann, H. (1989), Ethik im Personalwesen, Nürnberg

Steinmann, H. (1993), Personalmanagementlehre zwischen Managementpraxis und mikroökonomischer Theorie, Nürnberg

Steinmann, H. (Hg.) (1978), Betriebswirtschaftslehre als normative Handlungswissenschaft - Zur Bedeutung der Konstruktiven Wissenschaftstheorie für die Betriebswirtschaftslehre, Wiesbaden

Steinmann, H./Böhm, H./Braun, W./Gerum, E./Schreyögg, G. (1975), Vorüberlegungen zur methodischen Basis und Programmatik einer Betriebswirtschaftslehre in praktischer Absicht. Arbeitspapier Heft 30, 2. Aufl., Betriebswirtschaftliches Institut der Universität Erlangen-Nürnberg

Steinmann, H./Löhr, A. (1988), Unternehmensethik - eine "realistische Idee". Versuch einer Begriffsbestimmung anhand eines praktischen Falles, in: ZfbF, 40. Jg., 1988, S. 299-317

Steinmann, H./Löhr, A. (1994), Grundlagen der Unternehmensethik, 2. Aufl., Stuttgart

Steinmann, H./Löhr, A. (1995), Zehn Jahre Unternehmensethik - eine Bestandsaufnahme der Kernprobleme, in: Schachtschneider, K.A. (Hg.), Wirtschaft, Gesellschaft und Staat im Umbruch, Berlin 1995, S. 225-241

Steinmann, H./Oppenrieder, B. (1985), Brauchen wir eine Untenrehmensethik? Ein thesenartiger Aufriß einzulösender Argumentationspflichten, in: Die Betriebswirtschaft, 45. Jg., 1985, S. 170-183

Stengel, M. (1984), Einstellungen zur beruflichen Karriere, Werthaltung und berufliche Stellung, in: Problem und Entscheidung, Heft 26/1984, S. 21-64

Stern, W. (1900), Über Psychologie der individuellen Differenzen, Leipzig

Stern, W. (1921), Die Differentielle Psychologie in ihren methodischen Grundlagen, Leipzig

Stern, W. (1950), Allgemeine Psychologie auf personalistischer Grundlage, Den Haag

Sternberger, D. (1982), Verfassungspatriotismus, in: 25 Jahre Akademie für Politische Bildung, Tutzing 1982, S. 76-87

Sternburg, W.v. (Hg.) (1990), Geteilte Ansichten über eine vereinigte Nation. Ein Buch über Deutschland, Frankfurt a.m.

Straub, R. (1997), Mehr Selbstverantwortung bei der Arbeitszeit, in: Personalwirtschaft, Sonderheft 10/1997, S. 3

Streeck, W. (1996), Mitbestimmung: Offene Fragen, Gütersloh

Ströttchen, U. (1995), Vorsprung durch Ideen. Förderung von Innovationspotentialen bei der 3M Deutschland GmbH, in: Personalführung, 29. Jg., Heft 2/1995, S. 100-103

Strümpel, B./Prenzel, W./Scholz, J./Hoff, A. (1988), Teilzeitarbeitende Männer und Hausmänner. Motive und Konsequenzen einer eingeschränkten Erwerbstätigkeit von Männern, Berlin

Sturm, N. (1998), Kräftiges Zubrot dank Aktien-Optionen, in: SZ, vom 12.3.1998, S. 2

Sturm, R. (1987), Verwaltungskultur, in: Berg-Schlosser, D./Schissler, J. (Hg.), Politische Kultur in Deutschland, Opladen 1987, S. 422-428

Sundermeier, B. (1992), Mitarbeiterbeteiligung. Eine transaktionskostentheoretische Analyse, München

Süssmuth-Dyckerhoff, C. (1995), Intrapreneuring. Ein Ansatz zur Vitalisierung reifer Großunternehmen, Bern u.a.

Sutor, B. (1990), Ethische Aspekte demokratischer Streitkultur, in: Sarcinelli, U. (Hg.), Demokratische Streitkultur, Opladen 1990, S. 157-176

Sutter, M. (1998), Subsidiaritätsprinzip im Zwielicht - eine notwendige Ergänzung, in: Wirtschaftswissenschaftliches Studium, 27. Jg., Heft 4/1998, S. 204-205

Svoboda, M. (1997), Erfolg durch Zielvereinbarung, in: Personalwirtschaft, Heft 12/1997, S. 35-41

Sweeney, E.P./Hardaker, G. (1994), The Importance of Organizational and National Culture, in: European Business Review, 94. Jg., Heft 5/1994, S. 3-14

Szyperski, N./ Roth, P. (Hg.) (1990), Entrepreneurship - Unternehmensgründung als Aufgabe, Stuttgart

Taylor, F.W. (1911), The Principles of Scientific Management, London

Taylor, F.W. (1971), Scientific Management, in: Pugh, D.S. (Hg.), Organization Theory, London 1971, S. 124-146

Templin, W. (1993), Das schlechte Vorbild der Anpassung: Hindernisse für die innere Einigung, in: Weidenfeld, W. (Hg.), Deutschland. Eine Nation – doppelte Geschichte, Köln 1993, S. 113-116

Tenbruck, F.H. (1979), Die Aufgaben der Kultursoziologie, in: Kölner Zeitschrift für Soziologie und Sozialpsychologie, 31. Jg., Heft 3/1979, S. 399-421

Tenbruck, F.H. (1996), Perspektiven der Kultursoziologie. Gesammelte Aufsätze, hrsg. v. Albrecht, C./Dreyer, W./Homann, H., Opladen 1996

Terpstra, V. (1978), The Cultural Environment of International Business, Cincinnati u.a. 1978

Terry, G.R./Franklin, St.G. (1982), Principles of Management, 8. Aufl., Homewood

Teutsch, G.M. (1977), Lernziel Empathie, in: Lück, H.E. (Hg.), Mitleid - Vertrauen - Verantwortung, Stuttgart 1977, S. 145-155

Then, W. (1994), Dialogische Führungskonzepte für selbststeuernde Arbeitseinheiten. Wir brauchen eine menschengerechte Arbeitskultur, in: Personalführung, 27. Jg., Heft 1/1994, S. 52-57

Then, W./Fiedler-Winter, R. (1995), Die Zukunft heißt Selbstorganisation, in: SZ vom 24./25.6.1995, S. VI/1

Thibaut, J.W./Kelley, H.H. (1959), The Social Psychology of Groups, New York

Thies, S.G. (1987), Mitarbeiterorientierte Unternehmensführung, in: Management heute, 29. Jg., Heft 7/1987, S. 14-16

Thom, N. (1980), Grundlagen des betrieblichen Innovationsmanagements, 2. Aufl., Königstein

Thom, N. (1983), Zur Interdependenz von Organisations- und Personalarbeit, in: ZFO, 52. Jg., Heft 4/1983, S. 185-194

Thomas, A. (Hg.) (1993), Kulturvergleichende Psychologie - Eine Einführung, Göttingen

Thommen, J.-P. (1986), Die Lehre der Unternehmensführung: eine wissenschaftshistorische Betrachtung im deutschsprachigen Raum, Bern/Stuttgart

Thompson, J. (1967), Organizations in Action: Social Science Bases of Administrative Theory, New York

Thompson, V.D./Stoebe, W./Schopler, J. (1971), Some Situational Determinants of the Motives Attributed to the Person who Performs a Helping Act, in: Journal of Personality, 39. Jg., 1971, S. 460-472

Thurn, H.P. (1976), Soziologie der Kultur, Stuttgart

Thurn, H.P. (1979), Kultursoziologie - Zur Begriffsgeschichte der Disziplin, in: Kölner Zeitschrift für Soziologie und Sozialpsychologie, 31. Jg., Heft 3/1979, S. 422-449

Tichy, N.M. (1982), Managing Change Strategically: The Technical, Political and Cultural Keys, in: Organizational Dynamics, 7. Jg., Heft Autumn/1982, S. 59-80

Tichy, N.M. (1983a), Managing Organizational Transformations, in: HRM, Spring/Summer 1983, S. 45-60

Tichy, N.M. (1983b), Managing Strategic Change - Technical, Political and Cultural Dynamics, New York

Tichy, N.M./Fombrun, C.J./Devanna, M.A. (1982), Strategic Human Resource Management, in: Sloan Management Review, Heft 2/1982, S. 47-61

Tichy, R. (1991), Der multikulturelle Manager, in: Micksch, J. (Hg.), Deutschland – Einheit in kultureller Vielfalt, Frankfurt a.M. 1991, S. 161-163

Titscher, S. (1995), Konflikte als Führungsproblem, in: Kieser, A. u.a. (Hg.), HWFü, 2. Aufl., Stuttgart 1995, Sp. 1329-1337

Toffler, A./Toffler, H. (1994), Überleben im 21. Jahrhundert, Stuttgart

Tolksdorf, G. (1994), Vertrauen nicht verspielen, in: Personalwirtschaft, 21. Jg., Heft 2/1994, S. 58

Töpfer, A. (1995), Total Quality Management, 4. Aufl., Neuwied

Torka, W. (1995), Leistungsorientiertes Vergütungssystem, in: Personal, 47. Jg., Heft 7/1995, S. 328-334

Treas, J. (1993), Money in the Bank: Transaction Costs and the Economic Organization of Marriage, in: ASR, 58. Jg., 1993, S. 723-734

Treichler, C. (1995), Kulturbewußte Unternehmungsführung. Entwicklung eines Problemlösungskonzepts unter besonderer Berücksichtigung der Instrumente der Erfassung, Beurteilung und Gestaltung der Unternehmungskultur, Bern u.a.

Trice, H.M./Beyer, J.M. (1985), Using Six Organizational Rites to Change Culture, in: Kilmann, R.H./ Saxton, M.J./Serpa, R. (Hg.), Gaining Control of the Corporate Culture, San Franzisco/London 1985, S. 370-400

Trice, H.M./Beyer, J.M. (1993), The Cultures of Work Organizations, Englewood Cliffs

Trimmborn, H. (1958), Von den Aufgaben und Verfahren der Völkerkunde, in: Adam, L./Trimmborn, H. (Hg.), Lehrbuch der Völkerkunde, Stuttgart

Troeltsch, E. (1928), Die Bedeutung des Protestantismus für die Entstehung der modernen Welt, Berlin

Troller, G.S. (1986), Im Spiegel der Welt. Nicht deutsch genug. Wie das Ausland unser Land sieht, in: Die Zeit vom 11.4.1986, S. 84

Tunstall, W.B. (1983), Cultural Transition at AT&T, in: Sloan Management Review, 25. Jg., Heft 1/1983, S. 15-26

Tunstall, W.B. (1986), The Breakup of the Bell System: A Case Study in Cultural Transformation, in: California Management Review, 28. Jg., Heft 2/1986, S. 110-124

Turek, J. (1989), Demokratie und Staatsbewußtsein: Entwicklung der Politischen Kultur in der Bundesrepublik Deutschland, in: Weidenfeld, W. (Hg.), Politische Kultur und Deutsche Frage. Materialien zum Staats- und Nationalbewußtsein in der Bundesrepublik, Köln 1989, S. 233-248

Türk, K. (1989), Neue Entwicklungen in der Organisationsforschung, Ein Trend Report, Stuttgart

Turner, R. (1997), The Versatile Organisation: Achieving Centuries of Sustainable Growth, in: European Management Journal, 15. Jg., Heft 5/1997, S. 509-522

Turner, S.P. (1977), Complex Organizations as Savage Tribes, in: Journal for the Theory of Social Behavior, 7/1977, S. 99-125

Turner, S.P. (1983), Studying Organization through Levi-Strauss's Structuralism, in: Morgan, G. (Hg.), Beyond Method: Social Research Strategies, Beverly Hills

Twain, M. (1966), Zu Fuß durch Europa, Göttingen

Tyler, S.A. (1969), Cognitive Anthropology, New York

Tylor, E.B. (1972), Die Kulturwissenschaft, in: König/Schmalfuß (Hg.), Kulturanthropologie, Düsseldorf/Wien 1972, S. 51-56

Ueltzhöffer, J./Flaig, B.B. (1993), Spuren der Gemeinsamkeit? Soziale Milieus in Ost- und Westdeutschland, in: Weidenfeld, W. (Hg.), Deutschland. Eine Nation - doppelte Geschichte, Köln 1993, S. 61-81

Uhl-Bien, M./Graen, G.B. (1998), Individual Self-Management: Analysis of Professionals' Self-managing Activities in Functional and Cross-functional Work Teams, in: AMJ, 41. Jg., Heft 3/1998, S. 340-350

Uhlig, A. (1998), "New Labour": Solidarität und Eigenverantwortung, in: Mitbestimmung, Heft 5/1998, S. 16-18

Ulich, D. (1971), Konflikt und Persönlichkeit, München

Ulich, E. (1991), Arbeitspsychologie, Stuttgart

Ulrich, H. (1970), Die Unternehmung als produktives soziales System, Bern

Ulrich, H. (1976), Zum Praxisbezug der Betriebswirtschaftslehre in wissenschaftstheoretischer Sicht, Bern

Ulrich, H. (1981), Die Betriebswirtschaftslehre als anwendungsorientierte Sozialwissenschaft, in: Geist, M.N./Köhler, R.(Hg.), Die Führung des Betriebes, Stuttgart 1981, S. 1-25

Ulrich, H. (1984), Management als Systemsteuerung und Kulturentwicklung, in: Die Unternehmung, 38. Jg., Heft 4/1984, S. 303-325

Ulrich, H. (1994), Von der Betriebswirtschaftslehre zur systemorientierten Managementlehre, in: Wunderer, R. (Hg.), Betriebswirtschaftslehre als Management- und Führungslehre, 3. Aufl., Stuttgart 1994, S. 161-178

Ulrich, H./Probst, G.J.B. (1988), Anleitung zum ganzheitlichen Denken und Handeln, Bern/Stuttgart

Ulrich, H./Probst, G.J.B. (Hg.) (1984), Self-organization and Management of Social Systems - Insights, Promises, Doubt Questions, Heidelberg/New York

Ulrich, P. (1983a), Konsensus-Management: Die zweite Dimension rationaler Unternehmensführung, in: Betriebswirtschaftliche Forschung und Praxis, 35. Jg., 1983, S. 70-84

Ulrich, P. (1983b), Sozialökonomische Entwicklungsperspektiven aus dem Blickwinkel der Lebenswelt, in: Schweizerische Zeitschrift für Volkswirtschaft und Statistik, Heft 3/1983, S. 237-259

Ulrich, P. (1983c), Konsensus-Management. Zur Ökonomie des Dialogs, in: gdi impuls, Heft 2/1983, S. 33-41

Ulrich, P. (1984), Systemsteuerung und Kulturentwicklung: Auf der Suche nach einem ganzheitlichen Paradigma der Managementlehre, in: Die Unternehmung, 38. Jg., Heft 38/1984, S. 303-325

Ulrich, P. (1986), Transformation der ökonomischen Vernunft. Fortschrittsperspektiven der modernen Industriegesellschaft, Bern/Stuttgart

Ulrich, P. (1994), Betriebswirtschaftslehre als praktische Sozialökonomie. Programmatische Überlegungen, in: Wunderer, R. (Hg.), Betriebswirtschaftslehre als Management- und Führungslehre, 3. Aufl., Stuttgart 1994, S. 179-203

Urner, R. (1993), Eutonie, in: Seifert, T./Waiblinger, A. (Hg.), Die 50 wichtigsten Methoden der Psychotherapie, Körpertherapie, Selbsterfahrung und des geistigen Trainings, Stuttgart 1993, S. 85-90

Uterwedde, H. (1996), Standort Frankreich, Analyse im Auftrag der Friedrich-Ebert-Stiftung, Sept. 1996

Uttal, B. (1983), The Corporate Culture Vultures, in: Fortune International, vom 17.10.1983, S. 66-70

Valjavec, F. (1984), Zwischen Korporatismus und Anarchie: Anatomie der westdeutschen Ethnologie, in: König, R./Neidhart, F./Lepsius, M.R. (Hg.), Ethnologie als Sozialwissenschaft, Opladen 1984, S. 431-477

van Maanen, J. (1988), Tales of the Field: On Writing Ethnography, Chicago 1988

van Maanen, J. (Hg.) (1983), Qualitative Methodology, Beverly Hills u.a.

van Maanen, J./Schein, E.H. (1979), Toward a Theory of Organizational Socialization, in: Straw, B.M. (Hg.), Research in Organizational Behavior, Greenwich 1979, S. 209-264

Veblen, T. (1986), Theorie der feinen Leute. Eine ökonomische Untersuchung der Institutionen, Frankfurt a.M. 1986 (Orig.: The Theory of the Leisure Class, 1899)

Vernet, D. (1993), Was wird aus Deutschland?, Bergisch-Gladbach

Vogel, H.-C. (1988), Organisationsentwicklung als Begleitung selbstorganisierter Lernprozesse: Konstruktivistische Anmerkungen zur Planbarkeit von Veränderungsprozessen, in: Zeitschrift für Organisationsentwicklung, Heft 7/1988, S. 23-28

Voigt, K.-I. (1996), Unternehmenskultur und Strategie: Grundlagen des kulturbewußten Managements, Wiesbaden

Volk, H. (1993), Kaizen - Anmerkungen zu einem Mythos, in: Personal, 45. Jg., Heft 3/1993, S. 116-118

Volmerg, B. u.a. (1986), Betriebliche Lebenswelt. Eine Sozialpsychologie industrieller Arbeitsverhältnisse, Opladen

Volmerg, U. (1983), Validität im interpretativen Paradigma, in: Zedler/Moser (Hg.), Aspekte qualitativer Sozialforschung, Opladen 1983, S. 124-143

Vroom, V.H./Mann, F.C. (1960), Leader Authoritarianism and Employee Attitudes, in: Personnel Psychology, 13. Jg., Heft 2/1960, S. 125-140

Wachtel, H.J. (1995), Ideen-Börse: Mehr als nur ein Vorschlagswesen, in: Personalführung, 28. Jg., Heft 2/1995, S. 110-114

Wächter, H. (1985), Zur Kritik an Peters und Waterman, in: Die Betriebswirtschaft, Heft 5/1985, S. 608f.

Wacker, A. (1983), Massenarbeitslosigkeit als "gesellschaftlich disponible Zeit" - Chance für eine neue Arbeitskultur?, in: Stüdemann, P.E./Rector, M. (Hg.), Arbeiterbewegung und kulturelle Identität, Frankfurt a.M. 1983, S. 170-185

Wacker, G. (1981), Toward a Cognitive Methodology of Organizational Assessment, in: Journal of Apllied Behavioral Science, 17/1981, S. 114-129

Wagner, D./Grawert, A. (1989), Motivationstheoretische Aspekte der Individualisierung von Anreizsystemen, in Drumm, H.-J. (Hg.), Individualisierung der Personalwirtschaft, Bern, Stuttgart 1989, S. 97-108

Wagner, D./Grawert, A./Langemeyer, H. (1993), Cafeteria-Modelle. Möglichkeiten der Individualisierung und Flexibilisierung von Entgeltsystemen, Stuttgart u.a.

Wagner, H. (1995), Entgelt 2000: Vergütungssysteme der Zukunft, in: Hromadka, W. (Hg.), Die Mitarbeitervergütung: Entgeltsysteme der Zukunft, Stuttgart 1995, S. 109-117

Wagner, R. (1975), The Invention of Culture, London

Wahl, K./Honig, M.-S./Gravenhorst, L. (1982), Wissenschaftlichkeit und Interessen. Zur Herstellung subjektivitätsorientierter Sozialforschung, Frankfurt a.M.

Wahl, S. (1994), Sind wir zu bequem geworden?, in: Wehling, H.-G. (Hg.), Standort Deutschland, Stuttgart u.a. 1994, S. 115-124

Wahren, H.-K. E. (1996), Das lernende Unternehmen, Berlin

Waiblinger, A. (1993), Transaktionsanalyse, in: Seifert, T./Waiblinger, A. (Hg.), Die 50 wichtigsten Methoden der Psychotherapie, Körpertherapie, Selbsterfahrung und des geistigen Trainings, Stuttgart 1993, S. 383-389

Walger, G. (1995), Unternehmensführung und Unternehmensberatung als Aufgabe der Betriebswirtschaftslehre, in: Wächter, H. (Hg), Selbstverständnis betriebswirtschaftlicher Forschung und Lehre, Wiesbaden 1995, S. 125-146

Wallraff, H.J. (1986), Unternehmenskultur im Spiegel von Eliten, Dialogen und Mitbestimmung, in: Personalführung, 19. Jg., Heft 7/1986, S. 282-289

Walz, D. (1996), Vertrauen in politische Institutionen im vereinten Deutschland, in: Deutschland-Archiv, 29. Jg., Heft März/April 1996, S. 240-248

Wassermann, R. (1994), Pluralismus der Wertorientierungen, in: MUT-Nr. 324, August 1994, S. 32-43

Watson, A. (1993), Die Deutschen - wer sind sie heute?, Berlin

Watzlawick, P. (Hg.) (1994), Die erfundene Wirklichkeit, 7. Aufl., München u.a.

Watzlawick, P./Beavin, J./Jackson, D. (1974), Pragmatics of Human Communications. A Study of Interactional Patterns, Pathologies and Paradoxes, New York 1967 (Übersetzung: Menschliche Kommunikation, Berlin u.a. 1974)

Weber, A. (1960), Kulturgeschichte als Kultursoziologie, (Leiden 1935) Neuausgabe, München 1960

Weber, A. (1982), Kultursoziologie, in: Vierkandt, A. (Hg.), Handwörterbuch der Soziologie, gekürzte Studienausgabe (1931), Stuttgart 1982, S. 83

Weber, J. (1985), Unternehmensidentität und unternehmenspolitische Rahmenplanung, München

Weber, M. (1972), Wirtschaft und Gesellschaft. Grundriß der verstehenden Soziologie, 5. Aufl., Tübingen

Weber, M. (1973), Die "Objektivität" sozialwissenschaftlicher und sozialpolitischer Erkenntnisse (1904), in: Winckelmann, J. (Hg.), Gesammelte Aufsätze zur Wissenschaftslehre, 4. Aufl., Tübingen 1973, S. 146-214

Weber, W. (1993), Stellungnahme zu den Beiträgen: "Wie männlich ist die Personalpolitik", in: Krell, G./Osterloh, M. (Hg.), Personalpolitik aus der Sicht von Frauen - Frauen aus der Sicht der Personalpolitik, München 1993, S. 75-77

Weber, W. (1996), Fundierung der Personalwirtschaftslehre durch verhaltenswissenschaftliche Theorien, in: Weber, W. (Hg.), Grundlagen der Personalwirtschaft. Theorien und Konzepte, Wiesbaden 1996, S. 279-296

Weber-Kellermann, I./Bimmer, A.C. (1985), Einführung in die Volkskunde/Europäische Ethnologie. Eine Wissenschaftsgeschichte, Stuttgart

Wehler, H.U. (1980), Das Deutsche Kaiserreich 1871-1918. 4. Aufl., Göttingen

Wehling, H.-G. (Hg.) (1994), Standort Deutschland, Stuttgart u.a.

Wehner, H. (1994), Selbstbesinnung und Selbstkritik, Köln

Weibler, J. (1996), Ökonomische vs. verhaltenswissenschaftliche Ausrichtung der Personalwirtschafts-lehre - Eine notwendige Kontroverse?, in: Die Betriebswirtschaft, 56. Jg., Heft 5/1996, S. 649-665

Weick, K.E. (1976), Educational Organizations as Loosely Coupled Systems, in: ASQ, 21. Jg., 1976, S. 1-19

Weick, K.E. (1979a), Cognitive Processes in Organizations, in: Cummings, L.L./Staw, B.M., Research in Organizational Behavior, Greenwich 1979, S. 41-74

Weick, K.E. (1979b), The Social Psychology of Organizing, Reading/MA

Weick, K.E. (1985a), The Significance of Corporate Culture, in: Frost/Moore/Louis/Lundberg/Martin (Hg.), Organizational Culture, Beverly Hills u.a. 1985, S. 381-389

Weick, K.E. (1985b), Der Prozeß des Organisierens, Frankfurt a.M.

Weick, K.E. (1996), Sensemaking in Organizations, Thousand Oaks/Ca.

Weidenfeld, W. (1985), Nachdenken Über Deutschland Köln

Weidenfeld, W. (1987a), Die Deutsche Frage, Stuttgart

Weidenfeld, W. (1987b), Geschichtsbewußtsein der Deutschen, Köln

Weidenfeld, W. (1991), Der deutsche Weg, Berlin

Weidenfeld, W. (1993), Deutschland nach der Vereinigung: Vom Modernisierungsschock zur inneren Einheit, in: ders. (Hg.), Deutschland. Eine Nation - doppelte Geschichte. Materialien zum deutschen Selbstverständnis, Köln 1993, S. 13-26

Weidenfeld, W. (Hg.) (1983), Die Identität der Deutschen, Bonn

Weidenfeld, W. (Hg.) (1989), Politische Kultur und Deutsche Frage. Materialien zum Staats- und Nationalbewußtsein in der Bundesrepublik, Köln

Weidenfeld, W. (Hg.) (1993), Deutschland. Eine Nation - doppelte Geschichte. Materialien zum deutschen Selbstverständnis, Köln

Weidenfeld, W./Korte, K.R. (1991), Die Deutschen. Profil einer Nation, Stuttgart

Weidenfeld, W./Korte, K.-R. (Hg.) (1996), Handbuch zur Deutschen Einheit, Frankfurt a.M.

Weigle, G. (1994), Vertrauensorganisation, Megaspielregeln für schwierige Zeiten: Mehr führen, weniger managen, in: Gablers Magazin, 8. Jg., Heft 1/1994, S. 23-29

Weil, S. (1971), The Need for Roots, New York

Weiner, B. (1984), Motivationspsychologie, Weinheim u.a.

Weinert, A.B. (1984a), Menschenbilder als Grundlagen von Führungstheorien, in: ZFO, 53. Jg., Heft 2/1984, S. 117-123

Weinert, A.B. (1984b), Menschenbilder in Orgnaisations- und Führungstheorien: Erste Ergebnisse einer empirischen Überprüfung, in: Zeitschrift für Betriebswirtschaft, 54. Jg., Heft 1/1984, S. 30-62

Weingarten, E. (1985), Die Methoden der Konstruktion sozialer Wirklichkeit: Grundpositionen der Ethnomethodologie, in: Jüttemann, G. (Hg.), Qualitative Forschung in der Psychologie, Weinheim/Basel 1985, S. 108-124

Weipmann, A. (Hg.) (1989), Handlungsspielräume - Untersuchungen von Individualisierung und Institutionalisierung von Lebensläufen in der Moderne, Stuttgart

Weizsäcker, E.U./Weizsäcker, C. (1984), Fehlerfreundlichkeit, in: Kornwachs, K. (Hg.), Offenheit - Zeitlichkeit - Komplexität. Zur Theorie der offenen Systeme, Frankfurt a.M. 1984, S. 167-201

Werbik, H. (1990), Kulturpsychologie - Gedanken zur Einführung, in: Allesch, C.G./Billmann-Mahecha, E. (Hg.), Perspektiven der Kulturpsychologie, Heidelberg 1990, S. 11-13

Werhahn, P.H. (1980), Menschenbild, Gesellschaftsbild und Wissenschaftsbegriff in der neueren Betriebswirtschaftslehre, Bern/Stuttgart

Werner, A.T./Übelacker, H.R. (1988), Das Recht ein Volk zu sein. Basis und Identitätsgarantie im demokratischen Staat, in: Willms, B. (Hg.), Handbuch zur Deutschen Nation, Bd. 3. Moderne Wissenschaft und Zukunftsperspektive, Tübingen u.a. 1988, S. 297-327

Wernerfelt, B. (1982), A Resource-based View of the Firm, in: Strategic Management Journal, 5. Jg., 1982, S. 171-180

Wever, U.A. (1989a), Aspekte der Unternehmenskultur, in: Personalführung, 22. Jg., Heft 11/1989, S.1019-1028

Wever, U.A. (1989b), Der Mensch steht im Mittelpunkt, in: Personalwirtschaft, 16. Jg., Heft 6/1989, S. 19-21

Wever, U.A. (1992), Sehnsucht nach einer heilen Welt/Unerfüllbare Erwartungen an die Unternehmenskultur, in: Personalführung, 24. Jg., Heft 2/1992, S. 104-109

Wever, U.A. (1996), Die Leiden der Leitenden. Wie Unternehmen die Loyalität ihrer Engagierten aufs Spiel setzen, in: Personalführung, 29. Jg., Heft 3/1996, S. 214-219

Wheeles, L.R. (1978), A Follow-up Study of the Relationships Among Trust, Disclosure, and Interpersonal Solidarity, in: Human Communication Research, 4. Jg., 1978, S. 143-157

Whitehill, A.M. (1991), Japanese Management: Tradition and Transition, London

Whitener, E.M./Brodt, S.E./Korsgaard, M.A./Werner, J.M. (1998), Managers as Initiators of Trust: an Exchange Relationship Framework for Understanding Managerial Trustworthy Behavior, in: AMR, 23. Jg., Heft 3/1998, S. 513-530

Whyte, W.F. (1955), Money and Motivation: an Analysis of Incentives in Industry, New York

Wickel, H.P. (1998), Wenn Manager weinen. Das Projekt Seitenwechsel konfrontiert Schweizer Führungskräfte mit gesellschaftlichen Randgruppen, in: SZ vom 21./22.11.1998, S. VI/1

Wiegelmann, G. (1970), Materielle und geistige Volkskultur. Zu den Gliederungsprinzipien der Volkskunde, in: Ethnologia Europaea, 4. Jg, 1970, S. 187-193

Wiegelmann, G./Zender, M./Heilfurth, G. (1977), Volkskunde. Eine Einführung, Berlin

Wiegran, G. (1993), Transaktionskostenanalyse in der Personalwirtschaft, in: Zeitschrift Führung und Organisation, 62. Jg., 1993, S. 264-267

Wiegran, G. (1996), Entwicklungsansatz einer differentiellen Personalwirtschaft, Neubiberg

Wiemeyer, J. (1995), Christliche Sozialethik und Wirtschaftsethik, in: Aus Politik und Zeitgeschichte, Beilage zur Wochenzeitschrift Das Parlament vom 15.12.1995, S. 15-21

Wiendieck, G. (1992), Akzeptanz, in: Frese, E. (Hg.), HWO, 3. Aufl., Stuttgart 1992, Sp. 89-98

Wiener, Y. (1988), Forms of Value Systems: A Focus on Organizational Effectiveness and Cultural Change and Maintenance, in: AMR, 13. Jg., Heft 4/1988, S. 534-545

Wiesheu, O. (1996), Mehr Geld für Ideen, in: Wirtschaftsstandort Deutschland. Beilage der SZ Nr. 192, 21. 8. 1996, S. V

Wild, J. (1976), Theorienbildung, betriebswirtschaftliche, in: Grochla, E./Wittmann, W. (Hg.), HWB, Bd. 3, Stuttgart 1976, Sp. 3889-3910

Wildavsky, A. (1984), From Political Economy to Political Culture, Paper zur Jahrestagung der American Political Science Association, Washington 1984, zit. nach Berg-Schlosser/Schissler 1987, S. 14

Wilkins, A.L. (1983), The Culture Audit: A Tool for Understanding Organizations, in: Organizational Dynamics, 8. Jg., Heft 2/1983, S. 24-38

Wilkins, A.L./Bristow, N. (1987), For Successful Organization Culture, Honor Your Past, in: The Academy of Management Executive, 1. Jg., Heft 3/1987, S. 221-229

Wilkins, A.L./Dyer, W.G.Jr. (1988), Toward Culturally Sensitive Theories of Culture Change, in: AMR, 13. Jg., Heft 4/1988, S. 522-533

Wilkins, A.L./Ouchi, W.G. (1983), Efficient Cultures: Exploring the Relationship between Culture and Organizational Performance, in: Administrative Science Quarterly, 28. Jg., Heft 3/1983, S. 468-481

Wilkins, A.L./Patterson, K.J. (1985), You can't get there from here: What will make Culture change Projects Fail, in: Kilman, R.H. u.a. (Hg.), Gaining Control of the Corporate Culture, San Francisco/London 1985, S. 262-291

Willms, B. (Hg.) (1986-1988), Handbuch zur Deutschen Nation, 3 Bände, Tübingen u.a.

Willms, J. (1997), Der Staat ist nackt, in: SZ vom 29.8.1997, S. 11

Windolf, P./Hohn, H.W. (1984), Arbeitsmarktchancen in der Krise: Betriebliche Rekrutierung und soziale Schließung, Frankfurt a.m.

Winkelhofer, G. (1997), Projektmanagement im Wandel der Zeit: Von der Aufgabenplanung zur Lernenden Organisation, in: Schleiken, T./Winkelhofer, G. (Hg.), Unternehmenswandel mit Projektmanagement, München/Würzburg 1997, S. 11-27

Winter, S. (1996), Informationsoffenheit und die Vergütungszufriedenheit von Führungskräften, in: DBW, 56. Jg., Heft 4/1996, S. 541-546

Winterbottom, M.R. (1958), The Relation of Need for Achievement to Learning Experiences in Independance and Mastery, in: Atkinson, J.W. (Hg.), Motives in Fantasy, Action and Society, New York 1958, S. 453-478

Winterstein, H. (1997), Erfolgreiches Personalmanagement durch Mitarbeiterinformation, in: Personal, 49. Jg., Heft 10/1997, S. 518-522

Wirtz, T./Mehrmann, E. (1992), Effizientes Projektmanagement, Düsseldorf/Wien

Witt, F.-J. (1986), Veränderungen auf unteren Ebenen der Unternehmensorganisation, in: ZFO, 55. Jg., Heft 6/1986, S. 389-394

Witte, E. (1968), Phasen-Theorem und Organisation komplexer Entscheidungsverläufe, in: ZfbF, 1968, S. 625ff.

Witte, E. (1973), Organisation für Innovationsentscheidungen. Das Promotorenmodell, Göttingen

Witte, E. (1976), Kraft und Gegenkraft im Entscheidungsprozeß, in: ZfB, 46. Jg., 1976, S. 319-326

Witte, E./Zimmermann, H.-J. (1986), Empirical Research on Organizational Decision-Making, Amsterdam u.a.

Wittkämper, G.W. (1985), Arbeitsrecht und Arbeitsrechtsprechung als Problemstellung für den Organisator, in: ZFO, 54. Jg., Heft 4/1985, S.261-268

Wittmann, S. (1996), Ethik in der Personalentwicklung. Ansätze zur Förderung moralischer Kompetenz, in: Personal, 48. Jg., Heft 1/1996, S. 32-35

Wittschier, B. (1997), Konflikte konstruktiv lösen: Mediation - die ganzheitliche Lösung, in: Gablers Magazin, 11. Jg., Heft 6-7/1997, S. 34-37

Witzel, A. (1982), Verfahren der qualitativen Sozialforschung, Frankfurt/New York

Woderich, R. (1992), Mentalitäten zwischen Anpassung und Eigensinn, in: Deutschland-Archiv, 25. Jg., Heft 1/1992, S. 21-32

Wöhe, G. (1984), Einführung in die Allgemeine Betriebswirtschaftslehre, München

Wolf, M. (1985), Erfahrungen mit der Profit-Center-Organisation, Frankfurt a.M.

Wolff, G. (1996), Abschied vom Lob?, in: Personalwirtschaft, 23. Jg., Heft 8/1996, S. 58

Wolff, S. (1976), Der rhetorische Charakter sozialer Ordnung. Selbstverständlichkeit als soziales Problem, Berlin

Wolffsohn, M. (1984), Das Bild der Deutschen im Ausland, in: SZ, Nr. 223, 26. September 1984, S. 11

Wollert, A. (1985), Werteorientierte Personalpolitik als Bestandteil einer gesamtheitlichen Unternehmenspolitik, in: Bayer, Hermann (Hg.), Unternehmensführung und Führungsethik, Praxiserfahrungen und Perspektiven, Heidelberg 1985, S. 95-113

Wollert, A. (1988), Personalpolitik als betrieblicher Gestaltungsfaktor, in: v. Beckerath (Hg.), Verhaltensethik im Personalwesen, Stuttgart 1988, S. 11-73

Wollert, A. (1991), Werteorientierte Personalarbeit, in: Ackermann, K.-F., Scholz, C. (Hg.), Personalmanagement für die 90er Jahre, Stuttgart 1991, S. 77-96

Wollert, A. (1991b), Vertrauen gibt Festigkeit und Sicherheit - Gesundheitsfaktor Unternehmenskultur, in: Innovatio, Heft 8/1991, S. 60-61

Wollert, A. (1995), Personalpolitik in schwierigen Zeiten: Wertorientierung ernst nehmen, in: Gablers Magazin, 9. Jg., Heft 2/1995, S. 6-9

Wollert, A./Bihl, G. (1983), Werteorientierte Personalpolitik, in: Personalführung, 16. Jg., Heft 8,9/1983, S. 154-162

Wollnik, M. (1984), Organisation in der Praxis. Untersuchungen zur Meßbarkeit betrieblicher Organisationsmerkmale, Abschlußbericht zum Forschungsprojekt "Messung der Organisationsstruktur", Trier/Köln 1984

Wollnik, M. (1991), Das Verhältnis von Organisationsstruktur und Kultur, in: Dülfer, E. (Hg.): Organisationskultur, 2. Aufl., Stuttgart 1991, S. 65-92

Wollnik, M. (1992), Interpretative Organisationstheorie, in: Frese, E. (Hg.), HWO, 3. Aufl., Stuttgart 1992, Sp. 1778-1797

Wollnik, M. (1993), Interpretative Ansätze in der Organisationstheorie, in: Kieser, A. (Hg.), Organisationstheorien, Stuttgart 1993, S. 277-295

Womack, J.P./Jones, D.T. (1996), Auf dem Weg zum perfekten Unternehmen. Lean Thinking, Frankfurt a.M. 1996

Womack, J.P./Jones, D.T./Roos, D. (1992), Die zweite Revolution in der Automobilindustrie, 5. Aufl., Frankfurt a.M. u.a.

Wonigeit, J. (1996), Total Quality Management, 2. Aufl., Wiesbaden

Woodward (1965), Industrial Organization: Theory and Practice, London

Wörl, V. (1997), Deutschland - ein neurotischer Standort?, Wien

Wunderer, R. (1984), Strategische Personalarbeit - arbeitslos?, in: ZFO, 53. Jg., 1984, S. 506-510

Wunderer, R. (1992), Managing the Boss - "Führung von unten", in: Zeitschrift für Personalforschung, Heft 3/1992, S. 287-311

Wunderer, R. (1993), Unternehmerisches Personalmanagement, Frankfurt u.a.

Wunderer, R. (1995), Mitarbeiter als Mitunternehmer fördern und fordern, in: Personalwirtschaft, 22. Jg., Heft 7/1995, S. 18-22

Wunderer, R.(Hg.) (1994), Betriebswirtschaftslehre als Management- und Führungslehre, 3. Aufl., Stuttgart

Wunderer, R./Grunwald, W. (1980), Führungslehre, Band I: Grundlagen der Führung, Berlin/New York

Wunderer, R./Kuhn, T. (1993), Strategische Personalführung, in: Unternehmerisches Personalmanagement/Konzepte, Prognosen und Strategien für das Jahr 2000, Frankfurt a.M., 1993, S. 169-176

Wunderer, R./Kuhn, T. (1995), Unternehmer gesucht, in: Personalwirtschaft, 22. Jg., Heft 1/1995, S. 16-20

Wunderer, R./Schlagenhaufer, P. (1992), Die Personalabteilung als Wertschöpfungscenter, in: ZfP, 6. Jg., Heft 4/1992, S. 515-536

Wundt, W. (1900-1920), Völkerpsychologie. Eine Untersuchung der Entwicklungsgesetze von Sprache, Mythus und Sitte, 10 Bände, Leipzig

Wundt, W. (1913), Elemente der Völkerpsychologie, Leipzig 1913

Wünsche, H.F. (1988), Welcher Marktwirtschaft gebührt das Wort "sozial"?, in: Hohmann, K./Schön-witz, D. (Hg.), Grundtexte zur sozialen Marktwirtschaft, Bd. 2, Das Soziale in der Sozialen Markt-wirtschaft, Stuttgart/New York 1988, S. 21-31

Yablonski, L. (1986), Psychodrama, 2. Aufl., Stuttgart

Yinger, C. M. (1960), Contraculture and Subculture, in: ASR, 25/1960, S. 625-635

Yinger, C. M. (1977), Countercultures and Social Change, in: ASR, 42/1977, S. 833-853

Zahn, E. (Hg.) (1987), Technologie- und Innovationsmanagement, Berlin

Zalesnik, A. u.a. (Hg.) (1958), The Motivation, Productivity and Satisfaction of Workers, Boston

Zalesnik, A./Kets de Vries, M. (1980), Power and the Corporate Mind, Boston

Zand, D.E. (1977), Vertrauen und Problemlösungsverhalten von Managern, in: Lück, H.E. (Hg.), Mitleid – Vertrauen - Verantwortung, Stuttgart 1977, S. 61-74

Zander, E. (1995), Personalpolitik und Unternehmenskultur, in: Personal, 47. Jg., Heft 3/1995, S. 124-127

Zander, E. (1996), Personalführung aus der Sicht Goethes, in: Personal, 48. Jg., Heft 5/1996, S. 264-269

Zapf, W. (1989), Die Sozialstruktur der Bundesrepublik in den 1980er Jahren. Working Group Social Reporting 1989/101

Zauner, A. (1985), Zur Gestaltbarkeit administrativer Organisationskulturen. Der Organisationsent-wicklungs-Ansatz als methodische Grundlegung von behördenspezifischen Verwaltungsreform-Vorhaben, Wien

Zedtwitz-Arnim, G.V.Graf (1977), ...Ein Ruf wie Donnerhall. Deutschlandspiegel, Düsseldorf/Wien

Zeidenitz, S./Barkow, B. (1997), Die Deutschen pauschal, Frankfurt a.M.

Zielcke, A. (1997), Mittelmaß und Reife. Die verblüffende Normalisierung der Deutschen und die Gunst der Geschichte, in: SZ vom 14.4.1997, S. 11

Zielcke, A. (1998), Und er bewegt sie doch, in: SZ vom 22.5.1998, S. 15

Zielinski, M. (1985), Vertrauen und vertrauensbildende Maßnahmen: ein sicherheitspolitisches Instrument und seine Anwendung in Europa, Franfurt a.M.

Ziemske, B. (1995), Die deutsche Staatsangehörigkeit nach dem Grundgesetz, Berlin

Zimmerli, W.C. (1994), Die Wiederkehr des Individuums/Neue Wege der Organisationskultur, Abschied von der Hierarchie, in: Gablers Magazin, 8. Jg., Heft 6/7 /1994, S. 35-38

Zimmermann, D. (1972), Produktionsfaktor Information, Berlin

Zingerle, A. (1979), Kontextverfremdung als methodischer Kunstgriff, in: Kölner Zeitschrift für Soziologie und Sozialpsychologie, 31. Jg., 1979, S. 587-610

Zitterbarth, W. (1987), Kulturpsychologie, in: Asanger, R./Wenninger, G. (Hg.), Handwörterbuch der Psychologie, 4. Aufl., Weinheim 1987, S. 382-386

Zürn, P. (1986), Vom Geist und Stil des Hauses. Unternehmenskultur in Deutschland, 2. Aufl., Landsberg a.L.

Zürn, P. (1994), Konflikt und Streitkultur: Warum wir eine Konfliktkultur brauchen, in: Gablers Magazin, 8. Jg., Heft 9/1994, S. 20-23

# Stichwortverzeichnis